Michel Miné

Le grand livre du droit du travail

En pratique

Vingt-neuvième édition mise à jour au 14 mai 2018

EYROLLES

Groupe Eyrolles
61, bd Saint-Germain
75240 Paris cedex 05

www.editions-eyrolles.com

Ouvrage initié par Yves Delamotte, Professeur Honoraire au Conservatoire national des Arts et Métiers, ancien directeur du Centre de Formation des Inspecteurs du Travail ; poursuivi par Daniel Marchand, Professeur Honoraire au Conservatoire national des Arts et Métiers.
Mention spéciale Prix Harvard l'Expansion 1983.
Ce livre fait référence aux textes en vigueur au moment de sa mise à jour. L'évolution très rapide du droit du travail impose de s'assurer que l'on est bien en possession de la dernière édition.

Du même auteur, chez le même éditeur :
Michel Miné (dir.), *Le droit social international et européen en pratique*, 2e édition, 2013 (Mention spéciale du prix Francis Blanchard, décerné par le jury de l'Association française pour l'OIT).

Mise en pages : Facompo

ISBN : 978-2-212-56895-0

SOMMAIRE

Troisième partie

LE TRAVAIL

Quatrième partie

RELATIONS COLLECTIVES DE TRAVAIL

AVANT-PROPOS

La première édition de cet ouvrage, datée de 1983, a suivi l'une des années essentielles dans la construction du droit du travail actuel : 1982, l'année des « lois Auroux ». Son auteur, Yves Delamotte, professeur titulaire de la Chaire de droit social du Cnam, a souhaité présenter une législation complexe dans un langage simple. Il a voulu souligner les conséquences pratiques, pour les entreprises et les salariés, de dispositions qu'ils doivent connaître et appliquer. L'ouvrage a ensuite été constamment actualisé par Daniel Marchand, au cours des 15 années pendant lesquelles il a été titulaire de la Chaire.

Dans le même esprit, Michel Miné, titulaire de la chaire Droit du travail et droits de la personne, qui assure depuis septembre 2007 les enseignements de droit du travail, relations individuelles et relations collectives, en droit français et en droit international et européen, présente une nouvelle édition mise à jour et enrichie, après une complète refonte.

Le droit du travail, de nature complexe, offre des ressources, à la fois pour assurer un certain bien-être de la personne (sauvegarde de la santé, réponse aux attentes professionnelles et personnelles, etc.), pour gérer les ressources humaines (motivation, restructurations, etc.), et pour organiser le marché du travail (classifications, formation professionnelle, etc.), en favorisant le dialogue social sur ces différents sujets.

L'actualité du droit du travail, sous l'influence de facteurs sociaux, économiques et politiques, est particulièrement riche, à travers ses différentes sources :

- législatives (avec notamment les lois n° 2017-1340 du 15 septembre 2017 d'habilitation à prendre par ordonnance les mesures pour le renforcement du dialogue social et n° 2018-217 du 29 mars 2018 de ratification de ces ordonnances) ;

- ordonnances, notamment les cinq ordonnances du 22 septembre 2017 : n° 2017-1385 relative au renforcement de la négociation collective ; n° 2017-1386 relative à la nouvelle organisation du dialogue social et économique dans l'entreprise et favorisant l'exercice et la valorisation des responsabilités syndicales ; n° 2017-1387 relative à la prévisibilité et la sécurisation des relations de travail ; n° 2017-1388 portant diverses mesures relatives au cadre de la négociation collective ; n° 2017-1389 relative à la prévention et à la prise en compte des effets de l'exposition à certains facteurs de risques professionnels et au compte professionnel de prévention ; et la sixième ordonnance du n° 2017-1718 du 20 décembre 2017 visant à compléter et à mettre en cohérence les dispositions prises en application de la loi n° 2017-1340 du 15 septembre 2017 (les cinq ordonnances précitées) ;
- réglementaire (avec notamment les décrets d'application des lois et ordonnances récentes précitées) ;
- jurisprudentielle (avec les arrêts de la Cour de cassation) ;
- conventionnelle ;
- européenne (textes et jurisprudences de l'Union européenne et du Conseil de l'Europe).

Cet ouvrage rend accessible à un large public, en formation ou en responsabilité, une matière en pleine transformation, précise le droit applicable sur les points essentiels, mais aussi permet de comprendre et de maîtriser les règles et leurs multiples usages. Les auditeurs du Cnam, de ses centres régionaux et de ses instituts ainsi que les étudiants en filières professionnelles, découvriront ici une ressource fiable pour apprendre ce droit passionnant. Les praticiens, eux, trouveront là un appui pour se repérer et agir le plus sûrement et le plus efficacement possible. L'ouvrage offre ainsi des balises dans cet océan de règles, complexes et évolutives, pour améliorer l'effectivité du droit.

INTRODUCTION

PRÉSENTATION GÉNÉRALE DU DROIT DU TRAVAIL

Objet

Dans le cadre d'une relation salariale, une personne fournit un travail à une autre personne. Dans cette relation, une personne (l'employeur) exerce un ***pouvoir privé*** sur une autre personne (le travailleur). Le bénéficiaire du travail détermine les conditions du travail. Le droit du travail reconnaît juridiquement ce pouvoir de fait et conforte en droit ce pouvoir économique. Mais tout pouvoir pouvant dégénérer en « abus de pouvoir », le droit du travail fixe des limites à ce pouvoir privé.

D'une part, le droit du travail est basé sur une fiction juridique : dans la relation de travail, le travailleur met à disposition de l'entreprise son travail (sa capacité de travail, ses compétences, sa « force de travail » physique et intellectuelle), mais pas sa personne. ***La personne*** doit demeurer à l'abri de l'échange entre l'employeur et le salarié. Le travailleur n'est pas une chose, ni un esclave, ni un serf. « Le travail ne doit pas être considéré comme une marchandise » (Constitution de l'OIT de 1919, Déclaration de Philadelphie de 1944).

D'autre part, le droit du travail prévoit :
- des ***règles*** fixant des droits minimums pour les salariés (exemple : le salaire minimum, la durée maximale du travail) ;
- des ***mécanismes*** d'élaboration et d'articulation de ses règles (exemple : la loi, la négociation collective).

À RETENIR

Le droit du travail constitue la « ***règle du jeu*** » des relations de travail : il fixe les droits et les obligations des différents acteurs (personnes physiques et morales). Il constitue l'ensemble des règles qui régissent le travail dépendant dans le cadre d'une relation salariale.

Le droit du travail portait jusqu'à présent surtout sur l'environnement du travail. Il réglait la limitation du temps de travail et les contreparties à ce travail (rémunération notamment), mais il traitait peu du travail en soi, à l'exception de règles de santé et de sécurité de façon ponctuelle. Le droit du travail commence à parler davantage du « ***travail*** » (de son contenu, de l'activité humaine au travail, etc.), en particulier par le biais du contentieux concernant des organisations du travail qui causent des dégradations de la santé (mentale).

Champ d'application

Le droit du travail s'applique :
– Essentiellement aux ***salariés des entreprises privées*** (quel que soit leur statut – sociétés commerciales, associations, etc.), soit environ 16 millions de personnes. Les salariés agricoles relèvent du droit du travail, mais sont couverts, sur certains points, par des dispositions spécifiques (Code rural). Le droit du travail couvre de nouvelles professions (professions libérales où le statut salarial se développe comme les avocats, architectes, etc.) et parfois même des dirigeants d'entreprise (cumulant un mandat social et un contrat de travail, Soc. 16 oct. 1991). Le droit du travail s'applique donc à la grande majorité de la population active.
– Partiellement aux ***salariés des entreprises publiques*** et des Établissements Publics Industriels et Commerciaux (ÉPIC) (RATP, SNCF, etc.) en articulation avec les règles prévues par les statuts. Mais il ne s'applique pas aux fonctionnaires des fonctions publiques (État, collectivités territoriales, hôpitaux), qui relèvent du « droit administratif du travail ». Cependant, il s'applique de manière marginale aux contractuels.
– Ponctuellement aux ***travailleurs indépendants*** (chauffeurs routiers : limitation du temps de conduite ; artisans du bâtiment : règles de sécurité et de coordination ; gérants ; etc.).

Et, bien évidemment, ce droit doit être appliqué par les employeurs.

Nature

Le droit du travail a un ***caractère statutaire*** : l'employeur et le salarié qui concluent et exécutent un contrat de travail adhèrent à un statut largement déterminé en dehors de leur volonté ; leurs relations sont largement prévues par la loi et par les textes conventionnels applicables (conventions collectives et accords collectifs de la branche en particulier).

La relation de travail individuelle s'inscrit dans ce cadre. L'individualisation peut s'appuyer sur le contrat de travail, mais dans les limites légales et conventionnelles.

Le droit du travail a un ***caractère différencié*** : ses règles applicables sont différentes suivant de nombreux paramètres. Il s'agit notamment :

- des seuils d'effectifs (10, 20, 50, 200, 300, 500, 1 000, etc. ; la majorité des salariés travaillent dans des PME – plus de 50 % des salariés travaillent dans des entreprises de moins de 50 salariés, environ 25 % dans des entreprises de moins de 10 salariés, etc., INSEE 2006) ;
- de la branche professionnelle ;
- de la qualification et de la catégorie professionnelles.

Suivant ces données, le salarié et l'employeur n'ont pas les mêmes droits et ne sont pas tenus aux mêmes obligations.

Le droit du travail a un caractère instable : il est soumis aux évolutions sociales, économiques et politiques. C'est un droit jeune, complexe et dynamique.

Le droit du travail n'a pas un ***caractère indépendant***, mais il développe une certaine autonomie. C'est une branche du droit privé qui entretient des liens étroits avec les autres branches du droit (privé, public, européen – UE et supranational) :

• Droit de l'emploi

Au sein du droit du travail se développe un droit de l'emploi (droit de la formation professionnelle, du chômage – indemnisation et recherche d'emploi, etc.).

• Droit de la protection sociale

Le droit du travail et le droit de la Sécurité sociale et plus largement de la protection sociale (légale et complémentaire) forment le droit social. Ces 2 branches visent à protéger la personne au travail contre des risques sociaux : ainsi des règles complémentaires en cas de maladie permettent de maintenir une certaine rémunération malgré l'absence de travail et de limiter le risque de perte de l'emploi.

• Droit civil (droit des obligations)

Si le droit du travail est issu du droit civil, il concerne cependant une relation particulière, c'est-à-dire une relation dans laquelle la personne même est impliquée, une relation inégale entre les contractants, une relation collective, une relation avec des rapports de pouvoirs.

Le droit du travail a donc développé des spécificités (des concepts et des techniques) : des sanctions intenses contre des atteintes à la personne (exemple : nullité de certains actes du pouvoir patronal) ou contre le détournement de la loi (exemple : requalification de CDD en CDI), la reconnaissance d'intérêts de groupes qui peuvent s'exprimer et être représentés (exemple : droit syndical), etc.

Le droit civil est insuffisant pour régir la relation de travail, cependant il peut combler des lacunes du droit du travail (exemple : respect de la vie privée) ou offrir des règles pertinentes (exemple : bonne foi devenue la loyauté dans les relations individuelles et collectives de travail).

Des branches du droit civil peuvent, de façon inattendue, influencer le droit du travail (exemple : le droit de la famille – régime matrimonial/communauté de l'employeur, une séparation/divorce, *via* le droit des sociétés avec le conjoint détenteurs d'actions – peut avoir des conséquences sur l'emploi des salariés de l'entreprise).

• Droit des affaires (droit commercial, droit de la concurrence, droit des sociétés, droit bancaire, etc.)

Le droit des affaires intègre davantage les intérêts des salariés et devient un moyen de protection (exemple : droit des entreprises en difficulté, salariés actionnaires ou présents dans les organes de direction). À l'inverse, une autre tendance viserait à transformer le contrat de travail en contrat commercial ; le droit des affaires influence le droit du travail et conditionne parfois son application (en droit des sociétés, le statut des SAS en est une illustration – voir *infra* en matière de licenciement et des droits du comité d'entreprise notamment).

Un nouveau projet de réforme de « l'entreprise » (objet social, norme de gestion, pouvoir de décision, etc.) était annoncé lors de la mise sous presse de cet ouvrage.

• Droit pénal

Il assure la sanction du non-respect de certaines règles essentielles du droit du travail (exemple : SMIC, santé et sécurité au travail, droits collectifs, discriminations, etc.).

Le droit pénal des affaires prévoit des sanctions pour des infractions souvent dommageables pour les salariés (abus de biens sociaux, etc.).

• Droit administratif

Il existe un droit administratif du travail lié aux décisions administratives prises par l'administration du travail (statut protecteur contre le licenciement pour les salariés investis d'un mandat de représentation des travailleurs, repos dominical, temps de travail, etc.).

- ### Droit constitutionnel

Le « bloc de constitutionnalité » peut être mobilisé dans le cadre de contentieux entre employeur et salarié (Soc. 8 avril 1992) et les décisions du Conseil constitutionnel s'imposent au Parlement en cas d'annulation d'un texte et aux juridictions dans l'interprétation de la loi.

- ### Droit supranational (droit international, mondial et régional) et droit européen – UE

Des règles du droit international sont mobilisées dans le cadre du droit du travail interne (exemple : contentieux du CNE). Les règles de droit européen – UE influencent de manière grandissante depuis plusieurs années le droit interne (temps de travail, discrimination, consultations de la représentation du personnel, etc.).

Fonctions

Le droit du travail est « ambivalent » (selon la formule du professeur Gérard Lyon-Caen) : il reconnaît et conforte le pouvoir de l'employeur, mais le limite et garantit des droits aux salariés.

Le droit du travail a une utilité sociale et également économique. En préservant la personne au travail (notamment en matière de santé et de sécurité), en accroissant le niveau de qualification (en particulier par la formation professionnelle), en recherchant l'application des règles d'égalité de traitement, en favorisant le dialogue social, etc., il contribue à la paix sociale et à une plus grande efficacité du travail humain.

Ces différentes fonctions sont jouées au niveau de l'entreprise, d'une branche professionnelle et au niveau national interprofessionnel, et, plus ou moins, aux niveaux européen et mondial.

Le droit du travail joue des rôles traditionnels dévolus au système juridique dans un État de droit, et ce de manière parfois originale. Le droit du travail a plusieurs fonctions.

- ### Organisation sociale

Le droit du travail impose des règles dans les relations sociales : la loi est souvent impérative. Ainsi, la qualification du contrat ne dépend pas de la volonté des parties, mais de la situation objective dans laquelle se trouve la personne qui fournit le travail.

De plus, il assure l'existence et le fonctionnement du « marché du travail » au niveau interprofessionnel, sectoriel et dans chaque entreprise. Il permet à l'offre et à la demande d'emploi et de travail de se constituer et de se rencontrer (classifications dans chaque branche professionnelle, formation professionnelle, essai, promotion, etc.).

Par ailleurs, il organise les relations sociales, selon un tissu de droits et d'obligations entre les parties.

Enfin, il propose un modèle de conduite conforme au droit et parfois plusieurs solutions juridiques, parmi lesquelles les personnes peuvent choisir : la loi est ici supplétive. Il en va ainsi des taux de majoration des heures supplémentaires : l'employeur peut appliquer la loi ou négocier un accord collectif.

• Conciliation sociale

Le droit du travail cherche à concilier les intérêts légitimes des différentes parties au contrat (individuels et collectifs) ainsi qu'à régler les conflits d'intérêts par le biais du droit et non plus par la violence (économique, physique, etc.), selon la « loi du plus fort ».

• Promotion sociale

Le droit du travail assure la défense des intérêts de la « partie faible au contrat » : il reconnaît aux salariés des droits économiques et sociaux, qui peuvent être améliorés par des accords collectifs fixant des dérogations *in melius* (l'ordre public social et le principe de faveur).

De plus en plus, il assure la sauvegarde de la personne du salarié – « *Le droit du travail est une terre d'élection des droits de l'Homme* », selon la formule du professeur Jean-Maurice Verdier, et exprime des valeurs fondamentales de la société (l'égalité entre les femmes et les hommes, la liberté d'expression, etc.).

• Gestion sociale

Le droit du travail assure la défense des intérêts de la « partie forte au contrat » : il reconnaît juridiquement aux employeurs des libertés et des droits économiques et sociaux (le pouvoir de sanctionner, le libre choix de leurs collaborateurs).

Il garantit une certaine égalité de concurrence entre entreprises et revêt donc une fonction économique.

Enfin il permet la « flexibilité » du travail et la réduction du coût du travail par le biais d'accords collectifs prévoyant des dérogations *in pejus* (l'ordre public

« dérogatoire ») et en rendant la loi supplétive par rapport à des accords collectifs (notamment des accords d'entreprise).

« Quand tu ne sais pas où tu vas, regarde d'où tu viens » propose un proverbe peul. L'avenir du droit du travail est incertain. Il est nécessaire, pour essayer de comprendre le droit d'aujourd'hui et ses possibles évolutions demain, de repérer quelques moments clés et quelques tendances passées encore présentes, à travers plusieurs thèmes.

À LIRE

J.-P. Le Crom (dir.), *Deux siècles de droit du travail : l'histoire du droit du travail par les lois*, L'Atelier, 2002.

Emploi

Le droit est un facteur de contrôle de la main-d'œuvre : le salarié doit détenir son « livret ouvrier » (1803), sur lequel sont consignées les appréciations de ses précédents patrons et visé par la police (supprimé en 1890). Le Code civil (1804) traite du « Louage des domestiques et ouvriers » :
– « On ne peut engager ses services qu'à temps ou pour une entreprise déterminée » (art. 1780 ; volonté d'éviter le retour du servage), et
– « Le maître est cru sur son affirmation, pour la quotité des gages, le paiement du salaire de l'année échue ; et pour les acomptes donnés pour l'année courante » (art. 1781, abrogé en 1868 ; le régime probatoire est aménagé au bénéfice de l'employeur).

À côté de ce contrat de louage de services a existé pendant un temps le contrat de louage d'ouvrage pour les « ouvriers entrepreneurs » du bâtiment (art. 1799).

Au cours du XIXe siècle, l'industrie se développe et le nombre des ouvriers augmente.

Sous la IIe République (1848), l'État se préoccupe des personnes sans emploi (ateliers nationaux), et interdit le marchandage (prêt de main-d'œuvre ayant des conséquences préjudiciables pour les salariés), en même temps que l'esclavage.

Sous la IIIe République, le principe subsiste que le contrat conclu sans détermination de durée peut cesser à tout moment à l'initiative de l'employeur (Cour de cassation, 1872). Pour le salarié, il n'existe donc aucune sécurité de l'emploi. À la fin du XIXe siècle, les tribunaux commencent à admettre que certains licenciements peuvent être abusifs. La loi de 1890 prévoit que la rupture du contrat peut donner lieu à des dommages-intérêts. En 1928, une loi prévoit le maintien des contrats de travail en cas de transfert d'entreprise.

Sous la Ve République, en 1958, les « partenaires sociaux » créent le régime d'indemnisation du chômage ; en 1969 est conclu un premier accord entre les partenaires sociaux au niveau interprofessionnel sur la « sécurité de l'emploi » (complété en 1974 et 1986), traitant notamment des licenciements économiques et des mesures sociales. Mais il faudra attendre 1973 pour qu'une loi définisse les conditions dans lesquelles un licenciement est justifié. Après la suppression du contrôle administratif des licenciements économiques en 1986, de nombreuses lois modifient le régime de ces licenciements (1989, 2002, 2003, 2005, etc.).

Un accord national interprofessionnel (ANI) fixe en 1970 des règles sur la formation professionnelle continue, modifiées notamment par l'ANI du 5 décembre 2003.

En matière de contrats précaires, la législation relative au travail temporaire a suivi la même évolution que celle relative au contrat à durée déterminée : une ordonnance du 5 février 1982 avait cherché à limiter les situations dans lesquelles il est loisible de recourir au travail temporaire, tout en améliorant le statut du salarié intérimaire. Cette ordonnance a été modifiée par une ordonnance du 11 août 1986. Reprenant un accord national interprofessionnel, conclu par les partenaires sociaux, la loi du 12 juillet 1990 tend à rapprocher le plus possible les législations relatives au travail temporaire et à durée déterminée ; elle a été modifiée en dernier lieu par la loi du 18 janvier 2005 permettant des activités de placement privé.

Le droit communautaire influence de manière croissante le droit interne notamment par le biais de directives devant faire l'objet de transpositions : en 1977, en matière de maintien des contrats de travail lors de transferts entre entreprises ; en 1999, avec des règles protectrices pour les salariés en contrats précaires, etc. La loi du 27 mai 2008 transpose en droit interne des dispositions de directives communautaires en matière de lutte contre les discriminations.

Prise en application de l'ANI sur la modernisation du marché du travail, la loi du 25 juin 2008 modifie plusieurs règles en matière de conditions d'emploi. Adoptée à la suite de l'ANI du 11 janvier 2013, la loi du 14 juin 2013 poursuit ce mouvement en se focalisant notamment sur le risque de perte d'emploi pour motif économique dans les grandes entreprises. La loi du 6 août 2015 « pour la croissance, l'activité et l'égalité des chances économiques » s'inscrit dans la même démarche en matière de contrats précaires et réforme l'organisation et le fonctionnement des conseils de prud'hommes.

Dans le prolongement de ces textes, la loi du 8 août 2016 réforme la définition du licenciement pour motif économique et prévoit des dispositions innovantes dans plusieurs domaines (travail « indépendant », compte personnel d'activité, etc.). Les ordonnances du 22 septembre 2017 approfondissent cette orientation (définition du licenciement économique, régime juridique du licenciement, régime des contrats précaires, etc.).

La deuxième partie de cet ouvrage est consacrée au contrat de travail et aux règles selon lesquelles il peut être conclu et surtout rompu, autrement dit à l'accès à l'emploi, à la perte de l'emploi, ainsi qu'à d'autres aléas (modification et suspension du contrat).

Travail

Au début du XIXe siècle, selon l'idéologie libérale héritée de la dimension individualiste de la Révolution de 1789 et consignée dans le Code civil, l'employeur et le salarié sont censés être à égalité et s'entendre librement, « de gré à gré », pour fixer le salaire et la durée du travail. L'État n'a pas à intervenir.

Avec le développement de l'industrie, les effets de ce libéralisme économique, sans régulation, se concrétisent dans la misère et l'exploitation des ouvriers, hommes et femmes et enfants (en témoignent les livres d'Émile Zola comme *Germinal*, le poème « Melancholia » dans *Les Contemplations* de Victor Hugo, Charles Dickens, etc.).

Des usages existent dans certaines professions et localités, que les conseils de prud'hommes font respecter. L'origine de l'institution remonte aux juridictions corporatives de l'Ancien Régime, mais c'est au cours du XIXe siècle que se sont progressivement affirmés ses traits originaux. Ces juridictions composées à l'origine d'employeurs – 1806 – sont progressivement devenues des juridictions électives et paritaires – en 1848 avec la IIe République, avant d'être réformées – en 1979.

Pendant la révolution industrielle, les chefs d'entreprise estiment nécessaire de définir des règles s'imposant au personnel, une « police du travail » faisant respecter la « discipline de la fabrique » inscrite dans les règlements d'ateliers. Le régime disciplinaire est souvent particulièrement sévère pour les salariés – exemple de l'affaire des sabots : amende représentant près de la moitié du salaire mensuel d'une ouvrière, pour avoir porté des sabots en contravention avec le règlement, considérée comme licite par la Cour de cassation (Civ. 14 févr. 1866). Un règlement d'une usine du Calvados en 1876 édicte : « Tout ouvrier, contremaître, employé, en entrant dans l'usine, s'engage à travailler le jour ou la nuit, les dimanches et fêtes, quand le directeur le jugera utile. » Les règlements intérieurs traitaient de nombreuses questions (horaires, modalités de la paye, hygiène et sécurité, discipline, etc.).

Au cours du XIXe siècle, il apparaît peu à peu que la libre discussion des contrats est un mythe et qu'il n'existe pas d'égalité contractuelle entre l'employeur, qui dispose des moyens de production, et le salarié, qui n'a à offrir que sa « force de travail » et n'a souvent d'autre choix que d'accepter les conditions imposées par l'employeur. Si l'idée d'une législation protectrice des salariés s'impose alors, il reste entendu que cette législation ne se justifie que pour combattre les excès les plus visibles et qu'elle doit répondre à des objectifs démographiques, liés aux impératifs de la guerre, autant que sociaux. La première « loi sociale » (1841), votée à la suite du rapport Villermé (« Tableau de l'état physique et moral des ouvriers employés dans les manufactures de coton, de laine et de soie », 1840), ne concerne que les enfants (âge d'admission au travail à 8 ans, pour une durée quotidienne de travail de 8 heures, 12 heures de 12 à 16 ans, etc., dans les entreprises de plus de 20 salariés).

Des lois ultérieures (1874, 1892) limitent la durée du travail des femmes et des enfants, en particulier pour des raisons démographiques. La loi de 1906, votée à la suite de conflits collectifs dans le commerce, notamment dans les grands magasins parisiens, dans un but de protection des salariés, rétablit le repos hebdomadaire et pose comme principe que ce repos doit être pris le dimanche, avec de nombreuses exceptions.

Les décrets Millerand imposent aux adjudicataires des marchés de l'État le respect de certaines normes, dont un salaire minimum et une limitation de la durée du travail (1899), un « mieux disant » social.

La loi de 1910 permet la promulgation des livres du premier Code du travail.

En 1919, une loi limite la durée du travail quotidienne pour tous les salariés (« journée de 8 heures »), en réponse à une forte revendication du mouvement syndical, depuis 1890, relayée par la Convention n° 1 de l'Organisation Internationale du Travail (OIT) de 1919 (non ratifiée par la France).

Le taylorisme et le fordisme, avec la division du travail, la parcellisation et la standardisation des tâches, modifient profondément l'organisation du travail pour accroître la productivité des ouvriers en usine (voir et revoir *Les Temps Modernes* de Charlie Chaplin, 1936).

En 1936, avec le Front populaire est posé le principe de la « semaine de 40 heures » comme durée maximale hebdomadaire, mais avec quelques dérogations (notamment les équivalences). En 1936, les congés payés sont légalisés : ils sont portés de 2 semaines par an à 3 semaines en 1956, à la suite d'accords collectifs conclus en premier lieu à Renault Billancourt, puis à 4 semaines en 1969, après les accords conclus dans le cadre du mouvement de mai 1968, et enfin à 5 semaines en 1982.

En 1946, la loi prévoit que des heures peuvent être travaillées au-delà de 40 heures : ce seront des heures supplémentaires payées à un taux majoré. En 1973, une loi sur l'amélioration des conditions de travail ouvre une brèche dans l'horaire collectif obligatoire pour tous, en permettant le travail à temps partiel et les horaires individualisés. Une ordonnance du 16 janvier 1982 fixe la durée légale de la semaine de travail à 39 heures et prévoit la possibilité de conclure des accords « dérogatoires » pour calculer la durée du travail sur l'année (modulation). Depuis, de nombreux textes permettent de nouvelles possibilités de « dérogations » en matière de temps de travail (1986, 1987, 1993).

En 1993, une directive communautaire prévoit des temps de repos minimums (transposés dans la loi Aubry I de 1998). La loi du 19 janvier 2000 fixe la durée légale hebdomadaire du travail à 35 heures et modifie des règles concernant des aménagements « dérogatoires » du temps de travail. Sans modifier la durée légale, de nombreuses lois modifient depuis des règles d'aménagement et le régime des heures supplémentaires (notamment les lois du 17 janv. 2003, du 4 mai 2004, du 18 janv. 2005, du 31 mars 2005, du 2 août 2005, du 21 août 2007, du 8 févr. 2008, du 20 août 2008, du 9 août 2009, du 22 mars 2012, du 14 juin 2013).

La législation relative à la durée du travail a notamment pour objet de préserver l'intégrité physique des travailleurs. C'est la même préoccupation qui a inspiré toute la partie de la législation relative à l'hygiène et à la sécurité qui vise essentiellement à prévenir les accidents du travail et les maladies professionnelles. Il existe en la matière une réglementation très abondante, imposant à l'employeur de prendre les mesures de précaution appropriées aux risques que présente son entreprise, compte tenu des techniques utilisées. C'est en particulier à l'Inspection du travail (créée en 1892) qu'il revient de vérifier que cette législation, inaugurée par une loi de 1893, complétée par un décret de 1913, et qui n'a cessé de se développer depuis, notamment sous l'influence du droit communautaire (Acte unique, 1986 ; directive-cadre de 1989), est correctement appliquée.

Quant à la réparation des accidents du travail et des maladies professionnelles (c'est-à-dire les soins appropriés et l'indemnisation), elle fait l'objet d'une première législation avec la loi de 1898 et est assurée maintenant par la Sécurité sociale (branche AT/MP). La responsabilité pénale de l'employeur peut être reconnue notamment en cas d'accident ou de maladie professionnelle survenu à un salarié de son entreprise. La loi protège également le contrat de travail du salarié victime d'un accident du travail ou d'une maladie professionnelle et veille à sa réinsertion professionnelle.

Le salaire constitue pour le travailleur le moyen de subvenir à ses besoins et à ceux de sa famille. Il y attache au moins autant d'importance qu'à ses conditions de travail. En la matière, la législation a d'abord cherché à protéger le salarié en tant que créancier de son employeur et a doté cette créance, parce qu'elle est « alimentaire » (le travailleur a besoin de son salaire pour vivre), d'un statut juridique particulier. En ce qui concerne le montant du salaire, le principe est qu'il est fixé librement. La loi intervient pour prévenir toute discrimination et prévoir un salaire minimum au-dessous duquel aucun salarié ne peut être payé (loi de 1950 et surtout de 1970, mettant en œuvre le « Protocole de Grenelle » de 1968). Le droit européen prévoit des dispositions pour protéger le salarié en cas d'insolvabilité de l'employeur (1977).

En 1982, la « loi Auroux » du 4 août sur les libertés publiques dans l'entreprise affirme que le salarié demeure un citoyen dans l'entreprise. En 1983, 2001 et 2008, sous l'influence du droit communautaire (directives), le Code du travail renforce ses dispositions pour agir contre les discriminations.

La loi du 6 août 2015 « pour la croissance, l'activité et l'égalité des chances économiques » étend largement les dérogations au repos dominical.

La loi du 8 août 2016 modifie de nombreuses règles en matière de temps de travail, en donnant un caractère supplétif à la loi (au regard de son contenu substantiel) par rapport aux accords d'entreprise. Les ordonnances du 22 septembre 2017 approfondissent cette orientation pour l'ensemble du Code du travail.

La troisième partie de cet ouvrage traite de la rémunération et des conditions de travail (temps de travail, congés payés, santé et sécurité).

Relations collectives de travail

La première Révolution française condamne toute forme d'entente ou de « coalition ». Le droit du travail ainsi est né, avec notamment un volet individualiste rejetant, puis réprimant, toute organisation collective (suppression des corporations, décret d'Allarde de 1791 ; interdiction des groupements, loi Le Chapelier de 1791). Napoléon insère le délit de coalition dans le Code pénal (1810). Le salarié isolé est en général démuni devant son employeur.

Au cours du XIXe siècle, la loi progressivement reconnaît la possibilité aux salariés de se réunir, de s'organiser et d'affirmer leur existence collective, pour qu'un certain équilibre puisse être établi. Ceci suppose que les salariés puissent constituer des syndicats et recourir à la grève comme moyen de pression. Sous le Second Empire (loi du 5 mai 1864), le délit de coalition est supprimé et les grévistes ne risquent donc plus la prison.

Sous la IIIe République (loi Waldeck-Rousseau du 21 mars 1884), les syndicats sortent de la clandestinité et peuvent acquérir une existence légale (de 1791 à 1884, la négociation collective et la signature d'accords collectifs sont illégales). Les syndicats obtiennent le droit d'agir en justice pour la défense des intérêts collectifs de la profession qu'ils représentent (Cour de cassation, chambres réunies, 5 avril 1913, décision reprise dans la loi du 12 mars 1920).

Sous la IVe République (1946), le droit de grève et le droit d'adhérer au syndicat de son choix sont reconnus par la Constitution française et en droit international. Pour les syndicats de salariés et pour les travailleurs eux-mêmes, la grève constitue un moyen, non une fin. L'objectif est d'obtenir des rémunérations plus élevées, de meilleures conditions de travail, la sauvegarde de l'emploi, etc. Les revendications en ce domaine feront l'objet d'une négociation collective avec les employeurs et la négociation pourra aboutir à un accord collectif fixant de nouvelles règles.

La législation, dans presque tous les pays industrialisés, en adéquation avec les Conventions de l'OIT notamment, organise la négociation des conventions collectives. En France, la première loi en la matière est tardivement apparue en 1919, bien longtemps après que les syndicats eurent été dotés d'une existence légale et eurent déjà conclu de premiers accords (sur le modèle des syndicats anglais initiateurs en la matière). De nouvelles lois furent promulguées en 1936 (mécanismes d'application large d'accords), après les Accords Matignon du 7 juin, et en 1950 (négociation dans le cadre d'une branche d'activité et d'établissements). De 1936 à 1982, le droit du travail s'est largement construit par le biais d'accords collectifs, conclus à différents niveaux, et améliorant la situation des salariés par rapport à la loi.

La loi de 1971 reconnaît le droit des travailleurs à la négociation collective, aux différents niveaux de négociation (entreprise, branche, national, interprofessionnel). La « loi Auroux » du 13 novembre 1982 encourage la négociation à 2 niveaux (branche et entreprise) et prévoit une obligation de négocier annuellement sur les salaires et la durée du travail dans chaque entreprise « organisée » (dotée d'une section syndicale). Depuis 1982, une négociation de gestion permet de conclure des accords qui ne sont pas forcément plus favorables que la loi. La « loi Fillon » du 4 mai 2004 vise à orienter la négociation au niveau de l'entreprise et prévoit la possibilité de conclure des accords d'entreprise qui ne soient pas plus favorables que les accords de branche.

En France, la représentation des salariés emprunte, à côté du canal syndical, un second canal : la représentation élue du personnel. La législation a d'abord institué les délégués du personnel (créés initialement en 1936) puis, à la Libération, les comités d'entreprise (ordonnance du 22 févr. 1945, loi du 16 mai 1946). Les délégués du personnel sont chargés de présenter les réclamations du personnel. Le comité d'entreprise (CE) est un organisme d'information et de concertation qui permet de faire participer des représentants du personnel à la marche de l'entreprise. Ce sont les institutions représentatives du personnel (IRP), renforcées par le comité d'hygiène, de sécurité et des conditions de travail (CHSCT) et le comité de groupe (1982).

Pour le législateur de 1884, le cadre naturel de l'action syndicale est le cadre local ou professionnel. À partir de 1936-1946, les syndicats de salariés jouent un rôle important dans la mise en place et le fonctionnement de ces IRP et souvent les élus du personnel sont aussi des militants syndicaux. Les syndicats représentatifs dans l'entreprise peuvent exercer une influence sur l'orientation et les délibérations du comité, sur l'action des délégués du personnel.

Depuis une loi du 27 décembre 1968 (dont le principe avait été admis dans le Protocole de Grenelle en mai 1968), les syndicats peuvent en outre constituer des sections syndicales et désigner des délégués syndicaux dans les entreprises.

La loi du 28 octobre 1982 a étendu les attributions des IRP et renforcé les moyens d'action dont disposent les syndicats dans les entreprises. En revanche, la loi dite quinquennale du 20 décembre 1993 a voulu simplifier et alléger les moyens de fonctionnement des institutions représentatives.

La loi sur la rénovation de la démocratie sociale du 20 août 2008, prise en application de la Position commune du 9 avril 2008 destinée à dynamiser le syndicalisme salarié, modifie les règles en matière de reconnaissance de la représentativité des organisations syndicales de salariés.

La loi du 14 juin 2013 vient encadrer les procédures de consultation des IRP (réduction des délais, synthétisation de l'information, etc.), notamment dans le cadre des procédures collectives de licenciement économique.

La loi du 17 août 2015 « dialogue social » réforme, de façon globale, l'organisation et le fonctionnement des IRP dans l'entreprise, ainsi que les règles de la négociation collective d'entreprise.

Enfin, dans le prolongement des lois précédentes (depuis 2008), la loi du 8 août 2016 prévoit un bouleversement de l'architecture du Code du travail, notamment en écartant l'application du principe de faveur en matière de temps de travail et de repos, et modifie des règles de la négociation collective, notamment d'entreprise. Les ordonnances du 22 septembre 2017 approfondissent cette orientation (mise à l'écart élargie du principe de faveur, extension de la place de l'accord d'entreprise, fusion des institutions représentatives du personnel, etc.).

La quatrième partie de cet ouvrage traite ainsi des relations collectives de travail.

Quant à la première partie, elle présente, en guise d'introduction à ce qui suit et pour en permettre une meilleure compréhension, les principales institutions, administratives et judiciaires, qui interviennent dans la préparation ou la mise en œuvre du droit du travail et donne une vue d'ensemble des sources du droit du travail.

PREMIÈRE PARTIE

SOURCES ET INSTITUTIONS

Le droit du travail est alimenté en principes et règles juridiques par de nombreuses sources, de différente nature (constitutionnelle, légale, professionnelle, jurisprudentielle, etc.) et de différents niveaux (international, européen, interne – national, régional, etc. ; et ces dernières doivent être articulées entre elles (chapitre I).

L'application effective du droit du travail repose en cas de contentieux sur des institutions publiques, les juridictions de l'ordre judiciaire (civiles et pénales) et de l'ordre administratif (chapitre II), qui tranchent les litiges qui leur sont soumis en adoptant, suivant les cas, des décisions de réparation, de sanction, d'interdiction ou d'obligation de faire.

Dans ce cadre, les conseils de prud'hommes réparent les préjudices causés au regard du contrat de travail et parfois peuvent faire cesser des situations de trouble (chapitre III).

Pour veiller à l'application effective du droit du travail, l'Inspection du travail intervient, dans le cadre de l'administration du travail et de ses mécanismes de concertation ; des autorités indépendantes agissent sur des terrains spécifiques, notamment le Défenseur des droits et la CNIL (chapitre IV).

« Prendre des libertés avec le langage technique est un crime contre la clarté, la précision et la beauté de la parole. »

Joseph Conrad, *Le Miroir de la mer* (Gallimard, 1946).

CHAPITRE I

SOURCES DU DROIT

Le droit du travail est constitué d'un ensemble de règles, dont les sources sont multiples : internationales, européennes (ex-communautaires) et nationales, avec des sources d'origine étatique (constitution, loi, règlement, etc.) et celles qui résultent d'un accord (convention collective, contrat de travail), d'usages ou d'un acte unilatéral de l'employeur (règlement intérieur). Il s'agit là de sources qui, par opposition aux sources étatiques, sont appelées sources professionnelles.

À LIRE

M. Miné (dir.), C. Boudineau, A. Le Nouvel, M. Mercat-Bruns, D. Roux-Rossi, B. Silhol, *Droit social international et européen en pratique*, Eyrolles, 2013 (2e éd.).

L'Organisation Internationale du Travail (OIT)

• Organisation

L'OIT, créée en 1919 par le traité de Versailles, est l'une des institutions spécialisées des Nations unies, de création pourtant plus récente. L'instance suprême de l'OIT est la Conférence internationale du travail qui se réunit chaque année en juin, à Genève. Le secrétariat permanent de l'OIT est constitué par le Bureau International du Travail (BIT), dont le siège est à Genève.

La conférence rassemble les délégations des 180 États membres. Chaque délégation comprend 4 personnes : 2 représentants du gouvernement, un représentant des employeurs, un représentant des travailleurs. À la différence d'autres institutions internationales, les délégations ne sont donc pas exclusivement gouvernementales. Le tripartisme caractérise l'OIT.

• Élaboration de normes

L'une des missions de la Conférence est d'élaborer des conventions. Certaines portent sur des problèmes généraux (Inspection du travail, Sécurité sociale, durée du travail, chômage et placement, droit syndical, etc.), d'autres concernent des catégories particulières de salariés (femmes, jeunes, travailleurs agricoles, gens de mer, travailleurs migrants, etc.).

Le choix des questions qui feront l'objet d'une convention incombe au conseil d'administration (tripartite) du BIT et c'est le Bureau qui, après consultation des États membres, prépare un projet de convention. Le texte final doit être approuvé par la Conférence.

Une fois le texte de la convention adopté, il reste aux États membres à le soumettre à leur autorité compétente pour décider s'ils procéderont à la ratification de la convention. En France, l'instance compétente pour décider de ratifier une convention internationale (ou un traité) est le Parlement. Si la France ratifie une convention de l'OIT, celle-ci prend le caractère obligatoire d'un engagement international formel et devient partie intégrante du droit national.

La France est le pays qui a ratifié le nombre le plus élevé de conventions (127 sur 189). Cependant, elle n'a pas ratifié certaines conventions importantes (exemples : la Convention n° 1 de 1919 sur la journée de 8 heures, la Convention n° 143 de 1975 complétant la Convention n° 97 sur les travailleurs migrants, la Convention n° 154 de 1981 sur la négociation collective).

• Contrôle des normes

Il existe un système original de contrôle de l'application des conventions par les États qui les ont ratifiées, organisé par l'OIT (commission d'experts et comité de la liberté syndicale, puis commission de la conférence et conférence plénière).

Traités bilatéraux

Parmi les sources internationales, figurent les traités bilatéraux conclus entre la France et un autre État, par exemple sur les travailleurs migrants. Il existe de tels accords avec les pays – autres que ceux de l'Union européenne (UE), qui garantit la liberté de circulation et de travail dans tous les États membres – dont les nationaux sont nombreux à travailler en France : Algérie, États d'Afrique francophone, etc.

Le Conseil de l'Europe

Les textes élaborés par le Conseil de l'Europe (organisation qui réunit 47 États membres à Strasbourg) sont principalement, pour ce qui concerne le droit du travail :

- la Convention européenne de sauvegarde des droits de l'Homme et des libertés fondamentales (CESDHLF) de 1950, et ses protocoles additionnels ;
- la Charte sociale européenne (CSE) de 1961, révisée en 1996 (CSER).

D'une part, l'importante jurisprudence de la Cour européenne des droits de l'Homme (CEDH) de Strasbourg, seule juridiction supranationale pouvant imposer aux États des décisions de sauvegarde des droits de l'Homme ; d'autre part, les textes du Conseil de l'Europe, interprétés par la CEDH, constituent des fondements de décisions pour le juge interne (depuis Soc. 12 janv. 1999 ; en dernier lieu : Soc. 9 oct. 2013 et Soc. 6 févr. 2013).

UNION EUROPÉENNE	CONSEIL DE L'EUROPE
« EUROPE ÉCONOMIQUE ET SOCIALE »	« EUROPE POLITIQUE »
28 ÉTATS	47 ÉTATS
Textes Traité (1957, 1986, 1992, 1997, 2000, 2004, 2008) Règlements Directives Accords collectifs	**Textes** Convention européenne de sauvegarde des droits de l'homme et des libertés fondamentales (1950) + Protocoles Charte sociale européenne révisée (1961, 1996).
JURISPRUDENCE : CJCE, CJUE (LUXEMBOURG)	**JURISPRUDENCE : CEDH (STRASBOURG)**
La CJUE est saisie notamment par une juridiction interne (question préjudicielle) ou par la Commission (recours en manquement). L'avis de la CJUE s'impose aux États.	La CEDH est saisie par une personne après épuisement des voies de recours internes (dans le délai de six mois suivant la dernière décision) ; la décision s'impose aux États.
	Le Comité européen des droits sociaux (CEDS) est saisi d'une réclamation collective, par une organisation, pour non-respect par l'État de la Charte sociale ; en cas de condamnation, l'État doit se mettre en conformité.
Décisions concernant directement la France : • CJCE 1er décembre 2005, A. Dellas (temps de travail – régime des équivalences) (question préjudicielle). • CJCE 5 juin 2008, Commission c/ France (directive cadre santé et sécurité) (recours en manquement).	Décisions concernant directement la France : • CEDH 9 janvier 2007 (deux arrêts) (régime des équivalences – temps de travail) • CEDS octobre et décembre 2004 (régimes du forfait en jours et des astreintes – temps de travail) • CEDS 23 juin 2010 (forfait en jours et astreinte).

Tableau n° 1 – Textes et juridictions de l'Union européenne et du Conseil de l'Europe

L'Union européenne (UE)

• Traités – « le droit primaire »

L'entrée en vigueur du traité de Lisbonne (ratifié par la France), constitué du traité sur l'Union européenne (TUE) et du traité sur le fonctionnement de l'Union européenne (TFUE), réforme l'UE à partir du 1er décembre 2009. Elle comprend aujourd'hui 28 États membres (27 après le Brexit).

Cette organisation opère un transfert de compétences des États membres au profit des institutions européennes. Les institutions de l'UE sont les suivantes :
– « *Le* Parlement européen *exerce, conjointement avec le Conseil, les fonctions législative et budgétaire. Il exerce les fonctions de contrôle politique (...) Il élit le président de la Commission* ». Il « *élit parmi ses membres son président et son bureau.* » « Les membres du Parlement européen sont élus au suffrage universel direct » (art. 14 TUE, art. 233 TFUE).

– « *Le* Conseil européen *donne à l'Union les impulsions nécessaires à son développement et en définit les orientations et les priorités politiques générales » ; il « est composé des chefs d'État ou de gouvernement des États membres, ainsi que de son président et du président de la Commission », il « se réunit "2 fois par semestre". Le Conseil élit son président "stable", qui préside et anime les travaux, assure la préparation et la continuité de ces travaux...* » (art. 15 TUE, art. 235 TFUE).

– Le *Conseil de l'Union européenne* (appelé Conseil des ministres) est une instance majeure de l'UE qui se réunit par grandes fonctions (affaires sociales, etc.) ; chaque conseil des ministres spécifique est composé d'un représentant de chaque État membre au niveau ministériel, habilité à engager le gouvernement de l'État membre qu'il représente et à exercer le droit de vote. *« Le Conseil exerce, conjointement avec le Parlement européen, les fonctions législative et budgétaire. »* (art. 16 TUE, art. 237 TFUE) ; ce Conseil est présidé par le chef de gouvernement qui assure la présidence tournante de l'UE, pour une période de 6 mois, par roulement ; il se réunit sur convocation du président ou d'un membre de la Commission.

– « *La* Commission *promeut l'intérêt général de l'Union et prend les initiatives appropriées à cette fin. Elle veille à l'application des traités ainsi que des mesures adoptées par les institutions en vertu de ceux-ci. Elle surveille l'application du droit de l'Union sous le contrôle de la Cour de justice de l'Union européenne. (...). Elle exerce des fonctions de coordination, d'exécution et de gestion...* » *« Un acte législatif ne peut être adopté que sur proposition de la Commission »*, sauf exception prévue par les traités. Elle est composée de 27 commissaires et son président *« définit les orientations dans le cadre desquelles la Commission exerce sa mission »* (art. 17 TUE, art. 244 TFUE).

– « *La* Cour de justice de l'Union européenne *comprend la Cour de justice (CJUE), le Tribunal et des tribunaux spécialisés. Elle assure le respect du droit dans l'interprétation et l'application des traités.* » La CJUE statue sur les recours en manquement (formés par la Commission), sur les recours « *à titre préjudiciel, à la demande des juridictions nationales, sur l'interprétation du droit de l'Union...* » et dans les autres cas prévus par les traités (art. 19 TUE, art. 251 TFUE). Les réponses de la Cour de justice aux questions préjudicielles posées par les juridictions internes des États (art. 267 TFUE), sa jurisprudence, constituent une source essentielle du droit social européen.

– La *Banque centrale européenne* et la *Cour des comptes.*

Le Conseil représente les États membres, la Commission incarne l'UE (elle a l'initiative des propositions à l'origine des textes du « droit social européen » – règlements et surtout directives), le Parlement européen représente les citoyens de l'UE, la Cour de justice garantit le respect du droit européen.

Chartes

La ***Charte des droits sociaux fondamentaux des travailleurs***, sorte de programme social, a été adoptée en 1989.

La ***Charte des droits fondamentaux de l'Union européenne*** se voit enfin reconnaître la « même valeur juridique que les traités ». Depuis l'entrée en vigueur du Traité de Lisbonne et par conséquent de la Charte, le juge fonde certaines de ses décisions sur la Charte (en premier lieu : CJUE 19 janv. 2010, C-555/07 ; voir CJUE 1er mars 2011 pour une annulation par la CJUE d'une disposition d'une directive au regard de prescriptions de la Charte).

Règlements et directives – « le droit dérivé »

• Règlements

Les règlements sont directement applicables dans les États membres. À titre d'exemple, c'est un règlement qui a défini les modalités de coordination entre les systèmes nationaux de Sécurité sociale, coordination nécessaire si l'on veut que la libre circulation des travailleurs, à l'intérieur de la Communauté, ne soit pas entravée, alors que c'est l'un des principes posés par le traité de Rome.

• Directives

Les directives fixent des objectifs et un délai, les gouvernements étant libres de déterminer les moyens (dispositions étatiques – lois, décrets, ou dispositions conventionnelles) permettant d'atteindre les objectifs assignés dans le délai prescrit. Dans le domaine de la politique sociale, pour les « compétences partagées » entre l'UE et les États membres, elles sont adoptées dans le cadre de la « procédure législative ordinaire » (à la majorité qualifiée du Conseil et par une codécision Conseil/Parlement).

• Accords collectifs, « le droit complémentaire »

Des accords collectifs européens sont conclus par les partenaires sociaux (CES, BusinessEurope, UEAPME, CEEP) dans le cadre du dialogue social européen interprofessionnel (télétravail, stress, violence et harcèlement, CDD, temps partiel, congé parental) et sectoriel (coiffure, services postaux, etc.).

• Jurisprudence

La jurisprudence du juge de l'UE (CJUE, dit juge de Luxembourg) assure la primauté du droit européen sur le droit interne de chaque État. Elle interprète le droit européen selon une méthode téléologique (au regard des finalités du texte concerné), pour lui donner un « effet utile » (par exemple pour reconnaître le droit aux congés payés à un salarié en arrêt maladie). Elle cherche une conciliation des libertés économiques avec les objectifs sociaux de l'Union européenne (mais a pu faire prévaloir des libertés économiques sur le droit de grève). Cette jurisprudence est une source importante du droit du travail et apporte une certaine contribution à l'édification d'une « Europe sociale ». La France a été l'objet de nombreux recours et de condamnations au regard de sa lenteur à transposer de manière satisfaisante des directives souvent favorables aux salariés.

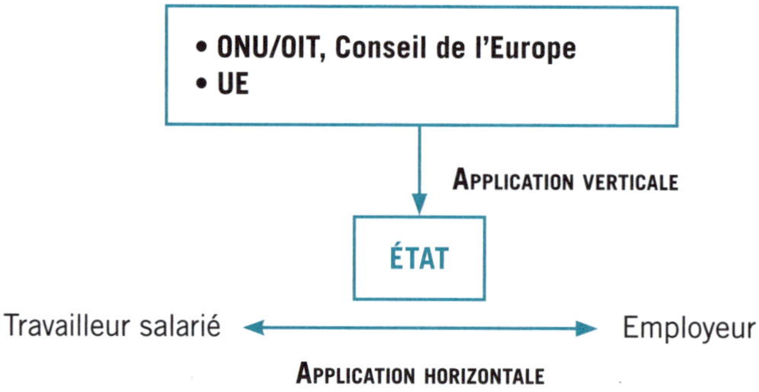

Graphique n° 1 – L'application du droit international et du droit européen en droit interne

Constitution et « bloc de constitutionnalité »

Il s'agit de textes et de décisions à valeur constitutionnelle. Ainsi, la Déclaration des droits de l'Homme et du citoyen de 1789 affirme solennellement certains droits qui garantissent la liberté politique. La Constitution de 1946, dans son préambule, énumère un certain nombre de droits sociaux qui complètent les droits de l'homme au plan politique. La Constitution du 4 octobre 1958 de l'actuelle Vᵉ République se réfère aux droits de l'Homme énoncés en 1789 et confirme les « droits sociaux de l'Homme » définis en 1946 (Décision du Conseil constitutionnel DC 16 juill. 1971, Association).

À RETENIR

Sont ainsi notamment reconnus :

- **l'égalité entre les femmes et les hommes (« la loi garantit à la femme, dans tous les domaines, des droits égaux à ceux de l'homme ») ;**
- **le droit à l'emploi (« chacun a le devoir de travailler et le droit d'obtenir un emploi »), sans discrimination ;**
- **le droit syndical (« tout homme peut défendre ses droits et intérêts par l'action syndicale et adhérer au syndicat de son choix ») ;**
- **le droit de grève (dans le cadre des lois qui le réglementent) ;**
- **la négociation collective et la participation (« tout travailleur participe, par l'intermédiaire de ses délégués, à la détermination collective des conditions de travail ainsi qu'à la gestion des entreprises ») (Décision n° 77-79 DC du 5 juillet 1977) ;**
- **le droit à la Sécurité sociale.**

Dans leurs jugements, les tribunaux font parfois référence à ces droits exprimés en termes généraux, mais ils se fondent en général sur les dispositions plus précises de la loi. Un salarié qui s'estime injustement licencié n'invoquera pas le droit à l'emploi, reconnu par la Constitution, mais la loi qui dispose qu'un licenciement n'est justifié que s'il a une « cause réelle et sérieuse ». Cependant, l'influence des principes posés par la Constitution est importante.

La révision constitutionnelle prévoit que la République « peut participer à l'UE dans les conditions prévues par le traité de Lisbonne » (art. 88-1 et 88-2).

Loi, ordonnance et décret

• Loi

Expression de la souveraineté populaire, la loi demeure une source essentielle du droit du travail : elle détermine les principes fondamentaux du droit du travail et du droit syndical (art. 34 de la Constitution). Toute loi résulte d'un projet de loi, préparé par le gouvernement, ou d'une proposition de loi déposée par un membre de l'Assemblée nationale ou du Sénat.

En fait, la plupart des lois intéressant le droit du travail résultent d'un projet gouvernemental. Le projet ou la proposition est examiné par l'Assemblée nationale et le Sénat, article par article. Des amendements peuvent être adoptés qui modifient le projet initial. Dans le contexte d'inflation législative, le résultat n'est pas toujours parfait, des incohérences existent. La loi est votée par le Parlement (les députés et les sénateurs, ou par les députés seuls), puis promulguée par le président de la République et publiée au *Journal officiel* de la République française.

• Ordonnance

Le gouvernement peut, pour l'exécution de son programme, demander au Parlement l'autorisation de prendre par ordonnances des mesures qui sont normalement du domaine de la loi (art. 38 de la Constitution). Le gouvernement intervient dans le domaine de compétence du Parlement (art. 34 de la Constitution), en vertu d'une délégation de compétence accordée par le Parlement. Au début du processus, le Parlement vote une ***loi d'habilitation***, autorisant le gouvernement à prendre des ordonnances dans le domaine de compétence du Parlement, pendant une durée limitée et sur des thèmes identifiés. Les ***ordonnances*** sont rédigées par le gouvernement (les parlementaires ne peuvent pas en amender le contenu), puis publiées au *Journal officiel*. À la fin du processus, le Parlement vote une ***loi de ratification***, donnant valeur législative aux ordonnances. À défaut de ratification, les ordonnances sont caduques.

Dans le domaine du droit du travail, ce processus doit être articulé avec le « dialogue social » (voir le chapitre XVIII).

• Décret

Les règlements relèvent du seul pouvoir exécutif (art. 37 de la Constitution), sans intervention du Parlement, et sont destinés à apporter des précisions à une loi. La loi n'est parfois pas applicable tant que les décrets d'application n'ont pas été publiés. En outre, sur certains points, les ministres, les préfets ou les maires peuvent prendre des arrêtés (arrêté interministériel fixant le nouveau taux du salaire minimum interprofessionnel de croissance (SMIC) ; arrêté du préfet concernant le travail du dimanche par exemple).

En fait, les questions les plus importantes font l'objet d'une loi. Les décrets la complètent en précisant certains points ou traitent de questions techniques qui ne touchent pas aux principes généraux (par exemple en matière de sécurité).

En revanche, les instructions et circulaires adressées par les ministres aux services et établissements de l'État ne constituent pas des sources du droit. Ce sont des interprétations du droit par le ministre concerné. Les circulaires ne modifient pas l'état du droit applicable. Elles sont intéressantes à connaître et désormais elles « *sont tenues à la disposition du public sur un site Internet relevant du Premier ministre* » et « *Une circulaire ou une instruction qui ne figure pas sur le site Internet (...) n'est pas applicable. Les services ne peuvent en aucun cas s'en prévaloir à l'égard des administrés* » (des citoyens !) à partir du 1er mai 2009 (décret du 8 déc. 2008).

• Code du travail

La distinction entre la loi, les règlements et les décrets se reflète dans la structure du Code du travail. Le Conseil constitutionnel a validé la loi ratifiant l'ordonnance du 12 mars 2007 relative à la nouvelle codification du Code du travail et a apporté plusieurs précisions importantes (DC 17 janv. 2008 ; loi du 21 janv. 2008) et en particulier le fait que « *l'emploi du présent de l'indicatif ayant valeur impérative, la substitution du présent de l'indicatif à une rédaction formulée en termes d'obligation ne retire pas aux dispositions du nouveau Code du travail leur caractère impératif* ».

À RETENIR

Dans le Code du travail, figurent :
- les textes d'origine législative (les articles commencent par la lettre L) ;
- les dispositions résultant de décrets : décrets en Conseil d'État (les articles commencent par la lettre R) et décrets simples (les articles commencent par la lettre D).

Le Code comprend 8 parties :
- relations individuelles de travail ;
- relations collectives de travail ;
- durée du travail, salaire, intéressement, participation et épargne salariale ;
- santé et sécurité au travail ;
- emploi ;
- formation professionnelle tout au long de la vie ;
- dispositions particulières à certaines professions (journalistes ; professions du spectacle, de la publicité et de la mode ; salariés employés par des particuliers à leur domicile privé pour réaliser des travaux à caractère familial ou ménager ; VRP ; travailleurs à domicile ; etc.) ;
- contrôle de l'application de la législation du travail.

Chaque partie est subdivisée en plusieurs titres, puis chapitres, puis sections. Chaque article de la partie législative est affecté d'un nombre de 4 chiffres, auquel s'ajoute le numéro de l'article dans le chapitre. Exemple : l'article L. 4121-1 est le premier article du premier chapitre (obligations de l'employeur) du titre II (principes généraux de prévention) du livre premier (dispositions générales) de la partie 4 (santé et sécurité au travail). Le premier chiffre indique la partie, le deuxième le livre, le troisième le titre et le quatrième le chapitre.

La partie réglementaire du Code a la même structure et le même système de numérotation que la partie législative. Il y a donc une correspondance entre ces 2 parties. Certains éditeurs présentent les articles en L, puis les articles en R et D qui s'y rapportent (Dalloz, etc.) ; d'autres éditeurs font figurer ces articles les uns à la suite des autres, chapitre par chapitre (Francis Lefebvre, etc.). Une table de concordance entre l'ancienne et la nouvelle numérotation permet de se repérer plus facilement.

• Code du travail numérique

Le dispositif intitulé « Code du travail numérique » est mis en place au plus tard le 1er janvier 2020. Celui-ci permet, en réponse à une demande d'un employeur ou d'un salarié sur sa situation juridique, l'accès aux dispositions législatives et réglementaires, ainsi qu'aux stipulations conventionnelles, en particulier de branche, d'entreprise et d'établissement, sous réserve de leur publication, qui lui sont applicables. L'accès à ce dispositif se fait, de manière gratuite, au moyen du service public de la diffusion du droit par l'Internet. L'employeur ou le salarié qui se prévaut des informations obtenues au moyen du « Code du travail numérique » est, en cas de litige, présumé de bonne foi (Ord. n° 2017-1387 du 22 septembre 2017).

Jurisprudence

• Définition

À RETENIR

La jurisprudence est composée des décisions de justice rendues par les cours et les tribunaux qui appliquent une règle de droit à des situations de fait. La jurisprudence de juridictions, notamment celle de la Cour de cassation et du Conseil d'État, constitue une source du droit du travail, du fait notamment qu'elle pose certaines règles, relatives à des points non précisés par la loi ou donne une interprétation d'un texte (loi, convention, etc.) ou encore règle une antinomie entre lois. Mais il n'est fait référence qu'à la jurisprudence publiée (revues, sites Internet).

Selon l'article 5 du Code civil, il est défendu aux juges de prononcer par voie de disposition générale et réglementaire sur les causes qui leur sont soumises. De ce principe la Cour de cassation a justement déduit que la référence à une décision rendue dans un litige différent de celui soumis à une juridiction ne saurait servir de fondement à cette dernière (Soc. 27 févr. 1991). Cependant, les décisions de justice européennes (CJUE, CEDH) « s'imposent » aux États et en particulier aux juridictions internes, qui parfois les mentionnent explicitement dans leurs motivations (exemple : Cour d'appel de Riom, 16 janv. 1995, Usai Champignons).

Selon l'article 4 du Code civil, le juge qui refusera de juger, sous prétexte du silence, de l'obscurité ou de l'insuffisance de la loi, pourra être poursuivi comme coupable de déni de justice. Ceci revient à dire que le juge est obligé de trancher le litige qui lui est soumis, mais que sa décision ne concerne que ce litige précis. Une décision de justice ne lie que les parties au litige (ce sont des « arrêts d'espèce »). Il n'en reste pas moins vrai qu'il est toujours intéressant de savoir comment un juge a tranché telle ou telle question et de l'invoquer (comme « précédent » diraient des juristes anglo-saxons), dans une situation estimée semblable. Mais rien ne garantit qu'un autre juge prendra dans ce cas la même décision, ni même que le premier juge prendra une décision identique (ce sont les aléas des « revirements de jurisprudence »).

• Cour de cassation

La Cour de cassation a notamment pour fonction d'unifier la jurisprudence, de « dire le droit » (même si parfois des juridictions « résistent » à son interprétation). Depuis la Grèce et la Rome antiques, pour appliquer le droit, le juge doit interpréter le droit : par le choix opéré, il crée du droit (création prétorienne). Ce pouvoir créateur est renforcé par l'obligation de motiver les décisions : le juge formule alors sa décision en termes généraux. Cette création passe parfois par la « découverte » d'un principe par le juge. Ainsi, des décisions font autorité, « font jurisprudence » : la solution retenue dans une affaire (entre les parties, *inter partes*) revêt une forte autorité pour l'avenir (à l'égard de tous, *erga omnes*). Il s'agit en particulier des « arrêts de principe » de la Cour de cassation, qui font l'objet d'une forte communication – ces arrêts, rendus en formation plénière de la chambre (FP), sont publiés au bulletin annuel (P), au bulletin d'information bimensuelle (B), figurent au Rapport annuel (R), qui relate les principaux arrêts rendus et les réformes souhaitables, et sont diffusés sur le site Internet de la Cour (I) : le numéro de l'arrêt est alors suivi des lettres FP-PBRI. Les solutions de ces arrêts sont parfois reprises par le législateur pour combler un vide législatif (exemple : nullité du licenciement consécutif à un plan social nul) ou au contraire infirmées par une nouvelle loi (exemple : astreinte pendant le temps de repos).

Accords collectifs

Les conventions légalement formées tiennent lieu de loi à ceux qui les ont faites (art. 1103 C. civ.). La convention collective est l'une des sources importantes du droit du travail. Elle peut couvrir une branche d'activité (par exemple : métallurgie, commerce alimentaire) ou une entreprise. La plupart des conventions collectives contiennent des dispositions sur les salaires (ce sont des minima, dépassés le plus souvent en fait), les primes, la durée de la période d'essai, la durée du préavis à respecter en cas de licenciement ou de démission, les congés (notamment pour événements familiaux), les indemnités de licenciement, les indemnités versées par l'employeur en cas de maladie, d'accident ou de grossesse et qui complètent les allocations versées par la Sécurité sociale, etc. La convention collective peut contenir également des dispositions adaptées aux conditions d'activité propres à la branche qu'elle concerne. Par exemple, la convention collective du bâtiment prévoit des indemnités de grand déplacement et en cas d'intempéries.

Au-delà des conventions collectives existent des accords nationaux interprofessionnels, dont les dispositions couvrent presque l'ensemble des salariés du pays, quel que soit leur domaine d'activité.

Usages et engagements unilatéraux

Les ***usages*** sont des habitudes suivies et pratiquées de longue date dans une entreprise, une profession ou un champ géographique. Il s'agit de coutumes, mais elles sont désormais souvent intégrées dans des accords collectifs.

Avec le développement du droit écrit (législation, conventions collectives), cette source du droit du travail a perdu de son importance, mais elle subsiste. Aussi la loi y renvoie-t-elle parfois.

L'***engagement unilatéral*** est une décision de l'employeur, notamment d'accorder un avantage.

Règlement intérieur

Il s'agit de la réglementation patronale de l'entreprise (voir le chapitre II).

Accord individuel

La convention conclue entre l'entreprise et le salarié, c'est-à-dire le contrat de travail, est également une source importante du droit qui régit les relations individuelles de travail.

Normes dites de *soft law*

À LIRE

K. Martin-Chenut et R. de Quenaudon (dir.), *La responsabilité sociale des entreprises saisie par le droit. Perspectives internes et internationales*, 2016, Pedone.

Constituent des sources de droit certaines normes dites de « *soft law* » (« droit mou »), ayant un plus faible degré de juridicité. Ces normes sont internationales, nationales ou internes à une entreprise ou à un groupe. Cette catégorie n'est pas homogène. Elle traduit une évolution discrète, mais majeure du droit, en particulier dans le domaine commercial, notamment dans le cadre de la RSE (Responsabilité sociale des entreprises). Il s'agit notamment des normes produites par des organismes de certification (cf. notamment les normes ISO ou AFNOR) ou de « chartes ». Dans le domaine du droit du travail, elles s'appuient dans des proportions variables sur la « *hard law* » (« droit dur »), le droit opposable (les Conventions de l'OIT, les directives européennes, le Code du travail, etc.).

Principes généraux du droit

Sophocle raconte qu'Antigone, fille d'Œdipe, sœur d'Étéocle et de Polynice, parvint devant les murs de Thèbes où gisaient les cadavres de ses 2 frères qui s'étaient entre-tués. Un édit du roi Créon interdit de donner une sépulture à Polynice. Elle dit « non » et passa outre à cet ordre légitime mais sacrilège, au nom de sa conscience, évoquant « les lois sûres, les lois non écrites des dieux ». Il en est ainsi du droit de donner une sépulture aux défunts et d'honorer leur mémoire.

Ce mythe de l'Antiquité illustre la notion de principes généraux du droit : des règles de droit non écrites et valables quels que soient le pays, l'époque, la civilisation, la religion ou le régime politique considérés. Ce sont des droits non écrits qui s'imposent à tous et dont chacun doit effectivement pouvoir bénéficier.

À RETENIR

Les ***principes généraux du droit*** peuvent avoir une origine jurisprudentielle (principe d'égalité de rémunération entre les femmes et les hommes – CJCE 1976 G. Defrenne II) ou se rattacher à des adages. Ces principes ont, pour certains, progressivement été inscrits dans des « déclarations des droits » (Déclaration des droits de l'Homme et du citoyen de 1789, Convention européenne de sauvegarde des droits de l'Homme de 1950, Pactes de l'ONU de 1966 en application de la Déclaration universelle des droits de l'Homme de 1948, Charte des droits fondamentaux de l'Union européenne de 2000). Ces principes relèvent notamment pour certains des « droits de l'Homme » (exemples : droit à un procès équitable, droit de mener une vie familiale normale, etc.), d'autres de principes d'organisation institutionnelle (exemple : principe de subsidiarité). Ces principes peuvent bénéficier de différentes places dans la hiérarchie des normes (valeur internationale, constitutionnelle, légale, etc.).

De tels principes existent en droit français (exemple : principe d'équité qui défend de s'enrichir sans cause au détriment d'autrui, Cour de cassation 1892). Parmi ces principes figurent ceux du droit du travail (en particulier le « principe de faveur »).

Il existe des modes d'articulation entre les différentes sources du droit.

Primauté de principes généraux, du droit international et européen

Les principes généraux du droit, de valeur supranationale ou européenne, bénéficiant d'une valeur permanente et universelle, ont une suprématie sur toutes les autres sources du droit.

• Textes internationaux

Les traités régulièrement ratifiés et publiés ont, selon la Constitution française (art. 55), une autorité supérieure à celle des lois (sous réserve pour les traités bilatéraux de leur application par l'autre partie). Ce principe vaut notamment pour les conventions de l'OIT qui l'emportent, en cas de divergence, sur la loi nationale (Soc. 1er juill. 2008, considérant que le contrat nouvelles embauches est contraire à la convention n° 158 de l'OIT ; Soc. 29 mars 2006, analysant le droit au préavis au regard des exigences de cette convention).

• Textes européens (UE)

Les États membres de l'UE prennent toutes les mesures générales ou particulières propres à assurer l'exécution des obligations découlant du Traité, des règlements et des directives (Traité, art. 10). La primauté du droit européen (ex-communautaire) est assurée, de longue date, notamment grâce à la jurisprudence (exemple : CJCE 1er déc. 2005 considérant que le régime français des équivalences, en matière de temps de travail, est contraire au droit communautaire). Cette « primauté du droit européen » s'impose à toutes les institutions de l'État (Parlement, gouvernement et administrations, justice ; DC 10 juin 2004, Soc. 18 déc. 2007, RATP). Le droit interne doit être interprété, notamment par le juge (national), « à la lumière » du droit européen, avec l'objectif d'atteindre le résultat fixé par la directive concernée (CJCE 13 nov. 1990, Marleasing).

• Confrontation droit international/européen *versus* droit interne

Ainsi, le droit international et le droit européen offrent des ressources aux justiciables pour s'opposer à l'application de normes illicites du droit français. L'État n'est plus au-dessus du droit. Le non-respect d'un engagement international de la France ou d'un texte européen, quand il cause un préjudice, engage la responsabilité de l'État, pour la réparation des dommages causés (CE Assemblée, 8 févr. 2007 ; CJCE 13 sept. 2003, Köbler).

Hiérarchie des sources étatiques

À l'intérieur du droit national étatique, la loi doit respecter la Constitution (le contrôle de la constitutionnalité des lois est exercé par le Conseil constitutionnel). Les règlements doivent respecter la loi (le contrôle de la légalité des règlements est exercé par le Conseil d'État qui peut annuler un règlement dont certaines dispositions seraient contraires à la loi).

Hiérarchie des sources professionnelles

La même idée de hiérarchie régit la relation entre les diverses sources professionnelles. Le règlement intérieur ne peut comprendre de dispositions contraires à la convention collective applicable à l'entreprise. Le contrat de travail doit respecter les règles professionnelles écrites, c'est-à-dire qu'il ne peut comporter que des clauses plus favorables au salarié que toutes les autres sources du droit.

De même, une hiérarchie s'établissait traditionnellement entre la convention collective de branche et la disposition conventionnelle interprofessionnelle, d'une part, et la convention d'entreprise, d'autre part, qui était donc subordonnée aux premières. C'est le texte le plus favorable au salarié qui doit s'appliquer, selon le principe de faveur. Cependant, l'application de ce principe de faveur est de plus en plus souvent écartée, en lien avec la promotion de l'accord d'entreprise.

Cette tendance à la décentralisation de la négociation collective au niveau de l'entreprise et à l'autoréglementation de l'entreprise, prévue notamment par la loi du 4 mai 2004, est confortée et amplifiée par la loi du 20 août 2008 et, de façon encore plus intense, par la loi du 8 août 2016 et les ordonnances du 22 septembre 2017. Cependant, le principe de faveur existe toujours (une preuve réside dans le fait que parfois il peut être écarté).

Combinaison des sources professionnelles et légales

La relation de la convention collective avec la loi se pose dans des termes complexes. La loi l'emporte-t-elle sur la convention collective car elle se situe plus haut dans la hiérarchie des sources ? Ceci doit-il entraîner que, sur tous les points qu'elle traite et qui font souvent l'objet de dispositions légales, la convention collective doit s'aligner sur ces dispositions ?

D'une part, notamment depuis 1936, la convention collective a pour objet justement d'assurer aux travailleurs une protection et des droits qui vont au-delà du minimum prévu par la loi en leur faveur. Et la convention collective peut aussi contenir des dispositions qui traitent d'une question non couverte par la législation. Dans le cadre de la négociation collective d'acquisition, des accords dérogatoires *in melius* sont conclus (ordre public social).

D'autre part, en premier lieu, depuis l'ordonnance du 16 janvier 1982, relative à la durée du travail et aux congés payés, il est prévu que, sur un certain nombre de points, les conventions collectives peuvent « déroger » à des règles légales, dans un sens qui n'est pas plus favorable aux salariés (dans certains cas, à certaines conditions et dans certaines limites). En second lieu, cette tendance se confirme avec la loi du 4 mai 2004, qui bouleverse la hiérarchie des sources conventionnelles entre elles et prévoit que des accords collectifs peuvent « déroger » à d'autres accords (un accord d'entreprise déroge à un accord de branche), dans un sens qui n'est pas plus favorable aux salariés (dans la plupart des cas, à certaines conditions et dans certaines limites). Dans le cadre de la négociation collective de gestion, des accords dérogatoires *in pejus* sont conclus. Cette tendance est confortée avec la loi du 20 août 2008, pour les dispositions en matière de temps de travail, l'accord d'entreprise primant sur l'accord de branche et les dispositions légales et réglementaires n'étant plus que supplétives.

Dans le même accord collectif peuvent figurer des dispositions dérogatoires *in melius* et des dispositions dérogatoires *in pejus* ainsi que des dispositions dont le caractère plus ou moins favorable aux salariés est difficile à appréhender.

Le Code du travail prévoit qu'une convention collective peut comporter des dispositions plus favorables aux salariés que les dispositions légales en vigueur (L. 2251-1). Le même article précise qu'elle ne peut déroger aux dispositions qui revêtent un caractère d'ordre public. C'est là, transposée en droit du travail, l'application d'un principe du droit civil selon lequel (art. 6) on ne peut déroger par des conventions particulières aux lois qui intéressent l'ordre public. L'ordre public est généralement défini comme ce qui est indispensable au maintien de l'organisation sociale.

En matière d'ordre public, il convient désormais de distinguer, d'une part, les règles impératives, dispositions légales d'ordre public « absolu », et, d'autre part les règles dispositives, avec les dispositions d'ordre public « social » et les « dispositions dérogatoires », et avec les domaines où la loi est supplétive.

• Ordre public absolu

Il existe un certain nombre de règles légales auxquelles une convention collective ne saurait déroger, même si la dérogation paraît favorable aux salariés. Il en est ainsi, notamment, des dispositions organisant les élections professionnelles (double tour de scrutin, représentation proportionnelle, etc.) et plus généralement de celles qui organisent le fonctionnement des institutions sociales. Ainsi, une convention collective ne peut prévoir que les litiges entre employeurs et salariés seront portés devant une commission disciplinaire instituée par la convention collective elle-même, au lieu d'être soumis au conseil de prud'hommes ; la loi interdit l'indexation des salaires sur l'évolution du SMIC.

• Ordre public social

Dans la plupart des matières, « *une convention collective de travail peut contenir des dispositions plus favorables aux travailleurs que celles des lois et règlements* » (DC 25 juill. 1989), selon le « principe de faveur » – par exemple, une convention collective peut prévoir des salaires plus élevés que le SMIC, des congés payés plus longs que ceux prévus par la loi, des indemnités de licenciement supérieures à l'indemnité légale. C'est là sa fonction traditionnelle et sa fonction essentielle.

Ce ***principe de faveur***, non écrit, inspiré de dispositions éparses du Code du travail (L. 2251-1, L. 2252-1 et L. 2253-1, L. 2254-1), « constitue un principe fondamental du droit du travail » (DC 25 juill. 1989) à valeur légale, mais n'ayant pas valeur constitutionnelle. Pour le juge judiciaire, le principe dit « de faveur » constitue un principe fondamental du droit du travail (art. 34 de la Constitution), mais pas un principe fondamental reconnu par les lois de la République (Soc. 29 janv. 2014, QPC (question prioritaire de constitutionnalité) – Loi du 25 juin 2008). Ainsi, selon ce « *principe fondamental en droit du travail* », « ***en cas de conflit de normes, c'est la plus favorable aux salariés qui doit recevoir application*** » (Soc. 17 juill. 1996, Soc. 8 oct. 1996 ; Soc. 23 nov. 2010), en particulier en cas de concurrence entre plusieurs textes, c'est le texte le plus favorable au salarié qui doit s'appliquer : c'est la dérogation *in melius*. Il s'agit là d'une dérogation à l'ordre public : habituellement, c'est le texte le plus élevé dans la hiérarchie des normes qui reçoit application (la loi s'impose au règlement et à un accord privé). Pour le juge administratif, le principe de faveur constitue « *un principe général du droit du travail* » qui s'impose au pouvoir réglementaire (CE 8 juill. 1994, CGT ; CE 27 juill. 2001, Fédération des transports FO).

Le principe de faveur ne s'applique pas entre 2 accords de même niveau (d'entreprise, de branche notamment) qui se succèdent – un nouvel accord peut remplacer un précédent accord et, le cas échéant, être moins favorable pour les salariés.

• « Dispositions conventionnelles dérogatoires »

Dans ce cadre, depuis 1982, la convention collective peut prévoir des dispositions différentes des dispositions légales même dans un sens qui n'est pas plus favorable pour le salarié et qui parfois même peut lui être défavorable. Il s'agit de dérogations *in pejus* (par exemple, en matière de temps de travail, notamment en ce qui concerne la rémunération des heures supplémentaires avec un dispositif de modulation).

Cependant, ***ces dispositions conventionnelles « dérogatoires » ne sont licites que dans un cadre déterminé.*** Ainsi, s'il est possible de déroger à la loi dans un sens qui n'est pas forcément plus favorable pour le salarié, c'est uniquement :

- dans les cas où la loi l'autorise ;
- selon les conditions prévues par la loi (le plus souvent par accord collectif) ;
- dans les limites prévues par la loi (contenu de l'accord, respect de dispositions d'ordre public social auxquelles il ne peut être dérogé que dans un sens plus favorable aux salariés) ;
- dans le respect des droits fondamentaux de la personne du travailleur (l'accord collectif mettant en œuvre la dérogation ne doit pas avoir d'effets discriminatoires, d'atteinte à la santé, etc.).

À défaut de respect de ces règles encadrant la dérogation, il convient de revenir à l'application de la règle légale.

Il en est de même en cas de « dérogation » entre accords collectifs (loi du 4 mai 2004). Ainsi, un accord collectif d'entreprise peut déroger à un autre accord collectif de branche même s'il n'est pas plus favorable pour le salarié, dans certaines conditions. Cet ordre public « dérogatoire » est aussi parfois mis en œuvre selon une autre voie : en édictant que la règle applicable est fixée par l'accord collectif, la règle légale (ou réglementaire) n'étant que supplétive.

Enfin, dans certains cas et à certaines conditions, l'accord collectif peut s'imposer au contrat de travail, même s'il n'est pas plus favorable.

Ainsi, l'ordonnance du 16 janvier 1982 (accord collectif/loi), la loi du 4 mai 2004 (accord collectif/accord collectif) et la loi du 14 juin 2013 (contrat de travail/accord collectif) marquent les différentes étapes de la mise à l'écart possible du « principe de faveur ».

• Loi supplétive

La loi du 8 août 2016 et les ordonnances du 22 septembre 2017 constituent de nouvelles étapes dans la non-application du principe de faveur.

Cette démarche est mise en œuvre notamment en matière de temps de travail : la loi fixe des « principes », mais le plus souvent sans contenu substantiel (la loi devient une énorme valise sans contenu) ; le contenu doit être fixé par accord collectif (en priorité d'entreprise) ; à défaut d'accord, des dispositions supplétives sont prévues (fixées, suivant les sujets, par la loi ou par décret ou encore par décision unilatérale de l'employeur).

Nouveau panorama des articulations des principales normes internes de droit du travail

La nouvelle situation résulte des évolutions législatives de ces dernières années et, dans le prolongement, des apports de la nouvelle ordonnance n° 2017-1385 « relative au renforcement de la négociation collective » du 22 septembre 2017.

Voici ce nouveau paysage des articulations entre les principales sources du droit du travail : loi – accords collectifs, de branche et d'entreprise – contrat de travail. Un tableau pointilliste à la Seurat et à la Signac.

• Relations entre la loi et les accords collectifs (accord de branche et accord d'entreprise)

En application du principe de faveur, un accord collectif, de branche ou d'entreprise, peut prévoir des dispositions plus favorables que la loi. L'ordre public social s'applique ici pleinement. Exemple emblématique : un accord collectif, de branche ou d'entreprise, peut prévoir un niveau de salaire supérieur au SMIC.

En revanche, un accord collectif, de branche ou d'entreprise, ne peut prévoir de dispositions moins favorables que la loi. L'ordre public social doit être respecté. Exemple : un accord collectif ne peut pas prévoir une durée de travail effectif hebdomadaire supérieure à 48 heures.

Cependant, quand la loi l'autorise explicitement, un accord collectif peut prévoir des dispositions moins favorables que les dispositions législatives. Cette dérogation est, suivant les cas, ouverte aux seuls accords de branche ou également aux accords d'entreprise.

Ainsi, des accords de branche peuvent prévoir des durées de période d'essai plus longues que les durées légales.

La nouvelle législation, issue de l'ordonnance, permet à un accord de branche de déroger à des dispositions légales, notamment en matière de contrat à durée déterminée et de contrat de travail temporaire (durées maximales, périodes de carence, etc.), ainsi que de contrat à durée indéterminée de chantier.

Dans certains cas, la loi prévoit que l'accord d'entreprise, comme l'accord de branche, peut déroger aux dispositions législatives. Exemple : le salarié en CDD a droit, à titre de complément de salaire, à une indemnité de fin de contrat égale à 10 % ; un accord d'entreprise, comme un accord de branche, peut prévoir de limiter le montant de cette indemnité à 6 %.

Dans le domaine de la durée du travail et des congés, la loi est supplétive et ne s'applique qu'en l'absence de dispositions conventionnelles de branche et d'entreprise (exemple : le régime juridique des heures supplémentaires - taux de majoration et volume d'heures par salarié et par an).

• Relations entre l'accord d'entreprise et l'accord de branche

Un accord de branche peut prévoir des dispositions favorables aux salariés qui vont s'appliquer en l'absence d'accord d'entreprise.

En règle générale, l'accord d'entreprise prime sur l'accord de branche. Il en est ainsi quelle que soit la date de conclusion de l'accord d'entreprise (antérieure ou postérieure à la conclusion de l'accord de branche). Et surtout, l'accord d'entreprise a la primauté sur l'accord de branche, quel que soit le niveau de son contenu : l'accord d'entreprise s'applique, qu'il soit, pour le salarié, plus favorable que l'accord de branche, ou qu'il soit moins favorable que l'accord de branche (la promotion de l'accord d'entreprise s'accompagne de la mise à l'écart du principe de faveur).

Cependant, quelques exceptions existent. Dans certains domaines, un accord d'entreprise ne peut déroger à un accord de branche. Les dispositions de l'accord de branche constituent le plancher. Il s'agit en particulier :
- des salaires minima hiérarchiques ;
- des grilles de classification ;
- de l'égalité professionnelle entre les femmes et les hommes ;
- des garanties collectives complémentaires (mutuelle, prévoyance).

Il s'agit également de domaines particuliers :
- la mutualisation des fonds de financement du paritarisme ;
- la mutualisation des fonds de la formation professionnelle ;
- les modalités selon lesquelles la poursuite des contrats de travail est organisée entre deux entreprises lorsque les conditions légales ne sont pas réunies ;
- les cas de mise à disposition d'un salarié temporaire auprès d'une entreprise utilisatrice ;
- la rémunération minimale du salarié porté.

Et dans quelques autres domaines, un accord d'entreprise ne peut déroger à un accord de branche si celui-ci interdit toute dérogation défavorable (verrouillage facultatif). Il s'agit :
- de la prévention des effets de l'exposition aux facteurs de risques professionnels – pénibilité ;
- de l'insertion professionnelle et du maintien dans l'emploi des travailleurs handicapés ;
- de l'effectif à partir duquel les délégués syndicaux peuvent être désignés, leur nombre et la valorisation de leurs parcours syndical ;
- des primes pour travaux dangereux ou insalubres.

De façon générale, pour éviter l'encadrement des accords d'entreprise par des accords de branche, les dispositifs légaux prévoyant le « verrouillage » des accords de branche par les signataires de ces accords pour éviter les accords d'entreprises dérogatoires (loi du 4 mai 2004) sont supprimés.

Pour les accords de branche qui prévoient actuellement des clauses faisant obstacle à des clauses dérogatoires (moins favorables aux salariés) de conventions ou d'accords d'entreprise ou d'établissement, ces clauses de « verrouillage » (imposant l'application du principe de faveur) continueront de produire effet si les parties signataires les confirment, avant le 1er janvier 2019.

Accords d'entreprise, d'établissements et de groupes

Entre ces différents niveaux, le principe de faveur continue de s'appliquer. Cependant, le principe de faveur peut être écarté : un accord de groupe peut s'imposer aux accords conclus dans les entreprises ou les établissements compris dans le périmètre de cet accord ; un accord d'entreprise peut s'imposer aux accords conclus dans les établissements compris dans le périmètre de cet accord.

Relations entre l'accord d'entreprise et le contrat de travail

De manière générale, c'est le principe de faveur qui s'applique :

– Un contrat de travail peut prévoir des dispositions plus favorables que la loi, l'accord de branche et l'accord d'entreprise (exemple : le contrat de travail peut prévoir un salaire plus élevé que le SMIC, les minima conventionnels de branche et les salaires pratiqués dans l'entreprise).

– Si un accord collectif est signé et est plus favorable que le contrat de travail, les nouvelles dispositions conventionnelles s'appliquent (exemple : un accord d'entreprise prévoyant un salaire plus élevé que le contrat de travail bénéficie automatiquement au salarié).

Cependant, dans certains cas, un accord d'entreprise peut s'imposer au contrat de travail alors qu'il prévoit des dispositions moins favorables pour le salarié. Il en est ainsi pour « *répondre aux nécessités liées au fonctionnement de l'entreprise ou en vue de préserver, ou de développer l'emploi* », en matière d'aménagement du temps de travail, d'aménagement de la rémunération et de mobilité professionnelle ou géographique interne à l'entreprise (dispositifs reformulés par la nouvelle ordonnance).

• Ne pas confondre les niveaux

Ainsi, c'est toujours la loi qui détermine l'ordonnancement des sources du droit du travail, la hiérarchie des normes. Cependant, le contenu substantiel du droit est déplacé de la norme légale vers la norme conventionnelle et surtout en particulier désormais vers l'accord d'entreprise.

Pour éviter les confusions, il convient de ne pas confondre les niveaux :
- les domaines où un accord collectif peut déroger à la loi ;
- les domaines où un accord d'entreprise a la primauté sur un accord de branche ;
- les domaines où le contrat de travail ne s'applique plus face à un accord d'entreprise moins favorable.

• Ne pas confondre la règle et l'usage de la règle

Il convient de ne pas confondre la règle (posée par le législateur) et l'usage qui sera fait de cette règle par les acteurs sociaux (employeurs, organisations patronales et organisations syndicales de salariés). La législation propose des outils : les acteurs en disposent et s'en servent ou pas. Ils pourront s'en servir différemment suivant les branches d'activité en fonction de différents paramètres socio-économiques. Le jeu des acteurs est essentiel dans l'élaboration et la mise en œuvre du droit.

• Autres principes d'articulation

Il convient enfin de signaler d'autres principes d'articulation entre sources de droit :

- En cas de concurrence entre règles, la règle spéciale sera appliquée de préférence à une règle générale.

- En cas d'exception à un principe, « les exceptions doivent être interprétées strictement ».

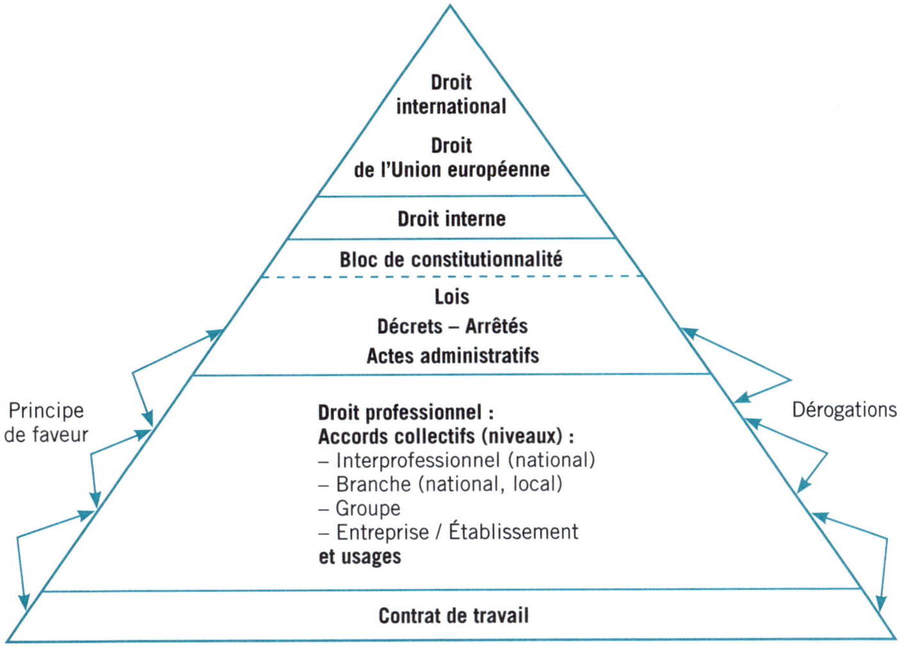

Graphique n° 1.a. – La pyramide de Hans Kelsen (juriste autrichien, 1881-1973) revisitée et appliquée au droit du travail (principe de faveur et dérogation)

CHAPITRE II

JURIDICTIONS

À RETENIR

Voici les principes généraux de l'organisation judiciaire :

- La justice doit assurer le respect du droit. La justice doit être un garant de la démocratie.
- Le système français consacre le « principe de séparation des pouvoirs » (législatif, exécutif et judiciaire).
- Nul ne peut se faire justice lui-même. La justice est un service public et est rendue au nom du peuple français. Gardienne des libertés individuelles et de l'État de droit, elle veille à l'application de la loi et garantit le respect des droits de chacun.
- « Nul n'est censé ignorer la loi » : personne ne peut se prévaloir de son ignorance de la loi pour en empêcher l'application ou échapper à ses obligations et responsabilités.
- « Droit à un procès équitable » : toute personne a le droit d'accéder à la justice, de faire entendre sa cause et de faire examiner son affaire par un juge indépendant et impartial, dans le cadre d'un procès équitable, et a le droit à l'exécution de la décision de justice. Le juge a l'obligation de rendre une décision lorsqu'il est saisi d'une affaire pour laquelle il est compétent (à défaut, il commettrait un déni de justice). Il prendra sa décision en application du droit, après avoir entendu chacune des personnes concernées, dans le respect des règles de la procédure. À ce principe sont attachés les principes du « contradictoire » et du respect des droits de la défense, comme principes d'égalité et de loyauté entre les adversaires dans le cadre d'un procès.
- Aide financière : pour permettre aux personnes sans ressource ou ayant des ressources modestes d'engager un procès ou de se défendre devant la justice, l'aide juridictionnelle, prise en charge par l'État (Bureau de l'aide juridictionnelle), versée directement au professionnel, couvre la totalité ou une partie des frais d'un procès selon les revenus de l'intéressé.
- Caractère public : les débats ont lieu publiquement et la décision de justice est rendue en présence du public – dans certains cas, l'audience se tient à « huis clos », mais même là, la décision de justice est rendue en audience publique.

- Caractère public : les débats ont lieu publiquement et la décision de justice est rendue en présence du public – dans certains cas, l'audience se tient à « huis clos », mais même là, la décision de justice est rendue en audience publique.
- Appel et double degré de juridiction : toute personne dont l'affaire a déjà été jugée en premier ressort peut demander, si elle n'est pas d'accord avec la décision rendue, que son affaire soit réexaminée. Le recours, nommé « appel », s'exerce devant une juridiction de degré supérieur (cour d'appel).
- La loi prévoit des cas où il n'est pas possible de faire appel, lorsqu'un jugement est rendu en « premier et dernier ressort », pour des litiges où l'intérêt financier direct en jeu est de faible importance.
- Motivation des décisions de justice : les juges ont l'obligation de motiver leur décision, c'est-à-dire d'expliquer les raisons de fait et de droit qui les ont conduits à rendre cette décision.

L'organisation judiciaire française comprend des juridictions de droit commun et d'autres d'exception, c'est-à-dire des juridictions spécialisées auxquelles la loi réserve certains types de litiges. Les conseils de prud'hommes (CPH), juridictions d'exception, connaissent des litiges relatifs aux contrats de travail entre employeurs et salariés.

Mais d'autres juridictions ont elles aussi à connaître de certaines questions touchant au droit du travail. Seront examinées successivement les juridictions civiles, pénales, d'appel et de cassation et les juridictions administratives. Enfin, des éléments seront indiqués concernant le Tribunal des conflits et le Conseil constitutionnel (juridiction intégrée dans le processus législatif). Par conséquent, il existe plusieurs tribunaux du travail en France ; le contentieux du travail est éclaté en plusieurs juridictions.

Les juridictions civiles tranchent un conflit entre personnes privées. Elles assurent notamment la réparation des préjudices.

Conseil des prud'hommes

Le CPH est « le juge des opprimés » (voir le chapitre suivant).

Tribunal d'instance (TI)

Les TI interviennent dans les litiges relatifs à l'application du droit du travail : c'est à eux qu'il revient notamment de trancher les contestations relatives aux élections des représentants du personnel, à la désignation des délégués syndicaux et à l'unité économique et sociale (UES). C'est le juge de l'élection et de la désignation.

Tribunal de grande instance (TGI)

Le TGI, juge civil de droit commun, intervient, en droit du travail, dans certains litiges relatifs notamment à l'interprétation ou à l'application d'une convention collective.

C'est le président du TGI qui intervient comme ***juge des référés de droit commun*** : il peut ordonner en référé toutes les mesures qui s'imposent soit pour prévenir un dommage imminent, soit pour faire cesser un trouble manifestement illicite.

L'ordonnance de référé est une décision provisoire et n'est pas un jugement sur le fond.

Tribunal des affaires de Sécurité sociale (TASS)

Ce tribunal tranche les litiges entre les assurés sociaux et les caisses de Sécurité sociale, après un recours amiable exercé devant la commission de la Sécurité sociale (Commission de Recours Amiable de la CPAM).

Il est compétent en cas de contestation portant sur l'assujettissement, le calcul et le recouvrement des cotisations et des prestations sociales, le remboursement des frais médicaux, etc. C'est le juge compétent en cas de contestation pour la reconnaissance des accidents du travail, des maladies professionnelles et à caractère professionnel et pour la reconnaissance d'une faute inexcusable de l'employeur. (Soc. 29 mai 2013, PBR, sté Texto France).

Le TASS est composé de 2 juges non professionnels, représentant l'un les salariés, l'autre les employeurs ou les travailleurs indépendants, sous la présidence d'un juge du TGI (le président du tribunal ou un juge qu'il délègue). Les juges non professionnels (assesseurs) sont désignés par ordonnance du premier président de la cour d'appel, sur proposition des organisations syndicales représentatives.

Tribunal de commerce (T. com.)

Ce tribunal tranche, de manière générale, les litiges entre commerçants ou entre commerçants et sociétés commerciales, et ceux qui portent sur les actes de commerce – par exemple les défaillances d'entreprises commerciales et artisanales (prévention, redressement, liquidation judiciaire). Il est compétent en droit du travail pour les entreprises en difficulté (licenciements économiques, vérification des créances salariales).

Le tribunal est composé de juges non professionnels, des commerçants bénévoles, élus pour 2 ou 4 ans par d'autres commerçants. Le parquet représente les pouvoirs publics devant le T. com. Il s'exprime obligatoirement en matière de défaillance d'entreprise (redressement ou liquidation judiciaire) et, dans les autres cas, chaque fois qu'il le souhaite. La réforme des tribunaux de commerce revient régulièrement à l'ordre du jour.

Les juridictions pénales sanctionnent les atteintes contre les personnes, les biens et la société. Les juridictions sont chargées de juger les personnes soupçonnées d'une infraction. Le contentieux du droit pénal du travail quantitativement peu élevé joue un rôle important.

À LIRE

A. Cœuret, É. Fortis, *Droit pénal du travail,* Litec, 2013, 5e éd.

Tribunal de police (TP)

Le TP est compétent lorsque l'infraction est une contravention que la loi sanctionne d'une peine de police, généralement limitée à une amende (5 classes d'amendes existent). Les contraventions de la 4e classe sont punies d'une amende (maximale) de 750 € ; les contraventions de la cinquième classe d'une amende de 1 500 € (3 000 € en cas de récidive).

Tribunal correctionnel (T. corr.)

• Compétence

C'est le TGI statuant au pénal (TGI, chambre correctionnelle). Il est compétent lorsque l'infraction constitue un délit, c'est-à-dire toute infraction de moyenne importance, punissable d'une peine correctionnelle (maximale) : amende (3 750 €) et/ou emprisonnement (1 an).

De nombreux délits existent en droit du travail (infractions aux règles d'hygiène et de sécurité, entrave à l'exercice des fonctions représentatives du personnel ou syndicales, discrimination, travail dissimulé, etc.).

• Déclenchement de l'action

L'action pénale est en principe engagée par le ministère public (procureur de la République ou substitut au parquet), dont la mission est de veiller aux intérêts généraux de la société. Plusieurs voies sont possibles :

– L'infraction est constatée par l'inspecteur du travail, qui dresse un procès-verbal ; le procès-verbal est adressé au parquet qui décide s'il y a lieu de poursuivre (il poursuit notamment en cas de constitution de partie civile). constitution de partie civile).
– Les syndicats de travailleurs (ou une institution représentative du personnel) peuvent déclencher l'action pénale, en formulant une plainte (avec le cas échéant constitution de partie civile) ou par citation directe de l'employeur devant le tribunal.

EN PRATIQUE

Un salarié de l'entreprise peut aussi se constituer partie civile si l'infraction poursuivie lui cause un dommage direct. Des actions sont également parfois engagées par un employeur à l'encontre d'un salarié (exemple : plainte pour vol) ou par des organisations patronales (exemple : en matière de travail dominical) à l'encontre d'un concurrent.

La procédure de comparution sur reconnaissance préalable de culpabilité, dite de plaider coupable, concerne tous les délits punis d'une peine égale ou inférieure à 5 ans d'emprisonnement.

• Responsabilité pénale

Le Code du travail définit les obligations des employeurs (incriminations) et détermine les pénalités auxquelles ils s'exposent en cas d'infraction (peines). Les sanctions pénales frappent essentiellement les employeurs. Depuis la réforme du Code pénal, entrée en vigueur le 1er mars 1994, la responsabilité pénale des personnes morales (RPPM) est prévue (des poursuites peuvent viser les entreprises comme des sociétés commerciales, associations, etc., des syndicats, un comité social et économique (CSÉ)/CE, etc.), avec des pénalités plus lourdes.

• Droit pénal général

Certains événements du travail peuvent donner lieu à des condamnations au titre du Code pénal et non du Code du travail : condamnation de l'employeur, en cas d'accident du travail causé par une infraction ayant entraîné la mort d'un salarié de son entreprise, pour homicide involontaire, etc. ; condamnation d'un salarié, en cas de violences, etc.

• Action pénale et action civile

La coordination entre l'action pénale et l'action civile prévoit que « le pénal tient le civil en l'état » (art. 4 CPP ; la procédure pénale suspend la procédure civile, sauf action en référé). Cette règle de coordination est assouplie au regard des intérêts civils. « L'action civile en réparation du dommage causé par l'infraction (...) peut être exercée devant une juridiction civile, séparément de l'action publique. Toutefois, il est sursis au jugement de cette action tant qu'il n'a pas été prononcé définitivement sur l'action publique lorsque celle-ci a été mise en mouvement. La mise en mouvement de l'action publique n'impose pas la suspension du jugement des autres actions exercées devant la juridiction civile, de quelque nature qu'elles soient, même si la décision à intervenir au pénal est susceptible d'exercer, directement ou indirectement, une influence sur la solution du procès civil » (art. 4 CPP). Cependant, si ce nouveau dispositif « *n'impose pas la suspension du jugement des autres actions civiles que celle de la partie civile, il n'interdit pas au juge saisi de telles actions de prononcer le sursis à statuer jusqu'au prononcé définitif d'une action publique s'il l'estime opportun* » (Soc. 17 sept. 2008, SARL Logilog).

Cour d'appel

Chaque cour d'appel comprend en général plusieurs chambres – civiles, commerciale, sociale, des appels correctionnels.

Compétence

La cour juge en appel :
- des décisions rendues en premier ressort par les juridictions civiles (TI et TGI) ;
- des décisions rendues par les juridictions répressives (TP et tribunal correctionnel) ;
- des décisions rendues en premier ressort par les CPH et d'autres juridictions d'exception.

Procédure

Le délai, pour faire appel, est d'un mois après la notification du jugement. L'appel est en principe suspensif : on ne peut faire exécuter le jugement avant la fin du délai d'appel ou avant la nouvelle décision, s'il y a appel. Toutefois, le jugement peut prévoir l'exécution provisoire et celle-ci est de plein droit dans certains cas (paiement des salaires, remise du certificat de travail, etc.).

Cour de cassation

C'est la plus haute juridiction de l'ordre judiciaire (ancêtre : le Tribunal de Cassation, 1790). Son siège est à Paris, au Palais de Justice (Quai de l'Horloge, sur l'Île de la Cité). Elle est divisée en 5 chambres civiles et une chambre criminelle. Les 5 chambres civiles se répartissent en 3 chambres civiles proprement dites (la deuxième est compétente pour les affaires de Sécurité sociale), une chambre commerciale et une chambre sociale.

Procédure

Seuls les jugements rendus en dernier ressort peuvent faire l'objet d'un « pourvoi en cassation » : ce peut être un jugement d'un CPH ou d'un TI ; c'est plus souvent un arrêt d'une cour d'appel statuant au civil ou au pénal. Le pourvoi est formé par la partie qui s'estime lésée par le jugement ou l'arrêt attaqué. Il doit être formé dans le délai de 2 mois, à compter de la signification de la décision contestée, et n'est pas suspensif. Le ministère d'un avocat aux Conseils est obligatoire dans tous les cas (CE 6 avril 2006).

Fonction

La Cour de cassation a pour mission de vérifier que le droit a été correctement appliqué. Elle examine l'argumentation (on dit les « moyens ») de la partie qui a formé le pourvoi. Le contrôle de la Cour de cassation est variable, dans son intensité, suivant les matières : il s'agit soit d'un « contrôle restreint » – un contrôle de motivation des décisions (la Cour s'en remet à l'appréciation souveraine des faits par les juges du fond), soit d'un « contrôle renforcé » – avec, en plus du contrôle de motivation, un contrôle de qualification des faits (la Cour de cassation contrôle la qualification des faits par les juges du fond ; exemples : faute grave ou lourde). La qualification juridique des faits est une opération essentielle (« *Mal nommer les choses ajoute aux malheurs du monde* », Albert Camus).

Décision de « cassation »

La cassation est donc possible dans différents cas : le défaut de motifs, la contradiction de motifs, le défaut de réponse à conclusions, le défaut de base légale, la violation de la loi (par fausse application, par refus d'application ou par fausse interprétation), la dénaturation d'un écrit clair et précis.

Si la Cour de cassation trouve ces moyens fondés, que la décision attaquée n'a pas été prise conformément aux règles de droit, elle « casse » le jugement ou l'arrêt attaqué et renvoie généralement l'affaire, devant une autre juridiction de même ordre et de même degré que celle qui avait statué pour y être rejugée : si c'est un arrêt de la cour d'appel qui est cassé, l'affaire sera renvoyée devant une autre cour d'appel ; si c'est un jugement d'un CPH, devant un autre CPH. La juridiction de renvoi conserve sa liberté de décision : elle peut se rallier au point de vue de la Cour de cassation ; elle peut aussi rendre une décision allant dans le même sens que celle qui a été cassée. Dans le second cas, si un pourvoi est formé, l'affaire revient devant « l'assemblée plénière » de la Cour de cassation, composée de magistrats des différentes chambres. Celle-ci peut se prononcer sans renvoi ou ordonner un renvoi devant une autre juridiction qui, cette fois, doit s'incliner.

Décision de « rejet »

Mais si la Cour de cassation trouve que les moyens du pourvoi ne sont pas fondés, elle rejette le « pourvoi », ce qui équivaut à confirmer la décision contestée.

La Cour de cassation (chambre sociale ou chambre criminelle) joue un rôle capital dans le domaine du droit du travail, puisqu'elle donne son interprétation de la loi et unifie de ce fait la jurisprudence. C'est la jurisprudence de la Cour de cassation qui sera le plus souvent citée dans la suite de cet ouvrage, en particulier celle de sa chambre sociale. La référence sera alors « Soc. » suivie de la date de l'arrêt.

La décision peut aussi être adoptée en « chambre mixte » lorsqu'une affaire intéresse plusieurs chambres, par exemple la chambre criminelle et la chambre sociale. L'affaire est jugée par une chambre mixte, comprenant des conseillers appartenant aux chambres intéressées (exemple : en réunissant des représentants des chambres sociale, commerciale et de la 2e chambre civile – arrêts du 19 nov. 2010 sur les SAS).

Les juridictions administratives sont « le juge du Prince » (il juge les actes de l'État et des administrations).

Tribunaux administratifs (TA) et cours administratives d'appel (CAA)

• Organisation

Les tribunaux administratifs (TA) sont compétents pour les contestations d'une décision de l'administration.

• Procédure

En droit du travail, l'administration prend des décisions (notamment l'Inspection du travail, la DIRECCTE – direction régionale des entreprises, de la concurrence, de la consommation, du travail et de l'emploi, après fusion des DRTEFP avec d'autres directions régionales, notamment commerce, artisanat, tourisme, concurrence, industrie, R. 8122-1 – ou le ministère du Travail, concernant les « grands licenciements économiques », le licenciement de représentants des travailleurs, le règlement intérieur, etc. ; décisions du préfet, en matière de repos dominical, etc. ; « contentieux sociaux » – litiges relatifs aux prestations, allocations ou droits attribués en faveur des travailleurs privés d'emploi, etc.). La procédure est écrite (échange de « mémoires »). Les parties peuvent présenter des observations orales après le prononcé des conclusions du « rapporteur public » (ancien « commissaire du gouvernement »).

• Compétence

Le TA peut :
– Annuler la décision attaquée, si elle lui paraît illégale (***recours pour excès de pouvoir***), c'est-à-dire résulter d'une interprétation erronée du droit en vigueur.
– Octroyer une réparation à la personne qui a subi un préjudice du fait de l'administration (***recours de plein contentieux***).
– Suspendre une décision paraissant illégale (***recours en référé*** – référé-suspension, référé-liberté, liberté-conservation).

Avant le recours contentieux, il y a parfois lieu d'exercer un recours hiérarchique, c'est-à-dire devant le supérieur hiérarchique du fonctionnaire qui a pris la décision contestée, par exemple, le ministre chargé du Travail. Un recours dit gracieux, auprès du fonctionnaire qui a pris la décision, peut toujours intervenir en premier lieu.

C'est devant les cours administratives d'appel (CAA) que sont portés les appels formés contre les jugements des TA. Cependant, en matière de « contentieux sociaux », le TA statue en premier et dernier ressort (R. 222-13 C. justice administrative).

La loi donne parfois compétence au juge judiciaire pour le contentieux de décisions administratives locales (décisions des inspecteurs du travail et des DIRECCTE), notamment en matière de contentieux éléctoral (élections professionnelles), de licenciement (rupture conventionnelle du contrat de travail) et de santé et de sécurité (arrêts de travaux).

Conseil d'État (CE)

• Organisation

Le CE est la plus haute juridiction dans l'ordre administratif. Son siège est à Paris, au Palais Royal. Il comprend plusieurs sections, dont une du contentieux et une sociale. Sur certaines questions touchant au droit du travail (licenciement de représentants du personnel, contenu du règlement intérieur, etc.), la jurisprudence du CE revêt une importance capitale. Le CE a parfois validé des textes qui ont ensuite été déclarés illicites au regard de dispositions communautaires/européennes (UE) ou internationales. Un tiers des conseillers sont nommés par le gouvernement (« tour extérieur »).

• Procédure contentieuse

Les recours en appréciation de la légalité et pour excès de pouvoir formés contre les actes réglementaires vont directement devant le CE, ce qui est le cas pour certaines décisions en droit du travail (exemple : arrêté ministériel d'extension d'une convention collective de branche).

JURISPRUDENCE

Opérant un important revirement de jurisprudence (abandonnant la solution de l'arrêt CE, Ass., 22 déc. 1978, ministre de l'Intérieur c/ Cohn-Bendit), le juge administratif admet désormais, enfin, la possibilité pour un justiciable de mobiliser une disposition communautaire/européenne (UE) contre une décision administrative : « *La transposition en droit interne des directives communautaires, qui est une obligation résultant du Traité instituant la Communauté européenne, revêt, en outre, en vertu de l'article 88-1 de la Constitution, le caractère d'une obligation constitutionnelle ; que, pour chacun de ces deux motifs, il appartient au juge national, juge de droit commun de l'application du droit communautaire, de garantir l'effectivité des droits que toute personne tient de cette obligation à l'égard des autorités publiques ; que tout justiciable peut en conséquence demander l'annulation des dispositions réglementaires qui seraient contraires aux objectifs définis par les directives et, pour contester une décision administrative, faire valoir, par voie d'action ou par voie d'exception, qu'après l'expiration des délais impartis, les autorités nationales ne peuvent ni laisser subsister des dispositions réglementaires, ni continuer de faire application des règles, écrites ou non écrites, de droit national qui ne seraient pas compatibles avec les objectifs définis par les directives ; en outre, tout justiciable peut se prévaloir, à l'appui d'un recours dirigé contre un acte administratif non réglementaire, des dispositions précises et inconditionnelles d'une directive, lorsque l'État n'a pas pris, dans les délais impartis par celle-ci, les mesures de transposition nécessaires* » (CE, Assemblée, 30 oct. 2009, Mme Perreux).

• Procédure de conseil

Sur un autre plan, non contentieux, en qualité de « conseil », le CE donne un avis sur les projets de loi préparés par le gouvernement et peut suggérer des modifications de fond ou de forme. Certains projets de décrets, dits règlements d'administration publique, doivent lui être soumis (les articles en R. du Code du travail).

Tribunal des conflits (TC)

C'est le ministre de la Justice qui le préside. Dans la pratique cependant, c'est le vice-président, élu par le tribunal, qui assure la présidence. Le ministre de la Justice ne vient présider qu'en cas de partage égal des voix.

Le TC est une juridiction qui a pour mission de résoudre les conflits de compétence entre les juridictions de l'ordre judiciaire et celles de l'ordre administratif. Le tribunal a eu à se prononcer sur la compétence du juge en matière de contrat nouvelles embauches (CNE) (TC 19 mars 2007).

Conseil constitutionnel

• Organisation

Le Conseil constitutionnel comprend 9 membres dont le mandat dure 9 ans et n'est pas renouvelable. Son siège est à Paris (rue de Montpensier). Il se renouvelle par tiers tous les 3 ans. Trois des membres sont nommés par le président de la République, 3 par le président de l'Assemblée nationale, 3 par le président du Sénat. Font, en outre, de droit, partie à vie du Conseil constitutionnel les ex-présidents de la République. Son président, nommé par le président de la République, a voix prépondérante en cas de partage des voix.

• Fonction

Le Conseil se prononce sur la conformité à la Constitution des lois organiques et des règlements des assemblées parlementaires (contrôle de constitutionnalité). Aux mêmes fins, les lois ordinaires peuvent lui être déférées par le président de la République, le Premier ministre, le président de l'une ou l'autre assemblée ou par 60 députés ou par 60 sénateurs. Le Conseil doit statuer dans le délai d'un mois. Il assure le contrôle de constitutionnalité. Dans les conditions prévues aux articles 37 et 41 de la Constitution, il assure, par ses décisions, le respect des domaines respectifs de la loi et des actes réglementaires.

Les décisions du Conseil constitutionnel ne sont susceptibles d'aucun recours et s'imposent, en principe, aux pouvoirs publics et aux juridictions françaises (art. 62 de la Constitution). Ces décisions peuvent en particulier :
– Annuler des articles de la loi adoptée par le Parlement en les déclarant contraires à la Constitution (ainsi, le Conseil constitutionnel a annulé plusieurs

articles de la loi du 4 août 2014 sur l'égalité réelle entre les femmes et les hommes – DC 31 juill., de la loi du 9 nov. 2010 de réforme des retraites – DC 9 nov., de la loi « devoir de vigilance des sociétés mères et des entreprises donneuses d'ordre » du 27 mars 2017 - DC 23 mars, de la loi de ratification des ordonnances de réforme du Code du travail du 29 mars 2018 – DC 21 mars).
– Émettre des réserves d'interprétation sur les dispositions de certains articles (DC 12 janv. 2002, loi de modernisation sociale, dispositions en matière de « harcèlement moral »).
– Valider les dispositions d'articles ayant fait l'objet d'un recours, en les déclarant conformes à la Constitution.

• Limites

Des dispositions législatives déclarées conformes à la Constitution par le juge constitutionnel peuvent être déclarées illicites par les juridictions européennes de l'Union européenne (CJUE/ ex-CJCE), notamment au regard des directives, et du Conseil de l'Europe (CEDH, CEDS), au regard de la Convention et de la Charte. Le Conseil ne contrôle pas la conformité des lois aux textes européens et internationaux (absence de contrôle de conventionnalité).

Le Conseil constitutionnel se montre parfois plus soucieux de protéger l'État que les libertés des personnes.

• QPC

La loi constitutionnelle du 23 juillet 2008 de modernisation des institutions de la Ve République prévoit que « lorsque, à l'occasion d'une instance en cours devant une juridiction, il est soutenu qu'une disposition législative porte atteinte aux droits et libertés que la Constitution garantit, le Conseil constitutionnel peut être saisi de cette question sur renvoi du Conseil d'État ou de la Cour de cassation (...) » (art. 61-1 de la Constitution). Ainsi, « *tout justiciable a le droit de soutenir, à l'appui de sa demande, qu'une disposition législative porte atteinte aux droits et libertés que la Constitution garantit* » (Décision du Conseil constitutionnel du 3 déc. 2009) ; le justiciable peut désormais enfin saisir le juge constitutionnel d'une question prioritaire de constitutionnalité (QPC).

Les critères pour que le Conseil constitutionnel soit saisi d'une QPC sont au nombre de 3 :

- la disposition législative critiquée est applicable au litige ou à la procédure, ou constitue le fondement des poursuites ;
- la disposition législative critiquée n'a pas déjà été déclarée conforme à la Constitution par le Conseil constitutionnel ;
- la question est nouvelle ou présente un caractère sérieux.

Le filtrage des demandes est assuré par la Cour de cassation et par le conseil d'État. Une disposition déclarée inconstitutionnelle est abrogée à compter de la publication de la décision ou d'une date ultérieure fixée par cette décision (art. 62 al. 2) (exemple : dans sa Décision n° 2012-240 QPC du 4 mai 2012, le Conseil constitutionnel décide de « l'abrogation de l'article 222-33 du Code pénal » en matière de délit de harcèlement sexuel, à compter de la publication de sa décision).

Le mécanisme de la QPC ne doit pas empêcher le juge national de saisir à tout moment la CJUE d'une question préjudicielle, priorité étant donnée au contrôle de la conformité de la disposition au droit européen (Cass. QPC, 29 juin 2010, CJUE 22 juin 2010, aff. C-188/10 Melki).

À RETENIR

Voici les principales abréviations des juridictions compétentes en droit du travail :

- CJUE/ex-CJCE : arrêt de la Cour de justice de l'Union européenne (UE).
- CEDH : arrêt de la Cour européenne des droits de l'Homme (Conseil de l'Europe).
- CEDS : décision du Comité européen des droits sociaux (Conseil de l'Europe).
- DC : arrêt du Conseil constitutionnel.
- TC : arrêt du Tribunal des conflits.
- CE : arrêt du Conseil d'État.
- Cass. ass. plén. : arrêt d'assemblée plénière de la Cour de cassation. :
- Cass. ch. mixte : arrêt de chambre mixte de la Cour de cassation.
- Soc. : arrêt de la chambre sociale de la Cour de cassation.
- Crim. : arrêt de la chambre criminelle de la Cour de cassation.
- Civ. : arrêt d'une chambre civile de la Cour de cassation (par exemple : Civ. 2e).
- Com. : arrêt de la chambre commerciale de la Cour de cassation.
- CA : arrêt d'une cour d'appel (exemples : CA Paris ; soc. : arrêt d'une chambre sociale de la cour d'appel de Paris).
- TGI : jugement d'un tribunal de grande instance.
- T. corr. : jugement d'un tribunal correctionnel.
- TI : jugement d'un tribunal d'instance.
- TP : jugement d'un tribunal de police.
- CPH : jugement d'un conseil de prud'hommes.
- TA : jugement d'un tribunal administratif.
- T. com. : jugement d'un tribunal de commerce.
- TGI réf., TA réf. ou CPH réf. : ordonnance de référé d'un TGI, d'un TA ou d'un CPH.

Les cours rendent des arrêts, les tribunaux rendent des jugements, les juges des référés rendent des ordonnances.

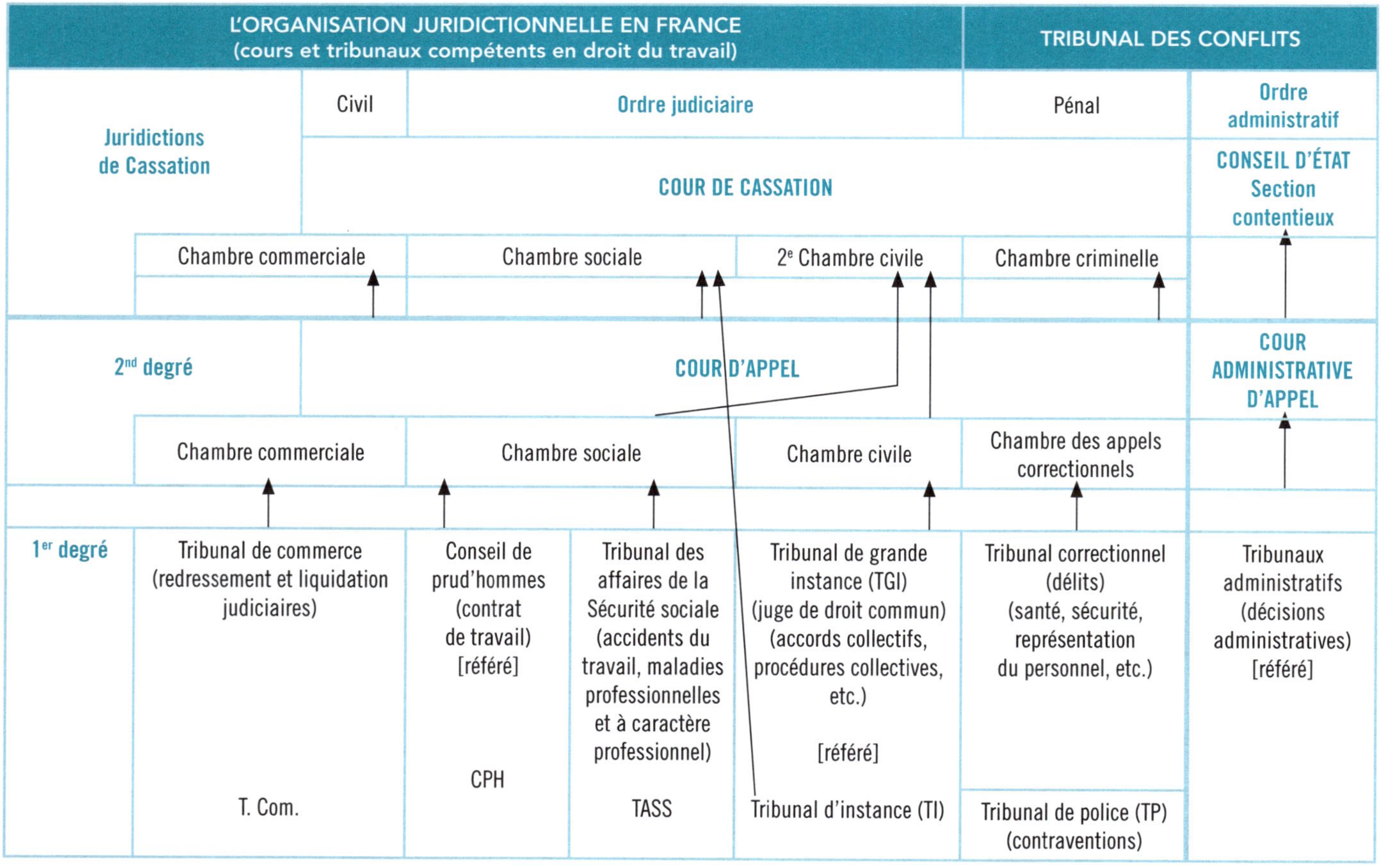

Tableau n° 2 – Organisation juridictionnelle en France

CHAPITRE III

CONSEIL DE PRUD'HOMMES

Les conseils de prud'hommes (CPH) désignent les tribunaux ayant à connaître des litiges entre employeurs et salariés nés à l'occasion du contrat de travail (formation, exécution et rupture du contrat ; L. 1411-1 et s.). « *En raison du caractère paritaire de leur composition et de la nature de leurs attributions, les conseils de prud'hommes constituent un ordre de juridiction* » (DC 17 janv. 2008).

Les conseillers prud'hommes ne sont pas des magistrats professionnels (fonctionnaires de l'État), mais des juges élus : les prud'hommes employeurs sont élus par des employeurs, les prud'hommes salariés par des salariés. Chaque CPH comporte un nombre égal de conseillers prud'hommes employeurs et de conseillers prud'hommes salariés (ce paritarisme est un principe essentiel de fonctionnement dans toutes les instances du CPH ; L. 1421-1). Grâce à ce ***paritarisme***, le CPH est un juge impartial : le caractère paritaire de la juridiction est garant de son ***impartialité*** (Soc. 19 déc. 2003).

À LIRE

D. Boulmier, *Conseil de prud'hommes, Agir et réagir au procès prud'homal*, Lamy, Collection Axe Droit, Paris, 2011 ; M. Renaudineau, *Quel est le travail réel des conseillers prud'hommes salariés ?*, CNAM - CESTES, 2010.

La réforme de la procédure prud'homale (loi du 6 août 2015 – décret du 25 mai 2016) est source de complexité et rend très risqué pour un salarié de se défendre seul, sans un soutien expérimenté.

Sections

Les 210 CPH sont divisés en 5 sections autonomes :
- encadrement ;
- industrie ;
- commerce ;
- agriculture ;
- activités diverses (AD).

Chacune de ces sections comprend au moins un bureau de conciliation et un bureau de jugement. Le CPH comprend également un greffe, composé de greffiers et de personnels de greffe.

Rattachement à une section

Les employeurs et les salariés, occupés dans des établissements situés dans la circonscription territoriale du conseil, sont répartis entre les sections. C'est l'activité principale de l'entreprise qui constitue le critère de rattachement à une section. Les employeurs et les salariés non-cadres de l'industrie sont rattachés à la section industrie ; etc. Les employeurs et salariés non-cadres qui ne peuvent être rattachés à aucune de ces 3 sections sont rattachés à la section « activités diverses ».

À la section de l'encadrement sont rattachés :
– Les employeurs qui occupent un ou plusieurs salariés relevant de la section encadrement et qui ont choisi de se rattacher à cette section plutôt qu'à la section correspondant à leur activité.

– Les salariés relevant des catégories suivantes (L. 1441-6) : les ingénieurs ainsi que les salariés qui, même s'ils n'exercent pas de commandement, ont une formation équivalente, constatée ou non par un diplôme ; les salariés qui, ayant acquis une formation technique, administrative, juridique, commerciale ou financière, exercent un commandement par délégation de l'employeur ; les agents de maîtrise qui ont une délégation écrite de commandement ; les voyageurs, représentants et placiers (VRP).

Les conseillers prud'hommes « *exerçant leurs fonctions à temps partiel et pour une durée déterminée dans une juridiction spécialisée* » (DC 28 déc. 2006, § 21) « *ne sont pas régis par le statut des magistrats pris en application de l'article 64 de la Constitution, ne sont pas placés dans la même situation que les magistrats régis par ce statut* » (CE 21 oct. 2011).

Les conseillers prud'hommes exercent leurs fonctions en toute indépendance, impartialité, dignité et probité et se comportent de façon à exclure tout doute légitime à cet égard (L. 1421-2).

Le renouvellement des mandats des conseillers prud'hommes a eu lieu en 2017 (arrêté du 14 décembre 2017 portant nomination des conseillers prud'hommes pour le mandat prud'homal 2018-2021).

Formation

Les conseillers prud'hommes suivent une formation initiale à l'exercice de leur fonction juridictionnelle et une formation continue, financées et organisées par l'État (L. 1442-1, R. 1442-2, D. 1442-1) qui les délègue à (arrêté du 30 mars 2018) :

- des établissements publics d'enseignement supérieur (des Instituts du travail et le Cnam – chaire Droit du travail et droits de la personne) ;
- des organismes privés à but non lucratif, rattachés aux organisations syndicales (ayant obtenu 150 sièges répartis dans 50 départements, aux dernières élections prud'homales) – chaque organisation syndicale doit créer et gérer un organisme spécialisé qui assure la formation des conseillers qui lui sont affiliés.

Les employeurs accordent aux salariés de leur entreprise membres d'un CPH des autorisations d'absence dans la limite de 5 jours par mandat (formation initiale) et 6 semaines par mandat (formation continue) (L. 1442-2).

Exercice du mandat

Les employeurs sont tenus de laisser aux salariés de leur entreprise, membres d'un CPH, le temps nécessaire pour se rendre et participer aux activités prud'homales : participer aux séances, aux mesures d'instruction, etc. (L. 1442-5). Le temps passé hors de l'entreprise pendant les heures de travail par les conseillers prud'hommes du collège salarié pour l'exercice de leurs fonctions est assimilé à un temps de travail pour la détermination des droits que le salarié tient de son contrat de travail et des dispositions législatives, réglementaires et conventionnelles.

Les absences de l'entreprise, justifiées par l'exercice des fonctions de conseiller prud'homme du collège salarié, n'entraînent aucune diminution des rémunérations et avantages y afférents.

Le pouvoir réglementaire doit respecter les exigences constitutionnelles : « *Il lui appartient, sous le contrôle du juge administratif, de fixer les modalités d'indemnisation des conseillers prud'hommes dans l'intérêt du bon emploi des deniers publics et d'une bonne administration de la justice, (...) sans porter atteinte à l'impartialité et à l'indépendance de la juridiction* » (DC 28 déc. 2006, § 24).

La réglementation détermine un nombre d'heures indemnisables suivant les différentes activités du conseiller (exemple : durée maximale de 5 heures pour la rédaction d'un jugement – art. D. 1423-65 et s.).

Le système de paiement à la vacation subsiste pour les conseillers employeurs et les conseillers salariés sans emploi ou ayant cessé leur activité professionnelle et pour les activités exercées en dehors des heures de travail (D. 1423-56).

Le salarié élu CPH, travaillant en service continu ou discontinu posté, a droit à un aménagement d'horaires de son travail de façon à lui garantir un temps de repos minimum. Il bénéficie du maintien de son salaire (D. 1423-61 et D. 1423-62).

Protection contre le licenciement, la discrimination et l'entrave

• Licenciement

Les conseillers prud'hommes salariés bénéficient d'une protection particulière contre le licenciement qui ne peut intervenir que sur autorisation préalable de l'inspecteur du travail (L. 1442-19). Il en est de même pour les anciens conseillers prud'hommes, pendant les 6 mois qui suivent la cessation de leurs fonctions et pour les candidats, dès que l'employeur a reçu notification, par le mandataire de la liste, de la candidature du salarié ou lorsque celui-ci prouve que l'employeur a eu connaissance de l'imminence de sa candidature et, pendant une durée de 6 mois suivant publication de la liste, à condition que le nom du salarié y figure (Soc. 12 sept. 2007). C'est la même protection que celle qui est prévue pour les délégués syndicaux dans l'entreprise.

• Discrimination

Cette protection s'étend également aux cas de discrimination dans l'emploi. Ainsi, en se référant à la classification des emplois de l'entreprise, le juge peut décider d'un reclassement du salarié discriminé à une date qu'il fixe (Soc. 24 févr. 2004).

• Entrave

L'employeur qui crée des obstacles à la libre désignation des candidats, à l'indépendance ou à l'exercice des fonctions de conseiller prud'homme, s'expose à des sanctions pénales (délit d'entrave – L. 1443-3), de la même façon que l'employeur qui porte atteinte à l'exercice du droit syndical dans l'entreprise.

La loi (art. L. 1443-3) « réprime toutes les atteintes portées à l'exercice des fonctions de conseiller prud'homme » (Crim. 26 mai 2009, salarié conseiller prud'homme ayant « *signé (...) une lettre de démission préremplie et non datée (...) envoyée ultérieurement, contre son gré, par le syndicat au président du conseil de prud'hommes et au procureur de la République, à la suite de dissensions ayant entraîné son exclusion dudit syndicat* »).

Discipline

L'acceptation par un conseiller prud'homal d'un mandat impératif, avant ou après son entrée en fonction et sous quelque forme que ce soit, constitue un manquement grave à ses devoirs. Si ce fait est reconnu par les juges chargés de statuer sur la validité des opérations électorales, il entraîne de plein droit l'annulation de l'élection de l'intéressé ainsi que l'interdiction d'exercer les fonctions de conseiller prud'homal pour une durée maximale de 10 ans. Si la preuve n'en est rapportée qu'ultérieurement, le fait entraîne la déchéance du mandat de l'intéressé (L. 1442-11).

La sanction de la déchéance (L. 1442-14-3°) peut être appliquée pour des manquements graves (L. 1442-13), pour des faits commis dans l'exercice de la fonction juridictionnelle ou d'administration du CPH, mais également pour des faits commis en dehors des fonctions prud'homales, qui révèlent un comportement incompatible avec les qualités attendues d'une personne investie d'une fonction juridictionnelle et qui sont susceptibles de discréditer la juridiction (CE 20 mai 2011, conseiller prud'homal condamné pour complicité de discrimination syndicale ; la déchéance est prononcée par décret, le conseiller est déchu à la date de la condamnation devenue définitive).

Compétence matérielle

EN PRATIQUE

Le CPH règle par voie de conciliation les différends qui peuvent s'élever à l'occasion de tout contrat de travail, relevant du Code du travail, entre les employeurs ou leurs représentants, et les salariés qu'ils emploient. Il juge les litiges lorsque la conciliation n'a pas abouti (L. 1411-1).

Les litiges soumis au CPH sont ceux qui s'élèvent à l'occasion d'un contrat de travail, par exemple des litiges concernant une sanction pour faute, le paiement de majorations pour des heures supplémentaires, la classification professionnelle (Soc. 18 mars 2009, CCN Entreprises de commerce et de commission importation-exportation), l'indemnité de départ d'un salarié, les licenciements individuels, le non-respect d'une clause de non-concurrence, une contestation sur des droits de propriété intellectuelle (Soc. 21 mai 2008), etc.

La juridiction prud'homale est compétente pour connaître d'un litige relatif à une discrimination dans une procédure de recrutement (Soc. 20 déc. 2006).

Le CPH sera conduit, dans certains cas, à examiner en priorité s'il y a bien contrat de travail, en utilisant notamment le critère de la subordination. Si c'est le cas, il s'estimera compétent et jugera l'affaire au fond.

La plupart des litiges que connaît le CPH sont portés à l'initiative du salarié, qui cherche à se faire reconnaître un droit qu'il pense tenir de la législation, de la convention collective ou de son contrat de travail. Le CPH est donc amené à appliquer également des textes légaux, conventionnels ou européens. Il tranche le litige conformément aux « règles de droit » qui lui sont applicables (art. 12 Code de Procédure Civile).

Le litige peut intervenir en cours d'exécution du contrat de travail, mais, le plus souvent, les salariés saisissent le CPH alors que le contrat de travail est rompu, n'hésitant plus à affronter l'employeur lorsque la relation de travail ne subsiste plus.

Plusieurs salariés d'un même employeur peuvent saisir le CPH d'une demande identique (Soc. 21 mai 1996). Ainsi, plusieurs salariés peuvent demander le bénéfice d'une prime prévue par la convention collective et refusée par l'employeur.

Les litiges nés à l'occasion d'un contrat d'apprentissage relèvent de la compétence des prud'hommes ; il s'agit là d'un contrat de travail, bien que d'un type particulier.

JURISPRUDENCE

Le CPH règle aussi les différends et litiges nés entre salariés à l'occasion du travail (L. 1411-3), notamment dans des cas de harcèlements, « moral » (Soc. 21 juin 2006) ou sexuel (CA Paris, 20 mars 2001, Mme P. c/ LeCalvez et Ccas EDF), ou de différends salariaux (Soc. 18 mars 2008, redistribution des cachets entre 2 musiciens).

Les ***personnels des services publics à caractère industriel et commercial*** (par exemple RATP, Soc. 18 déc. 2007), lorsqu'ils sont employés dans les conditions du droit privé relèvent de la compétence du CPH (L. 1411-2). En revanche, les personnels soumis à un statut (fonctionnaires, agents non contractuels de services publics à caractère administratif, Soc. 2 févr. 2005), ne sont pas titulaires d'un contrat de travail et les litiges avec leur administration relèvent du TA.

En matière de santé et de sécurité au travail, la réparation du préjudice découlant d'un accident du travail (AT) ou d'une maladie professionnelle (MP) relève de la compétence du TASS (CSs L. 451-1 ; Soc. 30 sept. 2010, CPAM de Saint-Étienne ; Soc. 29 mai 2013, Sté ArcelorMittal Méditerranée, Chap. XIII). Cependant, une déclaration de MP (ou d'AT), « *ne prive pas le salarié du droit de demander à la juridiction prud'homale la réparation des conséquences du trouble psychologique, compris dans le préjudice d'anxiété, subi avant la déclaration* » (Soc. 25 sept. 2013, sté Babcock Wanson, PBR).

Par ailleurs, le CPH est compétent pour la réparation de préjudices patrimoniaux ou extrapatrimoniaux en cas de dégradation de la santé hors AT-MP ; le CPH est compétent pour un préjudice lié à l'atteinte à la santé. Les demandes indemnitaires fondées sur le manquement de l'employeur à son obligation de sécurité de résultat relèvent de la compétence du CPH (Soc. 25 sept. 2013, sté Babcock Wanson, PBR, préc.). Dans ce cadre, « *l'indemnisation accordée au titre du préjudice d'anxiété répare l'ensemble des troubles psychologiques, y compris ceux liés au bouleversement dans les conditions d'existence, résultant du risque de déclaration à tout moment d'une maladie* » (même arrêt).

Compétence territoriale et section compétente

Le CPH compétent est généralement celui dans le ressort duquel est situé l'établissement où est effectué le travail. Si ce dernier est réalisé en dehors de tout établissement ou à domicile, la demande est portée devant le CPH du domicile du salarié. Celui-ci peut toujours saisir le CPH du lieu où l'engagement a été contracté et celui du lieu où l'employeur est établi (Soc. 16 mai 2007).

La section compétente est celle dont relève le salarié. Ce sera le plus souvent celle aussi dont relève l'employeur et dans laquelle celui-ci a voté. Ce n'est pas le cas si le salarié est un cadre et si l'employeur relève de la section industrie, par exemple. En dehors de ces règles est nulle une clause attributive de juridiction incluse dans un contrat de travail, sauf s'il a un caractère international (Soc. 30 janv. 1991).

Saisine et prescriptions

• Saisine

Le CPH est saisi par une requête, remise ou adressée au greffe du CPH. Elle doit indiquer, à peine de nullité, les noms, professions, adresses (...) des parties, ainsi que l'objet de la demande (R.1452-2). Sauf exception, elle précise les diligences entreprises en vue de parvenir à une résolution amiable. Elle est datée et signée. Figurent un exposé sommaire des motifs, les pièces que le demandeur souhaite invoquer à l'appui de ses prétentions. Le secrétariat-greffe délivre ou envoie un récépissé au demandeur.

La demande peut aussi (ce qui est rare) être formée par la présentation des parties devant le BCO.

• Prescriptions

Concernant les règles de prescription de l'action en justice liée au contrat de travail, la situation est complexe, avec plusieurs régimes applicables.

À RETENIR

Les délais légaux applicables sont les suivants :

- Principe : exécution du contrat de travail : « Toute action portant sur l'exécution du contrat de travail se prescrit par 2 ans à compter du jour où celui qui l'exerce a connu ou aurait dû connaître les faits lui permettant d'exercer son droit » (L. 1471-1).
- Contestation de la validité ou de la régularité d'un licenciement pour motif personnel : toute action portant sur la rupture du contrat de travail se prescrit par 12 mois à compter de la notification de la rupture (L. 1471-1).
- Dénonciation du reçu pour solde de tout compte (6 mois à compter de sa signature, L. 1234-20), remise de documents liés à la rupture du contrat de travail (certificat de travail, etc. ; 2 ans, L. 1471-1), versement de l'indemnité de licenciement (2 ans, L. 1471-1).
- Contestation de la validité ou de la régularité d'un licenciement pour motif économique (12 mois à compter de sa notification au salarié, L. 1235-7 ; 12 mois à compter de l'adhésion au contrat de sécurisation professionnelle, L. 1233-67) ; contestation de l'homologation ou du refus d'homologation en cas de rupture conventionnelle (12 mois à compter de la date d'homologation de la convention, L. 1237-14).
- Rémunération : « L'action en paiement ou en répétition du salaire se prescrit par 3 ans à compter du jour où celui qui l'exerce a connu ou aurait dû connaître les faits lui permettant de l'exercer. La demande peut porter sur les sommes dues au titre des 3 dernières années à compter de ce jour ou, lorsque le contrat de travail est rompu, sur les sommes dues au titre des 3 années précédant la rupture du contrat » (L. 3245-1) ; la réduction du délai de 5 ans à 3 ans va réduire l'ampleur des demandes en matière salariale.
- Réparation des préjudices résultant d'une discrimination (L. 1132-1, 5 ans à compter de la révélation de la discrimination), d'un harcèlement sexuel (L. 1153-1, 5 ans), d'un harcèlement moral (L. 1152-1, 5 ans).
- Réparation d'un dommage corporel causé à l'occasion de l'exécution du contrat de travail (L. 1471-1 ; 2226 C. civil, 10 ans à compter de la date de la consolidation du dommage initial ou aggravé).

Avec cette réduction importante des délais, les justiciables salariés disposent d'un délai plus court pour saisir le juge que les autres justiciables (5 ans en principe, loi du 17 juin 2008). Ces dispositions apparaissent contraires au principe constitutionnel d'égalité devant la loi et pourraient dès lors faire l'objet d'une censure du Conseil constitutionnel à la suite d'une QPC.

Assistance et représentation

Les parties se défendent elles-mêmes. Elles peuvent se faire représenter ou se faire assister (R.1453-1).

EN PRATIQUE

Les personnes habilitées à assister ou à représenter les parties, à condition de ne pas être membres du CPH compétent (Soc. 3 juill. 2001, Soc. 16 sept. 2008, Mme Carsoulle, « la procédure était entachée de nullité et aucune régularisation n'était possible », art. 6 § 1 CESDH, L. 1453-2), sont :

- les salariés ou les employeurs appartenant à la même branche d'activité ;
- les ***défenseurs syndicaux*** (qui disposent enfin d'un statut avec des heures de délégation – 10 heures par mois ; une formation avec des autorisations d'absence rémunérées ; une protection contre le licenciement, etc. – L. 1453-5 à 9, R. 1453-2, D. 1453-2-1 et s., D. 1453-2-10 et s.) ; le défenseur syndical intervient sur le périmètre d'une région administrative (L. 1453-4) ;
- le conjoint ;
- les avocats.

L'employeur peut également se faire assister ou représenter par un membre de l'entreprise ou de l'établissement, fondé de pouvoir ou habilité à cet effet (R. 1453-2).

Les organisations syndicales et les associations peuvent aussi agir en substitution pour un ou plusieurs salariés (voir chapitre XVII).

Conciliation et jugement

La première phase de la procédure consiste dans une tentative de conciliation, qui est obligatoire, devant le bureau de conciliation et d'orientation (BCO). La seconde phase sera celle du jugement, devant le bureau de jugement (BJ), si la conciliation n'a pas abouti.

Des procédures spéciales sont prévues pour la requalification de contrats précaires et en cas de rupture du contrat dans le cadre d'un licenciement économique.

• Bureau de conciliation et d'orientation (BCO)

Le secrétariat-greffe avise le demandeur de la date de la séance du BCO à laquelle l'affaire sera appelée et convoque le défendeur devant le BCO par lettre recommandée avec accusé de réception (LR/AR). Les 2 parties sont invitées à se munir de toutes les pièces utiles. Le BCO est composé d'un conseiller employeur et d'un conseiller salarié.

Le BCO est chargé de concilier les parties. Il peut entendre chacune des parties séparément et dans la confidentialité (L. 1454-1).

Fonctions

Le juge prud'homal en BCO est un « juge actif » : il recherche un accord des parties préservant les droits de chacune d'elles et vérifie que les parties étaient informées de leurs droits (Soc 28 mars 2000, Sté Durafroid).

Le BCO, même en l'absence du défendeur, est habilité à prendre des mesures provisoires, immédiatement exécutoires. Il peut ainsi ordonner la délivrance, le cas échéant sous peine d'astreinte (le débiteur récalcitrant est condamné à payer une somme dont le montant augmente chaque jour), du certificat de travail, de l'attestation pour Pôle emploi et du bulletin de paye.

Lorsque l'existence de l'obligation n'est pas sérieusement contestable, le BCO peut ordonner le versement de provisions sur les salaires et accessoires du salaire (primes, indemnités, etc.), les commissions, les indemnités de congés payés, de préavis et de licenciement, etc., dans la limite de 6 mois de salaire calculés sur la moyenne des 3 derniers mois. En outre, il peut ordonner d'office certaines mesures d'instruction, notamment le recours à une expertise.

En cas d'accord sur tout ou partie des demandes, un procès-verbal, mentionnant la teneur de l'accord intervenu, est dressé. Si la conciliation n'a pu avoir lieu ou si elle n'est que partielle, le BCO dresse un procès-verbal, notant les prétentions qui restent contestées et les déclarations que les parties font alors sur ces prétentions, puis renvoie l'affaire.

Suites de la procédure

En cas d'échec de la conciliation, le BCO peut (L. 1454-1-1) :
– Si le litige porte sur un licenciement ou une demande de résiliation judiciaire du contrat de travail, renvoyer les parties, avec leur accord, devant le BJ dans sa composition restreinte (2 conseillers, c'est-à-dire 1 employeur et 1 salarié). La formation restreinte doit statuer dans un délai de 3 mois.
– Renvoyer les parties, si elles le demandent ou si la nature du litige le justifie, devant le BJ (composé de 2 conseillers employeurs et de 2 conseillers salariés) présidé par le juge départiteur.

À défaut, l'affaire est renvoyée devant le BJ, dans sa formation normale (composée de 2 conseillers employeurs et 2 conseillers salariés).

Le BCO assure la mise en état des affaires. Lorsque l'affaire n'est pas en état d'être jugée devant le BJ, celui-ci peut assurer sa mise en état.

Un ou 2 conseillers rapporteurs peuvent être désignés pour que l'affaire soit mise en état d'être jugée (L. 1454-1-2).

Si une partie ne comparaît pas sans motif légitime, le BCO peut statuer, en tant que bureau de jugement, dans sa formation restreinte. Il juge l'affaire en l'état des pièces et moyens que la partie comparante a contradictoirement communiqués (L. 1454-1-3, R.1454-13).

• Bureau de jugement (BJ)

Les parties sont convoquées par simple lettre devant le BJ. Suivant les cas (*supra* BCO – Suites de la procédure), ce dernier est :

- dans sa formation restreinte ;
- dans sa formation de droit commun ;
- dans sa formation présidée par un juge départiteur (juge du TGi).

Il y a toujours un nombre égal de conseillers prud'homaux employeurs et salariés (un ou 2 de chaque collège suivant les cas) (R. 1423-35).

L'audience est publique.

Le BJ rend un jugement (éventuellement après avoir mis l'affaire en délibéré, ce qui entraîne que le jugement sera rendu ultérieurement).

• Référé prud'homal

Une formation de référé existe dans chaque CPH. Le bureau des référés, commun à l'ensemble des sections, est composé d'un conseiller prud'homme salarié et d'un prud'homme employeur.

La formation de référé peut :
– Dans tous les cas d'urgence ordonner des mesures ne souffrant aucune contestation « sérieuse », comme la remise immédiate d'un certificat de travail. Elle peut accorder une provision sur salaires et indemnités, pourvu que la somme soit incontestablement due, et cela sans plafonnement, à la différence du bureau de conciliation (R. 1455-5).
– Toujours, même en présence d'une contestation sérieuse, prescrire des mesures conservatoires ou de remise en état pour prévenir un dommage imminent ou pour faire cesser un « ***trouble manifestement illicite*** », par exemple pour ordonner la « réintégration » d'un représentant du personnel licencié sans l'autorisation de l'inspecteur du travail ou pour faire cesser une discrimination (R. 1455-6). Ainsi, « *le juge des référés peut, même en l'absence de disposition l'y autorisant, ordonner la poursuite des relations contractuelles en cas de violation d'une liberté fondamentale par l'employeur* » (Soc. 6 févr. 2013, Sté France Telecom ; concernant le droit d'agir en justice).

La formation de référé peut prononcer des condamnations (ordonnances) assorties d'astreintes. Elle peut interpréter une convention collective ou un accord collectif (Soc. 27 juin 2007). En revanche, elle n'a pas le pouvoir d'ordonner la résiliation d'un contrat de travail (Soc. 15 mai 2007). L'ordonnance rendue par la formation de référé est une mesure provisoire qui ne lie pas le bureau de jugement. Le délai d'appel est de 15 jours.

Dans certains cas, le CPH statue « en la forme des référés » : il statue par ordonnance, exécutoire à titre provisoire, « au fond » (R. 1455-12).

En cas de partage des voix au sein de la formation de référé, l'affaire est renvoyée à une audience présidée par le juge départiteur (*infra*). Cette audience est tenue sans délai et au plus tard dans les 15 jours du renvoi (R. 1454-29).

• Départage

En cas de partage des voix (devant le BCO, le BJ ou la formation de référé), l'affaire est renvoyée à une audience ultérieure du BJ, mais celui-ci est cette fois présidé par un juge du TGI, c'est-à-dire par un magistrat professionnel, désigné par le président du TGI : c'est le juge départiteur (L. 1454-2).

Cette audience, présidée par le juge départiteur, est tenue dans le mois du renvoi.

Aux fins de départage, le BJ comprend :
- la formation du BJ qui s'est mise en partage de voix, présidée par le juge départiteur ;
- la formation du BCO qui s'est mise en partage de voix, complétée par un conseiller employeur et un conseiller salarié et présidée par le juge départiteur (R. 1454-29, R. 1454-32, R. 1423-35-4°).

• Instruction

Le bureau (BC ou BJ) peut, parmi les mesures d'instruction, désigner des conseillers rapporteurs. Ceux-ci peuvent entendre les parties, leur demander de fournir des explications ou des documents justificatifs. Ils peuvent aussi entendre des témoins ou ordonner des mesures d'instruction. Leur mission est de mettre l'affaire en l'état d'être jugée par le bureau de jugement. Mais, même à ce stade, une conciliation est toujours possible, soit totale, soit partielle. Un procès-verbal est alors dressé.

• Récusation

Un conseiller prud'homme peut être récusé lorsqu'il a un intérêt personnel à la contestation, notamment du fait d'un lien familial avec l'une des parties (L. 1457-1).

En revanche, le fait qu'un membre d'un CPH appartienne à la même organisation syndicale que l'une des parties au procès n'est pas de nature à affecter l'équilibre de la juridiction ou à mettre en cause l'impartialité de ses membres (Soc. 19 déc. 2003). Un syndicat peut agir en justice pour la protection d'un de ses conseillers prud'hommes menacé de récusation en raison de son affiliation syndicale (Soc. 3 oct. 2007).

• Audience

Procédure

La procédure est accusatoire, le procès est l'affaire des parties, mais le juge doit être actif (cette évolution est conforme à l'évolution de la mission du juge civil, en France et en Europe continentale, rapprochant ainsi la situation de celle des pays anglo-saxons). Lors de l'audience prud'homale, le juge doit jouer un rôle actif pour permettre la manifestation de la vérité. Le président de séance dirige les débats. Il doit faire respecter les principes directeurs du procès prud'homal, notamment l'oralité de la procédure (R. 1453-3 ; avec des exigences en cas de conclusions écrites), et bien entendu le principe du contradictoire (art. 16 Code de Procédure Civile).

Protection de la liberté de témoigner

« *En raison de l'atteinte qu'il porte à la liberté fondamentale de témoigner, garantie d'une bonne justice, le licenciement prononcé en raison du contenu d'une attestation délivrée par un salarié au bénéfice d'un autre est atteint de nullité, sauf en cas de mauvaise foi de son auteur* » (Soc. 29 oct. 2013, Union mutualiste retraite).

• Régime probatoire

Charge de la preuve

En règle générale, la charge de la preuve repose sur le demandeur (le salarié le plus souvent) : « Celui qui réclame l'exécution d'une obligation doit la prouver. » L'employeur, lui, doit justifier qu'il a respecté le droit applicable : « Réciproquement, celui qui se prétend libéré doit justifier le paiement ou le fait qui a produit l'extinction de son obligation. » (art. 1315 C. civil).

Cependant, dans plusieurs domaines (heures travaillées, sanction disciplinaire, licenciement, discrimination, etc.), il existe des aménagements de la charge de la preuve au bénéfice du demandeur pour faciliter l'établissement de la preuve et la manifestation de la vérité.

Liberté de la preuve

« *En matière prud'homale, la preuve est libre* » (Soc. 23 oct. 2013, sté Gepor). Le juge apprécie souverainement la valeur et la portée des éléments produits par les parties.

• Décision

Jugement

Dans l'idéal, juger une affaire, trancher un litige, signifie :

- identifier les faits vraiment pertinents de l'affaire, au regard notamment du « travail réel » du salarié, les interpréter et les qualifier juridiquement ;
- identifier les textes pertinents, les interpréter ;
- appliquer un raisonnement juridique aux faits retenus sur le fondement de ces textes ;
- choisir la réparation correspondante en cas de condamnation (au regard de la demande) ou débouter le demandeur.

Délibéré

Le plus souvent, les conseillers se retirent après l'audience (BCO, BJ ou référé) pour délibérer. La décision pour chaque affaire est prise à la majorité des conseillers (si le salarié est le demandeur : décision de lui donner gain de cause ou de le débouter ; s'il obtient gain de cause, décision sur le niveau de sa réparation pour chaque demande). Les délibérations sont secrètes (488 CPC).

Notification

Les jugements sont notifiés par le secrétariat-greffe aux parties par lettre recommandée avec demande d'accusé de réception.

Astreinte

Le CPH peut assortir l'exécution de sa décision d'une astreinte et est seul compétent pour liquider l'astreinte lorsqu'il s'est réservé le pouvoir de le faire (Soc. 9 mai 2007).

Exécution provisoire

L'exécution provisoire est parfois de droit (remise d'un certificat de travail, de bulletins de paie, etc. ; pour les salaires, congés et indemnités, dans la limite de 9 mois – R. 1454-28). Même quand ce n'est pas le cas, le CPH peut la prévoir. Ainsi, même en cas d'appel, la décision doit être exécutée.

• Voies de recours

Appel

Si la demande est supérieure à 4 000 € ou porte sur une somme indéterminée, un appel est possible devant la cour d'appel (chambre sociale ; L. 1462-1). L'appel doit être porté dans le délai d'un mois à compter de la notification du jugement et adressé au secrétariat-greffe du CPH qui a rendu le jugement. L'appel a un effet suspensif : la décision ne peut pas être exécutée lorsqu'il y a appel, à moins que le bureau de jugement n'ait ordonné l'exécution provisoire. Sont de droit exécutoires à titre provisoire les jugements qui, par exemple, ordonnent le paiement des rémunérations et indemnités, dans la limite maximum de 9 mois de salaire calculés sur la moyenne des 3 derniers mois.

Pourvoi en cassation

L'arrêt de la cour d'appel est susceptible d'un pourvoi en cassation. Les pourvois en cassation ne sont pas suspensifs et doivent être formés dans les 2 mois suivant la notification du jugement attaqué. Pas plus que devant le CPH, les parties ne sont tenues de se faire assister, en matière prud'homale, devant la cour d'appel, mais elles y sont désormais tenues devant la Cour de cassation.

Le CPH juge « en dernier ressort » si le chiffre de la demande n'excède pas 4 000 € (L. 1462-1). Dans ce cas, le jugement n'est pas susceptible d'appel, mais peut faire directement l'objet d'un pourvoi en cassation, si l'une des parties estime que le droit n'a pas été correctement appliqué.

Le Conseil supérieur de la prud'homie (CSP), organisme consultatif, siège auprès du garde des Sceaux, ministre de la Justice, et du ministre chargé du Travail (L. 1431-1). En font partie, outre les représentants des ministères intéressés, des représentants, en nombre égal, des organisations syndicales et des organisations professionnelles représentatives sur le plan national. Le CSP est notamment consulté sur tous les projets de textes, législatifs ou réglementaires, concernant la justice prud'homale.

L'employeur laisse aux salariés de son entreprise, membres du CSP, le temps nécessaire pour remplir leurs fonctions. Ce temps est assimilé à une durée de travail. L'exercice des fonctions de membre du CSP par un salarié ne peut être la cause d'une sanction ou d'une rupture du contrat de travail par l'employeur.

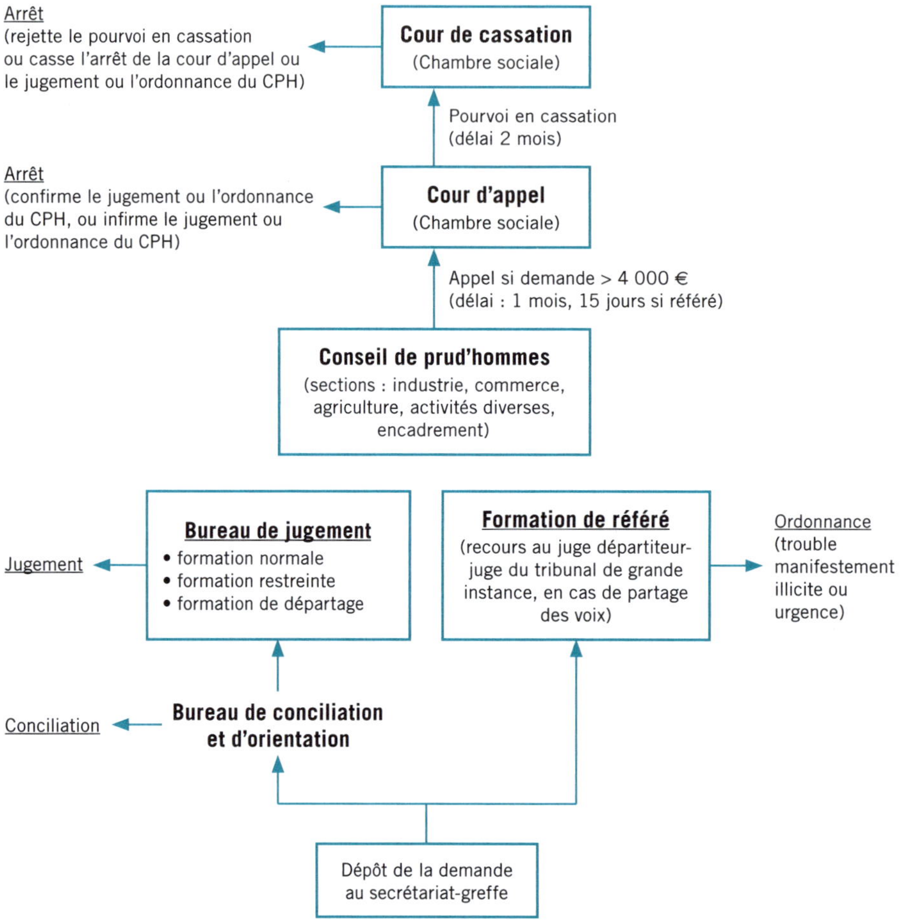

Tableau n° 3 – La procédure civile devant le Conseil de prud'hommes

CHAPITRE IV

ADMINISTRATION DU TRAVAIL ET ORGANISMES COMPÉTENTS EN MATIÈRE DE TRAVAIL ET D'EMPLOI

L'organisation du gouvernement et, par suite, l'intitulé et les attributions des ministères, évoluent en fonction de considérations d'ordre politique. Au gré des gouvernements successifs, depuis 1906, les questions du travail et de l'emploi ont relevé, soit d'un vaste ministère des Affaires sociales, compétent aussi pour les questions de Sécurité sociale, voire de santé, soit d'un ***ministère du Travail***, de l'Emploi, de la Formation professionnelle et du Dialogue social.

C'est au ministère chargé du Travail qu'il revient de préparer les projets de loi dont le principe a été décidé par le gouvernement (les parlementaires ont l'initiative de propositions de loi, rarement menées jusqu'à l'adoption), de veiller à l'application des lois promulguées, de rassembler les informations statistiques (sur les salaires et la durée du travail notamment).

Une ***Inspection générale des affaires sociales*** (IGAS), composée d'inspecteurs généraux, est rattachée directement au ministre qui lui confie des missions d'étude ou de contrôle de tous les services, établissements ou institutions qui participent à la gestion de la Sécurité sociale et de la prévoyance sociale, de la protection sanitaire et sociale, du travail, de l'emploi et de la formation professionnelle.

Administration centrale

Comme les autres ministères, le ministère du Travail comprend une administration centrale et des services extérieurs, dont l'Inspection du travail fait partie.

L'administration centrale comprend notamment les directions suivantes :
– La *Direction générale du travail* (DGT, R. 8121-13), autorité centrale de l'Inspection du travail, comprend des sous-directions : la sous-direction des droits des salariés, qui traite de questions juridiques concernant le contrat de travail, les syndicats, les institutions représentatives ; la sous-direction de la négociation collective ; la sous-direction des conditions de travail et de la protection contre les risques du travail.

– La *Délégation générale à l'emploi et à la formation professionnelle (DGEFP)* est chargée de préparer, d'animer, de coordonner et de mettre en œuvre la politique de l'emploi et de la formation professionnelle des adultes.
– La *Direction de l'animation de la recherche, des études et des statistiques (DARES)* est chargée de la production d'études utiles au ministère et aux acteurs sociaux.

– La *Délégation aux affaires européennes et internationales (DAEI)* est concernée, à ces niveaux, par l'ensemble des domaines du travail, de l'emploi, de la formation professionnelle, de la santé, de l'action sociale et de la protection sociale.

Services extérieurs

• Services déconcentrés

Les DIRECCTE sont organisées en 3 pôles. Le pôle « politique du travail » (« Pôle T ») est chargé de la politique du travail et des actions d'inspection de la législation du travail.

Le directeur régional de la DIRECCTE est chargé de (R. 8122-1) :
- mettre en œuvre au plan régional la politique définie par les pouvoirs publics afin d'améliorer les relations collectives et individuelles et les conditions de travail dans les entreprises ;
- définir les orientations générales des actions d'inspection de la législation du travail, qu'il organise, coordonne, suit et évalue ;
- coordonner l'action de ses services avec les autres services de l'État et les organismes chargés de la prévention ou du contrôle, en matière d'inspection de la législation du travail, de prévention des risques professionnels et d'amélioration des conditions de travail ; il est tenu informé par l'ANACT de ses interventions dans la région ;
- assurer le suivi de la négociation collective d'entreprise et territoriale ;

- assurer les relations avec les autorités judiciaires, sous réserve des attributions confiées par la loi aux inspecteurs du travail ;
- exercer les pouvoirs propres qui lui sont confiés.

EN PRATIQUE

Chaque DIRECCTE comprend des « unités départementales » (R. 8122-2). Au sein de la DIRECCTE et des UD, l'inspecteur du travail exerce ses fonctions dans le cadre d'une unité de contrôle (départementale, infradépartementale, régionale, etc., R. 8122-3) ; des unités de contrôle sont spécialisées, notamment au regard de certains risques (R. 8122-9). Il bénéficie de l'apport du groupe national, d'appui et de contrôle (R. 8121-15).

La ligne hiérarchique de l'Inspection du travail est la suivante : directeur général du travail (DGT), directeur régional (DIRECCTE), responsable d'unité départementale, responsable d'unité de contrôle (R. 8122-4), inspecteur du travail. Un Conseil national de l'Inspection du travail doit notamment garantir la coordination des services d'inspection (D. 8121-1).

• Inspection du travail

L'Inspection du travail relève des dispositions de la Convention de l'OIT n° 81, qui prévoit ses moyens d'action essentiels et garantit son ***indépendance*** dans l'exercice de ses missions (ce traité ratifié par la France s'intègre dans l'ordre juridique interne - L.8112-1 ; l'indépendance de l'Inspection du travail constitue un principe général du droit – CE 9 oct. 1996 – et un principe fondamental du droit du travail – DC 17 janv. 2008).

Les directeurs du travail, les directeurs adjoints et les inspecteurs du travail constituent le corps de l'Inspection du travail. La formation des inspecteurs est assurée par l'Institut national du travail, de l'emploi et de la formation professionnelle (INTEFP), près de Lyon. Un concours d'entrée a lieu chaque année (niveau licence). À la sortie de l'Institut, l'inspecteur du travail est affecté à une section (Unité de Contrôle) ou dans un service de l'emploi.

Les attributions de l'inspecteur du travail sont étendues et diversifiées, mais se limitent au ressort de sa section d'inspection (Crim. 9 déc. 2003). Le Code du travail prévoit son intervention dans de nombreux cas. Les attributions des inspecteurs du travail s'exercent dans 5 grands domaines principaux.
– Ainsi, ils contrôlent ***l'application de la législation du travail*** et des conventions collectives dans les entreprises (L. 8112-1) : c'est là leur fonction principale. Ils sont libres d'organiser et de conduire des contrôles à leur initiative et décident des suites à leur apporter. Les règles dont ils vérifient l'application peuvent concerner la santé et la sécurité, le temps de travail, le SMIC, les discriminations, les IRP, etc.

– De plus, ils participent à la mise en œuvre des politiques de l'emploi et de la formation professionnelle définies par les pouvoirs publics.
– En outre, il leur revient d'informer l'administration centrale des problèmes qui peuvent surgir à cet égard et en matière de conditions de travail et, plus généralement, de toutes les difficultés liées à l'application de la législation.
– Par ailleurs, ils informent aussi les entreprises ou les syndicats, sur leur demande, de leurs droits et obligations.
– Enfin, ils interviennent également en tant que conciliateurs officieux dans les conflits du travail.

Les inspecteurs disposent de ***moyens d'action***. Ainsi, ils ont droit d'entrée dans les établissements de leur section et n'annoncent pas leurs visites à l'avance (L. 8113-1) – ils ont toutefois besoin d'une autorisation si les locaux sont habités, par un travailleur à domicile, par exemple.

L'inspecteur du travail doit se faire accompagner dans ses visites par le délégué du personnel compétent, si ce dernier le désire. Pour faciliter le ***contrôle***, les employeurs doivent tenir et mettre à leur disposition, sous peine de sanctions, un certain nombre de registres et documents (L. 8113-4). Ils ont un droit d'enquête (Crim. 22 juill. 1981).

S'ils relèvent une infraction, ils peuvent suivant les cas et les circonstances :
- formuler une ***observation*** (« rappel à la loi ») ou une mise en demeure ;
- prononcer une ***amende administrative*** (par le biais de la DIRECCTE ; par exemple pour certaines infractions concernant les stagiaires – L. 124-17 C. éducation ; pour des infractions en matière de durées maximales du travail, de repos, de décompte du temps de travail, – L. 1325-1, de SMIC et de salaire minima conventionnel, etc. L. 8115-1) ;
- faire arrêter des travaux dangereux (Chap. XIII, Santé et sécurité au travail) ;
- dresser un ***procès-verbal*** faisant foi jusqu'à preuve du contraire des infractions au Code du travail et de certaines infractions au Code pénal (L. 8113-7). Par l'intermédiaire de l'UT (DIRECCTE), le PV est transmis au parquet (procureur de la République et substituts) qui décide s'il y a lieu d'engager des poursuites auprès des juridictions pénales. Il est tenu de le faire en cas de constitution de partie civile d'une personne physique ou morale comme un syndicat.

Une transaction pénale est possible, sauf pour les délits punis d'un emprisonnement d'un an ou plus (L.8114-4).

L'inspecteur du travail prend des ***décisions administratives*** (règlement intérieur, projet de licenciement d'un représentant du personnel, d'un délégué syndical, d'un médecin du travail, dérogations en matière de temps de travail, etc.). D'une manière générale, son silence ne vaut pas accord, mais rejet de la demande, en règle générale au bout de 2 mois. Ses décisions doivent être motivées.

Les inspecteurs du travail ont une obligation de ***discrétion*** pour les éléments dont ils prennent connaissance dans l'exercice de leurs fonctions. Ils ne doivent pas révéler les secrets de fabrication et les moyens d'exploitation.

Les personnes qui mettent un ***obstacle*** à l'accomplissement des missions de l'inspecteur du travail sont passibles d'un emprisonnement d'un an et/ou d'une amende de 37 500 € (Crim. 19 juin 2012, Y -SARL Les Motels de Normandie), (L. 8114-1). De plus, des dispositions du Code pénal punissent les actes de violence, outrages et résistance.

Un Code de déontologie précise le cadre général d'exercice des missions du service public de l'Inspection du travail (L. 8124-1 et R. 8124-1 et s. – prérogatives et garanties des agents, règles à respecter, droits et devoirs envers les usagers).

À LIRE

T. Kapp, P. Ramackera, J.-P. Terrier, *Le système d'inspection du travail en France*, Liaisons sociales, 2013. L. Justet, *L'inspection du travail, Une expérience du droit*, PUR, 2013.

Instances consultatives

Lorsque le ministère du Travail (cabinet et services centraux) prépare un projet de loi ou de décret, il consulte les représentants des organisations syndicales représentatives d'employeurs et de salariés, ainsi que, le cas échéant, des experts. À côté de ces consultations officieuses existe une consultation institutionnelle prévue par les textes ainsi que certaines missions spécifiques confiées à l'une des principales instances suivantes.

• Commission nationale de la négociation collective (CNNC)

La CNNC (L. 2272-1) comprend le ministre du Travail, qui la préside, le ministre de l'Agriculture, le ministre de l'Économie, le président de la section sociale du Conseil d'État, 18 représentants des organisations syndicales de salariés les plus représentatives au plan national, et 18 représentants des organisations d'employeurs les plus représentatives au plan national et des entreprises publiques.

La CNNC a notamment pour mission de faire au ministre chargé du Travail toute proposition de nature à faciliter le développement de la négociation collective et d'émettre un avis sur les projets de loi et de décrets relatifs à la négociation collective. Elle doit être consultée avant tout relèvement par décret du SMIC et avant toute extension d'une convention collective.

Étant donné que les extensions sont fréquentes et que la CNNC est une instance assez lourde, celle-ci peut déléguer ses attributions sur ce point à une **sous-commission de l'extension** des conventions et accords. De même, ses attributions en matière de salaire minimum peuvent être déléguées à une **sous-commission des salaires**.

Chaque année, le gouvernement présente devant la CNNC les orientations de sa politique, dans les domaines des relations individuelles et collectives du travail, de l'emploi et de la formation professionnelle, ainsi que le calendrier envisagé pour leur mise en œuvre pour l'année à venir.

• Conseil d'orientation des conditions de travail (COCT)

Le COCT est placé auprès du ministre chargé du Travail (L. 4641-1) et assure les missions suivantes en matière de santé, de sécurité au travail et d'amélioration des conditions de travail :
– Il participe à l'élaboration des orientations stratégiques des politiques publiques nationales.
– Il contribue à la définition de la position française sur les questions stratégiques aux niveaux européen et international.
– Il est consulté sur les projets de textes législatifs et réglementaires concernant cette matière.
– Il participe à la coordination des acteurs intervenant dans ces domaines.

EN PRATIQUE

Le COCT comprend des représentants :
- de l'État ;
- des organisations professionnelles d'employeurs représentatives au niveau national et des organisations syndicales de salariés représentatives au niveau national ;
- des organismes de Sécurité sociale ;
- des organismes nationaux d'expertise et de prévention ;
- des personnalités qualifiées (L. 4641-2).

• Conseil supérieur de l'égalité professionnelle entre les femmes et les hommes (CSEPFH)

Ce conseil participe à la définition et à la mise en œuvre de la politique menée en matière d'égalité professionnelle entre les femmes et les hommes (avis sur les projets de textes notamment) (L. 1145-1).

Organismes sous tutelle ministérielle

Ces organismes sont notamment les suivants.

• Service public de l'emploi

Le service public de l'emploi (SPE) a pour mission l'accueil, l'orientation, la formation et l'insertion ; il comprend le placement, le versement d'un revenu de remplacement, l'accompagnement des demandeurs d'emploi et l'aide à la sécurisation des parcours professionnels de tous les salariés (L. 5311-1 et s.).

Le SPE est notamment assuré par les services de l'État chargés de l'emploi et de l'égalité professionnelle, l'institution publique Pôle emploi, l'Épic chargé de la formation des adultes et l'organisme gestionnaire du régime d'assurance-chômage. La Région participe à la coordination des acteurs du SPE sur son territoire.

• Pôle emploi

Établissement public à caractère administratif (EPA, ex-ANPE), il a pour mission d'aider à la réinsertion des personnes à la recherche d'un emploi et d'assister les entreprises pour l'embauchage et le reclassement des salariés (L. 5312-1). Les demandeurs d'emploi s'adressent à cette seule structure pour s'inscrire, être indemnisés et accompagnés.

Indemnisation et suivi

La loi du 1er août 2008, relative aux droits et aux devoirs des demandeurs d'emploi, institue des obligations réciproques entre le SPE et le demandeur d'emploi (L. 5411-6-1), dans le cadre d'un « projet personnalisé d'accès à l'emploi » (PPAE) et donne des critères déterminant une « offre raisonnable d'emploi » (ORE) (L. 5411-6-2 et s.) (nature et caractéristiques de l'emploi, rémunération, zone géographique, etc., révisés tous les 3 mois), que le demandeur doit accepter, et définit les cas de radiation (notamment pour refus sans motif légitime à 2 reprises d'une ORE, L. 5412-1-2°).

Pôle emploi doit assurer un suivi régulier et personnalisé de chacun de ses bénéficiaires dans la recherche d'un emploi ; à défaut, il peut être condamné par le juge administratif, au fond, à verser des dommages-intérêts à un demandeur d'emploi au regard des préjudices subis. Un référé-liberté n'est possible que dans des circonstances d'urgence particulières (CÉ 4 oct. 2012).

Droits des travailleurs privés d'emploi

Les travailleurs à la recherche d'un emploi bénéficient d'un système d'assurance (*infra*) et, le cas échéant, peuvent relever d'un système d'assistance (non étudié ici – avec notamment le RSA).

Assurance-chômage

La convention d'assurance-chômage du 14 avril 2017 (agréée par arrêté du 4 mai 2017 ; avec son Règlement général, ses annexes – concernant des professions et situations particulières et ses accords d'application) est applicable pour trois ans (depuis le 1er novembre 2017 pour la plupart des mesures). L'Unédic (association loi 1901) est chargée de la gestion de l'assurance-chômage.

Bénéficiaires

Les « salariés involontairement privés d'emploi » sont des salariés dont la cessation du contrat de travail résulte (RG, art. 2) :

- d'un licenciement ;
- d'une rupture conventionnelle du contrat de travail ;
- d'une fin de CDD ou d'une rupture anticipée d'un CDD ;
- d'une démission considérée comme légitime (cf. Accord d'application n° 14 ; exemple : la démission intervenue pour cause de changement de résidence justifié par une situation où la personne salariée est victime de violences conjugales et justifie avoir déposé une plainte auprès du procureur de la République) ;
- d'une rupture de contrat de travail pour motif économique.

EN PRATIQUE

Pour bénéficier de l'allocation (Allocation de retour à l'emploi – ARE), le travailleur doit :

- être inscrit à Pôle emploi ;
- être involontairement privé d'emploi ;
- justifier d'une durée minimale d'affiliation (88 jours – 4 mois – ou 610 heures de travail au cours des 28 mois précédant la fin du contrat de travail ou 36 mois pour les 53 ans et plus) ;
- être à la recherche « effective et permanente » d'un emploi (impliquant d'accepter une ORE – *supra*) ;
- être physiquement apte à l'exercice d'un emploi ;
- être titulaire d'un titre autorisant à travailler (étranger hors UE).

Indemnisation

Une filière unique d'indemnisation est prévue, selon le principe « un jour travaillé égale un jour indemnisé » (la durée d'indemnisation est égale à la durée d'affiliation au régime d'assurance-chômage). Elle ne peut être inférieure à 122 jours calendaires (4 mois) ni supérieure à 730 jours (pour les salariés privés d'emploi âgés de 50 ans et plus à la date de fin de leur contrat de travail, cette limite peut être portée jusqu'à 1 095 jours).

À RETENIR

L'ARE est une allocation journalière, versée mensuellement, calculée à partir du salaire journalier de référence (SJR).

Le SJR est égal au salaire de référence divisé par le nombre de jours travaillés (durant la période de référence) multiplié par 1,4 (correspondant au coefficient 7/5). Sont pris en compte les jours travaillés dans l'entreprise (et non plus les jours d'ancienneté dans l'entreprise ; sont exclus les fins de semaine et les jours fériés non travaillés).

Le salaire de référence prend en compte la rémunération brute perçue au cours des 12 derniers mois (primes comprises).

L'allocation journalière (ARE) = 40,4 % du SJR + 11,84 % (ou 57 % du SJR si plus avantageux).

L'allocation minimale = 28,86 €/jour ; le plafond = 75 % du SJR (dans la limite de 245,04 €/jour).

La prise en charge est reportée à l'expiration de différés d'indemnisation (RG art. 21 et s.) tenant compte :

- d'un délai d'attente de 7 jours ;
- d'un différé d'indemnisation « congés payés » ;
- d'un différé spécifique calculé en fonction des indemnités de rupture *supra* légales versées (ce différé est égal au montant des indemnités *supra* légales divisé par 91,4 – avec un plafond à 75 jours pour les licenciements économiques et à 150 jours dans les autres cas), ce différé réduit donc l'intérêt d'indemnités plus élevées. En revanche, il n'est pas tenu compte pour le calcul de ce différé des indemnités allouées par le juge. Les droits à indemnisation sont suspendus en cas de reprise d'emploi ; les périodes d'activité (d'au moins 150 heures) peuvent générer de nouveaux droits (RG, art. 28) ; l'ARE peut, dans certaines limites, se cumuler avec le revenu d'une activité professionnelle (RG art. 31 et s.).

Un projet de réforme de l'« assurance-chômage » était en préparation lors de la mise sous presse de cet ouvrage (accord des partenaires sociaux de février 2018, devant être repris dans le projet de réforme du gouvernement).

• Établissement public chargé de la formation professionnelle des adultes (ex-AFPA)

Cet ÉPIC participe à la formation et à la qualification des personnes les plus éloignées de l'emploi et contribue à leur insertion sociale et professionnelle ; il contribue à la politique de certification menée par le ministre chargé de l'emploi, à l'égal accès des femmes et des hommes à la formation professionnelle et à la promotion de la mixité des métiers, enfin à l'égal accès, sur l'ensemble du territoire, aux services publics de l'emploi et de la formation professionnelle (L. 5315-1 et s.).

• Agence Nationale pour l'Amélioration des Conditions de Travail (ANACT)

Elle a été créée par une loi sur l'amélioration des conditions de travail du 27 décembre 1973. C'est un établissement public dont le conseil d'administration est tripartite (patronat, syndicats de salariés, personnes qualifiées). Le directeur est nommé par arrêté du ministre chargé du Travail. Son rôle est d'aider les entreprises à prendre en compte dans leur fonctionnement les problèmes du travail, de façon à améliorer la situation des salariés, tout en facilitant l'accroissement de leur efficacité. À cette fin, elle a mis au point et diffusé un ensemble d'instruments et de méthodes et fait connaître les réalisations les plus remarquables qui souvent sont liées à l'introduction de technologies nouvelles et à la modernisation des équipements. Ses missions portent aussi sur la prévention des risques professionnels (L. 4642-1, R. 4642-1).

L'ANACT peut apporter une aide financière par le biais de subventions versées dans le cadre de conventions conclues avec les entreprises, dont les IRP doivent avoir connaissance, notamment en matière d'études préalables à une conduite du changement (arrêté du 14 avril 2008).

• Institut national de recherche et de sécurité pour la prévention des accidents du travail et des maladies professionnelles (INRS)

Créé en 1947, l'INRS (association loi 1901) est un organisme généraliste en santé et sécurité au travail, qui intervient en lien avec les autres acteurs institutionnels de la prévention des risques professionnels. Il propose des outils et des services aux entreprises et aux 18 millions de salariés relevant du régime général de la Sécurité sociale.

• Office français de l'immigration et de l'intégration (OFII)

Cette institution (qui remplace l'ANAEM et l'Acsé), placé sous la tutelle du ministère de l'Intérieur, est notamment chargée, sur l'ensemble du territoire, du service public de l'accueil des étrangers titulaires, pour la première fois, d'un titre les autorisant à séjourner durablement en France (L. 5223-1). Elle a également pour mission de participer à toutes les actions administratives, sanitaires et sociales relatives :

- à l'entrée et au séjour, d'une durée inférieure ou égale à 3 mois, des étrangers ;
- à l'accueil des demandeurs d'asile ;
- à l'introduction en France, au titre du regroupement familial ou en vue d'y effectuer un travail salarié, d'étrangers ressortissant de pays tiers à l'UE ;
- à la visite médicale des étrangers admis à séjourner en France pour une période supérieure à 3 mois ;

- au retour et à la réinsertion des étrangers dans leur pays d'origine ;
- à l'intégration en France des étrangers, pendant une période de 5 années au plus à compter de la délivrance d'un premier titre de séjour les autorisant à séjourner durablement en France, ou pour la mise en œuvre des dispositifs d'apprentissage de la langue française adaptés à leurs besoins, le cas échéant en partenariat avec d'autres opérateurs, quelle que soit la durée de leur séjour.

Autorités administratives indépendantes

• Défenseur des droits (DDD)

À la demande de l'UE, la France s'est dotée d'une institution spécialisée pour « apporter aux personnes victimes d'une discrimination une aide indépendante pour engager une procédure pour discrimination », notamment en favorisant la constitution de preuves permettant la manifestation de la vérité.

La loi a créé la HALDE. Le Défenseur des droits, nouvelle institution, intègre la HALDE (le DDD est prévu par l'art. 71-1 de la Constitution, réforme constitutionnelle du 23 juill. 2008, Loi organique et loi ordinaire du 29 mars 2011, Décision du Conseil constitutionnel du 29 mars 2011).

Cette institution (DDD ; *infra* Chap. V) a une compétence universelle : elle est compétente pour connaître toutes les discriminations, directes ou indirectes, prohibées par la loi ou par un engagement international auquel la France est partie, et ce dans tous les domaines.

De plus, le DDD est compétent pour toute atteinte aux droits fondamentaux, notamment dans l'emploi et le travail.

• Commission Nationale de l'Informatique et des Libertés (CNIL)

Instituée par la loi du 6 janvier 1978 relative à l'informatique, aux fichiers et aux libertés, modifiée par la loi du 6 août 2004 relative à la protection des personnes physiques à l'égard des traitements de données à caractère personnel, la CNIL a pour mission de veiller au respect des principes généraux énoncés par la loi, notamment dans son article 1er : « *L'informatique doit être au service de chaque citoyen. Son développement doit s'opérer dans le cadre de la coopération internationale. Elle ne doit porter atteinte ni à l'identité humaine, ni aux droits de l'homme, ni à la vie privée, ni aux libertés individuelles et publiques.* » Elle dispose à cet effet d'un pouvoir réglementaire, dans les cas prévus par la loi. Elle peut être qualifiée de tribunal (CE 19 févr. 2008).

La Commission reçoit les réclamations, les pétitions et les plaintes. Son contrôle porte notamment sur la finalité des traitements, la nature des informations recueillies, leur durée de conservation, leurs destinataires, l'exercice du droit d'accès. Elle peut procéder à des vérifications sur place, ses pouvoirs d'investigation s'appliquant aussi bien aux traitements automatisés qu'aux fichiers manuels.

Le Règlement général sur la protection des données personnelles (RGPD) n° 2016/679 du 27 avril 2016 renforce les obligations des entreprises concernant la protection de ces données dans l'emploi et le travail à partir du 25 mai 2018. Ce règlement européen impose notamment la nomination d'un « délégué à la protection des données » (dans toute entreprise ou organisme de plus de 250 salariés), pour les entreprises du secteur public, pour les entreprises dont l'activité principale conduit à assurer un suivi systématique et à grande échelle des personnes (profilage) ou dont l'activité principale est attenante à des traitements à grande échelle de données sensibles. Ce délégué peut être interne ou externe à l'organisme.

EN PRATIQUE

Un exemple : la CNIL, saisie par l'Inspection du travail de Rhône-Alpes au sujet des conditions de mise en œuvre des dispositifs de vidéosurveillance dans les filiales de la société Providis Logistique, a réalisé des contrôles dans les locaux de la société et de certaines de ses filiales, révélant de nombreux manquements. Une mise en demeure a donc été adoptée. De nouveaux contrôles ont révélé la persistance de manquements. La société continuait à filmer de manière continue certaines zones réservées aux salariés (accès aux vestiaires et aux locaux affectés au repos des salariés). Aucune justification particulière ne pouvait légitimer une telle atteinte à la vie privée. La CNIL a, en conséquence, prononcé une sanction pécuniaire de 5 000 € à l'encontre de la société et a décidé, eu égard à l'absence de mise en conformité malgré un accompagnement constant, de rendre sa délibération publique (Délib. n° 2014-307 du 17 juill. 2014).

DEUXIÈME PARTIE

L'EMPLOI

De manière générale, le citoyen au travail peut, dans certaines limites, exercer ses droits et libertés dans sa vie professionnelle et ne doit pas faire l'objet de discrimination (chapitre V). L'employeur exerce son pouvoir patronal en matière d'embauche, d'exécution du contrat de travail (direction du travail), en particulier sur le plan disciplinaire, et de licenciement (chapitre VI).

L'accès à l'emploi se marque sur le plan juridique par la conclusion d'un contrat de travail, dans le cadre d'une procédure de recrutement. Certaines règles s'appliquent à tous les contrats de travail (chapitre VII).

Parmi les contrats, il convient de distinguer les contrats atypiques qui concernent en particulier les contrats précaires (contrats à durée déterminée, contrat de travail temporaire, contrat de travail à temps partiel ; chapitre VIII).

En cours d'exécution, le contrat de travail peut faire l'objet d'une modification dans son contenu ou d'une suspension, notamment pour maladie (chapitre IX).

Enfin, le contrat de travail peut être rompu. La rupture intervient le plus souvent à l'initiative de l'employeur par le biais d'un licenciement (chapitre X), notamment pour un motif économique (chapitre XI). Cette rupture intervient parfois d'un commun accord ou à l'initiative du salarié, des règles étant communes à toute rupture du contrat quels qu'en soient le motif et l'initiateur (chapitre XII).

CHAPITRE V

DROITS ET LIBERTÉS DE LA PERSONNE DU TRAVAILLEUR

Le Code du travail prévoit que « nul ne peut apporter aux droits des personnes et aux libertés individuelles et collectives de restrictions qui ne seraient pas justifiées par la nature de la tâche à accomplir ni proportionnées au but recherché » (L. 1121-1, ancien L. 120-2).

La personne au travail peut exercer ***ses libertés et ses droits*** de personne humaine et en particulier de citoyen. Il s'agit là des droits de l'Homme au travail, dont le citoyen demeure titulaire dans son activité professionnelle ; ces droits constituent une limite au lien juridique de subordination.

Une distinction est à opérer entre les libertés et les droits. Ainsi, l'exercice des libertés suppose l'abstention du pouvoir (selon la conception libérale issue de la Révolution française notamment) ; tandis que l'exercice des droits suppose l'intervention du pouvoir (en référence aux droits sociaux proclamés à la Libération notamment).

Une liberté précède toujours le droit correspondant ; par exemple dans l'entreprise : liberté d'expression du citoyen qui suppose que l'employeur n'intervienne pas et droit d'expression du salarié qui implique que l'employeur mette à sa disposition des moyens (groupes d'expression).

Les formules ne sont pas toujours précises et ne rendent pas toujours compte de la complexité de ces « droits et libertés ». Ainsi, le droit de mener une vie familiale normale constitue à la fois une liberté et un droit.

L'employeur doit respecter les droits et libertés de la personne du salarié. Des restrictions sont possibles, mais uniquement si elles sont pertinentes, la restriction devant être proportionnée à ce qui est nécessaire à l'exercice de la fonction professionnelle.

Au-delà, l'employeur « *investi de la mission de faire respecter au sein de la communauté de travail l'ensemble des libertés et droits fondamentaux de chaque salarié* » a une obligation de faire, il doit agir pour assurer à chaque salarié le respect effectif de ces libertés et droits (Soc. 22 nov. 2017, PBRI, sté Micropole).

La ***dignité*** est à la source des droits et libertés de la personne humaine et des règles de non-discrimination. La dignité de la personne humaine n'est pas seulement un droit fondamental en soi, mais constitue la base même des droits fondamentaux.

En droit interne, la dignité a valeur constitutionnelle (DC 27 juill. 1994) et est protégée par le Code civil (art. 16 – « La loi assure la primauté de la personne, interdit toute atteinte à la dignité de celle-ci (...) ») et par le Code pénal (art. 225-13 et 14). La personne ne peut pas renoncer à sa propre dignité, ce qui peut soulever la question du respect de sa liberté (CE 27 oct. 1995, affaire dite du « lancer de nain »). L'atteinte à la dignité d'un salarié constitue pour l'employeur « un manquement grave à ses obligations » (Soc. 7 févr. 2012, SA Mecarungis).

Selon le droit européen (UE), la dignité humaine est inviolable. Elle doit être respectée et protégée (CJCE 9 oct. 2001, le droit fondamental à la dignité humaine fait partie du droit de l'UE). « La dignité humaine suppose la reconnaissance de la valeur égale de tous les individus » et « l'importance intrinsèque de toute vie humaine » ; l'autonomie personnelle en découle (CJCE 10 juill. 2008, Sharon Coleman, conclusions de l'avocat général du 31 janv. 2008).

Ces droits et libertés se distinguent en droits et libertés du citoyen et en droits et libertés plus spécifiques au travailleur.

La violation de ces droits et libertés est sanctionnée par la nullité, y compris en cas de licenciement attentatoire à une liberté fondamentale, notamment en cas d'atteinte à la liberté d'expression ou d'atteinte au droit d'agir en justice (*infra*).

À LIRE

Mélanges en l'honneur de Jean-Maurice Verdier, Droit syndical et droits de l'homme à l'aube du XXI*e siècle*, Dalloz, 2000 ; A. Lyon-Caen, *Droits fondamentaux et droit social*, Dalloz, 2004 ; P. Waquet, L. Pécaut-Rivolier, Y. Struillou, *L'entreprise et les libertés du salarié*, Liaisons, 2014 ; M. Miné, *Siffler en travaillant ? Les droits de l'homme au travail*, Le Cavalier Bleu, 2006 ; T. Renoux (dir.), *Libertés et droits fondamentaux*, La Documentation française, 2e éd., 2013.

Liberté d'expression

La liberté d'expression est un droit individuel, consacré en droit interne (Déclaration des droits de l'Homme et du citoyen de 1789, art. 10 ; DC 3 mars 2009) et européen (Convention européenne des droits de l'Homme de 1950, art. 11 ; CEDH 29 févr. 2000). Il convient d'examiner le contenu des propos tenus, leur mode de diffusion et leur cadre.

JURISPRUDENCE (DANS L'ENTREPRISE)

« *Sauf abus, le salarié jouit, dans l'entreprise (...) de sa liberté d'expression* » (Soc. 14 déc. 1999, cadre dirigeant exprimant des critiques vives au sein du comité directeur sur la réorganisation de l'entreprise). L'abus consiste en des « *termes injurieux, diffamatoires ou excessifs* ». Ne constitue pas un abus un courriel visant des personnes sur un « *ton humoristique et sarcastique* » (Soc. 2 févr. 2011, SARL ADT Sensormatic France). Des critiques sur la gestion de l'entreprise, les conditions de travail, etc., ne constituent pas en soi un abus. En revanche, le dénigrement répété d'un salarié constitue un abus (Soc. 23 juin 2010). « *Seules des restrictions justifiées par la nature de la tâche à accomplir et proportionnées au but recherché peuvent être apportées* » (Soc. 8 déc. 2009, PBRI, Sté Dassault Systèmes). Le salarié ne peut pas se voir interdire les conversations extraprofessionnelles (CE 25 janv. 1989). Une salariée ingénieur de sécurité ne peut pas être licenciée pour s'être exprimée de manière critique sur le plan de la direction en matière de prévention du risque incendie, au cours d'une réunion du CHSCT (CA Paris, 25 mars 2004, licenciement nul). Ainsi, il ne peut être reproché au salarié de distribuer aux clients de l'entreprise des tracts portant « *sur l'organisation du travail et le fonctionnement de l'entreprise et ne contenant aucun propos excessif, injurieux ou diffamatoire envers l'employeur* » (Soc. 14 nov. 2013, Veolia Propreté Poitou-Charentes). Le droit d'expression, lui, est un droit collectif (voir chapitre XXII).

La liberté d'expression du salarié **« lanceur d'alerte »** est protégée : « en raison de l'atteinte qu'il porte à la liberté d'expression, en particulier au droit pour les salariés de signaler les conduites ou actes illicites constatés par eux sur leur lieu de travail, le licenciement d'un salarié prononcé pour avoir relaté ou témoigné, de bonne foi, de faits dont il a eu connaissance dans l'exercice de ses fonctions et qui, s'ils étaient établis, seraient de nature à caractériser des infractions pénales, est frappé de nullité » (Soc. 30 juin 2016, PBRI, ass. Agrexam).

Liberté religieuse

• Fondements

La liberté religieuse est une liberté fondamentale qui peut s'exprimer (CEDH art. 9 et 10) : ainsi, toute personne a droit à la liberté de pensée, de conscience et de religion. Ce droit implique la liberté de changer de religion ou de conviction, ainsi que la liberté de manifester sa religion ou sa conviction individuellement ou collectivement, en public ou en privé, par le culte, l'enseignement, les pratiques et l'accomplissement des rites. Les discriminations en raison d'une religion sont interdites (directive 27 nov. 2000, préambule de la Constitution de 1946). « *Nul ne peut être inquiété pour ses opinions, mêmes religieuses, pourvu que leur manifestation ne trouble pas l'ordre public* », DDHC 1789, art. 10.

Les convictions religieuses peuvent s'exprimer sous réserve de ne pas porter atteinte au bon fonctionnement de l'entreprise. L'employeur titulaire du pouvoir de direction doit être en mesure d'organiser le fonctionnement de l'entreprise et l'activité des salariés pour atteindre les objectifs qu'il a fixés et maintenir la paix sociale entre les salariés. La liberté religieuse, comme toute liberté, n'est pas absolue et doit se concilier avec d'autres droits et libertés.

• Laïcité

« *La laïcité constitue un principe fondateur de la République française, conciliant la liberté de conscience, le pluralisme religieux et la neutralité de l'État* » (cf. Avis de la Commission Nationale Consultative des Droits de l'Homme du 26 sept. 2013). Ce principe implique :

- la neutralité de l'État, en application de la séparation de l'État et des Églises, et donc la neutralité au sein des services publics (des fonctionnaires, des agents et le cas échéant des salariés) ;
- la libre expression des convictions religieuses et la non-discrimination au sein des entreprises de droit commun (les salariés ne sont pas astreints à un devoir de neutralité en dehors des services publics).

• Jurisprudence

La question n'est donc pas nouvelle, mais elle se pose de manière renouvelée. La réponse juridique n'est pas écrite, elle est en cours d'écriture. Une illustration de cette conciliation se rencontre dans la jurisprudence sur le port du voile (« des voiles ») :

– Une salariée télévendeuse porte un voile selon une tradition islamique (CA Paris, 19 juin 2003, Sté Téleperformance). À la suite d'une mutation sur un autre site, l'employeur lui demande de le retirer, mais la salariée refuse. Son licenciement est jugé discriminatoire (nullité de la rupture et poursuite du contrat de travail), la lettre de licenciement faisant référence au refus de renoncer à la manifestation de ses convictions religieuses, aucune difficulté n'étant recensée avec la clientèle déjà rencontrée et l'employeur n'apportant pas de preuve d'éléments objectifs justifiant le refus.

– Le licenciement d'une salariée portant un voile islamique dans une crèche, « de dimension réduite », est justifié « *par son refus... de s'abstenir de porter*

son voile et par les insubordinations répétées et caractérisées décrites dans la lettre de licenciement » (Ass. plén., Aff. Baby-Loup 25 juin 2014, PBRI ; la chambre sociale avait adopté la solution inverse, Soc. 19 mars 2013).
– Une salariée vendeuse dans un magasin de mode d'articles féminins décide de porter une burqa ; le refus de l'employeur et le licenciement sont justifiés (CA Saint-Denis de la Réunion, 9 sept. 1997).
– Une salariée vendeuse de fruits et légumes dans un centre commercial se voit refuser le port du voile par son employeur (CA Paris, 16 mars 2001). Ce refus est justifié, le juge soulignant que l'employeur a tenté une conciliation en proposant que le voile soit porté de façon discrète en bonnet ; de plus, il avait auparavant accepté une absence de la salariée hors période de congés pour lui permettre de se rendre à La Mecque.
– Une salariée d'une caisse de Sécurité sociale (relevant du service public) peut être licenciée si elle refuse de retirer le signe religieux qu'elle porte dans son activité professionnelle, y compris si elle n'a pas de contact direct avec le public (Soc. 19 mars 2013, CPAM Seine-Saint-Denis).

– Dans une affaire concernant une ingénieure informatique, licenciée pour avoir porté un « voile » lors de ses déplacements en clientèle, ce licenciement, causé par la demande d'un client (entreprise), est jugé discriminatoire (Soc. 22 nov. 2017, CJUE 14 mars 2017).

– Le licenciement d'un salarié pour son refus de prêter serment avec la formule « je jure », au nom de ses convictions religieuses, est nul (Soc. 1er févr. 2017, RATP).

La jurisprudence donne donc une réponse contextualisée : suivant la fonction exercée, l'environnement, etc., la réponse ne sera pas la même. L'entreprise ne peut pas interdire de manière absolue toute expression religieuse (délibération HALDE 3 mars 2008), mais les pratiquants d'un culte ne peuvent pas imposer leurs comportements ou leur prosélytisme (CA Toulouse, 9 juin 1997 ; CA Versailles, 23 janv. 1998, délibération HALDE, 6 avril 2009). Le seul port d'un « foulard » ne constitue pas, par lui-même, un acte de pression (CE, 27 nov. 1996).

Par ailleurs, l'employeur ne peut pas imposer aux salariés, dans les locaux de l'entreprise, « *des symboles se rapportant à sa propre pratique religieuse* » (CPH Lyon, section AD, 8 janv. 2010, SA Cecop).

La jurisprudence interne est de manière générale en harmonie avec la jurisprudence européenne (cf. notamment CEDH 15 janv. 2013, aff. Eweida et a. c/ R.-U., concernant notamment l'articulation entre liberté religieuse et exigences professionnelles, le port d'une croix copte sur l'uniforme de British Airways ne pouvait donner lieu à sanction).

• Accords collectifs

Par conséquent, l'entreprise et les partenaires sociaux sont invités à réfléchir et à répondre à la question posée, à partir et dans le respect des repères et des balises formulés par le droit et au regard du contexte concret de travail. Il s'agit donc de définir un cadre collectif pour l'exercice de droits individuels. Ce mouvement a commencé avec plusieurs accords collectifs intéressants comme l'ANI d'octobre 2006 sur la « diversité » (étendu), l'accord PSA actualisé en 2015, l'accord Casino complété en 2011, l'accord ADECCO de 2007, etc.

Droit à sa vie privée et à l'autonomie personnelle

• Fondements

Le droit au respect de sa vie privée (art. 9 Code civil) implique que les libertés civiles (se marier, divorcer, conclure un PACS, etc.) soient respectées (tout comme avoir une relation sentimentale entre salariés de la même entreprise).

• Jurisprudence

Les choix de vie privée ne doivent pas être entravés : consommation (Soc. 22 janv. 1992, achat d'un véhicule d'une société concurrente), choix humanitaires (Soc. 16 déc. 1997, clerc de notaire condamné pour aide au séjour d'un étranger sans titre), etc. Un règlement intérieur ne peut pas interdire le mariage entre salariés (CE 10 juin 1982). Le salarié a le droit de ne pas être joignable sur son téléphone portable, en dehors de ses heures de travail (Soc. 17 févr. 2004).

Concernant le domicile, « *si l'usage fait par le salarié de son domicile relève de sa vie privée, des restrictions sont susceptibles de lui être apportées par l'employeur à condition qu'elles soient justifiées par la nature du travail à accomplir et qu'elles soient proportionnées au but recherché* » ; il en est ainsi « *s'agissant d'un établissement spécialisé dans l'accueil des mineurs en difficulté, l'interdiction faite aux membres du personnel éducatif de recevoir à leur domicile des mineurs placés dans l'établissement était une sujétion professionnelle pouvant figurer dans le règlement intérieur et... cette restriction à la liberté du salarié (...) était légitime* » (Soc. 13 janv. 2009, Ass. Sauvegarde 71).

Le droit à sa vie personnelle, qui va au-delà de la seule vie privée, s'exerce sur et hors du lieu de travail.

• Sur le lieu de travail

« *Même au temps et au lieu de travail, le salarié a droit au respect de l'intimité de sa vie privée* » (Soc. 2 oct. 2001, Nikon, sur le fondement des art. 8 CESDHLF et 9 C. civ.). Cela se vérifie notamment pour :

– La *correspondance postale* : le secret des correspondances est protégé (art. 226-15 NCP ; art. 8 CESDH), même si l'employeur a interdit la réception de courrier personnel dans l'entreprise. L'employeur ne peut pas fonder une sanction disciplinaire sur le contenu d'une correspondance privée ouverte par mégarde (Ch. mixte 18 mai 2007).

– Le *courriel* : l'employeur ne peut pas prendre connaissance des e-mails envoyés et reçus par le salarié grâce à l'outil informatique mis à sa disposition, même quand l'employeur avait interdit une utilisation non professionnelle de l'ordinateur, dès lors qu'ils sont stockés dans un fichier intitulé « personnel » (Soc. 2 oct. 2001, Nikon, le respect de l'intimité de sa vie privée « *implique en particulier le secret des correspondances* »). Cependant, la seule dénomination « Mes documents » ne confère pas au fichier un caractère personnel (Soc. 10 mai 2012, Sté NCT). En ce qui concerne les fichiers « Personnel », cette consultation est possible quand « *l'employeur a des motifs légitimes de suspecter des actes de concurrence déloyale* » et qu'il a fait appel sur la base d'une décision de justice (ordonnance du TGI) à un huissier pour accéder aux données et opérer les constats (Soc. 23 mai 2007 ; risque ou événement particulier, Soc. 17 mai 2005 ; « *raisons légitimes et sérieuses de craindre que l'ordinateur mis à disposition de la salariée avait été utilisé pour favoriser des actes de concurrence déloyale* », Soc. 10 juin 2008, SA Mediasystem ; l'administrateur réseaux, tenu d'une obligation de confidentialité, peut ouvrir les messages personnels des salariés dans le cadre de sa mission, de sécurité des réseaux informatiques – les délégués du personnel peuvent faire une enquête avec l'employeur pour être éclairés sur la réalité de l'atteinte portée aux droits des personnes, Soc. 17 juin 2009, Sté Sanofi chimie).

Par ailleurs, l'employeur peut consulter, hors la présence du salarié, ses connexions Internet (Soc. 9 févr. 2010). (Chap. VI, Droit disciplinaire). En revanche, l'employeur ne peut pas accéder au dictaphone personnel du salarié, pour écouter les enregistrements qu'il a réalisés sur le lieu de travail (Soc. 23 mai 2012, Sté R'FIX).

– L'*usage du temps* : le salarié a le droit de refuser de participer à une activité récréative (excursion), même organisée par l'employeur en concertation avec le CE, pendant son temps de travail (Soc. 8 oct. 1996, Mme Costa c/ Sté Eurodirect). Le salarié doit percevoir sa rémunération. Cette jurisprudence rappelle que le salarié met à disposition de l'employeur sa capacité de travail, mais pas sa personne (cette fiction juridique délimite la portée du lien de subordination).

• Hors du lieu de travail

En principe, le salarié est libre de ses faits et gestes et n'a pas d'obligation envers son employeur (sauf celle de loyauté). Par conséquent, les actes commis ne peuvent pas justifier un licenciement, sauf par exception quand le comportement du salarié a causé dans l'entreprise un trouble « objectif », compte tenu de la nature des fonctions exercées et de la finalité propre de l'entreprise (Ch. mixte 18 mai 2007). « *Un fait imputé au salarié relevant de sa vie personnelle ne peut constituer une faute* » (Soc. 16 déc. 1997, préc.). (Chap. VI, Droit disciplinaire).

Le salarié ne doit pas être en astreinte pendant ses périodes de repos minimum (Chap. XIV).

Droit de mener une vie familiale normale

• Fondements

Le droit de mener une vie familiale normale trouve ses fondements dans des textes internationaux (voir notamment : CESDHLF, art. 8 ; Convention de l'OIT n° 156 du 23 juin 1981 sur « les travailleurs ayant des responsabilités familiales ») et est mobilisé sur plusieurs terrains.

• Domicile

Le droit de mener une vie familiale normale s'exerce en particulier au regard du domicile :
– Libre choix du domicile (Soc. 12 janv. 1999, M. Spileers ; Soc. 12 nov. 2008, pour des employés d'immeubles ; Soc. 28 févr. 2012, Ass. Maison départementale de la famille, « *toute personne dispose de la liberté de choisir son domicile* »).
– Droit de refuser de travailler à domicile (Soc. 2 oct. 2001, Sté AXA) ; ou *a contrario* impossibilité pour l'employeur de remettre en cause l'exécution en partie de la prestation de travail au domicile du salarié, qui avait fait l'objet d'un accord entre les parties (Soc. 31 mai 2006, Sté SCC) ; le travail à domicile relève notamment de l'accord-cadre européen du 16 juill. 2002 sur le télétravail, de l'ANI sur le télétravail du 19 juill. 2005 et du Code du travail (*infra* Chap. XIV).
– Droit d'obtenir une mutation géographique, « *sans expliquer les raisons objectives qui s'opposaient à ce que l'un des postes disponibles dans la région d'Avignon soit proposé à la salariée, contrainte de changer son domicile pour des raisons familiales sérieuses, (...) la décision de l'employeur, informé depuis plusieurs mois de cette situation, de maintenir son affectation à Valenciennes, portait atteinte de façon disproportionnée à la liberté du choix du domicile de la*

salariée et était exclusive de la bonne foi contractuelle » (Soc. 24 janv. 2007, Mme Negri c/ SA Omnium de gestion et de financement).

Ce droit peut permettre de paralyser la mise en œuvre d'une clause de mobilité géographique (salariée veuve ayant 2 enfants, Soc. 13 janv. 2009, SA Iss Abilis ; clause de mobilité mise en œuvre 8 jours après le retour de la salariée de son congé maternité, son enfant n'étant âgé que de 4 mois, et impliquant un allongement sensible des temps de transport, CA Versailles, 5 sept. 2012, Sté Manulav – décision prise sur le fondement de la Convention n° 156 de l'OIT).

• Temps de travail

Ce droit de mener une vie familiale normale s'exerce aussi en matière de modification des horaires de travail (voir dans Chap. IX, Modification et suspension du contrat conditions de travail, « Horaires de travail ») et de durée du travail excessives (« *en s'abstenant de mesurer la charge de travail de M. D. à une époque où il était particulièrement exposé à un dépassement d'horaires, compte tenu de sa mise en situation pour accéder au statut cadre, la société Renault a contrevenu à ses devoirs qui lui imposent, notamment en vertu des principes constitutionnels et en application de la Convention européenne des Droits de l'Homme, de s'assurer que la vie personnelle et familiale de ses salariés est préservée* », Cph Versailles, 15 mai 2012, Mme D. c/ SAS Renault, Chap. XIII Faute inexcusable de l'employeur).

• Santé

Ce droit fondamental peut être mobilisé dans des contentieux concernant l'atteinte à la santé (Soc. 25 sept. 2013, société ZF Masson, PBR).

Ces droits à la vie personnelle et au droit de mener une vie familiale normale sont perturbés par certaines organisations du travail, impliquant des modifications du contrat de travail, avec des changements d'horaires de travail, etc.

Droit d'agir en justice

Le droit d'agir en justice est protégé contre toute mesure de rétorsion, y compris la rupture du contrat de travail. En effet, « *le juge des référés peut, même en l'absence de disposition l'y autorisant, ordonner la poursuite des relations contractuelles en cas de violation d'une liberté fondamentale par l'employeur* » (Soc. 6 févr. 2013, Sté France Telecom). Il en est ainsi quand la rupture anticipée des CDD qui ne reposait sur aucun des motifs prévus légalement (L. 1243-1) faisait suite à l'action en justice de chacun des salariés pour obtenir la requalification de la relation de travail en CDI (Soc. 6 févr. 2013, préc.).

Liberté vestimentaire

En principe, le salarié est libre de choisir sa tenue vestimentaire sur son lieu de travail.

Cependant, « *la liberté de se vêtir à sa guise au temps et au lieu de travail n'entre pas dans la catégorie des libertés fondamentales* » (Soc. 28 mai 2003 et Soc. 12 nov. 2008, M. Montribot c/ SAGEM, affaire dite du bermuda). La liberté vestimentaire n'est pas une liberté fondamentale dont le non-respect par l'employeur entraînerait la nullité de sa décision (licenciement notamment).

En revanche, la question se pose différemment quand le refus d'une tenue vestimentaire par l'employeur est lié à une discrimination : ainsi, le licenciement d'un salarié, en contact avec la clientèle dans un restaurant, parce qu'il porte des boucles d'oreille alors qu'il est un homme, constitue une discrimination, liée à l'apparence physique et au sexe, et est sanctionné par la nullité (Soc. 11 janv. 2012).

Les restrictions apportées par l'employeur à la liberté vestimentaire doivent être justifiées, par l'activité professionnelle, et proportionnées (Soc. 18 févr. 1998, M. Bouéry c/ Sté Sleever International ; salarié refusant de porter une blouse blanche dans un atelier de coupe).

• Liberté de choix du salarié

Ainsi, une apprentie serveuse de restaurant peut porter un piercing (CA Toulouse, 11 oct. 2001) ; l'employeur ne peut pas imposer à des ambulanciers le port obligatoire d'une cravate en interdisant « jeans et baskets » (Soc. 19 mai 1998 ; les prescriptions de l'employeur ne peuvent pas être plus exigeantes que celles de la convention collective applicable) ; 2 salariés embauchés en qualité de surveillants par un syndicat de copropriétaires d'une résidence peuvent refuser de porter un uniforme, alors qu'une clause du contrat individuel de travail l'imposait (Soc. 16 janv. 2001, le contrat de travail ne peut comporter de restrictions plus importantes aux libertés individuelles que celles prévues par la convention collective, la CCN des gardiens concierges employés d'immeubles imposant le port d'un uniforme uniquement pour certaines catégories de personnel auxquelles n'appartenaient pas ces salariés) ; etc.

• Prescriptions par l'employeur

L'employeur peut prescrire certaines tenues :
– Pour des motifs de sécurité (exemple : port d'Équipements de Protection Individuelle, adaptés au salarié, quand la protection collective est impossible ou en complément de celle-ci).

– Pour des motifs commerciaux (exemples : uniforme pour une hôtesse de l'air, CA Paris, 13 mars 1984 ; tenue fournie par l'entreprise pour une caissière de magasin, Soc. 7 oct. 1992, Mme Appino c/ Nouvelles Galeries) ; le règlement intérieur peut fixer une « obligation pour le personnel qui est en contact avec la clientèle d'avoir une présentation correcte et soignée adaptée à l'image de marque du magasin » (circulaire du ministère du Travail du 10 sept. 1991).

En revanche, l'employeur ne peut pas imposer de manière détaillée une apparence physique (TGI Créteil, 19 janv. 1995, CGT c/ Eurodisney, interdisant un « Code des apparences ») ni une tenue ridicule, dégradante ou indécente (CA Paris, 16 juin 1990), etc. L'employeur ne peut pas non plus imposer le port d'un uniforme aux salariés sans contact avec la clientèle (Soc. 3 juin 2009, CCN des entreprises de prévention et de sécurité, pour des « agents-vidéos »).

L'employeur peut interdire certaines tenues (exemples : bermuda porté par un salarié, agent technique dans une entreprise de la métallurgie, sous sa blouse, pendant une période de canicule, et licencié pour ce fait, Soc. 28 mai 2003 et Soc. 12 nov. 2008, préc. ; dans le cas d'une salariée en contact avec la clientèle, dans une agence immobilière, l'employeur peut lui interdire de se présenter au travail en survêtement, Soc. 6 nov. 2001, Mme Brunet c/ Sarl LR Immobilier ; pour une aide-comptable, amenée à se déplacer dans les bureaux de l'entreprise, « *un chemisier transparent sur une poitrine nue* », Soc. 22 juill. 1986, Mme Morel c/ Sté Siteco).

Liberté du travail et droit à l'emploi

• Liberté du travail

À RETENIR

La liberté du travail, de valeur constitutionnelle (décret d'Allarde 14-17 juin 1791), « *le droit qu'a toute personne d'obtenir la possibilité de gagner sa vie par un travail librement choisi ou accepté* » (Soc. 16 déc. 2008, Sté Axa, art. 6.1 du Pacte international relatif aux droits économiques, sociaux et culturels de 1966 ; CEDH), implique que le salarié peut choisir son travail et changer d'employeur. Elle permet notamment au salarié de mettre en échec ou de limiter la portée de certaines clauses contractuelles (clause d'exclusivité, de non-concurrence, de dédit-formation, etc. *infra*).

L'employeur doit respecter cette liberté d'exercer une activité professionnelle (Soc. 27 févr. 2007 ; Soc. 11 janv. 2006 ; Soc. 10 juill. 2002). Ainsi, « *la clause par laquelle l'employeur soumet l'exercice, par le salarié engagé à temps partiel, d'une autre activité professionnelle, à une autorisation préalable, porte atteinte au principe fondamental du libre exercice d'une activité professionnelle et n'est valable que si elle est indispensable à la protection des intérêts légitimes de l'entreprise et si elle est justifiée par la nature de la tâche à accomplir et proportionnée au but recherché* » (Soc. 16 sept. 2009, SA Ame'ric).

Cette liberté s'accompagne du « droit à la qualification professionnelle » et à une formation permettant d'acquérir une qualification (L. 6314-1). « *Tout travailleur engagé dans la vie active (...) a droit à (...) la qualification professionnelle* » et « *doit pouvoir suivre, à son initiative, une formation lui permettant, quel que soit son statut, de progresser au cours de sa vie professionnelle (...) en acquérant une qualification...* », enregistrée dans le Répertoire National des Classifications Professionnelles, reconnue dans les classifications d'une Convention Collective Nationale de branche ou ouvrant droit à un certificat de qualification professionnelle (cf. *infra* VAE). La GPEC (Gestion prévisionnelle des emplois et des compétences) doit traiter cette question.

EN PRATIQUE

En cas de saisie, pratiquée chez un particulier, son ordinateur qui est regardé comme « *un instrument nécessaire à l'exercice d'une activité professionnelle* » et qui peut être utilisé pour la recherche d'un emploi est insaisissable (Civ. 2e, 28 juin 2012, M. Y.).

• Liberté d'entreprendre

Cette liberté a valeur constitutionnelle (DC 12 janv. 2002). Une dérive se fait jour quand cette liberté fondamentale de la personne humaine est utilisée par une personne morale, l'entreprise (Soc. 13 juill. 2004, Sté Carrefour de Vénissieux et d'Écully, visant « *le principe fondamental de la liberté d'entreprendre* » au soutien du « *pouvoir de direction* » de l'employeur).

• Droit à l'emploi

Cette liberté du travail est à distinguer du « droit à l'emploi » qui n'est pas (encore ?) considéré comme un droit individuel. La Constitution affirme (Préambule de 1946, al. 5) : « Chacun a le devoir de travailler et le droit d'obtenir un emploi. » En ce qui concerne ce « droit à l'emploi », le Conseil constitutionnel le reconnaît comme un droit collectif : « *Il appartient à la loi de poser des règles propres à assurer au mieux le droit pour chacun d'obtenir un emploi* » (DC 12 janv. 2002).

Ainsi, il est nécessaire de rendre effectif « *l'emploi des travailleurs à des occupations où ils aient la satisfaction de donner toute la mesure de leur habileté et de leurs connaissances et de contribuer le mieux au bien-être commun* » (article III b, de la Déclaration de Philadelphie, de l'OIT, du 10 mai 1944).

Droit à la sauvegarde de sa santé

« La santé est un état de complet bien-être physique, mental et social, et ne consiste pas seulement en une absence de maladie ou d'infirmité » et « la possession du meilleur état de santé qu'il est capable d'atteindre constitue l'un des droits fondamentaux de tout être humain, quelles que soient sa race, sa religion, ses opinions politiques, sa condition économique ou sociale » (Principes de l'Organisation mondiale de la santé dans sa Constitution adoptée et signée le 22 juill. 1946, entrée en vigueur le 7 nov. 1948).

Ce droit à la sauvegarde de sa santé implique notamment le droit au repos (à valeur constitutionnelle, DC 29 avril 2004), et donc l'absence d'astreinte pendant les repos minimums obligatoires, et le droit de retrait (voir le chapitre XIII).

Droit de participer

Il traduit des « libertés collectives » d'exercice individuel. Ce droit se manifeste notamment à travers la liberté de s'unir (liberté syndicale, exercice d'une activité syndicale), le droit d'élire ses délégués, le droit d'agir dans un conflit collectif (faire grève), le droit de négocier collectivement (droit à la négociation collective) ou encore le droit de s'exprimer collectivement (voir la quatrième partie de cet ouvrage). Ainsi, l'employeur doit respecter la liberté de manifestation (Soc. 23 mai 2007).

La dimension collective des droits de l'Homme est essentielle. À défaut de leur mobilisation, les droits de l'Homme « individuels » risquent de demeurer largement ineffectifs.

Égalité de traitement

Découlant du principe constitutionnel d'égalité, applicable dans l'espace public, le principe d'égalité de traitement s'applique en droit du travail entre les salariés, dans l'espace privé de l'entreprise (la Cour de cassation vise « *le principe d'égalité de traitement* », Soc. 10 juin 2008 ; voir Chap. XVI, Égalité de rémunération et *infra* Non-discrimination).

• Décision unilatérale de l'employeur

L'employeur doit respecter le principe d'égalité de traitement dans ses décisions, notamment en matière de rémunération (voir chap. XVI, Égalité de rémunération).

• Accords collectifs

Ce principe d'égalité de traitement s'applique ainsi notamment pour les ***avantages catégoriels*** prévus par des dispositions d'accords collectifs, de branches ou d'entreprises : « *Vu le principe d'égalité de traitement, (...) ; la seule différence de catégorie professionnelle ne saurait en elle-même justifier, pour l'attribution d'un avantage, une différence de traitement, résultant d'un accord collectif, entre les salariés placés dans une situation identique au regard dudit avantage, cette différence devant reposer sur des raisons objectives dont le juge doit contrôler concrètement la réalité et la pertinence ; repose sur une raison objective et pertinente la stipulation d'un accord collectif qui fonde une différence de traitement sur une différence de catégorie professionnelle, dès lors que cette différence de traitement a pour objet ou pour but de prendre en compte les spécificités de la situation des salariés relevant d'une catégorie déterminée, tenant notamment aux conditions d'exercice des fonctions, à l'évolution de carrière ou aux modalités de rémunération* » (Soc. 8 juin 2011, PBRI, Sté Novartis Pharma, à propos de la convention collective de l'industrie pharmaceutique au sujet de la prime d'ancienneté conventionnelle ; Soc. 8 juin 2011, Sté Sopafom, PBRI, à propos de la convention collective régionale du bâtiment et des travaux publics de la région parisienne au sujet de l'indemnité compensatrice de préavis et de l'indemnité de licenciement).

La chambre sociale de la Cour de cassation affirme solennellement le principe d'égalité de traitement, que les partenaires sociaux doivent respecter et mettre en œuvre.

Dans ce cadre, ces différences de traitement prévues par accord collectif, ces avantages catégoriels conventionnels sont présumés justifiés : « *Les différences de traitement entre catégories professionnelles opérées par voie de conventions ou d'accords collectifs, négociés et signés par des organisations syndicales représentatives, investies de la défense des droits et intérêts des salariés et à l'habilitation desquelles ces derniers participent directement par leur vote, sont présumées justifiées* ». Par conséquent, « *il appartient à celui qui les conteste de démontrer qu'elles sont étrangères à toute considération de nature professionnelle* » (Soc. 27 janv. 2015, Fédération nationale des personnels des sociétés d'études de conseil et de prévention CGT ; au sein d'une même catégorie professionnelle pour des fonctions différentes, Soc. 8 juin 2016, Crédit agricole mutuelle de Normandie-Seine).

L'égalité de traitement s'applique également entre des salariés relevant de textes conventionnels différents (Soc. 4 déc. 2013, Urssaf de Paris).

Non-discrimination

À LIRE

M. Miné, *Droit des discriminations dans l'emploi et le travail*, 2016, Larcier 852 p. Préface J.-Y. Frouin (Président de la chambre sociale de la cour de cassation), Postface J. Toubon (Défenseur des droits).

Après un bref rappel de la construction du droit, le droit positif sera examiné, en ce qui concerne les définitions puis les voies de son application.

Dans le passé, des textes ont légitimé des inégalités qualifiées aujourd'hui de discriminations. Il en a été ainsi notamment à l'égard des femmes (Code Napoléon de 1804, dispositions abrogées très progressivement) et des étrangers (textes de « protection de la main-d'œuvre nationale » en particulier à la fin du XIXe siècle et en 1932). Le droit est désormais mobilisé contre les discriminations.

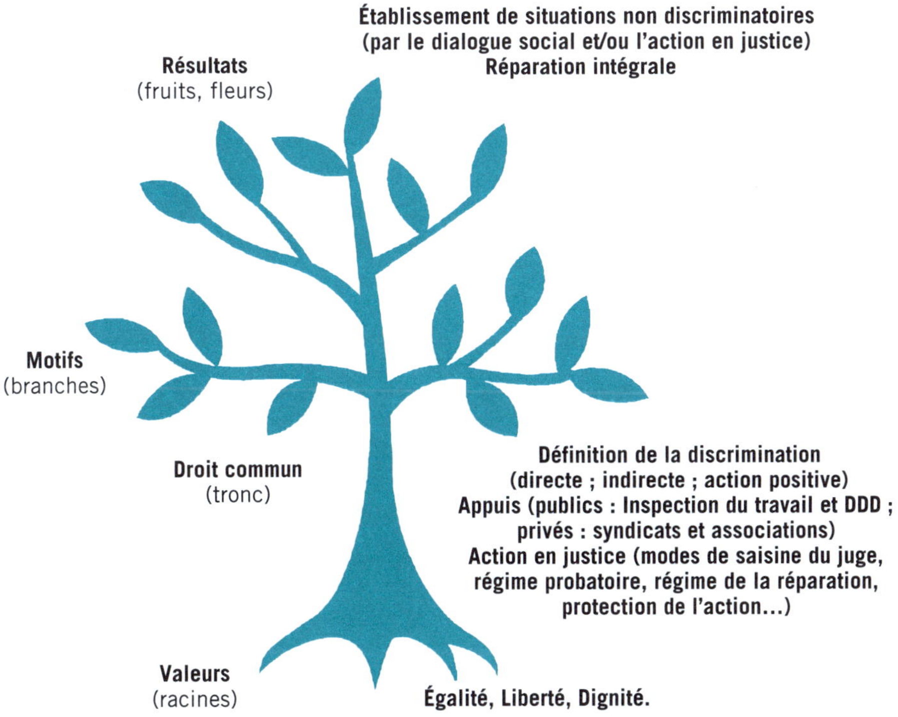

Graphique n° 2 – Droit des discriminations dans l'emploi et le travail

Textes de la Libération

Ces textes visent à assurer l'« égalité en droit » (égalité abstraite).

Certains sont internationaux : Déclaration universelle des droits de l'Homme de 1948 (texte non opposable juridiquement), traduite dans les Pactes de l'ONU de 1966, la Convention de l'OIT n° 111 de 1958 (ratifiée par la France en 1981), les Conventions de 1965 sur l'élimination de toutes les formes de discrimination raciale, de 1979 sur l'élimination de toutes les formes de discrimination à l'égard des femmes (dite Convention CEDAW), et de 2006 concernant les personnes handicapées, notamment.

D'autres textes sont internes : préambule de la Constitution de 1946 (« *Nul ne peut être lésé dans son travail ou son emploi en raison de ses origines, de ses opinions ou de ses croyances* ») notamment.

Textes européens

• Union européenne (ex-Communauté européenne)

Ces textes visent à instaurer l'« égalité en droit et en fait » (égalité concrète). Il s'agit notamment du Règlement 1612/68 (discrimination liée à la nationalité – liberté de circulation des travailleurs ; Traité, art. 39) et des directives de 1975 et de 1976 sur l'égalité professionnelle entre les femmes et les hommes à la suite des affaires Gabrielle Defrenne c/ Sabena (CJCE 1971, 1976 et 1978).

À RETENIR

Après le Traité d'Amsterdam (1997), plusieurs textes ont été adoptés :
- discrimination raciale : directive n° 2000/43 du 29 juin 2000 ;
- discriminations liées à l'orientation sexuelle, l'âge, le handicap et les convictions religieuses : directive n° 2000/78 du 27 nov. 2000 ;
- discrimination sexuelle : directive n° 2006/54 ; le droit européen de l'égalité entre les femmes et les hommes est un droit généreux, à l'origine des textes contre les autres discriminations ;
- discrimination liée à la nationalité : règlement n ° 492/2011 du 5 avril 2011.

Le droit de l'UE interdit la discrimination au regard de ces 7 critères.

• Conseil de l'Europe

La Convention ESDHLF proscrit la discrimination (art. 14) en ce qui concerne les seuls droits prévus par la Convention (droits civils et politiques) et ceux figurant dans des protocoles (Protocole n° 1 – rémunérations et prestations sociales) ; la CEDH interdit la discrimination dans l'emploi et le travail. La Charte (CSER) proscrit également la discrimination au regard de plusieurs critères (sexe, etc.).

Droit interne actuel

Le Code du travail prévoit des dispositions (L. 1132-1, L. 1132-2) concernant :

– Les personnes protégées contre les discriminations : aucune personne ne peut être écartée d'une procédure de recrutement ou de l'accès à un stage ou à une période de formation en entreprise, aucun salarié ne peut être sanctionné, licencié ou faire l'objet d'une mesure discriminatoire, directe ou indirecte ; le travail indépendant et non salarié est également visé.

– Les mesures de gestion prises par l'employeur dans l'exercice de ses pouvoirs de direction et d'organisation : elles ne doivent pas être discriminatoires, notamment en matière de rémunération, de mesures d'intéressement ou de distribution d'actions, de formation, de reclassement, d'affectation, de qualification, de classification, de promotion professionnelle, de mutation ou de renouvellement de contrat.

– Les critères interdits d'utiliser pour prendre une décision à l'encontre d'une personne : il en est ainsi en raison (depuis 1946) de son origine (nationale et/ou sociale), de son sexe, de ses activités syndicales ou mutualistes, de ses convictions religieuses, de ses opinions politiques, de son appartenance ou de sa non-appartenance, vraie ou supposée, à une ethnie, une nation ou une prétendue race, de sa langue, de sa situation de famille (1975) ou de sa grossesse (2006), de l'exercice normal du droit de grève, de son état de santé (1990), de son handicap (1990), de ses mœurs (depuis 1990), de son orientation sexuelle, de son âge, de son apparence physique (2001), de son nom de famille (indice de la discrimination raciale, 2001), de ses caractéristiques génétiques (2002), de son identité de genre (2012), de son lieu de résidence (2014) ou encore de la fortune et de la naissance (CESDHLF, 1950 ; Charte de l'UE, 2000).

Une discrimination est une atteinte directe aux droits de l'Homme. De manière générale, **une discrimination consiste en un traitement défavorable et injustifié en lien avec un critère, qui ne peut pas servir de fondement à une décision défavorable** (les critères figurent dans une liste exhaustive et évolutive). Une discrimination peut être directe ou indirecte et, le cas échéant, déboucher sur une action positive.

Discrimination directe

• Définition

Une discrimination directe (loi du 27 mai 2008, L. 1132-1) se produit lorsque, en lien avec un des critères sur la base duquel il est interdit de prendre une décision, une personne est traitée de manière moins favorable, dans une situation comparable (pas seulement identique), qu'une autre :

– « *Ne l'est* » (CA Riom, ch. soc., 16 janv. 1995 et Soc. 12 févr. 1997, USAI Champignons, discrimination sexuelle à l'égard de femmes en matière de rémunération, les femmes et les hommes manutentionnaires n'effectuant pas le même travail mais effectuant un travail dont la différence de valeur n'a pu être démontrée par l'employeur ; Soc. 7 févr. 2012, Renault, discrimination raciale dans le déroulement de carrière ; Soc. 10 nov. 2009, le fait de demander à un salarié de changer son prénom – Laurent à la place de Mohamed – constitue une discrimination en raison de ses origines ; CA Versailles, 2 déc. 2009, SCP Jacques Jouart, discrimination raciale dans la répartition des tâches ; Soc. 24 avril 2013, Caisse régionale de Crédit Agricole Mutuel de Paris Île-de-France, discrimination dans le déroulement de carrière liée à l'orientation sexuelle du salarié ; CA Paris, 31 janv. 2018, SNCF, discrimination liée à la nationalité de travailleurs marocains – déroulement de carrière et retraite).
– « *Ne l'a été ou ne l'aura été* » (CA Toulouse, 17 mars 1995, Sté Kimono, salarié homme remplaçant une salariée femme rémunéré de manière nettement plus élevée sans justification probante, dans une agence de publicité).
– « *Ne le serait* », en application du droit communautaire/européen (CJCE 30 avril 1998 et Soc. 16 juill. 1998, affaire Mme Thibault c/ CNAVTS, discrimination liée à la maternité en matière de notation et promotion ; Soc. 10 nov. 2009, SNCF, discrimination en matière de promotion, liée à la participation à un mouvement de grève). Cette formule permet également de revisiter les grilles de classification pour réévaluer les emplois majoritairement occupés par des femmes et actuellement sous-évalués (coefficients, carrières, etc.).

À LIRE

Défenseur des droits, *Guide pour une évaluation non discriminante des emplois à prédominance féminine,* 2013.

• Dérogations

De manière exceptionnelle, l'existence d'une « *exigence professionnelle essentielle et déterminante et pour autant que l'objectif soit légitime et l'exigence proportionnée* » peut permettre de s'affranchir de ces règles (L. 1133-1) pour certains emplois, à condition que l'État l'ait prévu. En France, des dispositions d'application ont uniquement été adoptées au regard du sexe pour le recrutement dans certains emplois (L. 1142-2) de comédien, de mannequin ou de modèle (R. 1142-1). En l'état actuel du droit, la dérogation n'est donc applicable que dans ce cadre (Délibération HALDE 26 janv. 2009).

Par ailleurs, des différences de traitement sont possibles au regard de :
- l'âge (L. 1133-2 ; souci de préserver la santé ou la sécurité des travailleurs, de favoriser leur insertion professionnelle, d'assurer leur emploi, leur

reclassement ou leur indemnisation en cas de perte d'emploi, etc.), sous le contrôle du juge de l'UE (CJUE 12 et 19 janv. 2010) ;

- l'état de santé ou du handicap (L. 1133-4) en cas d'inaptitude constatée par le médecin du travail, lorsqu'elles sont objectives, nécessaires et appropriées (L. 1133-3).

• Travailleurs handicapés

L'employeur doit faire bénéficier ***les personnes reconnues en qualité de travailleurs handicapés*** (RQTH), par la Commission des droits à l'autonomie des personnes handicapées (CDAPH), des « aménagements raisonnables » nécessaires : il prend, en fonction des besoins dans une situation concrète, les mesures appropriées pour permettre à ces travailleurs d'accéder à un emploi ou de conserver un emploi correspondant à leur qualification, de l'exercer ou d'y progresser ou pour qu'une formation adaptée à leurs besoins leur soit dispensée. Ces mesures sont prises sous réserve que les charges consécutives à leur mise en œuvre ne soient pas disproportionnées, compte tenu de l'aide prévue (L. 5213-10) qui peut compenser en tout ou partie les dépenses supportées à ce titre par l'employeur. Le refus de prendre ces mesures peut être constitutif d'une discrimination (L. 5213-6).

Doivent également bénéficier de ces dispositions ***les personnes « en situation de handicap »*** atteintes d'une maladie entraînant une limitation physique, mentale ou psychique, assimilable à un handicap, dont l'interaction avec diverses barrières peut faire obstacle à la pleine et effective participation à la vie professionnelle (CJUE 18 déc. 2014, FOA, à propos de l'obésité).

• Discrimination par harcèlement

Un harcèlement constitue une discrimination quand il est pratiqué en raison d'un motif discriminatoire (harcèlement sexuel ou « sexiste », harcèlement racial – CPH Grenoble, 18 déc. 2006, condamnation de l'entreprise pour la tenue de propos racistes par un chef de chantier à l'encontre d'un salarié intérimaire –, harcèlement homophobe, harcèlement en raison du handicap, de la religion ou des convictions, de l'âge). La loi du 27 mai 2008 permet enfin de reconnaître, sur le plan civil, ces harcèlements comme des discriminations.

• Discrimination par harcèlement sexuel

Ce harcèlement n'est plus limité, sur le terrain civil, aux pressions en vue d'obtenir des faveurs de nature sexuelle. Il vise également le harcèlement sexiste « *Nul ne doit subir d'agissement sexiste,...* », L. 1142-2-1 ; (Cour d'appel Orléans, 7 févr. 2017, Nouvelle République du Centre Ouest, « *Le harcèlement sexuel peut consister en un harcèlement environnemental ou d'ambiance, où, sans être directement visée, la victime subit les provocations et blagues obscènes et vulgaires qui lui deviennent insupportables* »).

La loi du 6 août 2012 prévoit une nouvelle définition unique du harcèlement sexuel dans le Code pénal (222-33) et dans le Code du travail. Et « *un fait unique peut suffire à caractériser le harcèlement sexuel* » (Soc. 17 mai 2017, Inter-association parents et amis des scouts).

À RETENIR

Le Code du travail interdit l'environnement de travail sexiste et la pression pour obtenir un acte sexuel :
« Aucun salarié ne doit subir des faits :
1° Soit de harcèlement sexuel, constitué par des propos ou comportements à connotation sexuelle répétés qui soit portent atteinte à sa dignité en raison de leur caractère dégradant ou humiliant, soit créent à son encontre une situation intimidante, hostile ou offensante »
[il est précisé que « nul ne doit subir d'agissement sexiste, défini comme tout agissement lié au sexe d'une personne, ayant pour objet ou pour effet de porter atteinte à sa dignité ou de créer un environnement intimidant, hostile, dégradant, humiliant ou offensant » (L. 1142-2-1)] ;
« 2° Soit assimilés au harcèlement sexuel, consistant en toute forme de pression grave, même non répétée, exercée dans le but réel ou apparent d'obtenir un acte de nature sexuelle, que celui-ci soit recherché au profit de l'auteur des faits ou au profit d'un tiers. » (L. 1153-1). » (Voir aussi Loi 27 mai 2008, art. 1er, al. 3).

Ces faits de harcèlement sexuel sont punis de peines principales aggravées : 2 ans d'emprisonnement et 30 000 € d'amende (art. 222-33-III Code pénal) à l'encontre de l'auteur (employeur, autre salarié, etc.). Ces peines sont portées à 3 ans d'emprisonnement et 45 000 € d'amende en cas de circonstances aggravantes, notamment lorsque les faits sont commis par une personne qui abuse de l'autorité que lui confèrent ses fonctions ou sur une personne dont la particulière vulnérabilité ou dépendance résultant de la précarité de sa situation économique ou sociale est apparente ou connue de leur auteur.

Le Code du travail protège les personnes (salariés, stagiaires, etc.) contre les mesures défavorables prises en lien avec ce harcèlement sexuel : « Aucun salarié, aucune personne en formation ou en stage, aucun candidat à un recrutement, à un stage ou à une formation en entreprise ne peut être sanctionné, licencié ou faire l'objet d'une mesure discriminatoire, directe ou indirecte, notamment en matière de rémunération, de formation, de reclassement, d'affectation, de qualification, de classification, de promotion professionnelle, de mutation ou de renouvellement de contrat pour avoir subi ou refusé de subir des faits de harcèlement sexuel (...), y compris (...) si les propos ou comportements n'ont pas été répétés. » (L. 1153-2).

En cas de mesure de représailles mise en œuvre par l'employeur, une sanction civile est prévue : « *Toute disposition ou tout acte contraire aux dispositions des articles L. 1153-1 à L. 1153-3 est nul* » (L. 1153-2), le juge civil doit assurer la réparation intégrale de cette discrimination. Une sanction pénale est également prévue).

L'employeur prend toutes dispositions nécessaires en vue de prévenir les faits de harcèlement sexuel, d'y mettre un terme et de les sanctionner (L. 1153-5). À défaut, sa responsabilité civile peut être engagée, y compris quand il n'est pas l'auteur du harcèlement.

DISCRIMINATION			HARCÈLEMENT MORAL	
Civil	**Civil**	**Pénal**	**Civil**	**Pénal**
– Harcèlement sexuel/sexiste – Harcèlement lié à la « race », l'âge, la religion, le handicap, l'orientation sexuelle	– Harcèlement sexuel	– Harcèlement sexuel	– Harcèlement moral	– Harcèlement moral
Loi du 27 mai 2008 (Art. 1er, alinéa 3) (Voir art. 2 directives UE n° 2000/43, n° 2000/78 et n° 2006/54)	C. Travail (Loi du 6 août 2012) Art. L.1153-1-1° : harcèlement par propos ou comportements Art. L.1153-1-2° : pression pour obtenir un acte sexuel	Code pénal (Loi du 6 août 2012) Art. 222-33-I harcèlement par propos ou comportements Art. 222-33-II pression pour obtenir un acte sexuel	Art. L.1152-1 et s. C. Travail (Loi du 6 août 2012)	Art. 222-33-2 C. pénal (Loi du 6 août 2012)
		Art. 225-1-1 Discrimination liée au harcèlement sexuel Art. L.1155-2 C. Travail : discrimination à la suite d'un harcèlement sexuel		Art. L.1155-2 C. Travail : discrimination à la suite d'un harcèlement moral (Loi du 6 août 2012)

Tableau n° 4 – Harcèlements : deux régimes juridiques

• Discrimination par injonction

« Le fait d'enjoindre à quiconque d'adopter un comportement » discriminatoire constitue une discrimination. Une demande discriminatoire de salariés (Soc. 23 mai 2001, « *mouvement de grève des employés de la poste qui refusaient de voir engagée une personne qui ne soit pas d'ethnie wallisienne* »), de clients (CJCE 10 juill. 2008, préc.), de fournisseurs, etc., ne peut pas justifier une discrimination de la part de l'employeur.

• Discrimination par association

Une telle discrimination se produit quand une personne est traitée de manière défavorable et injustifiée du fait d'un motif concernant une personne à laquelle elle est liée (CJCE 17 juill. 2008, S. Coleman, préc., salariée discriminée et harcelée en raison du handicap de son enfant ; délibérations HALDE du 26 mars 2007 et du 16 févr. 2009, et CPH Caen, 21 oct. 2008, Mme SE c/ SAS ED et CA Caen, 17 sept. 2010, salariée discriminée du fait de l'activité syndicale de son compagnon).

• Discrimination par propos

Une telle discrimination se produit quand une personne (employeur notamment) tient des propos ayant des effets discriminatoires (CJCE 10 juill. 2008, Feryn, employeur annonçant qu'il ne comptait pas embaucher de travailleurs marocains) ; la discrimination peut être établie même si aucune personne ayant subi un préjudice n'est identifiée.

• Discrimination dite « légale »

Une discrimination « légale » existe quand, du fait d'un texte (un décret fixant un statut notamment), des personnes sont exclues du recrutement au regard en particulier du critère de la nationalité. Il s'agit des « emplois fermés » aux étrangers et des emplois réservés aux Français ou aux ressortissants communautaires dans les fonctions publiques et des entreprises publiques (cette situation existant également pour des professions libérales ou commerçantes). Cette restriction au regard de la nationalité aux seuls nationaux (Français) n'est licite que pour « *des emplois caractéristiques des activités spécifiques de l'administration publique en tant qu'elle est investie de l'exercice de la puissance publique et de la responsabilité pour la sauvegarde des intérêts de l'État* » (CJCE 17 déc. 1980). La France est fréquemment condamnée pour discrimination liée à la nationalité dans l'accès aux « emplois fermés » et modifie ensuite les textes applicables (CJCE 11 mars 2008, emplois de capitaine et d'officier sur un navire, loi du 7 avril 2008 relative à la nationalité des équipages de navire ouvrant ces emplois aux ressortissants de l'UE).

La délibération du Conseil régional Auvergne-Rhône-Alpes imposant la langue française sur les chantiers aux travailleurs détachés (« clause Molière ») a été annulée (la délibération a été adoptée « non pour assurer la protection de la santé et de la sécurité des salariés, mais pour exclure les travailleurs détachés des marchés publics régionaux », TA Lyon, 13 déc. 2017).

Des entreprises et des organismes modifient leurs statuts pour être accessibles sans condition de nationalité (RATP, Caisses de Sécurité sociale, ANPE/Pôle emploi, etc.). Cette réforme doit donc être largement étendue (délibération HALDE, 30 mars 2009, qui recommande de supprimer les conditions de nationalité pour l'embauche, à l'exception des emplois relevant de la souveraineté nationale et par conséquent de supprimer la différence de traitement entre les travailleurs de l'UE et les travailleurs d'États tiers à l'UE).

• Discrimination cumulée, multiple ou intersectionnelle

Une discrimination cumulée se produit quand une personne est discriminée pour plusieurs motifs (CA Paris, ch. soc., 1er avril 2004, discrimination d'une salariée en lien avec les critères sexe et activité syndicale). La discrimination intersectionnelle concerne des groupes de personnes discriminées au regard de plusieurs critères (exemples : femmes, origines sociales et nationales). Cette situation résulte d'une discrimination directe (elle pourrait découler d'une discrimination indirecte).

Discrimination indirecte

• Définition

Une discrimination indirecte (loi du 27 mai 2008, L. 1134-1) se produit lorsqu'une disposition (une norme) ou une pratique de l'entreprise, neutre en apparence, entraîne ou est susceptible d'entraîner un désavantage particulier pour des personnes relevant d'un critère par rapport à d'autres personnes ; à moins que l'employeur ne puisse prouver que cette norme ou cette pratique est objectivement justifiée par un but légitime (pertinence) et que les moyens pour réaliser ce but ne soient nécessaires et appropriés (proportionnalité).

Peu importe l'intention de l'auteur de la disposition ou de la pratique, seul compte ***l'effet*** produit ou susceptible d'être produit par cette norme ou cette politique (CJCE 23 mai 1996, John O'Flynn). Ce concept et cette méthode permettent de remettre en cause des discriminations systémiques – par exemple, le système de recrutement, d'affectation ou de promotion dans une entreprise, dans une branche ou dans un bassin d'emploi ; des circuits de recrutement fermés axés sur certains établissements scolaires ou encore sur la « préférence familiale » (Soc. 1er juin 1999, Banque savoisienne de crédit). Il en va ainsi en particulier pour ce qui concerne les discriminations à l'égard des femmes salariées à temps partiel (CJCE 6 déc. 2007, Ursula Voß, régime de majoration des heures complémentaires moins favorable que celui des heures supplémentaires). Le juge vérifie l'absence d'effet de discrimination indirecte des accords collectifs, notamment d'entreprise (Soc. 17 janv. 2018, Crédit lyonnais).

• Jurisprudence

Si la première affaire de discrimination sexuelle indirecte en droit communautaire est ancienne (CJCE 31 mars 1981, Paula Jenkins, différence de taux horaire pour des salariées à temps partiel au regard de salarié(e)s à temps complet sans justification pertinente), la première reconnaissance d'une discrimination indirecte en France est récente – discrimination indirecte à l'égard d'une salariée en raison de son état de santé, en matière de calcul de sa durée du travail et de son salaire dans le cadre d'une annualisation/modulation du temps de travail (Soc. 9 janv. 2007, Sté Sporfabric). Le juge interne utilise désormais cette notion en matière de discrimination sexuelle (Soc. 6 juin 2012, refus de l'AGIRC jugé discriminatoire de ne pas affilier les assistantes sociales de la Mutualité sociale agricole, en grande majorité des femmes) et au regard d'autres critères (origines...).

Action positive

Une action positive consiste en une action temporaire de prévention ou de rattrapage au bénéfice de personnes discriminées, notamment au regard du sexe (Traité, TFUE art. 157 ; un accord d'entreprise peut accorder une demi-journée de congé aux salariées de sexe féminin à l'occasion de la journée internationale des droits des femmes, le 8 mars de chaque année, Soc. 12 juill. 2017, société ST2N), de l'activité syndicale (Protocole du 16 juill. 2001) ou du handicap. À l'issue de l'action, souvent basée sur un accord collectif, l'égalité de traitement doit avoir été atteinte. À défaut, une nouvelle action positive peut être mise en œuvre. Ces actions paraissent indispensables pour remettre en cause les discriminations.

L'action (embauche, promotion, etc.) doit prévoir une « clause d'ouverture » pour les personnes relevant des autres critères – l'action positive ne peut pas prévoir une priorité absolue pour ses bénéficiaires (Soc. 18 déc. 2007, RATP).

Une action positive n'est pas possible sur la base du seul critère de l'origine « *ethnique, raciale ou nationale* » (cette action positive peut se produire au regard du critère de l'origine sociale sur une base territoriale).

Ce droit de la discrimination est appelé à se développer fortement dans les années à venir, au regard de la sensibilité croissante en la matière et des reculs du droit du travail dans sa fonction de défense de la partie faible au contrat.

La mise en œuvre du droit est possible par le biais du dialogue social et de l'action en justice et peut s'appuyer sur 2 institutions.

Dialogue social

• IRP et organisations syndicales

Les IRP disposent d'une panoplie de moyens pour agir contre les discriminations (voir la quatrième partie de cet ouvrage) :

- droit d'alerte/« droit des personnes » ;
- commissions (emploi des TH ; égalité professionnelle femmes-hommes ; « diversité »), etc.

Les organisations syndicales représentatives de salariés, les organisations d'employeurs et les employeurs peuvent négocier et conclure des accords d'entreprise, de branche et interprofessionnels pour supprimer les discriminations et mettre en œuvre des politiques d'égalité de traitement.

• Responsabilité sociale des entreprises (RSE)

Des entreprises signent la « Charte de la diversité », appliquent des normes. Des labels, « label égalité entre les femmes et les hommes » et « label diversité » (outils de *soft law*), peuvent reconnaître l'existence d'une politique volontariste favorable à la non-discrimination dans une entreprise. Les moyens mis en œuvre (accord collectif et *soft law* pour réviser les outils de gestion des ressources humaines) doivent permettre de décliner concrètement les obligations légales dans le cadre de l'entreprise. À défaut, une entreprise peut appliquer une politique de « diversité » et discriminer… L'attribution d'un label n'exonère pas du respect des obligations légales et ne confère aucune immunité contre des poursuites et des sanctions (exemples : délibération HALDE du 14 avril 2008, Eurocopter ; CA Paris, 5 mai 2010, Mme Niel c/ GIE BNP Paribas, condamnation pour discrimination sexuelle en matière de rémunération et dans le déroulement de carrière, pourvoi de l'employeur rejeté par Soc. 12 sept. 2011).

Action en justice

• Enjeux

L'action en justice permet de *valider* la parole de personnes discriminées, de réparer et de sanctionner, de déconstruire des processus discriminatoires, de restaurer la confiance dans l'État de droit et de réaffirmer les valeurs de la société (dignité et égalité).

• Règles procédurales

La manifestation de la vérité par l'action en justice est favorisée par plusieurs dispositifs :

– La saisine du juge peut s'effectuer par une ***action en substitution*** (d'un syndicat, ou d'une association) ; ce moyen est très rarement utilisé. Il en est de même pour ***« l'action collective »*** devant le TGI.

– Des ***« actions de groupe »*** sont également possibles (L. 1134-6 et s.), mais seulement par le biais d'organisations syndicales représentatives (et d'associations pour les discriminations à l'embauche). Cette action vise à faire cesser la discrimination. Cette action peut aussi permettre la réparation de préjudices commis après mise en demeure des syndicats à l'employeur responsable, après « discussion » dans l'entreprise (entre l'employeur et les syndicats). L'action a lieu devant le TGI. Cependant, pour obtenir la réparation intégrale de ses préjudices, le salarié doit encore saisir le juge du contrat (CPH).

– La ***prescription civile de l'action*** : « *l'action en réparation du préjudice résultant d'une discrimination se prescrit par cinq ans à compter de la révélation de la discrimination* » (L. 1134-5 ; voir déjà Soc. 22 mars 2007), dans la limite de 20 ans (art. 2232 C. civ.).

– L'***aménagement du régime probatoire*** devant le juge civil (et devant le juge administratif) permet de répartir la charge de la preuve (L. 1134-1) : la personne qui s'estime discriminée « *présente des éléments de fait laissant supposer l'existence d'une discrimination* » (charge de l'allégation) et en réponse l'employeur doit prouver l'absence de discrimination (le risque de la preuve pèse sur le défendeur ; à défaut de prouver l'absence de discrimination, celle-ci est établie).

– L'***accès à la preuve*** : « *Eu égard à la nécessité de protéger les droits fondamentaux de la personne concernée, l'aménagement légal des règles de preuve (…) ne viole pas le principe de l'égalité des armes* » (Soc. 28 janv. 2010, Sté Crown emballages France ; l'employeur doit notamment produire l'intégralité des documents relatifs à la situation des salariés de l'entreprise sur une période de 30 ans). Des acteurs privés (délégués du personnel notamment) et publics (Inspection du travail notamment) peuvent favoriser l'accès à la preuve par le demandeur.

– La ***protection contre les mesures de représailles*** est assurée au bénéfice des personnes qui agissent en justice et des témoins. Ainsi, le licenciement de représailles d'un salarié à la suite d'une action en justice, engagée par cette personne ou par le syndicat en faveur de cette personne, est nul s'il est établi que le licenciement n'a pas de cause réelle et sérieuse et constitue donc une mesure prise par l'employeur en raison de l'action en justice. La poursuite du contrat de travail (« réintégration ») est alors de droit (Soc. 28 nov. 2000, Mme Djennet Harba c/ FNMF). Si la personne refuse de reprendre son emploi, le juge lui alloue une indemnité qui ne peut être inférieure aux salaires des 6 derniers mois et une indemnité correspondant à l'indemnité de licenciement, légale ou conventionnelle (L. 1144-3).

• Sanction civile et réparation intégrale

L'action en justice permet aussi d'assurer la sanction « *effective, proportionnée et dissuasive* » (CJCE 10 avril 1984, directives précitées de 2000 et de 2006). Ainsi, concernant la ***prescription civile de la réparation***, « *les dommages et intérêts réparent l'entier préjudice résultant de la discrimination, pendant toute sa durée* » (L. 1134-5 ; cette disposition est interprétée au regard des exigences du droit européen – CJCE 2 août 1993 précité et CEDH 9 janv. 2007, pour permettre la réparation en nature – promotion, augmentation de la rémunération, etc., et une réparation depuis le début de la discrimination).

L'action en justice permet d'assurer la réparation intense des actes discriminatoires. L'acte interdit est nul et le salarié doit bénéficier de la « ***réparation intégrale*** » du préjudice par le biais de la remise en l'état (réparation en nature) : le juge doit « *placer la victime, aux dépens du responsable, dans la situation où elle se serait trouvée si l'acte dommageable n'avait pas eu lieu* » (Civ. 2e 28 oct. 1954, Soc. 23 nov. 2005). En matière de discrimination en particulier, la réparation doit être « adéquate » (CJCE 2 août 1993, Mme Marshall ; directives précitées de 2000 et 2006) et ne peut être limitée à une réparation indemnitaire ; la mesure de réparation met « *à néant* » la discrimination (Soc. 24 févr. 2004, SNCF).

Licenciement nul (L. 1132-4). Tout licenciement discriminatoire est juridiquement nul (il est regardé comme n'ayant pas eu lieu). Par conséquent, le salarié qui le souhaite peut obtenir la poursuite de son contrat de travail dans l'entreprise (« réintégration »). Lorsque le salarié ne demande pas la poursuite de l'exécution de son contrat de travail ou que sa réintégration est impossible, le juge lui octroie une indemnité, à la charge de l'employeur, qui ne peut être inférieure aux salaires des 6 derniers mois (L. 1235-3-1).

• Sanction pénale

Des discriminations sont prévues et réprimées sur le plan pénal :
– Par le Code pénal (art. 225-1 et s. ; uniquement pour les mesures concernant l'offre d'emploi, le refus d'embauche ou d'accès à la formation, la sanction et le licenciement), notamment en matière de discrimination raciale à

l'embauche (CA Paris, ch. ap. correc., 17 oct. 2003, Moulin Rouge ; CA Paris, ch. ap. correc., 6 juill. 2007, pourvoi rejeté par Crim. 23 juin 2009, ADECCO, Ajilon et Garnier/L'Oréal), de licenciement discriminatoire lié à l'état de santé (sida, T. corr. Châlons-sur-Marne, 22 oct. 1997). « *La décision de l'employeur affectant la carrière ou la rémunération d'un salarié peut revêtir le caractère d'une sanction* » (art. 225-2-3° CP) et donc être pénalement réprimée (Crim. 28 avr. 2009, Michelin).

– Par le Code du travail (pour toute mesure discriminatoire, au regard des critères sexe et activité syndicale), notamment en matière de discrimination sexuelle dans la rémunération (Crim. 31 mai 1988 et 6 nov. 1990, Bocama).

Institutions

Deux institutions sont ici compétentes : le Défenseur des droits et l'Inspection du Travail.

• Défenseur des droits

Le Défenseur des droits (DDD) peut être saisi par toute personne qui s'estime discriminée, notamment dans le domaine de l'emploi et du travail, directement si elle le souhaite (par courrier ou en remplissant un formulaire sur le site). Il peut également se saisir d'office de situations discriminatoires.

EN PRATIQUE

Le DDD dispose de plusieurs leviers d'action. Il peut notamment enquêter pour établir la réalité des faits. Ensuite, au regard des résultats de l'enquête, il peut :

- procéder à une médiation ;
- présenter des observations et communiquer des pièces aux juridictions, à leur demande ou de son propre choix, notamment devant les conseils de prud'hommes (Soc. 17 avril 2008 ; CA Paris, 26 mars 2008, Sté GFI ; CA Aix-en-Provence, 8 mars 2007 ; Soc. 2 juin 2010, PBR, Sté Yusen air et Sea service, « *le juge apprécie la valeur probante des pièces qui lui sont fournies* » par la HALDE « *et qui sont soumises au débat contradictoire* », la HALDE n'a pas « *la qualité de partie* » – l'intervention devant les tribunaux est un levier essentiel ; ses observations sont suivies dans plus de 80 % des cas, les cas de non-suivi provenant surtout des CPH) ;
- proposer à l'auteur de l'infraction une transaction ;
- adopter une recommandation, demandant en particulier à une entreprise de modifier sa politique ;

- effectuer des rappels à la loi ;
- transmettre des dossiers aux procureurs de la République ; procéder à une citation directe ;
- établir un rapport spécial publié au *Journal officiel* à l'encontre d'entreprises maintenant des pratiques discriminatoires malgré une recommandation.

Ses délibérations ne peuvent pas faire l'objet d'un recours pour excès de pouvoir quand elles ne constituent pas des recommandations impératives (CE 13 juill. 2007).

Le DDD intervient en concertation avec d'autres administrations, notamment l'Inspection du travail (Instruction DGT du 27 févr. 2018 - Convention de partenariat entre la Ministre du travail et le DDD du 12 déc. 2016).

Chaque année, la majorité des plaintes reçues concerne le domaine de l'emploi, notamment au regard des origines, de l'état de santé et du handicap.

À LIRE

Abécédaire des discriminations – Six ans de délibérations de la HALDE, La Documentation française, 2011.

• Inspection du travail

L'Inspection du travail, dans le cadre de ses enquêtes, a accès à tout document existant dans l'entreprise permettant d'établir l'existence d'une discrimination. Elle peut agir en matière de :

- prévention (inciter à une politique de non-discrimination dans l'entreprise ; rappeler les obligations légales de négociation collective et de consultation) ; répression (relever les infractions constatées par procès-verbal et entraîner le déclenchement d'une action pénale, devant le tribunal correctionnel) ;
- réparation (porter à la connaissance des parties ses constats et participer ainsi à la construction de la preuve devant le juge civil – Soc. 15 janv. 2014, Sté Liebherr).

CHAPITRE VI

POUVOIR DE L'EMPLOYEUR

En droit, l'entreprise est une organisation hiérarchisée, siège d'un pouvoir détenu par le responsable de l'entreprise (patron ou dirigeant, qui peut être le cas échéant salarié). L'employeur est titulaire d'un pouvoir de direction, qui s'appuie sur la propriété privée et sur le droit.

Le pouvoir de direction implique la gestion patrimoniale de l'entreprise (déterminer les formes juridiques de l'entreprise, leurs modifications, la création ou la cession d'activités, l'ouverture ou la fermeture d'établissements, le choix des productions et prestations, les méthodes de travail, l'utilisation des matériels, etc.). Cependant, le droit de propriété qui porte sur les choses ne donne pas un pouvoir de commandement sur les personnes.

À RETENIR

En droit du travail, suivant la conception retenue, le pouvoir de l'employeur peut être regardé comme fondé sur :

- la liberté d'entreprendre (conception institutionnelle de l'entreprise, de nature autoritaire ; Soc. 13 juill. 2004, Sté Carrefour, visant « le principe fondamental de la liberté d'entreprendre ») ;
- le contrat de travail (conception contractuelle, de nature libérale).

En fonction de ces prérogatives, dans le domaine du travail, de manière générale, l'employeur peut en particulier : recruter, affecter le salarié (à une fonction, un poste), organiser le travail (fixer les horaires, etc. ; fixer et modifier les conditions d'exécution du travail, même quand elles sont prévues au contrat de travail, sauf exceptions), évaluer le travail, fixer les rémunérations effectives, sanctionner et récompenser, enfin licencier.

Il dispose du privilège du préalable pour prendre une décision. Ce n'est que dans un second temps, si la personne n'est pas satisfaite, que cette décision pourra faire l'objet d'une contestation, notamment devant le juge.

L'employeur n'est plus le seul juge de l'intérêt de l'entreprise (Soc. 31 mai 1956). Ce pouvoir de direction n'est plus discrétionnaire, il est finalisé par le « bon fonctionnement de l'entreprise » et est limité et encadré par les droits et libertés de la personne et les règles de non-discrimination, ainsi que par des dispositions législatives et conventionnelles, notamment en matière de préservation de la santé, et, enfin, par les règles classiques, issues du droit civil, notamment en matière d'abus de droit. Le pouvoir de l'employeur doit donc être concilié avec l'ensemble des droits du salarié.

Le pouvoir de l'employeur s'exerce au regard de la prestation de travail du salarié et dans le cadre du droit disciplinaire. L'employeur peut contrôler, surveiller et évaluer le travail du salarié.

Tout employeur d'une entreprise de moins de 300 salariés a le droit d'obtenir une information précise et délivrée dans un délai raisonnable lorsqu'il sollicite l'Administration sur une question relative à l'application d'une disposition du droit du travail ou des stipulations des accords et conventions collectives qui lui sont applicables (L. 5143-1) (service public territorial de l'accès au droit mis en place par la Direccte).

Contrôle

L'employeur « *a le pouvoir de donner des ordres et des directives, d'en contrôler l'exécution et de sanctionner les manquements* » (Soc. 13 nov. 1996, Société Générale), de « surveiller et punir ». Sur la base de son pouvoir disciplinaire, l'employeur peut sanctionner le salarié qui a commis une faute professionnelle, notamment en cas de mauvaise exécution de la prestation de travail.

Surveillance de l'activité professionnelle

• Principe

« *L'employeur a le droit de contrôler et de surveiller l'activité de ses salariés pendant le temps du travail ; seul l'emploi de procédé clandestin de surveillance est illicite* » (Soc. 14 mars 2000). En matière de surveillance, la loyauté doit être respectée (Soc. 18 mars 2008 ; L. 1 222-1).

• Modalités

En cas de mise en place d'un dispositif de surveillance, celui-ci doit être porté préalablement à la connaissance des salariés (Soc. 22 mai 1995, L. 1222-4) et faire l'objet d'une information et d'une consultation du CSÉ/CE, sauf dans les locaux où les salariés n'ont pas accès (Soc. 19 avril 2005). L'employeur ne peut pas mettre en œuvre un moyen de surveillance déloyal, notamment en recourant à un stratagème, les éléments recueillis ne pouvant alors constituer une preuve (Soc. 18 mars 2008, huissier ; Soc. 18 mars 2008, agents d'EDF).

En revanche, la surveillance d'un salarié sur son lieu de travail par un autre salarié n'est pas assimilable à un dispositif de contrôle et ne constitue pas, en soi, un mode de preuve illicite (Soc. 3 mai 2007).

• Procédés anciens

En ce qui concerne des moyens anciens de surveillance, une filature par un détective privé (Soc. 26 nov. 2002) ou le recours à une société de surveillance extérieure utilisée à l'insu du personnel (Soc. 15 mai 2001) ne sont pas licites.

La fouille, redevenue d'actualité à la suite des nouveaux attentats terroristes de 2015, est admise dans des conditions restrictives dans certains cas :

- ouverture des sacs (alerte à la bombe, Soc. 3 avril 2001), dans le respect des dispositions du règlement intérieur (Soc. 2 mars 2011, sté Sodiplan) ; l'employeur ne peut « *sauf circonstances exceptionnelles, ouvrir les sacs appartenant aux salariés pour en vérifier le contenu qu'avec leur accord et à la condition de les avoir avertis de leur droit de s'y opposer et d'exiger la présence d'un témoin* » (Soc. 11 févr. 2009, Sté industrielle des oléagineux) ;
- ouverture de l'armoire vestiaire en présence du salarié (à la suite de vols, Soc. 11 déc. 2001) ou même en son absence dès lors qu'il a été prévenu personnellement, suffisamment à l'avance (Soc. 15 avril 2008, sté Auchan France).

Ainsi, dès lors que des coffres permettant le dépôt par chaque salarié des fonds mis à sa disposition étaient « *affectés à un usage exclusivement professionnel* », la vérification du coffre par l'employeur était régulière, en son absence et sans l'avoir prévenu, et « *la sanction prononcée conformément au RI était justifiée* » (Soc. 21 oct. 2008, M. L. c/ RATP).

Les documents détenus par le salarié dans son bureau de l'entreprise sont, sauf lorsqu'ils sont identifiés comme personnels, présumés avoir un caractère professionnel de sorte que l'employeur peut y avoir accès hors sa présence (Soc. 18 oct. 2006).

• Nouvelles technologies de l'information et de la communication (NTIC)

La surveillance peut être effectuée par le biais de fichiers et de traitements automatisés et par le biais des NTIC. Est ici en question l'utilisation de la cybersurveillance (vidéosurveillance, Soc. 7 juin 2006 ; géolocalisation, GSM/GPS, Délibération CNIL 16 mars 2006 ; biométrie ; etc.).

Tout ce qui est techniquement possible n'est pas juridiquement licite.

• Courriels (Internet)

Concernant la consultation des messages par l'employeur, sur la messagerie professionnelle du salarié, le juge essaie de concilier le secret de la vie privée du salarié (secret de correspondance) et le pouvoir de contrôle de l'employeur. Plusieurs règles sont posées :
– « *Les courriers adressés par le salarié à l'aide de l'outil informatique mis à sa disposition par l'employeur pour les besoins de son travail sont présumés avoir un caractère professionnel en sorte que l'employeur est en droit de les ouvrir hors la présence de l'intéressé, sauf si le salarié les identifie comme étant personnels* » (Soc. 15 déc. 2010, M. X c/ Sté ARP Sélection), même solution pour les dossiers et fichiers (Soc. 18 oct. 2006 ; Soc., 21 oct. 2009).
– « *Si l'employeur peut toujours consulter les fichiers qui n'ont pas été identifiés comme personnels par le salarié, il ne peut les utiliser pour le sanctionner s'ils s'avèrent relever de sa vie privée* » (Soc. 5 juill. 2011, Sté Gan Assurances IARD, licenciement du salarié jugé sans cause réelle et sérieuse « *pour avoir détenu dans sa messagerie professionnelle des messages à caractère érotique et entretenu une correspondance intime avec une salariée de l'entreprise* », « *l'intéressé s'était contenté de les conserver dans sa boîte de messagerie sans les enregistrer, ni les diffuser* »).

Est puni d'un an d'emprisonnement et de 45 000 € d'amende le fait, commis de mauvaise foi, d'intercepter, de détourner, d'utiliser ou de divulguer des correspondances émises, transmises ou reçues par la voie électronique ou de procéder à l'installation d'appareils conçus pour réaliser de telles interceptions (C. pénal, 226-15 al. 2).

• Connexions (Internet)

L'employeur peut rechercher les connexions établies par un salarié sur des sites Internet (Soc. 9 juill. 2008).

• Biométrie

Les dispositifs biométriques, reposant sur la reconnaissance des empreintes digitales, ne sont justifiés que s'ils sont fondés sur 4 conditions (CNIL, communication du 28 déc. 2007) :

- la finalité doit être limitée au contrôle de l'accès d'un nombre limité de personnes, à une zone déterminée, représentant un enjeu majeur dépassant le seul intérêt de l'entreprise ;
- le système doit être proportionné ;
- le système doit être sécurisé (identification fiable des personnes, garanties de non-divulgation) ;
- les personnes doivent être informées (modalités et raisons du système expliquées dans une note remise aux personnes concernées) et une consultation des IRP doit avoir lieu.

Ce moyen de surveillance doit être pertinent et proportionné au regard de l'objectif légitime poursuivi : l'utilisation pour le « badgeage » de la biométrie en matière de gestion des horaires n'est pas pertinente et est disproportionnée (TGI Paris, 19 avril 2005 ; Délib. CNIL 20 sept. 2012, les « badgeuses biométriques » nécessitent une autorisation de la CNIL).

La CNIL a pour la première fois autorisé :

- un dispositif biométrique multimodal (reconnaissance des empreintes digitales et du réseau veineux des doigts de la main) pour le contrôle de l'accès à des lieux de travail d'une entreprise (CNIL, Délib. 12 mai 2011) ;
- un dispositif biométrique fondé sur la reconnaissance de la frappe au clavier (CNIL, Délib. 23 juin 2011).

La CNIL a ordonné en urgence l'interruption pour une durée de 3 mois :

- d'un dispositif biométrique illégal (absence d'un fort impératif de sécurité, défaut d'information des salariés, conservation des données sans limitation de durée – Délib. CNIL 18 mars 2010) ;
- d'un dispositif de vidéosurveillance (qui plaçait les salariés sous une « surveillance généralisée et permanente », non justifiée et disproportionnée, et sans information appropriée, les données étant conservées plus de 2 mois – Délib. CNIL du 22 avril 2010).

• Géolocalisation

La géolocalisation des salariés par les NTIC, qui implique nécessairement une atteinte à la vie privée, ne peut être justifiée que par les intérêts légitimes de l'entreprise (Soc. 26 nov. 2002 ; CA Dijon 14 oct. 2010, licenciement jugé injustifié du salarié, l'employeur s'étant servi d'un dispositif de géolocalisation non déclaré à la CNIL et à l'insu des salariés, pour prouver l'utilisation d'un véhicule de service à des fins personnelles – Communiqué CNIL du 25 oct. 2010).

JURISPRUDENCE

« Un système de géolocalisation ne peut être utilisé par l'employeur pour d'autres finalités que celles qui ont été déclarées auprès de la CNIL, et portées à la connaissance des salariés », « l'utilisation d'un système de géolocalisation pour assurer le contrôle de la durée du travail, laquelle n'est licite que lorsque ce contrôle ne peut pas être fait par un autre moyen, n'est pas justifiée lorsque le salarié dispose d'une liberté dans l'organisation de son travail » (Soc. 3 nov. 2011, PBRI, Sté Moreau incendies).

Évaluation du travail du salarié

• Principe

« *L'employeur tient de son pouvoir de direction, né du contrat de travail, le droit d'évaluer le travail de ses salariés* » (Soc. 10 juill. 2002, AFPA). Par l'évaluation du « travail », l'employeur formule un « jugement patronal d'aptitude » (Antoine Lyon-Caen) :

- lors du recrutement (choix d'embaucher, affectation, détermination de la qualification dans le cadre de la convention collective applicable et de sa grille de classification) ;
- en cours d'emploi (promotion ou rétrogradation, rémunération – attribution d'augmentation ou de primes, licenciement pour insuffisance professionnelle ou pour motif économique –, ordre des licenciements).

L'objectif de l'évaluation est précisé par la loi : « Les informations demandées, sous quelque forme que ce soit, à un salarié ne peuvent avoir comme finalité que d'apprécier ses aptitudes professionnelles. Ces informations doivent présenter un lien direct et nécessaire avec l'évaluation de ses aptitudes. (...) » (L. 1222-2).

Les méthodes et techniques d'évaluation des salariés doivent être pertinentes au regard de la finalité poursuivie (L. 1222-3). L'employeur évalue le travail, pas les personnes. En réalité, l'employeur évalue des résultats du travail, tels qu'il les perçoit. Cette évaluation néglige l'importance de la coopération, nécessaire dans tout travail, et ignore le travail « invisible » (notamment des femmes).

L'évaluation de l'employeur sur le « travail » n'est pas discrétionnaire. Elle peut faire l'objet d'un contrôle par le juge (Soc. 20 févr. 2008, Alcatel Cit). Le juge évalue l'évaluation effectuée par l'employeur.

Le refus par le salarié de se soumettre à plusieurs reprises à une évaluation de son travail peut constituer une faute grave (Soc. 10 juill. 2002, AFPA c/ Mme K., préc.).

• Procédure

Lorsque l'employeur souhaite mettre en place un dispositif d'évaluation, il doit respecter plusieurs éléments d'une procédure à suivre :
– Les salariés doivent être préalablement informés (L. 1222-3, « Le salarié est expressément informé, préalablement à leur mise en œuvre, des méthodes et techniques d'évaluation professionnelles mises en œuvre à son égard »).
– Le CSÉ/CE doit être informé et consulté.
– Le CSÉ/CHSCT doit être consulté (L. 4612-8) dès lors que la procédure d'évaluation est susceptible de générer pour les salariés une insécurité et une pression psychologique entraînant des répercussions sur les conditions de travail (Soc., 28 nov. 2007, groupe Mornay et CA Toulouse, 4e ch., 21 sept. 2011, Airbus, « *la procédure d'évaluation (...) est illicite dès lors que les CHSCT de l'entreprise n'ont pas été valablement consultés* »).

• Critères

La méthode d'évaluation du travail doit reposer sur des « *critères précis, objectifs et pertinents* » (Soc. 14 déc. 2015, sté Peugeot Citroën Automobiles).

Les critères d'évaluation doivent être « *objectifs et transparents* », ce qui n'est pas réalisé quand « *la multiplication de critères comportementaux détachés de toute effectivité du travail accompli implique la multiplication de performances à atteindre qui ne sont pas dénuées d'équivoques et peuvent placer le salarié dans une situation d'insécurité préjudiciable. Insécurité renforcée par l'absence de lisibilité pour l'avenir de l'introduction de nouveaux critères d'appréciation des salariés qui est préjudiciable à leur santé mentale* » (TGI Nanterre, 2e ch., 5 sept. 2008, Sté Wolters Kluwer France, qui « déclare illicite le mode d'évaluation des salariés » ; TGI 6 mars 2012, Sté Sanofi-Aventis France, « *deux des compétences comportementales attendues sur les sept contestées ne sont pas suffisamment et précisément définies pour permettre de faire l'objet d'une évaluation objective* » ; *contra* TGI Versailles, 28 oct. 2010, G.E., « *le comportement fait partie de la compétence* », confirmé par CA Versailles, 4 oct. 2012).

« *La procédure d'évaluation (...) est illicite dès lors (...) que cette évaluation se fonde sur certains critères comportementaux non conformes aux exigences légales* » et « *(...) doit être suspendue* » (CA Toulouse, 21 sept. 2011, Airbus, préc.). Dans cette affaire, les critères comportementaux en cause étaient : « *agir avec courage* » ; « *promouvoir l'innovation et livrer des produits fiables* » ; « *générer de la valeur pour le client* » ; « *favoriser le travail d'équipe et l'intégration au niveau mondial* » ; « *faire face à la réalité et être transparent* » ; « *développer mes talents et ceux des autres* » ; ils ne répondent pas aux exigences légales et sont donc illicites (L. 1 222-2 et L. 1 222-3).

Les critères comportementaux pour être licites doivent être « exclusivement professionnels et suffisamment précis pour permettre au salarié de l'intégrer dans une activité concrète et à l'évaluateur de l'apprécier avec la plus grande objectivité possible » ; et l'évaluation ne peut avoir une « *finalité disciplinaire* », l'évaluation ayant pour objectif d'apprécier les aptitudes professionnelles des salariés et non de les sanctionner.

• « *Ranking* »

Ce système, inspiré du modèle étatsunien, consiste à classer les salariés en différentes catégories en fonction de leurs performances professionnelles (les augmentations de salaires découlent de ce classement). Ce système est licite s'il a été porté à la connaissance des salariés, s'il n'est pas fondé sur des éléments discriminatoires ou subjectifs et s'il ne répond pas à une démarche disciplinaire (CA Grenoble, soc., 13 nov. 2002, Sté Hewlett-Packard).

Cependant, il devient illicite si des quotas sont établis à l'avance : « *L'évaluation par quotas qui ne repose pas seulement sur l'analyse des compétences et du travail du salarié mais contraint le notateur à classer au moins 5 % de salariés dans le dernier groupe, y compris dans l'hypothèse où tous les salariés ont rempli leurs objectifs et ont donné satisfaction (…), est illicite dans la mesure où il n'est pas fondé sur des critères objectifs et transparents* » (CA Versailles, 8 sept. 2011, SAS Hewlett-Packard).

• « *Benchmark* »

L'entreprise « *a mis en place pour assurer la gestion des performances du personnel un système, imaginé par d'autres à des fins purement économiques, le* benchmark ». « *Ce système consiste en une évaluation permanente, chaque agence,… voit ses performances analysées au regard des performances des autres agences, donc est mise en concurrence, au-delà et au sein de chaque agence, la performance de chacun des salariés est regardée par rapport à la performance des autres salariés (…). Aucun objectif n'est imposé officiellement ni aux agences, ni aux salariés, le seul objectif qui existe est de faire mieux que les autres, ainsi nul ne sait à l'issue d'une journée donnée, s'il a ou non correctement travaillé, puisque la qualité de son travail dépend avant tout des résultats des autres* (…) ». Le juge fait défense à l'employeur d'avoir recours à ce système (TGI Lyon, 4 sept. 2012, Syndicat Sud Groupe BPCE c/ Caisse d'Épargne Rhône-Alpes, confirmation par CA Lyon, 21 févr. 2014).

• Modalités

Lors de l'entretien d'évaluation, chaque partie peut « *faire part de ses difficultés, récriminations, souhaits et incompréhensions* » (CA Chambéry, 19 janv. 2010).

Le salarié dispose d'un droit d'accès à son évaluation, aux données de gestion des ressources humaines qui ont servi à prendre une décision à son égard (CNIL, avis du 8 mars 2007). La non-communication de sa fiche de notation à un salarié qui en fait la demande constitue un des éléments permettant de caractériser un comportement discriminatoire à son encontre (Soc. 23 oct. 2001).

• Recours

Des recours sont possibles à titre individuel (notamment devant le CPH, le cas échéant après avoir saisi un DP/un élu du CSÉ) et à titre collectif (devant le TGI).

Le défaut d'évaluation, quand l'évaluation est prévue par la convention collective applicable, cause un préjudice au salarié qui peut obtenir des dommages-intérêts pour perte d'une chance d'évolution de sa carrière (Soc. 10 nov. 2009 ; Soc. 16 juill. 1998, Mme Thibault c/ CNAVTS).

Droit disciplinaire

Le pouvoir disciplinaire de l'employeur se manifeste par le pouvoir d'édicter des règles et de sanctionner le salarié. Ainsi, une personne privée peut se faire justice elle-même, être juge et partie. Et « *c'est une expérience éternelle que tout homme qui a du pouvoir est porté à en abuser* » (Montesquieu).

Ainsi, « *le principe de l'égalité des armes s'oppose à ce que l'employeur utilise son pouvoir disciplinaire pour imposer au salarié les conditions de règlement du procès qui les oppose* », Soc. 9 oct. 2013, PBR, sté La Française d'images, licenciement d'un salarié en CDD pour éviter d'appliquer une condamnation judiciaire)

Le règlement intérieur, « acte réglementaire de droit privé » (Soc. 25 sept. 1991), continue d'être déterminé de manière unilatérale par l'employeur. Cependant, le pouvoir normatif de l'employeur est désormais encadré par la loi. Ce RI est perçu comme une « anomalie juridique » (G. Lyon-Caen).

JURISPRUDENCE

Ce pouvoir exorbitant de l'employeur a d'abord été encadré par le juge (CE 1er févr. 1980, Sté Peintures Corona, « *le chef d'entreprise (...) ne peut apporter aux droits de la personne que les restrictions qui sont nécessaires pour atteindre le but recherché* »). Cet encadrement a été repris et complété par le législateur de 1982.

L'établissement d'un règlement intérieur est obligatoire dans les entreprises ou établissements employant habituellement au moins 20 salariés. Des dispositions spéciales peuvent être établies pour une catégorie de personnel ou une division de l'entreprise ou de l'établissement (L. 1311-2).

Contenu

• Contenu obligatoire

En application de la « loi Auroux » du 4 août 1982 sur les « libertés des travailleurs dans l'entreprise », le contenu du règlement intérieur est strictement délimité (L. 1321-1). Le règlement intérieur est un document écrit par lequel l'employeur fixe exclusivement :

1°) Les ***mesures d'application de la réglementation en matière de santé et de sécurité*** dans l'entreprise ou l'établissement, notamment les instructions ;

2°) Les conditions dans lesquelles les salariés peuvent être appelés à participer, à la demande de l'employeur, au rétablissement de conditions de travail protectrices de la santé et de la sécurité des salariés, dès lors qu'elles apparaîtraient compromises ;

3°) Les ***règles générales et permanentes relatives à la discipline***, notamment la nature et l'échelle des sanctions que peut prendre l'employeur (au regard de comportements interdits).

Ainsi, le règlement intérieur peut comporter l'obligation de respecter les horaires et, en conséquence, de pointer ou de prévenir la direction en cas d'absence. Mais les questions relatives à la durée et à l'aménagement du temps de travail, qui relèvent désormais de la négociation collective, sont exclues. Les dispositions favorables aux salariés (primes, etc.) constituent des engagements unilatéraux de l'employeur.

Le règlement intérieur est rédigé en français. Il peut être accompagné de traductions en une ou plusieurs langues étrangères. Il en va de même pour tout document comportant des obligations pour le salarié ou des dispositions dont la connaissance est nécessaire pour l'exécution de son travail. Ces dispositions ne sont pas applicables aux documents reçus de l'étranger ou destinés à des étrangers (L. 1321-6).

Le règlement intérieur rappelle 2 types de dispositions :

1°) Les dispositions relatives aux droits de la défense des salariés définis par la loi ou par la convention collective applicable (L. 1321-2), notamment la procédure qui doit être suivie lorsqu'une sanction est prévue.

2°) Les dispositions relatives aux harcèlements moral et sexuel et aux agissements sexistes prévues par le Code du travail (L. 1321-2) : les harcèlements (sexuel, racial, « moral », etc.) sont interdits dans les relations de travail et donc passibles d'une sanction disciplinaire. Tout salarié ayant procédé à un harcèlement doit donc faire l'objet d'une sanction disciplinaire. Le harcèlement sexuel constitue « *nécessairement* » une faute grave (Soc. 5 mars 2002), impliquant le licenciement de l'auteur par l'employeur.

• Clause facultative

Le RI « peut contenir des dispositions inscrivant le principe de neutralité et restreignant la manifestation des convictions des salariés si ces restrictions sont justifiées par l'exercice d'autres libertés et droits fondamentaux ou par les nécessités du bon fonctionnement de l'entreprise et si elles sont proportionnées au but recherché. » (L. 1321-2-1)

Cette nouvelle disposition est problématique : il n'existe pas de « principe de neutralité » dans les entreprises (hors service public) et l'entreprise n'est pas un lieu neutre (CJUE 14 mars 2017 *supra*). La limitation de la « manifestation des convictions » pourrait concerner toute conviction (religieuse, syndicale, politique, philosophique, etc.). Le « bon fonctionnement de l'entreprise » est une notion trop générale et assez vague.

• Clauses illégales

En revanche, le règlement intérieur ne peut contenir :

1°) Des dispositions contraires aux lois et règlements ainsi qu'aux stipulations des conventions et accords collectifs de travail applicables dans l'entreprise ou l'établissement.

2°) Des dispositions apportant aux droits des personnes et aux libertés individuelles et collectives des restrictions qui ne seraient pas justifiées par la nature de la tâche à accomplir ni proportionnées au but recherché. Ainsi, le règlement intérieur ne peut pas imposer une restriction absolue et générale concernant le port de signes politiques et religieux (Délib. HALDE 26 janv. 2009).

Ainsi, des dispositions du RI indiquant que « "*La consommation de boissons alcoolisées est interdite dans l'entreprise, y compris dans les cafétérias, au moment des repas et pendant toute autre manifestation organisée en dehors des repas" n'étaient pas fondées sur des éléments caractérisant l'existence d'une situation particulière de danger ou de risque, et excédaient, par suite, par leur caractère général et absolu, les sujétions que l'employeur peut légalement imposer* » (CE 12 nov. 2012, Sté Caterpillar France).

L'interdiction est ici disproportionnée, alors que le Code du travail n'interdit pas le vin, la bière ou le cidre (R. 4228-20 al. 1). En réaction à cet arrêt, le Code du travail a été complété (par décret du ministre du Travail) : lorsque la consommation de ces boissons alcoolisées « est susceptible de porter atteinte à la sécurité et la santé physique et mentale des travailleurs », l'employeur prévoit dans le règlement intérieur ou, à défaut, par note de service « les mesures permettant de protéger la santé et la sécurité des travailleurs et de prévenir tout risque d'accident. Ces mesures, qui peuvent notamment prendre la forme d'une limitation, voire d'une interdiction de cette consommation, doivent être proportionnées au but recherché » (R. 4228-20 al. 2).

La loi vise également ici à écarter des clauses qui figuraient dans certains règlements, telles que celles prévoyant des investigations du personnel.

Cependant :
– Le recours à l'alcootest peut néanmoins être prévu lorsqu'il s'agit de vérifier le taux d'alcoolémie d'un salarié qui manipule des produits dangereux ou transporte des personnes (CE 1er févr. 1980, préc. ; Soc. 22 mai 2002, CEDH 7 nov. 2002) ; ce contrôle d'alcoolémie ne peut être effectué que conformément aux dispositions du RI, à défaut est déniée « toute portée au dépistage effectué en violation de ce règlement » (Soc. 2 juill. 2014, ND Norbert Dentressangle Logistics).
– La fouille peut être admise à titre préventif pour empêcher, par exemple, l'introduction de certains produits dans l'entreprise ou à la suite de vols, mais à la condition que le salarié soit averti de son droit de s'opposer à un tel contrôle et d'exiger la présence d'un témoin (CE 11 juill. 1990 et Soc. 8 mars 2005).

3°) Des dispositions discriminant les salariés dans leur emploi ou leur travail, « à capacité professionnelle égale » (ces termes peu compréhensibles auraient dû être supprimés lors de la recodification), en raison de leur origine, de leur sexe, de leurs mœurs, de leur orientation sexuelle, de leur âge, de leur situation de famille ou de leur grossesse, de leurs caractéristiques génétiques, de leur appartenance ou de leur non-appartenance, vraie ou supposée, à une ethnie, une nation ou une race, de leurs opinions politiques, de leurs activités syndicales ou mutualistes, de leurs convictions religieuses, de leur apparence physique, de leur nom de famille ou en raison de leur état de santé ou de leur handicap (L. 1321-3).

• Notes de service et autres documents

Les notes de service ou tout autre document comportant des obligations générales et permanentes dans les matières relevant du règlement intérieur sont, lorsqu'il existe un règlement intérieur, considérés comme des adjonctions à celui-ci. Ils sont, en toute hypothèse, soumis aux mêmes dispositions.

• Codes d'éthique et de conduite

Les « codes d'éthique » et les « codes de conduite » constituent des adjonctions au règlement intérieur, notamment quand ils fixent des obligations générales et permanentes aux salariés, et doivent respecter les mêmes règles de contenu et de mise en œuvre. Une « charte d'éthique » ne peut imposer une autorisation préalable pour l'usage de toutes les « informations à usage interne », d'une part, sans définition précise de celles-ci permettant de vérifier que les restrictions ainsi apportées à la liberté d'expression des salariés sont justifiées, d'autre part, l'exercice du droit d'expression pouvant impliquer l'usage de ces informations (Soc. 8 déc. 2009, PBRI, Sté Dassault Systèmes, dispositions de son « Code of Business Conduct » – « Code de conduite des affaires » – déclarées illicites). Les salariés doivent bénéficier du droit à l'information, à l'accès et à la rectification des données les concernant ; à défaut, le « Code de conduite » est illicite (Soc. 8 déc. 2009, préc.).

• Alerte professionnelle

Les « systèmes d'alerte professionnelle », applicables dans les domaines comptable et financier (appelés « *whistleblowing* »), prévus par la loi états-unienne Sarbanes-Oxley pour les sociétés des États-Unis y compris leurs filiales à l'étranger, combinent des obligations de dénonciation et de confidentialité ; ils constituent des adjonctions au règlement intérieur et doivent, en plus, faire l'objet, suivant leur contenu, soit d'une autorisation, soit d'un engagement de conformité – régime simplifié, à la CNIL (délib. 8 déc. 2005). Quand le dispositif d'alerte professionnel va au-delà des prévisions légales concernant les domaines financier, comptable bancaire et de lutte contre la corruption, une demande d'autorisation est nécessaire ; l'entreprise ne peut bénéficier du régime simplifié d'autorisation unique (Soc. 8 déc. 2009, Sté Dassault Systèmes, préc.).

Le juge peut suspendre un dispositif d'alerte professionnel « *disproportionné par rapport aux objectifs de la loi américaine en ce qu'il s'applique à tous les salariés de l'usine* » et utilisé pour la dénonciation de faits sans rapport avec le domaine de fraude comptable et de corruption (TGI Caen, réf., 5 nov. 2009, Sté Benoist-Girard).

Par ailleurs, la CNIL a pour la première fois autorisé des dispositifs d'alerte professionnelle anti-discrimination (CNIL, Délib. du 3 mars 2011, Sté Casino et Sté Randstad).

• Procédure d'alerte pour corruption et autres délits

« *Un lanceur d'alerte est une personne physique qui révèle ou signale, de manière désintéressée et de bonne foi, un crime ou un délit, une violation grave et manifeste d'un engagement international régulièrement ratifié ou approuvé par la France, d'un acte unilatéral d'une organisation internationale pris sur le fondement d'un tel engagement, de la loi ou du règlement, ou une menace ou un préjudice grave pour l'intérêt général, dont elle a eu personnellement connaissance* » (Loi n° 2016-1691 du 9 déc. 2016 relative à la transparence, à la lutte contre la corruption et à la modernisation de la vie économique).

Le signalement d'une alerte est porté à la connaissance de l'employeur ou d'un référent désigné par celui-ci (depuis le 1er janv. 2018, une procédure de recueil des signalements doit être mise en place dans toute entreprise d'au moins 50 salariés par l'employeur – décret n° 2017-564 du 19 avril 2017). En l'absence de diligence de la personne destinataire de l'alerte dans un délai raisonnable, le signalement est adressé à l'autorité judiciaire, à l'autorité administrative ou aux ordres professionnels. À défaut de traitement par l'un de ces organismes dans un délai de 3 mois, le signalement peut être rendu public.

Aucune mesure de rétorsion, en matière d'emploi et de travail, ne peut être prise à l'encontre d'une personne, notamment salariée, pour avoir relaté ou témoigné, de bonne foi, de faits constitutifs d'un délit ou d'un crime dont il aurait eu connaissance dans l'exercice de ses fonctions ou pour avoir signalé une alerte (L. 1132-3-3). Toute disposition ou tout acte pris à l'égard d'un salarié en méconnaissance de ces dispositions est nul (L. 1132-3-4 ; Soc. 30 juin 2016, préc.).

Contrôles social, administratif et juridictionnel

Le règlement intérieur est contrôlé *a priori* par les représentants du personnel, le cas échéant *a posteriori* par le juge, et surtout à tout moment par l'inspecteur du travail.

• Contrôle social

Consultation des élus du personnel

Le RI ne peut être introduit qu'après avoir été soumis par l'employeur à l'avis du CSÉ, en attendant du CE ou, à défaut, des DP, ainsi que, pour les matières relevant de sa compétence, à l'avis du CHSCT (ou, à défaut, des DP). Le RI indique la date de son entrée en vigueur (date postérieure d'un mois à l'accomplissement des formalités de dépôt et de publicité, *infra*).

En même temps qu'il fait l'objet des mesures de publicité, le RI, accompagné de l'avis du CSÉ, en attendant du CE ou, à défaut, des DP et, le cas échéant, du CHSCT, est communiqué à l'inspecteur du travail (R. 1321-4). Ces dispositions s'appliquent également en cas de modification ou de retrait des clauses du règlement intérieur (L. 1321-4). À défaut, le RI est inopposable aux salariés. L'employeur ne peut reprocher à un salarié un manquement aux obligations édictées par le RI et par une note de service quand l'employeur n'a pas préalablement consulté les représentants du personnel sur ces documents et n'a pas communiqué le RI à l'inspecteur du travail. Faute d'avoir accompli ces diligences, le RI ne peut produire effet (Soc. 9 mai 2012).

Urgence

Toutefois, lorsque l'urgence le justifie, les obligations relatives à la santé et à la sécurité peuvent recevoir une application immédiate. Dans ce cas, ces prescriptions sont immédiatement et simultanément communiquées aux secrétaires du CSÉ, en attendant du CHSCT et du CE, ainsi qu'à l'inspecteur du travail (L. 1321-5).

• Contrôle administratif

Contrôle de légalité de l'inspecteur du travail

L'inspecteur du travail peut à tout moment (sans limite dans le temps) exiger le retrait ou la modification des clauses contraires aux dispositions légales portant notamment sur les droits et libertés des salariés et aux dispositions conventionnelles applicables (L. 1322-1). Le contrôle porte également sur le contenu des « documents éthiques » (chartes, codes, etc.). Il peut aussi exiger l'ajout de dispositions obligatoires absentes. Le silence de l'inspecteur du travail ne vaut pas approbation du contenu du RI.

La décision de l'inspecteur du travail est motivée. Elle est notifiée à l'employeur et communiquée, pour information, aux membres du CSÉ, en attendant du CE ou, à défaut, aux DP, ainsi qu'aux membres du CHSCT pour les matières relevant de sa compétence (L. 1322-2).

Recours hiérarchique

La décision de l'inspecteur du travail peut faire l'objet d'un recours hiérarchique, devant la DIRECCTE, dans un délai de 2 mois suivant la notification de la décision. La décision de la DIRECCTE, prise dans un délai de 4 mois, est notifiée à l'employeur et communiquée, pour information, aux membres du CSÉ, en attendant du CE ou, à défaut, aux DP, ainsi qu'aux membres du CHSCT pour les matières relevant de sa compétence (L. 1322-3, R. 1322-1). Un recours hiérarchique devant le ministre du Travail est ensuite possible (CE 18 mars 1998, CE de la sté de Bourse A. Ferri).

• Contrôle juridictionnel

Recours contentieux, juge administratif

Les décisions de l'administration du travail (IT, DIRECCTE, ministre) demandant la modification ou le retrait de clauses du RI, relèvent, en cas de contestation (notamment par l'employeur), de la compétence du TA (recours en annulation pour excès de pouvoir). Ainsi, la jurisprudence administrative définit l'essentiel du régime juridique du RI – acte unilatéral de droit privé. La décision du juge administratif s'impose au juge judiciaire.

Juge civil

Le juge du contrat (CPH) a la faculté, à l'occasion d'un litige individuel, concernant une sanction disciplinaire, d'écarter une disposition du RI contraire aux dispositions légales (droits et libertés du salarié notamment). Dans ce cas, une copie du jugement est adressée à l'inspecteur du travail et aux membres du CSÉ, en attendant du CE ou, à défaut, aux DP, ainsi qu'aux membres du CHSCT pour les matières relevant de sa compétence (L. 1322-4).

Le juge de droit commun (TGI) peut connaître d'une action principale en annulation d'une ou plusieurs clauses du RI, acte juridique de droit privé, au sujet desquelles l'inspecteur du travail ne s'est pas prononcé (Soc. 16 déc. 1992, CGEE Alsthom).

Juge pénal

L'employeur qui omet d'établir un règlement intérieur conforme à la loi, de consulter les représentants du personnel, de soumettre le règlement intérieur à l'inspecteur du travail, ou d'effectuer la publicité prévue, est passible d'une amende de la 4e classe (R. 1323-1).

• Dépôt et publicité

Le RI doit être déposé au secrétariat-greffe du CPH de l'établissement où le travail est exécuté ; et affiché à une place convenable, aisément accessible, dans les lieux où le travail est effectué, ainsi que dans les locaux et à la porte des locaux où se fait l'embauchage. Il entre en vigueur un mois après l'accomplissement de ces formalités (R. 1321-1).

Les conditions d'exercice du pouvoir disciplinaire sont précisées par la loi et par la jurisprudence.

Sanction et faute

Ces 2 notions sont essentielles dans la mise en œuvre du droit disciplinaire.

• Sanction

Définition

Constitue une sanction toute mesure, autre que les observations verbales, prise par l'employeur à la suite d'un agissement du salarié considéré par l'employeur comme fautif, que cette mesure soit de nature à affecter immédiatement ou non la présence du salarié dans l'entreprise, sa fonction, sa carrière ou sa rémunération (L. 1331-1).

Le droit disciplinaire transpose des règles du droit pénal (texte prévoyant les peines ; interdiction de la « double peine » ; prescription des fautes), concernant la sanction d'actes identifiés comme répréhensibles. Ainsi, « *une sanction ne peut être prononcée que si elle est prévue par le règlement intérieur* » (Soc. 26 oct. 2010, PBRI ; L. 1321-1-3°). Le principe *non bis in idem* interdit de sanctionner un salarié à 2 reprises pour un même fait (Soc. 16 mai 2000, Mme Membrut c/ M. Fradet).

L'échelle des sanctions possibles est étendue : elle va des sanctions purement morales (réprimande orale), à l'avertissement et aux sanctions qui affectent le travailleur dans sa « présence », sa « fonction », sa « carrière » ou sa « rémunération » (mise à pied, rétrogradation, mutation, licenciement).

Avertissement

C'est le premier niveau de sanction. Il met en évidence une faute du salarié et constitue une mise en garde.

Mise à pied

Elle impose au salarié d'interrompre provisoirement l'exécution de son travail. Le salarié mis à pied est privé de son salaire pour la période correspondante. La mise à pied est, en général, de quelques jours. « *Une mise à pied (...) n'est licite que si le règlement intérieur précise sa durée maximale* » (Soc. 26 oct. 2010, PBRI, préc.). Le contrat de travail, pendant cette période, est suspendu. Le refus d'exécution d'une mise à pied disciplinaire constitue une faute grave en tant qu'acte d'insubordination (Soc. 25 mai 2004).

Mise à pied conservatoire

Cette mesure, qui n'est pas en soi une sanction (maintien du versement de la rémunération), est à distinguer de la mise à pied disciplinaire. Lorsque les faits reprochés au salarié ont rendu indispensable *une mesure conservatoire de mise à pied à effet immédiat*, aucune sanction définitive relative à ces faits ne peut être prise sans que la procédure disciplinaire n'ait été respectée (L. 1332-2). Il s'agit d'une mesure provisoire prise par l'employeur dans l'attente de sa décision définitive dans la procédure de licenciement engagée dans le même temps (Soc. 19 juin 2002). La mise à pied conservatoire doit avoir une durée raisonnable – la durée de 2 mois étant excessive, la mise à pied conservatoire devient une sanction et le licenciement qui a suivi est abusif, car il s'analyse comme une seconde sanction (Soc. 19 sept. 2007). À l'issue de cette mise à pied conservatoire, si l'employeur décide de sanctionner le salarié, il peut le licencier pour faute grave (la période de mise à pied ne sera pas rémunérée). Il peut licencier le salarié pour un autre motif que la faute grave (la période de mise à pied sera rémunérée). Il peut décider d'une mise à pied disciplinaire couvrant la période de mise à pied conservatoire (Soc. 29 mars 1995).

Rétrogradation

Elle entraîne un déclassement professionnel du salarié. À ce titre, elle affecte un élément essentiel du contrat de travail. La diminution de la rémunération doit correspondre au déclassement. Le refus du salarié d'accepter la rétrogradation peut entraîner la rupture du contrat de travail, y compris pour faute grave (Soc. 7 juill. 2004).

Mutation disciplinaire

Elle se distingue de celle qui peut être opérée pour des raisons tenant à l'organisation de l'entreprise qui a un caractère économique.

« *Une modification du contrat de travail prononcée à titre disciplinaire contre un salarié ne peut lui être imposée ; (...) cependant, en cas de refus du salarié, l'employeur peut (...) prononcer une autre sanction, au lieu et place de la sanction refusée* » (Soc. 16 juin 1998, Hôtel Le Berry). Par conséquent, comme « *aucun fait fautif ne peut donner lieu à double sanction* », l'employeur, en appliquant immédiatement une rétrogradation, a épuisé son pouvoir disciplinaire et ne peut prononcer ultérieurement une autre sanction – licenciement (Soc. 17 juin 2009, SNC Darty Ouest). Lorsque l'employeur notifie au salarié une sanction emportant modification de son contrat de travail, il doit l'informer de sa faculté d'accepter ou de refuser cette modification ; à défaut, le salarié est fondé à exiger la poursuite du contrat aux conditions initiales et ne peut être tenu d'exécuter le contrat de travail aux conditions unilatéralement modifiées par l'employeur (Soc. 29 mai 2013, sté Level-Beauvallet-Lemoine).

Licenciement

C'est la sanction la plus grave. La sanction peut consister en un licenciement avec ou sans indemnités de rupture (licenciement pour faute grave, voire lourde).

Sanctions illégales

Certaines sanctions sont illégales : les amendes ou autres sanctions pécuniaires sont interdites. Sur le plan pénal, le fait d'infliger une amende ou une sanction disciplinaire est passible d'une amende de 3 750 € (L. 1334-1). Sur le plan civil, toute disposition ou stipulation contraire (dans le contrat, le règlement intérieur, etc.) est réputée non écrite (Soc. 4 juill. 2007 ; L. 1331-2). Constitue une sanction pécuniaire interdite une retenue de salaire infligée à des ouvriers restés dans leur atelier malgré l'ordre donné par leur employeur de se rendre à une réunion (Soc. 19 nov. 1997), ou la privation pour un ou plusieurs salariés d'une augmentation générale des salaires (Soc. 19 juill. 1995) ; « *La privation d'une prime de fin d'année, en cas de faute grave, constitue une sanction pécuniaire prohibée qui ne (peut) faire l'objet d'une disposition conventionnelle* » (Soc. 11 févr. 2009) ; un employeur ne peut pas opérer une retenue sur salaire pour compenser le montant d'une erreur de caisse, le défaut d'encaissement d'un client dans un café, des communications téléphoniques personnelles (Soc. 18 févr. 2003), etc. Le contrat de travail ne peut pas prévoir de sanction pécuniaire (une telle clause est nulle – Soc. 20 oct. 2010, prélèvement sur la rémunération au motif d'un chiffre d'affaires insuffisant). Cependant, l'interdiction des sanctions pécuniaires n'empêche pas les incidences financières de certaines sanctions (rétrogradation ou mise à pied, notamment ; Soc. 7 juill. 2004).

Sanctions déguisées illégales

Elles sont également visées (Soc. 4 mars 2003 ; rétractation d'un détachement autorisé, Soc. 10 avril 1991), notamment celles qui ont une incidence financière (exemples : retenue sur la prime d'objectif en raison du comportement du salarié à l'égard de sa hiérarchie, Soc. 4 juin 1998 ; mutation entraînant la perte d'une prime en raison de faits considérés comme fautifs, Soc. 19 juin 1991 ; retrait temporaire du droit à des billets d'avion à tarif réduit, Soc. 22 oct. 1996).

Abus de pouvoir

Le pouvoir disciplinaire de l'employeur en matière de sanction est encadré. De manière générale, l'employeur ne doit pas commettre d'abus de pouvoir. Ainsi, le fait de sanctionner une salariée, qui n'avait précédemment fait l'objet d'aucun reproche, par 4 avertissements dont aucun n'était fondé, constitue un harcèlement moral (Soc. 22 mars 2007). Il ne doit pas sanctionner un salarié en raison d'un motif discriminatoire ou d'un harcèlement.

Prescription (sanction)

À RETENIR

Une prescription de la sanction est prévue : aucune sanction antérieure de plus de 3 ans à l'engagement des poursuites disciplinaires ne peut être invoquée à l'appui d'une nouvelle sanction (L. 1332-5).

Une sanction prononcée plus de 3 ans en arrière ne peut donc pas entraîner une sanction plus sévère, même pour des fautes de même nature.

Lorsque l'employeur informé de l'ensemble des faits reprochés au salarié a choisi de lui notifier un avertissement pour certains d'entre eux, il a épuisé son pouvoir disciplinaire et ne peut prononcer un licenciement pour des faits antérieurs à la date de l'avertissement (Soc. 16 mars 2010, Ass. Ste Anne).

• Faute

Définition

Il s'agit « *d'un agissement du salarié considéré par l'employeur comme fautif* » (L. 1331-1). Mais il n'existe pas de définition juridique légale de la faute disciplinaire. La jurisprudence encadre le pouvoir d'appréciation de l'employeur.

Faute légère – faute sérieuse

Une faute légère du salarié ne constitue pas une cause réelle et sérieuse de licenciement. Une faute sérieuse justifie un licenciement (des absences répétées pourront être jugées comme des fautes sérieuses).

Faute grave

« *La faute grave résulte d'une violation des obligations découlant du contrat de travail ou des relations de travail qui rend impossible le maintien du salarié dans l'entreprise* » (Soc. 10 nov. 2010). La Cour de cassation exerce un contrôle de qualification de la faute grave (Soc. 10 nov. 2010).

Le maintien du salarié dans l'entreprise n'exclut toutefois pas toujours la qualification de faute grave. Il en va ainsi par exemple si l'employeur ressent la nécessité, avant toute décision, de vérifier certains faits (Soc. 11 janv. 1995) ou s'il a attendu le retour de congés du salarié pour réagir (Soc. 1er mars 1995).

Le licenciement pour faute grave permet à l'employeur de ne pas verser les indemnités de rupture du contrat de travail (indemnités de préavis et de licenciement). Mais l'employeur qui octroie au salarié une indemnité compensatrice de préavis ne peut être privé du droit d'invoquer la faute grave (Soc. 2 févr. 2005).

Le contentieux du licenciement pour faute grave est l'un des plus importants et une abondante jurisprudence existe en la matière.

Faute non retenue

Dans certains cas, le comportement du salarié n'est pas jugé fautif :

– Le fait pour une salariée de porter à la connaissance du parquet « *des agissements* (…) *qui, s'ils étaient établis, seraient de nature à caractériser des infractions pénales, ne constitue pas une faute* » ; la salariée a droit au paiement des jours de mise à pied (Soc. 12 juill. 2006).

– « *Le témoignage en justice d'un salarié ne peut, sauf abus, constituer (…) une faute* » (Soc. 6 juin 2007) ; « chacun est tenu d'apporter son concours à la justice » (art. 10 C. civil).

– « *Exercer une liberté collective en dehors du temps de travail* », même en cas de « *trouble créé dans l'entreprise* », ne peut constituer une faute (Soc. 23 mai 2007).

– Un emprunt de documents strictement nécessaires à la défense du salarié en justice (Crim. 16 juin 2011, PBRI, « *M. X…, avisé du projet de son employeur de rompre son contrat de travail, a appréhendé des documents dont il avait eu connaissance à l'occasion de l'exercice de ses fonctions et dont la production était strictement nécessaire à l'exercice de sa défense dans la procédure prud'homale qu'il a engagée peu après* », voir déjà Crim. 11 mai 2004 et Soc. 30 juin 2004).

JURISPRUDENCE

La faute grave n'est pas retenue :

- pour un retard de retour de congés d'un salarié ayant 24 ans d'ancienneté (Soc. 26 avril 2007) ;
- pour une simple négligence sans conséquence (Soc. 23 mai 2007) ;
- pour un vol, vu « *la modicité de ce vol* », par une salariée qui « *n'avait fait l'objet d'aucune remarque durant les sept années passées dans l'entreprise* » (Soc. 29 janv. 2008) – la jurisprudence selon laquelle « *Qui vole un œuf, vole un bœuf* » est bien abandonnée.

L'ancienneté du salarié et son comportement habituel peuvent constituer des circonstances atténuantes (Soc. 10 nov. 2010).

Vie personnelle

Par exception, un acte relevant de la vie personnelle peut justifier une sanction quand « *le fait litigieux se rattache à la vie de l'entreprise* ».

Exemples :

– Soc. 10 déc 2008, « *les propos injurieux tenus par le salarié concernaient sa supérieure hiérarchique et avaient été prononcés devant trois adultes qu'il était chargé d'encadrer* », les propos ayant pourtant été prononcés en dehors du temps et du lieu de travail.

– Soc. 19 oct. 2011, M. X c/ SN Groupement taxi, un harcèlement sexuel commis hors de l'entreprise peut être sanctionné : « *Les propos à caractère sexuel et les attitudes déplacées du salarié à l'égard de personnes avec lesquelles l'intéressé était en contact en raison de son travail ne relevaient pas de sa vie personnelle* », licenciement pour faute grave du salarié superviseur d'une équipe de standardistes.
– Soc. 8 oct. 2014, Sté Generali, « *les faits de menaces, insultes et comportements agressifs commis à l'occasion d'un séjour organisé par l'employeur dans le but de récompenser les salariés lauréats d'un "challenge" national interne à l'entreprise et à l'égard des collègues ou supérieurs hiérarchiques du salarié, se rattachaient à la vie de l'entreprise* ».

Réseaux sociaux numériques

Sur ces réseaux sociaux (Facebook,...), accessibles par connexion à l'Internet, lorsque l'accès à la page est largement ouvert, les propos tenus ne relèvent plus de la sphère privée, mais de l'espace public et peuvent, le cas échéant, faire l'objet d'une sanction par l'employeur (CPH Boulogne-Billancourt, 19 nov. 2010, licenciement de 3 salariés jugé justifié pour faute grave, pour dénigrement de leur hiérarchie, leurs propos étant accessibles à 11 salariés de l'entreprise classés parmi leurs « amis » ; CA Versailles, 22 avril 2012, Sté Alten Sir, licenciement pour faute grave d'un salarié « *pour incitation à la rébellion contre la hiérarchie et dénigrement envers la société* » – arrêt cassé par Soc. 14 nov. 2013, en application de « *non bis in idem* » ; CA Rouen 15 nov. 2011, Leclerc, licenciement pour faute grave liée à la tenue de propos injurieux).

Outre la nature des propos en cause (dénigrement, injures, etc.), leur caractère public, par le choix du support et des paramètres de compte, est déterminant (cf. jurisprudence sur la liberté d'expression, *supra*). Peuvent ainsi être regardés comme relevant de l'espace public le « mur » d'un salarié, à défaut de restrictions d'accès, mais également le « mur » d'une autre personne où il écrit (ce second « mur » pouvant être largement accessible à des « amis » et potentiellement à tous les utilisateurs du réseau ; le « mur » est assimilé à un forum de discussion dont l'accès peut ou non être limité, à défaut d'une telle limitation, seules les « boîtes mail » individuelles relèveraient de la correspondance privée – CA Reims, 9 juin 2010). La publication de propos insultants à l'égard de son employeur par le salarié peut également entraîner sa condamnation au paiement de dommages-intérêts (CA Reims, 24 oct. 2012).

En revanche, lorsque « *les propos litigieux (...) n'étaient (...) accessibles qu'aux seules personnes agréées par l'intéressée, en nombre très restreint, (...) celles-ci formaient une communauté d'intérêts* », exclusive de la notion de public ; par conséquent « *ces propos ne constituaient pas des injures publiques* » (Civ. 1re, 10 avril 2013, sté Agence du Palais ; CA Paris, 9 mars 2011).

Le salarié peut obtenir des dommages-intérêts pour « *atteinte disproportionnée et déloyale à la vie privée* » quand l'employeur accède à des informations extraites du compte Facebook du salarié, « *informations réservées aux personnes autorisées* », « *à partir du téléphone portable d'un autre salarié* » (Soc. 20 déc. 2017, sté Jesana).

Faute retenue

Peuvent, ***suivant les circonstances*** (conditions d'exécution du travail, environnement, ancienneté du salarié, préjudice pour l'entreprise, etc.), constituer des fautes graves :

- une mauvaise exécution de la prestation de travail ;
- des abus d'expression : « *accusations mensongères* » (Soc. 21 juin 2006), propos inconvenants à l'égard d'une collègue (Soc. 20 juin 2007) ;
- l'utilisation de son courriel pour diffuser des propos racistes (Soc. 2 juin 2004) ;
- l'échange de propos entre salariés par courriels dénigrant leur hiérarchie (Soc. 2 févr. 2011) ;
- l'absence de dénonciation d'un délit, imposée par la loi (Soc. 21 mai 2008, art. 434-1 CP) ;
- des actes malhonnêtes révélant un manque de loyauté : l'emprunt sans motif légitime du mot de passe d'un salarié pour se connecter au poste informatique du directeur de la société (Soc. 21 déc. 2006), le concours technique apporté à la création d'une société concurrente (Soc. 4 juill. 2007) ;
- le fait de se faire rembourser des frais fictifs, des dépenses payées avec le chéquier de l'entreprise, une dépense personnelle, etc. (Soc. 10 nov. 2010) ;
- l'utilisation du matériel de l'entreprise pour prendre des paris pendant le temps de travail (Soc. 14 mars 2000) ;
- l'usage de la connexion Internet de l'entreprise pour une durée d'environ 41 heures au cours d'un mois (Soc. 18 mars 2009) ; le fait de s'être connectée « *pendant son temps de travail à de très nombreuses reprises à de nombreux sites extraprofessionnels tels que des sites de voyage ou de tourisme, de comparaison de prix, de marques de prêt-à-porter, de sorties et événements régionaux ainsi qu'à des réseaux sociaux* », « *ces connexions s'établissaient, exclusion faite de celles susceptibles de présenter un caractère professionnel, à plus de 10 000 sur la période du 15 au 28 décembre 2008 et du 8 janvier au 11 janvier 2009* » (Soc. 26 févr. 2013, Sté Dubus) ; « *l'utilisation de sa messagerie pour la réception et l'envoi de documents à caractère pornographique et la conservation sur son disque dur d'un nombre conséquent de tels fichiers* » (Soc. 15 déc. 2010, M. X c/ Sté Coca-Cola) ;
- « *le fait de procéder volontairement au cryptage de son poste informatique (...) faisant ainsi obstacle à la consultation* » (Soc. 18 oct. 2006) ;
- l'atteinte grave à la réputation de l'employeur : en volant même pour une valeur modique dans un hypermarché relevant de son secteur de prospection

(Soc. 3 déc. 2002) ; « *le vol commis par un salarié au préjudice d'un client de l'employeur caractérisant, alors même que l'objet soustrait serait de faible valeur, une faute grave* » (Soc. 16 janv. 2007) ;
- un manquement à l'obligation de sécurité (Soc. 28 févr. 2002) ;
- le refus réitéré à l'examen du médecin du travail (Soc. 29 nov. 2006) ;
- le fait de fumer dans un local de l'entreprise, en violation d'une interdiction imposée en raison du risque d'incendie (Soc. 1er juill. 2008) ;
- le harcèlement sexuel, qui constitue « *nécessairement* » une faute grave (Soc. 24 sept. 2008, M. R.) ;
- des violences, notamment morales (Soc. 12 mai 2010, manipulation *via* l'Internet) ;
- etc.

Faute lourde

La faute lourde se caractérise par une faute révélant une intention du salarié de nuire à l'employeur, telle que la destruction volontaire de matériel appartenant à celui-ci, des malversations, etc.

Elle est désormais peu fréquente en jurisprudence (« *intention de nuire, manifestée par la persistance de manquements divers du salarié, une volonté de paralyser le fonctionnement de l'entreprise et une tentative de débauchage du personnel* », Soc. 24 sept. 2008, M. P ; débauchage par licenciement de salariés, par un dirigeant, « *pour leur permettre d'animer des sociétés concurrentes à celles de l'employeur* », Soc. 9 janv. 2013, M. G. c/ Sté Cis France).

Elle est privative des indemnités de rupture (préavis, licenciement) (en revanche, elle n'est plus privative des indemnités de congés payés – DC 2 mars 2016 QPC). Elle ne prive pas des sommes dues au titre de la participation et de l'intéressement (Soc. 9 mars 1989 et 12 oct. 1995).

« *La responsabilité pécuniaire d'un salarié à l'égard de son employeur ne peut résulter que de sa faute lourde* » (Soc. 21 oct. 2008, Connex Rhodalia) ; sa reconnaissance est sanctionnée par le versement de « dommages et intérêts », notamment « en réparation des faits de déloyauté invoqués par l'employeur » (Soc. 9 janv. 2013, préc.).

Prescription (faute)

À RETENIR

Aucun fait fautif ne peut donner lieu à lui seul à l'engagement de poursuites disciplinaires au-delà d'un délai de 2 mois à compter du jour où l'employeur en a eu connaissance, à moins que ce fait n'ait donné lieu dans le même délai à l'exercice de poursuites pénales (L. 1332-4).

Le licenciement pour faute grave doit être prononcé dans un délai restreint, sauf quand l'employeur doit procéder à des vérifications (Soc. 6 oct. 2010 ; Soc. 2 juill. 2001). En cas de poursuite pénale, quand l'employeur n'est pas partie à la procédure pénale, le délai de 2 mois court à compter du jour où il a eu connaissance de l'issue définitive de la procédure pénale (Soc. 15 juin 2010).

Amnistie

L'amnistie de sanctions ne peut avoir pour effet d'empêcher un salarié d'invoquer ces sanctions au soutien d'une demande tendant à établir un harcèlement ou de la discrimination (Soc. Avis 21 déc. 2006).

Rompant avec une habitude prise dans les années 1920, le président de la République a décidé de ne pas prendre d'initiative en vue du vote d'une loi d'amnistie après les élections du 6 mai 2007 et du 6 mai 2012. Dans les lois précédentes (1981, 1988, 1995 et 2002) figuraient des dispositions sur l'amnistie de fautes disciplinaires, non contraires à l'honneur et à la probité.

Procédure disciplinaire

• Entretien préalable

Pour les sanctions ayant une incidence, immédiate ou non, sur la présence dans l'entreprise, la fonction, la carrière ou la rémunération du salarié, l'employeur qui envisage de prendre une sanction à l'encontre d'un salarié doit respecter une procédure disciplinaire (L. 1332-2). Il peut en être ainsi y compris pour un avertissement (Soc. 3 mai 2011, Sté CEFR), notamment si le RI ou la convention collective applicable prévoit des dispositions spécifiques (Soc. 18 juin 2014).

L'employeur convoque le salarié, par lettre recommandée ou remise en main propre contre décharge, en lui précisant l'objet de la convocation, la date, l'heure et le lieu de l'entretien, et la faculté de se faire assister (R. 1332-1). La procédure n'impose pas que le salarié ait accès au dossier avant l'entretien préalable (Soc. 27 févr. 2013, QPC).

EN PRATIQUE

Lors de son audition, le salarié peut se faire assister par une personne de son choix appartenant au personnel de l'entreprise. Au cours de l'entretien, l'employeur indique le motif de la sanction envisagée et recueille les explications du salarié (L. 1332-2).

En cas d'entretien préalable au licenciement dans les entreprises dépourvues d'institutions représentatives du personnel, le salarié peut se faire assister par un conseiller du salarié (L. 1232-7 et s.).

La lettre de convocation à l'entretien préalable adressée au salarié mentionne la possibilité de recourir à un conseiller du salarié et précise l'adresse des services (Inspection du travail) dans lesquels la liste de ces conseillers est tenue à sa disposition (L. 1232-4).

• Décision de l'employeur et conséquences

À l'issue de cet entretien, l'employeur peut renoncer à sanctionner le salarié.

L'employeur peut décider de poursuivre la procédure. L'employeur doit attendre au moins 2 jours ouvrables avant de prononcer une sanction. Celle-ci ne doit pas être prononcée plus d'un mois après le jour fixé pour l'entretien (R. 1332-3). Il en est ainsi même pour un avertissement (Soc. 16 avril 2008). « *Le délai d'un mois est une règle de fond et l'expiration de ce délai interdit à l'employeur (…) de sanctionner disciplinairement ces faits (…)* » (Soc. 5 mai 2010, Mme Y c/ Sté L'Oustal Anne de Joyeuse ; la salariée refusait un changement d'affectation, décidé à titre de sanction plus d'un mois après l'entretien préalable).

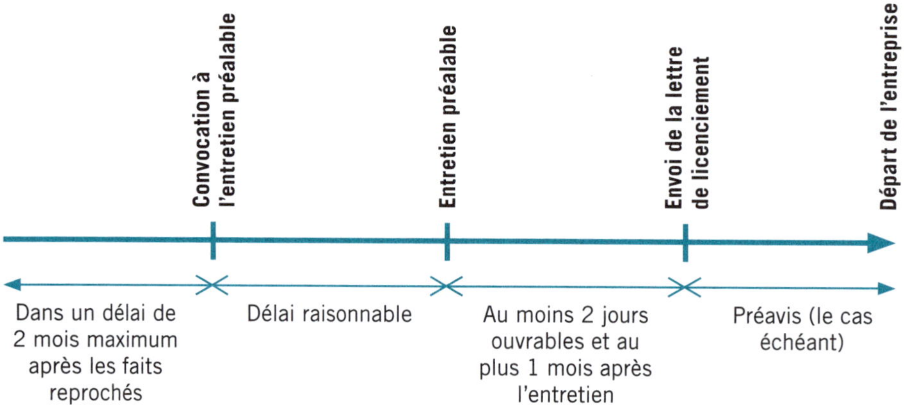

Graphique n° 3 – Procédure légale de licenciement pour motif disciplinaire

• Principe

À RETENIR

« Aucune sanction ne peut être prise à l'encontre du salarié sans que celui-ci soit informé, dans le même temps et par écrit, des griefs retenus contre lui » (L. 1332-1). Cette règle s'applique à toutes les sanctions, mêmes mineures, tels un avertissement ou une sanction de même nature, qui doivent faire l'objet d'une notification écrite de l'employeur au salarié. Seule l'observation verbale, qui n'est pas une sanction, est exempte de toute forme de procédure.

La décision de sanction fait l'objet d'une lettre motivée et notifiée à l'intéressé (lettre remise en main propre contre décharge ou recommandée, R. 1332-2). Le défaut de motivation d'une décision de sanction prive cette dernière de justification (Soc. 7 nov. 2007, M.D c/ Edf-Gdf).

Lorsque l'employeur décide de licencier un salarié, il lui notifie sa décision par LR/AR. Cette lettre comporte l'énoncé du ou des motifs invoqués par l'employeur (L. 1232-6). Elle ne peut être expédiée moins de 2 jours ouvrables après la date prévue de l'entretien préalable au licenciement auquel le salarié a été convoqué.

Un décret détermine les modèles que l'employeur peut utiliser pour procéder à la notification du licenciement *infra* Chapitre X.

En cas de licenciement pour faute grave (ou faute lourde), l'employeur peut ne pas verser les indemnités de rupture (de préavis et de licenciement) (le salarié conserve son droit à indemnisation par Pôle emploi).

Si le salarié refuse une mesure de rétrogradation disciplinaire notifiée après un premier entretien préalable, l'employeur qui envisage de prononcer un licenciement au lieu de la sanction refusée doit convoquer l'intéressé à un nouvel entretien (Soc. 27 mars 2007).

Lorsque les faits reprochés au salarié ont rendu indispensable une mesure conservatoire de mise à pied à effet immédiat, aucune sanction définitive relative à ces faits ne peut être prise sans que la procédure n'ait été respectée (L. 1332-3).

• Procédures conventionnelles

Lorsqu'une irrégularité a été commise au cours de la procédure, notamment si le licenciement d'un salarié intervient sans que la procédure conventionnelle ou statutaire de consultation préalable au licenciement ait été respectée, mais pour une cause réelle et sérieuse, le juge accorde au salarié, à la charge de l'employeur, une indemnité qui ne peut être supérieure à un mois de salaire (L. 1235-2). Cette nouvelle disposition va à l'encontre de la jurisprudence selon laquelle la procédure conventionnelle en matière de licenciement, « *qui institue une protection des droits de la défense supérieure à celle prévue par la loi* », « *constitue pour le salarié une garantie de fond qui oblige l'employeur à informer le salarié du recours dont il dispose* » (Soc. 21 oct. 2008, Sté West c/ M. Ménard, CCN Banques, le salarié, dans un délai de 5 jours calendaires à compter de la notification de son licenciement, peut saisir une commission paritaire, son recours étant suspensif, « *le licenciement ne pouvant être effectif qu'après avis de la commission saisie* » ; Soc. 9 janv. 2013, Groupe Audiens). « L*a méconnaissance* », de la procédure conventionnelle, par l'employeur, « *prive le licenciement de cause réelle et sérieuse* » (Soc. 21 janv. 2009, Ass. Saint-Louis de Poissy ; Soc. 9 janv. 2013, préc.).

Contrôle juridictionnel

• Contestation

Le salarié peut contester toute sanction disciplinaire en saisissant le CPH.

• Régime probatoire

Il bénéficie d'un régime probatoire plus favorable que le régime de droit commun (L. 1333-1). Ainsi, le salarié fournit des éléments à l'appui de ses allégations ; l'employeur, lui, fournit les éléments retenus pour prendre la sanction ; au vu de ces éléments, le CPH, après avoir ordonné en cas de besoin toutes les mesures d'instruction qu'il estime utiles, forme sa conviction. Si un doute subsiste, il profite au salarié.

• Pouvoirs du juge et décision judiciaire

Le CPH apprécie :
– Si la procédure suivie est régulière (la procédure conventionnelle – commission de discipline, etc. – constitue une garantie de fond pour le salarié, dont le non-respect prive le licenciement de cause réelle et sérieuse, Soc. 18 oct. 2006).
– Si les faits reprochés au salarié sont de nature à justifier une sanction (vérification de la matérialité des faits reprochés, qualification des faits reprochés en faute ou non ; contrôle de matérialité et de qualification).
– Si la sanction est proportionnée à la faute commise (contrôle de proportionnalité).

Les pouvoirs du juge du contrat sont étendus (L. 1333-2). Le CPH « peut » annuler une sanction irrégulière en la forme, injustifiée, ou disproportionnée à la faute commise. Ainsi, le juge peut en particulier annuler une sanction disproportionnée à la faute commise. Outre l'annulation de la sanction, le salarié peut obtenir le versement de dommages-intérêts ; en effet, « *une sanction disciplinaire décidée à l'encontre d'un salarié peut lui occasionner un préjudice, même si elle est par la suite annulée* » (Soc. 24 sept. 2013, APSA). En revanche, le juge « doit » déclarer nulle toute sanction discriminatoire.

• Conséquences de la décision judiciaire

L'annulation d'une sanction de mise à pied entraîne le versement par l'employeur au salarié de la rémunération que celui-ci aurait perçue s'il avait travaillé pendant la période de mise à pied.

L'employeur dont la décision de sanction se trouve annulée par le juge peut seul décider une sanction moindre, en cas de faute établie. Le juge n'a pas le pouvoir de substituer une sanction à une autre. L'employeur doit prendre sa nouvelle décision dans un délai d'un mois également, lequel court à compter de la notification de la décision d'annulation (Soc. 4 févr. 1993). Si l'annulation de la sanction est prononcée pour défaut de procédure, celle-ci ne peut matériellement être reconduite et aucune nouvelle sanction ne peut être prononcée, car le délai est de 2 mois à compter du jour où l'employeur a eu connaissance de la faute (Soc. 18 janv. 1995).

En revanche, ces dispositions ne sont pas applicables lorsque la sanction disciplinaire est le ***licenciement*** (L. 1333-3). La loi prévoit alors seulement le versement de dommages-intérêts en faveur du salarié licencié sans cause réelle et sérieuse et non l'annulation du licenciement. Il est donc permis au CPH d'annuler une mise à pied qui lui semble injustifiée ou disproportionnée à la faute commise, mais non un licenciement, sanction pourtant plus grave qu'une mise à pied. Cependant, le CPH déclare nul un licenciement disciplinaire en cas d'atteinte à une liberté fondamentale ou de discrimination.

EN PRATIQUE

Définitions pour le calcul des délais :

- Jours calendaires : tous les jours (du calendrier) de l'année civile (1er janvier au 31 décembre).
- Jours ouvrables : les jours de la semaine à l'exception du jour de repos hebdomadaire et des jours fériés non travaillés dans l'entreprise (exemple : du lundi au samedi inclus – 6 jours).
- Jours ouvrés : les jours effectivement travaillés dans l'entreprise (exemple : du lundi au vendredi inclus – 5 jours).
- Jour franc : jour complet de 0 heure à 24 heures. Un délai calculé en jours francs ne tient pas compte du jour de la décision, ni du jour de l'échéance (si le délai s'achève un samedi, un dimanche ou jour férié, il est reporté d'un jour).

CHAPITRE VII

FORMATION DU CONTRAT DE TRAVAIL

Le salarié qui prend un emploi conclut un contrat de travail avec l'employeur. Ce dernier est généralement unique, mais la jurisprudence connaît la notion de co-employeur (exemple : dans le cas d'une démonstratrice qui est salariée à la fois de la société qu'elle représente et du grand magasin où elle exerce – Soc. 1er juin 2004).

Définition

À RETENIR

La définition du contrat de travail ne se trouve pas dans le Code du travail, mais se dégage de la jurisprudence. Pour la Cour de cassation, il y a contrat de travail « *quand une personne s'engage à travailler pour le compte d'une autre, sous la subordination de laquelle elle se place, moyennant rémunération* ».

Cette définition met en lumière les 3 éléments essentiels du contrat de travail :

- la prestation de travail, obligation du salarié ;
- la rémunération, obligation de l'employeur ;
- l'existence d'un lien juridique de subordination entre le salarié et l'employeur.

L'échange entre une prestation et une rémunération n'est pas propre au contrat de travail : on le trouve aussi dans le contrat d'entreprise, lorsqu'un entrepreneur effectue un travail pour le compte d'un client, moyennant un prix convenu. Mais, dans ce cas, le lien de subordination fait défaut, le client ne se souciant que du résultat et laissant l'entrepreneur organiser son travail comme il l'entend : le contrat d'entreprise n'est pas un contrat de travail. Le travailleur indépendant a une obligation de résultat alors que le travailleur salarié a une obligation de moyens (même s'il doit atteindre des objectifs). C'est donc le critère du lien juridique de subordination qui est déterminant.

Ce lien juridique de subordination, imposé à la fin du XIXe siècle, est aujourd'hui, de nouveau, discuté dans sa légitimité. En effet, comment concilier l'égalité des citoyens dans l'espace public et la subordination d'une personne (citoyenne) à une autre (citoyenne) dans l'espace privé de l'entreprise ?

Critère

• Critère jurisprudentiel

C'est ce critère du lien juridique de subordination qui est utilisé par les tribunaux pour déterminer si une personne ayant une activité professionnelle est bien titulaire d'un contrat de travail. « *La qualité de salarié implique nécessairement l'existence d'un lien juridique de subordination* » (Cass. civ. 6 juill. 1931, Préfet de la Haute-Garonne c/ Bardou ; *infra* Soc. 16 nov. 1996, Sté Générale). Le plus souvent, il n'y a pas d'hésitation possible.

• Lien de subordination et autonomie

La question peut se poser pour certaines personnes qui bénéficient dans leur travail d'une grande liberté, par exemple un médecin. Il est clair que, dans ce cas, la subordination est exclue pour tout ce qui touche à l'exercice même de l'art médical. Cependant, même dans ce cas, la subordination peut être constatée par les juges (le CPH le plus souvent, mais aussi le TASS). Il en sera ainsi si le médecin est tenu de respecter un horaire, de procéder à un nombre donné d'examens par mois, etc. Si son activité s'insère dans un service organisé qui s'impose à lui, il existe un indice fort du lien de subordination (2e Civ. 25 mai 2004).

L'employeur doit « *exercer son pouvoir hiérarchique dans le respect des responsabilités confiées* » au salarié et notamment de « *l'indépendance due aux chercheurs* » (Soc. 11 oct. 2000, INRS c/ André Cicollella – sans doute la première affaire jugée en France de « lanceur d'alerte »).

• Requalification du contrat

Quelle que soit la qualification donnée par les parties au contrat, les juges recherchent la réalité de leurs relations et requalifient fréquemment des contrats divers en contrats de travail. En effet, le juge doit rétablir la véritable qualification du contrat qui est d'ordre public et ne peut dépendre de la seule volonté des parties (Cass. Ass. plén. 4 mars 1983). « *L'existence d'une relation de travail salariée ne dépend ni de la volonté exprimée par les parties, ni de la dénomination qu'elles ont donnée à leur convention, mais des conditions de fait dans lesquelles est exercée l'activité des travailleurs* » (Soc. 20 janv. 2010, PBR, La Croix Glorieuse).

Il en va ainsi pour la gérance prétendument en franchise de la succursale d'une chaîne de magasins (Com. 3 mai 1995) ou de tournées de ramassage et de livraison de colis (Soc. 25 févr. 1998), pour du faux artisanat (Crim. 29 oct. 1985, Guégan ; Crim. 10 mars 1998), pour des participants à une émission de « téléréalité » (CA Paris, 12 févr. 2008, pourvoi de « l'employeur » rejeté Soc. 3 juin 2009, Sté Glem devenue SAS TF1 production – émission « L'île de la tentation »), pour un stage de formation organisé par l'ANPE quand le stagiaire a accompli des tâches relevant d'un emploi normal et qu'il n'a bénéficié d'aucune formation (Soc. 19 déc. 2007), pour le contrat de « location de véhicule équipé-taxi » (requalification en contrat de travail, Soc. 19 déc. 2000, M. Labbane ; mais absence de requalification pour défaut de vérification de l'existence d'un pouvoir portant sur le travail et pas seulement sur l'objet du contrat, Soc. 1er déc. 2005).

L'existence d'un lien de subordination se déduit d'un faisceau d'indices convergents (exemple concernant une personne ayant conclu un « contrat d'agent commercial » : « *la société (...) la soumettait à un contrôle journalier, lui imposant en outre une présence à des réunions régulières, une participation à des journées portes ouvertes et une permanence les samedis après-midi à l'agence réservée à ses "commerciaux"* », Soc. 27 sept. 2006, Sté AVI Vosges immobilier).

• Présomption de non-salariat

Les personnes physiques immatriculées au registre du commerce et des sociétés, au répertoire des métiers, au registre des agents commerciaux ou auprès des Urssaf pour le recouvrement des cotisations d'allocations familiales sont présumées ne pas être liées par un contrat de travail dans l'exécution de l'activité donnant lieu à cette immatriculation (L. 8221-6-1 et L. 8221-6).

• Travailleurs non salariés recourant pour l'exercice de leur activité professionnelle à une plate-forme de mise en relation par voie électronique

La plate-forme a, à l'égard des travailleurs, une responsabilité sociale (L. 7341-1 et s.). Le Code du travail reconnaît ainsi des droits à ces travailleurs « indépendants » (accès à la formation professionnelle continue, VAE, « droit de grève », droit de constituer un syndicat, couverture accident du travail) (CJUE 20 déc. 2017, Uber).

• Artistes

Les artistes bénéficient d'une présomption de salariat sauf quand ils sont établis dans un État de l'UE et viennent exercer leur activité en France comme prestataires de services (CJCE 15 juin 2006, loi 30 janv. 2008, L. 7121-3 et s.).

• Pompiers

La loi n° 2011-851 du 20 juill. 2011 relative à l'engagement des ***sapeurs-pompiers volontaires*** et à son cadre juridique prévoit que « l'activité de sapeur-pompier volontaire, qui repose sur le volontariat et le bénévolat, n'est pas exercée à titre professionnel, mais dans des conditions qui lui sont propres » (art. 1er). « *L'engagement du sapeur-pompier volontaire est régi par la présente loi. Le Code du travail comme le statut de la fonction publique ne lui sont pas applicables, sauf dispositions législatives contraires, (...)* » (art. 3), notamment pour les « règles d'hygiène et de sécurité » et en matière de formation professionnelle. Ils bénéficient des règles européennes sur le temps de travail (CJUE 21 févr. 2018, ville de Nivelles).

Caractéristiques

Lorsque l'on est bien en présence d'un contrat de travail, des conséquences importantes s'ensuivent. D'une part, la qualité de salarié est reconnue à l'intéressé et le droit du travail s'applique ; d'autre part, le CPH est compétent pour trancher tout litige qui oppose le salarié à son employeur et qui est à l'origine de leur saisine (toute clause attributive de juridiction incluse dans un contrat de travail est nulle et de nul effet, L. 1221-5).

• Règles du droit commun

À RETENIR

Le contrat de travail est soumis aux règles du droit commun (droit civil : droit des obligations ; L. 1221-1). Pour que ce contrat soit valide, plusieurs conditions doivent être réunies (art. 1128 Civ.) :
- le consentement des parties (absence de dol, violence ou erreur) ;
- la capacité de contracter ;
- un contenu licite et certain (prestation de travail, rémunération, horaires de travail, etc.) ;
- une négociation de bonne foi (art. 1104 et 1112 Civ.).

Ce contrat est :

– ***Synallagmatique*** (art. 1106 Civ. ; bilatéral à obligations réciproques entre les contractants). Ainsi, si l'employeur ne respecte pas ses obligations envers le

salarié, par exemple en ne lui versant pas le salaire convenu, le salarié est délié de ses obligations, et réciproquement, l'employeur est dispensé de verser le salaire si le salarié ne fournit pas le travail (sauf dispositions conventionnelles notamment en matière d'arrêt maladie justifié). Les obligations de chaque partie sont donc subordonnées au respect par l'autre partie de ses obligations.
– ***À titre onéreux*** (art. 1107 Civ. ; chaque partie reçoit un avantage, la prestation de travail n'est pas « gratuite » en droit du travail).
– ***À exécution successive*** (art. 1111-1 Civ. ; les obligations de chaque partie sont échelonnées dans le temps) ; le contrat peut faire l'objet d'une révision (cf. Chap. IX La modification du contrat de travail).
– Conclu ***intuitu personae***, c'est-à-dire en considération de la personne du salarié, le contrat ne pouvant être transmis à une autre personne salariée. Ce caractère n'est pas toujours vérifié du côté de l'employeur.

« *Les contrats légalement formés tiennent lieu de loi à ceux qui les ont faits* » (art. 1103 Civ.) ; « *les contrats ne peuvent être modifiés ou révoqués que du consentement mutuel des parties, ou pour les causes que la loi autorise* » (art. 1193 Civ.). Cependant, le Code du travail permet parfois de déroger à ces dispositions du Code civil sur la force obligatoire du contrat, au profit de la partie forte au contrat (cf. Chap. IX La modification du contrat de travail).

• Droits et obligations des parties

Ce contrat de travail entraîne des droits et des obligations pour l'employeur et pour le salarié.

Selon une application particulière du principe de loyauté, la loi prévoit que « ***le contrat de travail doit être exécuté de bonne foi*** » (L. 1222-1, art. 1104 Civ.) par chacune des parties. Selon cette conception, les parties au contrat doivent coopérer, pas seulement rechercher leur intérêt propre. Cette obligation d'exécution de bonne foi du contrat va faire naître des obligations contractuelles « de faire » et va proscrire certains comportements dans les relations contractuelles.

Ces obligations de l'employeur et du salarié résultent, pour l'essentiel, de la loi, du droit civil des contrats (droit des obligations) et de la jurisprudence (la divulgation des secrets de fabrication est sanctionnée par le Code pénal).

Ainsi, l'employeur est tenu de :
- « *fournir le travail convenu* » (Soc. 3 nov. 2010, Sté Normande de presse), donner au salarié les moyens de l'exécuter dans le respect des règles professionnelles (les « règles de l'art » du métier et les règles déontologiques) ;
- payer le salaire convenu et faire bénéficier le salarié de tous les avantages sociaux prévus notamment par la loi et la convention collective (congés payés, congé formation, etc.) ;

- respecter la qualification professionnelle convenue avec le salarié (ne pas lui confier des tâches qui n'y correspondraient pas) ; le salarié doit bénéficier de la classification, de la convention collective, qui correspond à ses fonctions réellement exercées (Soc. 7 avril 2009, peu important l'absence d'un diplôme qui n'est pas une condition de la classification) ;
- former le salarié, notamment pour lui permettre de suivre l'évolution de son métier et de maintenir sa capacité de travail ;
- assurer le respect de sa santé au salarié ;
- respecter les droits et libertés de la personne du salarié ;
- informer le salarié (sur la convention collective applicable ; la couverture sociale, L. 221-6 Code de la mutualité, L. 932-6 CSS, L. 141-4 Code des assurances, Soc. 12 mars 2008, SNCM, Civ. 2e 15 mai 2008, Royal Canin, Soc. 17 mars 2010, Sté Eisele France – l'employeur est responsable des conséquences d'une information incomplète).

Pour sa part, le salarié doit :
- fournir la prestation de travail convenue, personnellement, dans le respect des règles professionnelles ;
- suivre les instructions de l'employeur (en particulier respecter les dispositions du règlement intérieur) ;
- ne pas révéler les secrets de fabrication (cependant, la production en justice de documents couverts par le « secret professionnel » peut être justifiée par l'exercice des droits de la défense – Soc. 18 nov. 2009) ;
- s'abstenir de tout acte de concurrence envers l'employeur.

Le salarié bénéficie d'un droit à la formation, mis en œuvre par le biais de différents dispositifs (le plan de formation de l'entreprise, à l'initiative de l'employeur après avis du CE ; le CIF, à l'initiative du salarié ; le compte personnel de formation – Chap. XV, Congés pour la formation professionnelle).

• Clauses contractuelles particulières

L'employeur peut insérer dans le contrat, avec le consentement du salarié, certaines clauses (chapitres *infra*) :
– Des clauses applicables en cours d'emploi : clauses liées à la prestation de travail – clause d'objectif, etc. ; clause de garantie d'emploi ; clause de mobilité ; clause d'exclusivité (cette clause peut être licite pour préserver les intérêts de l'entreprise dans certaines situations, mais ne peut être insérée dans les contrats à temps partiel – portant atteinte au principe constitutionnel de la liberté du travail, une telle clause permettrait au salarié d'obtenir réparation du préjudice subi, Soc. 24 févr. 2004).
– Des clauses applicables lors de la rupture du contrat de travail ou après la rupture du contrat : clause de non-concurrence, clause de dédit-formation, etc.

Contenu

• Forme et dispositions

Formes

Le contrat de travail à durée indéterminée (CDI) peut être constaté dans les formes qu'il convient aux parties contractantes d'adopter (L. 1221-1).

Il n'est pas exigé par le droit français que le CDI soit passé par écrit, sauf pour certains salariés (médecins du travail, transport maritime, par exemple) ou s'il est à temps partiel. Un écrit, dans le cas où il n'est pas imposé par la loi, peut cependant faciliter la preuve du contrat, en cas de litige ultérieur, et éviter des contestations sur la teneur du contrat (qualification professionnelle, rémunération, etc.). Les conventions collectives prévoient souvent que le contrat de travail sera constaté par écrit. En cas de non-respect de cette obligation, le salarié est en droit de réclamer des dommages-intérêts (Soc. 27 mars 2001). Ce contrat est un texte en double exemplaire, rédigé en français, dont le salarié retourne l'un des deux signé à l'employeur.

Clauses

Aucune disposition de la loi française n'imposant, de manière générale, un contrat de travail écrit, aucune disposition de la loi n'impose non plus un contenu du CDI. Cette situation évolue sous l'influence du droit communautaire (directive du 14 oct. 1991, relative à l'obligation de l'employeur d'informer le travailleur des conditions essentielles applicables au contrat ou à la relation de travail).

EN PRATIQUE

Dans la pratique, le contrat, s'il est écrit, précise en général :
- la qualification professionnelle, les fonctions confiées ;
- la rémunération du salarié (au moins égale au SMIC et au taux prévu, pour la qualification retenue, par la convention collective applicable à l'entreprise) ;
- les horaires de travail, ou au minimum la durée hebdomadaire du travail ;
- le lieu de travail.

De façon générale, le contrat de travail ne peut contenir de dispositions moins favorables pour le salarié que celles prévues par la loi ou la convention collective applicable à l'entreprise (L. 2254-1).

• Durée

Le contrat de travail peut être à durée déterminée ou à durée indéterminée. Le Code du travail pose le principe que « *le contrat de travail à durée indéterminée est la forme normale et générale de la relation de travail* » (L. 1221-2). Toutefois, dans certains cas, il peut être recouru au contrat à durée déterminée (CDD ; L. 1221-2). La différence essentielle, sur le plan juridique, entre les 2 types de contrat, tient aux conditions de rupture, objet principal du débat sur la réforme du contrat de travail.

• Langue française

Le contrat de travail écrit doit être rédigé dans la langue française. L'emploi de termes étrangers, faute de termes français correspondants, est possible mais doit être suivi d'une explication en français. Lorsque le salarié est étranger, une traduction du texte français doit être fournie dans sa langue, s'il le demande (L. 1221-3). Ceci doit être respecté, sous peine d'amende.

• Période d'essai

Modalités

Avant de recruter définitivement un salarié, l'employeur « peut » d'abord l'engager à l'essai. Toutefois, « *la période d'essai et la possibilité de la renouveler ne se présument pas. Elles sont expressément stipulées dans la lettre d'engagement ou le contrat de travail* » (L. 1221-23). Si aucune mention n'en est faite dans le contrat de travail ou s'il n'y a pas de contrat de travail écrit, le contrat est conclu immédiatement à titre indéterminé.

JURISPRUDENCE

Ainsi jugé, « *une période d'essai ne se présume pas et doit être fixée expressément, dans son principe et dans sa durée, dès l'engagement du salarié, à défaut de convention collective portée à la connaissance du salarié la rendant de plein droit applicable* » (Soc. 20 févr. 2013, Les Coteaux de Berlou).

La période d'essai, lorsqu'elle est prévue, ne précède pas la conclusion du contrat de travail. Le contrat est conclu immédiatement et entraîne des obligations pour chaque partie, mais il est entendu qu'il comporte une période d'essai dont le début doit coïncider avec la prise d'effet du contrat (Soc. 25 févr. 1997).

Objectifs

« *La période d'essai permet à l'employeur d'évaluer les compétences du salarié dans son travail, notamment au regard de son expérience, et au salarié d'apprécier si les fonctions occupées lui conviennent* » (L. 1221-20).

Durées

À RETENIR

Le CDI « peut » comporter une période d'essai dont la durée maximale est (L. 1221-19) :
- pour les ouvriers et les employés de 2 mois ;
- pour les agents de maîtrise et les techniciens de 3 mois ;
- pour les cadres de 4 mois.

Ces dispositions légales ont pour effet d'allonger sensiblement les durées des périodes d'essai dans de nombreux cas.

« *Sauf disposition conventionnelle ou contractuelle contraire, toute période d'essai, qu'elle soit exprimée en jours, en semaines ou en mois, se décompte de manière calendaire* » (Soc. 28 avril 2011, Ass. Clé Nord Pas-de-Calais), non en jours travaillés.

Renouvellement

« La période d'essai peut être renouvelée une fois si un accord de branche étendu le prévoit » (L. 1221-21). Cet accord fixe les conditions et les durées de renouvellement. En l'absence de disposition conventionnelle, « *la clause du contrat prévoyant son éventuel renouvellement est nulle* » (Soc. 25 févr. 2009). Le renouvellement de la période d'essai ne peut résulter que d'un accord exprès des parties, notamment du salarié (la manifestation de volonté du salarié, claire et non équivoque, ne peut « *être déduite de la seule apposition de sa signature sur un document établi par l'employeur* », Soc. 25 nov. 2009).

À RETENIR

La durée de la période d'essai, renouvellement compris, ne peut pas dépasser :
- 4 mois pour les ouvriers et les employés ;
- 6 mois pour les agents de maîtrise et les techniciens ;
- 8 mois pour les cadres.

Cette prolongation ne peut avoir lieu, à la fois, sans l'accord exprès du salarié (Soc. 11 mars 2009), lequel ne peut résulter de la simple poursuite du contrat (Soc. 30 janv. 1996), et qu'à la condition d'avoir été envisagée dans le contrat de travail (Soc. 6 avril 1999).

Dispositions conventionnelles

Les durées légales des périodes d'essai ont un caractère impératif à l'exception de (L. 1221-22) :

– Durées plus longues fixées par les accords de branche conclus avant la date de publication de la loi (*JO* du 26 juin 2008).

Cependant, des limites existent : une période d'essai de 12 mois n'est pas raisonnable et « *n'est pas compatible avec les exigences de la convention n° 158 de l'OIT* » (Soc. 4 juin 2009, Caisse régionale du Crédit agricole mutuel). Est jugée déraisonnable, sur le fondement de la Convention n° 158 de l'OIT, une période d'essai d'une durée de 6 mois, prévue par la Convention collective applicable, pour une fonction d'assistance commerciale (Soc. 10 mai 2012, Mme X. c/ Caisse régionale de Crédit agricole mutuel Pyrénées-Gascogne). (Voir également Soc. 11 janv. 2012 : est jugée déraisonnable une période d'essai de 6 mois renouvelable une fois).

– Durées plus courtes fixées par des accords collectifs conclus après la date de publication de la loi.

– Durées plus courtes fixées dans la lettre d'engagement ou le contrat de travail (le contrat de travail peut comporter des dispositions plus favorables pour le salarié que celles de la loi et de la convention collective et peut donc prévoir une période d'essai plus courte que celles prévues dans ces textes).

Rupture

Pendant la période d'essai, l'employeur est libre de rompre le contrat de travail sans indemnité, sous réserve d'abus de droit (Soc. 5 mai 2004) ou de discrimination (Soc. 16 févr. 2005). La rupture peut être abusive notamment si elle intervient sans que l'employeur ait été en mesure d'apprécier les qualités professionnelles du salarié (Soc. 15 mai 2008).

La rupture doit être portée à la connaissance du salarié avant l'expiration de la période d'essai, c'est-à-dire que la lettre lui notifiant cette décision doit avoir été envoyée ***par l'employeur*** avant cette date (Soc. 11 mai 2005). Désormais, un préavis existe en cas de rupture du contrat. Lorsqu'il est mis fin par l'employeur au contrat en cours ou au terme de la période d'essai, le salarié est prévenu dans un délai qui ne peut être inférieur à :

- 24 heures en deçà de 8 jours de présence ;
- 48 heures entre 8 jours et un mois de présence ;
- 2 semaines après un mois de présence ;
- un mois après 3 mois de présence.

La période d'essai, renouvellement inclus, ne peut être prolongée du fait de la durée du délai de prévenance (L. 1221-25).

Lorsque le délai de prévenance n'a pas été respecté, son inexécution ouvre droit pour le salarié, sauf s'il a commis une faute grave, à une indemnité compensatrice égale au montant des salaires et avantages qu'il aurait perçus s'il avait accompli son travail jusqu'à l'expiration du délai de prévenance, indemnité compensatrice de congés payés comprise.

Lorsqu'il est mis fin à la période d'essai ***par le salarié***, celui-ci respecte un délai de prévenance de 48 heures, ramené à 24 heures si la durée de présence est inférieure à 8 jours (L. 1221-26).

Embauche

À l'issue de la période d'essai, le salarié est embauché en CDI. Son ancienneté commence au premier jour du contrat (c'est-à-dire au premier jour de la période d'essai). La poursuite du contrat de travail s'effectue sans formalités particulières.

Si la période d'essai expire sans qu'aucune des parties n'ait usé de cette faculté, les règles relatives à la rupture du contrat deviennent applicables ; il en est de même si l'employeur invoque un motif disciplinaire pour la rupture en cours d'essai (Soc. 10 mars 2004).

Suspension

La période d'essai est suspendue par la maladie du salarié ou la fermeture temporaire de l'entreprise ; elle court à nouveau lorsque le travail reprend avec une prolongation correspondant au nombre de jours calendaires de l'absence (Soc. 26 mai 1994).

Stagiaires

En cas d'embauche dans l'entreprise dans les 3 mois suivant l'issue du stage intégré à un cursus pédagogique réalisé lors de la dernière année d'études, la durée de ce stage est déduite de la période d'essai, sans que cela ait pour effet de réduire cette dernière de plus de la moitié, sauf accord collectif prévoyant des stipulations plus favorables. Lorsque cette embauche est effectuée dans un emploi en correspondance avec les activités qui avaient été confiées au stagiaire, la durée du stage est déduite intégralement de la période d'essai. Lorsque le stagiaire est embauché par l'entreprise à l'issue d'un stage d'une durée supérieure à 2 mois, la durée de ce stage est prise en compte pour l'ouverture et le calcul des droits liés à l'ancienneté (L. 1221-24).

Période probatoire

Il ne peut y avoir de période d'essai en cours de contrat. La « période d'essai » convenue à l'occasion d'un changement d'emploi ne peut constituer qu'une période probatoire qui, si elle n'est pas concluante, ne peut qu'entraîner la réintégration du salarié dans ses fonctions antérieures (Soc. 30 mars 2005). Il en va de même en cas de conclusion de 2 contrats de travail successifs (Soc. 30 mars 2005). Il ne faut donc pas confondre période d'essai et période probatoire, en cours de contrat, qui est inscrite dans le cadre de l'exécution du contrat

(Soc. 25 avril 2001), ni avec les tests professionnels, avant que ne commence le contrat au cours des procédures de recrutement (Soc. 4 janv. 2000 ; Soc. sept. 2015).

Essai professionnel

Il s'agit d'un « test professionnel » destiné à évaluer la capacité professionnelle du candidat dans l'exécution d'une tâche relevant de sa qualification. Cette prestation doit être rémunérée, mais ne constitue pas une période de travail relevant des conditions normales d'emploi (Soc. 4 janv. 2000, Sté Coulet et fils).

Compte personnel d'activité (CPA)

Le compte personnel d'activité a pour objectif, par l'utilisation des droits qui y sont inscrits, de renforcer l'autonomie et la liberté d'action de son titulaire et de sécuriser son parcours professionnel, en levant les freins à la mobilité. Il contribue au droit à la qualification professionnelle. Il favorise l'engagement citoyen (L. 5151-1).

Un compte personnel d'activité est ouvert pour toute personne âgée d'au moins 16 ans relevant notamment de l'une des situations suivantes :

- personne occupant un emploi ;
- personne à la recherche d'un emploi ou accompagnée dans un projet d'orientation et d'insertion professionnelle.

Sauf disposition contraire, les droits inscrits sur le compte personnel d'activité demeurent acquis par leur titulaire jusqu'à leur utilisation ou à la fermeture du compte.

Le compte personnel d'activité est constitué du compte personnel de formation, du compte professionnel de prévention et du compte engagement citoyen.

Chaque titulaire d'un compte personnel d'activité peut consulter les droits inscrits sur celui-ci et peut les utiliser en accédant à un service en ligne gratuit.

À LIRE

Le rapport d'Alain Supiot pour la Commission européenne, *Au-delà de l'emploi. Transformations du travail et devenir du droit du travail en Europe*, 1999, Flammarion, 2016 (réédition, ouvrage augmenté).

Principe

L'employeur a le « libre choix de ses collaborateurs ». Cette liberté a valeur constitutionnelle (DC 20 juill. 1988).

Exceptions

Cependant, l'employeur doit respecter :

- ***la promesse d'embauche*** qu'il a formulée à une personne : la jurisprudence distingue l'acte par lequel un employeur propose un engagement précisant l'emploi, la rémunération et la date d'entrée en fonction et exprime la volonté de son auteur d'être lié en cas d'acceptation, constitue une *offre de contrat de travail*, qui peut être librement rétractée tant qu'elle n'est pas parvenue à son destinataire ; la rétractation de l'offre avant l'expiration du délai fixé par son auteur ou, à défaut, l'issue d'un délai raisonnable, fait obstacle à la conclusion du contrat de travail et engage la responsabilité extracontractuelle de son auteur ; *la promesse unilatérale de contrat de travail*, c'est-à-dire le contrat par lequel une partie, le promettant, accorde à l'autre, le bénéficiaire, le droit d'opter pour la conclusion d'un contrat de travail, dont l'emploi, la rémunération et la date d'entrée en fonction sont déterminés, et pour la formation duquel ne manque que le consentement du bénéficiaire ; la révocation de la promesse pendant le temps laissé au bénéficiaire pour opter n'empêche pas la formation du contrat de travail promis (Soc. 21 sept. 2017, sté Union sportive carcassonnaise) ;
- ***des priorités de retour dans l'emploi*** (retour de congé maternité, de congé parental, etc.) ;
- ***des priorités de réembauche*** (après un licenciement économique) ;
- ***des interdictions générales*** (non-discrimination) ;
- ***des priorités d'emploi*** (travailleurs handicapés) ;
- ***des interdictions d'emploi légales*** (au regard de risques pour la santé liés à certains travaux pour les jeunes et les femmes ; au regard de la politique d'immigration) et contractuelles (au regard de clauses contractuelles de non-concurrence).

• Interdiction générale : non-discrimination

Il est interdit à tout employeur de prendre en lien avec un critère de discrimination (sexe, race, etc.) une décision défavorable à l'encontre d'une personne en matière de recrutement (Chap. V). Ainsi, l'employeur ne doit pas prendre en considération l'état de grossesse d'une femme ou ses projets familiaux pour refuser de l'embaucher ; la femme candidate à un emploi n'est pas tenue de révéler son état de grossesse (CJCE 18 mars 2004).

L'employeur doit pouvoir justifier des raisons objectives et pertinentes qui l'ont conduit à ne pas embaucher une personne. Il en est ainsi par exemple en matière de discrimination raciale (CA Paris, correc., 17 oct. 2003, Moulin Rouge ; CA Paris, correc., 6 juill. 2007, pourvoi de l'employeur rejeté Crim. 23 juin 2009, ADECCO, Sté Ajilon, Sté Garnier/L'Oréal ; CA Toulouse, 19 févr. 2010, Airbus, pourvoi de l'employeur rejeté Soc. 15 déc. 2011).

Dans toute entreprise employant au moins 300 salariés et dans toute entreprise spécialisée dans le recrutement, les employés chargés des missions de recrutement reçoivent une formation à la non-discrimination à l'embauche au moins une fois tous les 5 ans (L. 1131-2).

• Travailleurs handicapés

Obligation d'emploi de travailleurs handicapés (OETH)

Les employeurs sont tenus de réserver un certain pourcentage des emplois (6 % de l'effectif de leur entreprise) aux travailleurs reconnus handicapés (L. 5212-1 et L. 5212-2), l'obligation ne concernant toutefois que les entreprises occupant au moins 20 salariés. À défaut, l'entreprise s'acquitte de son obligation :

– En passant des contrats de fourniture, de sous-traitance ou de prestations de services avec des entreprises adaptées, des centres de distribution de travail à domicile, des établissements ou services d'aide par le travail, avec des travailleurs indépendants handicapés (L. 5212-6).

– En accueillant des personnes handicapées en stage, notamment des élèves (L. 5212-7) et en période de mise en situation en milieu professionnel (L. 5112-7-1).

– En versant une contribution à un organisme comme l'AGEFIPH (Association de gestion du fonds pour l'insertion professionnelle des personnes handicapées).

Accès à l'emploi

La personne handicapée a droit, pour assurer son accès à l'emploi, à un « aménagement raisonnable » du poste de travail, à la charge de l'employeur, sauf si ces mesures ont un caractère disproportionné (Dir. du 27 nov. 2000, préc. ; la personne a droit à des « mesures adaptées », L. 1133-4 et L. 5213-6). Les salariés peuvent bénéficier, à leur demande, d'aménagements d'horaires propres à leur faciliter l'accès à l'emploi (L. 3122- 26).

• Jeunes travailleurs

Âge minimal

Les jeunes ne peuvent être employés avant d'être libérés de l'obligation scolaire (actuellement 16 ans) sauf pendant les vacances scolaires (14 ans, voire 13 ans en agriculture).

Stages

Les stages en entreprise ne relevant ni de l'apprentissage, ou de périodes d'observation ou d'initiation (L. 4153-1), ni de la formation professionnelle tout au long de la vie, font l'objet entre le stagiaire, l'entreprise d'accueil et l'établissement d'enseignement, d'une convention (missions confiées au stagiaire, volume du stage, encadrement, possibilités de congés et d'autorisations d'absence, etc.).

Les stages correspondent à des périodes temporaires de mise en situation en milieu professionnel au cours desquelles l'élève ou l'étudiant acquiert des compétences professionnelles et met en œuvre les acquis de sa formation en vue d'obtenir un diplôme ou une certification et de favoriser son insertion professionnelle. Le stagiaire se voit confier une ou des missions conformes au projet pédagogique défini par son établissement d'enseignement et approuvées par l'organisme d'accueil (L. 124-1 C. éducation). L'employeur désigne un tuteur chargé de l'accueil et de l'accompagnement du stagiaire et garant du respect des stipulations pédagogiques de la convention de stage (L. 124-9).

Ces stages ne peuvent avoir pour objet l'exécution d'une tâche régulière correspondant à un poste de travail permanent, pour faire face à un accroissement temporaire de l'activité, pour occuper un emploi saisonnier ou pour remplacer un salarié en cas d'absence ou de suspension de son contrat de travail (L. 124-7). La durée du ou des stages effectués par un même stagiaire dans une même entreprise ne peut excéder 6 mois par année d'enseignement (L. 124-5).

L'accueil successif de stagiaires, au titre de conventions de stage différentes, pour effectuer des stages dans un même poste, n'est possible qu'à l'expiration d'un délai de carence égal au tiers de la durée du stage précédent. Cette disposition n'est pas applicable lorsque ce stage précédent a été interrompu avant son terme à l'initiative du stagiaire (L. 124-11).

(Sur la gratification voir Chap. XVI, Rémunération.)

Contentieux, requalification

Lorsque le CPH est saisi d'une demande de requalification en contrat de travail d'une convention de stage, l'affaire est directement portée devant le BJ, qui statue au fond dans un délai d'un mois suivant sa saisine (L. 1454-5).

• Travailleurs étrangers

À RETENIR

Les travailleurs étrangers sont soumis à des dispositions particulières d'emploi relevant du Code du travail (L. 5221-2 et s., R. 5221-1 et s.) et du Code de l'entrée et du séjour des étrangers et du droit d'asile (CESEDA ; L. 314-4 et s.).

Travailleurs d'un État tiers à l'UE

Un « choc de simplification » serait bienvenu concernant ce droit foisonnant (en appliquant les principes de prévisibilité de la décision au regard d'un droit stable, d'accord dans le silence de l'administration à une demande, de confiance, etc.). Le droit ici excessivement complexe a encore été modifié par la loi du 7 mars 2016 « relative au droit des étrangers en France » (modifiant le Code de l'entrée et du séjour des étrangers et du droit d'asile – CESEDA, sans simplification ni amélioration de la stabilité des situations des personnes concernées).

Titres. Un étranger autorisé à séjourner en France ne peut y exercer une activité professionnelle salariée sans avoir obtenu au préalable une autorisation de travail.

L'autorisation de travail peut être constituée par différents documents, notamment :

- une carte de séjour temporaire, d'une durée maximale d'un an, autorisant l'exercice d'une activité professionnelle, en CDI ou en CDD (L. 313-10 CESEDA ; L. 5221-2 et s. Code du travail) ;
- la carte de séjour pluriannuelle portant la mention « travailleur saisonnier » (L. 313-23) ;
- à titre exceptionnel la carte de séjour pluriannuelle portant la mention « salarié détaché ICT » (L. 313-24) ou la carte de séjour pluriannuelle portant la mention « passeport talent » (L. 313-20).

Discrimination. Dans de nombreux cas, le préfet peut refuser une autorisation de travail au regard de différents motifs, notamment de la situation de l'emploi dans la profession et dans la zone géographique pour laquelle la demande est formulée (R. 5221-20-1°). Des arrêtés prévoient des listes de métiers pour lesquels existent des difficultés de recrutement pour lesquelles la situation de l'emploi n'est pas opposable (R. 5221-21) ; ces listes étant critiquables au regard des exigences de non-discrimination liées à la nationalité (notamment Délib. HALDE du 26 oct. 2009 et du 15 sept. 2008).

Les employeurs qui embauchent un travailleur étranger doivent verser des « redevances ou contributions » à l'OFII (R. 5223-35-2°). La question du caractère discriminatoire de ces « redevances ou contributions » au regard de la nationalité mériterait d'être discutée (Convention de l'OIT n° 97).

Emploi illicite. Concernant l'emploi de travailleurs étrangers sans titre de travail, la loi renforce la lutte contre le travail dissimulé et contre l'organisation de l'entrée et du séjour irréguliers des étrangers en France.

Nul ne peut, directement ou indirectement, embaucher, conserver à son service ou employer pour quelque durée que ce soit un étranger non muni du titre l'autorisant à exercer une activité salariée en France. Il est également interdit à toute personne d'engager ou de conserver à son service un étranger dans une catégorie professionnelle, une profession ou une zone géographique autres que celles qui sont mentionnées sur son titre (L. 8251-1).

En cas d'infraction, l'employeur acquitte une contribution spéciale à l'OFII égale à 5 000 fois le taux horaire du minimum garanti, voire 25 000 fois en cas de récidive, et s'expose à des sanctions pénales (L. 8253-1).

L'amende, appliquée autant de fois qu'il y a d'étrangers concernés, est fixée à 15 000 €, tandis que la peine d'emprisonnement s'établit à 5 ans (L. 8256-2). Du fait de ce relèvement, l'amende maximale encourue par les personnes morales passe à 75 000 € et, si l'infraction est commise en bande organisée, les peines sont portées, pour les personnes physiques, à 10 ans d'emprisonnement et à 100 000 € d'amende. Pour les personnes morales (L. 8256-7), l'amende s'établit à 500 000 €.

Des peines complémentaires sont prévues : les personnes physiques condamnées pénalement peuvent se voir interdire d'exercer directement ou par personne interposée l'activité ayant donné lieu à la condamnation, être exclues des marchés publics pour une durée maximale de 5 ans, etc. (L. 8256-3).

Les personnes physiques et morales encourent la peine complémentaire de confiscation de tout ou partie de leurs biens, quelle qu'en soit la nature (L. 8256-5 et L. 8256-8).

L'employeur peut être condamné à rembourser des aides publiques, son établissement peut faire l'objet d'une fermeture administrative provisoire, etc.

La responsabilité, notamment en termes de solidarité financière et sur le plan pénal, est étendue aux donneurs d'ordres qui ne se sont pas assurés que leur cocontractant respecte la prohibition de l'emploi d'étrangers non munis de titres de travail (L. 8254-1 et s.).

Enfin, pour les employeurs étrangers employant un étranger sans autorisation de travail, ces infractions peuvent donner lieu à une interdiction du territoire pour une durée de 10 ans, voire à une interdiction définitive (L. 8256-6).

Droits du salarié étranger en situation illégale. Le salarié étranger sans titre de travail a des droits (Soc. 9 juin 1955, SARL Garage du Lauriston). Le salarié étranger employé en méconnaissance des dispositions légales est assimilé, à compter de la date de son embauche, à un salarié régulièrement engagé au regard des obligations de l'employeur pour l'application des dispositions relatives aux périodes d'interdiction d'emploi prénatal et postnatal et à l'allaitement, des dispositions relatives à la durée du travail, au repos et aux congés, des dispositions relatives à la santé et la sécurité au travail, la prise en compte de l'ancienneté dans l'entreprise. Il en va de même pour les professions agricoles (L. 8252-1).

Au titre de la période d'emploi illicite, le salarié étranger a droit :
– Au paiement du salaire et des accessoires de celui-ci, conformément aux dispositions légales, conventionnelles et aux stipulations contractuelles applicables à

son emploi, déduction faite des sommes antérieurement perçues au titre de la période considérée ; à défaut de preuve contraire, les sommes dues au salarié correspondent à une relation de travail présumée d'une durée de 3 mois. Le salarié peut apporter par tous moyens la preuve du travail effectué.
– En cas de rupture de la relation de travail, à une indemnité forfaitaire égale à 3 mois de salaire (cette indemnité est acquise dès lors que la lettre de licenciement invoque comme motif la situation irrégulière, Soc. 26 juin 2008, Sté Koenig), à moins que l'application des règles légales, conventionnelles ou des stipulations contractuelles correspondantes ne conduise à une solution plus favorable (l'irrégularité de la situation n'est pas en soi constitutive d'une faute privative des indemnités, Soc. 4 juill. 2012 ; *contra* Soc. 18 févr. 2014, Hôtel Concorde Opéra) ; le licenciement étant en soi légitime compte tenu de l'interdiction d'emploi d'ordre public (Soc. 4 juill. 2012, Sté Place Net Tp).
– Le cas échéant, à la prise en charge par l'employeur de tous les frais d'envoi des rémunérations impayées vers le pays dans lequel il est parti volontairement ou a été reconduit.

Lorsque l'étranger employé sans titre l'a été dans le cadre d'un travail dissimulé, il bénéficie des dispositions qui lui sont plus favorables (sur le travail dissimulé, L. 8223-1 : indemnité égale à 6 mois de salaire, ou sur les droits du salarié étranger).

Ces dispositions ne font pas obstacle au droit du salarié de demander en justice une indemnisation supplémentaire s'il est en mesure d'établir l'existence d'un préjudice non réparé au titre de ces dispositions (L. 8252-2). Même « *en cas de nullité du contrat de travail, le salarié doit être indemnisé pour les prestations qu'il a fournies* » (Soc. 15 mai 2007).

Le mécanisme destiné à assurer au salarié étranger, employé sans titre, le paiement effectif de sa rémunération et de l'indemnité forfaitaire (L. 8252-4) n'apparaît pas performant (au regard des exigences de la directive « sanction » du 18 juin 2009 précitée).

Pour obtenir sa régularisation, le salarié étranger sans titre est tributaire de la décision de l'employeur (CESEDA, art. L. 313-14 *infra*).

Le BIT (mars 2009) demande au gouvernement de prendre des mesures afin que les pouvoirs des inspecteurs du travail ne soient plus détournés pour exécuter des opérations de lutte contre l'immigration clandestine.

Régularisation. La loi permet un dispositif exceptionnel de régularisation de travailleurs étrangers employés sans titre de travail (CESEDA art. L. 313-14). Une circulaire du ministre de l'Intérieur du 28 novembre 2012 mentionne plusieurs conditions pour l'admission au séjour par le travail :
- un contrat de travail ou une promesse d'embauche sur un formulaire CERFA avec engagement de versement de la taxe OFII ; 5 années de présence ;

- 8 mois d'ancienneté de travail consécutifs ou non sur 24 mois (ou 30 mois consécutifs ou non sur les 5 dernières années) ; les bulletins de salaire sont une preuve certaine d'activité (d'autres modes de preuves de la relation de travail peuvent être admis) ;
- une durée de 3 ans de présence possible si le demandeur justifie de 24 mois d'activité professionnelle, dont 8 consécutifs dans les 12 derniers mois.

Le titre de séjour délivré sera un titre de séjour « salarié » si le contrat est supérieur à 12 mois et sera valable sur l'ensemble du territoire de métropole (sinon « travailleur temporaire », durée minimum 6 mois).

Si l'étranger ne peut présenter ni contrat de travail, ni promesse d'embauche, mais justifie d'une durée de présence significative (7 ans) et d'au moins 12 mois d'activité dans les 3 dernières années, il peut se voir délivrer un récépissé renouvelable une fois pour rechercher un employeur :

- si au moins 5 années de présence en France et 12 mois d'activité d'économie solidaire ;
- si en intérim, 5 ans de présence et 910 heures dans l'intérim ou 12 SMIC mensuels sur les 24 mois précédant le dépôt (ou 310 heures d'intérim et autre activité) ;
- si cumul de contrats de faible durée (par exemple des employé(e)s à domicile), mêmes conditions de durée de séjour et d'activité mais maintien de l'exigence d'un SMIC.

Ces dispositions n'apportent pas de solution concernant la situation des étrangers qui ont travaillé sous des alias ou de façon non déclarée, et qui ne pourront présenter de preuves d'activité professionnelle.

Travailleurs d'un État de l'UE

Les travailleurs ressortissants d'un pays membre de l'UE ont une carte de séjour particulière qui est délivrée de plein droit. Ils peuvent librement s'installer en France et y exercer une activité salariée (en application de la « libre circulation des travailleurs »). Cette liberté est étendue aux ressortissants de tous les pays ayant ratifié l'accord sur l'Espace Économique Européen, soit également l'Islande, le Liechtenstein et la Norvège. Un salarié ressortissant d'un État membre de l'UE n'est pas tenu de justifier d'un titre de travail (Soc. 12 juin 2007).

Au regard de la libre circulation des travailleurs, à l'intérieur de l'UE, pour le calcul de l'ancienneté dans une entreprise publique, un travailleur migrant doit pouvoir se prévaloir des périodes d'emploi accomplies, dans un domaine d'activité comparable, au service d'une entreprise publique d'un autre État membre (Soc. 11 mars 2009, SNCF ; voir également dans le chapitre V la discrimination « légale »).

Travailleurs détachés

Entreprise étrangère . Un employeur établi hors de France peut détacher temporairement des salariés sur le territoire national, à condition qu'il existe un contrat de travail entre cet employeur et le salarié et que leur relation de travail subsiste pendant la période de détachement (L. 1262-1 et s. ; R. 1261-1 et s. ; directives européennes du 16 déc. 1996 relatives au détachement des travailleurs effectué dans le cadre d'une prestation de services et du 15 mai 2014 d'exécution de la directive de 1996). Cette opération peut être effectuée par une entreprise de travail temporaire (ETT).

Les salariés détachés en France doivent bénéficier de dispositions législatives, réglementaires et conventionnelles applicables aux salariés des entreprises de la même branche d'activité établies en France (« un noyau dur de règles protectrices » : salaire minimum et paiement du salaire, y compris les majorations pour les heures supplémentaires, ainsi que les accessoires de salaire légalement ou conventionnellement fixés ; durée du travail – maximale, repos compensateurs, jours fériés, congés annuels payés ; règles relatives à la santé et sécurité au travail ; etc.) (L. 1262-4). Les allocations propres au détachement font partie du salaire minimal (Soc. 13 nov. 2014, sté Meci) ; il en est de même pour une indemnité journalière d'éloignement ou pour une indemnité de trajet (CJUE, 12 févr. 2015, ESA). Une entreprise du Portugal qui envoie des salariés travailler sur des chantiers de construction en France doit ainsi payer les cotisations pour congés et intempéries à la caisse du bâtiment (Crim. 10 mai 2006), à défaut pour les salariés de bénéficier déjà de la même garantie.

Les conventions et accords collectifs de travail étendus (prévoyant des salaires minimums) dont bénéficient les travailleurs employés par les entreprises établies en France exerçant une activité principale identique au travail accompli par les travailleurs détachés s'appliquent à ces travailleurs ; la règle française destinée à éviter le dumping social est conforme aux exigences du droit communautaire prévoyant que seules les conventions « d'application générale » s'appliquent aux salariés détachés (CJCE 3 avril 2008, Rüffert, cf. les conventions collectives étendues).

L'employeur adresse une déclaration à l'Inspection du travail du lieu de la prestation de travail et désigne un représentant de l'entreprise sur le territoire national. Il présente sur le lieu de réalisation de la prestation à l'Inspection du travail des documents traduits en langue française permettant de vérifier le respect des dispositions du « noyau dur ».

Le donneur d'ordre ou le maître d'ouvrage voit ses obligations renforcées à l'égard de ses sous-traitants employant des travailleurs détachés : il est débiteur d'une obligation de vigilance et d'injonction et peut voir sa responsabilité solidaire engagée – vérification du respect des obligations de déclaration auprès de l'Inspection du travail (L. 1264-2) et de désignation d'un représentant en France, des obligations en matière d'application de la législation du travail – L. 8281-1 et notamment de versement du salaire minimum – L. 3245-2).

EN PRATIQUE

Ainsi, le maître d'ouvrage ou le donneur d'ordre, informé par écrit par l'un des agents de contrôle du non-paiement partiel ou total du salaire minimum légal ou conventionnel dû à un salarié détaché, enjoint aussitôt, par écrit, à son sous-traitant, ainsi qu'au donneur d'ordre immédiat de ce dernier, de faire cesser sans délai cette situation. À défaut de régularisation de la situation signalée, le maître d'ouvrage ou le donneur d'ordre, s'il ne dénonce pas le contrat de prestation de service, est tenu solidairement avec l'employeur du salarié au paiement des rémunérations, indemnités et charges dues. Il en est de même en matière d'hébergement.
Sur les chantiers de bâtiment ou de génie civil, le maître d'ouvrage porte à la connaissance des salariés détachés, par voie d'affichage sur les lieux de travail, les informations sur la réglementation qui leur est applicable. L'affiche est facilement accessible et traduite dans l'une des langues officielles parlées dans chacun des États d'appartenance des salariés détachés (L. 1262-4-5). Chaque salarié reçoit une carte d'identification professionnelle et une information sur la réglementation qui leur est applicable (L. 8291-1).

Contrôle. Lorsqu'un agent de contrôle de l'Inspection du travail constate un manquement grave, commis par un employeur, relatif au « noyau dur de règles protectrices », il enjoint par écrit à cet employeur de faire cesser la situation et informe le maître d'ouvrage ou le donneur d'ordre (L. 1263-3). À défaut de régularisation par l'employeur, l'autorité administrative peut ordonner, par décision motivée, la suspension par l'employeur de la réalisation de la prestation de services concernée notamment sur les chantiers de BTP (la décision de suspension de la prestation de services prononcée par l'autorité administrative n'entraîne ni rupture, ni suspension du contrat de travail, ni aucun préjudice pécuniaire pour les salariés concernés) (L. 1263-4-1) (L. 8772-2).

Les agents de contrôle peuvent communiquer à leurs homologues étrangers tout renseignement et document nécessaires à la surveillance et au contrôle des conditions de travail et d'emploi des salariés détachés (L. 1263-1, L. 8271-5-1).

La loi renforce les obligations des maîtres d'ouvrage et des donneurs d'ordre lorsque ceux-ci ont recours à des prestataires établis à l'étranger.

Sanctions. En cas de non-respect de ces dispositions, des amendes administratives sont prévues, suivant les cas, à l'encontre de l'employeur, du donneur d'ordre ou du maître d'ouvrage (L. 1264-1 et L. 1264-2) (le montant de l'amende est au plus de 2 000 € par salarié détaché et au plus de 4 000 € en cas de réitération dans un délai d'un an à compter du jour de la notification de la première amende. Le montant total de l'amende ne peut être supérieur à 500 000 €).

Des sanctions pénales sont prévues à l'encontre de l'employeur (défaut de déclaration d'accident du travail…) et du donneur d'ordre ou du maître d'ouvrage (défaut d'injonction…).

Filiale étrangère. Les salariés mis à la disposition d'une filiale étrangère bénéficient de règles protectrices (L. 1231-5) que le juge fait respecter :
– « Lorsqu'un salarié, mis par la société au service de laquelle il était engagé à la disposition d'une filiale étrangère à laquelle il est lié par un contrat de travail, est licencié par cette filiale, la société mère doit assurer son rapatriement et lui procurer un nouvel emploi compatible avec l'importance de ses précédentes fonctions au sein de la société mère » ; cette règle (L. 1231-5) « ne subordonne pas son application au maintien d'un contrat de travail entre le salarié et la maison-mère ». Faute pour le salarié d'avoir été reclassé par la société mère, la rupture du contrat de travail s'analyse en un licenciement sans cause réelle et sérieuse (Soc. 13 nov. 2008, Sté L'Oréal).
– La cession de la filiale étrangère à une société tierce est assimilée à un licenciement ; la maison-mère doit alors prendre l'initiative du rapatriement et du reclassement du salarié (Soc. 13 nov. 2008, Sté Geodis).

« Lorsqu'un salarié, mis par la société au service de laquelle il était engagé à la disposition d'une filiale étrangère à laquelle il est lié par un contrat de travail, est licencié par cette filiale, la société mère doit assurer son rapatriement et lui procurer un nouvel emploi compatible avec l'importance de ses précédentes fonctions au sein de la société mère ; ce texte ne subordonne pas son application au maintien d'un contrat de travail entre le salarié et la maison-mère ; l'obligation de reclassement à la charge de la société mère ne concernant que les relations entre celle-ci et le salarié qu'elle met à disposition, peu importe que le contrat conclu entre ce dernier et la filiale ait été soumis au droit étranger » (Soc. 30 mars 2011, PBR, Sté Guy Demarle).

Par ailleurs, un salarié expatrié doit bénéficier d'offres de réintégration sérieuses, précises et correspondant à ses fonctions exercées précédemment (Soc. 21 nov. 2012).

Placement et intermédiaires de l'emploi

À RETENIR

« Le travail n'est pas une marchandise » (OIT, Déclaration de Philadelphie, 1944) ; par conséquent, la notion de « marché du travail » est à proscrire.

• Au sein de l'entreprise

Quand un emploi est à pourvoir, l'employeur peut « recruter » au sein de l'entreprise (mutation, promotion). Des accords collectifs prévoient que l'employeur doit informer sur les postes vacants dans l'entreprise, mais la loi ne l'impose pas (cependant, les salariés à temps partiel bénéficient d'une priorité pour passer à temps complet).

• À l'extérieur de l'entreprise (bassin d'emploi, secteurs d'activité, etc.)

Des intermédiaires interviennent pour faciliter la rencontre de la demande et de l'offre d'emploi. L'activité de placement consiste à fournir des services sans que la personne assurant cette activité ne devienne partie au contrat (L. 5321-1).

Le placement est gratuit (à l'exception des artistes du spectacle et des sportifs). Il est interdit de percevoir une rémunération quelconque d'une personne à la recherche d'un emploi (mais c'est possible à l'égard de l'employeur) : les bureaux de placement payants sont interdits (L. 5321-3). Le non-respect de la gratuité est puni de 6 mois de prison et/ou de 3 750 € d'amende (L. 5325-1).

Pôle emploi (ex-ANPE) n'a plus le monopole du placement. Les bureaux de placement privés sont autorisés (L. 5323-1). Les entreprises de travail temporaire (ETT) peuvent aussi fournir des services de placement.

Offres d'emploi

• Diffusion

Les offres d'emploi peuvent être insérées dans un journal, une revue ou un écrit périodique ou diffusées par tout autre moyen de communication accessible au public (sites Internet,...). Tout employeur qui fait insérer ou diffuser une offre est tenu de faire connaître son nom ou sa raison sociale ou son adresse au directeur de la publication.

Il est interdit de vendre des offres ou des demandes d'emploi, quel que soit le support utilisé. Toutefois, cette interdiction ne fait pas obstacle à l'insertion, à titre onéreux, d'offres ou de demandes d'emploi dans une publication ou un autre moyen de communication payant (L. 5331-1).

• Contenu

Ces offres doivent respecter plusieurs règles (L. 5331-2 et s.) :
- être datées ;

- ne pas contenir d'allégations fausses ou susceptibles d'induire en erreur, notamment sur l'existence et le caractère effectivement disponible de l'emploi ;
- être rédigées en langue française, même pour les emplois à exercer hors du territoire français lorsque l'auteur de l'offre est français.

• Discrimination

Les offres ne doivent pas contenir de mentions discriminatoires, tenant notamment au sexe, à l'âge, aux origines (une offre d'emploi ne peut pas exiger la présentation de la carte d'électeur – Crim. 20 janv. 2009, Philippe X, Sté Ares France, discrimination liée à la nationalité), etc. Des dérogations sont prévues :
– Au regard du sexe (mannequins, artistes interprétant un rôle féminin ou masculin, modèles).
– Au regard de l'âge. Ainsi, les offres ne doivent pas mentionner de limite d'âge maximal, sauf si des conditions d'âge sont imposées par des textes législatifs et réglementaires ou si cette limite est fondée sur la nécessité d'une période d'emploi raisonnable avant la retraite (L. 5331-2).

Processus de recrutement

Le processus de recrutement doit répondre à certaines exigences.

• Pertinence

Informations demandées

Les informations demandées, sous quelque forme que ce soit, au candidat à un emploi ne peuvent avoir comme finalité que d'apprécier sa capacité à occuper l'emploi proposé ou ses aptitudes professionnelles. Ces informations doivent présenter un lien direct et nécessaire avec l'emploi proposé ou avec l'évaluation des aptitudes professionnelles.

Le candidat est tenu de répondre de bonne foi à ces demandes d'informations (L. 1221-6). Cette obligation n'est toutefois assortie d'aucune sanction spécifique et la jurisprudence se montre souvent assez indulgente à l'égard des candidats. L'employeur ne pourra rompre le contrat de travail conclu que si l'erreur s'avère déterminante.

Méthodes employées

Les méthodes et techniques d'aide au recrutement ou d'évaluation des candidats à un emploi doivent être pertinentes au regard de la finalité poursuivie (L. 1221-8).

• Transparence

Le candidat à un emploi est expressément informé, préalablement à leur mise en œuvre, des méthodes et techniques d'aide au recrutement utilisées à son égard.

Aucune information concernant personnellement un candidat à un emploi ne peut être collectée par un dispositif qui n'a pas été porté préalablement à sa connaissance (L. 1221-9).

D'une manière générale, le CE a compétence pour connaître les méthodes et les techniques d'aide au recrutement.

• Préservation de la personne

Les résultats obtenus par le candidat sont confidentiels.

Les informations communiquées par écrit par le candidat à un emploi peuvent être examinées dans des conditions préservant son anonymat (L. 1221-7). Cette procédure de recrutement avec « ***CV anonyme*** » est une faculté pour les entreprises. Une expérimentation dans de grandes entreprises volontaires s'est avérée peu concluante, sauf au regard de la discrimination à l'égard des femmes.

Déclaration préalable à l'embauche

• Travail dissimulé

La loi impose des formalités aux entreprises tendant à faciliter la preuve de la date réelle d'embauche des salariés. Ces formalités s'appliquent à tous les recrutements de travailleurs (nationaux ou étrangers ; des dérogations étant prévues dans le cadre de chèques et titres simplifiés de travail : chèque emploi service universel, TESE – titre emploi service entreprise, pour les très petites entreprises (TPE) de 9 salariés au maximum notamment, adhérentes).

L'embauche d'un salarié ne peut intervenir qu'après déclaration nominative accomplie par l'employeur auprès des organismes de protection sociale (Urssaf, MSA) : c'est la déclaration préalable à l'embauche (DPAE) (L. 1221-10, R. 1221-1).

Cette DPAE peut être effectuée par voie électronique, télécopie ou LR/AR. Elle doit être adressée au plus tôt dans les 8 jours précédant la date prévisible de l'embauche. L'organisme destinataire de la déclaration est celui dans le ressort territorial duquel est situé l'établissement devant employer le salarié. Il doit adresser à l'employeur un accusé de réception dans les 5 jours ouvrables suivant celui de la réception de la déclaration.

EN PRATIQUE

Le salarié qui fait l'objet de la DPAE reçoit 2 documents de son employeur :

- lors de son embauche, un document sur lequel sont reproduites les informations contenues dans la DPAE (notamment dénomination sociale de l'entreprise et numéro d'identification, état civil du salarié et numéro de Sécurité sociale, date et heure d'embauche) ;
- lorsque l'employeur reçoit l'accusé de réception relatif à la DPAE, un volet détachable de ce document.

En vue de simplifier les déclarations préalables à l'embauche, l'employeur peut procéder à un ensemble de déclarations sociales sur un support unique (R. 1226-16).

• Sanctions

Le non-respect de l'obligation de DPAE entraîne une pénalité d'un montant égal à 300 fois le taux horaire du minimum garanti (L. 1221-11).

Faute d'avoir effectué cette DPAE, l'employeur est passible des peines du travail dissimulé (L. 8221-1, L. 8221-5), à savoir 3 ans d'emprisonnement et 45 000 € d'amende (L. 8224-1). Les infractions en matière de travail illégal peuvent notamment être constatées par la police judiciaire, selon la procédure de flagrant délit (Crim. 2 mai 2007).

Les obligations et solidarité financière des donneurs d'ordre et des maîtres d'ouvrage se manifestent de la façon suivante. Toute personne qui ne s'est pas assurée, lors de la conclusion d'un contrat dont l'objet porte sur une obligation, d'un montant au moins égal à 3 000 €, que son cocontractant s'acquitte de ses obligations sociales, est tenue, solidairement avec celui qui exerce un travail dissimulé, au paiement des impôts, taxes et cotisations obligatoires (L. 8222-1 et s. ; voir également L. 243-15 CSs).

• Réparation

Enfin, en cas de rupture de la relation de travail, quelle que soit la qualification de la rupture, y compris si elle a lieu d'un commun accord (Soc. 12 oct. 2004), l'employeur peut être condamné à une indemnité forfaitaire égale à 6 mois de salaire au minimum (L. 8223-1). Cette indemnité peut se cumuler avec les indemnités autres que celles prévues en cas de rupture injustifiée (Soc. 25 mai 2005).

• Travail illégal

Sont constitutives de travail illégal les infractions suivantes : travail dissimulé (« travail au noir » : dissimulation totale ou partielle d'emploi salarié), marchandage, prêt illicite de main-d'œuvre, emploi d'étranger sans titre de travail, cumuls irréguliers d'emplois, fraude ou fausse déclaration (L. 8211-1).

Une septième ordonnance, suite à la loi d'habilitation du 15 septembre 2017, était en préparation (conseil des ministres du 7 mars 2018) lors de la mise sous presse de cet ouvrage.

Registre unique du personnel

Un registre unique du personnel (RUP) est exigé de tout établissement, quel que soit son effectif (L. 1221-13). Il comporte des mentions obligatoires (D. 1221-23) pour toutes les catégories (nom, prénoms, nationalité, date de naissance, sexe, emploi, qualification, dates d'entrée et de sortie de l'établissement) et des mentions propres à certaines catégories (travailleurs étrangers, jeunes travailleurs, salariés titulaires d'un CDD, travailleurs temporaires ou à temps partiel). Elles sont portées « au moment de l'embauche et de façon indélébile ». Les nom et prénoms des stagiaires accueillis dans l'établissement sont inscrits dans l'ordre d'arrivée.

La DIRECCTE peut accorder des dérogations à la tenue du registre unique pour tenir compte des possibilités de recourir à d'autres moyens (bandes magnétiques, disques, etc.). Ce support de substitution doit permettre d'obtenir, sans difficulté d'utilisation ou de compréhension et sans risque d'altération, toutes les mentions obligatoires du registre du personnel (L. 1221-14). L'employeur doit, préalablement à la mise en place d'un traitement automatisé, faire une déclaration auprès de la CNIL. Seuls les travailleurs à domicile n'ont pas à figurer sur ce registre : le registre spécial pour ceux-ci est donc maintenu.

Le registre (ou le support de substitution) doit être tenu à la disposition de l'inspecteur du travail et des délégués du personnel (L. 1221-15).

Visite médicale d'embauche

• Objet

Tout travailleur bénéficie d'une « ***visite d'information et de prévention*** », effectuée après l'embauche par un professionnel de santé (médecin du travail et, sous l'autorité de celui-ci, collaborateur médecin, interne en médecine du travail ou infirmier) (L. 4624-1), qui donne lieu à la délivrance d'une attestation.

Le professionnel de santé peut orienter le travailleur sans délai vers le médecin du travail. Des dispositions particulières existent pour les travailleurs handicapés et les travailleurs de nuit.

Tout travailleur affecté à un poste présentant des risques particuliers pour sa santé ou sa sécurité ou pour celle de ses collègues ou des tiers évoluant dans l'environnement immédiat de travail bénéficie d'un ***examen médical d'aptitude*** réalisé avant l'embauche (L. 4624-2).

• Secret médical

Le médecin du travail doit respecter le secret médical et donc ne pas communiquer d'informations sur la santé du salarié notamment à l'employeur (ainsi, le médecin du travail n'a pas le droit d'informer l'employeur sur le fait que le salarié est porteur du VIH) (C. Santé publique, L. 1110-4, R. 4127-4).

• Sanction civile

Le défaut de visite médicale d'embauche cause un préjudice au salarié (Soc. 17 oct. 2012), notamment si le salarié est atteint d'une pathologie que le médecin aurait pu diagnostiquer.

Entretien professionnel

À l'occasion de son embauche, le salarié est informé qu'il bénéficie tous les 2 ans d'un entretien professionnel avec son employeur consacré à ses perspectives d'évolution professionnelle, notamment en termes de qualifications et d'emploi. Cet entretien ne porte pas sur l'évaluation du travail du salarié. Cet entretien professionnel donne lieu à la rédaction d'un document dont une copie est remise au salarié (L. 6315-1).

Obligation administrative

En vue de permettre à l'administration de suivre les mouvements de main-d'œuvre (L. 1221-16), tous les établissements et entreprises occupant au moins 50 salariés doivent adresser à la DARES, dans les 8 premiers jours de chaque mois, le relevé des contrats de travail conclus ou résiliés au cours du mois précédent. Ce relevé doit contenir un certain nombre de mentions : nom, prénoms, nationalité, qualification, etc.

CHAPITRE VIII

CONTRATS DE TRAVAIL ATYPIQUES

À RETENIR

Le contrat de travail à durée indéterminée est le contrat de droit commun. Cependant, la législation prévoit aussi de nombreux autres types de contrat.

Le recours aux contrats à durée déterminée et aux entreprises de travail temporaire permet aux entreprises de faire face à certaines situations (accroissement des commandes, nécessité de remplacer des salariés absents, recours à des spécialistes pour une opération ponctuelle, etc.), sans accroître pour autant leur personnel permanent, et de disposer, pour un temps, d'une main-d'œuvre de complément ou de remplacement, sans avoir à procéder à des licenciements lorsqu'elles estiment qu'elles n'en ont plus besoin. Les salariés titulaires d'un CDD ou recrutés par une ETT pour être mis à la disposition d'une entreprise utilisatrice (EU) se trouvent dans une situation précaire. Le prêt de main-d'œuvre peut également se dérouler dans de nouveaux cadres. Par ailleurs, le contrat de travail à temps partiel concerne les salariés ayant des horaires inférieurs à ceux du temps complet.

Contrat à durée déterminée (CDD)

• Recours

Principe

Une règle gouverne la matière : « ***un contrat de travail à durée déterminée, quel que soit son motif, ne peut avoir ni pour objet ni pour effet de pourvoir durablement***

un emploi lié à l'activité normale et permanente de l'entreprise » (L. 1242-1, reprenant une disposition de l'ANI du 24 mars 1990 étendu). La loi a opté ici pour un formalisme strict et le juge fait respecter la rigueur du dispositif légal.

Cas de recours

Un CDD ne peut être conclu que pour l'exécution d'une tâche précise et temporaire et seulement dans les cas suivants (L. 1242-2) :

– ***Remplacement d'un salarié***, en cas :
- d'absence, « *aussi bien de l'entreprise que de son poste habituel* » (Soc. 13 juill. 2010, AIST83, salarié provisoirement affecté à un autre poste) ;
- de passage provisoire à temps partiel (conclu par avenant à son contrat de travail ou par échange écrit entre ce salarié et son employeur) ;
- de suspension de son contrat de travail ;
- de départ définitif précédant la suppression de son poste de travail (après consultation du CE ou, à défaut, des DP, s'il en existe) ;
- d'attente de l'entrée en service effective du salarié recruté par CDI appelé à le remplacer (ce salarié doit déjà avoir été recruté – Soc. 9 mars 2005).

– ***Accroissement temporaire de l'activité de l'entreprise***.

– ***Emplois à caractère saisonnier*** : « *Le contrat saisonnier se distingue du CDD d'usage en ce qu'il porte sur des tâches normalement appelées à se répéter chaque année à des dates à peu près fixes, en fonction du rythme des saisons ou des modes de vie collectifs* » (L. 1242-2-3°), ainsi « *la circonstance que les chantiers de travaux publics sont soumis aux conditions climatiques étant insuffisante pour démontrer que l'emploi de chauffeur de carrière serait une tâche* » saisonnière (Soc. 17 sept. 2008, SA Transports Quincé).

Le « contrat vendanges » (art. L. 718-4 et s. C. rural et de la pêche maritime) est limité à un mois ; il peut être renouvelé dans la limite de 2 mois par an ; le contrat doit indiquer une date de fin précise dès sa conclusion ou, à défaut, une durée minimale ; à défaut, il est requalifié en CDI (Soc. 6 oct. 2010, SA Château de Sérame). Mais, en réaction à cet arrêt, la loi dispose que le contrat « précise la durée pour laquelle il est conclu. À défaut, il est réputé être établi pour une durée qui court jusqu'à la fin des vendanges » (L. 718-5 C. rural)... Un salarié peut recourir à plusieurs contrats vendanges successifs, sans que le cumul des contrats n'excède une durée de 2 mois sur une période de 12 mois. Le salarié en congés payés peut bénéficier du contrat vendanges (L. 718-6).

– ***Usage de la profession*** (« CDD d'usage ») : emplois pour lesquels, dans certains secteurs d'activité, il est d'usage constant de ne pas recourir au CDI en raison de la nature de l'activité exercée et du caractère par nature temporaire de ces emplois ; ces secteurs d'activité sont définis par décret ou par accord collectif étendu (D. 1242-1 : exploitations forestières, hôtellerie, spectacles, production cinématographique, activités d'enquête et de sondage, activités foraines, etc.).

Ainsi, il est prévu un CDD d'usage pour les opérations commerciales de *merchandising* (Accord du 10 mai 2010 relatif au recours au CDD d'usage dans les « activités d'optimisation linéaire », CCN étendue des prestataires de services dans le secteur tertiaire).

Les stipulations conventionnelles doivent être précises et prévoir le recours au CDD d'usage pour l'emploi en cause. Il en va ainsi pour un emploi de repasseur dans l'hôtellerie : à défaut de dispositions conventionnelles et de preuve d'un usage par l'employeur, le CDD est requalifié en CDI (Soc. 20 sept. 2006).

De plus, en application du droit communautaire (directive du 28 juin 1999, CJCE 4 juill. 2006), le juge doit « *vérifier que le recours à l'utilisation de contrats successifs est justifié par des raisons objectives qui s'entendent d'éléments concrets établissant le caractère par nature temporaire de l'emploi* » (Soc. 23 janv. 2008, 2 arrêts, un formateur et une journaliste pigiste peuvent ainsi obtenir la requalification de leurs CDD en un CDI alors même qu'ils exercent leurs activités dans des secteurs où il est d'usage de ne pas recourir au CDD). Ainsi, « *la seule qualification conventionnelle de "contrat d'extra" n'établit pas qu'il peut être conclu dans le secteur de l'hôtellerie-restauration des CDD d'usage successifs pour ce type de contrats, pour tout poste et en toutes circonstances ; il appartient au juge de rechercher si, pour l'emploi considéré, il est effectivement d'usage constant de ne pas recourir au CDI, et de vérifier si le recours à des contrats successifs est justifié par des raisons objectives qui s'entendent de l'existence d'éléments concrets établissant le caractère par nature temporaire de l'emploi* » (Soc. 24 sept. 2008, SA Ritz hôtel Ltd ; même solution pour un assistant-réalisateur, Soc. 26 mai 2010). Par conséquent, dès lors que les CDD peuvent être rattachés à l'activité normale et permanente de l'entreprise, ils doivent être requalifiés en CDI (Soc. 10 déc. 2008, ÉPIC Réunion des Musées Nationaux ; Soc. 9 oct. 2013, PBR, sté La Française d'images, pour un régisseur dans le secteur de l'audiovisuel).

Le recours au CDD d'usage ne dispense pas l'employeur d'établir un contrat écrit comportant la définition précise de son motif (Soc. 28 nov. 2006).

– ***Remplacement d'un chef d'entreprise*** artisanale, industrielle ou commerciale, d'une personne exerçant une profession libérale ou de leur conjoint participant effectivement à l'activité de l'entreprise à titre professionnel et habituel ou d'un associé non salarié d'une SCP, etc. du chef d'une exploitation agricole, d'un aide familial, d'un associé d'exploitation, ou de leur conjoint, etc.

– ***Recrutement d'ingénieurs et de cadres*** (au sens des conventions collectives) en vue de la réalisation d'un objet défini lorsqu'un accord de branche étendu ou, à défaut, un accord d'entreprise le prévoit (L.1242-2-6°) et qu'il définit :

- les nécessités économiques auxquelles ces contrats sont susceptibles d'apporter une réponse adaptée ;
- les conditions dans lesquelles ces salariés sous ***CDD à objet défini*** bénéficient de garanties relatives à l'aide au reclassement, à la validation des acquis de l'expérience, à la priorité de réembauche et à l'accès à la formation professionnelle continue et peuvent, au cours du délai de prévenance, mobiliser les moyens disponibles pour organiser la suite de leur parcours professionnel ;
- les conditions dans lesquelles ces salariés ont priorité d'accès aux emplois en CDI dans l'entreprise.

Ce CDD doit comporter les clauses obligatoires pour tout CDD et d'autres clauses :
- la mention « contrat à durée déterminée à objet défini » ;
- l'intitulé et les références de l'accord collectif qui institue ce CDD ;
- une clause descriptive du projet et mentionnant sa durée prévisible ;
- la définition des tâches pour lesquelles le contrat est conclu ;
- l'événement ou le résultat objectif déterminant la fin de la relation contractuelle ;
- le délai de prévenance de l'arrivée au terme du CDD et, le cas échéant, de la proposition de poursuite de la relation de travail en CDI ;
- une clause mentionnant la possibilité de rupture à la date anniversaire de la conclusion du contrat par l'une ou l'autre partie pour un motif réel et sérieux et le droit pour le salarié, lorsque cette rupture est à l'initiative de l'employeur, à une indemnité égale à 10 % de la rémunération totale brute du salarié.

Ce CDD est conclu pour une durée minimale de 18 mois et une durée maximale de 36 mois. Il ne peut pas être renouvelé (L. 1242-8-2).

Ce CDD prend fin avec la réalisation de l'objet pour lequel il a été conclu après un délai de prévenance au moins égal à 2 mois (L. 1243-5). La rupture anticipée du CDD est autorisée pour un motif réel et sérieux, par les 2 parties au contrat, 18 mois après sa conclusion, puis à la date anniversaire de sa conclusion.

– ***Politique de l'emploi et de la formation*** : un CDD peut être conclu (L. 1242-3) :
  - au titre de dispositions légales destinées à favoriser le recrutement de certaines catégories de personnes sans emploi (demandeurs d'emploi de longue durée, jeunes en grandes difficultés, etc.) ;
  - lorsque l'employeur s'engage à assurer un complément de formation professionnelle au salarié.

Le régime de la formation en alternance concerne le contrat de professionnalisation qui a pour objet de permettre d'acquérir une qualification et de favoriser l'insertion ou la réinsertion professionnelle (L. 6325-1 et s.).

Relèvent du régime juridique des « contrats de travail aidés », notamment le contrat unique d'insertion (CUI- L. 5134-19-1), avec le CUI-Contrat d'Accompagnement dans l'Emploi (entreprises du secteur non marchand - L. 5134-20) et le CUI-Contrat Initiative Emploi (entreprises privées - L. 5134-65), les « emplois d'avenir » (L. 5134-110 et s.), les contrats relatifs aux activités d'adultes-relais (L. 5134-102), les CDD d'insertion (dans les Structures d'Insertion par l'Activité Économique).

• CDD Senior

Tout employeur, à l'exception des professions agricoles, peut conclure un CDD avec une personne âgée de plus de 57 ans, inscrite depuis plus de 3 mois comme demandeur d'emploi ou bénéficiant d'un contrat de sécurisation professionnelle (CSP) afin de faciliter son retour à l'emploi et de lui permettre d'acquérir des droits supplémentaires en vue de la liquidation de sa retraite à taux plein (D. 1242-2). Ce CDD est de 18 mois au maximum (renouvelable une fois ; et d'une durée totale maximale de 36 mois).

• Motif de recours unique

Un CDD ne peut être conclu que pour un seul motif. À défaut, il est requalifié en CDI (Soc. 23 janv. 2008).

Interdictions

En aucun cas un CDD ne peut être conclu (L. 1242-6) :
– Pour remplacer un salarié dont le contrat de travail est suspendu à la suite d'une ***grève*** (Civ. 19 mai 1998, La Poste) et
– Pour l'exécution des travaux les exposant à des ***agents chimiques dangereux*** suivants (D. 4154-1). Cependant, l'employeur peut obtenir des dérogations exceptionnelles de l'administration du travail (D. 4154-3 et s.), préalablement à l'affectation du salarié à un de ces travaux.

Dans un établissement où il a été procédé à un ***licenciement pour motif économique*** et dans les 6 mois qui suivent ce licenciement, un salarié ne peut être embauché par CDD pour le motif d'accroissement temporaire de l'activité, y compris pour l'exécution d'une tâche occasionnelle, précisément définie et non durable, ne relevant pas de l'activité normale de l'entreprise. Cette interdiction s'applique aux postes concernés par ledit licenciement. Elle ne s'applique pas lorsque la durée du contrat n'excède pas 3 mois ou lorsque le contrat est lié à la survenance d'une commande exceptionnelle à l'exportation. Cette possibilité est subordonnée à l'information et à la consultation préalable du CE, ou, à défaut, des DP, s'il en existe (L. 1242-5).

À RETENIR

Les motifs de recours et les interdictions de recours sont fixés par la loi, ils ne peuvent être modifiés par accord collectif.

Fixation du terme du contrat

• Début

Le contrat commence à la date convenue entre l'employeur et le salarié. Lorsque le CDD est conclu pour remplacer un salarié temporairement absent ou dont le contrat de travail est suspendu, il peut prendre effet avant l'absence du salarié à remplacer (L. 1242-9). Ainsi, celui qui part peut mettre au courant celui qui va le remplacer (cette période de chevauchement entre l'arrivée du salarié remplaçant et le départ de la personne à remplacer ne doit pas excéder le temps nécessaire à la transmission des informations au remplaçant – CA Toulouse, 7 mai 2009, SAS Sanoval Établissement Intermarché, CDD requalifié en CDI pour un poste de vendeuse avec une période de chevauchement d'un mois).

• Terme fixé

Le terme du contrat doit en principe être fixé avec précision dès la conclusion du contrat (par exemple jusqu'à une date précise).

• Terme non fixé : durée minimale

Dans certains cas, il n'est pas possible de fixer au départ un terme précis au contrat : remplacement d'un salarié absent ou dont le contrat de travail est suspendu, attente de l'entrée en service effective d'un salarié recruté sous CDI, emplois à caractère saisonnier, emplois pour lesquels il est d'usage constant de recourir à ce type de contrat (tournage d'un film par exemple). Dans ces cas, le CDD doit être conclu pour une durée minimale – ce sera par exemple la durée probable de l'arrêt de travail pour maladie du salarié remplacé (cf. premier certificat d'arrêt de travail). Lorsque le CDD est à terme incertain (par opposition au contrat de date à date), il aura pour terme la fin de l'absence du salarié remplacé, même si celle-ci se prolonge pour un autre motif que celui évoqué dans le contrat, par exemple un congé parental à la suite d'un congé de maternité

(Soc. 9 mars 2005). Le terme peut être reporté jusqu'au surlendemain du jour où le titulaire reprend son emploi ou de la réalisation de l'objet pour lequel il a été conclu (le tournage du film est achevé, par exemple).

Période d'essai

Le CDD peut comporter une période d'essai, pendant laquelle le contrat peut être rompu à tout moment par l'une ou l'autre des parties (L. 1242-10). À défaut d'usages ou de dispositions conventionnelles prévoyant des durées moindres, la ***durée*** de la période d'essai est égale à un jour par semaine. Pour un contrat de 6 semaines, la période d'essai sera donc de 6 jours.

Lorsque le contrat ne comporte pas de terme précis, le calcul est effectué sur la base de la durée minimale du contrat.

EN PRATIQUE

La *durée maximale* de la période d'essai est de :
- Deux semaines si la durée prévue ou minimale du CDD est inférieure ou égale à 6 mois.
- Un mois lorsque la durée du CDD est supérieure à 6 mois.

Le CDD peut prévoir une période d'essai d'une durée inférieure.

La semaine doit s'entendre comme semaine civile. Toute période d'essai exprimée en jours se décompte en jours calendaires (Soc. 29 juin 2005), sauf stipulation expresse en faveur de jours travaillés.

Lorsque, à l'issue d'un CDD, la relation contractuelle se poursuit à durée indéterminée, la durée du CDD est déduite de la période d'essai éventuellement prévue dans le nouveau contrat (L. 1243-11).

Forme et contenu du contrat

À RETENIR

Le CDD doit être établi par écrit, comporter la signature du salarié (Soc. 31 mai 2006) et la définition précise de son motif (assorti de justifications). À défaut, il est réputé conclu pour une durée indéterminée (L. 1242-12). Il doit être rédigé en français.

Il doit notamment comporter :

- le nom et la qualification du salarié remplacé, le CDD ne pouvant être conclu que pour le remplacement d'un seul salarié (Soc. 28 juin 2006, préc.) ;
- la date d'échéance du terme et, le cas échéant, une clause de renouvellement lorsqu'il comporte un terme précis ;
- la durée minimale pour laquelle il est conclu lorsqu'il ne comporte pas de terme précis ;
- la désignation du poste de travail en précisant, le cas échéant, si ce poste figure sur la liste des postes dangereux de l'emploi occupé ;
- lorsqu'il est conclu pour accroissement temporaire de l'activité de l'entreprise, la nature des activités auxquelles participe l'intéressé durant son séjour dans l'entreprise ;
- l'intitulé de la convention collective applicable ;
- la durée de la période d'essai éventuellement prévue ;
- le montant de la rémunération et de ses différentes composantes, y compris, s'il en existe, les primes et accessoires de salaire ;
- le nom et l'adresse de la caisse de retraite complémentaire ainsi que, le cas échéant, ceux de l'organisme de prévoyance.

Le CDD doit être transmis au salarié, au plus tard dans les 2 jours ouvrables suivant l'embauche (L. 1242-13). Ce délai de transmission se décompte en jours ouvrables et ne commence à courir que le lendemain de l'embauche (Soc. 29 oct. 2008). La DPE/DUE doit, bien entendu, être effectuée.

Un contrat conclu en violation de ces dispositions (absence d'écrit, d'énoncé du motif, des mentions prévues) entraîne la ***requalification en CDI***, y compris en l'absence de la signature du salarié ; la preuve contraire peut être apportée sur certains aspects (Soc. 26 oct. 1999). La signature a le caractère d'une prescription d'ordre public dont l'omission entraîne à la demande du salarié la requalification en CDI, « *il n'en va autrement que lorsque le salarié a délibérément refusé de signer le contrat de travail de mauvaise foi ou dans une intention frauduleuse* » (Soc. 7 mars 2012).

Échéance du terme et poursuite après échéance

• Échéance

Dans tous les cas, le CDD cesse de plein droit à l'échéance du terme (L. 1243-5 et s.), que le terme soit fixé avec précision dès la conclusion du contrat ou résulte du retour du salarié absent. C'est la différence essentielle avec le CDI.

La suspension du CDD ne fait pas obstacle à l'échéance du terme (L. 1243-6).

• Poursuite

Si la relation contractuelle de travail se poursuit, après l'échéance du terme du contrat, celui-ci devient un CDI (L. 1243-11). Il se poursuit dans des conditions inchangées, sauf accord contraire des parties (Soc. 5 janv. 1995). Le salarié conserve alors l'ancienneté qu'il avait acquise au terme du CDD et la durée de ce contrat est déduite de la période d'essai éventuellement prévue dans le CDI.

Durée maximale et renouvellement du contrat

• Durée maximale

– ***Disposition conventionnelle :*** possibilité de fixer la durée totale du CDD par accord de branche étendu. Une convention ou un accord de branche étendu peut fixer la durée totale du CDD. Cette durée ne peut avoir ni pour objet ni pour effet de pourvoir durablement un emploi lié à l'activité normale et permanente de l'entreprise (L. 1242-8).

– ***Dispositions légales supplétives :***

À RETENIR

La durée totale du CDD ne peut excéder *18 mois* compte tenu, le cas échéant, du ou des 2 renouvellements (L. 1242-8-1).

Cette durée maximale est réduite à ***9 mois*** lorsque le CDD est conclu :
- dans l'attente de l'entrée en service effective d'un salarié recruté par CDI ;
- pour la réalisation des travaux urgents nécessités par des mesures de sécurité.

Cette durée maximale est portée à ***24 mois*** lorsque :
– Le CDD est exécuté à l'étranger.
– Le CDD est conclu dans le cadre du départ définitif d'un salarié précédant la suppression de son poste de travail.
– Survient dans l'entreprise (de l'entrepreneur principal ou du sous-traitant) une commande exceptionnelle à l'exportation (dont l'importance nécessite la mise en œuvre de moyens quantitativement ou qualitativement exorbitants par rapport à ceux que l'entreprise utilise ordinairement). La durée initiale du CDD ne peut être inférieure à 6 mois et l'employeur doit procéder, préalablement aux recrutements envisagés, à la consultation du CE ou, à défaut, des DP.

• Renouvellement

Disposition conventionnelle. Une convention ou un accord de branche étendu peut fixer le nombre maximal de renouvellements possibles pour un CDD (L. 1243-13). Ce nombre ne peut avoir ni pour objet ni pour effet de pourvoir durablement un emploi lié à l'activité normale et permanente de l'entreprise. Les conditions de renouvellement sont stipulées dans le contrat ou font l'objet d'un avenant soumis au salarié avant le terme initialement prévu. Ces dispositions ne sont pas applicables au CDD conclu en application de l'article L. 1242-3 (politique de l'emploi et de la formation professionnelle).

Dispositions légales supplétives. À défaut de stipulation dans la convention ou l'accord de branche (précité), le CDD est renouvelable deux fois pour une durée déterminée (L. 1243-13-1). La durée du ou, le cas échéant, des 2 renouvellements, ajoutée à la durée du contrat initial, ne peut excéder la durée maximale prévue par les stipulations de la convention ou de l'accord de branche (conclu en application de L. 1242-8) ou, à défaut, par les dispositions de l'article L. 1242-8-1 (18 mois).

Les conditions de renouvellement sont stipulées dans le contrat ou font l'objet d'un avenant soumis au salarié avant le terme initialement prévu. Ces dispositions ne sont pas applicables au CDD de la politique de l'emploi (L. 1242-3).

En cas de maladie professionnelle ou d'accident du travail, si le CDD comporte une clause de renouvellement, l'employeur ne peut, au cours de la période de suspension de celui-ci, refuser le renouvellement que s'il justifie d'un motif réel et sérieux, étranger à l'accident ou à la maladie (Soc. 12 févr. 2002 ; le refus de renouvellement lié à un avis d'aptitude avec réserves est discriminatoire, Soc. 25 janv. 2011, PBR). Il en est de même pour une salariée enceinte (CJCE 4 oct. 2001 – 2 arrêts, cf. Chap. IX).

Rupture anticipée

Le CDD peut être rompu avant l'échéance du terme (L. 1243-1) uniquement dans des cas limités. Il en va ainsi de l'accord des parties, ainsi que des cas suivants.

• Faute grave

En cas de faute grave d'une des parties, l'autre partie peut rompre le contrat ; l'employeur doit respecter la procédure disciplinaire, faute de quoi le salarié percevrait une indemnité pour non-respect de celle-ci (Soc. 27 juin 2001). Le litige sera éventuellement tranché par le CPH qui appréciera s'il y a eu faute grave de l'une des parties justifiant la rupture par l'autre partie (l'inexécution par l'employeur de son obligation de paiement du salaire constitue une faute grave, même en cas de régularisation intervenue ultérieurement, Soc. 11 mars 2008). « *Le refus par un salarié d'un changement de ses conditions de travail, s'il caractérise un manquement à ses obligations contractuelles, ne constitue pas à lui seul une faute grave* » (Soc. 20 nov. 2013, ass. Pompiers sans frontières).

• Force majeure

« *La force majeure, permettant à l'employeur de s'exonérer de tout ou partie des obligations nées de la rupture d'un contrat de travail, s'entend de la survenance d'un événement extérieur irrésistible ayant pour effet de rendre impossible la poursuite du contrat* » (Soc. 10 mai 2006, « *L'employeur n'établissait pas que l'incendie des bâtiments de la société avait rendu impossible la poursuite de l'exploitation de l'entreprise et, par là, celle du contrat de travail* »). Ne sont pas un cas de force majeure les difficultés financières d'une association (Soc. 20 févr. 1996), la fermeture pour motif économique de l'entreprise (Soc. 20 oct. 1998), etc. Si la rupture résulte d'un sinistre relevant d'un cas de force majeure, le salarié a droit à une indemnité (à la charge de l'employeur) égale aux rémunérations qu'il aurait perçues jusqu'à la fin prévue du contrat (L. 1243-4). Lorsqu'un CDD a été conclu jusqu'à la fin du congé parental d'une salariée, le retour anticipé de la salariée remplacée ne constitue pas un cas de force majeure permettant la rupture du contrat (Soc. 8 nov. 1995).

• Inaptitude du salarié

L'inaptitude du salarié (qu'elle soit d'origine professionnelle ou non) constitue un motif permettant de rompre un CDD de manière anticipée. Dès lors que l'inaptitude est reconnue, l'employeur doit respecter la procédure d'obligation de reclassement du salarié (L. 1226-2 ; L. 1226-10 – si l'inaptitude est d'origine professionnelle).

Si, au bout d'un mois à partir de la date de l'examen médical constatant l'inaptitude, le salarié n'est pas reclassé, l'employeur peut rompre le CDD. À défaut, l'employeur doit de nouveau verser le salaire correspondant à l'emploi occupé par le salarié avant la suspension de son contrat de travail (L. 1226-4, L. 1226-4-2).

Lorsque le CDD est rompu, le salarié perçoit une indemnité de rupture, dont le montant est au moins égal :
- à l'indemnité légale de licenciement (L. 1226-4-3) ;
- à l'indemnité spéciale de licenciement (égale au double de l'indemnité légale de licenciement), si l'inaptitude est d'origine professionnelle (L. 1226-20).

L'indemnité de précarité reste due au salarié. L'entretien préalable n'est pas obligatoire dans le cadre de cette procédure (Cass. avis, 21 oct. 2013, Village Vacances La Saulaie ; L. 1243-1).

• Initiative du salarié

Le CDD peut être rompu avant l'échéance du terme à l'initiative du salarié, lorsque celui-ci justifie de la conclusion d'un CDI (L. 1243-2).

Sauf accord des parties, le salarié est alors tenu de respecter un préavis dont la durée est calculée à raison d'un jour par semaine compte tenu de la durée totale du CDD (contrat comportant un terme précis) ou de la durée effectuée (contrat sans terme précis). Le préavis ne peut excéder 2 semaines.

La rupture anticipée du CDD à l'initiative du salarié en dehors des cas prévus ouvre droit pour l'employeur à des dommages et intérêts correspondant au préjudice subi (L. 1243-13).

• Autres cas de rupture anticipée

Les autres cas de rupture anticipée ne sont pas admis (sauf CDD à objet défini).
– ***Rupture abusive par l'employeur*** : la rupture anticipée du CDD à l'initiative de l'employeur, en dehors des cas de faute grave, de force majeure ou d'inaptitude constatée par le médecin du travail, ouvre droit pour le salarié à des dommages et intérêts d'un montant au moins égal aux rémunérations qu'il aurait perçues jusqu'au terme du contrat (sans préjudice de l'indemnité de fin de contrat) (L. 1243-4).
– ***Résiliation judiciaire*** : cette possibilité n'existe plus pour l'employeur, même lorsqu'est constaté un cas de faute grave ou de force majeure (Soc. 4 déc. 2001). Elle reste cependant possible à l'initiative du salarié (Soc. 14 janv. 2004).

Succession de CDD

À RETENIR

La loi interdit la conclusion de CDD successifs avec le même salarié. Si l'employeur maintient la relation contractuelle, le contrat devient à durée indéterminée.

• Contrats avec le même salarié

Par exception à ce principe, il est possible de conclure des CDD successifs avec le même salarié pour ***remplacer*** un salarié absent ou dont le contrat de travail est suspendu ou lorsque le contrat est conclu pour pourvoir un emploi saisonnier ou un emploi pour lequel il est d'usage constant de ne pas recourir au CDI (L. 1244-1). Un même salarié peut donc remplacer par des contrats successifs plusieurs salariés absents (ou tourner successivement plusieurs films, par exemple).

Toutefois, dans le cas où la succession de contrats pallie un sous-effectif permanent, le CDD doit être regardé comme un contrat d'une durée globale indéterminée, même si chacun des contrats, considéré individuellement, était bien un CDD (Soc. 26 janv. 2005, sté Autoroutes du Sud de la France, « *l'employeur ne peut recourir de façon systématique aux CDD de remplacement pour faire face à un besoin structurel de main-d'œuvre* »).

Cependant, « *le seul fait pour l'employeur, qui est tenu de garantir aux salariés le bénéfice des droits à congés maladie ou maternité, à congés payés ou repos que leur accorde la loi, de recourir à des CDD de remplacement de manière récurrente, voire permanente, ne saurait suffire à caractériser un recours systématique aux CDD pour faire face à un besoin structurel de main-d'œuvre et pourvoir ainsi durablement un emploi durable lié à l'activité normale et permanente de l'entreprise* » ; pour requalifier des CDD en CDI, le juge doit « *caractériser, au regard de la nature des emplois successifs occupés par la salariée et de la structure des effectifs de l'association, que ces contrats avaient pour objet ou pour effet de pourvoir durablement un emploi lié à l'activité normale et permanente* » (Soc. 14 févr. 2018, La Croisée des ans).

Les ***CDD saisonniers*** (L. 1244-2) peuvent comporter une clause de reconduction pour la saison suivante et être, sans limitation, conclus avec le même salarié pendant plusieurs saisons successives. Une convention ou un accord collectif de travail :

– Peut prévoir que tout employeur ayant occupé un salarié dans un emploi à caractère saisonnier lui propose, sauf motif réel et sérieux, un emploi de même nature, pour la même saison de l'année suivante.

– Définit les conditions, notamment la période d'essai, et prévoit en particulier dans quel délai cette proposition est faite au salarié avant le début de la saison ainsi que le montant minimum de l'indemnité perçue par le salarié s'il n'a pas reçu de proposition de réemploi.

Pour calculer l'ancienneté du salarié, les durées des contrats de travail à caractère saisonnier successifs dans une même entreprise sont cumulées.

• Contrats sur le même poste

– ***Période de carence*** : la loi exclut également la possibilité de recruter successivement plusieurs salariés, par contrat précaire (CDD ou contrat de travail temporaire) pour pourvoir un même poste. À l'expiration d'un CDD, il ne peut être recouru, pour pourvoir le poste du salarié dont le contrat a pris fin, ni à un CDD ni à un contrat de travail temporaire, avant l'expiration d'un délai de carence calculé en fonction de la durée du contrat incluant, le cas échéant, son ou ses renouvellements (L. 1244-3).

Dispositions conventionnelles. Sans préjudice des dispositions de l'article L. 1242-1, une convention ou un accord de branche étendu peut fixer les modalités de calcul de ce délai de carence. Sans préjudice des dispositions de l'article L. 1242-1, une convention ou un accord de branche étendu peut prévoir les cas dans lesquels le délai de carence (L. 1244-3) n'est pas applicable (L. 1244-4).

Dispositions légales supplétives. À défaut de stipulation dans la convention ou l'accord de branche conclu (L. 1244-3), lorsque le CDD arrive à expiration, l'employeur ne peut conclure, avec le même ou un autre salarié, pour pourvoir le poste devenu vacant, ni un CDD, ni un CTT, avant l'expiration d'une période égale :

- au tiers de la durée du CDD (renouvellements inclus) – règle dite « du tiers-temps » ;
- à la moitié de la durée du CDD (renouvellements inclus), si cette durée est inférieure à 14 jours.

Les jours pris en compte pour apprécier le délai devant séparer les 2 contrats sont les jours d'ouverture de l'entreprise ou de l'établissement concerné (L. 1244-3-1).

– ***Exceptions*** : à défaut de stipulation dans la convention ou l'accord de branche (L. 1244-4), le délai de carence n'est pas applicable :

1° Lorsque le CDD est conclu pour assurer le remplacement d'un salarié temporairement absent ou dont le contrat de travail est suspendu, en cas de nouvelle absence du salarié remplacé.
2° Lorsque le CDD est conclu pour l'exécution de travaux urgents nécessités par des mesures de sécurité.

3° Lorsque le CDD est conclu pour pourvoir un emploi à caractère saisonnier ou pour lequel, dans certains secteurs d'activité définis par décret ou par voie de convention ou d'accord collectif étendu, il est d'usage constant de ne pas recourir au CDI en raison de la nature de l'activité exercée et du caractère par nature temporaire de cet emploi.

4° Lorsque le CDD est conclu pour assurer le remplacement de l'une des personnes (mentionnée à L. 1242-2).

5° Lorsque le CDD est conclu au titre de la politique de l'emploi (L. 1242-3).

6° Lorsque le salarié est à l'initiative d'une rupture anticipée du contrat.

7° Lorsque le salarié refuse le renouvellement de son contrat, pour la durée du contrat non renouvelé (L. 1244-4-1).

Statut du salarié en CDD

• Égalité de traitement

Les dispositions légales et conventionnelles applicables aux salariés liés par un CDI s'appliquent également aux salariés liés par un CDD, à l'exclusion des dispositions concernant la rupture du contrat de travail (L. 1242-14). Les salariés en CDD bénéficient des activités sociales et culturelles du comité d'entreprise dans les mêmes conditions que les salariés en CDI.

• Rémunération

Le salarié ne peut percevoir une rémunération inférieure au montant de la rémunération que percevrait dans l'entreprise où il travaille, après période d'essai, un salarié en CDI de qualification équivalente et occupant les mêmes fonctions (L. 1242-15) – ce qui n'induit pas la rémunération du salarié éventuellement remplacé, car le recrutement peut concerner un salarié de qualification inférieure ou n'assurant pas l'intégralité des fonctions du salarié remplacé (Soc. 15 oct. 2002). L'ancienneté peut justifier une différence de rémunération lorsqu'elle n'est pas prise en compte par une prime d'ancienneté distincte du salaire (Soc. 17 mars 2010, Sté DCN services) ; il reste à préciser la proportion de la différence de rémunération qui s'explique par l'ancienneté.

Par rémunération, il ne faut pas seulement entendre la rémunération de base, mais aussi les primes assimilées à du salaire, telle une prime d'assiduité (Soc. 25 mars 1998), et plus largement tout élément de rémunération versé à l'occasion du travail (CJCE 13 sept. 2007).

Les règles de preuve sont, dans le cas d'un CDD, les mêmes que dans le cas général d'inégalité de traitement en matière salariale (Soc. 13 janv. 2004).

Indemnité de fin de contrat

Principe

À RETENIR

Lorsque le CDD arrive à son terme, le salarié a droit à une indemnité destinée à compenser la précarité de sa situation (L. 1243-8).

– Principe : cette indemnité est calculée en fonction de la rémunération du salarié et de la durée du contrat. Le montant de cette indemnité est de 10 % de la rémunération totale brute perçue durant l'exécution du contrat. Elle peut être réduite à 6 % si une convention ou un accord collectif de branche étendu, un accord collectif d'entreprise ou d'établissement le prévoit en offrant des contreparties, notamment de formation professionnelle – dans ce cas, le salarié doit avoir effectivement bénéficié de la contrepartie conventionnelle prévue (Soc. 11 juill. 2007). Elle peut aussi fixer un taux plus élevé.

Cette indemnité, qui s'ajoute à la rémunération totale brute due au salarié, doit être versée à l'issue du contrat, en même temps que le dernier salaire et figurer sur le bulletin de salaire correspondant. En cas de succession de CDD, une indemnité est due à la fin de chacun des contrats (Soc. 21 juill. 1993).

Elle constitue, à la différence de l'indemnité de licenciement, un complément de salaire.

– ***Exceptions*** : l'indemnité n'est pas due :

1° Lorsque le CDD a été conclu dans le cadre des mesures pour l'emploi ou pour pourvoir un emploi saisonnier, ou encore dans un secteur d'activité où il est d'usage courant de recourir à ces types de contrats, sauf dispositions conventionnelles plus favorables.

2° Dans le cas de CDD conclus avec des jeunes (scolaires, étudiants) pour une période comprise dans leurs vacances scolaires ou universitaires (CJUE 1er oct. 2015, Bio Philippe Auguste SARL).

3° En cas de refus par le salarié d'accepter la conclusion d'un CDI pour occuper le même emploi ou un emploi similaire, assorti d'une rémunération au moins équivalente.

4° En cas de rupture anticipée du CDD due à l'initiative du salarié, à sa faute grave ou à un cas de force majeure.

L'indemnité n'est pas due lorsque la relation contractuelle se poursuit en CDI, notamment en cas de requalification d'un CDD (Soc. 7 juill. 2015, sté Massey).

• Congés payés

Le salarié a droit à une indemnité compensatrice de congés payés au titre du travail effectivement accompli durant ce contrat (L. 1242-16), quelle qu'ait été sa durée, dès lors que le régime des congés applicable dans l'entreprise ne lui permet pas une prise effective de ceux-ci (Soc. 4 janv. 2000).

Le montant de l'indemnité, calculé en fonction de cette durée, ne peut être inférieur au dixième de la rémunération totale brute due au salarié, indemnité de fin de mission comprise. L'indemnité est versée à la fin du CDD, sauf si les relations contractuelles se poursuivent par un CDI.

• Conditions de travail, formation à la sécurité

Les salariés affectés à des postes de travail présentant des risques particuliers pour leur santé ou leur sécurité, eu égard à la spécificité de leur contrat de travail, bénéficient d'une formation renforcée à la sécurité ainsi que d'un accueil et d'une information adaptés à l'entreprise dans laquelle ils sont occupés. Une liste de ces postes, soumise pour avis au médecin du travail et au CHSCT (à défaut, aux délégués du personnel), doit être tenue à la disposition de l'inspecteur du travail.

• Information sur les CDI

L'employeur de salariés en CDD doit porter à leur connaissance la liste des postes à pourvoir en CDI dans l'entreprise, lorsqu'un tel dispositif d'information existe déjà pour les salariés sous CDI (L. 1242-17).

• Électorat et éligibilité

S'ils satisfont aux conditions d'âge et d'ancienneté exigées par les textes, les salariés en CDD sont électeurs et éligibles aux élections et peuvent être désignés comme délégués et représentants syndicaux.

Sanctions

• Sanctions civiles

– ***Requalification*** : est réputé à durée indéterminée (CDI) tout CDD conclu en méconnaissance :

- des dispositions de la règle générale (L. 1242-1) sur les cas de recours, sur les interdictions de recours (L. 1242-6), la fixation du terme (L. 1242-7), la durée du contrat (L. 1242-8-1), sa forme et son contenu (L. 1242-12, al. 1°), sa poursuite après l'échéance du terme (L. 1243-11, al. 1°), le nombre de renouvellement (L. 1243-13-1), le non-respect de la période de carence (L. 1244-3-1 et L. 1244-4-1) ;
- des stipulations des conventions ou accords de branche étendus dérogatoires à la loi (L. 1242-8, L. 1243-13, L. 1244-3 et L. 1244-4).

La méconnaissance de l'obligation de transmission au plus tard dans les deux jours ouvrables suivant l'embauche (L. 1242-13) ne saurait, à elle seule, entraîner la requalification en CDI. Elle ouvre droit, pour le salarié, à une indemnité, à la charge de l'employeur, qui ne peut être supérieure à un mois de salaire.(L. 1245-1). Cette requalification peut être admise par l'employeur (hors de tout contentieux).

– ***Contentieux*** : de manière générale, « *en cas de litige sur le motif du recours, il incombe à l'employeur de rapporter la preuve de la réalité du motif énoncé dans le CDD* » (Soc. 15 sept. 2010, PBR, l'employeur doit justifier des absences ou d'un accroissement temporaire d'activité – Soc. 16 déc. 2006, Soc. 28 nov. 2007).

Seul le salarié peut se prévaloir de la sanction civile que constitue la requalification à l'encontre de son employeur (Soc. 29 oct. 2002, Soc. 20 févr. 2013, Ass. Football-club de Rueil-Malmaison). Ceci peut lui permettre d'obtenir des indemnités de licenciement pour rupture d'un CDI sans cause réelle et sérieuse (Soc. 10 juin 2003), mais pas sa « réintégration » (Soc. 30 oct. 2002) ; la requalification d'un CDD en CDI n'implique pas en soi un droit à la poursuite du contrat dans l'entreprise si le salarié a déjà quitté l'entreprise, sauf en cas de discrimination (Soc. 1er juin 1999, Banque savoisienne de crédit) ou d'atteinte à une liberté fondamentale comme le droit d'agir en justice (quand la rupture anticipée des CDD, qui ne reposait sur aucun des motifs prévus légalement – L. 1243-1 –, faisait suite à l'action en justice de chacun des salariés pour obtenir la requalification de la relation de travail en CDI, le juge du contrat peut ordonner la poursuite des relations contractuelles, Soc. 6 févr. 2013, Sté France Telecom).

– ***Procédure*** : une procédure accélérée est prévue devant le CPH (L. 1245-2) : lorsqu'un salarié demande que son CDD soit requalifié en CDI l'affaire est portée directement devant le bureau de jugement qui doit statuer dans le délai d'un mois suivant sa saisine, « sans préliminaire de conciliation » (Soc. 28 avril 2011, SARL PK développement) ; sa décision est exécutoire de droit à titre provisoire (c'est-à-dire même si elle est frappée d'appel).

– ***Indemnité*** : lorsque le CPH fait droit à la demande du salarié, il lui accorde une indemnité, à la charge de l'employeur, ne pouvant être inférieure à un mois de salaire (sans préjudice de l'application des dispositions relatives aux règles de rupture du CDI).

La circonstance que le CDD ait été poursuivi après l'échéance du terme ou que les parties aient conclu un CDI ne prive pas le salarié du droit de demander la requalification du CDD initial, qu'il estime irrégulier, en CDI et l'indemnité spéciale de requalification (L. 1245-2, Soc. 29 juin 2011, Sté Loisirs 2000).

À RETENIR

Les accords de branche étendus dérogatoires à la loi doivent respecter :
- la règle générale selon lequel « *un CDD, quel que soit son motif, ne peut avoir ni pour objet ni pour effet de pourvoir durablement un emploi lié à l'activité normale et permanente de l'entreprise* » (L. 1242-1) ;
- les dispositions de l'ANI du 24 mars 1990, étendues par arrêté ministériel du 9 octobre 1990 ;
- les dispositions de la directive européenne n° 99/77 du 28 juin 1999, telle qu'interprétée par la CJUE.

• Sanctions pénales

Toute infraction aux dispositions légales ou conventionnelles (en matière de durée du CDD, renouvellement, période de carence) est punie d'une amende de 3 750 € ; 7 500 € et un emprisonnement de 6 mois en cas de récidive (L. 1248-5, L. 1248-10, L. 1248-11). Ainsi, par exemple, même dans les secteurs d'activité pour lesquels il est d'usage de ne pas recourir au CDI, comme le déménagement, l'infraction est constituée et réprimée quand les CDD « avaient pour objet de pourvoir durablement des emplois liés à l'activité normale et permanente de l'entreprise » (Crim. 6 mai 2008, Da Silva).

L'apprentissage a pour objet de donner à des jeunes travailleurs ayant satisfait à l'obligation scolaire une formation générale, théorique et pratique, en vue de l'obtention d'une qualification professionnelle sanctionnée par un diplôme ou un titre à finalité professionnelle enregistré au répertoire national des certifications professionnelles (L. 6211-1).

L'apprentissage est une forme d'éducation alternée associant d'une part une formation dans une ou plusieurs entreprises (L. 6211-2, R. 6223-11), fondée sur l'exercice d'une ou plusieurs activités professionnelles en relation directe avec la qualification objet du contrat entre l'apprenti et l'employeur ; et d'autre part des enseignements dispensés pendant le temps de travail dans un centre de formation d'apprentis (CFA) ou une section d'apprentissage.

Des aménagements sont prévus en faveur des personnes handicapées (L. 6222-37 et 38).

Une carte portant la mention « Étudiant des métiers » est délivrée à l'apprenti par l'organisme qui assure sa formation. Cette carte permet à l'apprenti de faire valoir sur l'ensemble du territoire national la spécificité de son statut auprès des tiers, notamment en vue d'accéder à des réductions tarifaires identiques à celles dont bénéficient les étudiants de l'enseignement supérieur (L. 6222-36-1).

Contrat d'apprentissage

• Formation du contrat

Le contrat d'apprentissage est un contrat de travail de type particulier conclu entre un apprenti ou son représentant légal et un employeur. L'employeur s'engage, outre le versement d'un salaire, à assurer à l'apprenti une formation professionnelle complète, dispensée pour partie en entreprise et pour partie en Centre de formation d'apprentis (CFA) ou section d'apprentissage. L'apprenti s'oblige, en retour, en vue de sa formation, à travailler pour cet employeur pendant la durée du contrat et à suivre cette formation (L. 6221-1).

L'apprenti doit avoir 16 ans au moins et 25 ans au plus au début de l'apprentissage. Une dérogation est prévue en faveur des jeunes âgés d'au moins 15 ans, s'ils ont achevé la scolarité du premier cycle d'enseignement secondaire (L. 6222-1). Des dérogations à la limite d'âge supérieure sont prévues (L. 6222-2), lorsque :
– Le contrat proposé fait suite à un contrat d'apprentissage, mais permet d'acquérir une qualification supérieure à celle obtenue à l'issue du premier contrat.
– Le contrat d'apprentissage a été rompu pour des causes indépendantes de la volonté de l'apprenti ou suite à une inaptitude physique et temporaire.
– Le contrat est signé, côté salarié, par une personne reconnue comme travailleur handicapé.

– L'intéressé a un projet de création ou de reprise d'entreprise dont la réalisation est subordonnée à l'obtention du diplôme ou titre sanctionnant la formation poursuivie.

Le contrat d'apprentissage est un contrat écrit qui comporte des clauses et des mentions obligatoires (notamment des renseignements concernant le maître d'apprentissage, la durée de l'apprentissage, l'indication du CFA où sera dispensé l'enseignement professionnel, la rémunération de l'apprenti). Il est signé par les 2 parties contractantes préalablement à l'emploi de l'apprenti (L. 6222-4).

En cas d'échec à l'examen, l'apprentissage peut être prolongé pour une durée d'un an au plus (L. 6222-11).

Le contrat fixe le début de l'apprentissage qui, sauf dérogations, ne peut être antérieur ni postérieur de plus de 3 mois au début du cycle de formation dans le centre (L. 6222-12).

• Enregistrement du contrat

Le contrat d'apprentissage, revêtu de la signature de l'employeur, de celle de l'apprenti et, s'il est incapable, de celle de son représentant légal, est adressé pour enregistrement à la chambre consulaire dont relève l'entreprise (L. 6224-1). La mission d'enregistrement confiée aux chambres consulaires est assurée sans préjudice du contrôle de la validité de l'enregistrement par l'UD (DIRECCTE) (L. 6224-5). L'enregistrement du contrat d'apprentissage ne donne lieu à aucun frais.

Le refus d'enregistrement du contrat d'apprentissage fait obstacle à ce que le contrat reçoive ou continue de recevoir exécution (L. 6224-3). Les litiges relatifs à l'enregistrement du contrat d'apprentissage ou de la déclaration qui en tient lieu sont portés devant le CPH (L. 6224-7).

• Durée du contrat

La durée du contrat d'apprentissage est au moins égale à celle du cycle de formation qui fait l'objet du contrat. Elle peut varier entre 1 et 3 ans, en fonction du type de profession, du niveau initial de compétence de l'apprenti et du niveau de qualification préparé (L. 6222-7), la durée normale étant de 2 ans.

Par dérogation, cette durée peut varier entre 6 mois et 1 an, pour l'acquisition d'un diplôme ou d'un titre d'un niveau inférieur ou dans certaines circonstances (L. 6222-9). Lorsque la durée du contrat est fixée à 2 ans au moins, elle est réduite d'un an pour les personnes ayant déjà bénéficié d'un enseignement technologique ou titulaires de certains diplômes.

• Rupture du contrat

Le contrat d'apprentissage peut être rompu par l'une ou l'autre des parties jusqu'à l'échéance des 45 premiers jours, consécutifs ou non, de formation pratique en entreprise effectuée par l'apprenti (L. 6222-18).

Le contrat peut être rompu par l'une ou l'autre des parties durant les 2 premiers mois de l'apprentissage. Ce délai est suspendu pendant les périodes d'absence pour maladie de l'apprenti (Soc. 16 mars 2004). C'est l'équivalent de la période d'essai prévue par un contrat de travail ordinaire. Passé ce délai, le contrat est censé arriver jusqu'à son terme (comme dans le cas d'un CDD). Toutefois, la résiliation peut intervenir avant l'arrivée du terme dans 3 cas (L. 6222-18) :
– Si les 2 parties en sont expressément d'accord par écrit ; si l'apprenti est mineur, la signature de son représentant légal est requise (Soc. 1er févr. 2005).
– Si l'une des parties commet une faute grave ou manque de façon répétée à ses obligations, par exemple si des manquements de l'employeur compromettent la formation de l'apprenti (Soc. 2 févr. 2005) (aucun dispositif n'est prévu pour aider l'apprenti à retrouver une autre entreprise, notamment quand la rupture par l'apprenti est liée au non-respect par l'employeur de ses obligations en matière de formation ou de conditions de travail).
– Si l'apprenti est inapte à exercer le métier auquel il voulait se préparer.

Dans ces deux derniers cas, la rupture du contrat est alors prononcée par le CPH.

Si la rupture est prononcée suite à la liquidation de l'entreprise, il en résulte pour le salarié un préjudice qui doit être réparé par des dommages-intérêts (Soc. 6 mai 1998). Il en est de même en cas de rupture anticipée du contrat hors des règles légales par l'employeur : celui-ci est tenu de payer les salaires jusqu'à la fin du contrat ou au jour de la décision du CPH (Soc. 4 mai 1999).

Enfin, si l'apprenti a obtenu le diplôme préparé, il peut mettre seul fin à son contrat avant le terme fixé initialement (L. 6222-19). Lorsque le contrat d'apprentissage est conclu dans le cadre de la formation d'apprenti junior (art. L. 337-3 du Code de l'éducation), il peut être rompu par l'apprenti qui demande à reprendre sa scolarité.

• Embauche en CDI

Si le contrat d'apprentissage est suivi de la signature d'un CDI dans la même entreprise, aucune période d'essai ne peut être imposée, sauf dispositions conventionnelles contraires. La durée du contrat d'apprentissage est prise en compte pour le calcul de la rémunération et l'ancienneté du salarié (L. 6222-16).

• CDI et contrat d'apprentissage

Lorsqu'un salarié est titulaire d'un CDI, ce contrat peut, par accord entre le salarié et l'employeur, être suspendu pendant la durée d'un contrat d'apprentissage conclu avec le même employeur. La durée de la suspension du contrat de travail est égale à la durée de la formation nécessaire à l'obtention de la qualification professionnelle recherchée (L. 6222-13). L'achèvement du contrat d'apprentissage doit entraîner la fin de la suspension du CDI et le jeune doit retrouver son précédent emploi ou un emploi équivalent, qu'il ait ou non acquis le diplôme ou le titre professionnel recherché.

Formation professionnelle

Toute entreprise peut engager un apprenti si l'employeur déclare à l'UD (DIRECCTE) prendre les mesures nécessaires à l'organisation de l'apprentissage et s'il garantit que l'équipement de l'entreprise, les techniques utilisées, les conditions de travail, de santé et de sécurité, les compétences professionnelles et pédagogiques ainsi que la moralité des personnes qui sont responsables de la formation sont de nature à permettre une formation satisfaisante (L. 6223-1 et s.).

L'employeur inscrit l'apprenti dans un CFA assurant l'enseignement correspondant à la formation prévue au contrat. L'employeur assure dans l'entreprise la formation pratique de l'apprenti. Il lui confie notamment des tâches ou des postes permettant d'exécuter des opérations ou travaux conformes à une progression annuelle définie par accord entre le CFA et les représentants des entreprises qui inscrivent des apprentis dans celui-ci. Les CFA ont le monopole de la formation des apprentis et sont soumis au contrôle de l'État (L. 6231-1 et s.).

La personne directement responsable de la formation de l'apprenti et assumant la fonction de tuteur est dénommée maître d'apprentissage. Elle a pour mission de contribuer à l'acquisition par l'apprenti dans l'entreprise des compétences correspondant à la qualification recherchée et au titre ou diplôme préparés en liaison avec le centre de formation d'apprentis (L. 6223-5).

Conditions de travail

• Statut de l'apprenti

L'apprenti, salarié de l'entreprise, bénéficie des dispositions applicables à l'ensemble des salariés dans la mesure où elles ne sont pas contraires à celles qui sont liées à sa situation de jeune travailleur en formation (Soc. 12 juill. 1999, L. 6222-23).

• Temps du travail

Le temps consacré par l'apprenti à la formation dispensée dans les CFA est compris dans l'horaire de travail – sauf lorsqu'il s'agit de modules complémentaires au cycle de formation, librement choisis par l'apprenti et acceptés par le CFA.

Pour le temps restant, et dans la limite de l'horaire de travail applicable dans l'entreprise, l'apprenti accomplit le travail qui lui est confié par l'employeur. Ce travail doit être en relation directe avec la formation professionnelle prévue au contrat.

S'il a moins de 18 ans, l'apprenti bénéficie de la même protection que les autres jeunes travailleurs (L. 3162-1) : il ne peut être employé à un travail effectif excédant 8 heures par jour, ni la durée légale hebdomadaire (35 heures), sauf dérogation exceptionnelle, par l'inspecteur du travail après avis du médecin du travail, dans la limite de 5 heures par semaine, ni la durée normale du travail des adultes de l'établissement, ni être occupé le dimanche (sauf dérogation, L. 3164-5), ni un jour férié (sauf dérogation, L. 3164-8). Il doit en outre bénéficier du repos quotidien de 12 heures consécutives (L. 3164-1), 14 heures s'il a moins de 16 ans. Lorsque le temps de travail quotidien est supérieur à 4 heures et demie, il doit bénéficier d'un temps de pause d'au moins 30 minutes consécutives (L. 3162-3). Le travail de nuit est interdit pour l'apprenti de moins de 18 ans, sauf dérogations (établissements commerciaux et du spectacle notamment, L. 3163-1 et s.).

L'apprenti a droit à un congé rémunéré supplémentaire de 5 jours ouvrables, à prendre dans le mois qui précède les épreuves du diplôme de l'enseignement prévu dans le contrat d'apprentissage (L. 6222-35).

• Santé et sécurité

Il est interdit d'employer l'apprenti à des travaux dangereux pour sa santé ou sa sécurité. Pour certaines formations professionnelles limitativement déterminées, l'apprenti peut accomplir, sous certaines conditions, les travaux dangereux que nécessite sa formation (L. 6222-30 et s.). Lorsque l'apprenti fréquente le CFA, il continue à bénéficier du régime de Sécurité sociale sur les accidents du travail et les maladies professionnelles, dont il relève en tant que salarié.

• Rémunération de l'apprenti

Sous réserve de dispositions contractuelles ou conventionnelles plus favorables, l'apprenti perçoit un salaire déterminé en pourcentage du SMIC et dont le montant varie en fonction de l'âge du bénéficiaire et de sa progression dans le ou les cycles de formation faisant l'objet de l'apprentissage (L. 6222-27, D. 6222-26).

ANNÉE D'EXÉCUTION DU CONTRAT	ÂGE DE L'APPRENTI		
	Jusqu'à 17 ans	18/20 ans	21 ans et +
1re année	25 %	41 %	53 %
2e année	37 %	49 %	61 %
3e année	53 %	65 %	78 %

Tableau n° 5 – La rémunération minimale de l'apprenti

Lorsqu'un apprenti conclut avec le même employeur un nouveau contrat d'apprentissage, sa rémunération est au moins égale à celle qu'il percevait lors de la dernière année d'exécution du contrat précédent, sauf si les rémunérations minimales fixées en fonction de son âge sont plus élevées.

• Contrôles et sanctions

L'UD (DIRECCTE) peut s'opposer à l'engagement d'apprentis par une entreprise lorsqu'il est établi par les autorités chargées du contrôle de l'exécution du contrat d'apprentissage que l'employeur méconnaît les obligations mises à sa charge, soit par le Code du travail, soit par le contrat d'apprentissage (L. 6225-1).

En cas de risque sérieux d'atteinte à la santé ou à l'intégrité physique ou morale de l'apprenti, l'inspecteur du travail propose à l'UD (DIRECCTE) la suspension du contrat, avec maintien par l'employeur de la rémunération (L. 6225-4).

• Mobilité internationale et européenne des apprentis

Le contrat d'apprentissage peut être exécuté en partie à l'étranger pour une durée déterminée qui ne peut excéder un an (L. 6222-42 et s.).

Prêt de main-d'œuvre à but lucratif

• Principe

En matière de travail illégal, la loi prévoit que ***tout prêt de main-d'œuvre à but lucratif*** (L. 8241-1) ou marchandage (défini comme une opération à but lucratif de fourniture de main-d'œuvre qui a pour effet de causer un préjudice au salarié qu'elle concerne ou d'éluder l'application de dispositions légales ou de stipulations d'une convention ou d'un accord collectif de travail – L. 8231-1) ***est interdit***, sous peine d'une amende de 30 000 € et d'un emprisonnement de 2 ans (Crim. 14 févr. 2007 ; Crim. 20 mars 2007).

• Exceptions

Par dérogation, est autorisé le prêt de main-d'œuvre à but lucratif réalisé dans le cadre légal du travail temporaire et également dans le cadre des associations intermédiaires, du travail à temps partagé, des agences de mannequins et du portage salarial (L. 8241-1-1°) ; des associations sportives (L. 8241-1-2°) ; des mises à disposition auprès d'organisations professionnelles de salariés et d'employeurs (L. 8241-1-3°).

Travail temporaire

Une ETT est une entreprise « dont l'activité exclusive est de mettre à la disposition provisoire d'utilisateurs, des salariés, qu'en fonction d'une qualification convenue, elle embauche et rémunère à cet effet » (L. 1251-2). Ce caractère d'exclusivité s'apprécie sans préjudice de l'exercice d'activités de placement.

L'activité d'ETT ne peut être exercée qu'après déclaration faite à l'Inspection du travail et obtention d'une garantie financière (L. 1251-45 et s.). Tout employeur (ETT) est tenu à tout moment de justifier d'une garantie financière assurant, en cas de défaillance de sa part, le paiement des salaires et de leurs accessoires, des indemnités de fin de mission et de congés payés, ainsi que des cotisations aux caisses de Sécurité sociale ou institutions sociales (Pôle emploi, caisses de retraite, etc.). La garantie résulte d'un engagement de caution, émanant d'une banque ou d'une compagnie d'assurances. Son montant minimum est fixé chaque année par décret. Si l'ETT est défaillante et si la caution s'avère insuffisante pour payer tout ce qui est dû, l'entreprise utilisatrice est substituée à l'ETT pour le paiement des sommes qui restent dues aux salariés et à la Sécurité sociale. Les ETT sont tenues de fournir à Pôle emploi le relevé des contrats qu'elles ont conclus avec leurs salariés (L. 1251-46).

Une relation triangulaire s'institue donc entre l'ETT, son client (l'entreprise utilisatrice) et le salarié. L'ETT conclut avec l'EU un contrat commercial de « mise à disposition » et avec le salarié un contrat de travail dit « contrat de mission ». L'ETT reste l'employeur. C'est elle qui recrute et rémunère le salarié intérimaire qui sera mis à la disposition de l'entreprise cliente pour la durée d'une « mission ».

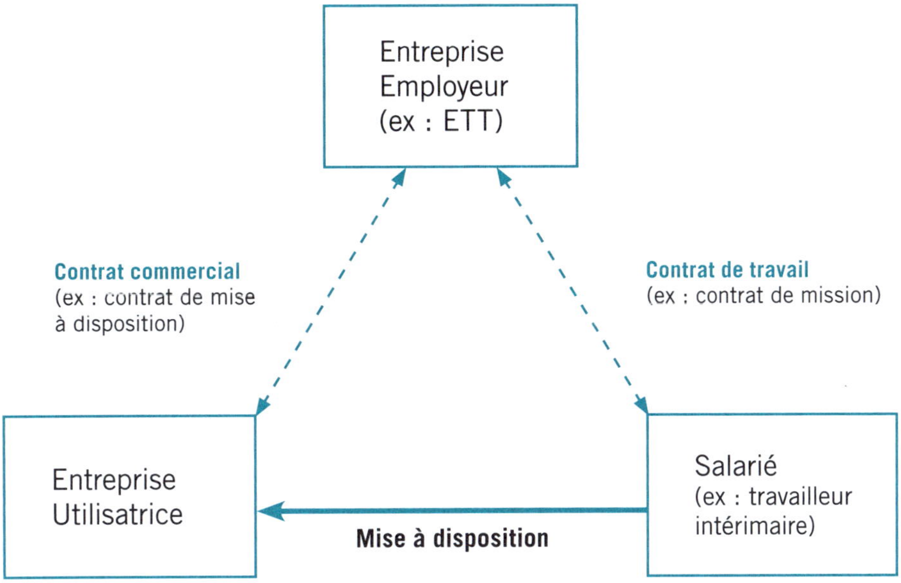

Graphique n° 4 – Le prêt de main-d'œuvre à but lucratif

Cas de de recours

• Principe

« Le contrat de mission ne peut avoir ni pour objet ni pour effet de pourvoir durablement un emploi lié à l'activité normale et permanente de l'entreprise utilisatrice » (L. 1251-5).

Ce contrat ne peut être conclu que pour l'exécution d'une tâche précise et temporaire, dénommée « mission », et seulement dans les cas suivants, outre le remplacement d'un chef d'entreprise (L. 1251-6) :

– ***Remplacement d'un salarié*** en cas d'absence, de passage provisoire à temps partiel, conclu par avenant à son contrat de travail ou par échange écrit entre ce salarié et son employeur, de suspension de son contrat de travail, de départ définitif précédant la suppression de son poste de travail (cette suppression doit faire l'objet d'une saisine du comité d'entreprise, à défaut, des délégués du personnel) ou en cas d'attente de l'entrée en service effective du salarié recruté par un CDI appelé à le remplacer.

– ***Accroissement temporaire de l'activité de l'entreprise*** : il doit bien être temporaire et non durable et constant (Soc. 21 janv. 2004) ; « *Le recours à des salariés* *intérimaires sur des postes libérés par glissement en cascade sur des postes de nuit* » ne répond pas aux exigences légales prévues ici « *dès lors qu'il n'était pas établi que l'affectation de nuit de salariés remplacés ne libérait que temporairement leur poste habituel de travail* » (Soc. 10 nov. 2009, SNC SOVAB).

– ***Emplois à caractère saisonnier.***

– ***Usages de la profession*** : emplois pour lesquels dans certains secteurs d'activité, définis par décret ou par voie de convention ou d'accord collectif étendu, il est d'usage constant de ne pas recourir au CDI, en raison de la nature de l'activité exercée et du caractère par nature temporaire de ces emplois (D. 1242-1) : exploitations forestières, réparation navale, déménagement, hôtellerie et restauration, spectacles, action culturelle, audiovisuel, information, production cinématographique, enseignement, activités d'enquête et de sondage, édition phonographique, centres de loisirs et de vacances, entreposage et stockage de la viande, sport professionnel, bâtiments et travaux publics pour les chantiers à l'étranger, activités de coopération, d'assistance technique, d'ingénierie et de recherche à l'étranger, et recherche scientifique réalisée dans le cadre d'une convention internationale, d'un arrangement administratif international pris en application d'une telle convention ou par les chercheurs étrangers résidant temporairement en France.

Dans ces secteurs d'activité, sont seuls concernés ***les emplois ayant par nature un caractère temporaire*** et non ceux qui sont caractérisés par une continuité de service, telles les tâches administratives (Soc. 17 déc. 1997). Par ailleurs, l'activité considérée doit être l'activité principale de l'entreprise et non celle du salarié concerné (Soc. 25 févr. 1998). La jurisprudence interprète strictement les cas de recours ainsi définis et écarte l'organisation de courses de chevaux et de pari mutuel qu'une réponse ministérielle avait assimilée à des spectacles (Soc. 24 juin 2003).

• Politique d'emploi et de formation

La mise à disposition peut aussi intervenir :
– Lorsque la mission de travail temporaire vise, en application de dispositions législatives ou réglementaires, ou d'un accord de branche étendu, à faciliter l'embauche de personnes sans emploi rencontrant des difficultés sociales et professionnelles particulières.
– Lorsque l'ETT et l'UE s'engagent, pour une durée et dans des conditions fixées par décret ou accord de branche étendu, à assurer un complément de formation professionnelle au salarié.

• Apprentissage

Les ETT peuvent conclure des contrats d'apprentissage (L. 6226-1). Ces contrats assurent à l'apprenti une formation professionnelle dispensée pour partie en entreprise dans le cadre des missions de travail temporaire et pour partie en CFA. La durée minimale de chaque mission de travail temporaire effectuée dans le cadre de l'apprentissage est de 6 mois. Le temps consacré aux enseignements dispensés en CFA afférents à ces missions est pris en compte dans cette durée.

Interdictions

Une entreprise utilisatrice ne peut faire appel à des travailleurs intérimaires (L. 1251-10) pour :
– Remplacer des salariés en ***grève***.
– Exécuter des ***travaux particulièrement dangereux*** figurant sur une liste établie par arrêté ministériel ; l'autorité administrative peut exceptionnellement autoriser une dérogation à cette interdiction (D. 1251-2), « *la dérogation exceptionnelle accordée par l'autorité administrative à l'interdiction de recourir au travail temporaire pour effectuer certains travaux particulièrement dangereux doit être préalable à l'affectation du salarié temporaire à l'un des travaux* » précités (Soc. 30 nov. 2010, PBR, Sté Adecco et Sté Barreault Lafon).
– Remplacer un ***médecin du travail***.

Est également interdit le recours à un salarié intérimaire dans les établissements où il a été procédé à un ***licenciement pour motif économique***, dans les mêmes conditions et avec les mêmes exceptions que pour les CDD (L. 1251-9).

Fixation du terme du contrat

• Début

La mission commence à la date fixée par le contrat. Lorsque l'intérimaire est appelé à remplacer un salarié absent, le contrat peut prendre effet avant l'absence du salarié.

• Terme

Le contrat de travail cesse de plein droit à l'arrivée du terme.

La mission doit comporter un terme fixé avec précision dès la conclusion du contrat de mise à disposition (CMD) conclu entre l'utilisateur et l'ETT

(L. 1251-11). Ce principe, déjà posé à propos du CDD, comporte les mêmes exceptions que celles déjà rencontrées pour ce contrat. Lorsque le terme de la mission est fixé avec précision dans le contrat, il peut être avancé ou reporté à raison d'un jour pour 5 jours de travail, sans que la réduction de la durée de la mission puisse excéder 10 jours de travail, ni transgresser la durée maximale. Pour les missions inférieures à 10 jours de travail, le terme de la mission peut être avancé ou reporté de 2 jours.

En cas de remplacement d'un salarié absent, le contrat peut ne pas comporter de terme précis : le contrat prend fin, soit à l'issue de la durée initiale prévue au contrat, soit au plus tard le surlendemain du jour où le salarié remplacé reprend son travail.

Période d'essai

Le contrat de travail peut comporter une période d'essai (L. 1251-14) dont la durée est fixée par convention ou accord professionnel étendu, par accord collectif d'entreprise ou d'établissement. À défaut, cette durée ne peut excéder :

- 2 jours, si la durée du contrat est inférieure ou égale à 1 mois ;
- 3 jours, si la durée du contrat est comprise entre 1 et 2 mois ;
- 5 jours, si la durée du contrat est supérieure à 2 mois.

En l'absence de terme précis, la période d'essai est calculée en fonction de la durée minimale du contrat.

Forme et contenu des contrats

• Contrat de mise à disposition (contrat commercial)

Ce contrat qui lie l'EU à l'ETT doit être établi par écrit, pour chaque salarié, au plus tard dans les 2 jours ouvrables suivant la mise à disposition. Il doit (L. 1251-42) :

– Mentionner le motif pour lequel il est fait appel au salarié temporaire. Cette mention doit être assortie de justifications précises. Notamment, dans le cas du remplacement d'un salarié absent, il faut indiquer le nom et la qualification du salarié remplacé, la catégorie de l'emploi et sa classification (Soc. 21 mars 2007).

– Fixer le terme de la mission.

– Comporter, le cas échéant, la clause prévoyant la possibilité de modifier le terme de la mission.

– Préciser les caractéristiques particulières du poste de travail à pourvoir et notamment si ce poste figure sur la liste des emplois présentant des risques particuliers pour la santé (L. 4154-2).
– Indiquer la qualification professionnelle exigée, le lieu de la mission et l'horaire.
– Mentionner la nature des équipements de protection individuelle que le salarié doit utiliser et, le cas échéant, préciser si ceux-ci sont fournis par l'ETT.
– Indiquer le montant de la rémunération avec ses différentes composantes, y compris, s'il en existe, les primes et accessoires de salaire que percevrait dans l'EU, après période d'essai, un salarié de qualification équivalente occupant le même poste de travail.

• Contrat de mission (contrat de travail)

Le contrat de travail dit de mission doit comporter notamment (L. 1251-16) :

- la reproduction des mentions qui doivent figurer dans le contrat de mise à disposition ;
- la qualification du salarié, c'est-à-dire la catégorie de l'emploi et sa classification (Soc. 21 mars 2007) ;
- les modalités de la rémunération due au salarié, y compris celle de l'indemnité destinée à compenser la précarité de sa situation ;
- la durée de la période d'essai, si celle-ci est prévue ;
- la mention que l'embauche du salarié temporaire par l'utilisateur, à l'issue de la mission, n'est pas interdite ;
- le nom et l'adresse de la caisse de retraite complémentaire et de l'organisme de prévoyance dont relève l'ETT.

Le contrat de travail doit être établi par écrit, en français, et adressé au salarié au plus tard dans les 2 jours ouvrables suivant sa mise à disposition (le salarié qui refuse de signer le contrat dans une intention frauduleuse ne peut obtenir sa requalification en CDI, Soc. 24 mars 2010). La déclaration préalable à l'embauche (DPE/DUE) étant généralisée, celle-ci doit être faite avant la prise de poste du salarié temporaire, mais pas pour les renouvellements, prolongations et reports de terme.

• Contrat de travail à durée indéterminée pour réaliser des missions

Une ETT peut conclure avec le salarié un CDI pour l'exécution de missions successives (art. 56, Loi du 17 août 2015 – dispositif expérimental jusqu'au 31 décembre 2018).

Chaque mission donne lieu à :

- la conclusion d'un CMD entre l'ETT et l'EU ;

- l'établissement par l'ETT d'une « lettre de mission » (remplaçant le « contrat de mission »).

Le contrat de travail, régi par les dispositions légales sur le CDI, sous réserve de dispositions particulières, peut prévoir des périodes sans exécution de mission, dites « périodes d'intermission », assimilées à du temps de travail effectif pour la détermination des droits à congés payés et pour l'ancienneté.

Établi par écrit, il comporte notamment les mentions suivantes :
- identité des parties ;
- conditions relatives à la durée du travail, notamment le travail de nuit ;
- horaires auxquels le salarié doit être joignable pendant les périodes d'intermission ;
- périmètre de mobilité dans lequel s'effectuent les missions, qui tient compte de la spécificité des emplois et de la nature des tâches à accomplir, dans le respect de la vie personnelle et familiale du salarié ;
- description des emplois correspondant aux qualifications du salarié ;
- durée de la période d'essai ;
- montant de la rémunération mensuelle minimale garantie ;
- obligation de remise au salarié d'une lettre de mission pour chacune des missions qu'il effectue.

La durée totale de la mission du salarié lié par un CDI avec l'entreprise de travail temporaire ne peut excéder 36 mois.

Échéance du terme et poursuite après échéance

Si l'EU continue à faire travailler, après la fin de sa mission, un salarié temporaire, sans avoir conclu avec lui un contrat de travail ou sans nouveau contrat de mise à disposition, ce salarié est réputé lié à l'utilisateur par un CDI. L'ancienneté du salarié est alors calculée à partir du premier jour de sa mission chez l'utilisateur (L. 1251-39).

Durée maximale du contrat

Disposition conventionnelle. La convention ou l'accord de branche étendu de l'entreprise utilisatrice peut fixer la durée totale du contrat de mission. Cette durée ne peut avoir ni pour objet ni pour effet de pourvoir durablement un emploi lié à l'activité normale et permanente de l'entreprise (L. 1251-12).

Dispositions légales supplétives. À défaut de stipulation dans la convention ou l'accord de branche, la durée totale du contrat de mission ne peut excéder ***18 mois*** compte tenu, le cas échéant, du ou des renouvellements (L. 1251-12-1).

Cette durée est réduite à 9 mois lorsque le contrat est conclu dans l'attente de l'entrée en service effective d'un salarié recruté par CDI ou lorsque son objet consiste en la réalisation de travaux urgents nécessités par des mesures de sécurité.

Elle est de 24 mois :
- lorsque la mission est exécutée à l'étranger.
- lorsque le contrat est conclu dans le cas du départ définitif d'un salarié précédant la suppression de son poste de travail.
- lorsque survient dans l'entreprise, qu'il s'agisse de celle de l'entrepreneur principal ou de celle d'un sous-traitant, une commande exceptionnelle à l'exportation dont l'importance nécessite la mise en œuvre de moyens quantitativement ou qualitativement exorbitants par rapport à ceux que l'entreprise utilise ordinairement. Dans ce cas, la durée initiale du contrat ne peut être inférieure à 6 mois.

Elle est portée à 36 mois afin d'être égale à celle du cycle de formation effectué en apprentissage.

Renouvellement du contrat

Disposition conventionnelle. La convention ou l'accord de branche étendu de l'entreprise utilisatrice peut fixer le nombre maximal de renouvellements possibles pour un contrat de mission. Ce nombre ne peut avoir ni pour objet ni pour effet de pourvoir durablement un emploi lié à l'activité normale et permanente de l'entreprise. Les conditions de renouvellement sont stipulées dans le contrat ou font l'objet d'un avenant soumis au salarié avant le terme initialement prévu (L. 1231-35).

Dispositions légales supplétives. À défaut de stipulation dans la convention ou l'accord de branche, le contrat de mission est ***renouvelable 2 fois*** pour une durée déterminée qui, ajoutée à la durée du contrat initial, ne peut excéder la durée maximale légale ou, le cas échéant, conventionnelle.

Les conditions de renouvellement sont stipulées dans le contrat ou font l'objet d'un avenant soumis au salarié avant le terme initialement prévu (L. 1251-35-1).

Rupture anticipée de la mission

• Initiative de l'ETT

Il peut arriver que l'ETT décide de rompre le contrat de travail avant qu'il arrive à son terme. Le plus souvent, cette décision est prise parce que l'EU est mécontente du salarié et a rompu le contrat de mise à disposition (cette rupture ne pouvant intervenir pour un motif discriminatoire, Crim. 2 sept. 2003 ; la rupture du contrat de mise à disposition ne constitue pas un cas de force majeure, L. 1251-27).

L'ETT doit, dans ce cas, proposer au salarié un nouveau contrat de travail, prenant effet dans un délai maximum de 3 jours ouvrables.

Le nouveau contrat ne peut comporter de modifications substantielles en ce qui concerne la qualification, la rémunération, l'horaire de travail et le temps de transport (L. 1251-26).

L'ETT n'est dispensée de cette obligation qu'en cas de force majeure ou de faute grave du salarié. Dans les autres cas, si elle ne s'acquitte pas de cette obligation, elle devra payer au salarié la rémunération qu'il aurait reçue si le contrat était parvenu jusqu'à son terme, y compris l'indemnité de fin de mission. Toutefois, lorsque la durée restant à courir du contrat rompu est supérieure à 4 semaines, l'ETT satisfera à ses obligations en proposant des contrats successifs d'une durée totale au moins égale à celle qui restait à courir (le nombre de ces contrats est limité à 3).

• Initiative du salarié

Le salarié peut prendre l'initiative de la rupture anticipée du contrat de mission. S'il justifie de la conclusion d'un CDI, cette rupture n'ouvre pas droit pour l'ETT à des dommages et intérêts correspondant au préjudice subi (L. 1251-28).

Sauf accord des parties, le salarié est tenu de respecter un préavis dont la durée est calculée à raison d'un jour par semaine, compte tenu de la durée totale du contrat (terme précis) ou de la durée accomplie (absence de terme précis). La durée totale du préavis ne peut être inférieure à un jour ni supérieure à 2 semaines.

Succession de contrats de mission

Les règles en la matière sont identiques à celles qui concernent les CDD. Les jours pris en compte pour apprécier le délai devant séparer les 2 contrats sont les jours d'ouverture de l'entreprise ou de l'établissement utilisateurs (L. 1251-36-1).

À l'expiration d'un contrat de mission, il ne peut être recouru, pour pourvoir le poste du salarié dont le contrat a pris fin, ni à un CDD ni à un contrat de mission, avant l'expiration d'un ***délai de carence*** calculé en fonction de la durée du contrat de mission incluant, le cas échéant, son ou ses renouvellements. Les jours pris en compte sont les jours d'ouverture de l'entreprise ou de l'établissement utilisateurs.

Disposition conventionnelle. La convention ou l'accord de branche étendu de l'entreprise utilisatrice peut fixer les modalités de calcul de ce délai de carence (dans le respect de la règle générale L. 1251-5, L. 1251-36). La convention ou l'accord de branche étendu de l'entreprise utilisatrice peut prévoir les cas dans lesquels le délai de carence n'est pas applicable (dans le respect de la règle générale L. 1251-5, L. 1251-37).

Dispositions légales supplétives. À défaut de stipulation dans la convention ou l'accord de branche conclu, ce délai de carence est égal :

- 1° au tiers de la durée du contrat de mission venu à expiration si la durée du contrat incluant, le cas échéant, son ou ses renouvellements, est de 14 jours ou plus ;
- 2° à la moitié de la durée du contrat de mission venu à expiration si la durée du contrat incluant, le cas échéant, son ou ses renouvellements, est inférieure à 14 jours.

À défaut de stipulation dans la convention ou l'accord de branche, le délai de carence n'est pas applicable (L. 1251-37-1) :

- 1° lorsque le contrat de mission est conclu pour assurer le remplacement d'un salarié temporairement absent ou dont le contrat de travail est suspendu, en cas de nouvelle absence du salarié remplacé ;
- 2° lorsque le contrat de mission est conclu pour l'exécution de travaux urgents nécessités par des mesures de sécurité ;
- 3° lorsque le CDD est conclu pour pourvoir un emploi à caractère saisonnier ou pour lequel, dans certains secteurs d'activité, il est d'usage constant de ne pas recourir au CDI ;
- 4° lorsque le contrat est conclu pour assurer le remplacement d'une personne (4° et 5° de L. 1251-6) ;
- 5° lorsque le salarié est à l'initiative d'une rupture anticipée du contrat ;
- 6° lorsque le salarié refuse le renouvellement de son contrat de mission, pour la durée du contrat non renouvelé.

Statut du salarié intérimaire

• Égalité de traitement

Le salarié intérimaire doit bénéficier d'une égalité de traitement avec les salariés « permanents » (en CDI) de l' EU (directive n° 2008/104/CE du 19 nov. 2008). Le salarié bénéficie des activités sociales et culturelles du CE dans les mêmes conditions que les salariés en CDI.

Le salarié intérimaire est placé, pendant la durée de la mission, sous l'autorité de l'EU et non de son employeur. Ainsi, les attributions en général réunies sur la personne d'un seul employeur sont, dans le cas du travail temporaire, réparties entre l'ETT et l'EU. L'ETT recrute, rémunère, licencie. L'EU exerce l'autorité. La fonction d'employeur fait l'objet d'un éclatement.

• Rémunération

Le salarié doit percevoir une rémunération au moins égale à celle qu'aurait perçue, dans l'entreprise utilisatrice, après période d'essai, un salarié de qualification équivalente, occupant le même poste de travail (L. 1251-18). Cette rémunération est déterminée dans le contrat de mise à disposition. Le respect de cette obligation relève de la responsabilité de l'ETT employeur du salarié intérimaire (Soc. 31 oct. 2012).

Quant aux ***accessoires de salaires***, le salarié doit bénéficier des titres restaurant, comme les salariés permanents (Soc. 29 nov. 2006, société The Timken Company), et, s'il remplit les conditions de présence prévues par un accord d'entreprise, de la prime de treizième mois (Soc. 29 nov. 2006, SA Multipostage). La totalité des jours fériés chômés intervenant au cours d'une mission est due au salarié temporaire, sans condition d'ancienneté, dès lors que les salariés de l'EU en bénéficient.

• Indemnité de fin de contrat

À RETENIR

À l'issue d'une mission, le salarié sous contrat de travail temporaire a droit, sauf exception, à une indemnité destinée à compenser la précarité de sa situation et qui constitue un complément de salaire (L. 1251-32).

Le montant de cette indemnité est de 10 % de la rémunération totale brute due au salarié. Elle doit être versée à l'issue de chaque mission avec le salaire dû pour celle-ci et figurer sur le bulletin de salaire correspondant.

Elle n'est pas due (L. 1251-33) :
– Dans le cas de contrats de travail temporaire « d'usage constant » si un accord collectif étendu entre les organisations professionnelles d'employeurs et de salariés de la branche du travail temporaire, un accord collectif d'entreprise ou d'établissement le prévoit.
– Dans le cas de contrats de travail temporaire conclus dans le cadre de stages de formation.
– Si le contrat est rompu à l'initiative du salarié, en cas de faute grave ou d'embauche sous CDI de celui-ci ou en cas de force majeure.
– Lorsque le salarié est recruté ensuite directement sous CDI, sans que la prise d'effet de ce contrat soit nécessairement concomitante, mais à condition qu'elle intervienne dans un délai raisonnable (Soc. 8 déc. 2004).

• Congés payés

Le salarié temporaire a également droit à une indemnité compensatrice de congés payés (L. 1251-19). Ne prenant pas de congés payés dans l'EU, il a droit, à l'issue de chaque mission, à une indemnité compensatrice de congés payés, d'un montant égal à 10 % de la rémunération totale qui lui est due, indemnité de fin de mission comprise.

• Conditions de travail

Les dispositions légales, réglementaires et conventionnelles applicables sur les lieux de travail, notamment celles relatives aux conditions de travail, à l'hygiène et à la sécurité, couvrent le personnel temporaire comme le personnel permanent (L. 1251-21). Pendant la durée de la mission, l'EU est responsable des conditions d'exécution du travail (durée du travail, travail de nuit, repos hebdomadaire, jours fériés, santé et sécurité).

Obligation de sécurité

« *L'entreprise de travail temporaire et l'entreprise utilisatrice sont tenues, à l'égard des salariés mis à disposition, d'une obligation de sécurité de résultat dont elles doivent assurer l'effectivité, chacune au regard des obligations que les textes mettent à leur charge en matière de prévention des risques* » (Soc. 30 nov. 2010, PBR, Sté Adecco et Sté Barreaut Lafon).

Formation à la sécurité

Les dispositions relatives à la formation renforcée à la sécurité couvrent les salariés temporaires (à défaut, l'EU est présumée auteur d'une faute inexcusable en cas d'AT, Civ. 2e 24 mai 2007).

Suivi médical

Les obligations relatives à la médecine du travail sont à la charge de l'ETT, mais lorsque l'activité exercée par le salarié nécessite une surveillance médicale renforcée, les obligations correspondantes sont à la charge de l'EU.

EPI

Les équipements de protection individuelle (EPI) sont fournis par l'EU, mais certains équipements personnalisés (lunettes de sécurité, chaussures, casques, etc.), définis par convention ou accord collectif de travail, peuvent être fournis par l'ETT. Les salariés ne doivent pas supporter la charge financière des équipements de protection individuelle.

• Information sur les CDI

Les travailleurs intérimaires bénéficient, comme les salariés sous CDD, de l'information sur les emplois à durée indéterminée disponibles (L. 1251-25).

• Moyens de transport et de restauration

Les travailleurs intérimaires bénéficient des équipements collectifs existant chez l'EU, dans les mêmes conditions que les salariés de l'utilisateur. Lorsque, de ce fait, des dépenses supplémentaires incombent au CE, celles-ci doivent lui être remboursées (L. 1251-24).

• Représentation du personnel – Électorat et éligibilité

Dans les EU, les salariés temporaires peuvent faire présenter par les délégués de ces entreprises leurs réclamations individuelles ou collectives concernant la rémunération et les conditions de travail. Ils sont, dans certains cas, pris en compte dans le calcul de l'effectif de celles-ci. Ils ne sont pas électeurs (Soc. 1er avril 2008).

EN PRATIQUE

Dans les ETT, ces salariés temporaires sont électeurs et éligibles aux élections des DP et au CE s'ils satisfont à une ancienneté d'au moins 3 mois (électorat) ou 6 mois (éligibilité). Pour apprécier l'ancienneté du salarié, on totalise la durée des missions au cours des 12 mois (électorat) ou des 18 mois (éligibilité) précédant l'élection. Ils peuvent être désignés comme délégués syndicaux s'ils totalisent au moins 6 mois de missions dans les 18 mois précédant leur désignation. Les intérimaires sont également éligibles au CHSCT de l'ETT (Soc. 22 sept. 2010, PBR). Ils ne doivent pas être discriminés du fait de leurs mandats, notamment dans l'EU (si l'EU refuse la conclusion d'un CMD ou son renouvellement en raison des absences liées à l'exercice des mandats, il s'agit d'une discrimination : Crim. 2 sept. 2003).

Sanctions

• Sanctions civiles

La sanction consistant en une requalification de la relation de travail en CDI doit s'opérer, en principe, avec l'EU (L. 1251-40), exceptionnellement avec l'ETT (Soc. 19 juin 2002). Ainsi, si l'EU continue à faire travailler un salarié temporaire après la fin de sa mission, le contrat devient à durée indéterminée ;

de même, si l'EU a recours à un salarié temporaire pour un motif non autorisé ou en dépassant les durées autorisées, ce salarié sera considéré comme lié, avec l'EU, par un CDI. La requalification prend effet à compter du premier jour de la première mission irrégulière effectuée chez l'utilisateur (Soc. 21 janv. 2004).

En cas de succession de contrats de mission pour accroissement temporaire d'activité, il appartient à l'EU d'établir la réalité du surcroît d'activité. À défaut, les contrats de mission sont requalifiés en un CDI (Soc. 10 nov. 2009, SNC SOVAB ; Soc. 15 mars 2006, Soc. 10 mai 2006, société Bosch).

Cependant, la méconnaissance de l'obligation de transmission à l'intérimaire de son contrat dans le délai de 2 jours ouvrables suivant sa mise à disposition ne saurait, à elle seule, entraîner la requalification en CDI (elle ouvre droit, pour le salarié, à une indemnité, à la charge de l'employeur, qui ne peut être supérieure à un mois de salaire).

Le salarié intérimaire qui a obtenu la requalification de sa relation de travail en CDI peut, en cas de rupture de celui-ci, cumuler l'indemnité de préavis et l'indemnité de licenciement sans cause réelle et sérieuse (Soc. 13 avril 2005). L'indemnité de précarité lui reste acquise (Soc. 13 avril 2005).

Quand le salarié intérimaire a effectué plusieurs missions (13 entre 2001 et 2006) dans la même entreprise, ne connaissant ses dates de début et de fin de mission qu'au fur et à mesure qu'il les effectuait, de sorte qu'il avait dû se tenir à la disposition de l'entreprise, il doit bénéficier de rappels de salaires, par l'entreprise utilisatrice, pour les périodes intermédiaires entre les missions (non travaillées, Soc. 10 nov. 2009, SNC SOVAB, préc.).

La requalification du contrat de travail temporaire d'un salarié mis à disposition d'un employeur public « *relève de la compétence du juge administratif* » (Trib. des conflits, 2 mars 2009, Mme D. c/ministre de la Défense).

• Sanctions pénales

Des sanctions sont prévues à l'encontre de :
- l'ETT (L. 1255-1, L. 1252-1),
- l'EU (L. 1255-3 à L. 1255-10),

s'ils commettent des infractions en violation des obligations énumérées par le Code du travail ou des dispositions conventionnelles dérogatoires.

Les peines sont notamment une amende de 3 750 € et, en cas de récidive, un emprisonnement de 6 mois et une amende de 7 500 € (cf. durée de la mission, L. 1255-7 ; renouvellement du contrat, L. 1255-8 ; succession de contrats sur un même poste, L. 1255-9). D'autres peines sont prévues dans certains cas (l'interdiction d'exercer l'activité d'ETT, etc.) ainsi que des peines complémentaires (l'affichage du jugement aux portes des entreprises, aux frais de l'ETT ou de l'EU condamnée, et son insertion dans des journaux).

• Actions en justice

Les conditions dans lesquelles un salarié peut demander au CPH la requalification d'une mission d'intérim en CDI et dans lesquelles les syndicats représentatifs peuvent exercer en justice toute action tendant à faire valoir les droits d'un salarié intérimaire (L. 1251-59) ou agir devant le TGI (CA Versailles, 28 mars 2007) sont identiques à celles concernant le CDD.

Contrat de travail à temps partagé

La loi prévoit une forme de prêt de main-d'œuvre à but lucratif : le travail à temps partagé (L. 1252-1 et s.), dont le régime juridique est assez imprécis.

Une entreprise de travail à temps partagé a pour activité exclusive de « mettre à disposition d'entreprises clientes du personnel qualifié qu'elles ne peuvent recruter elles-mêmes en raison de leur taille ou de leurs moyens ». L'embauche est ainsi mutualisée. Les missions peuvent être à temps plein ou à temps partiel. Un contrat de travail à temps partagé est conclu pour chaque mise à disposition entre l'entreprise de travail à temps partagé et l'entreprise cliente (entreprise utilisatrice).

Un CDI est conclu entre le salarié et l'entreprise de travail à temps partagé. Le statut du salarié est proche de celui de l'intérimaire (rémunération, etc.).

Les ETT elles aussi peuvent exercer l'activité d'entreprise de travail à temps partagé.

Portage salarial

• Définition

Le portage salarial désigne l'ensemble organisé constitué par :
– La relation entre une entreprise dénommée « entreprise de portage salarial » (EPS) effectuant une prestation au profit d'une entreprise cliente (EC), qui donne lieu à la conclusion d'un contrat commercial de prestation de portage salarial.
– Le contrat de travail conclu entre l'entreprise de portage salarial et un salarié désigné comme étant le « salarié porté », rémunéré par cette entreprise (L. 1254-1).

• EPS

L'EPS exerce à titre exclusif l'activité de portage salarial (L. 1254-24 et s. ; L. 1255-14 et L. 1255-15). L'activité d'EPS ne peut être exercée qu'après déclaration faite à l'autorité administrative et obtention de la garantie financière.

• Salarié

Le salarié justifie d'une expertise, d'une qualification et d'une autonomie qui lui permettent de rechercher lui-même ses clients et de convenir avec eux des conditions d'exécution de sa prestation et de son prix.

Il bénéficie d'une rémunération minimale définie par accord de branche étendu. À défaut, le montant de la rémunération mensuelle minimale est fixé à 75 % de la valeur mensuelle du plafond de la Sécurité sociale pour une activité équivalant à un temps plein.

• Conditions et interdictions de recours

L'EC ne peut avoir recours à un salarié porté que pour l'exécution d'une tâche occasionnelle ne relevant pas de son activité normale et permanente ou pour une prestation ponctuelle nécessitant une expertise dont elle ne dispose pas (L. 1255-16).

La prestation ne peut avoir pour objet :
– De remplacer un salarié dont le contrat de travail est suspendu à la suite d'un conflit collectif de travail.
– D'effectuer certains travaux particulièrement dangereux (L. 4154-1).

La durée de cette prestation ne peut excéder 36 mois.

• Contrat de travail

L'EPS n'est pas tenue de fournir du travail au salarié porté. Le contrat de travail conclu entre l'EPS et le salarié est un CDD (L. 1254-10 et s) pour la réalisation d'une prestation dans une entreprise cliente, ou un CDI (L. 1254-19 et s.), pour la réalisation de prestations dans une ou plusieurs entreprises clientes.

La seule rupture du contrat commercial de prestation de portage salarial n'entraîne pas la rupture du contrat de travail du salarié. L'EPS est redevable de la rémunération due au salarié porté correspondant à la prestation réalisée.

Le montant de l'indemnité d'apport d'affaire est défini par accord de branche étendu. À défaut, il est fixé à 5 % de la rémunération due au salarié et de l'indemnité.

• Contrat commercial

L'EPS conclut avec l'EC du salarié porté un contrat commercial de prestation de portage salarial au plus tard dans les 2 jours ouvrables suivant le début de la prestation. Ce contrat reprend les éléments essentiels de la négociation de la prestation entre le salarié porté et l'entreprise cliente. L'EPS adresse au salarié porté par tout moyen une copie de ce contrat dans le même délai (L. 1254-22 et s.).

EN PRATIQUE

Ce contrat mentionne notamment :
- le descriptif de la prestation et ses conditions d'exécution par le salarié ;
- la date du terme de la prestation et, le cas échéant, la durée minimale de la prestation lorsque le terme est incertain et lié à la réalisation de la prestation ;
- le prix de la prestation convenu entre le salarié et l'entreprise cliente ;
- la responsabilité de l'EC relative aux conditions d'exécution du travail du salarié, en particulier les questions liées à sa santé, à sa sécurité et à la durée du travail, pendant l'exécution de sa prestation dans ses locaux ou sur son site de travail.

Contrats liés aux politiques d'insertion ou de services à la personne

L'insertion par l'activité économique (IAE) a pour objet de permettre à des personnes sans emploi, rencontrant des difficultés sociales et professionnelles particulières, de bénéficier de contrats de travail en vue de faciliter leur insertion professionnelle (L. 5132-1). Les structures d'IAE pouvant conclure des conventions avec l'État sont notamment :
– Les ETT d'insertion (L. 5132-6) ; leur activité relève de l'ensemble des dispositions relatives au travail temporaire mais la durée des contrats de mission peut être portée à 24 mois, renouvellement compris.
– Les associations intermédiaires (L. 5132-7 et s.) ; leur activité consiste à embaucher des personnes sans emploi en grande difficulté en les mettant à titre onéreux à disposition de personnes physiques ou morales, dans le cadre d'un régime proche du travail temporaire ; Soc. 11 mars 2008, ces associations ne remplissent qu'un rôle de mandataire, les personnes physiques étant les seuls employeurs des travailleurs ; ces AI peuvent conclure des CDD d'insertion, L. 5132-11-1). Quand le salarié mis à disposition occupe « *en réalité un emploi lié à l'activité normale et permanente de l'entreprise utilisatrice* », il peut faire valoir auprès de cette entreprise les droits tirés d'un CDI (Soc. 2 mars 2011,

Sté Angers Habitat – les règles relatives au travail temporaire s'appliquent, *supra* L. 1251-1).

Les associations et entreprises de « services à la personne » (L. 7231-1 et s.) portent sur les activités de garde d'enfants, d'assistance aux personnes (âgées, handicapées, autres) et de tâches ménagères ou familiales au domicile. Leur activité consiste notamment à recruter des personnes pour les mettre à disposition de personnes physiques (L. 7232-6-2°). Les dispositions protectrices pour ces salariés sont réduites.

Prêt de main-d'œuvre à but non lucratif (L. 8241-2)

Le prêt de main-d'œuvre sans but lucratif est autorisé (notamment dans le cadre des groupements d'employeurs ou dans le cadre d'un détachement ou d'une mise à disposition au sein d'un groupe d'entreprises, notamment dans une filiale). Une opération de prêt de main-d'œuvre ne poursuit pas de but lucratif lorsque l'entreprise prêteuse ne facture à l'entreprise utilisatrice, pendant la mise à disposition, que les salaires versés au salarié, les charges sociales afférentes et les frais professionnels remboursés à l'interessé au titre de la mise à disposition (L. 8241-1 et s., loi du 28 juill. 2011, disposition plus restrictive et plus favorable aux politiques d'entreprises que la jurisprudence *infra*).

Jurisprudence

EN PRATIQUE

Cependant, en cas d'infraction (but lucratif), ces opérations peuvent tomber sous le coup de la condamnation pour, d'une part, prêt de main-d'œuvre à but lucratif, et, d'autre part, marchandage (Soc. 18 mai 2011, Stés John Deere et John Deere Credit, d'une part, *« cette interdiction concerne également l'entreprise utilisatrice et le caractère lucratif de l'opération peut résulter d'un accroissement de flexibilité dans la gestion du personnel et de l'économie de charges procurées à cette dernière »*, et, d'autre part, *« la société (...) ne supportait aucun frais de gestion de personnel hormis le strict remboursement du salaire et des charges sociales, et, (...) il avait été fait application aux salariés d'une convention de forfait-jours illicite, faute pour la convention collective des sociétés financières qui lui était applicable, (...) de prévoir la possibilité d'y recourir, ce qui l'avait privé du paiement des heures supplémentaires effectuées »*).

Le prêt de main-d'œuvre à but non lucratif conclu entre entreprises requiert :
1° L'accord du salarié concerné ;
2° Une convention de mise à disposition entre l'entreprise prêteuse et l'entreprise utilisatrice qui en définit la durée et mentionne l'identité et la qualification du salarié concerné, ainsi que le mode de détermination des salaires, des charges sociales et des frais professionnels qui seront facturés à l'entreprise utilisatrice par l'entreprise prêteuse ;
3° Un avenant au contrat de travail, signé par le salarié, précisant le travail confié dans l'entreprise utilisatrice, les horaires et le lieu d'exécution du travail, ainsi que les caractéristiques particulières du poste de travail.

A l'issue de sa mise à disposition, le salarié retrouve son poste de travail ou un poste équivalent dans l'entreprise prêteuse sans que l'évolution de sa carrière ou de sa rémunération ne soit affectée par la période de prêt.

Les salariés mis à disposition ont accès aux installations et moyens de transport collectifs dont bénéficient les salariés de l'entreprise utilisatrice.

Un salarié ne peut être sanctionné, licencié ou faire l'objet d'une mesure discriminatoire pour avoir refusé une proposition de mise à disposition.

La mise à disposition ne peut affecter la protection dont jouit un salarié en vertu d'un mandat représentatif.

Pendant la période de prêt de main-d'œuvre, le contrat de travail qui lie le salarié à l'entreprise prêteuse n'est ni rompu ni suspendu. Le salarié continue d'appartenir au personnel de l'entreprise prêteuse ; il conserve le bénéfice de l'ensemble des dispositions conventionnelles dont il aurait bénéficié s'il avait exécuté son travail dans l'entreprise prêteuse.

Le CSÉ est consulté préalablement à la mise en œuvre d'un prêt de main-d'œuvre et informé des différentes conventions signées. Le CSÉ de l'entreprise prêteuse est informé lorsque le poste occupé dans l'entreprise utilisatrice par le salarié mis à disposition figure sur la liste de ceux présentant des risques particuliers pour la santé ou la sécurité des salariés (L. 4154-2). Le CSÉ de l'entreprise utilisatrice est informé et consulté préalablement à l'accueil de salariés mis à la disposition de celle-ci dans le cadre de prêts de main-d'œuvre.

L'entreprise prêteuse et le salarié peuvent convenir que le prêt de main-d'œuvre est soumis à une période probatoire au cours de laquelle il peut y être mis fin à la demande de l'une des parties. Cette période probatoire est obligatoire lorsque le prêt de main-d'œuvre entraîne la modification d'un élément essentiel du contrat de travail. La cessation du prêt de main-d'œuvre à l'initiative de l'une des parties avant la fin de la période probatoire ne peut, sauf faute grave du salarié, constituer un motif de sanction ou de licenciement.

Contrat conclu avec un groupement d'employeurs

Ces groupements ne peuvent se livrer qu'à des opérations à but non lucratif (L. 1253-1 et s.).

• Objet

Ces groupements de personnes entrant dans le champ d'application d'une même convention collective peuvent être constitués dans le but de mettre à la disposition de leurs membres (EU, entreprise utilisatrice) des salariés liés à ces groupements par un contrat de travail. Cette mise à disposition peut avoir pour objet de permettre le remplacement de salariés suivant une action de formation. Ils peuvent également apporter à leurs membres leur aide ou leur conseil en matière d'emploi ou de gestion des ressources humaines.

• Constitution et adhésion

Les groupements d'employeurs sont constitués sous la forme d'une association ou d'une société coopérative (L. 1253-2). Lorsqu'un groupement d'employeurs se constitue, il en informe l'Inspection du travail, la liste des membres du groupement étant tenue en permanence à sa disposition au siège du groupement (L. 1253-6). La règle prescrivant qu'une personne ne peut être membre que de 2 groupements est abrogée (loi du 28 juill. 2011).

Les employeurs qui adhèrent à un groupement d'employeurs informent les IRP (CE, DP, CHSCT) existant dans leur entreprise de la constitution et de la nature du groupement d'employeurs (L. 1253-7).

• Responsabilité solidaire des dettes

Les membres du groupement sont solidairement responsables de ses dettes à l'égard des salariés et des organismes créanciers de cotisations obligatoires. Par dérogation, les statuts des groupements d'employeurs peuvent prévoir, sur la base de critères objectifs, des règles de répartition de ces dettes entre les membres du groupement, opposables aux créanciers. Ils peuvent également prévoir des modalités de responsabilité spécifiques pour les collectivités territoriales membres du groupement (L. 1253-8).

• Conditions d'emploi et de travail

Les contrats de travail conclus par le groupement sont établis par écrit. Ils comportent notamment :

- les conditions d'emploi et de rémunération ;

- la qualification professionnelle du salarié ;
- la liste des utilisateurs potentiels ;
- les lieux d'exécution du travail.

Ils garantissent l'égalité de traitement en matière de rémunération, d'intéressement, de participation et d'épargne salariale entre le salarié du groupement et les salariés des entreprises auprès desquelles il est mis à disposition (L. 1253-9).

Les salariés du groupement bénéficient de la convention collective dans le champ d'application de laquelle le groupement a été constitué (L. 1253-10). Pendant la durée de la mise à disposition, l'utilisateur est responsable des conditions d'exécution du travail (durée du travail, travail de nuit, repos hebdomadaire, jours fériés, santé et sécurité, etc., L. 1253-12). Les obligations relatives à la médecine du travail sont à la charge du groupement, mais à la charge de l'utilisateur en cas de surveillance médicale renforcée (L. 1253-13).

Les salariés du groupement ont accès dans l'entreprise utilisatrice aux moyens collectifs de transport et aux installations collectives, notamment de restauration, dont peuvent bénéficier les salariés de l'entreprise utilisatrice, dans les mêmes conditions que ces derniers (L. 1253-14).

• Actions en justice

Les organisations syndicales représentatives dans l'EU ou dans le groupement peuvent exercer en justice les actions civiles en faveur des salariés du groupement (pouvoir de substitution comme en matière de CDD ou de travail temporaire). Des sanctions pénales sont également prévues (L. 1254-13).

Nouveau prêt de main d'œuvre sans but lucratif

Une entreprise peut mettre à disposition de manière temporaire ses salariés auprès d'une jeune ou d'une petite ou moyenne entreprise, afin de lui permettre d'améliorer la qualification de sa main-d'œuvre, de favoriser les transitions professionnelles ou de constituer un partenariat d'affaires ou d'intérêt commun (L. 8241-3).

Le dispositif est applicable :

- pour les entreprises utilisatrices, aux jeunes entreprises qui ont moins de 8 ans d'existence au moment de la mise à disposition et aux PME d'au maximum 250 salariés ;

- pour les entreprises prêteuses, aux entreprises ou aux entreprises appartenant à un groupe d'au moins 5 000 salariés.

Cette mise à disposition d'un salarié ne peut être effectuée au sein d'un même groupe et ne peut excéder une durée de 2 ans.

Ces opérations de prêt de main-d'œuvre n'ont pas de but lucratif (L. 8241-1) et ne sont pas soumises aux dispositions précitées (L. 8241-2).

Une convention de mise à disposition est conclue entre l'entreprise prêteuse et l'entreprise utilisatrice (R. 8241-2.-I). La mise à disposition ne peut être mise en œuvre qu'avec l'accord exprès et écrit du salarié concerné (R. 8241-2.-II).

Temps partiel

• Définition

Est considéré comme salarié à temps partiel le salarié dont la durée du travail est inférieure :
- à la durée légale du travail ou, lorsque cette durée est inférieure à la durée légale, à la durée du travail fixée conventionnellement pour la branche ou l'entreprise ou à la durée du travail applicable dans l'établissement ;
- à la durée mensuelle résultant de l'application, durant cette période, de la durée légale du travail ou, si elle est inférieure, de la durée du travail fixée conventionnellement pour la branche ou l'entreprise ou de la durée du travail applicable dans l'établissement ;
- à la durée de travail annuelle résultant de l'application durant cette période de la durée légale du travail, soit 1 607 heures, ou, si elle est inférieure, de la durée du travail fixée conventionnellement pour la branche ou l'entreprise ou de la durée du travail applicable dans l'établissement (L. 3123-1).

Le contrat peut être un CDI ou un CDD.

Est donc considéré comme à temps partiel tout salarié dont l'horaire de travail est inférieur à un temps plein. Il n'existe pas de plancher.

• Accord de branche

Les organisations liées par une convention de branche ou, à défaut, par des accords professionnels, ouvrent une négociation sur les modalités d'organisation du temps partiel dès lors qu'au moins un tiers de l'effectif de la branche professionnelle occupe un emploi à temps partiel. Cette négociation porte notamment sur la durée minimale d'activité hebdomadaire ou mensuelle, le nombre et la durée des périodes d'interruption d'activité, le délai de prévenance préalable à la modification des horaires et la rémunération des heures complémentaires (L. 2241-2).

Contrat de travail à temps partiel

• Contenu

Le contrat de travail à temps partiel est un contrat écrit, qui mentionne :

- la qualification du salarié, les éléments de la rémunération, la durée hebdomadaire ou mensuelle prévue et sauf pour les salariés des associations et entreprises d'aide à domicile et les salariés relevant d'un accord collectif conclu en application de l'article L. 3121-42 L. 3121-44, la répartition de la durée du travail entre les jours de la semaine ou les semaines du mois ;
- les cas dans lesquels une modification éventuelle de cette répartition peut intervenir ainsi que la nature de cette modification ;
- les modalités selon lesquelles les horaires de travail pour chaque journée travaillée sont communiqués par écrit au salarié (dans les associations et entreprises d'aide à domicile, les horaires de travail sont communiqués par écrit chaque mois au salarié) ;
- les limites dans lesquelles peuvent être accomplies des heures complémentaires (L. 3123-6) ;

L'avenant au contrat de travail mentionne les modalités selon lesquelles des compléments d'heures peuvent être accomplis au-delà de la durée fixée par le contrat.

• Modification de la répartition de la durée du travail

Le refus par un salarié d'accomplir un travail à temps partiel ne constitue ni une faute ni un motif de licenciement (L. 3123-4).

Une convention ou un accord d'entreprise ou d'établissement ou, à défaut, une convention ou un accord de branche étendu (ou agréé) peut définir la répartition des horaires de travail des salariés à temps partiel dans la journée de travail (L. 3123-23).

Si cette répartition comporte plus d'une interruption d'activité ou une interruption supérieure à deux heures, la convention ou l'accord définit les amplitudes horaires pendant lesquelles les salariés peuvent exercer leur activité et prévoit des contreparties spécifiques en tenant compte des exigences propres à l'activité exercée (à défaut d'accord, l'horaire de travail ne peut comporter, au cours d'une même journée, plus d'une interruption d'activité ou une interruption supérieure à deux heures – L. 3123-30).

Toute modification de la répartition de la durée de travail entre les jours de la semaine ou entre les semaines du mois est notifiée au salarié en respectant un délai de prévenance (L. 3123-11). Une convention ou un accord d'entreprise ou d'établissement ou, à défaut, une convention ou un accord de branche étendu peut déterminer le délai dans lequel la modification de la répartition de la durée du travail est notifiée au salarié (L. 3123-24). Ce délai ne peut être inférieur à 3 jours ouvrés (sauf dans les associations et entreprises d'aide à domicile). Le texte conventionnel prévoit les contreparties apportées au salarié lorsque le délai de prévenance est inférieur à 7 jours ouvrés. À défaut d'accord, toute modification de la répartition de la durée du travail entre les jours de la semaine ou les semaines du mois est notifiée au salarié au moins 7 jours ouvrés avant la date à laquelle elle doit avoir lieu (L. 3123-31).

Deux situations possibles (3123-12). L'employeur demande au salarié de modifier la répartition de sa durée de travail :

- alors que le contrat de travail n'a pas prévu les cas et la nature de telles modifications : le refus du salarié d'accepter cette modification ne constitue ni une faute ni un motif de licenciement.
- dans un des cas et selon des modalités préalablement définis dans le contrat de travail : le refus du salarié d'accepter cette modification ne constitue ni une faute ni un motif de licenciement dès lors que cette modification n'est pas compatible avec des obligations familiales impérieuses, avec le suivi d'un enseignement scolaire ou supérieur, avec l'accomplissement d'une période d'activité fixée par un autre employeur ou avec une activité professionnelle non salariée (il en va de même en cas de modification des horaires de travail, au sein de chaque journée travaillée, qui figurent dans le document écrit communiqué au salarié).

• Sanction pénale

Le défaut de contrat écrit ou des mentions prévues est puni des mêmes sanctions pénales que pour le CDD (Crim. 2 sept. 2014, Sté 02 Antony et M. Guillaume X).

• Sanctions civiles

Le contrat est, en outre, présumé à temps plein, à moins que l'employeur n'apporte la preuve, difficile, de la réalité du travail à temps partiel et de l'indisponibilité du salarié pour un temps plein (Soc. 25 févr. 2004 ; Soc. 9 avril 2008, pour un chèque emploi-service universel avec une durée hebdomadaire de travail supérieure à 8 heures, L. 1271-4). Le contrat est requalifié en contrat à temps complet quand les horaires de la salariée pouvaient être révisés en fonction des besoins du service, l'employeur n'apportant pas la preuve de la durée du travail convenue ni du fait que la salariée n'était pas placée dans l'impossibilité de prévoir à quel rythme elle devait travailler et n'avait pas à se tenir constamment à sa disposition (Soc. 15 sept. 2010, PBR).

Statut du salarié à temps partiel

• Égalité de traitement

Le salarié à temps partiel bénéficie des droits reconnus au salarié à temps complet par la loi, les conventions et les accords d'entreprise ou d'établissement sous réserve, en ce qui concerne les droits conventionnels, de modalités spécifiques prévues par une convention ou un accord collectif (L. 3123-5) ; les salariés à temps partiel ne devant pas être exclus du champ des accords collectifs (Soc. 15 janv. 2002). Pour pouvoir être étendu(e), l'accord ou la convention collective de branche doit notamment comporter des garanties relatives à la mise en œuvre, pour les salariés à temps partiel, des droits reconnus aux salariés à temps complet, et notamment de l'égalité d'accès aux possibilités de promotion, de carrière et de formation.

L'accord collectif permettant les dérogations comporte des garanties relatives à la mise en œuvre, pour les salariés à temps partiel, des droits reconnus aux salariés à temps complet, notamment du droit à un égal accès aux possibilités de promotion, de carrière et de formation, ainsi qu'à la fixation d'une période minimale de travail continue et à la limitation du nombre des interruptions d'activité au cours d'une même journée (L. 3123-25).

• Discrimination indirecte

Les salariés à temps partiel, qui sont en grande majorité des femmes, ne doivent subir aucune discrimination, directe ou indirecte – la jurisprudence de la CJUE est abondante en la matière et n'est pas encore mise en œuvre de manière satisfaisante en droit interne (*infra*).

• Durée minimale de travail

Le salarié à temps partiel bénéficie d'une durée minimale de travail hebdomadaire déterminée par une convention ou un accord de branche étendu (L. 3123-19) ou, à défaut, fixé à 24 heures – ou à l'équivalent (L. 3123-19) (L. 3123-7). Cette durée minimale n'est pas applicable :

- aux contrats d'une durée au plus égale à 7 jours ;
- aux CDD et aux contrats de travail temporaire conclus pour le remplacement d'un salarié absent.

Une durée de travail inférieure à la durée minimale peut être fixée à la demande (écrite et motivée) du salarié soit :

– pour lui permettre de faire face à des contraintes personnelles ;

– pour lui permettre de cumuler plusieurs activités afin d'atteindre une durée globale d'activité correspondant à un temps plein ou au moins égal à la durée minimale.

Une durée de travail inférieure, compatible avec ses études, est fixée de droit, à sa demande, au bénéfice du salarié âgé de moins de 26 ans poursuivant ses études (L. 3123-7).

• Rémunération

La rémunération des salariés à temps partiel doit être, compte tenu de la durée de leur travail et de leur ancienneté, proportionnelle à celle du salarié qui, à qualification égale, occupe à temps complet un emploi équivalent dans l'établissement ou l'entreprise, y compris pour ce qui est des primes (L. 3123-5), par exemple de vacances ou de fin d'année (Soc. 26 févr. 1997), et pour les indemnités, par exemple de résidence (Soc. 1er juin 1999). En revanche, les primes conventionnelles forfaitaires n'ont pas à être proratisées (Soc. 15 sept. 2010, primes d'expérience, familiale et de vacances, dans le réseau des Caisses d'Épargne et de Prévoyance).

• Essai

Le contrat de travail peut prévoir une période d'essai, dont la durée calendaire ne peut être supérieure à la durée de la période d'essai des salariés à temps plein (L. 3123-5).

• Congés payés

La durée des congés annuels payés est la même que si le salarié travaillait à temps complet : 2,5 jours de congés payés par mois de travail, soit 30 jours ouvrables par an (Soc. 13 nov. 2008, Sté industrielle de Vergèze). La durée ne doit pas être réduite à proportion de l'horaire de travail ; seule l'indemnité de congés payés est moindre. « *Le salarié à temps partiel a droit à un congé dont la durée, qui ne doit pas être réduite à proportion de l'horaire de travail, est égale à celle du congé d'un salarié à temps plein et dont la rémunération est égale au dixième de la rémunération totale qu'il a perçue au cours de la période de référence ou, si elle est plus favorable, au montant de la rémunération qu'il aurait perçue s'il avait continué à travailler* » (Soc. 22 févr. 2000, C.H. Montperrin). Pour le décompte des congés payés, le point de départ des congés est le premier jour où le salarié aurait dû travailler, s'il n'était pas parti en congé, et le dernier jour est la veille de la reprise du travail ; les jours ouvrables jusqu'à la reprise sont décomptés dans le nombre de jours de congés (Soc. 22 févr. 2000, préc.).

Le calcul se fait en jours ouvrés si cette modalité est appliquée dans l'entreprise pour les salariés à temps complet.

• Ancienneté

Pour la détermination des droits liés à l'ancienneté, celle-ci est décomptée comme si le salarié avait été occupé à temps complet, c'est-à-dire que les périodes non travaillées sont prises en compte en totalité (L. 3123-5). L'indemnité de licenciement et l'indemnité de départ à la retraite des salariés ayant été occupés à temps complet et à temps partiel dans la même entreprise sont calculées proportionnellement aux périodes d'emploi accomplies selon l'une et l'autre de ces 2 modalités depuis leur entrée dans l'entreprise (L. 3123-5).

• Licenciement économique

En cas de licenciement économique, un plan de sauvegarde de l'emploi (PSE) ne peut écarter des salariés du bénéfice de ses mesures parce qu'ils sont à temps partiel (Soc. 12 févr. 2003). Le fait de travailler à temps partiel ne peut constituer un critère défavorable dans l'établissement de l'ordre des licenciements (Soc. 3 mars 1998).

• Droits collectifs

Concernant la représentation du personnel, les salariés à temps partiel sont pris en compte dans l'effectif de l'entreprise au prorata de leur temps de travail et, ayant les mêmes droits que les salariés à temps complet, sont électeurs et éligibles aux élections. Ils peuvent être désignés comme délégués syndicaux, aux mêmes conditions d'âge et d'ancienneté que les salariés à temps complet.

Le crédit d'heures d'un représentant du personnel travaillant à temps partiel est le même que celui d'un représentant du personnel travaillant à temps plein, mais son temps de travail ne peut être réduit de plus du tiers par l'utilisation de ce crédit. Le solde éventuel peut être utilisé en dehors de son temps de travail (L. 3123-14).

Heures complémentaires

• Régime juridique

Les heures complémentaires – et non supplémentaires – sont celles effectuées au-delà du temps de travail régulier prévu par le contrat. Les heures complémentaires ne peuvent avoir pour effet de porter la durée de travail accomplie par un salarié à temps partiel au niveau de la durée légale du travail ou, si elle est inférieure, au niveau de la durée de travail fixée conventionnellement (L. 3123-9).

Le refus d'accomplir les heures complémentaires proposées par l'employeur au-delà des limites fixées par le contrat ne constitue ni une faute ni un motif de licenciement. Il en est de même, à l'intérieur de ces limites, lorsque le salarié est informé moins de trois jours avant la date à laquelle les heures complémentaires sont prévues (L. 3123-10).

Une convention ou un accord d'entreprise ou d'établissement ou, à défaut, une convention ou un accord de branche étendu peut porter la limite dans laquelle peuvent être accomplies des heures complémentaires jusqu'au tiers de la durée hebdomadaire ou mensuelle de travail prévue dans le contrat (L. 3123-20) ; à défaut, le nombre d'heures complémentaires accomplies par un salarié à temps partiel ne peut être supérieur au dixième de la durée hebdomadaire ou mensuelle de travail prévue dans son contrat (L. 3123-28).

• Rémunération

Chacune des heures complémentaires accomplies donne lieu à une majoration de salaire (L. 3123-8). Le paiement des heures complémentaires ne peut être remplacé par un repos (Soc. 17 févr. 2010).

Une convention ou un accord de branche étendu peut prévoir le taux de majoration, qui ne peut être inférieur à 10 %, de chacune des heures complémentaires accomplies (L. 3123-21). À défaut, le taux de majoration des heures complémentaires est de 10 % pour chacune des heures complémentaires accomplies dans la limite du dixième des heures prévues au contrat de travail et de 25 % pour chacune des heures accomplies entre le dixième et le tiers des heures prévues au contrat de travail (L. 3123-29).

Le juge communautaire considère que la moindre majoration des heures effectuées au-delà du contrat pour les salariés à temps partiel par rapport aux salariés à temps complet constitue une discrimination indirecte à l'égard des femmes, largement majoritaires parmi les salariés à temps partiel (CJCE 6 déc. 2007). Par conséquent, toute heure complémentaire devrait être majorée de 25 % dès la première heure.

• Régime probatoire

La salariée à temps partiel bénéficie d'un aménagement de la charge de la preuve des heures effectuées (L. 3171-4 ; Soc. 24 nov. 2010, Sté Résidence Les Serpolets, « *un décompte établi au crayon, mois par mois, sans autre explication ni indication complémentaire* » peut être considéré comme « *la production d'éléments suffisamment précis quant aux horaires effectivement réalisés* »).

• Réévaluation de la durée contractuelle du travail

Lorsque, pendant une période de 12 semaines consécutives ou pendant 12 semaines au cours d'une période de 15 semaines (ou pendant la période prévue par un accord collectif si elle est supérieure), l'horaire moyen réellement accompli par un salarié a dépassé de 2 heures au moins par semaine, ou de l'équivalent mensuel de cette durée, l'horaire prévu dans son contrat, celui-ci est modifié, sous réserve d'un préavis de 7 jours et sauf opposition du salarié intéressé. L'horaire modifié est égal à l'horaire antérieurement fixé auquel est ajoutée la différence entre cet horaire et l'horaire moyen réellement accompli (L. 3123-13).

• Dérogation par avenant temporaire individuel

Pour tenter d'échapper à ces dispositions légales (majoration des heures complémentaires, augmentation de la durée contractuelle du travail en cas de recours régulier aux heures complémentaires), certains employeurs, notamment dans les secteurs de la propreté et du commerce alimentaire, ont fait signer à leurs salariés des avenants temporaires à leurs contrats de travail, excluant tout ou partie des dispositions législatives favorables. La jurisprudence a considéré que ces avenants n'étaient pas licites et a fait application des dispositions légales (Soc. 7 déc. 2010, Sté Veolia Propreté Nettoyage et Multiservices Sud-Est, toutes les heures effectuées au-delà de la durée contractuelle, y compris celles prévues par avenant au contrat de travail, sont des heures complémentaires, bénéficiant de la majoration de 25 % ; Soc. 9 déc. 2009, Sté Cora et Soc. 5 avril 2006, Sté Supermarché Match, le contrat est « requalifié à temps complet »).

Allant à l'encontre de cette jurisprudence, l'ANI du 11 janvier 2013 prévoit qu'un accord de branche étendu peut permettre, lorsque le salarié et l'employeur en conviennent, d'augmenter temporairement la durée du travail au moyen d'un avenant au contrat de travail intitulé « complément d'heures », l'accord devant déterminer le taux de majoration « éventuelle » de ces heures. La loi dispose qu'une convention ou un accord de branche étendu peut prévoir la possibilité, par un avenant au contrat de travail, d'augmenter temporairement la durée de travail prévue par le contrat (L. 3123-22). Ce texte conventionnel :

- détermine le nombre maximal d'avenants pouvant être conclus, dans la limite de 8 par an et par salarié (aucune durée maximale pour chaque avenant n'étant prévue, les avenants peuvent couvrir toute l'année…), en dehors des cas de remplacement d'un salarié absent nommément désigné ;

- « peut » prévoir la majoration salariale des heures effectuées dans le cadre de cet avenant (ces heures pouvant donc être effectuées sans majoration…) ; cependant, les heures complémentaires accomplies au-delà de la durée déterminée par l'avenant donnent lieu à une majoration salariale qui ne peut être inférieure à 25 % ;
- détermine les modalités selon lesquelles les salariés peuvent bénéficier prioritairement des compléments d'heures.

Cette disposition est un cheval de Troie à l'encontre de la législation sur la durée minimale de travail et est susceptible de produire des effets de discrimination indirecte à l'encontre des femmes salariées à temps partiel dans les secteurs concernés.

À RETENIR

Des branches professionnelles ont conclu des accords sur le travail à temps partiel. De manière variable, ces accords utilisent les possibilités de dérogation offertes par la loi ; certains créent des « exceptions conventionnelles » pour divers métiers, non prévues par la loi. Voici quelques illustrations avec les principales dispositions de quelques accords :

– CCN Grande distribution (750 000 salariés, 30 % TTP) – Avenant du 17 avril 2014 :

Durée du travail : depuis le 1er janvier 2015, le contrat de travail des nouveaux embauchés est établi sur une base d'au moins 26 heures ; les salariés en place travaillant 25 heures par semaine (depuis l'avenant du 17 juill. 2008) sont prioritaires pour l'attribution d'heures de travail disponibles.

Organisation du temps de travail : interdiction d'un travail d'une durée inférieure à 3 heures (3 h 9 minutes, pause rémunérée comprise) ; la journée ne peut comporter plus d'une coupure (outre la pause), la coupure est d'une durée maximale de 2 heures (ouverture continue), de 3 heures (fermeture à mi-journée) ou de 4 heures (cafétéria) ; recours aux avenants temporaires individuels.

– CCN Services de l'automobile – Avenant du 3 juill. 2014 :

Durée du travail : la durée minimale est fixée à 12 h 30 par semaine pour 9 emplois (convoyeur de véhicules, opérateur dans une station-service, enseignant dans une école de conduite, dépanneur remorqueur, opérateur dans un parc de stationnement, secrétariat, comptabilité, nettoyage des locaux, etc.) ; des dérogations plus larges sont prévues dans les entreprises de moins de 11 salariés.

Organisation du temps de travail : recours aux avenants temporaires individuels (avec majoration de 10 % du salaire horaire).

– CCN Hospitalisation privée à but lucratif – Avenant du 3 juin 2014 :

Durée du travail : la durée minimale est fixée à 16 heures par mois pour 11 emplois (psychologue, assistante sociale, musicothérapeute, etc.), « *sous réserve de justification objective, liée à des contraintes budgétaires, organisationnelles (…)* ».

– CCN Propreté (75 % TTP) - à la suite de l'ANI du 11 janv. 2013, un accord a été signé dès le 17 janv. 2013 annonçant sa mise en œuvre – Avenant du 5 mars 2014 (étendu par arrêté du 19 juin 2014) :

Durée du travail : durée minimale de travail de 16 heures par semaine.

Organisation du temps de travail : cet avenant conventionnel prévoit des avenants individuels temporaires : « *Les heures effectuées dans le cadre du complément d'heures ne sont pas des heures complémentaires.* » « *Il ne pourra, néanmoins, être conclu plus de 8 avenants par an et par salarié, sauf cas de remplacement d'un salarié absent nommément désigné.* » « *Les heures effectuées dans le cadre d'un avenant formalisant le complément d'heures donnent lieu à une majoration de salaire de 10 %.* »

Pour la réévaluation de la durée contractuelle : « *La durée initiale de travail du salarié sera augmentée d'un pourcentage de la moyenne des heures effectuées dans le cadre des avenants au contrat de travail formalisant le complément d'heures et conclus pour surcroît d'activité (à l'exclusion des avenants conclus pour remplacement d'un salarié absent) dans une limite de 8 avenants par année civile et par salarié. Cette réévaluation s'effectuera à la fin de l'année civile dans les cas et suivant les modalités ci-dessous :*

– pour 4 avenants minimum conclus pour une durée inférieure à 1 mois chacun : réévaluation de 5 % de la moyenne des heures effectuées dans le cadre de ces avenants pour surcroît d'activité ;

– pour 2 avenants minimum conclus pour une durée d'au moins 1 mois chacun : réévaluation de 10 % de la moyenne des heures effectuées dans le cadre de ces avenants pour surcroît d'activité » (art. 5 de l'avenant).

CHAPITRE IX

MODIFICATION ET SUSPENSION DU CONTRAT DE TRAVAIL

Modification du contrat de travail : l'employeur qui tire profit de l'activité de l'entreprise, en assumant aussi des risques, détermine les buts à atteindre et les moyens pour y parvenir. C'est lui qui prend les décisions. Ce pouvoir de direction s'exerce aussi sur chaque salarié de l'entreprise, pris individuellement. Le contrat de travail place en effet le salarié dans un lien de subordination juridique. En particulier, l'employeur décide de l'affectation, des horaires et du lieu de travail. Ainsi, il peut changer le travail effectué par un salarié, dès l'instant où il correspond à ses qualifications (sauf à commettre un abus de droit ou à exercer une discrimination prohibée, Soc. 10 mai 1999).

Le licenciement n'est pas la seule incertitude de la vie professionnelle. Placé sous l'autorité de l'employeur, le salarié est exposé aux effets des décisions que celui-ci peut prendre dans l'exercice de son pouvoir de direction : changement des attributions ou des conditions de travail, etc. L'employeur, confronté à une conjoncture économique défavorable, peut décider de réduire l'activité de l'entreprise : les salariés se trouveront alors en chômage partiel.

L'étendue et les limites des prérogatives de l'employeur, dans l'exercice de son pouvoir de direction, ne font pas l'objet de dispositions législatives générales. Elles résultent pour l'essentiel de la jurisprudence et de quelques dispositions légales particulières.

Suspension du contrat de travail : des événements de la vie professionnelle du salarié comme l'accident du travail, la maladie provoquée par le travail ou la grève, et des événements personnels comme une maladie sans lien avec le travail ou la maternité, qui intéressent la Sécurité sociale, ou encore un congé, entraînent des conséquences sur la relation de travail.

Modification du contrat ou des conditions de travail

Pendant ces périodes où le salarié ne fournit aucun travail, le contrat de travail n'est pas rompu : il est simplement suspendu. Le salarié est dispensé de fournir un travail, l'employeur de verser un salaire (sauf dispositions conventionnelles particulières, notamment en matière de maladie ou de maternité).

Lorsque le salarié reprend son travail, il retrouve son emploi et l'ancienneté qu'il détenait lui reste acquise, mais, sauf dispositions légales ou conventionnelles contraires, la période de suspension n'est normalement pas prise en compte pour le calcul de l'ancienneté.

Principe : le contrat de travail peut être modifié à l'initiative des parties. Le salarié doit toujours obtenir l'accord de l'employeur. Dans l'exercice de son pouvoir de direction, celui-ci peut parfois imposer des modifications, mais il ne doit pas dépasser certaines limites.

La jurisprudence distingue la modification du contrat de travail (élément essentiel) et celle des conditions d'exécution du travail. Elle met l'accent sur la nature du changement et non plus sur son importance (une appréciation objective remplace une appréciation subjective).

À RETENIR

La jurisprudence distingue la modification du contrat de travail (élément essentiel) et celle des conditions d'exécution du travail. Elle met l'accent sur la nature du changement et non plus sur son importance (une appréciation objective remplace une appréciation subjective). Selon la jurisprudence de la Cour de cassation (depuis Soc. 10 juill. 1996), si la modification décidée unilatéralement par l'employeur porte sur un élément essentiel du contrat de travail, le salarié est en droit de la refuser. Si l'employeur maintient sa décision, la rupture du contrat de travail sera imputable à l'employeur et il s'agira donc d'un licenciement (exigence de justification notamment). La cause du licenciement n'est pas le refus du salarié, mais la cause de la proposition de la modification. En revanche, si la modification porte sur un élément des conditions de travail, la décision de l'employeur s'impose au salarié, sauf exceptions.

Par conséquent, il faut distinguer la modification du contrat de travail qui requiert l'acceptation du salarié et le changement des conditions de travail que l'employeur est en droit d'imposer. Le refus par les salariés du changement de leurs conditions de travail, s'il rend leurs licenciements fondés sur une cause réelle et sérieuse, ne constitue pas à lui seul une faute grave.

Conséquences et modalités : dans tous les cas, qu'il s'agisse des horaires, du lieu de travail, des attributions, voire de la rémunération, il est loisible au salarié d'accepter la modification du contrat proposée par l'employeur. Pour ce faire, l'employeur, dans son obligation d'exécution de bonne foi du contrat de travail, doit laisser au salarié un délai de réflexion qui lui permette d'évaluer la portée de la modification proposée et de décider en connaissance de cause (Soc. 28 mars 2001).

Si, au contraire, le salarié refuse la modification du contrat de travail que veut lui imposer l'employeur, il doit manifester son refus. La rupture du contrat sera alors qualifiée de licenciement, voire de licenciement économique. Le juge, saisi par le salarié, pourra lui accorder des dommages-intérêts s'il estime que le licenciement est sans cause réelle et sérieuse.

Procédure de modification pour motif économique : afin de permettre d'éclaircir rapidement la situation et de sécuriser la situation contractuelle de l'employeur, il est prévu que lorsque celui-ci envisage la modification d'un élément essentiel du contrat de travail, pour l'un des motifs économiques, il en fait la proposition au salarié par lettre recommandée avec accusé de réception. La lettre de notification informe le salarié qu'il dispose d'un mois (15 jours en cas de RLJ – redressement et liquidation judiciaire) à compter de sa réception pour faire connaître son refus. À défaut de réponse dans le délai d'un mois, le salarié est réputé avoir accepté la modification proposée (L. 1222-6).

Le respect du délai d'un mois par l'employeur est une formalité substantielle. Ce délai court à compter de la réception de la lettre, par le salarié (L. 1 222-6 ; Soc. 27 mars 2008, date de retrait de la lettre recommandée avec accusé de réception), et « *expire à minuit le jour du mois suivant qui porte le même quantième que le jour de la réception de la lettre recommandée contenant la proposition de modification* » (Soc. 3 mars 2009). Un licenciement intervenu dans un délai plus court, même prévu dans sa lettre de notification de la modification au salarié, rend le licenciement sans cause réelle et sérieuse (Soc. 10 déc. 2003).

En cas de refus par au moins 10 salariés dans le délai d'un mois et de décision par l'employeur de ne pas maintenir les conditions antérieures d'exécution du contrat de travail, celui-ci devra mettre en œuvre la procédure de licenciement collectif pour motif économique adaptée au cas d'espèce (L. 1233-25). Cette disposition est valable pour toute modification pour raison économique, quelle qu'elle soit (changement dans les horaires, le lieu, les attributions, etc.), mais pas dans les autres cas. Le délai d'un mois ne s'applique pas, même en cours de procédure de licenciement économique, lorsque l'employeur exécute son obligation de reclassement à l'égard d'un salarié, laquelle peut entraîner une modification du contrat de travail (Soc. 13 avril 1999).

Bonne foi contractuelle et abus de droit : « *Le contrat de travail est exécuté de bonne foi* » (L. 1222-1). Ainsi, caractérise un manquement de l'employeur le fait de cesser de faire bénéficier une salariée d'un moyen de transport lié à sa fonction, ce qui « *l'avait mise dans l'impossibilité de travailler* » (Soc. 10 mai 2006). Cependant, « *la bonne foi contractuelle étant présumée, les juges n'ont pas à* *rechercher si la décision de l'employeur de modifier les conditions de travail d'un salarié est conforme à l'intérêt de l'entreprise ; il incombe au salarié de démontrer que cette décision aurait été prise pour des raisons étrangères à cet intérêt ou bien qu'elle a été mise en œuvre dans des conditions exclusives de la bonne foi contractuelle* » (Soc. 3 oct. 2007).

La jurisprudence s'est notamment développée à propos de changements décidés par l'employeur dans les attributions, la rémunération, l'horaire ou le lieu de travail du salarié.

CONTRAT DE TRAVAIL		CONDITIONS D'EXÉCUTION DU CONTRAT DE TRAVAIL
– Qualification	→	– Tâches
– T.T.P.	←	– Horaires de travail
– Rémunération	→	– Suppression des heures supplémentaires
		– Lieu de travail (à l'intérieur du secteur géographique)
– Bouleversement du contrat de travail (atteinte au droit de mener une vie familiale normale...)		

Tableau n° 6 – La modification du contrat de travail et de ses conditions d'exécution

Attributions

• Qualification professionnelle

L'employeur doit respecter la clause du contrat de travail concernant la qualification professionnelle reconnue au salarié au moment de son embauche (si le salarié a été recruté comme ouvrier professionnel, il ne peut être affecté à une tâche de manœuvre). Cette qualification contractuelle peut être inférieure à la qualification personnelle du travailleur. La qualification du salarié constitue un élément essentiel de son identité professionnelle (et de son état civil).

« Tout travailleur engagé dans la vie professionnelle ou toute personne qui s'y engage a droit à la qualification professionnelle et doit pouvoir suivre, à son initiative, une formation lui permettant, quel que soit son statut, d'acquérir une qualification correspondant aux besoins de l'économie prévisibles à court ou moyen terme » (L. 6314-1). Le salarié a droit à la qualification correspondant à ses fonctions réellement exercées (Soc. 21 mars 1985 ; Soc. 19 déc. 2000, Sté Pyrénées Labo Photo, revalorisation de la classification des femmes), peu important les énonciations du bulletin de paie ou du contrat.

• Tâches

Les indications contenues dans le contrat de travail sur la qualification professionnelle, parfois assez générales, préservent le pouvoir de direction de l'employeur d'assigner des tâches variées au salarié ou de les changer, dès l'instant où elles correspondent à sa qualification (Soc. 24 avril 2001). Le contrat de travail se borne en général à mentionner une qualification professionnelle et laisse l'employeur libre d'assigner au salarié toute tâche qui correspond à cette qualification – l'employeur ne peut modifier la fonction/qualification, mais peut changer les tâches attribuées, sauf détournement de pouvoir (pour un cadre dans une société d'assurance, Soc. 10 oct. 2000 ; pour une ouvrière agricole, Soc. 10 mai 1999).

En règle générale, les conventions collectives préservent le pouvoir de direction de l'employeur pour tout ce qui touche à l'organisation du travail et à l'affectation aux emplois. Elles contiennent une classification des emplois, mais, à la différence de ce qui peut être observé dans certains pays étrangers, ne posent pas de règles précises selon lesquelles un salarié passera d'un emploi à un autre (en fonction de l'ancienneté ou de l'expérience professionnelle) ou en ce qui concerne le contenu de ses attributions (description de la fonction, limitation de la polyvalence – art. 1129 Civ.).

• Promotion

Il n'existe pas (encore ?), sauf dispositions conventionnelles ou statutaires particulières, un droit à la promotion et au déroulement de carrière. Cependant, une esquisse de ce droit se fait jour.

Ainsi, le refus de faire bénéficier le salarié d'une promotion en cas « *d'abus de l'employeur dans l'exercice de sa prérogative de nomination* » (Soc. 27 oct. 2010, Ass. Institut de l'Audiovisuel et des Télécommunications en Europe c/ Mme Y.) donne lieu à réparation, notamment par l'octroi de « *dommages-intérêts au titre du préjudice subi en termes de perspectives d'évolution de carrière et au titre du préjudice moral et psychologique* » (arrêt préc.), (cf. *infra* VAE).

Un employeur n'est en principe pas tenu d'assurer la promotion d'un salarié qui acquiert un nouveau titre ou diplôme et de prendre en compte ceux-ci pour lui permettre une progression de carrière. Cependant, l'entreprise définit avec le salarié, avant son départ en formation, la nature des engagements auxquels elle souscrit dès lors que l'intéressé aura suivi avec assiduité la formation et satisfait aux évaluations prévues. Les engagements de l'entreprise portent sur :

– Les conditions dans lesquelles le salarié accède en priorité, dans un délai d'un an, à l'issue de la formation aux fonctions disponibles correspondant aux connaissances ainsi acquises et sur l'attribution de la classification correspondant à l'emploi occupé.

– Les modalités de prise en compte des efforts accomplis par le salarié (L. 6321-8).

JURISPRUDENCE

Et en application de dispositions conventionnelles, quand un diplôme a été obtenu par une VAE, un salarié qui a obtenu le diplôme, devenu obligatoire pour l'exercice d'un métier, doit bénéficier de la qualification correspondante (Soc. 13 juill. 2010, Ass. Adèle de Glaubitz c/ M. L.). Le salarié doit bénéficier d'un reclassement dans la classification de la convention collective applicable avec le coefficient correspondant. Et il en est également ainsi quand le salarié a bénéficié d'« *actions de formation ayant pour objet le développement des compétences* », dans le cadre du plan de formation de l'entreprise. Cette jurisprudence marque un pas significatif vers la reconnaissance de l'obligation pour l'employeur de faire bénéficier le salarié qui a « suivi avec assiduité la formation et satisfait aux évaluations prévues » de sa nouvelle qualification. Le droit à la qualification professionnelle est ainsi mis en œuvre (L. 6314-1). Il ouvre la voie à un droit à la promotion.

• Classification

La classification, qui détermine la rémunération, ne peut pas être modifiée par l'employeur sans l'accord du salarié (Soc. 3 juill. 2001), sauf modification de la convention collective. En cas de contentieux, le juge vérifie que la classification retenue correspond aux fonctions réellement exercées par le salarié. À défaut, il peut opérer un reclassement (Soc. 7 févr. 2007, Soc. 25 juin 2007) ; mais il ne peut pas ordonner à l'employeur d'accorder une promotion refusée de manière abusive (Soc. 7 mai 2003, réparation du préjudice par seulement l'octroi de dommages-intérêts), sauf en cas de discrimination.

• Modifications

La jurisprudence est nuancée. Il y a modification de la qualification lorsqu'un directeur, au terme d'une réorganisation de l'entreprise, se retrouve sans personnel à diriger, lorsque l'employée d'une clinique qui, après avoir eu, comme gouvernante, autorité sur 38 personnes, se voit proposer un poste de buandière (Soc. 13 déc. 1979) ou encore dans le cas d'un directeur général d'une société qui se voit proposer les fonctions de directeur commercial, même en conservant les avantages financiers de sa situation antérieure, s'agissant là d'une rétrogradation (Soc. 19 mai 1998). Le critère de déclassement est déterminant.

À l'inverse, dans le cas d'un ambulancier, l'utilisation du téléphone portable imposée par l'employeur a été considérée comme portant atteinte à un élément essentiel du contrat de travail, car elle s'accompagnait d'un accroissement de ses responsabilités (Soc. 2 févr. 2000). Concernant un cadre auquel on supprime une astreinte et son éventuelle compensation financière, il ne subit pas de modification de son contrat de travail, car il s'agit d'une sujétion qui n'a pas de caractère systématique (Soc. 15 déc. 2004).

Cette jurisprudence cherche à cerner le point d'équilibre entre les prérogatives de la direction, qui doit pouvoir modifier l'organisation de l'entreprise, et, en conséquence, les attributions des membres du personnel, et l'intérêt des salariés qui, même si leur rémunération n'en souffre pas, peuvent être affectés dans leurs conditions de travail, voire moralement.

Rémunération

• Principe

La rémunération d'un salarié constitue un élément du contrat de travail qui ne peut être modifié sans son accord (Soc. 28 janv. 1998). Il en est de même du mode de détermination de celle-ci (fixe, variable, avec un intéressement, etc. ; Soc. 20 oct. 1998) ; le mode de rémunération contractuel du salarié constitue un élément du contrat de travail qui ne peut être modifié sans son accord, peu important que l'employeur prétende que le nouveau mode serait plus avantageux (Soc. 30 mai 2000). « *Peu important que le nouveau mode soit plus avantageux* », la modification unilatérale de la rémunération contractuelle justifie la prise d'acte de la rupture par le salarié (Soc. 5 mai 2010, Sté Cie européenne des peintures Julien).

• Exceptions

L'accord des intéressés n'est cependant pas nécessaire lorsque l'élément de rémunération résulte d'un usage de l'entreprise que l'employeur peut dénoncer en avertissant, outre chacun des salariés concernés, les IRP dans un délai suffisant (Soc. 7 avril 1998). S'il s'agit d'une nouvelle disposition de la convention collective, elle ne peut modifier le salaire contractuel ni un taux horaire de base (Soc. 3 juill. 2001), mais elle peut modifier une prime, sans que les salariés puissent se prévaloir d'une modification de leur contrat de travail (Soc. 27 juin 2000). L'employeur peut supprimer le recours aux heures supplémentaires (sauf stipulations contractuelles contraires). La mise au chômage partiel du personnel ne constitue pas, pendant la période d'indemnisation, une modification des contrats de travail (Soc. 18 juin 1996).

• Clause de variation

Le contrat de travail peut prévoir une clause de variation de la rémunération du salarié dès lors qu'elle est fondée sur des éléments objectifs indépendants de la volonté de l'employeur, qu'elle ne fait pas peser le risque d'entreprise sur le salarié et n'a pas pour effet de réduire la rémunération en dessous des minima légaux et conventionnels (Soc. 2 juill. 2002). Une clause du contrat de travail ne peut cependant pas permettre à l'employeur de modifier unilatéralement la rémunération contractuelle du salarié, même indirectement, en modifiant, par exemple, le secteur de prospection d'un représentant de commerce (Soc. 16 juin 2004).

Horaires de travail

• Principe

Dans le cas le plus général où le contrat de travail est muet sur les horaires de travail ou le lieu de travail, l'employeur est libre de déterminer les horaires ou le lieu de travail du salarié. Ce sont là des domaines où s'exercent les prérogatives de la direction et le salarié est, en principe, tenu de se soumettre aux décisions de l'employeur.

Les juges n'ont pas à rechercher si la décision de l'employeur est conforme ou pas à l'intérêt de l'entreprise, la bonne foi de l'employeur étant présumée (Soc. 23 févr. 2005). Cependant, si la modification ne répond à aucun motif légitime, l'employeur pourra être condamné pour abus de droit (Soc. 25 févr. 2004).

• Exceptions

Des modifications des horaires de travail sont, cependant, regardées comme des modifications du contrat de travail, au regard de leur importance. Ainsi constitue une modification du contrat de travail que le salarié est en droit de refuser :
– La transformation d'un horaire à temps complet en horaire à temps partiel (elle constitue une modification du contrat de travail qui requiert l'accord du salarié, peu important qu'elle ait été prévue dans le contrat de travail initial, Soc. 29 juin 1999).
– Le passage d'un horaire fixe à un horaire variant sur un cycle de 5 semaines et comportant une coupure de plusieurs heures dans la journée (Soc. 14 nov. 2000).

– Le passage d'un horaire continu à un horaire discontinu (Soc. 18 déc. 2000). (Voir cependant *infra* Chapitre XIV, Temps de travail – Modulation.)
– Le passage d'un horaire variable à un horaire fixe (Soc. 24 janv. 2007).
– La mutation entraînant le passage d'un internat à un établissement de jour et la perte de primes d'astreinte (Soc. 19 juin 2008, Mme Chabral).

La jurisprudence réintroduit ici le critère de l'importance de la modification. « *Sauf atteinte excessive au droit du salarié au respect de sa vie personnelle et familiale ou à son droit au repos, l'instauration d'une nouvelle répartition du travail sur la journée relève du pouvoir de direction de l'employeur* » (Soc. 3 nov. 2011, Sté Gsf Orion).

Le salarié peut également refuser d'accepter le changement de son poste de jour en poste de nuit lorsque le travail de nuit est incompatible avec des obligations familiales « impérieuses », notamment avec la garde d'un enfant ou la prise en charge d'une personne dépendante. Un tel refus ne constitue ni une faute ni un motif de licenciement (L. 3122-37).

Une telle modification ne peut donc être imposée au salarié (Soc. 5 mars 1997). L'employeur peut seulement la proposer au salarié et, en cas de refus, soit retirer son projet, soit engager une procédure de licenciement, mais en aucun cas le refus par le salarié de la modification proposée ne peut constituer, par lui-même, une cause de licenciement (Soc. 27 mai 1998).

Le contrat de travail peut comporter des dispositions explicites sur les horaires. Dans ce cas, l'employeur ne pourra modifier, de manière importante, unilatéralement l'horaire prévu au contrat, sans l'accord exprès du salarié (Soc. 9 mars 2005). À cet égard, la signature de relevés d'heures n'est pas suffisante (Soc. 16 févr. 1999). Il en va ainsi notamment pour les salariés à temps partiel.

Si le salarié refuse, la rupture sera imputable à l'employeur et considérée comme un licenciement. Chaque partie étant libre de mettre à tout moment un terme au contrat, elle peut aussi proposer à l'autre de modifier le contrat, ce qui pourra entraîner la rupture du contrat de travail en cas de refus (Soc. 11 juill. 2001).

Même lorsque rien n'a été prévu dans le contrat sur ce point, ou en l'absence de contrat écrit, l'horaire a pu constituer, pour le salarié, lorsqu'il a conclu le contrat, un facteur déterminant. Malgré le silence du contrat, l'horaire sera alors considéré par les juges comme un élément essentiel de celui-ci, que l'employeur doit respecter au même titre que les dispositions explicites. Ainsi un chauffeur de taxi, lors de l'embauche, avait accepté son emploi parce que son horaire de travail, fixé de 7 heures à 17 heures, était compatible avec ses obligations familiales ; son employeur, 5 ans après l'embauche, l'affecte à un service où l'horaire est de 10 heures à 20 heures. La décision unilatérale de l'employeur a donc modifié un élément essentiel du contrat (Soc. 22 mai 1975).

Mais souvent, il ne sera pas possible d'établir que l'horaire de travail a constitué un élément déterminant dans la décision du salarié de conclure le contrat de travail. C'est au moment où l'employeur décide de modifier l'horaire que le salarié découvre l'importance qu'il attachait aux horaires qui lui permettaient de « mener une vie familiale normale ».

Même dans ce cas, les juges pourront estimer qu'il y a une modification d'un élément essentiel du contrat, si le changement présente des inconvénients importants pour le salarié. Ils pourront aussi nuancer leur décision et dire que le licenciement a une cause réelle et sérieuse (Soc. 15 déc. 2004).

• Demande du salarié

Le salarié peut demander à l'employeur une modification de ses horaires de travail, notamment pour exercer un droit fondamental (son droit de mener une vie familiale normale, sa liberté religieuse, etc.). L'employeur doit répondre avec loyauté à cette demande. Son éventuel refus doit être justifié.

Lieu de travail

Le régime juridique applicable est proche de celui qui régit la modification des horaires de travail.

• Principe

Si le lieu de travail a été indiqué dans le contrat de travail, sauf stipulation claire et précise indiquant que le travail s'exerce exclusivement dans le lieu que le contrat mentionne, cette indication est purement informative et ne constitue pas une clause de sédentarité (Soc. 3 juin 2003 et 23 févr. 2005). Ainsi, désormais, le lieu de travail n'est un élément du contrat que si une clause contractuelle expresse le dit.

• Exceptions

Cependant, même en l'absence d'indications contractuelles, la modification du lieu de travail peut être regardée comme une modification du contrat de travail en cas de modification du « secteur géographique » (périmètre nécessitant l'accord du salarié), ce secteur étant à apprécier au regard du niveau hiérarchique et de la fonction exercée par le salarié.

JURISPRUDENCE

Il a ainsi été jugé que « *le nouveau lieu d'affectation ne relevait pas du même secteur géographique* » (vu la distance entre les 2 sites et l'augmentation des trajets), « *le changement d'affectation constituait une modification de son contrat de travail que la salariée n'était pas tenue d'accepter* » (Soc. 21 déc. 2006).

En revanche, le déplacement de l'entreprise à l'intérieur d'un bassin d'emploi (de Malakoff à Courbevoie ou de Villeneuve-la-Garenne à Saint-Ouen, en région parisienne, par exemple) constitue un simple aménagement des conditions de travail qui s'impose au salarié (Soc. 20 oct. 1998 et 8 févr. 2005) ; ce qui n'est pas le cas d'un transfert de Versailles à Chartres (Soc. 1er juill. 1998).

Sont examinées les contraintes que subit le salarié du fait de sa mutation (par exemple, la desserte en moyens de transport de chacun des sites, Soc. 15 juin 2004). En revanche, un salarié engagé pour travailler sur des chantiers peut être affecté dans un atelier fixe dans le même secteur et ce, même s'il y perd ses indemnités de grand déplacement qui ne sont en effet pas du salaire, mais des remboursements de frais (Soc. 16 déc. 1998).

Le déplacement occasionnel imposé à un salarié en dehors du « secteur géographique » habituel, s'il est justifié par l'intérêt de l'entreprise et quand la spécificité des fonctions du salarié implique une certaine mobilité géographique, peut effectivement être imposé (Soc. 22 janv. 2003 ; la mutation temporaire suppose une information précise du salarié, préalable et complète – durée prévisible de la nouvelle affectation – et doit être motivée par l'intérêt de l'entreprise et justifiée par des circonstances exceptionnelles, Soc. 3 fév. 2010, PBR, Sté Leader Price Chatou).

• Travail à domicile

L'employeur ne peut imposer au salarié de travailler à domicile et d'y installer ses dossiers et instruments de travail (Soc. 2 oct. 2001). Mais il ne peut pas remettre en cause une organisation contractuelle du travail permettant au salarié de travailler 2 jours par semaine à domicile (Soc. 31 mai 2006).

• Mobilité

Certaines ***conventions collectives*** prévoient explicitement que le salarié pourra être appelé à travailler sur divers chantiers (travaux publics) ou dans les divers établissements d'une même entreprise (banques). Le salarié, en concluant son contrat de travail, a souscrit à cette règle.

Le ***contrat de travail*** peut contenir une clause dite de « mobilité ». « *Une clause de mobilité doit définir de façon précise sa zone géographique d'application et elle ne peut conférer à l'employeur le pouvoir d'en étendre unilatéralement la portée* » (Soc. 7 juin 2006). Une clause de mobilité peut désigner, pour certaines fonctions, « *le territoire français* » (Soc. 9 juill. 2014, sté Euro Cargo Rail). Et il a été jugé qu'« *une clause indéterminée ne permettait pas à l'employeur de muter le salarié sans son accord* » (Soc. 17 juill. 2007). Cette clause ne permet pas à l'employeur d'imposer au salarié un partage de son temps de travail entre plusieurs établissements (Soc. 20 déc. 2006). La clause de mobilité n'autorise pas l'employeur à muter le salarié sans considération pour son « droit à » une « *vie personnelle et familiale* » (Soc. 14 oct. 2008, Sté PriceWaterhouse ; Soc. 13 janv. 2009, salariée veuve ayant 2 jeunes enfants) et est neutralisée quand il y a « abus de l'employeur » dans la mise en œuvre (Soc. 20 févr. 2007).

Si cette clause est régulièrement mise en œuvre par l'employeur, le salarié doit rejoindre sa nouvelle affectation, faute de quoi il peut être licencié ; « *le refus, par le salarié dont le contrat de travail contient une clause de mobilité, de la modification de son lieu de travail, constitue en principe un manquement à ses obligations contractuelles* » (Soc. 23 janv. 2008). Le refus peut constituer une faute grave (Cass., Ass. Plén., 23 oct. 2015). L'employeur doit toutefois respecter un délai de prévenance, sans quoi la mutation pourrait être refusée par le salarié, car abusive (Soc. 14 oct. 2008, Sté Otis). En dehors de ce cas, le refus de la mutation permet néanmoins à l'employeur d'exiger l'exécution du préavis dans les conditions nouvelles (Soc. 25 nov. 1997), sauf abus de pouvoir de direction (Soc. 10 janv. 2001).

« *Un salarié ne peut accepter par avance un changement d'employeur* » et par conséquent « *la clause de mobilité par laquelle le salarié lié par un contrat à une société s'est engagé à accepter toute mutation dans une autre société, alors même que cette société appartiendrait au même groupe ou à la même unité économique et sociale, est nulle* » (les clauses de mobilité intragroupe sont illicites, Soc. 23 sept. 2009).

Toutefois, une clause de mobilité, voire une clause de domiciliation (Soc. 28 mars 2006), insérée dans un contrat de travail, ne peut imposer au salarié de changer son domicile pour s'installer dans la région où il est nouvellement affecté. Il s'agit là d'un choix relevant de la vie personnelle du salarié, sauf circonstances exceptionnelles liées à l'emploi (Soc. 12 janv. 1999, M. Speelers ; 13 avril 2005, Soc. 15 mai 2007).

• Demande du salarié

La demande de modification du lieu de travail peut également émaner du salarié. En cas de demande de mutation sur un poste disponible, formulée par une salariée pour des raisons familiales sérieuses, la décision de refus de l'employeur, ne s'appuyant sur aucune raison objective, porte atteinte de façon disproportionnée à la liberté de choix du domicile et est contraire à la bonne foi contractuelle (Soc. 24 janv. 2007).

À RETENIR

« *Sauf disposition légale contraire, une convention collective ne peut permettre à un employeur de procéder à la modification du contrat de travail sans recueillir l'accord exprès du salarié* » (Soc. 10 févr. 2016, sté FC Nantes).

Des dispositions légales contraires existent et se multiplient :

- modification du contrat à la suite d'un accord d'entreprise visant à « *répondre aux nécessités liées au fonctionnement de l'entreprise ou en vue de préserver, ou de développer l'emploi* » (L. 2254-2), voir chapitre XI ;
- modification du contrat à la suite d'un accord en matière d'aménagement du temps de travail ;
- modification du contrat de travail à la suite d'un accord d'entreprise portant sur la RTT (la seule diminution du nombre d'heures stipulé au contrat de travail ne constitue pas une modification du contrat de travail (L. 1222-7) ; lorsqu'un ou plusieurs salariés refusent une modification de leur contrat de travail résultant de l'application d'un accord de RTT, leur licenciement ne repose pas sur un motif économique. Il est soumis aux dispositions relatives à la rupture du contrat de travail pour motif personnel (L. 1222-8).

Suspension du contrat de travail

Deux motifs principaux de suspension du contrat de travail seront étudiés ici : la maladie et la maternité.

À RETENIR

La Convention de l'OIT n° 158, concernant la cessation de la relation de travail à l'initiative de l'employeur, ratifiée par la France et d'application directe (Soc. 29 mars 2006), prévoit que « l'absence temporaire du travail en raison d'une maladie ou d'un accident ne devra pas constituer une raison valable de licenciement » (art. 6).

Accident du travail et maladie professionnelle

• Suspension du contrat et protection contre la rupture

Le contrat de travail du salarié victime d'un accident du travail, autre qu'un accident de trajet, ou d'une maladie professionnelle, est suspendu pendant la durée de l'arrêt de travail provoqué par l'accident ou la maladie. Le contrat de travail est également suspendu pendant le délai d'attente et la durée du stage de réadaptation, de rééducation ou de formation professionnelle que doit suivre l'intéressé. La durée des périodes de suspension est prise en compte pour la détermination de tous les avantages légaux ou conventionnels liés à l'ancienneté dans l'entreprise (L. 1226-7 et s.).

Au cours des périodes de suspension, l'employeur ne peut résilier le CDI, même en cours de période d'essai (Soc. 12 mai 2004), que s'il justifie soit d'une faute grave de l'intéressé, soit de l'impossibilité où il se trouve, pour un motif non lié à l'accident ou à la maladie, de maintenir ledit contrat (L. 1226-9). La faute peut avoir été commise avant l'arrêt de travail et découverte après coup (malversations par exemple) ou pendant l'arrêt de travail (concurrence déloyale).

Toute résiliation du contrat de travail prononcée en méconnaissance de ces dispositions est nulle (L. 1226-13).

À l'issue des périodes de suspension, le salarié retrouve son emploi ou un emploi similaire (sauf en cas d'inaptitude), assorti d'une rémunération au moins équivalente. Les conséquences de l'accident ou de la maladie professionnelle ne peuvent entraîner pour le salarié aucun retard de promotion ou d'avancement au sein de l'entreprise (L. 1226-8).

• Inaptitude

Procédure

Après avoir procédé ou fait procéder par un membre de l'équipe pluridisciplinaire à une étude de poste et après avoir échangé avec le salarié et l'employeur, le médecin du travail qui constate qu'aucune mesure d'aménagement, d'adaptation ou de transformation du poste de travail occupé n'est possible et que l'état de santé du travailleur justifie un changement de poste déclare le travailleur inapte à son poste de travail (L. 4624-4). Le médecin du travail reçoit le salarié, afin d'échanger sur l'avis et les indications ou les propositions qu'il pourrait adresser à l'employeur (L. 4624-5). L'avis d'inaptitude rendu par le médecin du travail est éclairé par des conclusions écrites, assorties d'indications relatives au reclassement du travailleur (L. 4624-4) (une procédure de recours contre l'avis d'inaptitude existe devant le CPH, L. 4624-7, voir chapitre XIII – Suivi individuel de l'état de santé du salarié).

EN PRATIQUE

Lorsque le salarié victime d'un arrêt de travail ou d'une MP est déclaré inapte par le médecin du travail à reprendre l'emploi qu'il occupait précédemment, l'employeur lui propose un autre emploi approprié à ses capacités, au sein de l'entreprise ou des entreprises du groupe auquel elle appartient le cas échéant, situées sur le territoire national et dont l'organisation, les activités ou le lieu d'exploitation assurent la permutation de tout ou partie du personnel.

Cette proposition prend en compte, après avis du comité social et économique (CSÉ), les conclusions écrites du médecin du travail et les indications qu'il formule sur les capacités du salarié à exercer l'une des tâches existant dans l'entreprise. Le médecin du travail formule également des indications sur l'aptitude du salarié à bénéficier d'une formation le préparant à occuper un poste adapté.

L'emploi proposé est aussi comparable que possible à l'emploi précédemment occupé, au besoin par la mise en œuvre de mesures telles que mutations, aménagements, adaptations ou transformations de postes existants ou aménagement du temps de travail.

Travailleur handicapé

Quand le salarié est reconnu travailleur handicapé (et quand son état de santé peut, dans un contexte professionnel donné, être assimilé à un handicap – CJUE 18 déc. 2014, FOA), la proposition de reclassement doit tenir compte de l'exigence d'un « ***aménagement raisonnable*** » d'un poste de travail pour permettre le maintien dans l'emploi, sauf si les « mesures adaptées » pour permettre le maintien dans l'emploi ont un caractère disproportionné (Dir. 27 nov. 2000, art. 5, préc. ; L. 1133-4 et L. 5213-6 ; Chap. V).

Période transitoire

Si le salarié n'est pas reclassé dans l'entreprise à l'issue d'un délai d'un mois à compter de la date de l'examen de reprise du travail ou s'il n'est pas licencié, l'employeur est tenu de lui verser, dès l'expiration de ce délai, le salaire correspondant à l'emploi qu'il occupait avant la suspension de son contrat de travail (L. 1226-11). Cette rémunération n'est susceptible d'aucune réduction (Soc. 16 févr. 2005). Le salarié déclaré inapte perçoit une indemnité temporaire d'inaptitude entre la date de la reconnaissance de l'inaptitude et la date de mise en œuvre de la décision de l'employeur de le reclasser ou de le licencier, pendant un mois maximum (CSs L. 433-1).

Ces dispositions s'appliquent également en cas d'inaptitude à tout emploi dans l'entreprise constatée par le médecin du travail (L. 1226-11), même si le salarié a été indemnisé par un régime de prévoyance en vigueur dans l'entreprise, bien que ceci puisse conduire à un revenu supérieur à la rémunération habituelle (Soc. 19 mai 1998).

Si l'employeur ne verse pas le salaire à l'issue du délai d'un mois, le salarié peut soit solliciter la condamnation de l'employeur en paiement des salaires, soit faire constater la rupture du contrat de travail qui sera alors un licenciement sans cause réelle et sérieuse (Soc. 18 nov. 2003).

Licenciement

L'employeur ne peut rompre le contrat de travail que s'il justifie soit (L. 1226-12) :
– De l'impossibilité de proposer un emploi, répondant aux exigences légales, au salarié. Il lui fait connaître par écrit les motifs qui s'opposent au reclassement.
– Du refus par le salarié de l'emploi proposé.
– De la mention expresse dans l'avis du médecin du travail que tout maintien du salarié dans l'emploi serait gravement préjudiciable à sa santé ou que l'état de santé du salarié fait obstacle à tout reclassement dans l'emploi. (Cela ne priverait pas le salarié de faire valoir devant le juge du contrat de travail que l'inaptitude a été causée par un manquement de l'employeur à son obligation de sécurité, par exemple en matière de prévention du harcèlement).

S'il procède au licenciement, l'employeur doit respecter la procédure applicable au licenciement pour motif personnel (L. 1226-12). En cas d'inobservation, le salarié peut obtenir une indemnité d'un mois maximum de salaire (L. 1235-2).

Visite de reprise (défaut)

En cas de défaut de visite médicale de reprise par le médecin du travail dans les 8 jours, après un arrêt pour cause d'accident du travail, « *l'employeur ne peut résilier le contrat (...) du salarié, dont le droit à la sécurité dans le travail a ainsi été méconnu, que s'il justifie soit d'une faute grave de ce dernier, soit de l'impossibilité (...), pour un motif non lié à l'accident, de maintenir ledit contrat* » (Soc. 28 févr. 2006).

« *L'employeur, tenu d'une obligation de sécurité de résultat en matière de protection de la santé et de la sécurité des travailleurs dans l'entreprise, doit en assurer l'effectivité.* » Par conséquent, l'employeur commet une faute privant le licenciement pour inaptitude de cause réelle et sérieuse « *en s'abstenant de prendre des mesures qui auraient prémuni la salariée contre la réaction allergique et auraient évité la dégradation de son état de santé antérieurement à la reconnaissance de sa maladie professionnelle* » (Soc. 2 déc. 2009, Mme CD c/ Sté Hinoux Tolub).

• Indemnités et sanctions

Licenciement justifié

Si le licenciement est justifié, il ouvre droit, pour le salarié, à l'indemnité compensatrice de préavis et à une ***indemnité spéciale de licenciement***, égale au double de l'indemnité légale. Ce n'est que si l'employeur établit que le refus par le salarié du reclassement qui lui avait été proposé est abusif qu'il sera dispensé de verser ces indemnités (L. 1226-14). Cependant, le salarié conserve le bénéfice de l'indemnité conventionnelle de licenciement ou, à défaut, de l'indemnité légale de droit commun (Soc. 20 févr. 2008).

Licenciement injustifié

En revanche, si l'employeur procède au licenciement en méconnaissance des dispositions relatives à la « réintégration » du salarié (*supra* L. 1226-8), le CPH saisi peut proposer sa « réintégration » dans l'entreprise avec maintien de ses avantages acquis (Soc. 11 juill. 2001). En cas de refus par l'une ou l'autre des parties, le CPH octroie au salarié une indemnité (au minimum 6 mois de salaire, L. 1235-3-1) qui s'ajoute à l'indemnité compensatrice de préavis et à l'indemnité spéciale de licenciement (*supra* L. 1226-15).

Ces diverses indemnités sont calculées sur la base du salaire moyen qui aurait été perçu par l'intéressé au cours des 3 derniers mois s'il avait continué à travailler au poste qu'il occupait avant l'accident ou la maladie (L. 1226-16).

Le salarié peut alléguer d'une discrimination liée à son état de santé.

CDD

Lorsque le salarié victime d'un accident ou d'une maladie professionnelle est titulaire d'un CDD (cf. Chap. VIII), l'arrivée du terme n'est pas modifiée par l'accident du travail ou la maladie professionnelle, sauf clause de renouvellement. L'employeur doit justifier d'un motif réel et sérieux, étranger à l'accident ou à la maladie. À défaut, il verse au salarié une indemnité correspondant au préjudice subi, qui ne peut être inférieure au montant des salaires et avantages que le salarié aurait reçus jusqu'au terme de la période de renouvellement prévue au contrat (L. 1226-19 et s.).

Maladie non professionnelle

• Suspension du contrat et protection contre la rupture

La maladie du salarié ne rompt pas le contrat de travail, mais le suspend.

Rémunération et avantages en nature

Indemnisation. Le salarié absent ne perçoit pas de rémunération puisqu'il ne fournit pas de travail. Cependant, tout salarié ayant « une année » d'ancienneté dans l'entreprise bénéficie, en cas d'absence au travail justifiée par l'incapacité résultant de maladie ou d'accident constaté par certificat médical, et contre-visite s'il y a lieu, d'une indemnité complémentaire (à l'allocation journalière de la Sécurité sociale), à condition d'avoir justifié dans les 48 heures de cette incapacité ; d'être pris en charge par la Sécurité sociale, d'être soigné sur le territoire français ou dans l'UE (L. 1226-1 al. 1).

Ces dispositions ne s'appliquent pas aux salariés travaillant à domicile, aux salariés saisonniers, aux salariés intermittents ni aux salariés temporaires (L. 1226-1).

EN PRATIQUE

Cette indemnité complémentaire est calculée selon les modalités suivantes : 90 % de la rémunération brute que le salarié aurait perçue s'il avait continué à travailler, pendant les 30 premiers jours ; deux tiers de cette même rémunération, pendant les 30 jours suivants (D. 1226-1). Ces durées d'indemnisation sont augmentées de 10 jours par période de 5 ans d'ancienneté en plus de la durée d'une année requise pour pouvoir être indemnisé, sans que chacune d'elle puisse dépasser 90 jours (D 1226-2). Lors de chaque arrêt de travail, les durées d'indemnisation courent à compter du premier jour d'absence si celle-ci est constitutive à un accident du travail ou à une maladie professionnelle, à l'exclusion des accidents de trajet, et à compter du septième jour dans tous les autres cas (période de carence, D. 1226-3, décret du 18 juill. 2008). Les conventions collectives contiennent parfois des dispositions plus favorables pour les salariés ; les CCN, moins favorables que l'ANI, doivent être mises en conformité. Ces garanties s'entendent déduction faite des allocations que l'intéressé reçoit de la Sécurité sociale et des régimes complémentaires de prévoyance (D. 1226-5).

Contrôles médicaux (employeur). Des contre-visites médicales peuvent avoir lieu à l'instigation de l'employeur, mais des conclusions négatives du médecin contrôleur ne peuvent avoir pour effet que de priver le salarié des indemnités complémentaires de maladie versées par l'employeur – et non de le faire reprendre le travail à une date autre que celle fixée par son médecin traitant (Soc. 10 oct. 1995) ou de motiver une sanction disciplinaire. Dans ce cas toutefois, le salarié peut saisir le juge des référés, lequel peut désigner un expert. Si ce dernier confirme la nécessité de l'arrêt précédemment prescrit, l'employeur ne peut s'abstenir de verser le complément des indemnités journalières (Soc. 28 févr. 1996). L'employeur est libre de choisir les dates et les heures de la contre-visite dans le respect des indications de l'arrêt de travail qui peut autoriser la « sortie libre », le salarié devant dans ce cas informer l'employeur des horaires et des adresses où la contre-visite peut s'effectuer (Soc. 4 févr. 2009).

Contrôles médicaux (Sécurité sociale). Les contrôles à l'initiative de l'employeur sont distincts de ceux diligentés par la Sécurité sociale, qui n'ont aucune influence sur les décisions des premiers (Soc. 4 mai 1999). Cependant, l'expérimentation visant à renforcer la coordination entre les actions du service du contrôle médical des caisses et les prérogatives des employeurs en matière de « contre-visite patronale » est généralisée (LFSS 2010, décret du 24 août 2010 relatif au contrôle des arrêts de travail). Ainsi, le médecin de contrôle (de l'employeur) doit envoyer son rapport à la Caisse nationale d'assurance-maladie dans les 48 heures ; une suite doit être donnée par la Caisse si l'arrêt apparaît non justifié (suspension du versement des Indemnités Journalières d'assurance-maladie), etc.

Avantages en nature. « *Le logement attribué à titre gratuit à un salarié pour l'exercice de ses fonctions, qui est l'accessoire du contrat de travail et dont il bénéficie dans sa vie personnelle, ne peut lui être retiré ou donner lieu au versement d'un loyer, pendant une période de suspension du contrat de travail pour maladie* » (Soc. 26 janv. 2011).

Protection de l'emploi

Le salarié malade ne peut, en principe, se voir reprocher son comportement pendant que son contrat de travail est suspendu.

Obligation de loyauté. « *L'inobservation par le salarié de ses obligations à l'égard de la Sécurité sociale ne peut justifier un licenciement et l'exercice d'une activité pendant un arrêt de travail provoqué par la maladie ne constitue pas en lui-même un manquement à l'obligation de loyauté qui subsiste pendant la durée de cet arrêt ; pour fonder un licenciement, l'acte commis par un salarié durant la suspension du contrat de travail doit causer un préjudice à l'employeur ou à l'entreprise* » (Soc. 12 oct. 2011, Sté Menuiseries du Havre de Vie, salarié chauffeur aidant son épouse sur des marchés pendant un arrêt de travail, la faute ne peut être retenue en l'absence de constat d'un préjudice pour l'employeur) ; voir déjà par exemple l'exercice d'une autre activité, telle la vente sur un stand de brocante (Soc. 21 mars 2000) ou l'absence de son domicile en dehors des heures autorisées du fait d'un voyage en Yougoslavie (Soc. 27 juin 2000).

Cependant, son obligation de loyauté persiste durant cette période, ce qui implique l'obligation de restituer, à la demande de l'employeur, les documents qui sont nécessaires à la poursuite de l'activité de l'entreprise (Soc. 6 févr. 2001), sous réserve de ne pas devoir exécuter une prestation de travail (Soc. 25 juin 2003).

Dispositions conventionnelles. Des dispositions conventionnelles prévoient des dispositions protectrices du contrat de travail du salarié absent pour maladie, par exemple une clause prévoyant que l'employeur ne peut procéder au licenciement du salarié absent pour maladie tant qu'il n'a pas épuisé ses droits à l'indemnisation complémentaire ou avant l'expiration d'un délai variable suivant son ancienneté. Ce délai conventionnel de protection de l'emploi doit être respecté (Soc. 14 nov. 1991), l'absence qui se prolonge au-delà de cette durée ne constituant pas en soi une justification d'un licenciement (Soc. 10 oct. 1995).

Des dispositions conventionnelles, d'apparence plus favorables que la loi, ne peuvent pas faire échec à l'interdiction de discrimination en raison de l'état de santé. Ainsi, une CCN ne peut pas prévoir que le salarié absent pour maladie ne sera pas licencié pour inaptitude, mais sera, le cas échéant, radié des effectifs, après 5 ans d'absence. En effet, « *la radiation (...) instituée par (...) la CCN (...) s'analyse en un licenciement fondé exclusivement sur l'état de santé, et donc nul* » (Soc. 25 févr. 2009, Mme Breuil c/ CRAM-IdF, CNAMTS et DRASS-IdF).

Discrimination

Principe. Aucun salarié ne peut être sanctionné, licencié ou faire l'objet d'une mesure discriminatoire, directe ou indirecte, en raison de son état de santé (L. 1132-1). Toute disposition ou tout acte pris à l'égard d'un salarié en méconnaissance de ces dispositions est nul (L. 1132-4 ; exemple : CA Versailles, 14 déc. 2010, Cabinet médical Beauregard, salariée convoquée à un entretien préalable à un licenciement économique le jour où ses employeurs-médecins suspectent l'existence d'une tumeur cancéreuse au sein, licenciement nul).

Ainsi, à l'égard d'un salarié, quand « *les absences pour maladie toutes justifiées par des arrêts de travail lui étaient systématiquement reprochées en elles-mêmes* », « *ces absences pour raison de santé (...) constituaient en réalité la véritable cause du licenciement, ce qui le rendait nul* » (Soc. 16 déc. 2010, Sté Toyota).

Cependant, « *si l'article L. 1132-1 du Code du travail fait interdiction de licencier un salarié, notamment en raison de son état de santé (...), ce texte ne s'oppose pas au licenciement motivé, non par l'état de santé du salarié, mais par la situation objective de l'entreprise dont le fonctionnement est perturbé par l'absence prolongée ou les absences répétées du salarié ; celui-ci ne peut toutefois être licencié que si ces perturbations entraînent la nécessité pour l'employeur de procéder à son remplacement définitif par l'engagement d'un autre salarié* » (Cass., Ass. plén., 22 avr. 2011, Mme X. c/ Syndicat des copropriétaires Y... représenté par son syndic Sté Stoops).

L'employeur doit alors respecter la procédure du licenciement pour cause personnelle. L'employeur qui a l'intention de se séparer d'un salarié convoque le salarié à l'entretien préalable et peut ainsi s'informer de l'état et des intentions du salarié ;

de plus, ce dernier est informé du risque qu'il court de perdre son emploi. Il convient que la lettre de licenciement mentionne « *expressément, outre la perturbation du fonctionnement de l'entreprise, la nécessité du remplacement du salarié* » (Soc. 8 avril 2009, Hôtel West End). L'employeur doit verser l'indemnité légale ou conventionnelle de licenciement, si le salarié y a droit. Il sera dispensé de verser l'indemnité compensatrice de préavis, le salarié n'étant pas en état de travailler.

EN PRATIQUE

La possibilité de licencier un salarié malade, en raison de son absence prolongée ou de ses absences répétées, est exceptionnelle.

La nécessité du remplacement définitif doit être établie au jour du licenciement (Soc. 30 mai 2007). « *Seul peut constituer un remplacement définitif un remplacement entraînant l'embauche d'un autre salarié* » (Soc. 18 oct. 2007), dont la durée du travail est au moins égale à celle du salarié malade absent (Soc. 6 févr. 2008). Le recours à une société sous-traitante ne répond pas à cette exigence (Cass., Ass. plén., 22 avr. 2011, préc.).

Faute de l'employeur. *A fortiori*, quand l'absence du salarié est la conséquence du comportement de l'employeur, celui-ci ne peut se prévaloir de cette absence prolongée du salarié pour le licencier (Soc. 11 oct. 2006, Sté Cora, salarié ayant fait l'objet d'un « harcèlement moral » de la part de sa hiérarchie). Il en est de même quand une salariée est déclarée inapte à la suite d'un harcèlement sexuel ; son licenciement résultant de son refus de subir ces agissements est nul (Soc. 3 mars 2009, M. Philippe Y., la salariée secrétaire de direction obtient 50 000 € de dommages-intérêts). Comme le dit l'adage : nul ne peut se prévaloir de sa propre turpitude. Ces licenciements discriminatoires sont nuls.

Plus largement, « *lorsque l'absence prolongée du salarié pour cause de maladie résulte d'un manquement de l'employeur à l'obligation de sécurité de résultat, ses conséquences sur le fonctionnement de l'entreprise ne peuvent être invoquées pour justifier un licenciement* » (Soc. 13 mars 2013, Sté Kalisterra, le juge doit rechercher « *si, (...) la salariée, (...) n'avait pas été exposée à un stress permanent et prolongé à raison de l'existence d'une situation de surcharge de travail conduisant à un épuisement professionnel de nature à entraîner une dégradation de son état de santé* (...) »).

Affectation et carrière. Un salarié ne peut pas subir un retard de carrière en raison de son état de santé ayant entraîné des arrêts de travail (Soc. 28 janv. 2010, SNCM). Un changement d'affectation lié à l'état de santé d'une salariée, déclarée apte à la reprise de son emploi par le médecin du travail dans le cadre d'un mi-temps thérapeutique, constitue une discrimination (Soc. 30 mars 2011, Crédit mutuel des Antilles et de la Guadeloupe).

• Inaptitude

Procédure

La procédure est la même qu'en cas d'inaptitude à la suite d'un arrêt de travail ou d'une MP (voir *supra* L. 4624-4, L. 4624-5).

EN PRATIQUE

Lorsque le salarié victime d'une maladie ou d'un accident non professionnel est déclaré inapte par le médecin du travail à reprendre l'emploi qu'il occupait précédemment, l'employeur lui propose un autre emploi approprié à ses capacités, au sein de l'entreprise ou des entreprises du groupe auquel elle appartient le cas échéant, situées sur le territoire national et dont l'organisation, les activités ou le lieu d'exploitation assurent la permutation de tout ou partie du personnel.

Cette proposition prend en compte, après avis du CSÉ lorsqu'il existe, les conclusions écrites du médecin du travail et les indications qu'il formule sur les capacités du salarié à exercer l'une des tâches existantes dans l'entreprise. Le médecin du travail formule également des indications sur la capacité du salarié à bénéficier d'une formation le préparant à occuper un poste adapté. L'emploi proposé est aussi comparable que possible à l'emploi précédemment occupé, au besoin par la mise en œuvre de mesures telles que mutations, aménagements, adaptations ou transformations de postes existants ou aménagement du temps de travail (L. 1226-2).

Travailleur handicapé

Quand le salarié est reconnu travailleur handicapé (et quand son état de santé peut, dans un contexte professionnel donné, être assimilé à un handicap – CJUE 18 déc. 2014, FOA), la proposition de reclassement doit tenir compte de l'exigence d'un « aménagement raisonnable » d'un poste de travail pour permettre le maintien dans l'emploi, sauf si les « mesures adaptées » pour permettre le maintien dans l'emploi ont un caractère disproportionné (Dir. 27 nov. 2000, art. 5, préc. ; L. 1133-4 et L. 5213-6 ; Chap. V).

Période transitoire

Si le salarié déclaré inapte n'est pas reclassé dans l'entreprise à l'issue d'un délai d'un mois à compter de la date de l'examen médical de reprise du travail ou s'il n'est pas licencié, l'employeur est tenu de lui verser, dès l'expiration de ce délai, le salaire correspondant à l'emploi occupé avant la suspension du contrat, et ce même si le médecin du travail a constaté une inaptitude à tout emploi dans l'entreprise (L. 1226-4).

Le délai d'un mois ne court qu'à partir de la date du second des examens médicaux prévus en cas d'inaptitude (Soc. 28 janv. 1998) ou de l'examen unique, quand celui-ci est possible (Soc. 6 févr. 2008). Dans tous les cas, la seule solution est donc de continuer à payer le salarié ou de le licencier, la résiliation d'un commun accord du contrat de travail étant ici illégale (Soc. 29 juin 1999).

Licenciement

L'employeur ne peut rompre le contrat de travail que s'il justifie soit :

- de son impossibilité à proposer un emploi répondant aux exigences légales (supra), (l'employeur fait connaître par écrit au salarié les motifs qui s'opposent à son reclassement, L. 1226-2-1) ;
- du refus par le salarié de l'emploi proposé ;
- de la mention expresse dans l'avis du médecin du travail que tout maintien du salarié dans un emploi serait gravement préjudiciable à sa santé ou que l'état de santé du salarié fait obstacle à tout reclassement dans un emploi. S'il prononce le licenciement, l'employeur respecte la procédure applicable au licenciement pour motif personnel.

Les indemnités dues au salarié au titre de la rupture sont prises en charge soit directement par l'employeur, soit au titre des garanties qu'il a souscrites à un fonds de mutualisation (L. 1226-4-1). Le salarié bénéficie de l'indemnité conventionnelle de licenciement (Soc. 8 oct. 2014, MSA Languedoc).

Le préavis n'est pas exécuté et le contrat de travail est rompu à la date de notification du licenciement. Le préavis est néanmoins pris en compte pour le calcul de l'indemnité de licenciement. Par dérogation l'inexécution du préavis ne donne pas lieu au versement d'une indemnité compensatrice (L. 1226-4).

Ne constitue pas l'énoncé d'un motif précis de licenciement l'inaptitude physique du salarié sans mention de l'impossibilité de reclassement (Soc. 9 avr. 2008). La lettre de licenciement doit explicitement mentionner l'impossibilité de reclassement.

Le licenciement est nul quand les faits reprochés au salarié, licencié pour faute grave, sont en rapport avec sa maladie (Soc. 28 janv. 1998). Un salarié souffrant de troubles psychologiques au travail (déficience physique ou comportement « anormal ») ne peut pas être licencié pour motif disciplinaire (Soc. 31 oct. 2006). De tels licenciements sont nuls.

Le choix de l'entreprise de ne pas licencier un salarié déclaré inapte ne peut être contesté par une mutuelle (Soc. 6 oct. 2010).

Invalidité et visite de reprise

Invalidité (droit de la Sécurité sociale) et inaptitude (droit du travail) sont 2 régimes juridiques distincts. « *Dès lors que le salarié informe son employeur de son classement en invalidité 2e catégorie sans manifester la volonté de ne pas reprendre le travail* », c'est à l'employeur qu'il appartient « *de prendre l'initiative de faire procéder à une visite de reprise* » (et non pas au salarié), « *laquelle met fin à la suspension du contrat de travail* » (Soc. 25 janvier 2011, PBR, ARAS, l'employeur est condamné à verser une somme à titre de dommages-intérêts pour le préjudice subi par le salarié du fait du retard dans l'organisation de la visite de reprise).

• Autorisations d'absence

Tout salarié atteint d'une maladie grave (au sens du 3° et du 4° de l'article L. 322-3 du Code de la Sécurité sociale) bénéficie d'autorisations d'absence pour suivre les traitements médicaux rendus nécessaires par son état de santé (thérapies lourdes liées au sida ou au cancer notamment ; L. 1226-5). Le Code ne prévoit pas de solution pour la couverture juridique et financière de ces absences.

Le licenciement est discriminatoire quand il est motivé par un départ du salarié de son poste de travail pour raison de santé : « *Le fait de quitter son poste en raison de son état de santé afin de consulter un médecin ne constitue pas, en soi, une faute de nature à justifier le licenciement.* » (Soc. 3 juill. 2001 ; Soc. 15 oct. 2003).

EN PRATIQUE

Modèle de lettre de licenciement pour inaptitude

L. 1226-2-1 (inaptitude d'origine non professionnelle) et L. 1226-12 du Code du Travail (inaptitude d'origine professionnelle)

L'application du présent modèle est sans incidence sur l'application des stipulations conventionnelles ou contractuelles plus favorables applicables au contrat de travail du salarié licencié. S'agissant d'un licenciement pour inaptitude, l'employeur doit reclasser ou licencier le salarié dans un délai d'un mois à compter de la date du constat de l'inaptitude par le médecin du travail ; à défaut, l'employeur est tenu de reprendre le versement des salaires.

Dénomination sociale et adresse du siège social de l'entreprise

Lieu et date

Nom, prénom et adresse du salarié

Objet : notification d'un licenciement pour inaptitude et impossibilité de reclassement [ou] pour inaptitude (en présence d'une dispense de reclassement)

Lettre recommandée avec avis de réception ou lettre remise contre récépissé (en cas de remise en main propre, la lettre doit être établie en double exemplaire et celui de l'employeur doit être accompagné de la mention « reçue le… » avec la signature du salarié ; la lettre ne peut être expédiée ou remise en main propre moins de deux jours ouvrables après l'entretien préalable).

« Madame, Monsieur…,

Suite à notre entretien qui s'est tenu le … (date à compléter), nous vous informons de notre décision de vous licencier, en raison de votre inaptitude à occuper votre emploi, constatée le … (date à compléter) par le médecin du travail et en raison de l'impossibilité de vous reclasser. »

[Ou]

Si le salarié ne s'est pas présenté à l'entretien préalable, indiquer : « Nous vous avons convoqué à un entretien préalable en date du … auquel vous ne vous êtes pas présenté. Nous vous informons, par la présente, de notre décision de vous licencier en raison de votre inaptitude à occuper votre emploi, constatée le… (date à compléter) par le médecin du travail et en raison de l'impossibilité de vous reclasser. »

Puis expliciter dans les deux cas : « En effet, les recherches qui ont été menées en vue de votre reclassement, après consultation du comité social et économique (s'il existe), tenant compte des conclusions du médecin du travail ainsi que de nos échanges, n'ont pas permis de trouver un autre emploi approprié à vos capacités, parmi les emplois disponibles (préciser, le cas échéant, les recherches effectuées et le contenu des échanges avec le salarié et le médecin du travail. Si l'entreprise appartient à un groupe de sociétés, préciser quelles ont été les recherches effectuées dans les autres entreprises du groupe, situées sur le territoire national : sociétés contactées, dates, réponses, etc., voir les articles L. 1226-2 et L. 1226-10 du Code du travail).

Dans le cas où le médecin du travail a mentionné expressément dans son avis que tout maintien du salarié dans un emploi serait gravement préjudiciable à sa santé ou que l'état de santé du salarié fait obstacle à tout reclassement dans un emploi, remplacer l'énoncé ci-dessus par : « Suite à notre entretien qui s'est tenu le… (date à compléter), nous vous informons de notre décision de vous licencier en raison de votre inaptitude à occuper votre emploi, constatée le… (date à compléter) par le médecin du travail et en raison de l'impossibilité de vous reclasser, compte tenu de la mention expresse dans l'avis du médecin du travail que votre maintien dans un emploi serait gravement préjudiciable à votre santé (ou que votre état de santé fait obstacle à tout reclassement dans un emploi). »

Si le salarié est un salarié protégé, ajouter : « Votre licenciement a fait l'objet d'une autorisation de l'inspecteur du travail (ou du ministre du Travail) en date du… (date à compléter). »

Pour l'ensemble des cas : « Votre contrat de travail prend fin à la date d'envoi de cette lettre, soit le... (date à compléter). Vous n'effectuerez donc pas de préavis. (Le préavis n'est ni exécuté, ni payé.) »
Si l'inaptitude a une origine professionnelle : « Vous percevrez une indemnité égale à l'indemnité compensatrice de préavis (le préavis n'est pas exécuté mais payé) et une indemnité spéciale de licenciement » (cette indemnité est égale au double de l'indemnité légale de licenciement, sauf dispositions conventionnelles plus favorables).

Pour l'ensemble des cas : « Nous tiendrons à votre disposition [ou] nous vous remettrons [ou] nous vous adresserons par courrier votre certificat de travail, votre reçu pour solde de tout compte et votre attestation Pôle emploi.

Vous pouvez faire une demande de précision des motifs du licenciement énoncés dans la présente lettre, dans les quinze jours suivant sa notification, par lettre recommandée avec accusé de réception ou remise contre récépissé. Nous avons la faculté d'y donner suite dans un délai de quinze jours après réception de votre demande, par lettre recommandée avec accusé de réception ou remise contre récépissé. Nous pouvons également, le cas échéant et dans les mêmes formes, prendre l'initiative d'apporter des précisions à ces motifs dans un délai de quinze jours suivant la notification du licenciement. »

Nom, prénom, qualité
Signature

Décret n° 2017-1820 du 29 déc. 2017 établissant des modèles types de lettres de notification de licenciement.

• Maternité

À RETENIR

- La protection de la femme enceinte est assurée pendant le congé de maternité, période de suspension du contrat, mais également avant et après cette période. Une femme, du fait qu'elle est ou a été enceinte, ne doit pas faire l'objet d'une discrimination, directe ou indirecte.

Congé de maternité

• Principe

La femme enceinte a le droit de prendre un congé de maternité (L. 1225-17 et s.). Pendant cette période, le contrat de travail est suspendu. La salariée avertit l'employeur du motif de son absence et de la date à laquelle elle entend y mettre fin. La durée de ce congé est assimilée à une période de travail pour la détermination des droits que la salariée tient de son ancienneté. Elle dépend du nombre d'enfants à naître et du nombre d'enfants déjà présents, comme le montre le tableau suivant.

SITUATION DE FAMILLE		NOMBRE DE SEMAINES INDEMNISÉES		
Enfants à charge avant l'accouchement	**Naissances**	**Congé prénatal**	**Congé postnatal**	**Total**
0	1 enfant des jumeaux des triplés	6 12 24	10 22 22	16 34 46
1	1 enfant des jumeaux des triplés	6 12 24	10 22 22	16 34 46
2 ou plus	1 enfant des jumeaux des triplés	8 12 24	18 22 22	26 34 46

Tableau n° 7 – Durée du congé de maternité

Le congé « de base » commence 6 semaines avant la date présumée de l'accouchement, indiquée par le médecin traitant, et se termine 10 semaines après celui-ci (L. 1225-17). La salariée peut réduire, à sa demande et sous réserve d'un avis médical favorable, la période de suspension du contrat qui précède la date présumée de l'accouchement d'une durée maximale de 3 semaines, la période postérieure à l'accouchement étant augmentée d'autant (L. 1225-19).

Lorsqu'un état pathologique est attesté par un certificat médical comme résultant de la grossesse ou de l'accouchement, le congé de maternité est augmenté de la durée de cet état pathologique dans la limite de 2 semaines avant la date présumée de l'accouchement et de 4 semaines après la date de celui-ci.

Pendant la durée de son congé, la femme perçoit des indemnités journalières de repos versées par la Caisse d'assurance-maladie au titre de l'assurance maternité. Leur montant est calculé en fonction du salaire net, avec un minimum et dans la limite d'un plafond. De nombreuses conventions collectives garantissent à la femme salariée le maintien intégral de son salaire : l'employeur verse alors des allocations différentielles qui complètent les allocations de la Sécurité sociale.

À RETENIR

Le congé de maternité est un droit reconnu à la femme, mais elle n'est pas tenue de l'exercer. En tout état de cause, il est interdit d'employer la salariée pendant une période de 8 semaines au total avant et après son accouchement et pendant les 6 semaines qui suivent son accouchement. L'employeur doit donc cesser d'occuper la femme 2 semaines avant la date présumée de l'accouchement. La période globale de 8 semaines est ainsi prolongée si l'accouchement a lieu après la date présumée. Toute infraction à cette règle est passible d'une amende de cinquième classe de 1 500 € (R. 1227-6).

• Rupture du contrat par la salariée

La femme en état de grossesse apparente a le droit de résilier son contrat de travail sans préavis et sans devoir d'indemnité de rupture (L. 1225-34). Ce même droit est reconnu à la mère (et au père) qui, à l'expiration du congé de maternité, s'abstient de reprendre son travail (L. 1225-66). Elle doit alors informer son employeur (15 jours au moins avant l'expiration du congé) et conserve pendant un an le droit d'être réembauchée par priorité, si elle en fait la demande, dans un emploi correspondant à sa qualification (L. 1225-67).

• Retour dans l'entreprise

À l'issue de ce congé, la salariée retrouve son ***emploi*** ou un emploi similaire, assorti d'une rémunération au moins équivalente (L. 1225-25). Elle a alors droit à un entretien avec son employeur en vue de son orientation professionnelle (L. 1225-27).

En l'absence de dispositions conventionnelles, la ***rémunération*** de la salariée est majorée, à la suite de ce congé maternité, des augmentations générales ainsi que de la moyenne des augmentations individuelles perçues pendant la durée de ces congés par les salariés relevant de la même catégorie professionnelle ou, à défaut, de la moyenne des augmentations individuelles dans l'entreprise (L. 1225-44). L'augmentation ne peut être remplacée par le versement d'une prime (Soc. 14 févr. 2018).

Protection contre le licenciement

• Principe

Il est interdit à l'employeur de licencier une salariée lorsqu'elle est en état de grossesse médicalement constatée, pendant l'intégralité des périodes de suspension du contrat de travail auxquelles elle a droit, qu'elle use ou non de ce droit, et au titre des congés payés pris immédiatement après le congé maternité ainsi que pendant les 10 semaines qui suivent l'expiration de ces périodes (L. 1225-4 al. 1).

Si un licenciement est notifié avant la constatation médicale de la grossesse, la salariée peut, dans un délai de 15 jours à compter de la notification du licenciement, justifier de son état par l'envoi d'un certificat médical (L. 1225-5). « *Le délai de quinze jours (...) court à compter du jour où le licenciement a été effectivement porté à la connaissance de la salariée* » (Soc. 8 juin 2011, Sté Don Camillo), lors de la présentation par les services postaux ou à défaut lors du retrait de la lettre auprès de ces services. Le licenciement se trouve alors annulé (L. 1225-5, Soc. 21 déc. 2006) et ce de plein droit (Soc. 7 avril 2004), sauf lorsque le licenciement est prononcé pour une faute grave non liée à l'état de grossesse ou par l'impossibilité de maintenir le contrat pour un motif étranger à la grossesse ou à l'accouchement. Le licenciement est annulé y compris si la femme n'était pas enceinte lors de l'envoi de la lettre de licenciement (Soc. 2 juill. 2014, Fédération française de football).

• Interdiction relative de licencier

L'interdiction de licencier est levée si l'employeur justifie d'une faute grave de l'intéressée, non liée à l'état de grossesse, ou de l'impossibilité où il se trouve de maintenir ledit contrat pour un motif étranger à la grossesse ou à l'accouchement (L. 1225-4 al. 2). La charge de la preuve incombe à l'employeur.

D'une part, pour l'appréciation de la faute grave, les tribunaux tiendront compte de l'état de grossesse : certains comportements qui seraient, en principe, jugés constitutifs d'une faute grave habituellement, ne seront pas considérés comme tels pour une femme enceinte (Soc. 18 avr. 2008).

D'autre part, l'impossibilité de maintenir le contrat de travail pour un motif étranger à la grossesse n'est pas établie en soi par l'existence d'un motif économique (Soc. 21 mai 2008, l'employeur doit préciser dans la lettre les motifs rendant impossible le maintien du contrat).

L'employeur qui licencie une salariée pour l'un de ces 2 motifs doit respecter la procédure de licenciement, notamment convoquer la salariée à l'entretien préalable. L'employeur a donc, dans certains cas, la possibilité de licencier la salariée enceinte.

Ces dispositions s'appliquent pendant la période de protection postnatale (Soc. 17 févr. 2010).

À RETENIR

L'autre parent bénéficie également d'une certaine protection : l'employeur ne peut rompre le contrat de travail d'un salarié pendant les 10 semaines suivant la naissance de son enfant (L. 1225-4-1), sauf « s'il justifie d'une faute grave de l'intéressé ou de son impossibilité de maintenir ce contrat pour un motif étranger à l'arrivée de l'enfant » (cf. situation du salarié qui prend son congé de paternité dans les jours qui suivent la naissance de l'enfant).

• Interdiction absolue de licencier

Pendant l'intégralité des périodes de suspension du contrat auxquelles la salariée a droit (qu'elle use ou non de ce droit) (*supra* L. 1225-4 al. 1), l'interdiction de licencier est absolue.

Un licenciement, même justifié par une faute grave de l'intéressée (non lié à l'état de grossesse), ne peut prendre effet ou être notifié pendant les périodes de suspension du contrat de travail (Soc. 28 mars 2001, L. 1225-4 al. 2).

Même en cas d'impossibilité de maintenir le contrat de travail d'une salariée pour un motif étranger à son état de grossesse ou à son accouchement, l'employeur ne peut notifier à une salariée la rupture de son contrat de travail avant la fin de la période de suspension du contrat de travail, même avec un effet différé. La rupture, intervenue en violation d'une mesure de protection légale, est donc nulle. La salariée a droit à une réparation intégrale du préjudice résultant du caractère illicite de ce licenciement (Soc. 19 mars 2008, protection applicable même en cas de liquidation judiciaire de l'entreprise).

De plus, l'employeur ne doit pas prendre à l'égard de la salariée enceinte de « mesure préparatoire à son licenciement » durant son congé maternité (faire passer des annonces ou recruter un salarié pour assurer son remplacement définitif, etc.). À défaut, le licenciement de la salariée est nul, même quand il est intervenu après l'expiration de la période de protection (Soc. 15 sept. 2010, PBR, Mme X c/ Sté des Publications du Courrier de l'Ouest ; CJCE 11 oct. 2007, Paquay). Par conséquent, l'employeur ne peut pas convoquer une salariée enceinte pendant son congé maternité pour un entretien préalable à son licenciement, même si celui-ci intervient à l'issue du congé.

• Sanctions et réparations

Sanction civile

La salariée en état de grossesse licenciée en méconnaissance des règles protectrices bénéficie de la nullité du licenciement. Ainsi est nul le licenciement d'une salariée qui a refusé une mutation, en application d'une clause de mobilité, proposée à son retour de congé de maternité, l'employeur ayant pris des mesures préparatoires au licenciement pendant la période du congé de maternité (CA Paris 26 mars 2008, Sté GFI, Délibération HALDE du 5 févr. 2007).

Lorsque le licenciement est nul, l'employeur est tenu de verser le montant du salaire qui aurait été perçu pendant la période couverte par la nullité. L'employeur sera donc condamné à verser à la salariée les salaires qu'elle aurait perçus jusqu'à la fin de la période protégée (4 semaines après la fin du congé, L. 1225-71 al. 2). Ne doivent plus être déduites de cette somme les indemnités journalières de l'assurance maternité, même si la salariée reçoit plus que ce qu'elle aurait reçu si elle n'avait pas été licenciée (Soc. 10 avril 1991).

La salariée est, si elle le demande, « réintégrée » dans son emploi ou, à défaut, dans un emploi équivalent (Soc. 9 oct. 2001, Soc. 30 avril 2003). Si la salariée ne souhaite pas être « réintégrée », le licenciement peut donner lieu à des dommages-intérêts (L. 1225-71 al. 1), dont le montant est apprécié par le juge mais doit être au moins égal à 6 mois de salaire (Soc. 9 oct. 2001). À cela s'ajoutera l'indemnité de licenciement si elle est due.

Ces dispositions protectrices contre le licenciement peuvent faire obstacle à l'échéance d'un ***CDD*** prévoyant une clause de renouvellement (L. 1225-6, à interpréter selon 2 arrêts CJCE 4 oct. 2001, Tele Danmark).

Sanction pénale

Le licenciement illégal d'une femme enceinte constitue une infraction, passible d'une contravention de la 5e classe (R. 1227-5-1°).

CHAPITRE X

RUPTURE DU CONTRAT DE TRAVAIL À DURÉE INDÉTERMINÉE À L'INITIATIVE DE L'EMPLOYEUR

À RETENIR

Le CDI peut être rompu soit à l'initiative de l'employeur, il s'agit notamment d'un licenciement (résiliation unilatérale du contrat de travail) ; soit à l'initiative du salarié, il s'agit notamment d'une démission ; soit d'un commun accord (L. 1231-1).

Lorsque c'est l'employeur qui prend l'initiative de la rupture du contrat de travail à durée indéterminée, il s'agit, en principe, d'un licenciement. Dès que l'engagement est confirmé, les parties sont liées par un contrat de travail et, même si l'exécution du contrat n'a pas commencé, la rupture de celui-ci à l'initiative de l'employeur s'analyse en un licenciement (Soc. 2 févr. 1999).

Tout licenciement doit :
- reposer sur une justification (une cause réelle et sérieuse) ;
- faire l'objet d'une procédure préalable ;
- ouvrir droit à des indemnités de rupture (sauf exceptions).

Deux catégories de licenciement sont à distinguer ; le licenciement pour motif personnel, et le licenciement pour motif économique (voir chapitre XI).

Le licenciement est pour fait personnel s'il est motivé par le comportement personnel du salarié, pour un motif inhérent au salarié : soit pour des fautes disciplinaires (licenciement disciplinaire, chapitre VI) ; soit pour des faits non disciplinaires comme une insuffisance professionnelle, de mauvais résultats, le refus d'une modification du contrat de travail, des absences prolongées ou répétées (pour maladie, chapitre IX), etc. (licenciement pour motif personnel non disciplinaire). L'employeur remplacera le salarié ainsi licencié. Les dispositions légales relatives au licenciement pour fait personnel résultent, pour l'essentiel, de la loi du 13 juillet 1973.

Cause réelle et sérieuse (CRS)

« Tout licenciement pour motif personnel est motivé (...). Il est justifié par une cause réelle et sérieuse » (L. 1231-1). Ce principe vaut pour tous les salariés, quelle que soit notamment leur ancienneté, pour toute entreprise, quel que soit notamment son effectif, et pour tout licenciement, quel que soit le fait personnel en cause.

• Définition

Aucune définition du motif réel et sérieux de licenciement n'est donnée par la loi. Tout en la matière est l'œuvre de la jurisprudence.

Motif réel

D'une part, un motif réel, c'est tout d'abord un motif qui existe, pour lequel l'examen des faits donne une certaine consistance. Si, par exemple, un employeur allègue l'insuffisance professionnelle d'un salarié pour justifier son licenciement et si le salarié a bénéficié cependant d'une promotion récente, les juges douteront du caractère réel du motif invoqué.

Un motif réel, c'est aussi le vrai motif du licenciement. Les juges du fond recherchent la véritable cause du licenciement, le motif exact (Soc. 6 avril 2011 ; Soc. 28 oct. 1981, « *il était impossible d'admettre que le larcin (...) soit la cause réelle du licenciement (...) le véritable motif était le témoignage effectué par Mlle G. (...) au cours de la procédure de divorce de son employeur ; (...) le motif invoqué par l'employeur pour justifier le licenciement était inexact, ce qui justifiait l'allocation de dommages-intérêts* »). S'il apparaît aux juges que, derrière le motif invoqué (par exemple insuffisance professionnelle, absences répétées, etc.), c'est en fait un motif inavouable qui est visé (une discrimination, un témoignage, etc.), ils en déduiront que le motif allégué n'est pas le motif réel.

Motif sérieux

D'autre part, le motif doit aussi être sérieux, c'est-à-dire revêtir une certaine gravité. Par exemple, des retards d'un salarié peuvent être établis, notamment s'il ne les conteste pas. Ils constituent donc le motif réel du licenciement envisagé. Mais si ces retards ont été peu nombreux, que de quelques minutes chaque fois, le motif réel ne sera pas considéré comme sérieux. De même, un don d'une valeur minime (2 sandwichs) à un client, n'est pas une cause sérieuse de licenciement (Soc. 21 mars 2002).

Au contraire, le refus d'exécuter des ordres, etc., peut, suivant les circonstances de l'espèce, être considéré comme un motif sérieux. Le refus n'est pas fautif en raison du non-respect par l'employeur des règles de sécurité (Soc. 18 déc. 2007).

JURISPRUDENCE

Depuis la promulgation de la loi de 1973, une abondante jurisprudence s'est constituée sur la notion de cause réelle et sérieuse. Elle vise la protection du salarié contre des licenciements arbitraires ou injustifiés. « *Aucune clause du contrat de travail ne peut valablement décider qu'une circonstance quelconque constituera une cause de licenciement* » (Soc. 14 nov. 2000, Affichages Giraudy). La prédominance des éléments objectifs est établie : « Un licenciement pour une cause inhérente à la personne du salarié doit être fondé sur des éléments objectifs. »

Perte de confiance

Ainsi, « *la perte de confiance ne justifie pas par elle-même une cause de licenciement* » (Soc. 18 déc. 2012, Soc. 29 nov. 1990), « *même quand elle repose sur des éléments objectifs ; (...) seuls ces éléments objectifs peuvent, le cas échéant, constituer une cause de licenciement, mais non la perte de confiance qui a pu en résulter pour l'employeur* » (Soc. 29 mai 2001). Ainsi, la mésentente qui crée une situation intolérable perturbant le service peut constituer une cause de licenciement si elle repose sur des faits objectifs imputables au salarié concerné (Soc. 27 nov. 2001, Soc. 5 févr. 2002).

À titre d'illustration, il convient d'examiner quelques motifs de licenciement personnel (voir également les chapitres VI sur le licenciement disciplinaire, et IX sur le licenciement non disciplinaire).

• Activité professionnelle

Insuffisance professionnelle

Le licenciement est sans cause réelle et sérieuse quand l'employeur n'a pas fait bénéficier le salarié d'une formation suffisante (Soc. 29 nov. 2007) ou que le salarié commet des erreurs dans l'exécution d'une tâche qui ne relève pas de sa qualification (Soc. 2 févr. 1999). Dans le même esprit, le salarié n'a pas commis de faute, ne pouvant accomplir le travail demandé dans un temps compatible avec ses horaires (Soc. 16 nov. 1999).

Objectifs

« *L'insuffisance de résultats ne peut constituer en soi une cause de licenciement* » (depuis Soc. 30 mars 1999). L'insuffisance de résultats peut constituer une cause réelle et sérieuse de licenciement, mais à condition que les objectifs fixés ne soient pas inaccessibles et que le salarié ait eu les moyens d'accomplir la prestation prévue (Soc. 10 févr. 2004). Le juge apprécie la faisabilité des objectifs fixés au salarié (Soc. 3 févr. 1999), « *si les objectifs étaient réalistes et si la salariée était en faute de ne pas les avoir atteints* » (Soc. 14 nov. 2000, préc.). Il vérifie si :
– Les objectifs étaient réalistes et réalisables, y compris quand ils ont été acceptés par le salarié (Soc. 24 mai 2000), en tenant compte des conditions d'exercice de son activité par le salarié (notamment de l'état du marché, de la situation de l'établissement, de l'autonomie du salarié pour prendre des initiatives – Soc. 12 juill. 2000) et de l'évolution du niveau d'objectif fixé au cours des années successives.
– Si les résultats du salarié sont réellement insuffisants, au regard de l'écart entre les objectifs fixés et les objectifs réalisés (en tenant compte notamment de l'ancienneté du salarié dans l'entreprise, des résultats atteints par ses collègues, voire son prédécesseur, des moyens fournis par l'employeur et éventuellement de la responsabilité de celui-ci) et dans ce cas s'ils relèvent d'une insuffisance professionnelle (non disciplinaire) ou d'une faute (disciplinaire).

Le contrat de travail ne peut contenir de clause d'objectifs qui prévoirait le licenciement automatique au cas où les objectifs ne seraient pas atteints (« ***clause couperet*** »), « aucune clause du contrat de travail ne peut valablement décider qu'une circonstance quelconque constituera une cause de licenciement » (Soc. 1er nov. 2000).

• Vie personnelle

Principe

Un fait relevant de la vie privée ne peut justifier un licenciement (Soc. 29 janv. 2008, société Cors'Hôtel-Hôtel Kalliste, « *un fait relevant de la vie privée ne pouvait constituer une faute professionnelle* » – la salariée, réceptionniste dans un hôtel, hébergeait une personne étrangère dans sa chambre), en l'absence de manquement à des obligations professionnelles. Ainsi, le fait pour un salarié (dont l'activité professionnelle essentielle n'est pas de conduire) de commettre, dans le cadre de sa vie privée, une infraction ayant entraîné le retrait ou la suspension de son permis de conduire, ne constitue pas un manquement aux obligations résultant de son contrat de travail (Soc. 3 mai 2011, Sté Challancin ; CE 15 déc. 2010).

Cependant, si « *un fait de la vie personnelle occasionnant un trouble dans l'entreprise ne peut justifier un licenciement disciplinaire* » (Soc. 9 mars 2011, RFI), ce trouble ressenti dans l'entreprise peut justifier un licenciement pour motif personnel (avec le bénéfice des indemnités de rupture), en tenant compte de l'activité de l'entreprise et de la fonction occupée par le salarié.

Licenciement disciplinaire exceptionnel

Par exception, un comportement dans la vie personnelle peut justifier un licenciement disciplinaire s'il existe un lien étroit avec la vie professionnelle, « *eu égard aux fonctions du salarié et à la finalité propre de l'entreprise* ». Ainsi est justifié le licenciement d'un salarié d'une caisse d'allocations familiales, qui, en tant qu'allocataire d'une autre caisse, a commis des faits de même nature que ceux qu'il était chargé de poursuivre dans ses fonctions (Soc. 25 févr. 2003). « *Un motif tiré de la vie personnelle du salarié peut justifier un licenciement disciplinaire s'il constitue un manquement de l'intéressé à une obligation découlant de son contrat de travail* ». Il en est ainsi quand « *le salarié, qui appartenait au "personnel critique pour la sécurité", avait consommé des drogues dures pendant des escales entre deux vols et… se trouvant sous l'influence de produits stupéfiants pendant l'exercice de ses fonctions, il n'avait pas respecté les obligations prévues par son contrat de travail et avait ainsi fait courir un risque aux passagers* », « *il avait commis une faute grave* » (Soc. 27 mars 2012, Air Tahiti Nui, concernant un salarié personnel navigant commercial). (Voir chapitre VI – Droit disciplinaire.)

• Discrimination

Le licenciement discriminatoire est interdit (voir chapitre V). Ainsi, aucun salarié ne peut être licencié en raison de sa situation de famille, ce qui comprend notamment les liens matrimoniaux (Soc. 10 févr. 1999) et aussi de filiation avec un autre salarié de l'entreprise (Soc. 1er juin 1999, Banque savoisienne de crédit).

• Contrat nouvelles embauches (CNE)

L'ordonnance du 2 août 2005 relative au contrat de travail « nouvelles embauches », non codifiée, applicable dans les entreprises de 20 salariés au plus, prévoyait que ce contrat de travail relève des dispositions du Code du travail, à l'exception lors des 2 premières années courant à compter de la date de sa conclusion, de celles concernant notamment l'exigence d'une cause réelle et sérieuse de licenciement.

Après que le Tribunal des conflits a considéré que le juge judiciaire était compétent pour contrôler le caractère licite de l'ordonnance (TC 19 mars 2007), des juridictions de l'ordre judiciaire ont jugé que les dispositions de l'ordonnance sur le CNE sont « contraires » aux dispositions de la convention n° 158 de l'OIT qui prévoit qu'un « travailleur ne devra pas être licencié sans qu'il existe un motif valable de licenciement (...) » (art. 4), la durée de la « période de consolidation » de 2 années, permettant à l'employeur de s'affranchir de l'obligation de justification du licenciement, n'étant pas raisonnable (Soc. 1er juill. 2008 approuvant CA Paris, soc., 6 juill. 2007, confirmant CPH Longjumeau, 28 avril 2006 ; CA Bordeaux, soc., 18 juin 2007). Les contrats de travail « nouvelles embauches » sont ici requalifiés en CDI de droit commun. Des entreprises recrutant en ayant recours au CNE peuvent être exclues du bénéfice d'aides régionales (TA Poitiers, 30 juill. 2007).

Le Conseil d'administration de l'OIT a approuvé le 14 nov. 2007 le rapport du comité des experts demandant que « les contrats "nouvelles embauches" ne puissent en aucun cas être rompus en l'absence d'un motif valable » (art. 4 de la Convention de l'OIT n° 158). En revanche, le juge communautaire s'est déclaré incompétent. Le droit des salariés à ne pas être licenciés sans motif valable ne relevait pas du droit communautaire alors applicable (CJCE 16 janv. 2008).

Reprenant des dispositions de l'ANI du 11 janvier 2008, la loi du 25 juin 2008 de modernisation du marché du travail (art. 9) prévoit que les contrats « nouvelles embauches » en cours à la date de publication de la présente loi sont requalifiés en CDI de droit commun (nécessité d'une justification pour la rupture par l'employeur) dont la période d'essai est fixée par voie conventionnelle ou, à défaut, par le Code du travail.

L'employeur condamné par le CPH pour avoir appliqué l'ordonnance sur le CNE peut engager la responsabilité de l'État et lui demander réparation des préjudices qui en avaient découlé de manière directe et certaine (TA Montpellier, 29 mars 2010, le ministère du Travail a été condamné à rembourser à l'employeur la somme correspondant au montant de l'indemnité pour licenciement sans cause réelle et sérieuse...).

Ce contentieux est emblématique des conséquences multiples causées par la méconnaissance du droit international par les décideurs politiques.

• Contrôle par le juge

Régime probatoire

Aucune des parties ne supporte seule la charge de la preuve. Le juge, à qui il appartient d'apprécier le caractère réel et sérieux des motifs invoqués par l'employeur, forme sa conviction au vu des éléments fournis par les parties après avoir ordonné, au besoin, toutes les mesures d'instruction qu'il estime utiles (L. 1235-1).

Ainsi, « *rien ne s'oppose à ce que le juge prud'homal retienne une attestation établie par le conseiller du salarié qui l'a assisté pendant l'entretien préalable et en apprécie librement la valeur et la portée* » (Soc. 27 mars 2001).

L'employeur doit alléguer devant le juge un motif en apparence réel et sérieux. Ce sera au juge de vérifier la réalité du motif allégué, au besoin en ordonnant des mesures d'instruction, et de décider si un tel motif est suffisamment sérieux pour justifier un licenciement. Si, devant le juge, l'employeur n'allègue aucun motif de licenciement, des motifs vagues ou encore un motif différent de celui énoncé dans la lettre de licenciement, le juge considère que le licenciement est sans cause réelle ni sérieuse.

Et « ***si un doute subsiste, il profite au salarié*** » (L. 1235-1). C'est seulement au cas où le juge sera dans l'impossibilité, au terme d'une instruction contradictoire, de former avec certitude sa conviction sur l'existence d'une cause réelle et sérieuse justifiant le licenciement qu'il sera conduit à faire application du principe selon lequel le doute profite au salarié. Ces dispositions sont destinées à renforcer les exigences du tribunal à l'encontre de l'employeur, qui dispose de toutes les informations nécessaires pour convaincre le juge du bien-fondé de la décision qu'il a prononcée.

Prescription

Toute action portant sur la rupture du contrat de travail, pour contester la cause réelle et sérieuse du licenciement, se prescrit par (seulement) ***12 mois*** à compter de la notification de la rupture (L. 1471-1). (Cette nouvelle disposition légale pourrait être contestée, par le biais d'une QPC, au regard de l'atteinte au principe d'égalité et du droit au juge, ces nouvelles règles de prescription étant nettement plus restrictives pour les salariés que pour les autres justiciables – 5 ans en principe.)

• Sanctions du licenciement injustifié

Dommages-intérêts (à défaut de réintégration)

Si le licenciement survient pour une cause qui n'est pas réelle et sérieuse, le juge peut proposer la réintégration du salarié dans l'entreprise, avec maintien de ses avantages acquis. Si l'une ou l'autre des parties refuse, le juge octroie une indemnité au salarié, à la charge de l'employeur (L. 1235-3).

En fait, le tribunal ne propose plus la réintégration, elle n'est pas demandée par le salarié ou est refusée par l'employeur. La condamnation aux dommages-intérêts s'impose dans ce cas (Soc. 27 juin 2000). Ainsi, ***la réparation en nature est ignorée au profit de la seule réparation indemnitaire.***

(Le plafonnement des indemnités en cas de licenciement injustifié, cf tableaux *infra*, n'apparaît pas compatible avec des engagements internationaux de la

France, notamment les dispositions de la Charte sociale européenne révisée – art. 24 sur le droit à la protection en cas de licenciement, telles qu'interprétées par le CEDS, notamment Décision n° 106/2014.)

Indemnité forfaitaire (conciliation)

Lors de la conciliation, l'employeur et le salarié peuvent convenir ou le BCO proposer d'y mettre un terme par un accord qui prévoit le versement par l'employeur au salarié d'une indemnité forfaitaire dont le montant est déterminé, sans préjudice des indemnités légales, conventionnelles ou contractuelles, en référence à un barème fixé par décret en fonction de l'ancienneté du salarié. Le procès-verbal constatant l'accord vaut renonciation des parties à toutes les réclamations et indemnités relatives à la rupture du contrat de travail (L. 1235-1) (D. 1235-21).

Le juge justifie dans le jugement qu'il prononce le montant des indemnités qu'il octroie (L. 1235-1).

Cette indemnisation constitue un plancher. D'un montant très réduit, elle ne répond pas aux exigences d'une réparation intégrale des préjudices subis du fait de la perte injustifiée de l'emploi.

Indemnité pour licenciement sans cause réelle et sérieuse (jugement)

Le juge octroie au salarié une indemnité à la charge de l'employeur, dont le montant est compris entre les montants minimaux et maximaux fixés dans le tableau ci-dessous (L. 1235-3) :

Ancienneté du salarié dans l'entreprise (en années complètes)	Indemnité minimale (en mois de salaire brut)	Indemnité maximale (en mois de salaire brut)
0	Sans objet	1
1	1	2
2	3	3,5
3	3	4
4	3	5
5	3	6
6	3	7
7	3	8
8	3	8
9	3	9
10	3	10
11	3	10,5
12	3	11
13	3	11,5

14	3	12
15	3	13
16	3	13,5
17	3	14
18	3	14,5
19	3	15
20	3	15,5
21	3	16
22	3	16,5
23	3	17
24	3	17,5
25	3	18
26	3	18,5
27	3	19
28	3	19,5
29	3	20
30 et au-delà	3	20

Tableau n° 8 - Indemnités pour licenciement sans cause réelle et sérieuse (a)

En cas de licenciement opéré dans une entreprise employant habituellement moins de 11 salariés, les montants minimaux fixés ci-dessous sont applicables, par dérogation à ceux fixés à l'alinéa précédent :

Ancienneté du salarié dans l'entreprise (en années complètes)	Indemnité minimale (en mois de salaire brut)
0	Sans objet
1	0,5
2	0,5
3	1
4	1
5	1,5
6	1,5
7	2
8	2
9	2,5
10	2,5

Tableau n° 9 - Indemnités pour licenciement sans cause réelle et sérieuse (b)

Pour déterminer le montant de l'indemnité, le juge peut tenir compte, le cas échéant, des indemnités de licenciement versées à l'occasion de la rupture, à l'exception de l'indemnité légale de licenciement (L. 1234-9).

Cette indemnité est cumulable, le cas échéant, avec d'autres indemnités (pour non-respect des procédures de consultation des représentants du personnel ou d'information de l'administration, L. 1235-12 ; non-respect de la priorité de réembauche, L. 1235-13 ; et absence d'organisation d'élection du CSÉ dans une entreprise assujettie, L. 1235-15) dans la limite des montants maximaux prévus ci-dessus.

Remboursement des indemnités chômage

Le juge ordonne le remboursement par l'employeur fautif (aux organismes concernés – Pôle emploi) de tout ou partie des indemnités de chômage versées au salarié licencié, du jour de son licenciement au jour du jugement prononcé, dans la limite de 6 mois d'indemnités de chômage par salarié intéressé ; ce remboursement est ordonné d'office lorsque les organismes intéressés ne sont pas intervenus à l'instance ou n'ont pas fait connaître le montant des indemnités versées (L. 1235-4, Soc. 12 juill. 2006). Cette disposition n'est applicable que si le licenciement concerne un salarié ayant au moins 2 ans d'ancienneté dans une entreprise occupant au moins 11 salariés (L. 1235-5).

Nullité du licenciement

Les nullités du licenciement sont celles qui sont afférentes à (L. 1235-3-1) :
- la violation d'une liberté fondamentale ;
- des faits de harcèlement moral ou sexuel ;
- un licenciement discriminatoire ;
- un licenciement consécutif à une action en justice en matière d'égalité professionnelle entre les femmes et les hommes ou à une dénonciation de crimes et délits ;
- un licenciement d'un « salarié protégé » en raison de l'exercice de son mandat ;
- un licenciement d'un salarié en méconnaissance de protections (maternité, paternité, adoption ; accident du travail ou maladie professionnelle).

Dans ces cas, ***le juge prononce la nullité du licenciement***. La poursuite du contrat de travail est de droit et le salarié est regardé comme n'ayant jamais cessé d'occuper son emploi. S'il refuse la poursuite du contrat de travail, il a droit à une indemnité qui ne peut être inférieure aux 6 derniers mois de salaire, outre l'indemnité de licenciement (L. 1235-3-1).

Cette indemnité peut se cumuler avec un rappel de salaire sur la période couverte par la nullité, lorsque le paiement du salaire est dû, en application des dispositions relatives :
- à la protection liée à la maternité, à la paternité, à l'adoption et à l'éducation des enfants (L. 1225-71) ;
- aux « salariés protégés » (L. 2411-1 à L. 2411-25).

Curieusement, le nouveau texte ne prévoit plus le cumul de l'indemnité pour licenciement nul avec un rappel de salaire dans les autres hypothèses de nullité du licenciement, comme c'était le cas avant le 23 sept. 2017, notamment lorsqu'un salarié était licencié en méconnaissance d'une règle de non-discrimination ou lorsque la personne salariée avait été licenciée pour avoir subi ou refusé de subir des agissements de harcèlement sexuel. Cependant, le rappel de salaire est applicable.

Peu respectueux des droits fondamentaux, le nouveau texte prévoit dans une curieuse formulation : « *En cas de pluralité de motifs de licenciement, si l'un des griefs reprochés au salarié porte atteinte à une liberté fondamentale, la nullité encourue de la rupture ne dispense pas le juge d'examiner l'ensemble des griefs énoncés, pour en tenir compte, le cas échéant, dans l'évaluation qu'il fait de l'indemnité à allouer au salarié* », sans pour autant appliquer le plafonnement (L. 1235-2-1).

Procédure

La procédure de licenciement pour fait personnel comporte plusieurs phases.

• Convocation

Lettre de convocation

L'employeur qui envisage de licencier un salarié le convoque, avant toute décision, à un entretien préalable (par LR/AR ou par lettre remise en main propre contre décharge).

EN PRATIQUE

La lettre doit préciser :

- ***L'objet de la convocation :*** le licenciement envisagé.
- ***La date et l'heure de l'entretien.*** Cet entretien a lieu en principe pendant le temps de travail du salarié. Cependant, il peut se dérouler en dehors des horaires de travail du salarié, sans que cela constitue une irrégularité de procédure. Dans ce cas, le salarié peut prétendre au paiement de ce temps comme temps de travail et, le cas échéant, à la réparation du préjudice subi (Soc. 24 sept. 2008, Soc. 7 avril 2004).
- ***Le lieu de l'entretien.*** En principe, il s'agit de celui où s'exécute le travail ou celui du siège de l'entreprise (Soc. 9 mai 2000). Cependant, il peut être distinct, auquel cas le salarié a droit au remboursement de ses frais de déplacement (Soc. 28 janv. 2005).

– ***La faculté pour le salarié de se faire assister :*** En cas d'omission dans la convocation de cette mention, la procédure est entachée d'irrégularité (Soc. 29 avril 2003, Soc. 8 déc. 2004). Lorsqu'il n'y a pas d'IRP dans l'entreprise, la lettre doit indiquer l'adresse des services où la liste des conseillers du salarié est tenue à la disposition des salariés (sections d'Inspection du travail et mairie ; D. 1232-5). L'adresse est une information impérative, son absence dans la lettre de convocation entraîne pour le salarié un préjudice que l'employeur doit réparer, même en cas de présence d'un conseiller du salarié lors de l'entretien (Soc. 21 janv. 2009).

Délais

L'entretien ne peut avoir lieu moins de 5 jours ouvrables après la présentation de la lettre de convocation (L. 1232-2). « *Le salarié doit disposer d'un délai de cinq jours pleins pour préparer sa défense. Le jour de remise ne compte pas dans le délai, non plus que le dimanche qui n'est pas un jour ouvrable* » (Soc. 20 févr. 2008). Ne sont pas non plus pris en compte les jours de repos hebdomadaires dans l'entreprise autres que le dimanche et les jours fériés et habituellement chômés dans l'entreprise (Soc. 14 mai 1997). La lettre doit donc être envoyée suffisamment à l'avance pour permettre au salarié de préparer l'entretien et de rechercher l'assistance d'un membre du personnel ou, le cas échéant, d'un conseiller extérieur. Le délai de 5 jours ouvrables doit être respecté, sous peine d'irrégularité de la procédure, même si le salarié a trouvé le temps de se faire assister dans un délai plus court (Soc. 5 janv. 1999).

• Entretien préalable

Principes

L'entretien préalable, institué dans l'intérêt du salarié (Soc. 15 mai 1991), doit respecter le principe du contradictoire et celui des droits de la défense.

Modalités

Cet entretien revêt un caractère strictement individuel, ce qui exclut que le salarié soit entendu en présence de collègues contre lesquels serait également envisagé un licenciement, quand bien même les faits reprochés seraient identiques (Soc. 23 avril 2003). Une conversation téléphonique ne saurait remplacer valablement l'entretien (Soc. 14 nov. 1991).

Au cours de l'entretien préalable, l'employeur indique les motifs de la décision envisagée et recueille les explications du salarié (L. 1232-3). Le motif du licenciement devra être indiqué par l'employeur. Le salarié doit pouvoir s'expliquer à son sujet – l'entretien doit être mené dans une langue compréhensible pour l'une et l'autre des parties ; à défaut, il doit être fait appel à un interprète accepté par les 2 parties (Soc. 8 janv. 1997).

Ces dispositions ont pour objet de donner au salarié la possibilité d'apprendre pourquoi l'employeur envisage son licenciement, de fournir des explications sur les faits reprochés (droit de se défendre) et à l'employeur la possibilité de s'informer davantage.

EN PRATIQUE

Si le salarié ne se présente pas à l'entretien, la procédure suivra normalement son cours, même si l'absence est due à une maladie (Soc. 26 mai 2004).

Assistance du salarié

Lors de l'entretien, le salarié pourra se faire assister par une personne de son choix appartenant au personnel de l'entreprise (L. 1232-4). Lorsqu'il n'y a pas d'IRP dans l'entreprise et non pas seulement dans l'établissement (Soc. 26 nov. 1996), c'est-à-dire en l'absence d'élus et de délégués syndicaux (Soc. 19 févr. 2002), le salarié peut se faire assister par un conseiller du salarié (inscrit sur une liste dressée par le préfet du département). En cas d'assistance par un conseiller du salarié, l'employeur peut exiger que cette personne justifie de cette qualité de conseiller (Soc. 25 sept. 2012).

Statut et fonctions du conseiller du salarié

Statut. Dans les entreprises ou établissements d'au moins 11 salariés, l'employeur est tenu de laisser au salarié de son entreprise investi de la mission de conseiller du salarié et chargé d'assister un salarié lors de l'entretien préalable, le temps nécessaire à l'exercice de sa mission dans la limite de 15 heures par mois (L. 1232-7 et s.).

Ces absences sont rémunérées par l'employeur et ne peuvent entraîner une diminution de la rémunération et des avantages qui s'y attachent. L'État rembourse à l'employeur les rémunérations maintenues durant ces absences. Les conseillers qui ont effectué au moins 4 interventions au cours de l'année civile bénéficient d'une indemnité pour couvrir leurs menus frais, outre les frais de déplacement qui sont remboursés. En cas d'accident au cours de leur mission, ils sont couverts par la législation sur les accidents du travail.

L'employeur doit accorder au salarié inscrit sur la liste des conseillers des autorisations d'absence pour les besoins de sa formation dans la limite de 2 semaines par période de 3 ans suivant la publication de la liste. Les dispositions relatives au congé de formation économique, sociale et syndicale sont applicables à ces autorisations, sauf celles relatives aux possibilités de refus laissées à l'employeur. Il est tenu au secret professionnel (procédés de fabrication) et à une obligation de discrétion à l'égard des informations présentant un caractère confidentiel et données comme telles par l'employeur ; la violation de cette obligation peut entraîner la radiation de l'intéressé de la liste des conseillers par le préfet.

L'exercice de la mission de conseiller du salarié ne saurait être invoqué comme cause de rupture de son contrat de travail par l'employeur. En outre, le licenciement d'un salarié inscrit sur la liste des conseillers du salarié est soumis à la procédure d'autorisation préalable de l'Inspection du travail prévue pour le licenciement des délégués syndicaux. En cas de licenciement sans autorisation administrative, la liste des conseillers du salarié étant révisée tous les 3 ans, le conseiller peut soit demander la poursuite de son contrat de travail avant le terme de la période triennale ou dans les 12 mois qui suivent son éviction et ainsi bénéficier d'une indemnisation égale au montant des salaires dus jusqu'à sa réintégration effective, soit ne pas demander la poursuite de son contrat de travail ou la demander de manière tardive et bénéficier d'une indemnisation égale aux salaires qu'il aurait dû percevoir jusqu'à la fin de la période triennale de révision ou pendant une période d'au moins 12 mois (Soc. 19 juin 2007).

Fonction

Le conseiller du salarié est chargé d'assister le salarié lors de l'entretien préalable au licenciement dans les entreprises dépourvues d'IRP (L. 1232-7). Il peut établir un rapport à l'issue de l'entretien préalable, dont le juge peut apprécier librement la valeur et la portée (Soc. 27 mars 2001). Lorsque ce rapport est produit en justice, la non-véracité des faits relatés engage la responsabilité pénale de son auteur (Crim. 26 mars 2002).

L'atteinte à l'exercice des fonctions de conseiller du salarié est sanctionnée par une amende de 3750 € et un emprisonnement d'un an ou l'une de ces 2 peines seulement.

Il s'agit là d'une faculté ouverte au salarié qui peut, s'il le préfère, se faire assister d'une personne appartenant au personnel de l'entreprise (qui ne doit subir aucune perte de salaire) ou se présenter seul.

Emploi chez un particulier

Cette faculté de se faire assister ne s'applique pas au personnel travaillant chez un particulier alors que l'entretien doit bien avoir lieu (Soc. 4 juin 1998).

Assistance et représentation de l'employeur

L'employeur peut se faire représenter (Soc. 14 juin 1994), mais pas par une personne étrangère à l'entreprise (Soc. 26 mars 2002), à moins qu'il ne s'agisse d'une personne appartenant à la société mère du groupe dont fait partie l'entreprise (Soc. 19 janv. 2005).

L'employeur peut également se faire assister, mais uniquement par une personne appartenant au personnel de l'entreprise (Soc. 2 avril 1996 ; il ne peut recourir à un avocat, Soc. 22 févr. 2006, un huissier, Soc. 30 mars 2011). L'assistance par plusieurs personnes ne doit pas transformer l'entretien en enquête, sous peine de le détourner de son objet (Soc. 17 sept. 2008) et de perturber le salarié dans l'exercice de ses droits pour se défendre (Soc. 10 janv. 1991).

• Notification du licenciement

Modalités

D'une part, après l'entretien préalable, l'employeur peut reconsidérer son projet et renoncer à sa décision de licencier le salarié. D'autre part, lorsque l'employeur décide de licencier un salarié, il lui notifie sa décision par LR/AR (L. 1232-6). Cette lettre ne peut être expédiée moins de 2 jours ouvrables après la date prévue pour l'entretien préalable (L. 1232-6). L'objet de ces dispositions est de laisser à l'employeur le temps de la réflexion et d'éviter ainsi des licenciements impulsifs décidés sous l'effet de l'irritation. « La rupture d'un contrat de travail se situe à la date où l'employeur a manifesté sa volonté d'y mettre fin, c'est-à-dire au jour de l'envoi de la LR/AR notifiant la rupture » (depuis Soc. 11 mai 2005, P & O Stena Line Ltd).

Motivation

À RETENIR

La lettre de licenciement comporte l'énoncé du ou des motifs invoqués par l'employeur (L. 1232-6). Les motifs énoncés dans la lettre de licenciement peuvent, après la notification de celle-ci, être précisés par l'employeur, soit à son initiative soit à la demande du salarié (L. 1235-2, R. 1232-13) :

• dans un délai de 15 jours suivant la notification du licenciement, l'employeur peut, à son initiative, préciser les motifs du licenciement (par LR/AR ou remise contre récépissé) ;

• dans les 15 jours suivant la notification du licenciement, le salarié peut demander à l'employeur des précisions sur les motifs énoncés dans la lettre de licenciement (selon les mêmes formes). L'employeur dispose d'un délai de 15 jours après la réception de la demande du salarié pour apporter des précisions s'il le souhaite. Il communique ces précisions au salarié (selon les mêmes formes).

La lettre de licenciement, précisée le cas échéant par l'employeur, fixe les limites du litige en ce qui concerne les motifs de licenciement (L. 1235-2) (ces motifs doivent être précis et mentionner les justifications nécessaires ; ils lient l'employeur, qui ne pourra pas invoquer de motif différent devant le juge, mais ne pourra que développer ou étayer ceux-ci). L'employeur peut utiliser des modèles pour procéder à la notification du licenciement (décret n° 2017-1820 du 29 déc. 2017, *infra*).

Les motifs indiqués dans la lettre de licenciement doivent être ceux qui ont été indiqués au salarié lors de l'entretien préalable.

C'est à tort qu'un salarié se prétend victime d'une diffamation non publique en raison des termes d'une lettre de licenciement adressée par l'employeur, conformément à l'obligation légale qui lui est faite (Crim. 12 oct. 2004, licenciement pour harcèlement sexuel).

Signature

La lettre de licenciement doit être signée par l'employeur ou par une personne de l'entreprise ayant le pouvoir de le faire, sans qu'il soit nécessaire que la délégation du pouvoir de licencier soit donnée par écrit (Soc. 18 nov. 2003). Le défaut de signature constitue un défaut de procédure (Soc. 29 juin 1999).

Dans les SAS (L. 227-6 C. commerce, L. 1232-6 C. travail), « *si, selon le premier de ces textes, la société par actions simplifiée est représentée à l'égard des tiers par son président et, si ses statuts le prévoient, par un directeur général ou un directeur général délégué dont la nomination est soumise à publicité, cette règle n'exclut pas la possibilité, pour ces représentants légaux, de déléguer le pouvoir d'effectuer des actes déterminés tels que celui d'engager ou de licencier les salariés de l'entreprise (...) ; aucune disposition n'exige que la délégation du pouvoir de licencier soit donnée par écrit ; qu'elle peut être tacite et découler des fonctions du salarié qui conduit la procédure de licenciement* » (Cass. Ch. mixte 19 nov. 2010, PBRI, Sté Whirlpool France ; Cass. Ch. mixte 19 nov. 2010, Sté ED). La délégation de pouvoir, notamment pour licencier, même non écrite, est ainsi largement admise.

EN PRATIQUE

Modèle de lettre de licenciement pour motif personnel non disciplinaire, art. L. 1232-1 du Code du travail (décret n° 2017-1820 du 29 déc. 2017.

L'application du présent modèle est sans incidence sur l'application des stipulations conventionnelles ou contractuelles plus favorables applicables au contrat de travail du salarié licencié.

Dénomination sociale et adresse du siège social de l'entreprise

Lieu et date

Nom, prénom et adresse du salarié

Objet : notification du licenciement pour (préciser la nature du motif, par exemple, insuffisance professionnelle)

Lettre recommandée avec accusé de réception ou lettre remise contre récépissé (en cas de remise en main propre, la lettre doit être établie en double exemplaire et celui de l'employeur doit être accompagné de la mention « reçue le... »

avec la signature du salarié ; la lettre ne peut être expédiée ou remise en main propre moins de deux jours ouvrables après l'entretien préalable).

« Madame, Monsieur…,

Suite à notre entretien qui s'est tenu le… (date à compléter), nous vous informons de notre décision de vous licencier pour les motifs suivants :

(énoncer les faits de façon précise et objective. Ils doivent être matériellement vérifiables : lieux, dates, circonstances, contexte, etc., et imputables personnellement au salarié) »

[Ou]

Si le salarié ne s'est pas présenté à l'entretien préalable, indiquer : « Nous vous avons convoqué à un entretien préalable en date du… auquel vous ne vous êtes pas présenté. Nous vous informons, par la présente, de notre décision de vous licencier pour les motifs suivants :… » (énoncé des faits comme ci-dessus).

S'il s'agit d'un licenciement pour absences répétées justifiées ou absence prolongée justifiée (dans l'hypothèse où les absences ne seraient pas justifiées, il s'agit d'un licenciement pour motif personnel disciplinaire) :

… pour les motifs suivants : « Votre absence prolongée (ou vos absences répétées) qui perturbe(nt) le bon fonctionnement de l'entreprise et rend(ent) nécessaire votre remplacement définitif :… » (énoncer les perturbations dans l'entreprise : faits précis, objectifs, matériellement vérifiables, puis préciser les raisons qui empêchent une solution de remplacement temporaire du salarié : spécificité du poste occupé, qualifications nécessaires pour le poste, caractère non prévisible des absences, etc.). Les absences auxquelles nous faisons référence sont les suivantes :… » (préciser la durée et la fréquence des absences).

S'il s'agit d'un licenciement pour insuffisance professionnelle :

… pour les motifs suivants : « Votre insuffisance professionnelle »

S'il s'agit d'un licenciement pour trouble objectif caractérisé :

… pour les motifs suivants : « Le trouble objectif au bon fonctionnement de l'entreprise causé par… » (énoncer de manière précise et objective en quoi les faits ou le comportement du salarié, en dehors de la sphère professionnelle, ont créé un trouble dans l'entreprise en raison, par exemple, des fonctions qu'il occupe ou de son positionnement hiérarchique ou de l'activité propre de l'entreprise).

Dans tous les cas de figure, si le salarié est un salarié protégé, ajouter : « Votre licenciement a fait l'objet d'une autorisation de l'inspecteur du travail (ou du ministre du Travail) en date du… » (date à compléter).

Si vous souhaitez que le salarié effectue son préavis : « Vous restez néanmoins tenu d'effectuer votre préavis d'une durée de… (durée du préavis à compléter), qui débutera à la date de la première présentation de cette lettre. »

Si vous dispensez le salarié d'effectuer son préavis : « Nous vous dispensons d'effectuer votre préavis qui débute le… (date présumée de première présentation de cette lettre à compléter) et se termine le… (date à compléter selon durée du préavis), date à laquelle vous quitterez les effectifs de l'entreprise. Votre salaire continuera de vous être versé durant cette période. »

Pour l'ensemble des cas : « À l'expiration de votre contrat de travail, votre certificat de travail, votre reçu pour solde de tout compte et votre attestation Pôle emploi vous seront remis (ou adressés par courrier).

Vous pouvez faire une demande de précision des motifs du licenciement énoncés dans la présente lettre, dans les quinze jours suivant sa notification par lettre recommandée avec accusé de réception ou remise contre récépissé. Nous avons la faculté d'y donner suite dans un délai de quinze jours après réception de cette demande par lettre recommandée avec accusé de réception ou remise contre récépissé. Nous pouvons également, le cas échéant et dans les mêmes formes, prendre l'initiative d'apporter des précisions à ces motifs dans un délai de quinze jours suivant la notification du licenciement.

S'il s'agit d'un licenciement pour trouble objectif caractérisé :

… pour les motifs suivants : « Le trouble objectif au bon fonctionnement de l'entreprise causé par… » (énoncer de manière précise et objective en quoi les faits ou le comportement du salarié, en dehors de la sphère professionnelle, ont créé un trouble dans l'entreprise en raison, par exemple, des fonctions qu'il occupe ou de son positionnement hiérarchique ou de l'activité propre de l'entreprise).

Dans tous les cas de figure, si le salarié est un salarié protégé, ajouter : « Votre licenciement a fait l'objet d'une autorisation de l'inspecteur du travail (ou du ministre du Travail) en date du… » (date à compléter).

Si vous souhaitez que le salarié effectue son préavis : « Vous restez néanmoins tenu d'effectuer votre préavis d'une durée de… (durée du préavis à compléter), qui débutera à la date de première présentation de cette lettre. »

Si vous dispensez le salarié d'effectuer son préavis : « Nous vous dispensons d'effectuer votre préavis qui débute le… (date présumée de première présentation de cette lettre à compléter) et se termine le… (date à compléter selon la durée du préavis), date à laquelle vous quitterez les effectifs de l'entreprise. Votre salaire continuera de vous être versé durant cette période. »

Pour l'ensemble des cas : « À l'expiration de votre contrat de travail, votre certificat de travail, votre reçu pour solde de tout compte et votre attestation Pôle emploi vous seront remis (ou adressés par courrier).

Vous pouvez faire une demande de précision des motifs du licenciement énoncés dans la présente lettre, dans les quinze jours suivant sa notification par lettre recommandée avec accusé de réception ou remise contre récépissé. Nous avons la faculté d'y donner suite dans un délai de quinze jours après réception de cette demande par lettre recommandée avec accusé de réception ou remise contre récépissé. Nous pouvons également, le cas échéant et dans les mêmes formes, prendre l'initiative d'apporter des précisions à ces motifs dans un délai de quinze jours suivant la notification du licenciement. »

Nom, prénom, qualité

Signature

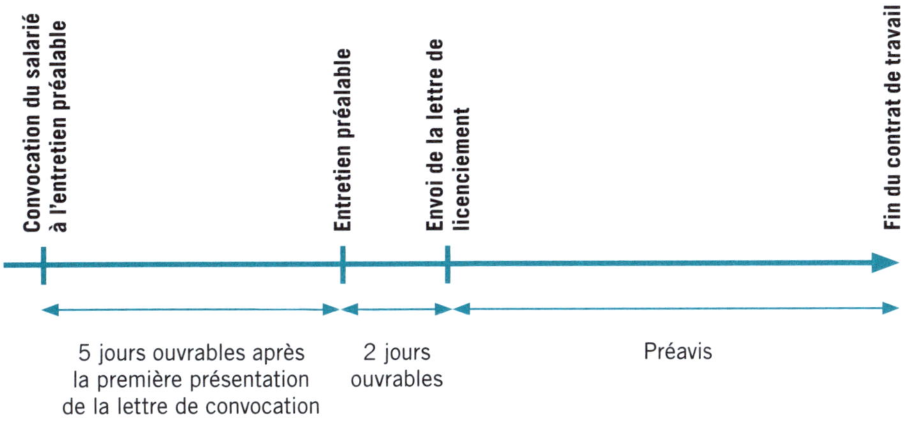

Graphique n° 5 – Procédure individuelle de licenciement pour motif personnel

• Sanctions de la procédure irrégulière

Si la procédure n'a pas été observée par l'employeur, totalement ou partiellement, le salarié licencié n'a d'autre ressource que de saisir le CPH et de demander réparation de l'inobservation.

L'irrégularité que constitue une insuffisance de motivation de la lettre de licenciement ne prive pas, à elle seule, le licenciement de cause réelle et sérieuse (CRS) et ouvre droit à une indemnité qui ne peut excéder un mois de salaire (L. 1235-2) (à défaut pour le salarié d'avoir formé auprès de l'employeur une demande de précision concernant les motifs contenus dans la lettre de licenciement).

En l'absence de CRS du licenciement, le préjudice résultant du vice de motivation de la lettre de rupture est réparé par l'indemnité allouée pour licenciement sans CRS (*infra*, L. 1235-3).

Lorsqu'une irrégularité a été commise au cours de la procédure, notamment si le licenciement d'un salarié intervient sans que la procédure légale (L. 1232-2, L. 1232-3, L. 1232-4, L. 1233-11, L. 1233-12, L. 1233-13) ait été observée ou sans que la procédure conventionnelle ou statutaire de consultation préalable au licenciement ait été respectée, mais pour une cause réelle et sérieuse, le juge accorde au salarié, à la charge de l'employeur, une indemnité qui ne peut être supérieure à un mois de salaire.

Indemnités de rupture

• Préavis

Point de départ et durée

Pour éviter que le salarié ne se trouve brusquement privé de ressources et pour lui laisser le temps de trouver un nouvel emploi, la loi impose à l'employeur de respecter un délai-congé ou préavis. Ce n'est qu'à l'expiration de ce délai que la relation de travail cessera et que le contrat sera rompu.

Le délai court à partir de la date de présentation de la lettre recommandée au salarié. La durée du préavis, en cas de licenciement, est prévue par la loi (L. 1234-1 et s.). Elle est fonction de l'ancienneté du salarié dans l'entreprise, évaluée au jour de la notification du licenciement.

Pour une ancienneté inférieure à 6 mois, la loi se borne à renvoyer aux conventions collectives ou, à défaut, aux usages (ce délai minimum de 6 mois est jugé raisonnable, Soc. 29 mars 2006, admettant l'application directe de la Convention OIT n° 158).

Pour une ancienneté comprise entre 6 mois et 2 ans, le salarié a droit à 1 mois. Pour une ancienneté d'au moins 2 ans, le salarié a droit à 2 mois.

Toute clause contractuelle défavorable au salarié est nulle (L. 1234-2).

Les conventions collectives contiennent en général des dispositions plus favorables pour les salariés en ce qu'elles prévoient des délais supérieurs au minimum légal ou (et) des conditions d'ancienneté moins rigoureuses. Le contrat de travail peut également fixer la durée du préavis, mais celle-ci ne doit pas, par son caractère excessif, faire échec au droit de résiliation unilatérale du contrat de travail à durée indéterminée. Si tel était le cas, le CPH pourrait la réduire, de même que l'indemnité compensatrice correspondante comme une clause pénale (pour un préavis de 12 mois, Soc. 12 juill. 1999).

Le préavis est un délai préfixé qui ne supporte ni suspension ni interruption. Si le salarié tombe malade ou fait grève pendant sa durée, le terme du contrat ne se trouve pas reporté, à l'exception toutefois des arrêts consécutifs à un accident du travail (Soc. 18 juill. 1996). La fermeture de l'entreprise pour congé annuel n'a pas pour effet de suspendre le préavis (Soc. 21 nov. 2001).

Situation des parties pendant le préavis

Maintien des obligations contractuelles. L'employeur peut exiger que le salarié exécute son travail pendant la durée du préavis. Le contrat de travail est maintenu jusqu'à l'expiration du préavis. Les obligations réciproques de l'employeur et du salarié subsistent. C'est ainsi que le salarié doit continuer à bénéficier des augmentations générales de salaires, des primes de fin d'année, etc. (Soc. 5 juill. 1995), des jours de repos RTT (même en cas de dispense, Soc. 8 avril 2009).

Heures de recherche d'emploi. Le salarié licencié peut prendre sur les heures de travail un certain temps pour chercher un emploi, en général 2 heures par jour ou 50 heures par mois. Cette pratique n'est pas prévue par la loi, mais résulte d'un usage parisien consacré ensuite par nombre de conventions collectives.

Dispense de préavis. L'employeur peut souhaiter, pour des raisons d'opportunité, dispenser le salarié d'exécuter son travail. Dans ce cas, il doit lui verser une indemnité compensatrice qui a la nature d'un salaire et dont le montant doit être égal à la rémunération qu'il aurait touchée s'il avait continué à travailler jusqu'à l'expiration du préavis (L. 1234-5), heures supplémentaires comprises (Soc. 20 avril 2005). Le droit à indemnité naît de la dispense de préavis par l'employeur seul et non pas lorsqu'elle résulte d'un accord réciproque (Soc. 28 janv. 2005). Elle reste définitivement acquise au salarié quoi qu'il arrive, y compris en cas de faute grave ou de faute lourde du salarié au cours de ce préavis non exécuté (Soc. 9 mai 2000 et 22 mai 2002). Certaines conventions collectives dispensent le salarié qui a trouvé un emploi d'exécuter son préavis.

Si le salarié se dispense lui-même de l'exécution du préavis, l'employeur peut lui demander des dommages-intérêts au CPH, en réparation du préjudice subi.

Faute grave

L'employeur n'est pas tenu de respecter le préavis en cas de faute grave du salarié (ni *a fortiori* en cas de faute lourde). (Voir Chap. VI.) Si un salarié a été licencié sans préavis par son employeur et si le CPH juge qu'il n'y a pas eu faute grave, l'employeur sera condamné à verser au salarié une indemnité compensatrice égale à ce que le salarié aurait touché s'il avait effectué le préavis (même si le contrat était suspendu, par exemple pour maladie ayant entraîné le versement d'indemnités journalières par la Sécurité sociale, Soc. 9 oct. 2001).

• Indemnité de licenciement

À RETENIR

L'indemnité de licenciement est destinée à atténuer les inconvénients du licenciement. Son montant est toujours fonction de l'ancienneté du salarié.
D'autres indemnités sont prévues pour certaines catégories de salariés (journalistes et VRP notamment).

Indemnité légale (minimum)

Ancienneté. Le salarié (titulaire d'un CDI), licencié alors qu'il compte 8 mois d'ancienneté ininterrompus au service du même employeur (l'ancienneté requise est réduite de 1 an à 8 mois), a droit, sauf en cas de faute grave, à une indemnité de licenciement (L. 1234-9).

L'ancienneté nécessaire pour bénéficier du droit à l'indemnité de licenciement s'apprécie au moment de la notification (date d'envoi de la lettre de licenciement. En revanche, pour le calcul du montant de l'indemnité, l'ancienneté est appréciée à l'expiration du préavis, effectué ou non.

Taux. Le taux de cette indemnité n'est désormais plus différent suivant le motif du licenciement (économique ou non). L'indemnité de licenciement ne peut être inférieure aux montants suivants (R. 1234-2) :

- un quart de mois de salaire par année d'ancienneté pour les années jusqu'à 10 ans ;
- un tiers de mois de salaire par année d'ancienneté pour les années à partir de 10 ans.

Calcul. Les modalités de calcul de cette indemnité sont fonction de la rémunération brute dont le salarié bénéficiait antérieurement à la rupture de son contrat de travail (L. 1234-9). Le salaire à prendre en considération pour le calcul de l'indemnité de licenciement est, selon la formule la plus avantageuse pour le salarié, soit le douzième de la rémunération des 12 derniers mois précédant le licenciement, soit le tiers des 3 derniers mois. Dans ce cas, toute prime ou gratification de caractère annuel ou exceptionnel, versée au salarié pendant cette période, n'est prise en compte que dans la limite d'un montant calculé à due proportion. Seuls sont exclus les remboursements de frais.

Les périodes de suspension du contrat de travail n'entrent pas en compte pour le calcul de l'ancienneté (L. 1234-11), sauf dispositions conventionnelles plus favorables.

Lorsqu'un salarié a été occupé successivement à temps plein et à temps partiel dans l'entreprise, son indemnité de licenciement se calcule proportionnellement à chacune des périodes considérées (Soc. 16 févr. 1994). Les années incomplètes doivent être retenues au *prorata temporis* du nombre de mois travaillés.

Indemnité conventionnelle

À l'indemnité minimale légale et à son complément se substitue souvent une indemnité plus favorable prévue par la convention collective applicable à l'entreprise. L'indemnité conventionnelle peut être plus favorable parce qu'elle est subordonnée à des conditions d'ancienneté moins rigoureuses et (ou) parce qu'elle est d'un montant plus élevé.

Sauf disposition conventionnelle contraire, l'indemnité de licenciement due au salarié est celle prévue pour la catégorie à laquelle il appartient au moment de la rupture, en prenant en compte la totalité de son ancienneté (Soc. 17 juill. 1996).

JURISPRUDENCE

Sur le fondement de l'égalité de traitement entre salariés (*infra*), le salarié non-cadre peut, en l'absence de justification de la différence de traitement, obtenir les indemnités de rupture prévues pour les salariés de la catégorie cadres (CA Montpellier, 4 nov. 2009, Mme L.).

Sur le terrain de la discrimination, il a été jugé que le plafonnement de l'indemnité conventionnelle de licenciement ne constituait pas une discrimination indirecte liée à l'âge (Soc. 30 avril 2009).

Indemnité contractuelle

Une indemnité de licenciement plus favorable au salarié peut également être prévue par le contrat de travail ou un avenant à celui-ci.

Faute grave du salarié

L'indemnité de licenciement n'est pas due en cas de faute grave du salarié (ni *a fortiori* en cas de faute lourde). (Voir Chap. VI.) Un employeur qui allègue la faute grave d'un salarié et le licencie sans indemnité de licenciement s'expose à se voir condamné par le CPH à verser au salarié licencié une indemnité de licenciement si le tribunal juge qu'il n'y a pas eu faute grave de la part du salarié.

EN PRATIQUE

Modèle de lettre de licenciement pour motif personnel disciplinaire (faute(s) sérieuse(s), grave(s) ou lourde(s)), art. L. 1232-1 et L. 1331-1 du Code du travail (décret n° 2017-1820 du 29 déc. 2017.

L'application du présent modèle est sans incidence sur l'application des stipulations conventionnelles ou contractuelles plus favorables applicables au contrat de travail du salarié licencié. S'agissant d'un licenciement pour motif disciplinaire, l'employeur dispose d'un délai de deux mois à compter de sa connaissance des faits fautifs pour engager la procédure disciplinaire.

Dénomination sociale et adresse du siège social de l'entreprise

Lieu et date

Nom, prénom et adresse du salarié

Objet : notification d'un licenciement pour faute (préciser s'il s'agit d'une faute sérieuse, grave ou lourde)

Lettre recommandée avec accusé de réception ou lettre remise contre récépissé (en cas de remise en main propre, la lettre doit être établie en double exemplaire et celui de l'employeur doit être accompagné de la mention « reçue le... »

avec la signature du salarié ; la lettre ne peut être expédiée ou remise en main propre moins de deux jours ouvrables après l'entretien préalable et au plus tard un mois à compter de l'entretien préalable ou, le cas échéant, à compter de l'avis rendu par une instance disciplinaire).

« Madame, Monsieur…,

Suite à notre entretien qui s'est tenu le… (date à compléter), nous vous informons de notre décision de vous licencier pour les motifs suivants : … (énoncer les éléments fautifs de façon précise et objective. Ils doivent être matériellement vérifiables, si possible en précisant les dates, les lieux, le contexte plus général de l'attitude fautive du salarié et être imputables personnellement au salarié. S'il est reproché une faute lourde, mentionner l'intention de nuire à l'entreprise).

[Ou]

Si le salarié ne s'est pas présenté à l'entretien préalable, indiquer : « Nous vous avons convoqué à un entretien préalable en date du… auquel vous ne vous êtes pas présenté. Nous vous informons, par la présente, de notre décision de vous licencier pour les motifs suivants : … » (énoncé des éléments fautifs comme ci-dessus).

Si le salarié est un salarié protégé, ajouter : « Votre licenciement a fait l'objet d'une autorisation de l'inspecteur du travail (ou du ministre du Travail) en date du… » (date à compléter).

Si le salarié est licencié pour faute sérieuse et si vous souhaitez qu'il exécute son préavis : « Vous restez tenu d'effectuer votre préavis d'une durée de… (durée du préavis à compléter), qui débutera à la date de première présentation de cette lettre. »

Si le salarié est licencié pour faute sérieuse et si vous le dispensez d'effectuer son préavis : « Nous vous dispensons d'effectuer votre préavis qui débute le… (date présumée de première présentation de cette lettre à compléter) et se termine le… (date à compléter selon la durée du préavis), date à laquelle vous quitterez les effectifs de l'entreprise. Votre salaire continuera de vous être versé durant cette période. »

Si le salarié est licencié pour faute grave ou faute lourde : « Compte tenu de la gravité des faits qui vous sont reprochés, votre maintien dans l'entreprise est impossible. Votre licenciement prend donc effet immédiatement, sans indemnité de préavis ni de licenciement. »

Si le salarié est licencié pour faute grave ou lourde et qu'il fait l'objet d'une mise à pied à titre conservatoire au cours de la procédure de licenciement : « Vous avez fait par ailleurs l'objet d'une mise à pied à titre conservatoire qui vous a été notifiée le… (préciser la date). Dès lors, la période non travaillée du… (indiquer la date de début de la mise à pied) au… (indiquer la date de la notification du licenciement) ne sera pas rémunérée. »

Pour l'ensemble des cas : « À l'expiration de votre contrat de travail, nous tiendrons à votre disposition [ou] nous vous remettrons [ou] nous vous adresserons par courrier votre certificat de travail, votre reçu pour solde de tout compte et votre attestation Pôle emploi.

Vous pouvez faire une demande de précision des motifs du licenciement énoncés dans la présente lettre, dans les quinze jours suivant sa notification par lettre recommandée avec accusé de réception ou remise contre récépissé. Nous avons la faculté d'y donner suite dans un délai de quinze jours après réception de votre demande, par lettre recommandée avec accusé de réception ou remise contre récépissé. Nous pouvons également, le cas échéant et dans les mêmes formes, prendre l'initiative d'apporter des précisions à ces motifs dans un délai de quinze jours suivant la notification du licenciement. »

Nom, prénom, qualité

Signature

Mise à la retraite

• Principe

La mise à la retraite s'entend de la possibilité donnée à l'employeur de rompre le contrat de travail d'un salarié dès lors que le salarié peut bénéficier d'une pension de retraite à taux plein (Loi Fillon III du 21 août 2003 de réforme des retraites ; L. 1237-5 et s.). La loi repousse de 65 ans à 70 ans l'âge à partir duquel l'employeur peut contraindre le salarié à faire valoir ses droits à la retraite (art. 90, modifiant L. 1237-5, validé par le Conseil constitutionnel – DC 11 déc. 2008). Il s'agit d'un mode autonome de rupture du contrat de travail (Soc. 16 janv. 2008). Cette disposition est jugée conforme à la Constitution (DC QPC 4 févr. 2011).

• Modalités

Désormais, 3 mois avant la date à laquelle le salarié atteint l'âge de 65 ans (L. 351-8-1° CSs), l'employeur interroge par écrit le salarié sur son intention de quitter volontairement l'entreprise pour bénéficier d'une pension de vieillesse. En cas de réponse négative du salarié, dans le délai d'un mois, ou à défaut d'avoir respecté cette obligation, l'employeur ne peut procéder à la mise à la retraite du salarié pendant l'année qui suit la date à laquelle le salarié atteint l'âge auquel il peut bénéficier d'une pension de retraite à taux plein (D. 1237-2-1 et D. 1237-3). La même procédure est applicable chaque année jusqu'au 69e anniversaire du salarié (L. 1237-5).

• Indemnité de mise à la retraite

La mise à la retraite donne droit à une indemnité au moins égale au montant de l'indemnité légale de licenciement. Les conventions collectives de branche prévoient souvent une indemnité d'un montant supérieur.

• Âge légal de départ en retraite

L'âge d'ouverture du droit à pension de retraite est fixé à 62 ans pour les assurés nés à compter du 1er janvier 1955. Cet âge est fixé par décret, de manière croissante à raison de 4 mois par génération et dans la limite de 62 ans, pour les assurés nés avant le 1er janvier 1955 (CSs L. 161-17-2 et D. 161-2-1-9). Le relèvement de l'âge légal se fait progressivement en fonction de la date de naissance. Le nombre de trimestres de cotisation nécessaire pour obtenir une « pension à taux plein » va augmenter d'un trimestre tous les 3 ans, à partir de la génération 1958, sans modifier l'âge légal de départ (CSs art. L. 161-17-3).

Des dispositions conventionnelles peuvent prévoir une procédure de mise à la retraite, par exemple la convocation à un entretien préalable, mais, en l'absence de telles dispositions, celle-ci n'est pas légalement imposée. L'employeur qui décide une mise à la retraite doit respecter le préavis légal de licenciement (Soc. 15 mai 2007) ou un préavis conventionnel plus favorable (L. 1237-6). L'employeur doit également verser au salarié une indemnité de départ en retraite égale à l'indemnité de licenciement (L. 1237-7), ou, selon la convention collective ou le contrat de travail, une indemnité spécifique de mise à la retraite plus élevée.

Une mise à la retraite au cours des périodes de suspension du contrat de travail consécutives à un accident du travail ou à une maladie professionnelle est nulle (Soc. 7 mars 2007).

• « Clauses couperet »

Des clauses conventionnelles prévoient une rupture de plein droit du contrat de travail d'un salarié en raison de son âge ou du fait de son droit au bénéfice d'une pension de vieillesse. Ces « clauses couperet » sont nulles et de nul effet (L. 1237-4). Ce principe n'a été édicté que dans un souci de protection du salarié et, dès lors, l'employeur est irrecevable à s'en prévaloir (Ass. plén. 6 nov. 1998). Il s'agit d'une nullité d'ordre public absolu (Soc. 1er févr. 1995).

• Sanction civile

Si les conditions de mise à la retraite ne sont pas réunies, la rupture du contrat de travail par l'employeur constitue un licenciement (L. 1237-7). Il doit reposer sur une cause réelle et sérieuse, la limite d'âge prévue par la convention collective ne pouvant en elle-même constituer une telle cause (Soc. 29 mars 1992). Le licenciement d'un salarié ne remplissant pas les conditions de mise à la retraite peut désormais être qualifié de discriminatoire au regard de l'âge et donc être déclaré nul par le CPH (Soc. 21 déc. 2006).

• Jurisprudence européenne (CJUE)

Pour le juge communautaire, le licenciement à l'âge de la retraite peut ne pas être discriminatoire au regard d'objectifs légitimes relevant de la politique sociale de l'État (CJCE 5 mars 2009, National Council on Ageing).

Force majeure

À RETENIR

La force majeure est rarement admise comme cas de rupture du contrat de travail.
Le fait constitutif de force majeure doit être involontaire, imprévisible et insurmontable (C. civil, art. 1218).

• Effets

Le contrat de travail peut être rompu pour cause de force majeure. La force majeure rend définitivement impossible la poursuite du contrat de travail.

La cessation de l'entreprise pour cas de force majeure libère l'employeur de l'obligation de respecter le préavis et de verser l'indemnité de licenciement (L. 1234-12). Cependant, lorsque la rupture du CDI résulte d'un sinistre relevant d'un cas de force majeure, le salarié a droit à une indemnité compensatrice d'un montant égal au montant du préavis et de l'indemnité légale de licenciement, à la charge de l'employeur (L. 1234-13).

• Illustrations

Un événement, tel qu'un incendie, une inondation ou un séisme, s'il détruit complètement les installations et équipements de l'entreprise, peut constituer un cas de force majeure. En revanche, la destruction partielle d'un hôtel par un cyclone n'a pas ce caractère (Soc. 12 févr. 2003). De même, certaines décisions de l'administration, par exemple le retrait à un salarié étranger de son titre de séjour, ce qui n'est pas totalement imprévisible, ne constitue pas un cas de force majeure. La seule solution, dans ce cas, est le licenciement (Soc. 14 oct. 1997). La détérioration de la situation économique ou des difficultés financières ne constituent pas non plus un cas de force majeure, car il s'agit là d'un risque prévisible que tout employeur est censé avoir envisagé (Soc. 20 févr. 1996). Il en va de même pour le redressement judiciaire de l'entreprise.

Du côté du salarié, son incarcération ne constitue pas un cas de force majeure (Soc. 15 oct. 1996), mais suspend le contrat de travail s'il s'agit d'une détention provisoire (Soc. 26 févr. 2003). Un décès, dans cette même logique, n'a pas le caractère de la force majeure. Ainsi, la mort de l'acteur principal d'une série télévisée ne fait pas obstacle à la poursuite de la production de celle-ci avec un autre acteur (Soc. 12 févr. 2003).

CHAPITRE XI

LICENCIEMENT POUR MOTIF ÉCONOMIQUE

À RETENIR

Le droit de l'emploi concerne toutes les mises en cause d'emplois (licenciement économique, mais également rupture du contrat de travail en dehors du licenciement pour motif économique, modification du contrat de travail, transfert de salariés, etc.).
« *Tout licenciement pour motif économique est motivé (...) Il est justifié par une cause réelle et sérieuse* » (L. 1233-2).

En matière de licenciements économiques, il prévoit des dispositions concernant :

- la définition d'une cause réelle et sérieuse ;
- des procédures ;
- des mesures de prévention d'accompagnement ;
- des indemnités de rupture ;
- des sanctions des licenciements irréguliers ou injustifiés ;
- des règles particulières pour le maintien de l'emploi en cas de transfert.

Définition

Dans le licenciement pour motif économique, l'employeur ne reproche rien au salarié. Il se trouve seulement que, pour des raisons d'ordre économique, il en vient à juger nécessaire la réduction de l'effectif de l'entreprise ou une modification des emplois.

Constitue un licenciement pour motif économique (L. 1233-3) le licenciement effectué par un employeur pour un ou plusieurs motifs non inhérents à la personne du salarié résultant d'une suppression ou transformation d'emploi ou d'une modification, refusée par le salarié, d'un élément essentiel du contrat de travail, consécutives notamment :

- à des ***difficultés économiques*** caractérisées soit par l'évolution significative d'au moins un indicateur économique tel qu'une baisse des commandes ou du chiffre d'affaires, des pertes d'exploitation ou une dégradation de la trésorerie ou de l'excédent brut d'exploitation, soit par tout autre élément de nature à justifier de ces difficultés.
- à des ***mutations technologiques*** ;
- à une ***réorganisation de l'entreprise*** nécessaire à la sauvegarde de sa compétitivité ;
- à la ***cessation d'activité*** de l'entreprise.

La matérialité de la suppression, de la transformation d'emploi ou de la modification d'un élément essentiel du contrat de travail s'apprécie au niveau de l'entreprise.

Périmètre d'appréciation du motif économique : les difficultés économiques, les mutations technologiques ou la nécessité de sauvegarder la compétitivité de l'entreprise s'apprécient au niveau de cette entreprise si elle n'appartient pas à un groupe et dans le cas contraire, au niveau du secteur d'activité commun à cette entreprise et aux entreprises du groupe auquel elle appartient, établies sur le territoire national, sauf fraude (la limite nationale pourra être écartée par le juge dans ce cas). La notion de groupe désigne le groupe formé par une entreprise appelée entreprise dominante et les entreprises qu'elle contrôle (L. 233-1, L. 233-3-I et II, et L. 233-16 C. commerce).

Ces dispositions sont applicables à toute rupture du contrat de travail résultant de l'une des causes précitées, à l'exclusion de la rupture conventionnelle (L. 1237-11) et de la rupture d'un commun accord dans le cadre d'un accord collectif (L. 1237-17).

• Critères

Plusieurs critères sont posés :
– D'une part, une qualification : l'absence de caractère inhérent à la personne du salarié (cf. licenciement pour motif personnel) ; le licenciement a alors un motif économique.
– D'autre part, une cause justificative : difficultés économiques, mutations technologiques ou un autre motif (notamment réorganisation de l'entreprise, cessation d'activité) ; et une justification par un élément matériel : une suppression d'emploi (entraînant ou pas un licenciement) ou une transformation d'emploi ou une modification du contrat de travail.

Un licenciement pour motif économique peut donc résulter d'une suppression d'emploi, entraînant une diminution des effectifs. Mais il peut aussi résulter de la transformation d'un emploi provoquée par des mutations technologiques ou de la modification refusée d'un élément du contrat de travail, entraînée par une réorganisation. Dans ces 2 cas, le licenciement économique ne s'accompagne pas nécessairement d'une réduction des effectifs. Dans le second cas, il n'est pas nécessairement provoqué par un changement de la nature de l'emploi – il peut porter sur un changement de rémunération ou d'horaires ou également être consécutif à un transfert, sans modification, de production à l'étranger (Soc. 5 avril 1995, Thomson Tubes – Vidéocolor).

• Difficultés économiques

Ces difficultés doivent être « réelles et sérieuses » et justifier le licenciement. Les difficultés économiques s'apprécient à la date du licenciement (Soc. 2 avril 1998). N'a pas de motif économique le licenciement d'un salarié « *qui coûte trop cher à l'entreprise* » alors que celle-ci réalise « *des profits considérables* » (Soc. 24 avril 1990).

Pour apprécier la réalité des difficultés économiques pouvant justifier le licenciement, la loi fixe au juge des critères (*supra*). Une baisse significative des commandes ou du chiffre d'affaires est constituée dès lors que la durée de cette baisse est, en comparaison avec la même période de l'année précédente, au moins égale à :

- 1 trimestre pour une entreprise de moins de 11 salariés ;
- 2 trimestres consécutifs pour une entreprise d'au moins 11 salariés et de moins de 50 salariés ;
- 3 trimestres consécutifs pour une entreprise d'au moins 50 salariés et de moins de 300 salariés ;
- 4 trimestres consécutifs pour une entreprise de 300 salariés et plus (L. 1233-3).

Ces dispositions légales sont destinées à limiter les possibilités d'interprétation du juge sur la nature des difficultés pouvant justifier un licenciement pour motif économique et donc à sécuriser les décisions de l'employeur qui licencie.

• Réorganisation

Principe

« *Les licenciements ont une cause économique réelle et sérieuse lorsqu'il est établi que la réorganisation de l'entreprise, qui entraîne des suppressions d'emplois, est nécessaire à la sauvegarde de la compétitivité de l'entreprise ou du secteur d'activité du groupe auquel elle appartient* » (Cass. Ass. plén. 8 déc. 2000, SAT ; Soc. 5 avril 1995, Vidéocolor).

La recherche de l'« amélioration de la compétitivité » ne justifie pas en soi un licenciement (Soc. 6 mars 2007). L'employeur doit démontrer l'existence d'une menace pour la compétitivité de l'entreprise – menace non établie (Soc. 21 févr. 2007), menace établie au regard de nouveaux concurrents mieux positionnés, la réorganisation intervenue était nécessaire à « *la sauvegarde de la compétitivité* » (Soc. 23 mai 2007, voir déjà Soc. 11 janv. 2006, Pages Jaunes, une entreprise saine peut se restructurer afin de prévenir des difficultés économiques prévisibles). Et il doit établir un lien de causalité entre cette réorganisation et la menace pesant sur la compétitivité de l'entreprise (Soc. 20 juin 2007).

L'économie de charges sociales ne constitue pas, en principe, un motif économique (Soc. 16 mars 1994 et 26 nov. 1996), non plus que de simples difficultés économiques (Soc. 29 avril 1998), ou le fait qu'un poste fasse double emploi, s'il n'est pas démontré que sa suppression est indispensable à la sauvegarde de la compétitivité de l'entreprise (Soc. 18 nov. 1998). Ainsi, un changement de politique commerciale consistant à remplacer les représentants multicartes par des représentants exclusifs, dans un souci de rentabilité, ne constitue un motif économique que s'il est démontré que cette mesure avait pour but de sauvegarder la compétitivité de l'entreprise (Soc. 23 nov. 1999). Un transfert de production en raison d'incitations fiscales attractives ne constitue pas une cause de licenciement économique (Soc. 18 sept. 2007). « *S'il est évident que le transfert d'activité dans des pays à protection salariale et sociale inférieure aux normes françaises est susceptible d'entraîner une diminution des coûts de production, ainsi qu'une augmentation des marges, cette circonstance ne saurait à elle seule constituer un motif économique de licenciement suffisant* » (CPH Libourne, 8 sept. 2008, SAS Arena TDP).

La réorganisation de l'entreprise constitue un motif économique de licenciement si elle est effectuée pour en sauvegarder la compétitivité ou celle du secteur d'activité du groupe auquel elle appartient. Répond à ce critère la réorganisation mise en œuvre pour prévenir des difficultés économiques à venir liées à des évolutions technologiques et leurs conséquences sur l'emploi « *sans être subordonnée à l'existence de difficultés économiques à la date du licenciement* » (Soc. 11 janv. 2006, Pages Jaunes). Le communiqué de la Cour de cassation, concernant cet arrêt, parle d'un « *impératif de gestion prévisionnelle* » et se demande « *si (...) la nouvelle obligation de négocier sur la gestion prévisionnelle de l'emploi et des compétences (...), ne devrait pas conduire à une approche plus rigoureuse des mesures de licenciement économique qui interviendraient par la suite, notamment lorsque la gestion prévisionnelle aura été défaillante* ».

Ainsi répond à ce critère la réorganisation mise en œuvre pour prévenir des difficultés économiques à venir, au regard d'une « *importante dégradation du résultat d'exploitation (...) une diminution des commandes pour l'exercice suivant...* » (Soc. 17 déc. 2008, SARL Charpentes Renfort traitement) sans être subordonnée à l'existence de difficultés économiques à la date du licenciement.

Cependant, l'existence d'une menace pesant sur la compétitivité du secteur d'activité du groupe dont relève l'entreprise doit être caractérisée (Soc. 31 mai 2006, Catimini).

Association

Pour une association œuvrant dans un secteur non concurrentiel, la mesure de licenciement doit être nécessaire pour « assurer sa pérennité » au regard de son équilibre financier (Soc. 2 avril 2008).

Pouvoirs du juge (limites)

En cas de réorganisation de l'entreprise nécessaire à la sauvegarde de sa compétitivité, dès lors « *que cette condition était remplie dans les trois hypothèses de réorganisation envisagées initialement par l'employeur* », il n'appartient pas au juge « *de contrôler le choix effectué par l'employeur entre les solutions possibles* » (Cass. ass. plén. 8 déc. 2000, SAT ; il ne peut pas arbitrer entre différentes possibilités de réorganisation, Soc. 20 juin 2007).

• Cadre d'appréciation du motif

Le cadre d'appréciation du motif économique (difficultés, réorganisation, etc.) est l'entreprise (pas l'établissement) et, le cas échéant, le secteur d'activité du groupe auquel appartient l'entreprise. « ***La cause économique d'un licenciement s'apprécie au niveau de l'entreprise ou, si celle-ci fait partie d'un groupe, au niveau du secteur d'activité du groupe dans lequel elle intervient*** » (Soc. 26 juin 2012, Hutchinson).

Entreprise

Ainsi, dans une entreprise à établissements multiples, les difficultés sont appréciées au niveau de l'entreprise, pas d'un établissement (Soc. 17 juin 1992 ; Soc. 26 juin 2012, Hutchinson). Les difficultés d'un établissement ne sont pas suffisantes en l'absence de difficultés au niveau de l'entreprise (Soc. 26 oct. 2005).

Entreprise appartenant à un groupe

Dans le cadre d'un groupe, « *les difficultés s'apprécient au niveau du secteur d'activité du groupe auquel appartient l'entreprise qui licencie* » (Soc. 5 avril 1995), sans qu'il y ait lieu de « *rechercher si les résultats de la société étaient bénéficiaires* » (Soc. 28 nov. 2007). En l'absence de difficultés économiques et de menace sur la compétitivité, la réorganisation répond à « un souci de rentabilité » du secteur du groupe, les licenciements sont sans CRS (Soc. 6 juill. 2016, Continental).

Le secteur d'activité permettant d'apprécier la cause économique du licenciement est caractérisé, notamment, par la nature des produits, biens ou services délivrés, la clientèle ciblée, ainsi que les réseaux et modes de distribution, se rapportant à un même marché (L. 1233-3). Selon la jurisprudence antérieure, peuvent constituer un faisceau d'indices de l'appartenance à un secteur d'activité la nature des produits, la clientèle et le mode de distribution (Soc. 10 févr. 2010,

Valaubrac) ou encore l'interchangeabilité des activités des entreprises du groupe (CA Lyon 16 févr. 2012).

L'employeur doit fournir au juge les éléments lui permettant de connaître l'organisation du groupe et de déterminer l'étendue de ses « secteurs d'activité ». À défaut, le licenciement est sans cause réelle et sérieuse (Soc. 4 mars 2009, Sté PMB).

Co-employeur

L'existence d'une situation de co-employeur implique une triple confusion : « *Hors l'existence d'un lien de subordination, une société faisant partie d'un groupe ne peut être considérée comme un co-employeur à l'égard du personnel employé par une autre, que s'il existe entre elles, au-delà de la nécessaire coordination des actions économiques entre les sociétés appartenant à un même groupe et de l'état de domination économique que cette appartenance peut engendrer, une confusion d'intérêts, d'activités et de direction se manifestant par une immixtion dans la gestion économique et sociale de cette dernière* » (Soc. 2 juill. 2014, sté Molex ; Soc. 6 juill. 2016, Continental – situation de co-emploi non retenue ; Soc. 6 juill. 2016, SAS 3Suisses – co-emploi retenu).

• Cessation d'activité

Entreprise

« *La cessation d'activité de l'entreprise, quand elle n'est pas due à une faute de l'employeur ou à sa légèreté blâmable, constitue un motif économique de licenciement* » (Soc. 16 janv. 2001, Le Royal Printemps). L'employeur n'a pas à démontrer que cette fermeture trouve sa cause dans des difficultés économiques (Soc. 14 déc. 2005). En revanche, la fermeture temporaire, voire prolongée, de l'entreprise pour travaux de réfection, ne constitue pas une cessation d'activité de l'entreprise et ne peut donc donner lieu à licenciement économique (Soc. 15 oct. 2002).

Entreprise appartenant à un groupe

Quand il n'existe pas de « *difficultés économiques (…) au niveau du secteur d'activité du groupe* », la décision de fermeture ne résulte « que de choix stratégiques décidés au niveau du groupe » : les licenciements ne reposent pas sur une cause économique (Soc. 18 janv. 2011, PBR, Jungheinrich finances holding SAS).

Ainsi, « *si, en cas de fermeture définitive et totale de l'entreprise, le juge ne peut, sans méconnaître l'autonomie de ce motif de licenciement, déduire la faute ou la légèreté blâmable de l'employeur de la seule absence de difficultés économiques ou, à l'inverse, déduire l'absence de faute de l'existence de telles difficultés, il ne lui est pas interdit de prendre en compte la situation économique de l'entreprise pour apprécier le comportement de l'employeur* », quand « *la décision de fermeture a été prise par le groupe, non pas pour sauvegarder sa compétitivité, mais afin de réaliser des économies et d'améliorer sa propre rentabilité, au détriment de la stabilité de l'emploi dans l'entreprise concernée* » ; *il s'en déduit* « *que l'employeur avait agi avec une légèreté blâmable et que les licenciements étaient dépourvus de cause réelle et sérieuse* » (Soc. 1er févr. 2011, PB, Sté Goodyear Dunlop Tires France).

Un licenciement n'a pas de cause économique quand « *la fermeture de l'usine n'avait pas mis fin aux activités du groupe, qui avait transféré les fabrications sur d'autres lieux de production* » et quand « *cette réorganisation avait été décidée pour mettre fin aux nuisances causées à l'environnement et non pour sauvegarder la compétitivité du secteur d'activité du groupe qui n'était pas menacée* » (Soc. 13 févr. 2008).

• Rupture du contrat en dehors du licenciement pour motif économique

À RETENIR

La loi prévoit un nouveau régime de rupture du contrat de travail d'un commun accord dans le cadre d'un accord collectif portant rupture conventionnelle collective (RCC). Il s'agit d'un encadrement conventionnel des départs volontaires. La loi prévoit aussi un régime de rupture dans le cadre d'un accord de « performance collective » (voir à la fin du chapitre). D'autres situations et régimes de rupture sont à signaler (*infra*).

Plan de départ volontaire (PDV)

Selon la jurisprudence antérieure à la réforme législative créant le RCC (*infra*, fin du chapitre), sont assimilés à un licenciement économique les départs volontaires qui se traduisent par des suppressions d'emplois (Soc. 22 fév. 1995, IBM France ; exemple : accord du 25 avril 2008 sur le plan de départ volontaire de la Sté Merck Santé).

« *Un plan de reclassement, qui ne s'adresse qu'aux salariés dont le licenciement ne peut être évité, n'est pas nécessaire dès lors que le plan de réduction des effectifs au moyen de départs volontaires exclut tout licenciement pour atteindre les objectifs qui lui sont assignés en termes de suppression d'emplois* » (Soc. 26 oct. 2010, PBRI, Renault). Par conséquent, un plan de départ volontaire n'a pas à prévoir « *des mesures de reclassement interne* », mais uniquement si l'entreprise s'engage « *à ne prononcer aucun licenciement* » dans son « *programme d'ajustement des effectifs fondé sur le volontariat* » (arrêt précité).

En revanche, un PSE intégrant un plan de reclassement est nécessaire, sous peine de nullité des licenciements, « *lorsque le projet de réduction implique la suppression de l'emploi de salariés qui ne veulent ou ne peuvent quitter l'entreprise dans le cadre du PDV et conduit soit au maintien de ces salariés dans l'entreprise dans un autre emploi, soit à leur licenciement* » (Soc. 9 oct. 2012, Sté Air France KLM, concernant 89 emplois d'officiers mécaniciens navigants).

Le PDV doit respecter l'égalité de traitement. Même si les suppressions de postes concernent un seul établissement de l'entreprise, le PDV doit être ouvert à tous les salariés des autres entités, exposés au licenciement en cas d'insuffisance des départs volontaires (Soc. 12 juill 2010).

Rupture conventionnelle individuelle de contrats

Concernant des tentatives de contournement de la législation applicable aux licenciements économiques par le biais des ruptures conventionnelles, il est jugé que « *lorsqu'elles ont une cause économique et s'inscrivent dans un processus de réduction des effectifs dont elles constituent la ou l'une des modalités, les ruptures conventionnelles doivent être prises en compte pour déterminer la procédure d'information et de consultation des représentants du personnel applicable, ainsi que les obligations de l'employeur en matière de plan de sauvegarde de l'emploi* » ; « *l'intégration des ruptures conventionnelles dans la procédure de licenciement économique ne remet cependant pas en cause leur qualification et leur régime juridiques propres, non plus qu'elle n'affecte, en soi, leur validité* » (Soc. 9 mars 2011, PBRI, UES N.Dentressangle Vrac).

Fraude

En revanche, en cas de fraude (licenciements prononcés pour motifs personnels, causés en réalité par des difficultés économiques), les transactions conclues entre l'employeur et les salariés sont nulles, les salariés devant alors restituer les sommes perçues (Soc. 10 nov. 2009, SAS Alcatel Submarine Networks).

Contrats de chantier ou d'opération

La rupture du contrat de chantier ou d'opération qui intervient à la fin du chantier ou une fois l'opération réalisée repose sur une cause réelle et sérieuse. Le licenciement relève du régime du licenciement pour motif personnel (L. 1236-8). Ces contrats se rencontrent non seulement dans le bâtiment et les travaux publics (l'employeur peut licencier le salarié s'il peut justifier de l'impossibilité d'affectation sur un autre chantier de l'entreprise ou du refus du salarié – CCN Bâtiment et CCN TP), mais aussi dans la réparation navale, le tournage des films de cinéma ou les sociétés d'ingénierie, notamment.

Une convention ou un accord collectif de branche étendu (pas un accord d'entreprise) peut fixer les conditions dans lesquelles il est possible de recourir à un contrat conclu pour la durée d'un chantier ou d'une opération. L'accord collectif fixe :

- la taille des entreprises concernées ;
- les activités concernées ;
- les mesures d'information du salarié sur la nature de son contrat ;

- les contreparties en termes de rémunération et d'indemnité de licenciement accordées aux salariés ;
- les garanties en termes de formation pour les salariés concernés ;
- les modalités adaptées de rupture de ce contrat dans l'hypothèse où le chantier ou l'opération pour lequel ce contrat a été conclu ne peut pas se réaliser ou se termine de manière anticipée.

À défaut d'un tel accord, ce contrat peut être conclu dans les secteurs où son usage est habituel et conforme à l'exercice régulier de la profession qui y recourt au 1er janvier 2017. Ce contrat est conclu pour une durée indéterminée (L. 1223-8 et L. 1223-9).

Le salarié licencié à l'issue d'un contrat de chantier ou d'opération bénéficie d'une priorité de réembauche en CDI dans le délai et selon les modalités fixés par la convention ou l'accord (L. 1236-9).

Mission à l'exportation

La rupture à l'initiative de l'employeur d'un « contrat de mission à l'exportation » (L. 1223-5) constitue un licenciement pour motif personnel (L. 1236-7) ; un accord collectif de branche étendu ou un accord d'entreprise doit déterminer les catégories de salariés concernés, la nature et la durée des missions, les contreparties, les garanties en termes de formation et de reclassement.

Employé de maison

Le licenciement d'un salarié employé de maison, même s'il repose sur un motif étranger à sa personne, ne relève pas des dispositions concernant le licenciement économique (Soc. 18 févr. 1998), sauf si l'employeur n'est pas un particulier.

Obligations d'adaptation et de reclassement et obligation de maintien des capacités à occuper un emploi

• Obligations d'adaptation et de reclassement

Principes

Ces obligations légales sont d'origine jurisprudentielle (Soc. 25 févr. 1992, Expovit, « *l'employeur tenu d'exécuter de bonne foi le contrat de travail a le devoir d'assurer l'adaptation des salariés à l'évolution de leur emploi* »). Elles bénéficient à tout salarié et pèsent sur l'employeur quels que soient l'effectif de l'entreprise, le nombre de salariés concernés par le projet de licenciement et l'existence ou non d'un plan de sauvegarde de l'emploi.

L'employeur assure ***l'adaptation*** des salariés à leur poste de travail (L. 6321-1).

Le droit au ***reclassement*** découle directement du « droit de chacun d'obtenir un emploi » (DC 13 janv. 2005).

Un licenciement pour motif économique d'un salarié, quel qu'il soit (individuel, moins de 10 salariés, au moins 10 salariés), ne peut intervenir que lorsque tous les efforts de formation et d'adaptation ont été réalisés et que le reclassement de l'intéressé ne peut être opéré dans l'entreprise ou, le cas échéant, dans les entreprises du groupe auquel l'entreprise appartient (*infra*). Le reclassement du salarié s'effectue :

– Sur un emploi de la même catégorie que celui qu'il occupe ou sur un emploi équivalent assorti d'une rémunération équivalente.

– À défaut, et sous réserve de l'accord exprès du salarié (ce qui implique une notification par écrit suivie d'une acceptation explicite du salarié), sur un emploi d'une catégorie inférieure (L. 1233-4).

Modalités de reclassement

L'employeur adresse de manière personnalisée les offres de reclassement à chaque salarié ou diffuse par tout moyen une liste des postes disponibles à l'ensemble des salariés (L. 1233-4). La loi ouvre ainsi une alternative à l'obligation de l'employeur de « *faire des offres précises, concrètes et personnalisées à chacun des salariés dont le licenciement est envisagé* » (Soc. 3 févr. 2017, sté PCT). Dans cette seconde voie, c'est sur le salarié que pèse l'obligation d'identifier des postes conformes à sa qualification.
Les offres de reclassement diffusées au moyen d'une liste précisent :

- l'intitulé du poste et son descriptif ;
- le nom de l'employeur ;
- la nature du contrat de travail ;
- la localisation du poste ;
- le niveau de rémunération ;
- la classification du poste (D. 1233-2-1).

La liste précise les critères de départage entre salariés en cas de candidatures multiples sur un même poste, ainsi que le délai dont dispose le salarié pour présenter sa candidature écrite (le délai de réponse du salarié est d'au moins 15 jours francs ou 4 jours en cas de RLJ à compter de la publication de la liste). L'absence de candidature écrite du salarié à l'issue de ce délai vaut refus des offres.

« Les offres de reclassement proposées au salarié sont écrites et précises » (L. 1233-4 ; Soc. 6 mars 2007). L'employeur « ne peut limiter ses recherches de reclassement et ses efforts en fonction de la volonté de ses salariés, exprimés à sa demande et par avance, en dehors de toute proposition concrète » (Soc. 4 mars 2009, PBR, Sté Pinault Bois et Matériaux). L'employeur ne peut pas non plus limiter ses offres en fonction de la volonté présumée du salarié de les refuser, à la suite d'une proposition de modification du contrat de travail, causée par des difficultés économiques, refusée par le salarié (Soc. 25 nov. 2009, Sté Distrimusic international).

Les possibilités de reclassement ne doivent pas être recherchées uniquement parmi les postes identiques : la recherche de reclassement doit porter sur des emplois disponibles de même catégorie ou, à défaut, de catégorie inférieure (le reclassement étant par ailleurs effectué de façon loyale par l'employeur), fût-ce par voie de modification des contrats de travail, en assurant au besoin une période probatoire ou l'adaptation des salariés à une évolution de leur emploi, le cas échéant par une formation complémentaire (Soc. 6 juill. 1999). L'obligation de reclassement se conjugue avec l'obligation d'adaptation : l'employeur doit proposer à une salariée un emploi disponible moyennant une formation permettant son adaptation (Soc. 28 mai 2008). Il existe une limite cependant, relative à la nature de la formation qui peut être exigée : il ne peut être, en effet, imposé à l'employeur d'assurer aux salariés la formation initiale qui leur fait défaut (Soc. 3 avril 2001).

Le manquement de l'employeur à l'obligation de reclassement, préalablement à la notification du licenciement, aura pour effet de priver le licenciement de cause réelle et sérieuse. Dès l'instant qu'existent des possibilités de reclassement et que l'employeur ne les a pas mises en œuvre, les licenciements sont dépourvus de cause économique (Soc. 12 déc. 1995).

Le salarié menacé de licenciement pour motif économique est en droit de refuser les mesures de reclassement qui lui sont proposées par l'employeur (Soc. 29 janv. 2003).

Périmètre de l'obligation du reclassement

Le reclassement de l'intéressé doit être opéré sur les emplois disponibles, situés sur le ***territoire national*** dans l'entreprise ou les autres entreprises du groupe dont l'entreprise fait partie et dont l'organisation, les activités ou le lieu d'exploitation assurent la permutation de tout ou partie du personnel (L. 1233-4). La notion de ***groupe*** désigne le groupe formé par une entreprise appelée entreprise dominante et les entreprises qu'elle contrôle (supra, L. 1233-3). Mais « *l'obligation de reclasser les salariés (...) n'incombe qu'à l'employeur, une société relevant du même groupe n'est pas, en cette seule qualité, débitrice envers les salariés qui sont au service de ce dernier* » (Soc. 13 janv. 2010, PBR, Sté San Carlo Gruppo). « *Les possibilités de reclassement s'apprécient au plus tard à la date du licenciement* » (Soc. 1er juin 2010 ; il ne peut être reproché à l'employeur de ne pas avoir recherché des possibilités de reclassement dans un groupe dont il ne fait pas encore partie à la date du licenciement).

• Obligation de maintien des capacités d'occuper un emploi

De manière préventive, l'employeur a l'obligation de veiller à « l'employabilité » de chacun de ses salariés : « Le terme employabilité se rapporte aux compétences et aux qualifications transférables qui renforcent la capacité d'un individu à tirer parti des possibilités d'éducation et de formation qui se présentent pour trouver un travail décent et le garder, progresser dans l'entreprise ou en changeant d'emploi, ainsi que s'adapter aux évolutions de la technologie et des conditions du marché du travail » (Recommandation n° 195 de l'OIT de 2004).

Le droit impose à l'employeur une obligation de veiller au maintien de la capacité des salariés d'occuper non pas « leurs emplois », mais « un emploi », au regard notamment de l'évolution des emplois, des technologies et des organisations (L. 6321-1). L'employeur est débiteur de cette obligation à l'égard de chaque salarié, indépendamment de tout licenciement économique. Et le non-respect de cette obligation ouvre droit notamment au versement de dommages-intérêts. Il a ainsi été jugé que :

« *La cour d'appel a constaté que les salariées, présentes dans l'entreprise depuis respectivement 24 et 12 ans, n'avaient bénéficié que d'un stage de formation continue de trois jours en 1999 ; qu'elle a pu en déduire qu'au regard de l'obligation pour l'employeur d'assurer l'adaptation des salariées à leur poste de travail et de veiller au maintien de leur capacité à occuper un emploi, ces constatations établissaient un manquement de l'employeur dans l'exécution du contrat de travail entraînant un préjudice distinct de celui résultant de sa rupture* » (Soc. 23 oct. 2007).

« *Le fait que les salariés n'avaient bénéficié d'aucune formation professionnelle continue pendant toute la durée de leur emploi dans l'entreprise établit un manquement de l'employeur à son obligation de veiller au maintien de leur capacité à occuper un emploi, entraînant pour les intéressés un préjudice qu'il appartient au juge d'évaluer* » (Soc. 2 mars 2010, M. Soumaré et a. c/ Sté La Tour Lafayette). Les salariés, employés en qualité de garçons de cuisine, d'origine malienne, avaient saisi la juridiction prud'homale de demandes notamment de dommages-intérêts pour absence de formation professionnelle continue et d'évolution de carrière ; pendant la durée de leur emploi (20 à 25 ans), au sein de la société, aucune formation ne leur avait été proposée, notamment pour combattre leur illettrisme, et ils n'avaient donc pu évoluer au sein de l'entreprise.

Cette obligation de maintien des capacités à occuper un emploi comme l'obligation d'adaptation n'est pas directement liée à un licenciement pour motif économique ; cependant, le respect de ces obligations est demandé lors de suppressions d'emplois pour motif économique (Soc. 5 juin 2013, Sté Numec, « *en seize ans d'exécution du contrat de travail, l'employeur n'avait fait bénéficier le salarié, dans le cadre du plan de formation de l'entreprise, d'aucune formation permettant de maintenir sa capacité à occuper un emploi...* » ; salarié licencié pour motif économique à la suite du refus d'une modification de son contrat de travail portant sur une diminution de son salaire).

Critères de l'ordre des licenciements

• Définition et mise en œuvre des critères

Les conventions collectives contiennent fréquemment des dispositions prévoyant qu'en cas de licenciement collectif, il sera tenu compte, pour fixer l'ordre des licenciements, des charges de famille, de l'ancienneté de service dans l'établissement et des qualités professionnelles.

Lorsque l'employeur procède à un licenciement collectif pour motif économique et en l'absence de convention ou accord collectif de travail applicable, il définit les critères retenus pour fixer l'ordre des licenciements, après consultation du CE ou, à défaut, des DP. Ces critères prennent notamment en compte (L. 1233-5) :

- les charges de famille, en particulier celles des parents isolés ;
- l'ancienneté de service dans l'établissement ou l'entreprise ;
- la situation des salariés qui présentent des caractéristiques sociales rendant leur réinsertion professionnelle particulièrement difficile, notamment celle des personnes handicapées et des salariés âgés ;
- les qualités professionnelles appréciées par catégorie.

L'employeur peut privilégier l'un de ces critères, à condition de tenir compte de l'ensemble des autres critères (L. 1233-5).

Lorsque l'employeur procède à un licenciement individuel pour motif économique, il prend en compte, dans le choix du salarié concerné, les critères précités (L 1233-7).

Les critères retenus par la convention et l'accord collectif de travail ou, à défaut, par la décision de l'employeur, ne peuvent établir une priorité de licenciement à raison des seuls avantages à caractère viager dont bénéficie un salarié (L. 1233-6).

• Périmètre des critères

En principe, le périmètre est l'entreprise.

Le périmètre d'application des critères d'ordre des licenciements peut être fixé par un accord collectif. En l'absence d'un tel accord, ce périmètre ne peut être inférieur à celui de chaque zone d'emploi dans laquelle sont situés un ou plusieurs établissements de l'entreprise concernés par les suppressions d'emplois (L. 1233-5).

Procédures légales de licenciement pour motif économique

Les ***procédures légales de licenciements économiques*** sont différentes suivant de nombreux paramètres (effectif et structuration de l'entreprise, taille du licenciement, présence et nature de la représentation du personnel, recours à une expertise comptable). Elles peuvent être complétées par des dispositions conventionnelles, de branche ou d'entreprise.

À RETENIR

Trois grandes catégories de licenciement sont à distinguer selon qu'est envisagé :
- un licenciement individuel ;
- un licenciement collectif concernant moins de 10 salariés dans une même période de 30 jours ;
- un licenciement collectif concernant au moins 10 salariés dans une même période de 30 jours.

Dans chaque entreprise dotée d'IRP, le CSÉ remplace les DP, le CE et le CHSCT lors des prochaines élections professionnelles.

Le point de départ de la période de 30 jours est la date de la première réunion des représentants du personnel ou, quand cette consultation n'a pas lieu, la date du premier entretien préalable. Le terme de la procédure est constitué par la notification des licenciements (Soc. 11 janv. 2007). Une procédure spécifique existe pour les procédures de redressement et liquidation judiciaire.

La loi n° 2013-504 du 14 juin 2013 (*JO* 16 juin) a largement réécrit le régime juridique des « grands licenciements économiques » (licenciement collectif d'au moins 10 salariés dans une entreprise d'au moins 50 salariés). Les objectifs sont de permettre une accélération des procédures, notamment devant les IRP, et un accroissement de la sécurité juridique des employeurs à l'égard des risques de contentieux judiciaires. Plus de 25 ans après la suppression de l'autorisation administrative de licenciement, les services du ministère du Travail se voient de nouveau attribuer une responsabilité de premier plan, sous le contrôle du juge administratif.

Licenciement individuel

• Entretien préalable

Les règles de procédure qui s'imposent à l'employeur sont les mêmes que celles du licenciement pour fait personnel (voir Chap. X). L'employeur doit convoquer le salarié à l'entretien par lettre recommandée ou par lettre remise en main propre contre décharge. La lettre doit indiquer l'objet de la convocation (c'est-à-dire le projet de licenciement), préciser la date, l'heure et le lieu de l'entretien et rappeler au salarié qu'il peut se faire assister, lors de l'audition, par une personne de son choix appartenant au personnel de l'entreprise.

Lorsqu'il n'y a pas d'institution représentative dans l'entreprise, le salarié peut se faire assister par une personne de son choix, inscrite sur une liste dressée par le préfet (conseiller du salarié, *supra*). Mention doit être faite de cette faculté dans la lettre de convocation.

Au cours de l'entretien qui ne peut avoir lieu moins de 5 jours ouvrables après la présentation de la lettre au salarié, l'employeur est tenu d'indiquer le ou les motifs du licenciement envisagé et de recueillir les explications du salarié. Il lui propose aussi le bénéfice de mesures d'évaluation des compétences professionnelles et d'accompagnement en vue du reclassement, qui diffèrent selon que l'entreprise a au moins 1 000 salariés ou un effectif moindre.

• Notification du licenciement au salarié

L'employeur, s'il persiste dans son projet, notifie le licenciement au salarié par lettre recommandée avec accusé de réception (L. 1233-15 et s.). Un délai de 7 jours ouvrables doit s'écouler entre l'entretien et la notification du licenciement (délai de 15 jours ouvrables pour le licenciement individuel d'un membre du personnel d'encadrement).

Motivation

La lettre de licenciement doit mentionner 2 premiers éléments : d'une part, la raison économique (difficultés économiques, mutations technologiques, réorganisation pour sauvegarder la compétitivité, cessation d'activité, etc.), qui fonde sa décision, en indiquant les justifications ; et, d'autre part, l'incidence de cette raison économique sur l'emploi ou le contrat de travail du salarié concerné. ***La lettre de licenciement comporte l'énoncé des motifs économiques invoqués par l'employeur*** (L. 1233-16). L'employeur peut, pour procéder à la notification du licenciement, utiliser des modèles.

EN PRATIQUE

Modèle de lettre de licenciement pour motif économique individuel (décret n° 2017-1820 du 29 déc. 2017.

L'application du présent modèle est sans incidence sur l'application des stipulations conventionnelles ou contractuelles plus favorables applicables au contrat de travail du salarié licencié. La lettre de licenciement ne peut être adressée moins de sept jours ouvrables à compter de la date prévue de l'entretien préalable de licenciement auquel le salarié a été convoqué. Le délai est porté à quinze jours ouvrables pour le licenciement individuel d'un membre du personnel d'encadrement.

Dénomination sociale et adresse du siège social de l'entreprise

Lieu et date

Nom, prénom et adresse du salarié

Objet : notification d'un licenciement pour motif économique

Lettre recommandée avec accusé de réception ou lettre remise contre récépissé (dans ce cas, la lettre doit être établie en double exemplaire et celui de l'employeur doit être accompagné de la mention « reçue le… » avec la signature du salarié).

Madame, Monsieur…,

En l'absence de procédure collective au sens du Code de commerce (redressement judiciaire ou liquidation judiciaire)

À la suite de notre entretien qui s'est tenu le… (date à compléter), nous vous informons de notre décision de vous licencier pour le(s) motif(s) économique(s) suivant(s) dans les conditions posées à l'article L. 1233-3 du Code du travail :

– Énoncer de manière précise et objective les raisons économiques (soit les difficultés économiques, soit la réorganisation de l'entreprise nécessaire à la sauvegarde de la compétitivité, soit les mutations technologiques, soit la cessation d'activité de l'entreprise).

– Préciser les incidences sur l'emploi ou le contrat de travail (soit la suppression d'emploi, soit la transformation d'emploi refusée, soit la modification d'un élément essentiel du contrat de travail refusée).

(Si le salarié ne s'est pas présenté à l'entretien préalable, indiquer : « Nous vous avons convoqué à un entretien préalable en date du… auquel vous ne vous êtes pas présenté. Ainsi, nous n'avons pas pu recueillir vos explications. »)

Si le salarié est un salarié protégé

Votre licenciement a fait l'objet d'une autorisation de l'inspecteur du travail en date du… (date à compléter).

Sur l'impossibilité de reclassement

En dépit des recherches que nous avons effectuées au sein de notre (entreprise ou groupe le cas échéant), conformément à l'article L. 1233-4 du Code du travail, nous n'avons pas trouvé de poste de reclassement (le poste de reclassement proposé doit correspondre à un emploi de catégorie équivalente à celui précédemment occupé par le salarié ou à un emploi de catégorie inférieure sous réserve que le salarié ait donné son accord exprès).

Si l'entreprise comprend moins de 1 000 salariés (art. L. 1233-65 et suivants du Code du travail)

Lors de notre entretien préalable ou à l'issue de la dernière réunion des représentants du personnel en date du… (date à compléter), nous vous avons proposé le bénéfice du contrat de sécurisation professionnelle. Par lettre du…

(date à compléter), vous nous avez fait connaître votre refus d'adhérer au dispositif (en cas d'absence de réponse du salarié dans un délai de 21 jours à compter de la remise des documents relatifs au CSP, indiquez : « N'ayant pas reçu dans un délai de 21 jours votre décision d'adhérer ou non au contrat de sécurisation professionnelle, vous êtes considéré comme ayant refusé le bénéfice du dispositif »).

Si vous ne dispensez pas le salarié d'effectuer son préavis

Vous restez néanmoins tenu d'effectuer votre préavis d'une durée de… (durée du préavis à compléter), qui débutera à la date de la première présentation de cette lettre.

Si vous dispensez le salarié d'effectuer son préavis

Nous vous dispensons d'effectuer votre préavis qui débute le… (date d'expiration du délai de réflexion de huit jours) et se termine le… (date à compléter selon la durée du préavis), date à laquelle vous quitterez les effectifs de l'entreprise. Néanmoins, votre salaire continuera de vous être versé durant cette période.

Si l'entreprise comprend plus de 1 000 salariés (art. L. 1233-71 et suivants du Code du travail)

Lors de notre entretien préalable ou à l'issue de la dernière réunion des représentants du personnel en date du… (date à compléter), nous vous avons informé des conditions de mise en œuvre du congé de reclassement. Par la présente, nous vous invitons à nous faire part de votre souhait d'adhérer ou non à ce dispositif. Vous disposez d'un délai de huit jours à compter de la date de notification de la présente lettre pour nous informer de votre décision. En l'absence de réponse dans ce délai, votre silence sera assimilé à un refus. En cas d'acceptation, le congé de reclassement débutera le… (indiquer la date d'expiration du délai de réponse de huit jours) et vous serez dispensé d'exécuter votre préavis.

En cas de refus du dispositif (deux hypothèses),

Si vous ne dispensez pas le salarié d'effectuer son préavis

Vous restez tenu d'effectuer votre préavis d'une durée de… (durée du préavis à compléter), qui débutera à l'expiration du délai de réflexion de huit jours.

Si vous dispensez le salarié d'effectuer son préavis

Nous vous dispensons d'effectuer votre préavis qui débute le… (date d'expiration du délai de réflexion de huit jours) et se termine le… (date à compléter selon la durée du préavis), date à laquelle vous quitterez les effectifs de l'entreprise. Néanmoins, votre salaire continuera de vous être versé durant cette période.

Vous pouvez bénéficier d'une priorité de réembauche pendant une durée d'un an à compter de la date de prise d'effet de votre licenciement, si vous en faites la demande par écrit dans ce même délai.

« À l'expiration de votre contrat de travail, nous tiendrons à votre disposition ou nous vous remettrons ou nous vous adresserons par courrier votre certificat de travail, votre reçu pour solde de tout compte et votre attestation Pôle emploi.

Vous pouvez faire une demande de précision des motifs du licenciement énoncés dans la présente lettre, dans les quinze jours suivant sa notification par lettre recommandée avec avis de réception ou remise contre récépissé. Nous avons la faculté d'y donner suite dans un délai de quinze jours après réception de votre demande, par lettre recommandée avec accusé de réception ou remise contre récépissé. Nous pouvons également, le cas échéant et dans les mêmes formes, prendre l'initiative d'apporter des précisions à ces motifs dans un délai de quinze jours suivant la notification du licenciement. »

Nom, prénom, qualité

Signature

Priorité de réembauche

La lettre doit mentionner que le salarié bénéficie d'une priorité de réembauche et indiquer les conditions dans lesquelles cette priorité peut être mise en œuvre (L. 1233-16). Le salarié bénéficie d'une priorité de réembauche durant un délai d'un an à compter de la date de la rupture de son contrat, s'il manifeste son désir d'user de cette priorité tout au long de l'année en question (L. 1233-45). Dans ce cas, l'employeur doit l'informer de tout emploi disponible et compatible avec sa qualification, y compris à durée déterminée. Le salarié ayant acquis une nouvelle qualification bénéficie également de la priorité de réembauche au titre de celle-ci, s'il en informe l'employeur. Aucune période d'essai ne peut être imposée au salarié réembauché. L'employeur informe les représentants du personnel des postes devenus disponibles et en affiche la liste.

Contrat de sécurisation professionnelle (CSP)

La lettre recommandée avec demande d'accusé de réception doit mentionner le délai de réponse de 8 jours à compter de la réception de la lettre dont le salarié dispose encore pour accepter ou refuser les mesures d'évaluation des compétences professionnelles et de reclassement. Si le salarié refuse la proposition, explicitement ou en laissant expirer le délai de 8 jours sans donner de réponse, la lettre vaut notification du licenciement et la date de sa présentation est le point de départ du délai-congé.

Ordre des licenciements

L'employeur est tenu, à la demande écrite du salarié, de lui indiquer les critères retenus pour fixer l'ordre des licenciements et procéder à son licenciement.

• Information de l'administration

L'employeur doit informer *a posteriori* par écrit la DIRECCTE du licenciement prononcé (L. 1233-19), dans les 8 jours suivant l'envoi de la lettre de licenciement. Cette information est destinée à permettre à l'administration un suivi statistique et, le cas échéant, l'application des dispositions relatives aux licenciements répétés de moins de 10 salariés.

L'employeur doit préciser à cette occasion son nom et son adresse, la nature de l'activité et l'effectif de l'entreprise ou de l'établissement, les nom, prénoms, nationalité, date de naissance, sexe, adresse, emploi et qualification du salarié licencié, enfin la date de la notification du licenciement au salarié concerné (D. 1233-3).

Licenciement de moins de 10 salariés dans une même période de 30 jours

Il s'agit des « petits » licenciements (licenciement de 2 à 9 salariés, L. 1233-8).

• Consultation des représentants du personnel

L'employeur est tenu de réunir préalablement et de consulter le CSÉ (comité d'entreprise ou d'établissement ou, s'il n'y a pas de comité, les DP) (L.1233-8). Comme pour les autres réunions, l'ordre du jour doit être élaboré en commun par le président avec le secrétaire, mais, s'agissant d'une consultation obligatoire, elle peut être inscrite de plein droit à l'ordre du jour en cas de difficulté.

À RETENIR

L'employeur doit joindre à la convocation « *tous les renseignements utiles sur le projet de licenciement collectif* » (L. 1233-10), notamment un document écrit indiquant :
- la ou les raisons économiques, financières ou techniques du projet de licenciement ;
- le nombre de licenciements envisagé ;
- le nombre de salariés, permanents ou non, employés dans l'établissement ;
- les catégories professionnelles concernées ;
- les critères proposés pour l'ordre des licenciements ;
- le calendrier prévisionnel des licenciements ;
- les mesures de nature économique envisagées ;
- le cas échéant, les conséquences des licenciements projetés en matière de santé, de sécurité ou de conditions de travail.

Lors de cette consultation, qui se tient 3 jours au moins après la convocation, l'employeur recueille l'avis des représentants du personnel, y compris sur la mise en place de mesures d'accompagnement en vue du reclassement et sur l'ordre des licenciements (il ne prend pas part au vote).

Le CSÉ rend son avis dans un délai qui ne peut être supérieur, à compter de la date de la première réunion au cours de laquelle il est consulté, à 1 mois. En l'absence d'avis rendu dans ce délai, le comité est réputé avoir été consulté (L. 1233-8).

Les irrégularités affectant la procédure d'information/consultation des représentants du personnel n'entraînent pas sa nullité, mais permettent d'obtenir sa suspension, si elle n'est pas terminée, ou, à défaut, la réparation du préjudice subi.

S'il n'y a pas de représentants du personnel, la procédure est la même que celle décrite ci-dessus pour les licenciements individuels, à l'exception du délai de réflexion avant notification des licenciements.

• Entretien préalable

Cet entretien a lieu, pour chaque salarié visé, selon les mêmes règles que celles applicables à un licenciement individuel (L. 1233-11 et s.). L'employeur doit proposer à chaque salarié concerné des mesures d'accompagnement en vue du reclassement.

• Notification du licenciement aux salariés

Les dispositions légales relatives à la notification aux salariés sont semblables à celles qui concernent les licenciements individuels (L. 1233-15 et s.). (Sur la lettre de licenciement : voir *supra* Licenciement individuel – Lettre de licenciement et *infra* Sanction – Cause réelle et sérieuse.)

• Information de l'administration

Information

L'information *a posteriori* de la DIRECCTE doit se faire dans le même délai et comporter les mêmes indications qu'en cas de licenciement individuel (L. 1233-19).

Le PV de la réunion du CSÉ/des DP consultés sur le projet de licenciement collectif pour motif économique est transmis à l'autorité administrative (L. 1233-20).

Contrôles

Dans les entreprises de moins de 50 salariés et les entreprises de 50 salariés et plus, lorsque le projet de licenciement concerne moins de 10 salariés dans une même période de 30 jours, ces entreprises n'étant pas soumises à l'obligation d'établir un PSE, la DIRECCTE vérifie, dans le délai de 21 jours à compter de la date de la notification du projet de licenciement, que :
– Les représentants du personnel ont été informés, réunis et consultés conformément aux dispositions légales et conventionnelles en vigueur.
– Les obligations relatives à l'élaboration des mesures sociales (*infra*, L. 1233-2) ou par des conventions ou accords collectifs de travail ont été respectées.
– Les mesures sociales seront effectivement mises en œuvre (L. 1233-53).

D'une part, lorsque la DIRECCTE relève une irrégularité de procédure, elle adresse à l'employeur un avis précisant la nature de l'irrégularité constatée et envoie simultanément copie de ses observations au CE ou, à défaut, aux DP. D'autre part, la DIRECCTE peut formuler des observations sur les mesures sociales prévues.

L'employeur répond aux observations de la DIRECCTE et adresse copie de sa réponse aux représentants du personnel. Si cette réponse intervient après le délai d'envoi des lettres de licenciement, celui-ci est reporté jusqu'à la date d'envoi de la réponse à la DIRECCTE. Les lettres de licenciement ne peuvent être adressées aux salariés qu'à compter de cette date (L. 1233-56).

Licenciement de 10 salariés ou plus dans une même période de 30 jours

Il s'agit des « grands » licenciements.

• Règles procédurales particulières

Existence d'un accord collectif

Un accord d'entreprise, de groupe ou de branche peut fixer, par dérogation aux règles de consultation des IRP, les modalités d'information et de consultation du CSÉ et, le cas échéant, le cadre de recours à une expertise par ce comité lorsque l'employeur envisage de prononcer le licenciement économique d'au moins 10 salariés dans une même période de 30 jours (L. 1233-21) (dans les entreprises ayant mis en place un CSÉ).

Cet accord collectif fixe les conditions dans lesquelles le comité : 1° Est réuni et informé de la situation économique et financière de l'entreprise ; 2° Peut formuler des propositions alternatives au projet économique à l'origine d'une restructuration ayant des incidences sur l'emploi et obtenir une réponse motivée de l'employeur à ses propositions ; 3° Peut recourir à une expertise (L. 1233-22).

L'accord ne peut déroger (L. 1233-23) : 1° Aux règles générales d'information et de consultation du comité (*infra*, L. 2323-2, L. 2323-4 et L. 2323-5) ; 2° À la communication aux représentants du personnel des renseignements (*infra*, L. 1233-31 à L. 1233-33) ; 3° Aux règles de consultation applicables lors d'un RLJ (*infra*, L. 1233-58). L'accord ne peut donc aller en deçà de la procédure légale prévue pour les « petits licenciements ».

Toute action en contestation visant tout ou partie de cet accord doit être formée, à peine d'irrecevabilité, avant l'expiration d'un délai (court) de 3 mois à compter de la date de son dépôt (L. 1233-24).

Accord sur le PSE. Depuis la loi du 14 juin 2013, un accord collectif peut déterminer le contenu du PSE ainsi que les modalités de consultation du CE et de mise en œuvre des licenciements (L. 1233-24-1, *infra* Mesures de prévention et d'accompagnement, Plan de sauvegarde de l'emploi).

Modification du contrat de travail

Lorsqu'au moins 10 salariés ont refusé la ***modification*** d'un élément essentiel de leur contrat de travail proposée par leur employeur pour l'un des motifs économiques et que leur licenciement est envisagé, celui-ci est soumis aux dispositions applicables en cas de licenciement collectif pour motif économique (L. 1233-25).

La loi, dans ce cas également, assimile à des licenciements économiques le refus, par plusieurs salariés, d'une modification de leur contrat de travail.

Licenciements successifs

L'objet de ces dispositions est de prévenir la fraude à la loi qui consisterait à procéder à des licenciements répétés de moins de 10 salariés, pour échapper au contrôle de l'administration, et d'éviter que l'employeur puisse s'exonérer de la réalisation d'un PSE.

Lorsqu'une entreprise ou un établissement employant habituellement au moins 50 salariés a procédé :
– Pendant 3 mois consécutifs à des licenciements économiques de plus de 10 salariés au total, sans atteindre 10 salariés dans une même période de 30 jours, tout nouveau licenciement économique envisagé au cours des 3 mois suivants est soumis aux dispositions de la présente section (L. 1233-26).
– Au cours d'une année civile à des licenciements pour motif économique de plus de 18 salariés au total, sans avoir été tenue de présenter de PSE, tout nouveau licenciement économique envisagé au cours des 3 premiers mois de

l'année civile suivante est soumis aux dispositions qui suivent, notamment à l'obligation d'élaborer un PSE (L. 1233-27).

• Entreprise d'au moins 50 salariés

Une consultation approfondie des représentants du personnel est prévue, ainsi qu'une intervention plus active de l'administration, notamment au sujet du PSE.

À RETENIR

La loi du 14 juin 2013 (L. 1233-30) prévoit que :

I. Dans les entreprises ou établissements employant habituellement au moins 50 salariés, l'employeur réunit et consulte le comité sur :

1° L'opération projetée et ses modalités d'application (projet de restructuration et de compression des effectifs, L. 2323-31) ;

2° Le projet de licenciement collectif :

- le nombre de suppressions d'emplois ;
- les catégories professionnelles concernées ;
- les critères d'ordre ;
- le calendrier prévisionnel des licenciements ;
- les mesures sociales d'accompagnement prévues par le PSE (infra) ;
- le cas échéant, les conséquences des licenciements projetés en matière de santé, de sécurité ou de conditions de travail.

Cependant ces éléments, s'ils font l'objet d'un accord collectif, ne sont pas soumis à la consultation du comité (L. 1233-24-1, infra).
Le comité tient au moins 2 réunions espacées d'au moins 15 jours.

II. Le comité rend ses 2 avis dans un délai qui ne peut être supérieur, à compter de la date de sa première réunion au cours de laquelle il est consulté à :

- 2 mois lorsque le nombre des licenciements est inférieur à 100 ;
- 3 mois lorsque le nombre des licenciements est au moins égal à 100 et inférieur à 250 ;
- 4 mois lorsque le nombre des licenciements est au moins égal à 250.

Une convention ou un accord collectif de travail peut prévoir des délais différents.

En l'absence d'avis du CSÉ/CE dans ces délais, celui-ci est réputé avoir été consulté.

Consultation des représentants du personnel

L'employeur qui envisage de procéder à un licenciement collectif concernant au moins 10 salariés dans une même période de 30 jours, doit réunir et consulter le CSÉ (le CE, ou, à défaut, les DP) (L. 1233-28 et s.). Cette question peut être inscrite de plein droit à l'ordre du jour par l'employeur ou le secrétaire en cas de difficulté pour établir l'ordre du jour.

À RETENIR

L'employeur adresse aux représentants du personnel, avec la convocation à la première réunion, tous les renseignements utiles sur le projet de licenciement collectif.

Il indique (L. 1233-31) :

- la ou les raisons économiques, financières ou techniques du projet de licenciement ;
- le nombre de licenciements envisagé ;
- les catégories professionnelles concernées (définies dans l'accord collectif ou dans le document unilatéral ; « *les catégories regroupent, en tenant compte des acquis de l'expérience professionnelle qui excèdent l'obligation d'adaptation qui incombe à l'employeur, l'ensemble des salariés qui exercent, au sein de l'entreprise, des fonctions de même nature supposant une formation professionnelle commune* », CE 7 févr. 2018) et les critères proposés pour l'ordre des licenciements ;
- le nombre de salariés, permanents ou non, employés dans l'établissement ;
- le calendrier prévisionnel des licenciements ;
- les mesures de nature économique envisagées ;
- le cas échéant, les conséquences de la réorganisation en matière de santé, de sécurité ou de conditions de travail.

L'employeur adresse aux représentants du personnel le *PSE* qu'il envisage de mettre en œuvre pour éviter les licenciements ou en limiter le nombre et pour faciliter le reclassement du personnel dont le licenciement ne pourrait être évité (L. 1233-32).

L'employeur met à l'étude, dans le délai précité (*supra* L. 1233-30-II), les suggestions relatives aux mesures sociales envisagées et les propositions alternatives au projet de restructuration formulées par le comité. Il leur donne une réponse motivée (L. 1233-33).

Avant l'expiration du délai accordé au comité pour rendre ses avis, l'employeur peut, après avoir recueilli l'avis favorable du comité, proposer des mesures de reclassement interne aux salariés concernés (L. 1233-45-1).

Procédures de consultations concomitantes. Les procédures de licenciement pour motif économique (L. 1233-30 al. 2) peuvent se dérouler concomitamment à la mise en œuvre des procédures concernant des projets de restructuration et de compressions d'effectifs (L. 2323-15) qui donnent compétence générale au comité dans l'ordre économique et social. Dès lors que l'employeur prend une décision de gestion qui est susceptible d'entraîner des licenciements économiques, il doit mettre en œuvre les 2 procédures.

Recours à l'expertise. Le CSÉ peut (le cas échéant sur proposition des commissions constituées en son sein) décider, lors de la première réunion, de recourir à une expertise pouvant porter sur les domaines économique et comptable ainsi que sur les effets potentiels du projet sur la santé, la sécurité ou les conditions de travail (L. 1233-34). L'expert peut être assisté (par un « expert technique » - L. 2315-81). Le CSÉ peut également mandater un expert afin qu'il apporte toute analyse utile aux organisations syndicales pour mener la négociation du PSE (L. 1233-24-1). Le rapport de l'expert est remis au CSÉ et, le cas échéant, aux organisations syndicales, au plus tard 15 jours avant l'expiration du délai d'information-consultation du comité (L. 1233-30). Le comité tient une deuxième réunion qui a le même contenu que la première réunion habituelle et une troisième réunion qui remplace la deuxième.

L'expert désigné par le comité demande à l'employeur, dans les 10 jours à compter de sa désignation, toutes les informations qu'il juge nécessaires à la réalisation de sa mission. L'employeur répond à cette demande dans les 8 jours. Le cas échéant, l'expert demande, dans les 10 jours, des informations complémentaires à l'employeur, qui répond à cette demande dans les 8 jours à compter de la date à laquelle la demande de l'expert est formulée (L. 1233-35).

L'expert participe normalement à la deuxième réunion, au cours de laquelle son rapport est examiné. Il a pour rôle d'analyser, pour le comité, les raisons et la pertinence du projet de licenciement, d'en apprécier les conséquences et peut donner son avis sur le plan de restructuration.

Lorsque le comité recourt à l'assistance d'un expert-comptable, l'employeur en informe la DIRECCTE. Il lui transmet également son rapport et les modifications éventuelles du projet de licenciement (L. 1233-50).

Toute contestation motivée relative à l'expertise est adressée, avant transmission de la demande de validation ou d'homologation, à la DIRECCTE, qui se prononce dans un délai de 5 jours (L. 1233-35-1, R. 1233-3-3).

Consultation du CCE/CSÉ central. Si les licenciements envisagés concernent plusieurs établissements, le comité central d'entreprise (CCE) et le comité de l'établissement ou les comités des établissements concernés tiennent 2 réunions (chacune des réunions du ou des comités d'établissements doit être tenue après chacune des réunions du CCE). Si plusieurs établissements sont concernés, c'est le volume global des licenciements au niveau de l'entreprise qui détermine le délai entre les réunions.

Lors de la mise en place du CSÉ dans l'entreprise, le CCE est remplacé par le « comité social et économique central » et les comités d'établissement par les « comités sociaux et économiques d'établissement » (L. 1233-36).

Le CCE et le ou les comités d'établissement intéressés doivent être consultés dès lors que les mesures envisagées excèdent le pouvoir du ou des chefs d'établissements concernés ou visent plusieurs établissements simultanément (L. 1233-36). Cette double consultation est donc imposée lorsque le chef d'établissement ne détient pas de pouvoir de décision en matière de recrutement et de licenciement, la gestion du personnel étant assurée par le siège de l'entreprise, et aussi lorsque les licenciements envisagés intéressent plusieurs établissements ou entraînent des mutations d'un établissement à un autre. La DIRECCTE du siège de chaque établissement est informée.

Au cours de sa première réunion, le CCE peut décider de recourir à l'assistance d'un expert.

Lorsque le projet de licenciement donne lieu à consultation du CCE, l'autorité administrative du siège de l'entreprise est informée de cette consultation et, le cas échéant, de la désignation d'un expert (L. 1233-51).

Intervention de l'administration

Information de l'administration. L'ensemble des informations communiquées aux représentants du personnel lors de leur convocation aux réunions est communiqué simultanément à la DIRECCTE. L'employeur lui adresse également les PV des réunions, ceux-ci comportant les avis, suggestions et propositions des représentants du personnel (L. 1233-48).

Notification à l'administration. L'employeur est tenu de notifier à la DIRECCTE le projet de licenciement (L. 1233-46). La DIRECCTE compétente est celle dans le ressort de laquelle se trouve l'établissement concerné (L. 1233-57-8) ; lorsque le projet de licenciement concerne plusieurs établissements relevant de plusieurs DIRECCTE, la notification est adressée à la DIRECCTE du siège et le ministre chargé de l'emploi (DGEFP) désigne la DIRECCTE compétente (L. 1233-57-8).

Cette notification est le point de départ du délai que doit respecter l'employeur avant de notifier son licenciement à chaque intéressé (la notification est réputée faite à la date d'envoi par l'employeur).

La notification à l'administration est faite, par tout moyen permettant de conférer une date certaine par lettre recommandée, au plus tôt le lendemain de la date prévue pour la première réunion des représentants du personnel, accompagnée de tout renseignement concernant la convocation, l'ordre du jour et la tenue de cette réunion (L. 1233-46). Au plus tard à cette date, elle indique, le cas échéant, l'intention de l'employeur d'ouvrir la négociation en vue de la conclusion d'un accord collectif sur le PSE (*infra*) ; le seul fait d'ouvrir cette négociation avant cette date ne pouvant constituer une entrave au fonctionnement du CE (L. 1233-46).

EN PRATIQUE

La notification précise (D. 1233-4) :
- le nom et l'adresse de l'employeur ;
- la nature de l'activité et l'effectif de l'entreprise ou de l'établissement ;
- le nombre des licenciements envisagés ;
- le cas échéant, les modifications qu'il y a lieu d'apporter aux informations déjà transmises (*supra*, L. 1233-31) ;
- en cas de recours à un expert-comptable par le CE, mention de cette décision ;
- le cas échéant, la signature d'un accord collectif portant notamment sur le PSE (*infra*). Une copie de cet accord est alors jointe à la notification.

À l'issue de la deuxième réunion (de la troisième en cas d'intervention d'un expert-comptable) des représentants du personnel, l'employeur est tenu d'indiquer à la DIRECCTE d'une part les nom, prénoms, nationalité, date de naissance, sexe, adresse, emploi et qualification des salariés dont le licenciement est envisagé (cette liste nominative n'est pas fournie aux représentants du personnel) ; d'autre part les modifications qui ont pu être apportées au calendrier prévisionnel des licenciements, aux mesures d'accompagnement et au calendrier de leur mise en œuvre.

La DIRECCTE « peut », à tout moment en cours de procédure, faire toute observation ou proposition à l'employeur concernant le déroulement de la procédure ou les mesures sociales prévues. Elle envoie simultanément copie de ses observations au comité et, lorsque la négociation de l'accord collectif est engagée, le cas échéant aux organisations syndicales représentatives dans l'entreprise (L. 1233-57-6). L'employeur répond à ces observations et adresse copie de sa réponse aux représentants du personnel et, le cas échéant, aux organisations syndicales (infra). Cependant, l'administration ne peut suspendre une procédure irrégulière (*infra* Sanctions).

Demande d'injonction à l'Administration. Toute demande tendant, avant transmission de la demande de validation de l'accord collectif ou d'homologation du document unilatéral de l'employeur, à ce qu'il soit enjoint à l'employeur de fournir les éléments d'information relatifs à la procédure en cours ou de se conformer à une règle de procédure prévue par les textes législatifs, les conventions collectives ou un accord collectif, est adressée à la DIRECCTE, qui se prononce après instruction dans un délai de 5 jours à compter de la réception de la demande. Cette demande est adressée par le CSÉ/CE, ou, à défaut, les DP, ou, en cas de négociation d'un accord par les organisations syndicales représentatives de l'entreprise, à la DIRECCTE, par tout moyen permettant de conférer une date certaine. La demande est motivée. Elle précise les éléments demandés et leur pertinence. Si elle décide de faire droit à la demande, la DIRECCTE adresse une injonction à l'employeur par tout moyen permettant de lui conférer une date certaine. Elle adresse simultanément une copie de cette injonction à l'auteur de la demande, au CSÉ/CE et aux organisations syndicales représentatives en cas de négociation d'un accord (L. 1233-57-5, D. 1233-12). Cependant, cette action de la DIRECCTE n'arrêtera pas en soi la procédure : le cas échéant un contentieux se développera devant le juge administratif (*infra* Sanctions).

Procédure à l'égard des salariés

L'entretien individuel n'est pas obligatoire, sauf dans les entreprises où il n'y a ni CSÉ, ni CE, ni DP (L. 1233-38).

Notification aux salariés. Depuis la loi du 14 juin 2013, dans les entreprises de 50 salariés ou plus, lorsque le projet de licenciement concerne 10 salariés ou plus dans une même période de 30 jours, l'employeur notifie le licenciement aux salariés, après la notification par la DIRECCTE de la décision de validation de l'accord collectif ou de la décision d'homologation du document de l'employeur, concernant le PSE (*infra*) ou à l'expiration des délais prévus pour ces contrôles (L. 1233-39).

L'employeur ne peut procéder, à peine de nullité, à la rupture des contrats de travail avant la notification de cette décision d'homologation ou de validation ou l'expiration de ces délais (L. 1235-10 al. 1, L. 1233-39 al. 6, *infra* Sanctions).

La lettre de licenciement a le même contenu qu'en cas de licenciement individuel (voir *supra* Licenciement individuel – Lettre de licenciement et *infra* Sanction – Cause réelle et sérieuse).

• Entreprises occupant moins de 50 salariés

Lorsque le licenciement, visant au moins 10 salariés, a lieu dans une entreprise occupant moins de 50 salariés, les règles concernant la procédure de licenciement à suivre sont les mêmes que lorsque l'entreprise occupe au moins 50 salariés, sous réserve des points suivants :

Consultation des représentants élus du personnel

Ils reçoivent de l'employeur les renseignements obligatoires prévus en cas de licenciement collectif (1233-10, supra). Ils tiennent 2 réunions, séparées par un délai ne pouvant excéder 14 jours (L. 1233-29).

Mesures sociales

L'employeur n'est pas tenu d'élaborer un PSE, mais doit proposer un contrat de sécurisation professionnelle à chaque salarié licencié (L. 1233-65).

Notification aux salariés

Dans les entreprises de moins de 50 salariés, l'employeur notifie au salarié le licenciement pour motif économique par LR/AR.

La lettre de notification ne peut être adressée avant l'expiration d'un délai courant à compter de la notification du projet de licenciement à la DIRECCTE. Ce délai ne peut être inférieur à 30 jours.

Une convention ou un accord collectif de travail peut prévoir des délais plus favorables aux salariés (L. 1233-39).

Lettre de licenciement

Voir *supra* Licenciement individuel – Lettre de licenciement et *infra* Sanction – Cause réelle et sérieuse.

EN PRATIQUE

Modèle de lettre de licenciement pour motif économique pour les petits licenciements collectifs (moins de 10 salariés dans une même période de 30 jours ou au moins 10 salariés dans une même période de 30 jours dans une entreprise de moins de 50 salariés) (décret n° 2017-1820 du 29 déc. 2017).

L'application du présent modèle est sans incidence sur l'application des stipulations conventionnelles ou contractuelles plus favorables applicables au contrat de travail du salarié licencié.

Lorsque le licenciement concerne plus de 10 salariés dans une même période de 30 jours dans une entreprise de moins de 50 salariés :

La lettre de licenciement ne peut être adressée avant l'expiration d'un délai de 30 jours courant à compter de la notification du projet de licenciement à l'autorité administrative.

[Ou]

Lorsque le licenciement concerne moins de 10 salariés dans une même période de 30 jours (dans toutes les entreprises) :

La lettre de licenciement ne peut être adressée moins de 7 jours ouvrables à compter de la date prévue de l'entretien préalable de licenciement auquel le salarié a été convoqué.

Le délai est porté à 15 jours ouvrables pour le licenciement individuel d'un membre du personnel d'encadrement mentionné au 2° de l'art. L. 1441-13.

Dénomination sociale et adresse du siège social de l'entreprise

Lieu et date

Nom, prénom et adresse du salarié

Objet : notification d'un licenciement pour motif économique

Lettre recommandée avec accusé de réception ou lettre remise contre récépissé (dans ce cas, la lettre doit être établie en double exemplaire et celui de l'employeur doit être accompagné de la mention « reçue le... » avec la signature du salarié).

« Madame, Monsieur...,

En l'absence de procédure collective au sens du Code de commerce (redressement judiciaire ou liquidation judiciaire)

À la suite de notre entretien qui s'est tenu le... (date à compléter) (en cas d'absence des institutions représentatives du personnel), nous vous informons de notre décision de vous licencier pour le(s) motif(s) économique(s) suivant(s) dans les conditions posées à l'article L. 1233-3 du Code du travail :

– Énoncer de manière précise et objective les raisons économiques (soit les difficultés économiques, soit la réorganisation de l'entreprise nécessaire à la sauvegarde de la compétitivité, soit les mutations technologiques, soit la cessation d'activité de l'entreprise).

– Préciser les incidences sur l'emploi ou le contrat de travail (soit la suppression d'emploi, soit la transformation d'emploi refusée, soit la modification d'un élément essentiel du contrat de travail refusée).

(Si le salarié ne s'est pas présenté à l'entretien préalable, indiquer : « Nous vous avons convoqué à un entretien préalable en date du... auquel vous ne vous êtes pas présenté. Ainsi, nous n'avons pas pu recueillir vos explications. »)

Si le salarié est un salarié protégé

Votre licenciement a fait l'objet d'une autorisation de l'inspecteur du travail (ou du ministre du Travail) en date du... (date à compléter).

[Ou]

En cas de décision d'autorisation du licenciement émanant du juge-commissaire ou du jugement du tribunal de commerce

À la suite de notre entretien qui s'est tenu le... (date à compléter), nous vous informons de notre décision de vous licencier pour motif économique. Par (ordonnance du juge-commissaire ou jugement du tribunal de commerce) en date du... (date à compléter), votre licenciement a fait l'objet d'une autorisation spécifique.

Si le salarié est un salarié protégé

Votre licenciement a fait l'objet d'une autorisation de l'inspecteur du travail en date du... (date à compléter).

Sur l'impossibilité de reclassement

En dépit des recherches que nous avons effectuées au sein de notre (entreprise ou groupe le cas échéant), conformément à l'article L. 1233-4 du Code du travail, nous n'avons pas trouvé de poste de reclassement (le poste de reclassement proposé doit correspondre à un emploi de catégorie équivalente à celui précédemment occupé par le salarié ou à un emploi de catégorie inférieure sous réserve que le salarié ait donné son accord exprès).

Si l'entreprise comprend moins de 1 000 salariés (art. L. 1233-65 et suivants du Code du travail)

Lors de notre entretien préalable ou à l'issue de la dernière réunion des représentants du personnel en date du… (date à compléter), nous vous avons proposé le bénéfice du contrat de sécurisation professionnelle. Par lettre du… (date à compléter), vous nous avez fait connaître votre refus d'adhérer au dispositif (en cas d'absence de réponse du salarié dans un délai de 21 jours à compter de la remise des documents relatifs au CSP, indiquez : « N'ayant pas reçu dans un délai de 21 jours votre décision d'adhérer ou non au contrat de sécurisation professionnelle, vous êtes considéré comme ayant refusé le bénéfice du dispositif »).

Si vous ne dispensez pas le salarié d'effectuer son préavis

« Vous restez néanmoins tenu d'effectuer votre préavis d'une durée de… (durée du préavis à compléter), qui débutera à la date de la première présentation de cette lettre. »

Si vous dispensez le salarié d'effectuer son préavis

« Nous vous dispensons d'effectuer votre préavis qui débute le… (date présumée de première présentation de cette lettre à compléter) et se termine le… (date à compléter selon la durée du préavis), date à laquelle vous quitterez les effectifs de l'entreprise. Néanmoins, votre salaire continuera de vous être versé durant cette période. »

Si l'entreprise comprend plus de 1 000 salariés (art. L. 1233-71 et suivants du Code du travail)

Lors de notre entretien préalable ou à l'issue de la dernière réunion des représentants du personnel en date du… (date à compléter), nous vous avons informé des conditions de mise en œuvre du congé de reclassement. Par la présente, nous vous invitons à nous faire part de votre souhait d'adhérer ou non à ce dispositif. Vous disposez d'un délai de 8 jours à compter de la date de notification de la présente lettre pour nous informer de votre décision. En l'absence de réponse dans ce délai, votre silence sera assimilé à un refus. En cas d'acceptation, le congé de reclassement débutera le… (indiquer la date d'expiration du délai de réponse de 8 jours) et vous serez dispensé d'exécuter votre préavis.

En cas de refus du dispositif (2 hypothèses) :

Si vous ne dispensez pas le salarié d'effectuer son préavis

« Vous restez néanmoins tenu d'effectuer votre préavis d'une durée de… (durée du préavis à compléter), qui débutera à l'expiration du délai de réflexion de 8 jours. »

Si vous dispensez le salarié d'effectuer son préavis

« Nous vous dispensons d'effectuer votre préavis qui débute le... (date d'expiration du délai de réflexion de 8 jours) et se termine le... (date à compléter selon la durée du préavis), date à laquelle vous quitterez les effectifs de l'entreprise. Néanmoins, votre salaire continuera de vous être versé durant cette période.

Vous pouvez bénéficier d'une priorité de réembauche pendant une durée d'un an à compter de la date de prise d'effet de votre licenciement, si vous en faites la demande par écrit dans ce même délai.

À l'expiration de votre contrat de travail, nous tiendrons à votre disposition ou nous vous remettrons ou nous vous adresserons par courrier votre certificat de travail, votre reçu pour solde de tout compte et votre attestation Pôle emploi.

Vous pouvez faire une demande de précision des motifs du licenciement énoncés dans la présente lettre, dans les 15 jours suivant sa notification par lettre recommandée avec accusé de réception ou remise contre récépissé.

Nous avons la faculté d'y donner suite dans un délai de 15 jours après réception de votre demande, par lettre recommandée avec accusé de réception ou remise contre récépissé. Nous pouvons également, le cas échéant et dans les mêmes formes, prendre l'initiative d'apporter des précisions à ces motifs dans un délai de 15 jours suivant la notification du licenciement. »

Nom, prénom, qualité

Signature

Modèle de lettre de licenciement pour motif économique (grands licenciements collectifs avec plan de sauvegarde de l'emploi (PSE) : au moins 10 licenciements sur une même période de 30 jours dans une entreprise de plus de 50 salariés)

L'application du présent modèle est sans incidence sur l'application des stipulations conventionnelles ou contractuelles plus favorables applicables au contrat de travail du salarié licencié.

La lettre de licenciement ne peut être adressée avant la notification de la décision d'homologation ou de validation de l'autorité administrative ou dans le silence de l'autorité administrative, à l'expiration du délai de 15 jours (validation) ou de 21 jours (homologation).

Dénomination sociale et adresse du siège social de l'entreprise

Lieu et date

Nom, prénom et adresse du salarié

Objet : notification d'un licenciement pour motif économique

Lettre recommandée avec accusé de réception ou lettre remise contre récépissé (dans ce cas, la lettre doit être établie en double exemplaire et celui de l'employeur doit être accompagné de la mention « reçue le… » avec la signature du salarié).

Madame, Monsieur…,

En l'absence de procédure collective au sens du Code de commerce (redressement judiciaire ou liquidation judiciaire).

À la suite de notre entretien qui s'est tenu le… (date à compléter) (en cas d'absence des institutions représentatives du personnel), nous vous informons de notre décision de vous licencier pour le(s) motif(s) économique(s) suivant(s) dans les conditions posées à l'art. L. 1233-3 du Code du travail :

– Énoncer de manière précise et objective les raisons économiques (soit les difficultés économiques, soit la réorganisation de l'entreprise nécessaire à la sauvegarde de la compétitivité, soit les mutations technologiques, soit la cessation d'activité de l'entreprise).

– Préciser les incidences sur l'emploi ou le contrat de travail (soit la suppression d'emploi, soit la transformation d'emploi refusée, soit la modification d'un élément essentiel du contrat de travail refusée).

Si le salarié ne s'est pas présenté à l'entretien préalable, indiquer : « Nous vous avons convoqué à un entretien préalable en date du… auquel vous ne vous êtes pas présenté. Ainsi, nous n'avons pas pu recueillir vos explications. »

Si le salarié est un salarié protégé

Votre licenciement a fait l'objet d'une autorisation de l'inspecteur du travail (ou du ministre du Travail) en date du… (date à compléter).

[Ou]

En cas de décision d'autorisation du licenciement émanant du juge-commissaire ou du jugement du tribunal de commerce

À la suite de notre entretien qui s'est tenu le… (date à compléter), nous vous informons de notre décision de vous licencier pour motif économique. Par (ordonnance du juge-commissaire ou jugement du tribunal de commerce) en date du… (date à compléter), votre licenciement a fait l'objet d'une autorisation spécifique.

Si le salarié est un salarié protégé

Votre licenciement a fait l'objet d'une autorisation de l'inspecteur du travail en date du… (date à compléter).

Sur l'impossibilité de reclassement

En dépit des recherches que nous avons effectuées au sein de notre (entreprise ou groupe le cas échéant) conformément à l'art. L. 1233-4 du Code du travail, nous n'avons pas trouvé de poste de reclassement (le poste de reclassement proposé doit correspondre à un emploi de catégorie équivalente à celui précédemment occupé par le salarié ou à un emploi de catégorie inférieure sous réserve que le salarié ait donné son accord exprès).

Si l'entreprise comprend moins de 1 000 salariés (art. L. 1233-65 et suivants du Code du travail)

Lors de notre entretien préalable ou à l'issue de la dernière réunion des représentants du personnel en date du… (date à compléter), nous vous avons proposé le bénéfice du contrat de sécurisation professionnelle. Par lettre du… (date à compléter), vous nous avez fait connaître votre refus d'adhérer au dispositif (en cas d'absence de réponse du salarié dans un délai de 21 jours à compter de la remise des documents relatifs au CSP, indiquez : « N'ayant pas reçu dans un délai de 21 jours votre décision d'adhérer ou non au contrat de sécurisation professionnelle, vous êtes considéré comme ayant refusé le bénéfice du dispositif «).

Si vous ne dispensez pas le salarié d'effectuer son préavis

Vous restez néanmoins tenu d'effectuer votre préavis d'une durée de… (durée du préavis à compléter), qui débutera à la date de la première présentation de cette lettre.

Si vous dispensez le salarié d'effectuer son préavis

Nous vous dispensons d'effectuer votre préavis qui débute le… (date présumée de première présentation de cette lettre à compléter) et se termine le… (date à compléter selon la durée du préavis), date à laquelle vous quitterez les effectifs de l'entreprise. Néanmoins, votre salaire continuera de vous être versé durant cette période.

Si l'entreprise comprend plus de 1 000 salariés (art. L. 1233-71 et suivants du Code du travail)

Lors de notre entretien préalable ou à l'issue de la dernière réunion des représentants du personnel en date du… (date à compléter), nous vous avons informé des conditions de mise en œuvre du congé de reclassement. Par la présente, nous vous invitons à nous faire part de votre souhait d'adhérer ou non à ce dispositif. Vous disposez d'un délai de 8 jours à compter de la date de notification de la présente lettre pour nous informer de votre décision. En l'absence de réponse dans ce délai, votre silence sera assimilé à un refus. En cas d'acceptation, le congé de reclassement débutera le… (indiquer la date d'expiration du délai de réponse de 8 jours) et vous serez dispensé d'exécuter votre préavis.

En cas de refus du dispositif (deux hypothèses) :

Si vous ne dispensez pas le salarié d'effectuer son préavis

Vous restez néanmoins tenu d'effectuer votre préavis d'une durée de… (durée du préavis à compléter), qui débutera à l'expiration du délai de réflexion de 8 jours.

Si vous dispensez le salarié d'effectuer son préavis

Nous vous dispensons d'effectuer votre préavis qui débute le... (date d'expiration du délai de réflexion de 8 jours) et se termine le... (date à compléter selon la durée du préavis), date à laquelle vous quitterez les effectifs de l'entreprise. Néanmoins, votre salaire continuera de vous être versé durant cette période.

Vous pouvez bénéficier d'une priorité de réembauche pendant une durée d'un an à compter de la date de prise d'effet de votre licenciement, si vous en faites la demande par écrit dans ce même délai.

« À l'expiration de votre contrat de travail, nous tiendrons à votre disposition ou nous vous remettrons ou nous vous adresserons par courrier votre certificat de travail, votre reçu pour solde de tout compte et votre attestation Pôle emploi.

Vous pouvez faire une demande de précision des motifs du licenciement énoncés dans la présente lettre, dans un délai de 15 jours suivant sa notification par lettre recommandée avec accusé de réception ou remise contre récépissé. Nous avons la faculté d'y donner suite dans un délai de 15 jours après réception de votre demande, par lettre recommandée avec accusé de réception ou remise contre récépissé. Nous pouvons également, le cas échéant et dans les mêmes formes, prendre l'initiative d'apporter des précisions à ces motifs dans un délai de 15 jours suivant la notification du licenciement. »

Nom, prénom, qualité

Signature

Licenciements dans une entreprise en difficulté

L'entreprise en difficulté relève de la procédure de sauvegarde, redressement ou liquidation judiciaire.

• Sauvegarde

Pour tenter de régler en amont les difficultés des entreprises, une procédure préventive de sauvegarde ouverte sur demande de l'employeur débiteur est prévue (Com. 26 juin 2007 ; T. com. Paris, 2 août 2006, Eurotunnel).

• Redressement judiciaire

Si l'entreprise doit cesser ses paiements, une procédure de redressement judiciaire est engagée (on ne parle plus de « faillite ») à l'initiative du débiteur ou des créanciers, du procureur de la République ou du tribunal de commerce ou de grande instance. Le CSÉ/CE qui a déjà pu mettre en œuvre son droit d'alerte économique peut communiquer au président du tribunal tout fait révélant la cessation des paiements. Toutefois, lorsqu'il apparaît, dès l'ouverture de la procédure, qu'aucune perspective sérieuse de redressement n'existe, l'entreprise est mise directement en liquidation judiciaire.

Le tribunal compétent, lorsque le débiteur est commerçant ou artisan, est le tribunal de commerce ; dans tous les autres cas, c'est le TGI. Le tribunal ne peut statuer sur l'ouverture de la procédure qu'après avoir entendu ou dûment appelé en chambre du conseil, le chef d'entreprise, les représentants du CSÉ/CE ou, à défaut, les DP qui sont associés au déroulement de la procédure. Est également entendu le conciliateur en présence duquel l'accord avait été conclu, en cas d'inexécution d'un plan amiable.

Le ***jugement d'ouverture***, déclarant une entreprise en état de redressement judiciaire, désigne le juge-commissaire, l'administrateur (ex-« syndic ») et le représentant des créanciers ; le jugement invite le CSÉ/CE ou, à défaut, les DP à désigner un représentant des salariés qui doit lui-même être salarié de l'entreprise (Soc. 30 nov. 2004) et bénéficie d'une protection contre le licenciement.

Le juge-commissaire va suivre et coordonner l'ensemble des opérations ; il veille au déroulement rapide de la procédure et à la protection des intérêts en présence. L'administrateur va s'occuper de la gestion de l'entreprise. Pendant une ***période d'observation*** (de 6 mois à 20 mois), il dresse le bilan économique et social de l'entreprise et, si la liquidation judiciaire peut être évitée, le projet de plan de redressement. Il informe le CSÉ/CE de l'élaboration du plan de redressement.

Le représentant des créanciers est choisi par le tribunal sur la liste des mandataires-liquidateurs. Il peut être assisté d'un à 5 contrôleurs et rassemble les pièces produites par les créanciers. Pour les créances résultant du contrat de travail (couvertes par l'AGS), le représentant des créanciers soumet ses relevés, pour vérification, au représentant des salariés qui a été choisi par le comité d'entreprise ou, à défaut, par les délégués du personnel ou les salariés.

La fin de la procédure est marquée par la ***liquidation judiciaire***, si aucune solution n'est apparue, ou par l'adoption par le tribunal d'un ***plan de redressement*** de l'entreprise (plan de continuation/plan de cession), dans le cas contraire.

• Licenciements économiques

Les licenciements pour motif économique peuvent intervenir pendant la période d'observation, dans le mois qui suit le jugement arrêtant le plan de redressement, ou dans les 15 jours suivant le jugement de liquidation.

Pendant la ***période d'observation***, l'administrateur ne peut procéder à des licenciements que s'ils ont été autorisés par le juge-commissaire et s'ils présentent un caractère « urgent, inévitable et indispensable » (L. 631-17 C. commerce). Il doit donc déterminer un nombre de salariés avec des indications sur les catégories concernées (Soc. 5 oct. 2004). L'administrateur doit informer et consulter le CSÉ/CE, à défaut les DP et informer l'UD (DIRECCTE).

Si le ***plan de redressement***, préparé par l'administrateur, prévoit des licenciements, il ne sera validé par le tribunal que si ces licenciements ont fait l'objet de l'information et de la consultation du CE ou, à défaut des DP, et de l'information de l'UD (DIRECCTE). Le jugement qui arrête le plan de redressement, qu'il s'agisse d'un plan de continuation ou d'un plan de cession, fixe le nombre des licenciements qui doivent intervenir dans le délai d'un mois après le jugement (L. 631-19 C. commerce). Dans ce délai, les licenciements interviennent sur simple notification de l'administrateur aux salariés concernés (art. L. 621-64, al. 2, du Code de commerce), c'est-à-dire sans ordonnance du juge-commissaire. Enfin, les licenciements peuvent intervenir en cas de ***liquidation judiciaire*** (L. 641-4).

L'autorisation judiciaire de procéder à des licenciements peut être à combiner avec la décision de la DIRECCTE concernant le PSE (contentieux complexe).

• Procédures de licenciement économique

Les procédures prévues pour les licenciements économiques sont « allégées » et « accélérées » en cas de licenciement collectif dans une entreprise en difficulté (L. 1233-58 et s.).

Les représentants du personnel sont réunis et consultés, par l'employeur, l'administrateur ou le liquidateur, selon le cas (au cours d'une seule réunion). Le comité peut désigner un expert (2 réunions de consultation).

En cas de licenciement d'au moins 10 salariés dans une entreprise d'au moins 50 salariés, la demande de validation de l'accord ou d'homologation du document unilatéral portant sur le PSE est adressée à la DIRECCTE au plus tard le lendemain de la dernière réunion du comité (D. 1233-14). La DIRECCTE dispose alors de délais particulièrement courts pour prendre sa décision : 8 jours en cas de redressement judiciaire, 4 jours en cas de liquidation judiciaire (8 jours en cas de plan de sauvegarde), à compter de la réception de la demande qui est postérieure au jugement arrêtant le plan.

Lorsque l'employeur envisage la modification d'un élément essentiel du contrat de travail pour un motif économique, il en fait la proposition au salarié par LR/AR qui informe le salarié qu'il dispose d'un délai de 15 jours à compter de sa réception pour faire connaître son refus. À défaut de réponse dans ce délai, le salarié est réputé avoir accepté la modification proposée (L. 1222-6, L. 1233-60-1).

L'employeur, l'administrateur ou le liquidateur ne peut procéder, sous peine d'irrégularité, à la rupture des contrats de travail avant la notification de la décision favorable de validation ou d'homologation, ou l'expiration de ces délais. En cas de licenciements intervenus en l'absence de toute décision relative à la validation ou à l'homologation ou en cas d'annulation de la décision, le juge octroie au salarié une indemnité à la charge de l'employeur qui ne peut être inférieure aux salaires des 6 derniers mois (le salarié ne peut prétendre à la nullité du licenciement, il en est de même en cas d'annulation de la décision de validation ou d'homologation – L. 1235-10 al. 3).

JURISPRUDENCE

La DIRECCTE ne peut pas homologuer le document unilatéral quand la procédure de consultation des IRP n'a pas été régulière (CAA Marseille 15 avril 2014, SAS Call Expert Languedoc-Roussillon – défaut d'information suffisante sur la situation économique et financière du groupe).

• Lettres de licenciement

La lettre de licenciement émanant du mandataire liquidateur est suffisamment motivée, dès lors qu'elle vise le jugement de liquidation (Soc. 2 mars 2004) ou l'ordonnance du juge-commissaire qui autorise les licenciements (Soc. 5 mai 1998). Les délais pour l'envoi des lettres de licenciement ne sont pas applicables (L. 1233-59). La DIRECCTE doit être informée avant le prononcé des licenciements (L. 1233-60).

Mesures de prévention et d'accompagnement

Par mesure de prévention et d'accompagnement, il faut entendre la GPEC comme toute mesure tendant à éviter les licenciements pour motif économique, à en limiter le nombre ou à en atténuer les effets, notamment en facilitant le reclassement des salariés dont le licenciement n'a pas pu être évité.

Certaines mesures s'inscrivent dans une politique de « flexicurité » entre employeurs et salariés (avec une absence d'intervention de l'État, contrairement aux politiques menées dans les États scandinaves), inspirée par de nouvelles orientations de l'UE (« Stratégie Europe 2020 », avec notamment, en interne, l'allongement des périodes d'essai, la mobilité des salariés, la formation professionnelle, etc., et, en externe, « l'assouplissement » du droit du licenciement économique).

• Gestion prévisionnelle des emplois et prévention des conséquences des mutations économiques

Pour la prévention des licenciements économiques, un certain nombre de mesures sont prévues. Il s'agit notamment des exigences légales en matière de GPEC et de prévention des conséquences des mutations économiques (L. 2242-15), au niveau de l'entreprise, afin en particulier de favoriser l'employabilité des salariés de l'entreprise et de la branche (voir Chap. XVIII).

Selon l'ANI du 14 novembre 2008, « la démarche de GPEC dans l'entreprise » s'appuie sur un diagnostic (global, « état des lieux des métiers et des compétences disponibles ou nécessaires », et « individuel des compétences des salariés »), est mise en œuvre en s'appuyant sur différents moyens (« modes d'organisation du travail » notamment), porte une attention particulière à des « publics prioritaires » (salariés dans des métiers « en décroissance », jeunes et seniors, etc.), donne place au dialogue social ; « l'objectif est que chaque salarié puisse bénéficier d'une visibilité sur les évolutions des emplois, des métiers et des qualifications ainsi que sur les parcours professionnels possibles ». Dans ce cadre sont mises en œuvre les obligations d'adaptation des salariés à l'évolution de leur emploi et de maintien de leurs capacités à occuper un emploi.

Selon l'ANI du 11 janvier 2013, « la GPEC est avant tout un outil d'anticipation qui peut, si l'on en fait bon usage, concilier besoins de performance des entreprises, aspirations des salariés et sécurisation de l'emploi. En outre, la GPEC installe un nouvel état d'esprit de dialogue entre la direction et les IRP. Un accord GPEC doit accompagner la vision stratégique à moyen et long terme de l'entreprise et contribuer à l'évolution de la carrière des salariés, notamment à travers la formation ».

La GPEC fait l'objet d'une négociation obligatoire au niveau de l'entreprise d'au moins 300 salariés (voir chap. XVIII).

• Entretien professionnel

Le salarié bénéficie tous les 2 ans d'un entretien professionnel avec son employeur consacré à ses perspectives d'évolution professionnelle, notamment en termes de qualifications et d'emploi (L. 6315-1-I – *supra* Formation du contrat de travail).

Tous les 6 ans, l'entretien professionnel fait un état des lieux récapitulatif du parcours professionnel du salarié. Ceci donne lieu à la rédaction d'un document dont une copie est remise au salarié. Il permet d'apprécier si le salarié a :

- suivi au moins une action de formation ;
- acquis des éléments de certification par la formation ou par une validation des acquis de son expérience ;
- bénéficié d'une progression salariale ou professionnelle (L. 6315-1-II).

• GPEC et PSE

La méconnaissance par l'employeur de ses obligations en matière de négociation sur la GPEC ne peut être de nature à permettre la suspension de la procédure d'information et de consultation du CCE dans le cadre d'un projet de licenciement économique (pourvoi rejeté, Soc. 30 sept. 2009, PBR, Sté Serca).

• Mobilité professionnelle externe

Dans les entreprises et les groupes d'entreprises d'au moins 300 salariés, tout salarié justifiant d'une ancienneté minimale de 24 mois, consécutifs ou non, peut, avec l'accord de son employeur, bénéficier d'une période de « mobilité volontaire sécurisée » afin d'exercer une activité dans une autre entreprise, au cours de laquelle l'exécution de son contrat de travail est suspendue (L. 1222-12 et s.). Si l'employeur oppose 2 refus successifs à la demande de mobilité, l'accès au congé individuel de formation est de droit pour le salarié. La période de *mobilité volontaire sécurisée* est prévue par un avenant au contrat de travail, qui détermine l'objet, la durée, la date de prise d'effet et le terme de la période de mobilité, ainsi que le délai dans lequel le salarié informe par écrit l'employeur de son choix éventuel de ne pas réintégrer l'entreprise. Il prévoit également les situations et modalités d'un retour anticipé du salarié, qui intervient dans un délai raisonnable et qui reste dans tous les cas possible à tout moment avec l'accord de l'employeur. À son retour dans l'entreprise d'origine, le salarié retrouve de plein droit son précédent emploi ou un emploi similaire, assorti d'une qualification et d'une rémunération au moins équivalentes, ainsi que du maintien à titre personnel de sa classification. Lorsque le salarié choisit de ne pas réintégrer son entreprise d'origine au cours ou au terme de la période de mobilité, le contrat de travail qui le lie à son employeur est rompu (démission). Le CE doit être informé (L. 1 222-16).

Aide aux salariés placés en activité partielle (ex-chômage partiel)

• Objectif

Le nouveau dispositif appelé « aide aux salariés placés en activité partielle » doit permettre le maintien de l'emploi face aux difficultés conjoncturelles (L. 5122-1 et s., R. 5122-2 et s.) ; il remplace le régime du « chômage partiel » et le régime de « l'activité partielle de longue durée » depuis le 1er juillet 2013.

Cette refonte du régime de l'activité partielle porte sur 4 domaines : unification du dispositif (fusion des allocations existantes – activité partielle et activité partielle de longue durée – en une seule allocation), simplification des règles de calcul des heures à indemniser, définition de contreparties modulées en fonction de l'importance du recours à l'activité partielle et différenciation du niveau d'indemnisation du salarié selon que des actions de formation sont ou non mises en œuvre pendant la période de sous-activité.

• Modalité

Les salariés sont placés en position d'activité partielle, après « autorisation » expresse ou implicite de la DIRECCTE (pour une durée maximale de 6 mois, renouvelable), s'ils subissent une perte de rémunération imputable :
- soit à la fermeture temporaire de leur établissement ou partie d'établissement ;
- soit à la réduction de l'horaire de travail pratiqué dans l'établissement ou partie d'établissement en deçà de la durée légale de travail.

En cas de réduction collective de l'horaire de travail, les salariés peuvent être placés en position d'activité partielle individuellement et alternativement.

EN PRATIQUE

La demande de l'employeur précise :
- les motifs justifiant le recours à l'activité partielle ;
- la période prévisible de sous-activité ;
- le nombre de salariés concernés.

Elle est accompagnée de l'avis préalable du CE ou, à défaut, de l'avis préalable des DP.

• Financement

L'employeur perçoit une allocation financée conjointement par l'État et l'Unédic (taux de 7,74 € par heure chômée pour les entreprises de 1 à 250 salariés et de 7,23 € par heure chômée pour les entreprises de plus de 250 salariés). Une convention conclue entre l'État et cet organisme détermine les modalités de financement de cette allocation.

Les heures non travaillées au titre de l'activité partielle font l'objet du versement de l'allocation dans la limite de la durée légale ou, lorsqu'elle est inférieure, la durée collective du travail ou la durée stipulée au contrat sur la période considérée.

• Situation des salariés

Le contrat de travail des salariés placés en activité partielle est suspendu pendant les périodes où ils ne sont pas en activité. Les salariés placés en activité partielle peuvent bénéficier, pendant les périodes où ils ne sont pas en activité, de l'ensemble des actions et de la formation prévues légalement (actions de formation, d'orientation, de qualification), réalisées notamment dans le cadre du plan de formation.

EN PRATIQUE

Les salariés reçoivent une indemnité horaire, versée par leur employeur, correspondant à une part de leur rémunération antérieure (70 % du salaire horaire brut et 100 % du salaire net horaire en cas d'actions de formation pendant les heures chômées). Cette indemnité est cessible et saisissable dans les mêmes conditions et limites que les salaires. Les salariés doivent au minimum bénéficier de la rémunération mensuelle minimale (RMM) (L. 3232-5, Chap. XVI), le maintien d'un niveau de rémunération au moins égal au « SMIC mensuel » étant assuré par l'employeur. La totalité des heures chômées est prise en compte pour le calcul de l'acquisition des droits à congés payés.

• Engagements

La DIRECCTE peut définir des engagements spécifiquement souscrits par l'employeur en contrepartie de l'allocation qui lui est versée, en tenant compte des stipulations de l'accord d'entreprise relatif à l'activité partielle, lorsqu'un tel accord existe (la souscription d'engagements sera obligatoire lorsque l'employeur aura, préalablement à sa demande, déjà placé ses salariés en activité partielle au cours des 36 mois précédant la date de dépôt de la demande). Ces engagements peuvent notamment porter sur le maintien dans l'emploi des salariés pendant une durée pouvant atteindre le double de la période d'autorisation et des actions spécifiques de formation pour les salariés placés en activité partielle.

• Exclusions

Ne peuvent bénéficier de l'allocation et de l'indemnité d'activité partielle :
– Les employeurs et leurs salariés quand la réduction ou la suspension de l'activité est provoquée par un différend collectif de travail intéressant l'établissement dans lequel ces salariés sont employés. Toutefois, dans le cas d'une fermeture de l'entreprise ou d'un service décidée par l'employeur suite à une grève, le versement des allocations et des indemnités peut être autorisé par décision du ministre chargé de l'emploi, si la fermeture se prolonge plus de 3 jours.
– En cas de réduction de l'horaire de travail habituellement pratiqué dans l'établissement, les salariés dont la durée du travail est fixée par forfait en heures ou en jours sur l'année. Toutefois, ces salariés en bénéficient en cas de fermeture totale de l'établissement ou d'une partie de l'établissement dont ils relèvent.

• Remboursement

Est prévu le remboursement des sommes perçues au titre de l'allocation d'activité partielle en cas de non-respect par l'employeur, sans motif légitime, des engagements mentionnés dans la décision d'autorisation de la DIRECCTE. Le remboursement peut ne pas être exigé s'il est incompatible avec la situation économique et financière de l'entreprise.

Plan de sauvegarde de l'emploi (PSE)

• Objet

Dans les entreprises employant au moins 50 salariés, lorsque le nombre de licenciements est au moins égal à 10 dans une même période de 30 jours, l'employeur établit et met en œuvre un PSE pour ***éviter les licenciements ou en limiter le nombre***. Ce plan intègre un plan de reclassement visant à ***faciliter le reclassement sur le territoire national des salariés dont le licenciement ne pourrait être évité***, notamment des salariés âgés ou qui présentent des caractéristiques sociales ou de qualification rendant leur réinsertion professionnelle particulièrement difficile (L. 1233-61).

• Contenu

Le PSE (L. 1233-62) prévoit des mesures telles que :

– Des actions en vue du reclassement interne sur le territoire national des salariés sur des emplois relevant de la même catégorie d'emplois ou équivalents à ceux qu'ils occupent ou, sous réserve de l'accord exprès des salariés concernés, sur des emplois de catégorie inférieure.
– Des créations d'activités nouvelles par l'entreprise.
– Des actions favorisant le reclassement externe à l'entreprise (Soc. 6 juin 2007, l'employeur doit informer les salariés sur les risques que peuvent présenter ces emplois), notamment par le soutien à la réactivation du bassin d'emploi ; des dispositions conventionnelles imposent parfois à l'employeur une recherche externe dans le cadre de la branche (Soc. 28 mai 2008, Moulinex, accord métallurgie, la méconnaissance de cette obligation prive le licenciement de cause réelle et sérieuse).
– Des actions de soutien à la création d'activités nouvelles ou à la reprise d'activités existantes par les salariés.
– Des actions de formation, de validation des acquis de l'expérience ou de reconversion, de nature à faciliter le reclassement interne ou externe des salariés dans des emplois équivalents.
– Des mesures de réduction ou d'aménagement du temps de travail, ainsi que des mesures de réduction du volume des heures supplémentaires effectuées de manière régulière lorsque ce volume montre que l'organisation du travail de l'entreprise est établie sur la base d'une durée collective manifestement supérieure à 35 heures hebdomadaires ou 1 607 heures par an et que sa réduction pourrait préserver tout ou partie des emplois dont la suppression est envisagée.

• Suivi

Le PSE détermine les modalités de suivi de la mise en œuvre effective des mesures contenues dans le plan de reclassement. Ce suivi fait l'objet d'une consultation régulière et détaillée du CSÉ dont l'avis est transmis à la DIRECCTE (associée au suivi de ces mesures, elle reçoit un bilan, établi par l'employeur, de la mise en œuvre effective du PSE, L. 1233-63).

• Validité

Avant la loi du 14 juin 2013, selon la jurisprudence judiciaire, la validité du PSE est appréciée au regard des mesures, qui doivent être pertinentes, précises et concrètes (Soc. 17 mai 1995, Sté Everite), en rapport avec la situation des salariés concernés et au regard des moyens dont dispose l'entreprise, ou, le cas échéant, l'UES ou le groupe (Soc. 8 nov. 2006, Soc. 28 nov. 2006, Soc. 5 déc. 2006 ; L. 1235-10). « *La vérification de la pertinence du plan social est indépendante de l'appréciation portée sur la cause économique du licenciement* » (Soc. 20 mars 2007).

Nouveau dispositif. La loi du 14 juin 2013 modifie les règles concernant le PSE, qui résulte soit d'un accord collectif, soit d'un document unilatéral de l'employeur, approuvé par la DIRECCTE. Depuis la loi du 14 juin 2013, le contentieux relève de la compétence du juge administratif (infra) : sa jurisprudence pourra être conforme à cette jurisprudence judiciaire ou, au contraire, s'en écarter en étant moins exigeante à l'égard des entreprises.

• Accord collectif

EN PRATIQUE

L'accord collectif porte sur le contenu du PSE (L. 1233-24-1 et L. 1233-24-2). Il peut également porter sur :

- les modalités d'information et de consultation du CSÉ, en particulier les conditions dans lesquelles ces modalités peuvent être aménagées en cas de projet de transfert d'une ou de plusieurs entités économiques (L. 1233-61), nécessaire à la sauvegarde d'une partie des emplois ;
- la pondération et le périmètre d'application des critères d'ordre des licenciements ;
- le calendrier des licenciements ;
- le nombre de suppressions d'emploi et les catégories professionnelles concernées ;
- les modalités de mise en œuvre des mesures de formation, d'adaptation et de reclassement.

En revanche, cet accord ne peut déroger (L. 1233-24-3) :

- à l'obligation d'effort de formation, d'adaptation et de reclassement incombant à l'employeur ;
- aux règles générales d'information et de consultation du comité (sauf lorsque l'accord est conclu par le conseil d'entreprise) ;
- à l'obligation, pour l'employeur, de proposer aux salariés le contrat de sécurisation professionnelle ou le congé de reclassement ;
- à la communication aux représentants du personnel des renseignements prévus en cas de licenciement économique collectif ;
- aux règles de consultation applicables lors d'un redressement ou d'une liquidation judiciaire.

Cet accord est signé par une ou plusieurs OSR ayant recueilli au moins 50 % des suffrages exprimés en faveur d'OSR au premier tour des dernières élections des titulaires au CSÉ, quel que soit le nombre de votants (ou par le conseil d'entreprise).

L'administration est informée sans délai de l'ouverture d'une négociation en vue de la conclusion de cet accord.

• Document unilatéral de l'employeur

À défaut d'accord collectif, un document élaboré par l'employeur après la dernière réunion du CE fixe le contenu du PSE (L. 1233-24-4). Il apparaît donc que l'employeur doit tout d'abord essayer de conclure un accord collectif, la voie du document unilatéral étant subsidiaire.

• Contrôles par l'administration

L'accord collectif majoritaire ou le document élaboré par l'employeur sont transmis à la DIRECCTE pour validation de l'accord ou homologation du document (L. 1233-57-1).

Le contrôle de la DIRECCTE devrait être plus intense sur le document unilatéral de l'employeur (contrôle normal) que sur l'accord collectif (contrôle restreint – cf. contrôle de l'erreur manifeste d'appréciation par le juge administratif). La DIRECCTE ne procède pas à un contrôle d'opportunité.

• Incitation

La DIRECCTE « peut » présenter toute proposition pour compléter ou modifier le PSE, en tenant compte de la situation économique de l'entreprise. Ces propositions sont formulées avant la dernière réunion du CSÉ (CE). Elles sont communiquées à l'employeur et au comité. L'employeur adresse une réponse motivée à la DIRECCTE (L. 1233-57).

En l'absence de représentants du personnel, ces propositions, ainsi que la réponse motivée de l'employeur à celles-ci, qu'il adresse à la DIRECCTE, sont portées à la connaissance des salariés par voie d'affichage sur les lieux de travail.

• Décision

La DIRECCTE valide l'accord collectif dès lors qu'elle s'est assurée de :
- sa conformité ;
- la régularité de la procédure d'information et de consultation des représentants du personnel ;
- la présence dans le PSE des mesures prévues pour éviter les licenciements ou en limiter le nombre et d'un plan de reclassement visant à faciliter le reclassement des salariés dont le licenciement ne pourrait être évité, notamment celui des salariés âgés ou présentant des caractéristiques sociales ou de qualification rendant leur réinsertion professionnelle particulièrement difficile (L. 1233-57-2).

- la mise en œuvre effective, le cas échéant, des obligations prévues en matière de recherche d'un repreneur.

En l'absence d'accord collectif ou en cas d'accord ne portant pas sur l'ensemble des points prévus légalement (L. 1233-24-2, supra), ***la DIRECCTE homologue le document élaboré par l'employeur*** après avoir vérifié la conformité de son contenu aux dispositions législatives et aux stipulations conventionnelles applicables, la régularité de la procédure d'information et de consultation de l'IRP, et le respect par le PSE des dispositions légales sur son contenu (supra) en fonction des critères suivants :

- les moyens dont disposent l'entreprise, l'UES et le groupe (« les moyens du groupe s'entendent des moyens, notamment financiers, dont disposent l'ensemble des entreprises placées... sous le contrôle d'une même entreprise dominante..., ainsi que de ceux dont dispose cette entreprise dominante, quel que soit le lieu d'implantation du siège de ces entreprises » – CÉ 7 févr. 2018, sté Squadra/sté Sarto Finances ; L. 2331-1-I) ;
- les mesures d'accompagnement prévues au regard de l'importance du projet de licenciement ;
- les efforts de formation et d'adaptation (reclassement, maintien des capacités, etc., *supra* L. 1233-4 et L. 6321-1).

Elle s'assure que l'employeur a prévu le recours au CSP ou la mise en place du congé de reclassement (L. 1233-57-3).

Concernant les catégories professionnelles, la DIRECCTE :

– En cas de document unilatéral : doit « *s'assurer (...) que ces catégories regroupent (...) l'ensemble des salariés qui exercent, au sein de l'entreprise, des fonctions de même nature supposant une formation professionnelle commune* » ; ainsi, la DIRECCTE « *refuse l'homologation demandée s'il apparaît que les catégories professionnelles concernées par le licenciement ont été déterminées par l'employeur en se fondant sur des considérations, telles que l'organisation de l'entreprise ou l'ancienneté des intéressés* » « *ou s'il apparaît qu'une ou plusieurs catégories ont été définies dans le but de permettre le licenciement de certains salariés pour un motif inhérent à leur personne ou en raison de leur affectation sur un emploi ou dans un service dont la suppression est recherchée* » (CE 7 févr. 2018).

– En cas d'accord collectif : refuse la validation « *si les stipulations qui déterminent les catégories professionnelles sont entachées de nullité, en raison notamment de ce qu'elles revêtiraient un caractère discriminatoire* » (CE 7 févr. 2018), cf. notamment une discrimination liée au sexe, aux origines ou à l'âge.

La DIRECCTE n'a pas à se prononcer sur l'existence et le bien-fondé du motif économique invoqué par l'employeur, ni sur la pertinence du périmètre retenu par l'employeur. Cependant, la DIRECCTE doit notamment s'assurer que le comité d'entreprise a « *pu se prononcer, en toute connaissance de cause, sur le motif économique invoqué* *par l'employeur* ». Tel n'est pas le cas, quand le CE n'a reçu aucun élément pour « *mesurer l'évolution de la compétitivité du groupe au niveau européen* » (CAA Versailles, 16 sept. 2014, annulant la décision d'homologation). Tel n'est pas non plus le cas, quand l'expert désigné par le CE n'a pas disposé d'informations suffisantes (CAA Marseille, 24 oct. 2014, SAS Moncigale).

• Notification de la décision

La DIRECCTE notifie à l'employeur la décision de validation dans un délai de 15 jours à compter de la réception de l'accord collectif et la décision d'homologation dans un délai de 21 jours à compter de la réception du document complet élaboré par l'employeur (L. 1233-57-4, D. 1233-14-1, le délai commence à courir le lendemain du jour de réception du dossier complet).

Elle la notifie, dans les mêmes délais, au comité et, si elle porte sur un accord collectif, aux organisations syndicales représentatives signataires. La décision prise par la DIRECCTE est motivée.

Le silence gardé par la DIRECCTE pendant ces délais vaut décision d'acceptation de validation ou d'homologation. Dans ce cas, l'employeur transmet une copie de la demande de validation ou d'homologation, accompagnée de son accusé de réception par l'administration, au comité et, si elle porte sur un accord collectif, aux organisations syndicales représentatives signataires.

La décision de validation ou d'homologation ou, à défaut, les documents prévus, et les voies et délais de recours sont portés à la connaissance des salariés par voie d'affichage sur leurs lieux de travail.

Le PSE détermine les modalités de suivi de la mise en œuvre effective des mesures contenues dans le plan de reclassement. Ce suivi fait l'objet d'une consultation régulière et détaillée du CSÉ/du CE ou, à défaut, des DP dont les avis sont transmis à la DIRECCTE, qui est associée au suivi de ces mesures et reçoit un bilan, établi par l'employeur, de la mise en œuvre effective du PSE (L. 1233-63).

En cas de décision de refus de validation ou d'homologation, l'employeur, s'il souhaite reprendre son projet, présente une nouvelle demande après y avoir apporté les modifications nécessaires et consulté le comité (L. 1233-57-7). L'employeur ne peut procéder aux licenciements (*infra* Sanctions).

La décision de la DIRECCTE peut faire l'objet d'un recours contentieux devant le juge administratif (le recours hiérarchique n'est pas organisé).

Dans ses premières décisions, le juge administratif de cassation précise des points concernant la procédure d'approbation administrative des PSE :
– Lorsque le plan fait l'objet d'un accord d'entreprise, l'administration doit contrôler son caractère majoritaire et la qualité des signataires pour engager

leurs syndicats (CÉ 22 juill. 2015, Pages Jaunes, confirme l'annulation de la décision d'approbation du PSE ; CÉ 30 mai 2016, Sanafi Aventia).
– Le juge judiciaire est seul compétent pour se prononcer sur le motif économique justifiant les licenciements, mais l'administration doit, sous le contrôle du juge administratif, s'assurer que le comité d'entreprise a été correctement informé du PSE et de la situation économique de l'entreprise. Lorsque l'employeur restreint sa présentation de la situation économique de l'entreprise au niveau d'un secteur d'activité qu'il définit, il doit justifier ce choix.

Sur la procédure : « *Lorsqu'elle est saisie par un employeur d'une demande d'homologation (...) il appartient à l'administration de s'assurer (...) que la procédure d'information et de consultation du comité d'entreprise a été régulière ; qu'elle ne peut légalement accorder l'homologation demandée que si le comité a été mis à même d'émettre régulièrement un avis, d'une part sur l'opération projetée et ses modalités d'application et, d'autre part, sur le projet de licenciement collectif et le plan de sauvegarde de l'emploi ; qu'il appartient à ce titre à l'administration de s'assurer que l'employeur a adressé au comité d'entreprise, avec la convocation à sa première réunion, ainsi que, le cas échéant, en réponse à des demandes exprimées par le comité, tous les éléments utiles pour qu'il formule ses deux avis en toute connaissance de cause* », « *lorsque l'entreprise appartient à un groupe et que l'employeur est, par la suite, amené à justifier son projet au regard de la situation économique du secteur d'activité dont relève l'entreprise au sein de ce groupe, les éléments d'information adressés par l'employeur au comité d'entreprise doivent porter non seulement sur la situation économique du secteur d'activité qu'il a lui-même pris en considération, mais aussi sur les raisons qui l'ont conduit à faire reposer son analyse sur ce secteur d'activité* ».

Sur la compétence : « *L'administration n'a pas à se prononcer (...) sur le motif économique du projet de licenciement collectif, dont il n'appartient qu'au juge du licenciement, le cas échéant ultérieurement saisi, d'apprécier le bien-fondé* » (CÉ 22 juill. 2015, CCE HJ Heinz France SAS, confirme l'annulation de la décision d'approbation du PSE).
– L'administration doit s'assurer que le contenu du PSE est conforme aux objectifs fixés par le législateur de maintien dans l'emploi et de reclassement des salariés (l'administration « *doit, au regard de l'importance du projet de licenciement, apprécier si les mesures contenues dans le plan sont précises et concrètes et si, à raison, pour chacune, de sa contribution aux objectifs de maintien dans l'emploi et de reclassement des salariés, elles sont, prises dans leur ensemble, propres à satisfaire à ces objectifs compte tenu, d'une part, des efforts de formation et d'adaptation déjà réalisés par l'employeur et, d'autre part, des moyens dont disposent l'entreprise et, le cas échéant, l'unité économique et sociale et le groupe* », CÉ 22 juill. 2015, sté Calaire Chimie, approbation de l'arrêt ayant rejeté le recours dirigé contre la décision d'homologation du PSE).

– En cas de refus d'homologation, l'administration doit indiquer « les éléments de droit et de fait » qui fondent le refus ; il peut s'agir de motifs n'ayant fait l'objet, de sa part, d'aucune information préalable de l'employeur (CE 24 nov. 2017, Sté d'Aucy).
– L'administration doit s'assurer de la consultation régulière du CHSCT (CE 21 oct. 2015, syndicat CGT SKF Montigny – annulation de la décision de la DIRECCTE validant l'accord collectif portant sur le PSE).

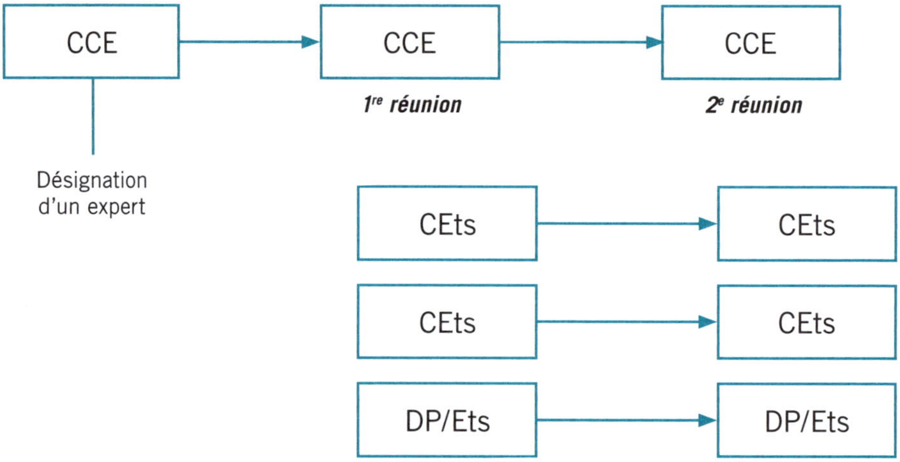

Graphique n°6 – Procédure de licenciement économique avec PSE dans une entreprise à établissements multiples

Mesures sociales

• Congé de reclassement

Champs d'application

Le salarié menacé d'un licenciement pour motif économique peut bénéficier d'un congé de reclassement (L. 1233-71 ; R. 1233-17). Sont concernées par la mise en œuvre du congé de reclassement (hors entreprises en redressement ou liquidation judiciaire) :

- ***les entreprises, les UES ou les établissements d'au moins 1 000 salariés ;***
- les entreprises soumises à l'obligation de constitution d'un comité de groupe, dès lors que le groupe occupe plus de 1 000 salariés ;
- les entreprises soumises à l'obligation de constitution d'un comité d'entreprise européen.

Dans ces entreprises, l'employeur qui envisage de prononcer un licenciement pour motif économique, quel que soit le nombre total de salariés concernés (licenciement individuel compris) et y compris en l'absence de PSE, doit proposer à chaque salarié concerné un congé de reclassement, dont la durée est, sauf accord exprès du salarié, de 12 mois (L. 1233-71).

Modalités

Le congé de reclassement se déroule pendant le préavis, que le salarié est dispensé d'exécuter. La date de rupture du contrat de travail est, le cas échéant, au terme du préavis, reportée d'une durée égale à la durée du congé de reclassement restant à courir. Pendant cette période, le préavis est suspendu.

Les parties sont déliées de leurs obligations pendant la période de suspension. En l'espèce, la suspension a pour effet de retarder l'entrée en vigueur de la rupture du contrat de travail, afin de permettre au salarié de bénéficier du congé de reclassement pendant une période suffisante pour lui permettre l'acquisition de connaissances ou d'une formation. Il s'agit aussi d'éviter en même temps que l'intéressé ne se trouve dans la situation d'un demandeur d'emploi et que l'employeur ne supporte la charge de l'ensemble des obligations nées de ce contrat alors que celui-ci ne travaille plus.

L'ensemble des actions (bilan de compétences, actions de formation, prestations de la cellule d'accompagnement) est financé par l'employeur (L. 1233-71).

Droits du salarié

Pendant le congé de reclassement, le salarié bénéficie d'actions de formation et des prestations d'une cellule d'accompagnement des démarches de recherche d'emploi. La durée du congé est donc directement fonction du temps nécessaire à l'accomplissement des formations décidées entre l'employeur et le salarié. La cellule d'accompagnement est mise en œuvre par l'entreprise elle-même ou par un prestataire qu'elle choisit. Elle a vocation à assurer une fonction d'accueil, d'information et d'aide aux salariés dans leur recherche d'emploi par un suivi individualisé et régulier.

EN PRATIQUE

Le congé de reclassement débute si nécessaire par un bilan de compétences dont l'objet est d'aider le salarié à déterminer son projet professionnel de reclassement et le cas échéant les actions utiles à la réalisation de ce projet.

Pendant la période du congé de reclassement excédant le préavis, le salarié bénéficie d'une rémunération mensuelle à la charge de l'employeur dont le montant est égal à 65 % de la rémunération brute moyenne perçue par l'intéressé sur lesquelles ont été assises les contributions au régime d'assurance chômage au titre des 12 mois précédant la notification du licenciement. Ce montant ne peut être inférieur à 85 % de la valeur mensuelle du SMIC. L'employeur remet chaque mois au salarié un bulletin précisant le montant et les modalités de calcul de cette rémunération.

Le congé de reclassement peut comporter des périodes de travail durant lesquelles il est suspendu. Ces périodes de travail sont effectuées pour le compte de tout employeur, à l'exception des particuliers, dans le cadre de CDD renouvelables une fois, ou de contrats de travail temporaire. Au terme de ces périodes, le congé de reclassement reprend, sans excéder son terme initial (L. 1233-72-1).

• Contrat de sécurisation professionnelle (CSP)

Objet

Le « contrat de sécurisation professionnelle » a pour objet l'organisation et le déroulement d'un parcours de retour à l'emploi, le cas échéant au moyen d'une reconversion ou d'une création ou reprise d'entreprise (L. 1233-65). Ce parcours débute par une phase de prébilan, d'évaluation des compétences et d'orientation professionnelle en vue d'élaborer un projet professionnel tenant compte, au plan territorial, de l'évolution des métiers et de la situation du marché du travail, et comprend des mesures d'accompagnement, notamment d'appui au projet professionnel, ainsi que des périodes de formation et de travail.

Champs d'application

Le CSP est applicable aux procédures de licenciement pour motif économique engagées dans les entreprises qui ne sont pas soumises au dispositif du congé de reclassement (entreprises dont l'effectif tous établissements confondus est inférieur à 1 000 salariés ou entreprises en redressement ou en liquidation judiciaire sans condition d'effectif).

Le salarié doit totaliser au moins 4 mois d'affiliation à l'assurance-chômage sur les 28 derniers mois pour les personnes de moins de 50 ans ou 36 derniers mois pour les personnes de plus de 50 ans.

Modalités

L'employeur est tenu de proposer, lors de l'entretien préalable ou à l'issue de la dernière réunion des représentants du personnel (CE ou à défaut DP), le bénéfice du CSP à chaque salarié dont il envisage de prononcer le licenciement pour motif économique (L. 1233-66) quelle que soit son ancienneté.

À défaut, Pôle emploi propose le CSP au salarié (dans ce cas, l'employeur verse à l'organisme une contribution égale à 2 mois de salaire brut, portée à 3 mois lorsque son ancien salarié adhère au CSP) ; Pôle emploi assure, pour le compte de l'Unédic, le recouvrement de ces éventuelles pénalités.

Droits du salarié

« L'adhésion du salarié au CSP emporte rupture du contrat de travail. » Toute contestation portant sur la rupture du contrat de travail ou son motif se prescrit par 12 mois à compter de l'adhésion (le salarié peut contester le motif économique de son « licenciement » – antérieurement pour le CRP, voir Soc. 5 mars 2008 ; Soc. 7 avril 2008 ; CA Paris, 22 mars 2007). Ce délai n'est opposable au salarié que s'il en a été fait mention dans la proposition de CSP (L. 1233-67).

Le document remis par l'employeur au salarié porte mention de la date de remise du document faisant courir le délai de réflexion de 21 jours imparti au salarié pour donner sa réponse et de la date à partir de laquelle, en cas d'acceptation du CSP, son contrat de travail est rompu. L'absence de réponse dans le délai prévu est assimilée à un refus du CSP.

Cette rupture du contrat de travail, qui ne comporte ni préavis ni indemnité compensatrice de préavis, ouvre droit à l'indemnité légale de licenciement et à toute indemnité conventionnelle qui aurait été due en cas de licenciement pour motif économique au terme du préavis ; ces indemnités sont calculées sur la base de l'ancienneté que l'intéressé aurait eue s'il avait effectué son préavis et, le cas échéant, au solde de ce qu'aurait été l'indemnité compensatrice de préavis – préavis supérieur à 3 mois (L. 1233-67).

Pendant la durée de son CSP et en dehors des périodes de travail qu'il peut être amené à effectuer et au titre desquelles il sera rémunéré directement par l'entreprise qui l'emploie, le bénéficiaire du CSP a le statut de stagiaire de la formation professionnelle et perçoit de Pôle emploi une « allocation de sécurisation professionnelle » (ASP), dès lors qu'il justifiait d'une année d'ancienneté dans l'entreprise (dans le cas contraire, le bénéficiaire du CSP perçoit l'allocation d'aide au retour à l'emploi – ARE). Cette ASP est versée mensuellement. Elle est égale à 80 % du salaire journalier de référence (SJR), sans pouvoir être inférieure au montant de l'ARE à laquelle l'intéressé aurait pu prétendre s'il n'avait pas accepté le CSP. L'ASP est versée pour une durée de 12 mois à compter de la prise d'effet du CSP. Le versement de l'ASP est interrompu en cas de retour à l'emploi (sauf indemnité différentielle couvrant une éventuelle baisse de rémunération) ou dans d'autres cas (condition d'âge notamment). Le bénéficiaire d'un CSP qui, au terme de ce contrat, est à la recherche d'un emploi, bénéficie de l'ARE (la durée d'indemnisation au titre de cette allocation est, dans ce cas, réduite du nombre de jours indemnisés au titre de l'allocation spécifique de sécurisation professionnelle).

Contribution de l'employeur

L'employeur contribue au financement de l'ASP en s'acquittant du paiement d'une somme correspondant à l'indemnité de préavis (dans la limite de 3 mois) que le salarié, à qui il a proposé le bénéfice d'un CSP, aurait perçue s'il n'avait pas bénéficié de ce dispositif ; cette contribution comprend l'ensemble des charges patronales et salariales. L'employeur verse aussi l'allocation de formation acquise annuellement par le salarié dans le cadre du DIF et n'ayant pas été utilisé (L. 1233-69).

Jurisprudence antérieure

Des solutions jurisprudentielles retenues concernant la CRP sont susceptibles d'être appliquées au sujet du CSP :
– L'employeur doit énoncer le motif économique au salarié (dans le document d'information remis au salarié ou dans la lettre envoyée au salarié ou « *dans tout autre document écrit remis ou adressé* (au salarié) *au plus tard au moment de son acceptation* », Soc. 14 avril 2010, Sté Aquitaine analyses).
– « *En l'absence de motif économique de licenciement, la CRP devient sans cause de sorte que l'employeur est alors tenu à l'obligation du préavis et des congés payés afférents, sauf à tenir compte des sommes déjà versées à ce titre en vertu de ladite convention* » (Soc. 5 mai 2010, Sté Netia).
– L'indemnité de licenciement est calculée en tenant compte de l'ancienneté acquise par le salarié à la date de la rupture du contrat, c'est-à-dire à l'expiration du délai de réflexion de 21 jours (Soc. 2 déc. 2009, Muller).

• Revitalisation des bassins d'emploi

La participation des entreprises à l'origine de licenciements économiques est requise pour la revitalisation des bassins d'emploi. Ces obligations diffèrent selon la taille de l'entreprise (L. 1233-84 et s.).

Entreprises d'au moins 50 salariés

Lorsqu'un licenciement collectif affecte par son ampleur l'équilibre du ou des bassins d'emplois dans lesquels l'entreprise est implantée, c'est au représentant de l'État, le cas échéant après étude de l'impact social et territorial qui prend en compte les observations de l'entreprise, qu'il appartient d'intervenir pour la mise en œuvre des actions destinées au développement d'activités nouvelles et à l'atténuation des effets du licenciement. Il le fait en concertation avec Pôle emploi et, le cas échéant, les « maisons de l'emploi ».

L'entreprise et le représentant de l'État définissent d'un commun accord les modalités selon lesquelles l'entreprise prend part, le cas échéant, à ces actions, étant précisé qu'il devra être tenu compte de la situation financière de l'entreprise et du nombre d'emplois supprimés.

Entreprises d'au moins 1 000 salariés

La réactivation du bassin d'emploi, pour ces entreprises, revêt un caractère obligatoire, sauf lorsqu'elles font l'objet d'une procédure de redressement ou de liquidation judiciaire.

Elles doivent contribuer financièrement à la création d'activités, au développement des emplois et à l'atténuation des effets du licenciement envisagé sur les autres entreprises dans le ou les bassins d'emploi. Le montant de leur contribution doit être au moins égal à 2 fois la valeur mensuelle du SMIC par emploi supprimé, sauf incapacité de l'entreprise à assumer la charge d'une telle contribution, auquel cas le représentant de l'État pourra fixer un montant inférieur.

La mise en œuvre de ce dispositif passe par la signature d'une convention conclue entre l'entreprise et l'État dans un délai de 6 mois à compter de la notification du projet de licenciement à l'administration. Cette convention détermine, le cas échéant sur la base d'une étude d'impact social et territorial prescrite par le représentant de l'État, la nature, les conditions de mise en œuvre et de financement de ces actions. Elle tient compte des actions de même nature éventuellement prévues dans le PSE établi par l'entreprise.

Lorsqu'un accord collectif de groupe, d'entreprise ou d'établissement prévoit des actions de même nature, assorties d'engagements financiers de l'entreprise équivalents au montant de la contribution minimale, cet accord peut tenir lieu, à la demande de l'entreprise, de convention, sauf opposition du représentant de l'État motivée et exprimée dans le délai de 2 mois suivant la demande.

En l'absence de convention, les entreprises sont redevables au Trésor public d'une contribution égale au double du montant minimum prévu (c'est-à-dire 4 fois la valeur mensuelle du SMIC par emploi supprimé).

• Indemnités

Le salarié licencié pour motif économique a droit à des indemnités de rupture (indemnité de préavis et indemnité de licenciement – voir le chapitre X, Indemnités de rupture).

Sanctions et réparations

• Sanctions pénales

Est passible d'une amende de 3 750 €, prononcée autant de fois qu'il y a de salariés concernés par la ou les infractions spéciales ci-après, l'employeur qui :

– A effectué un licenciement d'au moins 10 personnes dans une même période de 30 jours sans avoir procédé à la consultation du CSÉ/du CE, ou à défaut des DP (L. 1238-2).
– A omis de notifier ces licenciements à l'autorité administrative compétente (L. 1238-4).
– A notifié les licenciements aux intéressés concernés sans attendre l'expiration du délai d'envoi des lettres de licenciement (L. 1238-3).

Ces sanctions ne sont pas applicables lorsque l'employeur procède au licenciement de moins de 10 salariés dans une même période de 30 jours.
– A omis de consulter régulièrement les IRP en cas de redressement ou de liquidation judiciaire (infraction commise suivant les cas par l'employeur, l'administrateur ou le liquidateur – L. 1238-5).

Le défaut de consultation des représentants du personnel est également constitutif du délit d'entrave (infraction générale).

L'employeur qui ne fournit pas à la DIRECCTE les informations prévues par les textes peut également être sanctionné (R. 1227-1).

• Sanctions civiles

Consultation des représentants du personnel

Deux situations sont à distinguer suivant que l'entreprise doit établir un PSE ou non.

Entreprise devant établir un PSE

Le juge compétent est le juge administratif (L. 1235-7-1). La régularité de la procédure de licenciement collectif ne peut faire l'objet d'un litige distinct de celui relatif à la décision de validation ou d'homologation du PSE (*infra*).

Par conséquent, une ***procédure irrégulière*** ne peut être suspendue ; la sanction ne pourra intervenir qu'*a posteriori* à l'issue de la procédure : la DIRECCTE peut refuser la validation ou l'homologation du fait des irrégularités de procédure, empêchant ainsi le prononcé des licenciements. Et le juge administratif peut annuler une décision administrative irrégulière, à la suite d'une saisine notamment par un salarié ou un syndicat (CAA Marseille, 15 avril 2014, SAS Call Expert, *supra*, 2 décisions : Mme B. et UL Cgt Alès ; CAA Versailles, 16 sept. 2014 ; etc.).

Au regard du défaut de ***cause économique***, selon la jurisprudence judiciaire antérieure, « *la procédure de licenciement ne peut être annulée en considération de la cause économique de licenciement, la validité du plan étant indépendante de la cause du licenciement* », « *seule l'absence ou l'insuffisance du plan de sauvegarde de l'emploi soumis aux représentants du personnel entraîne la nullité de la procédure de licenciement pour motif économique* » (Soc. 3 mai 2012, Sté Vivéo).

La Cour de cassation a ainsi invalidé le raisonnement selon lequel le défaut de cause économique rejaillit sur la procédure de licenciement : lorsque « *la procédure de licenciement collectif engagée par la société (...) n'est pas fondée sur un motif économique* », sont « *nuls cette procédure et tous ses effets subséquents* » (CA Paris, Soc., pôle 6 – ch. 2, 12 mai 2011, SAS Vivéo France), les données comptables et commerciales ne prouvent pas que la compétitivité du groupe est en cause et que la procédure de licenciement répond à une nécessité d'assurer la sauvegarde de cette compétitivité. Ce débat a de nouveau lieu devant le juge administratif (voir déjà *supra* CAA Versailles, 16 sept. 2014, annulant la décision d'homologation pour défaut d'information du CE sur le motif économique).

Consultation du CHSCT

En cas de réorganisation liée à un projet de licenciement économique, l'employeur doit évaluer la surcharge de travail, prendre les mesures de prévention nécessaires et consulter le CHSCT sur cette question (Soc. 5 mars 2015, sté Fnac Relais). En cas de PSE, cette question relève désormais de la compétence du juge administratif (TGI Nanterre, 10 sept. 2014, Airbus Défense).

Entreprise non tenue d'établir un PSE

Le juge compétent demeure le juge judiciaire.

D'une part, le CSÉ/CE (ou une organisation syndicale représentative) peut saisir le juge des référés pour irrégularité de la procédure de consultation afin d'obtenir la suspension de la procédure de licenciement (par le TGI), si celle-ci n'est pas terminée (depuis notamment Soc. 16 avril 1996, Sietam Industries).

D'autre part, le salarié licencié peut saisir le juge du contrat pour irrégularité de la procédure de consultation en vue d'obtenir la réparation du préjudice individuel, si la procédure de licenciement est terminée ; le juge (CPH) accorde à chaque salarié une indemnité calculée en fonction du préjudice subi à la charge de l'employeur (L. 1235-12), sauf si le salarié a moins de 2 ans d'ancienneté (L. 1235-14-2).

Carence fautive d'IRP

Est également considéré comme irrégulier un licenciement économique effectué en l'absence de CE et de DP dans l'entreprise, alors qu'aucun procès-verbal de carence n'a été établi par l'employeur (Soc. 6 juin 2007). Il donne lieu au versement, à chaque salarié licencié, à la charge de l'employeur, d'une indemnité minimale correspondant à un mois de salaire brut (L. 1235-15), sans préjudice des indemnités de licenciement et de préavis.

Le terme de la procédure est constitué par la notification des licenciements (Soc. 11 janv. 2007). Le salarié pourrait obtenir une indemnisation du fait de la carence de l'employeur en matière de négociation collective et de mise en place d'une GPEC dans l'entreprise qui lui a causé un préjudice.

• Plan de sauvegarde de l'emploi (PSE)

Compétence du juge administratif

L'accord collectif et le document unilatéral de l'employeur prévoyant un PSE font l'objet d'un contrôle exclusif de l'administration. Par conséquent, les décisions administratives (validation ou homologation ou, au contraire, refus de validation ou d'homologation) relèvent de la compétence exclusive du juge administratif, saisi dans le cadre d'un excès de pouvoir (demande d'annulation de la décision administrative) et, le cas échéant, en plein contentieux (demande de réparation par l'État).

EN PRATIQUE

Ces litiges relèvent de la compétence, en premier ressort, du TA, à l'exclusion de tout autre recours administratif ou contentieux. Le délai de prescription est très court : le recours est présenté, selon les règles de droit commun en droit administratif, dans un délai de 2 mois par l'employeur à compter de la notification de la décision de validation ou d'homologation, et par les organisations syndicales et les salariés à compter de la date à laquelle cette décision a été portée à leur connaissance. Le TA statue dans un délai de 3 mois. Si, à l'issue de ce délai, il ne s'est pas prononcé, ou en cas d'appel, le litige est porté devant la CAA, qui statue dans un délai de 3 mois. Si, à l'issue de ce délai, elle ne s'est pas prononcée ou en cas de pourvoi en cassation, le litige est porté devant le Conseil d'État (le livre V du Code de justice administrative est applicable).

D'une part, la jurisprudence judiciaire antérieure pourra servir de référence pour la construction d'une nouvelle jurisprudence administrative concernant le contrôle de l'administration sur les PSE des entreprises. D'autre part, le juge judiciaire demeure compétent concernant les ruptures illicites de contrats de travail.

Compétence antérieure du juge judiciaire (rappel)

La jurisprudence judiciaire sur la validité du PSE était abondante. Ainsi, il a été jugé que :
– « *En l'absence dans le plan de sauvegarde de l'emploi d'indication relative au nombre, à la nature et à la localisation des emplois qui pourraient être proposés à l'intérieur du groupe, parmi les entreprises dont les activités, l'organisation ou le lieu d'exploitation permettaient la permutation de tout ou partie du personnel, celui-ci était nul* » (Soc. 30 janv. 2007 ; voir Soc. 17 mai 1995, Everite, les mesures du PSE doivent être concrètes et précises).
– « *La pertinence du plan doit être appréciée en fonction de l'ensemble des mesures qu'il contient et en tenant compte de la procédure d'actualisation*

des offres d'emploi qu'il prévoit » et « *constitue une mesure de reclassement licite la mise en situation de recherche de reclassement pendant une période déterminée avec dispense d'activité et maintien de la rémunération dès lors que, pendant cette période, l'employeur remplit son obligation de recherche de reclassement et que le plan prévoit les mesures nécessaires à cet effet* » (Soc. 14 févr. 2007, Pages Jaunes).

Concernant le cadre d'établissement du PSE : « *L'obligation d'établir un PSE pesant sur l'employeur, c'est au niveau de l'entreprise qu'il dirige que doivent être vérifiées les conditions d'effectif et de nombre des licenciements imposant l'établissement et la mise en œuvre d'un tel plan* » (Soc. 28 janv. 2009, FDSEA). L'obligation d'établir un PSE ne s'apprécie pas dans le cadre de l'UES, qui, n'ayant pas la personnalité morale, ne peut être l'employeur des salariés (Soc. 16 janv. 2008), sauf quand la décision de licencier a été prise par la direction commune (Soc. 16 nov. 2010, PBR, Sté L. Commercial).

En application du principe de territorialité de la loi française, « *seuls les salariés rattachés à l'activité de l'employeur en France bénéficient des lois françaises en droit du travail, en sorte que l'effectif à prendre en compte pour déterminer si un PSE devait être mis en place est constitué par les seuls salariés relevant des établissements de la société situés en France* » (Soc. 23 sept. 2008, Sté Banca Del Lavoro SPA).

Compétence maintenue du juge judiciaire (CPH)

En cas de licenciement prononcé en l'absence de validation ou d'homologation (explicite ou implicite) par la DIRECCTE, le juge (CPH) prononce la nullité de chaque licenciement notifié (L. 1235-10 al. 1, L. 1233-39 al. 6).

En cas d'annulation d'une décision de validation ou d'homologation en raison d'une absence ou d'une insuffisance de PSE, la procédure de licenciement est nulle (L. 1235-10 al. 2).

Le juge peut ordonner la poursuite du contrat de travail ou prononcer la nullité du licenciement et ordonner la réintégration du salarié à la demande de ce dernier, sauf si cette réintégration est devenue impossible, notamment du fait de la fermeture de l'établissement ou du site (Soc. 15 juin 2005, Sté Wolber) ou de l'absence d'emploi disponible (L. 1235-11). Les salariés ayant moins de 2 ans d'ancienneté ne bénéficient pas de cette réparation (L. 1235-14-1).

Lorsque le salarié ne demande pas la poursuite de son contrat de travail ou lorsque la réintégration est impossible, le juge octroie au salarié une indemnité à la charge de l'employeur qui ne peut être inférieure aux salaires des 6 derniers mois (L. 1235-11).

JURISPRUDENCE

Cette solution est en harmonie avec la jurisprudence judiciaire antérieure (jurisprudence constante depuis Soc. 13 févr. 1997, La Samaritaine, « *la nullité qui affecte le plan social s'étend à tous les actes subséquents et en particulier les licenciements prononcés par l'employeur, (...), sont eux-mêmes nuls* »).

Il apparaît également que les contentieux de l'égalité de traitement dans le cadre du PSE et du suivi de la mise en œuvre des mesures contenues dans le PSE continuent de relever de la compétence du juge judiciaire.

Les salariés peuvent obtenir des dommages-intérêts au titre de la perte de chance de bénéficier de mesures de reclassement au titre d'un PSE, notamment quand une société a pris des décisions au seul profit de l'actionnaire unique et au détriment de la filiale, qui employait les salariés, ayant conduit à sa liquidation et au licenciement de l'ensemble du personnel sans PSE, l'employeur étant privé de moyens de financement (Soc. 8 juill. 2014, Sté Capdevielle – mise en jeu de la responsabilité délictuelle de la société dominante du fait de fautes commises au détriment de la filiale).

Santé et sécurité.

Enfin, « *le juge judiciaire reste en principe compétent pour sanctionner la violation par l'employeur de son obligation de sécurité et de prévention* » (CA Versailles, référé, 14e ch., 18 janv. 2018) ; il peut suspendre un projet de restructuration comportant des risques pour la santé des salariés non licenciés au regard des risques générés par ce projet et il en est ainsi malgré la décision administrative d'homologation/de validation du PSE par la DIRECCTE.

• Cause réelle et sérieuse (CRS)

Compétence judiciaire

Depuis 1986, le CPH juge le bien-fondé du licenciement pour motif économique.

L'employeur doit communiquer au CPH tous les éléments qu'il a fournis aux représentants du personnel ou, à défaut, à la DIRECCTE (L. 1235-9).

Prescription

Toute contestation portant sur le licenciement pour motif économique (sa validité ou sa régularité) se prescrit par 12 mois, dans le cadre de l'exercice par le salarié de son droit individuel à contester le licenciement pour motif économique, à compter de la notification de celui-ci (L. 1235-7). Ce court délai est opposable au salarié, y compris s'il n'en a pas été fait mention dans la lettre de licenciement. (La Cour de cassation a refusé de transmettre une QPC concernant ce court délai d'un an au regard de l'atteinte du droit au juge, Cass. QPC, 16 juill. 2010.)

Lettre de licenciement

« *La lettre de licenciement pour motif économique doit comporter non seulement l'énonciation des difficultés économiques, des mutations technologiques ou de la réorganisation de l'entreprise, mais également l'énonciation des incidences de ces éléments sur l'emploi ou le contrat de travail du salarié licencié* » (Soc. 29 oct. 2008, SARL Roc Sport France). À défaut, notamment en l'absence de précision de « *l'incidence sur l'emploi ou le contrat (...) de la raison économique invoquée* », le licenciement est sans cause réelle et sérieuse.

À RETENIR

La lettre de licenciement qui fixe les limites du litige doit énoncer des faits précis et matériellement vérifiables.
Les motifs énoncés dans la lettre de licenciement peuvent, après la notification de celle-ci, être précisés par l'employeur, soit à son initiative, soit à la demande du salarié (L. 1235-2, R. 1233-2-2) :

- dans un délai de 15 jours suivant la notification du licenciement, l'employeur peut, à son initiative, préciser les motifs du licenciement (par LR/AR ou remise contre récépissé) ;
- dans les 15 jours suivant la notification du licenciement, le salarié peut demander à l'employeur des précisions sur les motifs énoncés dans la lettre de licenciement (selon les mêmes formes). L'employeur dispose d'un délai de 15 jours après la réception de la demande du salarié pour apporter des précisions s'il le souhaite, qu'il communique au salarié (selon les mêmes formes).

La lettre de licenciement, précisée le cas échéant par l'employeur, fixe les limites du litige en ce qui concerne les motifs de licenciement (L. 1235-2) (ces motifs doivent être précis et mentionner les justifications nécessaires ; ils lient l'employeur, qui ne pourra pas invoquer de motif différent devant le juge, mais ne pourra que développer ou étayer ceux-ci).
L'employeur peut utiliser des modèles pour procéder à la notification du licenciement (décret n° 2017-1820 du 29 déc. 2017).

Quand la lettre de licenciement fait état d'une « baisse significative de l'activité » sans énoncer l'une des raisons économiques prévues par la loi, elle ne satisfaisait pas aux exigences légales (Soc. 16 févr. 2011, Sté Tertia solutions) ; en revanche, quand la lettre de licenciement fait état d'une baisse d'activité, en indiquant des faits précis et matériellement vérifiables, et son incidence sur l'emploi du salarié, elle mentionne bien une raison économique prévue par la loi (Soc. 16 févr. 2011, M. Castel).

« *Le juge doit prendre en compte les changements susceptibles d'être intervenus dans la situation de l'entreprise et les possibilités de reclassement entre le moment où l'employeur, envisageant des licenciements, a engagé la procédure pouvant y conduire, et le moment où il les a décidés par leur notification aux salariés* » (Soc. 30 mars 2010, Sté Ensival Moret France).

Sanction

Le CPH, s'il estime que le licenciement est sans cause réelle et sérieuse, applique les mêmes dispositions qu'en cas de licenciement pour motif personnel (L. 1235-1).

En cas de non-respect des procédures de convocation et d'entretien préalable, lorsque celui-ci est prescrit, les sanctions sont les mêmes qu'en cas de licenciement pour motif personnel. Elles s'appliquent dans les mêmes conditions et seulement si le licenciement économique a une cause réelle et sérieuse.

Le juge justifie dans le jugement qu'il prononce le montant des indemnités qu'il octroie (L. 1235-1).

Action de substitution

Les organisations syndicales représentatives peuvent exercer en justice toute action naissant des dispositions légales, réglementaires ou conventionnelles, régissant le licenciement économique, en faveur d'un salarié, sans avoir à justifier d'un mandat de l'intéressé, qui avertit par lettre recommandée avec demande d'accusé de réception et ne s'y est pas opposé dans un délai de 15 jours à compter de la date à laquelle l'organisation syndicale lui a notifié son intention (L. 1235-8).

Co-employeur

En cas de co-emploi, chaque société co-employeur doit indemniser les salariés licenciés sans cause réelle et sérieuse (Soc. 15 févr. 2012, Sté Briffaz ; CPH Aubenas, 15 avril 2008, BSA-Novoceram-Gruppo Concorde).

Contentieux complexe dans les entreprises devant établir un PSE

Si le salarié conteste d'une part, la justification économique de son licenciement et, d'autre part, le respect de la procédure de consultation des IRP et/ou la validité du PSE, il devra, d'une part, saisir le CPH et, d'autre part, saisir le TA. Le juge judiciaire se prononcera après le juge administratif. Cette complexité avec ses conséquences (délais, coûts) risque d'avoir un effet dissuasif sur la saisine du juge, accroissant ainsi la sécurité juridique des employeurs et réduisant l'effectivité du droit au juge pour les salariés.

• Ordre des licenciements

Le juge (CPH) peut être appelé à vérifier si l'ordre des licenciements a été respecté.

Discrimination

L'employeur ne doit pas commettre de discrimination. Ainsi, l'employeur ne peut fixer l'ordre des licenciements en se fondant sur le critère des charges de famille apprécié différemment suivant les origines (Soc. 8 avril 1992, M. Boufhager). Il ne peut pas non plus opérer de distinction entre salarié(e)s à temps partiel (femmes, en majorité) et salariés à temps complet et pénaliser les premières (Soc. 3 mars 1998). En cas de discrimination, le licenciement est nul.

Réparation

« *Il appartient à l'employeur de communiquer au juge, en cas de contestation, les éléments objectifs sur lesquels il s'est appuyé pour arrêter son choix* », notamment en ce qui concerne l'appréciation des qualités professionnelles (Soc. 14 janv. 1997, Sté SPGN c/ M. Belkacem).

Ces dispositions sont de nature à renforcer les chances d'un salarié, inclus dans un licenciement collectif économique, d'obtenir des dommages-intérêts au motif que l'ordre des licenciements n'a pas été respecté. Le non-respect par l'employeur des critères retenus pour fixer l'ordre des licenciements n'a pas pour conséquence de priver le licenciement de cause réelle et sérieuse (Soc. 20 janv. 1998) ; mais « *l'inobservation des règles relatives à l'ordre des licenciements pour motif économique (...) constitue pour le salarié une illégalité qui entraîne pour celui-ci un préjudice, pouvant aller jusqu'à la perte injustifiée de son emploi, lequel doit être intégralement réparé, selon son étendue* » (Soc. 14 janv. 1997, préc.).

« *Le manquement de l'employeur, qui a prononcé un licenciement pour motif économique, à son obligation d'indiquer au salarié qui le demande les critères retenus (...), cause nécessairement au salarié un préjudice distinct de celui réparant l'absence de cause réelle et sérieuse* », que le juge doit réparer en fonction de son étendue (Soc. 24 sept. 2008, Sté Gitec ; Soc. 26 janv. 1999).

• Priorité de réembauche

« *En cas de litige, il appartient à l'employeur d'apporter la preuve qu'il a satisfait à son obligation en établissant soit qu'il a proposé les postes disponibles, soit en justifiant de l'absence de tels postes* » (Soc. 23 juin 2009). Le refus par l'employeur de communiquer le registre unique du personnel empêchant la vérification du respect de l'obligation est ainsi sanctionné.

L'employeur qui ne respecte pas cette priorité peut se voir condamné par le juge à verser au salarié une indemnité qui ne peut être inférieure à 2 mois de salaire (L. 1235-13). Lorsque le salarié licencié a moins de 2 ans d'ancienneté dans l'entreprise ou lorsque celle-ci occupe habituellement moins de 11 salariés, l'indemnité est calculée en fonction du préjudice subi (L. 1235-14-3°).

Lorsque plusieurs salariés demandent à bénéficier de la priorité de réembauchage, l'employeur reste libre de choisir, en fonction de l'intérêt de l'entreprise, le salarié bénéficiaire, et n'est pas tenu de suivre les règles fixées pour déterminer l'ordre des licenciements (Soc. 2 déc. 1998).

L'employeur qui utilise systématiquement des intérimaires, avant et après le licenciement économique, ne satisfait ni à son obligation de reclassement, ni à son obligation de réembauchage (Soc. 1er mars 2000).

Transfert du contrat de travail

En vue d'assurer la stabilité de l'emploi, des dispositions d'ordre public sont prévues : ***lorsque survient une modification dans la situation juridique de l'employeur, notamment par succession, vente, fusion, transformation du fonds ou mise en société, tous les contrats de travail en cours au jour de la modification subsistent entre le nouvel employeur et le personnel de l'entreprise*** (L. 1224-1, ancien L. 122-12, al. 2). En particulier, « *ce texte, destiné à assurer aux salariés des emplois plus stables, doit recevoir application dans tous les cas où la même entreprise continue à fonctionner sous une direction nouvelle* » (Civ. 27 févr. 1934, Goupy).

JURISPRUDENCE

La jurisprudence interne évolue sous l'influence du droit communautaire/européen : directive de 1977, modifiée en 1998, codifiée dans la directive 2001/23/CE du 12 mars 2001, et jurisprudence de la CJUE (ancienne CJCE) de plus de 40 décisions.

• Conditions d'application

L'entreprise dans laquelle travaille le salarié peut être absorbée par une autre entreprise. La fusion entre les 2 entreprises entraîne un changement de direction. Dans une entreprise familiale, le fils succède au père comme patron de l'entreprise ; un commerçant vend son fonds de commerce ; etc.

Dans ces circonstances et dans d'autres qui leur sont comparables, un nouvel employeur se substitue à celui avec lequel avaient été conclus les contrats de travail. En principe, les obligations souscrites par le premier employeur ne devraient pas s'imposer à son successeur et les contrats de travail devraient se trouver rompus, mais une telle solution serait préjudiciable aux salariés et aux employeurs successifs.

Les dispositions d'ordre public sont applicables en cas de modification dans la situation juridique de l'employeur (quelle que soit la nature du changement) et en cas de transfert d'une « entité économique ».

À la suite de la jurisprudence communautaire (CJCE 10 févr. 1988), les dispositions d'ordre public s'appliquent « *même en l'absence d'un lien de droit direct (...), à tout transfert d'une entité économique conservant son identité et dont l'activité est poursuivie et reprise* » (Cass. Ass. plén., 16 mars 1990). Le transfert porte sur une ***entité économique maintenant son identité***, c'est-à-dire un ensemble organisé de moyens, en vue de la poursuite d'une activité économique, essentielle ou accessoire (CJCE 14 avril 1994, Schmidt ; directive art. 1.1b).

La jurisprudence sur ces questions est abondante, notamment sur la notion d'entité économique distincte qui s'applique en cas de reprise de la représentation d'une marque avec la clientèle y afférente (Soc. 13 avril 1999) ou dans la reprise de la concession des marchés d'une commune (Soc. 16 nov. 1999). Le transfert des moyens d'exploitation, nécessaire à la poursuite de l'activité de l'entité, peut être indirect ; des locaux et équipements peuvent être mis à disposition par le donneur d'ordre aux prestataires successifs (Soc. 24 nov. 2009, service de restauration dans une clinique). À l'inverse, un atelier « caisserie bois » a été considéré comme un simple démembrement de l'entreprise où il ne disposait d'aucune autonomie (Soc. 18 juill. 2000, *infra*).

IRP

Le CSÉ/CE du cédant et celui du cessionnaire doivent être consultés sur le projet de transfert.

Perte d'un marché – Transfert conventionnel

Ces dispositions ne sont pas applicables dans le cas de la seule perte d'un marché d'un prestataire de services (nettoyage, sécurité, etc.). Pour contrecarrer les effets de cette jurisprudence, les partenaires sociaux ont, dans certains secteurs d'activité, dont le nettoyage et la restauration collective, conclu des accords de transfert des salariés au nouveau titulaire du contrat.

La jurisprudence communautaire va dans ce sens pour affirmer le transfert des contrats : « *Dans certains secteurs dans lesquels l'activité repose essentiellement sur la main-d'œuvre, une collectivité de travailleurs que réunit durablement une activité commune peut correspondre à une entité économique* » (CJCE 24 janv. 2002, Temco Services, § 26).

Lorsqu'un accord de branche étendu prévoit et organise la poursuite des contrats de travail en cas de succession d'entreprises dans l'exécution d'un marché, les salariés du nouveau prestataire ne peuvent invoquer utilement les différences de rémunération résultant d'avantages obtenus, avant le changement de prestataire, par les salariés dont les contrats de travail ont été poursuivis (L. 1224 3-2 ; la différence de traitement est justifiée : Soc. 30 nov. 2017, sté AAF La Providence II).

Externalisation

Ces dispositions légales ne s'appliquent pas à une opération d'externalisation (organisée par l'employeur pour justifier le transfert de contrats de travail d'une activité de palettes manquant d'autonomie, Soc. 18 juill. 2000, Perrier-Vittel, « *la reprise par un autre employeur d'une activité secondaire ou accessoire de l'entreprise n'entraîne le maintien des contrats que si cette activité est exercée par l'entité économique autonome* » ; Soc. 11 juill. 2007, Auchan ; dans ces affaires, les salariés étaient opposés à leur transfert).

Activité transférée au public

Est sans importance que le cessionnaire soit une personne morale de droit public liée à son personnel par des rapports de droit public, ce qui est le cas d'une commune qui reprend en gestion directe une activité de service public qu'elle avait précédemment concédée au service privé (Soc. 14 janv. 2003). L'entité publique doit proposer aux salariés un contrat de droit public (loi du 26 juill. 2005). Le refus des intéressés implique leur licenciement par la personne publique aux conditions prévues par le droit du travail et leur ancien contrat. L'acceptation n'implique pas pour autant un droit à titularisation (CE 22 oct. 2004, Lamblin). Tant que le nouvel employeur public n'a pas placé les salariés dans un statut de droit public, le juge judiciaire, à savoir le CPH, est compétent pour connaître des litiges (TC 13 janv. 2004 ; Soc. 12 juin 2007), mais ne peut se prononcer que sur le contrat de droit privé (Soc. 1er juin 2010).

Lorsque l'activité d'une entité économique employant des salariés de droit privé est, par transfert de cette entité, reprise par une personne publique dans le cadre d'un service public administratif, il appartient à cette personne publique de proposer à ces salariés un contrat de droit public, à durée déterminée ou indéterminée selon la nature du contrat dont ils sont titulaires. Sauf disposition légale ou conditions générales de rémunération et d'emploi des agents non titulaires de la personne publique contraires, le contrat qu'elle propose reprend les clauses substantielles du contrat dont les salariés sont titulaires, en particulier celles qui concernent la rémunération. Les services accomplis au sein de l'entité économique d'origine sont assimilés à des services accomplis au sein de la personne publique d'accueil. En cas de refus des salariés d'accepter le contrat proposé, leur contrat prend fin de plein droit. La personne publique applique les dispositions relatives aux agents licenciés prévues par le droit du travail et par leur contrat (L. 1224-3).

• Effets

Les dispositions légales et européennes ont pour effet de maintenir des éléments individuels du contrat de travail en cas de changement d'employeur. Les obligations de l'ancien employeur sont transférées au nouveau et ce, quelle que soit la forme du contrat. Dans le cas général, chaque salarié conserve l'ancienneté qu'il avait acquise antérieurement ainsi que sa qualification, sa rémunération, etc.

Par dérogation, lorsque le PSE comporte, en vue d'éviter la fermeture d'un ou de plusieurs établissements, le transfert d'une ou de plusieurs entités économiques nécessaires à la sauvegarde d'une partie des emplois et lorsque ces entreprises souhaitent accepter une offre de reprise, les dispositions de l'article L. 1224-1 relatives au transfert des contrats de travail ne s'appliquent que dans la limite du nombre des emplois qui n'ont pas été supprimés à la suite des licenciements, à la date d'effet de ce transfert (L. 1233-61).

Sans doute le nouvel employeur peut-il décider de procéder à des licenciements pour motif économique. Ceci est fréquent après une fusion, mais dans ce cas, il devra mettre en œuvre les procédures prévues par la législation relative à ces licenciements et chaque salarié pourra se prévaloir des droits que lui confère son ancienneté totale, notamment pour le montant de l'indemnité de licenciement. La fraude est caractérisée quand les sociétés cédantes et cessionnaires s'entendent « *pour priver les salariés des droits qu'ils tenaient de l'article L. 122-12, alinéa 2, du Code du travail, et éviter ainsi la poursuite des contrats de travail aux conditions en vigueur au jour du transfert* » (Soc. 14 févr. 2007).

Le licenciement d'un salarié prononcé à l'occasion du transfert d'une activité poursuivie est, non pas nul (Soc. 30 juin 2004), mais « privé d'effet » et « *le salarié peut, à son choix, demander au repreneur la poursuite du contrat de travail illégalement rompu ou demander à l'auteur du licenciement illégal, la réparation du préjudice en résultant* » (Soc. 20 mars 2002, Maldonado). Les salariés licenciés par le cédant et non repris par le cessionnaire peuvent à la fois obtenir leur réintégration chez ce dernier et l'indemnisation du préjudice qu'ils ont subi (Soc. 13 mai 2008).

Quand les conditions légales sont réunies, le transfert du contrat de travail s'impose donc de plein droit au nouvel employeur, comme il s'impose aussi au salarié (Soc. 11 mars 2003) qui ne peut prétendre au versement d'aucune indemnité (Soc. 14 déc. 2004, Auchan). Le refus individuel clairement établi produit les effets d'une démission (CJCE 16 déc. 1992, Katsiakis) ; le salarié se voit donc imposer un changement d'employeur, sauf à démissionner. Quand le contrat de travail est partiellement affecté à l'activité transférée, il est totalement transféré dès lors qu'il « s'exécutait pour l'essentiel dans le secteur d'activité repris » (Soc. 30 mars 2010, Sté TTE ; cette solution permet d'éviter le démembrement du contrat de travail).

En revanche, quand les conditions légales ne sont pas réunies, l'employeur doit recueillir l'accord du salarié (Soc. 10 oct. 2006, 2 arrêts). Et « *lorsque l'application de l'article L. 1224-1 du Code du travail entraîne une modification du contrat de travail autre que le changement d'employeur, le salarié est en droit de s'y opposer* » (Soc. 30 mars 2010, M. Z c/ Sté Printer) ; « *il appartient alors au cessionnaire, s'il n'est pas en mesure de maintenir les conditions antérieures, soit de formuler de nouvelles propositions, soit de tirer les conséquences de ce refus en engageant une procédure de licenciement* », « *à défaut, le salarié peut poursuivre la résiliation judiciaire du contrat, laquelle produit alors les effets d'un licenciement sans cause réelle et sérieuse, sans préjudice du recours éventuel contre les employeurs successifs* ».

Le nouvel employeur est tenu de payer aux salariés, dont les contrats de travail subsistent, les dettes qu'aurait contractées à leur égard leur ancien employeur (L. 1224-2 ; par exemple salaires, primes, heures supplémentaires, etc. ; Soc. 12 mars 2008, un engagement unilatéral est transmis). Cet article ne s'applique pas dans le cadre d'une procédure de sauvegarde, de redressement ou de liquidation judiciaire, ni lorsqu'il n'y a aucun lien juridique entre les 2 employeurs successifs (c'est le cas des sociétés de services visées plus haut) ; ni enfin lorsque, par convention passée entre les 2 employeurs successifs, il a été décidé que le nouvel employeur prenait en charge les dettes de l'ancien. Lorsque l'article s'applique, le premier employeur est tenu de rembourser les sommes acquittées par le nouvel employeur (Com. 18 sept. 2007).

Ruptures collectives de contrats de travail en dehors du régime du licenciement pour motif économique

• Accord d'entreprise dit de « performance collective » pour « répondre aux nécessités liées au fonctionnement de l'entreprise ou en vue de préserver, ou de développer l'emploi »

Nouveau dispositif légal (L. 2254-2)

Il abroge les dispositifs légaux antérieurs (lois du 14 juin 2013 et du 6 août 2015 notamment) prévus en cas de « graves difficultés conjoncturelles » de l'entreprise. Le nouveau dispositif crée un cadre juridique légal unifié s'agissant des accords d'entreprise s'imposant aux salariés.

Contenu

Afin de répondre aux nécessités liées au fonctionnement de l'entreprise ou en vue de préserver, ou de développer l'emploi, un ***accord d'entreprise*** peut :

- aménager la durée du travail, ses modalités d'organisation et de répartition ;
- aménager la rémunération (L. 3221-3) dans le respect des salaires minima hiérarchiques (1° du I de L. 2253-1) ;
- déterminer les conditions de la mobilité professionnelle ou géographique interne à l'entreprise.

L'accord définit dans son préambule ses objectifs et peut préciser :

1° Les modalités d'information des salariés sur son application et son suivi pendant toute sa durée, ainsi que, le cas échéant, l'examen de la situation des salariés au terme de l'accord.

2° Les conditions dans lesquelles fournissent des efforts proportionnés à ceux demandés aux salariés pendant toute sa durée :

- les dirigeants salariés exerçant dans le périmètre de l'accord ;
- les mandataires sociaux et les actionnaires, dans le respect des compétences des organes d'administration et de surveillance.

3° Les modalités selon lesquelles sont conciliées la vie professionnelle et la vie personnelle et familiale des salariés.

4° Les modalités d'accompagnement des salariés ainsi que l'abondement du compte personnel de formation au-delà du montant minimal réglementaire.

Aménagement du temps de travail

Les dispositions légales (accord collectif, délai de prévenance, etc., L. 3121-41, L. 3121-42, L. 3121-44 et L. 3121-47) s'appliquent si l'accord met en place ou modifie un dispositif d'aménagement du temps de travail sur une période de référence supérieure à la semaine.

Les dispositions légales sur les forfaits (L. 3121-53 à L. 3121-66) s'appliquent si l'accord met en place ou modifie un dispositif de forfait annuel, à l'exception des dispositions sur l'accord individuel du salarié (L. 3121-55) et certaines dispositions de l'accord de mise en place des forfaits (les caractéristiques principales des conventions individuelles, qui doivent notamment fixer le nombre d'heures ou de jours compris dans le forfait – L. 3121-64-5°) en cas de simple modification. Lorsque l'accord modifie un dispositif de forfait annuel, l'acceptation de l'application de l'accord par le salarié entraîne de plein droit l'application des stipulations de l'accord relatives au dispositif de forfait annuel.

Contrat de travail

Les stipulations de l'accord se substituent de plein droit aux clauses contraires et incompatibles du contrat de travail, y compris en matière de rémunération, de durée du travail et de mobilité professionnelle ou géographique interne à l'entreprise. L'application du principe de faveur est ainsi écartée.

Il n'est plus prévu que la consultation annuelle sur la politique sociale de l'entreprise porte sur les conséquences pour les salariés de cet accord.

Le salarié peut refuser la modification de son contrat de travail résultant de l'application de l'accord.

Il dispose d'un délai d'un mois pour faire connaître son refus par écrit à l'employeur à compter de la date à laquelle ce dernier a informé les salariés, par tout moyen conférant date certaine et précise, de l'existence et du contenu de l'accord, ainsi que du droit de chacun d'eux d'accepter ou de refuser l'application à son contrat de travail de cet accord.

Régime du licenciement

« *L'employeur dispose d'un délai de deux mois à compter de la notification du refus du salarié pour engager une procedure de licenciement. Ce licenciement repose sur un motif spécifique qui constitue une cause réelle et sérieuse.* »

Le licenciement n'est pas un licenciement pour motif économique (absence de consultation du CSÉ, absence de PSE, etc., quel que soit le nombre de salariés concernés). Ce licenciement est *a priori* considéré par la loi comme justifié (cette justification légale *a priori* n'apparaît pas conforme avec les engagements internationaux de la France, notamment la Convention de l'OIT n° 158 et la Charte sociale européenne révisée).

Ce licenciement est soumis aux seules modalités et conditions du licenciement individuel (procédure : L. 1232-2 à L. 1232-14 ; indemnités de rupture : L. 1234-1 à L. 1234-11, L. 1234-14, L. 1234-18 ; documents remis par l'employeur : L. 1234-19 et L. 1234-20). Il n'est pas prévu que le salarié licencié bénéficie d'un congé de reclassement ou d'un contrat de sécurisation professionnelle.

Le salarié peut s'inscrire et être accompagné comme demandeur d'emploi à l'issue du licenciement et être indemnisé (dans les conditions prévues par les accords relatifs à l'assurance chômage : L. 5422-20). En l'absence de stipulations dans l'accord, l'employeur abonde le compte personnel de formation du salarié (abondement minimum de 100 heures, D. 6323-3-2-I). Cet abondement n'entre pas en compte dans les modes de calcul des heures créditées chaque année sur le compte et du plafond (L. 6323-11).

(Plusieurs de ces nouvelles dispositions sur les « accords de performance collective » n'apparaissent pas compatibles avec la directive européenne n° 98/59 du 20 juil. 1998 sur les « licenciements collectifs » telle qu'interprétée par la CJUE – arrêts du 21 sept. 2017 n° C-149/16 et C-429/16.)

Accord de droit commun

Les entreprises peuvent continuer de conclure des « accords de maintien de l'emploi » sur la base du droit commun (obligation d'établir un PSE en cas de refus d'au moins 10 salariés, etc.). Le nouveau régime n'a pas pour effet de faire disparaître cette modalité antérieurement utilisée (exemple : Accord d'entreprise PSA d'octobre 2013).

• Rupture d'un commun accord dans le cadre d'un accord collectif

Un accord collectif portant GPEC ou RCC peut définir les conditions et modalités de la rupture d'un commun accord du contrat de travail (L. 1237-17). Ces ruptures, exclusives du licenciement ou de la démission, ne peuvent être imposées par l'une ou l'autre des parties.

Congé de mobilité

Un congé de mobilité peut être proposé par l'employeur, soit dans le cadre d'un accord portant rupture conventionnelle collective, soit dans les entreprises ayant conclu un accord collectif portant sur la gestion des emplois et des compétences. Le congé de mobilité a pour objet de favoriser le retour à un emploi stable par des mesures d'accompagnement, des actions de formation et des périodes de travail (L. 1237-18).

Les périodes de travail du congé de mobilité peuvent être accomplies au sein ou en dehors de l'entreprise qui a proposé le congé. Elles peuvent prendre soit la forme d'un CDI, soit celle d'un CDD (L. 1242-3-1°) (L. 1237-18-1).

L'accord collectif détermine :

- 1° La durée du congé de mobilité ;
- 2° Les conditions que doit remplir le salarié pour en bénéficier ;
- 3° Les modalités d'adhésion du salarié à la proposition de l'employeur, comprenant les conditions d'expression de son consentement écrit, et les engagements des parties ;
- 4° L'organisation des périodes de travail, les conditions auxquelles il est mis fin au congé et les modalités d'accompagnement des actions de formation envisagées ;
- 5° Le niveau de la rémunération versée pendant la période du congé de mobilité (L. 1237-18-3 ; le montant de la rémunération est au moins égal au montant de l'allocation de conversion : L. 5123-2-3°) ;
- 6° Les conditions d'information des institutions représentatives du personnel ;
- 7° Les indemnités de rupture garanties au salarié (qui ne peuvent être inférieures aux indemnités légales dues en cas de licenciement pour motif économique) (L. 1237-18-2).

L'acceptation par le salarié de la proposition de congé de mobilité emporte rupture du contrat de travail d'un commun accord des parties à l'issue du congé (L. 1237-18-4).

La DIRECCTE du lieu où l'entreprise concernée par l'accord de GPEC est établie est informée par l'employeur des ruptures prononcées dans le cadre du congé de mobilité (L. 1237-18-5, D. 1237-4). L'employeur transmet à la DIRECCTE un document d'information sur les ruptures prononcées dans le cadre du congé de mobilité tous les six mois à compter du dépôt de l'accord (D. 1237-5), qui précise notamment :

- 1° Le nombre de ruptures de contrat de travail intervenues à la suite d'un congé de mobilité ;
- 2° Les mesures de reclassement mises en place dans le cadre de ce congé telles que les actions de formation, les périodes de travail en entreprise et les mesures d'accompagnement ;
- 3° La situation des salariés au regard de l'emploi à l'issue du congé de mobilité.

• Rupture d'un commun accord dans le cadre d'un accord collectif portant RCC

Principe

Un accord collectif peut déterminer le contenu d'une rupture conventionnelle collective excluant tout licenciement pour atteindre les objectifs qui lui sont assignés en termes de suppression d'emplois (L. 1237-19). La DIRECCTE est informée sans délai de l'ouverture d'une négociation en vue de l'accord précité (D. 1237-7).

Contenu de l'accord

L'accord détermine :

- 1° Les modalités et conditions d'information du CSÉ, s'il existe ;
- 2° Le nombre maximal de départs envisagés, de suppressions d'emplois associées et la durée pendant laquelle des ruptures de contrat de travail peuvent être engagées sur le fondement de l'accord ;
- 3° Les conditions que doit remplir le salarié pour en bénéficier ;
- 4° Les critères de départage entre les potentiels candidats au départ ;
- 4° bis Les modalités de conclusion d'une convention individuelle de rupture entre l'employeur et le salarié et d'exercice du droit de rétractation des parties ;
- 5° Les modalités de présentation et d'examen des candidatures au départ des salariés, comprenant les conditions de transmission de l'accord écrit du salarié au dispositif prévu par l'accord collectif ;

- 6° Les modalités de calcul des indemnités de rupture garanties au salarié, qui ne peuvent être inférieures aux indemnités légales dues en cas de licenciement ;
- 7° Des mesures visant à faciliter l'accompagnement et le reclassement externe des salariés sur des emplois équivalents, telles que le congé de mobilité, des actions de formation, de validation des acquis de l'expérience ou de reconversion ou des actions de soutien à la création d'activités nouvelles ou à la reprise d'activités existantes par les salariés ;
- 8° Les modalités de suivi de la mise en œuvre effective de l'accord portant rupture conventionnelle collective (L. 1237-19-1).

Rôle de l'administration

L'accord collectif est transmis à la DIRECCTE pour validation (L. 1237-19-3). La DIRECCTE valide l'accord dès lors qu'elle s'est assurée :

- 1° de sa conformité à la loi (L. 1237-19) ;
- 2° de la présence dans l'accord des clauses prévues (L. 1237-19-1) ;
- 3° du caractère précis et concret des mesures prévues (L. 1237-19-1-7°) ;
- 4° le cas échéant, de la régularité de la procédure d'information du CSÉ.

La DIRECCTE notifie à l'employeur la décision de validation dans un délai de 15 jours à compter de la réception du dossier complet (l'accord collectif, les informations permettant de vérifier la régularité des conditions dans lesquelles il a été conclu, et, le cas échéant, la mise en œuvre effective de l'information du CSÉ) (D. 1237-9). Elle la notifie, dans les mêmes délais, à l'employeur, aux signataires de l'accord, et au CSÉ (D. 1237-10). La décision prise par la DIRECCTE est motivée. Le silence gardé par la DIRECCTE à l'issue du délai précité vaut décision d'acceptation de validation. Dans ce cas, l'employeur transmet une copie de la demande de validation, accompagnée de son accusé de réception par la DIRECCTE, au CSÉ et aux OSR signataires. La décision de validation ou, à défaut, les autres documents (copie de la demande) et les voies et délais de recours sont portés à la connaissance des salariés par voie d'affichage sur leurs lieux de travail (ou par tout autre moyen permettant de conférer date certaine à cette information) (L. 1237-19-4).

La DIRECCTE compétente pour prendre la décision est celle du lieu où l'entreprise ou l'établissement concerné par le projet d'accord portant RCC est établi. Si le projet d'accord portant RCC porte sur des établissements relevant de la compétence d'autorités différentes, le ministre chargé de l'Emploi désigne l'autorité compétente – DIRECCTE (L. 1237-19-5, R. 1237-6 et s.).

En cas de refus de validation, un nouvel accord peut être négocié, qui tient compte des éléments de motivation accompagnant la décision de la DIRECCTE. Le CSÉ, s'il existe, est informé de la reprise de la négociation. Le nouvel accord conclu est transmis à la DIRECCTE, qui se prononce dans les conditions précitées (L. 1237-19-6).

Rupture du contrat de travail

L'acceptation par l'employeur de la candidature du salarié dans le cadre de la RCC emporte rupture du contrat de travail d'un commun accord des parties (L. 1237-19-2).

Suivi

Le suivi de la mise en œuvre de l'accord fait l'objet d'une consultation régulière et détaillée du CSÉ, dont les avis sont transmis à la DIRECCTE (associée au suivi de ces mesures, elle reçoit un bilan, établi par l'employeur, de la mise en œuvre de l'accord au plus tard un mois après la fin de la mise en œuvre des mesures à L. 1237-19-1-7°) (L. 1237-19-7, D. 1237-12).

Contentieux

L'accord collectif, le contenu de l'accord, et la régularité de la procédure précédant la décision de la DIRECCTE ne peuvent faire l'objet d'un litige distinct de celui relatif à la décision de validation (L. 1237-19-3). Les recours contre la décision de validation sont formés, instruits et jugés comme les recours contre les décisions de la DIRECCTE en matière de licenciement économique – refus de validation/homologation concernant les PSE (recours, dans un délai de 2 mois, au tribunal administratif qui statue dans un délai de 3 mois, etc., L. 1235-7-1). Toute autre contestation portant sur la rupture du contrat doit être formée, sous peine d'irrecevabilité, avant l'expiration d'un délai de 12 mois à compter de la date de la rupture du contrat (L. 1237-19-8).

Bassin d'emploi affecté

Lorsque les suppressions d'emplois affectent, par leur ampleur, l'équilibre du ou des bassins d'emploi dans lesquels elles sont implantées, les entreprises ou les établissements d'au moins 1 000 salariés sont tenues de contribuer à la création d'activités et au développement des emplois et d'atténuer les effets de l'accord portant rupture conventionnelle collective envisagé sur les autres entreprises dans le ou les bassins d'emploi (L. 1237-19-9 à L. 1237-19-14).

CHAPITRE XII

RUPTURES DU CDI À L'INITIATIVE DU SALARIÉ OU D'UN COMMUN ACCORD ET DROIT COMMUN DE LA RUPTURE

Démission

À RETENIR

Le salarié titulaire d'un CDI peut démissionner à tout moment, sous réserve d'observer un délai de préavis et de ne pas abuser de ce droit.

• Principe

Ce n'est que lorsque le salarié manifeste une « *volonté claire, sérieuse et non équivoque de démissionner* » que la rupture du contrat sera qualifiée de démission (Soc. 21 juin 2006).

• Modalités

La démission n'est soumise par la loi à aucune règle de forme : elle peut résulter d'une lettre, d'une déclaration verbale. Elle n'a pas à être motivée et peut intervenir à tout moment. Cette absence de règle de forme est destinée à préserver la liberté du travail du salarié et à lui faciliter la démission, quand bon lui semble. Mais elle peut se retourner contre lui. En effet, ses déclarations ou comportements peuvent être ambigus. Si l'employeur les interprète comme une démission, il se dispensera par là même de verser au salarié l'indemnité de licenciement et, plus généralement, d'observer toutes les règles qui s'imposent en cas de licenciement.

Les juges ne considèrent pas qu'il y a eu démission si les propos du salarié étaient équivoques et ne marquaient pas la décision de démissionner. Ainsi, dans une affaire où une ouvrière, qui dans un moment de fatigue et d'énervement avait déclaré « *Je préfère rentrer chez moi que de travailler dans ces conditions* » et dont l'employeur lui avait écrit le lendemain « *Je prends acte de votre démission* », il a été jugé (Soc. 10 mars 1965) que la rupture était imputable à l'employeur. La jurisprudence cherche ici à protéger le salarié contre des paroles irréfléchies qui ne manifestent pas sa volonté réelle de démissionner. L'employeur qui s'oppose à la reprise du travail d'un salarié qui, après avoir donné sa démission dans un mouvement d'humeur, s'était rapidement rétracté, est l'auteur de la rupture (Soc. 9 avril 1974).

De même, une absence de courte durée, à l'expiration des congés payés ou d'un congé de maladie, ne saurait être interprétée par l'employeur comme une démission (Soc. 3 févr. 1994). « *Ne peut être analysé comme une démission, le fait pour un salarié, en détention provisoire, d'avoir laissé son employeur sans information pendant plus de six mois* » (Soc. 30 oct. 1996).

Certaines « démissions » peuvent aussi avoir été extorquées par des menaces ou des pressions ou bien le salarié peut avoir été acculé à démissionner parce que l'employeur a accumulé les vexations et lui a rendu la vie intenable ou bien ne lui a pas payé la rémunération convenue (Soc. 18 nov. 1998). Ici encore, la rupture du contrat sera qualifiée par les juges de licenciement et non de démission, même si une lettre de démission a été signée par le salarié, mais à la condition que les manquements imputés à l'employeur soient d'une gravité suffisante.

• Préavis

Le salarié qui démissionne doit respecter un préavis, appelé encore délai-congé. L'existence et la durée du délai-congé, en cas de démission, résultent soit de la loi, soit de la convention collective, soit des usages pratiqués dans la localité et la profession.

La référence à la loi ne concerne que des catégories de salariés qui font l'objet, dans le Code du travail, de dispositions particulières. Ainsi, pour les journalistes, la durée du préavis réciproque est d'un ou de 2 mois, selon que la durée d'exécution du contrat a été inférieure ou supérieure à 3 ans.

Pour les autres salariés (la grande majorité), la loi n'impose aucune durée minimale et se borne à renvoyer aux conventions collectives et, à défaut, aux usages.

En fait, la plupart des conventions collectives contiennent des dispositions sur ce point. Le délai-congé qu'elles prévoient, en cas de démission, est plus long pour les cadres que pour les ouvriers ou employés, comme c'est également le cas lors d'un licenciement. Comme dans ce cas aussi, le délai de préavis est préfixé.

Le salarié démissionnaire doit rester à la disposition de son employeur pendant la durée du préavis, le contrat de travail étant maintenu jusqu'à l'expiration de celui-ci. S'il décide unilatéralement de cesser le travail avant l'expiration du préavis, il s'expose à être condamné à verser à son employeur une indemnité de brusque rupture, du même montant que les salaires qu'il aurait perçus entre le moment où il a interrompu le travail et l'expiration du préavis (jurisprudence de la Cour de cassation, reprise souvent dans les conventions collectives). La disposition d'heures pour la recherche d'emploi, prévue en cas de préavis de licenciement, n'a pas lieu d'être en cas de préavis de démission.

Exceptions

Par exception, ne sont pas tenus de respecter un préavis de démission, notamment les femmes en état de grossesse médicalement attesté ou après la naissance ou l'adoption d'un enfant, de même que les journalistes lors de la mise en jeu de la « clause de conscience » (L. 7112-5). Il se peut aussi que le salarié démissionnaire soit dispensé de tout ou partie du préavis par l'employeur lui-même.

Rupture abusive

La résiliation d'un CDI, à l'initiative du salarié, ouvre droit, si elle est abusive, à dommages-intérêts (L. 1237-2). Ces dispositions, en fait rarement appliquées, le sont cependant si la démission sans préavis entraîne des inconvénients graves pour l'employeur et marque de la part du salarié une volonté certaine de nuire – par exemple, cas d'un mannequin, chez un grand couturier, qui démissionne le jour de la présentation d'une collection comportant des modèles à ses propres mesures (Soc. 19 juin 1959, Christian Dior). La sanction est alors plus lourde que celle qui peut intervenir lorsque la rupture est brusque sans être abusive : les dommages-intérêts sont fixés par le juge, compte tenu du préjudice subi par l'employeur.

Résiliation judiciaire

• Principe

Si l'une des parties au contrat de travail (contrat synallagmatique) estime que l'autre partie n'exécute pas ses obligations, elle peut s'adresser au juge pour faire prononcer la résiliation judiciaire du contrat, après tentative de règlement à l'amiable et mise en demeure (CPC, art. 58 ; C. civil, L. 1224 à L. 1230).

La résiliation judiciaire à la demande de l'employeur est exclue au profit du licenciement (Soc. 13 mars 2001), mais la résiliation judiciaire demeure possible à l'initiative du salarié. Ainsi, elle a été admise, aux torts de l'employeur, à qui il était reproché d'avoir réagi tardivement à la lettre d'une salariée dénonçant les agressions verbales de ses collègues de travail (Soc. 15 mars 2005), au bénéfice d'un salarié faisant l'objet d'un harcèlement (Soc. 16 mars 2005), au bénéfice d'une salariée exposée aux fumées de tabac (Soc. 29 juin 2005, Sté ACME – au regard du non-respect par l'employeur de son obligation de sécurité de résultat), etc.

• Effets

Si le juge estime la demande fondée, la résiliation judiciaire produit alors des effets identiques à ceux d'un licenciement dépourvu de cause réelle et sérieuse (Soc. 20 janv. 1998). La résiliation prend effet à la date de la décision judiciaire la prononçant (Soc. 11 janv. 2007, Soc. 24 avril 2013). L'indemnité réparant le non-respect de la procédure de licenciement n'est pas due (Soc. 20 oct. 2010) (*infra* Droits du salarié).

En revanche, si le juge estime la demande non fondée, il ne prononce pas la résiliation du contrat et celui-ci se poursuit.

Prise d'acte

• Principe

Dans les mêmes circonstances d'inexécution du contrat par l'autre partie, le salarié ou l'employeur pouvait « prendre acte » de la rupture de celui-ci. L'initiative de l'employeur dans ce sens n'est plus admise (Soc. 25 juin 2003).

JURISPRUDENCE

La jurisprudence admet la prise d'acte de la rupture par le salarié (Soc. 21 déc. 2006), mais ne reconnaît pas un droit à l'« auto-licenciement » : le juge doit contrôler le bien-fondé des griefs imputés par le salarié à l'employeur, même non écrits (Soc. 29 juin 2005) et s'ils justifient bien une rupture à la charge de l'employeur (Soc. 16 nov. 2004). La prise d'acte par le salarié produit alors les effets d'un licenciement.

La prise d'acte « *produit les effets, soit d'un licenciement sans cause réelle et sérieuse si les faits invoqués la justifiaient, soit, dans le cas contraire, d'une démission* » (Soc. 25 juin 2003). Un critère est posé : « *La prise d'acte permet au salarié de rompre le contrat de travail en cas de manquement suffisamment grave de l'employeur qui empêche la poursuite du contrat de travail* » (Soc. 30 mars 2010, Sté Bio rad laboratoires).

Pour être requalifiée en « prise d'acte », une démission suppose l'existence d'un différend au moment de la rupture (Soc. 19 déc. 2007). À défaut, la rupture produit les effets d'une démission. Sur la distinction entre démission et prise d'acte par le salarié : « *Lorsque le salarié, (...), remet en cause (sa démission) en raison de faits ou manquements imputables à son employeur, le juge doit, s'il résulte de circonstances antérieures ou contemporaines de la démission qu'à la date à laquelle elle a été donnée, celle-ci était équivoque, l'analyser en une prise d'acte de la rupture qui produit les effets d'un licenciement sans cause réelle et sérieuse si les faits invoqués la justifient ou dans le cas contraire d'une démission* » (Soc. 9 mai 2007).

« *Les dispositions législatives protectrices des victimes d'accident du travail ne font pas obstacle à ce qu'un salarié déclaré inapte prenne acte de la rupture du contrat de travail en raison de faits qu'il reproche à son employeur ; cette rupture produit soit les effets d'un licenciement prononcé en violation (des dispositions légales protectrices) lorsque les faits invoqués par le salarié la justifiaient, soit, dans le cas contraire, les effets d'une démission* » (Soc. 21 janv. 2009, Mme D. c/ Sté Prim'Fleurs ; en l'espèce, les griefs invoqués par la salariée n'ont pas été jugés suffisamment graves pour justifier la rupture ; la salariée a donc perdu le bénéfice des indemnités majorées de rupture en cas d'impossibilité de reclassement).

La prise d'acte de la rupture du contrat doit être adressée par le salarié à l'employeur avant de saisir le CPH (Soc. 16 mai 2012, PBR) ; elle peut être présentée par le conseil du salarié (Soc. 4 avril 2007).

• Illustrations

Ainsi, l'employeur peut être contraint de supporter la responsabilité de la rupture du contrat de travail, rompu à l'initiative du salarié, dès lors qu'il n'a pas respecté la dignité et la santé de ce salarié (Soc. 30 oct. 2007, Mme B. c/ Cabinet Proconsulte, « *manque gravement à ses obligations l'employeur qui porte atteinte à l'intégrité physique ou morale de son salarié* » – la salariée avait envoyé à l'employeur une lettre motivée indiquant le comportement violent qu'avait eu l'employeur à son encontre et les propos méprisants qu'il lui avait adressés), en cas d'agissements constitutifs de harcèlement ou de violences physiques ou morales (Soc. 3 févr. 2010, PBR, Sté Stratorg ; Soc. 3 févr. 2010, PBR, Sté Les Hôtels de Paris), en cas de non-paiement des salaires pendant 2 mois (Soc. 10 mars 2010), suppression du moyen de transport mis à disposition par l'employeur (Soc. 17 mars 2010), défaut de fourniture au salarié du travail convenu (Soc. 3 nov. 2010), etc.

• Droits du salarié

Le salarié a droit à l'indemnité de licenciement, à des dommages-intérêts (licenciement sans cause réelle et sérieuse), à l'indemnité de préavis, même en l'absence d'exécution (Soc. 2 juin 2010, PBR, SAS Sermat), et à l'indemnité de congés payés (Soc. 20 janv. 2010, Sté Adonis, Soc. 20 janv. 2010, Sté Roger Mondelin) et le cas échéant à des dommages-intérêts en raison du « *comportement fautif de l'employeur à l'occasion de la rupture* » (comportement vexatoire, Soc. 16 mars 2010).

Concernant les dommages-intérêts, lorsque la rupture du contrat de travail fait suite à une demande du salarié (procédure devant le juge du contrat avec une demande de qualification de la rupture du contrat de travail à l'initiative du salarié en raison de faits que celui-ci reproche à son employeur, L. 1451-1), le montant de l'indemnité octroyée est déterminé selon le barème légal (L. 1235-3).

Cependant, lorsque cette rupture produit les effets d'un licenciement nul (pour discrimination, harcèlement ou atteinte à une liberté fondamentale, L. 1235-3-1), le juge octroie au salarié une indemnité, à la charge de l'employeur, qui ne peut être inférieure aux salaires des six derniers mois.

L'employeur est tenu de remettre au salarié son certificat de travail et l'attestation pour Pôle emploi (Soc. 4 juin 2008) ; son refus est constitutif d'un trouble manifestement illicite. En revanche, « *il n'y a pas lieu d'ordonner à l'employeur de délivrer une lettre de licenciement* » (Soc. 3 févr. 2010, SARL École bilingue Maria Montessori).

• Situations particulières

En cas de succession d'actions par le salarié, demande de résiliation judiciaire puis prise d'acte, « *il appartient au juge de se prononcer sur la seule prise d'acte* », et de « *fonder sa décision sur les manquements de l'employeur invoqués par le salarié tant à l'appui de sa demande en résiliation judiciaire devenue sans objet qu'à l'appui de la prise d'acte* » (Soc. 31 oct. 2006).

Le salarié ne peut pas rétracter sa prise d'acte (Soc. 14 oct. 2009, Sté Point P). La prise d'acte entraîne la cessation immédiate et définitive du contrat, tout événement concomitant ou postérieur, comme l'engagement d'une procédure collective (entreprise en difficulté), est sans effet (Soc. 30 juin 2010, Delezenne).

• Contentieux

Lorsque le CPH est saisi d'une demande de qualification de la rupture du contrat de travail à l'initiative du salarié en raison de faits que celui-ci reproche à son employeur, l'affaire est directement portée devant le bureau de jugement, qui statue au fond dans un délai d'un mois suivant sa saisine (L. 1451-1).

Départ en retraite

• Principe

Le départ en retraite résulte d'une décision du salarié de rompre son contrat de travail et de bénéficier de sa pension. Le salarié peut quitter l'entreprise, dans ce cadre, même s'il ne bénéficiera pas d'une retraite à taux plein, dès lors qu'il a atteint au moins l'âge de 60 ans pour les salariés nés avant le 1er juill. 1951 ; et au moins 60 ans et 4 mois (pour les salariés nés entre le 1er juill. 1951 et le 31 déc. 1951) jusqu'à l'âge de 62 ans (pour les salariés nés à partir du 1er janv. 1955 ; CSs L. 161-17-2 et D. 161-2-1-9). Le nombre de trimestres de cotisation nécessaire pour obtenir une « pension à taux plein » va augmenter d'un trimestre tous les trois ans, à partir de la génération 1958, sans modifier l'âge légal de départ (CSs art. L. 161-17-3).

• Modalités et indemnités

Tout salarié qui quitte volontairement l'entreprise pour partir en retraite doit respecter un préavis dont la durée est celle prévue en cas de licenciement (L. 1237-10). Il a droit à l'indemnité de départ en retraite égale (L. 1237-9) à soit un demi-mois de salaire après 10 ans d'ancienneté ; un mois de salaire après 15 ans d'ancienneté ; un mois et demi de salaire après 20 ans d'ancienneté ; 2 mois de salaire après 30 ans d'ancienneté (D. 1237-1) ; soit au montant prévu par la convention collective applicable à l'entreprise qui peut comporter des dispositions plus favorables.

Selon une initiative commune

Quelle que soit la forme du contrat, il existe des causes communes de rupture qui découlent du droit applicable à tout contrat civil. La rupture peut résulter d'un commun accord des parties. La conclusion du contrat de travail dépend, selon la théorie juridique, de la rencontre de 2 volontés autonomes. Ce que ces volontés ont fait, elles peuvent le défaire et un contrat peut cesser à tout moment d'un commun accord des parties.

EN PRATIQUE

Les conditions auxquelles doit obéir la rupture par consentement mutuel pour être valide sont les suivantes :

- absence de tout vice du consentement de la part du salarié (il doit donner librement son accord, en toute connaissance de cause) ;
- paiement au salarié au minimum des sommes auxquelles il aurait droit en cas de licenciement.

Une rupture d'un commun accord peut être annulée par le juge. Ainsi, l'acte de rupture d'un commun accord est nul en raison des violences (harcèlement sexuel...) dont une jeune salariée en contrat de qualification avait fait l'objet de la part de l'employeur. Le juge alloue à la salariée des dommages-intérêts (Soc. 30 nov. 2004, art. 1142 C. civ.).

Rupture conventionnelle du contrat de travail

Cette construction jurisprudentielle sur la rupture amiable est absorbée par ce nouveau dispositif légal : la rupture du contrat de travail par accord des parties ne peut intervenir que dans le cadre d'une « rupture conventionnelle » (Soc. 15 oct. 2014, PBR).

• Objet

L'employeur et le salarié peuvent convenir en commun des conditions de la rupture du contrat de travail qui les lie. La rupture conventionnelle, exclusive du licenciement ou de la démission, ne peut être imposée par l'une ou l'autre des parties. Elle résulte d'une convention signée par les parties au contrat. Les dispositions légales sont destinées à « garantir la liberté du consentement des parties » (L. 1237-11). Elle donne l'illusion d'une égalité des parties.

• Modalités

L'employeur et le salarié conviennent du principe d'une rupture conventionnelle lors d'un ou de plusieurs entretiens. Le salarié peut se faire assister soit par un salarié de son choix appartenant au personnel de l'entreprise, soit, en l'absence d'IRP dans l'entreprise, par un conseiller du salarié. L'employeur a la faculté de se faire assister, quand le salarié en fait lui-même usage, par une personne de son choix appartenant au personnel de l'entreprise ou, dans les entreprises de moins de 50 salariés, par une personne appartenant à son organisation syndicale d'employeurs ou par un autre employeur relevant de la même branche.

Le salarié et l'employeur s'informent auparavant de leurs souhaits de se faire assister (L. 1237-12).

• Convention

La convention de rupture :
– Définit les conditions de la rupture, notamment le montant de l'indemnité spécifique de rupture du contrat de travail (cette indemnité est au moins égale à l'indemnité conventionnelle de licenciement, prévue par la convention collective applicable ; depuis le 27 nov. 2009, selon l'arrêté d'extension du 26 nov. 2009 de l'avenant n° 4 du 18 mai 2009, à l'ANI du 11 janv. 2008, art. 12, pour toutes les entreprises, relevant du champ d'application de l'ANI, et, depuis le 17 juin 2009, pour les entreprises adhérentes des organisations signataires de l'avenant n° 4 du 18 mai 2009 à l'ANI du 11 janv. 2008 ayant considéré que le salarié doit bénéficier de l'indemnité conventionnelle quand elle est supérieure – procès-verbal d'interprétation du 15 déc. 2008 ; dans les autres entreprises, cette indemnité ne pouvant être inférieure à l'indemnité légale de licenciement, L. 1237-13 al. 1, Soc. 3 juin 2015).
– Fixe la date de rupture du contrat de travail, qui ne peut intervenir avant le lendemain du jour de l'homologation.

EN PRATIQUE

À compter de la date de sa signature par les 2 parties, chacune d'entre elles dispose d'un délai de 15 jours calendaires pour exercer son droit de rétractation. Ce droit est exercé sous la forme d'une lettre adressée par tout moyen attestant de sa date de réception par l'autre partie (L. 1237-13 ; Soc. 6 oct. 2015).

• Homologation

La validité de la convention est subordonnée à son homologation. À l'issue du délai de rétractation, la partie la plus diligente adresse une demande d'homologation à l'UD (DIRECCTE) (R. 1237-3), avec un exemplaire de la convention de rupture (modèle de la demande fixé par l'arrêté du 18 juill. 2008). L'UD (DIRECCTE) dispose d'un délai d'instruction de 15 jours ouvrables, à compter de la réception de la demande, pour s'assurer du respect des conditions légales et de la liberté de consentement des parties, notamment du salarié. À défaut de notification dans ce délai, l'homologation est réputée acquise et l'UD (DIRECCTE) est dessaisie. Il s'agit d'un contrôle restreint. L'homologation ne peut faire l'objet d'un litige distinct de celui relatif à la convention. La DIRECCTE peut retirer sa décision de refus et homologuer la rupture (Soc. 12 mai 2017).

• Droits du salarié

Les salariés dont la rupture du contrat de travail résulte de cette « rupture conventionnelle » bénéficient du versement des allocations d'assurance-chômage dans des conditions de droit commun dès lors que la rupture conventionnelle a été homologuée par l'UT (DIRECCTE).

• Exclusions du champ d'application

Cette rupture conventionnelle n'est pas applicable aux ruptures de contrats de travail résultant d'accords collectifs de GPEC (L. 2242-15) ou de PSE (L. 1233-61) (L. 1237-16). La rupture conventionnelle ne doit pas conduire à contourner les règles du licenciement collectif pour motif économique (Soc. 9 mars 2011, chapitre XI).

• Transaction

La rupture conventionnelle peut donner lieu à une transaction (art. 2044 C. civ.), « *si celle-ci intervient postérieurement à l'homologation de la rupture conventionnelle* » par la DIRECCTE et « *si elle a pour objet de régler un différend relatif non pas à la rupture du contrat de travail, mais à son exécution sur des éléments non compris dans la convention de rupture* » (Soc. 26 mars 2014, Institut supérieur de l'agriculture de Beauvais ; Soc. 25 mars 2015, Union Agricole des Pays de Loire).

• Contentieux

Tout litige concernant la convention, l'homologation ou le refus d'homologation relève exclusivement de la compétence du CPH (L. 1237-14). En cas de non-respect des règles légales (entretien...), « *la rupture conventionnelle est nulle et la rupture du contrat de travail (...) est abusive* » (CPH Paris, Commerce, 13 nov. 2009, Le Cat Corner). Il en est ainsi en cas d'absence de remise au salarié d'un exemplaire de la convention de rupture (Soc. 6 févr. 2013, Sté Bâtiment et génie civil), nécessaire « *pour garantir le libre consentement du salarié, en lui permettant d'exercer ensuite son droit de rétractation en connaissance de cause* ». En cas d'annulation de la rupture conventionnelle, la rupture produit les effets d'un licenciement sans cause réelle et sérieuse.

Cependant, le défaut d'information du salarié sur la possibilité de se faire assister lors de l'entretien ou sur la possibilité de prendre contact avec le service public de l'emploi, qui n'affecte pas la liberté de son consentement, n'entraîne pas la nullité de la convention (Soc. 29 janv. 2014, 2 arrêts – Sté King Jouet et Sté Papier Mettler France).

Une erreur, défavorable au salarié, sur le montant de l'indemnité, n'entraîne pas, en elle-mwême, la nullité de la convention de rupture (Soc. 4 nov. 2015, Ass. 4A).

Des questions d'articulation entre licenciement et rupture conventionnelle se posent lorsque le contrat de travail a été rompu par l'exercice par l'une ou l'autre des parties de son droit de résiliation unilatérale (licenciement ou démission), la signature postérieure d'une rupture conventionnelle vaut renonciation commune à la rupture précédemment intervenue (Soc. 3 mars 2015, sté Rector Lesage).

En cas de licenciement disciplinaire et rupture conventionnelle, la signature par les parties au contrat de travail d'une rupture conventionnelle (le salarié ayant exercé son droit de rétractation), après l'engagement d'une procédure disciplinaire de licenciement, n'emporte pas renonciation par l'employeur à l'exercice de son pouvoir disciplinaire (Soc. 3 mars 2015, sté Bicbo Soredis). Et la signature par les parties d'une rupture conventionnelle ne constitue pas un acte interruptif de la prescription (de 2 mois pour engager une poursuite disciplinaire), quand le salarié a exercé son droit de rétractation (Soc. 3 mars 2015, sté Patri Auto).

Le recours juridictionnel doit être formé, à peine d'irrecevabilité, avant l'expiration d'un délai de 12 mois à compter de la date d'homologation de la convention.

Des fraudes sont constatées, ainsi que des contournements de procédures. Voici quelques illustrations

JURISPRUDENCE

Le juge opère un contrôle approfondi du libre consentement, en particulier du salarié.

Des faits de harcèlement moral caractérisent une situation de violence justifiant l'annulation de l'acte de rupture conclu entre les parties (Soc. 30 janv. 2013, sté Copie Repro, « *la salariée était au moment de la signature de l'acte de rupture conventionnelle dans une situation de violence morale du fait du harcèlement moral* », le consentement n'est pas valable quand il a été extorqué par la violence – art. 1109 C. civ.).

Une absence de « *véritables entretiens permettant au salarié de donner un consentement éclairé* » (CPH Toulouse, encadrement, départ., 24 mai 2011, SA SII).

« *Un détournement des règles relatives aux licenciements pour motif économique avéré constituerait un trouble manifestement illicite* » ; une rupture conventionnelle ne peut être homologuée par le juge des référés (CPH Toulouse, référé, 22 janv. 2010, Sté CSSI et a. c/ DDTEFP).

Un employeur qui utilise la rupture conventionnelle pour échapper à son obligation de reclassement d'un salarié inapte par suite d'un AT et aux conséquences financières commet une rupture abusive qui produit les effets d'un licenciement sans cause réelle et sérieuse (CPH Les Sables d'Olonne, 25 mai 2010, SARL Tessier, Syndicat CFDT Construction et bois).

Cependant, « sauf en cas de fraude ou de vice du consentement, (...) une rupture conventionnelle peut être valablement conclue (...) au cours de la période de suspension consécutive à un accident du travail ou une maladie professionnelle » (Soc. 30 sept. 2014, PBR, Sté Strand Cosmetics Europe ; déjà Soc. 28 mai 2014). Cette solution jurisprudentielle permet par accord d'écarter des dispositions protectrices d'ordre public, que le texte n'autorise pourtant pas (L. 1226-9). Dans les mêmes conditions (absence de fraude ou de vice de consentement), une rupture conventionnelle peut être valablement conclue au cours des périodes de suspension du contrat de travail auxquelles la salariée a droit au titre de son congé de maternité et pendant la période de 4 semaines suivant l'expiration de ce congé (Soc. 25 mars 2015, sté Sword).

Une rupture conventionnelle ne peut contenir un vice du consentement lié à une contrainte morale ou économique (CA Grenoble, 19 nov. 2013).

Rupture conventionnelle collective de contrats de travail

Un accord collectif portant GPEC ou RCC peut définir les conditions et modalités de la rupture d'un commun accord du contrat de travail (L. 1237-17). Ces ruptures, exclusives du licenciement ou de la démission, ne peuvent être imposées par l'une ou l'autre des parties (*supra* – licenciements économiques).

Documents

À RETENIR

Lors de la rupture du contrat de travail, l'employeur doit remettre au salarié plusieurs documents obligatoires (certificat de travail, attestation Pôle emploi). D'autres documents sont facultatifs (reçu pour solde de tout compte notamment).

• Certificat de travail

Contenu

L'employeur doit, à l'expiration du contrat de travail, délivrer au travailleur un certificat contenant le nom de l'employeur, les nom et prénoms du salarié, la date de son entrée et celle de sa sortie, et la nature de l'emploi ou, le cas échéant, des emplois occupés successivement ainsi que les périodes pendant lesquelles ces emplois ont été tenus (L. 1234-19, D. 1234-6). Il mentionne le lieu et la date de sa délivrance.

Les mentions qui seraient susceptibles de nuire au salarié (appréciations défavorables, indications sur les circonstances de la rupture, etc.) sont interdites (cf. le « livret ouvrier » du XIXe siècle).

Outre ces mentions obligatoires, d'autres mentions sont facultatives. Il en va ainsi de la formule « libre de tout engagement », qui constate l'expiration régulière du contrat de travail et ne signifie nullement que l'intéressé n'est pas lié par une clause de non-concurrence. Ceci est d'autant plus important que l'existence d'une clause de non-concurrence ne doit plus être mentionnée sur le certificat de travail (Soc. 4 mars 1992). Pourtant, le nouvel employeur est responsable s'il embauche ou continue à faire travailler un salarié lié par une clause de non-concurrence à un ancien employeur.

Objet

Le certificat de travail a un double objet : d'une part permettre au salarié de prouver qu'il a travaillé pour un employeur pendant un certain temps et lui faciliter ainsi la recherche d'un nouvel emploi ; d'autre part permettre au nouvel employeur de s'assurer que le travailleur qu'il se propose d'embaucher n'est plus lié par un contrat antérieur.

Si un employeur embauche un salarié qu'il sait déjà lié par un contrat de travail, il est solidairement responsable du dommage causé à l'employeur précédent. Le salarié, dispensé d'exécuter son préavis, peut toutefois entrer, pendant la durée de celui-ci, au service d'un autre employeur.

Modalités

Le certificat de travail est établi sur papier libre, exempt de timbre ou d'enregistrement. Le certificat est « quérable et non portable » (l'employeur, après l'avoir établi, doit seulement le tenir à la disposition du salarié, mais n'est pas tenu de le lui envoyer, Soc. 24 janv. 1979, Sté Bruynzeel).

Sanction civile

Si l'employeur ne remet pas au salarié le certificat de travail, le lui remet tardivement ou omet certaines des mentions obligatoires, le salarié peut demander au CPH des dommages-intérêts, dont le montant sera fixé en tenant compte du préjudice subi. La délivrance, le cas échéant, sous peine d'astreinte, du certificat de travail, peut être ordonnée par le BCO du CPH ou par la voie du référé prud'homal.

Sanction pénale

L'employeur défaillant s'expose à une amende de 750 €.

• Attestation pour Pôle emploi

Pour permettre à son ex-salarié de bénéficier éventuellement des allocations de chômage, l'employeur doit lui délivrer les attestations et justificatifs lui permettant de faire valoir ses droits (R. 1234-9 et s.). La délivrance doit intervenir au moment de la résiliation, de l'expiration ou de la rupture du contrat de travail. Cette attestation apparaît portable (Soc. 12 nov. 2002, Sté Cabinet Deny « Le Domaine lorrain »).

Sanction civile

Le salarié est fondé à obtenir des dommages-intérêts en réparation du préjudice que lui a causé le retard de l'employeur à délivrer l'attestation (Soc. 17 sept. 2014).

Sanction pénale

Une amende de 1 500 € sanctionne la non-délivrance des attestations permettant la détermination des droits des salariés ou la délivrance d'attestations non conformes.

• Reçu pour solde de tout compte

Revenant en arrière, le nouveau dispositif légal (loi du 25 juin 2008), répondant au besoin de sécurité juridique exprimé par les organisations d'employeurs inscrit dans des dispositions de l'ANI du 11 janvier 2008 de modernisation du marché du travail, prévoit que « le solde de tout compte, établi par l'employeur et dont le salarié lui donne reçu, fait l'inventaire des sommes versées au salarié lors de la rupture du contrat de travail. Le reçu pour solde de tout compte peut être dénoncé dans les 6 mois qui suivent sa signature, délai au-delà duquel il devient libératoire pour l'employeur pour les sommes qui y sont mentionnées » (L. 1234-20). « *Le reçu pour solde de tout compte n'a d'effet libératoire que pour les seules sommes qui y sont mentionnées* » (Soc. 18 déc. 2013, Pharmacie du centre commercial de Wasquehal).

Le reçu ne peut être délivré qu'à l'expiration du contrat de travail ; il doit alors être établi en double exemplaire, dont l'un est remis au salarié.

« *La dénonciation par le salarié, dans le délai de six mois suivant sa signature, du reçu pour solde de tout compte, n'a pas à être motivée et prive le reçu pour solde de tout compte de tout effet libératoire, ne méconnaissant ni le principe de sécurité juridique ni le principe d'égalité devant la loi* » (Soc. 18 sept. 2013, QPC). « *La signature d'un reçu pour solde de tout compte, rédigé en termes généraux, ne peut valoir renonciation du salarié au droit de contester le bien-fondé de son licenciement ; seule une transaction, signée après le licenciement et comportant des concessions réciproques, peut l'empêcher d'agir* » (Soc. 15 janv. 2013, sté Lacroix Mayotte).

Clauses contractuelles

Plusieurs clauses contractuelles peuvent entrer en vigueur lors de la rupture du contrat de travail ; une clause peut être conclue.

• Clause de non-concurrence

Justification

Un salarié, à l'expiration de son contrat de travail, peut porter atteinte aux intérêts de son ex-employeur, s'il crée une entreprise concurrente ou fait l'apport à un concurrent de son expérience professionnelle, de son capital de relations commerciales, etc. Aussi les contrats de travail contiennent-ils parfois une clause de non-concurrence qui prend effet à l'expiration du contrat (elle se distingue ainsi de la clause d'exclusivité), quelle qu'en soit la nature, et qui vise à interdire au salarié l'exercice de certaines activités professionnelles. Celles-ci doivent avoir été prévues avant l'expiration du contrat de travail, y compris par avenant, mais le salarié peut refuser d'y souscrire et un tel refus ne peut constituer un motif de licenciement (Soc. 7 juill. 1998). La clause souscrite par un salarié dont le contrat de travail est transféré est transmise au nouvel employeur (Soc. 15 oct. 1997).

Régime

Aucune disposition légale ne concerne les clauses de non-concurrence. C'est la jurisprudence qui a déterminé les conditions de leur validité, en cherchant à tenir compte à la fois des intérêts de l'entreprise (qui est fondée à se prémunir contre un tel risque) et du salarié (qui doit pouvoir continuer à exercer une activité professionnelle en utilisant ses compétences « pour gagner sa vie »). Selon la jurisprudence (Soc. 10 juill. 2002, M. Barbier c/ Sté Maine Agri), « *une clause de non-concurrence n'est licite que si elle est indispensable à la protection des intérêts légitimes de l'entreprise, limitée dans le temps et dans l'espace, qu'elle tient compte des spécificités de l'emploi du salarié et comporte l'obligation pour l'employeur de verser au salarié une contrepartie financière, ces conditions étant cumulatives* ».

EN PRATIQUE

Il ressort de cette jurisprudence que l'interdiction de concurrence doit être limitée :
- dans le temps ;
- dans l'espace ;
- quant à la nature de l'activité interdite.

La clause doit, en raison des fonctions du salarié, protéger les intérêts légitimes de l'entreprise, ce qui n'était pas le cas pour un laveur de vitres (Soc. 14 mai 1992, Godissart, « *en raison des fonctions du salarié, la clause de non-concurrence n'était pas indispensable à la protection des intérêts légitimes de l'entreprise* »), voire pour un négociateur à l'achat et à la vente de fonds de commerce (Soc. 16 déc. 1998), mais peut l'être pour un électromécanicien (Soc. 14 févr. 1995) ou le serveur d'un café (Soc. 1er mars 1995).

La clause incluse dans un contrat de travail aux termes de laquelle l'employeur se réserve la faculté, après la rupture du contrat de travail, d'imposer au salarié une obligation de non-concurrence, est nulle (Soc. 12 févr. 2002). Il n'est donc plus possible d'utiliser des clauses dites en sommeil.

Contrepartie

Le contrat qui contient une clause de non-concurrence doit prévoir qu'une indemnité sera allouée au salarié pendant la période où l'obligation s'imposera. La validité de cette clause est conditionnée à une telle contrepartie financière (Soc. 10 juill. 2002). Cette condition s'applique de plein droit aux contrats en cours d'exécution (Soc. 17 déc. 2004). L'ajout d'une contrepartie financière constitue une modification du contrat de travail, qui doit recevoir l'accord exprès du salarié concerné. Lorsque le contrat de travail fait référence à un accord collectif, la contrepartie financière évoquée par cet accord s'applique de plein droit (Soc. 10 mars 2004) et est considérée comme un salaire.

En cas de non-respect de la clause, le salarié perd tout droit au versement de cette contrepartie et peut être condamné à verser des dommages-intérêts à son ex-employeur (Soc. 9 janv. 2013, M. G. c/ Sté Cis France, préc.). Le contrat de travail peut même prévoir la somme forfaitaire que devra payer le salarié s'il ne respecte pas son obligation. Le montant de cette clause pénale peut être modifié par le tribunal s'il l'estime manifestement excessive ou dérisoire (art. 1152 C. civ.).

Encadrement conventionnel

Les conventions collectives contiennent souvent des dispositions sur les clauses de non-concurrence. Par exemple, la convention collective des VRP prévoit que les clauses de non-concurrence ne pourront interdire la concurrence pendant plus de 2 ans ni en dehors du secteur que le VRP était chargé de visiter. Si la convention collective limite dans le temps la clause de non-concurrence, le contrat de travail ne peut pas prévoir une durée plus longue (Soc. 2 déc. 1998 ; Soc. 12 oct. 2011, quand l'interdiction de non-concurrence est réglementée par une convention collective, le contrat de travail ne peut pas valablement contenir des dispositions plus contraignantes pour le salarié, notamment en ce qui concerne son champ d'application territoriale).

Il arrive même qu'une convention collective prohibe les clauses de non-concurrence. C'est le cas de la convention des chaînes d'hôtels et de restaurants, par exemple. De même, la loi la prohibe pour les avocats collaborateurs ou salariés.

La convention peut aussi contenir des dispositions fixant le montant minimal de la contrepartie pécuniaire versée au salarié pendant la période où il est tenu de respecter son obligation de non-concurrence et sur le montant maximal de la clause pénale. De même, le droit local d'Alsace-Moselle prévoit pour les employés du commerce une indemnisation au moins égale à la moitié des gains et une durée de clause qui ne peut être supérieure à 2 ans. Les contrats individuels peuvent toujours comporter des dispositions plus favorables pour le salarié mais pas moins. C'est ainsi que lorsque la convention collective limite la clause de non-concurrence à une catégorie de salariés, ceux qui n'en font pas partie ne peuvent se voir proposer une telle clause (Soc. 12 nov. 1997).

Mise en œuvre

La responsabilité du nouvel employeur est engagée s'il connaît l'obligation de non-concurrence et passe outre en embauchant ou continuant à faire travailler le salarié. L'ancien employeur peut le poursuivre en concurrence déloyale et lui demander des dommages-intérêts en tant que complice, d'où le problème créé par la jurisprudence interdisant la mention de l'existence d'une clause de non-concurrence sur le certificat de travail. Il peut aussi demander au juge des référés d'ordonner au nouvel employeur de faire cesser le trouble en rompant le contrat de travail, mais le juge ne peut procéder lui-même à sa résiliation (Soc. 13 mai 2003).

La responsabilité du salarié lié par une clause de non-concurrence et qui passe outre est également engagée ; il peut être condamné à des dommages-intérêts au profit de son ancien employeur et à cesser l'activité concurrente, tout en perdant la contrepartie financière prévue.

La clause de non-concurrence s'applique, quel que soit le mode de rupture du contrat de travail (licenciement, démission, etc.), y compris si elle intervient lors de la période d'essai (Soc. 22 juin 1994) ou en cas de dispense de préavis (Soc. 12 mars 1997).

L'employeur que la clause est destinée à protéger peut, mais à condition que cela soit expressément prévu par celle-ci, renoncer à la clause (Soc. 17 févr. 1993). Il doit le faire soit en cours de contrat, soit lors de la rupture de celui-ci, mais en tout cas avant la date à laquelle le salarié quitte l'entreprise. Cette renonciation doit être faite expressément, par écrit – la mention « libre de tout engagement » sur le certificat de travail n'a pas pour effet de le délivrer de la clause de non-concurrence.

Contentieux

Seul le salarié peut invoquer la nullité de la clause de non-concurrence (Soc. 17 juill. 1997). En cas de litige, les juges apprécient au cas par cas si la clause laisse au salarié la possibilité d'exercer son métier. Si le juge estime que la clause porte gravement atteinte à la liberté du travail, il la déclare nulle et le salarié recouvre toute liberté (Soc. 28 oct. 1997). Il peut aussi restreindre l'application de la clause en limitant son effet dans le temps (Soc. 7 mars 2007), l'espace ou autre (Soc. 18 sept. 2002).

• Clause de dédit formation

Principe

La clause de dédit formation est un accord écrit par lequel le salarié s'engage, en contrepartie de la formation qui lui est assurée par son employeur, à continuer à exercer ses fonctions dans l'entreprise pendant au moins une certaine durée (2 ou 3 ans, par exemple) ou, au cas où il le quitterait pendant cette période, à lui verser une somme convenue au titre de dédommagement pour les frais engagés. Pour être opposable au salarié, une telle clause doit être prévue par accord (contrat de travail ou avenant) précis et signé avant le début de la formation (Soc. 4 févr. 2004). Les conditions de validité de cette clause ne sont pas réunies quand elle ne contient « *aucune information sur le coût réel de la formation pour l'employeur* » (Soc. 16 mai 2007).

Un tel engagement constitue juridiquement une clause pénale (art. 1152 C. civ.) ; les dommages-intérêts ainsi fixés forfaitairement sont dus, sauf à être modifiés par le juge s'ils sont manifestement excessifs ou dérisoires.

Lorsqu'un ANI étendu détermine la possibilité d'actions de formation suivies en dehors du temps de travail, les engagements pris ne peuvent comporter de clause financière en cas de démission, si ce n'est pour les salariés dont le niveau de rémunération est supérieur à 3 fois le SMIC. C'est un moyen d'encourager le co-investissement en matière de formation professionnelle (L. 6321-2, L. 932-1).

JURISPRUDENCE

La jurisprudence admet la validité d'une telle clause qui ne porte pas atteinte, en principe, à la faculté, pour le salarié, de mettre fin au contrat de travail à tout moment ; elle exige toutefois que l'indemnité corresponde à des dépenses précises et effectivement engagées par l'employeur (et non pas prises en charge par un organisme extérieur) et allant au-delà de ses obligations légales ou conventionnelles (Soc. 9 févr. 1994).

« Contrats aidés »

Dans le domaine des contrats d'insertion en alternance, est nulle et de nul effet toute clause de remboursement par le jeune à l'employeur des dépenses de formation, en cas de rupture du contrat.

Négociations collectives (voir Partie IV)

Les conditions d'application de clauses de dédit formation doivent figurer parmi les thèmes de la négociation quinquennale de branche sur les objectifs et les moyens de la formation professionnelle (L. 6323-5).

• Clause de garantie d'emploi

Principe

Une clause de garantie d'emploi peut figurer dans le contrat de travail ou dans un accord collectif. Incluse dans le CDI, la clause interdit à l'employeur de licencier le salarié pendant une certaine période, par exemple 5 ans (Soc. 23 oct. 2007). De la même manière, les conventions et accords collectifs peuvent limiter les possibilités de licenciement de l'employeur à des causes qu'ils déterminent.

La Cour de cassation reconnaît la validité d'une telle clause comme ne portant pas atteinte à la liberté de résiliation unilatérale du contrat de travail par l'employeur qui doit, en revanche, en tirer les conséquences financières au profit du salarié. Celles-ci ont pu être prévues dans le contrat également, sous forme d'une clause pénale qui ne pourra être écartée par le juge que si elle est manifestement excessive ou dérisoire.

À défaut, l'indemnité versée au salarié doit correspondre au solde des salaires restant dus jusqu'au terme de la période de garantie (Soc. 27 oct. 1998).

La clause peut aussi prévoir que l'employeur pourra rompre le contrat, pendant la période de garantie, en cas de faute lourde ou grave du salarié rendant impossible le maintien des relations contractuelles (Soc. 13 févr. 1996). Le contrat pourra également être rompu en cas de force majeure ou par accord des parties.

Sanction civile

Concernant la sanction de la violation de la garantie d'emploi, « *le licenciement prononcé pour un motif autre que ceux conventionnellement prévus n'est pas nul, mais seulement dépourvu de cause réelle et sérieuse, en l'absence de dispositions conventionnelles prévoyant expressément la nullité dans une telle hypothèse* » (Soc. 25 mars 2009).

« *La violation par l'employeur de la clause de garantie d'emploi insérée dans un contrat de travail à durée indéterminée ne dispense pas le juge d'examiner la cause du licenciement ; il lui appartient d'apprécier le caractère réel et sérieux des motifs invoqués par l'employeur dans la lettre de licenciement* » (Soc. 13 nov. 2008, Sté Assa Abloy) ; par conséquent, le cumul des indemnités (violation de la clause et défaut de CRS) est possible si l'employeur a prononcé un licenciement sans cause réelle et sérieuse.

• Transaction

La transaction est un contrat écrit par lequel « les parties terminent une contestation ou préviennent une contestation à naître » (art. 2044 Code civil). Ce contrat peut être conclu entre un employeur et un salarié en cas de litige. Il suppose une discussion et des concessions réciproques. Elle ne peut intervenir qu'après la rupture définitive du contrat de travail, c'est-à-dire notamment après réception par le salarié de la lettre de licenciement (Soc. 29 mai 1996), sous peine de nullité qui ne peut toutefois être invoquée que par le salarié (Soc. 28 mai 2002).

La transaction, valablement conclue, a, entre les parties, l'autorité de la chose jugée. En principe, elle ne permet aucune dénonciation ultérieure. Cependant, par exception, le juge (CPH) peut dans certains cas annuler une transaction (défaut de consentement libre du salarié du fait de pressions – Soc. 30 nov. 2004, absence de concessions réciproques ; discrimination, Soc. 24 avril 2013).

La transaction peut accompagner toute rupture du contrat de travail, par commun accord des parties ou par rupture unilatérale (licenciement, démission, etc.).

Dans le cas où elle est signée par un étranger, la Cour de cassation a pu décider que la transaction n'avait aucune valeur si celui-ci n'avait pas compris la signification et la portée du texte signé (Soc. 14 janv. 1997).

Dans la transaction, « *des restrictions peuvent être apportées à la liberté d'expression pour assurer la protection de la réputation et des droits d'autrui dès lors que ces restrictions sont proportionnées au but recherché* » (Soc. 14 janv. 2014, Sté France Télévision 1 TF1).

TROISIÈME PARTIE

LE TRAVAIL

La rémunération et les conditions de travail constituent deux aspects essentiels et complémentaires de l'emploi.

Les dispositions relatives à la santé et à la sécurité constituent un ensemble complexe et souvent très technique, qui bénéficie d'une architecture renouvelée grâce au droit communautaire. Ce droit, en évolution sensible, pose des exigences plus intenses pour la sauvegarde de la santé des travailleurs, dans un contexte de dégradation des conditions de travail. De nombreux acteurs sont chargés de la mobilisation de ce droit dans l'entreprise (chapitre XIII).

La législation sur le temps de travail (chapitre XIV) porte sur le volume de la durée du travail (durée légale, durées maximales, contingent d'heures supplémentaires, etc.) et sur la répartition de cette durée, à travers plus de 25 dispositifs d'aménagement (parfois en réponse aux besoins des salariés et surtout aux demandes des entreprises).

Le temps consacré au travail est aussi fonction du nombre de jours fériés et de la durée des congés payés (chapitre XV).

La législation sur la rémunération, librement fixée par la convention collective et le contrat de travail, intervient pour prévoir un SMIC, affirme le principe de l'égalité de rémunération pour un travail égal ou de valeur égale, confère un statut juridique particulier à cette créance que constitue le salaire et prévoit des règles pour la participation financière des salariés aux résultats de l'entreprise (chapitre XVI).

CHAPITRE XIII

SANTÉ ET SÉCURITÉ AU TRAVAIL

Le droit en matière de santé et sécurité au travail évolue en fonction de catastrophes – par exemple, la mort de 1 099 mineurs en 1905 dans les mines de Courrières ; la mort de 42 mineurs en 1974 dans le bassin de Liévin ; ou plus récemment l'explosion de l'usine AZF de Toulouse le 21 septembre 2001, entraînant la mort de 31 ouvriers et de très nombreux blessés parmi la population (2 242) – et de décisions judiciaires.

Ce droit est également fortement marqué par l'évolution du droit communautaire depuis plus de 20 ans (notamment directive du 12 juin 1989). Les directives communautaires fixent des « prescriptions minimales en vue de promouvoir l'amélioration, notamment du milieu de travail, pour garantir un meilleur niveau de protection de la sécurité et de la santé des travailleurs ». Cette amélioration « représente un objectif qui ne saurait être subordonné à des considérations de caractère purement économique » (directive préc.). Ainsi, de nombreuses directives concernent la santé et la sécurité, soit d'une manière globale, soit par rapport à des risques particuliers (vibrations mécaniques, produits cancérogènes, biotechnologies, travail sur écran, manutentions manuelles de charges lourdes, etc.).

« *Les notions de "sécurité" et de "santé" au sens (...) du traité, (...) , doivent recevoir une interprétation large comme visant tous les facteurs, physiques ou autres, capables d'affecter la santé et la sécurité du travailleur dans son environnement de travail (...) Une telle interprétation peut s'appuyer sur le préambule de la Constitution de l'Organisation mondiale de la Santé, dont font partie tous les États membres, qui définit* ***la santé comme un état complet de bien-être physique, mental et social****, et non pas seulement comme un état consistant en une absence de maladie ou d'infirmité* » (CJCE 12 nov. 1996 Royaume-Uni c/ Conseil ; CJCE 9 sept. 2003, N. Jaeger).

Le droit à la santé et à la préservation de sa santé constitue un droit fondamental de la personne du travailleur : « La possession du meilleur état de santé qu'il est capable d'atteindre constitue l'un des droits fondamentaux de tout être humain, quelles que soient sa race, sa religion, ses opinions politiques, sa condition économique ou sociale » (Constitution de l'OMS, 7 avril 1948).

EN PRATIQUE

Quelques statistiques :

- 17 % des salariés interrogés déclarent subir le comportement hostile d'une ou de plusieurs personnes dans le cadre de leur emploi (DARES, 2008).
- Espérance de vie : les ouvriers vivent moins longtemps que les cadres (à 35 ans, les cadres supérieurs ont une espérance de vie de 47 ans, les ouvriers de 41 ans) et subissent davantage d'incapacités et de handicaps. Les ouvriers du BTP sont les plus exposés aux contraintes physiques (INSEE, « France portrait social 2012 » ; CEE, DARES).
- La sous-déclaration des AT/MP aboutit à creuser le déficit de l'assurance-maladie, qui prend en charge des soins qui devraient relever de la branche AT/MP (rapport 2008 de la commission d'évaluation de la sous-déclaration des AT/MP).
- La dégradation de l'état de santé conduit à une sortie précoce du marché du travail (INSEE, 2008). L'état de santé du salarié est fortement lié à son parcours professionnel (déclassement, fréquence des changements d'emploi, périodes de chômage, pénibilité du travail, etc. – DARES, janv. 2010).
- Les salariés immigrés sont plus exposés aux postures pénibles et connaissent dans leur travail plus de monotonie et moins d'autonomie (DARES, 2009).

À LIRE

M. Blatman et P.-Y. Verkindt, *L'état de santé du salarié*, Liaisons, 2013, 3e éd.
N. Chaignot-Delage et C. Dejours, *Clinique du travail et évolutions du droit*, PUF, 2017.
Ministère du Travail - 3e Plan Santé au travail 2016-2020 (PST3).

Le droit en matière de santé et de sécurité au travail porte sur les normes juridiques applicables et sur les rôles des acteurs.

Champ d'application

Les dispositions législatives et réglementaires en la matière sont applicables aux employeurs de droit privé ainsi qu'aux travailleurs (L. 4111-1).

Elles sont également applicables aux ÉPIC (Établissement public à caractère industriel et commercial), aux Établissements publics administratifs (ÉPA) lorsqu'ils emploient du personnel dans les conditions du droit privé, enfin aux établissements de santé, sociaux et médico-sociaux (relevant de la fonction publique hospitalière).

Les travailleurs sont les salariés, y compris temporaires, et les stagiaires, ainsi que toute personne placée à quelque titre que ce soit sous l'autorité de l'employeur (L. 4111-5).

Principes généraux

Le droit européen (directive-cadre du 12 juin 1989) construit une architecture du droit applicable en matière de prévention. Ces dispositions ont été transposées en droit interne. La directive pose un principe intense : « ***L'employeur est obligé d'assurer la sécurité et la santé des travailleurs dans tous les aspects liés au travail*** » (art. 5 § 1 – cette disposition n'a pas été transposée en droit interne dans le Code du travail, mais constitue le fondement de l'obligation de sécurité de résultat de l'employeur, *infra*).

À LIRE

L'employeur prend les mesures nécessaires pour assurer la sécurité et protéger la santé physique et mentale des travailleurs (L. 4121-1). Ces mesures comprennent :

- des actions de prévention des risques professionnels ;
- des actions d'information et de formation ;
- la mise en place d'une organisation et de moyens adaptés.

L'employeur veille à l'adaptation de ces mesures pour tenir compte du changement des circonstances et tendre à l'amélioration des situations existantes.

L'employeur met en œuvre ces mesures sur le fondement de principes généraux de prévention (L. 4121-2) :

- éviter les risques ;
- évaluer les risques qui ne peuvent être évités ;
- combattre les risques à la source ;
- adapter le travail à l'homme, en particulier en ce qui concerne la conception des postes de travail ainsi que le choix des équipements de travail et des méthodes de travail et de production, en vue notamment de limiter le travail monotone et le travail cadencé et de réduire les effets de ceux-ci sur la santé ;
- tenir compte de l'état d'évolution de la technique ;
- remplacer ce qui est dangereux par ce qui n'est pas dangereux ou par ce qui est moins dangereux ;
- planifier la prévention en y intégrant, dans un ensemble cohérent, la technique, l'organisation du travail, les conditions de travail, les relations sociales et l'influence des facteurs ambiants, notamment les risques liés au harcèlement moral (le droit insiste sur la nécessité d'une politique préventive pluridisciplinaire) ;
- prendre des mesures de protection collective en leur donnant la priorité sur les mesures de protection individuelle ;
- donner les instructions appropriées aux travailleurs.

L'obligation de sécurité de l'employeur repose sur ces 2 dispositions légales (L. 4121-1 et L. 4121-2). L'employeur doit justifier avoir pris toutes les mesures prévues par ces textes.

JURISPRUDENCE

Il a ainsi été jugé que « *ne méconnaît pas l'obligation légale lui imposant de prendre les mesures nécessaires pour assurer la sécurité et protéger la santé physique et mentale des travailleurs l'employeur qui justifie avoir pris toutes les mesures prévues par les articles L. 4121-1 et L. 4121-2 du Code du travail* » (Soc. 1er juin 2016, Sté Finimétal, PBRI).

L'obligation en matière de sécurité et de santé de l'employeur relève à la fois du droit du travail et du droit de la Sécurité sociale (ces deux régimes juridiques sont à harmoniser de façon continue) :

- le ***droit du travail*** concerne, d'une part, la prévention des risques professionnels et, d'autre part, la réparation – hors accident du travail et maladie professionnelle ; l'obligation de l'employeur a un fondement légal ; le contentieux relève de la compétence de la Chambre sociale de la Cour de cassation. L'employeur doit prendre toutes les mesures de prévention prévues par la loi, dans l'ordre fixé par les textes, de façon efficace pour en assurer l'effectivité au bénéfice des destinataires (les travailleurs salariés concernés). C'est à l'employeur de justifier qu'il a effectivement pris ces mesures et respecté son **obligation légale de sécurité** en la matière (la charge de la preuve pèse sur le débiteur de l'obligation légale).
- le ***droit de la Sécurité sociale*** concerne la réparation des conséquences des accidents du travail et des maladies professionnelles et à caractère professionnel, en s'appuyant notamment sur le régime de la faute inexcusable de l'employeur ; **l'obligation de sécurité de résultat** de l'employeur a un fondement contractuel ; le contentieux relève de la compétence de la 2e Chambre civile de la Cour de cassation.

• Évaluation des risques

L'employeur, compte tenu de la nature des activités de l'établissement, évalue les risques pour la santé et la sécurité des travailleurs.

À la suite de cette évaluation, l'employeur met en œuvre les actions de prévention ainsi que les méthodes de travail et de production garantissant un meilleur niveau de protection de la santé et de la sécurité des travailleurs. Il intègre ces actions et ces méthodes dans l'ensemble des activités de l'établissement et à tous les niveaux de l'encadrement (L. 4121-3, R. 4121-1).

L'employeur transcrit et met à jour dans un document les résultats de l'évaluation des risques pour la santé et la sécurité des travailleurs à laquelle il procède : il s'agit du document unique d'évaluation des risques professionnels (DUERP). Cette évaluation comporte un inventaire des risques identifiés dans chaque unité de travail de l'entreprise ou de l'établissement.

Cet inventaire doit être le plus complet possible (risques physiques, mécaniques, etc. ; risques psychosociaux : stress, harcèlement, etc.). Cette évaluation des risques tient compte de l'impact différencié de l'exposition au risque en fonction du sexe (L. 4121-3), afin que les risques auxquels sont exposées les salariées ne soient plus sous-évalués, comme c'est encore souvent le cas actuellement.

À la suite d'une condamnation de la France pour transposition incomplète de la directive 89/391 (CJCE 5 juin 2008), le Code du travail a été modifié : l'employeur doit informer les travailleurs des risques pour leur santé et leur sécurité d'une manière compréhensible pour chacun ; cette information doit porter sur (R. 4141-2) :
- les modalités d'accès au DUERP ;
- les mesures de prévention des risques identifiés dans ce DUERP ;
- le rôle du service de santé au travail et, s'ils existent, des représentants du personnel en matière de prévention des risques professionnels ;
- les consignes de sécurité et de premier secours en cas d'incendie (R. 4227-37).

Ce DUERP doit être tenu à la disposition :
- des travailleurs ;
- de la délégation du personnel du CSÉ ;
- du médecin du travail ;
- des agents de l'Inspection du travail ;
- des agents de service de prévention des organismes de Sécurité sociale ; etc.

Un avis indiquant les modalités d'accès des travailleurs au DUERP est affiché à une place convenable et aisément accessible dans les lieux de travail (R. 4121-4).

Le DUERP doit être mis à jour au moins chaque année, lors de toute décision d'aménagement important modifiant les conditions de santé et de sécurité ou les conditions de travail et lorsqu'une information supplémentaire intéressant l'évaluation d'un risque dans une unité de travail est recueillie (faute de quoi l'employeur est passible d'une amende).

En cas de réalisation du risque (AT/MP notamment), le défaut d'évaluation ou une mauvaise évaluation du risque concerné est retenu contre l'employeur (sur le plan pénal, Crim. 15 mai 2007, Sté Citroën, Crim. 25 oct. 2011, Sté Royal ; sur le pan civil, en matière de reconnaissance de la faute inexcusable par le TASS, *infra*).

Lorsqu'il confie des tâches à un travailleur, l'employeur, compte tenu de la nature des activités de l'établissement, prend en considération les capacités de l'intéressé à mettre en œuvre les précautions nécessaires pour la santé et la sécurité (L. 4121-4).

• Responsabilités de l'État

La responsabilité de l'État peut être engagée devant le juge administratif (action en plein contentieux). Ainsi, il a été jugé que « *du fait de ses carences dans la prévention des risques liés à l'exposition des travailleurs aux poussières d'amiante, l'État avait commis une faute de nature à engager sa responsabilité* » (CE 3 mars 2004, ministère de l'Emploi).

• Responsabilité sociale des entreprises (RSE)

Les sociétés (SA, SE, SCA, etc.) les plus importantes (au moins 500 salariés, chiffre d'affaires supérieur à 40 millions d'euros, etc.) doivent insérer dans leur rapport de gestion une ***déclaration de performance extra-financière*** indiquant la manière dont sont prises en compte les conséquences sociales et environnementales de l'activité (C. commerce, art. L. 225-102-1). Cette déclaration est publiée sur le site Internet de la société.

Toute société qui emploie, à la clôture de deux exercices consécutifs, au moins 5 000 salariés en son sein et dans ses filiales directes ou indirectes et dont le siège social est fixé sur le territoire français, ou au moins 10 000 salariés en son sein et dans ses filiales directes ou indirectes dont le siège social est fixé sur le territoire français ou à l'étranger, établit et met en œuvre de manière effective un « ***plan de vigilance*** » (C. commerce, art L. 225-102-4 et s.). Ce plan comporte les mesures de vigilance raisonnable propres à identifier les risques et à prévenir les atteintes graves envers les droits de l'homme et les libertés fondamentales, la santé et la sécurité des personnes ainsi que l'environnement, résultant des activités de la société et de celles des sociétés qu'elle contrôle, directement ou indirectement, ainsi que des activités des sous-traitants ou fournisseurs avec lesquels est entretenue une relation commerciale établie, lorsque ces activités sont rattachées à cette relation. Le plan de vigilance et le compte rendu de sa mise en œuvre effective sont rendus publics et inclus dans le rapport annuel présenté par le conseil d'administration ou le directoire à l'Assemblée générale des actionnaires.

Cette loi du 27 mars 2017 est une réponse à une catastrophe : le 24 avril 2013, l'effondrement de l'immeuble du Rana Plaza, dans la banlieue de Dacca au Bangladesh, provoquait la mort de 1 135 travailleuses et travailleurs et des blessures, avec des amputations, à près de 2000 travailleuses (en majorité) et travailleurs.

Règles techniques générales

Les établissements et locaux de travail sont aménagés de manière à ce que leur utilisation garantisse la sécurité des travailleurs. Ils sont tenus dans un état constant de propreté et présentent les conditions d'hygiène et de salubrité propres à assurer la santé des intéressés (L. 4221-1).

• Règles relatives à l'hygiène

Des obligations sont fixées au maître d'ouvrage pour la conception des lieux de travail (L. 4211-1 et L. 4211-2), ainsi que pour l'utilisation des lieux de travail (L. 4221-1). Des dispositions réglementaires portent sur divers points, notamment :

- les installations sanitaires, restauration et hébergement (R. 4228-1) ;
- l'aération, l'assainissement (R. 4222-1) ;
- l'ambiance thermique (R. 4223-13) ;
- l'éclairage (R. 4223-1) ;
- le confort au poste de travail : mise à disposition de boissons (R. 4225-2), de sièges (R. 4225-5), d'équipements de travail (R. 4321-1), etc.

Ces dispositions comportent des obligations très précises pour l'employeur. Par exemple, les niveaux d'éclairement des locaux affectés au travail doivent être au moins égaux à des valeurs minimales exprimées en lux (R. 232-7-2).

• Règles relatives à la sécurité

Destinées à prévenir les accidents et les maladies professionnelles, ces règles forment un ensemble complexe. La variété de ces textes s'explique par la multiplicité des risques d'accident ou de maladie auxquels sont exposés les travailleurs.

Des dispositions visent à assurer la prévention au regard de certains risques d'exposition :

– Risques chimiques (L. 4411-1 et s.), avec notamment :
  - l'exposition aux agents chimiques dangereux cancérogènes, mutagènes et toxiques pour la reproduction – « CMR » (R. 4412-59) ; l'employeur doit mesurer l'exposition à ces agents (CMR), communiquer les résultats et

prendre des mesures de protection en cas de dépassement d'une Valeur Limite d'Exposition contraignante (R. 4412-149 et s., R. 4222-10) ;
- l'exposition aux fibres d'amiante (L. 4111-6 et L. 4412-1 ; R. 4412-94 et s. : mesures de prévention et moyens de protection collective, EPI, mesurage des niveaux d'empoussièrement, certification des entreprises réalisant des travaux de retrait ou d'encapsulage d'amiante, formation des travailleurs, etc. ; repérage avant travaux – L. 4412-2 et L. 4754-1).
- La réalisation du risque chimique est à l'origine de l'explosion de l'usine AZF de Toulouse – mélange de nitrate d'ammonium et d'un produit chloré, par du personnel – non informé de ce risque – d'une entreprise de sous-traitance assurant le nettoyage (*infra*).

– Risques biologiques (L. 4421-1).
– Risques d'exposition au bruit (L. 4431-1, R. 4431-1) ; l'employeur doit être à même, grâce à des mesurages, d'identifier les salariés pour lesquels l'exposition sonore quotidienne atteint ou dépasse 80 décibels, et de déclencher une action de prévention (R. 4431-2).
– Risques d'exposition aux vibrations mécaniques (L. 4441-1).
– Risques d'exposition aux rayonnements (L. 4451-1 et s.).
– Risques d'incendie et d'explosion (R. 4227-1 à R. 4227-57), etc.

Des dispositions visent à assurer la prévention des risques liés à certaines activités ou opérations :
– Travaux réalisés dans un établissement par une entreprise extérieure (L. 4511-1) ; lorsque dans un même lieu de travail les travailleurs de plusieurs entreprises sont présents (sous-traitance de site), les employeurs doivent coopérer à la mise en œuvre de dispositions relatives à la santé et à la sécurité au travail (R. 4511-1 et s.).
– Installations nucléaires de base et installations susceptibles de donner lieu à des servitudes d'utilité publique (L. 4521-1 et s.).
– Bâtiment et génie civil (L. 4531-1 et s.) ; le bâtiment continue notamment d'occuper une place importante au regard des risques pour la santé et la sécurité.

D'une part, des règles particulières de santé et de sécurité sont prévues. Ainsi, la prévention des chutes de hauteur à partir d'un plan de travail (risque majeur) est assurée :
« 1° Soit par des garde-corps intégrés ou fixés de manière sûre, rigides et d'une résistance appropriée, placés à une hauteur comprise entre 1 mètre et 1,10 m et comportant au moins :
a) Une plinthe de butée de 10 à 15 cm, en fonction de la hauteur retenue pour les garde-corps ;
b) Une main courante ;
c) Une lisse intermédiaire à mi-hauteur.
2° Soit par tout autre moyen assurant une sécurité équivalente » (R. 4323-59).

D'autre part, des règles de coordination sont prévues au regard de la multiplicité des problématiques liées à la coactivité d'entreprises (L. 4532-2). En particulier, le maître d'ouvrage doit désigner un coordonnateur. « *Il incombe au coordonnateur en matière de sécurité, dans la phase de réalisation de l'ouvrage, d'anticiper les situations de risque pouvant résulter notamment des dispositions prises par les entreprises intervenant sur le chantier* » (Crim. 9 juin 2009, délit d'homicide involontaire retenu).

– Autres activités et opérations :
- manutention des charges (L. 4541-1, R. 4541-1) ;
- utilisation d'écrans de visualisation ; l'information sur les postes, des visites médicales périodiques, les normes des équipements, les conditions de chaleur, de bruit, d'éclairage, etc. (R. 4542-1) ;
- interventions sur les équipements élévateurs et installés à demeure ;
- opérations sur les installations électriques et dans leur voisinage ; etc.

Des dispositions particulières visent à assurer la prévention des risques pour certaines catégories de travailleurs. Ces règles concernent les personnes plus vulnérables au regard de :
- leur âge (jeunes travailleurs – L. 4152-1, L. 4153-9 et s. et D. 4153-1, R. 4153-23 ; seniors – accords collectifs, notamment l'ANI du 13 oct. 2005) ;
- leur sexe (L. 4152-1 et s., R. 4121-1, R. 4152-1 – femmes enceintes, venant d'accoucher ou allaitant) – les textes sont à harmoniser, à actualiser et à compléter au regard de risques mal pris en compte, par exemple le port de charges dans le secteur de la grande distribution alimentaire (Rapports CSEP-ANACT avril 2017) ;
- leurs statuts professionnels : salariés en contrats précaires (L. 4154-1) et stagiaires.

Concernant ces derniers, il est interdit de confier au jeune en stage des tâches dangereuses pour sa santé ou sa sécurité et il doit bénéficier des règles légales et conventionnelles applicables en matière de temps de travail (durées maximales, repos minimum, jours fériés, travail de nuit), un décompte de ses durées de présence devant être établi par l'entreprise d'accueil (L. 124-14 C. éducation). Les stagiaires bénéficient des protections contre les harcèlements (sexuel, moral) dans les mêmes conditions que les salariés (L. 124-12).

• Règles relatives aux conditions de travail

Organisation du travail

Obligation de sécurité et organisation du travail. « *L'employeur est tenu, à l'égard de son personnel, d'une obligation de sécurité de résultat qui lui impose de prendre les mesures nécessaires pour assurer la sécurité et protéger la santé* *des travailleurs ; il lui est interdit, dans l'exercice de son pouvoir de direction, de prendre des mesures qui auraient pour objet ou pour effet de compromettre la santé et la sécurité des salariés* » (Soc. 5 mars 2008, Sté Snecma).

Par conséquent, ***le juge peut suspendre une décision de l'employeur relative à l'organisation du travail qui « était de nature à compromettre la santé et la sécurité des travailleurs concernés »***, dès lors que « *la nouvelle organisation mise en place par l'employeur (...) réduisait le nombre des salariés assurant le service de jour et entraînait l'isolement du technicien chargé d'assurer seul la surveillance et la maintenance de jour, en début de service et en fin de journée, ainsi que pendant la période estivale et à l'occasion des interventions, cet isolement augmentant les risques liés au travail dans la centrale, et que le dispositif d'assistance mis en place était insuffisant pour garantir la sécurité des salariés* » (Soc. 5 mars 2008, préc.).

Ainsi, le juge peut annuler une décision de gestion préjudiciable ou susceptible d'être préjudiciable à la santé des travailleurs, même en l'absence d'infraction aux règles de santé et de sécurité au travail. L'action en justice de l'organisation syndicale peut notamment s'appuyer sur le rapport de l'expert du CHSCT.

Sur le fondement de l'obligation de sécurité, le juge fait défense à l'employeur d'avoir recours à un système de « gestion des performances » « *qui crée un stress permanent* » et entraîne « *une compétition ininterrompue entre les salariés* », « *une incitation pernicieuse à passer outre la réglementation pour faire du chiffre* », etc. (TGI Lyon, 4 sept. 2012, Syndicat Sud Groupe BPCE c/ Caisse d'Épargne Rhône-Alpes, confirmé par CA Lyon 21 févr. 2014).

Dans l'ANI du 19 juin 2013 « Vers une politique d'amélioration de la qualité de vie au travail et de l'égalité professionnelle » (accord à durée déterminée de 3 ans, étendu par arrêté du 15 avril 2014), il est affirmé que « l'organisation du travail est de la seule responsabilité de l'employeur ». Cependant, les partenaires sociaux ont négocié sur des éléments de cette organisation du travail, sans aller toutefois jusqu'à adopter des dispositions normatives dans ce domaine. L'ANI aborde de façon novatrice la question du contenu du travail (la « qualité de vie au travail » dépend notamment de « la qualité du contenu du travail », c'est-à-dire du travail réel).

Charge et rythme de travail. Parmi les questions importantes concernant l'organisation du travail figurent la charge et le rythme de travail. « Les normes de travail ne doivent pas conduire à un rythme de travail, à une intensité d'effort musculaire ou intellectuel, à une tension nerveuse imposant une fatigue excessive. Aussi la charge de travail supportée par les salariés doit-elle être compatible avec les exigences de leur santé physique et morale. Le respect de ces exigences est une condition nécessaire au développement de la personnalité des salariés » (art. 1er de l'ANI du 17 mars 1975, complété par avenants du 16 oct. 1984 et du 20 oct. 1989, étendu par arrêté du 12 janv. 1996).

Selon le droit européen, « *les États membres prennent les mesures nécessaires pour que l'employeur qui envisage d'organiser le travail selon un certain rythme tienne compte du principe général de l'adaptation du travail à l'homme* » (directive n° 2003/88, art. 13 – Rythme de travail). Cependant, en droit interne, la modification de la cadence de travail sans répercussion sur la rémunération ou le temps de travail de salariées femmes de ménage, a pu être jugée dans une affaire comme « *un simple changement de leurs conditions de travail* », dont le refus justifie les licenciements (Soc. 20 oct. 2010, Mmes Y c/ Sté Strend).

Risques organisationnels (dits psychosociaux)

Ces risques liés à l'intensification du travail et à certaines formes de management et d'organisation du travail commencent enfin à être sérieusement appréhendés.

Politiques publiques. L'amélioration de la prévention de ces risques psychosociaux est à l'ordre du jour. Ces questions de souffrances au travail sont clairement inscrites dans l'agenda des pouvoirs publics (Plan Santé au travail 2016-2020). L'un des axes de ce Plan Santé au travail donne la priorité à la prévention primaire, axée sur l'organisation du travail, et au développement d'une culture de prévention.

EN PRATIQUE

Cinq types de facteurs de risques psychosociaux au travail sont identifiés :
- l'intensité du travail et le temps de travail ; les exigences émotionnelles ;
- le manque d'autonomie ;
- la mauvaise qualité des rapports sociaux au travail ;
- la souffrance éthique ;
- l'insécurité de la situation de travail (Rapport du 11 avril 2011 au ministre du Travail sur le suivi des risques psychosociaux au travail).

Accords collectifs européens. Deux accords collectifs ont été conclus entre les partenaires sociaux européens (CES, BusinessEurope, UEAPME, CEEP) sur le stress (le 8 oct. 2004) et sur la violence et le harcèlement (le 27 avril 2007).

L'ANI du 2 juillet 2008 sur le stress au travail (étendu par arrêté du 23 avril 2009) reprend les dispositions de l'accord européen en l'amendant : « Un état de stress survient lorsqu'il y a déséquilibre entre la perception qu'une personne a des contraintes que lui impose son environnement et la perception qu'elle a de ses propres ressources pour y faire face. L'individu est capable de gérer la pression à court terme, mais il éprouve de grandes difficultés face à une exposition prolongée ou répétée à des pressions intenses. » L'identification d'un problème de stress au travail doit passer par une analyse de facteurs tels que l'organisation et les processus de travail, les conditions et l'environnement de travail, la communication et les facteurs subjectifs. Les organisations signataires prévoient que les accords de branche et les accords d'entreprises ne peuvent déroger aux dispositions de cet ANI que dans un sens plus favorable aux travailleurs. Ainsi, un accord place le comité d'hygiène, de sécurité et des conditions de travail (CHSCT) au cœur du dispositif de prévention du stress au travail, prévoit une méthodologie de mesure du stress et prend en compte l'insécurité liée à l'emploi (Accord-cadre du groupe Saint-Gobain du 9 nov. 2010 relatif à la prévention du stress).

L'ANI du 26 mars 2010 sur la violence et le harcèlement au travail (étendu par arrêté du 23 juill. 2010) prévoit en particulier que « l'employeur, en concertation avec les salariés ou leurs représentants, procédera à l'examen des situations de harcèlement et de violence au travail lorsque de telles situations sont constatées, y compris au regard de l'ensemble des éléments de l'environnement de travail : comportements individuels, modes de management, relations avec la clientèle, mode de fonctionnement de l'entreprise… ».

Les dispositions de ces accords européens et de ces ANI doivent faire l'objet d'accords de branches et d'entreprises pertinents, pour produire des effets dans les conditions de travail.

Responsabilité civile de l'employeur. L'employeur est responsable de l'altération de la santé d'un salarié liée à la dégradation de ses conditions de travail (Soc. 17 févr. 2010, Sté CDF énergie c/ Mme C., dépression – l'employeur alerté par plusieurs courriers de la salariée n'avait pris aucune mesure pour résoudre les difficultés exposées). Quand « *les mesures prises par l'employeur n'étaient pas suffisantes* », il peut être tenu responsable du « *sentiment d'insécurité* » ressenti par une salariée du fait de possibles actes de délinquance perpétrés par des personnes étrangères à l'entreprise (Soc. 6 oct. 2010, SAS Citram Aquitaine, la salariée, travaillant en contact avec le public dans une gare routière, obtient des dommages-intérêts pour violation de l'obligation de sécurité).

Harcèlement moral

Objet. « Aucun salarié ne doit subir les agissements répétés de harcèlement moral qui ont pour objet ou pour effet une dégradation de ses conditions de travail susceptible de porter atteinte à ses droits et à sa dignité, d'altérer sa santé physique ou mentale ou de compromettre son avenir professionnel » (L. 1152-1 et s.). Ces 3 conséquences possibles de la dégradation des conditions de travail ne sont pas cumulatives, le harcèlement moral peut être reconnu, même si elles ne sont pas toutes réunies (l'altération de la santé « *suffit* », Soc. 10 mars 2010, Sté Estudia).

« Aucun salarié, aucune personne en formation ou en stage, ne peut être sanctionné, licencié ou faire l'objet d'une mesure discriminatoire, directe ou indirecte, notamment en matière de rémunération, de formation, de reclassement, d'affectation, de qualification, de classification, de promotion professionnelle, de mutation ou de renouvellement de contrat pour avoir subi ou refusé de subir des agissements répétés de harcèlement moral ou pour avoir témoigné de tels agissements ou les avoir relatés. » (L. 1152-2).

« Toute rupture du contrat de travail intervenue en méconnaissance » de ces dispositions, « toute disposition ou tout acte contraire est nul » (L. 1152-3). Il en est ainsi notamment quand « *le comportement reproché à la salariée était une réaction au harcèlement moral dont elle avait été victime* » (Soc. 29 juin 2011, AHNAC c/ Mme P.).

Définition. En l'absence de définition légale, les agissements de harcèlement moral sont précisés par la jurisprudence (cf. mise à l'écart professionnel, abus de langage, etc.) : mise en cause sans motif des méthodes de travail et dénigrement (Soc. 3 févr. 2010), « *comportement déplacé* » (emportement violent à l'égard d'une salariée, Soc. 10 févr. 2009), etc.

La notion de « harcèlement moral » n'est pas juridiquement sans ambiguïté ; elle masque souvent la question de l'organisation du travail, à l'origine des situations dites de harcèlement moral, en mettant le projecteur sur une relation « harceleur/victime(s) ». Cependant, le « harcèlement managérial » peut également être appréhendé.

Éléments constitutifs. Les agissements de harcèlement moral s'inscrivent le plus souvent dans un processus et peuvent concerner l'organisation du travail, le contenu des fonctions et les moyens, des propos, etc. Par exemple, un employeur qui impose à une salariée des tâches « *au mépris des prescriptions du médecin du travail* » et qui lui propose des postes de niveau inférieur commet un harcèlement moral (Soc. 28 janv. 2010, Sté Leroy Merlin).

« *Le harcèlement moral est constitué, indépendamment de l'intention de son auteur (...)* » (Soc. 10 nov. 2009, FS-PBR) ; le harcèlement moral peut être reconnu par le juge (civil) même si n'est pas établie « l'intention de nuire » ou « l'intention malveillante » de l'employeur ou de la hiérarchie (Soc. 13 mai 2009).

« *Les faits constitutifs de harcèlement moral peuvent se dérouler sur une brève période* » (Soc. 26 mai 2010, Sté Autocasse Bouvier).

« Harcèlement managérial ». Dans un arrêt innovant, la chambre sociale de la Cour de cassation établit enfin un lien entre méthodes de management et « harcèlement moral » : « *Peuvent caractériser un harcèlement moral les* ***méthodes de gestion*** *mises en œuvre par un supérieur hiérarchique dès lors qu'elles se manifestent pour un salarié déterminé par des agissements répétés* *ayant pour objet ou pour effet d'entraîner une dégradation des conditions de travail susceptibles de porter atteinte à ses droits et à sa dignité, d'altérer sa santé physique ou mentale ou de compromettre son avenir professionnel* ». Il en est ainsi quand « *le directeur de l'établissement soumettait les subordonnés à une pression continuelle, des reproches incessants, des ordres et contre-ordres dans l'intention de diviser l'équipe, se traduisant, en ce qui concerne M. X, par sa mise à l'écart, un mépris affiché à son égard, une absence de dialogue caractérisée par une communication par l'intermédiaire d'un tableau, et ayant entraîné un état très dépressif* ». Le licenciement du salarié pour inaptitude, causée par ces méthodes de gestion, est « *nul* » (Soc. 10 nov. 2009, Association Salon Vacances Loisirs). Ainsi, l'exercice du pouvoir de direction de l'employeur peut dégénérer en un harcèlement moral (Soc. 10 nov. 2009, Mme X c/ Sté HSBC France).

Obligation de prévention de l'employeur. L'employeur prend toute disposition nécessaire en vue de prévenir les agissements de harcèlement moral (L. 1152-4, L. 4121-2-7°), notamment des actions d'information et de formation. L'employeur, tenu d'une obligation légale de sécurité en matière de protection de la santé et de la sécurité des travailleurs, « *informé de l'existence de faits susceptibles de constituer un harcèlement moral* », doit prendre « *les mesures immédiates propres à le faire cesser* » (Soc. 1er juin 2016, PBRI).

Responsabilités de l'employeur. La responsabilité de l'employeur peut être engagée sur les plans civil et pénal (*infra*).

D'une part, l'employeur doit s'abstenir de tout agissement de harcèlement moral.

D'autre part, il doit, en cas de harcèlement commis par un salarié, user de son pouvoir disciplinaire. « *L'absence de faute de sa part ne peut l'exonérer de sa responsabilité* » (Soc. 21 juin 2006, Ass. Propara). *L'employeur « doit répondre des agissements des personnes qui exercent, de fait ou de droit, une autorité sur les salariés* » (Soc. 19 oct. 2011, gardien harcelé par le président du conseil syndical, responsabilité du syndicat des copropriétaires de l'immeuble Les Cornouillers ; Soc. 10 mai 2001, employeur responsable des agissements de son épouse non-salariée de l'entreprise ; Soc. 1er mars 2011, tiers chargé de mettre en place de nouveaux outils de gestion).

Responsabilité disciplinaire du salarié harceleur. Tout salarié ayant procédé à des agissements de harcèlement moral est passible d'une sanction disciplinaire (L. 1152-5 ; notamment d'un licenciement pour faute grave – Soc. 10 févr. 2009, SAS Kohler c/ M.R., licenciement du DRH, *infra*). « *L'abstention fautive de l'employeur* » peut être caractérisée, notamment quand « *la procédure de licenciement avait été engagée tardivement* » (Soc. 29 juin 2011, FUAJ).

Responsabilité civile du salarié harceleur. Le salarié, notamment quand il est en position hiérarchique, doit « *prendre soin de la sécurité et de la santé des* *personnes concernées du fait de ses actes ou de ses omissions au travail* » ; par conséquent, « *engage sa responsabilité personnelle à l'égard de ses subordonnés le salarié qui leur fait subir intentionnellement des agissements répétés de harcèlement moral* » (Soc. 21 juin 2006, Ass. Propara, préc.).

Responsabilité pénale du salarié harceleur. Le salarié harceleur, notamment quand il exerce un pouvoir hiérarchique sur le salarié harcelé, peut voir sa responsabilité pénale retenue (condamnation pour harcèlement moral de 2 cadres de la Sté Euronext Paris SA – CA Paris, ch. ap. correc., 22 nov. 2011, décision confirmée : Crim. 5 févr. 2013, M. Edward X. et M. Christian I.).

Preuve au civil. Le régime probatoire est aménagé (L 1154-1).

– Première étape : le salarié, le candidat à un emploi, à un stage ou à une période de formation en entreprise, « *présente des éléments de fait laissant supposer* » l'existence d'un harcèlement moral (le Conseil constitutionnel avait formulé une réserve d'interprétation, « *les règles de preuve plus favorables à la partie demanderesse (…) ne sauraient dispenser celle-ci d'établir la matérialité des éléments de fait précis et concordants qu'elle présente au soutien de l'allégation selon laquelle la décision prise à son égard (…) procéderait d'un harcèlement moral (…) au travail (…)* », DC 12 janv. 2002). Il n'est pas tenu d'établir l'existence d'un lien entre la dégradation de son état de santé et ses conditions de travail pour que le harcèlement moral soit reconnu (Soc. 30 avril 2009).

JURISPRUDENCE

Le juge doit « prendre en compte l'ensemble des éléments invoqués par le salarié » et ***« apprécier dans leur ensemble les éléments matériellement établis par le salarié afin d'apprécier s'ils faisaient présumer l'existence d'un harcèlement moral »*** (Soc. 16 juin 2011, M. S. c/ Sté Cybervitrine ; Soc. 6 avril 2011, Mme A. c/ Sté Renault agriculture ; Soc. 25 janv. 2011, ARAS). Des faits liés aux conditions de travail permettent de présumer l'existence d'un tel harcèlement (salariée « *installée avec une collègue dans un bureau aux dimensions restreintes* (…) laissée-pour-compte (…) *le travail qui lui était confié se limitait à l'archivage et à des rectifications de photocopies* (…) », Soc. 10 nov. 2009, Mme B. c/ SNCF). Ce harcèlement peut notamment être établi par des attestations (témoignages), des certificats médicaux, voire par la lettre de licenciement du salarié harceleur (« *déresponsabilisation* (…), *propos dévalorisants,* (…) *instauration d'une mauvaise ambiance de travail* (…) », Soc. 29 sept. 2011, Mme T. c/ Sté Ratiopharm).

– Seconde étape : au vu de ces éléments, il incombe à l'employeur (ou au salarié mis en cause) de prouver que ces agissements ne sont pas constitutifs d'un tel harcèlement et que sa décision est justifiée par des éléments objectifs étrangers à tout harcèlement.

JURISPRUDENCE

« Pour se prononcer sur l'existence d'un harcèlement moral, il appartient au juge d'examiner l'ensemble des éléments invoqués par le salarié, en prenant en compte les documents médicaux éventuellement produits, et d'apprécier si les faits matériellement établis, pris dans leur ensemble, permettent de présumer l'existence d'un harcèlement moral (...) ; dans l'affirmative, il revient au juge d'apprécier si l'employeur prouve que les agissements invoqués ne sont pas constitutifs d'un tel harcèlement et que ses décisions sont justifiées par des éléments objectifs étrangers à tout harcèlement ; (...) sous réserve d'exercer son office dans les conditions qui précèdent, le juge apprécie souverainement si le salarié établit des faits qui permettent de présumer l'existence d'un harcèlement et si l'employeur prouve que les agissements invoqués sont étrangers à tout harcèlement » (Soc. 8 juin 2016, PBRI, Sté Dentsply Ih).

Protection de l'action en justice. « *Le salarié qui relate des faits de harcèlement moral ne peut être licencié pour ce motif sauf mauvaise foi, laquelle ne peut résulter de la seule circonstance que les faits dénoncés ne soient pas établis* » (Soc. 10 mars 2009, SA Entreprise dijonnaise ; nullité du licenciement et sanction pénale – L. 1155-2).

Réparation et sanction. Le harcèlement moral peut être réparé et sanctionné :
– ***Sur le plan civil*** (Soc. 24 sept. 2008, Mme G. c/ Sté Clinique de l'Union, Soc. 24 sept. 2008, Mme A. c/ RATP ; à l'encontre du « harceleur » et de l'employeur n'ayant pas adopté et mis en œuvre les mesures nécessaires de prévention (Soc. 21 juin 2006, Ass. Propara) ; un cumul de réparation est possible au regard du non-respect par l'employeur de plusieurs obligations (défaut de prévention et interdiction du harcèlement, Soc. 6 juin 2012, RATP) ; en cas de licenciement, ce licenciement est nul (Soc. 11 oct. 2006, Cora), en cas de poursuite de son contrat le salarié a droit au versement des salaires dont il a été privé - entre son licenciement et sa « réintégration » - déduction faite des revenus perçus (Soc. 14 déc. 2016); et,
– ***Sur le plan pénal*** (Crim. 20 mai 2008, M. K., « *isolement* », « *privation de travail* », « *tenue de propos injurieux* », etc.). La responsabilité pénale de l'employeur – personne physique – et la responsabilité pénale de la personne morale (RPPM) peut être engagée (condamnation de l'entreprise en tant que personne morale ; condamnation pour harcèlement moral de la Sté Euronext Paris SA – CA Paris, ch. ap. correc., 22 nov.). Le fait de harceler autrui par des agissements répétés ayant pour objet ou pour effet une dégradation des conditions de travail susceptible de porter atteinte à ses droits et à sa dignité, d'altérer sa santé physique ou mentale ou de compromettre son avenir professionnel, est puni de 2 ans d'emprisonnement et de 30 000 € d'amende (art. 222-33-2

Code pénal). Les mesures de représailles à la suite d'un harcèlement moral sont également réprimées (L. 1155-2).

Pouvoirs du juge. Le juge forme sa conviction après avoir ordonné, en cas de besoin, toutes les mesures d'instruction qu'il estime utiles. « *Il n'entre pas dans les pouvoirs du juge d'ordonner la modification ou la rupture du contrat de travail du salarié auquel sont imputés de tels agissements* » (Soc. 1er juill. 2009).

Ce harcèlement moral ne doit pas être confondu avec les harcèlements discriminatoires (cf. Chap. V).

Médiation. Une procédure de médiation peut être mise en œuvre par toute personne de l'entreprise s'estimant victime de harcèlement moral ou par la personne mise en cause. Le choix du médiateur fait l'objet d'un accord entre les parties (L. 1152-6 ; L. 1155-1.)

EN PRATIQUE

Droit de la Sécurité sociale :

Accidents du travail (AT), maladies professionnelles (MP) et à caractère professionnel (MCP). Les conséquences d'un « risque psychosocial » commencent à être indemnisées :

- Au titre des AT (L. 411-1 CSs) quand un événement peut être identifié comme cause d'un traumatisme psychologique (exemples : une dépression nerveuse à l'issue d'un entretien d'évaluation peut faire l'objet d'une reconnaissance en AT, Civ. 2e, 1er juill. 2003 ; lettre CNAM 15 mars 2011) ; le harcèlement moral étant un processus, il n'est pas toujours aisé d'identifier un événement.
- Au titre des MCP (L. 461-6 CSs) en cas d'affections psychiques graves entraînant une incapacité permanente prévisible (IPP) d'au moins 25 % (lettre CNAM 4 janv. 2013). En revanche, une reconnaissance au titre des maladies professionnelles (L. 461-1 CSs) demeure impossible du fait de l'absence d'un tableau de maladie professionnelle en la matière.

Suicide. Le suicide peut être reconnu comme un AT (avec reconnaissance de la FIE). Deux cas de figure sont possibles :

- Suicide pendant le temps et sur le lieu de travail : le suicide est présumé d'origine professionnelle (à charge, le cas échéant, pour l'employeur ou la CPAM de combattre cette présomption simple et de rapporter la preuve contraire – difficile en pratique – que le geste suicidaire est tout à fait étranger à l'activité professionnelle du salarié, qu'il résulte d'un lien direct et exclusif avec la vie personnelle du salarié ou de son état de santé mentale antérieur).
- Suicide en dehors du temps et du lieu de travail : le suicide est présumé d'origine non professionnelle, à charge pour les ayants droit de rapporter la preuve d'un lien de causalité entre le geste suicidaire et les conditions de

travail du salarié. Ainsi, une tentative de suicide peut être reconnue en AT : « *Un accident qui se produit à un moment où le salarié ne se trouve plus sous la subordination de l'employeur constitue un accident du travail dès lors que le salarié établit qu'il est survenu par le fait du travail* » (Civ. 2e, 22 févr. 2007, la FIE a été reconnue après la tentative de suicide du salarié à son domicile consécutive à un trouble psychologique lié au travail).

Faute inexcusable de l'employeur (FIE)

Principe. Selon la Cour de cassation, « *en vertu du contrat de travail le liant à son salarié, l'employeur est tenu envers celui-ci d'une obligation de sécurité de résultat, notamment en ce qui concerne les maladies professionnelles contractées par ce salarié du fait des produits fabriqués ou utilisés par l'entreprise ; le manquement à cette obligation a le caractère d'une faute inexcusable, au sens de l'article L. 452-1 du Code de la Sécurité sociale, lorsque* ***l'employeur avait ou aurait dû avoir conscience du danger auquel était exposé le salarié, et qu'il n'a pas pris les mesures nécessaires pour l'en préserver*** » (Soc. 28 févr. 2002, « arrêts Amiante »). La même solution s'applique en cas d'AT (Soc. 11 avril 2002, M. Miloud Y. c/ Sté Camus industrie). « *Il est indifférent que la faute inexcusable commise par l'employeur ait été la cause déterminante de l'accident survenu au salarié* » (ou de la maladie), « *il suffit qu'elle en soit une cause nécessaire pour que la responsabilité de l'employeur soit engagée, alors même que d'autres fautes auraient concouru au dommage* » (Cass. Ass. Plén. 24 juin 2005, Sté Norgraine).(Soc. 11 avril 2002, M. Miloud Y. c/ Sté Camus industrie). « *Il est indifférent que la faute inexcusable commise par l'employeur ait été la cause déterminante de l'accident survenu au salarié* » (ou de la maladie), « *il suffit qu'elle en soit une cause nécessaire pour que la responsabilité de l'employeur soit engagée, alors même que d'autres fautes auraient concouru au dommage* » (Cass. Ass. Plén. 24 juin 2005, Sté Norgraine).

Suicide d'un salarié. La FIE peut être reconnue après le suicide d'un salarié causé par les contraintes subies du fait de l'organisation du travail, notamment en ce qui concerne la charge de travail (exemples : CA Versailles, 19 mai 2011, Sté Renault c/ Mme Sylvie T. veuve Antonio DB. ; TASS Versailles, 27 juin 2013, veuve Raymond D. ; 2e Civ., 19 sept. 2013, Sté Renault c/ consorts Hervé T. ; à la suite de suicides de salariés de l'établissement Technocentre de Guyancourt de l'entreprise Renault).

Crise cardiaque. La FIE peut être reconnue après un infarctus du myocarde d'un salarié : « *Un employeur ne peut ignorer ou s'affranchir des données médicales afférentes au stress au travail et ses conséquences pour les salariés qui en sont victimes ; l'accroissement du travail de M. X. est patent sur les années précédant son accident ; cette politique de surcharge, de pressions, "d'objectifs inatteignables" est confirmée par des attestations ; les sociétés (…) n'ont pas utilement pris la mesure des conséquences de leur objectif de réduction des coûts en termes de facteurs de risque pour la santé de leurs employés et spécifiquement de M. X., dont la position hiérarchique le mettait dans une position délicate pour s'y opposer et dont l'absence de réaction ne peut valoir quitus de l'attitude des dirigeants de* *l'entreprise ; l'obligation de sécurité pesant sur l'employeur ne peut qu'être générale et en conséquence ne peut exclure le cas, non exceptionnel, d'une réaction à la pression ressentie par le salarié (...)* » (Civ. 2e, 8 nov. 2012, M. X. c/ stés Sedih et Sogec Europe ; voir déjà Civ. 2e, 5 juin 2008, CPAM Alsace).

Reconnaissance de droit. Le bénéfice de la FIE (art. L. 452-1 du CSs) est de droit pour le ou les travailleurs qui seraient victimes d'un AT ou d'une MP, alors qu'eux-mêmes ou un représentant du personnel au CHSCT avaient signalé à l'employeur le risque qui s'est matérialisé (L. 4131-4, L. 231-8-1), ce qui entraînera notamment une majoration des rentes servies à la victime au titre de la Sécurité sociale (et une majoration des cotisations versées par l'employeur au titre de la législation relative aux AT-MP).

Réparation. « *En cas de faute inexcusable de l'employeur et indépendamment de la majoration de rente servie à la victime d'un accident du travail ou d'une maladie professionnelle, celle-ci peut demander à l'employeur, devant la juridiction de Sécurité sociale, la réparation non seulement des chefs de préjudice énumérés par le texte susvisé (L. 452-3 CSs), mais aussi de l'ensemble des dommages non couverts par le livre IV du Code de la Sécurité sociale* » (Civ. 2e 30 juin 2011, Civ. 2e, 4 avril 2012 ; DC 18 juin 2010). Il peut ainsi être répondu favorablement à des demandes du salarié « *d'indemnisation au titre de l'aménagement de son logement et des frais d'un véhicule adapté* ». L'article L. 452-3 CSs vise la réparation des préjudices causés par les souffrances physiques et morales, esthétiques et d'agrément, ainsi que ceux résultant de la perte ou de la diminution des possibilités de promotion professionnelle.

Pénibilité (facteurs de risques professionnels)

Constituent des facteurs de risques professionnels (L. 4161-1, D. 4161-1) les facteurs liés à :

1° Des contraintes physiques marquées :
- a) manutentions manuelles de charges ;
- b) postures pénibles définies comme positions forcées des articulations ;
- c) vibrations mécaniques.

2° Un environnement physique agressif :
- a) agents chimiques dangereux, y compris les poussières et les fumées ;
- b) activités exercées en milieu hyperbare ;
- c) températures extrêmes ;
- d) bruit.

3° Certains rythmes de travail :
- a) travail de nuit (L. 3122-2 à L. 3122-5) ;

* b) travail en équipes successives alternantes ;
* c) travail répétitif caractérisé par la réalisation de travaux impliquant l'exécution de mouvements répétés, sollicitant tout ou partie du membre supérieur, à une fréquence élevée et sous cadence contrainte.

Obligation de négocier. Accord en faveur de la prévention des effets de l'exposition à certains facteurs de risques professionnels (L. 4162-1 et L. 4162-2, D. 4162-1).

Les employeurs d'au moins 50 salariés engagent une négociation d'un accord en faveur de la prévention des effets de l'exposition aux 10 facteurs de risques professionnels (*supra*) :

1° Soit lorsqu'ils emploient une proportion minimale (25 %) de salariés déclarés exposés au titre du C2P *infra* (L. 4162-3 *infra*) ;

2° Soit lorsque leur indice de sinistralité au titre des AT et des MP est supérieur à un seuil (0,25) (rapport entre le nombre AT-MP imputé à l'employeur et l'effectif de l'entreprise pour les 3 dernières années connues).

Les entreprises dont l'effectif comprend au moins 50 salariés et est inférieur à 300 salariés n'ont pas l'obligation de conclure un accord ou un plan d'action si elles sont déjà couvertes par un accord de branche étendu comprenant les thèmes requis (L. 4162-3-1° *infra*).

Si, au terme de la négociation, aucun accord n'est conclu, un procès-verbal de désaccord est établi. L'entreprise est alors tenue d'arrêter, au niveau de l'entreprise ou du groupe, un plan d'action relatif à la prévention des effets de l'exposition aux facteurs de risques professionnels, après avis du CSÉ.

Diagnostic préalable. L'accord d'entreprise ou de groupe ou, à défaut, le plan d'action, repose sur un diagnostic préalable des expositions aux facteurs de risques professionnels et prévoit les mesures de prévention qui en découlent et qui s'appliquent à tous les salariés exposés à un ou plusieurs de ces facteurs, ainsi que les modalités de suivi de leur mise en œuvre effective. Chaque thème retenu dans l'accord ou le plan d'action est assorti d'objectifs chiffrés dont la réalisation est mesurée au moyen d'indicateurs. Ces indicateurs sont communiqués, au moins annuellement, aux membres du CSÉ (D. 4162-2).

L'accord d'entreprise ou de groupe ou, à défaut d'accord, le plan d'action (L. 4162-3) :

1° Comprend une liste de thèmes obligatoires (D. 4162-3), au moins deux des thèmes suivants :
- la réduction des polyexpositions aux facteurs de risques professionnels ;
- l'adaptation et l'aménagement du poste de travail ;
- la réduction des expositions aux facteurs de risques professionnels.

Et au moins deux des thèmes suivants :
- l'amélioration des conditions de travail, notamment au plan organisationnel ;
- le développement des compétences et des qualifications ;
- l'aménagement des fins de carrière ;
- le maintien en activité des salariés exposés aux facteurs de risques professionnels.

2° Est conclu pour une durée maximale de trois ans.

3° Fait l'objet d'un dépôt auprès de la DIRECCTE qui en informe l'organisme compétent de la branche AT-MP.

Pénalité financière. La méconnaissance de ces obligations (L. 4162-2 et L. 4162-3) entraîne une pénalité à la charge de l'employeur (L. 4162-4).

À RETENIR

Le compte personnel de prévention de la pénibilité avait pour objectif d'établir une certaine égalité dans les départs à la retraite en cherchant à garantir à tous les travailleurs la même espérance de vie en bonne santé. Dix critères de pénibilité avaient été identifiés. Avec le passage de ce « compte pénibilité » (C3P) au compte professionnel de prévention (CPP ou C2P), 4 critères sont exclus (manutentions manuelles de charges lourdes, postures pénibles, vibrations mécaniques et risques chimiques) (L. 4163-1-I). Le financement du dispositif est désormais assuré par la branche AT-MP de la Sécurité sociale CNAM-TS (les cotisations patronales « pénibilité » sont supprimées). Ce compte, malgré son nom, apparaît plus comme une mesure (limitée) de compensation-réparation de la pénibilité subie au travail que comme un outil de prévention de la pénibilité au travail.

Compte professionnel de prévention. Obligations de déclaration relatives à certains facteurs de risques professionnels (L. 4163-1) :

1° L'employeur déclare aux caisses (Sécurité sociale/Carsat) les facteurs de risques professionnels mentionnés aux b, c, d du 2° et du 3° de l'article L. 4161-1, auxquels les travailleurs pouvant acquérir des droits au titre d'un CPP sont exposés au-delà de certains seuils (D. 4163-2), appréciés après application des mesures de protection collective et individuelle (D. 4163-3, D. 4163-5).

2° La déclaration mentionnée au 1° est effectuée auprès de la caisse dont relève l'employeur.

3° Les informations contenues dans cette déclaration sont confidentielles et ne peuvent être communiquées à un autre employeur auprès duquel le travailleur sollicite un emploi.

4° Les entreprises utilisatrices transmettent à l'entreprise de travail temporaire les informations nécessaires à l'établissement par cette dernière de la déclaration.

Des modalités d'adaptation de la déclaration sont prévues pour les travailleurs qui ne sont pas susceptibles d'acquérir des droits au titre du CPP et exposés à certains facteurs de risques professionnels (D. 4163-4).

Le seul fait pour l'employeur d'avoir déclaré l'exposition d'un travailleur aux facteurs de risques professionnels ne saurait constituer une présomption de manquement à son obligation d'assurer la sécurité et de protéger la santé physique et mentale des travailleurs (L. 4163-3).

Accord de branche - Référentiel professionnel de branche (L. 4163-2) :

1° L'accord collectif de branche étendu peut déterminer l'exposition des travailleurs à un ou plusieurs des facteurs de risques professionnels au-delà des seuils mentionnés, en faisant notamment référence aux postes, métiers ou situations de travail occupés et aux mesures de protection collective et individuelle appliquées.

2° En l'absence d'accord collectif de branche étendu, ces postes, métiers ou situations de travail exposés peuvent également être définis par un référentiel professionnel de branche homologué par un arrêté conjoint des ministres chargés du Travail et des Affaires sociales (D. 4163-6). L'employeur qui applique le référentiel de branche pour déterminer l'exposition de ses salariés est présumé de bonne foi.

3° L'employeur peut établir la déclaration à partir de ces postes, de ces métiers ou de ces situations de travail (D. 4163-3).

À LIRE

DARES, « Pénibilité du travail et sortie précoce de l'emploi », n° 03, janvier 2008
DARES, « Emploi et santé des seniors durablement exposés à des pénibilités physiques au cours de leur carrière », n° 020, mars 2011.

Compte professionnel de prévention (CPP ou C2P, L. 4163-4) :

Sauf exception (régime spécial de retraite comportant un dispositif spécifique de reconnaissance et de compensation des effets de l'exposition à certains risques professionnels), les salariés peuvent acquérir des droits au titre d'un compte professionnel de prévention.

Le CPP est ouvert dès lors qu'un salarié a acquis des droits. Les droits constitués sur le compte lui restent acquis jusqu'à leur liquidation ou à son admission à la retraite (L. 4163-5). L'exposition d'un travailleur, après application des mesures de protection collective et individuelle, à un ou plusieurs des facteurs de risques professionnels au-delà des seuils d'exposition définis par décret, consignée dans la déclaration, ouvre droit à l'acquisition de points sur le CPP.

Les points sont attribués au vu des expositions du salarié déclarées par l'employeur, sur la base de la déclaration auprès de la caisse dont il relève (L. 4163-6).

Utilisations du compte professionnel de prévention. Le titulaire du CPP peut décider d'affecter en tout ou partie les points inscrits sur son compte à une ou plusieurs des 3 utilisations suivantes (L. 4163-7-I) :

- la prise en charge de tout ou partie des frais d'une action de formation professionnelle continue en vue d'accéder à un emploi non exposé ou moins exposé aux facteurs de risques professionnels (L. 4163-8) ;
- le financement du complément de sa rémunération et des cotisations et contributions sociales légales et conventionnelles en cas de réduction de sa durée de travail (L. 4163-9, D. 4163-25) ;
- le financement d'une majoration de durée d'assurance vieillesse et d'un ***départ en retraite avant l'âge légal*** de départ en retraite de droit commun (L. 4163-13).

Les 4 facteurs exclus du C2P peuvent ouvrir droit à une retraite anticipée pour incapacité permanente (C. Ss, L. 351-1-4).

Des dispositions sont prévues en matière de gestion du compte, de réception des déclarations, de contrôle et de traitement des réclamations par les Carsat (L. 4163-14 à L. 4163-20, R. 4163-1 et D. 4163-31 et s.).

Conditions de travail contraires à la dignité

Texte. Le fait de soumettre une personne, dont la vulnérabilité ou l'état de dépendance sont apparents ou connus de l'auteur, à des conditions de travail incompatibles avec la dignité humaine est puni de 5 ans d'emprisonnement et de 15 000 € d'amende (art. 225-14 Code pénal).

Jurisprudence. Il en est ainsi, par exemple en faisant du salarié le « *prolongement d'une machine-outil* » (Crim. 4 mars 2003), en le laissant sans travail (Soc. 2 juill. 2003), en le traitant comme un esclave (Soc. 10 mai 2006) ou en lui imposant un travail forcé (Crim. 13 janv. 2009, « *tout travail forcé est incompatible avec la dignité humaine* » ; il s'agissait en l'espèce d'une mineure, arrivée sur le territoire français illégalement, dont le passeport avait été confisqué par son employeur-mère de famille, employée pendant 6 ans, contrainte d'exécuter en permanence des tâches domestiques sans bénéficier de congés, moyennant quelque argent de poche).

Langue française

Tout document comportant des obligations pour le salarié ou des dispositions dont la connaissance est nécessaire pour l'exécution de son travail est rédigé en français (L. 1321-6 – loi Toubon du 4 août 1994 visant à défendre le patrimoine linguistique français – « *La langue de la République est le français », art. 2 de la Constitution* » ; Soc. 29 juin 2011, Data Systems EDS France). Il ne peut être dérogé à cette obligation que dans 2 hypothèses : lorsque les documents sont reçus de l'étranger et lorsqu'ils sont destinés à des étrangers.

Selon cette règle, qui est la « *traduction concrète du principe constitutionnel selon lequel la langue de la République est le français* » et qui « *instaure la primauté de la langue française dans les entreprises situées en France* », « *l'obligation de traduction s'applique à tous les documents matériels ou immatériels tels que des logiciels nécessairement utilisés par les salariés pour exécuter leur travail* » (TGI Paris, 6 mai 2008, Nextiraone ; TGI Nanterre, 27 avril 2007, Europ Assistance ; CA Versailles 2 mars 2006, GE Medical Systems). Une dérogation à cette règle n'est admise que dans des situations exceptionnelles (Soc. 12 juin 2012, Sté Air France, documents remis aux pilotes et mécaniciens en langue anglaise).

Acteurs

À RETENIR

Les acteurs de la santé et de la sécurité au travail sont internes à l'entreprise (le salarié, l'employeur, les représentants du personnel, les délégués syndicaux) et externes (le médecin du travail, l'inspecteur du travail, la CARSAT, les experts). À partir de la mise en place dans chaque entreprise du CSÉ, celui-ci remplace les DP, CE et CHSCT.

Acteurs internes

• Salarié

Le *droit à* la préservation de sa santé constitue un droit fondamental de la personne du travailleur (*cf.* définition de la santé par la constitution de l'Organisation mondiale de la santé, préc. ; Charte sociale européenne révisée de 1996, art. 2 et 3). Le travailleur salarié est titulaire du ***droit à*** la protection de sa santé (droit subjectif).

Les droits et obligations du travailleur sont les suivants.

Droit à la gratuité

« Les mesures prises en matière de santé et de sécurité au travail ne doivent entraîner aucune charge financière pour les travailleurs » (L. 4122-2). De plus, les frais que le salarié expose pour les besoins de son activité professionnelle et dans l'intérêt de l'employeur doivent être supportés par ce dernier. Il en est ainsi notamment en cas de port d'un vêtement de travail obligatoire : l'employeur doit assurer la charge de son entretien (Soc. 21 mai 2008).

Devoir d'alerte

Le travailleur alerte immédiatement l'employeur de toute « situation de travail dont il a un motif raisonnable de penser qu'elle présente un danger grave et imminent pour sa vie ou sa santé ainsi que de toute défectuosité qu'il constate dans les systèmes de protection ». Cette alerte peut être réalisée par tout moyen et il ne peut pas être imposé au salarié de l'effectuer par écrit (Soc. 28 mai 2008 ; CE 11 juin 1987), mais elle est obligatoire (Soc. 21 janv. 2009, RATP).

Le travailleur alerte immédiatement l'employeur s'il estime, de bonne foi, que les produits ou procédés de fabrication utilisés ou mis en œuvre par l'établissement font peser un risque grave sur la ***santé publique ou l'environnement*** (L. 4133-1). Le lanceur d'alerte est protégé contre les mesures de représailles dans l'emploi (L. 4133-5, C. santé publique, art. L. 1351-1).

Droit de retrait

Le salarié peut se retirer de « toute situation de travail dont il a un motif raisonnable de penser qu'elle présente un danger grave et imminent pour sa vie ou sa santé ». Le salarié prend l'initiative de suspendre l'exécution de sa prestation de travail (il ne suspend pas son contrat de travail). L'employeur ne peut demander au travailleur qui a fait usage de son droit de retrait de reprendre son activité dans une situation de travail où persiste un danger grave et imminent résultant notamment d'une défectuosité du système de protection (L. 4131-1).

Le droit de retrait est exercé de telle manière qu'il ne puisse créer pour autrui une nouvelle situation de danger grave et imminent (L. 4132-1). Aucune sanction, aucune retenue de salaire ne peut être prise à l'encontre d'un travailleur ou d'un groupe de travailleurs qui se sont retirés d'une situation de travail dont ils avaient un motif raisonnable de penser qu'elle présentait un danger grave et imminent pour la vie ou pour la santé de chacun d'eux (L. 4131-3). Le salarié ou le groupe de salariés qui s'est retiré de la situation de travail dans ces circonstances ne peut faire l'objet de sanction ou de retenue sur salaire (Soc. 5 juill. 2000).

En cas de contestation par l'employeur, c'est aux juges du fond qu'il appartient d'apprécier si le motif était raisonnable. Il s'agit d'une appréciation subjective du risque par le salarié, qui a le droit à l'erreur d'appréciation. Le juge devra apprécier *in concreto* si le salarié avait « *un motif raisonnable de penser que la situation présentait un danger grave et imminent* » (Soc. 9 mai 2000) au regard de plusieurs paramètres tels que la qualification, l'expérience, l'ancienneté, l'âge du salarié.

Ainsi, le seul fait de se sentir concerné par des agressions sur des chauffeurs de bus dans un quartier ne justifie pas que d'autres chauffeurs se retirent de leurs postes de travail (Soc. 23 avril 2003). Si le salarié a abusé du droit qui lui est ainsi reconnu, il peut faire l'objet d'une « retenue sur salaire » (Crim. 25 nov. 2008, « *peu importe qu'il reste à la disposition de l'employeur* »), de sanctions disciplinaires, allant jusqu'au licenciement pour refus d'obéissance (Soc. 20 janv. 1993) ou abandon de poste, ou d'une retenue sur salaire. Le danger ne doit pas être confondu avec l'inconfort ou avec le risque inévitable normalement maîtrisé.

En revanche, si le salarié s'est retiré et qu'il avait un « motif raisonnable » pour le faire, même s'il s'avère finalement qu'il n'y avait pas de danger, son licenciement est nul (Soc. 28 janv. 2009, M. Wolff c/ SNC Sovab).

La situation perçue comme dangereuse peut avoir diverses causes : système de freinage défectueux d'un véhicule (CA Montpellier, 30 avril 1998), harcèlement sexuel (CA Riom, 18 juin 2002), etc. La jurisprudence n'exige pas que ce danger soit étranger à la personne du salarié, ni même extérieur à celui-ci ; le danger peut donc être inhérent à sa personne, comme la nécessité d'aménager le poste d'une ouvrière souffrant de scoliose (Soc. 11 déc. 1986), un risque d'allergie pour un gardien (Soc. 20 mars 1996), etc.

Le droit de retrait doit être distingué du droit de grève. Parfois, l'exercice du premier droit glisse vers l'exercice du second (leurs régimes juridiques étant différents). Ainsi, des ouvriers du bâtiment qui, sur un chantier, refusent d'exécuter un ordre dangereux, du fait des conditions climatiques, exercent leur droit de retrait, mais à partir du moment où ils revendiquent de bénéficier du dispositif de chômage-intempéries, ils exercent leur droit de grève (Soc. 26 sept. 1990).

L'employeur prend les mesures et donne les instructions nécessaires pour permettre aux travailleurs, en cas de danger grave et imminent, d'arrêter leur activité et de se mettre en sécurité en quittant immédiatement le lieu de travail (L. 4132-5). Le CHSCT joue un rôle particulier en cas de danger grave et imminent.

Obligation de sécurité du salarié

Conformément aux instructions qui lui sont données par l'employeur, dans les conditions prévues au règlement intérieur pour les entreprises tenues d'en élaborer un, ***il incombe à chaque travailleur de prendre soin, en fonction de sa formation et selon ses possibilités, de sa santé et de sa sécurité ainsi que de celles des autres personnes concernées par ses actes ou ses omissions au travail***. Les instructions de l'employeur précisent, en particulier lorsque la nature des risques le justifie, les conditions d'utilisation des équipements de travail, des moyens de protection, des substances et préparations dangereuses (L. 4122-1). Elles sont adaptées à la nature des tâches à accomplir. Ces dispositions sont sans incidence sur le principe de la responsabilité de l'employeur. L'obligation du salarié constitue une obligation de moyens.

Responsabilité contractuelle

La responsabilité du salarié est à apprécier *in concreto* au regard de sa formation, sa qualification, des instructions reçues de l'employeur, etc. Le salarié qui ne respecte pas son obligation de sécurité peut être licencié pour faute grave – directeur technique ne veillant pas à l'information de salariés sous-traitants, cette carence ayant entraîné la mort de 2 ouvriers (Soc. 28 févr. 2002) ; chef de chantier ayant refusé de porter un casque de sécurité (Soc. 23 mars 2005) ; directeur d'un établissement ayant procédé à des actes de harcèlement moral et de dénigrement sur des salariés (Soc. 21 juin 2006, préc.). Ainsi, même s'il n'a pas reçu de délégation de pouvoir, il répond des fautes qu'il a commises dans l'exécution de son contrat de travail (Soc. 28 févr. 2002, préc.). Ainsi, concernant une « RRH », son licenciement est justifié quand, « *en cautionnant les méthodes managériales inacceptables du directeur du magasin avec lequel elle travaillait en très étroite collaboration, et en les laissant perdurer, la salariée avait manqué à ses obligations contractuelles et avait mis en danger tant la santé physique que mentale des salariés* » (Soc. 8 mars 2017, Auchan).

Responsabilité civile

En règle générale, le salarié bénéficie d'une immunité (art. 1184 Civ.), sauf en cas de condamnation pénale pour une infraction ayant porté préjudice à un tiers et ce même sur ordre de l'employeur (Ass. plén. 14 déc. 2001). La responsabilité personnelle du salarié à l'égard de tiers peut également désormais être engagée quand il a commis intentionnellement des actes dégradant leur santé (Soc. 21 juin 2006, préc., directeur condamné à verser des dommages-intérêts à des salariés qu'il avait harcelés).

Responsabilité pénale

La responsabilité pénale du salarié peut être engagée :
– Quand il a commis une infraction de droit commun sanctionnée par le Code pénal (Crim. 8 déc. 1998 ; en matière de harcèlement moral : Crim. 5 févr. 2013, préc.).
– Quand il a reçu une délégation de pouvoirs valable en cas d'infraction (*infra*).

• Employeur

Les obligations et les responsabilités de l'employeur sont notamment les suivantes :

Information

L'employeur organise et dispense une information des travailleurs sur les risques pour la santé et la sécurité et les mesures prises pour y remédier (L. 4141-1, R. 4141-3-1). Toute notice technique apposée sur une machine doit être rédigée en langue française (Crim. 6 nov. 2007).

Chaque notice est transmise pour avis au médecin du travail, son avis est communiqué au CSÉ (R. 4412-116).

Notice de poste. L'employeur établit une « notice de poste » pour chaque poste de travail ou situation de travail exposant les travailleurs à des agents chimiques dangereux. Cette notice, actualisée en tant que de besoin, est destinée à informer les travailleurs des risques auxquels leur travail peut les exposer et des dispositions prises pour les éviter. La notice rappelle les règles d'hygiène applicables, ainsi que, le cas échéant, les consignes relatives à l'emploi des équipements de protection collective ou individuelle (R. 4412-39).

Chaque notice est transmise pour avis au médecin du travail, son avis est communiqué au CSÉ (R. 4412-116).

Santé publique et environnement. L'employeur organise et dispense une information des travailleurs sur les risques que peuvent faire peser sur la santé publique ou l'environnement les produits ou procédés de fabrication utilisés ou mis en œuvre par l'établissement ainsi que sur les mesures prises pour y remédier (L. 4141-1).

Formation à la sécurité

EN PRATIQUE

L'employeur organise une formation pratique et appropriée à la sécurité au bénéfice :
- des travailleurs qu'il embauche ;
- des travailleurs qui changent de poste de travail ou de technique ;
- des salariés temporaires, à l'exception de ceux auxquels il est fait appel en vue de l'exécution de travaux urgents nécessités par des mesures de sécurité et déjà dotés de la qualification nécessaire à cette intervention ;
- à la demande du médecin du travail, des travailleurs qui reprennent leur activité après un arrêt de travail d'une durée d'au moins 21 jours.

Cette formation est répétée périodiquement dans des conditions déterminées par voie réglementaire ou par convention ou accord collectif de travail (L. 4141-2).

L'étendue de l'obligation d'information et de formation à la sécurité varie selon la taille de l'établissement, la nature de son activité, le caractère des risques qui y sont constatés et le type d'emploi des travailleurs (L. 4141-3). Le financement des actions de formation à la sécurité est à la charge de l'employeur (L. 4141-4). Cette formation doit être adaptée aux salariés et installations (sécurité dans la circulation des personnes, dans l'exécution du travail, dispositions à prendre en cas d'accident, etc.). Le défaut de formation à la sécurité est fréquemment sanctionné pénalement (Crim. 15 janv. 2008 ; Crim. 3 avril 2007 ; Crim. 6 nov. 2007 ; cf. l'origine de l'explosion de l'usine AZF de Toulouse, *infra*), l'employeur pouvant en outre être condamné pour faute inexcusable, notamment en cas d'accident survenu à un travailleur intérimaire n'ayant pas bénéficié d'une formation renforcée (Cass. 2e civ. 24 mai 2007).

Responsabilités

Les responsabilités de l'employeur sont civiles et pénales.

Responsabilité civile. Concernant la responsabilité civile, l'employeur est responsable pour ses propres actes (ou omissions), pour les actes commis par ses préposés, et pour ceux commis par les personnes qui exercent une autorité de droit (cadre titulaire d'une délégation de pouvoir, Soc. 15 mars 2000) ou de fait sur les salariés (épouse de l'employeur non salariée de l'entreprise, Soc. 10 mai 2001). L'employeur est ainsi responsable des actes commis par le directeur de l'établissement (Soc. 21 juin 2006, préc.). Selon l'adage, « qui peut et n'empêche, pèche ».

L'employeur est débiteur à l'égard de ses salariés d'une obligation de sécurité. Cette obligation s'applique :

– ***En matière de réparation***, au regard des maladies professionnelles et des accidents du travail (Soc. 22 févr. 2002, « arrêts amiante » ; Soc. 11 avril 2002 ; Cass. Ass. plén. 24 juin 2005, Sté Norgraine) et plus largement au regard de toute dégradation de la santé liée aux conditions de travail (Soc. 1er juin 2016, PBRI, préc.).

– ***En matière de prévention*** (Soc. 29 juin 2005, Sté ACME Protection c/ Mme L. ; Soc. 5 mars 2008, Sté SNECMA, préc.). Ainsi, dès lors que l'employeur affecte un salarié à un poste où « *un risque (...) avait été identifié* », « *la seule circonstance* » que le moyen de protection prévu « *n'ait pas été fourni* » constitue « *un manquement de l'entreprise (...) à son obligation de sécurité de résultat causant nécessairement un préjudice au salarié* » ; il en est ainsi même en l'absence de conséquences pathologiques constatées (Soc. 30 nov. 2010, PBR, Sté Adecco et Sté Barreaut Lafon ; Soc. 6 oct. 2010, Sté Citram Aquitaine).

La responsabilité civile de l'employeur peut être engagée devant le juge du contrat (CPH) et devant le TASS (la FIE peut être reconnue, *supra*).

Responsabilité pénale

Les infractions en matière de santé et de sécurité au travail sont :

1) ***Les infractions générales de droit commun réprimées par le Code pénal :***

– En cas d'accident du travail ou de maladie professionnelle :

- ***homicide involontaire*** (art. 221-6 CP), en cas d'accident ou de maladie ayant entraîné la mort. Est visé quiconque, qui, par maladresse, imprudence, inattention, négligence ou inobservation des règlements, aura commis involontairement un homicide. La sanction est une amende de 45 000 € et un emprisonnement de 3 ans (Crim. 11 mars 2008, N. Rabier ; Crim. 16 sept. 2008, F. Bodetto, « *B. a directement créé le dommage...* » – le chef d'entreprise n'avait pas eu recours à un échafaudage par souci d'économie – salarié « *mortellement blessé lors du basculement d'une dalle* », peine de 6 mois d'emprisonnement avec sursis et peine d'amende, art. 121-3 alinéa 3 du Code pénal).

- ***atteinte involontaire à l'intégrité de la personne*** – blessures (art. 222-19 CP), le fait de causer à autrui, par maladresse, imprudence, inattention, négligence ou manquement à une obligation de prudence ou de sécurité imposée par la loi ou le règlement, une incapacité totale de travail pendant plus de 3 mois est puni de 2 ans d'emprisonnement et de 30 000 € d'amende ; en cas de violation manifestement délibérée d'une obligation particulière de prudence ou de sécurité, les peines sont aggravées.

– ***Mise en danger d'autrui*** : « *le fait d'exposer directement autrui à un risque immédiat de mort ou de blessures de nature à entraîner une mutilation ou une infirmité permanente par la violation manifestement délibérée d'une obligation particulière de sécurité ou de prudence imposée par la loi ou le règlement* » (art. 121-3, alinéa 2, art. 223-1 CP – CA Douai, corr., 6 mars 2008, Sté Alsthom Power Boilers ; art. 221-6 CP, Crim. 15 janv. 2008, préc. ; Crim. 6 nov. 2007, préc. ; etc.).

– ***Des délits non intentionnels*** (art. 121-3 CP, al. 3 et 4), en distinguant la faute en lien direct avec le dommage qu'elle a provoqué et celle qui n'a contribué qu'indirectement à celui-ci.

2) ***Les infractions particulières réprimées par le Code du travail – infractions aux règles de santé et de sécurité*** (Crim. 29 janv. 2008, défaut d'installation sur une machine dangereuse d'un dispositif de sécurité disponible, fait de ne pas avoir veillé à l'application effective des consignes de sécurité). La sanction pénale est une peine d'amende de 3 750 € (L. 4741-1). L'amende est appliquée autant de fois qu'il y a de salariés dans l'entreprise concernée par la ou les infractions relevées (L. 4741-1), c'est-à-dire exposés au risque que l'infraction a créé. Le jugement fixe le délai dans lequel doivent être exécutés les travaux de sécurité et de salubrité imposés par les dispositions auxquelles il a été fait infraction (L. 4741-4). En cas de récidive, les sanctions sont plus lourdes : emprisonnement d'un an et amende de 9 000 € (L. 4741-1) et, le cas échéant, une interdiction d'exercer certaines fonctions. Qu'il y ait ou non récidive, le tribunal peut ordonner l'affichage du jugement aux portes de l'entreprise et sa publication dans les journaux qu'il désigne (L. 4741-5).

Responsabilité pénale des personnes physiques

Concernant la responsabilité pénale, les personnes physiques pénalement responsables sont les chefs d'établissement, directeurs, gérants ou préposés (L. 4741-1). Selon la jurisprudence constante de la Cour de cassation (chambre criminelle), les obligations édictées par le Code du travail en matière de santé et de sécurité pèsent sur le chef d'entreprise. Il lui appartient de veiller personnellement à la stricte et constante exécution des dispositions édictées par le Code du travail ou les règlements pris pour son application en vue d'assurer l'hygiène et la sécurité des travailleurs (Crim. 17 oct. 1995). C'est la contrepartie de son pouvoir de direction et de l'autorité dont il est investi.

Peuvent également être poursuivis et pénalement sanctionnés les chefs d'entreprise tels que les fabricants, vendeurs, importateurs de substances dangereuses, les concepteurs, exposants, loueurs d'équipements de travail, les maîtres d'ouvrage. Des cumuls de responsabilités entre employeurs sont possibles.

Responsabilité pénale des personnes morales (RPPM)

En matière de santé et de sécurité, la responsabilité de l'entreprise, en tant que personne morale peut être retenue de manière générale.

La responsabilité pénale des personnes morales (RPPM) suppose des infractions commises :

- pour leur compte ;
- par leurs organes ou représentants (art. 121-2 CP).

La personne morale peut être condamnée en particulier à des amendes (5 fois le montant prévu pour les personnes physiques) et le cas échéant à mettre en œuvre un plan de sécurité (Crim. 24 févr. 1981 ; condamnation de la Sté Grande Paroisse – Total, infra ; condamnation pour harcèlement moral de la Sté Euronext Paris SA – CA Paris, ch. ap. correc., 22 nov. 2011, 50 000 € d'amende, arrêt définitif sur ce point ; à la suite d'accidents du travail : Crim. 3 janv. 2006, Sté Bouygues ; Crim. 16 sept. 2008, D. et autres, « *cinq salariés intérimaires ont été tués et quatre autres blessés* », « *le prévenu, qui a contribué à créer la situation ayant permis la réalisation du dommage et n'a pas pris les mesures permettant de l'éviter, a commis une faute caractérisée et qui exposait autrui à un risque d'une particulière gravité qu'il ne pouvait ignorer* », art. 121-3 Code pénal).

Des ***cumuls de responsabilités*** sont possibles : la responsabilité pénale des personnes morales n'exclut pas celle des personnes physiques auteurs ou complices des mêmes faits (art. 121-2 alinéa 3 CP).

JURISPRUDENCE

La responsabilité pénale de l'employeur peut être engagée à la fois en tant que personne physique et en tant que personne morale, notamment en cas d'infraction aux règles de santé et de sécurité et en particulier lors de la survenance d'un accident du travail ou d'une maladie professionnelle (exemple : CA Paris, 31 oct. 2017, ch. ap. correc., affaire de l'usine AZF de Toulouse, condamnation pour « homicides involontaires » et « blessures involontaires » de l'ancien directeur, à 15 mois d'emprisonnement avec sursis et 10 000 € d'amende, et condamnation de la sté Grande Paroisse, filiale de Total et gestionnaire du site, à 225 000 € d'amende)

Responsabilité pénale des préposés ayant une délégation de pouvoir

Les préposés (salariés) ayant reçu une délégation de pouvoir de l'employeur peuvent être sanctionnés sur le plan pénal.

Pour éviter les dérives, la jurisprudence de la Cour de cassation est très stricte : la délégation de pouvoir doit être valide pour engager la responsabilité du salarié (Crim. 8 avril 2008, défaut de délégation empêchant la condamnation du salarié). Quand le délégataire est indisponible (contrat de travail suspendu, et par conséquent la délégation qui en est un élément, pour arrêt-maladie), « *la responsabilité pénale remonte au chef d'entreprise* » déléguant (Crim. 19 juin 2012, Mme Y. – SARL Les Motels de Normandie).

La mission du préposé doit être expresse, clairement précisée dans son contenu (son champ) ; le chef d'entreprise doit lui avoir donné une délégation de pouvoirs et celle-ci doit avoir été acceptée par le salarié.

La ***délégation de pouvoirs*** n'est subordonnée à aucune condition de forme particulière, mais doit être certaine et exempte d'ambiguïté. Un écrit est donc indispensable sauf s'agissant de cadres dirigeants qui sont titulaires d'une délégation implicite de pouvoir, eu égard à l'autorité dont ils sont pourvus (Soc. 2 mars 1999).

À RETENIR

La délégation suppose que le préposé soit pourvu :
- de ***l'autorité*** (pouvoir de commandement et de discipline) ;
- ***des moyens*** (humains, matériels et budgétaires) ;
- et de ***la compétence*** (qualification, formation) nécessaires pour veiller efficacement au respect des règles de santé et de sécurité (Crim. 14 nov. 2006). À défaut, la délégation est inopérante et la responsabilité pénale du délégant est engagée (Crim. 8 déc. 2009, chef de chantier de 21 ans ayant moins d'un an d'ancienneté). En cas de contestation, l'employeur devra apporter cette preuve.

Si toutes ces conditions cumulatives sont réunies, alors le préposé peut être condamné à la place de l'employeur.

Le préposé peut également subdéléguer ses pouvoirs, selon les mêmes conditions que pour la délégation et sans qu'il soit nécessaire qu'il ait obtenu l'autorisation du chef d'entreprise (Crim. 30 oct. 1996). Toutefois, un salarié titulaire d'une délégation ou d'une subdélégation de pouvoirs ne peut se voir reprocher une faute dans l'accomplissement de la mission qui lui a été confiée lorsque le chef d'entreprise ou l'un de ses supérieurs hiérarchiques s'immisce dans le déroulement de celle-ci, supprimant ainsi l'autonomie d'initiative inhérente à toute délégation effective (Soc. 21 nov. 2000).

Autres acteurs de prévention

L'employeur désigne un ou plusieurs salariés compétents pour s'occuper des activités de protection et de prévention des risques professionnels de l'entreprise. Le ou les salariés ainsi désignés par l'employeur bénéficient, à leur demande, d'une formation en matière de santé au travail (L. 4644-1). Ces personnes disposent du temps nécessaire et des moyens requis pour exercer leurs missions et ne peuvent subir de préjudice en raison de leurs activités de prévention (R. 4644-1 et s.).

À défaut, si les compétences dans l'entreprise ne permettent pas d'organiser ces activités, l'employeur peut faire appel, après avis du CSÉ/du CHSCT ou, en son absence, des DP, aux ***intervenants en prévention des risques professionnels (IPRP)*** appartenant au service de santé au travail interentreprises auquel il adhère (infra) ou dûment enregistrés auprès de l'autorité administrative, disposant de compétences dans le domaine de la prévention des risques professionnels et de l'amélioration des conditions de travail.

L'employeur peut aussi faire appel aux services de prévention des caisses de Sécurité sociale avec l'appui de l'INRS dans le cadre des programmes de prévention (CSs L. 422-5), à l'OPPBTP et à l'ANACT.

Cet appel aux compétences est réalisé dans des conditions garantissant les règles d'indépendance des professions médicales et l'indépendance des personnes et organismes.

Acteurs externes

Ces acteurs sont les services de santé au travail (médecine du travail), l'Inspection du travail et les organismes de prévention.

• Services de santé au travail (SST)

Dans tous les établissements couverts par la législation sur la santé et la sécurité doivent être organisés des services médicaux du travail, dénommés services de santé au travail (L. 4621-1).

Objectifs et attributions des services de santé au travail

Les SST ont pour mission exclusive d'éviter toute altération de la santé des travailleurs du fait de leur travail (L. 4622-2). À cette fin, ils :
– Conduisent les actions de santé au travail, dans le but de préserver la santé physique et mentale des travailleurs tout au long de leur parcours professionnel.
– Conseillent les employeurs, les travailleurs et leurs représentants sur les dispositions et mesures nécessaires afin d'éviter ou de diminuer les risques

professionnels, d'améliorer les conditions de travail, de prévenir la consommation d'alcool et de drogue sur le lieu de travail, de prévenir ou de réduire la pénibilité au travail et la désinsertion professionnelle et de contribuer au maintien dans l'emploi des travailleurs.
– Assurent la surveillance de l'état de santé des travailleurs en fonction des risques concernant leur santé au travail, leur sécurité et celle des tiers, de la pénibilité au travail et de leur âge.
– Participent au suivi et contribuent à la traçabilité des expositions professionnelles et à la veille sanitaire.

Organisation des services de santé au travail

Suivant l'importance des entreprises, les SST peuvent être propres à une seule entreprise ou communs à plusieurs (L. 4622-5, R. 4622-1, D. 4622-1). Dans le premier cas, on parle de service autonome, dans le second, de service interentreprises.

Lorsque, pour organiser le SST, l'entreprise a le choix, ce choix est fait par l'employeur. Le CE préalablement consulté peut s'opposer à cette décision (l'opposition est motivée – D. 4622-2), il saisit la DIRECCTE qui se prononce sur la forme du service, après avis du médecin inspecteur du travail (MIT), dans un délai d'un mois (R. 4622-4).

Service autonome

Un SST d'entreprise ou d'établissement peut être mis en place lorsque l'effectif de salariés suivi atteint ou dépasse 500 salariés (D. 4622-5).

Gestion. Le service autonome de santé au travail est un service de l'entreprise. C'est à l'employeur qu'il revient de le créer, avec l'agrément préalable de la DIRECCTE, renouvelable tous les 5 ans, et de le faire fonctionner. Celui-ci doit respecter certaines dispositions réglementaires relatives aux locaux, à l'équipement et au personnel.

Infirmiers du travail. Le recrutement d'un infirmier au moins est imposé à partir de 200 salariés dans les établissements industriels, 500 salariés dans les autres ; 2 infirmiers sont obligatoires quand l'effectif dépasse respectivement 500 et 1 000 salariés (R. 4623-32). Dans les établissements industriels de moins de 200 salariés et dans les autres établissements de moins de 500 salariés, un infirmier est présent si le médecin du travail et le comité d'entreprise en font la demande. Lorsque l'employeur conteste la demande, la décision est prise par l'inspecteur du travail, après avis du médecin inspecteur du travail (R. 4623-33). C'est l'employeur qui supporte la charge financière du service, notamment la rémunération du médecin du travail.

Le service de santé au travail est administré par l'employeur sous la surveillance du CE, qui est consulté sur les questions relatives à l'organisation et au fonctionnement de ce service (D. 4622-6).

Missions. Les missions des SST sont exercées par les médecins du travail en toute indépendance. Ils mènent leurs actions en coordination avec les employeurs, les membres du CHSCT ou les DP et organismes de prévention (L. 4622-4).

L'employeur recrute le médecin du travail. Ce dernier ne peut être nommé et licencié qu'après avis du CE. Le licenciement ne peut intervenir, en outre, qu'après un entretien préalable et sur autorisation de l'inspecteur du travail, après avis du MIT (L. 4623-5, R. 4623-18 et s., L. 241-6-2). En cas de faute grave, le médecin peut être mis à pied en attendant la décision définitive.

Le remplacement d'un médecin du travail ne peut se faire par recours à un contrat de travail temporaire. Le changement d'affectation ne peut intervenir qu'avec l'accord du CE.

Service interentreprises

Gestion. Le SST est un organisme à but non lucratif doté de la personnalité civile et de l'autonomie financière. Il est administré par un président, sous la surveillance d'une commission de contrôle ; les responsables de ce groupement ou de cet organisme sont soumis, dans les mêmes conditions que l'employeur et sous les mêmes sanctions, aux prescriptions du présent titre (L. 4622-7).

Le SST est administré paritairement par un conseil composé (L. 4622-11) :
– De représentants des employeurs désignés par les entreprises adhérentes (le président, qui dispose d'une voix prépondérante en cas de partage des voix, est élu parmi ces représentants et doit être en activité).
– De représentants des salariés des entreprises adhérentes, désignés par les organisations syndicales représentatives au niveau national et interprofessionnel (le trésorier est élu parmi ces représentants).
L'organisation et la gestion du SST sont placées sous la surveillance (L. 4622-12) :
– Soit d'un comité interentreprises constitué par les comités d'entreprise-CSÉ intéressés.
– Soit d'une commission de contrôle composée pour un tiers de représentants des employeurs et pour deux tiers de représentants des salariés. Son président est élu parmi les représentants des salariés.

Missions et moyens. Les missions des SST sont assurées par une équipe pluridisciplinaire comprenant des médecins du travail, des IPRP et des infirmiers (R. 2623-29 et s.), qui peut être complétée par des assistants de services de santé au travail et des professionnels recrutés après avis des médecins du travail (des intervenants en prévention des risques professionnels – IPRP, habilités, ergonomes, toxicologues, épidémiologistes, psychologues, etc. – R. 4623-37).

L'infirmier du travail assure ses missions en coopération avec le médecin du travail dans l'entreprise. Lorsque le médecin du travail du service de santé au travail interentreprises intervient dans l'entreprise, il lui apporte son concours. L'équipe pluridisciplinaire se coordonne avec lui (R. 4623-34).

Les médecins du travail animent et coordonnent l'équipe pluridisciplinaire (L. 4622-8).

Les priorités des SST sont précisées, dans le cadre d'un contrat pluriannuel d'objectifs et de moyens conclu entre le service, d'une part, la DIRECCTE et les organismes de Sécurité sociale compétents, d'autre part, après avis des organisations d'employeurs, des organisations syndicales de salariés représentatives au niveau national et des agences régionales de santé (L. 4622-10).

La commission de contrôle surveille l'organisation et le fonctionnement du service médical. Elle doit notamment être consultée sur les créations et suppressions d'emplois de médecins du travail et diverses autres questions énumérées par les textes, ainsi que sur le rapport annuel relatif au fonctionnement du service et sur le rapport annuel de chaque médecin du travail.

Le recrutement et le licenciement d'un médecin du travail obéissent aux mêmes règles que dans le cas du service autonome ; l'avis à recueillir est celui de la commission de contrôle ou du conseil d'administration, le cas échéant ; le projet de licenciement est examiné après audition de l'intéressé.

Les dépenses du service interentreprises sont réparties entre les entreprises adhérentes proportionnellement à leurs effectifs.

Les SST comprennent un service social du travail ou coordonnent leurs actions avec celles des services sociaux du travail des établissements de santé, sociaux et médico-sociaux (L. 4622-9).

Statut du médecin du travail

Le médecin du travail est un salarié. Le contrat de travail est conclu avec le chef de l'entreprise (service autonome) ou avec le président du service interentreprises et doit être écrit (R. 4623-4).

Tout en étant placé dans la situation de subordination qui caractérise le salarié, le médecin du travail reste indépendant pour tous les actes relevant de l'art et de la technique médicaux. L'employeur doit éviter toute ingérence dans ce domaine.

La compétence professionnelle du médecin est consacrée par le certificat d'études spéciales de médecine du travail ou le diplôme d'études spécialisées, délivré par les facultés de médecine et sans lequel il ne peut exercer la médecine du travail (L. 4623-1).

Attributions du médecin du travail

Le rôle du ***médecin du travail*** est exclusivement préventif. Il consiste à éviter toute altération de la santé des travailleurs du fait de leur travail, notamment en surveillant leurs conditions d'hygiène au travail, les risques de contagion et leur état de santé, ainsi que toute atteinte à la sécurité des tiers (L. 4622-3). Il ne se substitue pas à un médecin traitant. Le médecin du travail a vocation à agir sur le milieu du travail et à promouvoir l'« adaptation du travail à l'homme ».

Le médecin du travail est le conseiller de l'employeur, des salariés, des représentants du personnel et des services sociaux en ce qui concerne notamment l'amélioration des conditions de travail et de vie dans l'entreprise, l'hygiène générale de l'établissement, l'adaptation des postes, des techniques et des rythmes à la physiologie humaine, etc. (R. 4623-1).

Afin d'exercer ces missions, le médecin du travail conduit des actions sur le milieu de travail et procède à des examens médicaux. Il procède à l'analyse de l'exposition des salariés à des facteurs de pénibilité (L. 4612-2) et formule des propositions.

Action sur le milieu de travail

EN PRATIQUE

Le médecin du travail en particulier (R. 4624-1) :

- A libre accès aux lieux de travail et réalise la visite des entreprises et établissements dont il a la charge.
- Est obligatoirement associé à l'étude de toute nouvelle technique de production.
- Est consulté sur les projets de construction de locaux ou de modification des équipements.
- Assiste aux séances du CHSCT-CSSCT (commission santé, sécurité et conditions de travail) du CSÉ, avec voix consultative.

Le médecin du travail est tenu de consacrer à cette action sur le milieu de travail le tiers de son temps. Ce temps comporte au moins 150 demi-journées de travail effectif chaque année, réparties mensuellement, calculées au prorata en cas de temps partiel.

Le médecin du travail établit et met à jour une fiche d'entreprise où figurent notamment les risques professionnels (D. 4624-37 et s.) et un rapport annuel d'activité (D. 4624-42).

Alerte collective. Lorsque le médecin du travail constate la présence d'un risque pour la santé des travailleurs, il propose par un écrit motivé et circonstancié des mesures visant à la préserver. L'employeur prend en considération ces propositions et, en cas de refus, fait connaître par écrit les motifs qui s'opposent à ce qu'il y soit donné suite (L. 4624-9). Les propositions et les préconisations du médecin du travail et la réponse de l'employeur sont transmises au CSÉ (CHSCT), à l'Inspection du travail, au médecin inspecteur du travail ou aux agents des services de prévention des organismes de Sécurité sociale.

Suivi individuel de l'état de santé du salarié

Principe. Tout travailleur bénéficie, au titre de la surveillance de l'état de santé des travailleurs, d'un suivi individuel de son état de santé assuré par le médecin du travail et, sous l'autorité de celui-ci, par le collaborateur médecin, l'interne en médecine du travail et l'infirmier (L. 4624-1 et s., R. 4624-22).

Les modalités et la périodicité de ce suivi prennent en compte les conditions de travail, l'état de santé et l'âge du travailleur, ainsi que les risques professionnels auxquels il est exposé.

Risque particulier. Tout travailleur affecté à un poste présentant des risques particuliers pour sa santé ou sa sécurité ou pour celles de ses collègues ou des tiers évoluant dans l'environnement immédiat de travail bénéficie d'un suivi individuel renforcé de son état de santé (L. 4624-2-I).

L'examen médical d'aptitude permet de s'assurer de la compatibilité de l'état de santé du travailleur avec le poste auquel il est affecté, afin de prévenir tout risque grave d'atteinte à sa santé ou à sa sécurité ou à celles de ses collègues ou des tiers évoluant dans l'environnement immédiat de travail. Il est renouvelé périodiquement.

Proposition individuelle. Le médecin du travail peut proposer, par écrit et après échange avec le salarié et l'employeur, des mesures individuelles d'aménagement, d'adaptation ou de transformation du poste de travail ou des mesures d'aménagement du temps de travail justifiées par des considérations relatives notamment à l'âge ou à l'état de santé physique et mental du travailleur (L. 4624-3).

Le médecin du travail reçoit le salarié, afin d'échanger sur l'avis et les indications ou les propositions qu'il pourrait adresser à l'employeur. Il peut proposer à l'employeur l'appui de l'équipe pluridisciplinaire ou celui d'un organisme compétent en matière de maintien en emploi pour mettre en œuvre son avis et ses indications ou ses propositions (L. 4624-5).

L'employeur est tenu de prendre en considération l'avis et les indications ou les propositions émis par le médecin du travail. En cas de refus, l'employeur fait connaître par écrit au travailleur et au médecin du travail les motifs qui s'opposent à ce qu'il y soit donné suite (L. 4624-6).

Recours. Le salarié ou l'employeur peut saisir le CPH en la forme des référés (R. 1455-12) d'une contestation portant sur les avis, propositions, conclusions écrites ou indications émis par le médecin du travail reposant sur des éléments de nature médicale, dans un délai de 15 jours à compter de leur notification (L. 4624-7, R. 4624-45). Le médecin du travail, informé de la contestation par l'employeur, n'est pas partie au litige ; il peut être entendu par le médecin-inspecteur du travail (MIT).

Le CPH peut confier toute mesure d'instruction au MIT territorialement compétent pour l'éclairer sur les questions de fait relevant de sa compétence. Celui-ci, peut, le cas échéant, s'adjoindre le concours de tiers. À la demande de l'employeur, les éléments médicaux ayant fondé les avis, propositions, conclusions écrites ou indications émis par le médecin du travail peuvent être notifiés au médecin que l'employeur mandate à cet effet. Le salarié est informé de cette notification.

La décision du CPH se substitue aux avis, propositions, conclusions écrites ou indications contestés.

Le CPH peut décider, par décision motivée, de ne pas mettre tout ou partie des honoraires et frais d'expertise à la charge de la partie perdante, dès lors que l'action en justice n'est pas dilatoire ou abusive. Ces honoraires et frais sont réglés d'après le tarif fixé par arrêté ministériel (travail et budget).

Visite médicale avant le départ en retraite. Les travailleurs bénéficiant du suivi individuel renforcé (*supra* – L. 4624-2), ou qui en ont bénéficié au cours de leur carrière professionnelle, sont examinés par le médecin du travail au cours d'une visite médicale, avant leur départ à la retraite (L. 4624-2-1). Cet examen médical vise à établir une traçabilité et un état des lieux, à date, des expositions à un ou plusieurs facteurs de risques professionnels (*supra* L. 4161-1 – pénibilité) auxquelles a été soumis le travailleur. Le médecin du travail a la faculté, s'il constate une exposition du travailleur à certains risques dangereux, notamment chimiques (*supra* L. 4161-1-I-2° a), de mettre en place une surveillance post-professionnelle en lien avec le médecin traitant.

Contrôle administratif. Les SST doivent faire l'objet d'un agrément, donné par la DIRECCTE, après avis du MIT. L'agrément est donné pour 5 ans. Une copie du rapport annuel d'activité, accompagnée des observations du comité ou de la commission, doit être adressée à l'inspecteur du travail ou à la DIRECCTE, en cas de service interentreprises (R. 4622-48). Les MIT contrôlent l'activité des services de santé au travail.

Sanctions pénales. Les infractions relatives à la médecine du travail sont sanctionnées par une amende, pouvant aller jusqu'à 1 500 €. Les peines sont plus lourdes en cas de récidive : amende pouvant aller jusqu'à 3 750 € et/ou emprisonnement jusqu'à 4 mois (L. 4745-1).

• Inspection du travail

À RETENIR

L'inspecteur (ou le contrôleur) du travail qui, à l'occasion d'une visite de contrôle, constate dans une entreprise ou sur un autre lieu de travail (chantier, etc.) une infraction à la réglementation, peut dresser immédiatement un procès-verbal (chapitre IV). Cependant, d'autres formules juridiques sont à sa disposition.

Observation

L'inspecteur (ou le contrôleur) du travail peut rappeler à l'entreprise ses obligations au regard des textes applicables.

Mise en demeure

En matière de santé et de sécurité, l'inspecteur du travail, au lieu de dresser immédiatement un procès-verbal, procède, lorsque la loi le prévoit, à une mise en demeure (L. 4721-4). L'employeur dispose alors d'un certain délai pour remédier à la situation défectueuse et se mettre en règle. Si, à l'expiration de ce délai, rien n'a été fait, l'inspecteur du travail dresse un procès-verbal. La mise en demeure, datée et signée par l'inspecteur, indique les infractions constatées et le délai accordé à l'employeur ; elle doit être conservée par l'employeur.

Le Code du travail indique les dispositions relatives à la sécurité pour lesquelles la mise en demeure est prévue et le délai minimum d'exécution, compris entre 8 jours et 3 mois. L'inspecteur du travail, compte tenu des circonstances, détermine le délai accordé.

Cependant, les inspecteurs du travail peuvent dresser immédiatement un procès-verbal, alors même que la mise en demeure est prévue, lorsque les faits qu'ils constatent présentent un ***danger grave*** ou imminent pour l'intégrité physique des travailleurs. Ainsi, en cas de danger, la phase préalable de la mise en demeure, bien qu'elle soit prévue par le texte dont la violation est constatée, peut être supprimée (L. 4721-5).

Certaines situations peuvent être dangereuses, sans qu'un texte précis soit violé et puisse être invoqué. Cela peut résulter des conditions d'organisation du travail, de l'état des surfaces de circulation, des caractéristiques des engins utilisés, etc. Il faut éviter que, confronté à ces situations, l'inspecteur du travail se trouve démuni, du fait qu'il ne peut constater une infraction caractérisée à un texte spécifique. Dans ce cas, sur rapport de l'inspecteur du travail constatant la situation dangereuse, ***la DIRECCTE peut mettre en demeure*** le chef d'établissement de prendre toute mesure utile pour y remédier (L. 4721-1). La mise en demeure fixe le délai d'exécution en tenant compte des difficultés de réalisation. Si, à l'expiration de ce délai, la situation dangereuse n'a pas cessé, l'inspecteur du travail peut dresser un procès-verbal.

L'inspecteur (ou le contrôleur du travail) peut aussi mettre en demeure l'employeur de faire procéder à des ***vérifications*** de l'état de conformité d'installations et équipements, des analyses de toutes matières (substances, matériaux, etc. susceptibles de comporter ou d'émettre des agents physiques, chimiques ou biologiques dangereux pour les travailleurs, et des mesures de l'exposition des travailleurs à des nuisances par un organisme agréé (L. 4722-1, *infra*).

Dans tous les cas où une mise en demeure est signifiée à un chef d'établissement, celui-ci peut, avant l'expiration du délai et au plus tard dans les 15 jours qui suivent la mise en demeure, former un ***recours hiérarchique*** auprès du directeur régional du travail. Cette réclamation est suspensive (L. 4723-1). La DIRECCTE dispose de 21 jours pour répondre (R. 4723-1). La non-réponse dans ce délai vaut acceptation de la réclamation.

Action en référé

L'inspecteur du travail, lorsqu'un risque sérieux d'atteinte à l'intégrité physique d'un travailleur résulte de l'inobservation des dispositions réglementaires, a la possibilité de saisir le juge des référés (président du TGI) pour voir ordonnée toute mesure propre à faire cesser ce risque, telles que la mise hors-service, l'immobilisation, la saisie des matériels, machines, dispositifs, produits ou autres (L. 4732-1). Le juge peut également ordonner la fermeture temporaire d'un atelier ou d'un chantier.

Arrêts temporaires de travaux ou d'activité

L'inspecteur du travail peut, dans certains cas (risques de chute de hauteur ou d'ensevelissement, notamment sur un chantier du BTP, risques liés à l'amiante, ordonner l'arrêt temporaire de l'activité concernée (L. 4731-1), après mise en demeure dans certains cas (L. 4721-8 – insuffisance de prévention concernant les agents chimiques, cancérogènes, mutagènes ou toxiques pour la reproduction ; dépassement d'une Valeur Limite d'Exposition). Si, à l'issue du délai fixé par l'inspecteur du travail, le risque persiste, il lui est possible d'ordonner l'arrêt temporaire de l'activité. En cas de contestation, l'employeur peut saisir le président du TGI, qui statue en référé (ce recours est très rarement utilisé en pratique).

• Organismes de prévention

Organismes de Sécurité sociale

Un rôle important est joué en matière de prévention par les organismes de Sécurité sociale. En particulier, la Caisse nationale d'assurance-maladie (CNAM) peut demander l'extension, par arrêté interministériel, à l'ensemble du territoire, des mesures de prévention édictées par une Caisse d'assurance-retraite et de la santé au travail (CARSAT) (il s'agit de l'ancienne Caisse régionale d'assurance-maladie, CRAM). Ces textes visent les risques très particuliers liés à l'usage de certaines techniques (par exemple ponts roulants). Les ingénieurs-conseils et les contrôleurs de sécurité des services de prévention des CARSAT sont notamment chargés de veiller au respect de ces dispositions. Ces agents peuvent aussi assister les services de santé au travail dans l'approche pluridisciplinaire de la prévention. En outre, les CARSAT ont la possibilité d'imposer des cotisations supplémentaires en cas de risques exceptionnels présentés par l'exploitation, et d'accorder des ristournes sur cotisation aux employeurs ayant mis en œuvre une prévention efficace.

Organismes agréés

Des organismes sont agréés par le ministère du Travail pour effectuer des vérifications, mesures et analyses (aération, éclairage, moyens de protection, appareils de levage, installations électriques, nuisances physiques, agents physiques, bruit, rayonnements ionisants, vibrations mécaniques, etc. : chimiques ou biologiques/valeurs limites d'exposition), notamment en cas de mise en demeure de l'Inspection du travail (L. 4722-1).

Organismes de professions

Voir le Chap. XX.

CHAPITRE XIV

TEMPS DE TRAVAIL

La question du temps de travail, c'est-à-dire de la durée du travail (donnée quantitative du volume) et de la répartition de cette durée du travail (donnée qualitative de la répartition), présente des enjeux multiples en matière de conditions de travail, de rémunération du travail, de coût du travail, de politique de l'emploi contre le chômage, d'articulation de la vie professionnelle et de la vie personnelle, notamment familiale, de relations sociales dans l'entreprise, de rapports sociaux de sexe, etc. Le temps de travail appliqué dans l'entreprise devrait prendre en compte ces différentes attentes.

EN PRATIQUE

La loi du 8 août 2016 relative « au travail, à la modernisation du dialogue social et à la sécurisation des parcours professionnels » met en œuvre une nouvelle architecture des règles en matière de durée du travail (L. 3111-3). Le Code du travail définit ici :

- les règles d'ordre public ;
- le champ de la négociation collective ;
- les règles supplétives applicables en l'absence d'accord.

Mesure

• Définition

Temps de travail effectif

La durée du travail effectif est le temps pendant lequel le salarié est à la disposition de l'employeur et se conforme à ses directives sans pouvoir vaquer librement à des occupations personnelles (L. 3121-1 et s.). Cet article du Code du travail fixe le principe applicable en matière de mesure du temps de travail.

En dehors même de règles particulières (*infra*), le contentieux sur la mesure du temps de travail est conséquent et c'est sur le fondement de ce principe que les solutions sont adoptées. Ainsi, il a été jugé que constitue un temps de travail devant être rémunéré comme tel le temps passé par un salarié à des soirées scientifiques organisées par l'entreprise, sous la forme de cocktails dînatoires, « *même si le salarié disposait pendant ces soirées d'une liberté de mouvement* » (Soc. 5 mai 2010, Sté Chugai Pharma France). Cependant, la question du temps de travail réalisé en dehors du lieu de travail et des horaires de travail, notamment par l'usage des NTIC, n'a pas encore trouvé son régime juridique. En revanche, il a été jugé que le temps d'attente pour un chauffeur routier pendant des opérations de chargement et de déchargement auxquelles il ne participait pas ne constitue pas du temps de travail (Soc. 7 avril 2010, la Cour d'appel n'ayant pas constaté que les critères légaux étaient réunis, hormis l'impossibilité de vaquer librement à des occupations personnelles).

Temps de travail

Ce principe interne doit être interprété et appliqué à la lumière du droit européen (UE), pour atteindre l'objectif de la directive. Celle-ci prévoit une ***définition du « temps de travail »*** : « ***Toute période durant laquelle le travailleur est au travail, à la disposition de l'employeur et dans l'exercice de son activité ou de ses fonctions, conformément aux législations et/ou pratiques nationales*** » (art. 2, dir. n° 2003/88 du 4 nov. 2003).

La jurisprudence, rendue sur cette définition, s'impose aux États (voir notamment CJCE 1er déc. 2005, Dellas). La jurisprudence considère que la définition est « une règle de droit social communautaire présentant une importance particulière » ; les États ne peuvent pas la modifier dans un sens défavorable à l'objectif de la directive (santé des travailleurs). Selon la jurisprudence, l'intensité de l'activité du travail n'a pas à être prise en compte dans la mesure du temps de travail. Par conséquent, conformément à la définition communautaire du temps de travail, il convient d'employer la notion de « temps de travail » (sans référence au « travail effectif ») ; le critère essentiel de qualification d'un temps en « temps de travail » étant celui d'être à la disposition de l'entreprise.

Cette jurisprudence porte sur la mesure du temps de travail (elle ne porte pas sur la rémunération de ce temps de travail).

À RETENIR

Temps de travail et rémunération/contreparties : plusieurs régimes juridiques existent concernant certains temps :
– Le temps concerné est qualifié de temps de travail et est intégré dans la durée du travail du salarié (il ouvre droit le cas échéant à des contreparties pour heures supplémentaires).
– Le temps concerné est payé comme du temps de travail, mais il n'est pas intégré dans la durée du travail du salarié.
Par ailleurs, un temps, qui n'est pas considéré comme du temps de travail, peut ouvrir droit à des contreparties.
Effets de la qualification de temps de travail : quand un temps est qualifié de temps de travail, il convient de vérifier au regard de quels droits cette qualification est prévue (pour la rémunération, pour les congés annuels, etc.).

• Règles particulières

La législation interne prévoit des règles particulières pour d'autres temps.

Le temps de restauration et de pause

Le temps nécessaire à la restauration ainsi que les temps consacrés aux pauses sont considérés comme du temps de travail effectif lorsque les critères de définition du temps de travail effectif sont réunis (L. 3121-2).

Il s'agit de temps de travail si le salarié reste, pendant le temps de restauration, à la disposition de l'employeur (Soc. 18 févr. 1998, Soc. 4 janv. 2000).

En tant qu'« *arrêt de travail de courte durée sur le lieu de travail ou à proximité* » (Soc. 1er avril 2003, Sté Atafina), le temps de pause n'est pas du temps de travail, même en cas d'interventions éventuelles et exceptionnelles, notamment pour des motifs de sécurité (Soc. 1er avril 2003, Soc. 16 mai 2007), sauf si cela correspond à une surveillance permanente (Soc. 12 oct. 2004). La brièveté de la pause et l'impossibilité de quitter l'entreprise à cette occasion (Soc. 5 avr. 2006) ou l'obligation de porter une tenue de travail (Soc. 30 mai 2007) ne permettent pas de considérer le temps de pause comme du temps de travail (cf. Soc. 13 juill. 2010, l'incidence sur le SMIC, chapitre XVI). Pourtant, pendant ces temps de pause, le salarié ne peut pas vaquer librement à ses occupations personnelles…

Une convention ou un accord d'entreprise ou d'établissement ou, à défaut, une convention ou un accord de branche peut prévoir une rémunération des temps de restauration et de pause, même lorsque ceux-ci ne sont pas reconnus comme du temps de travail effectif (L. 3121-6).

Les temps de déshabillage et d'habillage

Le temps nécessaire aux opérations d'habillage et de déshabillage, lorsque le port d'une tenue de travail est imposé par des dispositions légales, des stipulations conventionnelles, le règlement intérieur ou le contrat de travail et que l'habillage et le déshabillage doivent être réalisés dans l'entreprise ou sur le lieu de travail, fait l'objet de contreparties (accordées soit sous forme de repos, soit sous forme financière) (L. 3121-3).

Une convention ou un accord d'entreprise ou d'établissement ou, à défaut, une convention ou un accord de branche prévoit soit d'accorder des contreparties aux temps d'habillage et de déshabillage, soit d'assimiler ces temps à du temps de travail effectif (L. 3121-7).

Ils peuvent être qualifiés de temps de travail (intégré dans la durée du travail ou seulement rémunéré comme temps de travail). Cependant « *sous réserve de dispositions plus favorables, le temps (...) d'habillage (...) ne peut être pris en compte dans la durée du travail* » (Soc. 28 oct. 2009, Cité des Sciences et de l'Industrie). Ces temps, quand ils ne sont pas qualifiés de temps de travail, lorsqu'une tenue de travail est imposée et que celle-ci doit être revêtue dans l'entreprise ou sur le lieu de travail, doivent, au minimum, faire l'objet d'une contrepartie conventionnelle ou contractuelle ; « *les contreparties au temps nécessaire aux opérations d'habillage et de déshabillage sont subordonnées à la réalisation cumulative des deux conditions* » (Cass. Ass. plén. 18 nov. 2011, PBRI, Sté CIWLT ; Soc. 5 déc. 2007, Soc. 26 mars 2008, Sté STAS ; *contra* Soc. 26 janv. 2005, Sté Connex Nancy, admettant l'obligation de contreparties en cas d'habillage hors du lieu de travail). À défaut de contrepartie, c'est au juge de la déterminer (Soc. 16 janv. 2008).

Pourtant le salarié qui porte sa tenue de travail entre son domicile et son lieu de travail subit une contrainte – sur ce fondement, des tribunaux avaient résisté à cette nouvelle interprétation et considéré que le salarié devait recevoir une contrepartie, quel que soit le lieu où il se change (CA Paris, 26 juin 2008, Intrabus Orly ; CPH Argenteuil, 30 oct. 2008, SAS TVO).

Le temps du trajet au sein de l'entreprise

Le temps passé pour se rendre du vestiaire à son poste de travail ou au lieu de pointage est qualifié de temps de travail, dès lors que les critères légaux sont remplis (« *les salariés étaient à la disposition de l'employeur tenus de se conformer à ses directives* », Soc. 13 juill. 2004, Carrefour ; cependant, « *la circonstance que le salarié soit astreint au port d'une tenue de travail ne permet pas de considérer qu'un temps de déplacement au sein de l'entreprise constitue un temps de travail effectif* », Soc. 31 oct. 2007, Sté Iveco). Il s'agit bien de temps de travail quand les salariés effectuent « *ce trajet imposé par l'employeur* », « *soit à pied à travers des zones ouvertes au public, qui peut solliciter ces salariés identifiés comme tels par leurs costumes et leurs badges, soit en navette où ils peuvent se trouver en présence de leur supérieur hiérarchique* » (Soc. 13 janv. 2009, SCA Eurodisney).

Le temps de déplacement professionnel

Le temps de déplacement professionnel pour se rendre sur le lieu d'exécution du contrat de travail n'est pas un temps de travail effectif (L. 3121-4). Le temps consacré à aller du domicile au lieu de travail n'est pas du temps de travail (Soc. 26 mars 2008, Sté STAS ; L. 3121-4, DC 13 janv. 2005).

Le temps consacré à aller du domicile au lieu de travail n'est pas du temps de travail (Soc. 26 mars 2008, Sté STAS ; L. 3121-4, DC 13 janv. 2005).

Toutefois, s'il dépasse le temps normal de trajet entre le domicile et le lieu habituel de travail, il fait l'objet d'une contrepartie soit sous forme de repos, soit sous forme financière. La part de ce temps de déplacement professionnel coïncidant avec l'horaire de travail n'entraîne aucune perte de salaire (L. 3121-4).

Une convention ou un accord d'entreprise ou d'établissement ou, à défaut, une convention ou un accord de branche prévoit des contreparties lorsque le temps de déplacement professionnel dépasse le temps normal de trajet (L. 3121-7).

Cette disposition n'est pas conforme au droit européen qui prévoit pour les salariés itinérants, sans lieu de travail habituel, que certains temps de déplacement (entre le domicile et le premier lieu de travail ; entre le dernier lieu de travail et le domicile) constituent du « temps de travail » (CJUE 10 sept. 2015, Tyco ; cette non-conformité est relevée par la Cour de cassation dans son rapport annuel 2015).

En revanche, les temps de déplacement entre des lieux de travail constituent du temps de travail (depuis Soc. 16 janv. 1996, Sté Soradec, pour des déplacements entre des chantiers ; Crim. 2 sept. 2014, M. Damien X. et Sté Domidom Services,le défaut de mention du temps de trajet sur le bulletin de paie constitue une infraction de travail dissimulé, pour des déplacements entre les domiciles de clients dans l'aide à domicile).

Si le temps de trajet entre le domicile et le lieu habituel de travail est majoré du fait d'un handicap, il peut faire l'objet d'une contrepartie sous forme de repos (L. 3121-5).

Le temps de douche

Le temps passé à la douche en cas de travaux salissants ou insalubres n'est pas du temps de travail effectif, mais doit faire l'objet d'une rémunération au tarif normal des heures de travail (R. 3121-1, R. 4228-8, Soc. 11 févr. 2004, arrêtés ministériels du 23 juil. 1947 et du 3 oct. 1985).

Des dispositions supplétives

À défaut d'accords collectifs (temps de restauration, de pause, d'habillage, de déplacement professionnel) :

- le contrat de travail :
  - peut fixer la rémunération des temps de restauration et de pause ;
  - prévoit soit d'accorder des contreparties aux temps d'habillage et de déshabillage, soit d'assimiler ces temps à du temps de travail effectif ;
- les contreparties sont déterminées par l'employeur après consultation du CSÉ/du CE ou, à défaut, des DP, s'ils existent (L. 3121-8).

L'astreinte

Une période d'astreinte s'entend comme une période pendant laquelle le salarié, sans être sur son lieu de travail et sans être à la disposition permanente et immédiate de l'employeur, doit être en mesure d'intervenir pour accomplir un travail au service de l'entreprise (L. 3121-9).

La durée de cette intervention est considérée comme un temps de travail effectif. La période d'astreinte fait l'objet d'une contrepartie, soit sous forme financière, soit sous forme de repos. Les salariés concernés par des périodes d'astreinte sont informés de leur programmation individuelle dans un délai raisonnable.

Le temps de déplacement lié à l'intervention constitue du temps de travail effectif (Soc. 31 oct. 2007, CHLM ; Soc. 10 mars 2004, Soc. 14 déc. 2016).

Une convention ou un accord d'entreprise ou d'établissement ou, à défaut, une convention ou un accord de branche peut mettre en place les astreintes. Cette convention ou cet accord fixe le mode d'organisation des astreintes, les modalités d'information et les délais de prévenance des salariés concernés, ainsi que la compensation sous forme financière ou sous forme de repos à laquelle elles donnent lieu (L. 3121-11).

À défaut d'accord :

- Le mode d'organisation des astreintes et leur compensation sont fixés par l'employeur, après avis du CSÉ et après information de l'Inspection du travail.
- L'employeur remet en fin de mois aux salariés concernés un document récapitulant le nombre d'astreintes accomplies au cours du mois écoulé, ainsi que la compensation correspondante (R. 3121-2) ; de plus, la programmation individuelle des périodes d'astreinte est portée à leur connaissance 15 jours à l'avance, sauf circonstances exceptionnelles et sous réserve qu'ils en soient avertis au moins 1 jour franc à l'avance (L. 3121-12).

Exception faite de la durée d'intervention, la période d'astreinte est prise en compte pour le calcul de la durée minimale de repos quotidien et des durées de repos hebdomadaire (L. 3121-10). Cette règle n'est pas conforme au droit européen : le Comité européen des droits sociaux décide que cette disposition constitue une violation de la Charte sociale européenne révisée (décisions du 12 oct. et du 7 déc. 2004, entérinées par le Comité des ministres du Conseil de l'Europe dans ses Résolutions du 4 mai 2005 ; nouvelles décisions du 23 juin 2010, à la suite des nouvelles réclamations de la CGT et de la CGC). L'astreinte ne doit pas porter atteinte au repos hebdomadaire (infra, Soc. 8 juin 2011, Sté Dalkia France). La période d'astreinte peut être qualifiée de « temps de travail » au regard des contraintes imposées aux travailleurs, y compris aux pompiers volontaires (CJUE 21 févr. 2018, Rudy Matzak). Le salarié qui subit un préjudice du fait de la non-conformité du droit interne au droit européen peut obtenir réparation devant le juge interne (dommages et intérêts pour défaut de repos notamment) (Soc. 29 janv. 2014, Natixis).

Des astreintes effectuées dans un local imposé par l'employeur constituent du temps de travail, car le salarié ne peut y vaquer librement à ses occupations personnelles (Soc. 2 juin 2004). L'accident survenu au cours d'une période d'astreinte au domicile ne bénéficie pas des protections relatives aux accidents du travail (Soc. 2 avril 2003), mais il en bénéficie s'il a eu lieu dans un logement imposé par l'employeur (Soc. 2 nov. 2004). Constitue également du temps de travail la permanence effectuée par le salarié à son domicile pendant laquelle il exerce les fonctions attribuées pendant la journée (Soc. 10 nov. 2010, réception d'appels téléphoniques d'urgence).

« *Il n'existe pas de droit acquis à l'exécution d'astreintes, sauf engagement de l'employeur vis-à-vis du salarié à en assurer l'exécution d'un certain nombre ; à défaut d'un tel engagement, seul un abus de l'employeur dans l'exercice de son pouvoir de direction peut ouvrir droit à indemnisation* » (Soc. 10 oct. 2012, Sté Autoroutes du Sud de la France).

Les équivalences

Le régime d'équivalence constitue un mode spécifique de détermination du temps de travail effectif et de sa rémunération pour des professions et des emplois déterminés comportant des périodes d'inaction (L. 3121-13).

La durée du travail s'entend à l'exclusion des « périodes d'inaction » dans les industries et les commerces nommées équivalences. ***Une convention ou un accord de branche étendu peut instituer une durée du travail équivalente à la durée légale pour ces professions et emplois déterminés ; à défaut d'accord, le régime d'équivalence peut être institué par décret*** (L. 3121-15) (« *un régime d'équivalence (...) est une exception qui ne saurait être appliquée en dehors des activités ou des emplois visés par les textes réglementaires et conventionnels* » ; exemple : un régime d'équivalence prévu pour les ambulanciers roulants ne peut être appliqué à un salarié gestionnaire, Soc. 28 oct. 2009, SA Ambulance Pontivyenne). Ces périodes sont rémunérées conformément aux dispositions conventionnelles (L. 3121-14) ou aux usages.

Un contentieux emblématique s'est développé, depuis plusieurs années (Soc. 29 juin 1999), dans le secteur pour personnes inadaptées et handicapées (CCN du 15 mars 1966) concernant les éducateurs effectuant des permanences de nuit en « chambre de veille ». Deux décisions du juge européen ont condamné la France au sujet d'une loi de validation (art. 29 de la loi du 19 janv. 2000), adoptée pour des raisons budgétaires, qui portait atteinte au « droit à un procès équitable » (art. 6, § 1 de la CESDHLF, CEDH 9 janv. 2007, Arnolin et Aubert c/ France). Les heures de permanence des salariés qui ont saisi les tribunaux (CPH) avant l'entrée en vigueur de la loi (1er févr. 2000), dont les demandes, encore pendantes, avaient échoué du fait de cette loi, doivent être intégralement rémunérées comme des heures normales de travail, la loi de validation étant écartée au regard de la jurisprudence européenne (Soc. 13 juin 2007, Ass. APAEI). C'est une réponse à un contentieux complexe.

De manière plus générale, en réponse à une question préjudicielle, le juge considère que la directive s'oppose à ce régime d'équivalence (CJCE 1er déc. 2005), le temps de présence physique sur le lieu de travail devant être intégralement comptabilisé comme temps de travail (la durée hebdomadaire maximale devant être respectée, Soc. 26 mars 2008). Des décrets sur les équivalences ont été annulés (secteur médico-social : CE 28 avril 2006, un nouveau décret étant adopté ; hôtels-cafés-restaurants : CE 18 oct. 2006, les équivalences sont supprimées dans cette branche – avenant à la CCN du 5 févr. 2007), mais le législateur n'a pas révisé de manière générale le régime des équivalences. Il continue d'en exister dans de nombreuses professions – exemple : les pharmacies d'officine pendant un « service de garde ou d'urgence à volets fermés » ; « Pour le calcul de la durée légale, les heures de permanence effectuées dans l'officine (...) sont décomptées sur la base de 25 % du temps de présence », décret du 21 mars 2002, art. 2, avenant du 9 avril 2008, art. 4 c) ; autres exemples : secteurs médico-social, des transports (route, hélicoptères, etc.), du commerce alimentaire de détail de fruits et légumes, etc.

En cas d'équivalence portant atteinte au droit au repos (*infra*, pauses notamment), le salarié a droit à des dommages-intérêts pour réparer les préjudices causés. Il en serait de même en cas de non-respect du repos quotidien entre 2 journées de travail (*infra*). Ainsi, « *les permanences nocturnes constituent du temps de travail effectif même lorsqu'elles englobent, dans le cadre d'un régime d'équivalence, des temps d'inaction* » (Soc. 29 juin 2011, ANRS).

Durée légale du travail

• 1936-1946

La loi du 21 juin 1936 limitait la durée hebdomadaire du travail « qui ne pouvait excéder 40 heures par semaine » (règle non respectée dans certains décrets d'application prévoyant des heures supplémentaires et des équivalences). La loi du 25 février 1946 a transformé cette durée maximale en « durée légale ».

• 1982

L'ordonnance du 16 janv. 1982 a réduit la durée légale du travail à 39 heures par semaine et à 35 heures pour les salariés travaillant en continu (la loi du 6 janv. 1982 prévoyait le passage à une durée légale de 35 heures pour tous les salariés avant le 31 déc. 1985).

• 2000

La loi du 19 janv. 2000 a réduit cette durée légale hebdomadaire à 35 heures (L. 3121-10). « ***La durée légale du travail effectif des salariés à temps complet est fixée à trente-cinq heures par semaine*** » (L. 3121-27).

Lorsqu'une référence annuelle est substituée au cadre hebdomadaire (en cas de modulation ou de temps partiel sur l'année), une durée annuelle du travail est calculée à partir de la durée légale hebdomadaire de 35 heures, ou de la durée conventionnelle si elle est inférieure, multipliée par le nombre de semaines travaillées, compte tenu des jours de congés légaux et des 11 jours fériés du Code du travail : le plafond est de 1 607 heures.

• Fonctions

Cette durée légale n'est pas une durée obligatoire, ni une durée maximale, ni une durée minimale. C'est un seuil pour le déclenchement des heures supplémentaires et pour l'identification des temps partiels. C'est l'une des rares normes claires pour l'ensemble des acteurs, qui indique un temps de travail de référence.

Heures supplémentaires

• Régime juridique

Principes

La durée effective du travail peut être supérieure à la durée légale. Les heures travaillées au-delà de la durée légale hebdomadaire de 35 heures, ou de la durée considérée comme équivalente, à la demande de l'employeur ou avec son accord implicite (charge de travail, *infra*), sont des heures supplémentaires. Toute heure effectuée au-delà de 35 heures par semaine constitue une heure supplémentaire devant bénéficier d'un paiement avec majoration. Sauf stipulations contraires dans une convention ou un accord collectif, la semaine débute le lundi à 0 heure et se termine le dimanche à 24 heures (L. 3121-35).

« Les heures supplémentaires se décomptent par semaine. » (L. 3121-29).

« Une convention ou un accord collectif d'entreprise ou d'établissement, ou à défaut une convention ou un accord de branche peut fixer une période de 7 jours consécutifs constituant la semaine pour l'application du présent chapitre. » (Art. L. 3121-32).

• Volume

Des heures supplémentaires peuvent être accomplies dans la limite d'un *contingent annuel*. (L. 3121-30). Les heures prises en compte pour le calcul du contingent annuel d'heures supplémentaires (CAHS) sont celles accomplies au-delà de la durée légale.

Une convention ou un accord collectif d'entreprise ou d'établissement ou, à défaut, une convention ou un accord de branche définit ce CAHS (L. 3121-33. – I. – 2°).

À défaut d'accord, un décret détermine ce CAHS (L. 3121-39). Ce CAHS réglementaire est de 220 heures par an et par salarié (D. 3121-24).

À défaut d'accord, les modalités d'utilisation du CAHS et de son éventuel dépassement donnent lieu au moins une fois par an à la consultation du CSÉ (L. 3121-40).

Recours

C'est l'employeur qui prend la décision de recourir aux heures supplémentaires. Les heures supplémentaires sont accomplies, dans la limite du CAHS applicable dans l'entreprise et au-delà de ce CAHS après information/avis du CSÉ (L. 3121-33-I). En principe, les salariés sont tenus d'effectuer les heures supplémentaires décidées par l'employeur, sous réserve qu'il respecte ses obligations légales (information ou consultation des représentants du personnel, octroi des contreparties aux salariés en termes de majorations et de repos).

Le refus du salarié peut, en principe, être qualifié de faute (Soc. 26 nov. 2003). Cependant, le salarié peut invoquer un motif légitime de refus :
– Au regard du respect de la loi (non-paiement des majorations, non-information des IRP, etc.).
– Au regard de dispositions conventionnelles (non-respect par l'employeur de dispositions conventionnelles interprofessionnelles – le recours fréquent aux heures supplémentaires est contraire aux dispositions des ANI qui prévoient que les heures supplémentaires sont uniquement destinées à répondre à des besoins conjoncturels, cf. ANI du 23 mars 1989 et du 31 oct. 1995, signés par

les organisations patronales représentatives, mais non étendus, de branche ou d'entreprise).
– Au regard de son contrat de travail et de ses droits fondamentaux (modification de son contrat de travail – Soc. 16 mai 1991 – heures supplémentaires tous les samedis matin ; le recours régulier aux heures supplémentaires constitue un élément essentiel du contrat de travail qui doit être porté à la connaissance du salarié par écrit, CJCE 2 févr. 2001 ; non-respect par l'employeur de ses obligations à l'égard du salarié, Soc. 8 janv. 2003, Soc. 10 juin 2003 ; motif tiré de sa vie personnelle notamment familiale ; absence de moyen de transport, Soc. 3 déc. 2008 ; etc.).

La qualité de cadre et une liberté d'organisation ne suffisent pas à exclure du droit au paiement d'heures supplémentaires, en l'absence de convention de forfait (*infra*).

La suppression des heures supplémentaires par l'employeur ne constitue pas une modification du contrat de travail, dès lors que celles-ci ne sont pas garanties contractuellement (Soc. 3 mars 1998).

Majorations de salaire

Toute heure accomplie au-delà de la durée légale hebdomadaire ou de la durée considérée comme équivalente est une heure supplémentaire qui ouvre droit à une majoration salariale ou, le cas échéant, à un repos compensateur équivalent (L. 3121-28).

Une convention ou un accord collectif d'entreprise ou d'établissement ou, à défaut, une convention ou un accord de branche prévoit le ou les taux de majoration des heures supplémentaires accomplies au-delà de la durée légale ou de la durée considérée comme équivalente. Ce taux ne peut être inférieur à 10 % (L. 3121-33. – I. – 1°).

À défaut d'accord, les heures supplémentaires accomplies au-delà de la durée légale hebdomadaire (35 heures), ou de la durée considérée comme équivalente, donnent lieu à une majoration de salaire (L. 3121-36) :

- de 25 % pour chacune des 8 premières heures supplémentaires (de la 36e à la 43e) ;
- de 50 % pour les heures suivantes (à partir de la 44e).

L'assiette de calcul des majorations comprend le salaire et tous les accessoires ayant le caractère de salaire, comme des primes, des commissions, etc. « Les éléments de rémunération dont les modalités de fixation permettent leur rattachement direct à l'activité personnelle du salarié doivent être intégrés dans la base de calcul des majorations pour heures supplémentaires » (Soc. 23 sept. 2009, SARL CMC habillement).

Dans les entreprises dont la durée collective hebdomadaire de travail est supérieure à la durée légale hebdomadaire, la rémunération mensuelle due au salarié peut être calculée en multipliant la rémunération horaire par les 52/12 de cette durée hebdomadaire de travail, en tenant compte des majorations de salaire correspondant aux heures supplémentaires accomplies (L. 3121-31).

Repos compensateur équivalent de remplacement (RCER)

En principe, les heures supplémentaires et leurs majorations sont payées en argent (L. 3121-28). Toutefois, une convention ou un accord d'entreprise ou d'établissement ou, à défaut, une convention ou un accord de branche peut prévoir le remplacement de tout ou partie du paiement des heures supplémentaires, ainsi que des majorations, par un RCER (L. 3121-33-II-2°). Une convention ou un accord d'entreprise peut adapter les conditions et les modalités d'attribution et de prise du RCER (une heure majorée à 25 % = 1 h 15 de repos, une heure majorée à 50 % = 1 h 30 ; L. 3121-24 al. 1).

Dans les entreprises inorganisées (dépourvues de DS), le remplacement de tout ou partie du paiement des heures supplémentaires, ainsi que des majorations, par un RCER peut être mis en place par l'employeur à condition que le CSE ne s'y oppose pas.

L'employeur peut également adapter à l'entreprise les conditions et les modalités d'attribution et de prise du RCER après avis du CSÉ (L. 3121-37).

Les salariés sont informés du nombre d'heures de repos compensateur de remplacement et de contrepartie obligatoire en repos portés à leur crédit par un document annexé au bulletin de paie. Dès que ce nombre atteint 7 heures, ce document comporte une mention notifiant l'ouverture du droit à repos et l'obligation de le prendre dans un délai maximum de 2 mois après l'ouverture (D. 3171-11).

Heures choisies

La loi « temps de travail » du 20 août 2008 opère la suppression de ce régime, compte tenu des possibilités de dépassement par accord du contingent annuel et de la fixation des contreparties à ces heures par accord collectif. Cependant, les accords conclus demeurent applicables.

Repos obligatoire

À RETENIR

La loi fixe « une ***contrepartie obligatoire en repos*** » (COR) pour toute heure supplémentaire accomplie au-delà du contingent annuel, dont le régime est déterminé par accord collectif (un contingent annuel conventionnel élevé peut avoir pour effet de rendre inaccessible l'ouverture du droit à ce repos).

Les heures supplémentaires effectuées au-delà du contingent annuel ouvrent droit à une contrepartie obligatoire sous forme de repos (COR – ancien repos compensateur) (L. 3121-30).

Une convention ou un accord d'entreprise ou d'établissement ou, à défaut, une convention ou un accord de branche fixe l'ensemble des conditions d'accomplissement d'heures supplémentaires au-delà du contingent annuel ainsi que la durée, les caractéristiques et les conditions de prise de la COR. Cette COR ne peut être inférieure :

- à 50 % des heures supplémentaires accomplies au-delà du contingent annuel pour les entreprises de 20 salariés au plus ;
- et à 100 % de ces mêmes heures pour les entreprises de plus de 20 salariés (L. 3121-33. – I. – 3°).

À défaut d'accord, la COR est fixée à 50 % des heures supplémentaires accomplies au-delà du contingent annuel pour les entreprises de 20 salariés au plus, et à 100 % de ces mêmes heures pour les entreprises de plus de 20 salariés (L. 3121-38).

À défaut d'accord, un décret détermine les caractéristiques et les conditions de prise de la COR (L. 3121-39).

Le droit à la COR est réputé ouvert dès que la durée de ce repos atteint 7 heures (D. 3121-18). Cette COR peut être prise par journée entière ou par demi-journée à la convenance du salarié. Elle est assimilée à une période de travail effectif pour le calcul des droits du salarié. Elle donne lieu à une indemnisation qui n'entraîne aucune diminution de rémunération par rapport à celle que le salarié aurait perçue s'il avait accompli son travail (D. 3121-19). L'absence de demande de prise de la COR par le salarié ne peut entraîner la perte de son droit au repos. Dans ce cas, l'employeur lui demande de prendre effectivement ses repos dans un délai maximum d'un an (D. 3121-17).

Une convention ou un accord d'entreprise ou d'établissement ou, à défaut, une convention ou un accord de branche peut également prévoir qu'une COR est accordée au titre des heures supplémentaires accomplies dans la limite du contingent (L. 3121-33-II-1°). Les accords collectifs prévoyant un repos compensateur, adoptés avant la promulgation de la loi, continuent à produire leurs effets.

Le salarié qui n'a « *pas été en mesure, du fait de son employeur, de formuler une demande de repos compensateur, a droit à l'indemnisation du préjudice subi et cette indemnisation comporte à la fois le montant de l'indemnité calculée comme si le salarié avait pris son repos et le montant des congés payés afférents* » (Soc. 20 févr. 2013, Sté Maladis, préc.).

Branches d'activité à caractère saisonnier

Une convention ou un accord d'entreprise ou d'établissement ou, à défaut, une convention de branche ou un accord professionnel ou interprofessionnel peut (conditions déterminées par décret) déroger aux dispositions relatives à la détermination des périodes de référence pour le décompte des heures supplémentaires et des repos compensateurs. La convention ou l'accord organise également des procédures contradictoires de décompte des temps et périodes de travail (L. 3121-34).

• Régimes probatoires, dérogations, contrôle et sanctions

Deux régimes probatoires aménagés sur le plan civil

Heures de travail effectuées. En matière d'heures supplémentaires, il suffit que l'employeur ait donné son accord, même implicite, à l'accomplissement de ces heures pour que leur rémunération soit due (Soc. 20 mars 1980 ; Soc. 31 mars 1998 ; Soc. 2 juin 2010, Sté Yusen Air & Sea Service, PBR, l'accord tacite de l'employeur se déduit de sa connaissance des heures supplémentaires effectuées portées sur les fiches de pointage, auxquelles il ne s'était pas opposé). Il en est également ainsi quand « *les heures litigieuses avaient été rendues nécessaires par les tâches confiées à l'intéressé* » (Soc. 20 févr. 2013, Sté Maladis). Quand les horaires de travail ne sont pas compatibles avec l'exercice des fonctions (charge de travail), le salarié a droit au paiement des heures supplémentaires effectuées malgré les consignes contraires de l'employeur (Soc. 25 sept. 2013, Fondation Hopale).

JURISPRUDENCE

En cas de litige relatif à « l'existence ou au nombre d'heures de travail accomplies », un aménagement de la charge de la preuve est prévu au bénéfice du salarié (L. 3171-4) :

- Le salarié fournit des éléments pour étayer sa demande (Soc. 25 févr. 2004, PBRI ; Soc. 6 avril 2005 – décompte détaillé des heures travaillées).
- L'employeur doit fournir au juge les éléments de nature à justifier les horaires effectivement réalisés par le salarié (Soc. 10 mai 2007, Soc. 24 mars 2004). L'employeur doit être en mesure de fournir les éléments de nature à justifier les heures effectivement réalisées par ses salariés durant toute la période de prescription (3 ans ; peu important qu'il ne soit tenu de mettre à la disposition de l'inspecteur du travail les documents relatifs au décompte de la durée du travail que pendant un an, Soc. 9 avr. 2008). Dans l'hypothèse d'un litige relatif à l'accomplissement d'heures supplémentaires dans le cadre d'un forfait de salaire, la preuve en incombe à celui qui l'invoque, c'est-à-dire en principe l'employeur (Soc. 8 mars 2007).

Puis le juge forme sa conviction au vu de ces éléments, après avoir ordonné, en cas de besoin, toutes les mesures d'instruction qu'il estime utiles. Le juge ne peut pas rejeter une demande du salarié parce qu'elle serait insuffisamment probante ; il doit examiner les éléments que l'employeur est tenu de lui fournir (jurisprudence constante depuis Soc. 3 juill. 1996 ; Soc. 7 avril 2010, Sté La Mouna, une vendeuse en boulangerie ne peut pas être déboutée de ses demandes en paiement d'heures supplémentaires alors qu'elle produit diverses pièces – attestations de clientes et d'anciennes salariées, décompte de l'intéressée ayant comptabilisé 87 heures de travail par semaine pour la période considérée et qui avait signalé cette situation à l'Inspection du travail, et l'employeur ne fournissant aucun élément).

La cour d'appel n'est pas tenue de préciser le détail du calcul appliqué, évalue souverainement l'importance des heures supplémentaires et fixe en conséquence les créances salariales s'y rapportant (Soc. 4 déc. 2013, PBR, Sté Résidence du Val d'Osne).

La dissimulation d'emploi (L. 8221-1-1° et 8221-5-2°), de manière intentionnelle (Soc. 8 mars 2007), par mention sur le bulletin de paie d'un nombre d'heures de travail inférieur à celui effectué, ouvre droit à réparation pour le salarié (Soc. 24 mars 2004 ; en cas de rupture de la relation de travail : L. 8223-1 et s. ; Soc. 25 mai 2005, PBRI, cumul de l'indemnité forfaitaire égale à 6 mois de salaire avec les indemnités de préavis, conventionnelle de licenciement et de congés payés, Soc. 12 janv. 2006).

Limites prévues en droit européen. Cependant, « *la preuve du respect des seuils et plafonds prévus par le droit de l'Union européenne (...) incombe à l'employeur* » (Soc. 17 oct. 2012, AVVEJ – à propos du temps de pause, voir également le respect du repos entre 2 journées de travail, le repos hebdomadaire, le respect de la durée hebdomadaire maximale de 48 heures – Soc. 20 févr. 2013, Sté Maladis, préc.).

Dérogations administratives

Des dérogations peuvent être sollicitées auprès de l'autorité administrative compétente pour traiter ces demandes, c'est-à-dire « *celle dont relève l'établissement qui emploie les salariés concernés par la dérogation* ». Pour les demandes relatives au travail de nuit et à la durée maximale journalière, il s'agit de l'inspecteur du travail ; pour les demandes relatives au dépassement des durées maximales hebdomadaires, il s'agit de la DIRECCTE ou par délégation du responsable de l'unité départementale (UD) ou par subdélégation de l'inspecteur du travail.

Contrôle et sanctions pénales

Deux systèmes de contrôle existent.

Horaires collectifs. D'une part, pour les salariés en horaire collectif, l'employeur doit notamment afficher, sur tous les lieux où ils s'appliquent (Crim. 17 janv. 1995), les horaires de travail et de repos (L. 3171-1, D. 3171-1 et D. 3171-2 à D. 3171-7). Il en est ainsi notamment en cas d'organisation du temps de travail sur une période supérieure à la semaine (L. 3122-2) : dans ces entreprises, « à défaut de précision conventionnelle contraire (...) l'affichage indique le nombre de semaines que comporte la période de référence fixée par l'accord ou le décret, et, pour chaque semaine incluse dans cette période de référence, l'horaire de travail et la répartition de la durée du travail » (D. 3171-5).

Horaires non collectifs. D'autre part, pour les salariés ne relevant pas d'un horaire collectif, l'employeur doit établir un décompte individuel, quotidien et hebdomadaire, et conserver les documents nécessaires au décompte des heures travaillées (L. 3171-2, L. 3172-2, D. 3171-8 et s.). Ces documents sont tenus à la disposition des délégués du personnel (L. 3171-2). Le salarié reçoit des informations annexées à son bulletin de paie (D. 3171-11 et s.). Si le décompte des heures de travail accomplies par chaque salarié est assuré par un système d'enregistrement automatique, celui-ci doit être fiable et infalsifiable (L. 3171-4).

Avec l'utilisation des NTIC, est posée la question de la prise en compte du temps de travail effectué en dehors du lieu de travail (domicile, transports, etc.) et en dehors des heures de travail (soirées, fin de semaine, congés).

Contrôle administratif. Une copie des affichages est envoyée à l'Inspection du travail (D. 3171-17) qui peut consulter l'ensemble des documents existants dans l'entreprise permettant de comptabiliser le « temps de travail » accompli par chaque salarié (L. 3171-3, D. 3171-16), même quand ces documents ne sont pas prévus par le Code du travail (D. 3171-16-1° ; Crim. 4 juin 1991). Le non-respect de ces dispositions est pénalement sanctionné (D. 3173-1 et s.). Ainsi, la non-production par l'employeur des documents concernant les horaires de travail effectués par les salariés constitue un obstacle aux fonctions de l'Inspection du travail (Crim. 19 juin 2012, Mme Y. – SARL Les Motels de Normandie, amende prononcée de 3 500 €). Les modalités pratiques de contrôle du temps de travail sont prévues (D. 3171-1 et s., D. 212-17 et s.).

Sanctions pénales ou administratives. Sur le plan pénal, des sanctions sont prévues dans de nombreuses hypothèses (dépassement des durées maximales du travail, etc. R. 3124-3 et s.), en cas de non-respect de dispositions conventionnelles dérogatoires à des dispositions légales sanctionnées pénalement (R. 3124-1 et s.) ou de dissimulation d'heures de travail effectuées (Trib. Correc. Versailles, 21 juin 1999, « écrêtage » d'heures effectuées ; L. 8224-1 et s.).

Les infractions à la législation sur la durée du travail, les heures supplémentaires, le repos hebdomadaire, ainsi qu'aux règles protectrices des femmes et des jeunes travailleurs, sont sanctionnées par des amendes de 4ème classe dont le taux peut aller jusqu'à 750 €. Les infractions donnent lieu à autant d'amendes qu'il y a de salariés concernés par l'irrégularité constatée.

Des sanctions administratives sont prévues (L. 1325-1).

Durées maximales du travail

La loi fixe plusieurs durées maximales du travail.

• Durée quotidienne

La durée quotidienne de travail effectif par salarié ne peut excéder 10 heures (L. 3121-18), sauf :

- dérogation accordée par l'inspecteur du travail (surcroît temporaire d'activité, D. 3121-4) ;
- cas d'urgence (D. 3121-6) ;
- accord collectif : une convention ou un accord d'entreprise ou d'établissement ou, à défaut, une convention ou un accord de branche peut prévoir le dépassement de la durée maximale quotidienne de travail effectif, en cas d'activité accrue ou pour des motifs liés à l'organisation de l'entreprise, à condition que ce dépassement n'ait pas pour effet de porter cette durée à plus de 12 heures (L. 3121-19).

• Durées hebdomadaires

Durée maximale absolue

« ***Au cours d'une même semaine, la durée maximale hebdomadaire de travail est de 48 heures*** » (L. 3121-20).

En cas de circonstances exceptionnelles et pour la durée de celles-ci, le dépassement de la durée maximale de 48 heures peut être autorisé par la DIRECCTE (« circonstances exceptionnelles entraînant un surcroît extraordinaire de travail »), sans toutefois que ce dépassement puisse avoir pour effet de porter la durée du travail à plus de 60 heures par semaine. Le dépassement peut être assorti de mesures compensatoires.

Le CSÉ donne son avis sur les demandes d'autorisation formulées à ce titre. Cet avis est transmis à l'Inspection du travail (L. 3121-21).

Cette dérogation est utilisée notamment pour les travaux publics pendant la période estivale (elle a notamment été utilisée pour les services financiers lors du passage à l'an 2000, lors de la mise en place de l'euro).

Durée maximale relative

La durée hebdomadaire de travail calculée sur une période quelconque de 12 semaines consécutives ne peut dépasser 44 heures (L. 3121-22), sauf dérogation.

Une convention ou un accord d'entreprise ou d'établissement, ou, à défaut, une convention, un accord de branche peut prévoir le dépassement de la durée hebdomadaire de travail de 44 heures calculée sur une période de 12 semaines consécutives, à condition que ce dépassement n'ait pas pour effet de porter cette durée à plus de 46 heures (L. 3121-23).

À défaut d'accord, le dépassement de la durée maximale hebdomadaire de 44 heures est autorisé par la DIRECCTE (R. 3121-11) dans la limite d'une durée totale maximale de 46 heures (L. 3121-24).

À titre exceptionnel, dans certains secteurs, dans certaines régions ou dans certaines entreprises, le dépassement de la durée maximale de 46 heures peut être autorisé pendant des périodes déterminées par le ministre du Travail ou par délégation la DIRECCTE (L. 3121-25, R. 3121-12).

Le CSÉ donne son avis sur les demandes d'autorisation formulées auprès de l'autorité administrative. Cet avis est transmis à l'Inspection du travail (L. 3121-26).

• Forfait-jours

Enfin, le nombre maximal de jours pouvant être travaillés par un salarié relevant d'une convention de forfait annuel en jours mise en place sur la base d'une convention ou d'un accord collectif est de 218 jours travaillés par an. La loi du 20 août 2008 « temps de travail » prévoit que ce nombre peut être dépassé par accord collectif ou par accord individuel (*infra*).

Repos minimums

À RETENIR

Les différentes prescriptions énoncées par la directive européenne n° 2003/88/CE du 4 novembre 2003, concernant certains aspects de l'aménagement du temps de travail, en matière de temps minimal de repos, constituent « *des règles de droit social d'une importance particulière dont doit bénéficier chaque travailleur en tant que prescription minimale nécessaire pour assurer la protection de sa sécurité et de sa santé* » (Soc. 29 juin 2011, ANRS).

Tout salarié doit bénéficier de repos minimums.

• Pause

Dès que le temps de travail quotidien atteint 6 heures, le salarié bénéficie d'un temps de pause d'une durée minimale de 20 minutes consécutives (L. 3121-16).

Une convention ou un accord d'entreprise ou d'établissement ou, à défaut, une convention ou un accord de branche peut fixer un temps de pause supérieur (L. 3121-17).

• Repos journalier

Tout salarié bénéficie d'un repos quotidien d'une durée minimale de 11 heures consécutives, sauf dérogation (L. 3131-1) ; ces « *11 heures de repos consécutives prenant effet à la fin du service* » (Soc. 27 juin 2012, SA GLS).

Une convention ou un accord d'entreprise ou d'établissement ou, à défaut, une convention ou un accord de branche peut déroger à la durée minimale de repos quotidien notamment pour des activités caractérisées par la nécessité d'assurer une continuité du service ou par des périodes d'intervention fractionnées (L. 3131-2, D. 3131-4). ***La durée du repos quotidien ne peut être réduite en deçà de 9 heures*** (D. 3131-6). L'employeur ne peut imposer un repos inférieur à la durée prévue par la convention collective en cas de dérogation (la CCN des entreprises de propreté prévoit une durée de repos de 9 heures) par avenant au contrat et « *le salarié ne peut valablement renoncer à la durée minimale de repos journalier prévue par la convention collective (...) le salarié était fondé à refuser de signer l'avenant* » (Soc. 8 juin 2010, Sté Poly Prest Europe).

À défaut d'accord, en cas de surcroît exceptionnel d'activité, il peut être dérogé à la durée minimale de repos quotidien par décision administrative (D. 3131-7) (L. 3131-3).

Est également prévue la possibilité de dérogation, sous la responsabilité de l'employeur, en cas de travaux urgents en raison d'un accident ou d'une menace d'accident (D. 3131-5).

Le bénéfice de ces dérogations est subordonné à l'attribution de périodes au moins équivalentes de repos aux salariés intéressés. Lorsque l'attribution de ce repos n'est pas possible, une contrepartie équivalente est prévue par accord collectif de travail (D. 3131-2).

• Repos hebdomadaire

Ce repos quotidien de 11 heures s'ajoute au repos hebdomadaire de 24 heures minimum (soit 35 heures de repos hebdomadaire). Il limite à 13 heures l'amplitude de travail, c'est-à-dire du temps pendant lequel un salarié peut être, compte tenu des pauses, à la disposition de son employeur pendant une journée civile (de 0 à 24 heures, Soc. 18 déc. 2001).

• Jeunes

Les jeunes travailleurs, âgés de moins de 18 ans, et ceux qui accomplissent des stages d'initiation ou d'application professionnelle dans le cadre d'un enseignement alterné ou d'un cursus scolaire, ne peuvent être employés à un travail excédant 8 heures par jour et 35 heures par semaine, sauf dérogation accordée par l'inspecteur du travail (L. 3162-1). Aucune période de travail ininterrompu ne peut excéder une durée maximale de 4 heures et demie sans faire bénéficier le jeune travailleur d'une pause d'au moins 30 minutes consécutives (L. 3162-3).

Le repos de nuit doit être d'au moins 12 heures (14 si les jeunes ont moins de 16 ans) consécutives (L. 3163-1 et s.) et comprendre au moins la plage comprise entre 22 heures (20 heures pour les jeunes de moins de 16 ans) et 6 heures du matin.

Problématique générale

Le droit applicable dans une entreprise est (doit être) un compromis entre les demandes des entreprises (réduction du coût du travail, « flexibilité », etc.), les demandes des salariés (conditions de travail, rémunération, articulation vie professionnelle et vie personnelle, etc.) et les demandes de la société (politique de l'emploi, temps des villes, etc.).

La négociation collective, d'entreprise ou de branche, occupe une place prépondérante en matière de répartition du temps de travail. Dans la plupart des cas, l'entreprise ne peut mettre en œuvre un dispositif dérogatoire à l'horaire collectif en matière d'aménagement du temps de travail que dans le cadre d'un accord collectif (des modalités de négociation dérogatoires sont prévues pour permettre la conclusion d'accords dérogatoires).

Les aménagements du temps de travail, au nombre de plus de 20, répondent, suivant les cas, aux aspirations des salariés et/ou aux besoins des employeurs. Certains aménagements, suivant les modalités retenues, peuvent répondre davantage à une partie ou à l'autre : pour les salariés (temps « choisi » par « jours de repos », temps partiel, etc.), pour les entreprises (demande de « flexibilité » – modulation, temps partiel, etc., ou d'une demande d'augmentation de la durée d'utilisation des équipements – travail par équipes).

Ces aménagements du temps de travail sont des dérogations à plusieurs règles (calcul de la durée du travail à la semaine, majoration des heures supplémentaires, etc.), mais doivent respecter les quelques normes qui demeurent impératives (définition du temps de travail, durées maximales, repos minimum, etc.). Le droit du temps de travail est le laboratoire de la dérogation.

Les aménagements du temps de travail peuvent être mis en œuvre :
– Dans certains cas (prévus par la loi).

– À certaines conditions (notamment, le plus souvent par la conclusion d'un accord collectif).
– Et dans certaines limites (au regard du respect des règles de droit public – durées maximales du travail, etc., précitées, du contenu minimal des accords collectifs de mise en œuvre – spécifiques pour chaque aménagement – et du respect des droits fondamentaux de la personne – notamment en matière de santé et de vie familiale normale).

EN PRATIQUE

Par conséquent, il y a 2 erreurs à ne pas commettre : penser que l'accord collectif est toujours plus favorable que la loi pour le salarié ou, à l'inverse, penser qu'il est possible de déroger à toutes les règles légales sans limites.

Nouveau régime unifié

• Dispositions légales

Lorsqu'est mis en place un dispositif d'aménagement du temps de travail sur une période de référence supérieure à la semaine, les heures supplémentaires sont décomptées à l'issue de cette période de référence (L. 3121-41).

Cette période de référence ne peut dépasser 3 ans en cas d'accord collectif et 9 semaines en cas de décision unilatérale de l'employeur.

Si la période de référence est annuelle, constituent des heures supplémentaires les heures effectuées au-delà de 1 607 heures.

Si la période de référence est inférieure ou supérieure à un an, constituent des heures supplémentaires les heures effectuées au-delà d'une durée hebdomadaire moyenne de 35 heures calculée sur la période de référence (R. 3121-25).

Dans les entreprises ayant mis en place un dispositif d'aménagement du temps de travail sur une période de référence supérieure à la semaine (modulation, cycle, etc.), les salariés sont informés dans un « délai raisonnable » de tout changement dans la répartition de leur durée de travail (L. 3121-42).

La mise en place d'un dispositif d'aménagement du temps de travail sur une période supérieure à la semaine par accord collectif ne constitue pas une modification du contrat de travail pour les salariés à temps complet (L.3121-43).

• Dispositions conventionnelles

Un accord d'entreprise ou d'établissement ou, à défaut, une convention ou un accord de branche peut définir les modalités d'aménagement du temps de travail et organiser la répartition de la durée du travail sur une période supérieure à la semaine (L. 3121-44). Il prévoit :

- la période de référence, qui ne peut excéder 1 an (ou si un accord de branche l'autorise, 3 ans) ;
- les conditions et délais de prévenance des changements de durée ou d'horaires de travail (à défaut de stipulations dans l'accord, le délai de prévenance est fixé à 7 jours – L. 3121-47) ;
- les conditions de prise en compte, pour la rémunération des salariés, des absences ainsi que des arrivées et des départs en cours de période de référence.

L'accord peut prévoir une limite annuelle inférieure à 1 607 heures pour le décompte des heures supplémentaires.

Si la période de référence est supérieure à un an, l'accord prévoit une limite hebdomadaire, supérieure à 35 heures, au-delà de laquelle les heures de travail effectuées au cours d'une même semaine constituent en tout état de cause des heures supplémentaires dont la rémunération est payée avec le salaire du mois considéré.

Si la période de référence est inférieure ou égale à un an, l'accord peut prévoir cette même limite hebdomadaire. Les heures supplémentaires effectuées au-delà de la limite supérieure n'entrent pas dans le décompte des heures travaillées opéré à l'issue de la période de référence (*infra* l'exemple de la modulation).

L'accord peut prévoir que la rémunération mensuelle des salariés est indépendante de l'horaire réel et détermine alors les conditions dans lesquelles cette rémunération est calculée (lissage de la rémunération).

• Dispositions supplétives

À défaut d'accord collectif, l'employeur peut mettre en place une répartition sur plusieurs semaines de la durée du travail :

- dans la limite de 9 semaines pour les entreprises employant moins de 50 salariés ;
- dans la limite de 4 semaines pour les entreprises de 50 salariés et plus (L. 3121-45).

L'employeur établit le programme indicatif de la variation de la durée du travail. Ce programme est soumis pour avis, avant sa première mise en œuvre, au CSÉ. Les modifications du programme font l'objet d'une consultation du CSÉ. L'employeur communique au moins une fois par an au CSÉ un bilan de la mise en œuvre du programme. Les salariés sont prévenus des changements de leurs horaires de travail au moins 7 jours ouvrés avant la date du changement (D. 3121-27).

Dans les entreprises qui fonctionnent en continu, l'employeur peut mettre en place une répartition de la durée du travail sur « plusieurs semaines » (L. 3121-46).

• Dispositions d'application

Des décrets déterminent les modalités d'application de la législation (pour l'ensemble des branches d'activité ou des professions ou pour une branche ou une profession particulière) et fixent notamment :

- la répartition et l'aménagement des horaires de travail ;
- les conditions de recours aux astreintes ;
- les dérogations permanentes ou temporaires applicables dans certains cas et pour certains emplois ;
- les périodes de repos ;
- les modalités de récupération des heures de travail perdues ;
- les mesures de contrôle de ces diverses dispositions (L. 3121-67).

Il peut être dérogé par convention ou accord collectif étendu ou par convention ou accord d'entreprise ou d'établissement aux dispositions des décrets, sauf en ce qui concerne les mesures de contrôle (L. 3121-68).

Les dispositifs d'aménagement du temps de travail seront ici présentés au regard des règles applicables, selon les typologies en vigueur dans les entreprises.

Horaire collectif

• Principe

En matière d'horaires de travail, le principe demeure celui de l'horaire collectif de travail. Les employeurs affichent les heures auxquelles commence et finit le travail, ainsi que les heures et la durée du repos. Le principe de l'horaire collectif et l'affichage de l'horaire facilitent le contrôle par l'inspecteur du travail des dispositions légales relatives à la durée du travail, tous les membres du personnel d'une même entreprise (d'une unité de travail – service, atelier, etc.) étant censés commencer et finir le travail en même temps. Cependant, dans les faits, ce principe tend à devenir l'exception, au regard des multiples possibilités de dérogation largement utilisées dans les entreprises.

• Historique

L'horaire collectif a été institué notamment par le biais des décrets pris en application de la loi de 1936 sur les 40 heures à la demande des organisations d'employeurs pour remettre en cause l'autonomie des ouvriers professionnels hostiles aux horaires de travail rigides (« l'ouvrier prend l'ouvrage à son heure »). Après Mai 1968, les organisations d'employeurs ont pris en compte la demande des salariés de plus d'autonomie (cf. horaires individualisés). Depuis les années 1980, en réponse à la « flexibilité » du temps de travail, des salariés souhaitent revenir à des horaires collectifs (des cadres demandent à « pointer » pour que leur durée du travail soit mesurée...).

Récupération des heures perdues

• Objet

Les heures récupérées doivent être distinguées des heures supplémentaires. Les heures de récupération sont effectuées en sus de l'horaire journalier. Elles sont rémunérées au taux normal, sans majoration.

• Modalités

Lorsqu'une interruption collective du travail, dans un établissement ou une partie d'établissement, entraîne une diminution de la durée du travail au-dessous de 35 heures, les heures ainsi perdues peuvent être récupérées. C'est l'employeur qui en décide, après avoir informé l'inspecteur du travail (R. 3121-33), et il peut l'imposer aux salariés.

Un accord collectif d'entreprise ou d'établissement ou, à défaut, une convention ou un accord de branche peut fixer les modalités de récupération des heures perdues (L. 3121-51).

À défaut d'accord collectif, les limites et modalités de récupération des heures perdues sont déterminées par décret (L. 3121-52).

EN PRATIQUE

Les heures perdues du fait d'une baisse d'activité ne peuvent être récupérées.

Seules peuvent être récupérées les heures perdues par suite d'une interruption collective du travail résultant :

- de causes accidentelles, d'intempéries ou en cas de force majeure ;
- d'inventaire ;
- du chômage d'un jour ou de 2 jours ouvrables compris entre un jour férié et un jour de repos hebdomadaire ou d'un jour précédant les congés annuels (L. 3121-50).

Horaires individualisés

• Objet

Les horaires individualisés permettent aux salariés une relative liberté dans la détermination de leurs horaires de travail (L. 3122-23). Ils doivent être présents pendant une certaine période de la journée (plage fixe), mais le moment où ils commencent et terminent le travail est librement choisi à l'intérieur d'une tranche horaire, avant et après la plage fixe. Ce dispositif constitue la première dérogation au principe de l'horaire collectif (loi de 1973).

• Mise en place

L'employeur peut, à la demande de certains salariés, mettre en place un dispositif d'horaires individualisés permettant un report d'heures d'une semaine à une autre, après avis conforme du CSÉ (L. 3121-48). Dans les entreprises qui ne disposent pas de représentant du personnel, l'inspecteur du travail autorise la mise en place d'horaires individualisés.

Les travailleurs handicapés (L. 5212-13) bénéficient à leur demande, au titre des « aménagements raisonnables » (L. 5213-6) d'un aménagement d'horaires individualisés propre à faciliter leur accès à l'emploi, leur exercice professionnel ou le maintien dans leur emploi. Les aidants familiaux et les proches d'une personne handicapée bénéficient d'un aménagement d'horaires individualisés propre à faciliter l'accompagnement de cette personne.

• Report d'heures

Le salarié qui bénéficie des horaires individualisés peut être amené à reporter des heures de travail d'une semaine à une autre. Dans ce cadre, les heures de travail effectuées au cours d'une même semaine au-delà de la durée hebdomadaire légale ou conventionnelle ne sont pas considérées comme des heures supplémentaires, pourvu qu'elles résultent d'un libre choix du salarié (Soc. 21 févr. 2007). Un accord d'entreprise ou d'établissement ou, à défaut, une convention ou un accord de branche peut prévoir les limites et modalités du report d'heures d'une semaine à une autre (L. 3121-51).

À défaut d'accord collectif, les limites et modalités du report d'heures en cas de mise en place d'un dispositif d'horaires individualisés sont déterminées par décret (L. 3121-52), (le report d'heures d'une semaine à une autre ne peut excéder 3 heures et le cumul des reports ne peut avoir pour effet de porter le total des heures reportées à plus de 10).

Les dispositifs d'aménagement du temps de travail suivants visent à l'adaptation de l'entreprise aux fluctuations d'activité (temps partiel, modulation) et parfois à la réponse à des demandes des salariés (temps partiel).

Temps partiel

• Objet

La loi du 27 décembre 1973, relative à l'amélioration des conditions de travail, contenait déjà quelques dispositions destinées à favoriser le recours au travail à temps partiel. La question a été depuis, à de nombreuses reprises, remaniée, pour répondre aux besoins des entreprises. La loi du 19 janv. 2000 est intervenue, mais avec un objectif différent, celui de créer des modalités plus respectueuses des conditions de vie des salariés et compatibles avec le mouvement de réduction de la durée collective du travail. La loi du 20 août 2008 unifie les modalités de travail à temps partiel au-delà de la semaine. La loi du 14 juin 2013 renoue avec une durée minimale de travail hebdomadaire, en prévoyant cependant des dérogations importantes ; en dernier lieu, la loi du 8 août 2016 modifie certaines dispositions. (Chap. VIII – Contrat de travail à temps partiel)

• Mise en place

Une convention ou un accord d'entreprise ou d'établissement ou, à défaut, une convention ou un accord de branche étendu peut prévoir la mise en œuvre d'horaires de travail à temps partiel à l'initiative de l'employeur (L. 3123-17).

• Temps partiel choisi par le salarié

Une convention ou un accord d'entreprise ou d'établissement ou, à défaut, une convention ou un accord de branche étendu peut prévoir la mise en œuvre d'horaires de travail à temps partiel à la demande des salariés (L. 3123-17). Le texte prévoit :

- les modalités selon lesquelles les salariés à temps complet peuvent occuper un emploi à temps partiel et les salariés à temps partiel occuper un emploi à temps complet dans le même établissement ou, à défaut, dans la même entreprise ;
- la procédure à suivre par les salariés pour faire part de leur demande à leur employeur ;
- le délai laissé à l'employeur pour y apporter une réponse motivée, en particulier en cas de refus.

À défaut de convention ou d'accord collectif, des horaires à temps partiel peuvent être pratiqués à l'initiative de l'employeur, après avis du CSÉ (L. 3123-26).

Dans les entreprises dépourvues d'IRP, des horaires à temps partiel peuvent être pratiqués à l'initiative de l'employeur ou à la demande des salariés, après information de l'Inspection du travail.

À défaut de convention ou d'accord collectif, le salarié peut demander à bénéficier d'un poste à temps partiel (conditions fixées par décret). La demande ne peut être refusée que si l'employeur justifie de l'absence d'emploi disponible relevant de la catégorie professionnelle du salarié ou de l'absence d'emploi équivalent ou s'il peut démontrer que le changement d'emploi demandé aurait des conséquences préjudiciables à la bonne marche de l'entreprise.

Par ailleurs, le salarié qui en fait la demande peut bénéficier d'une réduction de la durée du travail sous forme d'une ou de plusieurs périodes d'au moins une semaine en raison des besoins de sa vie personnelle (L. 3123-2), sa durée du travail étant alors à temps partiel. Pendant les périodes travaillées, le salarié est occupé selon l'horaire collectif applicable dans l'entreprise ou l'établissement (les dispositions relatives au régime des heures supplémentaires et à la contrepartie obligatoire sous forme de repos s'appliquent). L'avenant au contrat de travail précise la ou les périodes non travaillées. Il peut également prévoir les modalités de calcul de la rémunération mensualisée indépendamment de l'horaire réel du mois.

• Travail intermittent

Pour pourvoir des emplois permanents comportant une alternance de périodes travaillées et non travaillées (emplois saisonniers par exemple), des contrats de travail intermittent peuvent être conclus dans les entreprises couvertes par une convention ou par un accord d'entreprise ou d'établissement ou, à défaut, par une convention ou un accord de branche étendu qui le prévoit (L. 3123-33). La convention doit désigner de façon précise les emplois pour lesquels ces contrats peuvent être conclus (Soc. 27 juin 2007).

EN PRATIQUE

Le contrat de travail intermittent est un CDI, conclu pour pourvoir un emploi permanent qui, par nature, comporte une alternance de périodes travaillées et de périodes non travaillées (L. 3123-34). Ce contrat écrit mentionne notamment :

- la qualification du salarié ;
- les éléments de la rémunération ;
- la durée annuelle minimale de travail du salarié ;
- les périodes de travail ;
- la répartition des heures de travail à l'intérieur de ces périodes.

Les heures dépassant la durée annuelle minimale fixée au contrat de travail intermittent ne peuvent excéder le tiers de cette durée, sauf accord du salarié (L. 3123-35).

Le salarié en contrat de travail intermittent bénéficie des droits reconnus aux salariés à temps complet, sous réserve, en ce qui concerne les droits conventionnels, de modalités spécifiques prévues par le texte conventionnel (L. 3123-36). Pour la détermination des droits liés à l'ancienneté, les périodes non travaillées sont prises en compte en totalité.

Une convention ou un accord d'entreprise ou d'établissement ou, à défaut, une convention ou un accord de branche étendu définit les emplois permanents pouvant être pourvus par des salariés titulaires d'un contrat de travail intermittent (L. 3123-38). Ce texte :

- détermine, le cas échéant, les droits conventionnels spécifiques aux salariés titulaires d'un contrat de travail intermittent ;
- peut prévoir que la rémunération versée mensuellement aux salariés titulaires d'un contrat de travail intermittent est indépendante de l'horaire réel et détermine, dans ce cas, les modalités de calcul de cette rémunération.

Dans les secteurs (liste déterminée par décret) où la nature de l'activité ne permet pas de fixer avec précision les périodes de travail et la répartition des heures de travail au sein de ces périodes, ce texte conventionnel détermine les adaptations nécessaires, notamment les conditions dans lesquelles le salarié peut refuser les dates et les horaires de travail qui lui sont proposés.

Sanction civile. En l'absence d'établissement d'un calendrier, le contrat est requalifié en contrat à temps plein, le salarié étant tenu de rester à disposition de l'employeur (Soc. 18 oct. 2006), un délai de prévenance de 48 heures aboutissant à un résultat comparable (Soc. 30 mai 2007).

Modulation

• Objet

Les variations d'activité, liées aux fluctuations des commandes, sont onéreuses pour l'entreprise du fait que, pendant les périodes de grande activité, elle doit recourir aux heures supplémentaires, alors que pendant les périodes creuses, elle doit réduire la durée du travail et financer le chômage partiel. Pour neutraliser ces coûts, la loi permet que la durée hebdomadaire du travail varie, sur tout ou partie de l'année, à condition que, sur un an, cette durée n'excède pas la durée légale annuelle ou une durée conventionnelle inférieure.

La modulation peut être mise en place par accord d'entreprise ou d'établissement ou par convention ou accord de branche, qui doit fixer :

– ***Les conditions et délais de prévenance des changements de durée ou d'horaires de travail*** : les salariés doivent être prévenus des changements de leurs horaires de travail au moins 7 jours avant la date à laquelle ce changement doit intervenir ; la convention ou l'accord peut prévoir un délai inférieur ; l'employeur doit respecter le délai de prévenance (Soc. 14 févr. 2001, Moulinex).

– ***Les limites pour le décompte des heures supplémentaires*** : la limite haute de modulation et la durée annuelle du travail (les heures supplémentaires sont, d'une part, les heures accomplies au-delà de la limite haute fixée pour la semaine et, d'autre part, les heures accomplies au-delà de la durée annuelle du travail, plafonnées de 1 607 heures ou de la limite inférieure fixée par l'accord. Ainsi, quand un « *accord d'entreprise (...) fixait le seuil de déclenchement des heures supplémentaires au-delà de la 1 965e heure pour les grands routiers et de la 1 782e heure pour les autres personnels roulants* », « *il était inopposable au salarié en ce qu'il ne pouvait augmenter le plafonnement annuel au-delà de 1 607 heures, fût-ce par le biais d'heures d'équivalence* » et « *les heures effectuées par celui-ci au-delà de la 1 607e heure annuelle devaient être qualifiées d'heures supplémentaires* » (Soc. 26 sept. 2012, Sté Daniel Menage).

– ***Les conditions de prise en compte pour la rémunération des salariés des absences*** (d'une part, en cas d'absence en période haute, pour raison de santé, la durée de la semaine doit être validée au réel. Selon les heures qui auraient été effectuées, et non au pas de manière forfaitaire sur une moyenne de 35 heures, Soc. 9 janv. 2007, Sporfabric ; d'autre part, l'indemnisation maladie se calcule sur la base de la durée moyenne), ***ainsi que des arrivées et départs en cours de période***.

En cas de rupture du contrat de travail pour motif économique intervenant après ou pendant une période de modulation, le salarié conserve le supplément de rémunération qu'il a, le cas échéant, perçu par rapport au nombre d'heures travaillées.

La loi prévoit que seuls ces 3 types de clauses sont obligatoires dans l'accord collectif. Ainsi, ce dernier perd sensiblement son caractère de garantie et également de ressource en cas de contestation devant le CPH (Soc. 23 sept. 2009, Serop Industrie). Ne sont plus obligatoires, au regard du Code du travail, notamment les clauses suivantes :
– Les justifications de ce recours (cependant tout accord doit avoir une cause).
– Le programme indicatif de la répartition de la durée du travail (Soc. 12 mars 2008, Les Ateliers de Belleville) est soumis, ainsi que ses modifications, pour avis aux élus du personnel ; il peut permettre des ajustements périodiques (Soc. 26 mai 2004 ; Soc., 19 sept. 2012).

Les accords conclus en application des anciennes dispositions du Code du travail dans leur rédaction antérieure à la publication de la loi du 20 août 2008 restent en vigueur.

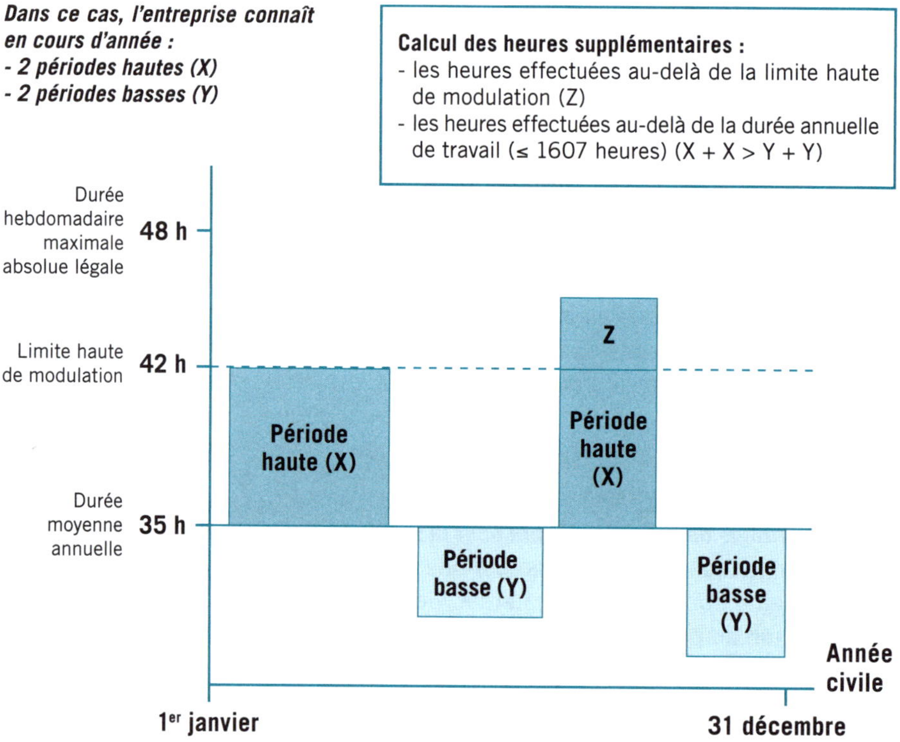

Graphique n° 7 – Le système de modulation (exemple)

• Lissage de la rémunération

La modulation des horaires présente l'inconvénient que les salariés sont moins payés pendant la période où les horaires sont inférieurs à 35 heures. Pour pallier cet inconvénient, une rémunération mensuelle moyenne peut être prévue par une convention ou un accord collectif étendu ou par une convention ou un accord collectif d'établissement. Cette rémunération moyenne est calculée sur la base de la durée annuelle prévue et versée mensuellement (« lissage » de la rémunération). Toutefois, lorsque des heures supplémentaires sont effectuées au-delà des limites hebdomadaires prévues (limite haute de modulation), les rémunérations correspondantes (à ces heures supplémentaires) sont payées avec le salaire du mois considéré.

• Irrégularités

La modulation peut être mise en place par accord de branche. Quand celui-ci prévoit, en l'absence de DS, de salarié mandaté et d'élus du personnel dans l'entreprise, que l'entreprise pourra instituer la modulation après information des salariés, l'information des seuls chefs d'équipe ne répond pas à cette exigence ; par conséquent, le régime de modulation est « *inopposable* » aux salariés (Soc. 9 mai 2009, CCN des prestataires de services).

Quand une entreprise ne dispose pas d'un accord de modulation conforme à la législation (absence de clauses obligatoires rendant la modulation inapplicable), les heures supplémentaires se calculent alors selon les règles de droit commun à la semaine (Soc. 12 mars 2008). Cependant, « *l'irrégularité d'un accord de modulation ou de sa mise en œuvre ne saurait établir à elle seule l'existence d'heures supplémentaires* » (Soc. 19 janv. 2012, Sté RDSL).

• Accord collectif et contrat de travail

La loi dispose que « la mise en place d'un dispositif d'aménagement du temps de travail sur une période supérieure à la semaine par accord collectif ne constitue pas une modification du contrat de travail pour les salariés à temps complet » (L. 3121-43). Il s'agit d'écarter l'application du principe de faveur entre l'accord collectif, notamment d'entreprise, et le contrat de travail afin de supprimer la capacité de résistance du salarié à l'application d'une disposition conventionnelle défavorable. Cette modification a été adoptée en réaction à la jurisprudence selon laquelle « *l'instauration d'une modulation du temps de travail constitue une modification du contrat de travail qui requiert l'accord exprès du salarié* » (Soc. 28 sept. 2010, Sté Y Philippe et Vincent) ; à défaut d'un tel accord, les heures supplémentaires se calculent selon les règles de droit commun (à la semaine).

JURISPRUDENCE

Cependant, le juge maintient sa jurisprudence : la nouvelle disposition (art. 45 de la loi n° 2012-387 du 22 mars 2012) « *n'a ni caractère interprétatif, ni effet rétroactif* » et « *n'est applicable qu'aux décisions de mise en œuvre effective de la modulation du temps de travail prises après publication de ladite loi* » : la modulation ne peut être mise en œuvre que « *si les salariées avaient donné leur accord exprès à la modification du contrat de travail qui en résultait* » (Soc. 25 sept. 2013, Mmes X. et Y. c/ sté Comptoirs du Sud, PBR).

Les dispositifs d'aménagement du temps de travail suivants visent à augmenter la durée d'utilisation des équipements de l'entreprise.

Travail en équipes successives

Le travail par équipes (« travail posté ») est un mode d'organisation du travail dont le but est d'assurer la continuité de la production par la présence d'équipes se succédant sur les lieux de travail.

Les effets nocifs du travail posté sur la santé des travailleurs et sur leur vie familiale et sociale ont été établis ; pourtant, le travail posté a continué à se développer, les entreprises étant soucieuses d'amortir, par une production accrue, le coût souvent élevé des équipements. Certaines industries, en outre, ne peuvent fonctionner qu'en continu du fait de leur processus de production.

• Les équipes au sein de la journée

Plusieurs dispositifs existent (2 équipes matin/après-midi en « 2 × 8 », 3 équipes matin/après-midi/nuit en « 3 × 8 » ou travail posté semi-continu ; avec éventuellement « travail par relais » ou par « équipes chevauchantes »).

• Les équipes de suppléance

Les entreprises industrielles peuvent recruter et occuper des salariés en fin de semaine, pendant les jours de repos hebdomadaire accordés au personnel. L'objet de ces dispositions est de favoriser une utilisation continue des équipements, avec une exception au principe du repos dominical. Le personnel est réparti en 2 groupes, dont l'un a pour fonction de remplacer l'autre pendant le ou les jours de repos accordés à celui-ci en fin de semaine (L. 3121-16, L. 221-5-1), mais également le cas échéant pendant tous les jours de repos de l'équipe habituelle, jours fériés et congés payés notamment. L'équipe de suppléance peut travailler 1, 2 ou 3 jours consécutifs selon que l'équipe de semaine travaille 6, 5 ou 4 jours. L'équipe de suppléance ne peut être occupée en même temps que l'équipe qu'elle remplace, sauf chevauchements marginaux de quelques heures en début ou fin de période, nécessaires pour assurer la continuité du processus de production.

Cette possibilité doit être prévue par une convention de branche ou un accord collectif étendu. Il faut en outre qu'un accord conclu au sein de l'entreprise ou de l'établissement le prévoie expressément. Si l'accord ne peut être obtenu à ce niveau, l'inspecteur du travail peut cependant autoriser la mesure, après avoir consulté les délégués syndicaux et pris l'avis du CE ou des DP, s'ils existent.

La durée journalière de travail de l'équipe de suppléance ne peut excéder 12 heures lorsque la période de recours à cette équipe est limitée à 2 jours. Au-delà, cette durée journalière ne peut excéder 10 heures, sauf si l'accord de branche ou d'entreprise le prévoit ou, à défaut, sur autorisation de l'inspecteur du travail.

Les salariés des équipes de suppléance peuvent être engagés sous CDI ou CDD. La majoration de la rémunération de 50 % peut se cumuler avec des majorations pour travail de nuit ou de jours fériés et ne s'applique pas pour le remplacement des départs en congés.

Ces salariés bénéficient des dispositions sur le travail à temps partiel et doivent donc bénéficier du principe de proportionnalité de la rémunération d'un salarié de même qualification occupant un emploi équivalent à temps plein dans l'entreprise (Soc. 16 mai 2007).

• Le travail en continu

Ce dispositif permet à l'entreprise de fonctionner en permanence (24 heures sur 24 et 7 jours sur 7, toute l'année, travail dit en « 5 x 8 »). La durée du travail, légale et maximale, est de 35 heures en moyenne sur l'année (L. 3132-15, Ord. 16 janv. 1982, art. 26). Les salariés en équipes bénéficient de cette règle même s'ils sont parfois occupés en horaire normal (L. 3132-15, Soc. 14 nov. 2000). En cas de dépassement, les heures effectuées sont des heures supplémentaires ouvrant droit à majoration (et le cas échéant à repos compensateur), ainsi qu'à dommages-intérêts pour réparer le préjudice lié au dépassement de la durée maximale (Soc. 14 nov. 2000). L'affectation d'un salarié à 2 équipes successives est en principe interdite (L. 3122-1).

L'entreprise peut mettre en place ce dispositif pour des raisons techniques (L. 3132-12) ou économiques (L. 3132-14) (par accord collectif ou par décision de l'inspecteur du travail ou encore désormais sur plusieurs semaines par décision de l'employeur – L. 3122-3). Le travail en continu s'accompagne de dérogations en matière de travail de nuit et de repos hebdomadaire par roulement.

• Le cycle

Les cycles de travail désignent des périodes constantes de quelques semaines (en pratique entre 2 semaines – cliniques notamment – et 12 semaines – industrie chimique). À l'intérieur de cette période, la durée du travail est répartie d'une certaine façon se répétant à l'identique d'un cycle à l'autre (« semaines hautes » et « semaines basses », répartition de la durée du travail à l'intérieur des semaines) et respecte en moyenne la durée légale hebdomadaire (les semaines ayant des horaires au-delà de 35 heures étant compensées par celles comportant des durées inférieures au cours du même cycle, sans pouvoir excéder la durée maximale hebdomadaire, Soc. 5 nov. 2003).

Les cycles de travail peuvent être mis en place dans les entreprises qui fonctionnent en continu ou lorsque cette modalité est autorisée par décret (entreprises de gardiennage, de sécurité et de surveillance) ou par un accord de branche, d'entreprise ou d'établissement. L'accord collectif doit prévoir les mêmes dispositions obligatoires qu'en cas de modulation (*supra* Modulation, L. 3122-1 et s.). La loi « temps du travail » prévoit qu'à défaut, l'organisation du temps de travail peut être organisée sur plusieurs semaines par décision de l'employeur (L. 3122-3).

Les heures supplémentaires se calculent sur la base du cycle (Soc. 26 mars 2008) ; ce sont les heures qui dépassent la durée moyenne de 35 heures calculée sur la durée du cycle.

Les dispositions légales sur le cycle ont été abrogées par la loi du 20 août 2008 ; cependant, les accords conclus en application de ces anciennes dispositions du Code du travail dans leur rédaction antérieure à la publication de la loi du 20 août 2008 dans son volet « temps de travail » restent en vigueur. Il a ainsi été jugé qu'un accord d'entreprise qui « *posait le principe d'un recours possible à une organisation du travail par cycle, tout en renvoyant à des accords locaux, ne prévoyait pas la durée maximale du cycle (...) ne pouvait être qualifié d'accord de cycle* » (Soc. 13 juin 2012, La Poste).

Travail de nuit

• Salariés adultes

Justification

À RETENIR

Le recours au travail de nuit est exceptionnel. Il prend en compte les impératifs de protection de la santé et de la sécurité des travailleurs et est justifié par la nécessité d'assurer la continuité de l'activité économique ou des services d'utilité sociale (L. 3122-1).

À la suite d'un contentieux emblématique concernant un magasin à Paris sur les Champs-Élysées, la décision judiciaire de fermeture a été confirmée. Les dispositions légales en la matière ayant été validées (DC n° 2014-373 QPC du 4 avril 2014), sur le fondement de l'article du Code du travail, précité, « interprété à la lumière de la directive 93/104 du 23 novembre 1993 », il est jugé que « *le travail de nuit ne peut pas être le mode d'organisation normal du travail au sein d'une entreprise et ne doit être mis en œuvre que lorsqu'il est indispensable à son fonctionnement* » (Soc. 24 sept. 2014, SA Sephora). Ainsi, dans cette affaire, la société, qui exerce dans le commerce de parfumerie, où le « *travail de nuit n'est pas inhérent à l'activité, ne démontrait pas qu'il était impossible d'envisager d'autre possibilité d'aménagement du temps de travail, non plus que son activité économique supposait le recours au travail de nuit, dès lors que les difficultés de livraison alléguées ne nécessitaient pas pour autant que le magasin fût ouvert à la clientèle la nuit et que l'attractivité commerciale liée à l'ouverture de nuit du magasin des Champs-Élysées ne permettait pas de caractériser la nécessité d'assurer la continuité de l'activité* ». La loi remet en cause cette jurisprudence dans les zones touristiques internationales – ZTI (L. 3132-24 – L. 3122-4, L. 3122-19 *infra*).

Le travail de nuit « *doit rester exceptionnel* », « *l'activité de commerce alimentaire n'exige pas, pour l'accomplir, de recourir au travail de nuit* » (Crim. 2 sept. 2014, Sté Zoveco dis et M. Zoran X, condamnation pour « *mise en place illégale d'un travail de nuit* » ; cette condamnation peut être prononcée quand les salariés occupés au-delà de 21 heures ne sont pas des travailleurs de nuit, *infra*).

Définitions

Tout travail effectué au cours d'une période d'au moins 9 heures consécutives comprenant l'intervalle entre minuit et 5 heures est considéré comme du travail de nuit. La période de travail de nuit commence au plus tôt à 21 heures et s'achève au plus tard à 7 heures (L. 3122-2).

Pour les activités de production rédactionnelle et industrielle de presse, de radio, de télévision, de production et d'exploitation cinématographiques, de spectacles vivants et de discothèque, la période de travail de nuit est d'au moins 7 heures consécutives comprenant l'intervalle entre minuit et 5 heures (L. 3122-3).

Le salarié est considéré comme **travailleur de nuit** :
- s'il accomplit, au moins deux fois par semaine, selon son horaire de travail habituel, au moins 3 heures de travail de nuit quotidiennes,
- ou, s'il accomplit, au cours d'une période de référence, un nombre minimal d'heures de travail de nuit (fixé par accord collectif – L. 3122-16).

Règles protectrices, contreparties et garanties

La durée quotidienne de travail ne peut excéder 8 heures, sauf dérogation conventionnelle (L. 3122-6 ; L. 3122-17 ; R. 3122-7).

En cas de circonstances exceptionnelles, l'inspecteur du travail peut autoriser le dépassement de cette durée (R. 3122-1). Il peut être fait application de ce dépassement à la condition que des périodes de repos d'une durée au moins équivalente au nombre d'heures accomplies au-delà de la durée maximale quotidienne soient attribuées aux salariés intéressés. Ce repos est pris dans les plus brefs délais à l'issue de la période travaillée (R. 3122-3).

La durée hebdomadaire de travail calculée sur une période de 12 semaines consécutives ne peut dépasser 40 heures, sauf dérogation (L. 3122-7 ; L. 3122-18 – dans la limite de 44 heures sur 12 semaines consécutives).

Le travailleur de nuit bénéficie de contreparties sous forme de repos compensateur et, le cas échéant, sous forme de compensation salariale (L. 3122-8 et L. 3122-9).

Lorsque le travail de nuit est incompatible avec des « obligations familiales impérieuses » (plus largement avec le droit de mener une vie familiale normale), notamment avec la garde d'un enfant ou la prise en charge d'une personne dépendante, le refus du travail de nuit ne constitue pas une faute ou un motif de licenciement et le travailleur de nuit peut demander son affectation sur un poste de jour (L. 3122-12).

Le médecin du travail est consulté avant toute décision importante relative à la mise en place ou à la modification de l'organisation du travail de nuit (L. 3122-10).

Tout travailleur de nuit bénéficie d'un suivi individuel régulier de son état de santé (L. 3122-11). Lorsque son état de santé, constaté par le médecin du travail, l'exige, il est transféré à titre définitif ou temporaire sur un poste de jour correspondant à sa qualification et aussi comparable que possible à l'emploi précédemment occupé (L. 3122-14) (*cf.* règles sur l'inaptitude au poste de travail).

Accord collectif

Un accord d'entreprise ou d'établissement ou, à défaut, une convention ou un accord collectif de branche peut mettre en place, dans une entreprise ou un établissement, le travail de nuit, ou l'étendre à de nouvelles catégories de salariés (L. 3122-15). Il prévoit :
- les justifications du recours au travail de nuit ;
- la définition de la période de travail de nuit (à défaut, tout travail accompli entre 21 heures et 6 heures est considéré comme du travail de nuit ; dans l'audiovisuel : entre minuit et 7 heures – L. 3122-20) ;
- une contrepartie sous forme de repos compensateur et, le cas échéant, sous forme de compensation salariale ;
- des mesures destinées à améliorer les conditions de travail des salariés ;
- des mesures destinées à faciliter l'articulation de leur activité professionnelle nocturne avec leur vie personnelle et avec l'exercice de responsabilités familiales et sociales, concernant notamment les moyens de transport ;
- des mesures destinées à assurer l'égalité professionnelle entre les femmes et les hommes, notamment par l'accès à la formation ;
- l'organisation des temps de pause.

Dispositions supplétives

À défaut de convention ou d'accord collectif :
- À condition que l'employeur ait engagé sérieusement et loyalement des négociations en vue de la conclusion d'un tel accord, les travailleurs peuvent être affectés à des postes de nuit sur autorisation de l'inspecteur du travail (L. 3122-21, R. 3122-9).

- L'inspecteur du travail peut autoriser la définition d'une période de nuit (L. 3122-22).
- Le nombre minimal d'heures entraînant la qualification de travailleur de nuit est fixé à 270 heures sur une période de référence de 12 mois consécutifs (L. 3122-23).
- Un décret peut fixer la liste des secteurs pour lesquels la durée maximale hebdomadaire de travail est fixée entre 40 et 44 heures (L. 3122-24).

• Jeunes travailleurs

Le travail de nuit est interdit aux jeunes de moins de 18 ans. Tout travail entre 22 heures (20 heures pour les moins de 16 ans) et 6 heures est considéré comme du travail de nuit (L. 3163-1). Le repos de nuit doit avoir une durée de 12 heures (14 heures pour les jeunes de moins de 16 ans) consécutives.

À titre exceptionnel, des ***dérogations*** peuvent être accordées par l'inspecteur du travail pour les établissements commerciaux et ceux du spectacle et dans les secteurs déterminés par décret, un accord collectif de branche étendu ou d'entreprise pouvant définir les modalités d'octroi de la dérogation (L. 3163-2).

Forfaits

À côté du forfait qui permet de comptabiliser des heures supplémentaires dans la rémunération globale, la loi prévoit des règles spécifiques de décompte du temps de travail pour les salariés en forfait.

De manière générale, pour tout forfait, « la conclusion d'une convention individuelle de forfait requiert l'accord du salarié. La convention est établie par écrit » (Soc. 26 mars 2008).

• Régime de droit commun du forfait – « forfait rémunération » – forfait en heures

Il s'agit là d'une reprise de la jurisprudence (en application de la loi de 1978 sur la mensualisation) quand le système de forfait sert uniquement à faciliter le calcul de la rémunération, qui intègre alors le versement d'heures supplémentaires dont le nombre a été prédéterminé (exemples : forfaits de 38 heures à la semaine, de 165 heures au mois). La rémunération du salarié ayant conclu une convention individuelle de forfait en heures est au moins égale à la rémunération minimale applicable dans l'entreprise pour le nombre d'heures correspondant à son forfait, augmentée, le cas échéant, si le forfait inclut des heures supplémentaires, des majorations prévues pour heures supplémentaires (L. 3121-57).

Des salariés non-cadres peuvent relever de ce forfait. Un accord collectif préalable n'est pas nécessaire.

Tout salarié peut conclure une convention individuelle de forfait en heures sur la semaine ou sur le mois (L. 3121-56) ; « *le seul renvoi général fait dans le contrat de travail à l'accord d'entreprise ne pouvant constituer l'écrit requis* » (Soc. 31 janv. 2012, Sté Datafirst).

La mention sur les bulletins de paie « forfait hebdo 38 h 30 » est insuffisante à caractériser l'accord du salarié pour une rémunération forfaitaire ; les 3 h 30 effectuées au-delà de 35 heures par semaine constituent des heures supplémentaires devant bénéficier d'une majoration (Soc. 4 nov. 2015 PBR, *infra*).

La convention ne modifie pas le régime juridique applicable en matière de temps de travail. Les règles légales relatives à la durée du travail (repos, durées maximales, contingent d'heures supplémentaires – CE 28 mars 2001, etc.) sont applicables.

La nature des fonctions des salariés concernés peut les conduire à suivre globalement l'horaire collectif applicable au sein de l'atelier, du service ou de l'équipe auquel ils sont intégrés.

• Régime dérogatoire du forfait – « forfait temps de travail »

La durée du travail peut être forfaitisée en heures ou en jours (L. 3121-53). Le forfait en heures est hebdomadaire, mensuel ou annuel. Le forfait en jours est annuel (L. 3121-54).

La forfaitisation de la durée du travail doit faire l'objet de l'accord du salarié et d'une convention individuelle de forfait établie par écrit (L. 3121-55).

Plus le degré d'autonomie dans l'emploi du temps des salariés est grand et moins les dispositions du Code du travail s'appliquent : autonomie et protection sont ici inversement proportionnelles.

Ces règles spécifiques ne concernent pas tous les salariés, même cadres. Il convient donc de procéder à une analyse objective des fonctions qu'ils exercent réellement, quelle que soit leur classification.

• Cadres dirigeants

Champs d'application

Trois critères cumulatifs doivent être réunis :
- des responsabilités importantes impliquant une grande indépendance dans l'organisation de leur temps de travail ;
- l'habilitation à prendre des décisions de façon largement autonome ;

- et une rémunération dans les niveaux les plus élevés de leur entreprise.

« *Ces critères cumulatifs impliquent que seuls relèvent de cette catégorie les cadres participant à la direction de l'entreprise* » (Soc. 31 janv. 2012, Mme X c/ Sté Bruno Saint-Hilaire). Cette notion de cadre dirigeant est interprétée strictement (Soc. 3 nov. 2004, Soc. 16 mai 2007). Les juges doivent vérifier précisément les conditions réelles d'emploi du salarié concerné, peu important que l'accord collectif applicable retienne pour la fonction occupée par le salarié la qualité de cadre dirigeant (Soc. 13 janv. 2009, concernant un ingénieur commercial senior).

Objet

Ces salariés ne relèvent pas de la réglementation sur la durée du travail, seules s'appliquent à eux les dispositions relatives aux congés payés et aux congés particuliers, comme le congé maternité (L. 3111-2). Ainsi, « *un cadre dirigeant ne saurait prétendre à la rémunération de l'astreinte ; sauf dispositions contractuelles ou conventionnelles plus favorables* » (Soc. 12 nov. 2008, M. Vastel ; Soc. 28 oct. 2008, M. Tugdual). « *En l'absence de dispositions expresses (...), le régime de compensation financière liée au travail effectué le dimanche et les jours fériés prévu par accord collectif ne saurait s'appliquer aux cadres dirigeants* », (Soc. 27 juin 2012, Sté Rabardine).

• Salariés en forfait sur l'année

Suivant le degré d'autonomie du salarié, dans l'organisation de son emploi du temps, plusieurs types de forfaits annuels, fixés en heures ou en jours sont possibles.

Mise en place

Les forfaits annuels en heures ou en jours sur l'année sont mis en place par un accord collectif d'entreprise ou d'établissement ou, à défaut, par une convention ou un accord de branche (L. 3121-63).

L'accord prévoyant la conclusion de conventions individuelles de forfait en heures ou en jours sur l'année détermine :

– Les catégories de salariés susceptibles de conclure une convention individuelle de forfait.

– La période de référence du forfait, qui peut être l'année civile ou toute autre période de 12 mois consécutifs.

– Le nombre d'heures ou de jours compris dans le forfait, dans la limite de 218 jours s'agissant du forfait en jours.

– Les conditions de prise en compte, pour la rémunération des salariés, des absences ainsi que des arrivées et des départs en cours de période.

– Les caractéristiques principales des conventions individuelles, qui doivent notamment fixer le nombre d'heures ou de jours compris dans le forfait (L. 3121-64-I).
– Les modalités selon lesquelles l'employeur assure l'évaluation et le suivi régulier de ***la charge de travail*** du salarié ; les modalités selon lesquelles l'employeur et le salarié communiquent périodiquement sur la charge de travail du salarié, sur l'articulation entre son activité professionnelle et sa vie personnelle, sur sa rémunération ainsi que sur l'organisation du travail dans l'entreprise (la question essentielle de la charge de travail est abandonnée à la relation déséquilibrée employeur/salarié et ne fait pas l'objet d'une négociation collective).

De plus, en l'absence de ces dispositions conventionnelles minimalistes, une convention individuelle de forfait en jours peut être valablement conclue si l'employeur (L. 3121-65) :

- établit un document de contrôle faisant apparaître le nombre et la date des journées ou demi-journées travaillées (sous sa responsabilité, ce document peut être renseigné par le salarié) ;
- s'assure que la charge de travail du salarié est compatible avec le respect des temps de repos quotidiens et hebdomadaires ;
- organise une fois par an un entretien avec le salarié pour évoquer sa charge de travail, qui doit être raisonnable, l'organisation de son travail, l'articulation entre son activité professionnelle et sa vie personnelle, ainsi que sa rémunération (Soc. 22 juin 2017, CFF, modalités d'auto-déclaration et de suivi par l'employeur jugées satisfaisantes).

À défaut de stipulations conventionnelles (L. 2242-8-7°), les modalités selon lesquelles le salarié peut exercer son droit à la déconnexion (L. 3121-64-II) sont définies par l'employeur et communiquées par tout moyen aux salariés concernés.

L'accord peut fixer le nombre maximal de jours travaillés dans l'année lorsque le salarié renonce à une partie de ses jours de repos (*infra*). Ce nombre de jours doit être compatible avec les dispositions légales relatives au repos quotidien, au repos hebdomadaire et aux jours fériés chômés dans l'entreprise (soit jusqu'à un maximum absolu très élevé de 272 jours, de 13 heures de travail, par an...).

Forfait en heures sur l'année

Champ d'application personnel. Peuvent conclure une convention individuelle de forfait en heures sur l'année, dans la limite de la durée annuelle de travail applicable aux conventions individuelles de forfait fixée par l'accord collectif :

1° Les cadres dont la nature des fonctions ne les conduit pas à suivre l'horaire collectif applicable au sein de l'atelier, du service ou de l'équipe auquel ils sont intégrés ;

2° Les salariés qui disposent d'une réelle autonomie dans l'organisation de leur emploi du temps (L. 3121-56), notamment des salariés itinérants (technico-commerciaux, par exemple).

En cas de dépassement du forfait prévu, le régime des heures supplémentaires s'applique (majorations, le cas échéant repos). Ce régime ne prévoit plus la possibilité de déroger aux durées maximales du travail. En revanche, le contingent annuel d'heures supplémentaires ne s'applique plus à ces salariés (D. 3121-14-1), le soin étant laissé à l'accord collectif de fixer la durée annuelle du travail et les contreparties.

Exigences à respecter

L'***exigence d'accord individuel du salarié*** doit être respectée. À défaut de conclusion d'une convention individuelle de forfait, le salarié (occupé 38 h 30 par semaine) a droit au paiement des heures supplémentaires effectuées au-delà de la durée légale de 35 heures (Soc. 4 nov. 2015, sté Bruynzeel).

Les ***exigences conventionnelles*** doivent être respectées. Le salarié occupé 38 h 30 par semaine (en application de la CCN – Synthec dans le cas d'espèce) a droit au paiement des heures supplémentaires (effectuées au-delà de la durée légale de 35 heures), dès lors que les conditions posées par la CCN pour qu'il soit soumis à une convention de forfait en heures sur l'année ne sont pas respectées (la rémunération doit se situer au dessus-du plafond de la Sécurité sociale) (Soc. 4 nov. 2015, sté Altran Technologies).

Forfaits en jours sur l'année

Champs d'application personnel. Peuvent conclure une convention de forfait en jours sur l'année, dans la limite de la durée annuelle de travail fixée par l'accord collectif :

1° Les cadres qui disposent d'une autonomie dans l'organisation de leur emploi du temps et dont la nature des fonctions ne les conduit pas à suivre l'horaire collectif applicable au sein de l'atelier, du service ou de l'équipe auquel ils sont intégrés ;

2° Les salariés dont la durée du temps de travail ne peut être prédéterminée et qui disposent d'une réelle autonomie dans l'organisation de leur emploi du temps pour l'exercice des responsabilités qui leur sont confiées (L. 3121-58).

Régime. Les salariés ayant conclu une convention de forfait en jours ne bénéficient pas des dispositions légales relatives :

- à la durée quotidienne maximale de travail effectif ;
- aux durées hebdomadaires maximales de travail ;
- à la durée légale hebdomadaire (et donc au paiement des heures supplémentaires) (L. 3121-62).

Le salarié qui le souhaite peut, en accord avec son employeur, renoncer à une partie de ses jours de repos en contrepartie d'une majoration de son salaire. L'accord entre le salarié et l'employeur est établi par écrit. Un avenant à la convention de forfait conclue entre le salarié et l'employeur détermine le taux de la majoration applicable à la rémunération de ce temps de travail supplémentaire, sans qu'il puisse être inférieur à 10 %. Cet avenant est valable pour l'année en cours. Il ne peut être reconduit de manière tacite (L. 3121-59). À défaut de précision dans l'accord collectif, le nombre maximal de jours travaillés dans l'année est de 235 (L. 3121-66).

L'employeur s'assure régulièrement que ***la charge de travail*** du salarié est raisonnable et permet une bonne répartition dans le temps de son travail (L. 3121-60 ; à défaut, le salarié a droit au paiement d'heures supplémentaires, Soc. 8 nov. 2017, Ernst & Young ; Soc. 9 nov. 2016, sté Covema).

Application du droit européen. À la suite des réclamations collectives de la CGC et de la CGT, le Comité européen des droits sociaux a décidé que wce régime des forfaits en jours constituait une violation de la Charte sociale européenne révisée (Conseil de l'Europe) du fait des durées hebdomadaires de travail excessives qu'il permet (décisions du 12 oct. et du 7 déc. 2004, entérinées par le Comité des ministres du Conseil de l'Europe dans ses résolutions du 4 mai 2005). La législation devrait donc faire l'objet d'une modification pour être mise en conformité. La loi « temps de travail » maintient ces dispositions en l'état (ces salariés ne bénéficient pas des dispositions en matière de durées maximales du travail – quotidienne et hebdomadaire – ni des dispositions en matière d'heures supplémentaires). La législation française est, de manière aggravée, non conforme au droit européen (le CEDS a de nouveau condamné le régime des forfaits en jours par 2 décisions du 23 juin 2010, rendues publiques le 14 janv. 2011, notamment au regard des durées hebdomadaires excessives légalement possibles). La loi de réforme du Code du travail du 8 août 2016 maintient en l'état la situation de non-conformité du droit interne au droit européen, cette ignorance persistante du droit européen étant source de non-respect de leurs droits pour les salariés et source d'insécurité juridique pour les employeurs (*infra*).

JURISPRUDENCE

À la suite de ces dernières décisions, le juge interne souligne que « *le droit à la santé et au repos est au nombre des exigences constitutionnelles* » et rappelle à chacun ses obligations : « *Toute convention de forfait en jours doit être prévue par un accord collectif dont les stipulations assurent la garantie du respect des durées maximales de travail ainsi que des repos, journaliers et hebdomadaires* » (Soc. 29 juin 2011).

Contrôle judiciaire des accords collectifs de branche et d'entreprise. Deux situations sont possibles :
– Quand les dispositions conventionnelles de la branche répondent aux exigences rappelées par le juge en matière de droit à la santé et au repos (comme c'était le cas pour l'Accord à la ***CCN Métallurgie*** du 28 juill. 1998 sur le temps de travail), l'employeur doit les respecter. *À défaut, ce dernier ne peut utiliser la dérogation sur les forfaits en jours,* « *la convention de forfait en jours était privée d'effet* » (le salarié peut bénéficier du paiement d'heures supplémentaires ; Soc. 29 juin 2011, préc.).
– En revanche, quand ces accords ne respectent pas ces obligations, européennes et internationales, rappelées par le juge (Soc. 29 juin 2011, préc.), ils sont susceptibles d'être écartés par le juge, notamment dans les contentieux individuels qui lui sont soumis ; la convention individuelle de forfait est alors nulle.

L'accord collectif doit apporter des garanties au salarié en termes d'amplitude, de charge de travail et de répartition équilibrée du travail. Qu'il soit de branche ou d'entreprise, il doit « *garantir que l'amplitude et la charge de travail restent raisonnables et assurent une bonne répartition, dans le temps, du travail de l'intéressé* » et donc « *assurer la protection de la sécurité et de la santé du salarié* » (Soc. 7 juill. 2015, sté Le Meurice, ***CCN des hôtels, cafés, restaurants***).

Ainsi, les dispositions de la ***CCN de commerces de gros*** qui se limitent à prévoir, s'agissant de la charge et de l'amplitude de travail du salarié concerné, un entretien annuel avec son supérieur hiérarchique, et s'agissant de l'amplitude des journées de travail et la charge de travail qui en résultent, ne prévoient qu'un examen trimestriel par la direction des informations communiquées sur ces points par la hiérarchie, ne sont pas de nature à garantir que l'amplitude et la charge de travail restent raisonnables et assurent une bonne répartition, dans le temps, du travail de l'intéressé, et, donc, à assurer la protection de la sécurité et de la santé du salarié ; il convient d'en déduire que la convention de forfait en jours était privée d'effet. « *Toute convention de forfait en jours doit être prévue par un accord collectif dont les stipulations assurent la garantie du respect des durées maximales de travail ainsi que des repos, journaliers et hebdomadaires* » (Soc. 26 sept. 2012, Sté Toupargel).

Par conséquent, « *le salarié pouvait prétendre au paiement d'heures supplémentaires* » (Soc. 31 janv. 2012, PBR, Sté Métaux Spéciaux MSSA, ***CCN Industries chimiques***).

JURISPRUDENCE

Il a ainsi été jugé que la ***CCN des bureaux d'études techniques, des cabinets d'ingénieurs-conseils et des sociétés de conseils*** du 15 décembre 1987, dite « convention Syntec », ne répondait pas aux exigences rappelées par le juge (Soc. 29 juin 2011). Dès lors, ni cette convention (dans l'art. 4 de l'accord du 22 juin 1999 relatif à la durée du travail), ni les accords conclus dans l'entreprise ne sont de nature à garantir que l'amplitude et la charge de travail restent raisonnables et assurent une bonne répartition, dans le temps, du travail de l'intéressé ; la protection de la sécurité et de la santé du salarié n'est alors pas assurée, la convention de forfait annuel en jours (avenant individuel) est donc nulle (Soc. 24 avril 2013, Mme Vanessa X. c/ la société Lowendal Group – Lowendalmasaï SA).

Ne répondent pas non plus aux exigences légales, interprétées à la lumière du droit international et européen, les dispositions en matière de forfaits en jours : la ***CCN du BTP*** (Soc. 11 juin 2014), la ***CCN des cabinets d'experts-comptables*** (Soc. 14 mai 2014), la ***CCN Aide à domicile en milieu rural*** (Soc. 13 juin 2012), la ***CCN Habillement*** (Soc. le 19 sept. 2012), la ***CCN du Notariat*** (Soc. 13 nov. 2014), enfin la ***CCN des hôtels, cafés, restaurants*** (Soc. 7 juill. 2015).

Dans ces affaires, le dispositif dérogatoire du forfait jours mis en œuvre dans l'entreprise (prévu dans la CCN, les accords de l'entreprise et la convention individuelle), en conformité avec la loi (Code du travail), est écarté par le juge puisque contraire au droit applicable (international et européen). Le salarié peut donc obtenir gain de cause (le décompte et le paiement des heures supplémentaires doit s'effectuer selon le droit commun : calcul des heures à la semaine et majorations pour heures supplémentaires des heures effectuées au-delà de la durée légale hebdomadaire, etc.). Même après avoir signé une convention de forfait jours, il est possible pour le salarié de demander et d'obtenir le paiement d'heures supplémentaires (cependant, si le forfait jours est nul, il ne faut pas présumer de l'existence d'heures supplémentaires : le salarié doit donc étayer sa demande sur les heures supplémentaires effectuées – Soc. 5 juin 2013, sté ESR).

Contrôle judiciaire de l'applicabilité du régime dérogatoire du forfait jours au salarié. Le juge doit vérifier d'office la légalité du forfait jours et s'il est applicable au salarié au regard de son autonomie réelle dans l'organisation de son emploi du temps, même si aucune des parties n'a soulevé ce moyen. Ainsi, le salarié « qui ne disposait d'aucune liberté dans l'organisation de son travail, n'était pas susceptible de relever du régime du forfait en jours qui lui avait été appliqué » (Soc. 31 oct. 2007, Blue Green – arrêt rendu à la suite des premières décisions du CEDS de 2004). Quand les modalités de suivi, prévues par la loi, n'ont pas été respectées par l'employeur, la jurisprudence est rigoureuse : le régime du forfait en jours est inapplicable, même quand le salarié a signé une convention de forfait en jours, et le salarié a droit au paiement des heures supplémentaires, calculées selon le régime de droit commun (Soc. 13 déc. 2006, M. Y. c/ Sté Ey Law, « les modalités exigées (...) avaient été précisées de façon unilatérale par l'employeur » en l'absence d'accord collectif suffisamment précis).

Rémunération. Lorsqu'un salarié ayant conclu une convention de forfait en jours perçoit une rémunération manifestement sans rapport avec les sujétions qui lui sont imposées, il peut, nonobstant toute clause conventionnelle ou contractuelle, contraire, saisir le juge judiciaire afin que lui soit allouée une indemnité calculée en fonction du préjudice subi, eu égard notamment au niveau du salaire pratiqué dans l'entreprise et correspondant à sa qualification (L. 3121-61).

En cas de litige concernant le dépassement du forfait, l'aménagement de la charge de la preuve prévu en matière de temps de travail s'applique (L. 3171-4 préc. ; D. 3171-10). « La preuve n'incombe spécialement à aucune des parties, et le juge ne peut, pour rejeter une demande de jours travaillés, se fonder sur l'insuffisance des preuves apportées par le salarié, mais doit examiner les éléments de nature à justifier les jours effectivement travaillés par le salarié et que l'employeur est tenu de lui fournir » (Soc. 23 sept. 2009, PBR, Sté François-Charles Oberthur Fiduciaire).

Absence maladie non récupérable. Les absences pour maladie ne peuvent donner lieu à récupération, par le biais du retrait d'un jour de RTT (Soc. 3 nov. 2011).

Grève. En cas de grève, quand le salarié participe à un mouvement pendant une durée inférieure à la journée ou à la demi-journée, en l'absence de dispositions conventionnelles applicables en la matière, les modalités de calcul de la retenue sur salaire, devant respecter le principe de proportionnalité, résultent de la durée de l'absence et de la détermination, à partir du salaire mensuel ou annuel, d'un salaire horaire fictif, tenant compte du nombre de jours travaillés, prévus par la convention de forfait, et prenant pour base soit la durée légale du travail, soit la durée applicable dans l'entreprise aux cadres si elle est supérieure (Soc. 13 nov. 2008, Sté GIAT Industries ; cette solution s'inspire des dispositions de D. 6321-7 ; exemple : un salarié gagne 55 000 € par an, pour un forfait de 204 jours dans une entreprise à 35 heures et a fait grève pendant 2 heures : 204/217 x 151,67 x 12 = 1 711 heures, le salaire horaire fictif est donc : 55 000 €/1 711 heures = 32,14 €, la retenue possible est au maximum de : 2 h x 32,14 € = 64,28 €).

En application des dispositions conventionnelles sur l'organisation du temps de travail dans la métallurgie, « *aucune suspension du contrat de travail* », notamment en cas de grève, « *inférieure à une journée entière ou à une demi-journée, selon la répartition choisie par le contrat de travail, ne peut entraîner une retenue de salaire* » (Soc. 4 mars 2009, SAS Schneider Automation).

Le télétravail

Le Code du travail prévoit (L. 1222-9) :

– Des définitions : le ***télétravail*** désigne toute forme d'organisation du travail dans laquelle un travail qui aurait également pu être exécuté dans les locaux de l'employeur est effectué par un salarié hors de ces locaux de façon volontaire en utilisant les technologies de l'information et de la communication.

– Est qualifié de ***télétravailleur*** tout salarié de l'entreprise qui effectue, soit dès l'embauche, soit ultérieurement, du télétravail ; il a les mêmes droits que le salarié qui exécute son travail dans les locaux de l'entreprise (notamment en ce qui concerne l'accès aux informations syndicales, la participation aux élections professionnelles et l'accès à la formation) ; il bénéficie des dispositions légales protégeant les travailleurs à domicile ; l'accident survenu sur le lieu où est exercé le télétravail pendant l'exercice de l'activité professionnelle est présumé être un accident de travail.

– Le télétravail est mis en place dans le cadre d'un accord collectif ou, à défaut, dans le cadre d'une charte élaborée par l'employeur après avis du CSÉ, s'il existe. En l'absence d'accord collectif ou de charte, lorsque le salarié et l'employeur conviennent de recourir de manière occasionnelle au télétravail, ils formalisent leur accord par tout moyen.

– Un régime de modification du contrat : le refus d'accepter un poste de télétravailleur n'est pas un motif de rupture du contrat de travail. L'employeur qui refuse d'accorder le bénéfice du télétravail à un salarié qui occupe un poste éligible à un mode d'organisation en télétravail dans les conditions prévues par accord collectif ou, à défaut, par la charte doit motiver sa réponse.

EN PRATIQUE

L'accord collectif ou, à défaut, la charte précise :

- 1° Les conditions de passage en télétravail, en particulier en cas d'épisode de pollution (C. environnement, L. 223-1), et les conditions de retour à une exécution du contrat de travail sans télétravail ;
- 2° Les modalités d'acceptation par le salarié des conditions de mise en œuvre du télétravail ;
- 3° Les modalités de contrôle du temps de travail ou de régulation de la charge de travail ;

• 4° La détermination des plages horaires durant lesquelles l'employeur peut habituellement contacter le salarié en télétravail.

L'employeur est tenu (L. 1 222-10) :
– D'informer le salarié de toute restriction à l'usage d'équipements ou outils informatiques ou de services de communication électronique et des sanctions en cas de non-respect de telles restrictions.
– De lui donner priorité pour occuper ou reprendre un poste sans télétravail qui correspond à ses qualifications et compétences professionnelles et de porter à sa connaissance la disponibilité de tout poste de cette nature.
– D'organiser chaque année un entretien qui porte notamment sur les conditions d'activité du salarié et sa charge de travail.

Est supprimée l'obligation légale pour l'employeur de prendre en charge tous les coûts découlant directement de l'exercice du télétravail (cependant, cette prise en charge est prévue par l'ANI, infra, et par la jurisprudence, Soc. 12 déc. 2012).

Lorsque le télétravail est mis en place à la demande de l'employeur, il doit verser au salarié une indemnité d'occupation du domicile à des fins professionnelles (Soc. 14 sept. 2016, office notarial géré M. A… et Soc. 21 sept. 2016).

Enfin, en cas de circonstances exceptionnelles, notamment de menace d'épidémie, ou en cas de force majeure, la mise en œuvre du télétravail est considérée comme un aménagement du poste de travail rendu nécessaire pour permettre la continuité de l'activité de l'entreprise et garantir la protection des salariés (L. 1 222-11).

Le télétravail est également régi par l'ANI du 19 juill. 2005 étendu (arrêté d'extension du 30 mai 2006) déclinant l'accord européen du 16 juill. 2002.

Principe : un repos hebdomadaire et dominical

La règle générale est un repos hebdomadaire dominical d'au moins 35 heures.

• Salariés adultes

Repos hebdomadaire

Le repos hebdomadaire est la règle. Il est interdit d'occuper plus de 6 jours par semaine un même salarié (L. 3132-1). ***Ce repos hebdomadaire doit avoir une durée minimale de 35 heures consécutives*** (L. 3132-2, L. 3164-2), soit 24 heures auxquelles s'ajoute le repos quotidien de 11 heures, consécutives de la veille ou du lendemain travaillé.

Il est jugé que « *la privation du repos hebdomadaire a généré pour les salariés un trouble dans leur vie personnelle et engendré des risques pour leur santé et leur sécurité* » ; ainsi, un préjudice spécifique résulte de la privation du repos hebdomadaire (Soc. 8 juin 2011, Sté Dalkia France).

En ce qui concerne son champ d'application professionnel, la règle sur le repos hebdomadaire n'est pas applicable au capitaine d'un navire (Soc. 11 juill. 2007).

• Repos dominical

« Dans l'intérêt des salariés, le repos hebdomadaire est donné le dimanche » (L. 3132-3).

La privation du repos dominical nécessite l'accord exprès et préalable du salarié : « La nouvelle répartition de l'horaire de travail avait pour effet de priver le salarié du repos dominical, ce qui constituait une modification de son contrat de travail qu'il était en droit de refuser » (Soc. 2 mars 2011, SARL Le Café Pierre).

Le Code du travail prévoit de nombreuses possibilités de dérogation à la règle du repos dominical : le repos hebdomadaire peut alors être pris un autre jour que le dimanche (il peut même, dans certains cas exceptionnels, être supprimé).

Dans certains cas, le salarié pourrait légitimement refuser de travailler le dimanche en se fondant sur son droit de mener une vie familiale normale.

Le refus d'un demandeur d'emploi d'accepter une offre d'emploi impliquant de travailler le dimanche ne constitue pas un motif de radiation de la liste des demandeurs d'emploi (L. 3132-3-1).

Alsace-Moselle

Cette réforme du 10 août 2009 n'est pas applicable au département de la Moselle ni en Alsace (pour le Conseil constitutionnel, « *en maintenant, par dérogation (...), le régime local particulier en vertu duquel le droit au repos hebdomadaire des salariés s'exerce le dimanche, le législateur, (...) a opéré une conciliation, (...) entre la liberté d'entreprendre et les exigences du dixième alinéa du Préambule de la Constitution de 1946 qui dispose : "La Nation assure à l'individu et à la famille les conditions nécessaires à leur développement"* », DC QPC 5 août 2011).

• Jeunes travailleurs

Est prévu le bénéfice de 2 jours de repos consécutifs ou de 36 heures lorsque les caractéristiques particulières de l'activité le justifient et selon ce que prévoit une convention ou un accord collectif étendu (L. 3132-2 et L. 3164-2).

Dérogations : le repos hebdomadaire un autre jour que le dimanche

• Dérogations de droit

Dérogation permanente

Certains établissements doivent fonctionner sans interruption, soit pour des raisons techniques, soit pour tenir compte des besoins du public. Dans ces établissements, il n'est pas possible que tout le personnel soit absent le dimanche : le repos hebdomadaire est pris par roulement.

EN PRATIQUE

Voici les catégories d'établissements admises à donner le repos hebdomadaire par roulement : fabrication de produits alimentaires, hôtels, restaurants, hôpitaux, musées, salons professionnels, etc., pour certains travaux identifiés (L. 3132-12, R. 3132-5 et s. ; voir également L. 3132-5 et R. 3132-1). En cas d'activités multiples, seule l'activité principale est prise en compte (Soc. 18 déc. 2001).

Commerces de détail alimentaires

Le repos hebdomadaire peut être donné le dimanche à partir de 13 heures. Les salariés bénéficient d'un repos compensateur (L. 3132-13, R. 3132-8, R. 3135-2). Dans les commerces dont la surface de vente est supérieure à 400 mètres carrés, les salariés privés du repos dominical bénéficient d'une rémunération majorée d'au moins 30 %.

Dérogations conventionnelles

Voir *supra* Travail en continu et équipes de suppléance - L. 3132-14 et s., L. 3132-16 et s.

• Dérogations sur demande

Dérogations individuelles (préfectorales)

S'il est établi que le repos simultané le dimanche de tout le personnel d'un établissement serait préjudiciable au public ou compromettrait le fonctionnement normal de cet établissement (L. 3132-20 et s., R. 3135-2), une autorisation peut être délivrée par le préfet. Le repos est alors donné selon diverses modalités : par exemple, un autre jour que le dimanche ou du dimanche midi au lundi midi.

Les autorisations sont accordées au vu d'un accord collectif ou, à défaut, d'une décision unilatérale de l'employeur prise après référendum (L. 3132-25-3). L'accord collectif, ou à défaut la proposition de l'employeur (après avis des IRP et approbation par référendum des salariés concernés), fixe les contreparties accordées aux salariés privés du repos dominical ainsi que les engagements pris en termes d'emploi ou en faveur de certains publics en difficulté ou de personnes handicapées. Chaque salarié privé du repos du dimanche bénéficie d'un repos compensateur et perçoit pour ce jour de travail une rémunération au moins égale au double de la rémunération normalement due pour une durée équivalente (L. 3132-25-3-I).

À défaut d'accord collectif applicable, l'employeur demande chaque année à tout salarié qui travaille le dimanche s'il souhaite bénéficier d'une priorité pour occuper ou reprendre un emploi ressortissant à sa catégorie professionnelle ou un emploi équivalent ne comportant pas de travail le dimanche dans le même établissement ou, à défaut, dans la même entreprise (le salarié qui travaille le dimanche peut à tout moment demander à bénéficier de cette priorité) (L. 3132-25-4).

Zones touristiques internationales (ZTI)

Les établissements de vente au détail situés dans des ZTI peuvent donner le repos hebdomadaire par roulement à tout ou partie du personnel. Les ZTI sont délimitées par les ministres chargés du Travail, du Tourisme et du Commerce, après avis du maire et, le cas échéant, du président de l'établissement public de coopération intercommunale à fiscalité propre dont la commune est membre, ainsi que des organisations professionnelles d'employeurs et des organisations syndicales de salariés intéressées, compte tenu du rayonnement international de ces zones, de l'affluence exceptionnelle de touristes résidant hors de France et de l'importance de leurs achats (L. 3132-24 – à Paris : les quartiers des Champs-Élysées, l'avenue Montaigne, le boulevard Haussmann, le Marais, les Halles, Maillot-Ternes, Montmartre, Olympiades, Rennes – Saint-Sulpice, Saint-Émilion – Bibliothèque, Saint-Honoré – Vendôme, Saint-Germain, Beaugrenelle – 12 arrêtés du 25 sept. 2015 du ministre de l'Économie ; à Cannes : la Croisette, etc. ; à Nice : la Promenade des Anglais, le port, le vieux-Nice, etc.).

Travail de nuit

La faculté d'employer des salariés entre 21 heures et 24 heures est applicable à ces établissements lorsqu'ils sont couverts par un accord collectif prévoyant cette faculté (L. 3122-19). Chacune des heures de travail effectuée durant cette période est rémunérée au moins le double de la rémunération normalement due et donne lieu à un repos compensateur équivalent en temps. Seuls les salariés volontaires ayant donné leur accord par écrit à leur employeur peuvent travailler entre 21 heures et 24 heures. L'accord collectif prévoit notamment, au bénéfice des salariés, la mise à disposition d'un moyen de transport pris en charge par l'employeur qui leur permet de regagner leur lieu de résidence ; et de mesures destinées à faciliter la conciliation entre la vie professionnelle et la vie personnelle (les mesures de compensation des charges liées à la garde d'enfants, etc.).

Zones touristiques (ZT)

Les établissements de vente au détail situés dans ces zones caractérisées par une affluence particulièrement importante de touristes peuvent donner le repos hebdomadaire par roulement à tout ou partie du personnel (L. 3132-25 – cf. notamment « les communes d'intérêt touristique ou thermales et les zones touristiques d'affluence exceptionnelle ou d'animation culturelle permanente »).

Zones commerciales (ZC)

Les établissements de vente au détail situés dans ces zones caractérisées par une offre commerciale et une demande potentielle particulièrement importantes, le cas échéant en tenant compte de la proximité immédiate d'une zone frontalière, peuvent donner le repos hebdomadaire par roulement à tout ou partie du personnel (L. 3132-25-1 – cf. notamment « les périmètres d'usage de consommation exceptionnelle »).

La demande de délimitation ou de modification des zones touristiques et commerciales est faite par le maire ou, après consultation de ce dernier, par le président de l'établissement public de coopération intercommunale à fiscalité propre, lorsque celui-ci existe et que le périmètre de la zone concernée excède le territoire d'une seule commune. La demande, motivée et comportant une étude d'impact, est transmise au représentant de l'État dans la région. Les zones sont délimitées ou modifiées par celui-ci après avis notamment du conseil municipal et des organisations professionnelles d'employeurs et des organisations syndicales de salariés intéressées (L. 3132-25-2).

Gares

Les commerces de détail alimentaire situés dans les emprises des gares, non incluses dans une ZTI, ZT ou ZC, peuvent donner le repos hebdomadaire par roulement à tout ou partie du personnel, compte tenu de l'affluence exceptionnelle de passagers, le dimanche après 13 heures (L. 3132-25-6, L. 3132-25-5).

Accès aux dérogations et contreparties

Pour bénéficier de la faculté de donner le repos hebdomadaire par roulement (ZC, ZT, ZTI, gares), les établissements doivent être couverts par un accord collectif de branche, d'entreprise ou d'établissement, ou un accord conclu à un niveau territorial (L. 3132-25-3-II). L'accord fixe :

- les contreparties, en particulier salariales, accordées aux salariés privés du repos dominical ainsi que les engagements pris en termes d'emploi ou en faveur de certains publics ;
- les mesures destinées à faciliter la conciliation entre la vie professionnelle et la vie personnelle des salariés privés du repos dominical ;
- les contreparties mises en œuvre par l'employeur pour compenser les charges induites par la garde des enfants pour les salariés privés du repos dominical.

Garanties

Seuls les salariés volontaires ayant donné leur accord par écrit à leur employeur peuvent travailler le dimanche. Une entreprise ne peut prendre en considération le refus d'une personne de travailler le dimanche pour refuser de l'embaucher. Le refus de travailler le dimanche pour un salarié ne constitue pas une faute ou un motif de licenciement (L. 3132-25-4).

Dimanches du maire

Pour les commerces de détail, des autorisations d'ouverture exceptionnelles peuvent être accordées dans la limite de 12 dimanches par an, par le maire ; lorsque le nombre de ces dimanches excède 5, la décision du maire est prise après avis conforme de l'organe délibérant de l'établissement public de coopération intercommunale à fiscalité propre dont la commune est membre (L. 3132-26). Chaque salarié perçoit une rémunération au moins égale au double de la rémunération due pour une durée équivalente ainsi qu'un repos compensateur équivalent en temps (L. 3132-27).

Contrôle

Lorsque le repos est donné collectivement à la totalité ou à une partie du personnel un autre jour que le dimanche, des affiches facilement accessibles et lisibles doivent indiquer les jours et les heures de repos collectif. Un exemplaire de cette affiche doit être envoyé à l'inspecteur du travail (R. 3172-1 et s.).

En cas de mise en place du repos hebdomadaire par roulement, l'employeur doit respecter les règles légales de consultation du personnel et les règles sur la modification du contrat de travail.

• Sanctions

Sur le plan civil

L'inspecteur du travail peut saisir en référé le président du TGI pour voir ordonner toutes les mesures propres à faire cesser, dans les établissements de vente au détail et de prestations de services, l'emploi illicite de salariés le dimanche (L. 3132-31), sans être tenu de dresser un procès-verbal (Soc. 10 mars 2010, Inspecteur du travail de la DDTEFP des Vosges c/ SA Centrale internationale de distribution) ; « *ce pouvoir peut s'exercer dans tous les cas où des salariés sont employés de façon illicite un dimanche* » (y compris quand le repos dominical résulte d'un arrêté préfectoral ordonnant la fermeture au public d'un établissement le dimanche, Soc. 6 avril 2011, Sté Tolodis – magasin Super-U de Martres Tolosane).

Le juge des référés (TGI) peut être saisi par des organisations de salariés ou d'employeurs et ordonner l'interdiction de faire travailler des salariés le dimanche (Soc. 13 juin 2007, TGI Aix-en-Provence 22 avril 2008, préc.). Le fait pour un employeur d'ouvrir son magasin le dimanche et d'y employer des salariés, sans autorisation de droit ou sur dérogation, constitue un trouble manifestement illicite.

Le salarié qui travaille habituellement le dimanche en violation des dispositions légales relatives au repos dominical subit un préjudice du fait de l'atteinte portée à sa vie personnelle, dont le montant est apprécié par le juge du fond (Soc. 19 déc. 2007, en l'espèce 50 000 € de dommages-intérêts).

Sur le plan pénal

Les infractions sont punies d'une amende appliquée autant de fois qu'il y a de personnes employées illégalement (R. 3135-2).

Exception : la suppression du repos hebdomadaire

La suppression du repos hebdomadaire est possible si des travaux urgents sont nécessaires pour prévenir ou réparer un accident (L. 3132-4). L'inspecteur du travail doit être immédiatement informé. Aucun repos compensateur n'est prévu. Des dispositions comparables visent les industries traitant des matières périssables (L. 3132-5), dans la limite de 2 fois par mois et 6 fois par an.

Fermeture obligatoire des établissements le jour du repos hebdomadaire

La règle du repos hebdomadaire, destinée à protéger les salariés, ne s'applique pas aux établissements sans salarié. Il est loisible à un commerçant, sans salariés, de travailler le jour où ses concurrents, occupant des salariés, observent le repos. Pour homogénéiser les conditions de la concurrence, le préfet peut ordonner la fermeture au public des établissements de la profession (L. 3132-29, R. 3132-5) si un accord est intervenu entre les syndicats d'employeurs et de travailleurs de la profession et de la région sur les conditions dans lesquelles le repos hebdomadaire est donné au personnel.

CHAPITRE XV

JOURS FÉRIÉS ET CONGÉS

Listes

À RETENIR

La loi énumère un certain nombre de jours fériés. À l'exception du 1er mai, ceux-ci ne sont pas nécessairement chômés. Les jours fériés peuvent donc être des jours de travail. Les 11 jours de fêtes légales fériés sont les suivants : 1er janvier, lundi de Pâques, 1er mai, 8 mai, Ascension, lundi de Pentecôte, 14 juillet, Assomption, Toussaint, 11 novembre et Noël (L. 3133-1).

Sont également fériés :
- le jour de commémoration de l'abolition de l'esclavage dans les DOM (dates variables – L. 3422-2) ;
- la fête de Saint-Étienne (26 décembre) et le Vendredi saint en Alsace-Moselle (s'il y a un temple ou une église mixte dans la commune) ;
- certains jours selon la branche d'activité : Saint Éloi (1er décembre) dans la métallurgie (conventions collectives), Sainte Barbe (4 décembre) pour les mineurs (loi de 1951), etc.

Journée dite de solidarité

À RETENIR

La loi du 30 juin 2004 relative à la solidarité pour l'autonomie des personnes âgées et des personnes handicapées, modifiée par la loi du 16 avril 2008, prévoit une « journée de solidarité », c'est-à-dire « une journée supplémentaire de travail non rémunérée » (L. 3133-7).

Un accord d'entreprise ou d'établissement ou, à défaut, une convention ou un accord de branche fixe les modalités d'accomplissement de la « journée de solidarité » (L. 3133-11) : travail d'un jour férié précédemment chômé autre que le 1er mai ; travail d'un jour de repos accordé au titre d'un accord collectif (« jour de repos RTT ») ; toute autre modalité permettant le travail de 7 heures précédemment non travaillées.

À défaut, les modalités d'accomplissement de la journée de solidarité sont définies par l'employeur, après consultation du CE ou, à défaut, des DP (L. 3133-12).

1er mai

• Régime

Le 1er mai est « jour férié et chômé », en raison d'une interdiction légale de travailler ce jour-là (L. 3133-4). Seuls sont dispensés d'observer cette règle générale les établissements et services qui, en raison de la nature de leur activité, ne peuvent interrompre le travail (hôpitaux, usines à feu continu, etc.). Les heures de travail perdues en raison des congés du 1er mai ne peuvent être récupérées.

• Rémunération en cas de repos

Le chômage du 1er mai ne doit entraîner aucune réduction de salaire (L. 3133-5). Pour les salariés payés au mois, la rémunération mensuelle doit être intégralement maintenue. Les salariés rémunérés à l'heure, à la journée ou au rendement ont droit à une indemnité égale au salaire perdu du fait de ce chômage. Cette indemnité est à la charge de l'employeur.

• Rémunération en cas de travail

Dans les établissements où, en raison de la nature de leur activité, le 1er mai est travaillé, les salariés occupés ont droit, en plus du salaire correspondant au travail effectué, à une indemnité égale au montant de ce salaire, à la charge de l'employeur (L. 3133-6). Il s'agit d'une disposition d'ordre public à laquelle il ne peut être dérogé, par exemple en prévoyant son remplacement par un repos compensateur (Soc. 30 nov. 2004).

• Sanction pénale

Toute contravention aux dispositions relatives au 1er mai est passible d'une amende de 750 €, appliquée autant de fois qu'il y a de salariés indûment employés ou rémunérés.

Autres jours fériés

Un accord d'entreprise ou d'établissement ou, à défaut, une convention ou un accord de branche définit les jours fériés chômés dans l'entreprise (L. 3133-3-1). À défaut d'accord, l'employeur fixe les jours fériés chômés (L. 3133-3-2).

• Travail

Les autres jours fériés ne sont pas obligatoirement chômés. Lorsque le jour férié est travaillé, il n'existe aucune disposition légale imposant une majoration de la rémunération, mais les conventions collectives contiennent en général des dispositions en ce sens.

Le refus par un salarié de travailler un jour férié constitue une absence irrégulière passible de sanctions. Cependant, si la convention collective prévoit qu'un jour férié est chômé, mais ne prévoit pas cette possibilité de sanction, celle-ci n'a pas à être infligée (Soc. 13 mai 1986).

• Rémunération

Lorsque le jour férié est chômé, les salariés payés au mois ne subissent aucune réduction de rémunération (Cette règle ne s'applique pas aux travailleurs à domicile, intermittents et temporaires). Si une partie de la rémunération est variable, elle doit être calculée en fonction de la moyenne journalière des sommes perçues au même titre au cours du mois considéré (Soc. 7 mai 1996).

Le chômage des jours fériés ne peut entraîner aucune perte de salaire pour les salariés totalisant au moins 3 mois d'ancienneté dans l'entreprise ou l'établissement (L. 3133-3). Cette règle s'applique aux salariés saisonniers.

• Repos

Les heures de travail perdues par suite de chômage des jours fériés ne donnent pas lieu à récupération (L. 3133-2).

• Jeunes

Les jeunes travailleurs et apprentis de moins de 18 ans, occupés dans l'industrie, ne peuvent être employés les jours fériés. L'employeur qui violerait cette règle est passible d'une amende de 1 500 € ou 3 000 € en cas de récidive, appliquée autant de fois qu'il y a de salariés concernés.

À RETENIR

Le droit au congé annuel payé revêt, en sa qualité de principe du droit social de l'Union, une importance particulière, et il est expressément consacré par la Charte des droits fondamentaux de l'Union européenne (CJUE 22 nov. 2011, KHS AG c/ Winfried Schulte). Les congés sont conçus comme des périodes de repos, de détente et de loisirs, et sont légalement payés par l'employeur.
À côté des congés payés annuels, la législation prévoit de nombreux types de congés, aux finalités diverses, autres que le repos, et qui ne sont pas tous rémunérés par l'employeur.

Droit au congé annuel payé

Tout salarié a droit chaque année à un congé payé à la charge de son employeur (L. 3141-1).

Le salarié bénéficie de son droit à congés payés annuels, sans qu'il ait besoin de justifier avoir travaillé un minimum de temps préalablement dans l'entreprise (L. 3141-3).

En effet, la directive « concernant certains aspects de l'aménagement du temps de travail » prévoit que « les États membres prennent les mesures nécessaires pour que tout travailleur bénéficie d'un congé annuel payé... », aucune dérogation n'étant prévue notamment en matière d'admission d'une exigence de durée préalable d'activité. Sur ce fondement, le juge communautaire/européen construit une jurisprudence novatrice (CJCE 20 janv. 2009, grande chambre, Gerard Schultz-Hoff et Stringer e.a., *infra* ; CJUE 21 juin 2012).

Durée du congé

La durée du congé est de ***2 jours et demi ouvrables par mois*** de travail, sans que la durée totale du congé exigible puisse excéder 30 jours ouvrables (L. 3141-3). La durée du congé auquel le salarié a droit est fonction de la durée du travail pendant l'année de référence. Lorsque le nombre de jours ouvrables ainsi calculé n'est pas un nombre entier, la durée du congé est portée au nombre entier immédiatement supérieur (par exemple, 3 mois de travail donnent droit à 8 jours ouvrables de congé) (L. 3141-7).

Il s'agit de jours ouvrables. Même si, dans l'entreprise, le travail est réparti sur 5 jours de la semaine, 6 jours ouvrables par semaine sont comptabilisés. De manière conventionnelle, il est également possible de compter les congés en jours ouvrés, c'est-à-dire travaillés : 6 jours ouvrables de congés correspondent à 5 jours ouvrés (Soc. 17 mars 1999). Ne sont pas comptés les jours fériés, s'ils sont chômés dans l'entreprise. Le point de départ du congé doit être un jour ouvré.

EN PRATIQUE

La règle, selon laquelle le salarié doit justifier de 12 mois de travail effectif pour avoir droit à un congé de 30 jours ouvrables, devrait entraîner que, si le salarié a été absent, par exemple, pendant 2 semaines (et si cette absence ne peut être assimilée à une période de travail), son congé soit inférieur à 30 jours ouvrables. Pour atténuer ce que ce système a de rigoureux, les périodes équivalentes à 4 semaines ou 24 jours de travail sont assimilées à un mois de travail effectif (L. 3141-4). Ceci permet de considérer le nombre de semaines ou de jours travaillés au lieu du nombre de mois. Le droit au congé maximum est ouvert dès lors que le salarié a travaillé 48 semaines (4 semaines × 12) ou 288 jours ou 240 jours, selon la répartition du travail. Le salarié qui a été absent 2 semaines satisfait donc à cette condition.

• Temps assimilés à du temps de travail

En principe, le travail, pendant la période de référence, doit avoir été réellement effectué. Sont toutefois assimilés à des périodes de travail, notamment la période de congés de l'année précédente, les repos compensateurs des heures supplémentaires, le congé de maternité, de paternité, d'adoption, les absences dues à un accident de travail ou à une maladie professionnelle et les jours de repos acquis au titre de la RTT (L. 3141-5). Les absences pour maladie non professionnelle ne peuvent plus avoir pour effet d'éteindre ou de réduire le droit à congé (*infra*, CJCE 20 janv. 2009).

« *La naissance du droit au congé annuel (...) n'est en soi pas liée à la condition d'une prestation effective de travail préalable en sorte que ces droits sont reconnus au travailleur, même si celui-ci a été absent tout au long de l'année de référence pour maladie* » (CJCE 20 janv. 2009, préc., § 41 ; CJUE 24 janv. 2012, Mme Dominguez c/ CICOA). Par conséquent, « *le droit au congé ou à une indemnité de remplacement naît également en cas d'absence excusée (pour maladie) au cours de la totalité de l'année de référence* » (conclusions de l'avocate générale, Mme V. Trstenjak, 24 janvier 2008, sans CJCE 20 janv. 2009, préc.). Cependant, ce maintien du droit, à congé annuel payé, en cas de maladie peut être limité (par exemple, « *par une période de report de 15 mois à l'expiration de laquelle le droit au congé annuel payé s'éteint* », pour un travailleur en incapacité de travail pendant plusieurs périodes de référence consécutives : CJUE 22 nov. 2011, KHS AG c/ M. Schulte ; Conclusions 7 juill. 2011 préconisant une période de report d'au moins 18 mois).

JURISPRUDENCE

Pour le juge communautaire, « *ce droit au congé annuel payé, qui (...) doit être considéré comme un principe du droit social communautaire revêtant une importance particulière, est donc accordé à chaque travailleur, quel que soit son état de santé* » (CJCE, gde chambre, 20 janv. 2009, G. Shultz-Hoff et Stringer e.a., § 54). Le droit communautaire « *s'oppose à des dispositions ou à des pratiques nationales qui prévoient que le droit au congé annuel payé s'éteint à l'expiration de la période de référence et/ou d'une période de report fixée par le droit national, même lorsque le travailleur a été en congé de maladie durant tout ou partie de la période de référence et que son incapacité de travail a perduré jusqu'à la fin de sa relation de travail, raison pour laquelle il n'a pas pu exercer son droit au congé annuel payé* » (CJCE, 20 janv. 2009, préc.). Cette jurisprudence va faire évoluer de manière favorable aux salariés les règles appliquées en France.

En ce qui concerne cette assimilation du temps d'absence lié à un arrêt-maladie, à du temps de travail, pour le calcul de la durée du droit à congés payés, le droit français n'est pas conforme au droit européen. En cas de recours contentieux, 3 situations sont possibles :

– Le juge interne interprète le droit interne à la lumière du droit européen pour atteindre le résultat fixé par ce droit, à savoir l'octroi des congés payés au salarié en arrêt de travail pour maladie.
– À défaut, en cas d'impossibilité d'une telle interprétation (*contra legem*), dans les entreprises liées à l'État (entreprises publiques, entreprises assurant un service public, etc.), la jurisprudence européenne doit être appliquée par le juge interne, y compris *contra legem* (CJUE 24 janv. 2012, Mme Dominguez c/ CICOA, concernant une caisse de Sécurité sociale ; Soc. 22 juin 2016, sté Transdev Reims ; Soc. 21 sept. 2017, PBRI, RATP).
– À défaut, dans les autres entreprises, en l'absence de dispositions conventionnelles plus favorables (conformes aux exigences du droit européen), les dispositions légales françaises (L. 3141-3, L. 3141-5) n'ayant pas été mises en conformité avec le droit européen, le salarié a comme voie de recours d'engager la responsabilité de l'État, devant le juge administratif, pour défaut de transposition de la directive européenne (TA Clermont-Ferrand, 6 avril 2016, Good-Year ; Soc. 13 mars 2013, M. X. ; CJUE 24 janv. 2012, Mme Dominguez c/ CICOA, préc.). La Commission européenne pourrait également être saisie pour qu'elle engage une action en manquement contre la France devant la CJUE.

Dans son rapport annuel 2013, la Cour de cassation suggère, une nouvelle fois, au gouvernement français de mettre le droit interne en conformité avec le droit européen, notamment sur les points suivants :

- consacrer le droit à acquisition des congés payés durant les arrêts de travail pour maladie non professionnelle ;
- supprimer la limite pour l'acquisition de congés payés par un salarié en arrêt de travail AT-MP à une période ininterrompue d'un an.

• Jeunes

Les salariés de moins de 21 ans au 30 avril de l'année précédente bénéficient de 2 jours de congé supplémentaires payés par enfant à charge. Est réputé enfant à charge l'enfant qui vit au foyer et est âgé de moins de 15 ans au 30 avril de l'année en cours et tout enfant en situation de handicap. Le congé supplémentaire est réduit à un jour si le congé légal (c'est-à-dire tel qu'il résulte de la durée du travail effectif) n'excède pas 6 jours (L. 3141-8).

• Temps partiel

Les salariés à temps partiel, quelles que soient la durée du travail et sa répartition entre les jours de la semaine, acquièrent, comme les salariés à temps plein, 2 jours et demi ouvrables de congés par mois de travail (Soc. 22 févr. 2000). Le décompte des jours de congés pris se fait, en conséquence, en prenant en compte le nombre de jours ouvrables compris entre le premier jour où le salarié aurait dû travailler s'il n'était pas parti en congé et le jour de la reprise.

Les conventions collectives contiennent souvent des dispositions plus favorables que les dispositions légales.

• Congé maternité, arrêt AT/MP et At.

Le congé annuel payé et le congé de maternité ne peuvent pas se confondre et la salariée doit bénéficier de la durée de ces 2 périodes de congés, aux finalités différentes, de manière cumulée (CJCE 18 mars 2004). Il en va de même en cas d'absence pour accident du travail ou maladie professionnelle, le salarié a droit à un report de ses congés (Soc. 27 sept. 2007). C'est également le cas au regard d'un accident de trajet (Soc. 3 juill. 2012, CICOA, aff. préc.).

• Arrêt-maladie non professionnelle

Il en est désormais de même en cas d'arrêt maladie, « *les congés payés acquis doivent être reportés après la date de reprise du travail* » (Soc. 24 févr. 2009, CPAM de Creil c/ Mme Kopacz ; CJCE 20 janv. 2009, préc.).

• Arrêt-maladie pendant les congés payés

En cas d'arrêt maladie pendant les congés payés, le salarié a droit, après son rétablissement, de bénéficier de sa période de congé annuel, pendant laquelle il était en arrêt-maladie, à une autre période que celle initialement fixée, le cas échéant en dehors de la période de référence correspondante, pour tenir compte de raisons impérieuses liées aux intérêts de l'entreprise (CJCE 10 sept. 2009, préc. ; CJUE 21 juin 2012, C-78/11).

Prise des congés : période de congé et ordre des départs

Les congés peuvent être pris dès l'embauche, sans préjudice des règles de détermination de la période de prise des congés et de l'ordre des départs et des règles de fractionnement (L. 3141-12).

Les congés sont pris dans une période qui comprend dans tous les cas la période du 1er mai au 31 octobre de chaque année (L. 3141-13).

Les conjoints et les partenaires liés par un PACS travaillant dans la même entreprise ont droit à un congé simultané (L. 3141-14).

Un accord d'entreprise ou d'établissement ou, à défaut, une convention ou un accord de branche fixe :
- la période de prise des congés ;
- l'ordre des départs pendant cette période ;
- les délais que doit respecter l'employeur s'il entend modifier l'ordre et les dates de départ (L. 3141-15).

À défaut de dispositions conventionnelles, l'employeur définit après avis, le cas échéant, du CE ou, à défaut, des DP :

– la période de prise des congés ;

– l'ordre des départs des salariés, en tenant compte des critères suivants :
  - la situation de famille des bénéficiaires, notamment les possibilités de congé, dans le secteur privé ou la fonction publique, du conjoint ou du partenaire lié par un PACS, ainsi que la présence au sein du foyer d'un enfant ou d'un adulte handicapé ou d'une personne âgée en perte d'autonomie ;
  - la durée d'ancienneté chez l'employeur ;
  - leur activité chez un ou plusieurs autres employeurs. L'employeur ne peut, sauf en cas de circonstances exceptionnelles, modifier l'ordre et les dates de départ moins d'un mois avant la date de départ prévue (L. 3141-16).

Fractionnement

- Congé principal. La durée des congés pouvant être pris en une seule fois ne peut excéder 24 jours ouvrables (L. 3141-17). Il peut être dérogé individuellement à cette limite pour les salariés qui justifient de contraintes géographiques particulières ou de la présence au sein du foyer d'un enfant ou d'un adulte handicapé ou d'une personne âgée en perte d'autonomie. Lorsque le congé ne dépasse pas douze jours ouvrables, il doit être continu (L. 3141-18).
- Lorsque le congé principal est d'une durée supérieure à 12 jours ouvrables, il peut être fractionné avec l'accord du salarié. Cet accord n'est pas nécessaire lorsque le congé a lieu pendant la période de fermeture de l'établissement. Une des fractions est au moins égale à 12 jours ouvrables continus compris entre deux jours de repos hebdomadaire (L. 3141-19).
  Un accord d'entreprise ou d'établissement ou, à défaut, une convention ou un accord de branche fixe la période pendant laquelle la fraction continue d'au moins 12 jours ouvrables est attribuée ainsi que les règles de fractionnement du congé au-delà du 12e jour (L. 3141-21).

Si, en application d'une disposition légale, la durée du travail d'un salarié est décomptée à l'année, une convention ou un accord d'entreprise ou d'établissement ou, à défaut, une convention ou un accord de branche peut prévoir que les congés ouverts au titre de l'année de référence peuvent faire l'objet de reports. Ces reports de congés peuvent être effectués jusqu'au 31 décembre de l'année suivant celle pendant laquelle la période de prise de ces congés a débuté (L. 3141-22).

L'accord précise notamment :
- les modalités de rémunération des congés payés reportés ;
- les cas précis et exceptionnels de report ;
- les conditions dans lesquelles ces reports peuvent être effectués, à la demande du salarié après accord de l'employeur.

À défaut de dispositions conventionnelles :
- la fraction continue d'au moins 12 jours ouvrables est attribuée pendant la période du 1er mai au 31 octobre de chaque année ;
- le fractionnement des congés au-delà du 12e jour est effectué dans les conditions suivantes :
  - les jours restant dus peuvent être accordés en une ou plusieurs fois en dehors de la période du 1er mai au 31 octobre de chaque année ;
  - deux jours ouvrables de congé supplémentaire sont attribués lorsque le nombre de jours de congé pris en dehors de cette période est au moins égal à 6 et un seul lorsque ce nombre est compris entre 3 et 5 jours. Les jours de congé principal dus au-delà de 24 jours ouvrables ne sont pas pris en compte pour l'ouverture du droit à ce supplément.

Il peut être dérogé à ces dispositions après accord individuel du salarié (L. 3141-23). Les règles légales sur le fractionnement peuvent ainsi perdre tout effet…

Ordre des départs

À défaut de convention collective, la période de congé est fixée par l'employeur, en se référant aux usages et après consultation du CE. Elle doit être portée à la connaissance du personnel 2 mois avant son ouverture. Le congé est pris par tous les salariés en même temps lorsque l'entreprise ferme pendant la période des congés. Dans le cas contraire, les congés sont pris par roulement. L'ordre des départs en congé de chaque salarié, s'il n'existe aucune disposition conventionnelle ou aucun usage, est fixé par l'employeur après avis des DP. Il doit être arrêté en tenant compte de la situation de famille des bénéficiaires (et notamment des possibilités de congé du conjoint) et de la durée des services. Les conjoints et personnes liées par un PACS, travaillant dans une même entreprise, ont droit à des congés simultanés. La loi demande également de tenir compte de la situation des salariés ayant plusieurs employeurs.

Sauf en cas de circonstances exceptionnelles, l'ordre et les dates de départ fixés par l'employeur ne peuvent être modifiés dans le délai d'un mois avant la date prévue du départ.

Le principe est que l'employeur fixe l'ordre des départs en congés, y compris pour la cinquième semaine, qui peut être donnée par roulement ou lors de la fermeture de l'entreprise (Ch. mixte 10 déc. 1993).

Indemnités de congés

La période de congés payés est rémunérée par une indemnité à la charge de l'employeur.

Le congé annuel ouvre droit à une indemnité égale au dixième de la rémunération brute totale perçue par le salarié au cours de la période de référence (L. 3141-24-I).

Pour la détermination de cette rémunération brute totale, il est tenu compte :
- de l'indemnité de congé de l'année précédente ;
- des indemnités afférentes à la contrepartie obligatoire sous forme de repos ;
- des périodes assimilées à un temps de travail (pour le calcul des droits à congés) qui sont considérées comme ayant donné lieu à rémunération en fonction de l'horaire de travail de l'établissement.

Cette indemnité ne peut être inférieure au montant de la rémunération qui aurait été perçue pendant la période de congé si le salarié avait continué à travailler (L. 3141-24-II).

Lorsqu'un établissement ferme pendant un nombre de jours dépassant la durée des congés légaux annuels, l'employeur verse aux salariés, pour chacun des jours ouvrables de fermeture excédant cette durée, une indemnité qui ne peut être inférieure à l'indemnité journalière de congés. Cette indemnité journalière ne se confond pas avec l'indemnité de congés (L. 3141-31).

Indemnité compensatrice

Lorsque le contrat de travail est résilié avant que le salarié ait pu bénéficier de la totalité du congé auquel il avait droit, il doit recevoir, pour la fraction de congé dont il n'a pas bénéficié, une indemnité déterminée selon les mêmes règles que l'indemnité de congés payés (L. 3141-28). Il n'y a pas lieu de distinguer suivant que cette résiliation résulte du fait de l'employeur ou du salarié. L'indemnité compensatrice de congés payés est assimilée à un salaire.

Caisse de congés payés

Dans certaines professions, les employeurs sont tenus d'adhérer à une caisse de congés payés (L. 3141-30 et L. 3141-32 et s.).

Contrôle et sanctions

Les dates du congé et le montant de l'indemnité de congés payés doivent être indiqués sur le bulletin de paie lorsqu'une période de congé annuel est comprise dans la période de paie considérée.

• Sanction civile

En cas de litige, l'employeur doit établir qu'il a pris les mesures nécessaires pour permettre au salarié de bénéficier effectivement de son droit à congés payés (Soc. 13 juin 2012).

Le salarié doit prendre effectivement ses congés et ne peut exercer une autre activité pendant son congé annuel, qui doit correspondre à un temps de repos. Le passage au service d'un autre employeur pendant le temps du congé peut entraîner un licenciement, y compris pour faute grave (Soc. 4 avril 1990).

Constitue cependant une exception à cette règle la possibilité de conclure un « contrat vendanges ».

• Sanction pénale

L'employeur qui ne respecte pas les prescriptions légales et réglementaires relatives aux congés est passible d'une amende pouvant aller jusqu'à 1 500 € (3 000 € en cas de récidive dans le délai d'un an), appliquée autant de fois qu'il y a de travailleurs concernés (R. 3143-1).

À RETENIR

Outre les congés annuels payés, la législation française prévoit de nombreux types de congés qui peuvent être classés en 3 catégories : les congés liés à la vie familiale, les congés répondant à des objectifs de formation et des congés permettant d'exercer certaines activités d'intérêt général.

Congés d'articulation entre la vie professionnelle, la vie personnelle et familiale

• Congés pour événements familiaux

Le salarié a droit, sur justification, à un congé (L. 3142-1) :
- pour son mariage ou pour la conclusion d'un PACS ;
- pour le mariage d'un enfant ;
- pour chaque naissance survenue à son foyer ou pour l'arrivée d'un enfant placé en vue de son adoption. Ces jours d'absence ne se cumulent pas avec les congés accordés pour ce même enfant dans le cadre du congé de maternité ;
- pour le décès d'un enfant, du conjoint, du concubin ou du partenaire lié par un PACS, du père, de la mère, du beau-père, de la belle-mère, d'un frère ou d'une sœur ;
- pour l'annonce de la survenue d'un handicap chez un enfant.

Ces congés n'entraînent pas de réduction de la rémunération et sont assimilés à du temps de travail effectif pour la détermination de la durée du congé payé annuel. Leur durée ne peut être imputée sur celle du congé payé annuel (L. 3142-2).

Une convention ou un accord collectif d'entreprise ou, à défaut, une convention ou un accord de branche détermine la durée de chacun des congés du salarié qui ne peut être inférieure à :
- 4 jours pour son mariage ou pour la conclusion d'un PACS ;

- 1 jour pour le mariage d'un enfant ;
- 3 jours pour chaque naissance survenue à son foyer ou pour l'arrivée d'un enfant placé en vue de son adoption ;
- 3 jours pour le décès du conjoint, du partenaire lié par un PACS, du concubin, du père, de la mère, du beau-père, de la belle-mère, d'un frère ou d'une sœur ;
- 2 jours pour l'annonce de la survenue d'un handicap chez un enfant.

Congé de solidarité familiale

Le salarié dont un ascendant, un descendant, un frère, une sœur ou une personne partageant le même domicile souffre d'une pathologie mettant en jeu le pronostic vital ou est en phase avancée ou terminale d'une affection grave et incurable a droit à un congé de solidarité familiale (L. 3142-6 et s., D. 3142-2).

Congé de proche aidant

Le salarié ayant au moins un an d'ancienneté dans l'entreprise a droit à un congé de proche aidant (L. 3142-16, D. 3142-7) lorsque l'une des personnes suivantes présente un handicap ou une perte d'autonomie d'une particulière gravité :

- son conjoint ;
- son concubin ;
- son partenaire lié par un PACS ;
- un ascendant ;
- un descendant ;
- un enfant dont il assume la charge ;
- un collatéral jusqu'au 4ᵉ degré ;
- un ascendant, un descendant ou un collatéral jusqu'au 4ᵉ degré de son conjoint, concubin ou partenaire lié par un PACS ;
- une personne âgée ou handicapée avec laquelle il réside ou avec laquelle il entretient des liens étroits et stables, à qui il vient en aide de manière régulière et fréquente, à titre non professionnel, pour accomplir tout ou partie des actes ou des activités de la vie quotidienne.

• Congé de paternité

Au bénéfice des pères salariés existe un congé de paternité de 11 jours (18 jours en cas de naissances multiples) ; le bénéfice est ouvert « *à raison d'un lien de filiation au père de l'enfant* » (Civ. 2ᵉ 11 mars 2010). Le congé doit être pris dans un délai de 4 mois suivant la naissance de l'enfant, sauf exception (hospitalisation de l'enfant, décès de la mère), et n'est pas nécessairement accolé au précédent (L. 1225-35). Le salarié ne peut reporter son congé en raison d'un manque de personnel dans l'entreprise (Civ. 2ᵉ, 10 nov. 2009, le salarié ne peut alors pas bénéficier de l'indemnisation de la Sécurité sociale). À l'issue du congé, le salarié retrouve son précédent emploi (ou un emploi similaire assorti d'une rémunération équivalente).

• Congé d'adoption

Le salarié à qui un service départemental d'aide sociale à l'enfance ou une œuvre d'adoption autorisée confie un enfant en vue de son adoption, a le droit de bénéficier d'un congé d'adoption (L. 1225-37), qui suspend le contrat de travail pendant une période de 10 semaines au plus à dater de l'arrivée de l'enfant au foyer. Le salarié avertit l'employeur du motif de son absence et de la date à laquelle il entend mettre fin à la suspension de son contrat. Lorsque la durée du congé d'adoption est répartie entre les 2 parents, la durée du congé d'adoption est alors augmentée de 11 jours (ou 18 jours en cas d'adoptions multiples). La durée du congé d'adoption est assimilée à une période de travail effectif pour la détermination des droits que le salarié tient de son ancienneté. À l'issue du congé d'adoption, le salarié retrouve son précédent emploi ou un emploi similaire assorti d'une rémunération au moins équivalente.

Toute stipulation d'une convention ou d'un accord collectif de travail comportant en faveur des salariées en congé de maternité un avantage lié à la naissance s'applique de plein droit aux salariés en congé d'adoption.

Pour tout salarié bénéficiant de l'agrément permettant l'adoption, un droit à congé non rémunéré existe, d'une durée maximale de 6 semaines, s'il se rend à l'étranger ou dans les DOM-TOM en vue d'adopter un ou plusieurs enfants.

• Congé parental d'éducation et passage à temps partiel

Objet

Tout salarié qui justifie d'une ancienneté minimale d'un an à la date de la naissance de son enfant ou de l'arrivée à son foyer d'un enfant de moins de 16 ans confié en vue de son adoption a le droit de bénéficier d'un congé parental d'éducation ou de travailler à temps partiel (L. 1225-47). Le congé est ouvert de droit à tous les salariés, quel que soit l'effectif de l'entreprise.

Modalités

La réduction du temps de travail doit être limitée de sorte que l'activité maintenue ne soit pas inférieure à 16 heures hebdomadaires. Pendant la période d'activité à temps partiel ou à l'occasion des prolongations de celle-ci, le salarié ne peut modifier la durée du travail initialement choisie sans l'accord de l'employeur, sauf dispositions conventionnelles. En cas de décès de l'enfant ou de diminution importante des ressources du ménage, le salarié peut reprendre son activité initiale ou en modifier la durée avec l'accord de l'employeur.

Le père comme la mère peut bénéficier de ces dispositions. La durée initiale du congé parental ou de l'activité à temps partiel est d'un an maximum, mais peut être prolongée 2 fois jusqu'au troisième anniversaire de l'enfant (temps partiel de 6 mois, renouvelable une fois, en cas de maladie, accident ou handicap grave de l'enfant). Le congé parental peut être prolongé d'une année supplémentaire en cas de maladie, d'accident ou de handicap grave de l'enfant. Ces prolongations ne s'appliquent pas en cas d'adoption d'enfants âgés de 3 à 16 ans. S'agissant d'un enfant adopté, le congé parental d'éducation peut être pris jusqu'à l'expiration d'un délai de 3 ans après l'arrivée de l'enfant au foyer, sauf s'il s'agit d'un enfant de 3 à 16 ans, auquel cas le congé doit être pris dans l'année suivant l'arrivée de l'enfant au foyer.

Au cas où, en cours de congé parental, la femme serait de nouveau enceinte, la suspension de son contrat de travail ne ferait pas obstacle aux règles protectrices de la maternité (Soc. 11 févr. 2004). La femme bénéficie alors d'une interruption de son congé parental au profit d'un congé de maternité (CJCE 20 sept. 2007).

En cas de congé parental, le contrat de travail est suspendu et la durée du congé est prise en compte pour moitié dans le calcul des avantages liés à l'ancienneté. Des accords de branche peuvent prévoir cette prise en compte intégralement. Le salarié a le droit de suivre, à son initiative, une action de formation, au cours de la période pendant laquelle il bénéficie du congé parental, mais il n'est pas rémunéré tout en gardant sa protection sociale, y compris au titre des accidents du travail et maladies professionnelles.

Indemnisation

Le parent qui interrompt ou réduit son activité professionnelle peut bénéficier de la prestation partagée d'éducation de l'enfant (PreParE). La durée de versement dépend du partage effectué entre les deux parents (exemple : à partir du deuxième enfant, un parent peut prendre 2 ans et l'autre 1 an).

Retour dans l'emploi

À l'expiration du congé, le salarié doit retrouver son précédent emploi ou un emploi similaire assorti d'une rémunération au moins équivalente. Il a alors droit à un entretien avec son employeur en vue de son orientation professionnelle ainsi qu'à une formation professionnelle.

• Congé de présence parentale

À RETENIR

Tout salarié (sans condition d'ancienneté) dont l'enfant à charge ouvrant droit aux prestations familiales est victime d'une maladie, d'un accident ou d'un handicap grave et nécessitant une présence soutenue et des soins contraignants a le droit de bénéficier d'un congé de présence parentale entraînant la suspension de son contrat de travail (L. 1225-62). Il bénéficie alors d'une allocation de présence parentale.

Modalités

La période d'activité à temps partiel, ou de suspension du contrat de travail, a une durée initiale de 4 mois au plus. Elle peut être renouvelée 2 fois, dans la limite maximale de 12 mois, renouvellements inclus.

Le salarié doit envoyer à son employeur, au moins 15 jours avant le début du congé, une lettre recommandée avec demande d'accusé de réception ou remise en main propre contre décharge, l'informant de sa volonté de bénéficier de ce congé ainsi qu'un certificat médical concernant l'état de l'enfant. Il en va de même lorsque le salarié entend prolonger son congé.

Retour dans l'emploi

À l'issue du congé de présence parentale ou de la période d'exercice de son activité à temps partiel, le salarié retrouve son précédent emploi ou un emploi similaire assorti d'une rémunération au moins équivalente (il en va de même en cas de décès de l'enfant ou de diminution importante des ressources du ménage). Dans chaque cas, le salarié doit adresser une demande motivée à l'employeur, par lettre recommandée avec demande d'accusé de réception, au moins un mois avant la date à laquelle il entend revenir dans l'entreprise. La durée du congé de présence parentale est prise en compte pour moitié dans la détermination des avantages liés à l'ancienneté. Le salarié conserve en outre le bénéfice de tous les avantages qu'il avait acquis avant le début de ce congé.

• Congé pour enfant malade

Le salarié bénéficie d'un congé pour enfant malade non rémunéré en cas de maladie ou d'accident d'un enfant à charge de moins de 16 ans, moyennant présentation d'un certificat médical (L. 1225-61). Ce congé a une durée maximum de 3 jours par an qui peut être portée à 5 jours si l'enfant a moins de 1 an ou si le salarié a la charge de 3 enfants ou plus âgés de moins de 16 ans. Ces mesures peuvent être améliorées par des dispositions conventionnelles.

Un salarié peut, en accord avec l'employeur, renoncer à des jours de repos non pris (RTT...) au bénéfice d'un autre salarié de l'entreprise assumant la charge d'un enfant gravement malade (L. 1225-65-1). Des jours de congés payés ne peuvent être donnés qu'au-delà de 24 jours ouvrables.

Congés répondant à des objectifs de formation

• Congé individuel de formation (CIF)

Il a pour objet de permettre à tout travailleur, au cours de sa vie professionnelle, de suivre à son initiative, et à titre individuel, des actions de formation. Celles-ci doivent permettre aux travailleurs d'accéder à un niveau supérieur de qualification, de changer d'activité ou de profession et de s'ouvrir plus largement à la culture, à la vie sociale et à l'exercice des responsabilités associatives bénévoles. Elles s'accomplissent en tout ou partie pendant le temps de travail (L. 6322-1). Seul peut bénéficier d'un CIF le salarié qui justifie d'une ancienneté dans la branche professionnelle d'au moins 24 mois, consécutifs ou non, dont 12 mois dans l'entreprise. En outre, le salarié doit laisser s'écouler un certain délai entre 2 stages.

Le congé est de droit dès lors que le salarié satisfait à ces conditions. Toutefois, l'employeur peut en différer la réalisation si celle-ci avait pour effet de porter le nombre d'absences simultanées, au titre du congé de formation, au-dessus de 2 % de l'effectif, dans les établissements occupant au moins 200 salariés ou, dans les établissements de moins de 200 salariés, si le nombre d'heures de congés demandées dépasse 2 % du nombre total des heures de travail effectuées dans l'année. Même lorsque ce n'est pas le cas, l'employeur peut toujours en différer la réalisation s'il estime, après avis du CE ou, à défaut, des DP, que cette absence aurait des conséquences préjudiciables pour la production et la marche de l'entreprise. Si le salarié n'est pas d'accord, l'inspecteur du travail peut être pris pour arbitre.

Les bénéficiaires ont droit à une rémunération dès lors qu'ils ont obtenu l'accord, pour la prise en charge de leur formation, d'un organisme paritaire agréé pour recevoir la contribution des employeurs assujettis au financement. Le salarié doit donc obtenir d'abord l'accord de son employeur et ensuite demander sa prise en charge à un organisme paritaire agréé, par exemple à un Fongecif (Fonds de gestion du congé individuel de formation). En règle générale, la rémunération, pour une prise en charge d'une année, est de 80 % du salaire antérieur. Elle est versée par l'employeur qui sera remboursé par l'organisme paritaire agréé. Même les salariés occupés dans des entreprises de moins de 10 salariés qui sont assujetties au versement de la cotisation obligatoire dans des conditions particulières ont accès à ce dispositif. Le CIF peut se dérouler en dehors du temps de travail (L. 6322-64).

• Période de professionnalisation

Une période de professionnalisation peut permettre d'acquérir une qualification ou de participer à une action de professionnalisation à travers une formation en alternance. Elle est mise en œuvre soit à l'initiative du salarié, soit à l'initiative de l'employeur. Elle est ouverte à certaines catégories de salariés, et notamment les salariés dont la qualification est inadaptée à l'évolution des technologies et les salariés en deuxième partie de carrière. Ces actions sont désormais ouvertes aux bénéficiaires du RSA, de l'ASS, de l'AAH et d'un CUI (L. 6325-1).

• Congé de bilan de compétences

Il ne peut excéder 24 heures de travail, consécutives ou non (L. 6322- 42).

• Congé pour validation des acquis de l'expérience (VAE)

Toute personne engagée dans la vie active est en droit de faire valider les acquis de son expérience, notamment professionnelle (L. 6111-1). Elle peut bénéficier d'un congé à cet effet (24 heures de temps de travail, consécutives ou non, par validation, L. 6422-1 et 3). Ce congé est assimilé à une période de travail (droits en matière de congés payés et d'ancienneté).

La VAE a pour objet l'acquisition d'un diplôme, d'un titre à finalité professionnelle ou d'un certificat de qualification figurant sur une liste établie par la commission paritaire nationale de l'emploi d'une branche professionnelle, enregistrés dans le répertoire national des certifications professionnelles (RNCP) (L. 6411-1). L'ouverture de ce droit est subordonnée à des conditions minimales d'ancienneté (3 ans, L. 6422-2).

• Compte personnel de formation

À RETENIR

Ce compte personnel de formation (CPF), mis en œuvre depuis le 1er janvier 2015, remplace le DIF (les heures acquises à ce titre jusqu'au 31 décembre 2014 relèvent du régime applicable au CPF et peuvent être mobilisées jusqu'au 1er janvier 2021). Il est mobilisé par la personne lorsqu'elle accède à une formation à titre individuel (L. 6111-1).
Un projet gouvernemental de réforme de la formation professionnelle et notamment du CPF était en discussion lors de la mise sous presse de cet ouvrage.

Bénéficiaire

Toute personne d'au moins 16 ans en emploi, en recherche d'emploi ou accompagnée dans un projet d'orientation et d'insertion professionnelle ou accueillie dans un Ésat (Établissement et Service d'Aide par le Travail) et par dérogation aux jeunes de 15 ans qui signent un contrat d'apprentissage. Le compte est fermé au départ à la retraite (L. 6323-1).

Alimentation

Le CPF est alimenté à hauteur de 24 heures de formation par année de travail à temps complet jusqu'à l'acquisition d'un crédit de 120 heures, puis 12 heures par année, dans la limite de 150 heures.

De plus, le CPF peut être abondé, au-delà de ces plafonds, en application d'un accord d'un OPCA interprofessionnel, portant notamment sur la définition des formations éligibles et les publics prioritaires (salariés les moins qualifiés, exposés à des facteurs de risques professionnels, occupant des emplois menacés par les évolutions économiques ou technologiques et à temps partiel). Si la durée de la formation envisagée est supérieure au nombre d'heures inscrites sur le compte, celui-ci peut faire l'objet d'abondements en heures complémentaires pour financer cette formation (ces heures sont financées par l'employeur, le titulaire du compte, l'OPCA et l'Opacif, l'État, les régions, Pôle emploi et l'Agefiph).

Information

L'information sur les droits se fait par l'intermédiaire d'un service dématérialisé gratuit (« système d'information du compte personnel de formation »).

Mise en œuvre

Ce CPF est mobilisable à tout moment, à l'initiative de la personne titulaire, pour suivre une formation (L. 6323-2), pendant ou hors du temps de travail.

Pendant le temps de travail, l'accord de l'employeur est nécessaire ; l'absence de réponse vaut acceptation. L'accord de l'employeur n'est pas requis dès lors que la formation (L. 6323-17) :
– Est financée par les 100 heures complémentaires créditées sur le CPF pour défaut de formation et d'évolution professionnelle (défaut d'entretiens professionnels, etc. – L. 6323-13).
– Vise l'acquisition du socle de connaissances et de compétences.
– Concerne la VAE.
– Dans les cas prévus par accord (de branche, d'entreprise ou de groupe).

Les heures consacrées à la formation pendant le temps de travail ouvrent droit au maintien de la rémunération du salarié (L. 6323-18).

EN PRATIQUE

Sont éligibles les formations permettant d'acquérir « le socle de connaissances et de compétences » (L. 6323-6-I) et d'autres formations, notamment celles sanctionnées :

- par une certification enregistrée dans le RNCP ;
- par un certificat de qualification professionnelle (L. 6323-6-II ; voir également L. 6323-16).

Le CPF peut être mobilisé pour l'accompagnement à la VAE (L. 6323-6-III).

Frais de formation

Ils sont pris en charge par l'employeur si celui-ci applique un accord d'entreprise relatif au financement du CPF, ou, à défaut, par l'OPCA. Si le CPF est mobilisé dans le cadre d'un CIF, c'est le FPSPP (Fonds Paritaire de Sécurisation des Parcours Professionnels) qui assure les frais de formation.

Transférabilité

Les droits acquis sont transférables en cas de changement de situation professionnelle ou de perte d'emploi (L. 6323-3).

• Congé jeune travailleur

Le salarié sans formation professionnelle a droit, pendant les 2 premières années d'activité professionnelle et jusqu'à ce qu'il ait atteint l'âge de 25 ans, à un congé rémunéré pour suivre un stage destiné à lui permettre d'acquérir les connaissances professionnelles qui lui font défaut (L. 6322-59). La durée maximale de ce congé est de 200 heures par an et son bénéfice ne peut être refusé.

Congés pour engagement associatif, politique ou militant

De nombreux autres congés existent :

- congé d'enseignement (L. 6322-53) ;
- congés de participation aux instances d'emploi et de formation professionnelle ou à un jury d'examen (L. 3142-42) ;
- congé pour les candidats à un mandat public (L. 3142-56) ;
- congé de formation de cadres et d'animateurs pour la jeunesse (L. 3142-54) ;
- congé pour la création ou la reprise d'entreprise (L. 3142-105) ;

- congé sabbatique (L. 3142-28, D. 3142-15) ;
- congé mutualiste de formation (L. 3142-36) ;
- congé de représentation – association ou mutuelle (L. 3142-60) ;
- congés des candidats ou élus à un mandat parlementaire ou local (L. 3142-46) ;
- congé de solidarité internationale (L. 3142-67) ;
- contrat de volontariat de solidarité internationale ;
- service national (L. 3142-71) ;
- réserve opérationnelle (L. 3142-55) ;
- congés pour catastrophe naturelle (L. 3142-48) ;
- réserve dans la sécurité civile (L. 3142-108) ;
- participation aux opérations de secours (L. 3142-112) ;
- congé pour acquisition de la nationalité (L. 3142-75) ;
- congé pour activité désintéressée (décret du 18 sept. 2008) ;
- etc.

Entretien professionnel

Un entretien professionnel avec son employeur est proposé systématiquement au salarié qui reprend son activité à l'issue d'un congé de maternité, d'un congé parental d'éducation, d'un congé de soutien familial, d'un congé d'adoption, d'un congé sabbatique, d'une période de mobilité volontaire sécurisée, d'une période d'activité à temps partiel (congé parental), d'un arrêt longue maladie ou à l'issue d'un mandat syndical. Cet entretien professionnel donne lieu à la rédaction d'un document dont une copie est remise au salarié (L. 6315-1).

À RETENIR

COMPTE ÉPARGNE-TEMPS

Le CET permet au salarié d'accumuler des droits à congé rémunéré ou de bénéficier d'une rémunération, immédiate ou différée, en contrepartie des périodes de congé ou de repos non pris ou des sommes qu'il y a affectées (L. 3151-2 et s.).
Le congé annuel ne peut être affecté au CET que pour sa durée excédant 24 jours ouvrables.
Tout salarié peut, sur sa demande et en accord avec son employeur, utiliser les droits affectés sur son CET pour compléter sa rémunération ou pour cesser de manière progressive son activité. L'utilisation sous forme de complément de rémunération des droits versés sur le compte épargne-temps au titre du congé annuel n'est autorisée que pour ceux de ces droits correspondant à des jours excédant la durée de 30 jours.
Le CET peut être mis en place par une convention ou un accord d'entreprise ou d'établissement ou, à défaut, par une convention ou un accord de branche.
Le texte conventionnel :

- détermine dans quelles conditions et limites le CET peut être alimenté en temps ou en argent à l'initiative du salarié ou, pour les heures accomplies au-delà de la durée collective, à l'initiative de l'employeur ;
- définit les modalités de gestion du CET et détermine les conditions d'utilisation, de liquidation et de transfert des droits d'un employeur à un autre.

À défaut de convention ou d'accord collectif, un dispositif de garantie est mis en place par décret.

CHAPITRE XVI

RÉMUNÉRATION

EN PRATIQUE

Quelques chiffres clés :

- SMIC : 9,88 € brut de l'heure (depuis le 1er janvier 2018).
- Plafond de la Sécurité sociale (depuis le 1er janv. 2018) : 3 311 € brut par mois ; 182 € brut par jour ; 39 732 € brut par an ; 25 € brut de l'heure.
- Salaire médian (qui partage les salariés en 2 groupes d'effectifs égaux) : 1 797 € net par mois.
- Salaire mensuel moyen (salarié à temps plein dans le secteur privé) : 2 250 € net (en 2015 – INSEE – 12 oct. 2017) ; le salaire des femmes est en moyenne inférieur de 18,4 % au salaire des hommes.
- Seuil de pauvreté (égal ou inférieur à 60 % du revenu médian).

La rémunération est complexe : elle comprend le salaire et d'autres éléments assimilés au salaire.

Le montant du salaire est déterminé par l'employeur avec le salarié, mais ne doit pas être inférieur au SMIC ni aux minimums prévus par les conventions collectives et respecter les règles d'égalité de rémunération.

Le salaire constitue un « bien » pour le travailleur (CEDH, 9 janv. 2007, Arnolin et a.). Comme il représente en général la seule ressource du salarié, sa protection est assurée par un statut juridique particulier à cette créance du salarié sur l'employeur.

Par rémunération, il faut entendre le salaire proprement dit ou le traitement ordinaire de base ou minimum ainsi que tous les autres avantages et accessoires payés, directement ou non, en espèces ou en nature, par l'employeur au salarié, en raison de l'emploi de ce dernier (L. 3221-3). Les éléments assimilés au salaire obéissent aux mêmes régimes sociaux et fiscaux.

Salaire

• Objet

Le salaire est la contrepartie du travail (Soc. 20 oct. 1998, Courcelles) et rémunère aussi la disponibilité du salarié (Soc. 28 févr. 1962, Charles Vanel, arrêt concernant le tournage du film « Le port des passions », « *dès que Vanel s'était tenu à la disposition de son employeur, il devait percevoir les salaires convenus en contrepartie...* »). Plus largement, le salaire est dû au regard de l'emploi, en application du contrat de travail.

Ce salaire constitue un élément essentiel du contrat de travail.

• Mode de calcul

À RETENIR

Le salaire peut être fixe, variable, ou encore mixte (une partie fixe garantie et une partie variable).
En règle générale, il est calculé selon la durée du travail : c'est le salaire au temps (L. 3242-1). Le plus souvent mensuel (mensualisation), il peut aussi être horaire.
Le salaire peut également être calculé au rendement (à la tâche, aux pièces, etc.) suivant les résultats (à la commission, suivant le chiffre d'affaires, etc.).
Les systèmes de rémunération sont de plus en plus sophistiqués dans certaines entreprises.

Dans les hôtels s'est répandu un mode de calcul du salaire pour le nettoyage des chambres (4 chambres par heure de travail rémunérée) ; cependant, à la suite d'un conflit collectif, le retour à la rémunération au temps est prévu dans certains accords originaux (Charte du 7 mai 2014 sur la sous-traitance du nettoyage, Groupe Louvre Hotels).

• Forme

Le salaire est versé en argent, mais une partie peut être en nature dans certaines professions.

Le logement, la nourriture, le chauffage, l'éclairage et autres sont, dans certains cas ou professions, fournis par l'employeur au salarié. Selon la jurisprudence, ces avantages en nature constituent un salaire quand ils représentent la contrepartie du travail. La valeur, en euros, de l'avantage en nature est en général fixée forfaitairement dans le contrat de travail ou la convention collective.

Accessoires de salaire

• Primes

La variété des primes est considérable. La plupart des primes sont assimilées au salaire. Ces primes sont prévues par accord collectif, de branche ou d'entreprise, par usage ou par décision de l'employeur. Il s'agit notamment de primes :

- de fidélisation des salariés à l'entreprise : primes d'ancienneté, d'assiduité, etc. ;
- liées à des événements familiaux : primes de maternité, de vacances, etc. ;
- liées aux résultats de l'entreprise : primes de bilan, de fin d'année, de 13e mois, etc. ;
- de motivation : primes de rendement, d'objectifs, de qualité, etc. ;
- de compensation de certaines conditions de travail difficiles : primes de pénibilité, d'insalubrité, etc.

Objectifs

Les objectifs dont dépend la partie variable de la rémunération sont contractualisés par les parties ou renvoient à un plan de rémunération variable (PRV) déterminé unilatéralement par l'employeur. En cas de modification des objectifs :

– Lorsque le contrat de travail prévoit que les objectifs sont fixés d'un commun accord, l'employeur ne peut pas les modifier unilatéralement ; la rémunération dans sa partie variable pouvant être réduite, le régime de la modification contractuelle s'applique (Soc. 26 janv. 2000, Soc. 18 avril 2000, Soc. 28 oct. 2008, Soc. 7 juill. 2009).

– « *Lorsque les objectifs sont définis unilatéralement par l'employeur dans le cadre de son pouvoir de direction, celui-ci peut les modifier dès lors qu'ils sont réalisables et qu'ils ont été portés à la connaissance du salarié en début d'exercice* » (Soc. 2 mars 2011, Sté Néopost France).

Les objectifs doivent être rédigés en français (L. 1321-6) : quand les documents fixant les objectifs nécessaires à la détermination de la rémunération variable contractuelle sont rédigés en anglais, le salarié peut se prévaloir de leur « *inopposabilité* » (Soc. 29 juin 2011, Data Systems EDS France).

Lorsque le calcul de la rémunération dépend d'éléments détenus par l'employeur, celui-ci est tenu de les produire aux salariés (Soc. 18 déc. 2001).

Caractère obligatoire ou non

En matière de primes, la jurisprudence établit une distinction entre la gratification libéralité et la gratification obligatoire.

En principe, la gratification est une libéralité et l'acte n'a pas de caractère obligatoire. Le taux de la gratification est librement déterminé par l'employeur, qui fixe librement les conditions d'attribution. Cependant, l'employeur ne peut « *opposer son pouvoir discrétionnaire pour se soustraire à son obligation de justifier de façon objective et pertinente une différence de rémunération* » entre des salariés effectuant un même travail ou un travail de valeur égale (« prime de résultat », « bonus », etc., Soc. 30 avril 2009, Nobel). Quelle que soit la source d'une prime, l'employeur doit être en mesure de justifier ses choix. La gratification libéralité ou bénévole est distincte du salaire. Il n'en est pas tenu compte pour la base du calcul des indemnités de rupture (Soc. 14 oct. 2009, PBR, bonus exceptionnel) et le salarié ne peut en exiger le renouvellement.

En revanche, la gratification est obligatoire lorsqu'elle est prévue par la convention collective ou le contrat de travail. Cette obligation peut également résulter d'un engagement unilatéral de l'employeur, mais à la condition qu'une clause précise définisse objectivement l'étendue et les limites de celle-ci (Soc. 27 juin 2000), ou d'un usage constant dans l'entreprise. Pour que l'usage soit établi, 3 conditions doivent être réunies :
– La généralité : la gratification est versée à l'ensemble du personnel ou d'une même catégorie professionnelle.
– La constance : la gratification a été versée plusieurs fois de suite, lorsqu'une même circonstance se représentait.
– La fixité : la gratification est calculée selon les mêmes modalités (par exemple en pourcentage du salaire).

Le salarié qui quitte l'entreprise avant le versement de la prime de fin d'année n'a droit à une fraction de la prime calculée au prorata de son temps de présence dans l'entreprise (*prorata temporis*) que si cela a été expressément prévu par une convention ou un usage dont il appartient au salarié d'apporter la preuve (Ass. plénière 5 mars 1993).

Primes illégales

Certaines primes peuvent être illicites, par exemple une prime de rendement au kilomètre, attribuée à des chauffeurs routiers, constituant une incitation au dépassement de la durée du travail (Soc. 13 nov. 2003). Ces primes peuvent constituer des incitations à commettre des infractions au Code de la route.

• Pourboires

Dans tous les établissements commerciaux où existe la pratique du pourboire (cafés, casinos, etc.), toutes les perceptions faites « pour le service » par l'employeur sous forme de pourcentage obligatoirement ajouté aux notes des clients (exemple : la note du restaurant majorée d'un certain pourcentage pour le service), ou autrement, ainsi que toutes les sommes remises volontairement par les clients pour le service entre les mains de l'employeur, ou centralisées par lui, sont intégralement versées au personnel en contact avec la clientèle (L. 3244-1), quelle que soit la catégorie du personnel à qui les sommes sont matériellement remises (Soc. 9 mai 2000). Ni l'employeur ni un accord d'entreprise ne peuvent accorder une partie des pourboires à d'autres salariés que ceux en contact avec la clientèle. Les pourboires ont la nature de salaire. Ces pourboires s'ajoutent au salaire fixe, sauf dans le cas où un salaire minimum a été garanti par l'employeur (L. 3244-2).

• Indemnités

Le mot « indemnités » convient mieux dès lors qu'il y a remboursement de frais, mais la terminologie est incertaine. Les indemnités ne sont pas assimilées à un salaire lorsqu'elles ont le caractère d'un remboursement de frais : indemnités de panier, de déplacement, de salissure ou d'outillage, etc. Elles « *constituent, nonobstant leur caractère forfaitaire et le fait que leur versement ne soit soumis à la production d'aucun justificatif, un remboursement de frais et non un complément de salaire* » (Soc. 11 janv. 2017, PBRI, sté Aubert&Duval). « *Les frais qu'un salarié expose pour les besoins de son activité professionnelle et dans l'intérêt de l'employeur doivent être supportés par ce dernier* » (Soc. 21 mai 2008, Sté Champion, concernant la charge de l'entretien de vêtements de travail ; Soc. 9 janv. 2001).

Stages

Lorsque la durée de stage au sein d'une même entreprise (association, entreprise privée, entreprise publique ou ÉPIC) est supérieure à 2 mois consécutifs ou, au cours d'une même année scolaire ou universitaire, à 2 mois consécutifs ou non, le ou les stages font l'objet d'une ***gratification*** versée mensuellement dont le montant est fixé par convention de branche ou par accord professionnel étendu ou, à défaut, par décret (voir le chapitre VII, Jeunes travailleurs). Cette gratification n'a pas le caractère d'un salaire (L. 124-6).

La gratification de stage est due au stagiaire à compter du premier jour du premier mois de stage et lui est versée mensuellement. Son montant minimal forfaitaire n'est pas fonction du nombre de jours ouvrés dans le mois (L. 124-6). Le montant horaire de cette gratification est fixé par convention de branche ou par accord professionnel étendu ou, à défaut, par décret, à un niveau minimal de 15 % du plafond horaire de la Sécurité sociale.

Le stagiaire a accès au restaurant d'entreprise ou aux titres-restaurant dans les mêmes conditions que les salariés de l'entreprise. Il bénéficie également de la prise en charge de ses frais de transport (L. 124-13). Il a également accès aux activités sociales et culturelles du comité d'entreprise dans les mêmes conditions que les salariés (L. 2323-83 ; L. 124-16 C. éducation).

Télétravail

Le juge peut imposer le versement aux salariés concernés d'une ***indemnité d'occupation de bureau à domicile*** (Soc. 7 avril 2010, Sté Nestlé Waters marketing distribution). La sujétion d'utiliser une partie de leur domicile personnel pour les besoins de l'activité professionnelle « *constitue des frais professionnels que l'employeur est dans l'obligation de leur rembourser sans qu'ils puissent être imputés sur la rémunération due, à moins qu'il ait été contractuellement prévu qu'ils en conserveraient la charge, moyennant le versement d'une somme fixée à l'avance de manière forfaitaire et à la condition que la rémunération proprement dite du travail reste au moins égale au SMIC* ». Or, « *aucune disposition contractuelle ne prévoyait le remboursement (...) des frais relatifs à l'occupation de leur domicile privé à des fins professionnelles par le versement d'une somme fixée à l'avance de manière forfaitaire* ». À défaut, « *l'employeur ne peut soutenir que la rémunération globale versée aux salariés comprenait l'indemnisation de la sujétion* » (Voir le chapitre XIV – Télétravail, L. 1 222-9 et s.).

À RETENIR

Les salaires, depuis la loi du 11 février 1950, sont fixés librement (DC du 11 juin 1963), leur montant résultant des dispositions de la convention collective ou du contrat de travail. Toutefois, la loi prévoit un salaire minimum horaire, au-dessous duquel aucun salarié ne doit être payé. D'autres dispositions légales visent notamment à assurer l'égalité des rémunérations entre les femmes et les hommes.

Salaire minimum interprofessionnel de croissance (SMIC)

Dans le prolongement du Protocole de Grenelle (27 mai 1968), le SMIC, mis en place par une loi du 2 janvier 1970, vise à assurer aux salariés dont les rémunérations sont les plus faibles (L. 3231-2) la garantie de leur pouvoir d'achat et une participation au développement économique de la Nation.

• Modalités de fixation

Le mode de détermination du montant du SMIC répond à un double objectif.

Maintien du pouvoir d'achat

Le SMIC est indexé sur l'évolution de l'indice mensuel des prix à la consommation des ménages urbains (série nationale). S'il s'avère que l'indice a augmenté d'au moins 2 %, par rapport à l'indice de référence du SMIC en vigueur, le SMIC est relevé dans la même proportion à compter du premier jour du mois suivant (L. 3231-4 et L. 3231-5).

Le nouveau montant du SMIC, qui résulte d'un simple calcul, est fixé par arrêté conjoint des ministres chargés du Travail, de l'Agriculture et de l'Économie. L'arrêté est publié au *Journal officiel* et mentionne aussi l'indice de référence.

Participation au développement économique

La revalorisation, selon l'évolution du coût de la vie, ne fait que maintenir le pouvoir d'achat des salariés payés au SMIC. Pour leur garantir une progression de leur pouvoir d'achat, comparable ou même supérieure à celle des autres salariés, il faut pouvoir aller au-delà. Chaque année, le gouvernement, après avoir consulté la commission nationale de la négociation collective (CNNC), fixe un nouveau taux du SMIC (L. 3231-6). Le nouveau taux est supérieur à celui qui résulterait de la seule indexation sur l'indice des prix. Il est fixé par décret et est publié au *Journal officiel* avec mention du nouvel indice de référence chaque année au 1er janvier.

L'accroissement annuel du pouvoir d'achat du SMIC ne peut être inférieur à la moitié de l'augmentation du pouvoir d'achat des salaires horaires moyens enregistrés par l'enquête trimestrielle du ministère du Travail (L. 3231-8).

En cours d'année, le gouvernement peut, après avis de la commission nationale de la négociation collective, donner un « coup de pouce » supplémentaire, en portant le SMIC à un niveau supérieur à celui qui résulte de l'indexation du SMIC sur l'indice des prix (L. 3231-10).

• Montant

Depuis le 1er janv. 2018, le ***SMIC brut est porté à 9,88 € par heure*** (décret n° 2017-1719 du 20 déc. 2017, *JO* du 21 déc.).

Pour un salarié employé à temps complet selon la durée légale (35 heures par semaine) pendant un mois (base 151,67 heures), le « SMIC mensuel brut » s'établit à 1 498,47 €.

• Bénéficiaires

Champ d'application des dispositions légales relatives au SMIC

Il est très vaste (L. 3231-1). La quasi-totalité du secteur privé est couverte, ainsi que les entreprises publiques dont le personnel n'est pas doté d'un statut. « *Sauf dans les cas où la loi en dispose autrement et quel que soit le mode de rémunération pratiqué, un salarié a droit à une rémunération au moins égale au salaire minimum de croissance pour le nombre d'heures qu'il a effectuées* » (Soc. 25 mai 2005, salarié distribuant des prospectus payé au rendement et dont l'activité ne s'inscrivait pas dans un horaire de travail contrôlable ; Soc. 25 juin 2007).

Travail à domicile

« *Est illicite la clause du contrat de travail subordonnant la rémunération (...) au règlement par le client de la commande qu'il a enregistrée* » (Soc. 10 mai 2007, concernant une télévendeuse).

Jeunes travailleurs

Des abattements sont prévus lorsque le salarié n'a pas 18 ans (20 % pour ceux qui ont moins de 17 ans, 10 % pour ceux qui ont entre 17 et 18 ans). Ces abattements ne sont plus applicables aussitôt que le jeune travailleur justifie de 6 mois de pratique professionnelle dans la branche d'activité dont il relève (D. 3231-3). La législation sur le SMIC n'est pas applicable aux apprentis.

Travailleurs handicapés

Le dispositif de réduction de salaire a été supprimé. Une aide compensatrice peut être attribuée à l'employeur.

• Éléments de rémunération à prendre en compte

Pour vérifier si le salarié perçoit effectivement un salaire au moins égal au SMIC, il convient d'identifier les sommes qui s'imputent sur son salaire et les autres. En effet, certains éléments doivent être exclus de l'assiette de détermination du SMIC au regard des objectifs d'assurer un minimum et, au-delà, une croissance du pouvoir d'achat.

Il doit être tenu compte des avantages en nature et des majorations diverses ayant le caractère de fait d'un complément de salaire. Mais doivent notamment être exclues les sommes versées au titre de remboursement de frais (Soc. 10 nov. 2004, Soc. 9 janv. 2001) et les majorations pour heures supplémentaires prévues par la loi et enfin la prime de transport (D. 3231-6).

JURISPRUDENCE

Selon la jurisprudence de la Cour de cassation et la doctrine administrative (circulaire du ministère du Travail du 29 juill. 1981), seuls les éléments qui correspondent à la rémunération de la prestation élémentaire de travail doivent être retenus pour vérifier si le SMIC est atteint (primes de rendement – Soc. 30 mars 1994 – ou de polyvalence ; Soc. 14 mai 1987). En revanche, doivent être exclus les éléments qui ne constituent pas la contrepartie directe du travail :

- les primes d'ancienneté et d'assiduité (Soc. 19 juin 1996, Soc. 23 avril 1997) ;
- les indemnités liées aux conditions de travail (pénibilité, rythme contraignant de travail, Soc. 29 mars 1995 ; insalubrité, majoration pour travail du dimanche ou des jours fériés, prime de « non-accident », Soc. 3 juill. 2001, etc.) ;

- une prime fondée sur les résultats financiers de l'entreprise et dépendant de facteurs sur lesquels les salariés n'avaient pas d'influence et susceptible d'être remise en cause (Crim. 5 nov. 1996 ; Soc. 2 avril 2003) ; une prime d'activité (Soc. 27 mai 1997) ;
- une « indemnité DOM », compensant la cherté de la vie (Soc. 4 mars 2003) ;• une prime versée en fin d'année (treizième mois ; Crim. 27 janv. 1987 ; Soc. 2 mars 1994, imputation possible le mois du versement) ;
- une rémunération du temps de pause (« *dès lors qu'il n'est pas contesté que pendant les pauses, les salariés n'étaient pas à la disposition de l'employeur de sorte que celles-ci ne constituaient pas du temps de travail effectif, les primes les rémunérant, qui ne sont pas la contrepartie du travail et dont la détermination dépend de facteurs généraux sur lesquels les salariés n'influent pas, sont exclues du salaire devant être comparé au SMIC* » (Soc. 13 juill. 2010, Compagnie des Fromages et Richesmonts) ;
- etc.

• Sanctions civiles et pénales

Civil

Si un employeur ne respecte pas le SMIC, une action en justice est possible devant le CPH. Le salarié peut obtenir l'alignement du salaire perçu sur le SMIC et des rappels de salaire et parfois des dommages-intérêts. L'existence et l'évaluation d'un préjudice relèvent du pouvoir souverain d'appréciation des juges du fond (Soc. 13 avr. 2016, sté RQS).

Pénal

Le fait de payer des salaires inférieurs au SMIC est puni d'une amende de 1 500 € pour chaque travailleur rémunéré dans des conditions illégales (amende portée à 3 000 € en cas de récidive). L'amende est appliquée autant de fois qu'il y a de salariés rémunérés dans des conditions illégales (R. 3233-1, R. 154-1 ; exemples : CA Paris, Ch. 1 des appels correctionnels, 29 mai 2012, SAS Carrefour hypermarchés, condamnation « *au paiement de 319 amendes contraventionnelles de 1 000 € chacune* » ; CA Versailles, ch. ap. correc., 17 mai 2010, SA Auchan et CA Versailles, ch. ap. correc., 17 mai 2010, SA Dagui, concernant la prise en compte des temps de pause dans le calcul du SMIC, pourvois des employeurs rejetés par Crim. 15 févr. 2011 ; cf. *supra*).

• Rémunération mensuelle minimale (RMM)

Le SMIC est un taux horaire. La rémunération mensuelle minimale (RMM) est égale au produit du montant du SMIC multiplié par le nombre d'heures correspondant à la durée légale du travail pour le mois considéré (L. 3232-1 et s.), soit 151,66 heures sur la base de 35 heures par semaine :

$\left(\frac{35 \times 52}{12}\right)$ Le SMIC se trouve ainsi mensualisé.

Un salarié en chômage partiel doit recevoir une rémunération (salaire pour le travail effectué et allocations) au moins égale à la rémunération mensuelle minimale (1 498,47€ à partir du 1er janv. 2018). C'est là l'intérêt pratique de cette notion.

• Minimum garanti (MG)

Le MG (L. 3231-12) varie seulement en fonction de l'indice des prix. Il est, de ce fait, bien inférieur au SMIC (3,57 € depuis le 1er janv. 2018).

Si certaines allocations ou rémunérations sont calculées par référence au SMIC (par exemple rémunération minimale de l'apprenti, rémunération maximale du salarié en congé de formation), d'autres allocations sont calculées par référence au MG (notamment pour l'évaluation des avantages en nature – dans la détermination du SMIC, il est parfois tenu compte des avantages en nature, D. 3231-6 : logement : évaluation par accord collectif ou à défaut 0,02 € par jour, un repas = 1 MG – sauf dans les HCR – D. 3231-13, D. 3231-10 et D. 3231-11).

Salaire conventionnel et contractuel

Au-delà de ce plancher légal, le salaire relève de la liberté contractuelle, entre partenaires sociaux, de branche et de l'entreprise, et entre les parties au contrat.

• Salaires conventionnels

Un des principaux objets de la négociation collective porte sur les salaires (voir Chap. XVIII), elle se déroule au niveau de la branche et de l'entreprise.

Négociation collective de branche

Elle détermine les salaires minimums conventionnels, qui doivent être respectés par toutes les entreprises assujetties à la convention collective. La négociation, lorsqu'elle couvre une branche d'activité, peut se dérouler dans un cadre national (textile, chimie, etc., Convention Collective Nationale), régional ou local (métallurgie, bâtiment). Outre les salaires, les conventions collectives déterminent en général, compte tenu des caractéristiques de la branche, ***diverses primes et indemnités*** (en déterminant leurs régimes : montants, conditions d'attribution, modalités de calcul). Les accords collectifs, notamment les avenants à la convention collective, quand ils ont fait l'objet d'un arrêté d'extension du ministre du Travail, sont obligatoires pour toutes les entreprises relevant du champ d'application de l'accord.

Catégories professionnelles. Dans tous les cas, les conventions collectives de branche distinguent des catégories professionnelles (ouvriers, employés, agents de maîtrise, techniciens, ingénieurs, cadres, etc.) et à l'intérieur plusieurs catégories d'emplois, chacune étant affectée d'un coefficient (selon l'accord conventionnel – national en général – sur les classifications).

La négociation de branche peut déterminer un nouveau salaire minimum correspondant au coefficient de base, avec répercussion sur les salaires minima des emplois classés à des coefficients plus élevés. Elle peut aussi prévoir une revalorisation en pourcentage des salaires effectifs.

Lorsque la négociation ne porte que sur les minima, les nouveaux barèmes peuvent être bien inférieurs aux salaires effectivement pratiqués dans les entreprises. Au contraire, un accord sur la revalorisation en pourcentage des salaires effectifs fait sentir ses effets dans toutes les entreprises assujetties à l'accord.

Rémunération garantie. Certains accords nationaux prévoient une rémunération annuelle ou mensuelle garantie. Des compléments seront versés aux salariés dont la rémunération est inférieure à ce minimum. L'objet est de revaloriser les salaires les plus bas.

JURISPRUDENCE

« *En l'absence de dispositions conventionnelles contraires, toutes les sommes versées en contrepartie du travail entrent dans le calcul de la rémunération à comparer avec le salaire minimum garanti* » (Soc. 7 avril 2010, Sté de transports en commun de Limoges, une prime de maintien du pouvoir d'achat peut être versée en contrepartie du travail). Par conséquent, en l'absence d'indication contraire de la convention collective applicable, les primes qui ne constituent pas une contrepartie directe du travail effectué ne peuvent être prises en compte pour vérifier l'application du salaire minimum conventionnel. Ainsi, quand les pauses ne sont pas considérées comme du temps de travail et que des primes de pauses sont versées sans contrepartie d'un travail, le paiement de ces temps ne doit pas être considéré comme un élément de salaire pour le calcul du salaire minimum conventionnel applicable au salarié (Soc. 2 juill. 2008 ; Soc. 9 nov. 2010, CCN Commerce de détail et de gros à prédominance alimentaire).

Les dispositions conventionnelles précisant les éléments exclus doivent être respectées :

– La CCN des bureaux d'études techniques prévoit que les primes et gratifications de caractère exceptionnel ne sont pas comprises pour le calcul des minima (art. 32, Soc. 8 juill. 2010).
– L'accord collectif national de la Caisse nationale des caisses d'épargne et de prévoyance prévoit que la rémunération brute annuelle, en dehors des sommes éventuellement versées au titre de la participation, de l'intéressement ou de la part variable de chaque salarié à temps complet, doit être au moins égale à la rémunération brute annuelle minimale du niveau de classification de l'emploi occupé ; par conséquent, comme « *les avantages individuels acquis et le complément de rémunération ne font pas partie, dans l'accord instituant une rémunération annuelle minimale conventionnelle, des éléments exclus de l'assiette de comparaison pour déterminer ladite rémunération* », ces éléments doivent être pris en compte pour l'appréciation du respect du salaire minimum conventionnel (Soc. 24 avril 2013, M. Alain X... et a., La Caisse d'épargne d'Auvergne et du Limousin, FS-PBRI).

Recommandation patronale. Dans le cas où un accord n'a pas été conclu, l'organisation patronale de la branche peut recommander à ses adhérents d'appliquer de nouveaux barèmes. Ces recommandations patronales, décisions unilatérales, sont en général suivies, voire obligatoires en vertu de dispositions conventionnelles, et la jurisprudence leur reconnaît, sous certaines conditions, un caractère impératif (Soc. 29 juin 1999). Au niveau interprofessionnel, l'ex-CNPF, devenu Medef, a mis fin à ses recommandations en 1995.

BARÈME ET SALAIRE MINIMUM – ETAM				
Position	Coefficient	Base fixe en euros	Valeur du point en euros	Salaire minimal brut en euros
1.3.1	220	858,80 €	2,96 €	1 510,00 €
1.3.2	230	843,50 €	2,91 €	1 512,80 €
1.4.1	240	843,50 €	2,91 €	1 541,90 €
1.4.2	250	843,50 €	2,91 €	1 571,00 €
2.1	275	850,50 €	2,91 €	1 650,75 €
2.2	310	850,50 €	2,91 €	1 752,60 €
2.3	355	850,50 €	2,91 €	1 883,55 €
3.1	400	855,80 €	2,91 €	2 019,80 €
3.2	450	855,80 €	2,91 €	2 165,30 €
3.3	500	855,80 €	2,91 €	2 310,80 €

BARÈME ET SALAIRE MINIMUM - SYNTEC 2017 - INGÉNIEURS ET CADRES			
Position	**Coefficient**	**Valeur du point en euros**	**Salaire minimal brut en euros**
1.1 (coef. 95)	95	20,51 €	1 948,45 €
1.2 (coef. 100)	100	20,51 €	2 051,00 €
2.1 (coef. 105)	105	20,51 €	2 153,55 €
2.1 (coef. 115)	115	20,51 €	2 358,65 €
2.2 (coef. 130)	130	20,51 €	2 666,30 €
2.3 (coef. 150)	150	20,51 €	3 076,50 €
3.1 (coef. 170)	170	20,43 €	3 473,10 €
3.2 (coef. 210)	210	20,43 €	4 290,30 €
3.3 (coef. 270)	270	20,43 €	5 516,10 €

Tableau n° 10 - Convention collective nationale des bureaux d'études techniques, des cabinets d'ingénieurs-conseils et des sociétés de conseils du 15 décembre 1987. Grille des salaires minima applicable au 1er juillet 2017 (en application de l'avenant n° 44 du 30 mars 2017, étendu par arrêté du 10 août 2017, JO du 11 août)

Négociation collective d'entreprise

Elle porte sur la rémunération et notamment les salaires effectifs (L. 2242-1-1°) et fixe, en principe, des barèmes de salaires égaux ou supérieurs à ceux déterminés par l'accord collectif de la branche ; à défaut, ce sont les minima de branche qui s'appliquent. Au niveau de l'entreprise ou de l'établissement, l'accord doit respecter les classifications et les salaires minima conventionnels ; cependant, des modalités dérogatoires peuvent être décidées sans que, toutefois, l'accroissement de la masse salariale ne puisse être inférieur au pourcentage décidé au niveau de la branche (cette possibilité de dérogation est très rarement utilisée).

Quand les négociations ont lieu à plusieurs niveaux, le barème salarial qui s'applique est celui qui résulte de l'accord local correspondant à l'établissement où est accompli le travail et ce quel que soit son degré d'autonomie par rapport à l'entreprise (Soc. 21 juill. 1993).

Sanctions civiles et pénales. Si un employeur ne respecte pas les barèmes conventionnels, des actions en justice sont possibles.

Civil. Le CPH, saisi par le salarié ou par un syndicat (action en substitution), est compétent pour les « litiges individuels » (rappels de salaire notamment).

Le TGI peut ordonner à l'employeur, à la demande des organisations syndicales représentatives de salariés, l'exécution forcée des dispositions conventionnelles.

Pénal. Si les barèmes résultent d'une convention collective étendue ou d'un avenant étendu, les infractions sont punies d'une peine d'amende de 750 €, prononcée autant de fois qu'il y a de salariés concernés (R. 2263-3).

Indexation. Les clauses d'indexation des salaires sur l'indice des prix sont illicites (ordonnance du 30 déc. 1958). Il est également interdit d'indexer l'évolution des salaires conventionnels en fonction du SMIC (L. 3231-3, Soc. 3 mai 1979).

• Salaires contractuels

Articulation des sources

Lorsque l'employeur est lié par les clauses d'une convention ou d'un accord, ces clauses s'appliquent aux contrats de travail conclus avec lui, sauf stipulations plus favorables (L. 2254-1). En vertu de la liberté contractuelle, l'employeur et le salarié peuvent définir dans le contrat de travail un salaire réel plus élevé que le minimum prévu par la convention collective de branche ou même l'accord d'entreprise.

Transparence

Tout salarié a le droit de connaître les bases de calcul de sa rémunération : « *Le salarié doit pouvoir vérifier que le calcul de sa rémunération a été effectué conformément aux modalités prévues par le contrat de travail* » (Soc. 18 juin 2008) ; l'employeur ne pouvant pas se prévaloir du secret des affaires pour refuser de « *communiquer l'ensemble des bases de calcul* » et permettre au salarié de « *vérifier la justesse de (sa) rémunération* ». En cas de contentieux, l'employeur doit fournir les éléments comptables servant à établir le salaire : « *Lorsque le calcul de la rémunération dépend d'éléments détenus par l'employeur, celui-ci est tenu de les produire en vue d'une discussion contradictoire* » (Soc. 24 sept. 2008, Sté Métro).

Égalité de rémunération

En matière d'égalité de rémunération, 2 régimes juridiques existent : d'une part, les règles d'égalité entre les femmes et les hommes (discrimination sexuelle), et par extension les règles de non-discrimination, et d'autre part, le principe d'égalité de rémunération entre tous les salariés (voir tableau *infra*). Cette distinction entre non-discrimination et égalité de traitement n'est pas toujours claire pour les acteurs (Soc. 17 avril 2008, Sté ESRF, discrimination en raison de la nationalité, non retenue, position contraire de la HALDE dans sa délibération du 22 oct. 2007 ; Soc. 18 janv. 2006) et aboutit parfois à des échecs du fait d'un choix erroné au regard des fondements juridiques de la demande (Soc. 14 janv. 2009, Mme Y c/ CERFAL ; Soc. 17 mars 2010, Mme V. c/ SA Index multimédia – les demandes des salariées, qui échouent sur le terrain de l'égalité de traitement, avaient une plus forte probabilité d'aboutir sur le terrain de la discrimination sexuelle).

• Deux régimes d'égalité de rémunération

	ÉGALITÉ (ÉGALITÉ DE TRAITEMENT AU SENS FRANÇAIS)	NON-DISCRIMINATION (ÉGALITÉ DE TRAITEMENT AU SENS EUROPÉEN – UE)
NATURE	Justice sociale	Droits de l'Homme
CHAMP D'APPLICATION	Tous les salariés	Les personnes visées par un critère
	Dans une **situation identique** actuelle	Dans une **situation comparable**, concrète (actuelle ou successive) ou hypothétique
	Rémunération et tout « avantage » Règles (travail temporaire ou CDD/CDI, TTP/temps complet, etc.) Principe « À travail égal, salaire égal »	Toutes les mesures (recrutement, affectation, formation professionnelle, promotion, etc.) et notamment la rémunération « À travail de valeur égale, salaire égal »
	Justification admise de l'inégalité (raisons objectives et pertinentes)	Justification possible uniquement pour la discrimination indirecte
RÉGIME DE LA PREUVE (CIVIL)	Aménagement de la charge de la preuve au bénéfice du salarié demandeur (art. 1315 C. civ. notamment al. 2)	Aménagement de la charge de la preuve au bénéfice de la personne (salarié) demandeur (Code du travail, L. 1134-1)
RÉPARATION SANCTION CIVILE	1) Réparation en nature : alignement du salaire sur le salaire plus élevé et rappel de salaire (prescription quinquennale) 2) et le cas échéant dommages-intérêts (notamment pour préjudice moral)	1) Réparation en nature : reclassification, etc., notamment alignement du salaire sur le salaire plus élevé, rappel de salaire (sans limitation de durée – réparation intégrale) 2) ou à défaut, dommages-intérêts et le cas échéant dommages-intérêts (notamment pour préjudice moral)
SANCTION PÉNALE	néant	Incrimination pour atteinte à l'égalité femmes-hommes ou pour discrimination
ACTION EN JUSTICE	Régime protecteur de l'action en justice	Protection des plaignants et des témoins
SOURCES	Droit interne Droit interne (Code du travail, L. 2261-22 et L. 2271-1)	Droit européen (Traité, directives de 2000 et de 2006) et Droit interne (Code du travail, dispositions sur la discrimination, notamment L. 3221-2)

• Égalité de rémunération entre les femmes et les hommes et règles de non-discrimination

À RETENIR

« Tout employeur assure, pour un même travail ou pour un travail de valeur égale, l'égalité de rémunération entre les femmes et les hommes » (L. 3221-2 ; art. 157 TFUE de Lisbonne – ancien art. 141 du Traité d'Amsterdam, directive de 1975 ; Convention n° 100 de l'OIT de 1950, ratifiée par la France, Traité de Versailles de 1919).

Travail de valeur égale (critères)

« Sont considérés comme ayant une valeur égale les travaux qui exigent des salariés un ensemble comparable de connaissances professionnelles consacrées par un titre, un diplôme ou une pratique professionnelle, de capacités découlant de l'expérience acquise, de responsabilités et de charge physique ou nerveuse » (L. 3221-4). Les emplois occupés dans une entreprise par les femmes et par les hommes étant rarement identiques, la notion de travail de « valeur égale » est essentielle. ***L'égalité de rémunération est à appliquer à des personnes qui effectuent un travail de valeur égale dans des fonctions différentes*** (Soc. 6 juill. 2010, PBR, Sté TMS c/ Mme B., la salariée était « *responsable des RH, du juridique et des services généraux* » et ses collègues masculins directeur commercial et directeur financier). En effet, il est nécessaire d'apprécier les compétences des femmes et des hommes selon une méthode objective, pertinente, et dénuée de discrimination et de tout stéréotype. Les choix des partenaires sociaux sont soumis au contrôle du juge ; les modalités de la négociation collective ne peuvent justifier une discrimination entre femmes et hommes (CJCE 28 oct. 1993, Pamela Enderby).

Les disparités de rémunération entre les établissements d'une même entreprise ne peuvent pas, pour un même travail ou pour un travail de valeur égale, être fondées sur l'appartenance des salariés de ces établissements à l'un ou à l'autre sexe (L. 3221-5).

Rémunération

La notion de rémunération est entendue au sens large (L. 3221-3). Sont à inclure dans la rémunération : les éléments de performance (bonus, commission, gratification, etc.), individuelle ou d'équipe, les avantages en nature (voiture, logement, mobile, etc.), les compléments de protection sociale, les gratifications en nature (voyages, cadeaux, etc.). Ainsi, une allocation pour frais de garde prévue par un accord collectif doit être accordée dans les mêmes conditions aux hommes qu'aux femmes (Soc. 8 oct. 1996). De même, dans les secteurs d'activité où est prévu un âge particulier de départ à la retraite, le statut ne saurait valablement fixer, sans justifier cette différence, un âge pour les femmes (40 ans) et un âge pour les hommes (45 ans), comme pour les danseurs de l'Opéra de Paris (Soc. 15 juin 1999).

La discrimination ne peut découler en principe que des pratiques à l'intérieur d'une entreprise et non pas de la comparaison entre entreprises (CJCE 13 janv. 2004).

Classifications

Les différents éléments composant la rémunération sont établis selon des normes identiques pour les femmes et pour les hommes. Les catégories et les critères de classification et de promotion professionnelles, ainsi que toutes les autres bases de calcul de la rémunération, notamment les modes d'évaluation des emplois, sont établis selon des règles qui assurent l'application du principe d'égalité de rémunération pour un travail égal ou de valeur égale (L. 3221-6 ; CJCE 1er juill. 1986, Mme G. Rummler ; voir Chap. XVIII).

Réparation intégrale

En cas de contentieux, au civil, le juge doit assurer la réparation intégrale du préjudice ; ainsi, il peut fixer ***une nouvelle rémunération et un nouveau coefficient-nouvelle qualification*** à la salariée pour qu'elle bénéficie effectivement de l'égalité de rémunération (L. 3221-7). Des salariées obtiennent l'alignement de leurs salaires sur ceux de leurs collègues masculins, ainsi que des rappels de salaire (Soc. 28 nov. 2000, FNMF, primes d'une analyste financière ; Soc. 19 déc. 2000, Pyrénées Labophoto, augmentation de coefficients et de salaires de techniciennes dans un laboratoire photo ; CA Montpellier, 25 mars 2003 et CPH Montpellier 5 avril 2005, Mme B. c/ IBM, revalorisation du coefficient, de la qualification et de la rémunération ; CPH Lyon, 20 juin 2008, Mme G. c/ SAS Bosch ; CPH Bordeaux, encadrement, départage, 16 oct. 2009, Union nationale des industries de carrières et matériaux ; CA Versailles, 8 janv. 2009, SA Hispano Suiza c/ Mme AB ; Soc. 6 juill. 2010, Sté TMS c/ Mme B. ; Soc. 4 juill. 2012, Mme Sylvie Y… c/ Sté SNECMA ; CA Paris, 16 juin 2015, Mme T. c/ RATP ; etc. ; Chap. V).

À LIRE

Michel Miné, *Droit des discriminations dans l'emploi et le travail*, 2016, Larcier.

JURISPRUDENCE

Dans une affaire, l'employeur est condamné pour discrimination (modification de la qualification, rappel de salaire – plus de 240 000 € – et dommages-intérêts), d'une part, « *pour perte de chance de promotion* » – la salariée s'était vu refuser une promotion « *en raison de la survenance d'un congé de maternité* » et d'autre part, en matière de rémunération – la salariée (embauchée en qualité de sténographe) percevait un niveau de rémunération inférieur à celui de ses collègues masculins occupant les mêmes fonctions, recrutés par la filière informatique, l'employeur n'établissant pas qu'ils « *apportent au sein de leur unité une plus grande performance dans le travail ou toute autre valeur ajoutée qui autoriserait une différence de traitement en défaveur de Mme X* » (Soc. 16 déc. 2008, AFPA c/ Mme Otelli).

Non-discrimination

Ces règles de non-discrimination en matière d'égalité entre les femmes et les hommes sont applicables pour tous les critères discriminatoires (par exemple, en matière de discrimination raciale : CPH Lyon, 20 juin 2008, 6 salariés de différentes origines nationales c/ SAS Bosch ; en matière de discrimination syndicale, Chap. XVII).

• Égalité de rémunération entre les salariés

Principe

La Cour de cassation a estimé que « *la règle de l'égalité de rémunération entre les hommes et les femmes était une application de la règle plus générale "à travail égal, salaire égal" énoncée par les articles L. 133-5-4° et L. 136-2-8° du Code du travail ; qu'il s'ensuit que l'employeur est tenu d'assurer l'égalité de rémunération entre tous les salariés de l'un et l'autre sexe, pour autant que les salariés en cause sont placés dans une situation identique* » (Soc. 29 oct. 1996, Mme Ponsolle c/ Sté Delzongle ; L. 2261-22 et L. 2271-1).

Champs d'application

De l'abondante et complexe jurisprudence en la matière, il ressort que cette règle s'applique ***aux salariés du même employeur placés dans une situation identique*** (« le cercle des égaux ») et effectuant un travail égal ou de valeur égale.

Cette règle d'égalité s'applique à tous les éléments de la rémunération, même aux augmentations individuelles au mérite (Soc. 28 sept. 2004). L'employeur peut accorder des avantages particuliers à certains salariés, à la condition que tous les salariés placés dans une situation identique puissent en bénéficier et que les règles déterminant l'octroi de cet avantage soient préalablement définies et contrôlables (Soc. 27 mars 2007).

Cette règle d'égalité de traitement appliquée en matière de rémunération s'est étendue à tous les avantages, salariaux et autres. Cependant, la jurisprudence peine parfois à définir précisément les contours du champ d'application de l'égalité de traitement (exemple : Soc. 10 oct. 2012, Sté Autoroutes du Sud de la France – les 2 décisions n'expliquent pas la différence de traitement imposée à des salariés exclus du bénéfice des heures supplémentaires et des avantages liés aux astreintes, se limitant à rappeler l'absence de droit acquis au paiement aux heures supplémentaires et à l'exécution d'astreintes).

Situation juridique identique

Dans de nombreux cas, la situation est regardée comme identique et les salariés doivent alors bénéficier de l'égalité de rémunération.

Ancienneté. Elle ne peut à elle seule justifier une différence de rémunération dès lors qu'elle donne lieu à l'allocation d'une prime distincte (Soc. 21 janv. 2009, BHV ; Soc. 8 juin 2011).

Date d'embauche. La date d'embauche ne peut pas à elle seule justifier une différence de traitement en matière de rémunération (Soc. 12 févr. 2008, en matière de dénonciation d'un engagement unilatéral).

Évaluation individualisée. Des comptes rendus d'entretien d'évaluation d'un salarié qui ne contiennent pas d'éléments objectifs et pertinents, mais comportent des données contradictoires, ne peuvent pas justifier une différence de rémunération défavorable (Soc. 20 févr. 2008).

Diplôme. Une différence de diplômes ne justifie pas, en principe, une différence de rémunération (Soc. 16 déc. 2008, Sté Fauchon, l'employeur devant établir que « *les diplômes obtenus par* [le salarié mieux rémunéré] *attestaient de connaissances particulières utiles à l'exercice de la fonction occupée, de sorte qu'ils justifiaient une différence de rémunération* »), sauf quand un diplôme est requis par la convention collective applicable (Soc. 10 nov. 2009).

Parcours professionnels. La situation ne peut plus être regardée comme différente entre des salariés au regard de leur « parcours professionnel spécifique », dès lors « *qu'aucun élément tenant à la formation, à la nature des fonctions exercées ou à l'ancienneté dans l'emploi ne distinguait les salariées qui se trouvaient dans une situation identique (...), l'avancement plus rapide de celles qui avaient été promues (...) n'était que la conséquence des modalités d'application du reclassement des emplois, défavorables aux salariées nommées dans ces fonctions avant l'entrée en vigueur du protocole (...)* » (Soc. 4 févr. 2009, CAF Paris, opérant un revirement de jurisprudence invalidant la solution retenue par Soc. 3 juill. 2006, CRAM-IF).

Contraintes budgétaires. Des « *contraintes budgétaires imposées par l'autorité de tutelle ne (constituent) pas une justification pertinente, ces impératifs financiers n'impliquant pas nécessairement une différence de traitement entre les salariés (...)* » (Soc. 4 févr. 2009, CNRSI-CANAM c/ 5 fédérations syndicales).

Public-privé. Pour les comparaisons public/privé, l'entreprise qui emploie à la fois des fonctionnaires et des agents de droit public et des salariés de droit privé peut justifier une différence de leur « rémunération de base », entre ces catégories de personnels dont « certains éléments sont calculés, en fonction pour les premiers de règles de droit public et, pour les seconds, de dispositions conventionnelles de droit privé ». En revanche, pour un complément de rémunération fixé par une décision de l'employeur, applicable à l'ensemble du personnel, « *venant rétribuer le niveau de la fonction et la maîtrise du poste* », le principe « à travail égal, salaire égal » doit s'appliquer (Cass. Ass. plén. 27 févr. 2009, La Poste c/ M. Paolinelli, un agent contractuel de droit privé doit bénéficier du même niveau annuel du « complément Poste » qu'un fonctionnaire effectuant le même travail).

Situation juridique différente

En revanche, dans de nombreux autres cas, la situation est regardée comme n'étant pas identique et les salariés ne peuvent bénéficier de l'égalité de rémunération, alors même qu'ils exercent parfois un même travail ou un travail de valeur égale.

Accord collectif compensant un préjudice. La situation juridique de salariés ayant subi la dénonciation d'un accord collectif est différente de celle des nouveaux embauchés, qui ne peuvent donc prétendre aux mêmes avantages (Soc. 11 juill. 2007). La date d'embauche peut justifier une différence de traitement quand un accord collectif compense un préjudice subi par des salariés déjà présents (Soc. 16 janv. 2007), notamment en ce qui concerne une indemnité liée à la RTT (Soc. 1er déc. 2007) ou au passage d'une rémunération au pourcentage à une rémunération fixe (Soc. 31 oct. 2006). Ainsi est justifiée une différence de traitement entre des salariés de 2 centres de tri, dans l'un les salariés travaillant entièrement de nuit, dans l'autre les salariés alternant travail diurne et nocturne, les premiers subissant donc une sujétion différente justifiant une différence de traitement en matière de durée du travail (Soc. 8 juin 2011, Sté La Poste).

Un principe est posé : « *Au regard du principe à travail égal, salaire égal, la seule circonstance que les salariés aient été engagés avant ou après l'entrée en vigueur d'un accord collectif ou d'un engagement unilatéral de l'employeur, ne saurait suffire à justifier des différences de traitement entre eux, pour autant que cet accord collectif ou cet engagement unilatéral n'a pas pour objet de compenser un préjudice subi par les salariés lors de son entrée en vigueur ; tel est le cas lorsque des salariés présents lors de la dénonciation d'un accord collectif, bénéficient d'un maintien partiel de leurs avantages individuels acquis destiné à compenser la perte de rémunération subie à l'occasion du passage d'une rémunération en pourcentage à une rémunération fixe* » (Soc. 24 sept. 2008, Sté Ritz hôtel Ltd).

Cependant, l'employeur peut harmoniser les situations des salariés « *nouveaux* » *avec celles des* « *anciens* ». Ainsi, « *le principe d'égalité de traitement ne s'oppose pas à ce que l'employeur fasse bénéficier, par engagement unilatéral, les salariés engagés postérieurement à la dénonciation d'un accord collectif d'avantages identiques à ceux dont bénéficient, au titre des avantages individuels acquis, les salariés engagés antérieurement à la dénonciation de l'accord* » (Soc. 24 avril 2013, M. Alain X. et a., La Caisse d'Épargne d'Auvergne et du Limousin, FS-PBRI, préc.) ; un salarié présent avant la dénonciation et bénéficiant du maintien d'un avantage ne peut donc exiger de bénéficier également du même avantage accordé par décision de l'employeur.

Établissements multiples. Une différence de rémunération entre des salariés de différents établissements d'une même entreprise effectuant un travail égal ou de valeur égale doit être justifiée. Deux situations sont possibles :

– En cas de décision unilatérale de l'employeur : « *une différence de traitement établie par engagement unilatéral ne peut être pratiquée entre des salariés relevant d'établissements différents et exerçant un travail égal ou de valeur égale, que si elle repose sur des raisons objectives, dont le juge doit contrôler la réalité et la pertinence* » (Soc. 14 sept. 2016, PBRI, Renault Douai). Dans cette affaire concernant des barèmes de rémunération « *la disparité du coût de la vie invoquée par l'employeur pour justifier la différence de traitement qu'il avait mise en place entre les salariés d'un établissement situé en Île-de-France et ceux d'un établissement de Douai était établie, (...) cette différence de traitement reposait sur une justification objective pertinente* ».

– En cas de négociation collective : des négociations collectives d'établissements peuvent aboutir à des différences ainsi justifiées (Soc. 27 oct. 1999, EDF). Et selon la nouvelle jurisprudence de la Cour de cassation (depuis 2015), de façon générale, les différences de traitement opérées par accord collectif sont présumées justifiées : « *Les différences de traitement entre des salariés appartenant à la même entreprise mais à des établissements distincts, opérées par voie d'accords d'entreprise négociés et signés par les organisations syndicales représentatives au sein de l'entreprise, investies de la défense des droits et intérêts des salariés de l'ensemble de cette entreprise et à l'habilitation desquelles ces derniers participent directement par leur vote, sont présumées justifiées de sorte qu'il appartient à celui qui les conteste de démontrer qu'elles sont étrangères à toute considération de nature professionnelle* » (Soc. 4 oct. 2017, PBRI, SAS Munksjö Stenay, concernant les conditions de rémunération du travail de nuit, du dimanche et des jours fériés ; Soc. 3 nov. 2016, sté Danone).

Avantages catégoriels. L'exigence d'égalité de traitement est de plus en plus souvent mobilisée. Cette exigence interroge les différences de traitement, très françaises, entre « cadres » et « non-cadres ». « *La seule différence de catégorie professionnelle ne saurait en elle-même justifier, pour l'attribution d'un avantage, une différence de traitement entre les salariés placés dans une situation identique au regard dudit avantage, cette différence devant reposer sur des raisons objectives dont le juge doit contrôler concrètement la réalité et la pertinence* » (Soc. 1er juill. 2009, SAS DHL Express, l'accord collectif prévoyait 30 jours de congés payés pour les cadres et seulement 25 pour les non-cadres, à l'issue d'une longue procédure, il est jugé qu'« *un système de rémunération tenant compte des contraintes particulières des cadres n'est pas exclusif de l'octroi d'un repos prenant en compte leur degré d'autonomie et de responsabilité* » et que « *les salariés cadres, avant et après l'accord collectif de 2006, étaient soumis à un degré élevé d'autonomie et à de fortes contraintes horaires impliquant une charge personnelle et, en particulier, nerveuse, qui leur était propre, nonobstant l'octroi de 10 jours de réduction du temps de travail par an après 2006* », Soc. 22 oct. 2014 ; pour une application en matière d'indemnités de rupture : CA Montpellier, 4 nov. 2009, le salarié non-cadre obtient les indemnités prévues pour les cadres – CCN Caves coopératives).

Ces différences de traitement entre catégories professionnelles prévues par accord collectif sont maintenant présumées justifiées (voir Chap. V, Égalité de traitement, depuis Soc. 27 janv. 2015, PBRI ; Soc. 8 juin 2016, PBRI, Crédit agricole mutuel de Normandie-Seine, à propos d'une indemnité de logement). En revanche, le juge vérifie l'absence de discrimination dans les accords collectifs (Soc. 17 janv. 2018, Crédit lyonnais).

UES. La situation est également différente au sein d'une UES, sauf en cas d'accord collectif commun ou de travail dans le même établissement (Soc. 1er juin 2005).

Invention des salariés

Est obligatoire l'octroi d'une rémunération supplémentaire au salarié auteur d'une invention de service. Les conditions d'attribution de cette rémunération sont déterminées par les accords collectifs ou le contrat individuel de travail. Les conventions collectives de branche susceptibles d'extension doivent, en tant que de besoin, comporter des dispositions sur les conditions dans lesquelles la rémunération doit être accordée (Com. 18 déc. 2007 ; L. 2261-22).

Si l'employeur n'est pas lié par une convention collective, c'est normalement le créateur ou l'auteur salarié qui est propriétaire des droits. Le contrat de travail n'emporte pas cession automatique de ces droits à l'entreprise. Les modalités financières de la cession se posent différemment selon que la création intervient dans le cadre des fonctions du salarié ou en dehors de celles-ci. Appartient à l'employeur l'invention réalisée par le salarié dans le cadre de l'exécution de son contrat de travail qui comporte une mission inventive (Soc. 21 sept. 2011, Sté Finaxo).

Les litiges portant sur cette rémunération sont soumis à la commission paritaire de conciliation siégeant auprès de l'Institut national de la propriété industrielle (INPI) et, le cas échéant, au juge (TGI, exemple : TGI Paris, 16 juin 2009, RATP, revalorisation de la rémunération perçue au bénéfice du salarié pour une invention hors mission ; CPH, exemple : Soc. 21 sept. 2011, préc.).

Paiement de la rémunération

• Périodicité

À RETENIR

Les salaires des salariés mensualisés doivent être payés au moins 1 fois par mois (L. 3242-1). La quasi-totalité des salariés étant mensualisés (ANI du 14 déc. 1977, loi du 19 janv. 1978), leur salaire est payé chaque mois. Un acompte correspondant, pour une quinzaine, à la moitié de la rémunération mensuelle, est versé au salarié qui en fait la demande.

L'employeur doit respecter chaque mois la même date (paiement le 30 du mois...) pour respecter le délai mensuel légal : « *Pour les salariés payés au mois, la date d'exigibilité du salaire correspond à la date habituelle du paiement des salaires en vigueur dans l'entreprise et concerne l'intégralité du salaire afférent au mois considéré* » (Soc. 14 nov. 2013, Ass. l'Avitarelle).

Les salariés ne bénéficiant pas de la mensualisation (salariés travaillant à domicile, saisonniers, intermittents et temporaires) sont payés au moins 2 fois par mois, à 16 jours au plus d'intervalle (L. 3242-3).

• Mensualisation

La rémunération des salariés est mensuelle et indépendante, pour un horaire de travail déterminé, du nombre de jours travaillés dans le mois. Pour un horaire hebdomadaire déterminé, le salaire mensuel ne varie pas d'un mois à l'autre : il est forfaitaire. Le paiement mensualisé neutralise les conséquences de la répartition inégale des jours entre les 12 mois de l'année. Pour un horaire équivalent à la durée légale hebdomadaire (35 heures), la rémunération mensuelle due au salarié se calcule en multipliant la rémunération horaire par les 52/12e de la durée légale hebdomadaire (L. 3242-1), 52 représentant le nombre de semaines dans l'année et 12 le nombre de mois :

52/12 x 35 = 151,66 x taux horaire = salaire mensuel (mensualisé) (151,67 heures pour tenir compte des années bissextiles).

Sont ainsi neutralisées les conséquences de la variation du nombre de jours travaillés d'un mois à l'autre (forfaitisation à 4,33 semaines par mois). Cependant, la mensualisation n'exclut pas les divers modes de calcul du salaire aux pièces, à la prime ou au rendement (L. 3242-2).

• Modalités

Le paiement doit être réalisé par chèque ou par virement à un compte bancaire ou postal, lorsque le montant du salaire excède 1 500 € par mois (L. 3241-1). En dessous de ce montant, le salaire est payé en espèces au salarié qui le demande.

Bulletin de paie

Lors du paiement de la rémunération, l'employeur doit remettre au salarié une pièce justificative : le bulletin de paie (L. 3243-2), qui peut désormais être remis sous forme électronique « sauf opposition du salarié » si les conditions garantissent l'intégrité, la disponibilité et la confidentialité des données. À défaut d'avoir remis le bulletin de paie au salarié, l'employeur doit le lui faire parvenir par tout moyen (Soc. 19 mai 1998).

La délivrance d'un bulletin de paie n'a pas de valeur probatoire et, en cas de contestation, l'employeur doit prouver le paiement du salaire (Soc. 2 févr. 1999).

EN PRATIQUE

De nombreuses indications doivent figurer sur le bulletin de paie (R. 3243-1) :

- le nom et l'adresse de l'employeur ainsi que, le cas échéant, la désignation de l'établissement dont dépend le salarié ;
- la référence de l'organisme auquel l'employeur verse les cotisations de Sécurité sociale, le numéro sous lequel ces cotisations sont versées et, le cas échéant, le numéro de la nomenclature des activités économiques caractérisant l'activité de l'entreprise ou de l'établissement (Code APE) ;
- s'il y a lieu, *l'intitulé de la convention collective de branche applicable* au salarié ou, à défaut, la référence au Code du travail pour les dispositions relatives à la durée des congés payés et à la durée du préavis en cas de rupture du contrat ;
- le nom et l'emploi du salarié ;
- sa *position dans la classification conventionnelle* (position notamment définie par le niveau ou le coefficient hiérarchique qui lui est attribué) ;
- *la période et le nombre d'heures de travail* auxquels se rapporte le salaire en distinguant, s'il y a lieu, les heures payées au taux normal et celles comportant une majoration pour heures supplémentaires ou pour toute autre cause (travail de nuit, du dimanche ou des jours fériés, etc.) et en mentionnant le(s) ou taux appliqué(s) aux heures correspondantes, la nature et le volume du forfait (hebdomadaire, mensuel ou annuel en heures ou en jours) ;
- l'identification de la nature de la base de calcul du salaire lorsque, par exception, cette base n'est pas la durée du travail ;
- la nature et le montant des accessoires de salaire soumis aux cotisations salariales et patronales ;
- le montant de la rémunération brute du salarié ;
- la nature et le montant de tous les ajouts et retenues réalisés sur la rémunération brute ;
- le montant de la somme effectivement reçue par le salarié ;
- la date de paiement de cette somme.
- les dates de congé et le montant de l'indemnité correspondante, lorsqu'une période de congé annuel est comprise dans la période de paie considérée.

Le bulletin de paie ou un récapitulatif annuel remis au salarié doit mentionner la nature, le montant et le taux des cotisations et des contributions patronales d'origine législative, réglementaire ou conventionnelle assises sur la rémunération brute.

Le bulletin de paie doit comporter en caractères apparents une mention incitant le salarié à le conserver sans limitation de durée. Il ne doit comporter aucune trace de l'exercice du droit de grève ou d'une activité représentative des salariés. Dans ce dernier cas, l'employeur doit fournir une fiche annexée au bulletin de paie ayant la même valeur juridique que celui-ci et récapitulant le montant et la nature de la rémunération des heures de délégation (Soc. 18 févr. 2004).

Les mentions portées sur le bulletin de paie n'ont qu'une valeur informative et ne valent que simple présomption ; en cas de contestation, il revient à l'employeur d'apporter la preuve contraire (Soc. 7 mai 2008). Ainsi, « *la date d'ancienneté figurant dans le bulletin de paie vaut présomption de reprise d'ancienneté sauf à l'employeur à rapporter la preuve contraire* » (Soc. 21 sept. 2011).

L'employeur doit conserver pendant 5 ans un double des bulletins de paie (L. 3243-4), qui doivent pouvoir être présentés à tout moment aux agents de contrôle ; en cas de remise de bulletins de paie par voie électronique, l'employeur doit en conserver un double dans un coffre-fort électronique pendant la même durée.

L'acceptation sans protestation ni réserve d'un bulletin de paie par le travailleur ne peut valoir, de la part de celui-ci, renonciation au paiement de tout ou partie du salaire et des indemnités ou accessoires de salaire qui lui sont dus en vertu de la loi, du règlement, d'une convention collective ou d'un contrat (L. 3243-3).

Contentieux

Des réclamations ultérieures du salarié sont donc toujours possibles, s'il estime avoir été lésé. Le salarié peut saisir le CPH, mais ***l'action en paiement du salaire se prescrit par 3 ans*** : « L'action en paiement ou en répétition du salaire se prescrit par trois ans à compter du jour où celui qui l'exerce a connu ou aurait dû connaître les faits lui permettant de l'exercer. La demande peut porter sur les sommes dues au titre des trois dernières années à compter de ce jour ou, lorsque le contrat de travail est rompu, sur les sommes dues au titre des trois années précédant la rupture du contrat. » (L. 3245-1). Au-delà de cette durée, elle n'est donc plus admise. Cette règle s'applique à toutes les sommes afférentes au salaire (Soc. 13 janv. 2004) et ne court qu'à compter de la date d'exigibilité de chacune des fractions de la somme réclamée (Soc. 26 janv. 2005). Un aménagement conventionnel réduisant cette durée n'est pas admis.

Un bulletin de paie inexact, par exemple ne reflétant pas la réalité des heures de travail effectuées par le salarié, peut entraîner une condamnation de l'employeur au titre de ***travail dissimulé***, mais seulement s'il est établi que l'employeur a agi intentionnellement (Soc. 4 mars 2003). L'employeur coupable de telles pratiques peut en outre être condamné à verser au salarié concerné, en cas de rupture de la relation de travail, une indemnité forfaitaire égale à 6 mois de salaire. Cette indemnité ne peut toutefois se cumuler avec les indemnités légales ou conventionnelles (Soc. 15 oct. 2002).

Protection de la rémunération

Les dispositions légales en la matière visent à protéger le salarié contre l'employeur, contre ses propres créanciers et contre les créanciers de son employeur.

• Retenues pour compensation et absence

Il s'agit de protéger le salarié contre l'employeur.

Compensation

L'employeur qui a avancé une somme en espèces au salarié, peut, lorsqu'il verse le salaire, se rembourser au moyen de retenues successives dont aucune ne doit dépasser le dixième du montant du salaire (L. 3251-3).

L'employeur peut avoir mis à la disposition du salarié diverses fournitures. La compensation est dans ce cas exclue (L. 3251-1), sauf lorsqu'il s'agit d'outils et d'instruments nécessaires au travail, de matières ou matériaux dont le salarié a la charge et l'usage ou de sommes avancées pour l'acquisition de ces objets (L. 3251-2) ; mais même dans ce cas, la responsabilité pécuniaire du salarié à l'égard de son employeur ne peut résulter que de sa faute lourde (Soc. 20 avril 2005 ; *supra* Chap. VI). Les retenues sur salaire pour erreur constituent des sanctions pécuniaires illégales.

Ces dispositions n'excluent pas le versement d'acomptes sur le salaire du mois en cours, par définition récupérables (L. 3251-3). Elles ne concernent pas non plus les retenues concernant la protection sociale (Soc. 25 févr. 1997), ni les retenues pour absence du salarié.

Il est interdit à l'employeur, sous réserve des dispositions de l'article 1240 du Code civil, d'imposer aux salariés des versements d'argent ou d'opérer des retenues d'argent sous la dénomination de frais ou sous toute autre dénomination pour quelque objet que ce soit, à l'occasion de l'exercice normal de leur travail dans plusieurs secteurs (hôtels, cafés, restaurants ; entreprises de spectacles, cercles et casinos ; entreprises de transport ; L. 3251- 4).

Les frais professionnels engagés par le salarié sont supportés par l'employeur ; la clause du contrat qui met à la charge du salarié les frais engagés par lui pour les besoins de son activité professionnelle est réputée non écrite (Soc. 25 mars 2010, Sté Nch France).

Contraventions au Code de la route

« *Le conducteur d'un véhicule est responsable pénalement des infractions commises par lui dans la conduite dudit véhicule* » (C. Route, art. L. 121-1, al. 1). Ainsi, le salarié, quand il est le conducteur ayant commis l'infraction, supporte, en principe, la responsabilité du paiement des amendes.

« *Toutefois, lorsque le conducteur a agi en qualité de préposé, le tribunal pourra, compte tenu des circonstances de fait et des conditions de travail de l'intéressé, décider que le paiement des amendes de police prononcées en vertu du présent Code sera, en totalité ou en partie, à la charge du commettant si celui-ci a été cité à l'audience* » (al. 2 ; Crim. 11 juill. 1978). Ces exigences peuvent être considérées comme réunies *« chaque fois qu'à un titre quelconque, le comportement de l'employeur a pu influer sur la commission de la contravention par le préposé : tel serait le cas, par exemple, du refus de priorité commis par un chauffeur salarié ayant pour instruction d'effectuer une livraison dans un délai trop strictement limité, de la faute de conduite imputable à un préposé fatigué par un trajet trop long imposé par son patron, etc.* » (Rép. min., AN 19 avril 1968). En matière de prévention, le risque routier doit être mieux pris en compte par les entreprises. La charge de travail imposée par l'entreprise au salarié ne doit pas l'inciter ou l'obliger à ne pas respecter les règles du Code de la route (repos minimums, vitesse, etc.).

Quand le salarié conduisant un véhicule de l'entreprise (personne morale) et auteur d'une infraction au Code de la route n'était pas nominativement identifié lors du constat de l'infraction (constat d'un excès de vitesse par un appareil de contrôle automatique, etc.), l'employeur devra indiquer aux services de police l'identité du salarié concerné (L. 121-6), dans le délai de 45 jours à compter de l'envoi ou de la remise à l'employeur de l'avis de contravention (adressé au représentant légal de l'entreprise titulaire du certificat d'immatriculation). S'il ne communique pas cette information, l'employeur pourra être poursuivi et condamné pénalement (jusqu'à 750 euros d'amende par infraction).

Absence

En cas d'absence, la retenue opérée doit être égale, pour chaque heure d'absence, au quotient du salaire mensuel par le nombre d'heures de travail réel, dans l'entreprise, pour le mois considéré (exemple : pour un salaire de 1 500 € brut mensuel, le nombre d'heures réellement effectué étant de 154 heures au cours du mois concerné, pour une durée d'absence de 3 heures au cours de ce mois, le montant de la retenue = 1 500 €/154 heures × 3). Pour une même durée d'absence, le montant de la retenue peut être différent d'un mois sur l'autre (l'employeur ne doit pas effectuer de retenue forfaitaire en se basant sur la durée du travail mensualisée, par exemple sur 151,67 heures pour un temps complet à 35 heures hebdomadaires).

• Saisies et cessions

Il s'agit de protéger le salarié contre ses propres créanciers. Le créancier d'un salarié peut engager devant le TI une procédure de saisie-arrêt des salaires du débiteur. Si le juge autorise la saisie-arrêt, l'employeur sera tenu de prélever sur le salaire du débiteur le montant des sommes retenues et les adresser au greffe du tribunal. Les dispositions de la loi visent à empêcher que le salarié ne se trouve complètement démuni et à préserver une fraction insaisissable. Des dispositions identiques existent en cas de cession (volontaire) par le salarié, à l'un de ses créanciers, de cette créance que représente le salaire.

Seule une fraction du salaire est saisissable ou cessible. Cette fraction est calculée à partir du salaire annuel net, divisé en tranches.

EN PRATIQUE

La proportion dans laquelle les sommes dues à titre de rémunération (y compris les accessoires et avantages en nature, après déduction des cotisations et contributions sociales obligatoires) sont saisissables ou cessibles est fixée comme suit (L. 3252-1 et s., R. 3252-2 et décret du 29/12/2017) – tranche annuelle sans personne à charge à partir du 1er janvier 2018 :

- Le vingtième, sur la tranche inférieure ou égale à 3 760 €;
- Le dixième, sur la tranche supérieure à 3 760 € et inférieure ou égale à 7 340 €;
- Le cinquième, sur la tranche supérieure à 7 340 € et inférieure ou égale à 10 940 € ;
- Le quart, sur la tranche supérieure à 10 940 € et inférieure ou égale à 14 530 € ;
- Le tiers, sur la tranche supérieure à 14 530 € et inférieure ou égale à 18 110 € ;
- Les deux tiers, sur la tranche supérieure à 18 110 € et inférieure ou égale à 21 760 € ;
- La totalité, sur la tranche supérieure à 21 760 €.

Ces seuils sont augmentés d'un montant de 1 440 € par personne à la charge du débiteur saisi ou du cédant, sur justification présentée par l'intéressé (R. 3252-3).

Une somme égale au montant mensuel du RSA de base (545,48 € pour une personne seule) doit rester absolument insaisissable.

Le titulaire d'un compte bancaire faisant l'objet d'une saisie conserve de plein droit à disposition une somme égale au montant précité du RSA (L. 3252-3).

Concernant les ***pensions alimentaires***, depuis le 1er avril 2016, afin d'améliorer la situation des personnes qui élèvent seules leurs enfants à la suite d'une séparation ou d'un divorce, un mécanisme de renforcement des garanties contre les impayés de pensions alimentaires est prévu afin d'autoriser l'organisme débiteur des prestations familiales à procéder au prélèvement direct du terme mensuel courant des 24 derniers mois impayés de la pension alimentaire (C-pr-Exec, art. L. 213-4 al. 4).

• Sauvegarde, redressement judiciaire ou liquidation

Il s'agit de protéger le salarié contre les créanciers de son employeur.

Super-privilège

Il fait passer les salariés avant tous les autres créanciers. Il couvre (L. 3253-8) les rémunérations de toute nature, dues aux salariés et apprentis, pour les ***60 derniers jours de travail*** ou d'apprentissage. Les rémunérations visées comprennent, ***dans la limite d'un plafond égal à 2 fois le plafond retenu par mois pour le calcul des cotisations de Sécurité sociale*** (L. 3253-2), les salaires et les accessoires de salaires et l'indemnité compensatrice du préavis. L'indemnité de congés payés est également couverte dans la limite du même plafond mensuel (L. 3253-4). Les rémunérations, déterminées dans ces conditions, doivent être versées par l'administrateur, mais elles pourront ne couvrir qu'une partie des sommes dues à chaque salarié (elles ne concernent que les 60 derniers jours et sont plafonnées).

AGS

De plus, l'administrateur ne trouvera pas nécessairement dans l'entreprise les fonds nécessaires à ce paiement. L'assurance de garantie des salaires (AGS) (L. 3253-6) couvre les sommes dues aux salariés à la date du jugement d'ouverture et aussi dans diverses circonstances assimilées. S'il s'agit de l'indemnisation du licenciement résultant de dispositions conventionnelles, celles-ci ne sont prises en compte que si elles sont antérieures d'au moins 18 mois à la date du jugement d'ouverture. Les créances résultant de la rupture du contrat de travail sont constituées notamment par les salaires, indemnités de licenciement, de congés payés, et indemnités propres aux CDD et aux contrats de travail temporaire, auxquelles s'ajoutent les sommes dues au titre de la participation et de l'intéressement, ainsi que d'une transaction (Soc. 3 avril 2001), bien qu'elles ne soient pas des salaires.

Les sommes versées par l'AGS à un salarié ne peuvent toutefois dépasser, toutes créances confondues, un montant maximum (L. 3253-17, D. 3253-5), selon 3 plafonds différents :

– Le plafond normal est fixé à 6 fois le plafond mensuel pour le calcul des contributions au régime d'assurance chômage.
– Ce montant est fixé à 5 fois ce plafond lorsque le contrat de travail dont résulte la créance a été conclu moins de 2 ans et 6 mois au moins avant la date du jugement d'ouverture de la procédure collective.
– Le montant est fixé à 4 fois ce plafond si le contrat a été conclu moins de 6 mois avant la date du jugement d'ouverture.

Ces éléments s'apprécient à la date à laquelle est due la créance du salarié et, au plus tard, à la date du jugement arrêtant le plan ou prononçant la liquidation.

Si l'administrateur ne trouve pas dans l'entreprise les fonds nécessaires pour payer les créances couvertes par le super-privilège, elles seront payées par l'Assédic dans les 15 jours suivant le jugement déclaratif. Les autres sommes dues aux salariés leur seront payées dans les 3 mois suivant le jugement déclaratif, dans la limite du plafond précité. Si les fonds deviennent ultérieurement disponibles, du fait de la liquidation des biens, ils serviront au remboursement des Assédic qui sont subrogées dans les droits des salariés. L'AGS verse les sommes dues au représentant des salariés, qui les reverse immédiatement aux salariés intéressés.

Tout employeur ayant la qualité de commerçant, d'artisan ou de personne morale de droit privé occupant un ou plusieurs salariés doit adhérer à l'AGS (L. 3253-6). La cotisation, exclusivement à la charge de l'employeur, a été fixée depuis le 1er juillet 2006 à 0,15 % du salaire dans la limite de 4 fois le plafond de la Sécurité sociale, soit le même que pour l'assurance chômage.

Liquidation judiciaire

Dans ce cas, une période de garantie des créances salariales d'une durée de 15 jours est prévue à l'issue de la période de maintien provisoire d'activité, lorsque celle-ci n'a pas abouti à l'arrêté d'un plan de cession (L. 3253-8, ordonnance du 18 déc. 2008).

Employeur à l'étranger

Le salarié est également protégé contre l'insolvabilité de son employeur établi dans un autre État de l'UE (directive « codifiée » du 22 oct. 2008 relative à la protection des travailleurs salariés en cas d'insolvabilité de l'employeur ; directive du 23 sept. 2002, loi du 30 janv. 2008, L. 3253-18-1 ; Règlement CE n° 1346/2000 du 29 mai 2000, Soc. 14 oct. 2009, M. Sissoko et a. c/ Sté Isotech GMBH et a.).

Dividendes du travail

À RETENIR

Ces dispositions visent à permettre aux salariés de participer financièrement aux bénéfices réalisés par l'entreprise ; ce sont des éléments de motivation et de fidélisation des salariés. Ils bénéficient d'un régime social (cotisations) et fiscal avantageux. Les sommes perçues ne constituent pas une rémunération et ne peuvent pas s'y substituer.

La DIRECCTE dispose d'un délai de 4 mois, à compter du dépôt d'un accord d'intéressement ou de participation ou d'un règlement d'un plan d'épargne salarial pour demander, après consultation de l'Urssaf, le retrait ou la modification de dispositions illicites (L. 444-11).

Tout salarié reçoit, lors de la conclusion de son contrat de travail (CDI, CDD, etc.), un livret d'épargne salarial présentant l'ensemble des dispositifs proposés par l'entreprise (L. 444-5-I).

Plusieurs dispositifs existent :

* Intéressement
* Participation aux résultats de l'entreprise
* Plans d'épargne salariale

QUATRIÈME PARTIE

RELATIONS COLLECTIVES DE TRAVAIL

La législation organise les relations collectives de travail : les relations qui mettent en présence l'employeur ou des organisations d'employeurs et de salariés en tant que collectifs (organisés en syndicats, représentés par des élus du personnel, réunis en groupes d'expression, etc.). Cependant, la loi devient subsidiaire sur de nombreux points et renvoie aux accords d'entreprise la responsabilité de déterminer des règles applicables concernant les relations sociales au sein de chaque entreprise.

La loi détermine les conditions dans lesquelles les syndicats peuvent être créés et définit leurs attributions, en reconnaissant des prérogatives aux syndicats « représentatifs ». Ainsi, le droit façonne le mouvement syndical et celui-ci cherche à modifier le droit en vigueur (chapitre XVII).

Les organisations d'employeurs et les organisations syndicales de salariés au niveau national interprofessionnel et dans chaque branche d'activité négocient et concluent des conventions collectives, une des sources essentielles du droit du travail. Au niveau de l'entreprise, l'employeur, dans les entreprises « organisées » (dotées d'une ou plusieurs sections syndicales), doit négocier sur de nombreux thèmes avec les syndicats de l'entreprise.

La législation organise partiellement la négociation collective de branche, d'entreprise et de groupe, en déterminant les acteurs, la matière et les modalités de la négociation, ainsi que les effets de l'accord une fois conclu (chapitre XVIII).

Dès que l'effectif de l'entreprise dépasse un certain seuil, les salariés peuvent élire des représentants du personnel lors des élections professionnelles (chapitre XIX).

Le Comité social et économique (CSÉ) va progressivement remplacer les actuelles/anciennes institutions représentatives du personnel (DP, CE, CHSCT). Les délégués du personnel (chapitre XX), le comité d'entreprise (chapitre XXI) et le comité d'hygiène, de sécurité et des conditions de travail (chapitre XXII) sont provisoirement maintenus. La fusion ne se fait pas à droit constant ; le fonctionnement concret de cette nouvelle Institution Représentative du Personnel dépendra largement des accords collectifs conclus dans chaque entreprise et des décisions de l'employeur (chapitre XXIII). Ce CSÉ peut être transformé en conseil d'entreprise aux prérogatives élargies.

Les représentants des travailleurs bénéficient d'un statut protecteur contre le licenciement (chapitre XXIV).

Les relations collectives de travail peuvent prendre la forme de conflits collectifs. La législation et surtout la jurisprudence déterminent le régime juridique de la grève (chapitre XXV).

CHAPITRE XVII

DROIT SYNDICAL

À RETENIR

La loi fixe le statut juridique des syndicats, mais pas leur organisation ni leur mode de fonctionnement. Sont ainsi définis leur objet, leurs modalités de création, le régime de la liberté syndicale, leur capacité civile, avec leurs moyens d'action notamment en justice, des prérogatives étant réservées aux organisations syndicales les plus représentatives.

Objet

• Principes

Principe de spécialité

Les syndicats professionnels ont exclusivement pour objet l'étude et la défense des droits ainsi que des intérêts matériels et moraux, tant collectifs qu'individuels, des personnes mentionnées dans leurs statuts (L. 2131-1). Le syndicat, qu'il s'agisse d'un syndicat de salariés ou d'employeurs, existe donc uniquement en vue de la défense de ces droits et de ces intérêts (la violation de ces règles est sanctionnée pénalement, L. 2135-1). C'est le principe de spécialité.

Activité commerciale

Toute activité commerciale lui est interdite. Une organisation dont « *l'activité de l'organisation consistait exclusivement à proposer des services rémunérés d'assistance et de conseil juridique* » n'a pas, au regard de ses statuts et de ses objectifs, un objet conforme aux exigences légales (Soc. 15 nov. 2012, SAP).

Activité politique

Les syndicats ne devraient pas non plus avoir d'activité politique, mais la défense des droits et des intérêts professionnels les conduit souvent à prendre position à l'égard de partis politiques ou de décisions gouvernementales.

L'effet pratique du texte précité est de permettre, par exemple, de dire qu'une organisation (exemple : Force nationale Transports en commun) ne peut être reconnue comme syndicat professionnel car ne pouvant apporter aucune preuve de son indépendance à l'égard d'un parti politique (par exemple le Front National). C'est ce principe qui a été appliqué pour juger illégaux FN-police et FN-pénitentiaire (« *un syndicat... ne peut poursuivre des objectifs essentiellement politiques ni agir contrairement aux règles de non-discrimination* », Ch. mixte 10 avril 1998). C'est également sur cet article que s'est fondée la jurisprudence pour interdire les communications à caractère exclusivement politique affichées dans l'entreprise par les délégués du personnel ou les délégués syndicaux.

• Financement

Ressources propres

Les organisations professionnelles d'employeurs et de salariés sont en premier lieu financées par leurs ressources propres. Cependant, la faiblesse des effectifs syndicaux ne permet pas le financement par le seul canal des cotisations. D'autres sources ont donc été mises en place.

Ressources publiques

Au niveau national existent différentes formes indirectes de financement public des syndicats, par exemple pour leurs actions de formation économique et sociale.

Au niveau territorial interprofessionnel, les communes, les départements et les régions peuvent attribuer des subventions de fonctionnement aux structures locales des organisations syndicales (L. 2251-3-1, L. 3231-3-1 et L. 4253-5 du Code général des collectivités territoriales). Les collectivités territoriales ou leurs groupements peuvent mettre des locaux à la disposition des organisations syndicales (L. 1311-18 Cgct).

Ressources du paritarisme

Pour assurer un « financement mutualisé des organisations syndicales de salariés et des organisations professionnelles d'employeurs » est prévu « un fonds paritaire, chargé d'une mission de service public, apportant une contribution au financement des organisations syndicales de salariés et des organisations professionnelles d'employeurs, au titre de leur participation à la conception, à la mise en œuvre, à l'évaluation ou au suivi d'activités concourant au développement et à l'exercice des missions » d'intérêt général (L. 2135-9 et s.) (« La conception, la gestion, l'animation et l'évaluation des politiques menées paritairement », « La participation des organisations syndicales de salariés et des organisations professionnelles d'employeurs à la conception, à la mise en œuvre et au suivi des politiques publiques relevant de la compétence de l'État », « La formation économique, sociale et syndicale des salariés appelés à exercer des fonctions syndicales ou des adhérents à une organisation syndicale de salariés amenés à intervenir en faveur des salariés », etc. – L. 2135-11). Ce fonds est créé par un accord conclu entre les organisations représentatives des salariés et des employeurs au niveau national et interprofessionnel. Cet accord détermine l'organisation et le fonctionnement du fonds. L'accord est soumis à l'agrément du ministre du Travail.

Les ressources du fonds paritaire (L. 2135-10) sont notamment constituées par une contribution des employeurs (D. 2135-34) et une subvention de l'État.

EN PRATIQUE

Des accords professionnels avaient déjà été conclus dans cette perspective :
- Un accord interprofessionnel du 12 décembre 2001 relatif au développement du dialogue social dans le secteur des métiers a été signé par l'UPA et les 5 organisations syndicales de salariés (étendu le 25 avril 2002 – CE 30 juin 2003, Soc. 4 décembre 2007).
- Au niveau de la branche de l'artisanat dans le bâtiment, un accord a été conclu entre l'organisation d'employeurs (CAPEB) et toutes les organisations syndicales de salariés, le 25 janv. 1994 (avenant du 20 octobre 2003 – Soc. 10 oct. 2007 ; accord étendu par arrêté du 24 oct. 2008). Un accord du 24 avril 2003 concerne les métiers de service et production de 25 secteurs (étendu) ; un accord concerne le secteur de l'entretien des textiles (étendu).

Ressources au niveau de l'entreprise

Le mode de financement classique des syndicats reste la collecte des cotisations des syndiqués. Cependant, le financement des syndicats par l'employeur est également admis. Mais le principe d'égalité, de valeur constitutionnelle ne permet pas à un employeur de subventionner un syndicat représentatif et non un autre, selon qu'il a signé ou non une convention ou un accord collectif (Soc. 29 mai 2001).

Comptabilité et transparence

Les syndicats professionnels et leurs unions et les associations de salariés ou d'employeurs régies par la loi du 1er juillet 1901 (association) sont tenus d'établir des comptes annuels, à compter de l'exercice comptable 2009 (L. 2135-1). Les comptes sont arrêtés par l'organe chargé de la direction et approuvés par l'assemblée générale des adhérents ou par un organe collégial de contrôle désigné par les statuts (L. 2135-4). Les syndicats professionnels, unions et associations, de salariés ou d'employeurs, tenus d'établir des comptes, assurent la publicité de leurs comptes (L. 2135-5). Les syndicats professionnels, unions et associations d'employeurs ou de salariés dont les ressources dépassent un seuil réglementaire sont tenus de nommer au moins un commissaire aux comptes (L. 2135-6).

Fraude

Au niveau des branches professionnelles, l'« affaire de l'UIMM », concernant les sources de financement en amont et en aval de l'organisation patronale de la métallurgie, a confirmé la nécessité d'une réforme du financement des organisations d'employeurs et des organisations syndicales de salariés (condamnation de l'ancien dirigeant de la fédération de la métallurgie à 2 ans de prison avec sursis et à une amende de 100 000 €, notamment pour abus de confiance, etc., et condamnation de l'UIMM - CA Paris 1er déc. 2015).

Mise à disposition de salariés

Une convention collective ou un accord collectif de branche étendu ou un accord d'entreprise détermine les conditions dans lesquelles il peut être procédé à une mise à disposition de salariés auprès d'organisations syndicales ou d'associations d'employeurs (L. 2135-8). Avec son accord exprès et dans les conditions prévues par l'accord collectif, un salarié peut être mis à disposition d'une organisation syndicale de salariés ou d'une association d'employeurs. Pendant cette mise à disposition, les obligations de l'employeur à l'égard du salarié sont maintenues. Le salarié, à l'expiration de sa mise à disposition, retrouve son précédent emploi ou un emploi similaire assorti d'une rémunération au moins équivalente (L. 2135-7).

Le financement des syndicats par le biais de détachements fictifs de syndicalistes constitue un abus de biens sociaux dont sont pénalement responsables les dirigeants de l'entreprise (C. com., art. L. 242-6-3 ; Crim. 14 nov. 2007).

Création

• Constitution

Les syndicats peuvent se constituer librement (L. 2131-2). C'est l'aspect collectif de la liberté syndicale. Aucune autorisation administrative, aucun agrément n'est requis. En outre, les formalités à remplir sont réduites au minimum. Les fondateurs de tout syndicat professionnel doivent déposer les ***statuts*** et les noms de ceux qui, à un titre quelconque, sont chargés de l'administration ou de la direction (L. 2131-3). Ce dépôt doit avoir lieu à la mairie de la localité où le syndicat est établi (R. 2131-1, le renouvellement des statuts en cas de changement de la direction constitue une formalité dont l'absence n'a pas d'influence sur la recevabilité d'une action intentée par le syndicat – Soc. 11 mai 2004 ; « *peu importe que (les formalités de dépôt) aient été accomplies à l'occasion d'une modification de ses statuts* », Soc. 7 juill. 2010, SUD).

« *Selon l'article 2 de la Convention n° 87 de l'OIT ratifiée par la France et relative à la liberté syndicale et à la protection du droit syndical, les travailleurs et les employeurs, sans distinction d'aucune sorte, ont le droit de constituer des organisations de leur choix et, selon l'article 5, ces organisations ont le droit de former d'autres groupements* » (Soc. 13 janv. 2009, SMPF).

EN PRATIQUE

Pour pouvoir être chargé de l'administration ou de la direction d'un syndicat, il faut satisfaire des conditions (L. 2131-5) :
- être membre du syndicat ;
- jouir de ses droits civiques ;
- n'être l'objet d'aucune interdiction, déchéance ou incapacité relative à ses droits civiques.

Il en va de même pour les adhérents étrangers de 18 ans au moins.

• Adhérents

Un syndicat ne peut être créé que si, au départ, quelques travailleurs en décident ainsi, arrêtent des statuts et désignent ceux d'entre eux qui, en application des statuts, seront appelés à exercer un rôle de direction du syndicat. Il faut ensuite procéder aux formalités nécessaires.

Les statuts déterminent les salariés qui pourront faire partie du syndicat. Certains syndicats regroupent les travailleurs d'une grande entreprise (exemple : syndicat Sud des travailleurs de l'entreprise France Telecom). Des syndicats d'une région ou d'une profession se regroupent en union de syndicats : la vocation des syndicats s'étend à une circonscription territoriale (exemple : Union régionale interprofessionnelle des syndicats CFDT d'Alsace) et aussi parfois à une activité déterminée dans une circonscription territoriale (exemple : Union syndicale CGT du commerce de la Haute-Garonne), comme cela ressort du nom qu'il se donne (le syndicat regroupera alors des salariés travaillant dans diverses entreprises d'un secteur d'activité et du département).

Les adhérents d'un syndicat exercent une même profession ou des professions similaires (boulangers, pâtissiers) ou concourant à un même produit (travailleurs du livre, de l'automobile) (L. 2131-2). Peuvent également continuer à faire partie d'un syndicat ou adhérer au syndicat de leur choix les personnes qui ont cessé l'exercice de leurs fonctions ou de leur profession (L. 2141-2).

Les statuts prévoient aussi le paiement par les adhérents d'une cotisation mensuelle. Dans la pratique, le paiement des cotisations n'est pas toujours régulier. Le précompte des cotisations syndicales sur les salaires, effectué par l'employeur pour le compte du syndicat, qui existe dans d'autres pays (Suède, etc.) est interdit par la loi (L. 2141-6) et n'est pas souhaité par les syndicats qui y verraient une ingérence de l'employeur dans leurs affaires et qui utilisent la perception des cotisations comme une occasion de contact avec les adhérents, même si le prélèvement automatique se développe. Les statuts prévoient les cas où un adhérent peut être exclu du syndicat.

• Instances du syndicat

Les statuts prévoient la composition, les conditions de fonctionnement et les attributions des diverses instances du syndicat. À la base, l'assemblée générale (congrès) est compétente pour modifier les statuts et élire les membres des organes de direction du syndicat (conseil syndical, commission exécutive, bureau syndical, comprenant notamment un secrétaire et un trésorier, qui assure la gestion permanente du syndicat).

Un syndicat qui vient de se constituer adhère en général à une ***confédération*** et cette adhésion est souvent prévue dans les statuts. Elle entraîne que le syndicat devient membre d'une structure professionnelle (***fédération*** correspondant à son secteur d'activité) mais aussi géographique (***union*** locale, départementale, régionale). La fédération nationale couvre une profession au niveau national et les unions (régionales, départementales et locales) sont interprofessionnelles. Cette structuration exprime la double solidarité, professionnelle et géographique, du syndicalisme salarié indépendant.

• Unions de syndicats

Les syndicats professionnels régulièrement constitués peuvent se concerter pour l'étude et la défense de leurs intérêts matériels et moraux. Les unions de syndicats font connaître le nom et le siège social des syndicats qui les composent – l'omission ne prive pas l'union de son existence juridique et de sa jouissance des droits syndicaux notamment pour désigner un délégué syndical (Soc. 28 févr. 2007). Leurs statuts déterminent les règles selon lesquelles les syndicats adhérents à l'union sont représentés dans le conseil d'administration et dans les assemblées générales. Les unions de syndicats jouissent de tous les droits conférés aux syndicats professionnels (L. 2133-1 et s.).

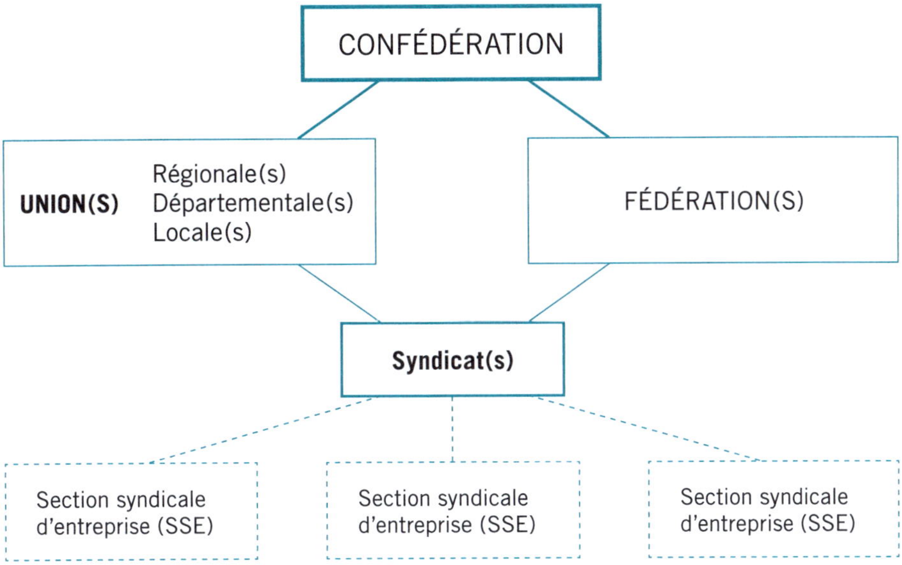

Graphique n° 8 – Organigramme général des confédérations syndicales de salariés

Liberté syndicale

Tout homme peut défendre ses droits et ses intérêts par l'action syndicale et adhérer au syndicat de son choix (préambule de la Constitution de 1946). Ce principe de la liberté syndicale se trouve solennellement confirmé au niveau international (Convention n° 87 de l'OIT) et européen (CESDH, art. 11 ; Charte sociale européenne). La liberté syndicale, avec le droit de grève, est le propre des démocraties authentiques.

À RETENIR

La liberté syndicale repose sur 3 règles :
- chacun est libre d'adhérer au syndicat de son choix ;
- chacun est libre de se retirer du syndicat ;
- nul n'est tenu d'adhérer à un syndicat.

« ***Tout salarié peut librement adhérer au syndicat professionnel de son choix*** *et ne peut être écarté pour l'un des motifs* » discriminatoires (L. 2141-1), quels que soient son sexe, son âge, sa nationalité, sa religion ou ses convictions, son handicap, son orientation sexuelle, son appartenance, vraie ou supposée, à une ethnie, une nation ou une race, etc. Cependant, un syndicat peut expulser un de ses membres militant actif dans une organisation politique défendant des idées contraires à celles du syndicat (CEDH 27 févr. 2007, ASLEF c/ Royaume-Uni). Cette règle exprime 2 idées distinctes : ***le droit pour chacun d'adhérer à un syndicat et le droit d'adhérer au syndicat de son choix.***

Il ne suffit pas de reconnaître solennellement ce droit. Encore faut-il que celui qui l'exerce ne soit pas pénalisé, en faisant l'objet d'une discrimination de la part de l'employeur.

Le droit d'adhérer au syndicat de son choix renvoie à un trait marqué du mouvement ouvrier français : le pluralisme syndical. Dans ce contexte, le salarié effectue un choix (entre CGT, CFDT, CGT-FO, CGC, CFTC, etc.). C'est ce choix personnel que la Constitution protège. Dans d'autres pays ayant d'autres traditions syndicales, pays anglo-saxons notamment, choisir un syndicat est un choix non pas individuel, mais collectif : dans une entreprise, les salariés voteront pour décider s'ils veulent être représentés par tel syndicat et le syndicat ainsi choisi à la majorité représentera tous les salariés et sera seul à les représenter. Ce pluralisme existe fortement, également, pour les organisations d'employeurs dans de nombreuses branches.

Chacun est libre de se retirer d'un syndicat à tout moment (Civ. 22 juin 1892). Cette règle découle de la conception française de la liberté syndicale qui privilégie la liberté individuelle. Ainsi, tout membre d'un syndicat professionnel peut s'en retirer à tout instant, même en présence d'une clause contraire. Le syndicat peut réclamer la cotisation afférente aux 6 mois qui suivent le retrait d'adhésion (L. 2141-3).

Nul n'est tenu d'adhérer à un syndicat. Tout homme « peut » défendre ses droits et intérêts par l'action syndicale. Le droit français condamne le syndicalisme obligatoire (qui existe dans certains pays démocratiques) et l'adhésion au syndicat reste facultative. Il s'agit de la liberté syndicale négative. Dans certains pays (notamment anglo-saxons, avec des nuances), il est fréquent qu'un travailleur, pour se faire embaucher dans une entreprise, doive d'abord s'inscrire au syndicat. Cette pratique dite du *closed shop* s'est instituée en France dans certains secteurs (imprimerie notamment, avec le syndicat du Livre CGT). Elle est visée et condamnée : tout accord ou disposition tendant à obliger l'employeur à n'embaucher ou à ne conserver à son service que les adhérents du syndicat propriétaire de la marque ou du label est nul (L. 2135-2).

Capacité civile

Les syndicats jouissent de la personnalité civile (L. 2132-1). La responsabilité civile des syndicats peut être engagée, ainsi que leur responsabilité pénale de personne morale.

• Capacité d'acquérir

Les syndicats ont le droit d'acquérir sans autorisation des biens meubles et immeubles. Les immeubles et objets mobiliers nécessaires à leurs réunions, à leurs bibliothèques et à leurs cours d'instruction professionnelle sont insaisissables (L. 2132-4).

• Capacité de négocier et de contracter

Les organisations de salariés, constituées en syndicats professionnels, sont seules admises à négocier les conventions et accords collectifs de travail (L. 2132-2). La négociation des conventions collectives constitue l'un des aspects majeurs de cette capacité de contracter (voir chapitre XVIII). Par ailleurs, un syndicat, s'il emploie du personnel, conclut avec les membres du personnel des contrats de travail de droit commun.

• Droit d'ester en justice

Les syndicats professionnels ont le droit d'agir en justice (L. 2132-3). Cette « action judiciaire syndicale » peut s'exercer dans plusieurs situations et selon différentes modalités. Il en est ainsi, suivant les statuts du syndicat, par un membre désigné par ses statuts (Soc. 16 avril 2008, le secrétaire général), un titulaire d'un mandat exprès (Crim. 3 avril 1997), une personne habilitée par l'assemblée générale (Soc. 16 janv. 2008), un organisme justifiant d'une ratification par l'assemblée (Soc. 5 mars 2008) ou par une union de syndicats (Soc. 18 déc. 2000).

Défense des intérêts propres du syndicat

Le syndicat, comme toute personne morale, peut décider d'agir en justice pour défendre ses intérêts patrimoniaux et extrapatrimoniaux. Les droits propres peuvent être ceux que reconnaît aux syndicats la législation en matière d'élection aux institutions représentatives, de désignation de délégués syndicaux, de protection de ses conseillers prud'homaux (Soc. 3 oct. 2007), etc.

Défense des intérêts collectifs de la profession

Les syndicats peuvent, devant toutes les juridictions, exercer tous les droits réservés à la partie civile relativement aux faits portant un préjudice direct ou indirect à l'intérêt collectif de la profession qu'ils représentent (L. 2132-2). Souvent dans ces actions, le syndicat veut obtenir une décision « faisant jurisprudence », dans un secteur d'activité, à partir d'une situation particulière.

La défense des intérêts de la profession doit être distinguée de la défense de l'intérêt général (prérogative du ministère public) – une action du syndicat sur ce terrain n'est pas recevable –, et de la défense des intérêts individuels. Ainsi, un syndicat ne peut pas mener toute action en justice.

Droit pénal. Les syndicats peuvent se constituer « partie civile » devant les juridictions pénales et obtenir des dommages-intérêts (Crim. 29 oct. 1996), lorsque l'employeur commet une infraction (Code pénal, voir notamment les accidents du travail et les maladies professionnelles – exemple en matière de harcèlement moral ayant abouti à un suicide : Crim. 5 févr. 2013, M. Edward X. et M. Christian I., « *les agissements poursuivis, en ce qu'ils ont eu pour effet de porter atteinte, à l'occasion de la réorganisation de la société Euronext Paris, aux conditions d'emploi et à la santé au travail d'un salarié de cette entreprise, ont nécessairement porté atteinte aux intérêts collectifs de la profession* » ; Code du travail). Il est en effet dans l'intérêt collectif de la profession que le droit du travail soit correctement appliqué. Le syndicat peut saisir le juge répressif selon les règles de droit commun (constitution de partie civile sur le PV d'un inspecteur du travail ; plainte avec constitution de partie civile ; citation directe).

Droit administratif. Les syndicats peuvent agir devant le juge administratif pour faire annuler une décision administrative, par exemple devant le TA pour faire annuler une décision d'autorisation de licenciement d'un délégué syndical prise par l'inspecteur du travail ; ou devant le Conseil d'État pour faire annuler un arrêté ministériel d'extension d'une convention collective.

Droit civil. Les syndicats peuvent agir en « intervention volontaire ». Ils sont alors « partie intervenante » devant les juridictions civiles (CPH notamment).

JURISPRUDENCE

Un syndicat peut, au nom de l'intérêt collectif de la profession, saisir le juge (TGI) pour :

- Qu'il ordonne à l'employeur l'application de dispositions légales, par exemple réunir, informer et consulter les IRP, notamment le CE (Soc. 24 juin 2008). Mais il ne peut pas demander la communication de documents que seul le CE a vocation à recevoir (Soc. 11 sept. 2012) ou demander le versement de la subvention de fonctionnement au CE (Soc. 26 sept. 2012).
- Qu'il soit fait défense à l'employeur de ne pas respecter les dispositions légales, par exemple de recourir à des CDD en dehors du cadre légal (cependant, l'action au nom de l'intérêt collectif de la profession « *ne permet pas de demander au profit des salariés l'octroi d'avantages individuels* », Soc. 28 oct. 1998).

Droit civil en matière d'accords collectifs. La défense en justice des intérêts collectifs de la profession concerne notamment les accords collectifs.

Exécution forcée des accords collectifs : le syndicat, lié par une convention ou un accord (signataire du texte conventionnel), peut intenter en son nom propre toute action visant à obtenir l'exécution des engagements contractés et, le cas échéant, des dommages-intérêts contre les autres organisations ou groupements (organisations d'employeurs signataires), leurs propres membres ou toute personne liée par la convention ou l'accord (L. 2262-11 et L. 2262-12 ; TGI Thionville 3 mars 1998, Unimétal).

Le syndicat non signataire peut obtenir l'application d'une convention collective :
- étendue dans une entreprise relevant de son champ d'application (Soc. 12 juin 2001, Eurodisney c/ CGT spectacle ; Soc. 18 févr. 2003) ;
- et même non étendue (Soc. 3 mai 2007, Syndicat de la métallurgie de la Loire CFDT, « *les syndicats professionnels sont recevables à demander (...) l'exécution d'une convention ou d'un accord collectif de travail, même non étendu, son inapplication causant nécessairement un préjudice à l'intérêt collectif de la profession* »).

Dans ces cas, c'est le TGI qui est saisi par l'organisation syndicale.

Quand le syndicat n'est pas signataire de l'accord collectif, le syndicat peut agir « à la place » et « pour le compte » de ses membres ou aux côtés de ses membres :

– Le syndicat dont les membres sont liés par une convention ou un accord peut exercer toutes les actions en justice qui en résultent en faveur d'un de ses membres, sans avoir à justifier d'un mandat de l'intéressé, pourvu que celui-ci ait été averti et n'ait pas déclaré s'y opposer, l'intéressé pouvant toujours intervenir à l'instance engagée par l'organisation ou le groupement. Cette action est destinée à faire valoir les droits individuels résultant de la convention applicable à l'entreprise. Il s'agit d'une action individuelle, portée devant le CPH, exercée par le syndicat. Ici le salarié n'intente aucune action, ***le syndicat se substitue*** à lui (L. 2262-9). Ainsi le syndicat « *peut (...) obtenir la condamnation de l'employeur au paiement des sommes dues aux adhérents en application d'une convention ou d'un accord collectif* » (Soc. 12 janv. 1994).

– Lorsqu'une action née de la convention ou de l'accord est intentée soit par une personne, soit par une organisation ou un groupement, le syndicat, dont les membres sont liés par la convention ou l'accord, peut toujours intervenir à l'instance engagée, à raison de l'intérêt collectif que la solution du litige peut présenter pour ses membres (L. 2262-10 ; Soc. 14 févr. 2001, Moulinex). C'est le salarié qui intente lui-même l'action et ***le syndicat est partie intervenante*** à ses côtés.

	ACCORD D'ENTREPRISE	ACCORD DE BRANCHE NON ÉTENDU	ACCORD DE BRANCHE ÉTENDU	TOUS TYPES D'ACCORDS
Qui peut agir ?	Syndicat signataire ou non signataire	Syndicat signataire ou non signataire	Syndicat signataire ou non signataire	Syndicat non signataire si l'accord s'applique à certains de ses adhérents
Quand ?	En cas de carence de l'employeur dans l'application d'une convention collective ou d'un accord collectif			
Effets ?	Exécution par l'employeur des engagements contractés et versement de dommages-intérêts à l'organisation syndicale			Obtenir l'application d'une clause conventionnelle au bénéfice des salariés
Où ?	TGI (ou CPH avec action en substitution)			CPH (action en substitution)
Fondements ?	L. 2262-11 du CT (syndicat signataire) Soc. 3 mars 1998, Sté SollacTGI Thionville,13 nov. 1998, Unimétal L. 2132-3 du CT (syndicat non signataire) Soc. 3 mai 2007	L. 2262-11 du CT (syndicat signataire) Soc. 04 juin2002 L.2132-3 du CT (syndicat non signataire) Soc. 3 mai 2007	L.2132-3 du CT (syndicat non signataire) Soc. 12 juin 2001, Eurodisney	L. 2262-9 du CT Soc. 14 févr. 2001, Moulinex

Tableau n° 11 – Action syndicale pour faire appliquer un accord dans l'entreprise « l'action en exécution »

Annulation (partielle ou totale) d'accords collectifs : sur le fondement des textes en matière d'action judiciaire générale (L. 2132-2), le syndicat peut saisir le TGI pour faire annuler les clauses illicites d'un accord collectif (l'annulation d'un accord collectif national de branche, même étendu par arrêté ministériel – Soc. 30 mars 2011 SNPA et SORAP contre Fédération CGT des personnels des sociétés d'études, annulation d'un accord collectif national concernant l'animation commerciale : « *La convention litigieuse avait pour finalité de permettre le recours au contrat d'intervention à durée déterminée pour des salariés occupant déjà dans l'entreprise des emplois liés à son activité normale et permanente* » dans le cadre de CDI).

	DÉNONCIATION (DANS L'ENTREPRISE)	ANNULATION (ACTION EN JUSTICE)
Qui peut agir ?	Un ou des syndicat(s) signataire(s)	Un syndicat non signataire (syndicat d'entreprise ou encore union locale ou départementale, fédération)
Quand ?	À tout moment	Condition : il s'agit d'un accord illicite (négociation déloyale, clause ou effet illicite)(1) [dans un délai : « 2 mois »]
Où ?	Lettre à tous les autres signataires et dépôts légaux	TGI
Effets ?	Ouverture de négociation dans un délai de 3 mois	Accord annulé (en partie ou en totalité)
Fondement ?	L. 2261-10 du CT	L. 2132-3 du CT et L. 2262-14 TGI Paris 28 juin 1987, UIMM TGI Besançon 7 janv. 1997, Sté Weber TGI Paris 28 juin 1999, Sagem CA Paris 16 mai 2000, AFB TGI Nanterre 12 oct. 2001, OTIS (jurisprudence abondante)

(1) Par exemple :
** Négociation de l'accord (amont) : conditions de négociation discriminatoires, défaut de remise par l'employeur des informations pertinentes ou défaut de réponse motivée aux questions des négociateurs syndicaux, etc.*
** Contenu de l'accord : dérogation (à la loi ou à un accord collectif) ne s'appuyant sur aucune base légale, clauses de l'accord ne correspondant pas aux termes du préambule, absence de clause exigée (par la loi ou par un accord collectif applicable), etc.*
** Mise en œuvre de l'accord (aval) : accord ayant des effets illicites dans sa mise en œuvre (dégradation de la santé, discrimination indirecte entre femmes et hommes, etc.).*

Tableau n° 12 – Action syndicale pour s'opposer à l'application d'un accord collectif d'entreprise

Défense des intérêts individuels de salariés

Cette défense se fait par ***l'action en substitution***. Dans certains cas, les syndicats représentatifs peuvent agir en justice en faveur d'un salarié (ou d'un candidat à un emploi ou à un stage), sans avoir à justifier d'un mandat de l'intéressé, à condition que celui-ci ait été averti par écrit et ne s'y soit pas opposé dans un délai de 15 jours à compter de la date à laquelle le syndicat lui a notifié son intention d'agir, l'intéressé pouvant toujours intervenir à l'instance.

Ce pouvoir est destiné à favoriser l'accès à l'action en justice pour des personnes en situation vulnérable. Il s'agit de personnes discriminées (L. 1134-2), femmes (ou hommes) discriminées (L. 1144-2), salariés en CDD (L. 1247-1), intérimaires, licenciées pour motif économique, travailleurs à domicile, étrangers « sans papiers », salariés de groupement d'employeurs, salariés détachés (L. 1265-1) ou encore salariés en cas de prêt de main-d'œuvre illicite. En cas de harcèlement, l'accord explicite de la personne est nécessaire.

De manière générale, le syndicat peut assurer la défense du salarié (par le biais d'un défenseur syndical) ou assister le salarié, notamment devant le CPH. Le syndicat peut également se constituer partie intervenante devant le juge civil, ou partie civile devant le juge pénal.

Des associations peuvent se substituer à des personnes (exemple : personnes handicapées, L. 1134-3), sous réserve de justifier d'un accord écrit de l'intéressé.

Actions européennes

Les organisations syndicales mènent aussi des actions en justice au niveau supranational, par exemple, calcul des effectifs et application des directives (partie intervenante devant la CJCE 18 janv. 2007) ; volumineux dossier des temps d'équivalence imposés aux salariés (partie intervenante devant la CEDH 9 janv. 2007, 2 arrêts : Arnollin et autres et Aubert et autres) ; réclamation collective (concernant les temps d'astreinte et les forfaits jours devant le CEDS du Conseil de l'Europe, Décisions du 23 juin 2010, publiées le 14 janv. 2011), ou encore droit de la concurrence. Cependant, ce droit d'agir en justice devant la CJUE fait l'objet de restrictions.

La loi ne fait pas de différence, lorsqu'elle définit ces possibilités d'action judiciaire, entre organisations d'employeurs et syndicats de salariés, mais, dans la pratique, ce sont surtout les syndicats de salariés qui mobilisent le droit en justice. En particulier, l'action fondée sur l'intérêt collectif de la profession permet aux syndicats de faire respecter par les employeurs des règles légales, comme celles relatives au fonctionnement des institutions représentatives et au droit syndical dans l'entreprise, au recours aux contrats précaires. Des organisations d'employeurs interviennent également (exemple : pour faire respecter l'interdiction d'emploi de salariés le dimanche et d'ouverture des magasins).

Objectifs de l'action en justice

L'action judiciaire syndicale peut poursuivre plusieurs objectifs.

Tout d'abord, il s'agit de ***faire trancher un litige par le juge***, tiers au conflit entre l'employeur et le syndicat, pour obtenir le respect d'un droit légal ou conventionnel.

Par ailleurs, cela permet d'***utiliser la perspective d'une action en justice comme un élément du « rapport de force social »*** pour amener l'employeur à négocier et à conclure, le but étant davantage de parvenir à un accord dans l'entreprise qu'à une décision de justice.

Enfin, obtenir ***une jurisprudence entérinant une interprétation du droit favorable aux salariés***. Ainsi, les arrêts Perrier de 1974, qui ont interdit la résolution judiciaire du contrat de travail d'un représentant du personnel à l'initiative de l'employeur, ont été préparés par une série de décisions des tribunaux répressifs condamnant les employeurs qui avaient adopté ce procédé, pour délit d'entrave au fonctionnement des institutions représentatives.

Représentativité

La représentativité désigne la capacité juridique à représenter des personnes (salariés ou employeurs), en vue de défendre leurs droits et leurs intérêts.

• Historique

Le traité de Versailles (1919), qui a créé l'OIT, a prévu que les délégués des employeurs et des travailleurs à la Conférence internationale du travail sont désignés par les États membres de l'organisation en accord avec les organisations syndicales les plus représentatives. La notion est ainsi apparue d'abord dans le droit international.

Cette notion a été retenue par le droit français pour la première fois en 1936 : la loi du 24 juin 1936 sur les conventions collectives a conféré un statut particulier aux conventions collectives conclues par les organisations syndicales les plus représentatives d'employeurs et de salariés. La loi de 1968 permet aux syndicats représentatifs de désigner un délégué syndical. Celle de 1982 autorise les syndicats représentatifs à présenter des candidats au premier tour des élections professionnelles.

• Situation

La législation en vigueur fait de nombreuses références à ces organisations, auxquelles elle reconnaît certaines prérogatives.

Niveau national interprofessionnel

Les représentants des employeurs et des travailleurs à la Commission nationale de la négociation collective (CNNC) et au Conseil d'orientation des conditions de travail (COCT) sont nommés par le ministre du Travail sur proposition des organisations syndicales d'employeurs et de travailleurs les plus représentatives au plan national. De même, ces organisations ont des sièges au Conseil économique, social et environnemental (CESE), dans les conseils d'administration des caisses de Sécurité sociale et dans de nombreuses autres instances.

Niveau des branches d'activité

Les conventions collectives « ordinaires » sont conclues entre, d'une part, les organisations patronales de la branche et, d'autre part, les organisations syndicales représentatives des travailleurs de la branche considérée. Pour qu'une convention collective soit susceptible d'extension, il faut qu'elle ait été conclue entre des organisations d'employeurs et des organisations syndicales de salariés représentatives dans la branche. Dans ce cas, la représentativité est exigée des 2 parties (CE 30 juin 2003). Si la convention collective est régionale ou locale, la représentativité est appréciée dans le cadre de la région ou de la localité, mais toujours dans la branche considérée.

Niveau de l'entreprise

Seuls les syndicats de salariés représentatifs ont le droit de désigner des délégués syndicaux, et, en principe, de négocier et de conclure une convention ou un accord collectif d'entreprise.

• Justification

La notion de représentativité se justifie par l'extension des attributions reconnues aux organisations syndicales, aux divers niveaux. Il n'a pas semblé que ces attributions nouvelles pouvaient être conférées sans distinction à tout syndicat. La création d'un syndicat s'effectue en France avec un minimum de formalités et ce libéralisme permet la coexistence, du côté des travailleurs en particulier, mais aussi des employeurs suivant les branches, de nombreux syndicats se faisant concurrence. Certains d'entre eux n'auront que quelques adhérents. D'autres seront peut-être soupçonnés d'avoir été créés à l'instigation et avec l'aide d'employeurs. La notion de représentativité a pour fonction d'opérer une sélection et de ne reconnaître certains droits qu'aux organisations syndicales dignes de tenir lieu de porte-parole authentiques des travailleurs. Cette sélection tempère le pluralisme syndical et évite un trop grand émiettement.

• Critères de la représentativité

Reprenant des dispositions de la Position commune du 9 avril 2008 (signée par le Medef et la CGPME et par la CGT et la CFDT), qui opère une réforme intense et ambitieuse de la représentativité syndicale salariée, la loi de « rénovation de la démocratie sociale » du 20 août 2008 prévoit de nouvelles dispositions (L. 2121-1) :

À RETENIR

« La représentativité des organisations syndicales est déterminée d'après les critères cumulatifs suivants :
- *le respect des valeurs républicaines ;*
- *l'indépendance ;*
- *la transparence financière ;*
- *une ancienneté minimale de 2 ans dans le champ professionnel et géographique couvrant le niveau de négociation. Cette ancienneté s'apprécie à compter de la date de dépôt légal des statuts ;*
- *l'audience établie selon les niveaux de négociation (...) ;*
- *l'influence, prioritairement caractérisée par l'activité et l'expérience ;*
- *les effectifs d'adhérents et les cotisations. »*

Indépendance

Elle se mesure principalement à l'égard de l'employeur (TI Lille 21 janv. 2009 ; voir déjà DC 6 nov. 1996 concernant les négociateurs salariés mandatés). Ce critère permet de vérifier que l'organisation est un authentique syndicat de travailleurs.

Un syndicat peut perdre sa représentativité pour défaut d'indépendance (*« l'absence d'indépendance »*) à l'égard de l'employeur (CA Paris, 4 juin 2015, Unsa – sté Lancry protection sécurité).

Respect des valeurs républicaines

Au sujet du respect des valeurs républicaines, nécessaire dans une société démocratique, ce critère est présumé assuré (TI Roanne, 2 janv. 2009, TI Paris 5 déc. 2008), et en cas de contestation, c'est à celui qui conteste le respect de ces valeurs par un syndicat d'en apporter la preuve (Soc. 8 juill. 2009, PBRI, Sté Veolia c/ FAT-UNSA). « *Le fait pour un syndicat (...) de préconiser l'action directe (...) n'est nullement contraire aux valeurs de la République, mais participe d'une action revendicative propre à l'action syndicale* » (TI Boissy-Saint-Léger, 11 févr. 2010, SCIAL CNT, pourvoi rejeté par Soc. 13 oct. 2010, Sté Baud et FO, « e*n dépit des mentions figurant dans les statuts datant de 1946* », « *la preuve n'étant pas rapportée que le syndicat CNT (...) poursuive dans son action un objectif illicite, contraire aux valeurs républicaines* »). Il est également jugé que « la référence à la lutte des classes et à la suppression de l'exploitation capitaliste dans les statuts d'un syndicat ne méconnaît aucune valeur républicaine » (Soc. 25 janv. 2016, sté Global Facility Services c/ Snapmrasa).

Ancienneté minimale

L'exigence d'une ancienneté minimale de 2 ans n'est pas regardée comme contraire à des dispositions constitutionnelles (Soc. 20 oct. 2011, UDSPA, refusant de transmettre une QPC au Conseil constitutionnel).

Les 3 derniers critères, notamment sur l'audience, permettent de vérifier que ce syndicat est représentatif, à chaque niveau de négociation notamment (selon la règle de concordance, la représentativité doit s'apprécier pour chaque fonction et à chaque niveau).

Audience électorale

Elle devient un critère majeur. Le nouveau système généralise la représentativité prouvée.

Les syndicats ont choisi en France d'être les représentants de l'ensemble des salariés, et pas seulement de leurs adhérents ; par conséquent, il apparaît cohérent qu'ils doivent bénéficier d'un minimum d'audience auprès des salariés (pour les négociations collectives notamment).

Effectifs

En la matière, un syndicat est jugé représentatif dès lors que son indépendance est constatée et qu'une « *éventuelle insuffisance de ses effectifs était compensée au titre des autres critères* » (Soc. 29 avril 2009).

JURISPRUDENCE

La jurisprudence indique, dans un arrêt synthétique et pédagogique, comment apprécier ces différents critères :

- « Les critères posés par l'article L. 2121-1 du Code du travail doivent être tous réunis pour établir la représentativité d'un syndicat. »
- « Ceux tenant au respect des valeurs républicaines, à l'indépendance et à la transparence financière doivent être satisfaits de manière autonome. »
- « *Ceux relatifs à l'influence prioritairement caractérisée par l'activité et l'expérience, aux effectifs d'adhérents et aux cotisations, à l'ancienneté dès lors qu'elle est au moins égale à deux ans et à l'audience électorale dès lors qu'elle est au moins égale à 10 % des suffrages exprimés, doivent faire l'objet d'une appréciation globale* » (Soc. 29 févr. 2012, IGESA).

En ce qui concerne la transparence financière, « *les documents comptables dont la loi impose la confection et la publication ne constituent que des éléments de preuve de la transparence financière, leur défaut pouvant dès lors être suppléé par d'autres documents produits par le syndicat* » (Soc. 29 févr. 2012, IGESA, préc.).

Le « *principe de représentativité constitue un principe général du droit applicable à l'ensemble des relations collectives de travail* » (CE 11 oct. 2010).

• Application des critères

Reprenant des dispositions de la Position commune du 9 avril 2008, la loi du 20 août 2008 « démocratie sociale » prévoit la création d'un Haut Conseil du dialogue social composé de représentants d'organisations représentatives d'employeurs au niveau national, d'organisations syndicales nationales et interprofessionnelles, de représentants du ministère du Travail et de personnalités qualifiées. Ce Haut Conseil donne un avis au ministre du Travail qui arrête la liste des organisations syndicales reconnues représentatives par branche et des organisations syndicales reconnues représentatives au niveau national et interprofessionnel au vu des conditions exigées pour la reconnaissance de la représentativité (*infra*).

• Reconnaissance de la représentativité (syndicale salariée)

Reprenant des dispositions de la Position commune du 9 avril 2008, la loi du 20 août 2008 « démocratie sociale » prévoit de nouvelles conditions pour la reconnaissance de la représentativité des syndicats de salariés, à chaque niveau.

Au niveau de l'entreprise

« ***Dans l'entreprise ou l'établissement, sont représentatives les organisations syndicales qui satisfont aux critères de l'article L. 2121-1 et qui ont recueilli au moins 10 % des suffrages exprimés au premier tour des dernières élections des titulaires au CSÉ, quel que soit le nombre de votants*** » (L. 2122-1). Cette disposition est « *d'ordre public absolu* » (Soc. 18 mai 2011, fédération FO Métallurgie c/ Sté Dékra Inspection, « *ce qui interdit, par suite, à un accord collectif comme à un employeur de reconnaître la qualité d'organisation syndicale représentative à une organisation qui n'a pas satisfait à cette condition* »). Seul le premier tour des élections est pris en compte, que le quorum soit ou non atteint (*infra* Élections professionnelles) ; même si le quorum n'est pas atteint, ce premier tour doit être dépouillé pour mesurer l'audience des organisations syndicales. Chaque bulletin de vote est intégralement pris en compte, « pour une unité », sans tenir compte d'éventuelles ratures de noms (Soc. 6 janv. 2011, PBRI, Sté DNA). Les votes blancs et nuls ne comptent pas dans les « suffrages exprimés ».

Cette nouvelle disposition est jugée en conformité avec la Constitution (Cass. QPC 18 juin 2010, CFTC c/ Pôle emploi IdF) et avec les normes européennes et internationales : « *Si le droit de mener des négociations collectives est, en principe, devenu l'un des éléments essentiels du droit de fonder des syndicats et de s'affilier à des syndicats, pour la défense de ses intérêts, énoncé à l'article 11 de la Convention européenne de sauvegarde des droits de l'homme et des libertés fondamentales, les États demeurent libres de réserver ce droit aux syndicats représentatifs, ce que ne prohibent ni les articles 5 et 6 de la Charte sociale européenne, ni l'article 28 de la Charte des droits fondamentaux de l'Union européenne, ni les conventions n° 98 et 135 de l'OIT ; le fait pour les salariés, à l'occasion des élections professionnelles, de participer à la détermination des syndicats aptes à les représenter dans les négociations collectives n'a pas pour effet d'affaiblir les représentants syndicaux au profit des représentants élus, chacun conservant les attributions qui lui sont propres* » (Soc. 14 avril 2010, BPR, Sté SDMO c/ FO ; voir également Cass. QPC 18 juin 2010 et DC QPC 12 nov. 2010, § 7). Ce critère d'audience minimale est considéré comme conforme aux Conventions de l'OIT par le Comité de la Liberté Syndicale de l'OIT (cas n° 2750, nov. 2011).

JURISPRUDENCE

La jurisprudence précise plusieurs points importants de cette nouvelle disposition :

– « *Satisfait à ce critère le syndicat qui a obtenu 10 % des voix au premier tour des élections tous collèges confondus, peu important qu'il n'ait pas présenté de candidat dans chacun des collèges* » (Soc. 22 sept. 2010, Fondation de l'Armée du Salut c/ Syndicat départemental de l'action sociale FO de Paris).
– « *Lorsque la désignation s'effectue au niveau d'une UES, le seuil de 10 % (...) se calcule en additionnant la totalité des suffrages obtenus lors des élections au sein des différentes entités composant l'UES* », « *le calcul de l'audience pour la désignation d'un délégué syndical au sein de l'UES tient compte de tous les suffrages (...) obtenus par les syndicats affiliés à la même confédération syndicale* » (Soc. 22 sept. 2010, PBR, CGT c/ CMA-CGM ; les voix obtenues par un syndicat CGT et par un syndicat UGICT-CGT sont donc à additionner).
– « *L'affiliation confédérale sous laquelle un syndicat a présenté des candidats au premier tour des élections des membres titulaires du comité d'entreprise constitue un élément essentiel du vote des électeurs* » ; par conséquent, « *en cas de désaffiliation après ces élections, le syndicat ne peut continuer à se prévaloir des suffrages ainsi recueillis pour se prétendre représentatif* » (Soc.18 mai 2011, PBRI, STAAAP UNSA c/ SAS Aéropass). Ainsi, en cas de désaffiliation et réaffiliation, le syndicat ne peut conserver le bénéfice des votes émis par les salariés et l'organisation syndicale ne peut faire profiter son nouveau syndicat, nouvellement affilié, de l'audience acquise antérieurement sous un autre sigle syndical.
– « *Le changement d'affiliation d'une union syndicale doit être décidé dans les conditions prévues par les statuts ; à défaut de disposition statutaire spécifique, la décision est prise aux conditions statutaires prévues pour la dissolution de l'organisation syndicale et à défaut, dans le silence des statuts, à l'unanimité des syndicats adhérents* » (Soc. 18 mai 2011, PBRI, Fédération des cheminots c/ Syndicat général des transports du Rhône CFDT).
– « *Pour apprécier l'influence d'un syndicat, critère de sa représentativité caractérisé prioritairement par l'activité et l'expérience, le juge doit prendre en considération l'ensemble de ses actions, y compris celles qu'il a menées alors qu'il était affilié à une confédération syndicale dont il s'est par la suite désaffilié* » (Soc. 28 sept. 2011, Sté Acna Roissy c/ SNRTGS-CFTC).

Organisations catégorielles

Cette règle se décline par collège pour « *les organisations syndicales catégorielles affiliées à une confédération syndicale catégorielle interprofessionnelle nationale* » (L. 2122-2 ; il s'agit aujourd'hui de la CGC). Cette disposition est jugée conforme à la Constitution (DC QPC du 7 oct. 2010, suite à Cass. QPC 8 juill. 2010, Sté Bosch). Il s'ensuit que pour évaluer l'audience (10 % au moins) de ces syndicats, seules doivent être prises en compte les voix obtenues dans les « collèges électoraux dans lesquels leurs règles statutaires leur donnent vocation à présenter des candidats » (cf. pour la CGC les deuxième ou troisième collèges suivant les cas).

La situation des autres organisations catégorielles (CGC, organisations de journalistes – L. 7111-7 –, de pilotes d'avion – L. 432-9 C. aviation civile), est également validée comme non contraire à la Constitution (DC QPC 12 nov. 2010, § 8).

« *La représentativité des organisations syndicales, dans un périmètre donné, est établie pour toute la durée du cycle électoral* » (Soc. 13 févr. 2013, FO Métallurgie).

Au niveau du groupe

« *La représentativité des organisations syndicales au niveau de tout ou partie du groupe est appréciée conformément aux règles définies aux articles (...) relatifs à la représentativité syndicale au niveau de l'entreprise, par addition de l'ensemble des suffrages obtenus dans les entreprises ou établissements concernés* » (...) (L. 2122-4).

Au niveau des branches professionnelles

« Dans les branches professionnelles, sont représentatives les organisations syndicales qui :
– Satisfont aux critères de l'article L. 2121-1.
– Disposent d'une implantation territoriale équilibrée au sein de la branche.
– Ont recueilli au moins 8 % des suffrages exprimés au premier tour des dernières élections des titulaires aux CSÉ, quel que soit le nombre de votants, additionnés au niveau de la branche. La mesure de l'audience s'effectue tous les quatre ans » (L. 2122-5).

Ces règles se déclinent dans les collèges électoraux pour les organisations syndicales catégorielles qui sont affiliées à une confédération syndicale catégorielle interprofessionnelle nationale (L. 2122-7).

Au niveau des branches professionnelles, les données concernant le poids des organisations syndicales représentatives pour la négociation des accords de branche sont disponibles sur le site du ministère du Travail.

Au niveau national interprofessionnel

Sont représentatives les organisations syndicales qui :
– Satisfont aux critères de l'article L. 2121-1.
– Sont représentatives à la fois dans des branches de l'industrie, de la construction, du commerce et des services.
– Ont recueilli au moins 8 % des suffrages exprimés résultant de l'addition au niveau national et interprofessionnel des suffrages exprimés au premier tour des dernières élections des titulaires aux CSÉ, quel que soit le nombre de votants (ainsi que des suffrages exprimés au scrutin concernant les entreprises de moins de 11 salariés – L. 2122-10-1 et des suffrages exprimés aux élections des membres représentant les salariés aux chambres départementales d'agriculture – L. 2122-6). La mesure de l'audience s'effectue tous les 4 ans (L. 2122-9). Cette règle se décline pour les organisations syndicales catégorielles (L. 2122-10).

EN PRATIQUE

Au niveau interprofessionnel, pour la négociation des accords collectifs, le poids des organisations syndicales représentatives est le suivant :
- la Confédération française démocratique du travail (CFDT) : 30,33 % ;
- la Confédération générale du travail (CGT) : 28,56 % ;
- la Confédération générale du travail-Force ouvrière (CGT-FO) : 17,93 % ;
- la Confédération française de l'encadrement-Confédération générale des cadres (CFE-CGC) : 12,28 % ;
- la Confédération française des travailleurs chrétiens (CFTC) : 10,90 %.

Arrêté du 22 juin 2017 fixant la liste des organisations syndicales reconnues représentatives au niveau national et interprofessionnel.

Cette réforme met ainsi fin à la présomption irréfragable de représentativité.

• Reconnaissance de la représentativité patronale

Les organisations patronales regroupent des syndicats et des associations, dont les fonctions sont multiples (appui aux entreprises dans différents domaines et auprès de différents acteurs). Ces organisations patronales ne sont pas uniquement des organisations d'employeurs. La mesure de l'audience s'effectue tous les 4 ans.

EN PRATIQUE

Au niveau interprofessionel, pour l'opposition à l'extension des accords collectifs, le poids des organisations professionnelles d'employeurs représentatives est le suivant :

- le Mouvement des entreprises de France (MEDEF) : 70,82 % ;
- la Confédération des petites et moyennes entreprises (CPME) : 24,97 % ;
- l'Union des entreprises de proximité (U2P) : 4,21 %.

Arrêté du 22 juin 2017 fixant la liste des organisations professionnelles d'employeurs reconnues représentatives au niveau national et interprofessionnel.

Critères de représentativité

La représentativité des organisations professionnelles d'employeurs (syndicats et associations) est déterminée d'après les critères cumulatifs suivants (L. 2151-1) :

« 1° Le respect des valeurs républicaines ;

2° L'indépendance ;

3° La transparence financière ;

4° Une ancienneté minimale de 2 ans dans le champ professionnel et géographique couvrant le niveau de négociation. Cette ancienneté s'apprécie à compter de la date de dépôt légal des statuts ;

5° L'influence, prioritairement caractérisée par l'activité et l'expérience ;

6° L'audience, qui se mesure en fonction du nombre d'entreprises volontairement adhérentes ou de leurs salariés soumis au régime français de Sécurité sociale. »

Au niveau de la branche professionnelle

Dans les branches professionnelles, sont représentatives les organisations professionnelles d'employeurs (L. 2152-1) :

1° Qui satisfont aux critères mentionnés aux 1° à 5° de l'article L. 2151-1 ;

2° Qui disposent d'une implantation territoriale équilibrée au sein de la branche ;

3° Dont les entreprises et les organisations adhérentes à jour de leur cotisation représentent soit au moins 8 % de l'ensemble des entreprises adhérant à des organisations professionnelles d'employeurs de la branche satisfaisant aux critères mentionnés aux 1° à 4° de l'article L. 2151-1 et ayant fait la déclaration de candidature pour l'établissement de leur représentativité (elles indiquent à cette occasion le nombre de leurs entreprises adhérentes et le nombre des salariés qu'elles emploient – L. 2152-5), soit au moins 8 % des salariés de ces mêmes entreprises. Le nombre d'entreprises adhérant à ces organisations ainsi que le nombre de leurs salariés sont attestés, pour chacune d'elles, par un commissaire aux comptes.

(Des dispositions particulières sont prévues pour les organisations des branches agricoles).

Au niveau national et interprofessionnel

Ce sont les suivantes : disposer d'organisations adhérentes représentatives à la fois dans des branches de l'industrie, de la construction, du commerce et des services, regrouper un nombre d'entreprises adhérentes à jour de leur cotisation, représentant soit au moins 8 % de l'ensemble des entreprises qui adhèrent à des organisations professionnelles d'employeurs et ayant fait une déclaration de candidature, soit au moins 8 % des salariés de ces mêmes entreprises (L. 2152-4).

Au niveau national et multiprofessionnel

Sont représentatives au niveau national et multi-professionnel les organisations professionnelles d'employeurs :
– Qui satisfont aux critères mentionnés aux 1° à 5° de l'article L. 2151-1.
– Qui sont représentatives ou dont les organisations adhérentes sont représentatives dans au moins 10 conventions collectives relevant soit des activités agricoles, soit de l'économie sociale et solidaire, soit du secteur du spectacle vivant et enregistré, et ne relevant pas du champ couvert par les organisations professionnelles d'employeurs représentatives au niveau national et interprofessionnel.
– Auxquelles adhèrent au moins 15 organisations relevant de l'un des 3 champs d'activités mentionnés ci-dessus.
– Qui justifient d'une implantation territoriale couvrant au moins un tiers du territoire national soit au niveau départemental, soit au niveau régional (L. 2152-2).

Préalablement à l'ouverture d'une négociation nationale et interprofessionnelle, puis préalablement à sa conclusion, les organisations professionnelles d'employeurs représentatives à ce niveau informent les organisations représentatives au niveau national et multi-professionnel des objectifs poursuivis par cette négociation et recueillent leurs observations (L. 2152-3). Ainsi, la négociation des ANI commence enfin à s'ouvrir à ces organisations nationales multi-professionnelles (UDES, etc.).

L'exercice du droit syndical est reconnu dans toutes les entreprises dans le respect des droits et libertés garantis par la Constitution de la République, en particulier de la liberté individuelle du travail. Les syndicats professionnels peuvent s'organiser librement dans toutes les entreprises (L. 2141-4).

Aucune limitation ne peut être apportée aux dispositions légales relatives à l'exercice du droit syndical par note de service ou décision unilatérale de l'employeur (L. 2141-10). En revanche, des conventions ou accords collectifs de travail comportant des clauses plus favorables à l'exercice du droit syndical peuvent être conclu(e) s dans le respect de la liberté syndicale et l'égalité de traitement entre les organisations. Des dispositions complémentaires s'appliquent dans les entreprises du secteur public (L. 2144-1 et L. 2144-2).

Champ d'application

La loi s'applique aux employeurs de droit privé (quelles que soient la nature de l'activité et la forme juridique de l'entreprise) ainsi qu'à leurs salariés, au personnel des personnes publiques employé dans les conditions du droit privé, sous réserve de dispositions particulières ayant le même objet résultant du statut qui régit ce personnel (L. 2111-1).

Non-discrimination

Les dispositions légales interdisant la discrimination syndicale sont d'ordre public.

• Non-discrimination à l'égard des personnes physiques (salariés)

Il est interdit à tout employeur de prendre en considération l'appartenance à un syndicat ou l'exercice d'une activité syndicale pour arrêter ses décisions en ce qui concerne notamment l'embauchage, la conduite et la répartition du travail, la formation professionnelle, l'avancement, la rémunération et l'octroi d'avantages sociaux, les mesures de discipline et de rupture du contrat de travail (L. 2141-5 ; Chap. V, Non-discrimination).

Le licenciement d'une salariée en raison de ses activités syndicales (défense de salariés lors d'entretiens préalables) est nul, même si la salariée n'est pas titulaire d'un mandat ni même syndiquée (Soc. 17 mars 1999 ; Crim. 29 oct. 1996). La jurisprudence défend ainsi une conception fonctionnelle (l'action) plutôt qu'organique (l'affiliation) de l'activité syndicale.

Mesures préventives

Un accord détermine les mesures à mettre en œuvre pour concilier la vie personnelle, la vie professionnelle et les fonctions syndicales et électives, en veillant à favoriser l'égal accès des femmes et des hommes. Cet accord prend en compte l'expérience acquise, dans le cadre de l'exercice de mandats, par les représentants du personnel désignés ou élus dans leur évolution professionnelle (L. 2141-5 et L. 2242-20-6° ; Chap. XVIII - GPEC).

Au début de son mandat, le représentant du personnel titulaire, le DS ou le titulaire d'un mandat syndical bénéficie, à sa demande, d'un entretien individuel avec son employeur portant sur les modalités pratiques d'exercice de son mandat au sein de l'entreprise au regard de son emploi. Il peut se faire accompagner par une personne de son choix appartenant au personnel de l'entreprise (L. 2141-5). Cet entretien ne se substitue pas à l'entretien professionnel (L. 6315-1).

Lorsque l'entretien professionnel est réalisé au terme d'un mandat de représentant du personnel titulaire ou d'un mandat syndical, celui-ci permet de procéder au recensement des compétences acquises au cours du mandat et de préciser les modalités de valorisation de l'expérience acquise. Pour les entreprises dont l'effectif est inférieur à 2 000 salariés, ce recensement est réservé au titulaire de mandat disposant d'heures de délégation sur l'année représentant au moins 30 % de la durée de travail fixée dans son contrat de travail ou, à défaut, de la durée applicable dans l'établissement (L. 2141-5 ; à partir du 1er janv. 2020).

En l'absence d'accord de branche ou d'entreprise déterminant des garanties d'évolution de la rémunération au moins aussi favorables, les représentants des travailleurs, dont le nombre d'heures de délégation dont ils disposent sur l'année dépasse 30 % de leur durée du travail, bénéficient d'une évolution de rémunération (au moins égale, sur la durée du mandat, aux augmentations générales et à la moyenne des augmentations individuelles perçues par les salariés de la même catégorie à ancienneté comparable – L. 2141-5-1).

Contentieux au civil

Grâce à la jurisprudence communautaire de l'égalité entre les femmes et les hommes, la jurisprudence interne a évolué : désormais, notamment depuis l'« affaire Peugeot » (CA Paris 21 févr. 1997), puis la nouvelle jurisprudence de la Cour de cassation (Soc. 28 mars 2000, SNCF), il existe un aménagement de la charge de la preuve.

Dans un premier temps, le salarié présente des éléments de fait laissant supposer l'existence d'une discrimination (l'allégation de faits susceptibles de caractériser une discrimination incombe au salarié). Il n'y a donc pas de renversement de la charge de la preuve.

Dans un second temps, il incombe à l'employeur de prouver que sa décision est justifiée par des éléments objectifs étrangers à toute discrimination (la preuve de la justification de l'absence de discrimination incombe à l'employeur). Le risque de la preuve pèse sur l'employeur : s'il ne prouve pas l'absence de discrimination, celle-ci est établie.

« *Le juge du fond apprécie souverainement l'opportunité de recourir à des mesures d'instruction portant aussi bien sur les éléments présentés par le salarié et laissant supposer l'existence d'une discrimination que sur ceux apportés par l'employeur pour prouver que sa décision est justifiée par des éléments objectifs étrangers à toute discrimination* » (Soc. 4 févr. 2009, *infra*). La charge pesant sur le salarié peut ainsi se trouver allégée.

JURISPRUDENCE

La discrimination syndicale étant souvent relativement facile à établir, les décisions de condamnation sont devenues fréquentes. Ainsi, constituent une discrimination :

- une disparité de déroulement de carrières (Soc. 26 avril 2000 ; Soc. 4 févr. 2009, SAS Renault c/ M. Roger Silvain, plus de 210 000 € de dommages-intérêts pour ce syndicaliste désormais retraité), ou en matière d'évaluation (Soc. 17 oct. 2006) ;
- une appréciation discriminatoire des compétences professionnelles (Soc. 4 juill. 2000, Sté Verdomme) ;
- des fiches d'évaluation faisant référence aux activités prud'homales et syndicales pour un syndicaliste n'ayant bénéficié d'aucune promotion (Soc. 1er janv. 2009) ;
- l'absence d'entretien d'évaluation ayant affecté les chances de promotion professionnelle (Soc. 19 janv. 2010) ;
- la mise en place d'un système d'avancement propre aux salariés exerçant des activités syndicales à plein-temps (Soc. 23 févr. 2005) et limitant leur progression de rémunération et de carrière (Soc. 24 sept. 2008, CCN Caisses d'Épargne) ;
- des conditions de travail défavorables (militant privé de son camion 15 tonnes, Soc. 23 juin 2004).

Un employeur ne peut se prévaloir de l'absence de formulation de demandes de formation par un délégué pour échapper à la condamnation de discrimination syndicale (Soc. 1er juin 2004) ; un délégué syndical ne peut être privé d'une prime d'assiduité si ses absences autorisées sont liées à l'exercice de son mandat (Soc. 2 juin 2004).

En revanche, le salarié qui s'abstient de demander un changement d'emploi ou de qualification, alors que l'employeur l'a informé des opportunités se présentant dans l'entreprise, ne peut lui imputer un retard dans le déroulé de sa carrière ; mais il en va autrement quand un accord collectif organise la progression de carrière (Soc. 6 juill. 2010, PBR).

Sanction civile et réparation

Toute mesure discriminatoire est nulle. Une discrimination constitue un trouble manifestement illicite que le juge des référés doit faire cesser. Le juge peut ordonner :

– La « remise en l'état » ***(réparation en nature)*** : « *La réparation intégrale d'un dommage oblige à placer celui qui l'a subi dans la situation où il se serait trouvé si le comportement dommageable n'avait pas eu lieu* » (Soc. 23 nov. 2005, M. Toullec c/ EDF). Ainsi, le juge peut notamment ordonner le reclassement (au regard de la grille de classification applicable dans l'entreprise) d'un salarié discriminé (Soc. 31 janv. 2007).

– Et, à défaut ou en complément, le versement de dommages-intérêts ***(réparation indemnitaire)***.

Sont ainsi « mis à néant » les effets de la discrimination (Soc. 24 févr. 2004, M. X c/ SNCF). « *Le droit devient une menace crédible* » (Évelyne Serverin, sociologue du droit).

Sanction pénale

Une discrimination constitue une infraction (un délit relevant de la compétence du tribunal correctionnel). Des sanctions peuvent être prononcées contre :

- les personnes physiques – amende jusqu'à 3 750 € (Crim. 6 févr. 2007 ; Crim. 9 nov. 2004) et, en cas de récidive, emprisonnement dans la limite d'un an et/ou à une amende pouvant s'élever à 7 500 € (L. 2146-2) ;
- les personnes morales (notamment l'entreprise).

La preuve de la discrimination, au pénal, peut désormais être établie par étude comparative entre les salariés (Crim. 9 nov. 2004). Constituent ainsi une discrimination la dégradation des conditions de travail (Crim. 4 janv. 1991), le retrait des moyens de travail et l'exclusion (Crim. 29 janv. 2009, Jean X), la mise en intercontrat sur une période anormalement longue (Crim. 17 mars 2009, représentant FO), etc.

• Non-discrimination à l'égard des personnes morales (syndicats)

Il est interdit à l'employeur ou à ses représentants d'employer un moyen quelconque de pression en faveur ou à l'encontre d'une organisation syndicale (L. 2141-7). Sont illicites :

- une différence de traitement entre organisations syndicales pour la désignation de délégués syndicaux (Soc. 5 mai 2004) ;
- le fait de subventionner un syndicat et non un autre selon qu'il a signé ou non un accord collectif (Soc. 29 mai 2001) ;
- une circulaire d'une fédération patronale invitant ses adhérents à répondre favorablement aux demandes d'un nouveau syndicat (Soc. 16 mars 1977).

Commet le délit de discrimination syndicale le représentant du chef d'entreprise qui sollicite un consultant pour une mission ayant pour objet de réduire l'influence d'un syndicat, fait connaître ce projet à l'encadrement au cours de réunions, etc. La complicité du consultant est retenue (CA Lyon, ch. ap. correc. 14 févr. 2007 affaire SAS Nextiraone France, R. Cordonnier, Philippe Lecat, Sté Belledonne Conseil, pourvois rejetés Crim. 2 sept. 2008).

En revanche, « *ne méconnaît pas le principe constitutionnel d'égalité la disposition d'un accord collectif, plus favorable que la loi, qui subordonne l'octroi d'avantages à des syndicats à une condition de représentativité* » (Soc. 22 sept. 2010, Sud banques c/ Société Générale, désignation de permanents au seul bénéfice des syndicats représentatifs au vu des résultats électoraux).

À LIRE

M. Miné, *Droit des discriminations dans l'emploi et le travail*, Larcier, 2016.

L'employeur informe chaque année les salariés, par tout moyen, de la disponibilité des adresses des organisations syndicales de salariés représentatives dans la branche dont relève l'entreprise sur le site du ministère du Travail (L. 2141-7-1).

Constitution d'une section

« Dès lors qu'ils ont plusieurs adhérents dans l'entreprise ou dans l'établissement, chaque syndicat qui y est représentatif, chaque syndicat affilié à une organisation syndicale représentative au niveau national et interprofessionnel ou chaque organisation syndicale qui satisfait aux critères de respect des valeurs républicaines et d'indépendance et est légalement constituée depuis au moins 2 ans et dont le champ professionnel et géographique couvre l'entreprise concernée peut constituer au sein de l'entreprise ou de l'établissement une section syndicale qui assure la représentation des intérêts matériels et moraux de ses membres (…) » (L. 2142-1).

La constitution d'une section syndicale n'est subordonnée à aucune condition d'effectif, de forme, de publicité ou de dépôt de statut. Le syndicat est libre d'organiser, comme il l'entend, cette section qui regroupe ses adhérents et constitue son « antenne » dans l'entreprise. La loi en rappelle seulement l'objet (défendre les intérêts de ses membres). Les adhérents peuvent aussi décider de se constituer en syndicat d'entreprise.

Resurgit la question de la communication contradictoire, donc aussi à l'employeur, par le syndicat auteur d'une désignation (d'un DS, etc.) et par le salarié désigné, de la liste des salariés de l'entreprise adhérents à ce syndicat (au nombre de 2 au minimum, peu important les effectifs de l'entreprise – Soc. 4 nov. 2009, PBR). Au regard des textes garantissant la liberté syndicale et le respect de la vie personnelle, nul ne peut être contraint de communiquer à l'employeur la liste des salariés adhérents à un syndicat, chacun ayant le droit de ne pas révéler à l'employeur son éventuelle adhésion syndicale et nul ne devant être lésé au motif qu'il a refusé de communiquer cette information confidentielle à l'employeur. Cette information peut être communiquée au juge. Ainsi, il est jugé qu'« *en cas de contestation sur l'existence d'une section syndicale, le syndicat doit apporter les éléments de preuve utiles à établir la présence de ces deux adhérents dans l'entreprise, dans le respect du contradictoire, à l'exclusion des éléments susceptibles de permettre l'identification des adhérents du syndicat, dont seul le juge peut prendre connaissance* » (Soc. 8 juill. 2009, PBRI, Sté Okaidi, préc.). Les adhérents n'ont pas à être répartis sur l'ensemble des sites de l'entreprise ou de l'établissement distinct (Soc. 8 juill. 2009, PBRI, SUD c/ BNP).

Droits

La section syndicale n'a pas la personnalité civile (elle ne peut pas désigner un délégué syndical, ni agir en justice, etc.), mais la loi lui reconnaît plusieurs prérogatives.

• Collecte des cotisations syndicales

Il est possible de collecter les cotisations sur les lieux de travail et pendant le temps de travail, à l'intérieur de l'entreprise (L. 2142-2).

• Affichage des communications syndicales

L'affichage s'effectue librement sur des panneaux réservés à cet usage (distincts de ceux qui sont affectés aux communications du CSÉ). Les panneaux sont mis à disposition de chaque section suivant des modalités fixées par accord avec l'employeur. Un exemplaire de ces communications syndicales est transmis à l'employeur (L. 2142-3), il doit être informé, mais n'exerce aucun contrôle *a priori*.

• Communication

Publications et tracts

Diffusion. Les publications et tracts de nature syndicale peuvent librement être diffusés aux travailleurs de l'entreprise ***dans l'enceinte*** de celle-ci, aux heures d'entrée et de sortie du travail (L. 2142-4). Ils ne peuvent donc être diffusés dans les ateliers ou les bureaux pendant les heures de travail, même insérés dans une enveloppe (Soc. 31 mars 1998), ni pendant les pauses, ni à la cantine pendant les repas, ni par le courrier de l'entreprise, voire dans les casiers destinés au courrier intérieur. D'autres dispositions, plus souples, sont souvent négociées à cet égard, voire résultent d'usages (Soc. 27 mai 2008, distribution licite dans les locaux).

L'employeur ne peut limiter, y compris sur le fondement d'un accord d'entreprise (prévoyant qu'« il est interdit de distribuer des tracts dans le hall de la tour ainsi qu'à l'entrée de celle-ci ou au sein des sièges sociaux des clients, (...) la distribution de tracts (...) ne doit pas perturber le bon fonctionnement de l'entreprise et le travail des salariés... »), la distribution de tracts ***à l'extérieur de l'entreprise*** (Soc. 18 janv. 2011, société Bearing Point France, « *l'article L. 2142-4 du Code du travail se borne à organiser la diffusion de tracts par les syndicats professionnels aux travailleurs dans l'enceinte de l'entreprise ; que n'y sont inclus ni la voie publique ni les parties communes de l'immeuble où l'entreprise occupe des locaux ni l'établissement d'un client au sein duquel des salariés de l'entreprise effectuent des missions* »).

Contenu. Le contenu de ces affiches, publications et tracts est librement déterminé par l'organisation syndicale, sous réserve de l'application des dispositions relatives à la presse (L. 2142-5). Ces dispositions répriment notamment l'injure et la diffamation. Si le chef d'entreprise estime qu'une communication affichée par un syndicat a un caractère injurieux, il peut s'adresser au juge des référés pour lui demander d'ordonner le retrait de la communication litigieuse, mais ne peut y procéder lui-même.

Internet et intranet

En matière de communication syndicale ***dans l'entreprise*** se pose la question de l'utilisation des moyens liés à l'Internet, notamment l'intranet (réseau de communication interne à l'entreprise).

La loi encadre le recours des syndicats à l'intranet et à la messagerie de l'entreprise : un accord d'entreprise peut définir les conditions et les modalités de diffusion des informations syndicales au moyen des outils numériques disponibles dans l'entreprise (L. 2142-6).

À défaut d'accord, les organisations syndicales satisfaisant aux critères de respect des valeurs républicaines et d'indépendance, légalement constituées depuis au moins 2 ans, peuvent mettre à disposition des publications et tracts sur un site syndical accessible à partir de l'intranet de l'entreprise, lorsqu'il existe.

L'utilisation par les organisations syndicales des outils numériques mis à leur disposition doit satisfaire l'ensemble des conditions suivantes :

- être compatible avec les exigences de bon fonctionnement du réseau informatique de l'entreprise ;
- ne pas avoir des conséquences préjudiciables à la bonne marche de l'entreprise ;
- préserver la liberté de choix des salariés d'accepter ou de refuser un message.

Un tel accord peut autoriser la mise à disposition des publications et tracts syndicaux soit sur un site syndical mis en place sur l'intranet de l'entreprise, soit par diffusion aux salariés sur leur poste de travail par la voie de la messagerie électronique de l'entreprise. Dans ce dernier cas, cette diffusion doit être compatible avec les exigences de bon fonctionnement du réseau informatique de l'entreprise et ne pas entraver l'accomplissement du travail. L'accord d'entreprise qui définit les modalités de cette mise à disposition ou de ce mode de diffusion doit préciser les conditions d'accès, sans discrimination, des organisations syndicales et les règles techniques visant à préserver la liberté de choix des salariés d'accepter ou de refuser un message ainsi que la confidentialité des échanges. L'accord peut subordonner l'utilisation de la messagerie électronique interne (intranet) à l'existence d'un lien entre le contenu des informations syndicales et la situation sociale existant dans l'entreprise (Soc. 22 janv. 2008 ; Soc. 5 mars 2008). Le Conseil constitutionnel a validé cette exigence légale d'un accord d'entreprise (DC n° 3013-345 QPC du 27 sept. 2013, Syndicat national Groupe Air France CFTC). Il souligne qu'en l'absence d'un tel accord, relatif à l'utilisation de l'intranet ou de la messagerie électronique de l'entreprise, les syndicats peuvent notamment « librement diffuser des publications et tracts sur les réseaux de communication au public en ligne », « les salariés peuvent également librement y accéder sur ces réseaux », « ils peuvent s'inscrire sur des listes de diffusion afin de recevoir par voie électronique les publications et tracts syndicaux ».

Tous les syndicats ayant constitué une section syndicale doivent bénéficier des accords collectifs qui facilitent la communication des organisations syndicales (Soc. 11 janv. 2012 – égalité de traitement dans la diffusion par voie électronique ; aucune distinction ne doit être effectuée entre les syndicats au regard de leur niveau de représentativité – entreprise ou établissement –, mais ils doivent apparaître avec leur dénomination statutaire exacte précisant leurs champs de représentativité, Soc. 23 mai 2012).

En l'absence d'accord d'entreprise, le fait pour un représentant syndical d'envoyer un tract syndical depuis son ordinateur et sa messagerie personnels aux adresses électroniques de salariés ne constitue pas « *une diffusion* » et n'est pas fautif (Soc. 10 janv. 2012, Crédit maritime mutuel de Bretagne). Dans cette affaire jugée avant la décision du Conseil constitutionnel, seul un nombre restreint de salariés (35 responsables d'agences) était destinataire du tract.

La diffusion de documents syndicaux sur la messagerie électronique peut être autorisée par l'employeur (Soc. 25 janv. 2005).

Cependant, ***à l'extérieur de l'entreprise***, un syndicat peut librement communiquer (à partir d'un site Internet ou d'un blog), mais cette liberté d'expression syndicale peut être limitée, dans la mesure de ce qui est nécessaire, pour éviter que la divulgation d'informations confidentielles porte atteinte aux « *intérêts légitimes de l'entreprise* » (Soc. 5 mars 2008, art. 10-2 CESDH et art. 1er Loi pour la confiance dans l'économie numérique).

• Local

Dans les entreprises ou établissements où sont occupés ***plus de 200 salariés***, le chef d'entreprise met à la disposition des sections syndicales un local commun convenant à l'exercice de la mission de leurs délégués (L. 2142-8).

Dans les entreprises ou établissements où sont occupés ***plus de 1 000 salariés***, l'employeur ou son représentant met à la disposition de chaque section syndicale « constituée par une organisation syndicale représentative dans l'entreprise ou l'établissement » un local convenable, aménagé et doté du matériel nécessaire à son fonctionnement (L. 2142-8). La ligne de téléphone doit assurer la confidentialité des communications, notamment en n'étant pas connectée à l'autocommutateur de l'entreprise (Soc. 6 avril 2004).

Constituent un trouble manifestement illicite apporté à la liberté syndicale l'expulsion de locaux syndicaux sans titre exécutoire (voie de fait) et l'obligation pour se rendre dans de nouveaux locaux syndicaux de passer sous un portique électronique, de présenter un badge et de subir éventuellement une fouille, sans que de telles mesures soient justifiées par des impératifs de sécurité (Soc. 26 sept. 2007, Syndicat CFDT Servair ; Soc. 13 janv. 2010, PBR, SPASAF CFDT c/ SA Servair).

• Réunion

À RETENIR

Les adhérents de chaque section syndicale peuvent se réunir une fois par mois dans l'enceinte de l'entreprise, en dehors des heures et locaux de travail, suivant des modalités fixées par accord avec le chef d'entreprise (L. 2142-10).

Les sections syndicales peuvent inviter des personnalités syndicales extérieures à l'entreprise à participer à des réunions organisées par elles dans les locaux syndicaux, ou, avec l'accord du chef d'entreprise, dans des locaux mis à leur disposition.

Des personnalités extérieures, autres que syndicales, peuvent être invitées par les sections syndicales à participer à une réunion, sous réserve de l'accord du chef d'entreprise. L'accord du chef d'entreprise est requis lorsque la personnalité invitée n'est pas une personnalité syndicale et, si c'est une personnalité syndicale, lorsque la réunion a lieu dans des locaux prêtés par le chef d'entreprise.

Ces réunions syndicales ont lieu en dehors du temps de travail des participants à l'exception des représentants du personnel qui peuvent se réunir sur leur temps de délégation (L. 2142-11).

Certains accords prévoient des « heures d'information syndicale », avec maintien de la rémunération des participants par l'employeur.

• Négociation collective d'entreprise

Pour la négociation collective d'entreprise (L. 2143-16), chaque section syndicale dispose, en vue de la préparation de la négociation au profit de son ou de ses délégués syndicaux et des salariés de l'entreprise appelés à négocier, d'un crédit global supplémentaire, quel que soit le nombre d'accords conclus (Soc. 2 juin 2004), dans la limite de 12 heures par an dans les entreprises occupant au moins 500 salariés et de 18 heures par an dans les entreprises occupant au moins 1 000 salariés.

• Formation économique, sociale et syndicale

Les salariés appelés à exercer des fonctions syndicales et les adhérents à une organisation syndicale amenés à intervenir en faveur des salariés bénéficient du congé de formation économique, sociale et syndicale (L. 2145-1 et s.). La formation peut être assurée soit par des centres spécialisés, directement rattachés aux OSR, soit par des ***instituts du travail*** internes aux universités.

La durée totale des congés pris dans l'année par un salarié ne peut excéder 12 jours (18 jours pour les animateurs des stages et sessions).

Le salarié bénéficiant du congé de formation économique, sociale et syndicale a droit au maintien total par l'employeur de sa rémunération (L. 2145-6).

La durée du ou des congés ne peut être imputée sur celle du congé payé annuel. Elle est assimilée à une durée de travail effectif pour la détermination de la durée des congés payés, du droit aux prestations d'assurances sociales et aux prestations familiales ainsi que pour l'ensemble des autres droits résultant pour l'intéressé de son contrat de travail.

Le congé est de droit, sauf dans le cas où l'employeur estime, après avis conforme du CSÉ, que cette absence pourrait avoir des conséquences préjudiciables à la production et à la bonne marche de l'entreprise. Le refus du congé par l'employeur est motivé. En cas de différend, le refus de l'employeur peut être directement contesté devant le bureau de jugement du CPH.

Les salariés et les employeurs ou leurs représentants peuvent bénéficier de formations communes visant à améliorer les pratiques du dialogue social dans les entreprises, dispensées par les centres, instituts ou organismes de formation, avec le concours de l'INTEFP (L. 2212-1, décr. 2017-714 du 2 mai 2017).

• Représentant de la section syndicale (RSS)

À RETENIR

Reprenant des dispositions de la Position commune du 9 avril 2008, la loi du 20 août 2008 « démocratie sociale » prévoit un RSS pour les sections nouvellement créées (il s'agit d'un mandat transitoire en vue de l'implantation ou d'un « mandat de secours » après des élections où un syndicat n'a plus réussi à obtenir l'audience minimale pour être reconnu représentatif).

Conditions

Chaque syndicat qui constitue une section syndicale au sein de l'entreprise ou de l'établissement d'au moins 50 salariés peut, s'il n'est pas représentatif dans l'entreprise ou l'établissement, désigner un représentant de la section pour le représenter au sein de l'entreprise ou de l'établissement (L. 2142-1-1 ; Soc. 8 juill. 2009, Sté Veolia c/ FAT-UNSA, le syndicat peut ne pas être représentatif, mais doit répondre aux conditions pour constituer une section – L. 2142-1 *supra* ; « *la section doit comporter au moins deux adhérents, l'un d'eux pouvant être désigné en qualité de RSS* », Soc. 26 mai 2010). « *Un syndicat non représentatif peut créer une section syndicale et désigner un représentant de cette section soit au niveau de l'entreprise, soit au niveau de chacun des établissements distincts de cette entreprise* » (Soc. 31 mai 2011, SA Médiapost).

Dans les entreprises qui emploient moins de 50 salariés, les syndicats non représentatifs dans l'entreprise qui constituent une section syndicale peuvent désigner, pour la durée de son mandat, un membre de la délégation du personnel au CSÉ comme RSS (L. 2142-1-4 ; Soc. 26 mai 2010).

Modalités

La lettre de désignation doit mentionner le cadre de la désignation (Soc. 8 juill. 2009, PBRI, SUD c/ BNP). Le secrétaire général d'une union syndicale qui peut désigner un DS peut également désigner un RSS (Soc. 18 nov. 2009, Sté Herta c/ UNSA). La contestation du RSS relève de la compétence du TI (L. 2142-1-2) et doit exclusivement être formée par voie de déclaration au greffe dans les 15 jours suivant la désignation (R. 2143-5, Soc. 18 nov. 2009, SAS Sécurifrance).

Attributions

Ce représentant bénéficie des mêmes prérogatives que le DS, à l'exception du pouvoir de négocier des accords collectifs (sauf cas particuliers *infra*), de 4 heures de délégation par mois (L. 2142-1-3) et ne peut être licencié sans l'autorisation préalable de l'inspecteur du travail.

Fin du mandat

Le mandat de représentant de la section syndicale prend fin à l'issue des premières élections professionnelles suivant sa désignation, si le syndicat qui l'a désigné n'est pas reconnu représentatif dans l'entreprise. Le salarié qui perd ainsi son mandat de RSS ne peut pas être désigné à nouveau comme RSS au titre d'une section jusqu'aux 6 mois précédant la date des élections professionnelles suivantes dans l'entreprise (L. 2142-1-1). Un salarié qui vient de perdre son mandat de RS au CE, à la suite de la perte de représentativité de son syndicat, peut être désigné comme RSS (Soc. 4 nov. 2009, FGTA-FO).

Quand le syndicat devient représentatif, il perd également le mandat de RSS, mais dispose alors du mandat de DS ; l'ancien RSS peut être désigné comme DS. Le mandat de RSS est ainsi un mandat provisoire destiné à favoriser l'implantation d'une organisation syndicale dans l'entreprise.

EN PRATIQUE

Les prérogatives des organisations syndicales (non représentatives) dans l'entreprise :

- Constituer une section syndicale et exercer les prérogatives reconnues à celle-ci, notamment en matière de diffusion des communications et d'accès à l'intranet syndical (Soc. 21 sept. 2011).
- Désigner un représentant de section syndicale.
- Être invité à la négociation du protocole préélectoral et présenter des candidats au premier tour des élections.
- Engager une procédure pour entrave à l'exercice du droit syndical (Crim. 31 janv. 2012, FNSA-PTT).

Les délégués syndicaux

• Revendication

Le DS a notamment pour fonction de représenter le syndicat auprès de l'employeur (L. 2143-3). Dans la pratique, c'est aux DS qu'il revient de servir d'intermédiaires entre le syndicat et les salariés, de ***présenter à l'employeur les revendications*** des syndiqués et plus largement des salariés et pour ce faire d'utiliser les moyens d'action prévus en faveur de la section (même si tout membre de la section peut le faire). Ils disposent d'une compétence générale fondée sur l'objet du syndicat (*supra*).

Les DS (personnes physiques) ne sont toutefois pas censés se substituer au syndicat (personne morale) qui les a désignés. C'est au syndicat qu'il revient notamment de négocier une convention collective d'entreprise, en y associant les DS, ou de présenter des candidats au premier tour des élections professionnelles.

• Négociation collective

Dans toute négociation collective, la délégation de chacune des organisations représentatives parties aux négociations dans l'entreprise comprend obligatoirement le DS de l'entreprise ou, en cas de pluralité de délégués, au moins 2 DS (L. 2232-17). Les DS et, le cas échéant, le délégué central, sont souvent les principaux animateurs de la délégation syndicale pour toute négociation collective d'entreprise et en particulier la négociation annuelle obligatoire sur les salaires et le temps de travail. Un crédit d'heures particulier est prévu.

• Élections professionnelles

Pour les élections professionnelles dans l'entreprise, « *un délégué syndical ne peut présenter de liste de candidats au nom de son syndicat que lorsqu'il a expressément reçu mandat à cette fin* » (Soc. 15 juin 2011, Sté Yves Saint Laurent Beauté).

• Secret professionnel

Les DS sont tenus au secret professionnel pour toutes les questions relatives aux procédés de fabrication (L. 2143-21).

Représentation syndicale dans l'entreprise

• Établissements occupant moins de 50 salariés

Les syndicats représentatifs dans l'établissement peuvent désigner un membre de la délégation du personnel au CSÉ, pour la durée de son mandat, comme délégué syndical (L. 2143-6). Ce doit être un délégué titulaire, disposant d'un crédit d'heures à ce titre (Soc. 30 oct. 2001).

Sauf disposition conventionnelle, ce mandat n'ouvre pas droit à un crédit d'heures, mais le crédit d'heures dont dispose le délégué, en tant que membre du CSÉ, peut être utilisé pour l'exercice de ses fonctions de DS (L. 2143-6).

• Entreprises d'au moins 50 salariés

Chaque OSR dans l'entreprise ou l'établissement d'au moins 50 salariés, qui constitue une section syndicale, peut désigner un ou plusieurs DS (L. 2143-3).

Cet effectif doit avoir été atteint pendant 12 mois consécutifs. Les modalités de calcul des effectifs sont celles prévues en matière d'institutions élues du personnel (L. 1111-2, *infra* Élections professionnelles).

EN PRATIQUE

Le nombre de délégués, qui est fonction de l'effectif de l'entreprise, est fixé comme suit (R. 2143-2) :
- de 50 à 999 salariés : 1 ;
- de 1 000 à 1 999 salariés : 2 ;
- de 2 000 à 3 999 salariés : 3 ;
- de 4 000 à 9 999 salariés : 4 ;
- au-delà de 9 999 salariés : 5.

Si l'entreprise comprend plusieurs établissements, les DS sont désignés dans le cadre de l'établissement, dès lors que celui-ci occupe au moins 50 salariés, et leur nombre est fonction de son effectif.

« *Une confédération syndicale et les organisations syndicales qui lui sont affiliées ne peuvent désigner ensemble un nombre de délégués syndicaux supérieur à celui prévu par la loi ; seule une convention ou un accord collectif expresse peut prévoir, par des dispositions plus favorables, la désignation sur un même périmètre de délégués syndicaux par chacun des syndicats affiliés à une même confédération* » (Soc. 15 juin 2011, UGICT-CGT et a. c/ CNAV ; Soc. 22 sept. 2010, PBR, CGT c/ CMA-CGM).

• Entreprises d'au moins 500 salariés

Tout syndicat représentatif dans l'entreprise peut désigner un DS supplémentaire s'il a obtenu un ou plusieurs élus dans le collège des ouvriers et employés lors de l'élection du CSÉ et s'il compte au moins un élu dans l'un des deux autres collèges. Ce délégué supplémentaire est désigné parmi les candidats aux élections professionnelles qui ont recueilli au moins 10 % des suffrages exprimés au premier tour des dernières élections au CSÉ, quel que soit le nombre de votants (L. 2143-4).

• DS central (DSC)

Dans les entreprises d'au moins 2000 salariés comportant au moins 2 établissements d'au moins 50 salariés chacun, chaque syndicat représentatif dans l'entreprise peut désigner un délégué syndical central d'entreprise (L. 2143-5), qui s'ajoute aux DS d'établissement.

Ce DSC est désigné par un syndicat qui a recueilli au moins 10 % des suffrages exprimés au premier tour des dernières élections des titulaires au CSÉ, quel que soit le nombre de votants, en additionnant les suffrages de l'ensemble des établissements compris dans ces entreprises (L. 2143-5). La représentativité d'un syndicat pour la désignation d'un DSC doit « s'apprécier par rapport à l'ensemble du personnel de l'entreprise » (Soc. 14 déc. 2015, CFDT de la métallurgie du Bas-Rhin).

Dans les entreprises de moins de 2 000 salariés comportant au moins 2 établissements d'au moins 50 salariés chacun, chaque syndicat représentatif peut désigner l'un de ses DS d'établissement en vue d'exercer également les fonctions de DSC d'entreprise (L. 2143-5).

« *L'absence de comité central d'entreprise est sans incidence sur le droit pour un syndicat représentatif de désigner un délégué central d'entreprise* » (Soc. 5 avril 2011, Sté La Maintenance de Paris).

• Périmètre de désignation, établissement distinct

La désignation d'un DS peut intervenir « *au sein de l'établissement regroupant des salariés placés sous la direction d'un représentant de l'employeur et constituant une communauté de travail ayant des intérêts propres, susceptibles de générer des revendications communes et spécifiques* » (L. 2143-3). Ces dispositions sur le périmètre de désignation des DS sont d'ordre public (Soc. 31 mai 2016, sté Generis c/ UL CGT de Chelles).

Les litiges sur l'existence ou le nombre d'établissements distincts au sein d'une entreprise relèvent du TI. La jurisprudence tient compte des nécessités de la mission du DS qui doit pouvoir rester en contact avec les adhérents de son syndicat et plus largement avec l'ensemble des salariés (fonction de proximité). Elle ajoute que peu importe que la gestion du personnel soit centralisée à un autre niveau, dès lors qu'il existe sur place un représentant de l'employeur (Soc. 2 oct. 2001) et quelle que soit l'étendue de sa délégation de pouvoir (Soc. 24 avril 2003). Le critère fonctionnel retenu est la présence d'une « *communauté de travail ayant des intérêts propres susceptibles de générer des revendications communes et spécifiques, peu importe que le représentant de l'employeur ait le pouvoir de se prononcer sur ces revendications* » (Soc. 13 sept. 2005).

Désignation des délégués syndicaux

À RETENIR

La désignation des DS émane du syndicat représentatif (cf. *supra* « Reconnaissance de la représentativité » ; syndicat d'entreprise, union locale ou départementale, fédération). La section ne peut pas procéder à cette désignation. Le syndicat qui a désigné un DS le fait sans détermination de durée, mais peut mettre à tout moment un terme à son mandat et le remplacer.

En principe, une ***union de syndicats*** peut exercer les droits conférés à ceux-ci. « *L'affiliation d'un syndicat à une union permet à cette dernière de se prévaloir des adhérents du syndicat pour l'exercice des prérogatives* » légales, comme la désignation d'un DS (une confédération peut constituer une section syndicale dans une entreprise et y désigner un RSS, Soc. 13 janv. 2010, CAT c/ UES Avenance). Une union syndicale ne peut désigner un DS que si elle est représentative dans le cadre de la désignation (notamment dans l'entreprise – Soc. 4 avril 2007, Union syndicale Sud Autoroute), la représentativité d'un syndicat affilié n'étant pas opérante ici.

• Contentieux intrasyndical

En présence d'un conflit avec un autre syndicat, affilié à la même organisation syndicale, celle-ci peut, en application de ses statuts, trancher le conflit en attribuant compétence à cet autre syndicat (Soc. 16 déc. 2009, CFDT métallurgie sidérurgie Nord Lorraine). En cas de conflit entre 2 syndicats relevant d'une même organisation (exemple : une union départementale et une fédération), en cas de désignation d'un DS surnuméraire, celle-ci ouvre un nouveau délai de contestation de 15 jours de l'ensemble des désignations effectuées à compter de la dernière désignation ou de la décision prise par l'organisation pour y mettre fin. Il appartient aux syndicats de justifier des dispositions statutaires déterminant le syndicat ayant qualité pour désigner les DS ou de la décision prise par l'organisation pour régler le conflit conformément aux dispositions statutaires (rôle d'arbitrage). À défaut, par application de la règle chronologique, seule la désignation notifiée en premier lieu doit être validée (Soc. 29 oct. 2010, PBR, UL CGT Rosny-sous-Bois et MICT CGT ; Soc. 17 févr. 2016).

• Modalités de désignation

Les noms du ou des DS sont portés à la connaissance de l'employeur, soit par lettre recommandée avec demande d'accusé de réception, soit par lettre remise à l'employeur contre récépissé. La date portée sur l'avis de réception ou sur le récépissé fait foi entre les parties.

Les noms du ou des délégués syndicaux sont affichés sur des panneaux réservés aux communications syndicales.

La copie de la communication adressée à l'employeur est adressée simultanément à l'inspecteur du travail (L. 2143-7).

Les mêmes modalités sont applicables en cas de remplacement ou de cessation des fonctions du délégué (L. 2143-7).

La désignation doit indiquer, sous peine de nullité, le cadre de cette désignation – entreprise, établissement, UES (Soc. 24 oct. 2007) – et la fonction exacte – DS ou représentant syndical au CE/CSÉ (Soc. 29 mars 2005).

Plusieurs entreprises, juridiquement distinctes, peuvent être regardées comme constituant une ***Unité économique et sociale*** (UES) (*infra* Chap. XIX Élections professionnelles). Dans ce cas, la notification de la désignation doit être faite à chaque employeur de chaque société concernée en indiquant la composition de l'UES en question (Soc. 28 avril 2000). La désignation doit être signée par le président du syndicat ou une autre personne dûment habilitée (Soc. 31 mars 2004).

• Conditions de désignation des DS

À RETENIR

Les DS doivent être âgés de 18 ans révolus, travailler dans l'entreprise depuis un an au moins et n'avoir fait l'objet d'aucune interdiction, déchéance ou incapacité relatives à ses droits civiques (L. 2143-1). Ce délai d'un an est réduit à 4 mois en cas de création d'entreprise ou d'ouverture d'établissement.

De manière générale, « *dès lors qu'un salarié remplit les conditions prévues par la loi, il n'appartient qu'au syndicat désignataire d'apprécier si ce salarié est en mesure de remplir sa mission, peu important l'appartenance successive à plusieurs syndicats* » (Soc. 13 janv. 2010, Accord SA, salarié élu DP sur liste FO, puis désigné DS par l'UL CGT d'Évry). Un syndicat catégoriel mais représentatif peut désigner tout salarié comme DS, et ce quelle que soit sa catégorie professionnelle (Soc. 21 nov. 2007).

Cumul de mandats

Les fonctions de DS sont compatibles avec celles de membre de la délégation du personnel au CSÉ ou de RS à ce comité (L. 2143-9).

Exclusion

Les salariés qui, même s'ils ne disposent pas d'une délégation de pouvoir écrite, peuvent être assimilés au chef d'entreprise, sont exclus du droit d'être désignés DS (Soc. 27 oct. 2004), « *peu importe que la délégation n'ait pas fait l'objet d'une acceptation expresse de l'intéressé* » (Soc. 4 avril 2007).

• Condition d'audience électorale

Règle

Chaque organisation syndicale représentative dans l'entreprise ou l'établissement d'au moins 50 salariés, qui constitue une section syndicale, désigne ***parmi les candidats aux élections professionnelles qui ont recueilli à titre personnel et dans leur collège au moins 10 % des suffrages exprimés au premier tour des dernières élections au CSÉ, quel que soit le nombre de votants***, un ou plusieurs DS pour la représenter auprès de l'employeur (L. 2143-3 al. 1).

Cette exigence d'audience électorale minimale personnelle apparaît pertinente au regard du rôle joué par le DS qui s'exprime au nom de l'ensemble des salariés, pas seulement des adhérents, notamment en matière de négociation et de conclusion d'accords collectifs ayant des effets sur la situation professionnelle de l'ensemble des salariés.

Ainsi, après avoir vérifié l'audience du syndicat (*supra*), il convient de vérifier l'audience du délégué.

« *Le score minimal de 10 % des suffrages exprimés au profit d'un salarié, (…) se calcule sur le seul collège au sein duquel sa candidature a été présentée* » (Soc. 29 juin 2011, OPAC de la Savoie).

« *Le score électoral exigé d'un candidat* (…) *pour sa désignation en qualité de délégué syndical est un score personnel qui l'habilite à recevoir mandat de représentation par un syndicat représentatif* » (Soc. 28 sept. 2011, UES Caceis). Ainsi, le changement d'étiquette syndicale n'efface pas l'audience acquise par le salarié sous son ancienne bannière syndicale (un salarié élu sous une étiquette CNT peut être désigné DS sous le sigle CFTC ; Soc. 17 avril 2013, sté Sepur).

Cette audience de 10 % peut avoir été obtenu dans un des établissements distincts de l'entreprise (Soc. 28 nov. 2012) ; le salarié peut être désigné DS au niveau de l'entreprise.

Options subsidiaires

Plusieurs options subsidiaires existent :
– Si aucun des candidats présentés par l'organisation syndicale aux élections professionnelles ne remplit les conditions d'audience (L. 2143-3 al. 1),
ou
– S'il ne reste, dans l'entreprise ou l'établissement, plus aucun candidat aux élections professionnelles qui remplit ces conditions,
ou
– Si l'ensemble des élus qui remplissent ces conditions renoncent par écrit à leur droit d'être désignés DS,
une OSR peut désigner un DS parmi :

- les autres candidats ;
- ou, à défaut, parmi ses adhérents au sein de l'entreprise ou de l'établissement ;
- ou parmi ses anciens élus ayant atteint la limite de durée d'exercice du mandat au CSÉ (L. 2143-3 al. 2).

Ces options redonnent plus d'autonomie au syndicat dans le choix de la personne à désigner comme DS, mais éloignent la liaison entre audience électorale et négociation au nom de l'ensemble des salariés « *tendant à assurer la détermination par les salariés eux-mêmes des personnes les plus aptes à défendre leurs intérêts dans l'entreprise et à conduire les négociations pour leur compte* » (Soc. 14 avr. 2010, Sté SDMO et CFDT c/ FO).

Fin du mandat

– ***Élections professionnelles : le mandat de délégué syndical prend fin au plus tard lors du premier tour des élections de l'institution représentative du personnel renouvelant l'institution dont l'élection avait permis de reconnaître la représentativité de l'organisation syndicale l'ayant désigné*** (L. 2143-11, al. 1) (Soc. 22 sept. 2010, CMA-CGM). Le mandat de délégué syndical cesse lors de chaque élection et une nouvelle désignation est nécessaire ; le délai de contestation de 15 jours est ouvert lors de chaque nouvelle désignation, la même personne pouvant être redésignée si elle remplit les conditions (*supra*).

– ***Baisse d'effectif :*** en cas de diminution importante et durable de l'effectif au-dessous de 50 salariés, la suppression du mandat du DS est subordonnée à un accord entre le chef d'entreprise et l'ensemble des organisations syndicales représentatives. À défaut d'accord, le DIRECCTE peut décider que le mandat prend fin (L. 2143-11).

– ***Révocation :*** en cas de révocation du mandat par l'organisation syndicale, l'employeur peut en tirer les conséquences (cessation des fonctions de délégué syndical) sans qu'il ait à s'interroger sur la régularité de la révocation – rapports du syndicat et de son mandataire (Soc. 7 nov. 2007). La révocation prend effet le jour où l'employeur en est informé.

JURISPRUDENCE

Changement d'affiliation du syndicat. Il est jugé que « ***l'affiliation confédérale sous laquelle un syndicat a présenté des candidats au premier tour des élections des membres titulaires du comité d'entreprise constitue un élément essentiel du vote des électeurs*** » ; par conséquent :

– « *En cas de désaffiliation après ces élections, le syndicat ne peut plus continuer à se prévaloir des suffrages ainsi obtenus pour se prétendre représentatif* » (Soc. 18 mai 2011, PBRI, SAS Services prestations hygiène c/ SAAAP UNSA), le syndicat ne peut pas désigner de DS, etc.

– *« En cas de désaffiliation après ces élections de ce syndicat, la confédération ou l'une de ses fédérations ou unions peut, si elle justifie de l'existence dans l'entreprise, au jour de la désignation, d'une section syndicale constituée sous son sigle, procéder à la désignation d'un délégué syndical afin de maintenir dans l'entreprise la présence du mouvement syndical auquel les électeurs ont accordé au moins 10 % de leurs suffrages »* (Soc. 18 mai 2011, PBRI, Fédération générale CFTC des transports c/ Sté Europe Handing Roissy), le syndicat peut désigner un DS.

Cette jurisprudence est dissuasive à l'égard des désaffiliations.

Enjeux et conséquences

Le résultat des élections professionnelles a une incidence sur le choix des DS. Dans les entreprises où les DS sont déjà des représentants du personnel, cette règle sera sans incidence ; en revanche, dans les entreprises où les DS ne se présentaient pas aux élections, cette règle va sensiblement modifier la situation. Il apparaît conforme à l'exigence démocratique de bénéficier d'un minimum de suffrages pour pouvoir s'exprimer et agir au nom d'une collectivité de personnes.

• Contestations

Les contestations relatives aux conditions de désignation des DS légaux ou conventionnels sont de la seule compétence du TI (L. 2143-8). Le recours est recevable s'il est introduit dans les 15 jours suivant l'accomplissement des formalités de désignation (notification à l'employeur de la désignation du délégué par le syndicat). Ce délai court, à l'égard des organisations syndicales et des salariés de l'entreprise, du jour où le nom du DS a été porté à leur connaissance par affichage ou par tout autre moyen. Passé ce délai, la désignation est purgée de tout vice sans que l'employeur puisse soulever ultérieurement une irrégularité pour priver le DS désigné du bénéfice de sa désignation (L. 2143-8). La société qui avait eu connaissance de la désignation au sein de l'UES est forclose (Soc. 3 mai 2007, Sté Aulnay Cars).

Lorsqu'une contestation rend indispensable le recours à une mesure d'instruction, les dépenses afférentes à cette mesure sont à la charge de l'État (L. 2143-8).

Le TI est saisi par voie de simple déclaration au greffe. Il statue en dernier ressort dans les 10 jours sans frais, ni forme de procédure et sur avertissement donné 3 jours à l'avance à toutes les parties intéressées. Sa décision est notifiée par le greffe dans un délai de 3 jours (LR/AR). Cette décision est susceptible d'un pourvoi en cassation dans un délai de 10 jours (R. 2143-5).

Heures de délégation, déplacements et contacts

• Heures de délégations

Durée

EN PRATIQUE

Chaque DS dispose d'un temps nécessaire à l'exercice de ses fonctions dans la limite d'une durée qui ne peut, sauf dispositions conventionnelles plus favorables ou circonstances exceptionnelles, excéder (L. 2143-13 et s.) :

- 12 heures par mois dans les entreprises ou établissements occupant de 50 à 150 salariés ;
- 18 heures par mois dans les entreprises ou établissements occupant de 151 à 500 salariés ;
- 24 heures par mois dans les entreprises ou établissements occupant plus de 500 salariés ;
- 24 heures par mois pour le délégué syndical central d'entreprise, dans les entreprises occupant au moins 2 000 salariés (dans les entreprises occupant moins de 2 000 salariés, le DS d'entreprise, pris parmi les DS d'établissement, ne bénéficie d'aucun crédit supplémentaire).

Les heures utilisées pour participer à des réunions qui ont lieu à l'initiative du chef d'entreprise ne sont pas imputables sur les heures de délégations.

Lorsque le syndicat peut désigner plusieurs DS, le total d'heures dont ils disposent peut être réparti entre les délégués du même syndicat. Cette possibilité n'existe que lorsque le syndicat peut désigner au moins 2 délégués, compte tenu de l'effectif de l'entreprise, soit à partir de 1 000 salariés (sauf disposition conventionnelle plus favorable). L'employeur doit en être informé.

Modalités

Le DS doit informer l'employeur ou son représentant lorsqu'il compte quitter son travail (pratique des « bons de délégation »), mais il n'a pas à lui demander d'autorisation.

Paiement (usage conforme)

Le temps passé en heures de délégation est, de plein droit, considéré comme du temps de travail et payé à l'échéance normale. En cas de contestation par l'employeur de l'usage fait du temps alloué, il lui appartient ultérieurement de saisir le CPH (L. 2143-17). Ce n'est donc qu'après avoir payé le délégué que l'employeur pourra saisir le CPH et essayer de prouver que l'activité pour laquelle le DS a été payé n'entrait pas dans l'exercice de ses fonctions. La jurisprudence fait la distinction entre l'indication de l'utilisation des heures de délégation que le salarié est contraint de fournir et la justification de cette utilisation qu'il n'a pas à apporter (Soc. 25 mai 1993). C'est à l'employeur d'apporter la preuve de l'utilisation non conforme. Si c'est le cas, il a droit au remboursement des heures de délégation indûment payées. La jurisprudence est plutôt libérale en ce qui concerne l'utilisation de ces heures par les DS.

En revanche, si le DS demande des heures au-delà de son crédit, en cas de circonstances exceptionnelles, il doit justifier sa demande en précisant la nature de ces circonstances et l'utilisation des heures conforme à son mandat. A ainsi été admis le dépassement du contingent lors d'un conflit collectif qui s'était prolongé pendant plusieurs mois (Soc. 8 juill. 1998).

La jurisprudence est libérale concernant l'usage des heures de délégation par les DS. La loi précise que chaque DS peut en utiliser pour participer, au titre de son organisation, à des négociations ou à des concertations à un autre niveau que celui de l'entreprise ou aux réunions d'instances organisées dans l'intérêt des salariés de l'entreprise ou de la branche (L. 2143-16-1).

Paiement (rémunération maintenue)

« *Le représentant du personnel ne doit subir aucune perte de rémunération du fait de l'exercice de sa mission* » (Soc. 3 mars 2010, SA Air France). En particulier, pour ce temps consacré à l'exercice d'un mandat, en ce qui concerne une prime variable liée à des objectifs commerciaux, le salarié a droit à la moyenne des sommes perçues par les autres salariés pour un temps équivalent (Soc. 6 juill. 2010, PBR). Cette jurisprudence est applicable pour tous les mandats (*infra*).

• Déplacements et contacts

Pour l'exercice de leurs fonctions, les DS peuvent, durant les heures de délégation, se déplacer hors de l'entreprise.

Ils peuvent également, tant au cours des heures de délégation qu'en dehors de leurs heures habituelles de travail, circuler librement dans l'entreprise et y prendre tous les contacts nécessaires à l'accomplissement de leur mission, notamment auprès d'un salarié à son poste de travail, sous réserve de ne pas apporter de gêne « importante » à l'accomplissement du travail des salariés (L. 2143-20).

Ces dispositions sont identiques pour les représentants du personnel.

Action en justice

Des actions judiciaires sont possibles en cas de discrimination, à l'égard des personnes physiques ou morales (*supra*), et également en cas d'entrave à l'action syndicale.

• Au plan pénal

Les entraves à la liberté syndicale sont punies pénalement par le Code pénal d'un an d'emprisonnement et de 15 000 € d'amende, portés à 3 ans et 45 000 € d'amende en cas de violence et voie de fait (art. 431-1).

Le Code du travail réprime les discriminations (L. 2146-2) ainsi que les entraves au droit syndical (L. 2146-1 – emprisonnement d'un an et amende de 3 750 €).

• Au plan civil

L'atteinte au droit syndical peut également être portée devant le juge civil (TGI) pour qu'il ordonne à l'employeur de respecter ses « obligations de faire » (mise à disposition de locaux, etc.) ou pour qu'il fasse défense à l'employeur d'entraver l'action syndicale.

CHAPITRE XVIII

NÉGOCIATIONS COLLECTIVES ET CONVENTIONS COLLECTIVES

À RETENIR

Le ***droit de la négociation collective*** est garanti en droit international (Convention de l'OIT n° 98 de 1949), européen (Charte sociale européenne révisée, art. 6 ; CESDH, art. 11) et au niveau de l'UE (c'est un droit fondamental de l'UE, CJUE 15 juill. 2010, aff. C-271/08, Commission c/ Allemagne, § 37 ; Charte des droits fondamentaux de l'UE, art. 28).

En France, le droit à la négociation collective des conditions de travail est garanti par la Constitution française : « Tout travailleur participe, par l'intermédiaire de ses délégués, à la détermination collective des conditions de travail ainsi qu'à la gestion des entreprises » (Préambule de 1946, alinéa 8). « *Ces dispositions confèrent aux organisations syndicales vocation naturelle à assurer, notamment par la voie de la négociation collective, la défense des droits et intérêts des travailleurs* » (DC 6 nov 1996).

Ce ***droit à la négociation collective*** est un droit des travailleurs, qu'ils exercent par l'intermédiaire des organisations syndicales représentatives. Les organisations de salariés constituées en syndicats professionnels sont seules admises à négocier les conventions et accords collectifs de travail (L. 2132-2). Le Code du travail définit les règles suivant lesquelles s'exerce le droit des salariés à la négociation collective de l'ensemble de leurs conditions d'emploi, de formation professionnelle et de travail ainsi que de leurs garanties sociales (L. 2221-1).

La législation offre une variété de formules en matière d'accords collectifs, donnant ainsi aux acteurs de la négociation des possibilités importantes de choix (contenus, niveaux et articulations, nature des accords). Les conventions et accords collectifs sont l'une des sources essentielles du droit du travail.

Le champ d'application est large, mais si le droit des accords collectifs est développé, le droit du processus de négociation est encore en cours de construction.

Champ d'application

Le champ d'application de la loi est très étendu (L. 2212-1). Sont couvertes :
– Toutes les entreprises de droit privé : les professions industrielles et commerciales, les professions agricoles, les offices publics et ministériels, les professions libérales, les associations, etc.
– Les ÉPIC (Établissement Public à caractère Industriel et Commercial). Toutefois, lorsque le personnel est doté d'un statut particulier (SNCF, Banque de France, etc.), la convention collective d'entreprise ne peut que compléter les dispositions statutaires ou en déterminer les modalités d'application dans les limites fixées par le statut (L. 2233-2).
– Les ÉPA (Établissement Public à caractère Administratif) lorsqu'ils emploient du personnel dans les conditions du droit privé.

Ainsi, un salarié en « contrat aidé » doit bénéficier des dispositions des conventions et accords collectifs applicables dans l'entreprise ou l'organisme employeur (Soc. 6 avril 2011, Ass. hospitalière Sainte-Marie, concernant une salariée en CAE).

Différents types de conventions et d'accords

À RETENIR

La loi distingue les conventions collectives des accords collectifs et donne une définition de chacun de ces termes (L. 2221-2). La convention collective a vocation à traiter de l'ensemble des conditions d'emploi et de travail des salariés et de leurs garanties sociales pour toutes les catégories professionnelles intéressées (texte général). L'accord collectif traite un ou plusieurs sujets déterminés dans cet ensemble (texte particulier).

Nature

Le texte conventionnel (convention ou accord) a une double nature : contractuelle dans son élaboration et réglementaire dans ses effets. Les accords « 35 heures » ou sur la GPEC constituent donc des accords collectifs. Il s'agit d'accords portant en général sur une seule ou un nombre limité de questions, alors que la convention collective couvre de multiples aspects de la situation des salariés. Par exemple : période d'essai, salaires, classification, primes diverses, délais de préavis, indemnité de licenciement, congés, protection sociale complémentaire des prestations versées par la Sécurité sociale, etc.

Niveaux

La loi propose un cadre élaboré et différencié à la négociation collective : la convention collective (ou l'accord) peut être conclue dans le cadre d'une branche d'activité (par exemple la métallurgie, la chimie ou le commerce alimentaire), au niveau national, régional ou local (départemental par exemple). La convention collective peut aussi être conclue dans le cadre d'une entreprise (d'un groupe ou d'un établissement). L'accord collectif peut être interprofessionnel ou professionnel, c'est-à-dire couvrir plusieurs branches d'activité ou une seule. De tels accords peuvent être conclus au niveau national, régional ou local. L'accord collectif peut aussi être conclu dans le cadre d'un groupe, d'une entreprise ou d'un établissement.

La loi permet ainsi la négociation et la conclusion d'accords et de conventions à différents niveaux :

- ***accords interprofessionnels*** (couvrant plusieurs branches d'activité), au niveau national, régional, ou local ;
- ***accords professionnels*** (concernant une seule branche d'activité), au niveau national, régional, ou local ; conventions collectives de branche, au niveau national, régional, ou local ; sauf disposition contraire, les termes « ***convention de branche*** » désignent la convention collective et les accords de branche, les accords professionnels et les accords interbranches (L. 2232-5) ;
- ***conventions collectives de groupe, d'entreprise ou d'établissement*** ; accords collectifs de groupe, d'entreprise ou d'établissement. Sauf disposition contraire, les termes « ***convention d'entreprise*** » désignent toute convention ou accord conclu soit au niveau du groupe, soit au niveau de l'entreprise, soit au niveau de l'établissement (L. 2232-11).

Les conventions collectives peuvent comporter des annexes (par exemple relatives à une catégorie professionnelle) et des avenants (par exemple en matière de salaire).

EN PRATIQUE

La catégorie « cadre », très française, fait l'objet de dispositions limitées dans le Code du travail (collège spécial pour les élections professionnelles, application spécifique des règles de représentativité syndicale, régimes du temps de travail aux forfaits, droit d'expression, etc.). En effet, ce régime « cadre » résulte pour l'essentiel de dispositions conventionnelles (cf. des conventions collectives présentant, notamment dans leurs annexes, des différences de traitement entre « cadres » et « non-cadres »). Les avantages catégoriels doivent respecter le principe d'égalité de traitement (voir Chap. V – Égalité de traitement).

• Champ d'application territorial et professionnel

Les conventions collectives et les accords collectifs doivent déterminer leur champ d'application territorial et professionnel (L. 2222-1).

Champ d'application territorial

Une convention ou un accord national couvre l'ensemble de la France (pour les activités concernées). Une convention ou un accord, conclu au niveau régional ou local, doit définir son champ d'application territorial. Par exemple, la convention collective de la métallurgie parisienne énumère les départements qui, avec Paris, entrent dans son champ d'application.

Les conventions et accords collectifs de travail dont le champ d'application est national s'appliquent, sauf stipulations contraires, en Guadeloupe, en Guyane, en Martinique, à Mayotte, à La Réunion, à Saint-Barthélemy, à Saint-Martin et à Saint-Pierre-et-Miquelon, dans un délai de 6 mois à compter de leur date d'entrée en vigueur (L. 2222-1).

Champ d'application professionnel

Il est fonction du niveau de la négociation : national, régional ou local. Il doit être défini en termes d'activités économiques. Les conventions ou accords font référence en général au Code APE (Activité Principale Exercée) de l'Insee, déterminé selon la nomenclature d'activité française harmonisée au niveau européen (NAF). Cette référence Insee n'a qu'une valeur indicative, le juge devant prendre en compte l'activité réelle de l'entreprise (Soc. 18 oct. 2007).

La convention collective applicable est celle dont relève ***l'activité principale exercée par l'entreprise***. La question peut se poser de savoir si une entreprise entre bien dans le champ d'application professionnel d'une convention collective. En cas de litige, le tribunal examinera quelle est l'activité réelle de cette entreprise, le Code APE ne constituant qu'une simple présomption dépourvue de toute valeur juridique.

La plupart des difficultés surviennent lorsqu'une entreprise comporte ***plusieurs activités distinctes***, relevant chacune d'une convention collective. La tendance générale de la jurisprudence est de décider qu'une seule convention collective est applicable, celle qui couvre l'activité principale de l'entreprise, c'est-à-dire celle qui représente le chiffre d'affaires le plus élevé, peu important les activités exercées par tel salarié (Soc. 29 mars 1994). Ainsi est évitée la disparité des statuts au sein de l'entreprise. Ce n'est que lorsque les activités distinctes sont poursuivies au sein d'établissements distincts que chaque convention collective pourra être appliquée séparément.

Les clauses d'option qui permettent à l'entreprise de choisir une convention plutôt qu'une autre sont admises en cas d'incertitude (L. 2261-2 ; solution antérieure contraire : Soc. 26 nov. 2002). En cas de pluralité d'activités rendant incertaine l'application de ce critère pour le rattachement d'une entreprise à un champ conventionnel, les conventions collectives et les accords professionnels peuvent, par des clauses réciproques et de nature identique, prévoir les conditions dans lesquelles l'entreprise détermine les conventions et les accords qui lui sont applicables.

• Champ d'application temporel

La convention ou l'accord est conclu pour une durée déterminée ou indéterminée.

À défaut de stipulation de la convention ou de l'accord sur sa durée, celle-ci est fixée à 5 ans. Lorsque la convention ou l'accord d'entreprise ou d'établissement arrive à expiration, la convention ou l'accord cesse de produire ses effets.

Lorsque la convention ou l'accord arrive à expiration, la convention ou l'accord cesse de produire ses effets (L. 2222-4).

• Relations entre les divers niveaux de négociation

L'articulation entre la loi et les accords collectifs et entre les accords collectifs conclus à différents niveaux, est complexe. La multiplicité des niveaux de négociation peut aboutir à ce qu'une branche d'activité soit couverte par une convention collective nationale (CCN) et des conventions régionales ou locales. Une entreprise peut être couverte par un accord collectif d'entreprise et un accord national de branche. Le problème se pose donc de la relation entre ces divers instruments et de la détermination du droit applicable.

Le régime juridique applicable sera examiné à chaque niveau de négociation et en ce qui concerne l'application au contrat de travail dans l'entreprise.

Parties à la négociation

• Organisations

La convention ou l'accord est négocié et conclu entre les employeurs et les salariés, par le biais de leurs organisations (L. 2231-1).

Pour les employeurs

Il s'agit d'une ou plusieurs organisations syndicales, patronales ou un ou plusieurs employeurs pris individuellement.

La référence au groupement vise des instances qui n'ont pas le statut d'un syndicat (par exemple le conseil supérieur du notariat). Les associations d'employeurs, constituées dans le cadre de la loi de 1901 sur les associations, tel le Medef, sont assimilées aux organisations syndicales pour la négociation collective.

Pour les salariés

La négociation se fait avec une ou plusieurs organisations syndicales de salariés reconnues les plus représentatives (ayant fait la preuve de leur représentativité dans le champ d'application de la convention ou de l'accord. Après l'adoption de la loi « démocratie sociale » reprenant des dispositions du protocole du 9 avril 2008, de manière générale, négocient et concluent pour les salariés « une ou plusieurs organisations syndicales de salariés représentatives dans le champ d'application de la convention ou de l'accord » (L. 2231-1 ; cf. *supra* Reconnaissance de la représentativité).

EN PRATIQUE

Ces dispositions conduisent au résultat suivant.

Un ***accord national interprofessionnel*** est négocié du côté des salariés par les seules confédérations reconnues comme représentatives au plan national, c'est-à-dire la CGT, la CFDT, la CGT-FO, la CFTC et la CFE-CGC pour l'encadrement ; du côté patronal par le Medef, la CPME et l'U2P.

Un ***accord professionnel ou une convention collective de branche*** est négocié(e) au niveau national. Pour les salariés, il est négocié par les fédérations syndicales affiliées aux confédérations représentatives et aussi, le cas échéant, par les organisations syndicales reconnues comme représentatives dans la branche (dans une branche, une organisation syndicale de salariés, autre que celles affiliées aux organisations représentatives au plan national, peut être représentative sans l'être au plan national interprofessionnel) ; du côté patronal : ce sont les organisations patronales en général affiliées au Medef (Union des Industries et des Métiers de la Métallurgie, Union des industries chimiques, Union des industries textiles, etc.) à la CPME et, parfois, à l'U2P.

En outre, un accord professionnel ou une convention collective de branche est négocié(e) au niveau local ou régional, pour les salariés par les organisations syndicales affiliées aux grandes confédérations et, le cas échéant, celles qui ont pu prouver leur représentativité dans le cadre retenu pour la négociation (dans une branche, une organisation syndicale de salariés, autre que celles affiliées aux organisations représentatives au plan national, peut être représentative dans une région sans l'être au plan national) ; et du côté patronal par les organisations patronales, en général affiliées au Medef (par exemple, la Chambre syndicale de la métallurgie de la région parisienne) ou à une autre organisation nationale d'employeurs.

Une ***convention collective ou un accord de groupe, d'entreprise ou d'établissement*** est négocié(e) par l'employeur et les syndicats reconnus comme représentatifs dans le groupe, l'entreprise ou l'établissement.

• Habilitations

Les personnes qui prennent part à la négociation doivent être dûment habilitées à contracter par les organisations qu'elles représentent (L. 2231-2), en vertu d'une stipulation statutaire de cette organisation ou d'une délibération spéciale de cette organisation ; de mandats spéciaux écrits qui leur sont donnés individuellement par tous les adhérents de cette organisation. Les associations d'employeurs déterminent elles-mêmes leur mode de délibération.

• Négociation collective

En l'absence de définition légale, la négociation collective peut être définie comme ***un processus*** par lequel des organisations de droit privé se rencontrent et confrontent leurs intérêts en vue de la conclusion de textes de droit privé ayant des effets normatifs. Il s'agit d'un processus de « coopération conflictuelle ».

– La négociation s'engage librement selon les choix des acteurs (principe de la ***liberté contractuelle***) (Décision n° 2008-568 DC du 7 août 2008 ; « Chacun est libre de contracter ou de ne pas contracter, de choisir son cocontractant et de déterminer le contenu et la forme du contrat dans les limites fixées par la loi. La liberté contractuelle ne permet pas de déroger aux règles qui intéressent l'ordre public », C. civ. art. 1102). En fait, elle se déroule, le plus souvent, au siège de l'organisation patronale ou de l'entreprise.

– De manière générale, les organisations doivent respecter le principe de ***loyauté***, entre elles, dans le cadre de cette négociation (« Les contrats doivent être négociés, formés et exécutés de bonne foi. Cette disposition est d'ordre public », C. civ. art. 1104., art. 1112). Cette obligation de loyauté impose notamment à la partie patronale de fournir toutes les informations pertinentes permettant aux délégations syndicales de négocier en connaissance de cause (art. 1112-1), de respecter l'égalité de traitement entre les organisations et ne pas en discriminer certaines.

Ainsi, il est jugé que « *la nullité d'une convention ou d'un accord collectif est encourue lorsque toutes les organisations syndicales n'ont pas été convoquées à sa négociation, ou si l'existence de négociations séparées est établie, ou encore si elles n'ont pas été mises à même de discuter les termes du projet soumis à la signature en demandant, le cas échéant, la poursuite des négociations jusqu'à la procédure prévue pour celle-ci* » (Soc. 8 mars 2017, CGT).

• Thèmes, calendrier et méthode

La convention ou l'accord collectif de travail définit :
- le calendrier des négociations ;

- les modalités de prise en compte, dans la branche ou l'entreprise, des demandes relatives aux thèmes de négociation émanant d'une ou des organisations syndicales de salariés représentatives.

Une convention ou un accord collectif peut définir la ***méthode*** permettant à la négociation de s'accomplir dans des conditions de loyauté et de confiance mutuelle entre les parties.

Ce texte précise la nature des ***informations*** partagées entre les négociateurs, notamment, au niveau de l'entreprise, en s'appuyant sur la « base de données économiques et sociales » (BDES – *infra*).

Cette convention ou cet accord définit les principales étapes du ***déroulement*** des négociations et peut prévoir des moyens supplémentaires ou spécifiques, notamment s'agissant du volume de crédits d'heures des représentants syndicaux ou des modalités de recours à l'expertise, afin d'assurer le bon déroulement de l'une ou de plusieurs des négociations prévues (L. 2222-3-1).

Une convention ou un accord collectif contient un ***préambule*** présentant de manière succincte ses objectifs et son contenu (L. 2222-3-3).

Un accord conclu au niveau de la branche définit la méthode applicable à la négociation au niveau de l'entreprise. Cet accord s'impose aux entreprises n'ayant pas conclu de convention ou d'accord en la matière (L. 2222-3-2). Si un accord d'entreprise est conclu, en la matière, ses stipulations se substituent aux stipulations de cet accord de branche.

Le législateur pose des règles mais écarte les sanctions civiles possibles en cas de violation de ces règles (la nullité des accords qui ne respecteraient pas les règles posées). Il en est ainsi concernant la méthode conventionnelle de négociation (sauf disposition conventionnelle contraire…), l'absence de préambule, le non-respect des clauses de suivi (*infra*)… Le législateur pose le principe de loyauté, mais l'assortit de règles minimalistes, et, se méfiant du juge, il tente de limiter la portée du principe.

Forme, dépôt, suivi et publicité

• Forme

La convention collective et l'accord collectif doivent être écrits, sous peine de nullité (L. 2231-3). Ils doivent l'être en français. Toute clause rédigée en langue étrangère est inopposable au salarié à qui elle ferait grief. Ils doivent comporter la signature des parties qui les ont conclus (Soc. 8 janv. 2002).

• Dépôt

La convention collective et l'accord collectif doivent être déposés, ainsi que leurs avenants et annexes, à l'UT (DIRECCTE) et au secrétariat-greffe du CPH du lieu de conclusion (L. 2231-6), pour rendre les textes opposables (Soc. 25 avril 2001).

• Publicité

Les conventions et accords de branche, de groupe, interentreprises, d'entreprise et d'établissement sont rendus publics et versés dans une base de données nationale, dont le contenu est publié en ligne dans un standard ouvert aisément réutilisable (L. 2231-5-1). Ils sont publiés dans une version ne comportant pas les noms et prénoms des négociateurs et des signataires.

Après la conclusion de la convention ou de l'accord, de groupe, interentreprises, d'établissement, les parties peuvent acter qu'une partie de la convention ou de l'accord ne doit pas faire l'objet de la publication. Cet acte, ainsi que la version intégrale de la convention ou de l'accord et la version de la convention ou de l'accord destinée à la publication, sont joints au dépôt. L'employeur peut occulter les éléments portant atteinte aux intérêts stratégiques de l'entreprise. Les accords d'intéressement, de participation, les plans d'épargne d'entreprise, interentreprises ou pour la retraite collectifs, ainsi que les accords portant sur un PSE et les accords de « performance collective » ne font pas l'objet de la publication.

Dialogue social national

La loi du 31 janv. 2007 sur le dialogue social prévoit que, sauf urgence, tout projet de réforme envisagé par le gouvernement qui relève du champ de la négociation nationale interprofessionnelle, dans les domaines des relations individuelles et collectives du travail, de l'emploi et de la formation professionnelle, fait l'objet d'une concertation préalable avec les organisations syndicales représentatives, de salariés et d'employeurs, en vue de l'ouverture d'une éventuelle négociation. Le gouvernement leur communique un document d'orientation présentant des éléments de diagnostic, les objectifs poursuivis et les principales options. Lorsqu'elles font connaître leur intention d'engager une telle négociation, les organisations indiquent également au gouvernement le délai qu'elles estiment nécessaire pour conduire la négociation.

Les organisations peuvent faire connaître leur intention de négocier sur le sujet et le délai estimé nécessaire pour aboutir (L. 1). Ce dispositif s'inspire fortement de la procédure communautaire (en œuvre depuis le protocole social annexé au Traité de Maastricht, 1992).

Il y aurait lieu d'élargir le champ de ces dispositions aux propositions de loi, qui émanent, au moins formellement, des parlementaires.

Les ordonnances du 22 septembre 2017 n'ont pas été précédées d'une négociation collective entre tous les acteurs sociaux ensemble (seule une « concertation » de chaque acteur avec le gouvernement a été mise en œuvre).

Négociation collective

Les délégations qui négocient et concluent sont composées de représentants des organisations (syndicales ou associatives) d'employeurs et des confédérations syndicales de salariés.

En application de la Position commune du 9 avril 2008, la loi « démocratie sociale » prévoit que la validité d'un ANI est subordonnée à sa signature par une ou plusieurs organisations syndicales de salariés représentatives ayant recueilli, aux élections prises en compte pour la mesure de l'audience (au premier tour des dernières élections des titulaires au CSÉ, ou en attendant aux CE ou de la DUP ou, à défaut, des DP), au moins 30 % des suffrages exprimés en faveur d'organisations reconnues représentatives à ce niveau, quel que soit le nombre de votants, et à l'absence d'opposition d'une ou plusieurs organisations syndicales de salariés représentatives ayant recueilli la majorité des suffrages exprimés en faveur des mêmes organisations à ces mêmes élections, quel que soit le nombre de votants. L'opposition est exprimée dans un délai de 15 jours à compter de la date de notification de cet accord (L. 2232-2).

Des dispositions spécifiques déclinent ces règles pour les organisations syndicales représentatives catégorielles qui négocient et concluent un ANI pour les salariés d'une catégorie professionnelle au regard d'un collège électoral (L. 2232-2-1).

Accords nationaux interprofessionnels (ANI)

Le ***champ d'application*** territorial de ces accords interprofessionnels est national.

En cas d'***extension*** (voir *infra*), les ANI sont obligatoires dans leur champ d'application pour toutes les entreprises (la majeure partie du secteur privé se trouve alors couverte ; demeurent exclues les entreprises relevant de secteurs non représentés par les organisations d'employeurs parties à la négociation de l'ANI ; il s'agit notamment de l'agriculture et du milieu associatif dans la branche médico-sociale et par ailleurs des entreprises publiques).

EN PRATIQUE

Les ***grands accords nationaux interprofessionnels*** sont notamment :
- ANI du 14 déc. 2013 sur la formation professionnelle ;
- ANI du 19 juin 2013 « Vers une politique d'amélioration de la qualité de vie au travail et de l'égalité professionnelle » ;
- ANI du 11 janv. 2013 « pour un nouveau modèle économique et social au service de la compétitivité des entreprises et de la sécurisation de l'emploi et des parcours professionnels des salariés » ;
- ANI du 19 oct. 2012 sur le contrat de génération ;
- ANI du 26 mars 2010 sur le harcèlement et la violence au travail ;
- ANI du 2 oct. 2009 sur le chômage partiel ;
- ANI du 8 juillet 2009 sur la gestion sociale des conséquences de la crise économique sur l'emploi ;
- ANI du 7 janvier 2009 sur la formation professionnelle (modifiant l'ANI de 2003) ;
- ANI du 2 juillet 2008 sur le stress au travail ;
- Position commune du 9 avril 2008 sur la représentativité, le développement du dialogue social et le financement du syndicalisme ;
- ANI du 11 janv. 2008 sur la réforme du marché du travail, notamment prolongé par l'ANI du 14 novembre 2008 sur la GPEC (l'avenant du 3 mars 2009 sur le Bilan d'Étape Professionnel ayant fait l'objet d'une opposition des organisations syndicales non signataires) ;
- ANI du 12 oct. 2006 sur la « diversité » ;
- ANI du 31 oct. 2005 sur l'emploi des « seniors » ;
- ANI du 1er mars 2004 sur l'égalité entre les femmes et les hommes.

Des accords interprofessionnels sont à l'origine de nombreuses garanties collectives :
- mensualisation des salaires, accord de 1977 ;
- formation professionnelle, accord de juillet 1970 ;
- sécurité de l'emploi, accord de 1969 ;
- droit syndical dans l'entreprise, Protocole de Grenelle du 27 mai 1968 (d'une nature originale puisque non signé) ;
- Assédic, accord de 1958.

Des accords interprofessionnels ont été repris dans la loi (« loi négociée »), comme en matière de temps de travail (protocole du 17 juill. 1981, repris dans l'ordonnance du 16 janv. 1982, prévoyant la durée légale à 39 heures et la cinquième semaine de congés, mais également les accords « dérogatoires » de modulation) ou d'accords collectifs (Accords Matignon du 7 juin 1936 sur les accords collectifs repris dans la loi du 24 juin 1936).

La négociation collective de branche est obligatoire sur certains sujets et permet la conclusion d'accords collectifs aux effets variés.

Négociation de branche et professionnelle

• Champ d'application

Le champ d'application territorial des conventions de branches et des accords professionnels peut être national, régional ou local. Sauf disposition contraire, les termes « convention de branche » désignent la convention collective et les accords de branche, les accords professionnels et les accords interbranches (L. 2232-5).

• Objet

La branche a pour missions (L. 2232-5-1) :

- de définir les conditions d'emploi et de travail des salariés ainsi que les garanties qui leur sont applicables (L. 2253-1 et L. 2253-2, *infra*) ;
- de réguler la concurrence entre les entreprises relevant de son champ d'application.

• Articulations entre les accords de branche et les accords couvrant un champ territorial ou professionnel plus large avec les accords d'entreprises

Une nouvelle règle générale

Les stipulations de la convention d'entreprise conclue antérieurement ou postérieurement à la date d'entrée en vigueur de la convention de branche ou de l'accord couvrant un champ territorial ou professionnel plus large ***prévalent*** sur celles ayant le même objet prévues par la convention de branche ou l'accord couvrant un champ territorial ou professionnel plus large (L. 2253-3), dans les matières autres que celles mentionnées aux articles L. 2253-1 et L. 2253.2 (*infra*).

En l'absence d'accord d'entreprise, la convention de branche ou l'accord couvrant un champ territorial ou professionnel plus large ***s'applique*** (L. 2253-3). Les clauses des accords de branche et des accords couvrant un champ territorial ou professionnel plus large, quelle que soit leur date de conclusion, cessent de produire leurs effets vis-à-vis des accords d'entreprise à compter du 1er janvier 2018.

Remarques

– ***L'application du principe de faveur est largement écartée entre l'accord de branche et l'accord d'entreprise***. Dans la plupart des cas, ce sont les dispositions de l'accord d'entreprise qui s'appliquent (y compris quand ces dispositions sont moins favorables pour le salarié que les dispositions ayant le même objet de l'accord de branche). La loi pose comme règle générale la primauté de l'accord d'entreprise sur l'accord de branche.

– Dans la plupart des cas, l'accord de branche s'applique à titre supplétif (en l'absence de dispositions d'accord d'entreprise ayant le même objet).

La primauté de l'accord d'entreprise et l'affaiblissement de l'accord de branche risquent de générer une concurrence entre entreprises au détriment des garanties des salariés. Pour prévenir ce risque, des accords de branche, dérogatoires, ont prévu le maintien de leur primauté (Accord tripartite dans le transport routier du 4 oct. 2017, verrouillant le maintien de primes et indemnités ; une disposition devrait le confirmer dans le Code des transports).

Des exceptions limitées

La convention de branche définit les conditions d'emploi et de travail des salariés (L. 2253-1). Elle peut en particulier définir les garanties qui leur sont applicables dans les matières suivantes :

1° ***les salaires minima hiérarchiques*** ;

2° ***les classifications*** ;

3° la mutualisation des fonds de financement du paritarisme ;

4° la mutualisation des fonds de la formation professionnelle ;

5° les garanties collectives complémentaires (mutuelle, etc. – art. L. 912-1 Code de la Sécurité sociale) ;

6° les mesures relatives à la durée du travail, à la répartition et à l'aménagement des horaires : équivalences – L. 3121-14 ; période de référence de calcul de la durée du travail – L. 3121-44-1° ; qualification de travailleur de nuit – L. 3122-16 ; travail à temps partiel : durée minimale – L. 3123-19 al. 1, majoration des heures complémentaires – L. 3123-21, compléments d'heures par avenants individuels – L. 3123-22 ;

7° les mesures relatives aux contrats de travail à durée déterminés et aux contrats de travail temporaire (durée maximale et renouvellement du contrat – L. 1242-8, L. 1251-12 et L. 1251-35, délai de transmission du contrat – L. 1243-13, délai de carence entre contrats précaires – L. 1244-3, L. 1244-4 ; L. 1251-36, L. 1251-37) ;

8° les mesures relatives au contrat à durée indéterminée de chantier ou d'opération (L. 1223-8 et L. 1223-9) ;

9° l'égalité professionnelle entre les femmes et les hommes ;

10° les conditions et les durées de renouvellement de la période d'essai (L. 1221-21) ;

11° les modalités selon lesquelles la poursuite des contrats de travail est organisée entre deux entreprises lorsque les conditions d'application de l'article L. 1224-1 ne sont pas réunies (modification dans la situation juridique de l'employeur - transfert des contrats de travail) ;

12° les cas de mise à disposition d'un salarié temporaire auprès d'une entreprise utilisatrice (1° et 2° de l'article L. 1251-7) ;

13° la rémunération minimale du salarié porté, ainsi que le montant de l'indemnité d'apport d'affaire (L. 1254-2 et L. 1254-9).

Dans ces matières, les stipulations de la convention de branche ou de l'accord couvrant un champ territorial ou professionnel plus large prévalent sur la convention d'entreprise conclue antérieurement ou postérieurement à la date de leur entrée en vigueur, sauf lorsque la convention d'entreprise assure des garanties au moins équivalentes. Cette équivalence des garanties s'apprécie par ensemble de garanties se rapportant à la même matière.

Remarques

– ***Le principe de faveur est ici maintenu entre l'accord de branche et l'accord d'entreprise*** (exemple : pour les salaires minima).

– Cependant, un accord d'entreprise qui « *assure des garanties au moins équivalentes* » pourrait prévaloir sur l'accord de branche (il conviendra de préciser cette notion de « garanties au moins équivalentes » et comment l'articuler avec le principe de faveur devant s'appliquer ; ces garanties devraient être appréciées avantage par avantage au sein de chaque « matière » – et non globalement au niveau des accords).

– Ce texte se situe également dans la relation de l'accord de branche avec la loi : ***il permet à l'accord de branche de « déroger » à la loi*** (le principe de faveur serait écarté ; l'accord de branche moins favorable pourra s'appliquer notamment en matière de contrats de travail précaire – CDD/travail temporaire, de CDI de chantier).

Autres exceptions

Dans les matières suivantes, lorsque la convention de branche ou l'accord couvrant un champ territorial ou professionnel plus large le stipule expressément, la convention d'entreprise conclue postérieurement à cette convention ou à cet accord ne peut comporter des stipulations différentes de celles qui lui sont applicables en vertu de cette convention ou de cet accord, sauf lorsque la convention d'entreprise assure des garanties au moins équivalentes (L. 2253-2) :

- la prévention des effets de l'exposition aux facteurs de risques professionnels – Pénibilité (L. 4161-1) ;
- l'insertion professionnelle et le maintien dans l'emploi des travailleurs handicapés ;
- l'effectif à partir duquel les délégués syndicaux peuvent être désignés, leur nombre et la valorisation de leurs parcours syndical ;
- les primes pour travaux dangereux ou insalubres.

L'équivalence des garanties s'apprécie par ensemble de garanties se rapportant à la même matière.

Remarques

– ***Le principe de faveur est ici maintenu entre l'accord de branche et l'accord d'entreprise si l'accord de branche le prévoit explicitement*** sur des matières sensibles (santé et sécurité au travail, droit syndical, travailleurs handicapés).

– Cependant, un accord d'entreprise qui « *assure des garanties au moins équivalentes* » pourrait prévaloir sur l'accord de branche (il conviendra de préciser cette notion de « garanties au moins équivalentes », dans le respect du principe de faveur qui s'applique).

Maintien des clauses conventionnelles de « verrouillage » antérieures aux ordonnances

Des accords de branche et des accords couvrant un champ territorial ou professionnel plus large (ANI notamment) prévoient des clauses faisant obstacle à des clauses dérogatoires (moins favorables pour les salariés) de conventions ou accords d'entreprise ou d'établissement, dans les matières où l'accord de branche ou couvrant un champ plus large peut primer sur l'accord d'entreprise.

Ces dispositions de « verrouillage » (imposant l'application du principe de faveur) continuent de produire effet si les parties confirment, avant le 1er janvier 2019, leur portée au regard de la convention ou de l'accord d'entreprise ou d'établissement. Les stipulations confirmant ces clauses s'appliquent aux accords étendus (art. 16 de l'ordonnance n° 2017-1385 du 22 sept. 2017 relative au renforcement de la négociation collective).

• Ordre public

Les organisations liées par une convention de branche ou, à défaut, par des accords professionnels se réunissent, au moins une fois tous les 4 ans pour les 5 premiers thèmes et au moins une fois tous les 5 ans pour les 2 derniers thèmes, pour négocier (L. 2241-1) :

1°) sur les salaires ;

2°) sur les mesures tendant à assurer l'égalité professionnelle entre les femmes et les hommes et sur les mesures de rattrapage tendant à remédier aux inégalités constatées ;

3°) sur les conditions de travail, la gestion prévisionnelle des emplois et des compétences (GPEC), et sur la prise en compte des effets de l'exposition aux facteurs de risques professionnels (Pénibilité - L. 4161-1) ;

4°) sur les mesures tendant à l'insertion professionnelle et au maintien dans l'emploi des travailleurs handicapés ;

5°) sur les priorités, les objectifs et les moyens de la formation professionnelle des salariés ;

6°) sur l'examen de la nécessité de réviser les classifications, en prenant en compte l'objectif d'égalité professionnelle entre les femmes et les hommes et de mixité des emplois ;
7°) sur l'institution d'un ou plusieurs plans d'épargne interentreprises ou plans d'épargne pour la retraite collectifs interentreprises lorsqu'il n'existe aucun accord conclu à ce niveau en la matière.

Le processus de négociation doit respecter l'obligation de ***loyauté***. L'engagement sérieux et loyal des négociations implique que la partie patronale ait communiqué aux organisations syndicales les informations nécessaires pour leur permettre de négocier en toute connaissance de cause et ait répondu de manière motivée aux éventuelles propositions des organisations syndicales (L. 2241-3). Une commission mixte est réunie si la négociation n'a pas été engagée sérieusement et loyalement. Toutes les organisations syndicales de salariés représentatives dans la branche doivent être invitées, même les syndicats non-signataires de l'accord quand il s'agit d'une négociation de révision (Soc. 17 mars 2003). À l'issue du processus de négociation, en cas de modifications apportées au projet d'accord soumis à la signature, après la dernière séance de négociation, lorsque l'existence de négociations séparées n'est pas établie, un accord ne peut être déclaré nul lorsqu'aucune partie à la négociation n'en a sollicité la réouverture (Soc. 12 oct. 2006, Crédit Agricole).

• Champ de la négociation collective

Les organisations liées par une convention de branche ou, à défaut, par des accords professionnels, peuvent engager, à la demande de l'une d'entre elles, une négociation précisant le calendrier, la périodicité, les thèmes et les modalités de négociation dans la branche ou le secteur professionnel considéré (L. 2241-4).

L'accord conclu à l'issue de cette négociation précise :

1°) Les thèmes des négociations et leur périodicité de telle sorte que soient négociés :
   - Au moins tous les 4 ans les 5 premiers thèmes (*supra* L. 2241-1) ;
   - Au moins tous les 5 ans les 2 derniers thèmes (*supra* L. 2241-1) ;
   - Le thème du temps partiel, lorsque les conditions légales (L. 2241-2) sont réunies.

2°) Le contenu de chacun des thèmes ;
3°) Le calendrier et les lieux des réunions ;
4°) Les informations que les organisations professionnelles d'employeurs remettent aux négociateurs sur les thèmes prévus par la négociation qui s'engage et la date de cette remise ;

5°) Les modalités selon lesquelles sont suivis les engagements souscrits par les parties.

La durée de l'accord ne peut excéder 5 ans (L. 2241-5).

Au regard de la ***liberté contractuelle***, les négociateurs de la branche peuvent décider de négocier sur tout autre sujet à leur convenance, notamment ceux proposés par les organisations syndicales représentatives de salariés.

• Dispositions supplétives

À défaut de cet accord ou en cas de non-respect de ses stipulations, les organisations liées par une convention de branche ou, à défaut, par des accords professionnels engagent les négociations dans les conditions ci-dessous (L. 2241-7).

Négociation annuelle obligatoire sur les salaires

Les organisations liées par une convention de branche ou, à défaut, par des accords professionnels, se réunissent, au moins une fois par an, pour négocier sur les salaires (L. 2241-8 et s.). Ces négociations sur les salaires prennent en compte l'objectif d'égalité professionnelle entre les femmes et les hommes, ainsi que les mesures permettant de l'atteindre. La négociation est l'occasion, au moins une fois par an, pour les parties, d'un examen :
– de l'évolution économique et de la situation de l'emploi dans la branche, de son évolution et des prévisions annuelles ou pluriannuelles établies, notamment pour ce qui concerne les contrats de travail à durée déterminée et les missions de travail temporaire,
– des actions éventuelles de prévention envisagées compte tenu de ces prévisions,
– de l'évolution des salaires effectifs moyens par catégories professionnelles et par sexe, au regard, le cas échéant, des salaires minima hiérarchiques.

Au cours de cet examen, la partie patronale fournit aux organisations syndicales les ***informations nécessaires pour permettre de négocier en toute connaissance de cause***. Une obligation d'information pèse donc sur la partie patronale (loyauté de la négociation). L'initiative de la négociation appartient à l'une ou l'autre des parties. Il n'y a pas obligation de conclure (la liberté contractuelle prévaut).

La négociation peut porter sur les ***salaires minima***, conformément à la pratique la plus répandue, ou sur la revalorisation en pourcentage des salaires effectifs, comme cela se fait dans certaines branches.

La négociation annuelle sur les salaires devrait permettre d'éviter que les minima conventionnels ne s'écartent trop des salaires effectifs et favoriser une politique conventionnelle de revalorisation des ***bas salaires***.

Lorsque le salaire minimum national professionnel des salariés sans qualification est inférieur au SMIC, les organisations liées par une convention de branche ou, à défaut, par des accords professionnels, se réunissent pour négocier sur les salaires. À défaut d'initiative de la partie patronale dans les 3 mois, la négociation s'engage dans les 15 jours suivant la demande d'une organisation syndicale de salariés représentative (L. 2241-10).

Classifications

Ces négociations ont lieu au moins une fois tous les 5 ans pour examiner la nécessité de réviser les classifications (L. 2241-15).

Catégories professionnelles. Les classifications décrivent les emplois de la branche, en les affectant de coefficients, et prévoient parfois les conditions de passage au niveau supérieur. Le plus souvent, les grilles de classifications conventionnelles définissent les emplois par les compétences requises (exemple : CCN des transports, Annexe Ingénieurs et cadres, art. 1 bis – Interprète ; le diplôme constituant parfois un indicateur de compétence).

Qualifications. Ces dispositions conventionnelles sont bien entendu essentielles dans le contentieux de la reconnaissance des qualifications (exemples : dès lors que la salariée, embauchée en tant que sténodactylo, a obtenu, dans le cadre d'une formation diplômante suivie de sa propre initiative, le certificat requis pour être classée au coefficient 210 – technicien, l'employeur ne peut lui refuser cette promotion et doit lui verser des rappels de salaire, Soc. 16 avril 2008, CCN Avocats ; quand 2 conditions cumulatives sont requises – durée de pratique professionnelle et fonction d'encadrement – pour obtenir un coefficient, le fait de ne pas remplir la seconde condition au regard des fonctions réellement exercées ne permet pas d'obtenir cette classification, Soc. 2 juill. 2008, CCN Bureaux d'études).

Systèmes de classification. Pour classer les emplois dans chaque profession (chaque filière), sont utilisés des critères hiérarchiques (issus des « arrêtés Parodi » de la Libération, se fondant notamment sur des métiers) ou des critères classants (se fondant notamment sur des emplois repères) ou une combinaison des deux (« systèmes mixtes »).

Égalité professionnelle. Ces négociations sur les classifications prennent en compte l'objectif d'égalité professionnelle entre les femmes et les hommes. Ainsi, lors de leur examen, les critères d'évaluation retenus dans la définition des différents postes de travail sont analysés afin d'identifier et de corriger ceux d'entre eux susceptibles d'induire des discriminations entre les femmes et les hommes et afin de garantir la prise en compte de l'ensemble des compétences des salariés. Les catégories et les critères de classification, notamment les modes d'évaluation des emplois, sont établis selon des règles qui assurent l'application du principe « à travail de valeur égale, salaire égal » (L. 3221-6 al. 2).

Doit être élaborée « *une méthodologie permettant d'analyser les critères d'évaluation retenus dans la définition des postes de travail, et ce afin de repérer ceux qui seraient susceptibles d'induire des discriminations entre les femmes et les hommes.* » (ANI 19 juin 2013, sur la qualité de vie au travail et l'égalité professionnelle) (cf. Guide méthodologique sur les classifications du CSEPFH, avril 2017).

Lorsqu'un écart moyen de rémunération entre les femmes et les hommes est constaté, les organisations font de sa réduction une priorité.

• Égalité professionnelle entre les femmes et les hommes

La négociation triennale sur les mesures tendant à assurer l'égalité professionnelle entre les femmes et les hommes et sur les mesures de rattrapage visant à remédier aux inégalités constatées, ***porte notamment sur les conditions d'accès à l'emploi, à la formation et à la promotion professionnelle et sur les conditions de travail et d'emploi et notamment celles des salariés à temps partiel*** (L. 2241-11). La mise en œuvre de ces mesures de rattrapage, lorsqu'elles portent sur des mesures salariales, est suivie dans le cadre de la négociation obligatoire sur les salaires (*supra*).

Les négociations sur les salaires et sur les classifications visent également à définir et à programmer les mesures permettant de supprimer les écarts de rémunération entre les femmes et les hommes (L. 2241-17). L'accord visant à supprimer les écarts de rémunération conclu à la suite des négociations annuelle et quinquennale fait l'objet d'un dépôt auprès de la DIRECCTE. En l'absence de dépôt d'un accord ou de transmission d'un procès-verbal de désaccord auprès de la DIRECCTE, contenant les propositions des parties en leur dernier état, la commission mixte paritaire de la branche est réunie à l'initiative du ministre du Travail afin que s'engagent ou se poursuivent les négociations (L. 2241-18).

Conditions de travail et gestion prévisionnelle des emplois et des compétences

Les organisations se réunissent au moins une fois tous les 3 ans pour négocier les conditions de travail, la GPEC et l'emploi des salariés âgés, notamment par l'anticipation des carrières professionnelles et la formation professionnelle, et la prise en compte de la pénibilité du travail (L. 2241-12).

Travailleurs handicapés

La négociation triennale sur les mesures tendant à l'insertion professionnelle et au maintien dans l'emploi des travailleurs handicapés porte notamment sur les conditions d'accès à l'emploi, à la formation et à la promotion professionnelle ainsi que sur les conditions de travail, d'emploi et de maintien dans l'emploi (L. 2241-13).

Formation professionnelle et apprentissage

Les organisations se réunissent au moins une fois tous les 3 ans pour négocier les priorités, les objectifs et les moyens de la formation professionnelle des salariés (L. 2241-14). Cette négociation porte notamment sur l'égal accès à la formation des salariés selon leur catégorie professionnelle et la taille de leur entreprise, les abondements supplémentaires du compte personnel de formation, la validation des acquis de l'expérience, l'accès aux certifications, le développement du tutorat et la valorisation de la fonction de tuteur ou de maître d'apprentissage, en particulier les actions aidant à l'exercer et les conditions de son exercice par des salariés âgés de plus de 55 ans.

Épargne salariale

Les organisations se réunissent, une fois tous les 5 ans, pour engager une négociation sur l'institution d'un ou plusieurs PEI ou plans d'épargne pour la retraite collectifs interentreprises (PERCOI) lorsqu'il n'existe aucun accord conclu à ce niveau en la matière (L. 2241-16).

EN PRATIQUE

Les branches ont l'obligation d'instituer, dans la convention collective ou par le biais d'un accord professionnel, des **commissions paritaires permanentes de négociation et d'interprétation** (L. 2232-9), avec pour mission de représenter la branche, notamment dans l'appui aux entreprises et vis-à-vis des pouvoirs publics ; d'exercer un rôle de veille sur les conditions de travail et l'emploi ; d'établir un rapport annuel d'activité (bilan des accords collectifs d'entreprise conclus – impact sur les conditions de travail des salariés et sur la concurrence entre les entreprises de la branche, formulation, le cas échéant, de recommandations destinées à répondre aux difficultés identifiées) ; de rendre des avis à la demande des juridictions sur l'interprétation d'une convention ou d'un accord collectif. Des **observatoires paritaires de la négociation collective** ont à suivre les accords d'entreprise et d'établissement conclus pour la mise en œuvre d'une disposition légale (L. 2232-10).
Un accord de branche étendu peut comporter, le cas échéant ous forme d'accord type indiquant les différents choix laissés à l'employeur, des stipulations spécifiques pour les entreprises de moins de 50 salariés, pouvant porter sur l'ensemble des négociations prévues légalement. L'employeur peut appliquer cet accord tyoe au moyen d'un document unilatéral indiquant les choix qu'il a retenus L. 2232-10-1).

Conventions de branche et accords professionnels

• Validité de la convention collective ou de l'accord de branche

Pour qu'une convention collective de branche soit valide, il est nécessaire qu'elle ait été signée par au moins une organisation d'employeurs et une organisation syndicale représentative de salariés.

La validité d'une convention de branche ou d'un accord professionnel est subordonnée à :
– Sa ***signature par une ou plusieurs OSR représentatives ayant recueilli, aux élections prises en compte pour la mesure de l'audience*** (voir *supra* Chap. XVII « Reconnaissance de la représentativité », L. 2122-5 ou, le cas échéant, L. 2122-6), ***au moins 30 % des suffrages exprimés à ce niveau, quel que soit le nombre de votants***.
– L'absence d'opposition d'une ou plusieurs OSR représentatives ayant recueilli la majorité des suffrages exprimés à ces mêmes élections, quel que soit le nombre de votants. L'opposition est exprimée dans un délai de 15 jours à compter de la date de notification de cet accord ou de cette convention (L. 2232-6).

Des dispositions spécifiques déclinent ces règles pour les organisations syndicales représentatives catégorielles qui négocient et concluent un accord de branche pour les salariés d'une catégorie professionnelle au regard d'un collège électoral (L. 2232-13). Il en est ainsi notamment pour les journalistes (L. 7111-10).

• Application au niveau de l'entreprise

Une entreprise n'est couverte par une convention collective ou un accord professionnel collectif que si elle est comprise dans le champ d'application territorial et professionnel de la convention collective ou de l'accord, tel qu'il est défini par la convention ou l'accord.

Mais cette condition nécessaire n'est pas suffisante. Il faut encore que le chef d'entreprise soit membre d'une organisation patronale signataire (qui est censée avoir négocié et conclu la convention collective, au nom de ses adhérents). Si ce n'est pas le cas, en application du droit commun des contrats (effet relatif des contrats, C. civ. art. 1165), il n'est pas concerné par l'accord de branche conclu.

Ainsi, c'est l'appartenance de l'employeur à une organisation patronale signataire qui est déterminante. Si l'employeur fait partie d'une organisation signataire, la convention collective sera applicable à tous les membres du personnel (c'est l'effet *erga omnes*). Le fait, pour un salarié, de n'être pas syndiqué ou d'être membre d'une organisation syndicale de travailleurs qui a ou n'a pas signé la convention est sans effet. En France, le taux de syndicalisation (environ 5 %) est inversement proportionnel au taux de couverture des conventions collectives (environ 95 %), alors qu'en Europe du Nord, ces 2 chiffres se recoupent (à des taux élevés).

L'employeur peut toujours démissionner de l'organisation patronale avant la conclusion de la convention collective ou de l'accord, qui ne lui sera alors pas applicable – mais le restera au niveau atteint s'il démissionne après la conclusion de la convention collective, de même que par les accords postérieurs à sa démission qui ne sont que l'application de la convention ou de l'accord (Soc. 10 févr. 1999).

• Extension de conventions collectives et d'accords collectifs

Une entreprise, située dans le champ d'application territorial et professionnel d'une convention ou d'un accord, n'est pas assujettie à la convention ou à l'accord si l'employeur n'est pas membre d'une organisation patronale signataire. Cette situation est préjudiciable aux salariés de l'entreprise ainsi qu'aux autres entreprises qui appliquent l'accord (concurrence).

L'extension qui est décidée par le ministre du Travail a pour effet de rendre applicable la convention collective à toutes les entreprises comprises dans son champ d'application territorial et professionnel.

Ainsi, le mot « extension » n'implique aucune modification du champ géographique et professionnel de la convention collective. La convention collective de la métallurgie de la région parisienne, lorsqu'elle a été étendue, a conservé le même champ territorial, la région parisienne, et professionnel, la métallurgie, mais elle est devenue applicable à toutes les entreprises métallurgiques de la région parisienne, qu'elles soient adhérentes ou non à une organisation patronale signataire.

L'extension est un acte de politique sociale et économique. Son objet est d'étendre les garanties de la convention collective à tous les salariés de la profession, tout en uniformisant les conditions de la concurrence.

Peuvent être étendus les accords interprofessionnels, les conventions et accords de branche, leurs avenants ou annexes, à condition toutefois que certaines conditions soient satisfaites, conclues au niveau national, régional, départemental ou local. Une convention d'entreprise, par définition, ne saurait être étendue.

Des conditions sont posées pour qu'une convention ou un accord puisse être étendu.

Élaboration

La convention ou l'accord de branche, leurs avenants ou les annexes doivent, pour pouvoir être étendus, avoir été négociés et conclus en commission paritaire, composée de représentants des organisations syndicales d'employeurs et de salariés les plus représentatives dans le champ d'application considéré (L. 2261-19).

La négociation d'une convention ou d'un accord de branche mettra en présence les organisations patronales et salariales représentatives dans la branche (supra).

Le ministre peut décider de convoquer une commission mixte paritaire de sa propre initiative. Il peut aussi le faire à la demande d'une des organisations représentatives d'employeurs ou de salariés. Mais il est tenu de provoquer la réunion si 2 organisations en font la demande (L. 2261-20).

Contenu

Une convention collective de branche conclue au niveau national, pour pouvoir être étendue, doit contenir des clauses portant sur (L. 2261-22) :

D'une part, ***la détermination des règles de négociation et de conclusion*** et concernant les rapports entre les parties (champ d'application territorial et professionnel ; modalités de renouvellement, de révision et de dénonciation ; garanties accordées aux salariés participant à la négociation – L. 2232-8 : absences, rémunération, frais de déplacement ; prise en charge dans les entreprises de moins de 50 salariés par le fonds paritaire, R. 3222-1-3). Ainsi, une convention collective ne peut exclure de son champ d'application des entreprises au motif qu'elles appliquaient une autre convention avant son entrée en vigueur (Soc. 19 mai 2010, CCN du personnel des services interentreprises de médecine du travail) ou des salariés si cela est contraire à l'égalité de traitement (Ass. plén. 29 nov. 1996, concernant les salariés à temps partiel).

D'autre part, ***les droits des salariés*** :

1°) L'exercice du droit syndical et la liberté d'opinion des salariés, le déroulement de carrière des salariés exerçant des responsabilités syndicales et l'exercice de leurs fonctions ;

2°) Les comités sociaux et économiques et, le cas échéant, le financement des activités sociales et culturelles gérées par eux ;

3°) Les éléments essentiels servant à la détermination des classifications professionnelles et des niveaux de qualification ;

4°) Le salaire minimum national professionnel des salariés sans qualification et l'ensemble des éléments affectant le calcul du salaire applicable par catégories professionnelles, ainsi que les procédures et la périodicité prévues pour sa révision ;

5°) Les congés payés ;

6°) Les conditions de recrutement des salariés ;

7°) Les conditions de la rupture du contrat de travail ;

8°) Les modalités d'organisation et de fonctionnement de la formation professionnelle tout au long de la vie ;

9°) L'égalité professionnelle entre les femmes et les hommes, la suppression des écarts de rémunération et les mesures tendant à remédier aux inégalités constatées ;

10°) L'égalité de traitement entre salariés et la prévention des discriminations ;

11°) Les conditions propres à concrétiser le droit au travail des personnes handicapées ;

12°) En tant que de besoin dans la branche :
- Les conditions particulières de travail des femmes enceintes, venant d'accoucher ou allaitant et des jeunes travailleurs ;
- Les conditions d'emploi et de rémunération du personnel à temps partiel ;
- Les conditions d'emploi et de rémunération des travailleurs à domicile ;
- Les garanties des salariés appelés à exercer leur activité à l'étranger ;
- Les conditions d'emploi des salariés temporaires ou d'entreprises extérieures ;
- Les conditions de rémunération des salariés, auteurs d'une invention dévolue à l'employeur en vertu des dispositions du troisième alinéa de l'article L. 611-7 du Code de la propriété intellectuelle ;
- Les garanties des salariés résidant dans un département métropolitain et appelés à travailler dans un DOM, à Saint-Pierre-et-Miquelon, Mayotte, Wallis-et-Futuna et dans les TAAF.

13°) Les procédures conventionnelles de conciliation suivant lesquelles seront réglés les conflits collectifs de travail susceptibles de survenir entre les employeurs et les salariés liés par la convention ;

14°) Les modalités d'accès à un régime de prévoyance ou à un régime de remboursements complémentaires de frais occasionnés par une maladie, une maternité ou un accident ;

15°) Les modalités de mise en œuvre des dispositifs d'intéressement, de participation et d'épargne salariale ;

16°) Les modalités de prise en compte dans la branche ou l'entreprise des demandes relatives aux thèmes de négociation émanant d'une ou des organisations syndicales de salariés représentatives (cf. la liberté contractuelle).

La liste des points à couvrir est de plus en plus longue, car il s'agit de donner à la convention collective étendue la portée d'une « loi de la profession », couvrant à peu près tout le domaine de la législation en la matière. La convention dont l'extension est envisagée peut aussi contenir des clauses facultatives (D. 2261-2).

À défaut de convention au plan national, des conventions de branche conclues à d'autres niveaux territoriaux pourront être étendues. Pour pouvoir être étendus, la convention de branche ou l'accord professionnel doivent, sauf justifications, comporter, pour les entreprises de moins de 50 salariés, des stipulations spécifiques (accord type indiquant les différents choix laissés à l'employeur, L. 2232-10-1 ; L. 2261-23-1).

Procédure d'extension

La procédure d'extension est engagée à la demande d'une des organisations représentatives d'employeurs ou de salariés signataires de la convention ou de l'accord ou à l'initiative du ministre (L. 2261-24), après avis motivé de la Commission nationale de la négociation collective (CNNC – Sous-commission des conventions et accords – R. 2272-10-1°). Saisi de cette demande, le ministre chargé du Travail engage sans délai la procédure d'extension. Le silence gardé par le ministre pendant plus de 6 mois après qu'il a été saisi d'une demande vaut rejet.

L'extension devant avoir pour effet de rendre la convention ou l'accord applicable à des entreprises qui n'y étaient pas assujetties et pouvant, de ce fait, leur faire supporter des charges nouvelles, un avis est d'abord publié au *Journal officiel* par le ministre du Travail, indiquant que l'extension de telle convention ou de tel accord est envisagée et invitant les organisations et personnes intéressées à faire connaître au ministre leurs observations (D. 2261-5).

Le ministre du Travail vérifie avant de procéder à l'extension si le champ d'application professionnel de l'accord n'est pas déjà compris dans le champ professionnel d'un accord collectif étendu préexistant. Cependant, un accord collectif qui a pour seul objet de définir le champ d'application professionnel de futurs accords peut être étendu sans que le ministre ait à procéder à cette vérification (CE 23 juill. 2010, Ateliers et chantiers d'insertion).

Quand l'avis motivé favorable de la CNNC a été émis sans opposition écrite et motivée soit de 2 organisations d'employeurs, soit de 2 organisations de salariés représentées à cette commission, le ministre du Travail peut étendre par arrêté une convention ou un accord ou leurs avenants ou annexes :
- Lorsque le texte n'a pas été signé par la totalité des organisations les plus représentatives intéressées.
- Lorsque la convention ne comporte pas toutes les clauses obligatoires.
- Lorsque la convention ne couvre pas l'ensemble des catégories professionnelles de la branche, mais une ou plusieurs d'entre elles (L. 2261-27).

Une procédure d'examen accéléré est prévue pour l'extension des avenants salariaux plus fréquemment modifiés (L. 2261-26, R. 2261-5).

Opposition à l'extension

En cas d'opposition écrite et motivée, soit de 2 organisations d'employeurs, soit de 2 organisations de salariés représentées, le ministre du Travail peut consulter à nouveau la CNNC sur la base d'un rapport précisant la portée des dispositions en cause ainsi que les conséquences d'une éventuelle extension.

Le ministre du Travail peut décider l'extension, au vu du nouvel avis émis par la CNNC. Cette décision est motivée (L. 2261-27).
Les organisations d'employeurs reconnues représentatives au niveau considéré, dont les entreprises adhérentes emploient plus de 50 % de l'ensemble des salariés des entreprises adhérant aux organisations professionnelles d'employeurs reconnues représentatives à ce niveau, ont un ***droit d'opposition*** à l'extension d'un accord de branche (L. 2261-19). L'opposition écrite et motivée est notifiée à l'ensemble des organisations représentatives dans un délai d'un mois à compter de la publication d'un avis d'extension au JO.

Extension

La procédure achevée, l'arrêté d'extension est publié au *Journal officiel* et le texte des dispositions conventionnelles étendues fait l'objet d'une publication au bulletin officiel du ministère du Travail (*BOMT* ; D. 2261-4). Le ministre du Travail peut exclure de l'extension, après avis motivé de la CNNC, les clauses qui seraient en contradiction avec des dispositions légales (les services du ministère du Travail examinent chaque convention collective dont l'extension est envisagée). Il peut, dans les mêmes conditions, étendre, sous réserve de l'application des dispositions légales, les clauses incomplètes au regard de ces dispositions, ainsi que les clauses appelant des stipulations complémentaires de la convention ou de l'accord, en subordonnant, sauf dispositions législatives contraires, leur entrée en vigueur à l'existence d'une convention d'entreprise prévoyant ces stipulations (L. 2261-25).

Le ministre du Travail peut, pour des motifs d'intérêt général (notamment pour atteinte excessive à la libre concurrence ou au regard des objectifs de la politique de l'emploi), refuser d'étendre un accord collectif (CE 21 nov. 2008, Syndicat national des cabinets de recouvrement). Il peut également exclure les clauses pouvant être distraites de la convention ou de l'accord sans en modifier l'économie, mais ne répondant pas à la situation de la branche dans le champ d'application considéré (L. 2261-25).

Effets de l'extension

La convention collective étendue devient applicable dès la publication de l'arrêté au *Journal officiel*, à toutes les entreprises comprises dans son champ d'application territorial et professionnel, notamment à toutes les entreprises de la branche non affiliées à la fédération patronale signataire – toute la branche d'activité se trouve alors couverte.

Une convention collective étendue qui arrive à expiration cesse d'être applicable, nonobstant l'arrêté d'extension qui n'a pas pour effet de transformer la convention collective en un règlement permanent. L'arrêté d'extension d'une convention ou d'un accord devient caduc à compter du jour où la convention ou l'accord en cause cesse de produire effet (L. 2261-28).

Le ministre du Travail peut saisir un groupe d'experts chargé d'apprécier les effets économiques et sociaux susceptibles de résulter de l'extension d'un texte conventionnel (L. 2261-27-1).

La décision du ministre en matière d'extension d'un accord collectif peut être contestée devant le juge administratif (CE réf., 6 sept. 2013, préc.). L'arrêté d'extension peut être annulé quand la CCN étendue ne respecte pas le principe d'égalité de traitement entre les salariés (CE 7 mai 2015, concernant la CCN de la production cinématographique). L'annulation est également possible quand la CCN étendue a pour but d'évincer des entreprises concurrentes (CÉ 16 janv. 2002, Syndicat national des entreprises d'esthétique et de coiffure à domicile ; CÉ 30 avril 2003, Syndicat professionnel des exploitants des réseaux d'eau et d'assainissement).

• Agrément de conventions collectives et d'accords collectifs

La procédure d'agrément concerne les dispositions conventionnelles d'indemnisation du chômage et certaines conventions collectives de branches qui impliquent financièrement l'État (secteur médico-social en particulier, telle la CCN des établissements et des services pour personnes inadaptées et handicapées). Ainsi, un accord collectif à caractère salarial ne peut légalement prendre effet qu'après agrément ministériel, dans les établissements privés gérant un service social ou sanitaire à but non lucratif et dont les dépenses de fonctionnement sont supportées directement ou indirectement par une personne morale de droit public ou un organisme de Sécurité sociale (L. 314-6 Code de l'action sociale et des familles ; Soc. 23 oct. 2013, ADAPEI).

La procédure d'agrément a pour effet de les rendre obligatoires pour tous les employeurs et leurs salariés. Faute d'agrément, ces dispositions ne sauraient entrer en application ni produire d'effets, ce qui différencie nettement l'agrément de l'extension car, à défaut d'arrêté d'extension, une disposition conventionnelle demeure exécutoire entre les parties signataires. Quand la loi exige une extension, l'agrément est insuffisant (Soc. 29 juin 1999).

• Élargissement de conventions collectives et d'accords collectifs

Objet

En cas d'absence ou de carence des organisations de salariés ou d'employeurs se traduisant par une impossibilité persistante de conclure une convention ou un accord dans une branche d'activité ou un secteur territorial déterminé, le ministre du Travail peut, sauf opposition écrite et motivée de la majorité des membres de la CNNC :

1°) Rendre obligatoire dans le secteur territorial considéré une convention ou un accord de branche déjà étendu à un secteur territorial différent.

2°) Rendre obligatoire dans le secteur professionnel considéré tout ou partie d'une convention ou d'un accord professionnel déjà étendu à un autre secteur professionnel (dans ces 2 cas, le secteur professionnel ou territorial faisant l'objet de l'arrêté d'élargissement doit présenter des conditions analogues à celles du secteur dans lequel l'extension est déjà intervenue, quant aux emplois exercés).

3°) Rendre obligatoire dans une ou plusieurs branches d'activité non comprises dans son champ d'application un accord interprofessionnel étendu (L. 2261-17).

Procédure

La procédure d'élargissement (comme en matière d'extension) prévoit la publication préalable d'un avis et la publication de l'arrêté au *Journal officiel* (D. 2261-3 et D. 2261-4). Les arrêtés d'élargissement restent encore aujourd'hui assez peu nombreux, mais se développent dans le cadre d'une volonté de généralisation de la couverture conventionnelle, y compris aux salariés des secteurs où la négociation n'aboutit pas ou se révèle impossible (inexistence d'une organisation patronale, par exemple).

Si une convention ou un accord est ultérieurement conclu dans un secteur territorial ou professionnel ayant fait l'objet d'un arrêté d'élargissement, celui-ci devient caduc à l'égard des employeurs liés par cette convention ou cet accord. L'arrêté d'extension emporte abrogation de l'arrêté d'élargissement dans le champ d'application pour lequel l'extension est prononcée (L. 2261-30).

• Révision des accords et conventions de branche

Sont habilitées à engager la procédure de révision d'une convention ou d'un accord de branche (L. 2261-7) :

- jusqu'à la fin du cycle électoral au cours duquel la convention ou l'accord est conclu :
  - une ou plusieurs OSR de salariés dans le champ d'application de la convention ou de l'accord et signataires ou adhérentes de la convention ou de l'accord ;
  - une ou plusieurs organisations professionnelles d'employeurs signataires ou adhérentes. Si la convention ou l'accord est étendu, ces organisations doivent être en outre représentatives dans le champ d'application de la convention ou de l'accord ;
- à l'issue de ce cycle :

– une ou plusieurs OSR de salariés dans le champ d'application de la convention ou de l'accord ;
– une ou plusieurs organisations professionnelles d'employeurs de la branche. Si la convention ou l'accord est étendu, ces organisations doivent être représentatives dans le champ d'application de la convention ou de l'accord.

Les avenants de révision obéissent aux conditions de validité des accords.

Lorsque l'avenant de révision a vocation à être étendu, sa validité est subordonnée à sa signature par une ou plusieurs organisations professionnelles d'employeurs représentatives dans son champ d'application.

Les conventions de branche sont révisées; ainsi les avenants de salaires notamment font l'objet de révision à intervalles plus ou moins réguliers. La négociation s'engage sans qu'il y ait eu dénonciation.

• Restructuration des branches

Dans la perspective de réduire le nombre de branches professionnelles à environ 200 (plus de 700 branches existent), le ministre du Travail, après avis de la CNNC, peut (L. 2261-32) :

- ***engager une procédure de fusion*** du champ d'application des conventions collectives d'une branche avec celui d'une branche de rattachement présentant des conditions sociales et économiques analogues (au regard de plusieurs caractéristiques de la branche concernée : moins de 5 000 salariés, activité conventionnelle faible – nombre des accords ou avenants signés et nombre des thèmes de négociations couverts, champ d'application géographique de la branche uniquement régional ou local, moins de 5 % des entreprises de la branche adhèrent à une organisation professionnelle représentative des employeurs, absence de mise en place ou de réunion de la commission paritaire de négociation et d'interprétation) ;
- ***refuser d'étendre*** la convention collective, ses avenants ou ses annexes ;
- ***décider de ne pas arrêter la liste des organisations professionnelles*** d'employeurs, ni la liste des OSR de salariés pour une branche professionnelle.
- ***prononcer l'élargissement*** du champ d'application géographique ou professionnel d'une convention collective, afin qu'il intègre un secteur territorial ou professionnel non couvert par une convention collective.

Négociation d'entreprise (et d'établissement)

• Parties à la négociation

Régime de droit commun

À RETENIR

Les parties à la négociation sont, en principe, du côté patronal, l'employeur (le chef d'entreprise ou le chef d'établissement dans le cas d'une négociation d'une convention ou d'un accord d'établissement) ; et du côté salarié, les organisations syndicales représentatives dans l'entreprise ou l'établissement.

Chaque délégation comprend obligatoirement le DS de l'entreprise ou, si le syndicat a désigné plusieurs délégués, au moins 2 DS. Chaque organisation peut compléter sa délégation par des salariés de l'entreprise dont le nombre est fixé par accord entre l'employeur et l'ensemble des organisations représentatives. À défaut d'accord, le nombre des salariés ne peut, par délégation, excéder celui des DS, si ce n'est lorsque la délégation ne comprend qu'un délégué syndical. Dans ce cas, le nombre de salariés peut être de 2. Ainsi, « en cas de pluralité de délégués syndicaux, et sauf accord plus favorable conclu entre l'employeur et l'ensemble des organisations participant à la négociation, la délégation de chaque organisation est légalement composée de deux d'entre eux, et éventuellement complétée par un nombre égal de salariés », soit 4 personnes par délégation pour chaque syndicat (Soc. 5 janv. 2011, Sté Heppner).

Le temps passé à la négociation est payé comme temps de travail.

En application du principe de spécialité, « *un syndicat représentatif catégoriel ne peut négocier et signer seul un accord d'entreprise intéressant l'ensemble du personnel* » (Soc. 2 juill. 2014, PBR, FD CGC de la chimie). Cet accord serait frappé de nullité. Ainsi, un syndicat représentant la catégorie « cadres » (notamment un syndicat affilié à la CGC) ne peut signer seul un accord applicable aux ouvriers et employés.

Un représentant syndical extérieur peut participer aux négociations, en cas d'usage ou avec l'accord de l'employeur (Soc. 19 oct. 1994). Depuis cette décision, qui limite l'accès d'un représentant syndical extérieur dans l'entreprise, les gouvernements successifs « bricolent » des dispositifs dérogatoires de négociation pour permettre la conclusion d'accords d'entreprise dans des entreprises où aucune organisation syndicale n'est présente. Le nouveau texte s'inscrit dans cette démarche. Cependant, il franchit une nouvelle étape : dans certains cas, des accords d'entreprise pourraient être conclus en dehors de toute intervention syndicale.

Régime dérogatoire. Par exception, en l'absence de DS dans l'entreprise, des dispositions dérogatoires sont prévues : des modalités de négociation dérogatoires notamment pour conclure des accords dérogatoires.

Modalités de ratification des accords dans les entreprises dont l'effectif habituel est inférieur à 11 salariés

L'employeur peut proposer un projet d'accord ou un avenant de révision aux salariés, qui porte sur l'ensemble des thèmes ouverts à la négociation collective d'entreprise (L. 2232-21). La consultation du personnel est organisée à l'issue d'un délai minimum de 15 jours courant à compter de la communication à chaque salarié du projet d'accord. La consultation a lieu par tout moyen pendant le temps de travail. Son organisation matérielle incombe à l'employeur. Le caractère personnel et secret de la consultation est garanti. Le résultat de la consultation est porté à la connaissance de l'employeur à l'issue de la consultation, qui se déroule en son absence.

Ce résultat fait l'objet d'un procès-verbal dont la publicité est assurée dans l'entreprise par tout moyen (R. 2232-10).

Lorsque le projet d'accord ou d'avenant de révision est approuvé à la majorité des deux tiers du personnel, il est considéré comme un accord valide (L. 2232-22). Il s'agit ici d'une décision unilatérale de l'employeur postérieurement validée par les salariés ; aucune disposition ne prévoit de négociation.

L'accord ou l'avenant de révision peut être dénoncé à l'initiative de l'employeur dans les conditions prévues par l'accord ou à défaut de stipulation expresse par les dispositions de droit commun (*infra* – L. 2261-9 à L. 2261-13).

L'accord ou l'avenant de révision peut également être dénoncé à l'initiative des salariés dans les conditions prévues par l'accord ou à défaut de stipulation expresse par les dispositions de droit commun, sous réserve des dispositions suivantes :

– Les salariés représentant les deux tiers du personnel notifient collectivement et par écrit la dénonciation à l'employeur.

– La dénonciation à l'initiative des salariés ne peut avoir lieu que pendant un délai d'un mois avant chaque date anniversaire de la conclusion de l'accord.

Modalités de négociation dans les entreprises dont l'effectif habituel est compris entre 11 et 50 salariés

Dans les entreprises dont l'effectif habituel est compris entre 11 et 20 salariés, en l'absence de membre élu de la délégation du personnel du CSÉ, les dispositions prévues pour les entreprises de moins de 11 salariés (ci-dessus) s'appliquent (L. 2232-23).

Dans les entreprises dont l'effectif habituel est compris entre 11 et moins de 50 salariés, les accords d'entreprise ou d'établissement peuvent être négociés, conclus, révisés ou dénoncés (L. 2232-23-1) :

1°) Soit par ***un ou plusieurs salariés expressément mandatés*** par une ou plusieurs organisations syndicales représentatives dans la branche ou, à défaut, par une ou plusieurs organisations syndicales représentatives au niveau national et interprofessionnel, étant membre ou non de la délégation du personnel du CSÉ ; une même organisation ne peut mandater qu'un seul salarié.

2°) Soit par ***un ou des membres titulaires de la délégation du personnel du CSÉ***.

Les accords ainsi négociés, conclus, révisés ou dénoncés peuvent porter sur toutes les mesures qui peuvent être négociées par accord d'entreprise ou d'établissement.

La validité des accords ou des avenants de révision conclus avec un ou des membres de la délégation du personnel du CSÉ, mandaté ou non, est subordonnée à leur signature par des membres du CSÉ représentant la majorité des suffrages exprimés en faveur des membres du CSÉ lors des dernières élections professionnelles.

Pour l'appréciation de cette condition de majorité, lorsqu'un accord est conclu par un ou des membres titulaires de la délégation du personnel du CSÉ central, il est tenu compte, pour chacun des membres titulaires de la délégation, d'un poids égal au rapport entre le nombre de suffrages exprimés dans l'établissement en faveur de ce membre et du nombre total des suffrages exprimés dans chaque établissement en faveur des membres titulaires composant ladite délégation.

La validité des accords ou des avenants de révision conclus avec un ou plusieurs salariés mandatés, s'ils ne sont pas membres de la délégation du personnel du CSÉ, est subordonnée à leur approbation par les salariés à la majorité des suffrages exprimés (D. 2232-2 et D. 2232-8) et dans le respect des principes généraux du droit électoral.

Modalités de négociation dans les entreprises dont l'effectif habituel est au moins égal à 50 salariés

Élus mandatés. Les membres titulaires de la délégation du personnel du CSÉ peuvent négocier, conclure, réviser ou dénoncer des accords collectifs de travail s'ils sont expressément mandatés à cet effet par une ou plusieurs OSR dans la branche dont relève l'entreprise ou, à défaut, par une ou plusieurs OSR au niveau national et interprofessionnel (L. 2232-24). Une même organisation ne peut mandater qu'un seul salarié. Les OSR dans la branche dont relève l'entreprise ou, à défaut, les OSR au niveau national et interprofessionnel sont informées par l'employeur de sa décision d'engager des négociations.

La validité des accords ou des avenants de révision conclus est subordonnée à leur approbation par les salariés à la majorité des suffrages exprimés (D. 2232-2 et D. 2232-8) et dans le respect des principes généraux du droit électoral.

Élus non mandatés. En l'absence de membre de la délégation du personnel du CSÉ mandaté, les membres titulaires de la délégation du personnel du CSÉ qui n'ont pas été expressément mandatés par une OSR peuvent négocier, conclure, réviser ou dénoncer des accords collectifs de travail (L. 2232-25). Cette négociation ne porte que sur les accords collectifs de travail relatifs à des mesures dont la mise en œuvre est subordonnée par la loi à un accord collectif (à l'exception des accords collectifs concernant les procédures de licenciement économique – L. 1233-21).

La validité des accords ou des avenants de révision conclus est subordonnée à leur signature par des membres de la délégation du personnel du CSÉ représentant la majorité des suffrages exprimés en faveur des membres du CSÉ lors des dernières élections professionnelles.

Pour l'appréciation de cette condition de majorité, lorsqu'un accord est conclu par un ou des membres titulaires de la délégation du personnel du CSÉ central, il est tenu compte, pour chacun des membres titulaires de la délégation, d'un poids égal au rapport entre le nombre de suffrages exprimés dans l'établissement en faveur de ce membre et du nombre total des suffrages exprimés dans chaque établissement en faveur des membres titulaires composant ladite délégation.

Pour ces négociations avec les élus (mandatés ou non mandatés), l'employeur fait connaître son intention de négocier aux membres de la délégation du personnel du CSÉ par tout moyen permettant de lui conférer une date certaine (L. 2232-25-1). Les élus qui souhaitent négocier le font savoir dans un délai d'un mois et indiquent, le cas échéant, s'ils sont mandatés par une OSR. À l'issue de ce délai, la négociation s'engage avec les salariés qui ont indiqué être mandatés par une OSR ou, à défaut, avec des salariés élus non mandatés.

Salarié mandaté. Lorsque, à l'issue de cette procédure (L. 2232-25-1), aucun membre de la délégation du personnel du CSÉ n'a manifesté son souhait de négocier, les accords d'entreprise ou d'établissement peuvent être négociés, conclus et révisés par un ou plusieurs salariés expressément mandatés par une ou plusieurs OSR dans la branche ou, à défaut, par une ou plusieurs OSR au niveau national et interprofessionnel (L. 2232-26). À cet effet, une même organisation syndicale ne peut mandater qu'un seul salarié. Les OSR dans la branche de laquelle relève l'entreprise ou, à défaut, les OSR au niveau national et interprofessionnel sont informées par l'employeur de sa décision d'engager des négociations.

Cette disposition s'applique aussi dans les entreprises dans lesquelles un procès-verbal de carence a établi l'absence de représentants élus du personnel.

Les accords négociés et conclus par un ou plusieurs salariés mandatés peuvent porter sur toutes les mesures qui peuvent être négociées par accord d'entreprise ou d'établissement.

L'accord signé par un salarié mandaté doit avoir été approuvé par les salariés à la majorité des suffrages exprimés (D. 2232-2 et D. 2232-8) et dans le respect des principes généraux du droit électoral.

Conditions dans lesquelles l'employeur recueille l'approbation des salariés (D. 2232-2 et D. 2232-8). La consultation des salariés est organisée dans un délai de 2 mois à compter de la conclusion de l'accord. L'employeur consulte au préalable le ou les représentants élus du personnel mandatés ou le ou les salariés mandatés sur ses modalités. Il informe les salariés de ces modalités par tout moyen au plus tard 15 jours avant la consultation.

La consultation a lieu pendant le temps de travail, au scrutin secret sous enveloppe ou par voie électronique. Son organisation matérielle incombe à l'employeur. Le résultat du vote fait l'objet d'un procès-verbal dont la publicité est assurée dans l'entreprise par tout moyen. Ce procès-verbal est annexé à l'accord lors de son dépôt. En cas d'accord conclu avec un représentant élu du personnel mandaté ou un salarié mandaté, le procès-verbal est également adressé à l'organisation mandante.

Le ***représentant de la section syndicale*** (RSS) peut disposer, sur mandatement par son organisation syndicale, du pouvoir de négocier et de conclure un accord d'entreprise ou d'établissement (L. 2143-23). La validité de l'accord d'entreprise ou d'établissement est subordonnée à son approbation par les salariés à la majorité des suffrages exprimés dans le respect des principes généraux du droit électoral. Faute d'approbation, l'accord est réputé non écrit (L. 2232-14).

Conditions de négociation des accords conclus dans les entreprises dépourvues de délégué syndical

Chaque salarié mandaté dispose du temps nécessaire à l'exercice de ses fonctions dans les limites d'une durée qui, sauf circonstances exceptionnelles, ne peut excéder 10 heures par mois (ces heures de délégation sont de plein droit considérées comme temps de travail et payées à l'échéance normale. L'employeur qui entend contester l'utilisation faite des heures de délégation saisit le juge judiciaire) (L. 2232-27). Il en est de même pour chaque membre de la délégation du personnel du CSÉ appelé à participer à une négociation (le temps passé aux négociations n'est pas imputable sur ses autres heures de délégation).

Ne peuvent être mandatés les salariés qui, en raison des pouvoirs qu'ils détiennent, peuvent être assimilés à l'employeur, ainsi que les salariés apparentés à l'employeur (L. 2232-28).

Règles communes aux négociations dérogatoires. La négociation entre l'employeur et les membres de la délégation du personnel du CSÉ, mandatés ou non, ou les salariés de l'entreprise mandatés se déroule dans le respect des règles suivantes (L. 2232-29) :
- indépendance des négociateurs vis-à-vis de l'employeur (DC 6 nov. 1996) ;
- élaboration conjointe du projet d'accord par les négociateurs ;
- concertation avec les salariés ;
- faculté de prendre l'attache des organisations syndicales représentatives de la branche.

Les informations à remettre aux membres de la délégation du personnel du CSÉ, mandatés ou non, ou aux salariés mandatés préalablement à la négociation sont déterminées par accord entre ceux-ci et l'employeur.

Ces accords d'entreprise ou d'établissement ne peuvent entrer en application qu'après leur dépôt auprès de la DIRECCTE (L. 2232-29-1).

• Processus de négociation

Obligation de loyauté

Ce principe irrigue le droit du processus de négociation (pour toute négociation, légalement obligatoire ou non, les parties à la négociation doivent le respecter). Cependant, ses contours précis ne sont que très progressivement définis par la jurisprudence et par la loi.

L'objet et la périodicité des négociations, ainsi que les informations nécessaires à remettre préalablement aux DS de l'entreprise ou de l'établissement, sont fixés par accord entre l'employeur et les organisations syndicales représentatives dans l'entreprise (« accord de méthode »), sans préjudice des dispositions relatives à la négociation annuelle obligatoire (NAO) en entreprise (L. 2232-20). Ainsi, une négociation sur le processus de négociation peut précéder la négociation sur les thèmes choisis.

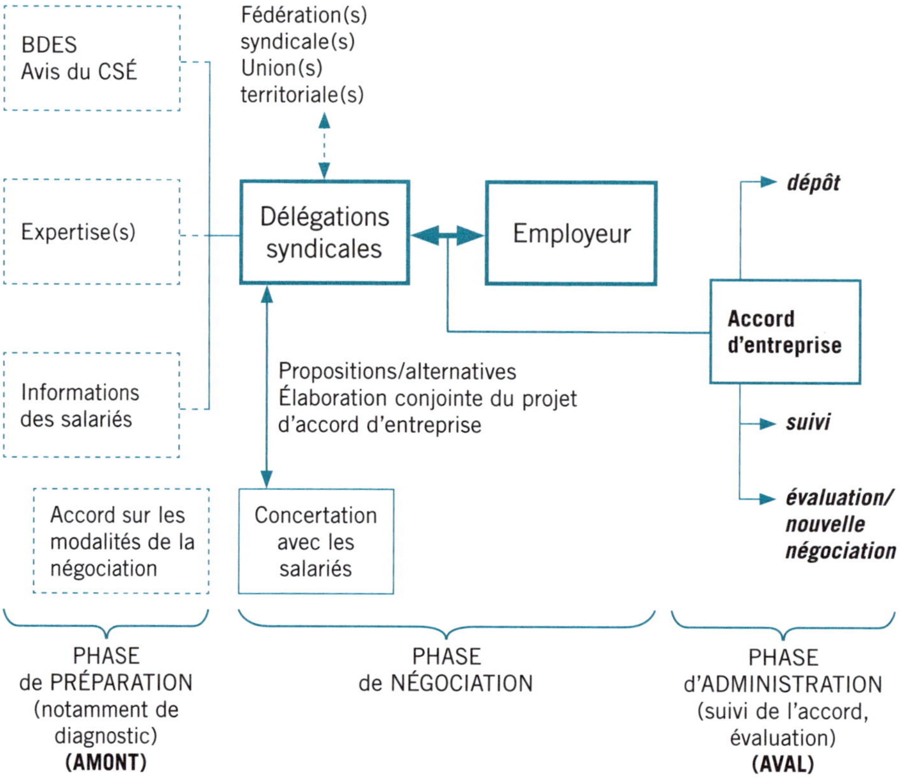

Graphique n° 9 – Processus loyal de négociation collective dans l'entreprise

Invitation à la négociation

Dès l'ouverture des négociations, toutes les organisations syndicales représentatives doivent être invitées par l'employeur (Soc. 26 mars 2002). Le défaut d'invitation d'un syndicat représentatif, ayant un DS, constitue « *un trouble manifestement illicite* » (Soc. 8 juill. 2009, SUD c/ SA Téléperformance) et une entrave au droit syndical (Crim. 28 oct. 2008).

En cours de négociation, les négociations séparées de l'employeur avec chacune des organisations sont interdites.

Les projets d'accord collectif, leur révision ou leur dénonciation ne sont plus obligatoirement soumis à l'avis du comité (L. 2323-2 – nouvelle disposition remettant en cause les solutions de la jurisprudence antérieure – Soc. 5 mai 1998, Soc. 19 mars 2003, Soc. 5 mars 2008).

La fin des négociations est une période parfois confuse. Ainsi, dans une affaire, l'employeur, lors d'une réunion de négociation, avait soumis à la discussion un projet d'accord. Les organisations syndicales, après avoir fait valoir leur position, avaient refusé de signer un procès-verbal de désaccord. La négociation était seulement interrompue, sans qu'aucune procédure de signature ne soit prévue. Mais le texte signé ultérieurement par 2 syndicats était différent de celui discuté lors de cette réunion, sans que ce nouveau texte ait été préalablement soumis à l'ensemble des organisations syndicales. « *La nullité d'une convention ou d'un accord collectif est encourue lorsque toutes les organisations syndicales n'ont pas été convoquées à sa négociation, ou si l'existence de négociations séparées est établie, ou encore si elles n'ont pas été mises à même de discuter les termes du projet soumis à la signature en demandant le cas échéant la poursuite des négociations jusqu'à la procédure prévue pour celle-ci* » (Soc. 10 oct. 2007, Syndicat CFDT métaux des Vosges c/ SEB).

• Thèmes de négociation

En vertu du principe de la ***liberté contractuelle***, tout sujet peut faire l'objet d'une négociation collective d'entreprise, dès lors que les organisations syndicales de salariés et l'employeur le décident.

Des thèmes relèvent d'une ***obligation légale de négociation***.

Négociations obligatoires - dispositions impératives - « Ordre public »

Thèmes. Dans les entreprises où sont constituées une ou plusieurs sections syndicales d'organisations représentatives, l'employeur engage au moins une fois tous les 4 ans :
1°) Une négociation sur la ***rémunération***, notamment les salaires effectifs, ***le temps de travail et le partage de la valeur ajoutée*** dans l'entreprise ;
2°) Une négociation sur ***l'égalité professionnelle entre les femmes et les hommes***, portant notamment sur les mesures visant à supprimer les écarts de rémunération, ***et la qualité de vie au travail*** (L. 2242-1).

Dans les entreprises et les groupes d'entreprises (L. 2331-1) d'au moins 300 salariés, ainsi que dans les entreprises et groupes d'entreprises de dimension communautaire (L. 2341-1 et L. 2341-2) comportant au moins un établissement ou une entreprise d'au moins 150 salariés en France l'employeur engage, au moins une fois tous les 4 ans, en plus des négociations ci-dessus, une négociation sur ***la gestion des emplois et des parcours professionnels*** (L. 2242-2).

Modalités. Tant qu'une négociation obligatoire (L. 2242-1 et L. 2242-2 *supra*) est en cours, l'employeur ne peut, dans les matières traitées, arrêter de décisions unilatérales concernant la collectivité des salariés, sauf si l'urgence le justifie (L. 2242-4).

Si, au terme de la négociation, aucun accord n'a été conclu, il est établi un procès-verbal de désaccord dans lequel sont consignées, en leur dernier état, les propositions respectives des parties et les mesures que l'employeur entend appliquer unilatéralement (L. 2242-5). Ce procès-verbal donne lieu à dépôt, à l'initiative de la partie la plus diligente, dans des conditions prévues par voie réglementaire.

Égalité professionnelle – domaines d'action. La négociation porte notamment sur des domaines d'action, éléments clés à la source des inégalités :
- l'embauche ;
- la formation professionnelle ;
- la promotion professionnelle ;
- la qualification :
- la classification ;
- les conditions de travail ;
- de santé et de sécurité ;
- la rémunération effective :
- l'articulation entre l'activité professionnelle et l'exercice de la responsabilité familiale.

Les entreprises doivent être couvertes par un accord collectif portant sur :
- au moins 3 des domaines (dans les entreprises de moins de 300 salariés) ;
- au moins 4 des domaines (dans les entreprises d'au moins 300 salariés) ; (R. 2242-2), en fixant les objectifs de progression et les actions permettant de les atteindre, accompagnés d'indicateurs chiffrés.

Dans tous les cas, ***la rémunération effective*** doit obligatoirement être comprise dans les domaines d'action retenus par l'accord collectif (R. 2242-2) (ou, à défaut, le plan d'action). Concernant la suppression des écarts de rémunération, la loi impose ici une obligation de résultat (mais sans fixer d'échéance...). Les négociations doivent prendre en compte à la fois les discriminations salariales et l'ensemble des « effets de structure » qui concourent à ces écarts.

État des lieux. Les outils d'analyse et de diagnostic, mis en œuvre dans les entreprises lors de ces négociations, doivent prendre en compte 2 données pour être pertinents :
– D'une part, l'application de la règle « à travail de valeur égale, salaire égal » (il ne s'agit pas seulement d'examiner les fonctions identiques, mais plus largement les fonctions comparables ; il s'agit aussi d'examiner la situation des rémunérations des fonctions très féminisées).
– Et d'autre part, le déroulement de carrière (promotions, durées à chaque étape, etc. ; il ne s'agit pas seulement d'examiner les situations aujourd'hui, mais également dans le temps). Il convient donc de faire une photographie large et un film des évolutions professionnelles. À défaut, les écarts n'apparaissent pas.

Égalité professionnelle entre les femmes et les hommes dans l'entreprise - Plan d'action (L. 2242-3). En l'absence d'accord relatif à l'égalité professionnelle entre les femmes et les hommes à l'issue de la négociation (2° de L. 2242-1), l'employeur établit un plan d'action annuel destiné à assurer l'égalité professionnelle entre les femmes et les hommes. Après avoir évalué les objectifs fixés et les mesures prises au cours de l'année écoulée, ce plan d'action, fondé sur des critères clairs, précis et opérationnels, détermine les objectifs de progression prévus pour l'année à venir, définit les actions qualitatives et quantitatives permettant de les atteindre et évalue leur coût. Ce plan d'action est déposé auprès de la DIRECCTE.

Une synthèse de ce plan d'action, comprenant au minimum des indicateurs et des objectifs de progression définis par décret, est portée à la connaissance des salariés par l'employeur par voie d'affichage sur les lieux de travail et, éventuellement, par tout autre moyen adapté aux conditions d'exercice de l'activité de l'entreprise. Elle est également tenue à la disposition de toute personne qui la demande et publiée sur le site Internet de l'entreprise lorsqu'il en existe un.

Égalité professionnelle entre les femmes et les hommes dans l'entreprise - Rémunération (articulation des négociations). En l'absence d'accord prévoyant les mesures visant à supprimer les écarts de rémunération entre les femmes et les hommes, la négociation sur les salaires effectifs (1° de L. 2242-1) porte également sur la programmation de mesures permettant de supprimer les écarts de rémunération et les différences de déroulement de carrière entre les femmes et les hommes.

Les accords collectifs d'entreprise sur les salaires effectifs ne peuvent être déposés auprès de la DIRECCTE (L. 2231-6) qu'accompagnés d'un procès-verbal d'ouverture des négociations portant sur les écarts de rémunération entre les femmes et les hommes, consignant les propositions respectives des parties. Le procès-verbal atteste que l'employeur a engagé sérieusement et loyalement les négociations. L'engagement sérieux et loyal des négociations implique que, dans les entreprises où sont constituées une ou plusieurs sections syndicales d'organisations représentatives, l'employeur ait convoqué à la négociation les organisations syndicales représentatives dans l'entreprise et fixé le lieu et le calendrier des réunions. L'employeur doit également leur avoir communiqué les informations nécessaires pour leur permettre de négocier en toute connaissance de cause et avoir répondu de manière motivée aux éventuelles propositions des organisations syndicales (L. 2242-6).

Égalité professionnelle entre les femmes et les hommes dans l'entreprise - Pénalité financière (L. 2242-8). Les entreprises d'au moins 50 salariés sont soumises à une pénalité à la charge de l'employeur en l'absence d'accord relatif à l'égalité professionnelle entre les femmes et les hommes (2° de L. 2242-1) ou, à défaut d'accord, par un plan d'action (L. 2242-3).

Les modalités de suivi de la réalisation des objectifs et des mesures de l'accord et du plan d'action sont fixées par décret. Dans les entreprises d'au moins 300 salariés, ce défaut d'accord est attesté par un procès-verbal de désaccord.

Le montant de la pénalité est fixé au maximum à 1 % des rémunérations et gains (L. 242-1 Css ; L. 741-10 C. rural et de la pêche maritime) versés aux travailleurs salariés ou assimilés au cours des périodes au titre desquelles l'entreprise n'est pas couverte par l'accord ou le plan d'action. Le montant est fixé par la DIRECCTE, en fonction des efforts constatés dans l'entreprise en matière d'égalité professionnelle entre les femmes et les hommes, ainsi que des motifs de sa défaillance quant au respect des obligations légales. Le produit de cette pénalité est affecté à un fonds (L. 135-1 CSs).

L'employeur peut demander à la DIRECCTE un rescrit social (L. 2242-9-1, R. 2242-9 et s.). La DIRECCTE se prononce sur toute demande d'appréciation de la conformité d'un accord ou d'un plan d'action aux dispositions légales (L. 2242-8) formulée par un employeur. Le silence gardé par l'autorité administrative vaut rejet de cette demande. La demande n'est pas recevable dès lors que les services de l'Inspection du travail ont engagé un contrôle sur le respect des dispositions légales (L. 2242-8). Ces services informent l'employeur par tout moyen lorsque ce contrôle est engagé.

Négociation sur la rémunération - pénalité (L. 2242-7). Dans les entreprises où sont constituées une ou plusieurs sections syndicales d'organisations représentatives, l'employeur qui n'a pas rempli l'obligation de négociation sur les salaires effectifs (1° de L. 2242-1) est soumis à une pénalité. Si aucun manquement relatif à cette obligation n'a été constaté lors d'un précédent contrôle au cours des 6 années civiles précédentes, la pénalité est plafonnée à un montant équivalent à 10 % des exonérations de cotisations sociales (L. 241-13 CSs) au titre des rémunérations versées chaque année où le manquement est constaté, sur une période ne pouvant excéder 3 années consécutives à compter de l'année précédant le contrôle.

Si au moins un manquement relatif à cette obligation a été constaté lors d'un précédent contrôle au cours des 6 années civiles précédentes, la pénalité est plafonnée à un montant équivalent à 100 % des exonérations de cotisations sociales (L. 241-13) au titre des rémunérations versées chaque année où le manquement est constaté, sur une période ne pouvant excéder trois années consécutives comprenant l'année du contrôle.

Dans le cas où la périodicité de la négociation sur les salaires effectifs a été portée à une durée supérieure à un an (L. 2242-11), le premier alinéa n'est pas applicable pendant la durée fixée par l'accord. Au terme de cette durée, il est fait application du premier alinéa du présent article.

Lorsque la DIRECCTE constate le manquement, elle fixe le montant de la pénalité en tenant compte notamment des efforts constatés pour ouvrir les négociations, de la situation économique et financière de l'entreprise, de la gravité du manquement et des circonstances ayant conduit au manquement.

Le produit de la pénalité est affecté au régime général de Sécurité sociale.

Négociations obligatoires - Champ de la négociation

Dans les entreprises organisées syndicalement (L. 2242-1), peut être engagée, à l'initiative de l'employeur ou à la demande d'une OSR, une négociation précisant le calendrier, la périodicité, les thèmes et les modalités de négociation dans le groupe, l'entreprise ou l'établissement (L. 2242-10).

L'accord conclu à l'issue de la négociation précise :

- 1°) Les thèmes des négociations et leur périodicité (de telle sorte qu'au moins tous les 4 ans soient négociés les thèmes mentionnés aux 1° et 2° de l'article L. 2242-1) ;
- 2°) Le contenu de chacun des thèmes ;
- 3°) Le calendrier et les lieux des réunions ;
- 4°) Les informations que l'employeur remet aux négociateurs sur les thèmes prévus par la négociation qui s'engage et la date de cette remise ;
- 5°) Les modalités selon lesquelles sont suivis les engagements souscrits par les parties.

La durée de l'accord ne peut excéder 4 ans (L. 2242-11).

Renégociation (périodicité). Un accord conclu dans l'un des domaines des négociations obligatoires (L. 2242-1-1° et 2°) peut fixer la périodicité de sa renégociation, dans la limite de 4 ans (L. 2242-12).

Négociations obligatoires - dispositions supplétives

À défaut d'accord ou en cas de non-respect de ses stipulations, dans les entreprises où sont constituées une ou plusieurs sections syndicales d'organisations représentatives (« entreprises organisées »), l'employeur engage :
– Chaque année, une négociation sur la rémunération, le temps de travail et le partage de la valeur ajoutée dans l'entreprise.
– Chaque année, une négociation sur l'égalité professionnelle entre les femmes et les hommes et la qualité de vie au travail.
– Tous les 3 ans, dans les entreprises d'au moins 300 salariés, une négociation sur la gestion des emplois et des parcours professionnels.

À défaut d'une initiative de l'employeur depuis plus de 12 mois suivant la précédente négociation, celle-ci pour chacune des 2 négociations annuelles, et depuis plus de 36 mois, pour la négociation triennale, suivant la précédente négociation, cette négociation s'engage obligatoirement à la demande d'une organisation syndicale représentative. La demande de négociation formulée par l'organisation syndicale est transmise dans les 8 jours par l'employeur aux autres organisations représentatives. Dans les 15 jours qui suivent la demande formulée par une organisation syndicale, l'employeur convoque les parties à la négociation (L. 2242-13).

Modalités. Lors de la première réunion sont précisés : le lieu et le calendrier des réunions, les informations que l'employeur remettra aux délégations syndicales sur les thèmes prévus par la négociation et la date de cette remise (L. 2242-14).

Négociation annuelle sur la rémunération, le temps de travail et le partage de la valeur ajoutée dans l'entreprise (L. 2242-15)

Elle porte sur :

– ***Les salaires effectifs***.

– La durée effective et l'organisation du ***temps de travail***, notamment la mise en place du travail à temps partiel ; la négociation peut également porter sur la réduction du temps de travail.

– L'intéressement, la participation et l'épargne salariale, à défaut d'accord d'intéressement, d'accord de participation, de plan d'épargne d'entreprise, de plan d'épargne pour la mise à la retraite collectif ou d'accord de branche comportant un ou plusieurs de ces dispositifs. S'il y a lieu, la négociation porte également sur l'affectation d'une partie des sommes collectées dans le cadre du plan d'épargne pour la retraite collectif (L. 3334-1) et sur l'acquisition de parts de fonds investis dans les entreprises solidaires (L. 3334-13). La même obligation incombe aux groupements d'employeurs.

– Le suivi de la mise en œuvre des mesures visant à supprimer les écarts de rémunération et les différences de déroulement de carrière entre les femmes et les hommes.

Cette négociation peut avoir lieu au niveau des établissements ou des groupes d'établissements distincts.

Négociation et préjudice individuel. En cas de carence de l'employeur dans l'engagement de la négociation sur les salaires, le salarié peut obtenir réparation du préjudice lié à une perte de chance d'une augmentation ou d'une gratification, quand existe un accord prévoyant que le montant de cette gratification est déterminé dans le cadre de la négociation (Soc. 13 nov. 2008).

Négociation annuelle sur l'égalité professionnelle entre les femmes et les hommes et la qualité de vie au travail (QVT) (L. 2242-17)

EN PRATIQUE

Elle porte notamment sur :

- l'articulation entre la vie personnelle et la vie professionnelle pour les salariés ;
- ***les objectifs et les mesures permettant d'atteindre l'égalité professionnelle entre les femmes et les hommes***, notamment en matière de suppression des écarts de rémunération, d'accès à l'emploi, de formation professionnelle, de déroulement de carrière et de promotion professionnelle, de conditions de travail et d'emploi, en particulier pour les salariés à temps partiel, et de mixité des emplois.

Cette négociation s'appuie sur les données figurant dans la base de données économiques et sociales (BDES).

Cette ***négociation QVT*** porte aussi sur :

- les mesures permettant de lutter contre ***toute discrimination*** en matière de recrutement, d'emploi et d'accès à la formation professionnelle ;
- les mesures relatives à l'insertion professionnelle et au maintien dans l'emploi des ***travailleurs handicapés***, notamment les conditions d'accès à l'emploi, à la formation et à la promotion professionnelles, les conditions de travail et d'emploi et les actions de sensibilisation de l'ensemble du personnel au handicap (cette négociation se déroule sur la base d'un rapport établi par l'employeur présentant la situation par rapport à l'obligation d'emploi des travailleurs handicapés – L. 5212-1 et s., L. 2242-18) ;
- les modalités de définition d'un régime de prévoyance et d'un ***régime de remboursements complémentaires*** de frais occasionnés par une maladie, une maternité ou un accident, à défaut de couverture par un accord de branche ou un accord d'entreprise (au moins aussi favorables que celles prévues à l'article L. 911-7 du Code de la Sécurité sociale) ;
- l'exercice du ***droit d'expression*** directe et collective des salariés, notamment au moyen des outils numériques disponibles dans l'entreprise ;
- les modalités du plein exercice par le salarié de son ***droit à la déconnexion*** et la mise en place par l'entreprise de dispositifs de régulation de l'utilisation des outils numériques, en vue d'assurer le respect des temps de repos et de congé, ainsi que de la vie personnelle et familiale.

A défaut d'accord, l'employeur élabore une charte, après avis du comité social et économique. Cette charte définit ces modalités de l'exercice du droit à la déconnexion et prévoit en outre la mise en œuvre, à destination des salariés et du personnel d'encadrement et de direction, d'actions de formation et de sensibilisation à un usage raisonnable des outils numériques.

Cette négociation peut également porter sur la prévention de la pénibilité (L. 2242-19).

EN PRATIQUE

Une articulation est prévue entre ces deux négociations :
– Si la négociation « QVT » sur l'égalité professionnelle aboutit à un accord prévoyant des mesures pour supprimer les écarts de rémunération et les différences de déroulement de carrière entre les femmes et les hommes, les mesures prévues seront suivies dans le cadre de la négociation « salaires ».
– Si la négociation « QVT » sur l'égalité professionnelle n'aboutit pas à un accord, prévoyant des mesures pour supprimer les écarts de rémunération et les différences de déroulement de carrière entre les femmes et les hommes, ces mesures devront être négociées dans le cadre de la négociation « salaires ».
Par conséquent, sur le plan chronologique, la négociation « QVT » doit précéder la négociation « salaires ».

Négociation sur la gestion des emplois et des parcours professionnels et sur la mixité des métiers (L. 2242-20)

Dans les entreprises et les groupes d'entreprises d'au moins 300 salariés, ainsi que dans les entreprises et groupes d'entreprises de dimension communautaire (L. 2341-1 et L. 2341-2) comportant au moins un établissement ou une entreprise d'au moins 150 salariés en France, l'employeur engage tous les 3 ans, notamment sur le fondement des orientations stratégiques de l'entreprise et de leurs conséquences (L. 2323-10), cette négociation portant sur :

– La mise en place d'un dispositif de GPEC, ainsi que sur les mesures d'accompagnement susceptibles de lui être associées, en particulier en matière de formation, d'abondement du compte personnel de formation, de validation des acquis de l'expérience, de bilan de compétences ainsi que d'accompagnement de la mobilité professionnelle et géographique des salariés (autres que celles prévues aux articles (L. 2254-2).

– Le cas échéant, les conditions de la mobilité professionnelle ou géographique interne à l'entreprise (L. 2254-2).

– Les grandes orientations à 3 ans de la formation professionnelle dans l'entreprise et les objectifs du plan de formation, en particulier les catégories de salariés et d'emplois auxquels ce dernier est consacré en priorité, les compétences et qualifications à acquérir pendant la période de validité de l'accord, ainsi que les critères et modalités d'abondement par l'employeur du compte personnel de formation.

– Les perspectives de recours par l'employeur aux différents contrats de travail, au travail à temps partiel et aux stages, ainsi que les moyens mis en œuvre pour diminuer le recours aux emplois précaires dans l'entreprise au profit des CDI.

– Les conditions dans lesquelles les entreprises sous-traitantes sont informées des orientations stratégiques de l'entreprise ayant un effet sur leurs métiers, l'emploi et les compétences.
– Le déroulement de carrière des salariés exerçant des responsabilités syndicales et l'exercice de leurs fonctions.

Un bilan est réalisé à l'échéance de l'accord.

Cette négociation peut également porter (L. 2242-21) :

- 1°) Sur les modalités d'information et de consultation du CSÉ applicables lorsque l'employeur envisage de prononcer un « grand licenciement économique » (L. 1233-21, L. 1233-22) ;
- 2°) Sur la qualification des catégories d'emplois menacés par les évolutions économiques ou technologiques ;
- 3°) Sur les modalités de l'association des entreprises sous-traitantes au dispositif de GPEC de l'entreprise ;

- 4°) Sur les conditions dans lesquelles l'entreprise participe aux actions de GPEC mises en œuvre à l'échelle des territoires où elle est implantée ;
- 5°) Sur la mise en place de congés de mobilités (L. 1237-18 et s.) ;
- 6°) Sur la formation et l'insertion durable des jeunes dans l'emploi, l'emploi des salariés âgés et la transmission des savoirs et des compétences, les perspectives de développement de l'alternance, ainsi que les modalités d'accueil des alternants et des stagiaires et l'amélioration des conditions de travail des salariés âgés.

Conventions et accords d'entreprise

• Validité de la convention collective ou de l'accord d'entreprise par signature syndicale

Pour qu'une convention collective ou un accord d'entreprise soit valide, il est nécessaire qu'il ait été signé par l'employeur avec au moins une organisation syndicale représentative de salariés. Cependant, cette condition nécessaire n'est plus suffisante.

À RETENIR

La validité d'un accord d'entreprise ou d'établissement est subordonnée à sa signature par :

- l'employeur ou son représentant, et ;
- une ou plusieurs organisations syndicales de salariés représentatives, ayant recueilli plus de 50 % des suffrages exprimés en faveur d'organisations syndicales représentatives (OSR), au premier tour des dernières élections des titulaires au CSÉ, quel que soit le nombre de votants (L. 2232-12 al. 1) (depuis le 1er mai 2018).

• Option subsidiaire dans certains cas - Validité de l'accord d'entreprise par vote des salariés

Si cette condition n'est pas remplie et si l'accord a été signé à la fois par l'employeur et par des OSR ayant recueilli plus de 30 % des suffrages exprimés en faveur d'organisations représentatives au premier tour des élections professionnelles (précitées), quel que soit le nombre de votants, une ou plusieurs de ces organisations ayant recueilli plus de 30 % des suffrages disposent d'un délai d'un mois à compter de la signature de l'accord pour indiquer qu'elles souhaitent une consultation des salariés visant à valider l'accord (L. 2232-12 al. 2 et s.). Au terme de ce délai, l'employeur peut demander l'organisation de cette consultation, en l'absence d'opposition de l'ensemble de ces organisations.

Si, à l'issue d'un délai de 8 jours à compter de cette demande ou de l'initiative de l'employeur, les éventuelles signatures d'autres organisations syndicales représentatives n'ont pas permis d'atteindre le pourcentage de 50 % précité et si les conditions précitées sont toujours remplies, cette consultation est organisée dans un délai de 2 mois.

La consultation des salariés, qui peut être organisée par voie électronique, se déroule dans le respect des principes généraux du droit électoral et selon les modalités prévues par un protocole spécifique conclu entre l'employeur et une ou plusieurs organisations syndicales représentatives ayant recueilli plus de 30 % des suffrages exprimés en faveur d'organisations représentatives au premier tour des élections précitées, quel que soit le nombre de votants. Participent à la consultation les salariés du ou des établissements couverts par l'accord et électeurs.

L'accord est valide s'il est approuvé par les salariés à la majorité des suffrages exprimés.

Faute d'approbation, l'accord est réputé non écrit.

(Se limitant à un vote (pour ou contre), ce dispositif ne favorise pas l'échange d'arguments dans un espace public de discussion.)

Un accord d'entreprise au sens :
de l'article L. 2232-12 al. 1 : a été signé par des OSR « majoritaires » ;
de l'article L. 2232-12 : peut également avoir été conclu à l'issue d'un « référendum ».

À RETENIR

Validité des accords d'entreprise :

– Règle de droit commun (jusqu'au 1er mai 2018) : accord d'entreprise signé par une ou plusieurs organisations syndicales représentatives ayant recueilli au moins 30 % des suffrages valablement exprimés, aux dernières élections professionnelles, quel que soit le nombre de votants.

– Règle dite majoritaire (nouvelle) : accord d'entreprise signé par **une ou plusieurs organisations syndicales représentatives ayant recueilli plus de 50 % des suffrages valablement exprimés en faveur d'organisations syndicales représentatives, au premier tour des élections** de titulaires au CSÉ, ou en attendant, au CE ou de la DUP ou, à défaut, des DP, quel que soit le nombre de votants.

Cette règle qui s'appliquait dans différents cas particuliers est élargie aux accords collectifs qui portent sur la durée du travail, les repos et les congés (à partir du 1er janv. 2017) et aux accords. Elle s'appliquera à partir du 1er mai 2018 aux autres accords collectifs « emploi » (L. 2254-2).

Les bases de calcul étant différentes, 50 % des suffrages valablement exprimés peuvent parfois être inférieurs à 30 % des suffrages valablement exprimés… Des organisations ayant recueilli moins de 30 % des suffrages exprimés peuvent avoir recueilli 50 % des suffrages exprimés en faveur d'organisations représentatives.

Organisations catégorielles

Des dispositions identiques déclinent ces règles pour les organisations syndicales représentatives catégorielles qui négocient et concluent un accord d'entreprise pour les salariés d'une catégorie professionnelle (L. 2232-13) au regard d'un collège électoral (L. 2232-7 pour les « cadres »). Il en est ainsi notamment pour les journalistes (L. 7111-9) et pour les pilotes de lignes de l'aviation civile (loi « transports » du 8 déc. 2009).

Par ailleurs, un syndicat catégoriel peut négocier et signer un accord concernant l'ensemble des salariés : « *Un syndicat représentatif catégoriel peut, avec des syndicats représentatifs intercatégoriels, et sans avoir à établir sa représentativité au sein de toutes les catégories de personnel, négocier et signer un accord d'entreprise intéressant l'ensemble du personnel, son audience électorale, rapportée à l'ensemble des collèges électoraux, devant alors être prise en compte pour apprécier les conditions de validité de cet accord* » (Soc. 31 mai 2011, SUD RATP).

Accord d'entreprise/accord d'établissement

La valeur juridique des accords d'entreprise est modifiée, leurs dispositions peuvent prévaloir sur les dispositions des accords d'établissement : « lorsqu'un accord conclu au niveau de l'entreprise le prévoit expressément, ses stipulations se substituent aux stipulations ayant le même objet des conventions ou accords conclus antérieurement ou postérieurement dans les établissements compris dans le périmètre de cet accord » (L. 2253-6).

À RETENIR

La convention ou l'accord de groupe fixe lui-même son champ d'application, lequel peut être constitué de tout ou partie des entreprises constitutives du groupe (L. 2232-30 et s.).
L'accord de groupe participe au niveau des groupes au mouvement d'auto-réglementation des entreprises. L'accord de groupe se développe parfois au détriment des accords de branche.

Il est négocié entre :
– L'employeur de l'entreprise dominante ou un ou plusieurs représentants, mandatés à cet effet, des employeurs des entreprises concernées par le champ d'application de la convention ou de l'accord.
– Les organisations syndicales de salariés représentatives dans le groupe (TGI Nanterre, 8 juin 2007, Total) ou dans l'ensemble des entreprises concernées par le champ de la convention ou de l'accord.

Les OSR dans chacune des entreprises ou chacun des établissements compris dans le périmètre de l'accord sont informées préalablement de l'ouverture d'une négociation dans ce périmètre. Pour la négociation en cause, les organisations syndicales de salariés représentatives à l'échelle de l'ensemble des entreprises comprises dans le périmètre de cet accord peuvent désigner un ou des coordonnateurs syndicaux choisis parmi les DS du groupe et habilités à négocier et à signer la convention ou l'accord de groupe.

L'ensemble des négociations prévues au niveau de l'entreprise peuvent être engagées et conclues au niveau du groupe (L. 2232-33). Les entreprises sont dispensées d'engager une négociation obligatoire lorsqu'un accord portant sur le même thème a été conclu au niveau du groupe et remplit les conditions prévues par la loi. Les conditions de validité des conventions et des accords d'entreprise sont applicables aux conventions et accords de groupe à l'échelle de l'ensemble des entreprises ou établissements compris dans le périmètre de cet accord. La consultation des salariés, le cas échéant, est également effectuée dans ce périmètre.

La valeur juridique des accords de groupe est modifiée, ***les dispositions de l'accord de groupe peuvent prévaloir sur les dispositions des accords d'entreprise*** :
« *Lorsqu'un accord conclu dans tout ou partie d'un groupe le prévoit expressément, ses stipulations se substituent aux stipulations ayant le même objet des conventions ou accords conclus antérieurement ou postérieurement dans les entreprises ou les établissements compris dans le périmètre de cet accord* » (L. 2253-5).

Fonctionnement des IRP. Un accord de groupe peut prévoir que :
– Les consultations ponctuelles du CSÉ sont effectuées au niveau du comité de groupe (L. 2312-56).

– La consultation sur les orientations stratégiques est effectuée au niveau du comité de groupe (L. 2312-20).
Il prévoit les modalités de transmission de l'avis du comité de groupe : à chaque CSÉ des entreprises du groupe, qui reste consulté sur les conséquences des projets sur l'entreprise ; à l'organe chargé de l'administration de l'entreprise dominante de ce groupe.

À RETENIR

Des commissions paritaires professionnelles ou interprofessionnelles peuvent être instituées au niveau local, départemental ou régional, par accord (L. 2234-1).

Ces commissions concourent à l'élaboration et à l'application de conventions et accords collectifs de travail, négocient et concluent des accords d'intérêt local, notamment en matière d'emploi et de formation continue. De plus, elles examinent les réclamations individuelles et collectives et toute autre question relative aux conditions d'emploi et de travail des salariés intéressés (L. 2234-2). Ainsi sont conclus des accords originaux (exemples : Accord du 22 juin 2010 sur la médiation sociale dans le travail saisonnier dans le Pays Landes Nature Côte d'Argent ; Accord sur la santé et la sécurisation des parcours professionnels des saisonniers du tourisme des Hautes-Alpes).

À RETENIR

Accords interentreprises. Un accord peut être négocié et conclu au niveau de plusieurs entreprises entre, d'une part, les employeurs et, d'autre part, les organisations syndicales représentatives à l'échelle de l'ensemble des entreprises concernées (L. 2232-36 et s.).
Lorsqu'un accord conclu au niveau de plusieurs entreprises le prévoit expressément, ses stipulations se substituent aux stipulations ayant le même objet des conventions ou accords conclus antérieurement ou postérieurement dans les entreprises ou les établissements compris dans le périmètre de cet accord (L. 2253-7).

Adhésion et application volontaire

• Adhésion

Toute organisation syndicale représentative de salariés, toute organisation syndicale représentative d'employeurs, tout groupement ou association d'employeurs ou des employeurs pris individuellement, peuvent adhérer à une convention ou à un accord collectif de travail (L. 2261-3). L'adhésion est notifiée aux signataires de la convention ou de l'accord (lorsqu'elle n'est pas subordonnée à leur assentiment). Elle fait l'objet d'un dépôt dans les mêmes conditions qu'une convention ou un accord.

L'adhésion, lorsqu'elle émane d'une organisation patronale ou d'un employeur individuel, a pour effet de rendre la convention collective ou l'accord applicable aux entreprises membres de l'organisation patronale ou à l'entreprise individuelle. L'adhésion n'est pas subordonnée à l'assentiment des parties contractantes originaires.

Il peut arriver toutefois que l'organisation patronale ou l'employeur individuel couvre une activité qui n'entre pas dans le champ d'application professionnel de la convention ou de l'accord (L. 2261-6). Dans le but de faire bénéficier le maximum de salariés des conventions collectives, la loi autorise ce type d'adhésion, mais elle la subordonne à l'accord des parties originaires et des organisations syndicales de travailleurs représentatives de la branche (adhésion d'une organisation patronale) ou de l'entreprise (adhésion d'un employeur individuel). Si un accord est obtenu, le champ d'application de la convention est modifié en conséquence.

• Application volontaire

Un employeur peut décider l'application volontaire d'une convention collective à laquelle il n'est pas normalement assujetti. Sa décision crée un usage d'entreprise. Cette application peut être partielle ou limitée à certaines catégories de salariés (Soc. 5 oct. 1993). L'application volontaire peut aussi résulter d'un accord au niveau de l'entreprise ou d'un contrat de travail. Cette décision n'implique pas, même si la convention est indiquée sur les bulletins de salaire, que l'employeur est tenu d'appliquer les dispositions des avenants conclus ultérieurement (Soc. 2 avril 2003), ni d'autres dispositions que celles mentionnées aux contrats de travail (Soc. 10 juin 2003).

Effets de la convention applicable sur le contrat de travail

La convention collective applicable (ou l'accord collectif) a un triple effet sur le contrat de travail.

• Effet impératif

Lorsqu'un employeur est lié par les clauses d'une convention ou d'un accord, celles-ci s'appliquent aux contrats de travail conclus avec lui, sauf stipulations plus favorables (L. 2254-1). Ainsi, les salariés bénéficient des dispositions de la convention collective.

La formule « sauf stipulations plus favorables » signifie que les dispositions plus favorables que l'accord collectif s'appliquent ; l'accord collectif ne peut en soi modifier le contrat de travail (Soc. 25 févr. 1998). La convention collective et le contrat de travail sont 2 sources indépendantes, la première ne s'incorpore pas au second.

L'employeur, lié par une convention collective ou un accord, doit obligatoirement en appliquer les dispositions aux salariés. Il est tenu de ne rien faire qui soit de nature à en compromettre l'exécution loyale (L. 2262-4). L'employeur doit mettre en œuvre l'accord de bonne foi, notamment en respectant les dispositions de son préambule (Soc. 7 mai 2008, Sté Kiabi Europe ; ainsi, si l'accord d'entreprise sur le « travail à temps choisi » prévoit dans son préambule qu'il a notamment pour objet de donner à chaque fois que cela est possible à chacun la maîtrise de son temps de travail, en cas de demande de requalification en un contrat à temps plein, le juge doit vérifier si « *la salariée (...) avait pu dans toute la mesure du possible maîtriser ses horaires de travail et si (...) cet accord avait été mis en œuvre de bonne foi* »...).

L'indication d'une convention collective dans le contrat de travail ne saurait priver le salarié de l'application de la convention collective à laquelle l'employeur est assujetti, compte tenu de son activité principale, dès lors que celle-ci lui est plus favorable (Soc. 18 juill. 2000).

Le salarié ne peut renoncer aux avantages de la convention ou de l'accord collectif. La mise en œuvre d'un accord collectif dont les salariés tiennent leurs droits ne peut être subordonnée à la conclusion de contrats individuels de transaction (Soc. 5 avril 2005).

Cumul de dispositions conventionnelles

« *En cas de concours d'instruments conventionnels collectifs, les avantages ayant le même objet ou la même cause ne peuvent, sauf stipulations contraires, se cumuler, le plus favorable d'entre eux pouvant seul être accordé* » (Cass. Ass. plén. 24 oct. 2008, Syndicat CFDT de l'Hérault c/ COGITIS).

Conflit entre accord collectif et contrat de travail

La jurisprudence admet, en rupture avec le rôle traditionnel de l'accord collectif, qu'une convention ou un accord collectif puisse, en l'absence de mention dans le contrat, contenir des obligations s'imposant au salarié. La disposition prévoyant une obligation est opposable au salarié aux seules conditions qu'il ait été informé de l'existence de cette disposition et mis en mesure d'en prendre connaissance (Soc. 8 janv. 1997). Dans certains cas cependant, l'accord ne peut imposer de nouvelles sujétions au salarié sans son accord (par exemple : modification du contrat de travail ; Soc. 17 oct. 2000, l'accord d'établissement instaurant une interdiction de concurrence ne peut s'imposer à un contrat dépourvu de clause en la matière ; ou encore Soc. 27 juin 2002, à propos d'une clause de mobilité).

Dans certaines situations, le salarié va pouvoir « résister » à l'application d'une convention collective comportant des dispositions défavorables à la relation de travail sur une question, sur la base de son contrat de travail contenant des dispositions plus favorables (ou même parfois dans le silence du contrat sur cette question).

Méthodes d'appréciation

Il est parfois difficile d'apprécier le caractère plus favorable d'un accord. Il existe 2 méthodes. D'une part, la méthode traditionnelle, ***la méthode analytique***, consiste à comparer avantage par avantage, par grand thème (exemple : régime des congés payés), les dispositions des accords de différents niveaux pour déterminer celles qui sont les plus favorables (depuis notamment Soc. 8 juill. 1980). D'autre part, plus récente, ***la méthode globale*** est utilisée au regard d'accords qui contiennent des éléments de garantie de l'emploi en contrepartie du renoncement des salariés à certains avantages salariaux ; l'équilibre de l'accord, généralement présenté comme indivisible, serait ruiné par un découpage par avantage (par exemple, un accord prévoyant de manière contraignante pour l'employeur le maintien des salariés dans leur emploi menacé en échange de la suppression d'une prime, Soc. 19 févr. 1997, Compagnie générale de géophysique).

Il convient également de définir le périmètre de la comparaison. En règle générale, la comparaison s'effectue au regard de l'intérêt de l'ensemble des salariés (Soc. 18 janv. 2000 ; un accord prévoyant le maintien de l'emploi en échange du renoncement à une prime, est considéré comme plus favorable pour l'ensemble des salariés et le salarié qui réclame le versement de la prime est débouté, Soc. 19 févr. 1997, préc.).

En résumé, en règle générale, « *la détermination du régime le plus favorable doit résulter d'une appréciation globale avantage par avantage pour l'ensemble du personnel* » (Soc. 19 déc. 2007).

• Effet automatique

Il est toujours possible pour l'employeur et pour le salarié de conclure un contrat de travail plus favorable, sur tel ou tel point, que la convention collective. Mais il est exclu que le contrat de travail contienne des dispositions moins favorables que la convention collective. Si c'est le cas, les dispositions plus favorables de la convention collective se substituent automatiquement aux dispositions moins favorables du contrat (Soc. 17 juill. 2001).

De la même manière, les dispositions de la convention collective, relatives à une question (par exemple le délai de préavis) s'appliquent lorsque le contrat de travail est muet sur cette question. Cette substitution automatique est temporaire : elle joue tant que la disposition conventionnelle est applicable.

• Effet immédiat

L'effet impératif et l'effet automatique s'appliquent au contrat de travail, en cours ou futur, dès l'entrée en vigueur de la convention, c'est-à-dire à partir du jour qui suit leur dépôt (L. 2261-1) à l'UT (DIRECCTE) (Soc. 19 nov. 1997), sauf disposition particulière (cf. accord applicable à partir de la date de publication de l'arrêté d'extension).

Cet effet assure une certaine unité du statut collectif des salariés.

Relations entre les signataires de la convention ou de l'accord

À côté des dispositions qui prévoient les droits des salariés (salaires, indemnités, etc.), la convention collective ou l'accord contient aussi des dispositions qui aménagent les relations entre les organisations signataires et précisent leurs obligations réciproques. Chacune des parties signataires est tenue de respecter ces obligations.

De façon générale, ces organisations, ainsi que les employeurs pris individuellement, sont tenus de ne rien faire qui soit de nature à en compromettre l'exécution loyale (L 2262-4 ; Soc. 4 juin 2002, SNASEA).

La participation aux organismes paritaires ou aux institutions créé(e)s par une convention ou un accord collectif est réservée aux syndicats signataires du texte conventionnel et à ceux qui y adhèrent. Mais les dispositions conventionnelles normatives, visant à améliorer les IRP, sont applicables de plein droit à tous les syndicats, même non signataires (Soc. 29 nov. 1991, Dassault).

Information et communication

Les obligations d'information des salariés et de leurs représentants sur le droit conventionnel applicable dans l'entreprise sont renforcées (L. 2262-5). Il revient à chaque branche professionnelle de fixer les conditions d'information des salariés et des représentants du personnel sur le droit conventionnel applicable dans l'entreprise et dans l'établissement – en l'absence de dispositions dans la convention ou d'accord de branche, les modalités d'information des salariés sont prévues par décret. L'absence d'information sur la convention collective applicable par l'employeur cause nécessairement un préjudice au salarié, que l'employeur doit réparer (Soc. 19 mai 2004).

Au moment de l'embauche, le salarié doit obligatoirement recevoir de l'employeur une notice d'information sur le droit conventionnel applicable dans l'entreprise ou l'établissement.

L'employeur fournit chaque année au CSÉ et aux DS la liste des modifications apportées aux conventions ou accords applicables dans l'entreprise. À défaut de DP/CSÉ, cette information est communiquée aux salariés.

L'employeur doit tenir un exemplaire à jour de cette convention ou de cet accord collectif à la disposition du personnel sur le lieu de travail. Un avis doit être affiché à ce sujet. L'employeur qui n'a pas affiché à quel endroit la convention collective pouvait être consultée par les salariés ne peut exiger de ceux-ci qu'ils en respectent les dispositions, car ils n'ont pas été mis en mesure de les connaître (Soc. 28 févr. 1996).

Dans les entreprises dotées d'un intranet, l'employeur doit mettre sur celui-ci à la disposition des salariés un exemplaire à jour de la convention ou de l'accord collectif de travail par lequel il est lié. En outre, le bulletin de paie doit mentionner, s'il y a lieu, l'intitulé de la convention collective de branche applicable au salarié. Cette mention vaut présomption simple de l'applicabilité de la convention collective à son égard, l'employeur pouvant apporter la preuve contraire (Soc. 15 nov. 2007, CJCE 4 nov. 1997).

Il peut être donné communication et délivré copie des textes déposés (L. 2262-8), ce qui implique le droit d'obtenir copie à ses frais auprès de l'UT (DIRECCTE). Toutefois, dans le cas où une instance juridictionnelle est en cours, copie de tout ou partie de la convention ou de l'accord en cause est délivrée gratuitement, sur sa demande, à chacune des parties à l'instance.

Contrôle et sanctions

• Contrôle de l'Inspection du travail

Les inspecteurs du travail ont pour mission de vérifier l'application de l'ensemble des conventions et accords (L. 8112-1).

• Sanctions civiles

Action collective

Si l'employeur (ou une organisation d'employeurs) manque à ses obligations (en matière d'engagement de négociations obligatoires – de branche ou d'entreprise, d'application de dispositions conventionnelles obligatoires), une organisation syndicale représentative peut intenter une action en dommages-intérêts et en vue d'obtenir l'exécution des engagements contractés (voir chapitre XVII).

Action individuelle

Si un salarié estime que son employeur ne respecte pas à son égard des dispositions de la convention collective, il peut saisir le CPH et en demander l'application (Soc. 12 juill. 2006). Une organisation syndicale représentative peut également déclencher une action de substitution devant le juge du contrat (Soc. 14 févr. 2001, Moulinex – voir chapitre XVII).

Interprétation des dispositions conventionnelles

Le juge interprète les dispositions conventionnelles, notamment selon le principe de faveur (Cass. Ass. plén. 30 nov. 2007), sans être tenu par les avis des commissions paritaires de branche. L'avis d'une commission d'interprétation instituée par un accord collectif ne s'impose au juge que si l'accord collectif lui donne la valeur d'un avenant (Soc. 2 déc. 2008, CNCEP).

Il appartient aux juges du fond de vérifier si l'entreprise, à l'égard de laquelle est revendiqué le bénéfice d'une disposition conventionnelle « *susceptible d'être applicable aux salariés de l'entreprise eu égard à son champ professionnel et géographique* », est « *affiliée à l'une des organisations signataires* », quand « *cette affiliation était contestée par l'employeur* » (Soc. 31 mai 2011, SA Aquitaine route).

• Sanctions pénales

Dispositions conventionnelles

Sont sanctionnés par des amendes le défaut d'affichage de l'avis concernant la convention collective applicable, ainsi que l'inobservation des clauses des conventions étendues en matière de salaires, etc. (R. 2263-1).

Lorsqu'une convention et un accord collectif ont été étendus et contiennent des dispositions dérogatoires à la loi, mais autorisées par elle (par exemple en matière d'aménagement du temps de travail), les infractions à ces dispositions dérogatoires sont sanctionnées comme s'il s'agissait de violations de la loi elle-même (L. 2263-1).

Négociations obligatoires

Le fait de se soustraire aux obligations de négociation (L. 2242-1, L. 2242-20), relatives à la convocation des parties à la négociation et à l'obligation périodique de négocier, est puni d'un emprisonnement d'un an et d'une amende de

3 750 € (L. 2243-1 et L. 2243-2). Ce sont les peines prévues en cas d'entrave à l'exercice du droit syndical.

Un accord collectif ou une convention collective d'entreprise peuvent être remis en cause selon différentes modalités, par différents acteurs avec différents effets.

Annulation

• Contentieux civil

Une organisation syndicale représentative peut saisir le juge de droit commun (TGI) pour demander la nullité (partielle ou complète) d'un accord collectif (voir chapitre XVII). Celle-ci peut être prononcée au regard :

- du contenu de l'accord (dispositions illicites – exemple : CA Paris, 24 mars 2011, annulant partiellement l'accord du 7 nov. 2008 relatif au statut des journalistes rémunérés à la pige, pour les dispositions restrictives en matière de calcul de l'effectif et de participation aux élections professionnelles) ;
- des effets illicites de l'accord (notamment en matière de discrimination indirecte, Soc. 9 janv. 2007, Soc. 17 janv. 2018), donc en aval.

Il appartient à celui qui conteste la légalité d'une convention ou d'un accord collectif de démontrer qu'il n'est pas conforme aux conditions légales qui le régissent (L. 2262-13). Toute action en nullité de tout ou partie d'une convention ou d'un accord collectif doit, sous peine d'irrecevabilité, être engagée dans un délai de 2 mois (L. 2262-14), à compter de la notification de l'accord d'entreprise (L. 2231-5), pour les organisations disposant d'une section syndicale dans l'entreprise (ou de la publication de l'accord – L. 2231-5-1 – dans tous les autres cas).

Cette nouvelle disposition s'applique aux conventions ou accords conclus postérieurement au 23 sept. 2017. Cet extraordinaire délai, très court, destiné à renforcer la sécurité juridique des accords d'entreprises, risque de laisser perdurer des accords contenant des clauses illicites (au regard du droit interne et, le cas échéant, du droit européen et international) et ayant des effets dommageables sur des contrats de travail. Par ailleurs, ce bref délai ne permettra que difficilement de mesurer des effets illégaux d'un accord. Le juge rend sa décision dans un délai de 6 mois (L. 2262-14-1).

L'annulation portera sur une partie ou sur la totalité de l'accord (notamment quand l'annulation de certaines clauses a pour effet de détruire l'économie générale de l'accord, même si la demande ne portait que sur une annulation partielle). En cas d'annulation par le juge de tout ou partie d'un accord ou d'une convention collective, celui-ci peut décider, s'il lui apparaît que l'effet rétroactif de cette annulation est de nature à emporter des conséquences manifestement excessives en raison tant des effets que cet acte a produits et des situations qui ont pu se constituer lorsqu'il était en vigueur que de l'intérêt général pouvant s'attacher à un maintien temporaire de ses effets, que l'annulation ne produira ses effets que pour l'avenir ou de moduler les effets de sa décision dans le temps, sous réserve des actions contentieuses déjà engagées à la date de sa décision sur le même fondement (L. 2262-15).

Un accord collectif peut être annulé par le juge civil, y compris quand cet accord avait fait l'objet d'un arrêté d'extension par le ministre du Travail.

• Contentieux administratif

L'arrêté du ministre portant extension d'un accord collectif, notamment professionnel, peut être contesté devant le juge administratif qui peut l'annuler ou en suspendre l'application (CE réf., 6 sept. 2013, préc.).

L'annulation de l'arrêté d'extension n'a pas pour effet d'annuler l'accord collectif.

Dénonciation

• Modalités

La convention et l'accord collectif de travail à durée indéterminée peuvent être dénoncés par les parties signataires (L. 2261-9). Ils doivent prévoir les conditions dans lesquelles ils peuvent être dénoncés et notamment la durée du préavis qui doit précéder la dénonciation. En l'absence de stipulation expresse, cette durée est de 3 mois. La dénonciation doit être notifiée aux autres signataires de la convention et doit donner lieu à un dépôt dans les mêmes conditions que pour la conclusion d'une convention. Elle ne peut être partielle et doit porter sur la totalité de la convention ou de l'accord.

• Effets

Si la dénonciation émane de l'ensemble des organisations signataires, employeurs ou salariés (L. 2261-10), son effet devrait être d'annihiler la convention ou l'accord et de créer un vide conventionnel. C'est précisément ce que veut éviter la loi, qui prévoit que, dans ce cas, la convention ou l'accord continue à produire effet jusqu'à l'entrée en vigueur d'une nouvelle convention ou d'un nouvel accord, qui lui est substitué, ou, à défaut, pendant une durée d'un an à compter de l'expiration du délai de préavis, sauf clause prévoyant une durée déterminée supérieure. L'accord dénoncé continue à produire ses effets jusqu'à l'expiration du délai légal (L. 2261-10), à défaut de conclusion d'un nouvel accord (Soc. 17 avril 2008, Sté Suez Lyonnaise des Eaux).

Une nouvelle négociation doit s'engager, à la demande d'une des parties intéressées, dans les 3 mois qui suivent la date de la dénonciation. « Lorsqu'une des organisations syndicales de salariés signataires de la convention ou de l'accord perd la qualité d'organisation représentative dans le champ d'application de cette convention ou de cet accord, la dénonciation de ce texte n'emporte d'effets que si elle émane d'une ou plusieurs organisations syndicales de salariés représentatives dans son champ d'application ayant recueilli la majorité des suffrages exprimés (...) » (L. 2261).

La convention cesse donc de s'appliquer après un délai de 15 mois et ce, même si aucun accord de substitution n'a été négocié (Soc. 23 juin 1999).

• Maintien de la rémunération perçue

Lorsque la convention ou l'accord qui a été dénoncé n'a pas été remplacé par une nouvelle convention ou un nouvel accord dans un délai d'un an à compter de l'expiration du préavis, les salariés des entreprises concernées bénéficient d'une garantie de rémunération dont le montant annuel, pour une durée de travail équivalente à celle prévue par leur contrat de travail, ne peut être inférieur à la rémunération versée lors des 12 derniers mois, en application de la convention ou de l'accord dénoncé et du contrat de travail. Cette garantie de rémunération peut être assurée par le versement d'une indemnité différentielle entre le montant de la rémunération qui était dû au salarié en vertu de la convention ou de l'accord dénoncé et de son contrat de travail et le montant de la rémunération du salarié résultant de la nouvelle convention ou du nouvel accord, s'il existe, et de son contrat de travail.

Lorsqu'une stipulation prévoit que la convention ou l'accord dénoncé continue à produire ses effets pendant un délai supérieur à un an, la règle précitée s'applique à compter de l'expiration de ce délai si une nouvelle convention ou un nouvel accord n'a pas été conclu. (L. 2261-13).

(La loi du 8 août 2016 a supprimé le régime des « avantages individuels acquis »).

• Dénonciation par une partie des signataires

Si la dénonciation émane d'un syndicat de salariés alors qu'il y a plusieurs syndicats de salariés signataires, ou d'une organisation patronale alors qu'il y a plusieurs organisations patronales signataires, elle ne fait pas obstacle au maintien en vigueur de la convention ou de l'accord (L. 2261-11).

Lorsque la dénonciation d'une convention de branche ou d'un accord professionnel ou interprofessionnel émane d'une organisation seule signataire, soit pour la partie employeurs, soit pour la partie salariés, concernant un secteur territorial ou professionnel inclus dans le champ d'application du texte dénoncé, ce champ d'application est modifié en conséquence (L. 2261-12).

• Dénonciation d'un usage

« *La dénonciation par l'employeur d'un usage doit, pour être régulière, être précédée d'un préavis suffisant pour permettre des négociations et être notifiée aux représentants du personnel et à tous les salariés individuellement s'il s'agit d'une disposition qui leur profite ou, s'agissant d'un usage dont le bénéfice est subordonné à une condition d'ancienneté dans l'entreprise, qui est susceptible de leur profiter* » (Soc. 13 oct. 2010, Cegelec).

Renouvellement, suivi, révision et dénonciation

La convention ou l'accord prévoit les formes selon lesquelles et le délai au terme duquel il pourra être renouvelé ou révisé (L. 2222-5).

La convention ou l'accord définit ses conditions de suivi et comporte des clauses de rendez-vous (L. 2222-5-1).

Révision

Sont habilitées à engager la procédure de révision d'une convention ou d'un accord d'entreprise ou d'établissement (L. 2261-7-1) :

- jusqu'à la fin du cycle électoral au cours duquel cette convention ou cet accord a été conclu, une ou plusieurs organisations syndicales de salariés représentatives dans le champ d'application de la convention ou de l'accord et signataires ou adhérentes de cette convention ou de cet accord ;
- à l'issue de cette période, une ou plusieurs organisations syndicales de salariés représentatives dans le champ d'application de la convention ou de l'accord.

Ainsi, après chaque nouvelle élection professionnelle dans l'entreprise (à la fin de chaque cycle électoral), la procédure de révision est ouverte à tous les syndicats représentatifs, y compris à ceux n'ayant pas signé l'accord initial. Des syndicats signataires de l'accord initial peuvent ne plus être représentatifs et d'autres syndicats, non signataires de l'accord initial, ont pu devenir représentatifs. Et l'organisation syndicale de salariés, signataire d'un accord d'entreprise, qui n'est plus représentative pour la durée du cycle électoral au cours duquel la révision de cet accord d'entreprise est proposée, ne peut s'opposer à la négociation d'un tel accord (Soc. 21 sept. 2017, PBRI).

L'avenant se substitue de plein droit aux obligations de la convention ou de l'accord qu'il révise (L. 2261-8). Il est opposable, après dépôt, à l'ensemble des employeurs et des salariés liés par la convention ou l'accord. Le principe de faveur ne s'applique pas entre 2 accords qui se succèdent – un nouvel accord d'entreprise peut remplacer un précédent accord et être moins avantageux pour les salariés.

Pour être valides, les avenants de révision doivent être conclus conformément aux règles de droit commun de conclusion des conventions et accords collectifs de travail.

Mise en cause

• Modification de la situation juridique de l'entreprise

Lorsque l'application d'une convention ou d'un accord est mise en cause dans une entreprise déterminée en raison notamment d'une fusion, d'une cession, d'une scission ou d'un changement d'activité, cette convention ou cet accord continue de produire effet jusqu'à l'entrée en vigueur de la convention ou de l'accord qui lui est substitué ou, à défaut, pendant une durée d'un an à compter de l'expiration du délai de préavis (3 mois), sauf si une clause prévoit une durée supérieure.

Lorsque la convention ou l'accord qui a été mis en cause n'a pas été remplacé par une nouvelle convention ou un nouvel accord dans le délai précité, les salariés des entreprises concernées bénéficient d'une garantie de rémunération dont le montant annuel, pour une durée de travail équivalente à celle prévue par leur contrat de travail, ne peut être inférieur à la rémunération versée, en application de la convention ou de l'accord mis en cause, lors des 12 derniers mois.

Des dispositions concernent les accords à durée déterminée.

Une nouvelle négociation doit s'engager dans l'entreprise concernée, à la demande d'une des parties intéressées, dans les 3 mois suivant la mise en cause, soit pour l'adaptation aux dispositions conventionnelles nouvellement applicables, soit pour l'élaboration de nouvelles stipulations (L. 2261-14).

Dès lors qu'est envisagée une fusion, une cession, une scission ou toute autre modification juridique qui aurait pour effet la mise en cause d'une convention ou d'un accord, les employeurs des entreprises concernées et les organisations syndicales de salariés représentatives dans l'entreprise qui emploie les salariés dont les **contrats de travail sont susceptibles d'être transférés** peuvent négocier et conclure la convention ou l'accord de substitution (*supra*) (L. 2261-14-2).

La durée de cette convention ou de cet accord ne peut excéder 3 ans. La convention ou l'accord entre en vigueur à la date de réalisation de l'événement ayant entraîné la mise en cause et s'applique à l'exclusion des stipulations portant sur le même objet des conventions et accords applicables dans l'entreprise ou l'établissement dans lequel les contrats de travail sont transférés.

À l'expiration de cette convention ou de cet accord, les conventions et accords applicables dans l'entreprise ou dans l'établissement dans lequel les contrats de travail des salariés ont été transférés s'appliquent à ces salariés.

Dès lors qu'est envisagée une fusion, une cession, une scission ou toute autre modification juridique qui aurait pour effet la mise en cause d'une convention ou d'un accord, les employeurs et les organisations syndicales de salariés représentatives dans les entreprises ou établissements concernés peuvent négocier et conclure une convention ou un accord se substituant aux conventions et accords mis en cause et révisant les conventions et accords applicables dans l'entreprise ou l'établissement dans lequel les contrats de travail sont transférés. Cette convention ou cet accord entre en vigueur à la date de réalisation de l'événement ayant entraîné la mise en cause (L. 2261-14-3).

• Perte de représentativité des signataires

« La perte de la qualité d'organisation représentative de toutes les organisations syndicales signataires d'une convention ou d'un accord collectif n'entraîne pas la mise en cause de cette convention ou de cet accord » (L. 2261-14-1).

• Observatoire d'analyse et d'appui au dialogue social et à la négociation

Un observatoire d'analyse et d'appui au dialogue social tripartite est institué au niveau départemental par décision de la DIRECCTE. Il favorise et encourage le développement du dialogue social et la négociation collective au sein des entreprises de moins de 50 salariés du département (L. 2234-4 à L. 2234-7).

L'observatoire exerce les missions suivantes :
– Il établit un bilan annuel du dialogue social dans le département.
– Il est saisi par les organisations syndicales ou professionnelles de toutes difficultés rencontrées dans le cadre d'une négociation.
– Il apporte son concours et son expertise juridique aux entreprises de son ressort dans le domaine du droit social.

L'observatoire est composé :

- De membres, salariés et employeurs ayant leur activité dans la région, désignés par les OSR de salariés au niveau interprofessionnel et du département et par les organisations patronales représentatives au niveau national interprofessionnel et multiprofessionnel. Chaque organisation répondant à ces critères dispose d'un siège ;
- De représentants de la DIRECCTE compétente dans le département.

Il est présidé successivement par un représentant désigné par une OSR de salariés et par un représentant désigné par une organisation professionnelle d'employeurs remplissant chacun la condition d'activité réelle.

CHAPITRE XIX

ÉLECTIONS PROFESSIONNELLES COMITÉ SOCIAL ET ÉCONOMIQUE

À RETENIR

Des élections professionnelles ont lieu au scrutin direct pour élire la délégation du personnel au comité social et économique (CSÉ).

Les résultats de ces élections professionnelles ont une incidence sur l'exercice du droit syndical dans l'entreprise (reconnaissance de la représentativité des syndicats, désignation des DS) et, ensuite, sur la négociation collective (validité des accords).

La loi détermine quelles entreprises sont tenues d'organiser des élections, précise le cadre et les modalités de ces élections professionnelles.

Ces dispositions sont applicables aux employeurs de droit privé ainsi qu'à leurs salariés.

Elles sont également applicables :
- 1°) aux établissements publics à caractère industriel et commercial (ÉPIC) ;
- 2°) aux établissements publics à caractère administratif (ÉPA) lorsqu'ils emploient du personnel dans les conditions du droit privé.

(Ces dispositions peuvent, compte tenu des caractères particuliers de certains des établissements mentionnés aux 1° et 2° et des instances de représentation du personnel éventuellement existantes, faire l'objet d'adaptations, par décrets, sous réserve d'assurer les mêmes garanties aux salariés de ces établissements) (L. 2311-1).

EN PRATIQUE

Le champ d'application est donc très étendu. Le périmètre dépend de plusieurs paramètres :
- l'effectif salarié ;
- le cadre de mise en place.

Effectif

Un comité social et économique est mis en place dans les entreprises d'au moins 11 salariés.

Sa mise en place n'est obligatoire que si l'effectif d'au moins 11 salariés est atteint pendant 12 mois consécutifs (L. 2311-2). Les variations d'effectifs n'étant plus prises en compte, la mise en place d'un CSÉ sera plus difficile dans les petites entreprises dont l'effectif fluctue autour de 11 salariés.

Les modalités de calcul des effectifs sont celles prévues aux articles L. 1111-2 et L. 1251-54 (infra).

• Détermination de l'effectif

La détermination de l'effectif se fait selon les règles de droit commun, prenant en compte les diverses catégories de salariés occupés dans l'entreprise (L. 1111-2) :
– Les salariés titulaires d'un CDI à temps plein et les travailleurs à domicile sont pris intégralement en compte dans l'effectif de l'entreprise.
– Les salariés à temps partiel, quelle que soit la nature de leur contrat de travail (CDI ou CDD), sont pris en compte en divisant la somme totale des horaires inscrits dans leur contrat de travail par la durée légale ou la durée conventionnelle du travail.

EN PRATIQUE

Deux salariés sous CDI à temps partiel effectuent des horaires hebdomadaires de 28 heures et de 16 heures, soit au total 44 heures par semaine. L'horaire dans l'entreprise est de 35 heures par semaine. Les 2 salariés comptent pour : 44/35 = 1,25 unité.

– Les salariés titulaires d'un CDD, d'un contrat de travail intermittent, ainsi que les travailleurs temporaires sont pris en compte dans l'effectif de l'entreprise au prorata de leur temps de présence au cours des 12 mois précédents. Toutefois, les salariés titulaires d'un CDD ou mis à disposition par une entreprise extérieure, y compris les salariés temporaires, sont exclus du décompte des effectifs lorsqu'ils remplacent un salarié absent ou dont le contrat de travail est suspendu.

EN PRATIQUE

- 1 salarié est en CDD (pour surcroît exceptionnel d'activité) à temps plein de 6 mois (du 1er février au 31 juillet de l'année X). Au 31 décembre de l'année X, ce salarié compte pour : 6/12 = 0,50 unité.
- Pour 1 salarié sous CDD (pour surcroît exceptionnel d'activité) de 6 mois à temps partiel (20 heures par semaine), il faut appliquer 2 proratisations (en fonction du temps de présence – CDD et du temps de travail – temps partiel). Ce salarié compte pour : 20/35 × 6/12, soit 0,57 × 0,5 = 0,28 unité.

– Les travailleurs mis à la disposition de l'entreprise par une entreprise extérieure (sous-traitance, prestation de service), qui sont présents dans les locaux de l'entreprise utilisatrice et y travaillent depuis au moins un an.

Communauté de travail

Pour le calcul des effectifs, à la suite de la décision du Conseil constitutionnel du 28 décembre 2006, la Cour de cassation précise que « *les travailleurs mis à disposition d'une entreprise, intégrés de façon étroite et permanente à la communauté de travail qu'elle constitue (sont) inclus à ce titre dans le calcul des effectifs* » (Soc. 28 févr. 2007, Peugeot ; Cass. Avis 15 janv. 2007).

Les contours de « l'intégration étroite et permanente » sont précisés au regard de critères : « *Sont intégrés de façon étroite et permanente à la communauté de travail (...) les salariés mis à disposition par une entreprise extérieure qui, abstraction faite du lien de subordination qui subsiste avec leur employeur, sont présents dans les locaux de l'entreprise utilisatrice et y travaillent depuis une certaine durée, partageant ainsi des conditions de travail au moins en partie communes susceptibles de générer des intérêts communs* » (Soc. 13 nov. 2008, Sté Airbus France ; Soc. 13 nov. 2008, Sté Peugeot Citroën ; Soc. 13 nov. 2008, Sté Endesa France).

En revanche, les conditions ne sont pas remplies pour une intégration (effectif, électorat) dans l'entreprise d'accueil des salariés qui ne sont « *pas mis à la disposition exclusive de la société* », mais travaillent « *indifféremment pour plusieurs transporteurs* » et qui ne se rendent « *que ponctuellement dans les locaux de cette société* » (Soc. 14 avril 2010, FO c/ Sté Heppner).

Ces salariés sont décomptés dans l'effectif de l'entreprise utilisatrice, « *peu important que certains d'entre eux aient choisi (...) d'être électeurs dans l'entreprise qui les emploie* » (Soc. 19 janv. 2011, Syndicat des copropriétaires Les Jardins de Cimiez).

Exclusion

Sont exclues de l'effectif plusieurs catégories :
– Jeunes travailleurs : les apprentis et salariés en formation alternée, les jeunes bénéficiant de stages d'étude avec convention, etc.
– Contrats aidés : l'exclusion des salariés en « emplois aidés » de l'effectif de l'entreprise (L. 1111-3) n'a pas été jugée contraire à la Constitution (DC 29 avril 2011). Cependant, le juge européen indique que ces salariés doivent être comptabilisés dans les effectifs (CJUE, 15 janv. 2014, Ass. médiation sociale). Cette décision n'étant pas d'application directe et le texte interne n'ayant pas été modifié, l'employeur peut ne pas les comptabiliser ; en cas de préjudice, une procédure en plein contentieux peut alors être engagée (par les organisations syndicales de salariés) devant le juge administratif pour faire reconnaître la responsabilité de l'État et obtenir réparation (Soc. 9 juill. 2014, Ass. médiation sociale). De telles actions seraient de nature à accélérer la mise en conformité du droit interne avec le droit européen.

(Voir déjà au regard de l'ordonnance du 2 août 2005 qui avait exclu les salariés de moins de 26 ans du décompte des effectifs – CJCE 18 janv. 2007 : 2 directives (du 20 juill. 1998 sur les licenciements collectifs et du 11 mars 2002 sur l'information et la consultation des travailleurs) « *s'opposent à une réglementation nationale qui exclut (...) une catégorie déterminée de travailleurs du calcul du nombre de travailleurs employés* », ce texte ayant pour effet de soustraire des employeurs à leurs obligations prévues par ces directives en restreignant leur champ d'application ; cette ordonnance a donc été annulée – CE 6 juill. 2007.)

Cadre de mise en place

À RETENIR

Les élections ont lieu dans le cadre de l'entreprise (L. 2313-1).
Quand l'entreprise comprend des « établissements distincts », les élections ont lieu dans ce cadre. Les élections peuvent également avoir lieu dans le cadre d'une « unité économique et sociale » (UES).

• Établissement distinct

Définition

La Cour de cassation a précisé ce qu'il faut entendre par établissement distinct, dans le silence de la loi. Ainsi, celui-ci se caractérise par le regroupement de salariés constituant « *une communauté de travail ayant des intérêts propres, susceptible de générer des réclamations communes et spécifiques et travaillant sous la direction d'un représentant de l'employeur, peu important que celui-ci ait le pouvoir de se prononcer sur ces réclamations* » (Soc. 29 janv. 2003, FO c/ Sté Dalkia Groupe Vivendi – concernant l'élection de DP).

Cette solution est favorable à la décentralisation de l'IRP (le CSÉ) et à la proximité des représentants du personnel élus avec les salariés ; peu important l'organisation hiérarchique de l'entreprise (la direction locale peut ne pas avoir de pouvoir de décision à l'égard des demandes des salariés).

Reconnaissance

Un accord d'entreprise détermine le nombre et le périmètre des établissements distincts (accord « majoritaire » L. 2232-12, al. 1) (L. 2313-2).

En l'absence d'accord et en l'absence de DS, un accord entre l'employeur et le CSÉ, adopté à la majorité des membres titulaires élus de la délégation du personnel du comité, peut déterminer le nombre et le périmètre des établissements distincts (L. 2313-3).

En l'absence d'accord (*supra*), l'employeur fixe le nombre et le périmètre des établissements distincts, compte tenu de l'autonomie de gestion du responsable de l'établissement, notamment en matière de gestion du personnel (L. 2313-4).

L'employeur informe chaque OSR et chaque syndicat de sa décision et le CSÉ (R. 2313-1). Dans le délai de 15 jours, ils peuvent contester la décision de l'employeur devant le DIRECCTE.

En cas de litige portant sur la décision de l'employeur (*supra* L. 2313-4), le nombre et le périmètre des établissements distincts sont fixés par le DIRECCTE du siège de l'entreprise (L. 2313-5). Lorsqu'elle intervient dans le cadre d'un processus électoral global, la saisine du DIRECCTE suspend ce processus jusqu'à la décision administrative et entraîne la prorogation des mandats des élus en cours jusqu'à la proclamation des résultats du scrutin. Le DIRECCTE prend sa décision dans un délai de 2 mois à compter de la réception de la contestation (décision notifiée par LR/AR portant mention des voies et délais de recours).

La décision administrative peut faire l'objet d'un recours devant le juge judiciaire, à l'exclusion de tout autre recours administratif ou contentieux – devant le TI dans un délai de 15 jours suivant sa notification (R. 2313-2). En cas de décision implicite de rejet du DIRECCTE, les OSR dans l'entreprise ou le CSÉ peuvent saisir dans un délai de 15 jours le TI. Ce dernier est saisi par voie de déclaration au greffe (R. 2313-3). Sur demande de celui-ci, le DIRECCTE justifie de l'accomplissement de la notification de sa décision auprès de la juridiction saisie ou, à défaut, de la réception de la contestation. Si le juge le demande, il communique un rapport précisant les éléments de droit ou de fait ayant fondé sa décision. Le TI statue dans les 10 jours de sa saisine sans frais ni forme de procédure et sur avertissement qu'il donne 3 jours à l'avance à toutes les parties intéressées. La décision du TI est notifiée par le greffe dans les 3 jours (LR/AR). La décision est susceptible d'un pourvoi en cassation dans un délai de 10 jours.

La perte de la qualité d'établissement distinct (L. 2313-2 à L. 2313-5) emporte la cessation des fonctions des membres de la délégation du personnel du CSÉ de cet établissement, sauf si un accord contraire, conclu entre l'employeur et les OSR (accord « majoritaire »), ou à défaut d'accord d'entreprise, un accord entre l'employeur et le CSÉ concerné, permet aux membres de la délégation du personnel du comité d'achever leur mandat (L. 2313-6).

Représentants de proximité (L. 2313-7). L'accord d'entreprise (*supra* L. 2313-2) peut mettre en place des représentants de proximité (L. 2313-7). Il définit :
- 1° le nombre de représentants de proximité ;
- 2° les attributions des représentants de proximité, notamment en matière de santé, de sécurité et de conditions de travail ;
- 3° les modalités de leur désignation ;
- 4° leurs modalités de fonctionnement, notamment le nombre d'heures de délégation dont bénéficient les représentants de proximité pour l'exercice de leurs attributions.

Les représentants de proximité sont membres du CSÉ ou désignés par lui pour une durée qui prend fin avec celle du mandat des membres élus du comité.

• Unité économique et sociale (UES)

Objet

La reconnaissance d'une UES permet à des intérêts collectifs de salariés de pouvoir mieux s'exprimer.

D'une part, elle permet d'éviter que des montages juridiques, parfois frauduleux, privent des salariés de droits collectifs (division fictive de l'entreprise en entités inférieures aux seuils de 11 ou 50 salariés). D'autre part, elle peut favoriser un niveau de représentation du personnel plus pertinent dans des entreprises complexes de grande taille.

Lorsque des entreprises, juridiquement distinctes, ont entre elles des liens économiques et sociaux étroits, elles peuvent être considérées comme une UES et doivent alors organiser des élections professionnelles, dès qu'elles atteignent les seuils d'effectifs requis.

Critères

Il est nécessaire que soient réunis des indices à la fois économiques et sociaux (Soc. 18 juill. 2000, sté Roussillon Agrégats) :

– L'unité économique peut se caractériser par « la concentration des pouvoirs de direction », « la similarité ou la complémentarité des activités » des différentes entreprises, des intérêts économiques communs (objectifs, clientèle, etc.), une dépendance économique, des moyens de gestion communs (locaux, comptabilité...), etc.
– L'unité sociale peut se caractériser par « une communauté de travailleurs », avec un statut comparable (accords collectifs, mentions sur les bulletins de salaire, etc.), « des intérêts communs », des « conditions de travail similaires », « une certaine permutabilité des salariés », etc.

Le fait qu'une société n'ait pas de salariés ne fait pas obstacle à son intégration dans une UES (Soc. 24 nov. 2004). Il en va de même s'il s'agit d'une société holding qui n'a pas d'activité, mais détient le pouvoir (Soc. 26 janv. 2005).

Reconnaissance

Lorsqu'une UES regroupant au moins 11 salariés est reconnue par accord collectif ou par décision de justice entre plusieurs entreprises juridiquement distinctes, un CSÉ commun est mis en place (L. 2313-8).

Des CSÉ d'établissement et un CSÉ central d'entreprise sont constitués dans les UES comportant au moins 2 établissements.

Un accord d'entreprise conclu au niveau de l'UES (accord « majoritaire » – L. 2232-12 al. 1) détermine le nombre et le périmètre des établissements distincts. En l'absence d'un tel accord et en l'absence de DS désigné au niveau de l'UES, un accord entre les entreprises regroupées au sein de l'UES et le CSÉ, adopté à la majorité des membres titulaires élus de la délégation du personnel du comité, peut déterminer le nombre et le périmètre des établissements distincts.

En l'absence d'accord d'entreprise ou d'accord conclu avec le CSÉ, l'un des employeurs mandatés par les autres fixe le nombre et le périmètre des établissements distincts, compte tenu de l'autonomie de gestion du responsable de l'établissement, notamment en matière de gestion du personnel.

En cas de litige portant sur cette décision, le nombre et le périmètre des établissements distincts sont fixés par le DIRECCTE du siège de l'entreprise qui a pris la décision (L. 2313-8). Lorsque le DIRECCTE intervient dans le cadre d'un processus électoral global, sa saisine suspend ce processus jusqu'à la décision administrative et entraîne la prorogation des mandats des élus en cours jusqu'à la proclamation des résultats du scrutin. La décision administrative peut faire l'objet d'un recours devant le juge judiciaire, à l'exclusion de tout autre recours administratif ou contentieux.

Les mêmes procédures que celles concernant la reconnaissance d'un établissement distinct (supra) d'information par l'employeur et, le cas échéant, de contestation devant le DIRECCTE puis, le cas échéant, devant le TI, sont applicables ici (R. 2313-4 à R. 2313-6).

Effets

La loi fait référence à l'UES dans des domaines autres que celui de la représentation du personnel (notamment RTT, régime obligatoire de participation des salariés aux résultats de l'entreprise, pertinence d'un PSE ou obligation d'en établir un, Soc. 9 mars 2011, UES Norbert Dentressangle Vrac). Cependant, l'UES, qui n'a pas la personnalité morale, « *ne peut se voir conférer la qualité d'employeur de l'ensemble des salariés des sociétés qui la composent* » (Soc. 16 déc. 2008, Sté AFG).

• Comité social et économique interentreprises

Lorsque la nature et l'importance de problèmes communs aux entreprises d'un même site ou d'une même zone le justifient, un accord collectif interentreprises conclu entre les employeurs des entreprises du site ou de la zone et les OSR au niveau interprofessionnel ou au niveau départemental peut mettre en place un CSÉ interentreprises (L. 2313-9).

Définition

Par site, il faut entendre un ensemble géographique, par exemple un centre commercial, un ensemble immobilier ou une zone industrielle, dont les salariés des entreprises ont des problèmes communs, par exemple de transport, de cantine ou de sécurité (exemple : Ensemble Immobilier Tour Maine Montparnasse, concernant un ensemble de 123 établissements de moins de 11 salariés employant globalement environ 355 salariés, TA Paris, 20 mai 2014, Syndicat des copropriétaires).

Mise en place

L'accord définit :

- le nombre de membres de la délégation du personnel du CSÉ interentreprises ;
- les modalités de leur élection ou de leur désignation ;
- les attributions du CSÉ interentreprises ;
- les modalités de fonctionnement du CSÉ interentreprises.

L'accord collectif peut également décider que dans les entreprises d'au moins 11 salariés du site ou de la zone ayant mis en place un CSÉ, un membre de la délégation du personnel de chaque CSÉ participe aux réunions mensuelles.

À RETENIR

Les syndicats jouent un rôle important dans la mise en place du CSÉ : ils sont habilités à conclure, avec l'employeur, le protocole d'accord préélectoral (PAP) ainsi qu'à présenter des candidats au premier tour des élections.

Organisation des élections

Lorsque le seuil de 11 salariés a été franchi (atteint) pendant 12 mois consécutifs, l'employeur informe le personnel tous les 4 ans de l'organisation des élections par tout moyen permettant de conférer date certaine à cette information. Le document diffusé précise la date envisagée pour le premier tour. Celui-ci doit se tenir, au plus tard, le 90e jour suivant la diffusion (L. 2314-4)

Information des syndicats

Sont informées, ***par tout moyen***, de l'organisation des élections et invitées à négocier le protocole d'accord préélectoral et à établir les listes de leurs candidats aux fonctions de membres de la délégation du personnel les ***organisations syndicales*** qui satisfont aux critères de respect des valeurs républicaines et d'indépendance, légalement constituées depuis au moins 2 ans et dont le champ professionnel et géographique couvre l'entreprise ou l'établissement concerné. Les ***organisations syndicales reconnues représentatives dans l'entreprise*** ou l'établissement, celles ayant constitué une section syndicale dans l'entreprise ou l'établissement, ainsi que les syndicats affiliés à une organisation syndicale représentative au niveau national et interprofessionnel y sont également invités ***par courrier*** (L. 2314-5).

Le défaut de convocation est une irrégularité qui affecte la validité des élections (Soc. 2 mars 2011, OSDD-CGT-FO).

Dans le cas d'un renouvellement de l'institution, cette invitation est effectuée 2 mois avant l'expiration du mandat des délégués en exercice. Le premier tour des élections a lieu dans la quinzaine précédant l'expiration de ce mandat. L'invitation à négocier doit parvenir au plus tard 15 jours avant la date de la première réunion de négociation.

Par dérogation, dans les entreprises dont l'effectif est compris entre 11 et 20 salariés, l'employeur invite les organisations syndicales à cette négociation à la condition qu'au moins un salarié se soit porté candidat aux élections dans un délai de 30 jours à compter de l'information (supra, L. 2314-4).

Le salarié bénéficie de la protection légale contre le licenciement (L. 2411-7, L. 2412-3 et L. 2413-1) à compter de la date à laquelle l'employeur a eu connaissance de l'imminence de sa candidature.

Négociation

Sauf accord plus favorable, chaque délégation syndicale participant à la négociation du PAP est composée de 3 salariés dans les entreprises de moins de 1 000 salariés et de 4 salariés dans celles de 1 000 salariés et plus (Soc. 31 janv. 2012). Un DS n'a pas à justifier d'un mandat spécial de son organisation pour négocier et signer le PAP (Soc. 12 févr. 2003). Les élections sont annulées quand « *l'employeur (...) n'avait pas manifesté de volonté réelle de négocier et portait seul la responsabilité de l'absence de signature* » d'un PAP (Soc. 10 mai 2012, Sté Le Comptoir de famille c/ UL CGT de La Tour du Pin).

• Protocole d'accord préélectoral (PAP)

Sauf dispositions législatives contraires, la validité du protocole d'accord préélectoral (PAP) conclu entre l'employeur et les organisations syndicales intéressées est subordonnée à sa signature par :

– la majorité des organisations syndicales ayant participé à sa négociation, dont les organisations syndicales représentatives ayant recueilli la majorité des suffrages exprimés lors des dernières élections professionnelles – une règle de ***double majorité*** exigeante est ainsi posée (en remplacement de l'ancienne règle de l'unanimité).

– ou, lorsque ces résultats ne sont pas disponibles, la majorité des organisations représentatives dans l'entreprise (L. 2314-6).

Le protocole préélectoral (PAP) peut modifier le nombre de sièges ou le volume des heures individuelles de délégation dès lors que le volume global de ces heures, au sein de chaque collège, est au moins égal à celui résultant des dispositions légales au regard de l'effectif de l'entreprise (L. 2314-7).

• Invitation syndicale ou d'un salarié

En l'absence de CSÉ, l'employeur engage la procédure (supra, L. 2314-5) à la demande d'un salarié ou d'une organisation syndicale dans le mois suivant la réception de cette demande (L. 2314-8).

Lorsque l'employeur a engagé le processus électoral et qu'un procès-verbal de carence a été établi, la demande ne peut intervenir que dans un délai de 6 mois après l'établissement de ce procès-verbal.

• Élections partielles

Des élections partielles sont organisées à l'initiative de l'employeur si un collège électoral n'est plus représenté ou si le nombre des membres titulaires de la délégation du personnel du CSÉ est réduit de moitié ou plus, sauf si ces événements interviennent moins de 6 mois avant le terme du mandat des membres de la délégation du personnel du CSÉ (L. 2314-10) (cette obligation est applicable en cas d'annulation de l'élection de membres au regard du non-respect de la représentation équilibrée femmes-hommes - DC 21 mars 2018). Des élections partielles se déroulent (L. 2314-29) pour pourvoir tous les sièges vacants dans les collèges intéressés, sur la base des dispositions en vigueur lors de l'élection précédente. Les candidats sont élus pour la durée du mandat restant à courir.

• Collèges électoraux

Deux collèges

Les membres de la délégation du personnel du CSÉ sont élus sur des listes établies par les organisations syndicales pour chaque catégorie de personnel (L. 2314-11) :

– D'une part, par le collège des ouvriers et employés (premier collège).

– D'autre part, par le collège des ingénieurs, chefs de service, techniciens, agents de maîtrise et assimilés (second collège). Dans les entreprises d'au moins 501 salariés, les ingénieurs, les chefs de service et cadres administratifs, commerciaux ou techniques assimilés ont au moins un délégué titulaire au sein du second collège, élu dans les mêmes conditions.

Troisième collège

Dans les entreprises, quel que soit leur effectif, dont le nombre des ingénieurs, chefs de service et cadres administratifs, commerciaux ou techniques assimilés sur le plan de la classification est au moins égal à 25 au moment de la constitution ou du renouvellement de l'instance, ces catégories constituent un troisième collège (L. 2314-11).

Cette disposition d'ordre public ne peut être écartée par le PAP, même signé par la totalité des organisations syndicales (Soc. 13 oct. 2004). Bien qu'exclus de l'électorat et de l'éligibilité, les cadres proches de l'employeur doivent être retenus dans l'effectif particulier pour l'appréciation du seuil de 25 cadres (Soc. 30 mai 2001).

Dérogation conventionnelle

Un accord peut modifier le nombre et la composition des collèges électoraux à condition d'être signé par toutes les OSR dans l'entreprise (règle de l'unanimité) (L. 2314-12). L'accord conclu ne fait pas obstacle à la création du troisième collège (*supra* L. 2314-11). L'accord est communiqué, à sa demande, à l'agent de contrôle de l'Inspection du travail.

Collège unique

Dans les établissements ou les entreprises n'élisant qu'un membre de la délégation du personnel titulaire et un membre de la délégation du personnel suppléant, il est mis en place pour chacune de ces élections un collège électoral unique regroupant l'ensemble des catégories professionnelles (L. 2314-11).

Répartition du personnel et des sièges

Le nombre des collèges étant arrêté, certaines opérations sont encore nécessaires avant de procéder aux élections.

Ainsi, il faut d'abord ***répartir le personnel dans les collèges***. Ceci ne présente pas en général de difficulté, sauf pour les salariés dont la situation professionnelle ou hiérarchique n'est pas clairement déterminée (exemple : agents de maîtrise avec des fonctions d'encadrement dans certains secteurs).

Il faut aussi ***répartir les sièges entre les collèges***. À l'intérieur de chaque collège, les élections ont lieu séparément pour les titulaires et les suppléants. Le PAP (ou à défaut la décision unilatérale de l'employeur) détermine le nombre de sièges, de titulaires et de suppléants, dont dispose chaque collège. Par exemple le collège des ouvriers et employés dispose de 4 sièges de titulaires et de 4 sièges de suppléants.

À l'intérieur de chaque collège, on peut décider qu'un ou plusieurs sièges seront réservés à une catégorie (par exemple, si le collège ouvriers-employés dispose de 4 sièges, un siège peut être réservé à la catégorie des employés). Il n'y a là aucune obligation légale.

La répartition des membres du personnel dans les collèges électoraux et la répartition des sièges entre les différents collèges font l'objet d'un accord entre l'employeur et les organisations syndicales (PAP, *supra* L. 2314-6) (L. 2314-13).

Cet accord mentionne la proportion de femmes et d'hommes composant chaque collège électoral.

Lorsqu'au moins une organisation syndicale a répondu à l'invitation à négocier de l'employeur et que l'accord ne peut être obtenu, la DIRECCTE du siège de l'entreprise ou de l'établissement concerné décide de cette répartition entre les collèges électoraux (L. 2314-13, R. 2314-3). Pour ce faire, elle se conforme :

- soit aux modalités de répartition prévues par l'accord fixant le nombre de collèges (*supra* L. 2314-12) ;
- soit, à défaut d'accord, à celles prévues par la loi (*supra* L. 2314-11).

Le DIRECCTE prend sa décision dans un délai de 2 mois à compter de la réception de la contestation (décision notifiée par LR/AR portant mention des voies et délais de recours). Elle peut faire l'objet d'un recours devant le TI dans un délai de 15 jours suivant sa notification. À défaut de décision du DIRECCTE à l'expiration du délai de 2 mois, l'employeur ou les organisations syndicales intéressées peuvent saisir dans le délai de 15 jours le TI afin qu'il soit statué sur la répartition.

La saisine de l'autorité administrative suspend le processus électoral jusqu'à la décision administrative et entraîne la prorogation des mandats des élus en cours jusqu'à la proclamation des résultats du scrutin (L. 2314-13).

Lorsqu'aucune OSR dans l'entreprise n'a pris part à la négociation, l'employeur répartit le personnel et les sièges entre les différents collèges électoraux (L. 2314-14).

Dès qu'un accord ou une décision de l'autorité administrative sur la répartition du personnel est intervenu, l'employeur porte à la connaissance des salariés, par tout moyen permettant de donner une date certaine à cette information, la proportion de femmes et d'hommes composant chaque collège électoral (L. 2314-31).

Électorat et éligibilité

Les conditions d'électorat et d'éligibilité s'apprécient au premier tour du scrutin (Soc. 1er déc. 2010).

• Électorat

Sont ***électeurs*** les salariés des 2 sexes, âgés de 16 ans révolus, travaillant depuis au moins 3 mois dans l'entreprise et n'ayant fait l'objet d'aucune interdiction, déchéance ou incapacité relative à leurs droits civiques (L. 2314-18). « *Remplissent cette condition les salariés "intermittents" ou vacataires qui, ayant travaillé dans l'entreprise de manière habituelle au cours des 3 derniers mois, sont intégrés de manière étroite et permanente à la communauté de travail* » (Soc. 24 sept. 2008, UL CGT c/ Sté Lehwood – Hôtel Méridien Montparnasse).

Sont en revanche ***exclus*** les salariés cadres détenant sur un service, un département ou un établissement de l'entreprise une délégation particulière d'autorité établie par écrit permettant de les assimiler à l'employeur (Soc. 6 mars 2001). Cependant ils sont pris en compte pour la détermination de l'effectif de l'établissement (Soc. 26 sept. 2002). L'employeur ne vote pas.

• Éligibilité

Sont ***éligibles*** les électeurs âgés de 18 ans révolus, travaillant dans l'entreprise depuis un an au moins (L. 2314-19).

Les travailleurs étrangers sont électeurs et éligibles dans les mêmes conditions. Les salariés à temps partiel, employés dans plusieurs entreprises, ne sont éligibles que dans une entreprise qu'ils choisissent.

Sont en revanche ***exclus*** conjoint, partenaire d'un PACS, concubin, ascendants, descendants, frères, sœurs et alliés au même degré de l'employeur.

Dérogations administratives

L'inspecteur du travail peut, après avoir consulté les OSR dans l'entreprise, autoriser des dérogations aux conditions d'ancienneté (L. 2314-25) :

– Pour être électeur, notamment lorsque leur application aurait pour effet de réduire à moins des deux tiers de l'effectif le nombre de salariés remplissant ces conditions.

– Pour l'éligibilité lorsque l'application de ces dispositions conduirait à une réduction du nombre des candidats qui ne permettrait pas l'organisation normale des opérations électorales.

La décision administrative peut faire l'objet d'un recours devant le TI dans un délai de 15 jours suivant sa notification (R. 2314-4), à l'exclusion de tout autre recours administratif ou contentieux.

Des dispositions particulières sont applicables dans les entreprises de travail temporaire (L. 2314-20, L. 2314-22) et dans les entreprises de portage salarial (L. 2314-21, L. 2314-24).

Communauté de travail

Pour les salariés mis à disposition (*supra* L. 1111-2-2°), la condition de présence dans l'entreprise utilisatrice est de 12 mois continus pour y être électeur (L. 2314-23). Les salariés mis à disposition ne sont pas éligibles dans l'entreprise utilisatrice. Les salariés mis à disposition qui remplissent ces conditions choisissent s'ils exercent leur droit de vote dans l'entreprise qui les emploie ou l'entreprise utilisatrice.

L'employeur de l'entreprise utilisatrice doit inscrire sur ses listes électorales les salariés mis à disposition qui ont choisi de voter en son sein, peu important qu'ils aient déjà voté dans leur entreprise d'origine, et doit fournir aux organisations syndicales, dans le cadre de la négociation du protocole préélectoral, les éléments nécessaires au contrôle de l'effectif et de l'électorat dont il dispose ou dont il peut demander judiciairement la production aux entreprises sous-traitantes (Soc. 26 mai 2010 ; TI Asnières, 15 mars 2010, UPS).

Entreprises de propreté

Dans ces entreprises, les partenaires sociaux considéraient qu'un salarié n'était pas mis à disposition de l'entreprise cliente ni intégré à la communauté de travail de l'entreprise au sein de laquelle les prestations sont réalisées. Ils en concluaient que le droit d'option ouvert par la loi ne pouvait s'appliquer ; le salarié « *demeure électeur et éligible dans l'entreprise avec laquelle il est lié contractuellement* » (avenant du 12 déc. 2008 à la CCN de la Propreté). Pourtant, les partenaires sociaux d'une branche ne peuvent ainsi priver les salariés d'un droit qu'ils tiennent de la loi (cet accord a fait l'objet d'un refus d'extension du fait de son caractère « contraire aux règles d'ordre public », refus validé par CE 23 déc. 2010). Cet avenant illicite a été déclaré « nul et de nul effet » (TGI Paris 9 févr. 2010, CNT c/ FEP). Les dispositions légales doivent donc être appliquées.

Opérations électorales

À RETENIR

Les modalités d'organisation et de déroulement des opérations électorales font l'objet d'un accord (PAP) entre l'employeur et les organisations syndicales. Cet accord respecte les principes généraux du droit électoral (L. 2314-28).
Les modalités sur lesquelles aucun accord n'a pu intervenir peuvent être fixées par une décision du juge d'instance, qui statue en dernier ressort en la forme des référés (R. 2314-2).

L'employeur doit veiller au bon déroulement des élections et faire preuve de neutralité.

• Dispositif de surveillance

Lorsque le juge judiciaire, saisi préalablement aux élections, décide de mettre en place un dispositif de contrôle de leur régularité, de la liberté, et de la sincérité du scrutin, les frais entraînés par ces mesures sont à la charge de l'employeur (L. 2314-17).

• Listes électorales

Il revient à ***l'employeur*** de dresser les listes électorales pour chaque collège. À défaut de disposition spéciale dans le PAP signé à l'unanimité des organisations syndicales, les listes doivent mentionner exclusivement l'âge, l'appartenance à l'entreprise et l'ancienneté dans celle-ci, qui déterminent la qualité d'électeur – l'indication de l'adresse du domicile du salarié n'ayant pas à y figurer (Soc. 20 mars 2002), ni les coefficients (Soc. 20 juin 2012).

Les salariés sous CDD, les salariés sous contrat de travail intermittent, les travailleurs mis à disposition de l'entreprise par une entreprise extérieure, y compris les travailleurs temporaires, figurent sur les listes électorales dès lors qu'ils remplissent les conditions (ancienneté notamment). Un salarié peut être électeur, même s'il n'est pas pris en compte dans l'effectif (apprentis, etc. – sous réserve de CJUE 15 janv. 2014, *supra*).

• Listes des candidats

C'est aux ***syndicats*** dans l'entreprise ou, si celle-ci comporte des établissements distincts, dans l'établissement, qu'il revient de constituer des listes de candidats pour le premier tour des élections. « *Les syndicats affiliés à une même* *confédération nationale, qu'elle soit ou non représentative, ne peuvent présenter qu'une seule liste de candidats, par collège, lors des élections professionnelles dans l'entreprise* » (Soc. 22 sept. 2010, PBR, syndicat interdépartemental de la protection sociale de Lorraine CFDT et union départementale CFTC de Meurthe-et-Moselle ; voir déjà Soc. 16 oct. 2001). Un syndicat peut présenter des candidats aux élections dans les collèges que ses statuts lui donnent vocation à représenter (Soc. 28 sept. 2011, PBR, Syndicat du personnel d'encadrement de l'édition CGC c/ Sté France Loisirs).

Les listes de candidats, établies par chaque syndicat, doivent être adressées à l'employeur. Le DS doit disposer d'un mandat exprès de son organisation pour déposer une liste de candidats (Soc. 15 juin 2011).

Un certain nombre de conventions collectives fixent une ***date limite*** pour le dépôt des listes, par exemple 8 jours avant la date prévue pour les opérations électorales. La réception des listes par l'employeur marque le point de départ de la période de protection des candidats.

« *Aucune disposition légale ne fixant un délai devant s'écouler entre le dépôt des candidatures et la date du scrutin, l'employeur, en l'absence d'accord préélectoral prévoyant une date limite de dépôt des candidatures, ne peut refuser une candidature déposée après la date qu'il a lui-même fixée qu'en justifiant sa décision au regard des nécessités d'organisation du vote* » (Soc. 4 mars 2009, SARL Sergi France).

Lors du dépôt de la liste, le syndicat peut indiquer son ***affiliation*** à une organisation syndicale. À défaut, l'organisation syndicale ne recueille pas les suffrages exprimés en faveur du syndicat qui lui est affilié pour la mesure de son audience (L. 2122-3-1).

• Représentation des salariés

Lors de l'élaboration des listes de candidats, les organisations syndicales doivent prendre les dispositions nécessaires en vue :

– D'atteindre une ***représentation équilibrée des femmes et des hommes sur les listes de candidatures*** : pour chaque collège électoral, les listes qui comportent plusieurs candidats sont composées d'un nombre de femmes et d'hommes correspondant à la part de femmes et d'hommes inscrits sur la liste électorale (liste des membres titulaires du CSÉ et liste des membres suppléants) (L. 2314-30 al. 1, première phrase). Les listes sont composées alternativement d'un candidat de chaque sexe jusqu'à épuisement des candidats de l'un des sexes (L. 2314-30 al. 1, deuxième phrase).

Lorsque l'application de cette règle n'aboutit pas à un nombre entier de candidats à désigner pour chacun des deux sexes, il est procédé à l'arrondi arithmétique suivant :

- arrondi à l'entier supérieur en cas de décimale supérieure ou égale à 5 ;
- arrondi à l'entier inférieur en cas de décimale strictement inférieure à 5.

En cas de nombre impair de sièges à pourvoir et de stricte égalité entre les femmes et les hommes inscrits sur les listes électorales, la liste comprend indifféremment un homme ou une femme supplémentaire.

Lorsque l'application de ces règles conduit à exclure totalement la représentation de l'un ou l'autre sexe, les listes de candidats pourront comporter un candidat du sexe qui, à défaut, ne serait pas représenté. Ce candidat ne peut être en première position sur la liste.

– De faciliter, s'il y a lieu, la représentation des salariés travaillant en équipes successives ou dans des conditions qui les isolent des autres salariés (L. 2314-15).

• Organisation matérielle

Il est procédé à des votes séparés pour les membres titulaires et les membres suppléants, dans chacune des catégories professionnelles formant des collèges distincts (L. 2314-26).

Il revient à l'employeur de préparer les ***bulletins de vote***, séparés pour titulaires et suppléants et pour chaque collège, en nombre égal pour chaque liste avec, le cas échéant, le sigle de l'organisation syndicale. La mise à disposition de bulletins blancs est également possible.

Il y a un ***bureau de vote*** par collège, avec des urnes séparées pour les titulaires et pour les suppléants.

• Modalités du vote

Le ***vote physique*** est la règle.

L'élection a lieu au scrutin secret sous enveloppe (L. 2314-26). Les électeurs doivent bénéficier d'un dispositif permettant l'isolement.

L'élection a lieu pendant le temps de travail (L. 2314-27). (Un accord contraire peut être conclu entre l'employeur et l'ensemble des organisations syndicales représentatives dans l'entreprise, notamment en cas de travail en continu.)

Cependant, l'élection peut être réalisée par ***vote électronique*** sur le lieu de travail ou à distance, si un accord d'entreprise (ou de groupe), mentionné dans le PAP (R. 2314-13), ou, à défaut, l'employeur le décide (L. 2314-26, R. 2314-5 à R. 2314-18). Plusieurs exigences sont posées, notamment :

– La conception et la mise en place du système de vote électronique peuvent être confiées à un prestataire choisi par l'employeur sur la base d'un cahier des charges respectant les dispositions réglementaires – le système retenu assure la confidentialité des données transmises, notamment de celles des fichiers constitués pour établir les listes électorales des collèges électoraux, ainsi que la sécurité de l'adressage des moyens d'authentification, de l'émargement, de l'enregistrement et du dépouillement des votes (R. 2314-6).
– Préalablement à sa mise en place ou à toute modification substantielle de sa conception, le système de vote électronique est soumis à une expertise indépendante. Le rapport de l'expert est tenu à la disposition de la CNIL (R. 2314-9).
– Chaque salarié dispose d'une notice d'information détaillée sur le déroulement des opérations électorales. Les membres de la délégation du personnel et les membres du bureau de vote bénéficient d'une formation sur le système de vote électronique retenu.

Élections : mode de scrutin et résultat

• Mode de scrutin

À RETENIR

Les élections ont lieu au suffrage direct. Le scrutin est de liste à 2 tours avec représentation proportionnelle à la plus forte moyenne (L. 2314-29).

Premier tour

Au premier tour de scrutin, chaque liste est établie par les ***organisations syndicales*** légalement constituées depuis au moins 2 ans qui remplissent les critères de respect des valeurs républicaines et d'indépendance dont le champ professionnel et géographique couvre l'entreprise et par les organisations syndicales représentatives (L. 2314-29).

Ainsi, le juge « *déclare valable et régulière la liste présentée par le syndicat* » – non reconnu comme représentatif – au premier tour des élections, TI Puteaux, 10 oct. 2008, SA Dassault Systèmes c/ Syndicat « Ensemble à DS » ; un syndicat qui a changé d'affiliation conserve son ancienneté, Soc. 3 mars 2010, PBR, UNSA c/ CFTC groupe Air France et a. ; en revanche, une personne morale qui n'a pas la qualité de syndicat ne peut se présenter au premier tour, Soc. 27 janv. 2010, CFDT c/ Sté Aéropass.

Second tour

Si le nombre des votants (des suffrages valablement exprimés) est inférieur à la moitié des électeurs inscrits dans le collège (c'est le ***quorum***, les bulletins blancs et les bulletins nuls n'étant pas comptabilisés), il est procédé, dans un délai de 15 jours, à un second tour de scrutin (L. 2314-29).

Pour le second tour :
– Les candidats présentés au premier tour par les organisations syndicales et non élus doivent être considérés comme maintenus, à moins que le syndicat ne décide de modifier ou de retirer sa liste (Soc. 18 juill. 2000).
– Des candidats peuvent se présenter en dehors des listes syndicales.

• Résultat

Le résultat porte sur l'attribution des sièges entre les listes et sur la désignation nominative des personnes élues.

Attribution des sièges

À l'intérieur de chaque collège et en distinguant les titulaires et les suppléants, les sièges sont répartis selon le nombre de voix obtenues par chaque liste de candidats.

En premier lieu, chaque liste se voit attribuer autant de sièges que le nombre de voix recueilli par elle contient de fois le ***quotient électoral*** (R. 2314-19). Ce dernier est égal au nombre total des suffrages valablement exprimés par les électeurs du collège, divisé par le nombre de sièges à pourvoir.

En second lieu, lorsqu'il n'a été pourvu aucun siège ou qu'il reste des sièges à pourvoir, les sièges restants sont attribués sur la base de ***la plus forte moyenne*** (R. 2314-20). À cet effet, le nombre de voix obtenu par chaque liste est divisé par le nombre augmenté d'une unité des sièges déjà attribués à la liste. Les différentes listes sont classées dans l'ordre décroissant des moyennes obtenues. Le premier siège non pourvu est attribué à la liste ayant la plus forte moyenne. Il est procédé successivement à la même opération pour chacun des sièges non pourvus jusqu'au dernier. Lorsque 2 listes ont la même moyenne et qu'il ne reste qu'un siège à pourvoir, le siège est attribué à la liste qui a le plus grand nombre de voix (R. 2314-21). Lorsque 2 listes ont recueilli le même nombre de voix, le siège est attribué au plus âgé des 2 candidats susceptibles d'être élus.

Désignation des élus

Les sièges étant répartis entre les listes, il reste à décider qui, sur chaque liste, est élu.

Les ***candidats sont proclamés élus dans l'ordre de présentation*** (L. 2314-29) sur la liste (et non selon le nombre de voix obtenues par chacun ; c'est le syndicat qui détermine cet ordre lorsqu'il établit la liste des candidats).

Chaque électeur peut rayer un ou plusieurs noms sur la liste pour laquelle il choisit de voter. Lorsque le nom d'un candidat a été raturé, les ratures ne sont pas prises en compte si leur nombre est inférieur à 10 % des suffrages exprimés en faveur de la liste sur laquelle figure ce candidat (L. 2314-29). En revanche, si un nom est rayé par au moins 10 % des votants (de la liste), la désignation des élus se fait en fonction des voix obtenues par chaque candidat (de la liste).

Liste commune (clé de répartition)

« *Lorsqu'une liste commune a été établie par des organisations syndicales, la répartition entre elles des suffrages exprimés se fait sur la base indiquée par les organisations syndicales concernées lors du dépôt de leur liste et, à défaut, à parts égales entre les organisations concernées* », « *la répartition des suffrages, lorsque les syndicats formant une liste commune ont choisi qu'elle ne soit pas à parts égales, doit être portée tant à la connaissance de l'employeur qu'à celle des électeurs de l'entreprise ou de l'établissement concerné avant le déroulement des élections et à défaut, la répartition s'opère à parts égales* » (Soc. 13 janv. 2010, CGT c/ Natixis Asset Management SA).

Procès-verbaux

Le procès-verbal des élections est transmis dans les 15 jours, en double exemplaire, par l'employeur à l'inspecteur du travail (R. 2314-22). Un troisième exemplaire est adressé, par l'employeur, au centre de traitement du ministère du Travail chargé de recueillir les résultats des élections (CTEP) – les résultats des élections professionnelles servant à déterminer la liste des organisations syndicales représentatives au niveau des branches et au niveau national interprofessionnel.

Après la proclamation des résultats, l'employeur transmet, dans les meilleurs délais, par tout moyen, une copie des procès-verbaux aux organisations syndicales de salariés qui ont présenté des listes de candidats aux scrutins concernés ainsi qu'à celles ayant participé à la négociation du PAP (L. 2314-29).

Lorsque le CSÉ n'a pas été mis en place ou renouvelé, un procès-verbal de carence est établi par l'employeur. Ce dernier porte à la connaissance des salariés, par tout moyen permettant de donner date certaine à cette information, le procès-verbal dans l'entreprise et le transmet dans les 15 jours, par tout moyen permettant de conférer date certaine à l'Inspection du travail, qui communique une copie du procès-verbal de carence aux organisations syndicales de salariés du département concerné (L. 2314-9).

Contentieux

Les contestations relatives à l'électorat, à la composition des listes de candidats, à la régularité des opérations électorales sont de la compétence du juge judiciaire

(L. 2314-32). Le tribunal d'instance est saisi des contestations par voie de déclaration au greffe (R. 2314-24). Lorsque la contestation porte sur :
– L'électorat, la déclaration n'est recevable que si elle est faite dans les 3 jours suivant la publication de la liste électorale.
– La régularité de l'élection, la déclaration n'est recevable que si elle est faite dans les 15 jours suivant cette élection.

Le TI statue dans les 10 jours de sa saisine sans frais ni forme de procédure et sur avertissement qu'il donne 3 jours à l'avance à toutes les parties intéressées. Sa décision est notifiée par le greffe dans les 3 jours (LR/AR) et est susceptible d'un pourvoi en cassation dans un délai de 10 jours (R. 2314-25).

Lorsqu'une contestation rend indispensable le recours à une mesure d'instruction, les dépenses afférentes à cette mesure sont à la charge de l'État.

Le juge annule les élections en cas d'irrégularités – par exemple, présence de personnes n'ayant pas la qualité d'électeur dans le bureau de vote (Soc. 16 janv. 2008), défaut de signature de l'électeur sur l'enveloppe extérieure renfermant celle contenant son bulletin en cas de vote par correspondance (Soc. 19 déc. 2007), pressions d'un représentant de la direction sur les membres du bureau de vote pour empêcher l'inscription au PV des irrégularités constatées (Soc. 13 oct. 2004).

De manière générale, « *à moins qu'elles soient directement contraires aux principes généraux du droit électoral, les irrégularités commises dans l'organisation et le déroulement du scrutin ne peuvent constituer une cause d'annulation que si elles ont exercé une influence sur le résultat des élections ou (...) si, s'agissant du premier tour, elles ont été déterminantes de la qualité représentative des organisations syndicales dans l'entreprise, ou du droit pour un candidat d'être désigné délégué syndical* » (Soc. 13 janv. 2010, PBR, CFDT-Santé-services sociaux c/ Sté Biomnis), « *peu important que l'employeur ait été ou non défaillant dans l'organisation du scrutin* » (Soc. 10 mars 2010, CFDT cheminots Metz-Nancy c/ UNSA Cheminots).

Représentation équilibrée des femmes et des hommes. La constatation par le juge, après l'élection, du non-respect par une liste de candidats des prescriptions légales (L. 2314-30) entraîne :
– L'annulation de l'élection d'un nombre d'élus du sexe surreprésenté égal au nombre de candidats du sexe surreprésenté en surnombre sur la liste de candidats au regard de la part de femmes et d'hommes que celle-ci devait respecter. Le juge annule l'élection des derniers élus du sexe surreprésenté en suivant l'ordre inverse de la liste des candidats (L. 2314-30, al. 1, première phrase).
– L'annulation de l'élection du ou des élus dont le positionnement sur la liste des candidats ne respecte pas ces prescriptions (L. 2314-30, al. 1, seconde phrase).

EN PRATIQUE

Exemple d'une entreprise qui occupe habituellement 90 salariés, dans un établissement unique. Cinq délégués titulaires et cinq délégués suppléants sont à élire par le personnel.

L'accord préélectoral répartit ces sièges entre 2 collèges :

	Titulaires	Suppléants
Premier collège : ouvriers, employés	4	4
Second collège : agents de maîtrise, cadres	1	1

Pour les élections du premier collège titulaire, sur 80 inscrits, 50 salariés ont valablement voté (absence de votes blancs ou nuls). Le quorum est donc atteint.

La liste N obtient 30 bulletins et ses candidats obtiennent :
A : 30 voix, B : 30 voix, C : 28 voix, D : 29 voix.

La liste S obtient 20 bulletins et ses candidats obtiennent :
E : 20 voix, F : 20 voix, G : 19 voix, H : 20.

Attributions des sièges

Le nombre moyen de voix obtenues par chaque liste est :
Liste N : 30 + 30 + 28 + 29 = 117 voix/4 candidats = 29,25
Liste S : 20 + 20 + 19 + 20 = 79 voix/4 candidats = 19,75

- Selon le quotient électoral. Le quotient est égal à :
  50 votants / 4 sièges = 12,50

  La moyenne de la liste N contient 2 fois le quotient (2,34 = 29,25/12,50) ; la liste N obtient donc 2 sièges.

  La moyenne de la liste S contient 1 fois le quotient (1,58 = 19,75/12,50) ; la liste S obtient donc 1 siège.

  Trois sièges sont donc attribués selon la règle du quotient.

  Il reste un siège (le 4e) à attribuer selon la règle de la plus forte moyenne.

- Selon la plus forte moyenne. Chaque liste se voit attribuer fictivement un siège pour voir quelle liste obtient la plus forte moyenne (pour voir pour quelle liste un siège représente le plus de voix).

La liste N a déjà obtenu 2 sièges, donc le nombre de voix est divisé par 2 (sièges obtenus) + 1 (siège « fictif ») : Liste N : 29,25 / 2 + 1 = 9,75

La liste S a déjà obtenu 1 siège, donc le nombre de voix est divisé par 1 (siège obtenu) + 1 (siège « fictif ») :

Liste S : 19,75 / 1 + 1 = 9,88

Le 4ème siège est donc attribué à la liste S (plus forte moyenne).

Désignation des élus

Les 2 sièges obtenus par la liste N seront occupés par les 2 têtes de liste (A et B).

Les 2 sièges obtenus par la liste S seront occupés par les 2 têtes de liste (E et F).

A L'ISSUE DE L'ÉLECTION, L'EMPLOYEUR DOIT TRANSMETTRE (dans les 15 jours) :

1 exemplaire du procès-verbal d'élection au centre de traitement des élections professionnelles à l'adresse suivante :

CTEP
TSA 79104
76934 ROUEN CEDEX 9

2 exemplaires du procès-verbal à l'agent de contrôle de l'inspection du travail

1 copie du procès-verbal d'élection à chaque syndicat ayant présenté une liste de candidats et/ou ayant participé à la négociation du protocole d'accord pré-électoral

MT1

Liberté · Égalité · Fraternité
RÉPUBLIQUE FRANÇAISE
MINISTERE DU TRAVAIL

PROCÈS-VERBAL DES ÉLECTIONS AU COMITÉ SOCIAL ET ÉCONOMIQUE MEMBRES TITULAIRES

cerfa N° 15822*01 **CSE** EL 05

Chaque collège électoral doit faire l'objet d'un procès-verbal distinct.
Il est recommandé d'utiliser l'outil d'aide à la saisie des procès-verbaux sur **www.elections-professionnelles.travail.gouv.fr**
Une notice expliquant le renseignement des procès-verbaux d'élections professionnelles peut également y être téléchargée

I ÉTABLISSEMENT DANS LEQUEL S'EST DEROULÉE L'ÉLECTION

SIRET de l'établissement : __
Raison sociale : *J-M LEFEVRE*
Adresse : __
Code postal : __ Ville : __
Numéro de convention collective (IDCC) : __ **Mention indispensable**
Autres établissements concernés par l'élection : *Liste à compléter au verso cadre* (VIII)

INFORMATIONS SUR L'ÉLECTION DONNANT LIEU À PROCÈS-VERBAL
Durée du mandat des élus : 4 années ou bien __ mois (si élection partielle)
Nombre total de collèges électoraux que comporte votre élection CSE : 2
S'agit-il d'une élection partielle (si Oui, cochez la case) : ☐
(suite au verso, cadres (IX) et (X))

INFORMATIONS SUR L'ÉLECTION PRÉCÉDENTE
Date du précédent scrutin (JJ/MM/AAAA) : __/__/__
SIRET déclaré lors de la précédente élection professionnelle, si différent : __

II COLLÈGE CONCERNÉ

DÉNOMINATION DU COLLÈGE ÉLECTORAL : *Ne cocher qu'une case*
- Collège unique ☐
- 1er collège : ouvriers, employés ☒
- 2ème collège : techniciens, agents de maîtrise, ingénieurs et cadres ☐
- 3ème collège : ingénieurs et cadres ☐
- Autre collège ☐

COMPOSITION PRÉCISE DU COLLÈGE : *(cocher la ou les cases correspondant aux personnels inscrits dans le collège électoral sélectionné dans le cadre précédent)*
- Ouvriers 1 ☒
- Employés 2 ☒
- Techniciens 3 ☐
- Agents de maîtrise 4 ☐
- Ingénieurs 5 ☐
- Cadres 6 ☐
- Autres : (préciser) __ 7 ☐

Ex. : journalistes, pilotes...

III RÉSULTATS DU 1er TOUR DES ÉLECTIONS

Date du 1er tour (JJ/MM/AAAA) : 25/04/2018
Horaire d'ouverture du scrutin : __ Horaire de clôture du scrutin : __
Y a-t-il eu carence de candidatures dans ce collège : (cocher) Non ☒ Oui ☐
A. Nombre d'électeurs inscrits A = 80
B. Nombre de votants B = 50
C. Bulletins blancs ou nuls C = 0
D. Suffrages valablement exprimés (B - C) D = 50

Le quorum a-t-il été atteint ?
QUORUM = E = $\frac{A}{2} = \frac{80}{2} = 40$
☐ Non si D est inférieur à E
☒ Oui si D est supérieur ou égal à E

Nombre de listes présentées au premier tour : L = 0.2
Nombre de sièges à pourvoir par le collège : P = 0.4
Quotient électoral (2 décimales) : $G = \frac{D}{P} = \text{——} = 12{,}50$

NOMS et PRÉNOMS des candidats groupés par liste (sauter une ligne entre chaque liste). Les noms des candidats élus doivent être soulignés.	Sexe H ou F (1)	Nom des syndicats et/ou des listes communes (2a)	Nom de l'organisation syndicale d'affiliation du syndicat, telle qu'elle figure dans le dépôt de la liste des candidatures (2b)	Nombre de bulletins valables recueillis par chaque liste (total = D) (3)	Nombre de voix obtenues par chaque candidat (4)	Total des voix recueillies par les candidats de chaque liste T (5)	Nombre de candidats présentés par chaque liste N (6)	Moyenne des voix de chaque liste $V = \frac{T}{N}$ (2 décimales) (7)	Nombre de sièges attribués à chaque liste selon la règle du quotient $K = \frac{V}{G}$ (8)	Attribution des sièges restant à pourvoir à la plus forte moyenne : 1er siège (9)	2ème siège (10)	3ème siège (11)	ÉLUS Porter la mention «Élu» ou «Élue» (12)	Nombre d'élus par liste (13)
		Liste N	N	30		117	4	29,25	2					2
Sébastien A	H				30					9,75			Él	
Gulnur B	F				30								Élue	
Mohamed C	H				28									
Sarah D	F				29									
		Liste S	S	20		79	4	19,75	1	1				2
Éric E	H				20					9,88			Él	
Éloïse F	F				20								Élue	
Mamadou G	H				19									
Christine H	F				20									

Renseignez les colonnes 1 à 4, même si le quorum n'est pas atteint. Ne renseignez pas les colonnes 5 à 13 si le quorum n'est pas atteint. (Attribution des sièges : pour chaque liste, inscrire successivement les valeurs du rapport $\frac{V}{K+1}$ jusqu'à l'attribution de tous les sièges (2 décimales).)

IV Signature obligatoire de chacun des membres du bureau de vote pour le 1er tour :

Nom et prénom	Organisation syndicale (le cas échéant)	Signature

V Si une ou plusieurs listes communes (ententes syndicales) se sont présentées au 1er tour, indiquez pour chacune :

NOM de la liste commune	Nom des syndicats entrant dans cette liste	Nom des organisations syndicales d'affiliation aux syndicats	Répartitions des suffrages entre organisations (en %)

Feuillet n° __/__

Dans le cas où la taille du présent imprimé ne permettrait pas de faire apparaître l'ensemble des listes des candidats, il conviendrait d'annexer un second feuillet en y rappelant l'identification de l'entreprise et du collège et en faisant apparaître la mention «suite».

Tableau n° 13 – PV des résultats des élections (titulaires)

Durée et fin du mandat

• Durée du mandat

Les membres de la délégation du personnel du CSÉ sont élus pour 4 ans (L. 2314-33). Par dérogation aux dispositions de l'article L. 2314-33, un accord de branche, un accord de groupe ou un accord d'entreprise, selon le cas, peut fixer une durée du mandat des représentants du personnel au comité comprise entre 2 et 4 ans (L. 2314-34).

• Limitation du nombre de mandats

Le nombre de mandats successifs est limité à trois, excepté :

- pour les entreprises de moins de 50 salariés ;
- pour les entreprises dont l'effectif est compris entre 50 et 300 salariés, si l'accord (PAP - L. 2314-6) le stipule (L. 2314-33).

Le nombre maximal de mandats successifs (3) s'applique également aux membres du CSÉ central et aux membres des CSÉ d'établissement sauf dans les entreprises ou établissements de moins de 50 salariés et, le cas échéant, si l'accord (PAP – L. 2314-6) le stipule, dans les entreprises ou établissements dont l'effectif est compris entre 50 et 300 salariés.

• Fin du mandat

Les fonctions des membres prennent fin par le décès, la démission, la rupture du contrat de travail, la perte des conditions requises pour être éligible. Ils conservent leur mandat en cas de changement de catégorie professionnelle (L. 2314-33).

Tout membre de la délégation du personnel du CSÉ peut être révoqué en cours de mandat sur proposition faite par l'organisation syndicale qui l'a présenté avec l'accord obtenu au scrutin secret de la majorité du collège électoral auquel il appartient (L. 2314-36).

Lorsqu'un délégué titulaire cesse ses fonctions pour l'une des causes indiquées *supra* ou est momentanément absent pour une cause quelconque, il est remplacé par un suppléant élu sur une liste présentée par la même organisation syndicale que celle de ce titulaire. Le suppléant devient titulaire jusqu'au retour de celui qu'il remplace ou jusqu'au renouvellement de l'institution (L. 2314-37).

La priorité est donnée au suppléant élu de la même catégorie. S'il n'existe pas de suppléant élu sur une liste présentée par l'organisation syndicale qui a présenté le titulaire, le remplacement est assuré par un candidat non élu présenté par la même organisation. Dans ce cas, le candidat retenu est celui qui vient sur la liste immédiatement après le dernier élu titulaire ou, à défaut, le dernier élu suppléant. À défaut, le remplacement est assuré par le suppléant élu n'appartenant pas à l'organisation du titulaire à remplacer, mais appartenant à la même catégorie et ayant obtenu le plus grand nombre de voix.

• Élections complémentaires

En cas d'augmentation de l'effectif, des élections complémentaires « *tendant à désigner des DP en plus de ceux dont le mandat est en cours, pour la durée du mandat restant à courir* » sont possibles, à condition d'être prévues par un accord collectif signé par tous les syndicats présents dans l'entreprise (Soc. 13 oct. 2010, PBR).

• Suppression du CSÉ

À l'expiration du mandat des membres de la délégation du personnel du CSÉ, l'instance n'est pas renouvelée si l'effectif de l'entreprise est resté en dessous de 11 salariés pendant au moins 12 mois consécutifs (L. 2313-10).

• Modification dans la situation juridique de l'employeur

Lorsque survient une modification dans la situation juridique de l'employeur (L. 1224-1) :
– Le mandat des membres élus de la délégation du personnel du CSÉ et des RS de l'entreprise ayant fait l'objet de la modification subsiste lorsque cette entreprise conserve son autonomie juridique (L. 2314-35).
– Si cette entreprise devient un établissement ou si la modification porte sur un ou plusieurs établissements distincts qui conservent ce caractère, le mandat des RS subsiste et le mandat des membres élus de la délégation du personnel du CSÉ se poursuit jusqu'à son terme.

Toutefois, pour tenir compte de la date habituelle des élections dans l'entreprise d'accueil, la durée du mandat des membres élus peut être réduite ou prorogée par accord entre le nouvel employeur et les OSR existant dans le ou les établissements absorbés ou, à défaut, les membres de la délégation du personnel du CSÉ intéressé.

À RETENIR

Une commission paritaire interprofessionnelle est instituée au niveau régional afin de représenter les salariés et les employeurs d'entreprises de moins de 11 salariés (L. 23-111-1 et s.).

Les CPRI ont pour compétence :
– De donner aux salariés et aux employeurs toutes informations ou tous conseils utiles sur les dispositions légales ou conventionnelles qui leur sont applicables.
– D'apporter des informations, de débattre et de rendre tout avis utile sur les questions spécifiques aux entreprises de moins de 11 salariés et à leurs salariés, notamment en matière d'emploi, de formation, de GPEC, de conditions de travail, de santé au travail, d'égalité professionnelle, de travail à temps partiel et de mixité des emplois.
– De faciliter la résolution de conflits individuels ou collectifs n'ayant pas donné lieu à saisine d'une juridiction. La CPRI ne peut intervenir qu'avec l'accord des parties concernées.
– De faire des propositions en matière d'activités sociales et culturelles.

Les membres de la CPRI ont, pour l'exercice de leurs fonctions, accès aux entreprises, mais uniquement sur autorisation de l'employeur. Le salarié membre de la CPRI dispose d'heures de délégation (5 heures par mois, hors temps de trajet pour se rendre aux réunions de la CPRI).

CHAPITRE XX

DÉLÉGUÉS DU PERSONNEL

À RETENIR

Les DP sont maintenus provisoirement en place, jusqu'à l'élection du CSÉ dans l'entreprise. Pendant la durée des mandats en cours, les dispositions du Code du travail relatives aux DP demeurent applicables dans leur rédaction en vigueur à la date de publication de l'ordonnance n° 2017-1386 du 22 septembre 2017 relative à la nouvelle organisation du dialogue social et économique dans l'entreprise (art. 9-V) ; les articles cités ici sont donc ceux en vigueur à la date du 23 septembre 2017.
La loi définit les attributions des délégués du personnel (DP), et leur reconnaît, pour les exercer, certains moyens d'action.

Mission principale : présenter des réclamations

Les délégués du personnel ont pour mission de :
– Présenter aux employeurs toutes les réclamations individuelles ou collectives relatives aux salaires, à l'application du Code du travail et des autres lois et règlements concernant la protection sociale, l'hygiène et la sécurité, ainsi que des conventions et accords collectifs applicables dans l'entreprise.
– Saisir l'Inspection du travail de toutes les plaintes et observations relatives à l'application des prescriptions législatives et réglementaires dont elle est chargée d'assurer le contrôle (L. 2313-1). L'inspecteur du travail doit se faire accompagner dans ses visites par le délégué compétent, si ce dernier le désire (L. 2313-11).

Ces réclamations doivent porter sur l'application du droit. Veiller à l'application du droit, c'est aussi la mission de l'Inspection du travail, d'où la relation prévue dans le texte entre délégués et inspecteurs. Des réclamations peuvent aussi n'avoir aucun fondement juridique précis. Si un délégué réclame qu'on remplace un carreau cassé dans un atelier, il ne fonde pas sa réclamation sur un article précis du Code ou de la convention collective.

Les salariés conservent le droit de présenter eux-mêmes leurs réclamations à l'employeur ou à ses représentants (L. 2313-10). Le DP n'est donc pas l'intermédiaire par lequel devrait obligatoirement passer toute réclamation. Un choix est ainsi laissé aux salariés.

En règle générale, l'employeur n'est pas tenu d'accepter la présence d'un tiers lors d'un entretien avec un salarié en dehors des procédures de licenciement et disciplinaires. En refusant la présence d'un DP, il ne commet pas une irrégularité (Soc. 11 févr. 2003).

Les ***salariés d'entreprises extérieures*** qui, dans l'exercice de leur activité, ne se trouvent pas placés sous la subordination directe de l'entreprise utilisatrice, peuvent faire présenter leurs réclamations individuelles et collectives, intéressant celles des conditions d'exécution du travail qui relèvent du chef d'établissement, par les DP de cet établissement. Dans les entreprises utilisatrices, les salariés temporaires peuvent faire présenter par les DP (de ces entreprises) leurs réclamations en matière de rémunération, de conditions de travail et d'accès aux moyens de transport collectifs et aux installations collectives.

Droits des personnes

À RETENIR

Les DP disposent d'un droit d'alerte (L. 2313-2), droit efficace en matière de droit des personnes, notamment de discrimination, de liberté et de santé.

• Procédure interne

Si un délégué du personnel constate, notamment par l'intermédiaire d'un salarié, qu'il existe une atteinte aux droits des personnes, à leur santé physique et mentale ou aux libertés individuelles dans l'entreprise qui ne serait pas justifiée par la nature de la tâche à accomplir ni proportionnée au but recherché, il en saisit immédiatement l'employeur. Cette atteinte peut notamment résulter de toute mesure discriminatoire en matière d'embauche, de rémunération, de formation, de reclassement, d'affectation, de classification, de qualification, de promotion professionnelle, de mutation, de renouvellement de contrat, de sanction ou de licenciement.

L'employeur ou son représentant est tenu de procéder sans délai à une enquête avec le DP et de prendre les dispositions nécessaires pour remédier à cette situation.

• Procédure judiciaire

En cas de carence de l'employeur ou de divergence sur la réalité de cette atteinte et à défaut de solution trouvée avec l'employeur, le salarié ou le délégué, si le salarié concerné averti par écrit ne s'y oppose pas, saisit directement le bureau de jugement du CPH qui statue selon les formes applicables au référé (Soc. 28 mars 2006, Sté CSF), notamment en cas de discrimination (CA Grenoble, 7 mars 2007, ONET ; etc.). Ainsi, un DP a compétence pour demander en justice le retrait d'éléments de preuve obtenus frauduleusement (par enregistrement vidéo à l'insu du personnel, Soc. 10 déc. 1997) ; un DP peut enquêter sur les conditions de consultation des messages électroniques des salariés (Soc. 17 juin 2009, Sanofi), etc.

Par ailleurs, un DP peut obtenir du juge qu'il condamne l'employeur à lui fournir les éléments nécessaires pour établir la réalité, ou non, d'une discrimination (CA Toulouse, 23 janv. 2009, SAS Freescale semiconductors France, confirmé par Soc. 19 mai 2010 ; CPH Versailles, départ., 5 avril 2011, et départ., 14 mai 2013, Mme Jocelyne Chabert et Cgt c/ SCS GEMS).

Conditions de travail et d'emploi

La direction de l'entreprise doit consulter les DP avant de prendre une décision dans un certain nombre de domaines. Il en va ainsi notamment en matière de congés payés, pour la fixation de la période de congé et l'ordre des départs et pour le reclassement de salariés victimes d'accident du travail ou de maladie professionnelle. Ils interviennent également sur de nombreuses questions (projet de règlement intérieur, d'aménagement du temps de travail, de licenciement collectif pour motif économique, L. 2313-17 ; formation professionnelle ; L. 2313-8 ; etc.). Dans les établissements de moins de 50 salariés, les DP sont investis des missions dévolues au CHSCT, mais ne sont pas dotés de moyens supplémentaires.

En l'absence de CE, l'employeur informe les DP, une fois par an, des éléments qui l'ont conduit à faire appel au titre de l'année écoulée, et qui pourraient le conduire à faire appel pour l'année à venir, à des CDD et à des contrats de mission temporaire ou à des contrats conclus avec une entreprise de portage salarial (L. 2313-5).

Attributions supplétives

• Absence de CE

Dans les entreprises ou établissements d'au moins 50 salariés, où l'absence d'un CE a été constatée (PV de carence), les attributions économiques de celui-ci sont assurées collectivement par les DP (L. 2313-13). Ils bénéficient des moyens dont aurait disposé le CE (consultations, remises de documents, crédit d'heures, subvention de fonctionnement, assistance d'experts, formation économique, etc.). Ils exercent le cas échéant le droit d'alerte économique (L. 2313-14).

• Absence de CHSCT

Dans les établissements occupant au moins 50 salariés, où un CHSCT aurait dû être institué mais ne l'a pas été, les DP se voient reconnaître les mêmes missions et les mêmes moyens (crédit d'heures...) qu'un CHSCT (L. 2313-16).

Réunions avec l'employeur

• Modalités

Les DP sont reçus collectivement par le chef d'établissement ou son représentant au moins une fois par mois. Ils sont en outre reçus, en cas d'urgence, sur leur demande.

Les DP sont également reçus par le chef d'établissement ou ses représentants, sur leur demande, soit individuellement, soit par catégorie, soit par atelier, service ou spécialité professionnelle, selon les questions qu'ils ont à traiter (L. 2315-8).

Sauf circonstances exceptionnelles, les DP remettent à l'employeur, 2 jours ouvrables avant la date où ils doivent être reçus, une note écrite exposant l'objet des demandes présentées (L. 2315-12).

L'employeur est tenu d'organiser la réunion mensuelle et d'en fixer la date suffisamment à l'avance pour que les délégués soient en mesure de lui remettre, dans le délai prescrit, la note prévue par les textes. S'il ne reçoit pas cette note, l'employeur reste tenu de recevoir les délégués, mais est dispensé de répondre aux réclamations. De même, la direction peut refuser d'examiner une demande qui ferait l'objet d'une note écrite remise quelques heures avant la réunion.

L'employeur doit répondre par écrit aux demandes des délégués au plus tard dans les 6 jours ouvrables suivant la réunion. Ces demandes des délégués et les réponses motivées de l'employeur sont, soit transcrites sur un registre spécial, soit annexées à ce registre qui doit être tenu à la disposition des délégués du personnel et de l'inspecteur du travail. La réponse de l'employeur par écrit a la valeur juridique d'un usage de l'entreprise (Soc. 27 mars 1996).

• Participants

Assistent aux réunions l'employeur ou son représentant, les DP titulaires et les suppléants. L'employeur peut se faire assister par des collaborateurs, mais ensemble, ils ne peuvent être en nombre supérieur à celui des DP titulaires. Les DP peuvent, sur leur demande, se faire assister d'un représentant d'une organisation syndicale. Celui-ci n'appartient pas nécessairement au personnel de l'entreprise et peut être, par exemple, un représentant de l'union départementale ou locale.

Dans une entreprise en Société Anonyme, lorsque les DP présentent des réclamations auxquelles il ne pourrait être donné suite qu'après délibération du conseil d'administration, ils sont reçus par celui-ci, sur leur demande, en présence du directeur ou de son représentant ayant connaissance des réclamations présentées.

Facilités matérielles

L'employeur est tenu de mettre à la disposition des DP ***le local*** nécessaire pour leur permettre de remplir leur mission, et, notamment, de se réunir (L. 2315-6). Il n'est pas précisé que celui-ci soit aménagé et équipé ni qu'il soit permanent et exclusivement à la disposition des DP.

Les délégués peuvent faire afficher les renseignements qu'ils ont pour rôle de porter à la connaissance du personnel sur des emplacements obligatoirement prévus et destinés aux communications syndicales, et aux portes d'entrée des lieux de travail (L. 2315-7, L. 424-2, al. 2). Ces dispositions anciennes sont en pratique écartées par celles qui prévoient que les panneaux syndicaux doivent être distincts de ceux réservés aux communications des DP. Ils ne peuvent afficher des communications sans rapport avec leurs attributions, mais ***l'affichage*** n'est soumis à aucune autorisation préalable de l'employeur. Si celui-ci juge irrégulière la communication affichée, il ne peut que demander au juge des référés d'en ordonner le retrait, mais ne peut y procéder lui-même. Ce sera notamment le cas si le contenu de l'affichage comporte des injures ou diffamations, infractions qui sont punies par la loi sur la presse – l'article 29 de la loi du 29 juillet 1881 stipule que l'injure désigne « toute expression outrageante, terme de mépris ou invective qui ne renferme l'imputation d'aucun fait » et la diffamation est « toute allégation ou imputation d'un fait qui porte atteinte à l'honneur, la considération de la personne ou du corps auquel le fait est imputé ».

Les DP bénéficient d'un ***droit d'accès*** à des registres (L. 8113-6, consultation en cas de mise en place d'un support de substitution), notamment le registre du personnel (L. 1221-15) et en matière de santé et de sécurité, et à des contrats (travail temporaire, insertion, etc., L. 2313-5).

Heures de délégation, déplacements et contacts

• Durée

L'employeur est tenu de laisser aux DP, dans les limites d'une durée qui, sauf circonstances exceptionnelles, ne peut excéder 15 heures par mois dans les entreprises dont l'effectif est d'au moins 50 salariés, et 10 heures par mois dans les autres, le temps nécessaire à l'exercice de leurs fonctions (L. 2315-1). Chaque DP titulaire dispose donc d'un crédit d'heures (le délégué suppléant peut utiliser ce crédit lorsqu'il remplace le titulaire, mais n'a pas de crédit propre). Ces heures de délégation sont un contingent individuel maximum qui ne peut être dépassé qu'en cas de circonstances exceptionnelles.

Le temps passé par les DP, titulaires ou suppléants, aux réunions avec l'employeur est payé comme temps de travail. Il n'est pas déduit du crédit d'heures dont disposent les délégués titulaires.

Le temps de trajet effectué en exécution des fonctions représentatives doit être rémunéré lorsqu'il est pris en dehors de l'horaire normal et qu'il dépasse le temps normal de déplacement domicile/travail (Soc. 5 nov. 2003).

• Cumul

En cas de cumul de mandat avec celui de représentant au CE, de DS ou de RS au CE, il y a lieu à cumul des crédits d'heures. Les DP qui exercent les attributions économiques du CE, en cas de carence, bénéficient, en outre, d'un crédit supplémentaire de 20 heures par mois.

• Paiement (usage conforme)

Ce temps de délégation est de plein droit considéré comme temps de travail et payé à l'échéance normale (L. 2315-3, voir *supra* DS).

JURISPRUDENCE

La jurisprudence concernant l'utilisation des heures de délégation est plus restrictive pour les DP que pour les DS. Ainsi, assurer sa propre défense dans un contentieux relatif à l'utilisation de ces heures entre bien dans le cadre de la mission d'un DP qui peut, à cet effet, utiliser des heures de délégation (Ass. plén. 31 oct. 1996). Entrent dans la mission des déplacements au siège de l'Inspection du travail pour s'informer d'un point de droit pour l'établissement d'un horaire de travail ou pour évoquer des entraves apportées par l'employeur à l'exercice des fonctions de DP, etc. Mais il n'entre pas dans l'exercice des fonctions de DP d'assister un salarié devant le CPH, ni de participer à une réunion syndicale si l'objet de la réunion ne concernait pas directement l'entreprise (par exemple, préparation d'une journée nationale d'action).

Les déplacements hors de l'entreprise ou dans l'entreprise, notamment pour prendre contact avec les travailleurs, sont inhérents à l'exercice des fonctions (L. 2315-5). Les règles applicables sont les mêmes que pour les DS.

Action en justice

• Sur le plan pénal

Le fait de porter ou de tenter de porter atteinte à la libre désignation des DP ou à l'exercice régulier de leurs fonctions constitue un délit d'entrave (L. 2316-1) et est puni d'un emprisonnement d'un an et d'une amende de 7 500 € (atteinte à la libre désignation) ou d'une amende de 7 500 € (atteinte à l'exercice des fonctions – Crim. 25 sept. 2007, défaut de réunion mensuelle avec l'unique DP, employeur assisté en surnombre, défaut de mise à disposition d'un local).

• Sur le plan civil

La saisine du juge civil est parfois privilégiée par les organisations syndicales représentatives. En effet, le juge civil (TGI), notamment en référé, peut suspendre une décision de l'employeur tant que celui-ci n'a pas consulté de manière régulière les délégués du personnel ou ordonner à l'employeur de mettre en œuvre une obligation. Les procédures et les sanctions civiles apparaissent alors souvent plus « efficaces » pour rendre le droit effectif.

Un salarié peut obtenir des dommages-intérêts en cas de défaut d'IRP dans l'entreprise ; « *l'employeur qui, bien qu'il y soit légalement tenu, n'accomplit pas les diligences nécessaires à la mise en place d'institutions représentatives du personnel, sans qu'un procès-verbal de carence ait été établi, commet une faute qui cause nécessairement un préjudice aux salariés, privés ainsi d'une possibilité de représentation et de défense de leurs intérêts* » (Soc. 17 mai 2011, Sté AB Pose).

Procédures et sanctions civiles et pénales peuvent parfois utilement se compléter.

CHAPITRE XXI

COMITÉ D'ENTREPRISE

À RETENIR

Les CE sont maintenus provisoirement en place, jusqu'à l'élection du CSÉ dans l'entreprise. Pendant la durée des mandats en cours, les dispositions du Code du travail relatives aux CE demeurent applicables dans leur rédaction en vigueur à la date de publication de l'ordonnance n° 2017-1386 du 22 septembre 2017 relative à la nouvelle organisation du dialogue social et économique dans l'entreprise (art. 9-V) ; les articles cités ici sont donc ceux en vigueur à la date du 23 septembre 2017.
Les attributions du comité d'entreprise (CE) se sont étendues et diversifiées, depuis la création de l'institution. Cette IRP est l'objet d'un certain « consensus à la française ». Du côté patronal, on apprécie qu'elle préserve l'autorité de l'employeur : c'est une instance consultative et l'employeur n'est pas tenu de suivre l'avis exprimé par le comité. Pour les organisations syndicales de salariés, elle permet d'obtenir des informations utiles et d'essayer d'influencer les décisions de l'employeur, sans se trouver impliquées pour autant dans des responsabilités de gestion.

La loi détermine les conditions de fonctionnement et les attributions du comité d'entreprise. L'institution prend des formes particulières dans les entreprises comprenant plusieurs établissements. Un comité de groupe et un comité d'entreprise européen peuvent également être constitués. Une instance de dialogue est prévu dans les réseaux de franchise.

Composition

Le CE comprend (L. 2324-1) :
– L'employeur, ou son représentant, qui préside le comité (assisté éventuellement de 2 collaborateurs, salariés de l'entreprise).

– Une délégation du personnel, élue, qui comprend un nombre égal de titulaires et de suppléants, et un représentant désigné par chaque organisation syndicale représentative dans l'entreprise ou l'établissement (L. 2324-2).

Les suppléants assistent aux séances, mais avec voix consultative seulement (ils ne prennent pas part aux votes). Il en va de même pour les RSCE.

Désignation des représentants syndicaux (RS)

• Entreprise d'au moins 300 salariés

Chaque organisation syndicale représentative dans l'entreprise ou l'établissement peut désigner un RS au comité (L. 2324-2). Il est choisi parmi les membres du personnel de l'entreprise et doit remplir les conditions d'éligibilité au CE.

Un RS au CE peut cumuler cette fonction avec celle de DP, mais il ne peut être à la fois représentant élu du personnel au CE et RS auprès du CE.

« *Le mandat de RS au CE prend fin lors du renouvellement des membres de cette institution* » (Soc. 10 mars 2010, PBR, Sté Swissport France c/ FO).

• Entreprise de moins de 300 salariés

Dans les entreprises de moins de 300 salariés, le DS est de droit RS au CE (mais il peut renoncer au mandat de RS pour rester éligible au CE et ainsi avoir voix délibérative) ; il ne peut donc être désigné que par un syndicat représentatif dans l'entreprise.

À RETENIR

Le CE a pour objet d'assurer une expression collective des salariés permettant la prise en compte permanente de leurs intérêts dans les décisions relatives à la gestion et à l'évolution économique et financière de l'entreprise, à l'organisation du travail, à la formation professionnelle et aux techniques de production (L. 2323-1).

Il est informé et consulté sur les questions intéressant l'organisation, la gestion et la marche générale de l'entreprise, notamment sur les mesures de nature à affecter le volume ou la structure des effectifs, la durée du travail ou les conditions d'emploi, de travail et de formation professionnelle (ces questions peuvent faire l'objet de consultations spécifiques – *infra*).

Il formule, à son initiative, et examine, à la demande de l'employeur, toute proposition de nature à améliorer les conditions de travail, d'emploi et de formation professionnelle des salariés, leurs conditions de vie dans l'entreprise ainsi que les conditions dans lesquelles ils bénéficient de garanties collectives complémentaires (protection sociale – Code Sécurité sociale, art. 911-2).

Il exerce ses missions sans préjudice des dispositions relatives à l'expression des salariés, aux DP et aux DS.

Une ***procédure d'information et de consultation*** doit être respectée. Les décisions de l'employeur sont précédées de la consultation du CE (sauf avant le lancement d'une offre publique d'acquisition, L. 2323-2).

Pour lui permettre de formuler un avis motivé, le CE dispose d'informations précises et écrites transmises par l'employeur (ou, le cas échéant, mises à disposition sur la BDES, *infra*) et de la réponse motivée de l'employeur à ses propres observations (L. 2323-4).

Les membres élus du CE peuvent, s'ils estiment ne pas disposer d'éléments suffisants, saisir le président du TGI statuant en la forme des référés, pour qu'il ordonne la communication par l'employeur des éléments manquants. Le juge statue dans un délai de 8 jours.

Cependant, cette saisine n'a pas pour effet de prolonger le délai dont dispose le CE pour rendre son avis. Toutefois, en cas de difficultés particulières d'accès aux informations nécessaires à la formulation de l'avis motivé du CE, le juge peut décider la prolongation du délai prévu par accord (ou par décret – *infra*) (L. 2323-4). Les avis du CE, jusqu'ici émis après « un délai d'examen suffisant », sont dorénavant enserrés dans des délais préfix (cette contrainte est exceptionnelle en droit).

Les projets d'accord collectif, leur révision ou leur dénonciation ne sont plus soumis à l'avis du CE (L. 2323-1).

Dans l'exercice de ses attributions consultatives, le CE émet des ***avis et voeux***. L'employeur rend compte, en la motivant, de la suite donnée à ces avis et vœux (L 2323-3).

Le CE dispose d'un ***délai*** d'examen suffisant. Sauf dispositions législatives spéciales, un accord d'entreprise (ou, en l'absence de DS, un accord entre l'employeur et le CE adopté à la majorité des membres titulaires élus du CE, ou, à défaut, un décret fixe les délais dans lesquels les avis du CE sont rendus dans le cadre des 3 consultations annuelles ainsi qu'aux consultations ponctuelles) (L. 2323-3). Ces délais, qui ne peuvent être inférieurs à 15 jours, doivent permettre au CE d'exercer utilement sa compétence, en fonction de la nature et de l'importance des questions qui lui sont soumises et, le cas échéant, de l'information et de la consultation du ou des CHSCT. À l'expiration de ces délais, le CE est réputé avoir été consulté et avoir rendu un avis négatif (l'espace de dialogue social au CE est ainsi très fortement réduit).

Pour l'ensemble des consultations pour lesquelles la loi n'a pas fixé de délai spécifique, le délai de consultation du CE court à compter de la communication par l'employeur des informations prévues pour la consultation ou de l'information par l'employeur de leur mise à disposition dans la base de données (R. 2323-1). À défaut d'accord, le CE est réputé avoir été consulté et avoir rendu un avis négatif à l'expiration d'un délai d'un mois (R. 2323-1-1). En cas d'intervention d'un expert, ce délai est porté à 2 mois. Il passe à 3 mois en cas de saisine d'un ou de plusieurs CHSCT et à 4 mois si une instance de coordination des CHSCT est mise en place à cette occasion, que le CE soit assisté ou non d'un expert (l'avis du ou des CHSCT et, le cas échéant, de l'IC-CHSCT, est transmis au CE au plus tard 7 jours avant l'expiration de ce délai). Au regard de ce délai préfix (exceptionnel en droit), le contentieux pourrait se concentrer sur la date de remise des informations complètes.

« *Si une **décision** s'entend d'une manifestation de volonté d'un organe dirigeant qui oblige l'entreprise, il ne s'en déduit pas qu'elle implique nécessairement des mesures concrètes et précises ; un projet, même formulé en termes généraux, doit être soumis à consultation du CE lorsque son objet est assez déterminé pour que son adoption ait une incidence sur l'organisation, la gestion et la marche générale de l'entreprise, peu important qu'il ne soit pas accompagné de mesures précises et concrètes d'application dès lors que la discussion ultérieure de ces mesures n'est pas de nature à remettre en cause, dans son principe, le projet adopté* » (Soc. 12 nov. 1997, CE de la CAF des Yvelines).

EN PRATIQUE

Les membres du CE (élus et RS) sont tenus (L. 2325-5) :
- Au ***secret professionnel*** pour toutes les questions relatives aux procédés de fabrication.
- À une ***obligation de discrétion*** à l'égard des informations de nature confidentielle, au regard des intérêts légitimes de l'entreprise, et présentées comme telles par l'employeur. Quand l'employeur place l'intégralité des documents adressés au CE sous le sceau de la confidentialité sans justifier de la nécessité d'assurer la protection de l'ensemble des données contenues dans ces documents, il porte une atteinte illicite aux prérogatives des membres du CE qui ne peut être « ***réparée que par la reprise de la procédure d'information et consultation à son début*** » (Soc. 5 nov. 2014, Sté Sanofi Aventis).

Le seuil de 300 salariés est réputé franchi lorsque l'effectif de l'entreprise dépasse ce seuil pendant 12 mois. L'employeur dispose d'un délai d'un an (à compter du franchissement de ce seuil) pour se conformer complètement aux obligations d'information et de consultation du CE qui en découlent (L. 2323-26-1).

Consultations obligatoires (L. 2323-6). Le CE est consulté chaque année sur :

- les orientations stratégiques de l'entreprise ;
- la situation économique et financière de l'entreprise ;
- la politique sociale de l'entreprise, les conditions de travail et l'emploi.

Une ***base de données économiques et sociales (BDES)***, mise régulièrement à jour (R. 2323-1-6), rassemble un ensemble d'informations que l'employeur met à disposition du CE et, à défaut, des DP (L. 2323-8, R. 2323-1-2 et s.).

La BDES est accessible en permanence aux membres du CE ou, à défaut, aux DP, ainsi qu'aux membres du CCE (et aux DS), sur un support informatique ou papier (R. 2323-1-7).

Les informations contenues dans la BDES portent sur les thèmes suivants :

- investissements : investissement social (emploi, évolution et répartition des contrats précaires, des stages et des emplois à temps partiel, formation professionnelle et conditions de travail), investissement matériel et immatériel (et, pour les entreprises concernées, les informations en matière environnementale présentées dans le rapport sur la Responsabilité sociale des entreprises – L. 225-102-1 Code de commerce) ;
- égalité professionnelle entre les femmes et les hommes au sein de l'entreprise : * diagnostic et analyse de la situation comparée des femmes et des hommes pour chacune des catégories professionnelles de l'entreprise en matière d'embauche, de formation, de promotion professionnelle, de qualification, de classification, de conditions de travail, de sécurité et de santé au travail, de rémunération effective et d'articulation entre l'activité professionnelle et la vie personnelle et familiale, * analyse des écarts de salaires et de déroulement de carrière en fonction de l'âge, de la qualification et de l'ancienneté, * évolution des taux de promotion respectifs des femmes et des hommes par métiers dans l'entreprise, part des femmes et des hommes dans le conseil d'administration ;
- fonds propres et endettement ;
- ensemble des éléments de la rémunération des salariés et dirigeants ;
- activités sociales et culturelles ;
- rémunération des financeurs ;
- flux financiers à destination de l'entreprise, notamment aides publiques et crédits d'impôts ;
- sous-traitance ;
- le cas échéant, transferts commerciaux et financiers entre les entités du groupe.

Ces informations portent sur les 2 années précédentes et l'année en cours et intègrent des perspectives sur les 3 années suivantes (R. 2323-1-5).

Le contenu de ces informations peut varier selon l'effectif de l'entreprise (au moins 300 salariés : R. 2323-1-3 ; effectif inférieur : R. 2323-1-4). Il peut être enrichi par un accord de branche ou d'entreprise ou, le cas échéant, un accord de groupe, en fonction de l'organisation et du domaine d'activité de l'entreprise.

Les membres du CE, du CCE, et, le cas échéant, les DP sont tenus à une obligation de discrétion à l'égard des informations contenues dans la BDES revêtant un caractère confidentiel et présentées comme telles par l'employeur (R. 2323-1-8).

Les éléments d'information transmis de manière récurrente au CE sont mis à la disposition de ses membres dans la BDES et cette mise à disposition actualisée vaut communication des rapports et informations au CE (L. 2323-9).

Les consultations du CE pour des événements ponctuels continuent de faire l'objet de l'envoi de ces rapports et informations.

Orientations stratégiques de l'entreprise

• Contenu

Chaque année, le CE est consulté sur les orientations stratégiques de l'entreprise (L. 2323-10), définies par l'organe chargé de l'administration ou de la surveillance de l'entreprise, et sur leurs conséquences sur l'activité, l'emploi, l'évolution des métiers et des compétences, l'organisation du travail, le recours à la sous-traitance, à l'intérim, à des contrats temporaires et à des stages. Cette consultation porte sur la GPEC et sur les orientations de la formation professionnelle.

• Modalités

Le CE émet un avis sur les orientations stratégiques de l'entreprise et peut proposer des orientations alternatives. Cet avis est transmis à l'organe chargé de l'administration ou de la surveillance de l'entreprise, qui formule une réponse argumentée. Le CE en reçoit communication et peut y répondre.

La base de données est le support de préparation de cette consultation.

Le CE peut se faire assister de l'expert-comptable de son choix en vue de l'examen des orientations stratégiques de l'entreprise (L. 2325-35). Sauf accord entre l'employeur et le CE, le comité contribue, sur son budget de fonctionnement, au financement de cette expertise à hauteur de 20 %, dans la limite du tiers de son budget annuel.

Un accord de groupe peut prévoir que la consultation sur les orientations stratégiques est effectuée au niveau du comité de groupe. Il prévoit les modalités de transmission de l'avis du comité de groupe aux CE du groupe et à l'organe chargé de l'administration de l'entreprise dominante de ce groupe (L. 2323-11).

Situation économique et financière de l'entreprise

• Contenu

La consultation annuelle porte sur :

- la situation économique et financière de l'entreprise ;
- la politique de R&D technologique de l'entreprise, y compris sur l'utilisation du crédit d'impôt pour les dépenses de recherche ;
- l'utilisation du crédit d'impôt pour la compétitivité et l'emploi (CICE – L. 2323-12).

L'avis du CE est transmis à l'organe chargé de l'administration ou de la surveillance de l'entreprise.

• Modalités

L'employeur met à la disposition du CE sur la BDES (L. 2323-12, R. 2323-1-11, R. 2323-8) :

– Les informations sur l'activité et sur la situation économique et financière de l'entreprise ainsi que sur ses perspectives pour l'année à venir.

– Pour toutes les sociétés commerciales, les documents obligatoirement transmis annuellement à l'assemblée générale des actionnaires ou à l'assemblée des associés, les communications et les copies transmises aux actionnaires ainsi que le rapport des commissaires aux comptes. Le CE peut convoquer les commissaires aux comptes pour recevoir leurs explications sur les différents postes des documents communiqués ainsi que sur la situation financière de l'entreprise.

– Pour les entreprises ne revêtant pas la forme de société commerciale, les ***documents comptables*** qu'elles établissent.

– Les informations sur les sommes reçues par l'entreprise au titre du crédit d'impôt (CICE) et sur leur utilisation (lorsque le CE constate que tout ou partie du CICE n'a pas été utilisé conformément à la loi – art. 244 quater C, Code général des impôts, il peut demander à l'employeur de lui fournir des explications. Cette demande est inscrite de droit à l'ordre du jour de la prochaine séance du CE.

Si le CE n'a pu obtenir d'explications suffisantes de l'employeur ou si celles-ci confirment l'utilisation non conforme de ce CICE, il établit un rapport, transmis à l'employeur et au comité de suivi régional, qui adresse une synthèse annuelle au comité national de suivi – L. 2323-56 ; au vu de ce rapport, le CE peut décider, à la majorité des membres présents, de saisir de ses conclusions le CA ou le CS dans les sociétés commerciales, ou d'en informer les associés dans les autres formes de société ou les membres dans les GIE.

Dans les sociétés dotées d'un CA ou d'un CS, la demande d'explication sur l'utilisation du CICE est inscrite à l'ordre du jour de la prochaine séance du CA ou du CS, à condition que celui-ci ait pu être saisi au moins 15 jours à l'avance. La réponse de l'employeur est motivée et adressée au CE.

Dans les autres formes de sociétés ou dans les GIE, lorsque le CE a décidé d'informer les associés ou les membres de l'utilisation du CICE, le gérant ou les administrateurs leur communiquent le rapport du CE – L. 2323-57).

– Les informations relatives à la ***politique de R&D technologique*** de l'entreprise (à défaut de consultation, les aides publiques en faveur des activités de R&D technologique sont suspendues – L. 2323-55).

Le CE peut se faire assister de l'expert-comptable de son choix (L. 2325-35, *infra*).

Politique sociale de l'entreprise, conditions de travail et emploi

• Contenu

La consultation annuelle sur la politique sociale de l'entreprise, les conditions de travail et l'emploi porte sur (L. 2323-15, R. 2323-1-12, R. 2323-9 – entreprises de moins de 300 ; R. 2323-12 et R. 2323-17 – entreprises d'au moins 300) :

- l'évolution de l'emploi, les qualifications, le programme pluriannuel de ***formation professionnelle***, les actions de prévention et de formation envisagées par l'employeur, l'apprentissage ;
- les conditions d'accueil en ***stage*** ;
- les ***conditions de travail*** ;
- les congés et l'aménagement du ***temps de travail***, la durée du travail ;
- ***l'égalité professionnelle entre les femmes et les hommes*** ;
- les modalités d'exercice du ***droit d'expression*** des salariés (dans les entreprises où aucun délégué syndical n'a été désigné ou dans lesquelles aucun accord sur le droit d'expression n'a été conclu).

• Modalités

En vue de cette consultation, l'employeur met à la disposition du CE (L. 2323-17) :

– Les informations sur l'évolution de l'emploi, des qualifications, de la formation et des salaires, sur les actions en faveur de l'emploi des travailleurs handicapés, sur le nombre et les conditions d'accueil des stagiaires, sur l'apprentissage et sur le recours aux contrats de travail à durée déterminée, aux contrats de mission conclus avec une entreprise de travail temporaire ou aux contrats conclus avec une entreprise de portage salarial.

– Les informations et les indicateurs chiffrés sur la situation comparée des femmes et des hommes au sein de l'entreprise (*supra* BDES), ainsi que l'accord ou, à défaut, le plan d'action en faveur de l'égalité professionnelle entre les femmes et les hommes.
– Les informations sur le plan de formation du personnel de l'entreprise (D. 2323-5 et s.).
– Les informations sur la mise en œuvre des contrats et des périodes de professionnalisation et du compte personnel de formation.
– Les informations sur la durée du travail, portant sur :
- les heures supplémentaires accomplies dans la limite et au-delà du contingent annuel applicable dans l'entreprise ;
- à défaut de détermination du contingent annuel d'heures supplémentaires par voie conventionnelle, les modalités de son utilisation et de son éventuel dépassement ;
- le bilan du travail à temps partiel réalisé dans l'entreprise (L. 3123-15, L. 3123-16) ;
- le nombre de demandes individuelles formulées par les salariés à temps partiel pour déroger à la durée hebdomadaire minimale ;
- la durée, l'aménagement du temps de travail, la période de prise des congés payés, les conditions d'application des aménagements de la durée et des horaires lorsqu'ils s'appliquent à des salariés à temps partiel, le recours aux conventions de forfait et les modalités de suivi de la charge de travail des salariés concernés.

– Les éléments figurant dans le rapport et le programme annuels de prévention présentés par l'employeur au CHSCT.
– Les informations sur les mesures prises en vue de faciliter l'emploi des accidentés du travail, des invalides de guerre et assimilés, des invalides civils et des travailleurs handicapés, notamment celles relatives à l'application de l'obligation d'emploi des travailleurs handicapés.
– Les informations sur l'affectation de la contribution sur les salaires au titre de l'effort de construction ainsi que sur les conditions de logement des travailleurs étrangers que l'entreprise se propose de recruter.
– Les informations sur les modalités d'exercice du droit d'expression des salariés.

• Modalités d'information de l'administration du travail

Les informations (L. 2323-17) sont mises à la disposition de l'inspecteur du travail, accompagnées de l'avis du CE, dans les 15 jours qui suivent sa réunion (L. 2323-18). Les rapports et les informations sont mis à la disposition de cette autorité à partir de la BDES et la mise à disposition actualisée vaut transmission (L. 2323-9 ; L. 2323-7-3).

• Bilan social

Lorsque l'entreprise compte plus de 300 salariés, la consultation porte sur le bilan social de l'entreprise (L. 2323-20). L'employeur met à la disposition du CE, dans la BDES, les données relatives à ce bilan social.

Dans les entreprises comportant des établissements distincts, le comité d'établissement est consulté sur le bilan social particulier à chaque établissement dont l'effectif habituel est au moins de 300 salariés. Ces obligations ne se substituent à aucune des obligations d'information et de consultation du CE qui incombent à l'employeur.

Le bilan social récapitule les principales données chiffrées permettant d'apprécier la situation de l'entreprise dans le domaine social, d'enregistrer les réalisations effectuées et de mesurer les changements intervenus au cours de l'année écoulée et des 2 années précédentes.

Le bilan social comporte des informations sur l'emploi, les rémunérations et charges accessoires, les conditions de santé et de sécurité, les autres conditions de travail, la formation, les relations professionnelles, le nombre de salariés détachés et le nombre de travailleurs détachés accueillis, ainsi que sur les conditions de vie des salariés et de leurs familles, dans la mesure où ces conditions dépendent de l'entreprise (L. 2323-22, L. 2323-23).

Les informations du bilan social sont mises à la disposition de tout salarié qui en fait la demande. Elles sont mises à la disposition de l'inspecteur du travail avec l'avis du CE dans un délai de 15 jours à compter de la réunion du CE (L. 2323-24).

Le bilan social sert de base à l'établissement de programmes annuels de formation (L. 2323-26).

Consultations et informations ponctuelles

• Organisation et marche de l'entreprise

Un mois après chaque élection du CE, l'employeur lui communique une documentation économique et financière (L. 2323-28) précisant :

- la forme juridique de l'entreprise et son organisation ;
- les perspectives économiques de l'entreprise telles qu'elles peuvent être envisagées ;
- le cas échéant, la position de l'entreprise au sein du groupe ;
- compte tenu des informations dont dispose l'employeur, la répartition du capital entre les actionnaires détenant plus de 10 % du capital et la position de l'entreprise dans la branche d'activité à laquelle elle appartient.

• Nouvelles technologies

Le CE est informé et consulté, préalablement à tout projet important d'introduction de nouvelles technologies, lorsque celles-ci sont susceptibles d'avoir des conséquences sur l'emploi, la qualification, la rémunération, la formation ou les conditions de travail. Les membres du CE reçoivent, un mois avant la réunion, des éléments d'information sur ces projets et leurs conséquences sur chacun de ces sujets (L. 2323-29).

Lorsque l'employeur envisage de mettre en œuvre des mutations technologiques importantes et rapides, il établit un plan d'adaptation. Ce plan est transmis, pour information et consultation, au CE en même temps que les autres éléments d'information relatifs à l'introduction de nouvelles technologies. Le CE est régulièrement informé et consulté sur la mise en œuvre de ce plan (L. 2323-30).

• Restructuration et compression des effectifs

Le CE est saisi en temps utile des projets de restructuration et de compression des effectifs (L. 2323-31). Il émet un avis sur l'opération projetée et ses modalités d'application, lorsqu'elle est soumise à l'obligation d'établir un PSE. Cet avis est transmis à l'autorité administrative.

Lorsque le projet de restructuration et de compression des effectifs est de nature à affecter le volume d'activité ou d'emploi d'une entreprise sous-traitante, l'entreprise donneuse d'ordre en informe immédiatement l'entreprise sous-traitante. Le CE de cette dernière, ou à défaut les DP, en est immédiatement informé et reçoit toute explication utile sur l'évolution probable de l'activité et de l'emploi (L. 2323-32).

• Modification dans l'organisation économique ou juridique de l'entreprise

Le CE est informé et consulté sur les modifications de l'organisation économique ou juridique de l'entreprise, notamment en cas de fusion, de cession, de modification importante des structures de production de l'entreprise, ainsi que lors de l'acquisition ou de la cession de filiales. L'employeur indique les motifs des modifications projetées et consulte le CE sur les mesures envisagées à l'égard des salariés lorsque ces modifications comportent des conséquences pour eux (L. 2323-34).

Il consulte également le CE lorsqu'il prend une participation dans une société et l'informe d'une prise de participation dont son entreprise est l'objet lorsqu'il en a connaissance.

Lorsqu'une entreprise prend partie à une opération de concentration, l'employeur réunit le CE au plus tard dans un délai de 3 jours à compter de la publication du communiqué relatif à la notification du projet de concentration, émanant soit de l'autorité administrative française, soit de la Commission européenne. Au cours de cette réunion, le CE (ou la commission économique) se prononce sur le recours à un expert (L. 2325-35). Dans ce cas, le CE (ou la commission économique) tient une seconde réunion afin d'entendre les résultats des travaux de l'expert (L. 2323-34).

• Offre publique d'acquisition

Lors du dépôt d'une OPA, l'employeur de l'entreprise sur laquelle porte l'offre et l'employeur qui en est l'auteur réunissent immédiatement leurs CE respectifs pour l'en informer. L'employeur auteur de l'offre réunit le CE. Au cours de la réunion du CE de l'entreprise qui fait l'objet de l'offre, l'employeur indique si l'offre a été sollicitée ou non. Le CE décide s'il souhaite procéder à l'audition de l'auteur de l'offre et désigner un expert-comptable. Il peut également se prononcer sur le caractère amical ou hostile de l'offre (L. 2323-35).

L'audition de l'auteur de l'offre se tient dans un délai d'une semaine à compter du dépôt du projet d'OPA. Lors de son audition, l'auteur de l'offre peut se faire assister des personnes de son choix. Il présente au CE sa politique industrielle et financière, ses plans stratégiques pour la société concernée et les répercussions de la mise en œuvre de l'offre sur l'ensemble des intérêts, l'emploi, les sites d'activité et la localisation des centres de décision de cette société. Le CE peut se faire assister de l'expert-comptable désigné (L. 2323-36).

L'auteur de l'offre adresse au CE qui en fait l'objet, dans les 3 jours suivant sa publication, la note d'information visée par la Commission des opérations de Bourse (COB) qui contient ses orientations en matière d'emploi (L. 2323-37).

L'expert-comptable désigné établit un rapport qui évalue la politique industrielle et financière et les plans stratégiques que l'auteur de l'offre envisage d'appliquer à la société objet de l'offre, ainsi que les répercussions de leur mise en œuvre sur l'ensemble des intérêts, l'emploi, les sites d'activité et la localisation des centres de décision de cette dernière société. Il dispose d'un délai de 3 semaines à compter du dépôt du projet d'OPA (L. 2323-38).

• Conditions de travail

Le CE est informé et consulté en cas de problème ponctuel intéressant les conditions de travail résultant de l'organisation du travail, de la technologie, des conditions d'emploi, de l'organisation du temps de travail, des qualifications et des modes de rémunération. À cet effet, il étudie les incidences sur les conditions de travail des projets et décisions de l'employeur dans ces domaines et formule des propositions. Il bénéficie du concours du CHSCT. Les avis de ce comité lui sont transmis (L. 2323-46).

• Méthodes de recrutement et de gestion

Le CE est informé, préalablement à leur utilisation, sur les méthodes ou les techniques d'aide au recrutement des candidats à un emploi, ainsi que sur toute modification de celles-ci. Il est aussi informé, préalablement à leur introduction dans l'entreprise, sur les traitements automatisés de gestion du personnel et sur toute modification de ceux-ci. Le CE est informé et consulté, préalablement à la décision de mise en œuvre dans l'entreprise, sur les moyens ou les techniques permettant un contrôle de l'activité des salariés (L. 2323-47).

• Informations trimestrielles (entreprises d'au moins 300 salariés)

L'employeur communique au CE des informations sur :

- l'évolution générale des commandes et l'exécution des programmes de production ;
- les éventuels retards de paiement de cotisations sociales par l'entreprise ;
- le nombre de contrats de mission conclus avec une entreprise de travail temporaire. (L. 2323-60, R. 2323-10).

Dérogation portant sur les consultations et le fonctionnement du comité

Un accord d'entreprise peut définir :

- les modalités des consultations récurrentes du CE sur la situation économique et financière et sur la politique sociale de l'entreprise ;
- la liste et le contenu des informations prévues pour ces 2 consultations (à l'exception des documents comptables et des informations sur l'égalité professionnelle) ;
- le nombre de réunions annuelles du CE (qui ne peut être inférieur à 6) ;
- les délais dans lesquels les avis du CE sont rendus (L. 2323-7).

Autres moyens d'action du comité

• Droit d'alerte économique

Lorsque le CE a connaissance de faits de nature à affecter de manière préoccupante la situation économique de l'entreprise, il peut demander à l'employeur de lui fournir des explications. Cette demande est inscrite de droit à l'ordre du jour de la prochaine séance du CE.

Si le CE n'a pu obtenir de réponse suffisante de l'employeur ou si celle-ci confirme le caractère préoccupant de la situation, il établit un rapport (dans les entreprises employant au moins 1 000 salariés, ce rapport est établi par la commission économique). Ce rapport est transmis à l'employeur et au commissaire aux comptes (L. 2323-50).

Le CE (ou la commission économique) peut se faire assister, une fois par exercice comptable, de l'expert-comptable, convoquer le commissaire aux comptes et s'adjoindre avec voix consultative 2 salariés de l'entreprise choisis pour leur compétence et en dehors du CE. Ces salariés disposent de 5 heures chacun pour assister le CE (ou la commission économique) en vue de l'établissement du rapport. Ce temps est rémunéré comme temps de travail (L. 2323-51).

Le rapport du CE (ou de la commission économique) conclut en émettant un avis sur l'opportunité de saisir de ses conclusions l'organe chargé de l'administration ou de la surveillance dans les sociétés ou personnes morales qui en sont dotées, ou d'en informer les associés dans les autres formes de sociétés ou les membres dans les GIE. Au vu de ce rapport, le CE peut décider, à la majorité des membres présents, de procéder à cette saisine ou de faire procéder à cette information (L. 2323-80, R. 2323-18 et 19). Dans ce cas, l'avis de l'expert-comptable est joint à la saisine ou à l'information (L. 2323-52).

Dans les sociétés à conseil d'administration ou à conseil de surveillance, la demande d'explication sur le caractère préoccupant de la situation économique de l'entreprise est inscrite à l'ordre du jour de la prochaine séance du conseil d'administration ou du conseil de surveillance, à condition que celui-ci ait pu être saisi au moins 15 jours à l'avance. La réponse de l'employeur est motivée. Dans les autres personnes morales, ces dispositions s'appliquent à l'organe chargé de l'administration ou de la surveillance, lorsqu'elles en sont dotées. Dans les autres formes de sociétés ou dans les GIE, lorsque le CE a décidé d'informer les associés ou les membres de la situation de l'entreprise, le gérant ou les administrateurs leur communiquent le rapport de la commission économique ou du CE (L. 2323-53).

Les informations concernant l'entreprise, communiquées dans ce cadre, ont par nature un caractère confidentiel. Toute personne pouvant y accéder est tenue à leur égard à une obligation de discrétion (L. 2323-54).

• Droit d'alerte sociale

Lorsque le nombre des salariés titulaires d'un CDD et le nombre de salariés temporaires connaissent un accroissement important par rapport à la situation existant lors de la dernière réunion du CE ayant abordé ce sujet, l'examen de cette question est inscrit de plein droit à l'ordre du jour de la prochaine réunion ordinaire du CE si la majorité des membres le demande (L. 2323-58).

Lors de cette réunion ordinaire, l'employeur communique au CE le nombre de salariés titulaires d'un CDD et de salariés temporaires, les motifs l'ayant amené à y recourir ainsi que le nombre des journées de travail accomplies par les intéressés depuis la dernière communication faite à ce sujet.

Lorsque le CE a connaissance de faits susceptibles de caractériser un recours abusif aux CDD, aux contrats conclus avec une entreprise de portage salarial et au travail temporaire, ou lorsqu'il constate un accroissement important du nombre de salariés titulaires de contrats de travail à durée déterminée et de contrats de mission, il peut saisir l'inspecteur du travail.

Sans préjudice de ces compétences, l'inspecteur du travail adresse à l'employeur le rapport de ses constatations.

L'employeur communique ce rapport au CE en même temps que sa réponse motivée aux constatations de l'inspecteur du travail. Dans sa réponse, l'employeur précise, en tant que de besoin, les moyens qu'il met en œuvre dans le cadre d'un plan de résorption de la précarité destiné à limiter le recours à ces formes de contrats de travail.

À défaut de CE, les DP peuvent exercer les attributions conférées ici au CE (L. 2323-59).

• Participation aux conseils d'administration (CA) ou de surveillance des sociétés (CS)

Administrateurs salariés avec voix consultatives

Dans les sociétés, 2 membres du CE, délégués par le comité et appartenant l'un à la catégorie des cadres techniciens et agents de maîtrise, l'autre à la catégorie des employés et ouvriers, assistent avec voix consultative à toutes les séances du CA ou du CS, selon le cas. Dans les sociétés où sont constitués 3 collèges électoraux, la délégation du personnel au CA ou au CS est portée à 4 membres. Deux de ces membres appartiennent à la catégorie des ouvriers et employés, le troisième à la catégorie de la maîtrise et le quatrième à la catégorie des ingénieurs, chefs de service et cadres administratifs, commerciaux ou techniques assimilés sur le plan de la classification (L. 2323-62).

Les membres de la délégation du personnel au CA ou au CS ont droit aux mêmes documents que ceux adressés ou remis aux membres de ces instances à l'occasion de leurs réunions. Ils peuvent soumettre les vœux du CE au CA ou au CS, lequel donne un avis motivé sur ces vœux (L. 2323-63).

Dans des entreprises du secteur public, la représentation du CE auprès du CA ou du CS est assurée par le secrétaire du CE ou de l'organe qui en tient lieu (L. 2323-64).

Dans les sociétés anonymes (SA) et les sociétés en commandite par actions (SCA) dans lesquelles le CA ou le CS comprend au moins un administrateur ou un membre élu ou désigné par les salariés, la représentation du CE auprès de ces conseils est assurée par un membre titulaire du comité désigné par lui (L. 2323-65).

Dans les sociétés par actions simplifiées (SAS), les statuts précisent l'organe social auprès duquel les délégués du CE exercent les droits définis ici (L. 2323-66).

Dans les sociétés, le CE peut demander en justice la désignation d'un mandataire chargé de convoquer l'assemblée générale des actionnaires en cas d'urgence. Il peut également requérir l'inscription de projets de résolution à l'ordre du jour des assemblées (R. 2323-13 et s.).

Deux membres du CE, désignés par le comité et appartenant l'un à la catégorie des cadres techniciens et agents de maîtrise, l'autre à la catégorie des employés et ouvriers, ou les personnes mentionnées aux articles L. 2323-64 et L. 2323-65 peuvent assister aux assemblées générales. Ils sont entendus, à leur demande, lors de toutes les délibérations requérant l'unanimité des associés (L. 2323-67).

Administrateurs salariés avec voix délibératives

Dans les sociétés (SA, SCA, etc.) qui emploient, à la clôture de 2 exercices consécutifs, au moins 1 000 salariés permanents dans la société et ses filiales dont le siège social est fixé sur le territoire français, ou au moins 5 000 salariés permanents dans la société et ses filiales, dont le siège social est fixé sur le territoire français et à l'étranger, et qui ont pour obligation de mettre en place un CE, ses statuts stipulent que le CA comprend des administrateurs représentant les salariés, avec voix délibérative (2 quand le nombre d'administrateurs est supérieur à 12, 1 dans le cas contraire) (225-27-1, et 225-79-2 Code commerce). Ces dispositions ne sont pas applicables dans la SAS.

Dans les 6 mois suivant l'application du texte, il est procédé à la modification des statuts (par l'assemblée générale extraordinaire dans une SA, etc.) pour déterminer les conditions dans lesquelles sont désignés les administrateurs représentant les salariés (élection directe par les salariés, etc. – L. 225-27-1-III C. commerce). Le mandat, de 6 ans maximum, est incompatible avec tout mandat de représentation du personnel ou de représentation syndicale. L'élection des administrateurs représentant les salariés respecte la parité (femmes-hommes).

Il s'agit là d'un petit pas vers la « codétermination » (à l'œuvre notamment en Allemagne) et une certaine association « capital-travail » en matière de décisions.

Activités sociales et culturelles

À RETENIR

Le CE décide quelles activités sociales sont créées dans l'entreprise. En principe, les membres élus peuvent imposer la création d'une activité sociale au président du comité (l'employeur), mais toute création d'une activité sociale entraîne des dépenses. Le président du CE ne peut prendre part au vote d'une résolution portant sur la gestion de ces activités (Soc. 25 janv. 1995).

• Nature des activités

Les activités sociales et culturelles établies dans l'entreprise au bénéfice des salariés ou d'anciens salariés de l'entreprise, de leur famille et des stagiaires (L. 2323-83) comprennent :

- des institutions sociales de prévoyance et d'entraide, telles que les institutions de retraites et les sociétés de secours mutuels ;
- des activités sociales et culturelles tendant à l'amélioration des conditions de bien-être, telles que les cantines, les coopératives de consommation, les logements, les jardins familiaux, les crèches, les colonies de vacances ;
- des activités sociales et culturelles ayant pour objet l'utilisation des loisirs et l'organisation sportive ;
- des institutions d'ordre professionnel ou éducatif attachées à l'entreprise ou dépendant d'elle, telles que les centres d'apprentissage et de formation professionnelle, les bibliothèques, les cercles d'études, les cours de culture générale ;
- les services sociaux chargés de veiller au bien-être du salarié dans l'entreprise, de faciliter son adaptation à son travail et de collaborer avec le service de santé au travail de l'entreprise et de coordonner et de promouvoir les réalisations sociales décidées par le CE et par l'employeur ;
- le service de santé au travail institué dans l'entreprise (R. 2323-19).

JURISPRUDENCE

La Cour de cassation a adopté une interprétation extensive de la notion d'activité sociale, par exemple au sujet de la cotisation facultative à une mutuelle (Soc. 22 juin 1993), pour un régime de prévoyance (Soc. 15 mai 2001), pour le financement d'actions en justice engagées par des salariés dans le cadre d'un licenciement collectif pour motif économique (Soc. 26 janv. 1999). Les secours versés à des grévistes sont considérés comme licites s'ils répondent à des critères stricts – il faut que les secours soient justifiés par l'état de besoin que la grève a provoqué chez les salariés grévistes et qu'aucune distinction ne soit faite entre les personnes secourues, notamment en fonction de leur appartenance syndicale.

Le CE peut attribuer directement des chèques-vacances, des aides financières, notamment sous forme de chèques emploi service aux salariés pour des activités de service à la personne à domicile (L. 7233-4), des bons d'achat qui sont, en vertu d'une tolérance administrative, exonérés de charges sociales en dessous d'une limite égale à 5 % du plafond mensuel de Sécurité sociale et à condition d'être en liaison avec un événement précis (naissance, mariage, Noël, etc.), des avantages présentant un caractère de secours lié à des situations individuelles (Soc. 27 juin 1996), des « chèques-lire », considérés comme la prise en charge d'une activité culturelle, etc.

Les salariés sont informés de la politique de l'entreprise concernant ses choix de mécénat et de soutien aux associations et aux fondations L. 2323-84).

• Financement des activités sociales

Les ressources du CE en matière d'activités sociales et culturelles sont constituées pour l'essentiel par les sommes versées par l'employeur pour le fonctionnement des institutions sociales de l'entreprise qui ne sont pas légalement à sa charge ; mais aussi des cotisations facultatives des salariés de l'entreprise dont le CE fixe éventuellement les conditions de perception et les effets, les subventions accordées par les collectivités publiques, les dons et legs, les recettes procurées par les manifestations organisées par le CE, etc. (R. 2323-34).

La contribution versée chaque année par l'employeur pour financer des institutions sociales du CE ne peut, en aucun cas, être inférieure au total le plus élevé des sommes affectées aux dépenses sociales de l'entreprise atteint au cours des 3 dernières années précédant la prise en charge des activités sociales et culturelles par le CE, à l'exclusion des dépenses temporaires lorsque les besoins correspondants ont disparu (L. 2323-86, R. 2323-25). Pour les années suivantes, le rapport de cette contribution au montant global des salaires payés ne peut pas non plus être inférieur au même rapport existant pour l'année de référence. Cette règle garantit aux comités nouvellement créés des ressources comparables au budget affecté antérieurement par l'employeur aux activités sociales de l'entreprise. L'employeur n'est tenu au versement d'aucune contribution légale minimale lorsqu'aucune activité ne préexistait à la création du CE.

Cette contribution est déterminée en pourcentage de la masse salariale brute (lequel ne peut être inférieur à celui qui a été établi pour l'année de référence ou par la convention collective ; Soc. 30 mars 2011, CE IBM Montpellier). Ce pourcentage, établi au niveau de l'entreprise, s'applique uniformément à la masse salariale de chaque établissement (Soc. 9 juill. 1996). Dans les petites entreprises, le pourcentage peut être assez bas (0,5 %, 1 %), mais peut atteindre 4 % ou 5 %, voire plus, dans de grandes entreprises, par rapport à des masses salariales très différentes, ce qui assure à certains comités des ressources importantes. Cette subvention est distincte de celle de fonctionnement.

À la fin de chaque année, le CE fait un compte rendu détaillé de sa gestion financière, porté à la connaissance des salariés par voie d'affichage. Ce compte rendu indique notamment le montant des ressources ; et le montant des dépenses soit pour son propre fonctionnement, soit pour celui des activités sociales et culturelles dépendant de lui ou des comités interentreprises auxquels il participe. Chacune des institutions sociales fait l'objet d'un budget particulier. Le bilan établi par le comité est approuvé par le commissaire aux comptes.

• Modalités de gestion

Le CE assure, contrôle ou participe à la gestion de toutes les activités sociales et culturelles établies dans l'entreprise prioritairement au bénéfice des salariés ou de leur famille, quel qu'en soit le mode de financement (L. 2323-83) :
– Lorsque l'activité sociale n'a pas de personnalité civile (cantine, bibliothèque, colonie de vacances, etc.), le CE la gère directement. Il peut, à cette fin, recruter un gérant ou du personnel salarié (R. 2323-21).
– Lorsque l'activité sociale a la personnalité civile (association sportive ou culturelle, etc.), le CE participe à la gestion (R. 2323-22), les instances de direction de l'institution devant être composées au moins pour moitié de représentants du CE désignés par lui.

Le CE contrôle la gestion des sociétés mutualistes et des organismes de Sécurité sociale établis dans l'entreprise, des activités sociales ayant pour objet d'assurer au personnel de l'entreprise des logements et des jardins ouvriers, des centres d'apprentissage et de formation professionnelle (R. 2323-26). Il est représenté auprès des conseils d'administration de ces organismes par 2 délégués désignés par lui.

Lorsque plusieurs entreprises décident de créer des institutions sociales communes, les CE doivent constituer un comité interentreprises (R. 2323-28), doté de la personnalité civile et fonctionnant dans les mêmes conditions qu'un CE, composé d'un représentant des employeurs, désigné par eux, qui préside le comité et de 2 délégués élus par chaque CE, sans que leur nombre total puisse excéder 12 (sauf accord collectif contraire avec les organisations syndicales intéressées).

En outre, le CE a la possibilité, au lieu d'investir directement ses ressources, parfois limitées, de participer au financement d'associations spécialisées qui sont à même de créer et de gérer des équipements collectifs auxquels le personnel de l'entreprise aura accès.

Dans sa gestion des activités sociales et culturelles et dans l'utilisation de son budget, le CE ne doit pas commettre de ***discrimination*** (Soc. 16 avril 2008) et doit respecter l'***égalité de traitement*** entre les salariés (ainsi, le CE ne peut pas exclure du bénéfice des activités sociales et culturelles ou minorer les droits des salariés en emploi précaire – CDD, intérim, TTP, etc., ou imposer des durées d'ancienneté injustifiées).

Installation

Le CE est doté de la ***personnalité civile*** et gère son patrimoine (L. 2325-1). Il peut dans certains cas agir en justice (*infra*).

Il est procédé par le comité à la désignation d'un ***secrétaire***, choisi parmi les membres titulaires (R. 2325-1), à laquelle l'employeur peut participer (Soc. 21 nov. 2000 ; cette solution est contestée : TGI Bobigny, réf., 2 juin 2008).

Il peut y avoir également d'autres membres du ***bureau***, habituellement un trésorier, éventuellement un secrétaire adjoint, un trésorier adjoint. Ceux-ci peuvent être des suppléants, mais le secrétaire adjoint ne peut remplacer le secrétaire que s'il est lui-même titulaire.

Le CE peut déterminer dans un ***règlement intérieur*** les modalités de son fonctionnement et celles de ses rapports avec les salariés de l'entreprise (L. 2325-2). Les conditions de fonctionnement du CE doivent permettre une prise en compte effective des intérêts des salariés exerçant leur activité hors de l'entreprise ou dans des unités dispersées.

Le règlement intérieur prévoit en général la façon dont seront arrêtés l'ordre du jour et le procès-verbal des séances. Il détermine aussi les modalités de gestion des activités sociales et prévoit, le cas échéant, la création de commissions et leur composition.

Un ***trésorier*** doit être désigné (conservation des documents et pièces comptables pendant 10 ans). Ce salarié agissant dans le cadre de ses fonctions de trésorier du CE n'est pas sous la subordination de l'employeur qui ne peut le sanctionner pour des fautes commises dans l'exercice de son mandat représentatif (Soc. 4 juill. 2000). En cas d'abus de confiance à l'égard du comité, celui-ci peut se constituer partie civile devant la juridiction pénale (Crim. 16 oct. 1997 ; CA Amiens, ch. ap. correc., 19 mai 2014, CE Sté Omien c/ M. Rodolphe Z.).

Réunions

• Fréquence

Dans les entreprises d'au moins 300 salariés, le CE se réunit au moins une fois par mois (L. 2325-14). Dans les entreprises de moins de 300 salariés, le CE se réunit au moins une fois tous les 2 mois.

Le seuil de 300 salariés est réputé franchi lorsque l'effectif de l'entreprise dépasse ce seuil pendant 12 mois (L. 2325-14-1).

Le CE peut tenir une seconde réunion à la demande de la majorité de ses membres (l'employeur a l'obligation d'organiser la réunion supplémentaire du CE avec un ordre du jour spécial, Crim. 11 mars 2008, CE Heidelberg).

Lorsque l'employeur est défaillant, et à la demande d'au moins la moitié des membres du CE, celui-ci peut être convoqué par l'inspecteur du travail et siéger sous sa présidence (L. 2325-14).

• Ordre du jour

L'ordre du jour est arrêté par l'employeur et le secrétaire et communiqué aux membres 3 jours au moins avant la séance (L. 2325-15). En cas de désaccord, il appartient au plus diligent, du secrétaire ou du président, de saisir le juge des référés (président du TGI, Soc. 8 juill. 1997).

Le CE ne peut donc valablement se réunir sur un ordre du jour établi unilatéralement par l'employeur (Soc. 14 janv. 2003). Toutefois, lorsque sont en cause des consultations rendues obligatoires par une disposition législative, réglementaire ou par un accord collectif de travail, elles sont inscrites de plein droit par le président ou le secrétaire (L. 2325-15 al. 2), mais l'employeur doit « *soumettre préalablement au secrétaire du comité* » la question qu'il entend faire inscrire à l'ordre du jour (Soc. 12 juill. 2010).

• Votes

Des votes ont lieu lorsqu'il s'agit de désigner le secrétaire, d'arrêter le règlement intérieur, de prendre une décision, d'émettre un avis. Les résolutions du CE sont prises à la majorité des membres présents (L. 2325-18).

En règle générale, seuls les membres titulaires, et le cas échéant les suppléants qui remplacent des titulaires, prennent part aux votes. Les membres suppléants et les représentants syndicaux assistent aux séances avec voix consultative. Le président ne vote pas dans toutes les situations dans lesquelles il consulte les membres élus en tant que délégation du personnel (à l'occasion de projets de licenciement d'un représentant du personnel, de licenciement pour motif économique, etc.).

• Droit de veto

Sur quelques rares points, l'accord du comité est requis (et non plus seulement son avis) : conclusion d'un accord de participation, détermination du nombre de CHSCT, horaires individualisés, etc.

• Visioconférence

Le recours à la visioconférence (D. 2325-1-1 et 2) pour réunir le CE peut être autorisé par accord entre l'employeur et les membres élus du comité. En l'absence d'accord, ce recours est limité à 3 réunions par année civile (L. 2325-5-1). Il en est de même pour le CCE (L. 2327-13-1) et pour le comité de groupe (L. 2334-2).

• Procès-verbaux

Les délibérations du CE (au moins le résumé et la décision motivée de l'employeur sur les propositions sont consignées dans un procès-verbal établi par le secrétaire du comité dans un délai et selon des modalités définis par accord collectif (à défaut de DS, par accord employeur-CE) ou à défaut dans les 15 jours suivant la réunion (D. 2325-3-1), ce délai est réduit à 3 jours en cas de licenciement économique collectif. À l'issue de ce délai, le PV est transmis à l'employeur, qui fait connaître lors de la réunion du CE suivant cette transmission sa décision motivée sur les propositions qui lui ont été soumises. Les déclarations sont consignées dans le PV (L. 2325-20). Il peut être recouru à l'enregistrement ou à la sténographie des séances du CE (L. 2325-20, D. 2325-3-2).

Facilités matérielles et autres

• Local et matériel

L'employeur met à la disposition du comité un local aménagé et le matériel nécessaire à l'exercice de ses fonctions (L. 2325-12). La ligne téléphonique doit assurer la confidentialité des communications. Le CE peut organiser dans ce local des réunions d'information internes au personnel, portant notamment sur des problèmes d'actualité, en dehors du temps de travail des participants (sauf pour les salariés en heures de délégation). En outre, le CE peut inviter des personnalités extérieures, syndicales ou autres, en dehors du temps de travail, dans les mêmes conditions que les sections syndicales (L. 2325-13). Pour ses affichages, le CE dispose de panneaux.

• Subvention

L'employeur verse au CE une subvention de fonctionnement d'un montant annuel équivalent à 0,2 % de la masse salariale brute (L. 2325-43). Cette subvention s'ajoute à celle prévue pour les activités sociales et culturelles. Elle n'est pas due si l'employeur fait déjà bénéficier le comité d'une somme ou de moyens en personnel équivalents à 0,2 % de la masse salariale brute – seuls doivent être pris en compte les moyens affectés au fonctionnement et non pas ceux qui servent aux activités sociales et culturelles du CE (Soc. 10 juill. 2001).

Cette subvention permet notamment au CE de recourir à des experts non rémunérés par l'employeur et d'assurer les frais de secrétariat (le cas échéant, de participer au financement de la formation des DP et des DS de l'entreprise). L'utilisation du budget de fonctionnement pour des frais n'entrant pas dans le cadre des missions du CE relève du délit d'abus de confiance (Crim. 16 oct. 1997).

• Transparence des comptes du CE

EN PRATIQUE

Tout CE est tenu d'établir des comptes annuels, selon différentes modalités définies par un règlement de l'Autorité des normes comptables (L. 2325-45 et s.) :

- Comptabilité ultra-simplifiée pour le CE dont les ressources n'excèdent pas un seuil fixé par décret (153 000 €) (livre retraçant chronologiquement le montant et l'origine des dépenses et des recettes, et établissement annuel d'un état de synthèse simplifié).
- Comptabilité simplifiée pour le CE dont le nombre de salariés, les ressources annuelles et le total du bilan ne dépassent pas, à la date de clôture de l'exercice, pour au moins 2 de ces 3 critères, des seuils fixés par décret (L. 2325.45 et L. 2325.47).
- Comptabilité de droit commun. Le CE doit faire certifier ses comptes en nommant au moins un commissaire aux comptes et un suppléant, distincts de ceux de l'entreprise. Le coût de la certification est pris en charge par le CE sur son budget de fonctionnement.
- Comptabilité consolidée pour le CE lorsque l'ensemble constitué par lui et les entités qu'il contrôle (notamment dans le cadre de ses activités sociales et culturelles) dépasse 2 des 3 critères ci-dessus.

Les comptes sont arrêtés selon les modalités prévues par le règlement intérieur, par les membres élus du CE désignés par lui au sein de ses membres élus. Ils sont ensuite approuvés par les membres élus du CE réunis en séance plénière (réunion *ad hoc* portant sur ce seul sujet et faisant l'objet d'un PV spécifique). Un rapport présentant des informations qualitatives sur les activités et la gestion financière de nature à éclairer l'analyse des comptes par les membres élus du CE et les salariés de l'entreprise est présenté lors de cette réunion. Les modalités d'établissement de ce rapport sont prévues par le règlement intérieur du comité. Quelles que soient ses ressources, le CE fournit, dans l'annexe des comptes ou dans le rapport qualitatif, des informations sur les « transactions significatives » qu'il a effectuées.

Le commissaire aux comptes du CE dispose d'un droit d'alerte lorsqu'il relève des faits de nature à compromettre la continuité de l'exploitation du CE.

Le CE porte le tout à la connaissance des salariés de l'entreprise par tout moyen.

Création d'une commission des marchés pour les plus gros CE, qui dépassent 2 des 3 critères cités plus haut, concernant les choix des fournisseurs et prestataires du CE.

Les dispositions sur l'établissement et le contrôle des comptes du CE sont applicables au CCE.

• Heures de délégation, déplacements et contacts

Les membres titulaires et, lorsque l'entreprise occupe au moins 501 salariés, les RSCE, disposent d'heures de délégation (L. 2325-6). Ce crédit est, sauf circonstances exceptionnelles, de 20 heures par mois. Le régime de ces heures est identique à celui des DP.

Les membres élus et les RSCE disposant d'un crédit d'heures peuvent, durant les heures de délégation, se déplacer hors de l'entreprise et circuler librement dans l'entreprise dans les mêmes conditions que les DP.

Le temps passé aux séances du CE est payé comme du temps de travail (L. 2325-8). Le temps de réunions en CE, et pour la commission formation professionnelle, n'est pas imputé sur le contingent d'heures de délégation.

• Déplacements

Les frais de déplacement des membres du CE pour assister aux réunions tenues à la demande de la majorité de ses membres, comme à l'initiative de l'employeur, sont à la charge de ce dernier (Soc. 22 mai 2002). Il en est de même de la rémunération du temps de trajet des membres (Soc. 30 sept. 1997).

• Formation

Les membres titulaires du CE élus pour la première fois bénéficient d'un stage de formation économique d'une durée maximale de 5 jours ouvrables, dispensé par un organisme agréé. Le temps consacré à cette formation est pris sur le temps de travail et payé comme tel. Cette formation doit être renouvelée lorsque les élus ont exercé leur fonction pendant 4 ans, consécutifs ou non (L. 2325-44).

Commissions

Le CE peut créer des commissions pour l'examen des problèmes particuliers (L. 2325-22), d'ordre professionnel, social, éducatif ou de loisirs, notamment. Les commissions émanent du CE et sont placées sous son autorité. Leurs rapports sont destinés à éclairer le CE et sont soumis à ses délibérations.

Certaines commissions sont prévues par la loi dès lors que l'effectif de l'entreprise dépasse un certain seuil :
- commission « formation » (à partir de 300 salariés, L. 2325-26) ;
- commission de l'égalité professionnelle (à partir de 300 salariés, L. 2325-34) ;
- commission d'information et d'aide au logement (à partir de 300 salariés, L. 2325-27) ;
- commission économique (à partir de 1 000 salariés, L. 2325-23), chargée notamment d'étudier les documents économiques et financiers qui doivent être remis au comité et toute question qu'il lui soumet.

Des membres des commissions peuvent être choisis parmi des salariés de l'entreprise (non-membres du CE). Toute commission doit être présidée par un membre du comité.

Recours à l'expertise

Le CE a la possibilité de recourir à des prestataires, notamment à des experts.

• Expertise-comptable

EN PRATIQUE

Le CE peut se faire assister d'un expert-comptable de son choix dans différents cas (L. 2325-35) :
- en vue de la consultation annuelle sur la situation économique et financière ;
- en vue de l'examen des orientations stratégiques de l'entreprise ;
- en vue de la consultation annuelle sur la politique sociale de l'entreprise, les conditions de travail et l'emploi ;
- dans les opérations de concentration ;
- lors de l'exercice du droit d'alerte économique ;
- lorsque la procédure de consultation pour licenciement économique d'au moins 10 salariés dans une même période de 30 jours est mise en œuvre ;
- dans les opérations d'offres publiques d'acquisition.

Le CE peut également mandater un expert-comptable afin qu'il apporte toute analyse utile aux organisations syndicales pour préparer des négociations (accord sur le contenu du PSE ; accord sur l'emploi).

« L'expert-comptable a accès aux mêmes documents que le commissaire aux comptes » (L. 2325-37). « La mission de l'expert-comptable porte sur tous les éléments d'ordre économique, financier ou social nécessaires à la compréhension des comptes et à l'appréciation de la situation de l'entreprise » (L. 2325-36). Il peut ainsi étendre ses investigations aux autres sociétés du groupe (Soc. 8 nov. 1994). Quand sa mission n'est pas exclusivement comptable, il peut avoir accès à d'autres informations que comptables – juridiques, économiques, etc. (« *Il appartient au seul expert-comptable (...) d'apprécier les documents utiles à sa mission* », Soc. 18 nov. 2009, PBR, SAS Carrefour hypermarchés).

La mission de l'expert peut porter également sur le diagnostic en matière de rémunération des femmes et des hommes de l'entreprise (l'étude de la structure des rémunérations est une mission destinée à fournir au CE des éléments d'appréciation sur la situation de l'entreprise et permet d'appréhender les éléments d'ordre social nécessaires à l'examen de la masse salariale et de son évolution – montant et structure des rémunérations des salariés, système de rémunération, notamment en ce qui concerne les écarts entre les femmes et les hommes), mais pas sur l'ensemble de l'égalité professionnelle (Soc. 10 janv. 2012, Sté Cap Gemini Ouest).

Dès lors qu'aucun élément ne permet d'établir que l'entreprise n'est pas en mesure de recueillir les informations relatives aux entreprises du groupe situées sur le territoire d'un autre pays, ces informations doivent lui être communiquées (Soc. 27 nov. 2001) ; une entreprise « *n'est pas en droit de se réfugier derrière une législation étrangère ou des obligations de confidentialité pour se soustraire à la communication des comptes analytiques des sites européens (...) indispensables (...) pour comparer dans le détail les coûts comparatifs des différents sites sur lesquels se fonde le projet de fermeture du site français* » (TGI Paris, réf., 5 févr. 2009, SARL Molex Automotive c/ Sté Syndex). Il détermine les documents utiles à l'exercice de sa mission, nécessaires à l'intelligence des comptes et à l'appréciation de la situation (Soc. 5 mars 2008). Non seulement il fournit des éclaircissements sur les documents dont dispose le comité, mais il peut aussi aider les représentants du personnel à poser les questions pertinentes aux commissaires aux comptes. Il peut assister à la réunion du CE avec les commissaires aux comptes et tenir une réunion préparatoire avec les membres du comité, les frais de cette réunion étant à la charge de l'employeur (Soc. 8 nov. 1994).

• Expertise technique

À RETENIR

Dans les entreprises d'au moins 300 salariés, le CE peut recourir à un « expert technique » (L. 2325-38) :
- **À l'occasion de tout projet important d'introduction de nouvelles technologies dans l'entreprise (L. 2323-29) ou de mutations technologiques (L. 2323-30).**
- **En vue de préparer la négociation sur l'égalité professionnelle entre les femmes et les hommes.**

Le recours à cet expert fait l'objet d'un accord entre l'employeur et la majorité des membres élus du CE. En cas de désaccord sur la nécessité d'une expertise, sur le choix de l'expert ou sur l'étendue de la mission qui lui est confiée, la décision est prise par le président du TGI statuant en urgence.

L'expert-comptable et l'expert technique ont libre accès dans l'entreprise et sont rémunérés par l'entreprise. L'un ou l'autre remet son rapport dans un délai raisonnable fixé par un accord entre l'employeur et le CE ou, à défaut d'accord, par décret. Ce délai ne peut être prorogé que par commun accord. L'accord ou, à défaut, le décret, détermine, au sein du délai prévu, le délai dans lequel l'expert peut demander à l'employeur toutes les informations qu'il juge nécessaires à la réalisation de sa mission et le délai de réponse de l'employeur à cette demande (L. 2325-42-1).

• Expertise d'autre nature

Le CE peut faire appel à tout expert pour la préparation de ses travaux (L. 2325-41), notamment pour favoriser le diagnostic des commissions du CE. Cet « expert du troisième type » est rémunéré par le CE. Il peut éventuellement assister un autre expert précité et toute commission du CE. Il dispose des documents détenus par le CE.

À RETENIR

Le CE est institué dans le cadre de l'entreprise. Toutefois, dans les entreprises comportant des établissements distincts, chaque établissement doit avoir un comité d'établissement et, au niveau de l'entreprise, un comité central d'entreprise est constitué de représentants des divers comités d'établissement (L. 2327-1, L. 435-1).

Comité d'établissement

La composition (L. 2327-17) et le fonctionnement (L. 2327-19) des comités d'établissement obéissent aux mêmes règles que celles concernant le CE. Autrement dit, lorsqu'il s'agit d'un comité d'établissement, les dispositions légales relatives au CE doivent être lues en substituant le mot « établissement » au mot « entreprise ».

Comité central d'entreprise (CCE)

• Composition

Le comité central, institué au niveau de l'entreprise, est présidé par l'employeur, qui peut être assisté par 2 collaborateurs ayant voix consultative, et composé de représentants de chaque comité d'établissement. Ses membres ne sont donc pas élus directement par le personnel de l'entreprise. Le comité désigne un secrétaire (L. 2327-12).

Le CCE ne peut, sauf accord signé entre l'employeur et l'ensemble des organisations syndicales représentatives, avoir plus de 20 membres titulaires et 20 membres suppléants (R. 2327-1). Dans ces limites, chaque comité d'établissement peut être représenté au CCE par au maximum 2 titulaires et 2 suppléants, au minimum un délégué, titulaire ou suppléant. Le nombre de sièges revenant à chaque comité d'établissement, ainsi que leur répartition entre les différentes catégories de personnel, sont fixés par accord (conclu selon L. 2324-4-1) entre l'employeur et l'ensemble des organisations syndicales intéressées (L. 2327-7). Faute d'accord, c'est l'UT (DIRECCTE) qui décide de cette répartition (L. 2327-7).

Lorsqu'un ou plusieurs établissements constituent 3 collèges électoraux, parce qu'ils occupent au moins 25 ingénieurs et cadres, au moins un délégué titulaire et un délégué suppléant au CCE doivent appartenir à cette catégorie. En outre, dans les entreprises qui, sans répondre à cette condition, comportent plusieurs établissements distincts groupant ensemble plus de 500 salariés ou au moins 25 ingénieurs et cadres, au moins un délégué titulaire appartient à cette catégorie (L. 2327-5).

Les délégués de chaque comité d'établissement au CCE sont désignés par un vote au scrutin majoritaire uninominal à un tour, avec collège unique de l'ensemble des élus titulaires du comité d'établissement (Soc. 5 mars 2008, Soc. 9 juin 1998). Le ou les candidats qui ont obtenu le plus de voix sont élus. Les suppléants ne votent pas, ni le chef de l'établissement, ni les représentants syndicaux au comité d'établissement.

Chaque organisation syndicale représentative dans l'entreprise désigne aussi un représentant au CCE, choisi soit parmi les représentants syndicaux à un comité d'établissement, soit parmi les membres élus de ces comités (L. 2327-6). Il assiste aux séances avec voix consultative.

• Fonctionnement

Le CCE est doté de la personnalité civile. Il se réunit au moins une fois tous les 6 mois au siège de l'entreprise, mais peut tenir des réunions exceptionnelles à la demande de la majorité de ses membres (L. 2327-13).

L'ordre du jour des réunions du CCE est arrêté par l'employeur et le secrétaire. Toutefois, lorsque des consultations rendues obligatoires sont en cause, elles sont inscrites de plein droit par l'un ou par l'autre. L'ordre du jour est communiqué aux membres 8 jours au moins avant la séance (L. 2327-14).

Les heures passées aux réunions sont payées comme temps de travail. Aucun crédit d'heures n'est prévu par la loi en faveur des membres élus au CCE qui disposent déjà d'un crédit d'heures en tant que membres d'un comité d'établissement. Les RS au CCE ne disposent pas non plus d'un crédit d'heures particulier.

Attributions des comités d'établissement et du CCE

• CCE

Le CCE exerce les attributions économiques qui concernent la marche générale de l'entreprise et excèdent les limites des pouvoirs des chefs d'établissement (L. 2327-2). Il est informé et consulté sur tous les projets économiques et financiers importants concernant l'entreprise. Il est seul consulté sur les projets décidés au niveau de l'entreprise qui ne comportent pas de mesures d'adaptation spécifiques à un ou plusieurs établissements. Dans ce cas, son avis accompagné des documents relatifs au projet est transmis, par tout moyen, aux comités d'établissement. Le CCE est également seul consulté sur les projets décidés au niveau de l'entreprise lorsque leurs éventuelles mesures de mise en œuvre, qui feront ultérieurement l'objet d'une consultation spécifique au niveau approprié, ne sont pas encore définies.

• Comité d'établissement (CEt)

Chaque CEt a les mêmes attributions que le CCE, dans la limite des pouvoirs confiés au chef d'établissement (L. 2327-15). Cette entité est consultée sur les mesures d'adaptation des projets décidés au niveau de l'entreprise spécifiques à l'établissement et qui relèvent de la compétence du chef de cet établissement. Lorsqu'il y a lieu de consulter à la fois le CCE et un ou plusieurs CEt, l'avis rendu par chaque CEt est transmis au CCE.

• Interventions conjointes

Dans certains cas, le CEt et le CCE doivent intervenir l'un et l'autre. Ainsi, dès qu'une mesure de réorganisation d'une entreprise entraîne des mutations de salariés d'un établissement à un autre, le CCE et les comités des établissements concernés doivent être informés et consultés (R. 2323-1-1). Il en va de même en cas de licenciement pour motif économique.

• Activités sociales et culturelles

Si les CEt assurent et contrôlent la gestion (L. 2327-16), ils peuvent confier au CCE la gestion d'activités communes. Dans ce cas, un accord entre l'employeur et les organisations syndicales représentatives dans l'entreprise (L. 2327-16) définit les compétences respectives du CCE et des CEt. Cet accord peut décider de la répartition de la subvention de l'employeur qui reste calculée, dans le cadre de l'entreprise, entre le CCE et les CEt (L. 2323-86-1).

• Budget de fonctionnement

Il doit être versé aux établissements, à charge pour eux d'en rétrocéder une partie au CCE. Faute d'accord, c'est le juge judiciaire qui fixe le montant de la rétrocession (Soc. 15 mai 2001).

Comité de groupe (CG)

• Champ d'application

Le comité de groupe est constitué au sein d'un groupe formé par une entreprise appelée « entreprise dominante », dont le siège social est situé sur le territoire français, et par les entreprises qu'elle contrôle (filiales), la société dominante détenant plus de 50 % du capital (L. 2331-1-I). Une filiale commune à 2 sociétés avec une participation financière et une gestion strictement égalitaire n'appartient à aucun groupe et, en conséquence, le CE de la filiale ne peut demander son rattachement au comité de groupe de l'une ou de l'autre des sociétés (Soc. 9 févr. 1994).

Lorsque la société dominante détient entre 10 % et 50 % du capital d'une autre société, le CE de cette dernière peut demander l'inclusion dans le groupe au chef de l'entreprise dominante. Celui-ci est tenu d'accepter la demande lorsque les relations entre les 2 sociétés présentent un caractère de permanence et d'importance qui établit l'existence d'un contrôle effectif par la société dominante et l'appartenance de l'une et de l'autre à un même ensemble économique

(L. 2331-2). Enfin, un CE peut être institué entre plusieurs sociétés constituant une UES à l'intérieur d'un groupe plus important (Soc. 30 mai 2001).

Les litiges liés à l'application de ces dispositions doivent être portés devant le TGI du siège de la société dominante.

• Composition et fonctionnement

Le comité de groupe comprend le chef de l'entreprise dominante et des représentants du personnel des entreprises constituant le groupe (L. 2333-1). Le nombre de ces représentants ne peut dépasser 30 membres (ou le double du nombre des entreprises dotées d'un CE, si le nombre est inférieur à 15).

La répartition des sièges au comité de groupe entre les collèges s'effectue en tenant compte de l'importance numérique de chacun d'entre eux (L. 2333-4). Pour chaque collège, les sièges sont répartis entre les organisations syndicales proportionnellement à leur nombre d'élus dans le collège, avec attribution des sièges restants, avec le système du plus fort reste.

Les représentants du personnel sont désignés par les organisations syndicales de salariés parmi les élus, titulaires et suppléants, aux CE ou comités d'établissement de l'ensemble des entreprises du groupe et sur la base des résultats des dernières élections. L'UT (DIRECCTE) procède à cette répartition lorsque la moitié au moins des élus d'un ou de plusieurs collèges ont été présentés sur des listes autres que syndicales. Le comité de groupe est renouvelable tous les 4 ans (L. 2333-3).

Le comité de groupe est présidé par le chef de l'entreprise dominante. Le secrétaire est désigné parmi ses membres à la majorité des voix (L. 2334-1). Le comité de groupe se réunit au moins une fois par an. Le temps passé aux séances du comité par les représentants du personnel doit être payé comme temps de travail, mais aucun crédit d'heures n'est prévu.

• Objet

La finalité du comité de groupe est de permettre aux représentants du personnel d'obtenir une information dans le domaine économique (L. 2332-1). En particulier, le président du comité doit l'informer sur l'activité, la situation financière, l'évolution et les prévisions d'emploi annuelles ou pluriannuelles et les actions éventuelles de prévention envisagées, compte tenu de ces prévisions, dans le groupe et dans chacune des entreprises qui le composent (GPEC). Le comité est informé dans ces domaines des perspectives du groupe pour l'année à venir. Les avis rendus par chaque CE des entreprises du groupe dans le cadre de la procédure de consultation sur la stratégie de l'entreprise (L. 2323-7-1 *supra*) lui sont communiqués. Le comité reçoit communication, lorsqu'ils existent, des comptes et du bilan consolidés (c'est-à-dire concernant l'ensemble des sociétés comprises dans la consolidation) et peut se faire assister par un expert-comptable, rémunéré par l'entreprise dominante (L. 2334-4). Celui-ci dispose des mêmes moyens d'investigation que les commissaires aux comptes des entreprises représentées au comité de groupe. L'expert-comptable peut donc prendre connaissance de l'inventaire, du compte d'exploitation générale, du compte de pertes et profits et du bilan des entreprises entrant dans la consolidation (Soc. 6 déc. 1994). En cas d'OPA ou d'Offre publique d'échange (OPE), le chef de l'entreprise dominante doit en informer immédiatement le comité de groupe selon la même procédure que pour le CE (L. 2332-2).

Comité d'Entreprise européen (CEE)

À RETENIR

Une entreprise de dimension communautaire européenne emploie au moins 1 000 salariés dans les États membres, dont au moins 150 dans chacun de 2 de ces États. Dans ces entreprises ou groupes doit être créé un comité d'entreprise européen (CEE) ou une procédure d'information et de consultation (L. 2341-1 et s.) (Voir l'ouvrage *Le droit social international et européen en pratique*, Eyrolles, 2013, 2e éd., spéc. Chapitre V).

Contentieux au plan pénal

L'entrave à la constitution d'un CE, à la libre désignation de ses membres ou à son fonctionnement régulier constitue un délit (L. 2328-1). Il en va de même pour l'entrave à la désignation des membres du comité de groupe et à son fonctionnement régulier (L. 2335-1), au groupe spécial de négociation et au comité d'entreprise européen (L. 2346-1). Le ***délit d'entrave*** est réprimé d'un emprisonnement d'un an et d'une amende de 7 500 € (atteinte à la libre désignation) ou d'une amende de 7 500 € (atteinte au fonctionnement régulier).

Le délai de prescription du délit d'entrave est de 6 ans. Il peut notamment être le fait de l'employeur ou de la personne à laquelle ce dernier a délégué ses pouvoirs (à la condition qu'il n'ait pas participé personnellement à la réalisation de l'infraction, Crim. 20 mai 2003). Le délit d'entrave peut être imputé à la personne physique et à la personne morale (art. 121-2 Code pénal – Crim. 27 mars 2012, Y et Sté Procter & Gamble France).

Il existe une abondante jurisprudence de la Cour de cassation (chambre criminelle) sur le délit d'entrave. Il peut être relevé notamment à l'occasion de la mise en place des institutions et de la désignation de représentants du personnel : l'employeur retarde par son inertie l'organisation des élections, mute un candidat dans un autre établissement, met en place une délégation unique du personnel sans consultation du CE (Crim. 6 févr. 2007), etc.

L'entrave peut aussi être apportée à l'exercice des fonctions : l'employeur omet de réunir régulièrement le CE, de convoquer aux séances du comité un suppléant ou un représentant d'un syndicat représentatif dans l'entreprise, impose un contrôle *a priori* sur les déplacements des délégués, s'oppose à l'affichage de leurs communications, leur refuse la communication d'un document, tel un rapport d'inspection sur le fonctionnement de l'établissement (Crim. 3 juin 2003) ou, concernant la modulation de la durée du travail, ne donne pas au comité une information écrite et individualisée par salarié (Crim. 19 févr. 2005), ou encore omet de consulter le CE sur une mesure qu'il envisage de prendre, par exemple sur l'instauration d'horaires de travail individualisés (Crim. 16 sept. 2003), compromet le fonctionnement du CCE (Crim. 15 mai 2007), ou encore ne transmet pas des documents obligatoires, annule sans motif des réunions, ne respecte pas ses obligations concernant la subvention de fonctionnement (Crim. 23 oct. 2007), etc.

Contentieux au plan civil

La saisine du juge civil est parfois privilégiée par les organisations syndicales représentatives. En effet, le juge civil (TGI), notamment en référé, peut suspendre une décision de l'employeur tant que celui-ci n'a pas consulté de manière régulière l'IRP compétente (CE, comité de groupe, CEE, suivant les cas) ou ordonner à l'employeur d'accomplir une obligation (TGI Paris 23 janv. 2008, GDF ; CA Paris, 31 juill. 2009, projet de fusion des groupes Caisses d'Épargne et Banques populaires suspendu pour défaut d'information suffisante du CE). Les procédures et les sanctions civiles semblent alors plus « *efficaces* » (cf. Soc. 16 janv. 2008, préc.).

Concernant la procédure de consultation, les membres élus du CE peuvent, s'ils estiment ne pas disposer d'éléments suffisants pour rendre un avis, saisir le président du TGI statuant en la forme des référés, pour qu'il ordonne la communication par l'employeur des éléments manquants.

Ainsi, cette jurisprudence a précisé les points sur lesquels le CE doit être consulté et a complété les indications souvent générales données dans la loi.

CHAPITRE XXII

COMITÉ D'HYGIÈNE, DE SÉCURITÉ ET DES CONDITIONS DE TRAVAIL. DROIT D'EXPRESSION DES SALARIÉS

À RETENIR

Les CHSCT sont maintenus provisoirement en place, jusqu'à l'élection du CSÉ dans l'entreprise. Pendant la durée des mandats en cours, les dispositions du Code du travail relatives aux CHSCT demeurent applicables dans leur rédaction en vigueur à la date de publication de l'ordonnance n° 2017-1386 du 22 septembre 2017 relative à la nouvelle organisation du dialogue social et économique dans l'entreprise (art. 9-V) ; les articles cités ici sont donc ceux en vigueur à la date du 23 septembre 2017.
Dans l'entreprise, sur les lieux de travail, les risques auxquels sont exposés les salariés doivent être évalués et des mesures préventives appropriées mises en œuvre et l'amélioration des conditions de travail assurée.

Des représentants du personnel sont associés à cette politique, en vue de l'« adaptation du travail à l'homme ». Le comité d'hygiène, de sécurité et des conditions de travail (CHSCT), véritable forum de la santé des travailleurs dans l'entreprise, bénéficie de moyens d'action importants pour remplir ses missions, de plus en plus souvent perçues comme essentielles, dès lors qu'il est mis en place.

Les salariés bénéficient aussi du droit de s'exprimer collectivement et directement sur leurs conditions de travail.

Champ d'application

• Entreprise d'au moins 50 salariés

Les entreprises d'au moins 50 salariés mettent en place un CHSCT dans leurs établissements d'au moins 50 salariés et, lorsqu'elles sont constituées uniquement d'établissements de moins de 50 salariés, dans au moins l'un d'entre eux (L. 4611-1). Tous les salariés de ces entreprises sont rattachés à un CHSCT (Soc. 17 déc. 2014, PBR, Sté Cattin).

La mise en place d'un CHSCT n'est obligatoire que si l'effectif d'au moins 50 salariés a été atteint pendant 12 mois consécutifs ou non au cours des 3 années précédentes.

À défaut de CHSCT dans ces établissements, les DP exercent les mêmes missions que les CHSCT (mais avec leurs seuls moyens) (L. 4611-3).

• Entreprise de moins de 50 salariés

Les entreprises de moins de 50 salariés peuvent se regrouper en vue de la constitution d'un CHSCT (L. 4611-6). L'inspecteur du travail peut imposer la création d'un CHSCT dans les établissements de moins de 50 salariés si cette mesure est nécessaire, notamment en raison de la nature des travaux, de l'agencement ou de l'équipement des locaux (L. 4611-4).

En dehors de ces cas, les missions conférées au CHSCT sont exercées par les DP, mais avec leurs moyens habituels.

• Établissement de plus de 500 salariés

Dans les établissements occupant au moins 500 salariés, le CE détermine, en accord avec l'employeur, le nombre de CHSCT qui doivent être constitués, eu égard à la nature, la fréquence et la gravité des risques, aux dimensions et à la répartition des locaux, au nombre de travailleurs occupés dans les locaux, ainsi qu'aux modes d'organisation du travail et les mesures de coordination des différents CHSCT. En cas de désaccord, le nombre de CHSCT distincts et les mesures de coordination sont fixés par l'inspecteur du travail.

• BTP

Dans le bâtiment et les travaux publics, activités à haut risque, existe un organisme paritaire, l'Organisme professionnel de prévention du bâtiment et des travaux publics (OPPBTP), qui met en œuvre une politique de prévention adaptée à la branche et auquel toutes les entreprises de la branche doivent s'affilier.

Les entreprises occupant 50 salariés au moins demeurent tenues de mettre en place un CHSCT (L. 4611-5). Si aucun établissement n'atteint l'effectif requis, l'UT (DIRECCTE) peut en imposer la mise en place.

• Autres secteurs à risques particuliers

Des règles particulières existent également dans les établissements de santé, sociaux et médico-sociaux (L. 4621-1) et dans les établissements comportant une installation soumise à autorisation ou une installation nucléaire (R. 4612-3).

Composition et mandat

• Composition

EN PRATIQUE

Le CHSCT comprend une délégation du personnel, qui compte un nombre de salariés en fonction de l'effectif de l'entreprise (R. 4613-1) :
- jusqu'à 199 salariés : 3 salariés, dont 1 cadre ou agent de maîtrise ;
- de 200 à 499 salariés : 4 salariés, dont 1 cadre ou agent de maîtrise ;
- de 500 à 1 499 salariés : 6 salariés, dont 2 cadres ou agents de maîtrise ;
- à partir de 1 500 salariés : 9 salariés, dont 3 cadres ou agents de maîtrise.

Le secrétaire du CHSCT est choisi parmi les représentants du personnel au sein de ce comité. L'employeur est le président du CHSCT.

Assistent en outre aux séances du CHSCT avec voix consultative (L. 4613-2) :

– S'il existe, le chef du service de sécurité et des conditions de travail ou, à défaut, l'agent chargé de la sécurité et des conditions de travail, qui peut s'exprimer lors des réunions et même formuler des critiques (CA Paris, 25 mars 2004, Radio France).

– Dans les établissements occupant plus de 300 salariés, un représentant syndical, désigné par chaque organisation syndicale présente, parmi le personnel de l'établissement concerné (ANI du 17 mars 1975, étendu par un arrêté du 12 janv. 1996).

– Le médecin du travail (ou un membre de l'équipe pluridisciplinaire du SST sur délégation du médecin du travail).

– L'inspecteur du travail.

– L'agent du service de prévention des organismes de Sécurité sociale (CARSAT en région, CRAMIF en Île-de-France).

• Mandat

Le mandat des représentants du personnel au CHSCT est renouvelable. Il prend fin avec celle du mandat des membres élus du CE les ayant désignés (L. 4613-1), et peut être prorogé, par accord unanime des membres du CE, dans la limite de 6 mois (R. 4613-5). Le mandat de membre du CHSCT est cumulable avec les autres mandats représentatifs. Il n'est pas prévu de suppléant.

Attributions

De façon générale, la mission du CHSCT est de :

– Contribuer à la protection de la santé physique et mentale et de la sécurité des travailleurs de l'établissement et de ceux mis à sa disposition par une entreprise extérieure, y compris les travailleurs temporaires.

– Contribuer à l'amélioration des conditions de travail, notamment en vue de faciliter l'accès des femmes à tous les emplois et de répondre aux problèmes liés à la maternité.

– Contribuer à l'adaptation et à l'aménagement des postes de travail afin de faciliter l'accès des personnes handicapées à tous les emplois et de favoriser leur maintien dans l'emploi au cours de leur vie professionnelle ;

– Veiller à l'observation des prescriptions législatives et réglementaires prises en ces matières (L. 4612-1).

Lors des visites de l'inspecteur ou du contrôleur du travail, les représentants du personnel au CHSCT sont informés de sa présence par l'employeur et peuvent présenter leurs observations.

Le CHSCT contribue à la promotion de la prévention des risques professionnels dans l'établissement et suscite toute initiative qu'il estime utile dans cette perspective. Il peut notamment proposer des actions de prévention du harcèlement (moral, sexuel/sexiste, homophobe, racial, handiphobe, etc.). Le refus de l'employeur est motivé.

Le CHSCT procède à l'analyse des risques professionnels auxquels peuvent être exposés les travailleurs de l'établissement, notamment les femmes enceintes, et à l'analyse des conditions de travail (en particulier dans le cadre de l'évaluation des risques professionnels).

Moyens de fonctionnement

• Réunions, décisions et inspections

Réunions

Le CHSCT se réunit au moins tous les trimestres ou plus fréquemment en cas de besoin, notamment dans les branches d'activité à haut risque. Il est également réuni à la suite de tout accident ayant entraîné ou ayant pu entraîner des conséquences graves ou à la demande motivée de 2 de ses membres représentants du personnel (L. 4614-10). « *En cas de défaillance de l'employeur, l'auteur d'une demande de réunion (...) est recevable à demander en justice la réunion de ce CHSCT* », sans avoir à détenir un mandat particulier (Soc. 15 janv. 2013, Sté Pages Jaunes).

Ordre du jour

Établi par le président et le secrétaire, il est communiqué aux membres du CHSCT et à l'inspecteur du travail, 8 jours au moins avant la date fixée pour chaque réunion, sauf urgence (R. 4614-3) ; 3 jours au moins en cas de projet de restructuration et de compression d'effectif.

Le CHSCT ne peut valablement délibérer que sur un sujet en lien avec une question inscrite à l'ordre du jour (la délibération du CHSCT portant sur la désignation d'un expert est nulle quand cette question n'a pas été inscrite au préalable, Soc. 29 janv. 2008). « *L'avis du CHSCT ne peut résulter que d'une décision prise à l'issue d'une délibération collective* » et non de l'expression d'opinions individuelles de ses membres (Soc. 10 janv. 2012, Sté Fedex). Les consultations rendues obligatoires par une disposition législative ou réglementaire ou par un accord collectif de travail sont inscrites de plein droit à l'ordre du jour par le président ou le secrétaire (L. 4614-8).

Les documents doivent être communiqués aux membres du CHSCT avant la réunion, avec la convocation et l'ordre du jour ; à défaut, les représentants du personnel ne sont pas en mesure d'adopter une délibération en connaissance de cause et celle-ci peut être annulée par le juge saisi (Soc. 13 février 2013, Ass. Services de maintien à domicile 82).

Décisions

Les décisions du CHSCT portant sur ses modalités de fonctionnement et l'organisation de ses travaux ainsi que ses résolutions sont prises à la majorité des membres présents. Le président du CHSCT ne participe pas au vote lorsqu'il consulte les membres élus du comité en tant que délégation du personnel. Le CHSCT détermine, dans un règlement intérieur, les modalités de son fonctionnement et l'organisation de ses travaux (L. 4614-2).

Visioconférence

Le recours à la visioconférence pour réunir le CHSCT peut être autorisé par accord entre l'employeur et les membres désignés du comité. En l'absence d'accord, ce recours est limité à 3 réunions par année civile (L. 4614-11-1, D. 2325-1-1).

Inspections

Le CHSCT procède, à intervalles réguliers, à des inspections, dont la fréquence est au moins égale à celle des réunions ordinaires du comité (une inspection avant chaque réunion au minimum).

• Informations

À RETENIR

L'employeur fournit au CHSCT les informations nécessaires pour l'exercice de ses missions (rapport du médecin du travail, rapports des organismes agréés, etc.).

Modalités

Les éléments d'information transmis de manière récurrente au CHSCT sont mis à la disposition de ses membres dans la base de données économiques et sociales (BDES), qui leur est accessible en permanence. Les consultations du CHSCT pour des événements ponctuels continuent de faire l'objet de l'envoi de ces rapports et informations (L. 2323-9).

Discrétion

Les membres du comité sont tenus à une obligation de discrétion, à l'égard des informations présentant un caractère confidentiel et données comme telles par l'employeur, et au secret professionnel pour tout ce qui touche aux procédés de fabrication (L. 4614-9, L. 2323-8). L'employeur ne doit pas faire un usage abusif de cette obligation de discrétion en qualifiant trop largement les informations qu'il communique (notamment sur ses projets) de confidentielles, ce qui aurait pour effet de paralyser les possibilités d'intervention des membres du CHSCT.

• Moyens matériels

Le CHSCT n'a pas de budget propre, il ne reçoit pas de subvention de fonctionnement de l'entreprise.

Le CHSCT reçoit de l'employeur les moyens nécessaires à l'exercice de ses missions (L. 4614-9), en ce qui concerne notamment la préparation et l'organisation des réunions et les déplacements (enquêtes, inspections, etc.), par exemple les frais d'hôtel et de repas, en raison de l'heure de la réunion et du temps de trajet (Soc. 5 oct. 1999).

• Consultations

Le CHSCT est obligatoirement consulté par l'employeur dans plusieurs situations.

Consultation annuelle

EN PRATIQUE

Au moins une fois par an, l'employeur présente au CHSCT :

- Un rapport annuel écrit faisant le bilan de la situation générale de la ***santé***, de la ***sécurité*** et des ***conditions de travail*** dans son établissement et des actions menées au cours de l'année écoulée dans ces domaines, notamment en ce qui concerne le travail de nuit.
- Un programme annuel de prévention des ***risques professionnels*** et d'amélioration des ***conditions de travail***. Ce programme fixe la liste détaillée des mesures devant être prises au cours de l'année à venir, ainsi que, pour chaque mesure, ses conditions d'exécution et l'estimation de son coût (L. 4612-16).

Le document unique d'évaluation est utilisé pour l'établissement de ce rapport et de ce programme (PAPRACT, R. 4121-3). Il en est de même pour le rapport du médecin du travail.

Le CHSCT émet un avis sur le rapport et sur le programme. Il peut proposer un ordre de priorité et l'adoption de mesures supplémentaires. Lorsque certaines des mesures prévues par l'employeur ou demandées par le comité n'ont pas été prises au cours de l'année concernée par le programme, l'employeur doit énoncer les motifs de cette inexécution, en annexe au rapport annuel. Il transmet pour information le rapport et le programme au CE (ou comité d'établissement), accompagnés de l'avis du CHSCT.

Aménagement important

Le CHSCT doit être consulté avant toute décision d'aménagement « important » modifiant les conditions de santé et de sécurité ou les conditions de travail, et notamment avant toute transformation importante des postes de travail, découlant de la modification de l'outillage, d'un changement de produit ou de l'organisation du travail, avant toute modification des cadences et des normes de productivité liées ou non à la rémunération du travail (L. 4612-8-1 - Crim. 11 juin 2002, instauration de nouvelles règles de sécurité).

Quand « *les informations données par l'employeur au CHSCT étaient sommaires et ne comportaient pas d'indications relatives aux conséquences de la réorganisation du service sur les conditions de travail des salariés, (...) le comité ne pouvait donner un avis utile* », cette situation « *caractérisait l'existence d'un trouble manifestement illicite* » (Soc. 25 sept. 2013, CHU Rangueil). Ainsi, une réorganisation peut être suspendue en l'absence d'évaluation des risques psychosociaux (RPS), cette évaluation devant être « *globale, exhaustive et fondée sur le travail réel des salariés* » (TGI Paris, réf., 18 sept. 2013, RATP).

En cas de projet de regroupement de sites, « *en l'absence d'un CHSCT unique compétent pour l'ensemble des sites concernés, le projet qui excède nécessairement les prérogatives de chacun des CHSCT impose la consultation de tous les CHSCT territorialement compétents pour ces sites* », la seule consultation du CHSCT du site d'accueil n'est pas suffisante et permet aux autres CHSCT d'agir pour obtenir la suspension du projet (Soc. 30 juin 2010, PBR). Une instance de coordination peut être mise en place (*infra*).

Consultations spécifiques

Le CHSCT est consulté dans de nombreuses autres circonstances : sur l'introduction de nouvelles technologies (L. 4612-9 et 10), l'aménagement des postes de travail pour les travailleurs handicapés (L. 4612-11), les documents se rattachant à sa mission (L. 4612-12), le règlement intérieur, etc., et plus généralement sur toute question de sa compétence dont il est saisi par l'employeur, le CE ou les DP.

Le CHSCT doit être consulté au sujet des entretiens d'évaluation annuelle des salariés (Soc. 28 nov. 2007, Mornay ; TGI Nanterre, 5 sept. 2008, Sté Wolters Kluwer France, la société ne peut pas demander un avis sur un projet insuffisamment abouti ; TGI réf., Rouen, 15 oct. 2009).

Le CHSCT doit être réuni par l'employeur « en cas d'événement grave lié à l'activité de l'établissement ayant porté atteinte ou ayant pu porter atteinte à la santé publique ou à l'environnement » (L. 4614-10).

Délais

Dans l'exercice de leurs attributions consultatives, le CHSCT et, le cas échéant, l'instance temporaire de coordination des CHSCT (ITCCHSCT, *infra*) disposent d'un délai d'examen suffisant leur permettant d'exercer utilement leurs attributions, en fonction de la nature et de l'importance des questions qui leur sont soumises (L. 4612-8). Quand la loi n'a pas fixé de délai spécifique, le délai de consultation court à compter de la communication par lemployeur des informations prévues par le Code pour la consultation ou de l'information par l'employeur de leur mise à disposition dans la BDES (R. 4614-5-2).

Sauf dispositions législatives spéciales, un accord d'entreprise (ou, en l'absence de DS, un accord entre l'employeur et le CHSCT ou, le cas échéant, l'ITCCHSCT) fixe les délais, (qui ne peuvent être inférieurs à un mois, deux mois en cas de recours à un expert), dans lesquels les avis sont rendus (R. 4614-5-3). À l'expiration de ces délais, le CHSCT et, le cas échéant, l'ITCCHSCT sont réputés avoir été consultés et avoir rendu un avis négatif. Comme pour le CE, la consultation est enserrée dans des délais contraints.

Consultations du CHSCT et du CE

La consultation du CHSCT (instance spécialisée) doit parfois être articulée avec celle du CE (instance généraliste). L'avis du CE est alors subordonné à celui du CHSCT, notamment en cas de réorganisation au regard des conséquences sur les conditions de travail (CA Paris, 13 mai 2009, France Télécom RSI ; TGI Paris, réf., 12 mai 2009). La consultation du CHSCT doit précéder celle du CE lorsque les 2 institutions doivent être consultées (Soc. 4 juill. 2012, Sté ERDF). L'avis du ou des CHSCT est transmis au CE au plus tard 7 jours avant l'expiration de son délai de consultation de 3 ou 4 mois (R. 2323-1-1, R. 4614-5-3).

Projet commun à plusieurs établissements - Instance temporaire de coordination des CHSCT (ITCCHSCT)

Dans les entreprises comportant plusieurs CHSCT, lorsque les consultations portent sur un projet commun à plusieurs établissements, l'employeur « peut » mettre en place une « instance temporaire de coordination des CHSCT » (L. 4616-1 et s.).

L'ITC est alors seule consultée sur les mesures d'adaptation du projet communes à plusieurs établissements. Les CHSCT concernés sont consultés sur les éventuelles mesures d'adaptation du projet spécifiques à leur établissement et qui relèvent de la compétence du chef de cet établissement. Lorsqu'il y a lieu de consulter à la fois l'ITC et un ou plusieurs CHSCT, l'avis rendu par chaque CHSCT est transmis à l'ITC. Celle-ci a ainsi un rôle d'appréhension globale du projet, dans sa dimension transversale, au-delà de la seule coordination.

Cette ITC est composée de l'employeur et de représentants de chaque CHSCT, désignés par la délégation du personnel (parmi ses membres), ainsi que des acteurs externes (L. 4616-2, R. 4616-1 et s.). L'ODJ et les documents sont transmis 8 jours au moins avant la date de la réunion (R. 4616-5). Les règles habituelles de fonctionnement du CHSCT sont applicables. Les représentants du personnel au sein de l'ITC choisissent parmi eux le secrétaire (R. 4616-4), etc. Des accords d'entreprise déterminant des modalités particulières de composition et de fonctionnement de l'ITC peuvent être conclus (L. 4616-5).

Le recours à la visioconférence pour réunir l'ITC peut être autorisé par accord entre l'employeur et les représentants de chaque CHSCT. En l'absence d'accord, ce recours est limité à 3 réunions par année civile (L. 4616-6, D. 2325-1-1).

L'ITC-CHSCT est réputée avoir été consultée et avoir rendu un avis négatif à l'expiration d'un délai d'un mois à compter de la communication par l'employeur des informations (R. 4616-8 ; délai porté à 3 mois en cas d'intervention d'un expert).

• Enquêtes

Le CHSCT réalise des enquêtes, notamment en cas d'accident du travail ou de maladie professionnelle ou à caractère professionnel (maladie qui, sans figurer sur la liste des maladies professionnelles, est pourtant d'origine professionnelle).

Ces enquêtes sont effectuées par une délégation comprenant au moins l'employeur (ou son représentant) et un représentant du personnel au CHSCT.

• Droit d'alerte pour danger grave et imminent

Déclenchement

Si un représentant du personnel au CHSCT constate qu'il existe une cause de danger grave et imminent, notamment par l'intermédiaire d'un travailleur (en particulier quand celui-ci a mis en œuvre son droit de retrait), il déclenche un droit d'alerte. Il en avise immédiatement l'employeur ou son représentant. Cet avis, écrit, daté et signé, est consigné sur un registre spécial, coté, ouvert au timbre du comité, et indique les postes de travail concernés, la nature et la cause du danger, les noms des travailleurs exposés (L. 4131-2, D. 4132-1). Ce registre doit être tenu sous la responsabilité de l'employeur à la disposition des représentants du personnel au CHSCT.

Enquête

L'employeur est tenu de procéder « immédiatement » à une enquête avec le représentant du CHSCT qui lui a signalé le danger et de prendre les dispositions nécessaires pour y remédier – il donne les instructions nécessaires pour permettre aux travailleurs d'arrêter leur activité et de se mettre en sécurité en quittant immédiatement le lieu de travail.

Réunion

En cas de divergence sur la réalité du danger ou la façon de le faire cesser, notamment par arrêt du travail, de la machine ou de l'installation, le CHSCT est réuni d'urgence, dans un délai n'excédant pas 24 heures. L'employeur est tenu d'informer immédiatement l'inspecteur du travail et l'agent de prévention de la CARSAT, qui peuvent assister à la réunion du CHSCT.

Saisine de l'IT

À défaut d'accord entre l'employeur et la majorité du CHSCT sur les mesures à prendre et leurs conditions d'exécution, l'inspecteur du travail est saisi

« immédiatement » par l'employeur. L'inspecteur du travail met en œuvre, le cas échéant, soit la procédure de mise en demeure, soit la saisine du juge des référés, soit dans certains cas l'arrêt des travaux en cause.

• Droit d'alerte en matière de santé publique et d'environnement

Un représentant du personnel au CHSCT peut exercer ce droit d'alerte (L. 4133-2). Une voie de recours est prévue devant le préfet (L. 4133-3).

• Recours à l'expertise indépendante

Le CHSCT peut faire appel à un expert dans 2 hypothèses : en cas de risque grave et de projet important.

Risque grave

Le CHSCT peut faire appel à un expert lorsqu'un risque « grave » est constaté dans l'établissement, que ce risque soit ou non révélé par un accident du travail ou une maladie professionnelle ou à caractère professionnel (L. 4614-12). « *Une analyse indépendante du risque rend (...) nécessaire la désignation d'un expert n'appartenant pas à l'entreprise* » (Soc. 11 févr. 2004, SNCF c/ CHSCT de l'établissement EEX de Vierzon). « *Le risque grave propre à justifier le recours à une expertise s'entend d'un risque identifié et actuel* » (Soc. 26 janv. 2012, HSBC de Cannes). Ce risque grave doit excéder la situation habituelle de l'entreprise, ainsi « *la possibilité reconnue au CHSCT d'avoir recours à un expert en risques technologiques ne pouvait résulter de la seule activité soumise à la législation sur les installations classées* » (Soc. 15 janv. 2013, sté Lyondell chimie France).

RPS

Ainsi, un CHSCT peut faire appel à un expert notamment en ce qui concerne les risques dits psychosociaux liés à des souffrances au travail (CA Paris, 2 oct. 2008, IBM ; CA Paris, 23 mars 2006 et 31 mars 2006 ; au regard d'une organisation du travail engendrant des réactions anxiogènes, CA Lyon, 9 oct. 2012, Caisse d'Épargne Rhône-Alpes). « *La situation de souffrance au travail (...) constitue un risque grave (...) dès lors qu'elle peut engendrer des réactions anxiogènes susceptibles de mettre gravement en danger psychologique les salariés (...)* » ; la désignation d'un expert vise notamment à « *analyser les situations de travail et l'aménagement des espaces, évaluer l'implication de l'organisation du travail sur les risques professionnels et psychosociaux, établir un diagnostic de leurs effets sur les conditions de travail et sur la santé physique des salariés, et aider le CHSCT à avancer des propositions de prévention des risques professionnels et d'amélioration les conditions de travail dans ce contexte* » (CA Paris, soc., 23 juin 2010, CHSCT La Cinémathèque française). Caractérise un risque grave « *l'alourdissement de la charge de travail consécutif à des réductions d'effectifs et à l'ouverture de nouvelles agences, ainsi que les modifications profondes dans l'organisation du travail liées à la mise en place d'un nouveau système informatique* » ayant « *d'importantes répercussions sur l'état de santé des salariés caractérisées par une augmentation sensible des absences au travail, des situations de stress et des syndromes dépressifs* » (Soc. 26 janv. 2012, HSBC de Cannes).

Projet important

Le CHSCT peut également faire appel à un expert en cas de projet « important » modifiant les conditions de santé et de sécurité ou les conditions de travail (L. 4614-12, R. 4614-6). Il en est ainsi dès lors qu'existe un projet « important » par ses conséquences sur la santé et la sécurité ou les conditions de travail (Soc. 16 sept. 2008, SNCF, « *le projet (...) modifiait de façon significative les tâches et l'organisation et les cadences de travail, ce dont il résultait que le projet était important* » ; Soc. 14 févr. 2001 ; CA Paris, 31 mai 2000 ; Soc. 24 oct. 2000, aménagement du temps de travail). Constituent un projet important, la fusion, même temporaire, de 2 services dans l'attente d'un déménagement (Soc. 26 janv. 2012) et « *le dispositif... ayant pour objet de contrôler l'activité des machinistes receveurs en les exposant à des sanctions disciplinaires dépendant du résultat de tests de dépistage de stupéfiants effectués sans intervention médicale* » (Soc. 8 févr. 2012, RATP). En revanche, un projet consistant à déployer de nouveaux logiciels et à fournir aux salariés consultants dans des entreprises clientes des ordinateurs portables n'a pas été reconnu comme important (Soc. 8 févr. 2012).

Pour déterminer si le projet est important, il convient d'apprécier ses répercussions concrètes sur les conditions de travail des salariés au regard d'un faisceau d'indices (horaires, tâches, moyens mis à disposition, etc.), le nombre de salariés concernés ne déterminant pas à lui seul l'importance du projet.

Objectif et modalités

Le CHSCT détermine l'étendue de la mission de l'expert (son rapport devra éclairer le CHSCT pour lui permettre de formuler notamment un avis). Le diagnostic réalisé par l'expert est une aide à la prise de décision pour le CHSCT ; cette expertise est réalisée dans un délai d'un mois, délai qui peut être prolongé jusqu'à 45 jours (R. 4614-18).

L'expert est choisi par le CHSCT. L'employeur ne peut s'opposer à l'entrée de l'expert dans l'établissement et doit lui fournir les informations nécessaires à l'exercice de sa mission. L'expert est tenu à la même obligation de discrétion et de secret que les membres du CHSCT (L. 4614-13).

L'employeur qui entend contester la nécessité de l'expertise, la désignation de l'expert, le coût prévisionnel de l'expertise tel qu'il ressort, le cas échéant, du devis, l'étendue ou le délai de l'expertise :

- en cas de licenciement économique avec PSE : s'adresse, avant transmission de la demande de validation ou d'homologation, à la Direccte, qui se prononce dans un délai de 5 jours (L. 4614-2-1 ; L. 4614-13 al. 2) ;
- dans les autres cas : saisit le juge judiciaire (TGI). Le juge statue, en la forme des référés, en premier et dernier ressort, dans les 10 jours suivant sa saisine. Cette saisine suspend l'exécution de la décision du CHSCT ou de l'IC-CHSCT, ainsi que les délais dans lesquels ils sont consultés, jusqu'à la notification du jugement. Lorsque le CHSCT (ou l'IC-CHSCT) ainsi que le CE sont consultés sur un même projet, cette saisine suspend également, jusqu'à la notification du jugement, les délais dans lesquels le comité d'entreprise est consulté (L. 4614-13 al. 3).

Les frais d'expertise sont à la charge de l'employeur. Toutefois, en cas d'annulation définitive par le juge de la décision du CHSCT (ou de l'IC-CHSCT), les sommes perçues par l'expert sont remboursées par ce dernier à l'employeur. Le CE peut décider de les prendre en charge (au titre de sa subvention de fonctionnement).

L'employeur peut contester le coût final de l'expertise devant le TGI (L. 4614-13-1).

Projet commun à plusieurs établissements – ITCCHSCT

Dans les entreprises comportant plusieurs CHSCT, lorsque les consultations portent sur un projet commun à plusieurs établissements, l'employeur « peut » mettre en place une « instance temporaire de coordination des CHSCT », qui a pour mission d'organiser le recours à une expertise unique (L. 4616-1 et s.). L'objectif est d'éviter des expertises par chacun des CHSCT concernés.

L'ITC peut recourir à un expert, désigné lors de la première réunion de l'instance, et rendre un avis sur le projet (elle doit l'indiquer lors de sa première réunion, R. 4616-8). Le rapport de l'expert et, le cas échéant, l'avis de l'ITC sont transmis par l'employeur aux CHSCT concernés par le projet ayant justifié la mise en place de l'instance, qui rendent leurs avis (L. 4616-3).

• Auditions

Le CHSCT peut demander à entendre le chef d'un établissement voisin dont l'activité expose les travailleurs de son ressort à des nuisances particulières. Il est informé des suites réservées à ses observations.

Par ailleurs, le CHSCT peut faire appel à titre consultatif et occasionnel au concours de toute personne de l'établissement qui lui paraîtrait qualifiée (L. 4612-8-2).

• Heures de délégation, déplacements et contacts

À RETENIR

Chaque représentant du personnel dispose d'un crédit individuel d'heures de délégation au moins égal à (L. 4614-3) :

- 2 heures par mois pour les établissements occupant jusqu'à 99 salariés ;
- 5 heures par mois pour les établissements occupant de 100 à 299 salariés ;
- 10 heures par mois pour les établissements occupant de 300 à 499 salariés ;
- 15 heures par mois pour les établissements occupant de 500 à 1 499 salariés ;
- 20 heures par mois pour les établissements occupant 1 500 salariés et plus.

N'est pas imputé sur ce crédit d'heures le temps passé aux réunions, aux enquêtes menées après un accident du travail grave ou des incidents répétés ayant révélé un risque grave ou une maladie professionnelle ou à caractère professionnel grave ainsi qu'à la recherche de mesures préventives dans toute situation d'urgence et de gravité, notamment lorsqu'un représentant du personnel au CHSCT constate qu'il existe un danger grave et imminent et consacre du temps à cette situation. Ce temps est de plein droit considéré comme temps de travail.

Les représentants du personnel au CHSCT peuvent répartir entre eux le temps dont ensemble ils disposent. Ils en informent l'employeur.

• Formation

Les représentants du personnel au CHSCT bénéficient de la formation nécessaire à l'exercice de leurs missions (L. 4614-14). Il en va de même, lorsque n'existe pas de CHSCT, pour les DP investis des mêmes missions.

Cette formation, dispensée par des organismes agréés (R. 4614-25), a pour objet d'une part de développer leur aptitude à déceler et à mesurer les risques professionnels et leur capacité d'analyse des conditions de travail (par exemple, la méthode de l'arbre des causes pour analyser les multiples facteurs à l'origine d'un accident du travail) ; d'autre part de les initier aux méthodes et aux procédés à mettre en œuvre pour prévenir les risques professionnels et améliorer les conditions de travail.

Sauf disposition conventionnelle plus favorable, la formation initiale est de 5 jours (3 jours dans les entreprises de moins de 300 salariés). La charge financière de la formation incombe à l'employeur, sans limitation (Soc. 8 juin 1999 ; L. 4614-16, R. 4614-33).

• Action en justice

À RETENIR

Le CHSCT, doté de la personnalité civile (Soc. 17 avril 1991), ne peut agir en justice que pour la défense de ses intérêts propres, en tant que personne morale, notamment pour le respect de ses attributions. Le CHSCT ne peut pas agir pour la défense des intérêts des salariés.

Sur le plan civil

Le juge (TGI) peut suspendre une décision de l'employeur tant que le CHSCT n'a pas été régulièrement consulté dans « *l'intérêt commun des salariés* » (TGI Nanterre, réf., 8 janv. 2008, suspension d'un déménagement, défaut d'éclairage de nouveaux locaux pour une partie des salariés).

L'action en justice d'une organisation syndicale peut s'appuyer sur un rapport d'expertise que le CHSCT a fait réaliser et aboutir à la suspension d'une décision de l'employeur, par le TGI (notamment en matière d'organisation du travail, Soc. 5 mars 2008, Sté Snecma c/ Syndicat CGT Gennevilliers).

Sur le plan pénal

Le CHSCT doit justifier d'« *un préjudice direct et personnel* » découlant des infractions poursuivies ; tel n'est pas le cas s'agissant d'homicides et de blessures involontaires subis par des tiers (Crim. 11 oct. 2005, Établissement sol CDG Roissy Sté Air France).

Le fait de porter atteinte ou de tenter de porter atteinte à la constitution, à la libre désignation des membres, ou encore au fonctionnement régulier du CHSCT est un ***délit d'entrave*** puni d'un emprisonnement d'un an et d'une amende de 7 500 € (atteinte à la libre désignation) ou d'une amende de 7 500 € (atteinte au fonctionnement) (L. 4742-1) – Crim. 14 oct. 2003, défaut de consultation, délégation de pouvoir de l'employeur inopérante ; Crim. 25 févr. 2003, employeur empêchant pendant 3 mois le fonctionnement du comité.

Sur le plan administratif

Le CHSCT ne peut agir contre les décisions de l'administration concernant un PSE, au regard d'irrégularités de sa consultation (CE 21 oct. 2015, SKF).

Frais de procédure

En l'absence d'abus, les frais de procédure exposés par le CHSCT, qui n'a aucune ressource propre, doivent être pris en charge par l'employeur (Soc. 15 janv. 2013, sté Lyondell chimie France, pour les honoraires d'avocat), même quand l'action est déclarée irrecevable (Soc. 2 déc. 2009, Sté Air France c/ CHSCT Éts sol CDG).

Droit d'expression

À RETENIR

Les travailleurs, au cœur de l'organisation du travail, pour lesquels les conditions de travail constituent une réalité vécue quotidiennement, doivent pouvoir confronter leurs expériences et s'entendre sur des changements à proposer à l'employeur.

Objet

La loi du 4 août 1982, relative aux « libertés des travailleurs dans l'entreprise », prévoit que ***les salariés bénéficient d'un droit à l'expression directe et collective sur le contenu, les conditions d'exercice et l'organisation de leur travail*** (L. 2281-1). L'accès de chacun au droit d'expression collective peut être assuré par le recours aux outils numériques sans que l'exercice de ce droit ne puisse méconnaître les droits et obligations des salariés dans l'entreprise.

L'expression des salariés a pour objet de définir les actions à mettre en œuvre pour améliorer leurs conditions de travail, l'organisation de l'activité et la qualité de la production dans l'unité de travail à laquelle ils appartiennent et dans l'entreprise (L. 2281-2). Il s'agit d'une expression directe : les salariés ne sont pas censés présenter leurs propositions par l'intermédiaire des représentants élus ou syndicaux. Elle est aussi collective : les propositions doivent résulter d'une discussion, par exemple au sein d'un atelier ou d'un service.

L'ANI du 19 juin 2013 « Vers une politique d'amélioration de la qualité de vie au travail et de l'égalité professionnelle » vise à réactiver cette possibilité d'expression collective des salariés (art. 12 - Encourager et favoriser l'expression des salariés sur leur travail).

Mise en place et modalités d'exercice du droit d'expression

La loi renvoie pour la détermination des conditions concrètes d'exercice de ce droit à la négociation collective, dans les entreprises où sont constituées une ou plusieurs sections syndicales d'organisations représentatives.

EN PRATIQUE

Les modalités d'exercice du droit d'expression sont définies dans le cadre de la négociation portant sur l'égalité professionnelle entre les femmes et les hommes et la qualité de vie au travail (*supra* L. 2242-1 ; L. 2281-5).
Lorsqu'un accord sur le droit d'expression existe, l'employeur provoque une réunion, au moins une fois tous les 3 ans, avec les OSR, en vue d'examiner les résultats de cet accord et engage sa renégociation à la demande d'une OSR (L. 2281-6).

À défaut d'accord sur le champ de la négociation collective dans l'entreprise (L. 2242-11) ou en cas de non-respect de ses stipulations, l'accord traitant du droit d'expression comporte des stipulations (L. 2281-10) sur :

- le niveau, le mode d'organisation, la fréquence et la durée des réunions permettant l'expression des salariés ;
- les outils numériques disponibles dans l'entreprise, permettant l'expression des salariés ;
- les mesures destinées à assurer, d'une part, la liberté d'expression de chacun et, d'autre part, la transmission à l'employeur des demandes et propositions des salariés ainsi que celle des avis émis par les salariés dans les cas où ils sont consultés par l'employeur, sans préjudice des dispositions relatives aux institutions représentatives du personnel ;
- les mesures destinées à permettre aux salariés intéressés, aux OSR, au CSÉ de prendre connaissance des demandes, avis et propositions émanant des groupes ainsi que des suites qui leur sont réservées ;
- les conditions spécifiques d'exercice du droit à l'expression dont bénéficie le personnel d'encadrement ayant des responsabilités hiérarchiques, outre leur participation dans les groupes auxquels ils sont rattachés du fait de ces responsabilités.

À défaut d'initiative de l'employeur dans le délai d'un an en cas d'accord, ou de 3 ans en l'absence d'accord, la négociation s'engage obligatoirement à la demande d'une OSR dans les 15 jours suivant la présentation de cette demande. Cette demande est transmise aux autres OSR par l'employeur dans les 8 jours (L. 2281-7). Le point de départ du délai est la date d'ouverture de la négociation précédente.

Dans les entreprises où aucun DS n'a été désigné ou dans lesquelles un accord portant sur l'égalité professionnelle entre les femmes et les hommes et la QVT n'a pas été conclu, l'employeur consulte le CSÉ sur les modalités d'exercice du droit d'expression des salariés.

Dans les entreprises où aucun DS n'a été désigné, cette consultation a lieu au moins une fois par an (L. 2281-11).

Fonctionnement des groupes d'expression

Le droit des salariés à l'expression s'exerce sur les lieux et pendant le temps de travail. Le temps consacré à l'expression est payé comme temps de travail (L. 2281-4).

Les opinions que les salariés émettent dans l'exercice du droit d'expression, ne peuvent motiver une sanction ou un licenciement (L. 2281-3). Cette immunité est limitée par la notion d'abus. L'exercice du droit d'expression peut « *impliquer l'utilisation de certaines* » des « *informations à usage interne* » de l'entreprise (Soc. 8 déc. 2009, PBRI, Sté Dassault Systèmes).

Un salarié n'a aucune obligation de participer aux réunions du groupe d'expression dont il fait partie et doit alors rester à son poste de travail pendant qu'elles se déroulent.

CHAPITRE XXIII

COMITÉ SOCIAL ET ÉCONOMIQUE. CONSEIL D'ENTREPRISE

Champ d'application et mise en place

À RETENIR

Le CSÉ remplace, en les fusionnant, les institutions représentatives du personnel (DP, CE, CHSCT) au plus tard le 31 décembre 2019, suivant les dates des élections professionnelles dans chaque entreprise. À partir du 1er janvier 2020, le CSÉ sera légalement l'institution représentative du personnel (IRP) dans toute entreprise d'au moins 11 salariés.

Une ***nouvelle architecture*** est mise en place :

- ***dispositions légales minimales*** obligatoires (« ordre public ») ;
- ***dispositions prévues par accord*** d'entreprise ou, à défaut, par accord de branche (« champ de la négociation ») ;
- à défaut de dispositions conventionnelles, d'entreprise ou de branche, ***dispositions légales ou réglementaires*** applicables (« dispositions supplétives »).

Une grande latitude est ainsi accordée aux acteurs sociaux des entreprises pour définir les règles du jeu des relations sociales dans chaque entreprise. Quel usage les acteurs vont-ils faire de ces nouvelles règles ?

Dans certaines entreprises, des dispositions conventionnelles intéressantes seront sans doute prévues et mises en œuvre. Cependant, il existe des risques forts d'une part, d'inégalités aggravées entre les entreprises et donc entre les salariés, et, d'autre part, de concurrence entre les entreprises sur le terrain du dialogue social interne et donc de réduction généralisée des droits des salariés.

Période transitoire

I. Les dispositions de l'Ordonnance n° 2017-1386 du 22 septembre 2017 relative à la nouvelle organisation du dialogue social et économique dans l'entreprise sont entrées en vigueur le 1er janvier 2018, sous réserve des dispositions suivantes (art. 9).

II. ***Le comité social et économique (CSÉ) est mis en place au terme du mandat des délégués du personnel (DP) ou des membres élus du comité d'entreprise (CE), de la délégation unique du personnel (DUP), de l'instance regroupée mise en place par accord, du comité d'hygiène, de sécurité et des conditions de travail (CHSCT), lors du renouvellement de l'une de ces institutions, et au plus tard le 31 décembre 2019, sous réserve des dispositions suivantes :***

1° Lorsqu'a été conclu, avant la publication de la présente ordonnance (23 sept. 2017), un protocole d'accord préélectoral en vue de la constitution ou du renouvellement des instances représentatives du personnel, il est procédé à l'élection de celles-ci conformément aux dispositions en vigueur avant cette publication et le CSÉ est mis en place à compter du 1er janvier 2020 ou à une date antérieure fixée, soit par accord collectif, soit par décision de l'employeur après consultation du CE ou, à défaut, des DP ou, le cas échéant, de la DUP ou de l'instance regroupée.

2° Lorsque, en dehors du cas prévu au 1° du présent I, les mandats des DP, des membres élus du CE, de la DUP, de l'instance regroupée mise en place par accord et du CHSCT arrivent à échéance entre la date de publication de la présente ordonnance (23 sept. 2017) et le 31 décembre 2017, ces mandats sont prorogés jusqu'à cette date ; leur durée peut être également prorogée au plus d'un an, soit par accord collectif, soit par décision de l'employeur après consultation du CE ou, à défaut, des DP ou, le cas échéant, de la DUP ou de l'instance regroupée ;

3° Lorsque, en dehors du cas prévu au 1° du présent II, les mandats des DP, des membres élus du CE, de la DUP, de l'instance regroupée mise en place par accord et du CHSCT arrivent à échéance entre le 1er janvier et le 31 décembre 2018, leur durée peut être réduite ou prorogée au plus d'un an, soit par accord collectif, soit par décision de l'employeur, après consultation du CE ou, à défaut, des DP ou, le cas échéant, de la DUP ou de l'instance regroupée.

4° Lorsque, en dehors du cas prévu au 1° du présent II, les mandats des DP, des membres élus du CE, de la DUPI, de l'instance regroupée mise en place par accord et du CHSCT arrivent à échéance entre le 1er janvier et le 31 décembre 2019, leur durée peut être réduite d'une durée maximum d'un an soit par accord collectif, soit par décision de l'employeur, après consultation du CE ou, à défaut, des DP ou, le cas échéant, de la DUP ou de l'instance regroupée (mise en place du CSÉ par anticipation).

III. Pour assurer la mise en place du CSÉ, la durée du mandat des DP, des membres élus du CE, de la DUP, de l'instance regroupée mise en place par accord et du CHSCT, peut être, pour un établissement ou pour l'ensemble de l'entreprise, prorogée ou réduite, soit par accord collectif, soit par décision de l'employeur après consultation du CE ou, à défaut, des DP ou, le cas échéant, de la DUP ou de l'instance regroupée, de manière à ce que leur échéance coïncide avec la date de la mise en place du CSÉ et, le cas échéant, du CSÉ d'établissement et du CSÉ central.

L'accord collectif et la décision de l'employeur mentionnés peuvent fixer, pour le premier cycle électoral suivant la mise en place du CSÉ, des durées de mandat des représentants des comités d'établissement différentes pour chaque établissement, dans une limite comprise entre 2 et 4 ans.

Composition du CSÉ

Le CSÉ comprend :
- l'employeur ;
- une délégation du personnel comportant un nombre de membres compte tenu du nombre des salariés (L. 2314-1) ;
- un représentant syndical (RS) au comité désigné par chaque OSR dans l'entreprise ou l'établissement (sous réserve des dispositions applicables dans les entreprises de moins de 300 salariés où le DS est de droit RS – L. 2143-22), qui assiste aux séances avec voix consultative. Il est choisi parmi les membres du personnel de l'entreprise et doit remplir les conditions d'éligibilité au CSÉ (L. 2314-2) (la contestation de la désignation des RS relève du TI qui doit être saisi dans les 15 jours – L. 2314-32, R. 2314-23 et R. 2314-24).

La délégation du personnel comporte un nombre égal de titulaires et de suppléants. Le suppléant assiste aux réunions en l'absence du titulaire.

Le nombre de membres et le nombre d'heures de délégation peuvent être modifiés par accord (dès lors que le volume global de ces heures, au sein de chaque collège, est au moins égal à celui résultant des dispositions légales au regard de l'effectif de l'entreprise – L. 2314-7 ; L. 2314-1). À défaut de stipulations dans l'accord, le nombre de membres de la délégation du personnel du CSÉ est défini dans un tableau (infra, R. 2314-1).

Assistent avec voix consultative aux réunions sur les points de l'ordre du jour relatifs aux questions relatives à la santé, à la sécurité et aux conditions de travail et, le cas échéant, aux réunions de la commission santé, sécurité et conditions de travail – CSSCT (L. 2315-27 al. 1 et 2) :

- 1° le médecin du travail, qui peut donner délégation à un membre de l'équipe pluridisciplinaire du service de santé au travail ayant compétence en matière de santé au travail ou de conditions de travail ;
- 2° le responsable interne du service de sécurité et des conditions de travail ou, à défaut, l'agent chargé de la sécurité et des conditions de travail (L. 2314-3-I).

L'agent de contrôle de l'Inspection du travail, ainsi que les agents des services de prévention des organismes de Sécurité sociale, sont invités :
- 1° aux réunions de la ou des CSSCT ;
- 2° à l'initiative de l'employeur ou à la demande de la majorité de la délégation du personnel du CSÉ, aux réunions de ce comité (L. 2315-27 al. 1 et 2) ;
- 3° aux réunions du comité consécutives à un accident de travail ayant entraîné un arrêt de travail d'au moins 8 jours ou à une maladie professionnelle ou à caractère professionnel (L. 2314-3-I).

• Champ d'application

Les dispositions sur le CSÉ sont applicables :
- aux employeurs de droit privé ainsi qu'à leurs salariés ;
- aux établissements publics à caractère industriel et commercial (ÉPIC) ;
- aux établissements publics à caractère administratif (EPA) lorsqu'ils emploient du personnel dans les conditions du droit privé (L. 2311-1).

• Évolution des effectifs et des attributions du CSÉ

Les attributions du CSÉ sont définies en fonction de l'effectif de l'entreprise (L. 2312-1).

Lorsque, postérieurement à la mise en place du CSÉ, l'effectif de l'entreprise atteint au moins 50 salariés pendant 12 mois consécutifs, le comité exerce l'ensemble des attributions récurrentes d'information et de consultation prévues dans les entreprises d'au moins 50 salariés à l'expiration d'un délai de 12 mois à compter de la date à laquelle le seuil de 50 salariés a été atteint pendant 12 mois consécutifs. Dans le cas où, à l'expiration de ce délai de 12 mois, le mandat du comité restant à courir est inférieur à un an, ce délai court à compter de son renouvellement (L. 2312-2).

Lorsque l'entreprise n'est pas pourvue d'un CSÉ, dans le cas où l'effectif de l'entreprise atteint au moins 50 salariés pendant 12 mois consécutifs, le comité exerce l'ensemble des attributions prévues dans les entreprises d'au moins 50 salariés à l'expiration d'un délai d'un an à compter de sa mise en place.

Lors de son renouvellement, le CSÉ exerce exclusivement les attributions prévues dans les entreprises d'au moins 11 salariés et cesse d'exercer les attributions prévues dans les entreprises d'au moins 50 salariés lorsque l'effectif de 50 salariés n'a pas été atteint pendant les 12 mois précédant le renouvellement de l'instance (L. 2312-3).

• Dispositions conventionnelles plus favorables

Les dispositions légales ne font pas obstacle aux dispositions plus favorables relatives aux attributions du CSÉ qui peuvent résulter d'accords collectifs de travail ou d'usages (L. 2312-4).

Les stipulations des accords d'entreprise, des accords de branche et des accords couvrant un champ territorial ou professionnel plus large, prises en application des dispositions du Code du travail relatives aux DP et au CE, au CHSCT, sur le regroupement par accord des IRP, sur les réunions communes des IRP cessent de produire effet à compter de la date du premier tour des élections des membres de la délégation du personnel du CSÉ (Ord. n° 2017-1386, VII).

Attributions

• Attributions du CSÉ dans les entreprises d'au moins 11 salariés et de moins de 50 salariés

La délégation du personnel au CSÉ a pour mission de ***présenter à l'employeur les réclamations individuelles ou collectives*** relatives aux salaires, à l'application du Code du travail et des autres dispositions légales concernant notamment la protection sociale, ainsi que des conventions et accords applicables dans l'entreprise.

Elle contribue à ***promouvoir la santé, la sécurité et l'amélioration des conditions de travail*** dans l'entreprise et réalise des enquêtes en matière d'accidents du travail ou de maladies professionnelles ou à caractère professionnel.

Dans une entreprise en société anonyme, lorsque les membres de la délégation du personnel du CSÉ présentent des réclamations auxquelles il ne pourrait être donné suite qu'après délibération du conseil d'administration, ils sont reçus par celui-ci, sur leur demande, en présence du directeur ou de son représentant ayant connaissance des réclamations présentées.

Le CSÉ est consulté dans différents cas, notamment en matière de règlement intérieur, de reclassement de salarié inapte ou de licenciement économique.

Les membres de la délégation du personnel du comité peuvent ***saisir l'Inspection du travail*** de toutes les plaintes et observations relatives à l'application des dispositions légales dont elle est chargée d'assurer le contrôle (L. 2312-5).

Les attributions de la délégation du personnel au CSÉ s'exercent au profit des salariés, ainsi que :

- aux travailleurs (les salariés, y compris temporaires, et les stagiaires, ainsi que toute personne placée à quelque titre que ce soit sous l'autorité de l'employeur – L. 4111-5) en matière de santé, sécurité et conditions de travail ;
- aux salariés d'entreprises extérieures qui, dans l'exercice de leur activité, ne se trouvent pas placés sous la subordination directe de l'entreprise utilisatrice, pour leurs réclamations individuelles et collectives, intéressant les conditions d'exécution du travail qui relèvent du chef d'établissement utilisateur ;
- aux salariés temporaires pour leurs réclamations intéressant l'application des dispositions en matière de rémunération (L. 1251-18), de conditions de travail (L. 1251-21 à L. 1251-23), d'accès aux moyens de transport collectifs et aux installations collectives (L. 1251-24) (L. 2312-6).

Les travailleurs conservent le droit de présenter eux-mêmes leurs observations à l'employeur ou à ses représentants (L. 2312-7).

• Droit d'alerte

La délégation du personnel au CSÉ exerce le droit d'alerte (L. 2312-5) :

- en cas d'atteinte aux « droits des personnes » (L. 2312-59) ;
- en cas d'atteinte à la santé et à la sécurité, notamment pour « cause de danger grave et imminent », ainsi qu'en matière de santé publique et d'environnement (L. 2312-60 ; L. 4132-1 à L. 4132-5 ou L. 4131-1 à L. 4133-4).

(Voir *infra* Droits d'alerte dans les entreprises d'au moins 50 salariés).

Chaque membre de la délégation du personnel au CSÉ peut exercer les attributions reconnues au CSÉ.

• Autres moyens d'action dans le domaine de la santé et de la sécurité au travail

Les membres de la délégation du personnel au CSÉ sont informés de la réception par l'employeur des documents de vérification et de contrôle mis à sa charge au titre de la santé et de la sécurité au travail. Ils peuvent demander communication de ces documents (R. 2312-1).

Les enquêtes du CSÉ (ou, le cas échéant, de la commission santé, sécurité et conditions de travail – CSSCT) en cas d'accidents du travail ou de maladies professionnelles ou à caractère professionnel sont réalisées par une délégation comprenant au moins ;

- l'employeur ou un représentant désigné par lui ;
- un représentant du personnel siégeant à ce comité (R. 2312-2).

Les membres du CSÉ (ou, le cas échéant, de la CSSCT) peuvent se faire présenter l'ensemble des livres, registres et documents non nominatifs rendus obligatoires par la partie IV du Code du travail (santé et sécurité au travail) (R. 2312-3).

Attributions du CSÉ dans les entreprises d'au moins 50 salariés

• Attributions générales

Le CSÉ a pour mission d'assurer une expression collective des salariés permettant la prise en compte permanente de leurs intérêts dans les décisions relatives à la gestion et à l'évolution économique et financière de l'entreprise, à l'organisation du travail, à la formation professionnelle et aux techniques de production (L. 2312-8).
Le comité est informé et consulté sur les questions intéressant l'organisation, la gestion et la marche générale de l'entreprise, notamment sur :

- les mesures de nature à affecter le volume ou la structure des effectifs ;
- la modification de son organisation économique ou juridique ;
- les conditions d'emploi, de travail, notamment la durée du travail, et la formation professionnelle ;
- l'introduction de nouvelles technologies, tout aménagement important modifiant les conditions de santé et de sécurité ou les conditions de travail ;
- les mesures prises en vue de faciliter la mise, la remise ou le maintien au travail des accidentés du travail, des invalides de guerre, des invalides civils, des personnes atteintes de maladies chroniques évolutives et des travailleurs handicapés, notamment sur l'aménagement des postes de travail.

Le CSÉ mis en place dans les entreprises d'au moins 50 salariés exerce également les attributions prévues pour les entreprises de moins de 50 salariés (*supra*).

• Santé, sécurité et conditions de travail. Le CSÉ :

– Procède à l'analyse des risques professionnels auxquels peuvent être exposés les travailleurs, notamment les femmes enceintes, ainsi que des effets de l'exposition aux facteurs de risques professionnels mentionnés à l'article L. 4161-1.

– Contribue notamment à faciliter l'accès des femmes à tous les emplois, à la résolution des problèmes liés à la maternité, l'adaptation et l'aménagement des postes de travail afin de faciliter l'accès et le maintien des personnes handicapées à tous les emplois au cours de leur vie professionnelle.

– Peut susciter toute initiative qu'il estime utile et proposer notamment des actions de prévention du harcèlement moral, du harcèlement sexuel et des agissements sexistes définis à l'article L. 1142-2-1. Le refus de l'employeur est motivé (L. 2312-9).

Lors des visites de l'agent de contrôle de l'Inspection du travail mentionné à l'article L. 8112-1, les membres de la délégation du personnel au CSÉ sont informés de sa présence par l'employeur et peuvent présenter leurs observations.

L'agent de contrôle se fait accompagner par un membre de la délégation du personnel du comité, si ce dernier le souhaite (L. 2312-10).

• Modalité d'exercice des attributions générales Procédure d'information-consultation

Le CSÉ exerce ses missions sans préjudice des dispositions relatives aux délégués syndicaux et à l'expression collective des salariés (L. 2312-11).

Le CSÉ formule, à son initiative, et examine, à la demande de l'employeur, toute proposition de nature à améliorer les conditions de travail, d'emploi et de formation professionnelle des salariés, leurs conditions de vie dans l'entreprise ainsi que les conditions dans lesquelles ils bénéficient de garanties collectives complémentaires (L. 911-2 C. Sécurité sociale) (L. 2312-12).

Les décisions de l'employeur sont précédées de la consultation du CSÉ (sauf avant le lancement d'une OPA – L. 2312-49). Les projets d'accord collectif, leur révision ou leur dénonciation ne sont pas soumis à la consultation du CSÉ. Les entreprises ayant conclu un accord relatif à la GPEC ne sont pas soumises, dans ce domaine, à l'obligation de consultation du CSÉ (L. 2312-14).

Le CSÉ émet des avis et des vœux dans l'exercice de ses attributions consultatives. ***Il dispose à cette fin d'un délai d'examen suffisant et d'informations précises et écrites transmises ou mises à disposition par l'employeur, et de la réponse motivée de l'employeur à ses propres observations.*** Il a également accès à l'information utile détenue par les administrations publiques et les organismes agissant pour leur compte, conformément aux dispositions légales relatives à l'accès aux documents administratifs.

Le comité peut, s'il estime ne pas disposer d'éléments suffisants, saisir le président du TGI statuant en la forme des référés, pour qu'il ordonne la communication par l'employeur des éléments manquants. Le juge statue dans un délai de 8 jours. Cette saisine n'a pas pour effet de prolonger le délai dont dispose le comité pour rendre son avis. Toutefois, en cas de difficultés particulières d'accès aux informations nécessaires à la formulation de l'avis motivé du comité, le juge peut décider la prolongation du délai de 8 jours.

L'employeur rend compte, en la motivant, de la suite donnée aux avis et vœux du comité (L. 2312-15).

Sauf dispositions législatives spéciales, l'accord sur le fonctionnement du CSÉ (L. 2312-19, L. 2312-55) ou, en l'absence de DS, un accord entre l'employeur et le CSÉ ou, le cas échéant, le CSÉ central, adopté à la majorité des membres titulaires de la délégation du personnel du comité, ou, à défaut d'accord, un décret (R. 2312-5) fixe ***les délais*** dans lesquels les avis du CSÉ ou, le cas échéant, du CSÉ central, sont rendus dans le cadre des consultations prévues par le Code du travail.

Ces délais permettent au CSÉ ou, le cas échéant, au CSÉ central d'exercer utilement sa compétence, en fonction de la nature et de l'importance des questions qui lui sont soumises.

À l'expiration de ces délais (ou du délai fixé par le juge – L. 2312-15), le comité ou, le cas échéant, le comité central, est réputé avoir été consulté et avoir rendu un avis négatif (L. 2312-16).

Pour l'ensemble des consultations pour lesquelles la loi n'a pas fixé de délai spécifique, le délai de consultation du CSÉ court à compter de la communication par l'employeur des informations prévues par le Code du travail pour la consultation ou de l'information par l'employeur de leur mise à disposition dans la BDES (R. 2312-5).

I. Pour ces consultations, à défaut d'accord, le CSÉ est réputé avoir été consulté et avoir rendu un avis négatif à l'expiration d'un délai d'un mois à compter de la date prévue à cet article. En cas d'intervention d'un expert, ce délai est porté à deux mois. Ce délai est porté à trois mois en cas d'intervention d'une ou plusieurs expertises dans le cadre de consultation se déroulant à la fois au niveau du CSÉ central et d'un ou plusieurs CSÉ d'établissement.

II. Lorsqu'il y a lieu de consulter à la fois le CSÉ central et un ou plusieurs CSÉ d'établissement (L. 2316-22 al. 2) les délais prévus ci-dessus s'appliquent au CSÉ central. Dans ce cas, l'avis de chaque CSÉ d'établissement est rendu et transmis au CSÉ central au plus tard 7 jours avant la date à laquelle ce dernier est réputé avoir été consulté et avoir rendu un avis négatif. À défaut, l'avis du CSÉ d'établissement est réputé négatif (R. 2312-6).

• Santé, sécurité et conditions de travail

Le CSÉ procède, à intervalles réguliers, à des ***inspections*** en matière de santé, de sécurité et des conditions de travail. Il réalise des ***enquêtes*** en matière d'accidents du travail ou de maladies professionnelles ou à caractère professionnel.

Il peut demander à entendre le chef d'une entreprise voisine dont l'activité expose les travailleurs de son ressort à des nuisances particulières. Il est informé des suites réservées à ses observations.

Le CSÉ peut faire appel à titre consultatif et occasionnel au concours de toute personne de l'entreprise qui lui paraîtrait qualifiée (L. 2312-13).

La fréquence des inspections en matière de santé, de sécurité et des conditions de travail est au moins égale à celle des réunions (L. 2315-27 al. 1) (R. 2312-4).

• Consultations et informations récurrentes

Ordre public. Le CSÉ est consulté sur :

- les orientations stratégiques de l'entreprise ;
- la situation économique et financière de l'entreprise ;
- la politique sociale de l'entreprise, les conditions de travail et l'emploi (L. 2312-17).

Une ***base de données économiques et sociales*** (BDES) rassemble l'ensemble des informations nécessaires aux consultations et informations récurrentes que l'employeur met à disposition du CSÉ. Ces informations comportent en particulier des indicateurs relatifs à l'égalité professionnelle entre les femmes et les hommes, notamment sur les écarts de rémunération (L. 2312-18).

Les éléments d'information transmis de manière récurrente au comité sont mis à la disposition de leurs membres dans la BDES et cette mise à disposition actualisée vaut communication des rapports et informations au comité.

Lorsque les dispositions légales prévoient également la transmission à l'autorité administrative (DIRECCTE/Inspection du travail) des rapports et informations mentionnés (infra), les éléments d'information qu'ils contiennent sont mis à la disposition de l'autorité administrative à partir de la BDES et la mise à disposition actualisée vaut transmission à cette autorité.

La BDES permet la mise à disposition des informations nécessaires aux trois consultations récurrentes (L. 2312-17). L'ensemble des informations de la BDES contribue à donner une vision claire et globale de la formation et de la répartition de la valeur créée par l'activité de l'entreprise (R. 2312-7).

Champ de la négociation. Un accord d'entreprise (« majoritaire » – L. 2232-12 al. 1) ou, en l'absence de DS, un accord entre l'employeur et le CSÉ, adopté à la majorité des membres titulaires de la délégation du personnel du comité (L. 2312-19), peut définir :

- le contenu, la périodicité et les modalités des consultations récurrentes du CSÉ (L. 2312-17) ainsi que la liste et le contenu des informations nécessaires à ces consultations ;
- le nombre de réunions annuelles du comité (L. 2315-27), qui ne peut être inférieur à 6 ;

- les niveaux auxquelles les consultations sont conduites et le cas échéant, leur articulation ;
- les délais (L. 2312-15) dans lesquels les avis du comité sont rendus.

Il peut également prévoir la possibilité pour le CSÉ d'émettre un avis unique portant sur tout ou partie des thèmes de consultation (L. 2312-17). La périodicité des consultations prévue par l'accord ne peut être supérieure à 3 ans.

BDES. Un accord d'entreprise ou, en l'absence de DS, un accord entre l'employeur et le CSÉ, adopté à la majorité des membres titulaires de la délégation du personnel du comité, définit :
- l'organisation, l'architecture et le contenu de la BDES ;
- les modalités de fonctionnement de la BDES, notamment les droits d'accès et le niveau de mise en place de la base dans les entreprises comportant des établissements distincts, son support, ses modalités de consultation et d'utilisation (L. 2312-21).

La BDES comporte au moins les thèmes suivants :
- l'investissement social ;
- l'investissement matériel et immatériel ;
- l'égalité professionnelle entre les femmes et les hommes au sein de l'entreprise ;
- les fonds propres ;
- l'endettement ;
- l'ensemble des éléments de la rémunération des salariés et dirigeants ;
- les activités sociales et culturelles ;
- la rémunération des financeurs ;
- les flux financiers à destination de l'entreprise.

L'accord peut également intégrer dans la BDES les informations nécessaires aux négociations obligatoires (rémunération, etc., et égalité femmes-hommes et QVT – L. 2242-1 ; thèmes de négociation retenus – L. 2242-11-1° ; L. 2242-13) et aux consultations ponctuelles du CSÉ (infra – L. 2312-8 notamment).

L'organisation, l'architecture, le contenu et les modalités de fonctionnement de la BDES sont tels qu'ils permettent au CSÉ et, le cas échéant, aux DS, d'exercer utilement leurs compétences.

À défaut d'accord d'entreprise, un accord de branche peut définir l'organisation, l'architecture, le contenu et les modalités de fonctionnement de la BDES dans les entreprises de moins de 300 salariés.

Dispositions supplétives. Base de données économiques et sociales. En l'absence d'accord (*supra* – L. 2312-21), une BDES, mise régulièrement à jour, rassemble un ensemble d'informations que l'employeur met à disposition du CSÉ (L. 2312-36).

Les informations contenues dans la BDES portent sur les thèmes suivants :

- investissements : investissement social (emploi, évolution et répartition des contrats précaires, des stages et des emplois à temps partiel, formation professionnelle et conditions de travail), investissement matériel et immatériel et, pour certaines entreprises des informations en matière environnementale (L. 225-102-1-I et II C. commerce) ;
- égalité professionnelle entre les femmes et les hommes au sein de l'entreprise (diagnostic et analyse de la situation comparée des femmes et des hommes pour chacune des catégories professionnelles de l'entreprise en matière d'embauche, de formation, de promotion professionnelle, de qualification, de classification, de conditions de travail, de sécurité et de santé au travail, de rémunération effective et d'articulation entre l'activité professionnelle et la vie personnelle et familiale, analyse des écarts de salaires et de déroulement de carrière en fonction de l'âge, de la qualification et de l'ancienneté, évolution des taux de promotion respectifs des femmes et des hommes par métiers dans l'entreprise, part des femmes et des hommes dans le conseil d'administration) ;
- fonds propres et endettement ;
- ensemble des éléments de la rémunération des salariés et dirigeants ;
- activités sociales et culturelles ;
- rémunération des financeurs ;
- flux financiers à destination de l'entreprise, notamment aides publiques et crédits d'impôts ;
- sous-traitance ;
- le cas échéant, transferts commerciaux et financiers entre les entités du groupe.

Ces informations portent sur les 2 années précédentes et l'année en cours et intègrent des perspectives sur les 3 années suivantes.

La BDES est accessible en permanence aux membres de la délégation du personnel du CSÉ ainsi qu'aux membres de la délégation du personnel du CSÉ central d'entreprise, et aux DS (ils sont tenus à une obligation de discrétion à l'égard des informations contenues dans la BDES revêtant un caractère confidentiel et présentées comme telles par l'employeur).

Entreprises ayant jusqu'à 300 salariés. En l'absence d'accord (*supra* – L. 2312-21), la BDES comporte les informations suivantes (R. 2312-8) :

Tableau n° 14 - Contenu de la BDES - Entreprises ayant jusqu'à 300 salariés

1° INVESTISSEMENTS :	
A - Investissement social :	a) Evolution des effectifs par type de contrat, par âge, par ancienneté ; - évolution des effectifs retracée mois par mois ; - nombre de salariés titulaires d'un contrat de travail à durée indéterminée ; - nombre de salariés titulaires d'un contrat de travail à durée déterminée ; - nombre de salariés temporaires ; - nombre de salariés appartenant à une entreprise extérieure ; - nombre des journées de travail réalisées au cours des douze derniers mois par les salariés temporaires ; - nombre de contrats d'insertion et de formation en alternance ouverts aux jeunes de moins de vingt-six ans ; - motifs ayant conduit l'entreprise à recourir aux contrats de travail à durée déterminée, aux contrats de travail temporaire, aux contrats de travail à temps partiel, ainsi qu'à des salariés appartenant à une entreprise extérieure ;
	b) Evolution des emplois par catégorie professionnelle ; - répartition des effectifs par sexe et par qualification ; - indication des actions de prévention et de formation que l'employeur envisage de mettre en œuvre, notamment au bénéfice des salariés âgés, peu qualifiés ou présentant des difficultés sociales particulières ;
	c) Evolution de l'emploi des personnes handicapées et mesures prises pour le développer ; i - Actions entreprises ou projetées en matière d'embauche, d'adaptation, de réadaptation ou de formation professionnelle ; ii - La déclaration annuelle prévue à l'article L. 5212-5 à l'exclusion de la liste mentionnée au 1° de l'article R. 5212-2 est jointe au présent rapport ;
	d) Evolution du nombre de stagiaires de plus de 16 ans ;
	e) Formation professionnelle : investissements en formation, publics concernés ; - les orientations de la formation professionnelle dans l'entreprise telles qu'elles résultent de la consultation prévue à l'article L. 2312-24 ; - le résultat éventuel des négociations prévues à l'article L. 2241-6 ; - les informations relatives aux modalités d'accès à la formation professionnelle des salariés transmises par l'employeur à l'autorité administrative en application de l'article L. 6331-32 ; - les conclusions éventuelles des services de contrôle faisant suite aux vérifications effectuées en application de l'article L. 6361-4 ; - le bilan des actions comprises dans le plan de formation de l'entreprise pour l'année antérieure et pour l'année en cours comportant la liste des actions de formation, des bilans de compétences et des validations des acquis de l'expérience réalisés, rapportés aux effectifs concernés répartis par catégorie

1° INVESTISSEMENTS :	
A - Investissement social :	socioprofessionnelle et par sexe ; - les informations, pour l'année antérieure et l'année en cours, relatives aux congés individuels de formation, aux congés de bilan de compétences, aux congés de validation des acquis de l'expérience et aux congés pour enseignement accordés ; notamment leur objet, leur durée et leur coût, aux conditions dans lesquelles ces congés ont été accordés ou reportés ainsi qu'aux résultats obtenus ; - le nombre des salariés bénéficiaires de l'abondement mentionné au dernier alinéa du II de l'article L. 6315-1 ainsi que les sommes versées à ce titre ; - le nombre des salariés bénéficiaires de l'entretien professionnel mentionné au I de l'article L. 6315-1. Le bilan, pour l'année antérieure et l'année en cours, des conditions de mise en œuvre des contrats d'alternance : - les emplois occupés pendant et à l'issue de leur action ou de leur période de professionnalisation ; - les effectifs intéressés par âge, sexe et niveau initial de formation (D. 2323-6) ; - les résultats obtenus en fin d'action ou de période de professionnalisation ainsi que les conditions d'appréciation et de validation. Le bilan de la mise en œuvre du compte personnel de formation ;
	f) Conditions de travail : durée du travail dont travail à temps partiel et aménagement du temps de travail ; Données sur le travail à temps partiel : - nombre, sexe et qualification des salariés travaillant à temps partiel ; - horaires de travail à temps partiel pratiqués dans l'entreprise ; le programme annuel de prévention des risques professionnels et d'amélioration des conditions de travail prévu au 2° de l'article L. 2312-27 établi à partir des analyses mentionnées à l'article L. 4612-2 et fixant la liste détaillée des mesures devant être prises au cours de l'année à venir dans les mêmes domaines afin de satisfaire, notamment : i - Aux principes généraux de prévention prévus aux articles L. 4121-1 à L. 4121-5 et L. 4221-1 ; ii - A l'information et à la formation des travailleurs prévues aux articles L. 4141-1 à L. 4143-1 ; iii - A l'information et à la formation des salariés titulaires d'un contrat de travail à durée déterminée et des salariés temporaires prévues aux articles L.4154-2 et L. 4154-4 ; iv - A la coordination de la prévention prévue aux articles L. 4522-1 et L. 4522-2.
B- Investissement matériel et immatériel :	a) Evolution des actifs nets d'amortissement et de dépréciations éventuelles (immobilisations) ;
	b) Le cas échéant, dépenses de recherche et développement ;
	c) Mesures envisagées en ce qui concerne l'amélioration, le renouvellement ou la transformation des méthodes de production et d'exploitation et incidences de ces mesures sur les conditions de travail et l'emploi ;

2° EGALITÉ PROFESSIONNELLE ENTRE LES FEMMES ET LES HOMMES AU SEIN DE L'ENTREPRISE :	
A - Analyse des données chiffrées :	Analyse des données chiffrées par catégorie professionnelle de la situation respective des femmes et des hommes en matière d'embauche, de formation, de promotion professionnelle, de qualification, de classification, de conditions de travail, de santé et de sécurité au travail, de rémunération effective et d'articulation entre l'activité professionnelle et l'exercice de la responsabilité familiale ; analyse des écarts de salaires et de déroulement de carrière en fonction de leur âge, de leur qualification et de leur ancienneté ; description de l'évolution des taux de promotion respectifs des femmes et des hommes par métiers dans l'entreprise selon les différents contrats de travail (CDI ou CDD) ;
B - Stratégie d'action :	A partir de l'analyse des données chiffrées mentionnées au A du 2°, la stratégie comprend les éléments suivants : - mesures prises au cours de l'année écoulée en vue d'assurer l'égalité professionnelle. Bilan des actions de l'année écoulée et, le cas échéant, de l'année précédente. Evaluation du niveau de réalisation des objectifs sur la base des indicateurs retenus. Explications sur les actions prévues non réalisées ; - objectifs de progression pour l'année à venir et indicateurs associés. Définition qualitative et quantitative des mesures permettant de les atteindre conformément à l'article R. 2242-2. Evaluation de leur coût. Echéancier des mesures prévues ;

3° FONDS PROPRES, ENDETTEMENT ET IMPÔTS :
a) Capitaux propres de l'entreprise ;
b) Emprunts et dettes financières dont échéances et charges financières ;
c) Impôts et taxes ;

4° RÉMUNÉRATION DES SALARIÉS ET DIRIGEANTS, DANS L'ENSEMBLE DE LEURS ÉLÉMENTS :	
A - Evolution des rémunérations salariales :	a) Frais de personnel y compris cotisations sociales, évolutions salariales par catégorie et par sexe, salaire de base minimum, salaire moyen ou médian, par sexe et par catégorie professionnelle ;
	b) Pour les entreprises soumises aux dispositions de l'article L. 225-115 du Code de commerce, montant global des rémunérations visées au 4° de cet article ;
	c) Epargne salariale : intéressement, participation ;

5° ACTIVITÉS SOCIALES ET CULTURELLES : MONTANT DE LA CONTRIBUTION AUX ACTIVITÉS SOCIALES ET CULTURELLES DU COMITÉ D'ENTREPRISE, MÉCÉNAT ;

6° RÉMUNÉRATION DES FINANCEURS, EN DEHORS DES ÉLÉMENTS MENTIONNÉS AU 4° :
A - Rémunération des actionnaires (revenus distribués) ;
B - Rémunération de l'actionnariat salarié (montant des actions détenues dans le cadre de l'épargne salariale, part dans le capital, dividendes reçus) ;

7° FLUX FINANCIERS À DESTINATION DE L'ENTREPRISE :	
A - Aides publiques :	Aides ou avantages financiers consentis à l'entreprise par l'Union européenne, l'Etat, une collectivité territoriale, un de leurs établissements publics ou un organisme privé chargé d'une mission de service public, et leur utilisation. Pour chacune de ces aides, il est indiqué la nature de l'aide, son objet, son montant, les conditions de versement et d'emploi fixées, le cas échéant, par la personne publique qui l'attribue et son emploi ;
B - Réductions d'impôts ;	
C - Exonérations et réductions de cotisations sociales ;	
D - Crédits d'impôts ;	
E - Mécénat ;	
F - Résultats financiers :	a) Chiffre d'affaires, bénéfices ou pertes constatés ; b) Résultats d'activité en valeur et en volume ; c) Affectation des bénéfices réalisés ;

8° PARTENARIATS :
A - Partenariats conclus pour produire des services ou des produits pour une autre entreprise ;
B - Partenariats conclus pour bénéficier des services ou des produits d'une autre entreprise ;

9° POUR LES ENTREPRISES APPARTENANT À UN GROUPE, TRANSFERTS COMMERCIAUX ET FINANCIERS ENTRE LES ENTITÉS DU GROUPE :
A - Transferts de capitaux tels qu'ils figurent dans les comptes individuels des sociétés du groupe lorsqu'ils présentent une importance significative, notamment transferts de capitaux importants entre la société mère et les filiales ;
B - Cessions, fusions, et acquisitions réalisées.

Entreprises d'au moins 300 salariés. En l'absence d'accord (*supra* – L. 2312-21), la BDES comporte les informations suivantes (R. 2312-8) (elle comporte également les informations relatives à la formation professionelle et aux conditions de travail prévues au 1° A f/ et g) de l'art. R. 2312-7) :

Tableau n° 15 - Contenu de la BDES - Entreprises ayant jusqu'à 300 salariés

1° INVESTISSEMENTS :	
A - Investissement social :	a) Evolution des effectifs par type de contrat, par âge, par ancienneté ; i - Effectif : Effectif total au 31/[1] [l] ; Effectif permanent[2] [l] ; Nombre de salariés titulaires d'un contrat de travail à durée déterminée au 31/[l] ; Effectif mensuel moyen de l'année considérée[3] [l] ; Répartition par sexe de l'effectif total au 31/12[l] ; Répartition par âge de l'effectif total au 31/12[4] [l] ; Répartition de l'effectif total au 31/12 selon l'ancienneté[5] [l] ; Répartition de l'effectif total au 31/12 selon la nationalité[l] : français / étrangers ; Répartition de l'effectif total au 31/12 selon une structure de qualification détaillée [l] ; ii -Travailleurs extérieurs : Nombre de salariés appartenant à une entreprise extérieure[6] ; Nombre de stagiaires (écoles, universités...)[7] ; Nombre moyen mensuel de salariés temporaires[8] ; Durée moyenne des contrats de travail temporaire ; Nombre de salariés de l'entreprise détachés ; Nombre de salariés détachés accueillis ;
	b) Evolution des emplois, notamment, par catégorie professionnelle ; i - Embauches : Nombre d'embauches par contrats de travail à durée indéterminée ; Nombre d'embauches par contrats de travail à durée déterminée (dont Nombre de contrats de travailleurs saisonniers)[l] ; Nombre d'embauches de salariés de moins de vingt-cinq ans ; ii - Départs : Total des départs[l] ; Nombre de démissions[l] ; Nombre de licenciements pour motif économique, dont départs en retraite et préretraite[l] ; Nombre de licenciements pour d'autres causes[l] ; Nombre de fins de contrats de travail à durée déterminée[l] ; Nombre de départs au cours de la période d'essai[9] [l] ; Nombre de mutations d'un établissement à un autre[l] ; Nombre de départs volontaires en retraite et préretraite (10)[l] ; Nombre de décès[l] ; iii - Promotions : Nombre de salariés promus dans l'année dans une catégorie supérieure[11] ; iv - Chômage : Nombre de salariés mis en chômage partiel pendant l'année considérée[l] ; Nombre total d'heures de chômage partiel pendant l'année considérée[12] [l] : - indemnisées ; - non indemnisées ; Nombre de salariés mis en chômage intempéries pendant l'année considérée[l] ; Nombre total d'heures de chômage intempéries pendant l'année considérée[l] : - indemnisées ; - non indemnisées ;
	c) Evolution de l'emploi des personnes handicapées et mesures prises pour le développer ; Nombre de travailleurs handicapés au 31 mars de l'année considérée[13] ; Nombre de travailleurs handicapés à la suite d'accidents du travail intervenus dans l'entreprise, employés au 31 mars de l'année considérée ;
	d) Evolution du nombre de stagiaires ;

<table>
<tr><th colspan="2">1° INVESTISSEMENTS :</th></tr>
<tr><td rowspan="2">A - Investissement social :</td><td>e) Formation professionnelle : investissements en formation, publics concernés ;
i - Formation professionnelle continue : Pourcentage de la masse salariale afférent à la formation continue ; Montant consacré à la formation continue : Formation interne ; formation effectuée en application de conventions ; versement à des fonds assurance formation ; versement auprès d'organismes agréés ; Trésor et autres ; total ; Nombre de stagiaires (II) ; Nombre d'heures de stage [II] : - rémunérées ; - non rémunérées. Décomposition par type de stages à titre d'exemple : adaptation, formation professionnelle, entretien ou perfectionnement des connaissances ;
ii - Congés formation : Nombre de salariés ayant bénéficié d'un congé formation rémunéré ; Nombre de salariés ayant bénéficié d'un congé formation non rémunéré ; Nombre de salariés auxquels a été refusé un congé formation ;
iii - Apprentissage : Nombre de contrats d'apprentissage conclus dans l'année ;</td></tr>
<tr><td>f) Conditions de travail : durée du travail dont travail à temps partiel et aménagement du temps de travail, les données sur l'exposition aux risques et aux facteurs de pénibilité, (accidents du travail, maladies professionnelles, absentéisme, dépenses en matière de sécurité)
i - Accidents du travail et de trajet : Taux de fréquence des accidents du travail[I] ; Nombre d'accidents avec arrêts de travail ; Nombre d'heures travaillées ; Nombre d'accidents de travail avec arrêt × 106 ; Nombre d'heures travaillées ; Taux de gravité des accidents du travail[I] ; Nombre des journées perdues ; Nombre d'heures travaillées ; . Nombre des journées perdues × 10^3 ; Nombre d'heures travaillées ; Nombre d'incapacités permanentes (partielles et totales) notifiées à l'entreprise au cours de l'année considérée (distinguer français et étrangers) ; Nombre d'accidents mortels : de travail, de trajet ;
Nombre d'accidents de trajet ayant entraîné un arrêt de travail ;
Nombre d'accidents dont sont victimes les salariés temporaires ou de prestations de services dans l'entreprise ; Taux et montant de la cotisation Sécurité sociale d'accidents de travail ;
ii - Répartition des accidents par éléments matériels[28] : Nombre d'accidents liés à l'existence de risques graves - codes 32 à 40 ; Nombre d'accidents liés à des chutes avec dénivellation - code 02 ; Nombre d'accidents occasionnés par des machines (à l'exception de ceux liés aux risques ci-dessus)
- codes 09 à 30 ; Nombre d'accidents de circulation-manutention - stockage
- codes 01, 03, 04 et 06, 07, 08 ; Nombre d'accidents occasionnés par des objets, masses, particules en mouvement accidentel - code 05 ; Autres cas ;
iii - Maladies professionnelles : Nombre et dénomination des maladies professionnelles déclarées à la Sécurité sociale au cours de l'année ; Nombre de salariés atteints par des affections pathologiques à caractère professionnel et caractérisation de celles-ci ; Nombre de déclarations par l'employeur de procédés de travail susceptibles de provoquer des maladies professionnelles[29] ;
iv - Dépenses en matière de sécurité : Effectif formé à la sécurité dans l'année ; Montant des dépenses de formation à la sécurité réalisées dans l'entreprise ; Taux de réalisation du programme de sécurité présenté l'année précédente ; Existence et nombre de plans spécifiques de sécurité ;
v - Durée et aménagement du temps de travail : Horaire hebdomadaire moyen affiché des ouvriers et employés ou catégories assimilées[30] [I] ;</td></tr>
</table>

1° INVESTISSEMENTS :	
A - Investissement social :	Nombre de salariés ayant bénéficié d'un repos compensateur[l] : - au titre du présent code[31] ; - au titre d'un régime conventionne [l] ; Nombre de salariés bénéficiant d'un système d'horaires individualisés[32] [l] ; Nombre de salariés employés à temps partiel [l] : - entre 20 et 30 heures[33] ; - autres formes de temps partiel ; Nombre de salariés ayant bénéficié tout au long de l'année considérée de deux jours de repos hebdomadaire consécutifs[l] ; Nombre moyen de jours de congés annuels (non compris le repos compensateur)[34] [l] ; Nombre de jours fériés payés[35] [l] ; vi - Absentéisme : Nombre de journées d'absence[15] [l] ; Nombre de journées théoriques travaillées ; Nombre de journées d'absence pour maladie [l] ; Répartition des absences pour maladie selon leur durée [16] [l] ; Nombre de journées d'absence pour accidents du travail et de trajet ou maladies professionnelles[l] ; Nombre de journées d'absence pour maternité[l] ; Nombre de journées d'absence pour congés autorisés (événements familiaux, congés spéciaux pour les femmes…)[l] ; Nombre de journées d'absence imputables à d'autres causes[l] ; vii - Organisation et contenu du travail : Nombre de personnes occupant des emplois à horaires alternant ou de nuit ; Nombre de personnes occupant des emplois à horaires alternant ou de nuit de plus de cinquante ans ; Salarié affecté à des tâches répétitives au sens de la définition du travail à la chaîne résultant du décret n° 76-404 du 10 mai 1976[36] (distinguer femmes-hommes) ; viii - Conditions physiques de travail : Nombre de personnes exposées de façon habituelle et régulière à plus de 85 dbs à leur poste de travail ; Réaliser une carte du son par atelier[37] ; Nombre de salariés exposés à la chaleur au sens de la définition contenue dans le décret n° 76-404 du 10 mai 1976 [38] ; Nombre de salariés travaillant aux intempéries de façon habituelle et régulière, au sens de la définition contenue dans le décret n° 76-404 du 10 mai 1976[39] ; Nombre de prélèvements, d'analyses de produits toxiques et mesures[40] ; ix - Transformation de l'organisation du travail : Expériences de transformation de l'organisation du travail en vue d'en améliorer le contenu[41] ; x - Dépenses d'amélioration de conditions de travail : Montant des dépenses consacrées à l'amélioration des conditions de travail dans l'entreprise[42] ; Taux de réalisation du programme d'amélioration des conditions de travail dans l'entreprise l'année précédente ; xi - Médecine du travail[43] : Nombre d'examens cliniques (distinguer les travailleurs soumis à surveillance médicale et les autres) ; Nombre d'examens complémentaires (distinguer les travailleurs soumis à surveillance et les autres) ; Part du temps consacré par le médecin du travail à l'analyse et à l'intervention en milieu de travail ; xii - Travailleurs inaptes : Nombre de salariés déclarés définitivement inaptes à leur emploi par le médecin du travail ; Nombre de salariés reclassés dans l'entreprise à la suite d'une inaptitude ;
B- Investissement matériel et immatériel :	a) Evolution des actifs nets d'amortissement et de dépréciations éventuelles (immobilisations) ;
	b) Le cas échéant, dépenses de recherche et développement ;
	c) L'évolution de la productivité et le taux d'utilisation des capacités de production, lorsque ces éléments sont mesurables dans l'entreprise ;

C - Pour les entreprises soumises aux dispositions du cinquième alinéa de l'article L. 225-102-1 du Code de commerce, informations environnementales présentées en application de cet alinéa et mentionnées au 2° du I de l'article R. 225-105-1 de ce Code ;

2° EGALITÉ PROFESSIONNELLE ENTRE LES FEMMES ET LES HOMMES AU SEIN DE L'ENTREPRISE :

I. Indicateurs sur la situation comparée des femmes et des hommes dans l'entreprise :

A -Conditions générales d'emploi :	a) Effectifs : Données chiffrées par sexe : - Répartition par catégorie professionnelle selon les différents contrats de travail (CDI ou CDD) ;
	b) Durée et organisation du travail : Données chiffrées par sexe : - Répartition des effectifs selon la durée du travail : temps complet, temps partiel (compris entre 20 et 30 heures et autres formes de temps partiel) ; - Répartition des effectifs selon l'organisation du travail : travail posté, travail de nuit, horaires variables, travail atypique dont travail durant le week-end ;
	c) Données sur les congés : Données chiffrées par sexe : - Répartition par catégorie professionnelle ; - Selon le nombre et le type de congés dont la durée est supérieure à six mois : compte épargne-temps, congé parental, congé sabbatique ;
	d)) Données sur les embauches et les départs : Données chiffrées par sexe : - répartition des embauches par catégorie professionnelle et type de contrat de travail ; - répartition des départs par catégorie professionnelle et motifs : retraite, démission, fin de contrat de travail à durée déterminée, licenciement ;
	e) Positionnement dans l'entreprise : Données chiffrées par sexe : - répartition des effectifs par catégorie professionnelle ; - répartition des effectifs par niveau ou coefficient hiérarchique ;
B - Rémunérations et déroulement de carrière :	a) Promotion : Données chiffrées par sexe : - nombre et taux de promotions par catégorie professionnelle ; - durée moyenne entre deux promotions ;
	b) Ancienneté : Données chiffrées par sexe : -ancienneté moyenne par catégorie professionnelle ; - ancienneté moyenne dans la catégorie professionnelle ; - ancienneté moyenne par niveau ou coefficient hiérarchique ; - ancienneté moyenne dans le niveau ou le coefficient hiérarchique ;
	d) Rémunérations : Données chiffrées par sexe : - rémunération moyenne ou médiane mensuelle par catégorie professionnelle ; - rémunération moyenne ou médiane mensuelle par niveau ou coefficient hiérarchique. Cet indicateur n'a pas à être renseigné lorsque sa mention est de nature à porter atteinte à la confidentialité des données correspondantes, compte tenu notamment du nombre réduit d'individus dans un niveau ou coefficient hiérarchique ; - rémunération moyenne ou médiane mensuelle par tranche d'âge ; - nombre de femmes dans les dix plus hautes rémunérations ;

C - Formation :	Données chiffrées par sexe : Répartition par catégorie professionnelle selon : - le nombre moyen d'heures d'actions de formation par salarié et par an ; - la répartition par type d'action : adaptation au poste, maintien dans l'emploi, développement des compétences ;
D - Conditions de travail, santé et sécurité au travail :	Données générales par sexe : - répartition par poste de travail selon : - l'exposition à des risques professionnels ; - la pénibilité, dont le caractère répétitif des tâches ; Données chiffrées par sexe : - accidents de travail, accidents de trajet et maladies professionnelles : - nombre d'accidents de travail ayant entraîné un arrêt de travail ; - nombre d'accidents de trajet ayant entraîné un arrêt de travail ; - répartition des accidents par éléments matériels selon les modalités définies au 3.2 de l'article R. 2323-17 ; - nombre et dénomination des maladies professionnelles déclarées à la Sécurité sociale au cours de l'année ; - nombre de journée d'absence pour accidents de travail, accidents de trajet ou maladies professionnelles ; - maladies : - nombre d'arrêts de travail ; - nombre de journées d'absence ; - maladies ayant donné lieu à un examen de reprise du travail en application du 3° (e) l'article R. 4624-22 : - nombre d'arrêts de travail ; - nombre de journées d'absence ;
II. Indicateurs relatifs à l'articulation entre l'activité professionnelle et l'exercice de la responsabilité familiale :	
A - Congés :	a) Existence d'un complément de salaire versé par l'employeur pour le congé de paternité, le congé de maternité, le congé d'adoption ;
	b) Données chiffrées par catégorie professionnelle : - nombre de jours de congés de paternité pris par le salarié par rapport au nombre de jours de congés théoriques ;
B - Organisation du temps de travail dans l'entreprise :	a) Existence de formules d'organisation du travail facilitant l'articulation de la vie familiale et de la vie professionnelle ;
	b) Données chiffrées par sexe et par catégorie professionnelle : - nombre de salariés ayant accédé au temps partiel choisi ; - nombre de salariés à temps partiel choisi ayant repris un travail à temps plein ;
	c) Services de proximité : - participation de l'entreprise et du comité d'entreprise aux modes d'accueil de la petite enfance ; - évolution des dépenses éligibles au crédit d'impôt famille.

Concernant la notion de catégorie professionnelle, il peut s'agir de fournir des données distinguant :

a) Les ouvriers, les employés, techniciens, agents de maîtrise et les cadres ;
b) Ou les catégories d'emplois définies par la classification ;
c) Ou toute catégorie pertinente au sein de l'entreprise.

Toutefois, l'indicateur relatif à la rémunération moyenne ou médiane mensuelle comprend au moins deux niveaux de comparaison dont celui mentionné ci-dessus.

2° EGALITÉ PROFESSIONNELLE ENTRE LES FEMMES ET LES HOMMES AU SEIN DE L'ENTREPRISE :

III. Stratégie d'action :

A partir de l'analyse des indicateurs mentionnés aux I et II, la stratégie d'action comprend les éléments suivants :

- mesures prises au cours de l'année écoulée en vue d'assurer l'égalité professionnelle. Bilan des actions de l'année écoulée et, le cas échéant, de l'année précédente. Evaluation du niveau de réalisation des objectifs sur la base des indicateurs retenus. Explications sur les actions prévues non réalisées ;
- objectifs de progression pour l'année à venir et indicateurs associés. Définition qualitative et quantitative des mesures permettant de les atteindre conformément à l'article R. 2242-2. Evaluation de leur coût. Echéancier des mesures prévues ;

3° FONDS PROPRES, ENDETTEMENT ET IMPÔTS :

	a) Capitaux propres de l'entreprise ;
	b) Emprunts et dettes financières dont échéances et charges financières ;
	b) Impôts et taxes ;

4° RÉMUNÉRATION DES SALARIÉS ET DIRIGEANTS, DANS L'ENSEMBLE DE LEURS ÉLÉMENTS :

A - Evolution des rémunérations salariales :	a) Frais de personnel[24] y compris cotisations sociales, évolutions salariales par catégorie et par sexe, salaire de base minimum, salaire moyen ou médian, par sexe et par catégorie professionnelle ; i - Montant des rémunérations : Choix de deux indicateurs dans l'un des groupes suivants : - rapport entre la masse salariale annuelle[18] [II] et l'effectif mensuel moyen ; - rémunération moyenne du mois de décembre (effectif permanent) hors primes à périodicité non mensuelle - base 35 heures[II] ; OU - rémunération mensuelle moyenne[19] [II] ; - part des primes à périodicité non mensuelle dans la déclaration de salaire[II] ; - grille des rémunérations[20] ; ii - Hiérarchie des rémunérations : Choix d'un des deux indicateurs suivants : - rapport entre la moyenne des rémunérations des 10 % des salariés touchant les rémunérations les plus élevées et celle correspondant au 10 % des salariés touchant les rémunérations les moins élevées ; OU - rapport entre la moyenne des rémunérations des cadres ou assimilés (y compris cadres supérieurs et dirigeants) et la moyenne des rémunérations des ouvriers non qualifiés ou assimilés[21] ; - montant global des dix rémunérations les plus élevées ; iii - Mode de calcul des rémunérations : Pourcentage des salariés dont le salaire dépend, en tout ou partie, du rendement[22]. Pourcentage des ouvriers et employés payés au mois sur la base de l'horaire affiché. iv - Charge salariale globale.
	b) Pour les entreprises soumises aux dispositions de l'article L. 225-115 du Code de commerce, montant global des rémunérations visées au 4° de cet article ;

B- Epargne salariale : intéressement, participation :	Montant global de la réserve de participation[25] ; Montant moyen de la participation et/ ou de l'intéressement par salarié bénéficiaire[26] [I] ; Part du capital détenu par les salariés[27] grâce à un système de participation (participation aux résultats, intéressement, actionnariat…) ;
C - Rémunérations accessoires : primes par sexe et par catégorie professionnelle, avantages en nature, régimes de prévoyance et de retraite complémentaire ;	
Avantages sociaux dans l'entreprise : pour chaque avantage préciser le niveau de garantie pour les catégories retenues pour les effectifs[I] ;	
D - Rémunération des dirigeants mandataires sociaux telles que présentées dans le rapport de gestion en application des trois premiers alinéas de l'article L. 225-102-1 du Code de commerce, pour les entreprises soumises à l'obligation de présenter le rapport visé à l'article L. 225-102 du même Code ;	

5° REPRÉSENTATION DU PERSONNEL ET ACTIVITÉS SOCIALES ET CULTURELLES : MONTANT DE LA CONTRIBUTION AUX ACTIVITÉS SOCIALES ET CULTURELLES DU COMITÉ D'ENTREPRISE, MÉCÉNAT :

A - Représentation du personnel :	a) Représentants du personnel et délégués syndicaux : Composition des comités sociaux et économiques et/ ou d'établissement avec indication, s'il y a lieu, de l'appartenance syndicale ; Participation aux élections (par collège) par catégories de représentants du personnel ; Volume global des crédits d'heures utilisés pendant l'année considérée ; Nombre de réunions avec les représentants du personnel et les délégués syndicaux pendant l'année considérée ; Dates et signatures et objet des accords conclus dans l'entreprise pendant l'année considérée ; Nombre de personnes bénéficiaires d'un congé d'éducation ouvrière[45] ;
	b) Information et communication : Nombre d'heures consacrées aux différentes formes de réunion du personnel[46] ; Eléments caractéristiques du système d'accueil ; Eléments caractéristiques du système d'information ascendante ou descendante et niveau d'application ; Eléments caractéristiques du système d'entretiens individuels[47] ;
	c) Différends concernant l'application du droit du travail[48] ;

6° RÉMUNÉRATION DES FINANCEURS, EN DEHORS DES ÉLÉMENTS MENTIONNÉS AU 4° :

A - Rémunération des actionnaires (revenus distribués) ;

B - Rémunération de l'actionnariat salarié (montant des actions détenues dans le cadre de l'épargne salariale, part dans le capital, dividendes reçus) ;

7° FLUX FINANCIERS À DESTINATION DE L'ENTREPRISE :	
A - Aides publiques :	Les aides ou avantages financiers consentis à l'entreprise par l'Union européenne, l'Etat, une collectivité territoriale, un de leurs établissements publics ou un organisme privé chargé d'une mission de service public, et leur utilisation ; Pour chacune des aides mentionnées au 8° qui entre dans le champ d'application de la procédure décrite à l'article R. 2312-28, l'employeur indique la nature de l'aide, son objet, son montant, les conditions de versement et d'emploi fixées, le cas échéant, par la personne publique qui l'attribue et son utilisation ;
B - Réductions d'impôts ;	
C - Exonérations et réductions de cotisations sociales ;	
D - Crédits d'impôts ;	
E - Mécénat ;	
F - Résultats financiers	a) Le chiffre d'affaires ;
	b) Les bénéfices ou pertes constatés ;
	c) Les résultats globaux de la production en valeur et en volume ;
	d) L'affectation des bénéfices réalisés ;

8° PARTENARIATS :
A - Partenariats conclus pour produire des services ou des produits pour une autre entreprise ;
B - Partenariats conclus pour bénéficier des services ou des produits d'une autre entreprise ;

9° POUR LES ENTREPRISES APPARTENANT À UN GROUPE, TRANSFERTS COMMERCIAUX ET FINANCIERS ENTRE LES ENTITÉS DU GROUPE :
A - Transferts de capitaux tels qu'ils figurent dans les comptes individuels des sociétés du groupe lorsqu'ils présentent une importance significative ;
B - Cessions, fusions, et acquisitions réalisées.

Notes

I. Une structure de qualification détaillée, en trois ou quatre postes minimum, est requise. Il est souhaitable de faire référence à la classification de la convention collective, de l'accord d'entreprise et aux pratiques habituellement retenues dans l'entreprise.

A titre d'exemple la répartition suivante peut être retenue : cadres ; employés, techniciens et agents de maîtrise (ETAM) ; et ouvriers.

II. Une structure de qualification détaillée en cinq ou six postes minimum est requise. Il est souhaitable de faire référence à la classification de la convention collective, de l'accord d'entreprise et aux pratiques habituellement retenues dans l'entreprise.

A titre d'exemple, la répartition suivante des postes peut être retenue : cadres ; techniciens ; agents de maîtrise ; employés qualifiés ; employés non qualifiés ; ouvriers qualifiés ; ouvriers non qualifiés.

Doivent en outre être distinguées les catégories femmes et hommes.

(1) Effectif total : tout salarié inscrit à l'effectif au 31/12 quelle que soit la nature de son contrat de travail.

(2) Effectif permanent : les salariés à temps plein, inscrits à l'effectif pendant toute l'année considérée et titulaires d'un contrat de travail à durée indéterminée.

(3) Somme des effectifs totaux mensuels 12 (on entend par effectif total tout salarié inscrit à l'effectif au dernier jour du mois considéré).

(4) La répartition retenue est celle habituellement utilisée dans l'entreprise à condition de distinguer au moins quatre catégories, dont les jeunes de moins de 25 ans.

(5) La répartition selon l'ancienneté est celle habituellement retenue dans l'entreprise.

(6) Il s'agit des catégories de travailleurs extérieurs dont l'entreprise connaît le nombre, soit parce qu'il figure dans le contrat signé avec l'entreprise extérieure, soit parce que ces travailleurs sont inscrits aux effectifs. Exemple : démonstrateurs dans le commerce…

(7) Stages supérieurs à une semaine.

(8) Est considérée comme salarié temporaire toute personne mise à la disposition de l'entreprise, par une entreprise de travail temporaire.

(9) A ne remplir que si ces départs sont comptabilisés dans le total des départs.

(10) Distinguer les différents systèmes légaux et conventionnels de toute nature.

(11) Utiliser les catégories de la nomenclature détaillée II.

(12) Y compris les heures indemnisées au titre du chômage total en cas d'arrêt de plus de quatre semaines consécutives.

(13) Tel qu'il résulte de la déclaration obligatoire prévue à l'article R. 5212-2.

(14) Possibilités de comptabiliser tous les indicateurs de la rubrique absentéisme, au choix, en journées, 1/2 journées ou heures.

(15) Ne sont pas comptés parmi les absences : les diverses sortes de congés, les conflits et le service national.

(16) Les tranches choisies sont laissées au choix des entreprises.

(17) On entend par rémunération la somme des salaires effectivement perçus pendant l'année par le salarié (au sens de la déclaration annuelle des salaires).

(18) Masse salariale annuelle totale, au sens de la déclaration annuelle de salaire.

(19) Rémunération mensuelle moyenne :

$$\frac{1/2 \sum \text{(masse salariale du mois i)}}{\text{(effectif du mois i)}}$$

(20) Faire une grille des rémunérations en distinguant au moins six tranches.

(21) Pour être prises en compte, les catégories concernées doivent comporter au minimum dix salariés.

(22) Distinguer les primes individuelles et les primes collectives.

(23) Prestataires de services, régies…

(24) Frais de personnel : ensemble des rémunérations et des cotisations sociales mises légalement ou conventionnellement à la charge de l'entreprise.

(25) Le montant global de la réserve de participation est le montant de la réserve dégagée - ou de la provision constituée - au titre de la participation sur les résultats de l'exercice considéré.

(26) La participation est envisagée ici au sens du titre II du livre III de la partie III.

(27) Non compris les dirigeants.

(28) Faire référence aux codes de classification des éléments matériels des accidents (arrêté du 10 octobre 1974).

(29) En application de l'article L. 461-4 du Code de la Sécurité sociale.

(30) Il est possible de remplacer cet indicateur par la somme des heures travaillées durant l'année.

(31) Au sens des dispositions du présent Code et du Code rural et de la pêche maritime instituant un repos compensateur en matière d'heures supplémentaires.

(32) Au sens de l'article L. 3121-48.

(33) Au sens de l'article L. 3123-1.

(34) Cet indicateur peut être calculé sur la dernière période de référence.

(35) Préciser, le cas échéant, les conditions restrictives.

(36) Article 70-3 c du décret du 29 décembre 1945 : Sont considérés comme travaux à la chaîne :

-les travaux effectués dans une organisation comportant un dispositif automatique d'avancement à cadence constante des pièces en cours de fabrication ou de montage en vue de la réalisation d'opérations élémentaires et successives aux différents postes de travail ;

-les travaux effectués sur des postes de travail indépendants consistant en la conduite ou l'approvisionnement de machines à cycle automatique et à cadence préréglée en vue de la réalisation d'opérations élémentaires et successives aux différents postes de travail ;

-les travaux effectués sur des postes indépendants sans dispositif automatique d'avancement des pièces où la cadence est imposée par le mode de rémunération ou le temps alloué pour chaque opération élémentaire.

(37) Cette carte n'est à réaliser que par les établissements qui ont une réponse non nulle à l'indicateur précédent.

(38) Article 70-3 d du décret du 29 décembre 1945 : Sont considérés comme travaux au four, les travaux exposant de façon habituelle et régulière à une forte chaleur ambiante ou rayonnante résultant de l'utilisation d'un traitement thermique, d'un processus de cuisson, de la transformation de produits en état de fusion, d'ignition ou d'incandescence ou de la production d'énergie thermique.

(39) Article 70-3 e du décret du 29 décembre 1945 : Sont considérés comme travaux exposant aux intempéries sur les chantiers, les travaux soumis au régime d'indemnisation définie aux articles L. 5424-11 et suivants du Code du travail ainsi que les travaux effectués de façon habituelle et régulière sur les chantiers souterrains ou subaquatiques, ou en plein air sur les constructions et ouvrages, les aires de stockage et de manutention.

(40) Renseignements tirés du rapport annuel du médecin du travail (arrêté du 10 décembre 1971).

(41) Pour l'explication de ces expériences d'amélioration du contenu du travail, donner le nombre de salariés concernés.

(42) Non compris l'évaluation des dépenses en matière de santé et de sécurité.

(43) Renseignements tirés du rapport annuel du médecin du travail (arrêté du 10 décembre 1971).

(44) Conformément à la déclaration annuelle des employeurs 2483 relative au financement de la formation professionnelle continue.

(45) Au sens des articles L. 2145-5 et suivants.

(46) On entend par réunion du personnel, les réunions régulières de concertation, concernant les relations et conditions de travail organisées par l'entreprise.

(47) Préciser leur périodicité.

(48) Avec indication de la nature du différend et, le cas échéant, de la solution qui y a mis fin.

(49) Dépenses consolidées de l'entreprise. La répartition est indiquée ici à titre d'exemple.

(50) (51) Versements directs ou par l'intermédiaire d'assurances.

Dispositions supplétives. Mise en place et fonctionnement de la BDES. En l'absence d'accord (*supra* – L. 2312-21) :

– Les informations figurant dans la BDES portent sur l'année en cours, sur les deux années précédentes et, telles qu'elles peuvent être envisagées, sur les trois années suivantes. Ces informations sont présentées sous forme de données chiffrées ou, à défaut, pour les années suivantes, sous forme de grandes tendances. L'employeur indique, pour ces années, les informations qui, eu égard à leur nature ou aux circonstances, ne peuvent pas faire l'objet de données chiffrées ou de grandes tendances, pour les raisons qu'il précise (R. 2312-10).

– ***La BDES est constituée au niveau de l'entreprise.*** Dans les entreprises dotées d'un CSÉ central, la BDES comporte les informations que l'employeur met à disposition de ce comité et des comités d'établissement. Les éléments d'information sont régulièrement mis à jour, au moins dans le respect des périodicités prévues par le Code (R. 2312-11).

– ***La BDES est tenue à la disposition des membres de la délégation du personnel au CSÉ et des DS*** sur un support informatique pour les entreprises d'au moins 300 salariés, et sur un support informatique ou papier pour les entreprises de moins de 300 salariés. L'employeur informe ces personnes de l'actualisation de la BDES selon des modalités qu'il détermine et fixe les modalités d'accès, de consultation et d'utilisation de la base. Ces modalités permettent aux élus du CSÉ et aux DS d'exercer utilement leurs compétences respectives (R. 2312-12).

– La mise à disposition actualisée dans la BDES des éléments d'information contenus dans les rapports et des informations transmis de manière récurrente au CSÉ vaut communication à celui-ci des rapports et informations lorsque les conditions cumulatives suivantes sont remplies :

- les informations sont présentées sous forme de données chiffrées ou, à défaut, pour les années suivantes, sous forme de grandes tendances (R. 2312-10) ;
- l'employeur met à disposition des membres du CSÉ les éléments d'analyse ou d'explication prévus par le Code (R. 2312-14).

Dispositions supplétives - Consultations du CSÉ

En l'absence d'accord d'entreprise (*supra* – L. 2312-19), ***le CSÉ est consulté chaque année*** sur :

- 1° Les orientations stratégiques de l'entreprise ;
- 2° La situation économique et financière de l'entreprise ;
- 3° La politique sociale de l'entreprise, les conditions de travail et l'emploi.

Les consultations prévues aux 1° et 2° sont conduites au niveau de l'entreprise, sauf si l'employeur en décide autrement (et sous réserve de l'accord de groupe – L. 2312-20).

La consultation prévue au 3° est conduite à la fois au niveau central et au niveau des établissements lorsque sont prévues des mesures d'adaptation spécifiques à ces établissements (L. 2312-22).

Consultation annuelle sur les orientations stratégiques de l'entreprise

Le CSÉ est consulté sur les orientations stratégiques de l'entreprise, définies par l'organe chargé de l'administration ou de la surveillance de l'entreprise, et sur leurs conséquences sur l'activité, l'emploi, l'évolution des métiers et des compétences, l'organisation du travail, le recours à la sous-traitance, à l'intérim, à des contrats temporaires et à des stages. Cette consultation porte, en outre, sur ***la gestion prévisionnelle des emplois et des compétences*** et sur ***les orientations de la formation professionnelle***. Le CSÉ émet un avis sur les orientations stratégiques de l'entreprise et peut proposer des orientations alternatives. Cet avis est transmis à l'organe chargé de l'administration ou de la surveillance de l'entreprise, qui formule une réponse argumentée. Le comité en reçoit communication et peut y répondre (L. 2312-24).

Consultation annuelle sur la situation économique et financière de l'entreprise

I. La consultation annuelle sur la situation économique et financière de l'entreprise porte également sur ***la politique de recherche et de développement technologique de l'entreprise***, y compris sur l'utilisation du crédit d'impôt pour les dépenses de recherche (la consultation sur l'utilisation du crédit d'impôt pour la compétitivité et l'emploi est intégrée dans cette consultation).

L'avis du CSÉ est transmis à l'organe chargé de l'administration ou de la surveillance de l'entreprise. Lorsque le CSÉ constate que tout ou partie du crédit d'impôt n'a pas été utilisé conformément au Code général des impôts, il peut demander des explications (L. 2312-61 et L. 2312-62).

II. En vue de cette consultation, l'employeur met à la disposition du comité :

- 1° ***Les informations sur l'activité et sur la situation économique et financière de l'entreprise ainsi que sur ses perspectives pour l'année à venir ;*** ces informations sont tenues à la disposition de l'autorité administrative ;
- 2° Pour toutes les sociétés commerciales, ***les documents obligatoirement transmis annuellement à l'assemblée générale des actionnaires ou à l'assemblée des associés***, notamment le rapport de gestion (L. 225-102-1 Code de commerce) qui comprend les informations relatives à la responsabilité sociale et environnementale des entreprises (RSE), les communications et les copies transmises aux actionnaires (L. 225-100 à L. 225-102-2, L. 225-108 et L. 225-115 à L. 225-118 C. commerce), ainsi que le rapport des commissaires aux comptes ; le CSÉ peut convoquer les commissaires aux comptes pour recevoir leurs explications sur les différents postes des documents communiqués ainsi que sur la situation financière de l'entreprise ;
- 3° Pour les sociétés commerciales (L. 232-2 C. commerce) et les groupements d'intérêt économique (L. 251-13 C. commerce), les documents (L. 251-13, L. 232-3 et L. 232-4 C. commerce). Ces documents sont réputés confidentiels (L. 2315-3) ;
- 4° Pour les entreprises ne revêtant pas la forme de société commerciale, les documents comptables qu'elles établissent ;
- 5° Les informations relatives à la politique de recherche et de développement technologique de l'entreprise (L. 2312-25).

En l'absence d'accord d'entreprise fixant ces règles (L. 2312-19 *supra*), l'employeur met à la disposition du CSÉ :

- dans les entreprises de moins de 300 salariés : les informations prévues aux rubriques 1° B-, 7° A- et 7° F-, 8° et 9° de la BDES (R. 2312-7 *supra*) (R. 2312-16) ;
- dans les entreprises d'au moins de 300 salariés : les informations prévues aux rubriques 1° B-, 1° C-, 7° A-, 7° F-, 8° et 9° de la BDES (R. 2312-10 *supra*) (R. 2312-17).

Consultation annuelle sur la politique sociale de l'entreprise, les conditions de travail et l'emploi

I. La consultation annuelle sur la politique sociale de l'entreprise, les conditions de travail et l'emploi porte sur ***l'évolution de l'emploi, les qualifications, le programme pluriannuel de formation, les actions de formation envisagées par l'employeur, l'apprentissage, les conditions d'accueil en stage, les actions de prévention en matière de santé et de sécurité, les conditions de travail, les congés***

et l'aménagement du temps de travail, la durée du travail, l'égalité professionnelle entre les femmes et les hommes et les modalités d'exercice du droit d'expression des salariés dans les entreprises non couvertes par un accord sur l'égalité professionnelle et la qualité de vie au travail contenant des dispositions sur ce droit.

Le CSÉ peut se prononcer par un ***avis*** unique portant sur l'ensemble des thèmes énoncés ou par des avis séparés organisés au cours de consultations propres à chacun de ces thèmes.

II. À cette fin, l'***employeur met à la disposition du CSÉ*** :

1° Les ***informations*** sur l'évolution de l'emploi, des qualifications, de la formation et des salaires, sur les actions en faveur de l'emploi des travailleurs handicapés, sur le nombre et les conditions d'accueil des stagiaires, sur l'apprentissage et sur le recours aux contrats de travail à durée déterminée, aux contrats de mission conclus avec une entreprise de travail temporaire ou aux contrats conclus avec une entreprise de portage salarial.

2° Les informations et les indicateurs chiffrés sur ***la situation comparée des femmes et des hommes au sein de l'entreprise*** (L. 2312-36-2°), ainsi que l'accord relatif à l'égalité professionnelle entre les femmes et les hommes issu de la négociation (L. 2242-1-2°) ou, à défaut, le plan d'action (L. 2242-3).

3° Les informations sur ***le plan de formation du personnel*** de l'entreprise.

4° Les informations sur la mise en œuvre des contrats et des périodes de professionnalisation et du compte personnel de formation.

5° Les informations sur la durée du travail portant sur :

- les ***heures supplémentaires*** accomplies dans la limite et au-delà du contingent annuel applicable dans l'entreprise ;
- à défaut de détermination du contingent annuel d'heures supplémentaires par voie conventionnelle, les modalités de son utilisation et de son éventuel dépassement (L. 3121-28 à L. 3121-39) ;
- le bilan du ***travail à temps partiel*** réalisé dans l'entreprise ;
- le nombre de demandes individuelles formulées par les salariés à temps partiel pour déroger à la durée hebdomadaire minimale (L. 3123-7, L. 3123-19 et L. 3123-27) ;
- la durée, l'aménagement du temps de travail, la période de prise des ***congés payés*** (L. 3141-13 à L. 3141-16), les conditions d'application des aménagements de la durée et des horaires (L. 3121-44) lorsqu'ils s'appliquent à des salariés à temps partiel, le recours aux conventions de ***forfait*** et les modalités de suivi de la charge de travail des salariés concernés.

6° Les informations sur les mesures prises en vue de faciliter l'emploi des accidentés du travail, des invalides de guerre et assimilés, des invalides civils et des ***travailleurs handicapés***, notamment celles relatives à l'application de l'obligation d'emploi des travailleurs handicapés.

7° Les informations sur l'affectation de la contribution sur les salaires au titre de l'effort de construction ainsi que sur les conditions de logement des travailleurs étrangers que l'entreprise se propose de recruter.

8° Les informations sur les modalités d'exercice du droit d'expression des salariés (L. 2281-11).

9° Les informations relatives aux contrats de mise à disposition ***conclus avec les ETT***, aux contrats d'accompagnement dans l'emploi, aux contrats initiative emploi et les éléments qui l'ont conduit à faire appel, au titre de l'année écoulée, et qui pourraient le conduire à faire appel pour l'année à venir, à des CDD, à des contrats de mission conclus avec une ETT ou à des contrats conclus avec une entreprise de portage salarial (L. 2312-26).

En l'absence d'accord d'entreprise fixant ces règles (L. 2312-19, supra), l'employeur :

– Communique aux membres du CSÉ et aux DS les informations prévues aux rubriques 1° A- f) et 1° A- g) de la BDES (R. 2312-18).

– Met à la disposition du CSÉ :
- dans les entreprises de moins de 300 salariés, les informations prévues aux rubriques 1° A, 2° et 4° de la BDES (R. 2312-19) ;
- dans les entreprises d'au moins 300 salariés : les informations prévues aux rubriques 1° A, 2°, 4°, et 5° de la BDES (R. 2312-20).

Consultation sur la politique sociale - Santé et sécurité au travail

L'employeur présente au CSÉ :

1° ***Un rapport annuel écrit faisant le bilan de la situation générale de la santé, de la sécurité et des conditions de travail dans l'entreprise et des actions menées au cours de l'année écoulée dans ces domaines.*** Les questions du travail de nuit et de prévention des effets de l'exposition aux facteurs de risques professionnels (L. 4161-1) sont traitées spécifiquement.

2° ***Un programme annuel de prévention des risques professionnels et d'amélioration des conditions de travail*** (PAPRACT). Ce programme fixe la liste détaillée des mesures devant être prises au cours de l'année à venir qui comprennent les mesures de prévention des effets de l'exposition aux facteurs de risques professionnels (L. 4161-1), ainsi que, pour chaque mesure, ses conditions d'exécution et l'estimation de son coût.

Lors de l'avis rendu sur le rapport et sur le programme annuels de prévention, le comité peut proposer un ordre de priorité et l'adoption de mesures supplémentaires.

Lorsque certaines des mesures prévues par l'employeur ou demandées par le comité n'ont pas été prises au cours de l'année concernée par le programme, l'employeur énonce les motifs de cette inexécution, en annexe au rapport annuel.

Le procès-verbal de la réunion du comité consacrée à l'examen du rapport et du programme est joint à toute demande présentée par l'employeur en vue d'obtenir des marchés publics, des participations publiques, des subventions, des primes de toute nature ou des avantages sociaux ou fiscaux.

Bilan social - Entreprise d'au moins 300 salariés

La ***consultation sur la politique sociale*** de l'entreprise (L. 2312-17-3°) porte sur le bilan social de l'entreprise. L'employeur met à la disposition du CSÉ les données relatives à ce bilan social (L. 2312-28). Dans les entreprises comportant des établissements distincts, le CSÉ d'établissement est consulté sur le bilan social particulier à chaque établissement dont l'effectif est au moins de 300 salariés.

Lorsque l'effectif de l'entreprise ou de l'établissement atteint le seuil de 300 salariés (pendant 12 mois consécutifs – L. 2312-34), le premier bilan social de l'entreprise ou de l'établissement porte sur l'année suivant celle au cours de laquelle le seuil a été atteint (L. 2312-29). Le premier bilan social peut ne concerner que l'année écoulée. Le deuxième bilan peut ne concerner que les deux dernières années écoulées.

Lorsque l'effectif de l'entreprise ou de l'établissement devient inférieur au seuil de 300 salariés, un bilan social est néanmoins présenté pour l'année en cours. Le bilan social récapitule les principales données chiffrées permettant d'apprécier la situation de l'entreprise dans le domaine social, d'enregistrer les réalisations effectuées et de mesurer les changements intervenus au cours de l'année écoulée et des deux années précédentes (L. 2312-30).

Le bilan social comporte des ***informations sur l'emploi, les rémunérations et les charges accessoires, les conditions de santé et de sécurité, les autres conditions de travail, la formation, les relations professionnelles, le nombre de salariés détachés et le nombre de travailleurs détachés accueillis, ainsi que sur les conditions de vie des salariés et de leurs familles*** dans la mesure où ces conditions dépendent de l'entreprise (L. 2312-35, R. 2323-17).

Le bilan social sert de base à l'application des dispositions qui prévoient l'établissement de programmes annuels de formation professionnelle continue (L. 6331-12 ; L. 2312-33). Les informations du bilan social sont mises à la disposition de tout salarié qui en fait la demande (L. 2312-31), et celle de l'agent de contrôle de l'Inspection du travail avec l'avis du CSÉ dans un délai de 15 jours à compter de la réunion de ce dernier.

Dans les sociétés par actions (SAS), le dernier bilan social accompagné de l'avis du CSÉ est adressé aux actionnaires ou mis à leur disposition (L. 2312-32, L. 225-108 et L. 225-115 C. commerce).

• Consultations et informations ponctuelles

Ordre public

Le CSÉ est consulté dans les cas suivants :

- 1° Mise en œuvre des moyens de contrôle de l'activité des salariés ;
- 2° Restructuration et compression des effectifs ;
- 3° Licenciement collectif pour motif économique ;
- 4° Offre publique d'acquisition ;
- 5° Procédures de sauvegarde, de redressement et de liquidation judiciaire (L. 2312-37).

– ***Méthodes de recrutement et moyens de contrôle de l'activité des salariés*** (L. 2312-38) : le CSÉ est informé, préalablement à leur utilisation, sur les méthodes ou techniques d'aide au recrutement des candidats à un emploi ainsi que sur toute modification de celles-ci. Il est aussi informé, préalablement à leur introduction dans l'entreprise, sur les traitements automatisés de gestion du personnel et sur toute modification de ceux-ci. Le comité est informé et consulté, préalablement à la décision de mise en œuvre dans l'entreprise, sur les moyens ou les techniques permettant un contrôle de l'activité des salariés.

– ***Restructuration et compression des effectifs*** (L. 2312-39) : le CSÉ est saisi en temps utile des projets de restructuration et de compression des effectifs. Il émet un avis sur l'opération projetée et ses modalités d'application (conditions et délais – L. 1233-30), lorsqu'elle est soumise à l'obligation d'établir un plan de sauvegarde de l'emploi (PSE). Cet avis est transmis à la DIRECCTE. (Cette disposition n'est pas applicable en cas d'accords collectifs – L. 1237-17 et s.).

– ***Licenciement collectif pour motif économique*** (L. 2312-40) : voir le chapitre sur les licenciements économiques.

– ***Opération de concentration*** (L. 2312-41) : lorsqu'une entreprise est partie à une opération de concentration (L. 430-1 C. commerce), l'employeur réunit le CSÉ au plus tard dans un délai de 3 jours à compter de la publication du communiqué relatif à la notification du projet de concentration, émanant soit de l'autorité administrative française (L. 430-3 C. commerce), soit de la Commission européenne (règlement n° 139/2004 du 20 janvier 2004 sur les concentrations). Au cours de cette réunion, le CSÉ ou, le cas échéant, la commission économique, peut proposer le recours à un expert (L. 2315-92 et s.). Dans ce cas, le comité ou la commission économique tient une deuxième réunion afin d'entendre les résultats des travaux de l'expert.

– ***Offre publique d'acquisition*** (L. 2312-42 à 52) : voir les dispositions correspondantes *supra* dans le chapitre sur le comité d'entreprise.

– ***Procédures de sauvegarde, de redressement et de liquidation judiciaire*** (L. 2312-53) : le CSÉ est informé et consulté :
- Avant le dépôt au greffe d'une demande d'ouverture d'une procédure de redressement judiciaire ou de liquidation judiciaire ;
- Lors d'une procédure de sauvegarde (L. 623-3 et L. 626-8 C. commerce) ;
- Lors d'une procédure de redressement judiciaire (L. 631-17, L. 631-18, L. 631-19 et L. 631-22 C. commerce) ;
- Lors d'une procédure de liquidation judiciaire (L. 641-1, L. 641-4, L. 641-10, L. 642-5, L. 642-9 C. commerce).

En cas de licenciements économiques, le comité est réuni et consulté (L. 1233-58).

La ou les personnes désignées par le CSÉ (représentant des salariés – L. 661-10 C. commerce) sont entendues par la juridiction compétente :
- Lors d'une procédure de sauvegarde (L. 621-1, L. 622-10, L. 626-9 et L. 626-26 C. commerce) ;
- Lors d'une procédure de redressement judiciaire (L. 631-7, L. 631-15, L. 631-19 et L. 631-22 C. commerce) ;
- Lors d'une procédure de liquidation judiciaire (L. 642-5 et L. 642-6, L. 642-13 et L. 642-17 C. commerce) (L. 2312-54).

Champ de la négociation

Un accord d'entreprise (L. 2232-12 al.1) ou, en l'absence de DS, un accord entre l'employeur et le CSÉ, adopté à la majorité des membres titulaires de la délégation du personnel du comité (L. 2312-55) peut définir :

1° Le contenu des consultations et informations ponctuelles du CSÉ (*supra* – L. 2312-8 et L. 2312-37) dans le respect des dispositions d'ordre public ci-dessus ;

2° Les modalités de ces consultations ponctuelles, notamment le nombre de réunions ;

3° Les délais (L. 2312-15) dans lesquels les avis du comité sont rendus.

Dispositions supplétives

Information remise lors de la mise en place, (L. 2312-57). À défaut d'accord, un mois après chaque élection du comité social et économique, l'employeur lui communique une documentation économique et financière précisant :
- la forme juridique de l'entreprise et son organisation ;
- les perspectives économiques de l'entreprise telles qu'elles peuvent être envisagées ;

- le cas échéant, la position de l'entreprise au sein du groupe ;
- compte tenu des informations dont dispose l'employeur, la répartition du capital entre les actionnaires détenant plus de 10 % du capital et la position de l'entreprise dans la branche d'activité à laquelle elle appartient.

Restructuration et compression des effectifs (L. 2312-58). À défaut d'accord, lorsque le projet de restructuration et de compression des effectifs soumis au CSÉ est de nature à affecter le volume d'activité ou d'emploi d'une entreprise sous-traitante, l'entreprise donneuse d'ordre en informe immédiatement l'entreprise sous-traitante. Le CSÉ de cette dernière, en est immédiatement informé et reçoit toute explication utile sur l'évolution probable de l'activité et de l'emploi.

Droits d'alerte

Alerte en cas d'atteinte aux droits des personnes (L. 2312-59). Si un membre de la délégation du personnel au CSÉ constate, notamment par l'intermédiaire d'un travailleur, qu'il existe une ***atteinte aux droits des personnes, à leur santé physique et mentale ou aux libertés individuelles*** dans l'entreprise qui ne serait pas justifiée par la nature de la tâche à accomplir, ni proportionnée au but recherché, il en saisit immédiatement l'employeur. Cette atteinte peut notamment résulter de faits de harcèlement sexuel ou moral ou de toute mesure discriminatoire en matière d'embauche, de rémunération, de formation, de reclassement, d'affectation, de classification, de qualification, de promotion professionnelle, de mutation, de renouvellement de contrat, de sanction ou de licenciement.

L'employeur procède sans délai à une ***enquête*** avec le membre de la délégation du personnel du comité et prend les dispositions nécessaires pour remédier à cette situation.

En cas de carence de l'employeur ou de divergence sur la réalité de cette atteinte, et à défaut de solution trouvée avec l'employeur, le salarié, ou le membre de la délégation du personnel au CSÉ si le salarié intéressé averti par écrit ne s'y oppose pas, saisit le ***bureau de jugement du conseil de prud'hommes*** qui statue selon la forme des référés. Le juge peut ordonner toutes mesures propres à faire cesser cette atteinte et assortir sa décision d'une astreinte qui sera liquidée au profit du Trésor.

Alerte en cas de danger grave et imminent (L. 2312-60). Un membre de la délégation du personnel au CSÉ exerce les droits d'alerte en situation de danger grave et imminent ainsi qu'en matière de santé publique et d'environnement (L. 4132-1 à L. 4132-5 et L. 4133-1 à L. 4133-4). Voir les dispositions correspondantes au chapitre XXIII CHSCT.

Alerte en cas d'utilisation non conforme du crédit d'impôt pour la compétitivité et l'emploi (L. 2312-61 et 62).

Droit d'alerte économique (L. 2312-63 à 68 ; R. 2312-29 et R. 2312-30). Voir les dispositions correspondantes *supra* dans le chapitre sur le comité d'entreprise.

Autres données

Informations trimestrielles (L. 2312-69). Chaque trimestre, dans les entreprises d'au moins 300 salariés, l'employeur met à la disposition du CSÉ des informations sur :

- L'évolution générale des commandes et l'exécution des programmes de production ;
- Les éventuels retards de paiement de cotisations sociales par l'entreprise ;
- L'évolution des effectifs et de la qualification des salariés par sexe (R. 2312-21).

Protection sociale complémentaire. Le CSÉ est informé et consulté préalablement à la mise en place d'une garantie collective (L. 911-2 C. Sécurité sociale) ou à la modification de celle-ci (R. 2312-22).

Aides publiques. Le CSÉ est informé et consulté après notification à l'entreprise de l'attribution directe, par une personne publique, de subventions, prêts ou avances remboursables dont le montant excède un seuil réglementaire (R. 2312-23). Cette disposition s'applique dans les mêmes conditions aux subventions, prêts et avances remboursables attribués dans le cadre de programmes ou fonds communautaires. L'information et la consultation portent sur la nature de l'aide, son objet, son montant et les conditions de versement et d'emploi fixées, le cas échéant, par la personne publique attributrice. Ces dispositions ne sont applicables ni aux financements mentionnés au premier alinéa qui sont attribués par les collectivités publiques aux établissements publics qui leur sont rattachés, ni aux subventions pour charges de service public attribuées par une collectivité publique.

Droit d'alerte sociale (L. 2312-70).
Voir les dispositions correspondantes *supra* dans le chapitre sur le comité d'entreprise.

Participation aux conseils d'administration ou de surveillance des sociétés

Voir les dispositions correspondantes *supra* dans le chapitre sur le comité d'entreprise :

- voix consultatives (L. 2312-72 à 77 ; R. 2312-31 à R. 2312-34) ;
- voix délibératives (L. 225-27-1 Code de commerce).

Attributions en matière d'activités sociales et culturelles

Le CSÉ assure, contrôle ou participe à la gestion de toutes les activités sociales et culturelles établies dans l'entreprise prioritairement au bénéfice des salariés, de leur famille et des stagiaires, quel qu'en soit le mode de financement (L. 2312-78 à 84 ; R. 2312-35 à R. 2312-59).

La contribution versée chaque année par l'employeur pour financer des institutions sociales du CSÉ est fixée par accord d'entreprise. À défaut d'accord, le rapport de cette contribution à la masse salariale brute ne peut être inférieur au même rapport existant pour l'année précédente (L. 2312-81). La masse salariale brute est constituée par l'ensemble des gains et rémunérations soumis à cotisations de Sécurité sociale (C. Ss, L. 242-1), à l'exception des indemnités versées à l'occasion de la rupture du CDI.

Fonctionnement du CSÉ

• Dispositions générales et communes pour toutes les entreprises

Les conditions de fonctionnement du CSÉ doivent permettre une prise en compte effective des intérêts des ***salariés exerçant leur activité hors de l'entreprise ou dans des unités dispersées*** (L. 2315-1).

Les dispositions légales sur le fonctionnement du CSÉ ne font pas obstacle aux ***dispositions plus favorables résultant d'accords collectifs de travail ou d'usages*** (L. 2315-2).

Les membres de la délégation du personnel du CSÉ sont tenus au ***secret professionnel*** pour toutes les questions relatives aux procédés de fabrication ; ils sont, ainsi que les représentants syndicaux, tenus à une ***obligation de discrétion*** à l'égard des informations revêtant un caractère confidentiel et présentées comme telles par l'employeur (L. 2315-3).

Le recours à la ***visioconférence*** pour réunir le CSÉ peut être autorisé par accord entre l'employeur et les membres élus de la délégation du personnel du comité. En l'absence d'accord, ce recours est limité à 3 réunions par année civile (le CSÉ peut, dans ce cadre, procéder à un vote à bulletin secret) (L. 2315-4). Le dispositif technique de visioconférence mis en œuvre garantit l'identification des membres du comité et leur participation effective, en assurant la retransmission continue et simultanée du son et de l'image des délibérations (ces dispositions ne font pas obstacle à la tenue de suspensions de séance). Lorsqu'il est procédé à un vote à bulletin secret, le dispositif de vote garantit que l'identité de l'électeur ne peut à aucun moment être mise en relation avec l'expression de son vote. Lorsque ce vote est organisé par voie électronique, le système retenu doit assurer la confidentialité des données transmises, ainsi que la sécurité de l'adressage des moyens d'authentification, de l'émargement, de l'enregistrement et du dépouillement des votes (D. 2315-1).

Lorsqu'il tient de la loi un droit d'accès à des ***registres***, le CSÉ est consulté préalablement à la mise en place d'un support de substitution (L. 8113-4, L. 2315-5).

Heures de délégation

L'employeur laisse le temps nécessaire à l'exercice de leurs fonctions (L. 2315-7, R. 2314-1) :

- À chacun des membres titulaires constituant la délégation du personnel du CSÉ ;
- Aux représentants syndicaux au CSÉ dans les entreprises d'au moins 501 salariés et
- Aux représentants syndicaux au CSÉ central d'entreprise dans les entreprises d'au moins 501 salariés dont aucun des établissements distincts n'atteint ce seuil (20 heures par mois pour les RS CSÉ, R. 2315-4).

Le nombre d'heures de délégation est en fonction des effectifs de l'entreprise ou de l'établissement et du nombre de membres de la délégation. Il ne peut être inférieur à 10 heures par mois dans les entreprises de moins de 50 salariés et à 16 heures dans les autres entreprises.

Ce nombre d'heures peut être augmenté en cas de circonstances exceptionnelles. Les effectifs s'apprécient dans le cadre de l'entreprise ou dans le cadre de chaque établissement distinct (R. 2314-1).

Annualisation

Le temps de délégation peut être utilisé cumulativement dans la limite de 12 mois (un membre ne peut disposer, dans le mois, de plus de 1,5 le crédit d'heures de délégation dont il bénéficie) (R. 2315-5).

Mutualisation

La répartition des heures entre les membres élus du CSÉ (L. 2315-9), ne peut conduire l'un d'eux à disposer, dans le mois, de plus de 1,5 le crédit d'heures de délégation dont bénéficie un membre titulaire (R. 2314-1) (R. 2315-6).

Les représentants concernés informent l'employeur au plus tard 8 jours avant la date prévue de l'utilisation de ces heures. En cas de mutualisation, l'information se fait par un document écrit précisant leur identité ainsi que le nombre d'heures mutualisées pour chacun d'eux.

Effectif (nombre de salariés)	Nombre de titulaires	Nombre mensuel d'heures de délégation	Total heures de délégation
11 à 24	1	10	10
25 à 49	2	10	20
50 à 74	4	18	72
75 à 99	5	19	95
100 à 124	6	21	126
125 à 149	7	21	147
150 à 174	8	21	168
175 à 199	9	21	189
200 à 249	10	22	220
250 à 299	11	22	242
300 à 399	11	22	242
400 à 499	12	22	264
500 à 599	13	24	312
600 à 699	14	24	336
700 à 799	14	24	336
800 à 899	15	24	360
900 à 999	16	24	384
1000 à 1249	17	24	408
1250 à 1499	18	24	432
1500 à 1749	20	26	520
1750 à 1999	21	26	546
2000 à 2249	22	26	572
2250 à 2499	23	26	598
2500 à 2749	24	26	624
2750 à 2999	24	26	624
3000 à 3249	25	26	650
3250 à 3499	25	26	650

Effectif (nombre de salariés)	Nombre de titulaires	Nombre mensuel d'heures de délégation	Total heures de délégation
3500 à 3749	26	27	702
3750 à 3999	26	27	702
4000 à 4249	26	28	728
4250 à 4499	27	28	756
4500 à 4749	27	28	756
4750 à 4999	28	28	784
5000 à 5249	29	29	841
5250 à 5499	29	29	841
5500 à 5749	29	29	841
5750 à 5999	30	29	870
6000 à 6249	31	29	899
6250 à 6499	31	29	899
6500 à 6749	31	29	899
6750 à 6999	31	30	930
7000 à 7249	32	30	960
7250 à 7499	32	30	960
7500 à 7749	32	31	992
7750 à 7999	32	32	1024
8000 à 8249	32	32	1024
8250 à 8499	33	32	1056
8500 à 8749	33	32	1056
8750 à 8999	33	32	1056
9000 à 9249	34	32	1088
9250 à 9499	34	32	1088
9500 à 9749	34	32	1088
9750 à 9999	34	34	1156
10000	35	34	1190

Tableau n° 16 - Nombre de représentants élus du personnel au CSÉ et nombre d'heures de délégation

Le temps passé en délégation est de plein droit considéré comme temps de travail et payé à l'échéance normale (L. 2315-10). L'employeur qui entend contester l'utilisation faite des heures de délégation saisit le juge judiciaire. Est également payé comme temps de travail effectif le temps passé par les membres de la délégation du personnel du CSÉ :

- 1° À la recherche de mesures préventives dans toute situation d'urgence et de gravité, notamment lors de la mise en œuvre de la procédure de danger grave et imminent ;
- 2° Aux réunions du comité et de ses commissions, dans ce cas pour les réunions des commissions dans la limite d'une durée annuelle globale fixée par accord d'entreprise ou de 30 heures pour les entreprises de 300 salariés à 1 000 salariés, 60 heures pour les entreprises d'au moins 1 000 salariés (R. 2315-7) ; (cependant, par dérogation, le temps passé aux réunions de la CSSCT est rémunéré comme du temps de travail et n'est pas déduit des heures de délégation prévues pour les membres titulaires de la délégation du personnel du CSÉ) ;
- 3° Aux enquêtes menées après un accident du travail grave ou des incidents répétés ayant révélé un risque grave ou une maladie professionnelle ou à caractère professionnel grave.

Ce temps n'est pas déduit des heures de délégation prévues pour les membres titulaires de la délégation du personnel (L. 2315-11).

Le temps passé aux réunions du CSÉ avec l'employeur par les représentants syndicaux au comité est rémunéré comme temps de travail. Ce temps n'est pas déduit des heures de délégation dans les entreprises d'au moins 501 salariés (L. 2315-12).

Déplacement et circulation

Pour l'exercice de leurs fonctions, les membres élus de la délégation du personnel du CSÉ et les représentants syndicaux au comité peuvent, durant les heures de délégation, se déplacer hors de l'entreprise. Ils peuvent également, tant durant les heures de délégation qu'en dehors de leurs heures habituelles de travail, circuler librement dans l'entreprise et y prendre tous les contacts nécessaires à l'accomplissement de leur mission, notamment auprès d'un salarié à son poste de travail, sous réserve de ne pas causer de gêne importante à l'accomplissement du travail des salariés (L. 2315-14).

Affichage

Les membres de la délégation du personnel du CSÉ peuvent faire afficher les renseignements qu'ils ont pour rôle de porter à la connaissance du personnel sur des emplacements obligatoirement prévus et destinés aux communications syndicales, ainsi qu'aux portes d'entrée des lieux de travail (L. 2315-15).

Formation

Le temps consacré aux formations est pris sur le temps de travail et est rémunéré comme tel. Il n'est pas déduit des heures de délégation (L. 2315-16). Les formations sont dispensées soit par un organisme figurant sur une liste (arrêté du préfet de région), soit par l'un des organismes d'une organisation représentative (L. 2145-5). Ces formations sont renouvelées lorsque les représentants ont exercé leur mandat pendant 4 ans, consécutifs ou non (L. 2315-17).

Formation en santé, sécurité et conditions de travail

Les membres de la délégation du personnel du CSÉ bénéficient de la formation nécessaire à l'exercice de leurs missions en matière de santé, de sécurité et de conditions de travail. Le financement des formations est pris en charge par l'employeur (L. 2315-18, R. 2315-8 et s.). Tous les membres du CSÉ peuvent bénéficier de cette formation (pas uniquement les membres de la commission santé, sécurité et conditions de travail – CSSCT). La formation est dispensée dès la première désignation des membres de la délégation du personnel du CSÉ (R. 2315-10). La formation des membres a pour objet de développer leur aptitude à déceler et à mesurer les risques professionnels et leur capacité d'analyse des conditions de travail ; de les initier aux méthodes et procédés à mettre en œuvre pour prévenir les risques professionnels et améliorer les conditions de travail (R. 2315-9).

Le représentant du personnel qui souhaite bénéficier de son droit à un congé de formation en fait la demande à l'employeur au moins 30 jours avant le début du stage (en précisant la date à laquelle il souhaite prendre son congé, la durée de celui-ci, le prix du stage et le nom de l'organisme chargé de l'assurer). Pour refuser la demande de congé, l'employeur estime que l'absence du salarié pourrait avoir des conséquences préjudiciables à la production et à la bonne marche de l'entreprise ; le refus est notifié à l'intéressé dans un délai de 8 jours à compter de la réception de la demande ; le congé formation peut être reporté dans la limite de 6 mois.

Dispositions particulières des entreprises de moins de 50 salariés

Fonctionnement

Les représentants du personnel au CSÉ exercent individuellement les droits qui sont reconnus au comité (L. 2315-19). Le CSÉ n'a pas la personnalité juridique dans les entreprises de moins de 50 salariés.

Local

L'employeur met à la disposition des membres de la délégation du personnel le local nécessaire pour leur permettre d'accomplir leur mission et, notamment, de se réunir (L. 2315-20).

Réunions

Les membres de la délégation du personnel sont reçus collectivement par l'employeur ou son représentant au moins une fois par mois. En cas d'urgence, ils sont reçus sur leur demande. L'employeur peut se faire assister par des collaborateurs (ensemble, ils ne peuvent être en nombre supérieur à celui des représentants du personnel titulaires). Les membres de la délégation du personnel sont également reçus par l'employeur, sur leur demande, soit individuellement, soit par catégorie, soit par atelier, service ou spécialité professionnelle selon les questions qu'ils ont à traiter (L. 2315-21).

Sauf circonstances exceptionnelles, les membres de la délégation du personnel remettent à l'employeur une note écrite exposant l'objet des demandes présentées, 2 jours ouvrables avant la date à laquelle ils doivent être reçus.

L'employeur répond par écrit à ces demandes, au plus tard dans les 6 jours ouvrables suivant la réunion. Les demandes des membres de la délégation du personnel et les réponses motivées de l'employeur sont, soit transcrites sur un registre spécial, soit annexées à ce registre.

Ce registre, ainsi que les documents annexés, sont tenus à la disposition des salariés de l'entreprise désirant en prendre connaissance, pendant un jour ouvrable par quinzaine et en dehors de leur temps de travail. Ils sont également tenus à la disposition de l'Inspection du travail et des membres de la délégation du personnel du CSÉ (L. 2315-22).

Dispositions particulières des entreprises d'au moins 50 salariés

Le CSÉ est doté de la personnalité civile et gère son patrimoine. Il est présidé par ***l'employeur ou son représentant***, assisté éventuellement de 3 collaborateurs qui ont voix consultative. Le comité désigne, parmi ses membres titulaires, ***un secrétaire et un trésorier*** (L. 2315-23).

Règlement intérieur

Le CSÉ détermine, dans un règlement intérieur, les modalités de son fonctionnement et celles de ses rapports avec les salariés de l'entreprise, pour l'exercice des missions qui lui sont conférées (L. 2315-24). Sauf accord de l'employeur, le RI ne peut comporter des clauses lui imposant des obligations ne résultant pas de dispositions légales ; son accord constitue un engagement unilatéral de l'employeur qu'il peut dénoncer à l'issue d'un délai raisonnable et après en avoir informé les membres de la délégation du personnel du CSÉ.

Local

L'employeur met à la disposition du CSÉ ***un local aménagé et le matériel nécessaire*** à l'exercice de ses fonctions (L. 2315-25). Le CSÉ peut organiser, dans le local mis à sa disposition, des ***réunions*** d'information, internes au personnel, portant notamment sur des problèmes d'actualité (L. 2315-26). Il peut inviter des personnalités extérieures, syndicales ou autres (cf. Chapitre sur le droit syndical dans l'entreprise – L. 2142-10 et L. 2142-11). Ces réunions ont lieu en dehors du temps de travail des participants. Toutefois, les membres de la délégation du personnel du CSÉ peuvent se réunir sur leur temps de délégation.

Réunions (dispositions d'ordre public)

Au moins 4 réunions du CSÉ portent annuellement en tout ou partie sur les attributions du comité en matière de ***santé, sécurité et conditions de travail***, plus fréquemment en cas de besoin, notamment dans les branches d'activité présentant des risques particuliers. Le comité est en outre réuni à la suite de tout accident ayant entraîné ou ayant pu entraîner des conséquences graves, ainsi qu'en cas d'événement grave lié à l'activité de l'entreprise, ayant porté atteinte ou ayant pu porter atteinte à la santé publique ou à l'environnement ou à la demande motivée de 2 de ses membres représentants du personnel, sur les sujets relevant de la santé, de la sécurité ou des conditions de travail.

Lorsque l'employeur est défaillant, et à la demande d'au moins la moitié des membres du CSÉ, celui-ci peut être convoqué par l'Inspection du travail et siéger sous sa présidence.

L'employeur informe annuellement l'Inspection du travail, le médecin du travail et l'agent des services de prévention des organismes de Sécurité sociale du calendrier retenu pour les réunions consacrées aux sujets relevant de la santé, de la sécurité ou des conditions de travail, et leur confirme par écrit au moins 15 jours à l'avance la tenue de ces réunions (L. 2315-27).

Réunions (dispositions supplétives)

À défaut d'accord d'entreprise en la matière (*supra* L. 2312-19), ***dans les entreprises d'au moins 300 salariés, le CSÉ se réunit au moins une fois par mois*** sur convocation de l'employeur ou de son représentant. ***Dans les entreprises de moins de 300 salariés, le comité se réunit au moins une fois tous les 2 mois.*** Le comité peut tenir une seconde réunion à la demande de la majorité de ses membres (L. 2315-28).

Ordre du jour

L'ordre du jour de chaque réunion du CSÉ ***est établi par le président et le secrétaire*** (L. 2315-29).

Les consultations rendues obligatoires par une disposition législative ou réglementaire ou par un accord collectif de travail sont inscrites de plein droit à l'ordre du jour par le président ou le secrétaire.

L'ordre du jour des réunions du CSÉ est ***communiqué par le président*** aux membres du comité, à l'agent de contrôle de l'Inspection du travail ainsi qu'à l'agent des services de prévention des organismes de Sécurité sociale 3 jours au moins avant la réunion (L. 2315-30). Lorsque le CSÉ se réunit à la demande de la majorité de ses membres, les questions jointes à la demande de convocation sont inscrites à l'ordre du jour de la réunion (L. 2315-31).

Votes et délibérations

Les résolutions du CSÉ sont prises à la majorité des membres présents.

Le président du comité ne participe pas au vote lorsqu'il consulte les membres élus du comité en tant que délégation du personnel (L. 2315-32). Le CSÉ peut décider que certaines de ses délibérations seront transmises à l'autorité administrative (L. 2315-33).

Procès-verbal (PV)

Les délibérations du CSÉ sont consignées dans un ***PV établi par le secrétaire du comité*** dans un délai et selon des modalités définis par un accord (L. 2312-15) ou, à défaut, dans un délai de 15 jours suivant la réunion à laquelle il se rapporte (R. 2315-25 ; L. 2315-34). À l'issue du délai précité, le PV est transmis aux membres du comité et à l'employeur, qui fait connaître lors de la réunion du comité suivant cette transmission sa décision motivée sur les propositions qui lui ont été soumises. Les déclarations sont consignées dans le PV. À défaut d'accord, le PV contient ***au moins le résumé des délibérations du comité et la décision motivée de l'employeur sur les propositions faites*** lors de la précédente réunion (D. 2315-26). Il peut être recouru à l'enregistrement ou à la sténographie des séances de l'instance (D. 2315-27). Lorsque cette décision émane du CSÉ, l'employeur ne peut s'y opposer, sauf lorsque les délibérations portent sur des informations revêtant un caractère confidentiel et qu'il présente comme telles. Le PV des réunions du CSÉ peut, après avoir été adopté, être ***affiché ou diffusé*** dans l'entreprise par le secrétaire du comité, selon des modalités précisées par le règlement intérieur du comité (L. 2312-16).

• Commissions

Commissions santé, sécurité et conditions de travail

Ordre public. Une commission santé, sécurité et conditions de travail (CSSCT) est créée au sein du CSÉ dans :

- 1° Les entreprises d'au moins 300 salariés ;
- 2° Les établissements distincts d'au moins 300 salariés ;
- 3° Les établissements présentant des dangers pour la sécurité et la santé des populations voisines ou pour l'environnement – établissements nucléaires (L. 2315-36).

Dans les entreprises et établissements distincts de moins de 300 salariés, l'inspecteur du travail peut imposer la création d'une CSSCT lorsque cette mesure est nécessaire, notamment en raison de la nature des activités, de l'agencement ou de l'équipement des locaux (L. 2315-37). Cette décision peut être contestée devant la DIRECCTE.

La CSSCT se voit confier, par délégation du CSÉ, tout ou partie des attributions du comité relatives à la santé, à la sécurité et aux conditions de travail, à l'exception du recours à un expert et des attributions consultatives du comité (L. 2315-38).

La commission est présidée par l'employeur ou son représentant. Elle comprend au minimum 3 membres représentants du personnel, dont au moins un représentant du deuxième collège, ou le cas échéant du troisième collège (L. 2315-39).

Les membres de la CSSCT sont désignés par le CSÉ parmi ses membres, par une résolution, pour une durée qui prend fin avec celle du mandat des membres élus du comité. Lorsque l'accord confie tout ou partie des attributions du CSÉ à la CSSCT, les personnes extérieures (L. 2314-3) sont informées et invitées aux réunions de la commission.

L'employeur peut se faire assister par des collaborateurs appartenant à l'entreprise et choisis en dehors du comité. Ensemble, ils ne peuvent pas être en nombre supérieur à celui des représentants du personnel titulaires.

Les dispositions relatives au secret professionnel et à l'obligation de discrétion (L. 2315-3) leur sont applicables.

La formation des membres de la CSSCT est organisée sur une durée minimale de :

- 5 jours dans les entreprises d'au moins 300 salariés ;
- 3 jours dans les entreprises de moins de 300 salariés (L. 2315-18, L. 2315-40).

Champ de la négociation. L'accord d'entreprise (L. 2313-2) fixe les modalités de mise en place de la ou des CSSCT, en définissant :

- 1° Le nombre de membres de la ou des commissions ;
- 2° Les missions déléguées à la ou aux commissions par le CSÉ et leurs modalités d'exercice ;
- 3° Leurs modalités de fonctionnement, notamment le nombre d'heures de délégation dont bénéficient les membres de la ou des commissions pour l'exercice de leurs missions ;
- 4° Les modalités de leur formation conformément (L. 2315-16 à L. 2315-18) ;
- 5° Le cas échéant, les moyens qui leur sont alloués ;
- 6° Le cas échéant, les conditions et modalités dans lesquelles une formation spécifique correspondant aux risques ou facteurs de risques particuliers, en rapport avec l'activité de l'entreprise, peut être dispensée aux membres de la commission (L. 2315-41).

En l'absence de DS, un accord entre l'employeur et le CSÉ, adopté à la majorité des membres titulaires élus de la délégation du personnel du comité, fixe ces modalités de mise en place de la ou des CSSCT (L. 2315-42).

En dehors des entreprises où la CSSCT est obligatoire (L. 2315-36 et L. 2315-37), l'accord d'entreprise (L. 2313-2) ou en l'absence de DS, un accord entre l'employeur et le CSÉ, adopté à la majorité des membres titulaires élus de la délégation du personnel du comité peut fixer le nombre et le périmètre de mise en place de la ou des commissions CSSCT et définir ses modalités (L. 2315-43).

Dispositions supplétives. En l'absence d'accord, le règlement intérieur du CSÉ définit les modalités de mise en place et de fonctionnement de la CSSCT (L. 2315-44, L. 2315-41 supra). En l'absence d'accord, l'employeur peut fixer le nombre et le périmètre de mise en place d'une ou plusieurs CSSCT ; le règlement intérieur du CSÉ définit les modalités (1° à 6° de L. 2315-41).

Autres commissions

Champ de la négociation. ***Un accord d'entreprise peut prévoir la création de commissions*** supplémentaires pour l'examen de problèmes particuliers (L. 2315-45). Le cas échéant, l'employeur peut adjoindre à ces commissions avec voix consultative des experts et des techniciens appartenant à l'entreprise et choisis en dehors du comité. Les dispositions relatives au secret professionnel et à l'obligation de discrétion leur sont applicables.

Les rapports des commissions sont soumis à la délibération du comité.

Dispositions supplétives. ***Commission économique*** : en l'absence d'accord (L. 2315-45), dans ***les entreprises d'au moins 1 000 salariés***, une commission économique est créée au sein du CSÉ ou du CSÉ central. Cette commission est chargée notamment d'étudier les documents économiques et financiers recueillis par le comité et toute question que ce dernier lui soumet (L. 2315-46). La commission est présidée par l'employeur ou son représentant et comprend au maximum 5 membres représentants du personnel, dont au moins un représentant de la catégorie des cadres, désignés par le CSÉ ou le CSÉ central parmi leurs membres (L. 2315-47). La commission se réunit au moins 2 fois par an. Elle peut demander à entendre tout cadre supérieur ou dirigeant de l'entreprise après accord de l'employeur. Elle peut se faire assister par l'expert-comptable qui assiste le CSÉ et par les experts choisis par le comité (L. 2315-48).

Commission de la formation : en l'absence d'accord (L. 2315-45), dans les ***entreprises d'au moins 300 salariés***, le CSÉ constitue une commission de la formation (L. 2315-49, R. 2315-30 et s.). Cette commission est chargée :
- de préparer les délibérations du comité dans les domaines qui relèvent de sa compétence (1° et 3° de L. 2312-17) ;
- d'étudier les moyens permettant de favoriser l'expression des salariés en matière de formation et de participer à leur information dans ce domaine ;
- d'étudier les problèmes spécifiques concernant l'emploi et le travail des jeunes et des travailleurs handicapés.

Commission d'information et d'aide au logement : en l'absence d'accord (L. 2315-45), dans les ***entreprises d'au moins 300 salariés***, une commission d'information et d'aide au logement des salariés est créée au sein du CSÉ (L. 2315-50).

La commission facilite le logement et l'accession des salariés à la propriété et à la location des locaux d'habitation (L. 2315-51). La commission :
- recherche les possibilités d'offres de logements correspondant aux besoins du personnel, en liaison avec les organismes habilités à collecter la participation des employeurs à l'effort de construction ;
- informe les salariés sur leurs conditions d'accès à la propriété ou à la location d'un logement et les assiste dans les démarches nécessaires pour l'obtention des aides financières auxquelles ils peuvent prétendre.

La commission aide les salariés souhaitant acquérir ou louer un logement au titre de la participation des employeurs à l'effort de construction, ou investir les fonds provenant des droits constitués en application des dispositions relatives à l'intéressement, à la participation et à l'épargne salariale (L. 2315-52). À cet effet, la commission propose, dans chaque entreprise, des critères de classement des salariés candidats à l'accession à la propriété ou à la location d'un logement tenant compte, notamment, des charges de famille des candidats. Le CSÉ examine pour avis les propositions de la commission.

Commission de l'égalité professionnelle : en l'absence d'accord (L. 2315-45) dans les ***entreprises d'au moins 300 salariés***, une commission de l'égalité professionnelle est créée au sein du CSÉ. Cette commission est notamment chargée de préparer les délibérations du comité (3° de L. 2312-17) (L. 2315-56).

Commission des marchés : une commission des marchés est créée au sein du CSÉ qui dépasse pour 2 des 3 critères les seuils suivants : 50 salariés, 3 100 000 €

pour le montant hors taxes du chiffre d'affaires ou des ressources, 1 550 000 € pour le total du bilan (II de L. 2315-64, L. 2315-57, D. 2315-29 ; C. commerce, R. 612-1). Pour les marchés dont le montant est supérieur à un seuil (30 000 €), le CSÉ détermine, sur proposition de la commission, les critères retenus pour ***le choix des fournisseurs et des prestataires du comité*** et la procédure des achats de fournitures, de services et de travaux. La commission choisit les fournisseurs et les prestataires du comité. Elle rend compte de ces choix, au moins une fois par an, au comité, selon des modalités déterminées par le règlement intérieur du comité (L. 2315-58). Les membres de la commission des marchés sont désignés par le CSÉ parmi ses membres titulaires (L. 2315-59). Le règlement intérieur du CSÉ fixe les modalités de fonctionnement de la commission, le nombre de ses membres, les modalités de leur désignation et la durée de leur mandat. La commission établit un rapport d'activité annuel (L. 2315-60).

• Subvention de fonctionnement

L'employeur verse au CSÉ une subvention de fonctionnement d'un montant annuel équivalent à :

- 0,20 % de la masse salariale brute dans les entreprises de 50 à moins de 2 000 salariés ;
- 0,22 % de la masse salariale brute dans les entreprises d'au moins 2 000 salariés (L. 2315-61).

Ce montant s'ajoute à la subvention destinée aux activités sociales et culturelles, sauf si l'employeur fait déjà bénéficier le comité d'une somme ou de moyens en personnel équivalents à 0,22 % de la masse salariale brute.

Le CSÉ peut décider, par une délibération, de consacrer une partie de son budget de fonctionnement au financement de la formation des DS de l'entreprise, ainsi qu'à la formation des représentants de proximité, lorsqu'ils existent. Il peut également décider, par une délibération, de transférer tout ou partie du montant de l'excédent annuel du budget de fonctionnement au financement des activités sociales et culturelles.

Cette somme et ses modalités d'utilisation sont inscrites, d'une part, dans les comptes annuels du CSÉ ou, le cas échéant, dans les documents (L. 2315-65) et, d'autre part, dans le rapport (L. 2315-69).

La masse salariale brute est constituée par l'ensemble des gains et rémunérations soumis à cotisations de Sécurité sociale, en application de l'art. L. 242-1 C. Ss ; Soc. 7 févr. 2018, 2 arrêts PBRI abandonnant la référence au fondement comptable du « compte 641 » (sont exclus les indemnités légales et conventionnelles de licenciement, les sommes attribuées au titre de l'intéressement ou de la participation, etc.).

Lorsque le financement des frais d'expertise est pris en charge par l'employeur (L. 2315-80-3°), le CSÉ ne peut pas décider de transférer d'excédents du budget de fonctionnement au financement des activités sociales et culturelles pendant les 3 années suivantes.

Dans les entreprises comportant plusieurs CSÉ d'établissement, le budget de fonctionnement du CSÉ central est déterminé par accord entre le comité central et les comités d'établissement (L. 2315-62). À défaut d'accord et à défaut de stipulations dans la convention collective de branche, le TI fixe le montant de la subvention de fonctionnement que doit rétrocéder chaque comité d'établissement au comité central en vue de constituer le budget de fonctionnement de ce dernier (R. 2315-32).

• Formation économique

Dans les entreprises d'au moins 50 salariés, les membres titulaires du CSÉ élus pour la première fois bénéficient d'un stage de formation économique d'une durée maximale de 5 jours (L. 2315-63, L. 2145-11). Le financement de la formation est pris en charge par le CSÉ. Cette formation est imputée sur la durée du congé de formation économique, sociale et syndicale (L. 2145-5).

• Établissement et contrôle des comptes du CSÉ

Le CSÉ est soumis aux obligations comptables définies à l'article L. 123-12 du Code de commerce. Ses comptes annuels sont établis selon les modalités définies par un règlement de l'Autorité des normes comptables (L. 2315-64 et s. ; D. 2315-3 et s.). Voir les dispositions correspondantes au chapitre XXII Comité d'entreprise.

• Expertises

Le CSÉ peut, le cas échéant sur proposition des commissions constituées en son sein, décider de ***recourir à un expert-comptable ou à un expert habilité*** (L. 2315-78). Un accord d'entreprise, ou à défaut un accord conclu entre l'employeur et le CSÉ, adopté à la majorité des membres titulaires élus de la délégation du personnel, détermine le nombre d'expertises dans le cadre des consultations récurrentes sur une ou plusieurs années (L. 2315-79).

Financement (L. 2315-80)

Lorsque le CSÉ décide du recours à l'expertise, les frais d'expertise sont pris en charge :

1° ***Par l'employeur*** concernant les consultations sur la situation économique et financière de l'entreprise (L. 2315-88), la politique sociale de l'entreprise, les conditions de travail et l'emploi (L. 2315-91), les licenciements collectifs pour motif économique (3° de L. 2315-92) et en cas de risque grave (1° de L. 2315-94), ainsi que dans les entreprises d'au moins 300 salariés en vue de préparer la négociation sur l'égalité professionnelle femmes-hommes, en l'absence de tout indicateur relatif à ce thème dans la BDES (L. 2312-18 ; L. 2315-94-3°).

2° ***Par le comité***, sur son budget de fonctionnement, à hauteur de 20 %, et ***par l'employeur***, à hauteur de 80 %, concernant la consultation sur les orientations stratégiques de l'entreprise (L. 2315-87) et les consultations ponctuelles (droit d'alerte économique, etc.) hors celles visées *supra*.

3° ***Par l'employeur*** concernant les consultations mentionnées au 2° supra, lorsque le budget de fonctionnement du CSÉ est insuffisant pour couvrir le coût de l'expertise et n'a pas donné lieu à un transfert d'excédent annuel au budget destiné aux ASC (Activités sociales et cuturelles) au cours des trois années précédentes.

Par dérogation, le CSÉ peut faire appel à tout type d'expertise rémunérée par ses soins pour la préparation de ses travaux (L. 2315-81).

Choix de l'expert

À compter de la désignation de l'expert par le CSÉ, les membres du comité établissent *au besoin* et notifient à l'employeur un cahier des charges (L. 2315-81-1). L'expert notifie à l'employeur le coût prévisionnel, l'étendue et la durée d'expertise, dans un délai de 10 jours à compter de sa désignation (R. 2315-46).

Droits et obligations de l'expert

Les experts mentionnés pour les consultations récurrentes et en vue d'une consultation ponctuelle ont libre accès dans l'entreprise pour les besoins de leur mission (L. 2315-82). ***L'employeur fournit à l'expert les informations nécessaires à l'exercice de sa mission*** (L. 2315-83). L'expert est tenu aux obligations de secret et de discrétion (L. 2315-3, L. 2315-84).

L'expert demande à l'employeur, au plus tard dans les 3 jours de sa désignation, toutes les informations complémentaires qu'il juge nécessaires à la réalisation de sa mission. L'employeur répond à cette demande dans les 5 jours (R. 2315-45).

Délai d'expertise (L. 2315-85)

En l'absence d'accord d'entreprise ou d'accord conclu entre l'employeur et le CSÉ, adopté à la majorité des membres titulaires, l'expert remet son rapport au plus tard 15 jours avant l'expiration des délais de consultation du CSÉ (R. 2315-47). Lorsque l'expertise porte sur plusieurs champs, elle donne lieu à l'établissement d'un rapport d'expertise unique ; l'expert désigné par le CSÉ peut s'adjoindre la compétence d'un ou plusieurs autres experts sur une partie des travaux (R. 2315-48).

Contestation (L. 2315-86)

Sauf dans le cas d'un licenciement économique avec PSE (L. 1233-35-1), l'employeur saisit le président du TGI dans un délai de 10 jours (R. 2315-49 et R. 2315-50) suivant :

- la délibération du CSÉ décidant le recours à l'expertise s'il entend contester la nécessité de l'expertise ;
- la désignation de l'expert par le CSÉ s'il entend contester le choix de l'expert ;
- la notification à l'employeur du cahier des charges s'il entend contester le coût prévisionnel, l'étendue ou la durée de l'expertise ;
- la notification à l'employeur du coût final de l'expertise s'il entend contester ce coût.

Le juge statue, en la forme des référés, en premier et dernier ressort, dans les 10 jours suivant sa saisine. Celle-ci suspend l'exécution de la décision du comité, ainsi que les délais dans lesquels il est consulté jusqu'à la notification du jugement. En cas d'annulation définitive par le juge de la délibération du CSÉ, les sommes perçues par l'expert sont remboursées par ce dernier à l'employeur (le CSÉ peut, à tout moment, décider de les prendre en charge) (L. 2315-86).

Expertise dans le cadre des consultations récurrentes

Le CSÉ peut décider de recourir à un ***expert-comptable*** :

- en vue de la consultation sur les ***orientations stratégiques de l'entreprise*** (1° de L. 2312-17) (L. 2315-87) ;
- en vue de la consultation sur la ***situation économique et financière de l'entreprise*** (2° de L. 2312-17) (L. 2315-88) ; la mission de l'expert-comptable porte sur tous les éléments d'ordre économique, financier ou social nécessaires à la compréhension des comptes et à l'appréciation de la situation de l'entreprise (L. 2315-89) ; pour opérer toute vérification ou tout contrôle entrant dans l'exercice de ses missions, l'expert-comptable a accès aux mêmes documents que le commissaire aux comptes de l'entreprise (L. 2315-90) ;
- dans le cadre de la consultation sur la ***politique sociale de l'entreprise***, les conditions de travail et l'emploi (L. 2312-17-3°) (L. 2315-91).

Expertises en vue d'une consultation ponctuelle

Un expert-comptable peut être désigné par le CSÉ dans plusieurs cas (L. 2315-92-I) :

- 1° opérations de concentration (L. 2312-41) ;
- 2° exercice du droit d'alerte économique (L. 2312-63) ;
- 3° licenciements collectifs pour motif économique (L. 1233-34) ;
- 4° offres publiques d'acquisition (L. 2312-42 à L. 2312-52).

Le comité peut également mandater un expert-comptable afin qu'il apporte toute analyse utile aux organisations syndicales pour préparer des négociations (accord de « performance collective » L. 2254-2 et accord sur un licenciement économique collectif L. 1233-24-1) (L. 2315-92-II).

L'expert-comptable a accès aux informations (L. 2315-93, L. 2315-83 et L. 2315-90). Lorsqu'il est saisi dans le cadre d'une opération de concentration (L. 2312-41) ou d'une opération de recherche de repreneurs, l'expert a accès aux documents de toutes les sociétés intéressées par l'opération. Lorsqu'il est saisi dans le cadre d'une offre publique d'acquisition (L. 2312-42 à L. 2312-52), l'expert-comptable a accès aux documents nécessaires à l'élaboration du rapport (L. 2312-45).

Expertise qualité du travail et de l'emploi

Le CSÉ peut faire appel à un ***expert habilité*** (L. 2315-94) :

- 1° Lorsqu'un risque grave, identifié et actuel, révélé ou non par un accident du travail, une maladie professionnelle ou à caractère professionnel est constaté dans l'établissement ;
- 2° En cas d'introduction de nouvelles technologies ou de projet important modifiant les conditions de santé et de sécurité ou les conditions de travail (L. 2312-8-4°) ;
- 3° Dans les entreprises d'au moins 300 salariés, en vue de préparer la négociation sur l'égalité professionnelle femmes-hommes.

L'habilitation de l'expert est une ***certification*** justifiant de ses compétences délivrée par un organisme certificateur accrédité (R. 2315-51).

CSÉ central et CSÉ d'établissement

Des CSÉ d'établissement et un CSÉ central d'entreprise sont constitués dans les ***entreprises d'au moins 50 salariés comportant au moins 2 établissements distincts*** (L. 2313-1).

• CSÉ central

Attributions (L. 2316-1)

Le CSÉ central d'entreprise exerce les attributions qui concernent la marche générale de l'entreprise et qui excèdent les limites des pouvoirs des chefs d'établissement.
Il est seul consulté sur :

- 1° Les projets décidés au niveau de l'entreprise qui ne comportent pas de mesures d'adaptation spécifiques à un ou plusieurs établissements ; dans ce cas, son avis accompagné des documents relatifs au projet est transmis, par tout moyen, aux CSÉ d'établissement ;

- 2° Les projets et consultations récurrentes décidés au niveau de l'entreprise lorsque leurs éventuelles mesures de mise en œuvre, qui feront ultérieurement l'objet d'une consultation spécifique au niveau approprié, ne sont pas encore définies ;
- 3° Les mesures d'adaptation communes à plusieurs établissements des projets (prévus L. 2312-8-4°).

Le CSÉ central d'entreprise est informé et consulté sur tous les projets importants concernant l'entreprise :
- en matière économique et financière (notamment L. 2312-42 à L. 2312-51) ;
- ainsi qu'en matière de santé, de sécurité et des conditions de travail (notamment L. 2312-8-4°) (L. 2316-2).
- Si la désignation d'un expert est envisagée dans le cadre des projets (L. 2316-2), elle est effectuée par le CSÉ central (L. 2316-3).

Composition (L. 2316-4)

Le CSÉ central est composé :
- 1° De l'employeur ou de son représentant ;
- 2° D'un ***nombre égal de délégués titulaires et de suppléants, élus, pour chaque établissement, par le CSÉ d'établissement parmi ses membres*** (R. 2316-1 – 25 titulaires et 25 suppléants au maximum, sauf accord plus favorable) ;
- 3° Des personnes suivantes, à titre consultatif, lorsque les réunions du comité portent sur la santé, la sécurité et les conditions de travail : médecin du travail, Inspection du travail, agent des services de prévention de l'organisme de Sécurité sociale et, le cas échéant, agent de l'OPPBTP et responsable du service de sécurité et des conditions de travail ou, à défaut, agent chargé de la sécurité et des conditions de travail ; ces personnes sont celles de l'établissement du siège de l'entreprise ; elles n'ont pas voix délibérative.

Lorsqu'un ou plusieurs établissements de l'entreprise constituent 3 collèges électoraux, un délégué titulaire et un délégué suppléant au moins au CSÉ central appartiennent à la catégorie des ingénieurs, chefs de service et cadres administratifs, commerciaux ou techniques assimilés sur le plan de la classification (L. 2316-5). Lorsqu'aucun établissement de l'entreprise ne constitue 3 collèges électoraux, mais que plusieurs établissements distincts groupent ensemble au moins 500 salariés ou au moins 25 membres du personnel appartenant à la catégorie des ingénieurs, chefs de service et cadres administratifs, commerciaux ou techniques assimilés sur le plan de la classification, au moins un délégué titulaire au CSÉ central appartient à cette catégorie (L. 2316-6).

Chaque OSR dans l'entreprise désigne un représentant au CSÉ central d'entreprise choisi soit parmi les représentants de cette organisation aux CSÉ d'établissement, soit parmi les membres élus de ces comités (L. 2316-7). Ce représentant assiste aux séances du CSÉ central avec voix consultative.

Élection

Dans chaque entreprise, ***la répartition des sièges entre les différents établissements et les différents collèges fait l'objet d'un accord entre l'employeur et les organisations syndicales intéressées*** (L. 2316-8, L. 2314-6). En cas de désaccord sur la répartition des sièges, le DIRECCTE dans le ressort duquel se trouve le siège de l'entreprise décide de cette répartition (sa saisine suspend le processus électoral jusqu'à la décision administrative et entraîne la prorogation des mandats en cours des élus concernés jusqu'à la proclamation des résultats du scrutin). Il prend sa décision dans un délai 2 mois à compter de sa saisine. Cette décision est notifiée par LR/AR portant mention des voies et délais de recours (elle peut faire l'objet d'un recours devant le TI dans un délai de 15 jours suivant sa notification) (R. 2316-2, R. 2316-9). En cas de décision implicite de rejet du DIRECCTE, l'employeur ou les organisations syndicales intéressées peuvent saisir, dans le délai de 15 jours, le TI afin qu'il soit statué sur la répartition.

Même si elles interviennent alors que le mandat de certains membres n'est pas expiré, la détermination du nombre d'établissements distincts et la répartition des sièges entre les établissements et les différentes catégories sont appliquées sans qu'il y ait lieu d'attendre la date normale de renouvellement de toutes les délégations des CSÉ d'établissement ou de certaines d'entre elles. La décision administrative peut faire l'objet d'un recours devant le juge judiciaire, à l'exclusion de tout autre recours administratif ou contentieux.

Les contestations relatives à l'électorat, à la régularité des opérations électorales et à la désignation des représentants syndicaux sont de la compétence du TI (L. 2316-9, R. 2316-10). Lorsqu'une contestation rend indispensable le recours à une mesure d'instruction, les dépenses afférentes à cette mesure sont à la charge de l'État.

Durée et fin du mandat

L'élection a lieu tous les 4 ans, après l'élection générale des membres des CSÉ d'établissement (L. 2316-10). Par dérogation, un accord de branche, un accord de groupe ou un accord d'entreprise, selon le cas, peut fixer une durée du mandat des représentants du personnel au CSÉ central d'entreprise comprise entre 2 et 4 ans (L. 2316-11).

En cas de modification dans la situation juridique de l'employeur (L. 1224-1), le CSÉ central de l'entreprise absorbée demeure en fonction si l'entreprise conserve son autonomie juridique (L. 2316-12). Si cette entreprise devient un établissement distinct de l'entreprise d'accueil, son CSÉ d'établissement désigne parmi ses membres 2 représentants titulaires et suppléants au CSÉ central de l'entreprise absorbante. Si la modification porte sur un ou plusieurs établissements distincts qui conservent ce caractère, ces établissements sont représentés au CSÉ central de l'entreprise d'accueil par leurs représentants au CSÉ central de l'entreprise dont ils faisaient partie. Dans ces cas, la représentation est assurée dans ces conditions pendant un délai d'un an au plus et peut entraîner le dépassement du nombre maximal de représentants au CSÉ de l'entreprise d'accueil (L. 2316-4).

Fonctionnement

Le CSÉ central est doté de la ***personnalité civile*** (L. 2316-13).
Il est présidé par l'employeur ou son représentant, assisté éventuellement de 2 collaborateurs qui ont voix consultative. Le comité désigne un secrétaire et un secrétaire adjoint en charge des attributions en matière de santé, sécurité et des conditions de travail. Le secrétaire, le secrétaire adjoint et le trésorier du CSÉ central sont désignés parmi ses membres titulaires (R. 2316-3).

Le CSÉ central détermine, dans un règlement intérieur, les modalités de son fonctionnement et de ses rapports avec les salariés de l'entreprise pour l'exercice de ses missions (L. 2316-14). Les décisions du CSÉ central portant sur ses modalités de fonctionnement et l'organisation de ses travaux ainsi que ses résolutions sont prises à la majorité des membres présents.

Le CSÉ central d'entreprise se réunit au moins une fois tous les 6 mois au siège de l'entreprise sur convocation de l'employeur (L. 2316-15). Il peut tenir des réunions exceptionnelles à la demande de la majorité de ses membres.

Le recours à la visioconférence pour réunir le CSÉ central peut être autorisé par accord entre l'employeur et les membres élus du comité. En l'absence d'accord, ce recours est limité à 3 réunions par année civile (L. 2316-16 ; vote à bulletin secret – D. 2315-1 et 2).

L'ordre du jour des réunions du CSÉ central est arrêté par le président et le secrétaire (L. 2316-17). Les consultations rendues obligatoires par une disposition législative ou réglementaire ou par un accord collectif de travail sont inscrites de plein droit à l'ordre du jour par le président ou le secrétaire. L'ordre du jour est communiqué aux membres 8 jours au moins avant la séance.

Une ***CSSCT centrale*** est mise en place dans les entreprises d'au moins 300 salariés (L. 2316-18).

Les dispositions relatives à la transparence des comptes sont applicables au CSÉ central (L. 2316-19, D. 2316-4 et s.).

• Comité social et économique d'établissement

Attributions

Le CSÉ d'établissement a les mêmes attributions que le CSÉ d'entreprise, dans la limite des pouvoirs confiés au chef de cet établissement (L. 2316-20). Le CSÉ d'établissement est consulté sur les mesures d'adaptation des décisions arrêtées au niveau de l'entreprise spécifiques à l'établissement et qui relèvent de la compétence du chef de cet établissement.

Dans le cadre de ses compétences, le CSÉ d'établissement peut faire appel à un expert (L. 2316-21).

Lorsqu'il y a lieu de consulter à la fois le CSÉ central et un ou plusieurs comités d'établissement, un accord peut définir l'ordre et les délais dans lesquels le CCE et le ou les comités d'établissement rendent et transmettent leurs avis (L. 2316-22). À défaut d'accord, l'avis de chaque comité d'établissement est rendu et transmis au CSÉ central et l'avis du CSÉ central est rendu dans des délais fixés (R. 2312-6).

Les CSÉ d'établissement assurent et contrôlent la gestion de toutes les activités sociales et culturelles (L. 2316-23). Toutefois, les CSÉ d'établissement peuvent confier au CSÉ central la gestion d'activités communes.

Un accord entre l'employeur et une ou plusieurs OSR dans l'entreprise (accord « majoritaire » – L. 2232-12 al. 1) peut définir les compétences respectives du CSÉ central et les CSÉ d'établissement.

En cas de transfert au CSÉ central de la gestion d'activités sociales et culturelles, ce transfert fait l'objet d'une convention entre les CSÉ d'établissement et le CSÉ central. Cette convention comporte des clauses conformes à des clauses types (D. 2316-7).

Composition (L. 2316-24)

La composition des CSÉ d'établissement est identique à celle du CSÉ (L. 2314-1 à L. 2314-3).

Fonctionnement (L. 2316-25)

Dans les entreprises d'au moins 50 salariés, les CSÉ d'établissement sont dotés de la personnalité civile. Le fonctionnement des CSÉ d'établissement est identique à celui des CSÉ d'entreprise (L. 2316-26).

• Contentieux au plan pénal

Le fait d'apporter une ***entrave*** (L. 2317-1) :

– soit à la constitution d'un CSÉ, d'un CSÉ d'établissement ou d'un CSÉ central ;

– soit à la libre désignation de leurs membres (notamment par la méconnaissance des dispositions des articles L. 2314-1 à L. 2314-9) est puni d'un emprisonnement d'un an et d'une amende de 7 500 €.

Le fait d'apporter une entrave à leur fonctionnement régulier est puni d'une amende de 7 500 €.

Voir les dispositions correspondantes dans les chapitres XX - Délégués du personnel, XXI - Comité d'entreprise et XXII - CHSCT

En l'absence d'accord (L. 2312-19), le fait, dans une entreprise d'au moins 300 salariés ou dans un établissement distinct comportant au moins 300 salariés, de ne pas établir et soumettre annuellement au CSÉ le bilan social d'entreprise ou d'établissement (L. 2312-14) est puni d'une amende de 7 500 € (L. 2317-2).

• Contentieux au plan civil

Voir les dispositions correspondantes dans les chapitres XX - Délégués du personnel, XXI - Comité d'entreprise et XXII - CHSCT.

• Comités à d'autres niveaux

Comité de groupe

Voir le chapitre XXI.

Comité d'entreprise européen

Voir le chapitre XXI.

À RETENIR

Le conseil d'entreprise constitue une innovation majeure. Cette nouvelle institution représentative du personnel est un Comité social et économique aux prérogatives renforcées : d'une part, il est doté d'un « droit de veto » et, surtout, d'autre part, il est compétent pour négocier et conclure les accords collectifs d'entreprise.
Ce conseil d'entreprise s'inspire, mais avec un contenu beaucoup plus faible (concernant les attributions et les moyens), d'expériences de pays voisins (le Betriebsrat en Allemagne ou encore la Rappresentanza sindacale unitaria en Italie).

• Attributions

Le conseil d'entreprise :

– exerce ***l'ensemble des attributions du Comité social et économique*** et

– est ***seul compétent pour négocier, conclure et réviser les conventions et accords d'entreprise ou d'établissement*** (L. 2321-1).

Les attributions de l'IRP élue et les attributions des DS désignés sont donc fusionnées à son profit.

• Mise en place

Le conseil d'entreprise peut être institué par ***accord d'entreprise*** (accord « majoritaire » – L. 2232-12 al. 1). Cet accord est à durée indéterminée.

Il peut également être constitué par ***accord de branche étendu pour les entreprises dépourvues de délégué syndical*** (L. 2321-2). L'accord précise les modalités selon lesquelles les négociations se déroulent au niveau des établissements.

Le conseil d'entreprise peut donc être mis en place par les DS de l'entreprise. Avec sa mise en place, les DS conservent leurs mandats, mais perdent l'une de leurs principales prérogatives (négocier et conclure les accords d'entreprise).

• Fonctionnement

Les modalités de fonctionnement du conseil d'entreprise sont celles définies pour le CSÉ (L. 2321-1). L'accord fixe la liste des thèmes tels que l'égalité professionnelle, soumis à ***l'avis conforme du conseil d'entreprise***. La formation constitue un thème obligatoire (L. 2321-3).

Ce « droit de veto » va au-delà des prérogatives habituelles du CSÉ (antérieurement du Comité d'entreprise) en matière d'information-consultation (sans aller jusqu'au pouvoir de codétermination prévue pour le comité en droit allemand). L'accord détermine l'étendue de ce « droit de veto ».

• Négociations collectives

L'accord fixe le nombre d'heures de délégation dont bénéficient les élus du conseil d'entreprise participant aux négociations. Cette durée ne peut, sauf circonstances exceptionnelles, être inférieure à un nombre d'heures défini par décret en fonction de l'effectif de l'entreprise (L. 2321-4, R. 2321-1 ; ce nombre d'heures de délégation s'ajoute aux heures de délégation dont il bénéficie habituellement – L. 2315-7-1°) :

- 12 heures par mois dans les entreprises jusqu'à 149 salariés ;
- 18 heures par mois dans les entreprises de 150 à 499 salariés ;
- 24 heures par mois dans les entreprises d'au moins 500 salariés.

Le temps passé à la négociation est de plein droit considéré comme temps de travail et payé à l'échéance normale (L. 2321-5). L'accord comporte des stipulations relatives à l'indemnisation des frais de déplacement (L. 2321-6).

Le cas échéant, l'accord peut fixer la composition de la délégation qui négocie les conventions et accords d'entreprise ou d'établissement (L. 2321-7). L'accord peut fixer la périodicité de tout ou partie des thèmes de négociation du conseil d'entreprise (L. 2321-8).

La validité d'une convention ou d'un accord d'entreprise ou d'établissement conclu par le conseil d'entreprise est subordonnée à sa signature par la majorité des membres titulaires élus du conseil ou par un ou plusieurs membres titulaires ayant recueilli plus de 50 % des suffrages exprimés lors des dernières élections professionnelles. Pour l'appréciation de ce dernier score, il est tenu compte des suffrages recueillis lors du premier tour des élections pour les élus au premier tour de scrutin, et de ceux recueillis lors du second tour pour les élus au second tour de scrutin (L. 2321-9).

• Unité économique et sociale (UES)

Le conseil d'entreprise peut être mis en place dans les entreprises appartenant à une UES (L. 2321-10). L'accord est conclu soit au niveau d'une ou de plusieurs entreprises composant l'UES, soit au niveau de l'UES (dans ce dernier cas, les règles de validité de l'accord sont appréciées en tenant compte des suffrages valablement exprimés dans l'ensemble des entreprises).

• Usage de la règle par les acteurs

Cette nouvelle institution deviendra effective, ou non, et avec des prérogatives variables en fonction de l'accord conclu entre les acteurs (notamment l'employeur et les DS dans chaque entreprise). Suivant les dispositions des accords d'entreprise conclus, cette nouvelle institution peut être une nouvelle voie de mise en œuvre d'une exigence constitutionnelle selon laquelle « *Tout travailleur participe, par l'intermédiaire de ses délégués, à la détermination collective des conditions de travail ainsi qu'à la gestion des entreprises* » (Constitution de 1946, Préambule al. 8). Cependant, ces nouvelles dispositions légales sur le Conseil d'entreprise n'apparaissent pas en conformité avec des engagements internationaux de la France (voir des exigences des Conventions n° 87 et n° 98 de l'OIT concernant le droit syndical).

CHAPITRE XXIV

STATUT PROTECTEUR DES REPRÉSENTANTS DES TRAVAILLEURS

À RETENIR

Les représentants du personnel et les représentants syndicaux jouent un rôle important dans les procédures d'information et de consultation et dans les actions revendicatives (contestation, formulation de propositions alternatives, contrôle, alerte, etc.). Leurs fonctions en font des « salariés exposés », que l'employeur peut chercher à éliminer de l'entreprise. C'est pourquoi la législation prévoit une protection contre le licenciement (et autres décisions assimilées) : elle impose à l'employeur qui les envisage de respecter une procédure spéciale. Du fait de cette procédure protectrice, ces salariés sont appelés « salariés protégés ».

Ces salariés, élus ou mandatés, ces « représentants des travailleurs » (Convention OIT n° 135), bénéficient donc d'un statut protecteur. Celui-ci protège l'emploi du salarié pour assurer la protection du mandat, reçu par les salariés ou par une organisation syndicale et s'articule avec le contrat de travail. « ***Les dispositions législatives (...) ont institué, au profit de ces salariés et dans l'intérêt de l'ensemble des travailleurs qu'ils représentent, une protection exceptionnelle et exorbitante de droit commun*** » (Cass. Ch. mixte 21 juin 1974, arrêts Perrier).

L'employeur est privé de son pouvoir, préalable et unilatéral, de rupture du contrat de travail : il ne peut licencier un salarié « protégé » que s'il a obtenu préalablement une autorisation de l'inspecteur du travail. Avant de prendre sa décision (autorisation ou refus de licenciement), ce dernier doit vérifier l'absence de discrimination, la réalité du motif évoqué et s'il justifie le licenciement, le respect de la procédure de licenciement et éventuellement l'existence d'un motif d'intérêt général pour refuser.

À LIRE

H. Rose, Y. Struillou, *Droit du licenciement des salariés protégés*, Économica, 2015, 5e éd. (avec M. Miné pour les 2 premières éditions).
Au cours de la période 2010-2014, plus des trois quarts des demandes de licenciement et près de 95 % des demandes de rupture conventionnelle ont été autorisées par l'inspection du travail (DARES, mars 2017 n°018).

Représentants des travailleurs

La protection spéciale couvre les représentants en fonction et, sous certaines conditions, les anciens représentants, les candidats (non élus) aux élections et les salariés ayant demandé l'organisation d'élections professionnelles. Bénéficie de la protection contre le licenciement, le salarié investi de l'un des mandats suivants (L. 2411-1) :

- délégué syndical ;
- membre élu à la délégation du personnel du CSÉ ;
- représentant syndical au CSÉ ;
- représentant de proximité (L. 2411-8, L. 2411-9) ;
- membre de la délégation du personnel du CSÉ interentreprises (L. 2411-10, L. 2411-10-1) ;
- membre du groupe spécial de négociation et membre du CEE ;
- membre du groupe spécial de négociation (GSN) et représentant au comité de la société européenne ;
- membre du groupe spécial de négociation et représentant au comité de la société coopérative européenne ;
- membre du groupe spécial de négociation et représentant au comité de la société issue de la fusion transfrontalière ;
- représentant du personnel d'une entreprise extérieure, désigné à la CSSCT d'un établissement comprenant au moins une installation classée (L. 2411-14) (L. 515-36 du Code de l'environnement ou L. 211-2 du Code minier) ;
- membre d'une commission paritaire d'hygiène, de sécurité et des conditions de travail en agriculture (L. 717-7 du Code rural et de la pêche maritime) ;
- salarié mandaté (L. 2232-23-1 et L. 2232-26) dans les entreprises dépourvues de délégué syndical ;
- représentant des salariés (L. 662-4 du Code de commerce) ;
- représentant des salariés au conseil d'administration ou de surveillance des entreprises du secteur public, des sociétés anonymes et des sociétés en commandite par actions ;
- membre du conseil ou administrateur d'une caisse de Sécurité sociale (L. 231-11 du Code de la Sécurité sociale) ;
- membre du conseil d'administration d'une mutuelle, union ou fédération (L. 114-24 du Code de la mutualité) ;

- représentant des salariés dans une chambre d'agriculture (L. 515-1 du Code rural et de la pêche maritime) ;
- conseiller du salarié (inscrit sur une liste dressée par l'autorité administrative et chargé d'assister les salariés convoqués par leur employeur en vue d'un licenciement) ;
- conseiller prud'homme ;
- assesseur maritime (loi du 17 déc. 1926 relative à la répression en matière maritime) ;
- défenseur syndical (L. 1453-4) ;
- membre de la commission (CPRI – L. 23-111-1).

Le bénéfice du statut protecteur est maintenu pour les représentants du personnel (DP, CE, CHSCT) dont les mandats se poursuivent pendant la période transitoire avant la mise en place du CSÉ et pour ceux dont les mandats se terminent pendant cette période (Ord. n° 2017-1386 du 22 sept. 2017 relative à la nouvelle organisation du dialogue social et économique dans l'entreprise, art. 11).

Rappel : à partir de la mise en place du CSÉ dans l'entreprise, celui-ci remplace le comité d'entreprise, les délégués du personnel et le CHSCT.

Pour les ***mandats extérieurs à l'entreprise*** (conseiller du salarié, conseiller prud'homme, etc.), pour bénéficier de la protection spéciale contre le licenciement, en cas de contentieux, le salarié doit apporter la preuve que l'employeur avait connaissance de son mandat avant l'entretien préalable ou avant la notification de la rupture du contrat (Soc. 14 sept. 2012, 2 arrêts ; DC QPC 14 mai 2012), y compris en cas de nouvel employeur (L. 1224-1, Soc. 15 avril 2015).

Les ***anciens représentants*** protégés sont ceux ayant exercé l'une des fonctions énumérées ci-dessus. Ils sont protégés pendant les 6 mois qui suivent l'expiration de leur mandat, à l'exception des anciens DS qui sont protégés pendant 12 mois s'ils ont exercé leurs fonctions pendant un an au moins. Pour les anciens RS au comité, cette protection ne joue que s'ils ont exercé leurs fonctions pendant 2 ans au moins (L. 2411-5).

Les ***candidats non élus*** aux fonctions de représentant du personnel (titulaire ou suppléant), sont également protégés, qu'il s'agisse de candidats au premier tour ou, le cas échéant, de ceux qui n'ont été candidats qu'au second tour. La période de protection est de 6 mois et court à partir de l'envoi par lettre recommandée à l'employeur des listes de candidatures (L. 2411-7 et L. 2411-10). La même procédure s'applique lorsque le salarié a fait la preuve que l'employeur a eu connaissance de l'***imminence de sa candidature***, avant que le candidat ait été convoqué à l'entretien préalable au licenciement..

• Demandeur d'organisation des élections

En vue de faciliter la mise en place des IRP, bénéficie de la protection le salarié qui a demandé à l'employeur d'organiser des élections. Mais la protection ne peut bénéficier qu'à un seul salarié par organisation syndicale ainsi qu'au premier salarié, non mandaté par une organisation syndicale, qui a demandé l'organisation des élections (CÉ 31 mars 2014, SAS Nevatex). La durée de la période de protection est de 6 mois, à compter de l'envoi à l'employeur de la demande (par lettre recommandée) par une organisation syndicale (L. 2411-6).

JURISPRUDENCE

Du fait d'une jurisprudence restrictive, l'initiative d'un salarié non mandaté par un syndicat doit donc être suivie d'une demande d'une organisation syndicale, à défaut il n'est pas protégé – ni si sa demande arrive après celle d'un syndicat (Soc. 28 oct. 1996). Cependant, le salarié peut bénéficier de la protection au titre de l'imminence de sa candidature s'il informe son employeur de son intention de se présenter aux élections (au second tour), dès sa demande d'organisation des élections (CÉ 28 mars 2013, Sté Selling).

• Mandats conventionnels

La protection s'applique aux représentants du personnel institués par ***accord collectif***, mais seulement dans la mesure où leur mandat est de même nature que celui institué par la loi (Soc. 29 déc. 1995, Soc. 12 juill. 2006 ; L. 2411-2), DS, membre de la délégation du personnel du CSÉ, représentant de proximité. En revanche, la protection spéciale ne s'applique pas quand le salarié est détenteur d'un mandat conventionnel non prévu par le Code du travail (Soc. 18 mai 2005) ; le salarié bénéficie alors seulement de la protection de droit commun contre les discriminations syndicales (cf. Chap. XVII).

Situations

La protection s'applique en matière de licenciement, mais également dans d'autres situations. En revanche, le statut protecteur ne couvre pas certaines situations.

• Licenciement

Dans tous les cas, l'inspecteur du travail doit vérifier l'absence de discrimination ; suivant le motif invoqué par l'employeur, d'autres éléments sont également à vérifier.

Discrimination

Principes. Dans tous les cas, l'inspecteur du travail doit vérifier que la mesure de licenciement envisagée n'est pas « en rapport » avec le mandat détenu, sollicité ou antérieurement exercé par l'intéressé (R. 2421-7, R. 2421-16). Dès lors qu'un lien apparaît entre le projet de licenciement et l'activité syndicale du salarié, l'inspecteur est tenu de refuser l'autorisation de licenciement, il a « compétence liée ».

Indices. Les indices de discrimination peuvent être communs à tous les motifs (tirés de la situation personnelle du délégué, au plan professionnel ou au regard de l'exercice de son mandat, de l'état des relations sociales dans l'entreprise, etc.) ou spécifique à chaque motif (exemples : motif économique – insuffisance des efforts de reclassement ; licenciement disciplinaire – différence de traitement entre salariés). La discrimination peut également être liée à un autre critère que l'activité syndicale (sexe, état de santé, etc., cf. chapitre V).

Régime de la preuve. En application du droit européen, le représentant des travailleurs menacé de licenciement bénéficie de l'aménagement de la charge de la preuve devant l'inspecteur du travail.

JURISPRUDENCE

Dès lors que le « *salarié présente des éléments de fait laissant supposer l'existence d'une discrimination directe ou indirecte, il incombe à l'entreprise de prouver que sa décision est justifiée par des éléments objectifs étrangers à toute discrimination* » (TA Marseille, 18 sept. 2007). Cet aménagement de la charge de la preuve de la discrimination est mis en œuvre par le juge administratif : « *De manière générale, il appartient au juge administratif, dans la conduite de la procédure inquisitoire, de demander aux parties de lui fournir tous les éléments d'appréciation de nature à établir sa conviction ; cette responsabilité doit, dès lors qu'il est soutenu qu'une mesure a pu être empreinte de discrimination, s'exercer en tenant compte des difficultés propres à l'administration de la preuve en ce domaine et des exigences qui s'attachent aux principes à valeur constitutionnelle des droits de la défense et de l'égalité de traitement des personnes ; s'il appartient au requérant qui s'estime lésé par une telle mesure de soumettre au juge des éléments de fait susceptibles de faire présumer une atteinte à ce dernier principe, il incombe au défendeur de produire tous ceux permettant d'établir que la décision attaquée repose sur des éléments objectifs étrangers à toute discrimination ; la conviction du juge, à qui il revient d'apprécier si la décision contestée devant lui a été ou non prise pour des motifs entachés de discrimination, se détermine au vu de ces échanges contradictoires ; en cas de doute, il lui appartient de compléter ces échanges en ordonnant toute mesure d'instruction utile* » (CE, assemblée, 30 oct. 2009, Mme Perreux).

Licenciement disciplinaire

L'inspecteur du travail doit vérifier si les faits reprochés sont matériellement établis, sont fautifs et « *si les faits reprochés au salarié sont d'une gravité suffisante pour justifier son licenciement, compte tenu de l'ensemble des règles applicables au contrat de travail de l'intéressé et des exigences propres à l'exécution normale du mandat dont il est investi* » (CE 5 mai 1976, SAFER d'Auvergne). Cette faute suffisamment grave, du juge administratif, ne se confond pas avec la faute grave, du juge judiciaire. Il faut tenir compte du comportement du délégué au regard de son contrat et de son mandat.

Quand un doute subsiste sur l'exactitude matérielle des griefs formulés contre le salarié, ce doute doit profiter au salarié (L. 1235-1, CE 22 mars 2010, Sté CTP).

En cas de faute grave du salarié, l'employeur peut prononcer sa mise à pied immédiatement, dans l'attente de la décision de l'inspecteur du travail. C'est une ***mise à pied conservatoire*** qui se distingue de la mise à pied disciplinaire. Elle n'entraîne plus la suspension du mandat représentatif (Soc. 2 mars 2004, Crim. 11 sept. 2007). Ses effets sont supprimés en cas de refus d'autorisation de l'inspecteur du travail ou du ministre (R. 2421-6).

Licenciement pour motif économique

L'inspecteur du travail doit « *rechercher (...) si la situation de l'entreprise justifie le licenciement du salarié, en tenant compte notamment de la nécessité des réductions envisagées d'effectifs et de la possibilité d'assurer le reclassement du salarié dans l'entreprise* » (CE 18 févr. 1977 Alexandre Abellan c/ Casino).

L'inspecteur doit vérifier que la situation de l'entreprise justifie le licenciement à la fois parce que la ***suppression de l'emploi*** du salarié dans le cadre de la réduction des effectifs est inéluctable et parce que le ***reclassement*** du délégué est impossible – ce reclassement doit être recherché dans l'établissement, puis dans un autre établissement de l'entreprise et, à défaut de possibilité, dans toute entreprise du groupe se trouvant en France (CE 22 mai 1995) ou à l'étranger (CE 4 févr. 2004). L'absence de discrimination est acquise si un reclassement « valable » a été proposé au délégué. Quand le reclassement interne est impossible, le délégué doit avoir accès aux mesures de reclassement externe prévues au PSE sans discrimination (CE 3 mai 2006). En revanche, l'inspecteur du travail n'a pas à apprécier la validité du PSE (CE 25 févr. 2015), appréciation qui relève de la compétence de la DIRECCTE.

L'inspecteur du travail ne doit pas accorder son autorisation dès lors que « *le licenciement (...) n'est justifié ni par des difficultés économiques, ni par des mutations technologiques, ni par la nécessité de sauvegarder la compétitivité de l'entreprise* » (CE 8 mars 2006).

En cas de redressement ou de liquidation judiciaire de l'entreprise, le licenciement d'un délégué ne peut intervenir qu'après autorisation de l'inspecteur du travail.

En cas de cessation d'activité, l'autorité administrative doit contrôler que cette cessation est totale et définitive, mais ne peut se fonder sur l'absence de difficultés économiques, des mutations technologiques ou de menaces de compétitivité pour refuser d'autoriser le licenciement du salarié protégé. L'administration n'a pas à rechercher si cette cessation d'activité est due à la faute ou la légèreté blâmable de l'employeur (CE 8 avr. 2013, Ass. « Œuvres de Guénange-Richemont »). Si la cessation d'activité est due à la faute ou à la légèreté blâmable de l'employeur, le salarié peut demander réparation des préjudices causés devant le juge du contrat (CPH).

Licenciement pour d'autres motifs

L'inspecteur du travail peut être saisi de demandes de licenciement pour d'autres motifs : inaptitude physique (l'absence de consultation des DP après un accident du travail rend illégale une autorisation, CE 22 mai 2002), absences prolongées ou répétées (maladie), insuffisance professionnelle, insuffisance de résultats (non établie : CE 29 déc. 1995), etc.

En cas de licenciement pour ***inaptitude médicale*** et impossibilité de reclassement dans l'entreprise (et, le cas échéant, dans une entreprise du groupe auquel appartient l'entreprise), selon une jurisprudence restrictive et critiquable du juge administratif (CE 20 nov. 2013), l'inspecteur du travail n'a pas à tenir compte de la cause de l'inaptitude (notamment si elle est ***causée par un harcèlement de l'employeur***) (*infra*).

• Autres situations protégées

Le statut protecteur est applicable dans d'autres situations que le licenciement d'un salarié en CDI. Dans tous les cas, l'inspecteur du travail doit vérifier que la mesure envisagée n'a pas de caractère discriminatoire (voir *supra*).

Modification du contrat de travail

La procédure spéciale est applicable en cas de décision de l'employeur concernant un représentant du personnel qui entraîne une modification de son contrat de travail ou de ses conditions de travail et refusée par lui.

Aucune modification des conditions de travail et évidemment du contrat de travail n'est possible sans l'accord du salarié. En cas de refus, l'employeur renonce à la modification ou demande à l'inspecteur du travail l'autorisation de licenciement.

Si la mutation rend difficile l'exercice des fonctions représentatives, l'autorisation de licenciement ne sera pas autorisée par l'inspecteur du travail (même en présence d'une clause de mobilité dans le contrat de travail, CE 29 déc. 2000).

Dans cette logique, une mise au chômage partiel, qui s'impose à tous les salariés, ne peut être appliquée à un salarié protégé qui la refuse (Soc. 18 juin 1996). Cependant, la modification du statut collectif s'impose au salarié (accord d'entreprise de RTT avec maintien du salaire, Soc. 26 févr. 2003 ; dénonciation régulière d'un usage, CE 9 mars 2005).

Contrats atypiques (précaires)

Lorsque le salarié protégé est titulaire d'un CDD « saisonnier » (L. 1242-2-3°, L. 2412-1) ou d'un contrat de travail temporaire, la cessation du lien contractuel à l'arrivée du terme du CDD, l'interruption du fait de l'ETT ou la notification du non-renouvellement de la mission (L. 2413-1) ne peut intervenir qu'après autorisation de l'inspecteur du travail, qui doit constater que le salarié ne fait pas l'objet d'une mesure discriminatoire (Crim. 2 sept. 2003). L'inspecteur du travail doit être saisi par l'employeur avant l'arrivée du terme du contrat (le cas échéant, après consultation du CE).

En revanche, la procédure ne s'applique pas lors de l'arrivée du terme du CDD d'un salarié saisonnier pour lequel, en application d'un accord collectif étendu ou du contrat de travail, l'employeur est engagé à le reconduire pour la saison suivante (L. 2421-8-1).

Le salarié en CDD « saisonnier » bénéficie de la protection lorsque l'employeur envisage soit de rompre le contrat de travail avant l'échéance du terme (en raison d'une faute grave ou de l'inaptitude constatée par le médecin du travail), soit de ne pas le renouveler en non-respect d'une clause de reconduction prévue dans le contrat de travail, ou par accord d'entreprise ou accord de branche (L. 1244-2-2) (L. 2412-2 et s.). Les délais de protection sont prolongés d'une durée égale à la période habituelle d'interruption de l'activité du salarié.

Transfert

La procédure est applicable lorsqu'un salarié protégé est englobé dans un transfert partiel d'entreprise ou d'établissement (L. 2414-1) (L. 1224-1, ancien L. 122-12 ; Soc. 3 mars 2010, PBR, le juge administratif est seul compétent), qui a pour effet de mettre fin à son mandat, et également lorsque le salarié protégé est transféré en exécution d'un accord collectif en cas de perte de marché (Soc. 16 mars 1999 ; le salarié peut refuser ce transfert conventionnel de son contrat, Soc. 3 mars 2010, le juge judiciaire est compétent). La demande d'autorisation de transfert est adressée à l'inspecteur du travail 15 jours avant la date arrêtée pour le transfert, par voie électronique ou par LR/AR. Si l'inspecteur du travail refuse le transfert parce qu'il considère qu'il a un caractère discriminatoire, l'employeur doit proposer au salarié un emploi similaire, assorti d'une rémunération équivalente, dans un autre établissement ou une autre partie de l'entreprise (L. 2413-1, R. 2421-17 ; l'isolement du salarié sans tâche ni matériel constitue un délit, Crim. 22 nov. 2005).

Mise à la retraite

La procédure est applicable pour la mise à la retraite de tous les salariés protégés, y compris les conseillers prud'hommes (Soc. 10 déc. 2003), même si toutes les conditions légales sont remplies (Soc. 5 mars 1996). L'autorisation ne peut être refusée qu'en cas de discrimination ou pour un motif d'intérêt général (CE 8 févr. 1995).

Rupture conventionnelle

Les salariés « protégés » peuvent « bénéficier » des dispositions sur la « rupture conventionnelle ». Cette rupture est soumise à l'autorisation de l'inspecteur du travail. La demande d'autorisation de rupture conventionnelle individuelle ou collective du contrat de travail est adressée à l'inspecteur du travail dans les conditions définies pour une demande de licenciement (*infra* L. 2421-3, R. 2421-18). La rupture du contrat de travail ne peut intervenir que le lendemain du jour de l'autorisation (L. 1237-15). Il en est de même pour les salariés protégés bénéficiant du congé de mobilité (L. 1237-18-4).

• Situations non protégées

La protection spéciale n'est pas applicable dans plusieurs situations.

À l'initiative de l'employeur

À l'issue de la période de protection, l'employeur retrouve son pouvoir de licencier le salarié pour des faits qui lui sont postérieurs (Soc. 23 nov. 2004, Soc. 27 juin 2007).

Ne bénéficient pas du statut protecteur les salariés exerçant un mandat, mais de nationalité étrangère, d'un État tiers à l'Union européenne, et dépourvus d'une autorisation de travail (CE 13 avril 1988 ; Soc. 5 nov. 2009). Dans ce cas, le salarié bénéficie de la protection de droit commun contre les discriminations, notamment syndicales (cf. Chap. XVII).

À l'initiative du salarié

Le salarié peut prendre l'initiative de la rupture. D'une part, il peut démissionner. D'autre part, il peut demander au CPH la résiliation judiciaire de son contrat aux torts de l'employeur (Soc. 16 mars 2005, Michel Buisson c/ Carcoop-Carrefour) ou prendre acte de la rupture du contrat aux torts de l'employeur (Soc. 21 janv. 2003).

Le CPH juge si les griefs avancés par le salarié justifient l'imputation de la rupture du contrat à l'employeur (Soc. 25 juin 2007, Soc. 5 juill. 2006).

La prise d'acte de la rupture par un salarié en raison de faits qu'il reproche à son employeur entraîne la rupture immédiate du contrat de travail et ne peut être rétractée ; un salarié protégé qui a pris acte de la rupture de son contrat de travail ne peut ultérieurement solliciter la poursuite de son contrat de travail dans l'entreprise (Soc. 29 mai 2013, X c/ sté Clinique Saint-Jean). Dès lors que le salarié a pris acte de la rupture de son contrat de travail, « *l'administration est (...) tenue de se déclarer incompétente pour statuer sur la demande d'autorisation de licenciement de ce salarié sollicitée par l'employeur postérieurement à la prise d'acte* » (CE 17 déc. 2008, M. H., Centre chirurgical des Peupliers – Croix Rouge).

À RETENIR

Le licenciement de tout « salarié protégé » est subordonné à l'autorisation préalable de l'inspecteur du travail. Préalablement, en règle générale, l'employeur doit, avant de saisir l'inspecteur du travail, consulter le CSÉ/CE sur le licenciement envisagé. Cependant, si le licenciement vise un salarié uniquement mandaté comme DS (ou un ancien DS ou encore un salarié ayant seulement un mandat extérieur à l'entreprise – CPH ou CS – CE 19 mars 2008 – notamment), l'autorisation est demandée directement par l'employeur à l'inspecteur du travail.

Procédure interne à l'entreprise

• Entretien préalable

L'employeur convoque le salarié à un entretien préalable au licenciement qui a lieu avant la consultation du CE (R. 2421-3, R. 2421-8). À défaut de comité, cet entretien se tient avant la présentation de la demande d'autorisation de licenciement à l'inspecteur du travail (il en va de même quand la consultation du comité n'est pas obligatoire). Cet entretien est obligatoire, même en cas de « grand licenciement économique » pour un salarié mandaté non élu du personnel (DS, conseiller du salarié, etc., Soc. 22 sept. 2010, PBR). Le délai de 5 jours ouvrables entre la convocation à l'entretien et l'entretien doit être respecté ; à défaut, un refus d'autorisation est justifié (CE 20 mars 2009, Sté Armar). Lors de cet entretien, l'employeur doit indiquer au salarié « les motifs de la décision de licenciement envisagé » ; à défaut, l'inspecteur du travail doit refuser l'autorisation de licenciement (CE 19 mars 2008).

• Comité social et économique (Comité d'entreprise)

Puis l'employeur consulte le comité pour avis. Cette consultation intervient pour tout membre élu à la délégation du personnel au CSÉ titulaire ou suppléant ou

RS au CSÉ ou représentant de proximité (L. 2421-3) (les DP, les élus et les représentants syndicaux au CE, les délégués au CHSCT), les anciens représentants du personnel et les candidats, ainsi que pour les salariés qui ont demandé des élections.

L'avis est réputé acquis nonobstant l'acquisition d'un nouveau mandat postérieurement à cette consultation.

L'ordre du jour doit mentionner que le comité sera consulté sur ce licenciement envisagé et doit être envoyé aux membres du comité, 3 jours au moins avant la séance.

L'employeur expose au comité le motif du projet de licenciement. Le comité doit procéder à l'audition du salarié concerné. À l'issue des échanges, ***le comité rend un avis, au scrutin secret,*** à la majorité des votants (R. 2421-9). Seuls votent les membres titulaires du comité (les suppléants uniquement lorsqu'ils remplacent un titulaire). Le délégué concerné ne vote pas, mais s'il est titulaire, son suppléant peut voter. L'employeur ne participe pas au vote, puisqu'il consulte les membres élus du comité en tant que délégation du personnel. Si plusieurs salariés sont concernés, un vote distinct doit avoir lieu pour chacun d'eux.

Dans les entreprises ayant des établissements distincts, c'est le comité de l'établissement concerné qui doit être consulté (pas le comité central, CE 26 févr. 1996). Dans tous les cas – même si le comité émet un avis favorable au licenciement envisagé – le licenciement ne peut intervenir qu'avec l'autorisation de l'inspecteur du travail.

Par ailleurs, la procédure spéciale peut parfois se cumuler avec d'autres procédures (procédure légale de licenciement économique ; procédure conventionnelle, CE 21 mai 2008).

Pour ce qui est du licenciement économique collectif, 2 situations se présentent
– ***Concernant moins de 10 salariés dans une période de 30 jours*** : le comité est d'abord informé et consulté sur le projet de licenciement collectif. Puis a lieu l'entretien préalable. Ensuite, lorsque le licenciement ne concerne pas un DS (ou assimilé), a lieu la consultation spécifique du CE sur le projet de licenciement du délégué. Enfin, l'employeur saisit l'inspecteur du travail en joignant à sa demande d'autorisation copie des informations transmises à la DIRECCTE.

– ***Concernant au moins 10 salariés dans une période de 30 jours*** : le comité est informé et consulté sur le projet de licenciement collectif. Puis l'entretien préalable précède la consultation spéciale du comité (Soc. 10 mai 1999, CE 28 sept. 2005). Cette consultation spécifique du CE a lieu soit lors de la deuxième réunion du comité, soit lors de la troisième réunion du comité (en cas de recours à un expert-comptable), soit lors de la réunion du comité prévue en cas de redressement ou de liquidation judiciaire (R. 2421-9). Enfin, l'employeur saisit l'inspecteur du travail en joignant à sa demande d'autorisation copie des informations transmises à la DIRECCTE. L'envoi de la demande d'autorisation de licenciement à l'IT peut être concomitant à celui du dossier complet à la DIRECCTE pour l'homologation ou la validation ; l'IT dispose d'un délai de 2 mois pour statuer (DGEFP, 4 oct. 2013).

Dans tous les cas de licenciement économique, individuel ou collectif, les salariés protégés doivent être informés de la possibilité de bénéficier d'un congé de reclassement ou d'une CSP, au même moment que les autres salariés, c'est-à-dire lors de l'entretien préalable ou après la dernière réunion du comité. Le délai dans lequel le salarié protégé doit donner sa réponse est prolongé de 7 jours à partir de la date de notification à l'employeur de la décision de l'inspecteur du travail autorisant le licenciement.

En cas de licenciement pour motif disciplinaire, en application de certaines conventions collectives, l'employeur doit parfois réunir et consulter un conseil de discipline.

Lorsque l'entreprise est dépourvue de CE, l'autorisation de procéder au licenciement doit être demandée directement par l'employeur à l'inspecteur du travail.

• Demande d'autorisation

L'employeur qui maintient son projet de licenciement demande à l'inspecteur du travail l'autorisation de procéder au licenciement du délégué. ***La demande***, transmise par voie électronique ou par LR/AR, doit être adressée dans les 15 jours suivant la délibération du comité. Elle mentionne la totalité des mandats détenus par le salarié (CE 20 mars 2009, Sté Excel Textile ; Soc. 1er mars 2005) et ***énonce les motifs du licenciement envisagé*** (R. 2421-1 ; CE 20 mars 2009, Sté Le Vigilant, le renvoi à des pièces justificatives jointes ne constitue pas l'énoncé d'un motif). Elle est accompagnée du procès-verbal de la réunion du comité (R. 2421-10).

En cas de mise à pied, la consultation du comité a lieu dans un délai de 10 jours à compter de la date de la mise à pied. La demande d'autorisation de licenciement est présentée au plus tard dans les 48 heures suivant la délibération du comité. Si l'avis du comité n'est pas requis, cette demande est présentée dans un délai de 8 jours à compter de la date de la mise à pied.

Le salarié « protégé » ne peut subir une suspension de son contrat de travail ni être privé de sa rémunération dans l'attente de la décision de l'inspecteur du travail. Il en est ainsi même quand le salarié est empêché d'exercer ses fonctions pour des raisons indépendantes de la volonté de l'employeur (Soc. 2 déc. 2009, 2 arrêts PBR, salarié manutentionnaire ayant fait l'objet d'un retrait d'habilitation pour l'accès à une zone aéroportuaire à la suite d'une décision préfectorale et salarié chauffeur ayant fait l'objet d'une suspension de son permis de conduire à la suite d'un contrôle positif d'alcoolémie).

Procédure administrative

• Inspecteur du travail territorialement compétent

La demande d'autorisation de licenciement est adressée par l'employeur à l'inspecteur du travail dont dépend l'établissement dans lequel le salarié est employé. Si la demande d'autorisation de licenciement repose sur un motif personnel, l'établissement s'entend comme le lieu de travail principal du salarié. Si la demande d'autorisation de licenciement repose sur un motif économique, l'établissement s'entend comme celui doté d'un CSÉ disposant des attributions prévues pour les entreprises d'au moins 50 salariés (L. 2421-3).

• Enquête contradictoire

L'inspecteur du travail procède à une enquête contradictoire (R. 2421-4, R. 2421-11). Il entend l'employeur et le salarié – il doit entendre personnellement et individuellement le salarié, qui peut, sur sa demande, se faire assister par un représentant de son syndicat. Le salarié doit pouvoir prendre connaissance de l'ensemble des éléments de nature à établir ou non la matérialité des faits allégués à l'appui de la demande d'autorisation (CE 9 juill. 2007, CE 24 nov. 2006).

Par dérogation, lorsque le salarié est inclus dans un licenciement pour motif économique et que la demande concerne au moins 25 salariés « protégés », l'inspecteur du travail met à même le salarié de lui présenter ses observations écrites, et sur sa demande, des observations orales. Le salarié peut se faire assister d'un représentant de son syndicat. L'inspecteur du travail peut procéder à une enquête contradictoire telle que précitée.

• Décision

L'inspecteur du travail prend sa décision dans un délai de 2 mois. Ce délai court à compter de la réception de la demande d'autorisation de licenciement. Le silence gardé pendant plus de 2 mois vaut décision de rejet.

La décision est motivée et est notifiée à l'employeur et au salarié, ainsi que, s'il s'agit d'un DS ou d'un représentant syndical, au comité et à l'organisation syndicale concernée (R. 2421-5, R. 2421-12).

• Motif d'intérêt général

L'inspecteur du travail « *pour refuser l'autorisation sollicitée (...) a la faculté de retenir des motifs d'intérêt général, relevant de son pouvoir d'appréciation de l'opportunité, sous réserve qu'une atteinte excessive ne soit pas portée à l'un ou l'autre des intérêts en présence* » (CE 5 mai 1976 et CE 18 févr. 1977). Il peut ainsi refuser d'autoriser le licenciement pour des raisons de paix sociale ou pour assurer le maintien d'une représentation du personnel (CE 11 févr. 2005). La décision de refus de licenciement peut donc se fonder sur des considérations d'opportunité, mais à condition de ne pas porter une atteinte « excessive » aux intérêts de l'employeur.

• Effets de la décision

En cas de décision de refus, le salarié bénéficie de la poursuite de son contrat de travail et continue à exercer son mandat (la décision de refus s'impose au juge judiciaire, Soc. 10 mai 2006). L'opposition du personnel ne peut justifier un refus, de la part de l'employeur, de retour du délégué à son poste, après une mise à pied conservatoire (Soc. 24 juin 2014, Sté Precia).

En cas d'autorisation, l'employeur peut, dès sa réception, procéder à la notification du licenciement au salarié – la lettre de licenciement doit mentionner la cause du licenciement ou au minimum faire référence à la décision administrative (Soc. 5 avril 2005).

Recours gracieux

L'employeur ou le salarié peut former un recours gracieux auprès de l'inspecteur du travail qui a pris la décision. Ce dernier peut aussi retirer sa décision. En cas d'autorisation retirée, le salarié peut obtenir sa « réintégration » en la demandant dans un délai de 2 mois (Soc. 30 avril 2002).

Recours hiérarchique

L'employeur ou le salarié peut former un recours hiérarchique auprès du ministre du Travail auquel il demande l'annulation de la décision de l'inspecteur du travail. Le recours peut aussi être formé par le syndicat que le salarié représente (cas des DS et des RS) ou qui a donné mandat à cet effet.

Le recours doit être introduit dans un délai de deux mois à compter de la notification de la décision de l'inspecteur du travail (R. 2422-1). Il n'est pas suspensif et la décision de l'inspecteur doit être appliquée.

Le ministre fait procéder à une enquête par ses services. Sa décision doit intervenir dans un délai de 4 mois, à compter de la réception du recours. Passé ce délai, le silence du ministre vaut rejet implicite du recours.

« *Lorsqu'il est saisi d'un recours hiérarchique contre une décision d'un inspecteur du travail (...), le ministre (...) doit soit confirmer cette décision, soit, si celle-ci est illégale, l'annuler, puis se prononcer de nouveau sur la demande d'autorisation de licenciement compte tenu des circonstances de droit et de fait à la date à laquelle il prend sa propre décision* » (CE 5 sept. 2008, Sté Sorelait).

Si le ministre annule la décision de l'inspecteur du travail, 2 cas généraux sont à considérer :
– Si l'inspecteur du travail a refusé le licenciement (le recours émane de l'employeur), l'annulation de la décision de refus par le ministre permet en principe à l'employeur de procéder au licenciement du salarié si le ministre a pris une décision d'autorisation (ce salarié peut alors formuler un recours contentieux contre la décision d'autorisation du ministre devant le TA).
– Si l'inspecteur du travail a autorisé le licenciement (le recours émane du salarié) et que l'employeur a procédé au licenciement, l'annulation sur recours hiérarchique par le ministre de la décision de l'inspecteur du travail autorisant le licenciement emporte pour le salarié concerné, s'il le demande dans un délai de 2 mois à compter de la notification de la décision, le droit à la réintégration dans son emploi ou dans un emploi équivalent (L. 2422-1).

L'inspecteur du travail et le ministre du Travail peuvent, dans le délai de recours contentieux, retirer une décision illégale – le ministre a légalement pu rapporter sa décision implicite rejetant le recours formé contre la décision de l'inspecteur autorisant le licenciement, l'employeur ayant méconnu son obligation de reclassement (CE 26 janv. 2007).

La loi du 12 novembre 2013 habilitant le Gouvernement à simplifier les relations entre l'administration et les citoyens ne modifie pas ces règles. Le silence gardé par l'administration pendant 4 mois vaut rejet du recours.

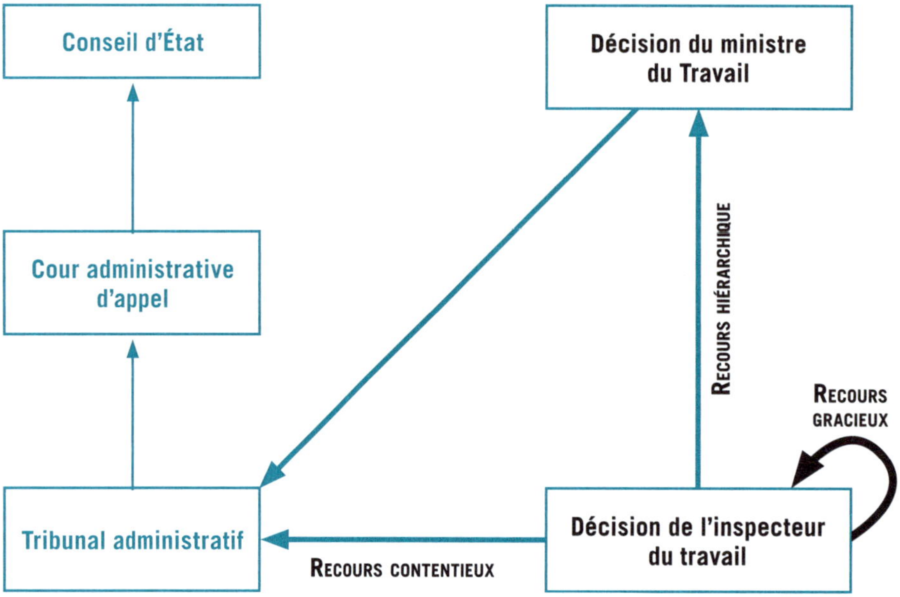

Graphique n°10 – Les recours possibles contre la décision de l'inspecteur du travail

Recours contentieux

• Juge administratif

La décision de l'inspecteur du travail, comme celle du ministre, peut faire l'objet d'un recours en annulation devant le TA, la CAA et, en cassation, le Conseil d'État. Le recours doit être formé dans les 2 mois suivant la notification de la décision administrative (ou l'expiration du délai de réponse). Il n'est pas suspensif. Le mémoire, de recours devant le juge administratif, se fonde sur des moyens de « légalité externe » (compétence de l'inspecteur, motivation de la décision, enquête, etc.) et sur des moyens de « légalité interne » (appréciation des faits, qualification juridique, etc.).

« *Les décisions prises sur recours hiérarchiques par le ministre ne se substituent pas aux décisions de l'inspecteur du travail, dès lors que ce recours ne présente pas un caractère obligatoire.* » Par conséquent, la demande présentée par le salarié, devant le juge administratif, tendant à l'annulation de la décision du ministre rejetant son recours hiérarchique contre la décision de l'inspecteur du travail autorisant son licenciement, doit « *être regardée comme tendant également à l'annulation de cette dernière décision* » (CE 5 sept. 2008, Sté Sapa Profiles Puget).

Le recours devant le TA est formé par l'employeur, lorsque l'inspecteur du travail, ou le ministre sur recours hiérarchique, a refusé d'autoriser le licenciement. Il est formé par le délégué lorsque la décision de l'inspecteur du travail, ou du ministre, a autorisé le licenciement.

Dans ce second cas, si le juge administratif annule la décision d'autorisation, le délégué a droit à la réintégration, s'il la demande dans le délai de 2 mois à compter de la notification de la décision du TA (L. 2422-1), même dans le cas où l'employeur fait appel.

Quand l'autorisation de licenciement accordée par l'administration n'a pas fait l'objet d'une contestation devant le juge administratif, le salarié ne peut plus contester son licenciement, notamment la cause de la rupture (il ne peut pas le contester devant le conseil de prud'homme – Soc. 15 nov. 2011, PBR, Sté Carcoop France c/ M. L.).

• Procédures d'urgence

La procédure du référé-suspension (C. justice administrative, art. L. 521-1) permet de contester une décision de refus d'autorisation lorsque l'urgence le justifie et qu'il existe un doute sérieux quant à la légalité de la décision et d'obtenir la suspension provisoire de cette décision. En cas de décision d'autorisation, celle-ci est considérée comme exécutée lorsque le licenciement a été notifié par l'employeur au salarié. Le référé-suspension ne peut alors plus être mis en œuvre (CE 23 mars 2005 ; CÉ 20 juill. 2009, Mme Sylvie V.). La procédure du référé-liberté (C. justice administrative, art. L. 521-2) peut être mise en œuvre à l'encontre d'une décision risquant de porter atteinte à une liberté fondamentale (CÉ 4 oct. 2004, sté Mona Lisa Investissement).

• Juge civil

En vertu du principe de la séparation des pouvoirs (loi des 16-24 août 1790), le juge judiciaire ne peut, en principe, revenir sur une décision administrative concernant le caractère réel et sérieux des motifs du licenciement.

En cas de ***licenciement pour faute***, le CPH peut apprécier le caractère de gravité de la faute pour accorder éventuellement des indemnités de préavis ou de licenciement (Soc. 20 juin 2012).

En cas de ***licenciement pour motif économique***, les salariés, licenciés avec une autorisation administrative, peuvent contester la validité du PSE et agir en nullité de leurs licenciements (Soc. 22 juin 2004). En cas de

licenciement pour motif économique, « *lorsque la nullité des licenciements n'est pas légalement encourue (entreprise en procédure de redressement ou liquidation judiciaire), les salariés dont le licenciement a été autorisé par l'inspecteur du travail peuvent prétendre à la réparation du préjudice causé par l'insuffisance du plan social* », le montant étant souverainement apprécié par la Cour d'appel à des « *dommages-intérêts pour licenciement illicite* » (Soc. 3 mai 2007). « *Le juge doit prendre en compte les changements susceptibles d'être intervenus dans la situation de l'entreprise et les possibilités de reclassement entre le moment où l'employeur, envisageant des licenciements, a engagé la procédure pouvant y conduire et le moment où il les a décidés par leur notification aux salariés* » (Soc. 30 mars 2010, SAS Ensival Moret France).

En cas de ***licenciement pour inaptitude médicale***, liée à un harcèlement moral, le salarié ne peut contester la cause de la rupture de son contrat devant le CPH ; en revanche, il peut obtenir devant le juge civil (CPH) des dommages-intérêts en réparation des préjudices subis du fait de ce harcèlement (Soc. 15 nov. 2011, PBR, Sté Carcoop France c/ M. L., préc. ; Soc. 15 nov. 2011, PBR, Mme O. c/ Sté Télécom assistance ; Soc. 15 nov. 2011, PBR, M. V. c/ ÉPIC Agence française de développement ; Soc. 27 nov. 2013, PBR, Ogec Saint-Laurent-la-Paix-Notre-Dame, « *l'autorisation de licenciement donnée par l'inspecteur du travail ne fait pas obstacle à ce que le salarié fasse valoir devant les juridictions judiciaires tous les droits résultant de l'origine de l'inaptitude lorsqu'il l'attribue à un manquement de l'employeur à ses obligations* »). Ces arrêts illustrent une nouvelle fois la nécessité, en pareil cas, d'une contestation devant le juge administratif des décisions d'autorisation ; en effet, ces harcèlements pourraient relever d'une discrimination syndicale et, par conséquent, justifier une annulation des autorisations accordées (cf. supra). Cependant, comme le juge administratif considère que l'administration n'a pas à rechercher la cause de cette inaptitude en présence d'un « harcèlement moral » (CE 20 nov. 2013, société UPC France), ***il convient donc de mettre en lumière le caractère discriminatoire du harcèlement ayant abouti à l'inaptitude et de qualifier ce harcèlement de discrimination (syndicale)*** (et non pas de « harcèlement moral »). En effet, « *il appartient en toutes circonstances à l'autorité administrative de faire obstacle à un licenciement en rapport avec les fonctions représentatives normalement exercées par un salarié ou avec son appartenance syndicale* », « *le fait que l'inaptitude du salarié résulte d'une dégradation de son état de santé, elle-même en lien direct avec des obstacles mis par l'employeur à l'exercice de ses fonctions représentatives est à cet égard de nature à révéler l'existence d'un tel rapport* » (CE, Avis 21 sept. 2016).

Pour que le salarié protégé ne soit pas moins protégé que les salariés sans mandat, ***le juge du contrat peut prononcer la nullité du licenciement*** (autorisé par l'administration du travail) ***quand l'inaptitude du salarié est la conséquence d'un harcèlement de l'employeur*** (harcèlement discriminatoire, notamment syndical, ou harcèlement moral). Y compris en cas de licenciement autorisé par l'administration, le salarié « protégé » peut saisir le juge du contrat et obtenir la nullité de son licenciement (avec poursuite du contrat de travail dans l'entreprise s'il le souhaite) (Soc. 15 avril 2015, Mutuelle assurance de l'éducation, « *l'autorisation de licenciement donnée par l'inspecteur du travail ne fait pas obstacle à ce que le salarié fasse valoir devant les juridictions judiciaires tous les droits résultant de l'origine de l'inaptitude lorsqu'il l'attribue à un manquement de l'employeur à ses obligations* »).

D'autres points peuvent être contestés devant le juge civil, comme la qualité à agir du signataire de la lettre de licenciement (Soc. 10 mai 2012), la cause réelle et sérieuse de licenciement en cas d'annulation de l'autorisation pour un motif de légalité externe (Soc. 11 juin 2012) ou les conséquences d'une prise d'acte de la rupture de son contrat par le salarié après une décision administrative de refus d'autorisation de licenciement (Soc. 4 juill. 2012).

À RETENIR

L'employeur est tenu d'observer la procédure spéciale devant l'inspecteur du travail et ne peut s'y soustraire.
L'employeur ne peut pas demander la *résiliation judiciaire* du contrat au CPH (Cass. Ch. mixte 21 juin 1974, préc.).

Est atteinte d'une nullité absolue d'ordre public toute ***transaction*** conclue entre l'employeur et le délégué, avant la notification du licenciement au salarié protégé (Soc. 10 juill. 2002). Cette rupture constitue un délit d'entrave (Crim. 28 janv. 2004, imputable à l'employeur – auteur de l'infraction – et au salarié – complice). Le salarié ne peut pas « vendre son mandat », dont il n'est pas propriétaire. En revanche, après la rupture régulière du contrat de travail d'un salarié protégé, une transaction, c'est-à-dire un accord sur les conséquences de la rupture, peut intervenir (Soc. 10 janv. 1995).

En cas de ***rupture conventionnelle du contrat de travail***, un salarié et un employeur ne peuvent valablement conclure une transaction, d'une part, que si celle-ci intervient, s'agissant d'un « salarié protégé », postérieurement à la notification aux parties de l'autorisation, par l'inspecteur du travail, de la rupture conventionnelle, d'autre part, que si elle a pour objet de régler un différend relatif non pas à la rupture du contrat de travail mais à son exécution sur des éléments non compris dans la convention de rupture (Soc. 26 mars 2014, Institut supérieur de l'agriculture de Beauvais).

Annulation de l'autorisation

Dans ce cas de figure, l'employeur a obtenu une autorisation administrative de licenciement, mais cette décision a été annulée (autorisation de l'inspecteur du travail annulée par le ministre du Travail ; autorisation de l'inspecteur du travail ou du ministre du Travail annulée par le juge administratif – L. 2422-1).

• Emploi

Le salarié bénéficie de la poursuite de son contrat de travail, de sa « réintégration ». Si l'employeur refuse, le CPH, saisi par le délégué dans les 2 mois de la notification de la décision d'annulation de l'autorisation, doit condamner l'employeur à réintégrer celui-ci dans son emploi ou, s'il n'existe plus ou n'est pas vacant, dans un emploi équivalent – c'est-à-dire comportant le même niveau de rémunération, la même qualification et les mêmes perspectives de carrière, situé dans le même secteur géographique que l'emploi initial et permettant l'exercice du mandat (Soc. 13 mai 2008), ce qui n'est pas le cas de la proposition d'un poste à Paris ou à Lyon pour un salarié protégé qui travaillait auparavant à Toulouse (Soc. 10 déc. 2003) –, le cas échéant, dans une autre société constituant une UES (Soc. 16 oct. 2001). L'employeur ne peut se contenter de le mettre en disponibilité (Soc. 30 juin 2004). L'employeur qui refuse de réintégrer un salarié protégé, alors que l'autorisation de licenciement a été annulée, commet également un délit d'entrave.

• Mandat

Le salarié est réintégré dans ses fonctions représentatives du personnel, de DP ou de membre du CE si l'institution n'a pas été renouvelée (si de nouvelles élections n'ont pas eu lieu entre son licenciement et sa réintégration). Si un nouveau CE ou de nouveaux DP ont été élus entre-temps, le représentant du personnel conserve le bénéfice de la protection accordée aux anciens représentants du personnel pendant une durée de 6 mois à compter du jour où il retrouve son emploi dans l'entreprise. Pour les DS, le délégué syndical n'étant pas élu mais désigné, il appartient à son organisation syndicale de décider si elle entend le désigner à nouveau comme DS à son retour dans l'entreprise (Soc. 22 janv. 2002).

• Indemnisation

Lorsque l'annulation de l'autorisation de licenciement est devenue définitive, le délégué a droit au paiement d'une indemnité correspondant à la totalité du préjudice subi au cours de la période écoulée entre son licenciement et sa réintégration, s'il en a formulé la demande dans le délai de 2 mois à compter de la notification de la décision.

Cette indemnité doit couvrir la totalité du préjudice subi au cours de la période qui s'est écoulée entre son licenciement et, s'il n'a pas demandé sa réintégration, l'expiration du délai de 2 mois suivant le jugement du TA ou l'arrêt de la CAA, au cours duquel il pouvait la demander (Soc. 17 sept. 2003). Ce paiement s'accompagne du versement des cotisations sociales afférentes à ladite indemnité, qui constitue un complément de salaire.

Le préjudice qui devra ainsi être réparé sera celui qui résulte de la différence entre le revenu du salarié – par exemple les allocations de chômage (Soc. 28 oct. 2003) ou des revenus professionnels, (Soc. 2 mai 2001) – perçu pendant la période où il a été exclu de l'entreprise et le salaire qu'il aurait perçu s'il avait gardé son emploi dans l'entreprise. Éventuellement, le salarié pourra obtenir réparation du préjudice moral.

• Responsabilité de l'État

Un recours en plein contentieux est possible pour engager la responsabilité de l'État et obtenir des dommages-intérêts en réparation des préjudices causés par une décision illégale.

Absence d'autorisation de licenciement

Dans ce cas de figure, l'employeur a licencié le délégué sans autorisation. L'inobservation par l'employeur de la procédure est sanctionnée civilement et pénalement.

• Sanction civile

Le congédiement du délégué effectué sans que la procédure ait été respectée ou malgré un refus de l'inspecteur du travail est nul.

• Emploi

Le représentant irrégulièrement licencié peut saisir le CPH, selon la procédure des référés, qui ordonne, sous astreinte, sa « réintégration » (Soc. 26 juin 2001).

• Indemnisation

Le salarié a droit au versement d'une indemnité égale au montant de la rémunération qu'il aurait perçue entre son licenciement et sa « réintégration » effective. L'indemnisation présente un caractère forfaitaire et ne doit faire l'objet d'aucune déduction – peu important que le salarié ait eu d'autres revenus pendant cette période (Soc. 3 mai 2001). Cependant, le salarié n'est pas fondé à cumuler les allocations de chômage avec ses rémunérations ou une indemnité équivalente à celles-ci et, par conséquent, Pôle emploi est fondé à réclamer au salarié le remboursement de ces allocations (Soc. 19 nov. 2014, PBR, Pôle emploi de Picardie).

S'il ne demande pas sa réintégration, il a droit à une indemnisation au titre de la violation du statut protecteur égale au montant des salaires qu'il aurait perçus depuis son éviction jusqu'à la fin de la période de protection restant à courir à la date de la rupture (plafond de 30 mois, soit 2 ans plus 6 mois, Soc. 22 juin 2004). En cas de pluralité de mandats doit être prise en compte la fin de la période de protection expirant la dernière (Soc. 3 mai 2007). Il a également droit aux indemnités de rupture (montant intégral de l'indemnité de préavis, Soc. 10 mai 2006) et à une indemnité réparant l'intégralité du préjudice subi du fait du caractère illicite du licenciement (Soc. 29 mars 2005).

• Sanction pénale

L'inobservation de la procédure (licenciement ou transfert) constitue un délit d'entrave à l'exercice des fonctions (L. 2431-1, L. 2432-1, L. 2433-1 et L. 2434-1 ; emprisonnement d'un an et amende de 3 750 €) sanctionné pénalement (Crim. 26 nov. 1985).

CHAPITRE XXV

CONFLITS COLLECTIFS DU TRAVAIL ET DROIT DE GRÈVE

À RETENIR

Les salariés, le plus souvent avec leurs syndicats, formulent des revendications, en matière de salaires, d'emploi ou de conditions de travail. Le conflit se développe et peut déboucher sur la grève. Celle-ci accompagne ou entraîne l'engagement de négociations collectives.

Le droit de grève est reconnu en droit international (positions des experts du Comité de la liberté syndicale au regard de la Convention de l'OIT n° 87, Pacte de l'ONU de 1966 sur les droits sociaux et économiques ; Charte sociale européenne révisée, art. 6-4) et en droit européen (UE) (charte des droits fondamentaux de l'UE, art. 28 ; CJCE 11 déc. 2007 et CJCE 18 déc. 2007 : il s'agit d'un « principe général du droit communautaire »).

La grève est une liberté publique. Le droit de critiquer le système fait partie du système démocratique. Selon la Constitution, le droit de grève s'exerce dans le cadre des lois qui le réglementent. Mais, pour l'essentiel, en dehors des services publics, c'est la jurisprudence qui a été amenée à définir la grève et à en déterminer le régime juridique (en indiquant ce qui est permis aux salariés lorsqu'ils font grève, aux employeurs lorsqu'ils ripostent à la grève, etc.).

Certaines conventions collectives, notamment celles qui sont étendues, contiennent des dispositions relatives à l'exercice du droit de grève. Elles peuvent fixer, par exemple, un préavis (prévu par la loi pour les seuls services publics) ou une procédure de conciliation préalable. Cependant, une convention collective ne peut avoir pour effet de limiter ou de réglementer, pour les salariés, l'exercice du droit de grève reconnu constitutionnellement (Soc. 7 juin 1995, Soc. 12 mars 1996).

Faire grève est un droit reconnu aux travailleurs. La grève est un droit collectif d'exercice individuel – chaque salarié a le droit de faire grève dans le cadre d'un mouvement collectif (comme il a le droit d'adhérer au syndicat de son choix).

Comme tout droit, le droit de grève doit parfois être concilié avec d'autres droits (continuité du service public, DC 16 août 2007 ; sécurité, CE 12 nov. 1990, DC 22 juill. 1980 « Protection des matières nucléaires » notamment).

Objet

Selon la Cour de cassation, ***« l'exercice du droit de grève résulte objectivement d'un arrêt collectif et concerté du travail en vue d'appuyer des revendications professionnelles »*** (Soc. 18 juin 1996, Soc. 23 oct. 2007, RTM). Un arrêt de travail est qualifié de grève si ces 3 conditions sont remplies. À défaut, il s'agit d'un mouvement illicite ou d'un abus de droit. La qualification de grève s'apprécie au regard de ces éléments objectifs, pas sur la base d'une appréciation subjective (la grève est en principe licite, celui qui prétend le contraire doit le prouver).

Dans le scénario de la grève « classique », les salariés d'une entreprise, en totalité ou en partie, cessent le travail à l'appui de leurs revendications. Parallèlement, des négociations s'engagent avec la direction. Lorsqu'un accord est conclu, des revendications étant satisfaites, ou lorsque les grévistes se résignent à ne rien obtenir, le travail reprend.

• Cessation collective et concertée

Manifestation collective

La grève est une manifestation collective. Plusieurs salariés décident de faire grève ensemble, mais pas nécessairement l'ensemble du personnel ni même la majorité. Une grève minoritaire est licite.

Dans une entreprise, un salarié ne peut faire grève seul, sauf s'il se joint à un mouvement national (Soc. 27 juin 1989) ou s'il est le seul salarié de l'entreprise (Soc. 13 nov. 1996). Un salarié détaché dans une autre société peut participer à une grève déclenchée dans celle-ci lorsque la grève est fondée sur des revendications qui concernent sa propre situation (Soc. 17 déc. 2003).

La grève est décidée par les salariés eux-mêmes, exerçant ensemble le droit collectif qui leur est reconnu par la Constitution. Certains salariés peuvent décider de ne pas faire grève (le droit français préserve leur liberté de travail).

Déclenchement

Le déclenchement de la grève ne résulte pas, en France, d'une décision des organisations syndicales. La notion de « grève sauvage », qui a cours dans les pays où la grève résulte d'une décision syndicale et qui vise alors les grèves déclenchées par la « base », en dehors de toute directive syndicale, est inappropriée au droit français de la grève (sauf dans les services publics).

Piquet de grève

Le fait pour des grévistes d'empêcher des non-grévistes de travailler, de manière concertée à l'aide de menaces, constitue une infraction (art. 431-1 CP, délit d'atteinte à la liberté du travail, *infra*), rarement sanctionnée pénalement, mais aussi une faute lourde (Soc. 15 mai 2001). Les « piquets de grève », dès lors que la présence de ces piquets s'accompagne de menaces envers les non-grévistes, sont illicites ; en revanche, un « piquet de grève » pacifique, qui exerce une pression morale sur les salariés, est licite.

• Cessation du travail

Cessation du travail

La cessation du travail est d'une durée variable, mais elle est franche (Soc. 26 janv. 2000).

La grève ne peut avoir lieu que pendant une période de travail, non pendant un temps de pause (Soc. 18 déc. 2001). Cependant, le fait, pour un commandant de bord, de faire grève pendant une escale et de ne pas assurer le vol suivant, ne caractérise pas un mouvement illicite (Cass. Ass. plén. 23 juin 2006, Sté Air France).

Moment

La grève peut intervenir à tout moment dès lors que l'employeur a eu connaissance des revendications professionnelles des grévistes. Il n'est pas nécessaire que l'employeur ait rejeté ces revendications (Soc. 20 mai 1992).

Il n'existe aucune obligation de préavis (sauf dans les services publics). Il n'existe pas non plus d'obligation de « paix sociale » – la grève peut être déclenchée au regard de revendications portant sur des questions réglées dans la convention collective (contrairement à ce qui existe notamment en droit allemand).

Durée

La grève peut être plus ou moins longue et un arrêt de travail de courte durée est licite. Des arrêts de travail de courte durée qui se répètent (les « débrayages ») sont, eux aussi, licites : « *La répétition d'interruptions de travail ayant chacune le caractère d'une grève licite ne peut être considérée, en principe, comme un abus du droit de grève* » (Soc. 25 janv. 2011 ; Soc. 18 avril 1963).

Modalités

Les « grèves tournantes » (un atelier cesse le travail pour une courte période, puis un autre, etc.) sont, en principe, licites. Les « grèves bouchon » portent sur un service essentiel à la marche de l'entreprise et la paralysent.

Des modalités de la grève peuvent devenir illicites si elles ont pour objet non la désorganisation de la production, mais la désorganisation de l'entreprise (elles constituent alors une inexécution fautive du contrat de travail). Ainsi, les « grèves perlées » consistent dans l'exécution du travail au ralenti (Soc. 5 janv. 1979). Pour sa part, la « grève du zèle » consiste à appliquer très strictement les consignes de travail, conduisant à un ralentissement de son exécution (illustration du décalage entre le travail réel et le travail prescrit).

L'arrêt de travail peut s'accompagner de l'occupation des locaux de travail. Cette occupation pendant les heures de travail, la « grève sur le tas », est licite (Soc. 26 févr. 1992). En revanche, l'occupation en permanence de ces locaux, jour et nuit, est illicite, mais ne constitue pas, en principe, une faute lourde (voir les piquets de grève pacifiques, l'expulsion, *infra*).

• Revendications professionnelles

Le mouvement de grève est motivé par la recherche de la satisfaction de revendications professionnelles (rémunérations, conditions de travail, emploi, etc.). « *Au cours d'une grève, les salariés peuvent exprimer librement leurs réclamations et leurs revendications sur leurs conditions de travail* » (Soc. 20 mai 1992) – par exemple « *la fourniture d'un moyen de transport ou l'octroi des indemnités de grand déplacement* » (Soc. 18 juin 1996).

La défense d'un mode d'exploitation d'un réseau de transport constitue une revendication professionnelle (Soc. 23 oct. 2007, préc.) : « *La capacité de l'employeur à satisfaire les revendications des salariés est sans incidence sur la légitimité de la grève.* »

Les revendications (nature et niveaux) sont déterminées par les salariés en grève. « *Le juge ne peut (...) substituer son appréciation à celle des grévistes sur la légitimité ou le bien-fondé de ces revendications* » et n'a pas le pouvoir d'apprécier leur caractère « *raisonnable* » (Soc. 2 juin 1992, M. Zaluski c/ Sté Ipem Hom). Le fait de faire grève pour obtenir la présence d'un permanent syndical dans la négociation collective d'entreprise constitue une revendication professionnelle et, par conséquent, n'est pas soumis à l'appréciation judiciaire (Soc. 19 oct. 1994).

La « ***grève d'autosatisfaction*** », qui consiste à exécuter son contrat de travail dans des conditions revendiquées autres que celles prévues au contrat – se mettre en arrêt de travail le samedi (Soc. 23 nov. 1978) ou lors de temps d'astreinte (Soc. 2 févr. 2006) – est, en principe, illicite. Cependant, cet arrêt de travail constitue bien une grève quand il conduit à faire respecter par l'employeur une disposition légale ou conventionnelle qu'il méconnaît (par exemple : un arrêt de travail le dimanche pour faire respecter le repos dominical). Et surtout, la « grève d'autosatisfaction » est désormais licite quand elle s'accompagne d'autres revendications que celle qu'elle satisfait directement (Soc. 25 juin 1991).

La « ***grève de solidarité*** », si elle a un motif professionnel (revendications), est considérée comme licite (Soc. 26 janv. 2000). Une grève destinée à soutenir un salarié dont le licenciement pour motif économique est envisagé est licite (Soc. 22 nov. 1995). Au-delà de l'établissement et de l'entreprise, elle peut concerner les salariés d'un groupe ou d'une branche (solidarité interne).

Dans le passé, quand des salariés ont fait grève contre une décision à caractère individuel, sur le plan disciplinaire, ce mouvement ne présentant pas de revendication d'intérêt collectif a été jugé illicite (Soc. 18 mars 1982, Sté Le Colisée). Il a été jugé qu'il s'agissait d'un mouvement illicite quand les salariés voulaient supporter la « lutte » des salariés d'une autre entreprise (solidarité externe), mais n'exprimaient pas de revendications pour leur propre compte. Cette jurisprudence, restrictive et ancienne, sur les grèves de solidarité, n'apparaît plus de droit positif au regard des nouvelles solutions retenues, notamment en matière de libre appréciation des revendications par les grévistes (infra) et, pour les grèves de solidarité externe, du caractère légitime d'une grève dont l'employeur ne peut satisfaire les revendications ainsi que de la légitimité des grèves répondant à un appel national (*supra*).

JURISPRUDENCE

Il a été jugé que « *la mobilisation destinée à soutenir les salariés grévistes répondait à un intérêt collectif et professionnel, de sorte que ce mouvement de grève était licite* », dans une affaire où « *le syndicat CGT Finimétal avait appelé les salariés de l'entreprise à la grève le 12 mars 2010 de 11 heures à 14 heures pour soutenir les salariés menacés par des sanctions disciplinaires pour des faits commis lors du précédent mouvement de grève, dont la légitimité n'était pas contestée, et que ces menaces avaient pu être perçues au sein de l'entreprise comme susceptibles de porter atteinte au droit de grève* » (Soc. 2 juill. 2014, sté Finimétal).

Un arrêt de travail pour un motif exclusivement ***politique*** ne constitue pas, en principe, une grève. Cependant, la grève qui se fonde sur des revendications professionnelles a souvent une dimension politique. Ainsi, dans le cadre de la participation à une journée nationale d'action, décidée par les organisations syndicales, la grève qui a pour objet de protester contre la politique menée par le gouvernement, « *la défense de l'emploi et de la réduction du temps de travail* », « *la défense des retraites* », « *revendications étroitement liées aux* *préoccupations quotidiennes des salariés au sein de leur entreprise* », est licite (Soc. 29 mai 1979, Soc. 29 mars 1995, Soc. 15 févr. 2006).

JURISPRUDENCE

Le juge de l'UE a soumis les ***grèves transnationales au niveau européen*** (UE) à des exigences de justification et de proportionnalité à l'égard des libertés économiques (CJCE 11 déc. 2007, Viking, et 18 déc. 2007, Laval), en ignorant la portée des exigences du droit international en matière de garantie du droit de grève, que fait respecter le juge européen des droits de l'Homme (notamment CEDH 21 avril 2009, Enerji). Sous l'influence de cette jurisprudence du juge de Strasbourg et du fait de la mise en œuvre de la Charte des droits fondamentaux de l'UE, qui reconnaît le droit de grève, la jurisprudence restrictive du juge de Luxembourg (UE) pourrait évoluer.

Effets de la grève sur le contrat de travail

Par la grève, les salariés s'affranchissent du lien juridique de subordination. L'exercice de ce droit fondamental est juridiquement garanti et ne doit pas entraîner de mesures de représailles :
– ***L'exercice du droit de grève ne peut justifier la rupture du contrat de travail, sauf faute lourde imputable au salarié*** : la grève ne rompt pas le contrat de travail, sauf exception ; tout licenciement prononcé en l'absence de faute lourde est nul de plein droit (L. 2511-1 al. 1 et 3, Soc. 28 juin 1951, loi du 11 févr. 1950).
– ***Son exercice ne peut donner lieu à aucune mesure discriminatoire***, notamment en matière de rémunération et d'avantages sociaux (L. 2511-1 al. 2, L. 1132-2 ; exemples : retenues sur le treizième mois, Soc. 10 déc. 2002).

Par conséquent, l'exercice normal du droit de grève est garanti (nullité des licenciements et des discriminations).

L'atteinte à l'exercice normal du droit de grève constitue un trouble manifestement illicite que le juge des référés doit faire cesser. Mais l'atteinte au droit de grève n'est pas à elle seule constitutive d'une infraction pénale (Crim. 19 juin 1979). Cependant, les sanctions prises contre des grévistes peuvent caractériser le délit d'entrave lorsqu'elles tendent à briser l'action syndicale dans l'entreprise. Il en va ainsi dans le cas où le mouvement a été déclenché par une organisation syndicale et alors que les mesures prises ultérieurement par l'employeur, contre l'ensemble des grévistes, ont eu cet objet et ce résultat (Crim. 15 déc. 1981).

En revanche, l'***abus du droit de grève*** et les mouvements illicites ne bénéficient pas de ces garanties légales. « *La grève entraîne nécessairement une désorganisation de la production* » (la grève est un droit de nuire finalisé), mais « *seule une désorganisation de l'entreprise elle-même eût rendu la grève illicite* »

(Soc. 30 mai 1989). Cette distinction est parfois difficile à mettre en œuvre et source d'insécurité juridique pour les grévistes.

• Suspension du contrat

« *Le contrat de travail liant les employeurs et les salariés est suspendu tant que dure la grève* » (Soc. 5 mars 1953).

L'employeur est dispensé de payer le salaire puisqu'aucun travail n'a été fourni. Ceci concerne toute la durée du mouvement, même s'il comprend des jours fériés habituellement chômés et payés, y compris le 1er mai (Soc. 5 févr. 2002 ; Soc. 24 juin 1998).

La retenue sur salaire doit être strictement proportionnelle à la durée d'interruption du travail (à défaut, il s'agit d'une sanction pécuniaire discriminatoire interdite, Soc. 19 mai 1998). Le bulletin de paie ne doit faire aucune mention de l'exercice du droit de grève (R. 3243-4). Dans la pratique, des accords de fin de grève prévoient parfois une indemnisation partielle des pertes de rémunération occasionnées par la grève.

Cependant la rémunération est entièrement due aux salariés participant à la grève lorsque celle-ci est la conséquence d'un « *manquement grave et délibéré de l'employeur à ses obligations obligeant les salariés à faire grève pour faire respecter leurs droits essentiels* » (Soc. 4 déc. 2007, Sté des Autobus Auréliens ; Soc. 20 févr. 1991). Ce n'est pas le cas lors des retards de paiement de salaires et de primes intervenus dans une entreprise en règlement judiciaire (Soc. 28 oct. 1997). En revanche, cette solution s'applique quand l'employeur manque à ses obligations de versement des salaires alors qu'il bénéficie d'un plan de redressement par continuation (Soc. 7 juin 2006), et également pour « *un mouvement de grève ayant été notamment motivé par le non-paiement des heures supplémentaires...* » – et ce, même si le protocole de fin de grève prévoyait l'absence de paiement des salaires correspondant à la période de grève (Soc. 3 mai 2007, Sté Autogrill Paris Saint-Lazare).

Le gréviste ne perd pas sa qualité d'assuré social et conserve le bénéfice des prestations familiales. Mais il n'est pas couvert par la législation sur les accidents du travail et de trajet, n'étant plus placé sous l'autorité de l'employeur.

La grève qui dure peut aussi avoir des conséquences sur les droits à congés payés, la grève n'étant pas assimilée à du temps de travail pour le calcul des droits à congés.

Interdiction de toute discrimination

Aucun salarié ne peut être sanctionné, licencié ou faire l'objet d'une discrimination en raison de l'exercice normal du droit de grève (Soc. 9 juill. 2015,

Mondadori Magazines France, discrimination indirecte d'une mesure qui prend en compte le degré de mobilisation des salariés, selon les services, et ses conséquences sur le fonctionnement de l'entreprise, pour calculer le montant de la retenue sur salaire ; Soc. 10 nov. 2009, SNCF, salariée ayant fait l'objet d'une discrimination en matière de promotion, liée à sa participation à un mouvement de grève ; Soc. 9 févr. 2000, le retard dans l'avancement à l'ancienneté, prévu par la convention collective, par la prise en compte de la suspension du contrat de travail du fait de l'exercice du droit de grève constitue une discrimination).

En cas de sanction, le juge doit rechercher si « *le véritable motif de la sanction infligée (au salarié) tenait à sa participation au mouvement de grève* », de telles sanctions constituant un trouble manifestement illicite (Cass. ass. plén. 23 juin 2006).

• Primes

Primes d'assiduité

Certaines primes d'assiduité ne sont versées aux membres du personnel que s'ils ont été présents au travail pendant un certain laps de temps (un mois, un trimestre, etc.). Toute absence non autorisée par l'employeur pendant la période de référence entraîne une réduction de la prime. La réduction est, par exemple, de 20 % pour une journée d'absence, de 40 % pour 2 journées, etc., et la prime sera supprimée pour 5 journées d'absence.

JURISPRUDENCE

« ***Si l'employeur peut tenir compte des absences, même motivées par la grève, pour le paiement d'une prime, c'est à la condition que toutes les absences, hormis celles qui sont légalement assimilées à un temps de travail effectif, entraînent les mêmes conséquences sur son attribution*** » (Soc. 23 juin 2009, Sté Nutrea, discrimination établie ; Soc. 16 janv. 2008, Soc. 25 mars 1982 ; *contra* discrimination non établie quand toutes les absences, autres que celles assimilées à du temps de travail effectif, quelle qu'en soit la cause, donnent lieu à sa suppression, Soc. 23 juin 2009, Sté Sico-Cherre). La discrimination est établie quand plusieurs taux d'abattement sont prévus selon le motif de l'absence (Soc. 15 févr. 2006, Soc. 16 janv. 1994), sous réserve des absences légalement assimilées à un temps de travail qui peuvent ne pas entraîner d'abattement sans pour autant que l'abattement pour grève soit discriminatoire (Soc. 23 juin 2009, Sté Sico-Cherre). Ainsi, le retrait du bénéfice de la prime de présentéisme en raison d'absences motivées par la grève constitue une mesure discriminatoire dans la mesure où toutes les absences, autorisées ou non, n'entraînent pas les mêmes conséquences sur l'attribution de la prime litigieuse (Soc. 25 oct. 2007, Sté Charal ; Délibération HALDE n° 2008-22 du 11 févr. 2008).

Primes pour surcroît de travail

L'employeur a le droit d'accorder une prime aux salariés non grévistes uniquement lorsqu'elle a pour effet de compenser le « surcroît de travail » auquel ces salariés ont effectivement dû faire face du fait de la grève (Soc. 8 janv. 1981, Sté Serep ; condition de surcroît non remplie : Soc. 3 mai 2011, Debruille c/ Les courriers de la Garonne, « *constitue une mesure discriminatoire l'attribution aux seuls salariés non grévistes d'une prime exceptionnelle ne correspondant pas à un surcroît de travail* »).

Primes antigrèves et autres moyens comparables

« *Est discriminatoire l'attribution par l'employeur d'une prime aux salariés selon qu'ils ont participé ou non à un mouvement de grève* » (Soc. 1er juin 2010, SA Safen ; L. 2511-1 al. 2).

Par ailleurs, le versement d'une avance conditionnée par le renoncement à toute absence, notamment de débrayage, constitue une « *atteinte manifeste au droit de grève* » (TGI réf., Dax, 15 avril 2008, Sté GT Logistics 01, et CPH Dax, 22 oct. 2009 confirmé par Soc. 16 févr. 2011 ; Soc. 1er juin 2010, préc.).

Rupture du contrat de travail

Principe

Ce n'est qu'en cas de faute lourde que l'employeur peut licencier le salarié gréviste.
La faute lourde est d'une gravité particulière qui révèle une intention de nuire à l'employeur et ne peut être excusée par les circonstances. La faute lourde résulte d'une participation personnelle, volontaire et active à des actes illicites.

La faute lourde ne rompt pas le contrat par elle-même et l'employeur doit appliquer la procédure de licenciement s'il décide de licencier le salarié. La charge de prouver la faute lourde incombe à l'employeur (Soc. 5 mai 1960, Source Perrier). En cas de faute lourde, l'employeur peut prononcer une sanction inférieure au licenciement. En revanche, en l'absence de faute lourde, l'employeur qui n'a pu prononcer de licenciement ne peut non plus infliger une autre sanction (Soc. 7 juin 1995).

Faute lourde retenue

Ce sera le cas lorsque le gréviste commet des actes sanctionnés par le Code pénal – par exemple :

- abandon des postes de sécurité, détérioration directe de marchandises ou de machines ;
- blessures et coups volontaires, séquestration de personnes (224-1 CP ; Crim. 20 déc. 2000 ; Crim. 6 févr. 2002 – amendes de 6 000 € « *les prévenus*

(...) ont retenu, pendant environ une heure, 3 personnes dans une salle de la préfecture dont ils avaient fermé les issues, (...) une telle action constitue une forme de violence qui, si elle n'a pas atteint physiquement les victimes, a été de nature à leur causer une sérieuse émotion » ; « *le salarié avait personnellement participé à l'action collective au cours de laquelle le directeur des ressources humaines avait été retenu de 11 h 45 à 15 h 30 dans son bureau, dont il n'avait pu sortir qu'après l'évacuation par les forces de l'ordre des personnes présentes* », Soc. 2 juill. 2014, préc.) ;

- entrave à la liberté du travail (empêcher le départ de 2 autobus de la gare routière, Soc. 10 févr. 2009, SA STIVO).

Absence de faute lourde

En revanche, la présence de grévistes dans les salles de commande de plusieurs postes de transformation ne constitue pas une faute lourde et ne peut donc donner lieu à licenciement (Soc. 7 juin 1995).

Ne commet pas une faute lourde le salarié qui « *s'est placé à deux reprises devant un camion pour interdire le passage, a fait obstacle à un autre camion allant chercher une remorque et a empêché le directeur du site d'enlever des barricades obstruant le passage des camions* », ni le salarié qui « *a bloqué un camion, s'est placé devant trois autres camions pour faire obstacle à leur passage* », ni le salarié qui « *a empêché un camion d'avancer et un autre de reprendre une remorque* », quand il n'est pas constaté que « *le blocage d'un camion entravait le travail des salariés ne participant pas au mouvement de grève ou qu'il entraînait une désorganisation de l'entreprise, faute d'autre accès aux locaux de l'entreprise* » (Soc. 9 mai 2012, Sté Cemga logistics).

Ainsi, de façon générale, « *la commission, par certains salariés grévistes, d'actes illicites au cours de leur mouvement, ne modifie pas la nature de ce dernier* » (Soc. 4 nov. 1992) ; des actes illicites ne rendent pas illicite un mouvement de grève licite.

Sanction d'un licenciement illicite (nullité)

Tout licenciement prononcé alors qu'il n'y a pas faute lourde imputable au salarié gréviste est nul de plein droit (Soc. 8 juill. 2009, Casino d'Évaux-les-Bains). Le juge prononce la nullité du licenciement et ordonne la poursuite du contrat de travail du salarié, si celui-ci le demande (Soc. 10 oct. 1990). Le salarié gréviste dont le licenciement est nul a droit au paiement d'une indemnité égale au montant de la rémunération qu'il aurait dû percevoir entre son éviction de l'entreprise et sa « réintégration », peu importe qu'il ait ou non reçu des salaires ou un revenu de remplacement pendant cette période (Soc. 2 févr. 2006).

« *La nullité du licenciement d'un salarié n'est pas limitée au cas où le licenciement est prononcé pour avoir participé à une grève mais... elle s'étend à tout licenciement prononcé à raison d'un fait commis au cours de la grève et qui ne peut être qualifié de faute lourde* » (Soc. 9 mai 2012, Les Jardins du Nivernais – « *le mouvement de grève a débuté... après la notification au salarié de sa convocation à l'entretien préalable à son licenciement* », le salarié « *a été licencié pour faute grave... pour avoir, notamment, porté atteinte à la réputation de l'entreprise en procédant à la distribution, à la clientèle, de tracts dénonçant les conditions de travail et de sécurité au sein de cette entreprise* »).

Absence de protection spéciale

Cependant, le salarié n'est pas couvert par la protection que la loi accorde au gréviste en cas de participation à un mouvement illicite ou abusif, sans qu'aucun agissement particulier ne soit reproché au salarié. Si les juges estiment que l'action était illicite, ils peuvent en déduire que le licenciement fondé sur cette participation est justifié. Ils sont amenés ainsi à se prononcer sur la nature du mouvement collectif à l'occasion d'un litige individuel porté devant le CPH. Ainsi, les juges peuvent estimer que l'action collective à laquelle a participé le salarié ne constituait pas juridiquement une grève, mais une inexécution fautive du contrat de travail (travail exécuté de manière volontairement défectueuse). Le droit commun des licenciements s'applique alors. Ainsi, c'est le salarié gréviste qui supporte les conséquences du jugement porté par le tribunal sur le caractère du mouvement (était-ce bien une grève ?).

Grève et faute

À l'issue d'un conflit collectif, en règle générale, quand des faits fautifs ont été commis, l'employeur ne prononce des sanctions que quand la grève a été un échec pour les grévistes. À l'inverse, en cas de succès pour les grévistes, des faits répréhensibles ne sont le plus souvent pas poursuivis sur le plan disciplinaire. « *Le droit de grève est un droit de l'échec de la grève* » (T. Grumbach).

Grève réglementée

• Services publics

Dans les services publics, la loi réglemente l'exercice du droit de grève (L. 2512-2).

Préavis

Un ***préavis de 5 jours francs, précisant les motifs du recours à la grève***, doit être adressé par les organisations syndicales représentatives, avant le déclenchement de la grève, à la direction du service public concerné. Plusieurs organisations syndicales peuvent présenter un préavis de grève différent (Soc. 4 févr. 2004).

La loi déclare illégales les grèves tournantes ou par roulement – le préavis de grève doit déterminer l'heure précise, commune à tous les membres du personnel, de l'arrêt du travail. Cependant, cette règle est contournée par la possibilité, pour plusieurs syndicats, de présenter un préavis de grève différent ou pour un syndicat de procéder à « *l'envoi de préavis de grève successifs mentionnant des motifs différents* » (Soc. 30 janv. 2008, 7 juin 2006).

Exclusions

Des lois excluent du droit de grève plusieurs catégories de fonctionnaires (militaires, CRS, policiers, agents des services des transmissions du ministère de l'Intérieur, magistrats, agents des services pénitentiaires, notamment).

Services publics de transport terrestre régulier de personnes à vocation non touristique

La loi du 21 août 2007 sur « le dialogue social et la continuité du service public dans les transports terrestres réguliers de voyageurs » (non codifiée ; validée par DC 16 août 2007) prévoit une *obligation de négocier en vue de conclure un accord d'entreprise organisant une procédure de prévention des conflits.* Ainsi la loi ne prévoit pas un « service minimum ». Cette disposition légale fait l'objet de réserves au regard de la Convention n° 87 de l'OIT : « *La fixation d'un service minimum négocié devrait être limitée aux opérations strictement nécessaires pour que la satisfaction des besoins de base de la population ou des exigences minima du service soit assurée, car elle limite l'un des moyens de pression essentiel dont disposent les travailleurs pour défendre leurs intérêts* » (Rapport de la Commission d'experts pour l'application des conventions, 2008, suite à une saisine de la CGT-FO).

Un accord de branche doit être négocié dans les mêmes conditions. Il s'appliquera dans les entreprises où aucun accord n'a pu être signé. L'accord d'entreprise ou de branche (accord du 3 déc. 2007), et, le cas échéant, le décret du 24 janvier 2008, déterminent notamment les conditions dans lesquelles une organisation syndicale représentative procède à la notification à l'employeur des motifs pour lesquels elle envisage de déposer un préavis de grève et les informations qui doivent être transmises par l'employeur à ces organisations en vue de favoriser la réussite du processus de négociation, ainsi que le délai dans lequel ces informations doivent être fournies et enfin les règles entourant le relevé de conclusions de cette négociation.

Les procédures de prévention des conflits sont prévues dans des accords signés à la RATP, à la SNCF (avenant du 13 déc. 2007 à l'accord de 2004, SNCF ; accord du 28 févr. 2011, RATP).

L'autorité organisatrice de transport (AOT : collectivités locales, etc.) détermine les dessertes prioritaires et les niveaux de service. Dans ce cadre, l'entreprise élabore un plan de transport. Un ***accord collectif de prévisibilité du service*** doit être conclu.

Il recense notamment les catégories d'agents et leurs effectifs, indispensables à l'exécution des niveaux de service prévus, fixe les conditions dans lesquelles l'organisation du travail est révisée et les personnels disponibles réaffectés afin de permettre la mise en œuvre du plan de transport. En cas de grève, les personnels disponibles sont les non-grévistes. À défaut d'accord, un ***plan de prévisibilité*** est défini par l'employeur. Le plan de prévisibilité de la RATP a été partiellement suspendu (CE 11 févr. 2008, au sujet du délai de déclaration préalable).

La loi instaure un « préavis individuel » : les salariés informent, au plus tard 48 heures avant de participer à la grève, le chef d'entreprise de leur intention d'y participer (ce préavis individuel n'était pas admis par la jurisprudence, Cass. ass. plén. 23 juin 2006, Air France). Les informations issues de ces ***déclarations individuelles*** ne peuvent être utilisées que pour l'organisation du service durant la grève – elles sont couvertes par le secret professionnel, leur utilisation à d'autres fins constituant un délit (art. 226-13 du Code pénal). Est passible d'une sanction disciplinaire le salarié qui n'a pas informé son employeur de son intention de participer à la grève.

Au-delà de 8 jours de grève, l'employeur, une organisation syndicale représentative ou le médiateur éventuellement désigné, peut décider l'organisation par l'entreprise d'une ***consultation***, ouverte aux salariés concernés par les motifs figurant dans le préavis, et portant sur la poursuite de la grève. Dans les 24 heures qui suivent la décision d'organiser la consultation, l'employeur définit les conditions du vote (secret, etc.), et informe l'inspecteur du travail. Le résultat de la consultation n'affecte pas l'exercice du droit de grève.

Lorsqu'un préavis a été déposé, un nouveau ne peut être déposé par la ou les mêmes organisations et pour les mêmes motifs qu'à l'expiration du délai du préavis en cours, ni avant que la procédure de négociation ait été mise en œuvre (disposition visant à éviter les « préavis glissants »).

Entreprises de transport aérien de passagers

Un texte spécifique concerne les entreprises de transport aérien de passagers (Code des transports, art. L. 1114-1 et s.).

• Procédures de règlement

Plusieurs procédures légales permettent de rechercher une solution aux conflits du travail, mais elles sont rarement utilisées. La sortie du conflit est en règle générale trouvée par les acteurs du conflit, parfois avec l'aide de l'Inspection du travail.

Conciliation

Tous les conflits collectifs de travail peuvent être soumis aux procédures de conciliation (L. 2522-1). La conciliation vise à mettre les parties à un conflit en présence dans l'espoir que les bases d'un accord puissent être trouvées. Chaque partie reste complètement libre de ses décisions.

Des dispositions organisant la procédure de conciliation doivent être contenues dans une convention collective pour que celle-ci puisse être étendue. À défaut de procédures conventionnelles, le conflit peut être porté devant la commission tripartite nationale ou régionale (R. 2522- 3). En cas de conciliation, même partielle, le conciliateur établit un constat d'accord signé par les parties. En cas d'échec de la conciliation, le conflit peut être soumis à la procédure de médiation et éventuellement à l'arbitrage.

Médiation

La médiation (L. 2523-1, R. 2523-1), facultative, peut intervenir après l'échec d'une tentative de conciliation ou être engagée par le ministre du Travail, à la demande écrite et motivée de l'une des parties ou de sa propre initiative, notamment à l'occasion de l'établissement, de la révision ou du renouvellement d'un accord collectif.

Les parties peuvent décider de recourir à la médiation. Si elles ne s'entendent pas pour désigner un médiateur, ce dernier est choisi par l'autorité administrative sur une liste de personnalités désignées en fonction de leur autorité morale et de leur compétence économique et sociale.

Le médiateur dispose de pouvoirs étendus d'investigation sur la situation économique de la branche ou de l'entreprise et sa mission s'achève par une ***recommandation***, dans le délai d'un mois. L'accord des parties les lie. Le rejet des propositions du médiateur doit être notifié dans un délai de 8 jours et motivé.

Les conclusions de la recommandation du médiateur et les rejets motivés des parties sont rendus publics par le ministre du Travail.

La médiation est utilisée dans des conflits d'importance (durée, conséquences, etc.).

• Intervention de l'Inspection du travail

De façon officieuse, en dehors de toute procédure institutionnalisée, l'Inspection du travail intervient directement – ou parfois à la demande du préfet auquel doit être notifié tout conflit collectif du travail – dans de nombreux conflits. Son intervention se fait à la demande de l'une des parties et en vue de rechercher un rapprochement des points de vue en présence. La négociation entre les parties au conflit, avec le concours de l'Inspection du travail, reste le mode majeur de règlement des conflits : elles concluent un procès-verbal de fin de conflit, qui traite de la satisfaction, partielle ou totale, de tout ou partie des revendications, du paiement – voire de la « récupération » légalement interdite – des journées perdues, de l'abandon des éventuelles poursuites disciplinaires voire pénales (Soc. 16 févr. 1989), etc.

À RETENIR

L'employeur peut réagir au mouvement de grève par des mesures internes et par l'action en justice.

Réactions patronales dans l'entreprise

• Poursuite de l'activité de l'entreprise

L'employeur peut chercher à atténuer les inconvénients de la grève, mais le recours à une ETT (Soc. 2 mars 2011, PBR, SAS Aeropass) ou aux CDD est interdit (Civ. 19 mai 1997, La Poste).

La loi ne protège pas pénalement le droit de grève en soi, en dehors d'infractions particulières (*supra* notamment). La jurisprudence donne un caractère limitatif et exceptionnel à ces interdictions (recours à l'emploi précaire – TT et CDD) (L. 1242-6, L. 1251-9).

Plusieurs formules sont donc possibles pour l'employeur qui veut organiser l'entreprise pour assurer la continuité de son activité :
– Recourir à des mesures d'ordre interne (mutations temporaires de salariés, mais à condition que ce soit vers des emplois compatibles avec ceux qu'ils occupent habituellement ; heures supplémentaires de non-grévistes, en revanche, la récupération des heures perdues du fait de la grève n'entre pas dans les cas limitativement énumérés par la loi).
– Faire appel à une entreprise qui fournira les services (par exemple, entreprise de transport en cas de grève des camionneurs).
– Recourir à des bénévoles, même intéressés (par exemple, des producteurs de lait faisant le ramassage à la place de conducteurs grévistes, Soc. 11 janv. 2000).

Les entreprises ayant des activités privées de surveillance, de gardiennage et de transport de fonds ne doivent pas s'immiscer ou intervenir dans le déroulement d'un conflit collectif de travail ou dans des événements s'y rapportant (loi du 12 juill. 1983).

• *Lock-out*

Il s'agit d'une mesure de ***fermeture temporaire d'un établissement ou d'un atelier, décidée par l'employeur au cours d'un conflit collectif du travail***. Les salariés se trouvent de ce fait privés de travail.

Le **lock-out *est en principe illicite*** (il est utilisé pour empêcher une grève – Soc. 24 janv. 1968, Soc. 27 juin 1989 ; pour faire pression au cours de la grève – Soc. 10 janv. 1973 ; sanctionner – Soc. 26 oct. 1977 ; etc.). L'employeur qui y recourt méconnaît l'obligation qui résulte pour lui des contrats de travail conclus avec les salariés de leur fournir le travail convenu et de les rémunérer – il engage sa responsabilité civile (paiement des salaires aux non-grévistes notamment), mais pas pénale.

Si le *lock-out* est illicite, l'employeur a commis une faute et doit notamment payer aux salariés des dommages-intérêts égaux aux salaires perdus. Ainsi, quand « *aucune voie de fait ne pouvait être tenue pour constituée ni qu'aucune situation d'insécurité ou d'atteintes aux personnes n'était établie* », le juge peut « *décider que la fermeture de l'entreprise était illicite et constitutive d'une entrave à l'exercice du droit de grève justifiant l'octroi de dommages-intérêts* » (Soc. 17 déc. 2013, Manufacture française des pneumatiques Michelin).

JURISPRUDENCE

La jurisprudence admet des ***exceptions***. Le *lock-out* devient licite lorsque :
- L'employeur se trouve dans l'impossibilité d'assurer le fonctionnement de son entreprise (par exemple, le contrôle des accès de l'établissement se trouve aux mains des grévistes ou la grève des salariés d'un secteur de l'entreprise entraîne la paralysie de celle-ci, Soc. 4 juill. 2000, Soc. 15 déc. 2005). L'employeur se trouve dispensé de remplir ses obligations du fait d'une situation contraignante (reconnue après l'expiration du délai accordé par le juge des référés aux grévistes pour quitter les lieux, Soc. 27 mai 1998).
- L'employeur y est contraint au regard de sa responsabilité de prévenir des accidents et d'assurer l'ordre et la sécurité dans son entreprise.

La charge de la preuve de ces situations contraignantes incombe à l'employeur. Si le *lock-out* est licite, le contrat de travail est suspendu et l'employeur est dispensé de rémunérer les salariés qui ne fournissent aucun travail (Soc. 22 févr. 2005 ; dans le cas d'un *lock-out* se prolongeant plus de 3 jours, le versement des allocations de chômage partiel peut être autorisé par le ministre du Travail – R. 5122-8-2°).

Réactions patronales en justice

• Expulsion et réquisition

Expulsion

En cas d'occupation des locaux de travail, l'employeur peut saisir le juge des référés (président du TGI) et lui demander d'ordonner l'expulsion des grévistes. L'employeur doit alors assigner nommément tous les grévistes dont il demande l'expulsion.

Pendant longtemps, le juge des référés constatait une « violation du droit de propriété » et rendait une ordonnance d'expulsion. Désormais, en règle générale, en cas d'occupation pacifique, le juge n'ordonne l'expulsion qu'après avoir invité les parties (employeur et grévistes) à négocier et à rechercher un accord (au besoin, le juge désigne un médiateur pour préparer les bases d'un accord).

Quand le juge des référés rend une ordonnance d'expulsion, en considérant que « *le droit de grève n'emporte pas celui de disposer arbitrairement des locaux de l'entreprise* » (Soc. 21 juin 1984), les salariés grévistes doivent évacuer les locaux de travail occupés (Soc. 30 avril 1987). À défaut, l'employeur peut solliciter l'intervention de la force publique. L'ordonnance d'expulsion n'est pas nécessairement et automatiquement exécutée par la force publique. Les autorités locales apprécient souverainement s'il y a lieu de procéder à l'expulsion et des considérations d'opportunité jouent alors. En cas de refus du concours de la force publique, la responsabilité pécuniaire de l'État peut se trouver engagée (CE 6 mai 1991 ; CE 18 juin 2008, Breton).

Réquisition

Si l'employeur (Soc. 15 déc. 2009) et le juge (Soc. 25 févr. 2003) n'ont pas le pouvoir de réquisition des grévistes, ce pouvoir a été reconnu par la loi « Sécurité intérieure » du 18 mars 2003 au ***préfet*** (art. L. 2215-1-4° Code général des collectivités territoriales : « *En cas d'urgence, lorsque l'atteinte au bon ordre, à la salubrité, à la tranquillité et à la sécurité publiques l'exige et que les moyens dont dispose le préfet ne permettent plus de poursuivre les objectifs pour lesquels il détient des pouvoirs de police, celui-ci peut, par arrêté motivé, pour toutes les communes du département ou plusieurs ou une seule d'entre elles, réquisitionner tout bien et service, requérir toute personne nécessaire au fonctionnement de ce service ou à l'usage de ce bien et prescrire toute mesure utile jusqu'à ce que l'atteinte à l'ordre public ait pris fin.* »). Il s'agit, à titre exceptionnel, de contraindre des grévistes à reprendre le travail. Par exemple, le préfet « *peut légalement requérir les agents en grève d'un établissement de santé, même privé, dans le but d'assurer le maintien d'un effectif suffisant pour garantir la sécurité des patients et la continuité des soins* » ; cependant, il ne peut requérir l'ensemble du personnel pour « *instaurer un service complet (...) et non un service minimum* », « *sans rechercher si les besoins essentiels de la population ne pouvaient être autrement satisfaits, compte tenu des capacités sanitaires du département* » (CE 9 déc. 2003, Aguilon ; CAA Bordeaux 1er juin 2006). « *Les mesures décidées par le préfet peuvent être contestées devant le juge administratif, notamment dans le cadre du référé* » (DC loi LOSI 18 mars 2003 ; art. L. 521-2 C. justice administrative).

À la suite de la contestation de plusieurs arrêtés préfectoraux, ordonnant la réquisition de salariés, une décision du juge administratif (CE, réf., 27 oct. 2010) a admis la réquisition ayant comme objectif « *le maintien de l'activité économique* » (pour l'accès à des stocks de carburants). À la suite d'une plainte syndicale, le Comité de la Liberté Syndicale de l'OIT recommande « *au gouvernement de privilégier, dans une situation de paralysie d'un service non essentiel mais qui justifierait l'imposition d'un service minimum de fonctionnement, la participation des organisations de travailleurs et d'employeurs concernés à cet exercice, et de ne pas recourir à l'imposition de la mesure par voie unilatérale* » (2011).

La dernière réquisition par un gouvernement remonte à un décret de 1963 de réquisition des mineurs resté non appliqué.

• Responsabilité civile des grévistes et des syndicats

Quelques directions d'entreprises ont cherché à mettre en cause la responsabilité civile des organisations syndicales et de salariés grévistes et leur ont intenté des procès avec demande de dommages-intérêts. La reconnaissance de la responsabilité civile des syndicats est soumise aux mêmes conditions que celle des grévistes au regard du droit commun de la responsabilité – un dommage (existence d'un préjudice, un fait générateur – des agissements fautifs, la participation effective, et un lien de causalité, C. civ., art. 1240, DC 22 oct. 1982).

L'intention de nuire économiquement à l'employeur est liée à l'exercice du droit de grève. L'existence d'un dommage pour celui-ci est donc la conséquence « normale » de l'exercice de ce droit constitutionnellement reconnu. La réparation d'un préjudice ne peut donc être demandée par l'employeur que lorsqu'il résulte de mouvements illicites, de pratiques abusives, ou lorsque des grévistes ont commis, à l'occasion d'une grève licite, des actes illicites. À défaut, l'action en responsabilité est jugée comme un moyen disproportionné (CEDH, 17 juill. 2007). L'employeur doit démontrer l'existence d'un lien direct de causalité entre une faute et un dommage particulier, né de cette faute, indépendant du préjudice « normal ».

Responsabilité des syndicats

Le syndicat ne saurait être responsable de plein droit des actes commis par les grévistes. Il n'est pas le commettant des grévistes – des DS participent individuellement aux actions et n'engagent pas, par des actes illicites auxquels ils peuvent se livrer, la responsabilité des syndicats auxquels ils appartiennent (Soc. 17 juill. 1990). Il en est de même en ce qui concerne des adhérents commettant des fautes au cours d'une manifestation (Civ. 2e 26 oct. 2006). La responsabilité du syndicat ne peut être engagée que s'il a effectivement participé à des agissements constitutifs d'infractions pénales ou à des faits ne pouvant se rattacher à l'exercice normal du droit de grève (responsabilité retenue à l'égard de syndicats d'EDF-GDF ayant incité par des directives à l'accomplissement d'actes fautifs par les agents participant au mouvement, Soc. 26 janv. 2000). L'action contre les organisations syndicales, de la compétence du TGI, peut être menée aussi bien par des tiers subissant un préjudice du fait de la grève que par des non-grévistes ou par l'employeur (Soc. 9 nov. 1982, Trailor, condamnant un syndicat à indemniser des non-grévistes pour la perte de leur salaire ; Soc. 9 nov. 1982, Dubigeon-Normandie, excluant la responsabilité des syndicats, qui n'avaient pas commis de fautes en relation avec les dommages).

Responsabilité pénale des salariés grévistes

Le fait d'entraver, d'une manière concertée et à l'aide de menaces, l'exercice de la liberté d'expression, du travail, d'association, de réunion ou de manifestation est prévue et réprimée (art. 431-1 CP).

« *Le simple trouble apporté à l'activité professionnelle n'entre pas dans les prévisions de l'article 431-1 du Code pénal* » (Crim. 3 juin 2008, à l'occasion d'une manifestation organisée par un syndicat, une vingtaine de marins de commerce ont investi les locaux de la direction départementale des affaires maritimes en vue d'obtenir le réexamen de la situation d'un marin victime d'un accident du travail...).

• Responsabilité civile d'autres entreprises et d'organisations professionnelles d'employeurs

Responsabilité de l'employeur d'une autre entreprise

La responsabilité civile de l'employeur peut être mise en œuvre par des tiers (clients par exemple) lorsqu'il tarde à exécuter ou n'exécute pas ses obligations contractuelles du fait de la grève.

L'employeur, pour sa défense, peut parfois invoquer la force majeure que constitue, dans certaines circonstances, la grève, pour s'exonérer de sa responsabilité. La force majeure a ainsi été admise dans une affaire où EDF était attaquée par des clients suite à une grève d'électricité qui leur avait causé préjudice (grève imprévisible et insurmontable, Cass. Ch. mixte 4 févr. 1983), en faveur du port autonome de Marseille perturbé par une grève des grutiers sans préavis (Civ. 11 juin 1996) et dans le cas d'une grève à la SNCF, portant préjudice à la SA Peugeot – le mouvement n'était pas du ressort de la SNCF qui n'avait pas la possibilité de négocier avec les grévistes ni de satisfaire leurs revendications, s'agissant de projets du gouvernement ayant des répercussions sur le régime spécial de retraite des cheminots (Soc. 11 janv. 2000).

Responsabilité d'organisation d'employeurs

Une association professionnelle, de transporteurs routiers, commet une faute, engageant sa responsabilité civile à l'égard d'une entreprise (versement de dommages-intérêts), quand, à la suite de son appel, l'accès au site d'un entrepôt est bloqué par des barrages, ce mouvement collectif ne constituant pas une grève (Soc. 11 janv. 2006, FNTR et UNOSTRA).

INDICATIONS BIBLIOGRAPHIQUES. BLOGOSPHÈRE

I. Code du travail

Le Code du travail est publié chaque année avec des annotations (extraits de jurisprudence, etc.) par notamment les Éditions Dalloz et les Éditions Revue Fiduciaire.

II. Ouvrages fondamentaux

1. Pour approfondir les connaissances en droit du travail (avec le raisonnement juridique à partir de la jurisprudence) :
J. Pélissier, A. Lyon-Caen, A. Jeammaud, E. Dockès, *Les grands arrêts du Droit du Travail*, Paris, Dalloz, 2008.

2. Ouvrages de réflexion :
A. Supiot, *Grandeur et misère de l'État social*, Fayard, 2013.
J. Le Goff, *Du silence à la parole : une histoire du droit du travail des années 1830 à nos jours*, Presses Universitaires de Rennes, 2004.
M.-A. Moreau, *Normes sociales, droit du travail et mondialisation*, Dalloz, 2006.

3. Ouvrages sur la réforme du Code du travail et du droit du travail :
R. Badinter et A. Lyon-Caen, *Le travail et la loi*, Fayard, 2015.
P. Lockiec, *Il faut sauver le droit du travail*, Odile Jacob, 2015.

4. Ouvrages pluridisciplinaires :
C. Mestre, C. Sachs-Durand et M. Storck (dir.), *Le travail humain au carrefour du droit et de la sociologie, Hommage au professeur Nikitas Aliprantis*, PUS, 2014.
A. Bevort, A. Jobert, M. Lallement et A. Mias (dir.), *Dictionnaire du travail*, Paris, PUF (coll. « Quadrige »), 2012.

III. Revues et publications

– *Revue de Droit du Travail* (RDT, mensuel) : actualité, doctrine, droit comparé, jurisprudence ;
– *Semaine sociale Lamy* (Sem. soc. Lamy, hebdomadaire) : actualité, jurisprudence, des numéros spéciaux thématiques ;
– *Revue de jurisprudence sociale* (RJS, mensuel) : jurisprudence, doctrine ;
– *Droit social* (Dr. soc., mensuel) : doctrine et jurisprudence ;
– *Semaine juridique* (JCP Entreprises et affaires, JCP Social, JCP Générale, hebdomadaire) : actualité, doctrine, jurisprudence ;
– *Le Droit ouvrier* (Dr. ouv.) : doctrine et jurisprudence ;
– *Action juridique* (AJ, bimensuel) : actualité, jurisprudence ;
– *Infojuridiques* (mensuel) : actualité, jurisprudence ;
– *Jurisprudence UIMM* (jurisp. UIMM) : actualité, jurisprudence ;
– *Cahiers prud'homaux* (mensuel) : jurisprudence ;
– *Liaisons sociales* (Liaisons soc.) :
  • quotidien : actualité sociale ;
  • hebdomadaire et mensuel : jurisprudence.
– *Liaisons sociales Europe* (bimensuel) : l'actualité du droit européen.

IV. Sites Internet

• Organisation internationale du Travail (OIT) : www.ilo.org/public/french

• Conseil de l'Europe :
– Droit européen (textes) : www.coe.int
– CEDH (jurisprudence) : www.echr.coe.int

• Union européenne :
– Droit européen (textes) : http://eur-lex.europa.eu
– Cour de justice (jurisprudence) : http://curia.europa.eu/fr

• France :
– Service public de l'accès au droit : www.legifrance.gouv.fr
– Assemblée nationale : www.assemblee-nationale.fr
– Sénat : www.senat.fr
– Conseil constitutionnel : www.conseil-constitutionnel.fr
– Cour de cassation : www.courdecassation.fr
– Conseil d'État : www.conseil-etat.fr
– Ministère du Travail : www.travail.gouv.fr
– ANACT : www.anact.fr
– Réseau social universitaire – The Conversation (en français) : https://theconversation.com/apres-les-ordonnances-travail-vers-quel-dialogue-social-dans-les- entreprises-85037

INDEX

F

G

H

TABLE DES MATIÈRES

Dépôt légal : juin 2018
IMPRIMÉ EN FRANCE

Achevé d'imprimer le 28 mai 2018
sur les presses de l'imprimerie *La Source d'Or*
63039 Clermont-Ferrand
Imprimeur n° 13710

Dans le cadre de sa politique de développement durable,
La Source d'Or a été référencée IMPRIM'VERT® par son organisme consulaire de tutelle.
Cet ouvrage est imprimé - pour l'intérieur - sur papier offset standard 80 g,
provenant de la gestion durable des forêts,
produit par des papetiers dont les usines
ont obtenu les certifications environnementales ISO 14001 et E.M.A.S.